EESTI AJALUGU

V

ILMAMAA

ÕPETATUD EESTI SELTS

EESTI AJALUGU

V

Pärisorjuse kaotamisest Vabadussõjani

Kirjutanud
**Andres Andresen, Ea Jansen, Toomas Karjahärm, Mart Laar,
Mati Laur, Lea Leppik, Aadu Must, Tiit Rosenberg,
Tõnu Tannberg, Sulev Vahtre**

Tegevtoimetajad
Toomas Karjahärm ja Tiit Rosenberg

Peatoimetaja
Sulev Vahtre

TARTU
2010

KIRJASTUS ILMAMAA

Retsenseerinud

Toomas Anepaio
Veiko Berendsen
Mati Graf
Aleksander Loit
Kersti Lust
Maie Pihlamägi
Lauri Vahtre

Toimetajad

Katre Ligi
Simo Runnel

Kujundaja

Tiina Viirelaid

Kaardid

Mart Jagomägi
Kaasa aitasid Agur Benno, Erki Holmberg, Heino Mardiste,
Ülo Matjus ja Simo Runnel

Raamatu valmimist on toetanud Haridus- ja Teadusministeerium

ISBN 978-9985-77-141-9

Kirjastus "Ilmamaa", 2010
Vanemuise 19, 51014 Tartu

Trükitud OÜ Greif trükikojas
Lohkva, Luunja vald, 62207 Tartumaa

Sisukord

RAHVUSLIK ÄRKAMINE JA VENESTAMINE

REVOLUTSIOON JA SÕDA

RIIK, RAHVAS JA MAJANDUS

Historiograafia

Esimesed kolme Balti provintsi – Eesti-, Liivi- ja Kuramaa (mis hõlmasid enam-vähem tänapäeva Eestit ja Lätit) ajalugu haaravad ülevaateteosed ilmusid enne I maailmasõda ja jäid hilisema ajaloo osas lähedase ajalise distantsi ja vähese uurituse tõttu üsna pealiskaudseks. See kehtib nii baltisaksa ajaloolaste **Leonid Arbusow vanema** ("Grundriss der Geschichte Liv-, Est- und Kurlands", 1.–4. tr., 1889–1918) ja **Ernst Seraphimi** ("Baltische Geschichte im Grundriss", 1908), vene autori **Jevgraf Tšešihhini** ja lätlase **Jānis Krodznieksi** kui ka eesti autorite, nagu **Matthias Johann Eisen** ("Eesti-, Liivi- ja Kuramaa ajalugu", 1877, 2. tr. 1913) ning **Villem Reiman** ("Eesti ajalugu", 1920, osad 1906, 1911), tööde kohta, kus lähiajalugu on esitatud visandlikult. Baltisaksa ajaloolased kirjutasid niisugust maa (s.o. Balti provintside) ajalugu, mille keskmes oli poliitiline elu ja haldus, mistõttu tähelepanu jagus vaid kõrgematele võimukandjatele ja baltisaksa ülemkihtidele.

Esimene, pikaks ajaks eeskujuks jäänud süstemaatiline ülevaade Eesti ajaloost Põhjasõjast kuni Vabadussõja lõpuni on **Hans Kruusi** "Eesti ajalugu kõige uuemal ajal" (I–II, 1927–28). Siin tugines autor kiiresti edeneva rahvusliku ajalookirjutuse edusammudele ja iseenda eriuurimustele. Tema tähelepanu keskpunktis on eesti rahvas ja kandvaks ideeks eestlaste rahvuslik uuestisünd, nende ärkamine ja ühiskondlik-kultuuriline konstitueerumine. Tähtsaks pidas ta ka sotsiaalmajanduslikke tegureid ning erinevate ühiskonnakihtide huvisid ja võitlust. Keskkooli õpperaamatuks mõeldud, kuid sisuliselt ülikooliõpikuks kujunenud teost saatis **H. Kruusi** koostatud "Eesti ajaloo lugemik", mille kolmas osa (1929) pakkus valitud lugemispalu 18.–19. sajandi kohta. Välislugejatele oli adresseeritud tema "Grundriss der Geschichte des estnischen Volkes" (1932), mis hiljem avaldati ka prantsuse keeles.

1930. aastail ilmunud mitmeköitelistest üldkäsitlustest jõudis järjega 19. sajandisse vaid "Eesti rahva ajalugu" (1933–37, 2. tr. 1996–97), mille autoriteks olid **Juhan Libe, August Oinas, Hendrik Sepp** ja **Juhan Vasar**. Laiale lugejaskonnale mõeldud teos püüdis ühendada teaduslikkust populaarse esitusega ja oli tasemelt võrdlemisi ebaühtlane. Suurejooneliselt illustreeritud mahukas teos jäi lõpetamata, katkedes kolmandas köites, kus oli jõutud 19. sajandi teise poolde. Ärkamisajaga alustades ja Tartu rahuga lõpetades jätkas seda teost samas formaadis lisaköitena **Eduard Laamani** "Eesti iseseisvuse sünd" (1936–38, 2. tr. Stockholm 1964, 3. tr. Tallinn 1990–97). Harukordselt viljaka ja hästiinformeeritud Laamani suurteos põhines väga rikkalikul ja mitmekülgsel allikmaterjalil ning andis haarava pildi Eesti iseseisvusvõitlusest avaral rahvusvahelisel taustal ja koos eellooga. Kõnealust raamatut on tähenduse poolest võrreldud Henriku Liivimaa kroonikaga. Uut kvaliteeti pakkus ka **H. Sepa** peatoimetusel ilmunud "Eesti majandusajalugu" I (1937), mis jõudis välja 19. sajandi keskpaigani.

Kõige kokkusurutumal kujul ilmusid rahvusliku ajalooteaduse seisukohad Eesti ajaloo õpikutes keskkoolidele ja gümnaasiumidele (autoriteks esijoones **Johannes Adamson** ja **Jaan Konks**), kus 19. sajandile ja 20. sajandi algaastatele jagus sadakond lehekülge.

Pärast Teist maailmasõda oli okupeeritud Balti riikide ajalugu enam kui neljakümne aasta vältel võimalik tõepäraselt kirjeldada üksnes vabas maailmas. Eesti ajaloo uurimine edenes Põhjamaades, Saksamaal, Põhja-Ameerikas jm., kus olid tugevad pagulasühiskonnad või traditsiooniline huvi Baltikumi vastu. Rootsis ilmusid **Harri Moora** ning **Linda** ja **August Annisti** "Eesti ajalugu", mis avaldati varjunimede M. Ojamaa ning A. ja T. Varmas all (soome k. Helsingi 1944, e.k. Stockholm 1946), ning **Jüri Parijõe, Toomas Algma** ja **Jakob Koidu** "Eesti ajalugu noorsoole" (1946, 2. tr. 1954). Inglise keeles ilmus esimene Eesti ajaloo üldkäsitlus, "The History of Estonian People" (London 1952, e.k. Tallinn 2005), **Evald Uustalult**. Laia leviku osaliseks on saanud **Toivo Ülo Rauna** uuemaid kodu- ja välismaiseid uurimusi kokkuvõttev "Estonia and the Estonians" (1987, 2. tr. 1991, 2001, soome k. 1989, ung. 2001), mis ilmus Stanfordis Hooveri Instituudi kirjastuse seerias "Studies of Nationalities (in the USSR)". Saksamaal ilmunud üldkäsitlustest võib nimetada **Reinhard Wittrami** raamatut "Baltische Geschichte" (1954, järeltrükk 1973), mis mõnevõrra modifitseeritult jätkab baltisaksa ajalookirjutuse traditsioone, ja **Gert von Pistohlkorsi** koostatud teost "Baltische Länder" (1994, 2002), mis ilmus sarjas "Deutsche Geschichte im Osten Europas". Viimases on rõhk sakslaste ajalool Eestis ja Lätis. Soomes on ilmunud **Vilho Niitemaa** "Baltian historia" (1959), tema ja **Kalervo Hovi** "Baltian historia" (1991), **Kari Aleniuse** "Viron, Latvian ja Liettuan historia" (2000), **Seppo Zetterbergi** "Viron historia" (2007, e.k. 2009), Prantsusmaal **Jean-Pierre Minaudieri** "Histoire de l'Estonie et de la nation estonienne" (2007).

Eesti ajalooga paljuski sünkroonis kulgenud Läti ajaloo üldkäsitlustest on olulisemad eksiilajaloolaste Rootsis avaldatud mitmeköiteline "Latvijas Vēsture", mille raames ilmusid **Arvēds Švābe** teos aastate 1800–1914 (1958, 2. tr. 1962) ja **Edgar Andersoni** oma aastate 1914–20 kohta (1967). Lätlaste uuemad üldteosed on **Andrejs Plakansi** "The Latvians. A Short History" (Stanford 1995), **Jānis**

Bērziņši toimetatud Läti 19. sajandi ajalugu (2000) ja **Valdis Bērziņši** toimetatud Läti 20. sajandi ajaloo I köide (aastad 1900–18) (2000).

Nõukogude režiimi aegne ainus ametlikult lubatud ühiskonnateooria ja metodoloogia, marksism-leninism(-stalinism), kuulutas ajaloo sisuks ühiskondlik-majanduslike formatsioonide vahetuse, klassivõitluse ja revolutsioonid, mille kaudu inimkond pidi vääramatult liikuma edasi kommunismi ülemaailmsele võidule. Lisaks sellele hakati okupeeritud Balti riikide ajalugu poliitilistel põhjustel tõlgendama taas, nagu tsaariajalgi, impeeriumi suurvene vaatepunktist lähtuvalt. Kõige äärmuslikumal kujul manifesteeriti stalinlik-nõukoguliku minevikukäsitluse jooni ENSV TA Ajaloo Instituudi väljaande "Eesti NSV ajalugu. Kõige vanemast ajast tänapäevani" esimeses trükis (1952, 2. muudetud ja täiend. tr. 1957), mille peatoimetajaks oli **Gustav Naan**.

Kuigi iga ajaloolane pidi ametlikku ortodoksiat vähemalt vormiliselt järgima, püüti poststalinistliku aja veidi vabamates oludes võimaluse piires siiski ajada rahvuslikku joont. Mõnevõrra mahendatult rakendasid nõukogulikku ajalooskeemi poliitilise sula perioodil **Artur Vassara** tegevtoimetusel valminud kolmeköitelise "Eesti NSV ajaloo" kaks esimest köidet (1955, 1963). Nendes sisaldub seni kõige mahukam (üle 900 lk.) ülevaade 19. sajandi ja 20. sajandi algusaastate (märtsini 1917) ajaloo kohta, mille põhiautoriteks on tolle ajajärgu juhtivad uurijad **Ea Jansen, Juhan Kahk, Otto Karma, Endel Laul, Leida Loone, Georgi Lukin, Hilda Moosberg, Arnold Takkin, August Traat, A. Vassar** jt. Üldkäsitlust saatis "Eesti NSV ajaloo lugemik" (I–II, 1960, 1964; toim. vastavalt **J. Kahk** ja **A. Vassar** ning **E. Laul** ja **A. Traat**), mida dokumentide valiku mõningasest kallutatusest hoolimata võib pidada väärtuslikuks allikapublikatsiooniks tänagi. Üldjoontes sama nõukoguliku skeemi järgi kirjutatud, kuid esituselt konspektiivsem ja konstateerivam on **Karl Siilivase** toimetatud kõrgkooliõpik

"Eesti NSV ajalugu" (I–II, 1976, 1980), milles kõnealuse ajajärgu peatükkide autorid on **J. Kahk, Toomas Karjahärm, Allan Liim, Marta Lõhmus, Raimo Pullat, K. Siilivask jt**. Kõrgkooliõpikuna oli mõeldud ka "Eesti NSV majandusajalugu" (1979), mille kirjutasid **Valner Krinal, O. Karma, Herbert Ligi** ja **Feliks Sauks**.

Aastail 1987–88 algas senise nõukoguliku ajalookirjutuse põhjalik ümberhindamine – *ajaloo valgete laikude* täitmine. Enamasti puudutasid need Eesti lähiajalugu. Seoses Eesti Vabariigi 70. aastapäevaga (1988) aktualiseerus terve kompleks küsimusi, mis puudutasid iseseisva rahvusriigi tekkimise eeldusi, rahvusvahelist tausta, loomise käiku ja tagajärgi. Riikliku järjepidevuse kontseptsioonist sai iseseisvuse taastamise kaalukas argument ja õiguslik nurgakivi. Seni põlu all olnud riigimehed, nagu Konstantin Päts, Jaan Tõnisson, Villem Reiman, Jaan Poska jt. toodi taas täieõiguslikena avalikkuse ette. Üksteise järel ilmusid valdavalt populaarsed või eeskätt koolidele määratud ja seetõttu vaid Eesti ajaloo põhijooni pakkuvad käsitlused – mõned neist kirjutatud juba okupatsiooniajal, teised valminud murranguliste sündmuste keerises –, mis tuginesid rahvuslikule mälule ja varasemale kirjasõnale ning kandsid romantismisugemetega mütologiseeritud rahvuskeskse ajaloo pitserit. Neist võib nimetada **Heino Susi** (Erik Virbsoo varjunime all ilmunud) "Lugusid möödunud aegadest" (1987 USA-s, 2. tr. Tallinn 1989), **Mart Laari, Lauri Vahtre** ja **Heiki Valgu** kirjutatud, **Sulev Vahtre** toimetatud "Kodu lugu" (I–II, 1989; 2. tr 1992, ung. 1999) ning **Silvia Õispuu** koostatud "Eesti ajalugu ärkamisajast kuni tänapäevani" (1992).

20. sajandi lõpul nägi ilmavalgust kaheköiteline "Eesti maast ja rahvast" (1996, 1998), kus 19. sajandit ja 20. sajandi algust puudutava osa autor on **K. Siilivask**. Üldteoseid täiendavad Eesti ajaloo gümnaasiumiõpikud, mida on alates 1990. aastate keskpaigast andnud välja kirjastused "Avita", "Argo" ja "Ilo", ning milles vaadeldava ajalooperioodi kirjelduste autoriteks on vastavalt **Mati Laur, Ago Pajur** ja **Tõnu Tannberg, Andres Adamson** ja **T. Karjahärm** ning **L. Vahtre**. Laiemale lugejaskonnale on suunatud ülevaatlikud käsiraamatud, nagu "Eesti ajalugu. Kronoloogia" (1994, 2. parand. ja täiend. tr. 2007) ja "Eesti ajalugu elulugudes" (1997) (mõlema koostajaks **S. Vahtre**), ning "Eesti ja maailm. XX sajandi kroonika. I osa 1900–1940" (2002, aluskäsikiri **Mati Graf**). Üldkäsitluste loetelu täiendavad 1990. aastate lõpust ilmuma hakanud maakondlikud koguteosed "Virumaa" (1996), "Saaremaa" (I–II, 2002–07), "Järvamaa" (I–II, 2007–09) jt.

***

Eesti rahvastiku teadusliku uurimise alguseks võib pidada 19. sajandi viimast kolmandikku, mil sellele panid aluse arstiteadlased, nn. Tartu biostaatikud (hügieeniprofessor **Bernhard Körberi** koolkond), kes analüüsisid mitme Lõuna-Eesti kihelkonna rahvastikku 19. sajandi teisel ja kolmandal veerandil. Eesti autoritest käsitlesid 20. sajandi algul eestlaste rahvastikuprobleeme pastoritest ajaloolased **V. Reiman** ja **M. J. Eisen** ning majandusteadlane **Nikolai Köstner**, kes vaatles rahvaarvu kasvamist Eestimaal (1915), samuti arst **Mats Nõges**, kes kirjutas doktoritöö rahva loomulikust iibest Viljandi maakonnas aastail 1801–1923 (1925). Üldandmeid rahvastiku arvu, iibe, paiknemise-linnastumise ja liikumise kohta esitas **H. Kruus** oma teoses "Linn ja küla Eestis" (1920). Uutest suundadest rahvastikuloos andis märku 1930. aastail alanud hingeloendite kui talurahva ajaloo olulise allika kasutuselevõtt. Neile tuginedes kirjutas **J. Vasar** uurimuse Pajusi mõisa talurahva kohta (1935).

1960. aastail tekkis Eestis moodne interdistsiplinaarne ajaloolise demograafia uurimissuund. Selle esimesteks tulemusteks olid rahvastikuloolised doktoritööd **S. Vahtrelt** (1970), **R. Pullatilt** (1972) ja **Heldur Pallilt** (1980). Käesoleva teose ajalistes raamides on olulisimad **S. Vahtre** kapitaalne monograafia "Eestimaa talurahvas hingeloendite andmeil

(1782–1858)" (1973) ning tema käsitlus ilmastikuolude mõjust põllumajandusele ja talurahva olukorrale (1970). Oma töödes "Tallinnast ja tallinlastest. Nihked elanikkonna sotsiaalses koosseisus 1871–1917" (1966) ning "Eesti linnad ja linlased XVIII sajandi lõpust 1917. aastani" (1972) on **R. Pullat** linnarahvastiku rahvusliku ja sotsiaalse koostise kõrval jälginud muutusi linnade majanduses ja halduses. Urbaniseerumisprotsessi teemal väärib tähelepanu majandusgeograaf **Taimo Rea** käsikirja jäänud kandidaadiväitekiri Eesti linnaliste asulate kujunemise käigust (1959).

1970. aastail alustas rahvastiku- ja asustuslooliste uurimustega **H. Ligi**, kelle tööd talurahva sotsiaalsest mobiilsusest (1972) ja laste ning noorukite suremusest (1993) olid eesti historiograafias uudsed. Tema algatatud suuna esindajatest pühendus rahvastikurände demomeetrilisele uurimisele **Aadu Must**, kes võttis vaatluse alla 19. sajandi teise poole valla passiregistrid. Talurahva sotsiaalse mobiilsuse teemat arendasid edasi **J. Kahk** ja **Halliki Uibu**. Rahvastiku suremuse põhjustesse tõi selgust meditsiiniajaloolase **Lemming Rootsmäe** monograafia nakkushaigustest surma põhjustena Eestis aastail 1711–1850 (1987). Eestimaa kubermangust 1811–74 nekrutiks värvatud noormeeste nimekirjade põhjal avaldas kaks monograafiat **Liivi Aarma**, teemadeks Põhja-Eesti meeste pikkus (1987) ja kirjaoskus Eestis (1990). Demograafilist situatsiooni tugevasti mõjutanud maakaitseväe- ja nekrutikohustust käsitlesid **T. Tannbergi** uurimused (1996, 1997). Sama teemaga on seotud ka tema tööd Krimmi sõja sündmuste kohta Baltikumis (2009).

19. sajandi teise poole ja 20. sajandi alguse rahvastikulugu (v.a. linnarahvastiku osas) on uuritud vähem – selle üldisi küsimusi on käsitlenud **S. Vahtre** ja **H. Palli**. Lõuna-Eesti talurahva sotsiaalset struktuuri 19. sajandi lõpul analüüsis **Tiit Rosenberg** oma lühimonograafias (1980). Kõigi kolme Balti kubermangu talurahva osas 20. sajandi alguskümnenditel vaatles sedasama läti ajaloolane **Ojars Niedre**

(1986). Mitmeid rahvastikuloolisi uurimusi tõi esile 1985. aastal Marburgis toimunud Balti ajaloo sümpoosion. 19. sajandi teisel poolel toimunud rahvastikumuutusi käsitlesid seal **Csaba János Kenėz** ja **T. Ü. Raun**. Tallinna kaupmeeskonda ja saksa käsitöölisi 19. sajandil analüüsisid vastavalt **Heinz von zur Mühlen** ja **Gottfried Etzold**. Käsitlusega töötavast naisest Eesti ühiskonnas pani naisajaloolisele uurimissuunale Eestis aluse **Sirje Kivimäe**. Süvenevat lähenemist moderniseeritava ühiskonna rahvastikuprotsessidele pakkus **Priit Pirsko** magistritöö Virumaa rahvastikust 19. sajandi teisel poolel (1992). Viimase aja suurem ajaloolis-demograafiline uurimus "Esimene ülevenemaaline rahvaloendus Tartus 28. jaanuaril 1897" ilmus 2000. aastal **Veiko Berendsenilt** ja **Margus Maistelt**. Ajaloo, geograafia ja demograafia meetodeid ning arvutustehnika võimalusi kasutades on selles loodud mitmekesine pilt 19. sajandi lõpu Tartu sotsiaalsest elust ja suhetest, demograafilise ülemineku iseärasustest.

Linnastumise kõrval eestlaste asustust ja rahvastikku enim mõjutanud ümberasumisliikumise ja sellega seotud Venemaa eesti asunike uurimisele panid aluse köster-koolmeistrid ja kirikuõpetajad, kes kaastöötajate abil kogusid materjale ja avaldasid ülevaateid eesti väljarändajate asupaikadest ja elust Vene riigis (**Jaan Nebokat** 1879, **Robert von Holst** 1896, **Jüri Meomuttel** 1900, **August Nigol** 1918). Kavakindlama materjalikogumisega alustasid tsaaririigi viimasel aastakümnel ka mitmed asundustegelased (**Jakob Lukats, Samuel Sommer**). Eesti Vabariigi ajal olid Nõukogude Liidu piiresse jäänud eesti asundused siinsetele uurijatele kättesaamatud. Venemaa eestlaste kohta ilmus vaid mõni üksik, sealsete rahvaloenduste andmestikule tuginev käsitlus (**M. J. Eisen**, 1928–29). Võimalus eesti asundusi lähemalt uurida avanes Teise maailmasõja ajal, mil Tartu ülikooli teadlased korraldasid kompleksekspeditsiooni Peipsi-tagusele alale (1943–44). Kogutud materjalide põhjal koostas õigusajaloolane **Ilmar Arens** põhjaliku uurimuse Venemaa eesti asunduste tekke ja hilisema saatuse kohta kuni II maailmasõjani (1958–71).

Nõukogude perioodil vaadeldi väljarännet esmajoones kui mõisnike-vastast liikumist. Esimesed ülevaated sellest ilmusid 1950. aastate lõpul **E. Jansenilt** ja **J. Kahkilt**. Olulisimateks selleteemalisteks käsitlusteks olid **A. Vassara** monograafia "Uut maad otsimas" (1975) – agraarse ümberasumisliikumise algetapist Eestis kuni 1863. aastani – ja **S. Kivimäe** väitekiri 20. sajandi alguse kohta (1981). Eesti randlaste väljarännet 19.–20. sajandi vahetusel on mitmes oma töös valgustanud Riia ülikooli õppejõud **Jelena Muravskaja** (1979). Arvukaima eestlaste diasporaa, Peterburi eestlaskonna kujunemisest andis ajaloolis-demograafilise ülevaate **R. Pullat** (1981), lisades sellele hiljem kultuuriloolise aspekti (2004).

Estica väljaselgitamisega Siberi arhiivides on tegelnud **A. Must**, kes on kogunud suure ja unikaalse andmekogu Siberi eesti asunduste ja asunike ajaloo kohta, mille põhjal on talt ilmunud mitmeid käsitlusi. Eestlaste väljarände ning Loode-Venemaa ja Siberi asustuse teemal on alates 1980. aastaist märkimisväärseid töid avaldanud ka vene ajaloolased (**Natalja Juhnjova, Ilja Lotkin, Natalja Sadofjeva, Marina Zassetskaja**).

Ameerikas on eestlaste Venemaale väljarännu uurimist edendanud **T. Ü. Raun**, kellelt pärineb esimene põhjalikum ingliskeelne ülevaade eestlastest Venemaal (1986). 19. sajandi lõpul ja 20. sajandi algul Venemaalt Ameerikasse ning Kanadasse edasi rännanud eesti asunike teemaga tegeles 1970. aastate lõpust alates sotsioloog ja ajaloolane **Tõnu Parming**.

Kui ajaloolastele on enim huvi pakkunud väljarändeprotsess, siis eeskätt asunike elule keskendus alates 1970. aastaist rahvastikugeograafide (**Hill Kulu, Ott Kurs**), filoloogide (**Mart Mäger, Jüri Viikberg**), folkloristide (**Anu Korb**) ja etnoloogide (**Aivar Jürgenson, Marika Mikkor, Mare Piho, Lembit Võime**) tähelepanu. Kultuurimõjude ristumise ja rahvusliku identiteedi kestmise vaatlemise

kõrval kogunes neil rohkesti materjali ka väljarände ja asunduste ajaloo kohta. Iseenda või esivanemate kunagiste Venemaal asunud kodukülade ja -asunduste uurimisse on oma panuse andnud kodu-uurijad (**Aino-Monika Jõesaar, Richard Käär, Anatoli Rekk-Lebedev, Hilda Sabbo, Lembit Sirge, Evald Ström** jt.).

Uuemad ülevaated eestlaste väljarändest ja paiknemisest maailmas ning vastavalt selle uurimisloost pärinevad **H. Kulult** (1992), **Raimo Raagilt** (1999) ja **T. Rosenbergilt** (1998, 2008).

19. sajandi ja 20. sajandi alguse haldus- ning õigusajaloo probleemidega on tegelenud peamiselt baltisaksa autorid. Kõige üldisemal kujul on Balti kubermangude 20. sajandi alguseks väljakujunenud õigus- ja haldussüsteemi selle ajaloolises arengus ja suhetes Vene riigivõimuga kirjeldatud **Carl von Schillingi** ja **Burchard Schrencki** kodaniku-õpetuse käsiraamatus "Baltische Bürgerkunde" (1908). Viimase eeskujul ja samas laadis ilmus aastail 1911–13 "Postimehe" kaasandena eesti juristide kirjutisi sisaldav "Kodaniku Käsiraamat" I–III (neist esimese on *korraldanud* **Jaan Tõnisson**, teised kaks **Jüri Parik**). Vene haldussüsteemi põhjaliku käsitluse Peeter I-st kuni 1917. aastani andis saksa ajaloolane **Erik Amburger** (1966).

Esimese ülevaate Vene riigivõimu kõrgematest esindajatest Balti provintsides vaadeldaval perioodil (alates 1704. aastast) kirjutas **Carl Julius Paucker** (1855). Kokkuvõtliku ülevaate kõigist Vene võimukandjatest Baltikumis tegi **Leonid Arbusow noorem** (1918). Lähemat käsitlust leidis ka üksikute silmapaistvamate Balti kindralkuberneride, nagu vürst Aleksandr Suvorovi tegevus (**Arnold von Tidebõhl** 1863). Vene valitsuse poliitikat ja selle esindajate tegevust Balti provintsides 1812–69 vaatles **Alexander Buchholtz** (1883). Eesti ajaloolastest on Balti kindralkuberneride rolli keskvõimu Balti-poliitikas jälginud **Lea Leppik**.

20. sajandi algul kerkis päevakorda kohalikku haldust varem enda õlul hoidnud

rüütelkondade ja nende juhtide tegevuse uurimine. Sellega tegi algust taas **C. J. Paucker** kirjutistega Eestimaa rüütelkonna peameeste ja maanõunike kohta. Liivimaa maamarssalitest 1643–1899 andis ülevaate **Friedrich Bienemann noorem** (1899), kelle tööd **Nicolas Wolff** täiendas Liivimaa maanõunike osas (1932). Samasuguse kirjutise Eestimaa rüütelkonna juhtivtegelaste kohta avaldas **Georg Adelheim** (1932). Need on siiski rohkem andmekogud kui süstemaatilised käsitlused. Viimased ilmusid alles pärast II maailmasõda Saksamaal. **Walter von Ungern-Sternberg** koostas ülevaate kõigi Balti rüütekondade (Eesti-, Liivi- Kura- ja Saaremaa) ajaloost (1960). Seda täiendas **Ernst von Mühlendahli** ja **Heiner von Hoyningen-Huene** kirjutis Liivi-, Eesti-, Kura- ja Saaremaa rüütelkondade matriklitesse kantud aadlisuguvõsadest (1960; 2. tr. 1973). **Georg von Krusenstjerni** ettevõttel järgnesid teosed Liivimaa ja Saaremaa rüütelkondade (1963, koos rüütelkonna tegelaste pildiosaga) ning Eestimaa rüütelkonna ajaloost (1967; ajalooline ülevaade **Wilhelm von Wrangellilt**). Saaremaa rüütelkonna ajalugu laiendatud kujul ilmus **Oskar Buxhoevedeni** sulest (1974). Baltisaksa aadli kui valitseva seisuse haldusõiguslikus, sotsiaalses ja majanduslikus olukorras alates 19. sajandi keskpaigast kuni I maailmasõja alguseni toimunud muutusi jälgis **Georg Hermann Schlingensiepeni** uurimus ("Der Strukturwandel des baltischen Adels in der Zeit vor dem Ersten Weltkrieg", 1959). Balti provintside põllumajanduse edendamisel üliolulist rolli etendanud ja Liivimaa rüütelkonna eliidi juhitud Liivimaa Üldkasuliku ja Ökonoomilise Sotsieteedi ajaloole aastail 1792–1939 on pühendatud **Hans Dieter von Engelhardti** ja **Hubertus Neuschäfferi** monograafia (1983). Laiemast sotsiaalajaloolisest vaatepunktist analüüsis baltisaksa aadli kohanemist industriaalühiskonna moderniseerimisprotsessis saksa päritoluga ameerika ajaloolane **Heide W. Whelan**, kes lisaks aadli sotsiaalpoliitilise ja majandusliku staatuse arengule käsitleb ka tema eneseku-

vandit, perekonnaelu ja kasvatust ("Adapting to modernity", 1999).

Balti kubermangude kohaliku halduse reform, millega baltisaksa ühiskonna liberaalsed ja konservatiivsed jõud olid innukalt tegelenud 1860.–80. aastail, tõusis taas teravalt päevakorda 20. sajandi algul, ergutades ka reformiliikumise ajaloolist uurimist. Liivimaa õigus- ja halduskorralduse küsimustega 1832. aasta kirikuseadusest ja Balti provintsiaalõiguse kodifitseerimisest kuni 19. sajandi teise poole reformikavadeni tegeles maanõunik **Reinhold Stael von Holstein**, kes avaldas rea artikleid ajakirjas "Baltische Monatschrift" ning monograafiad maamarssalitest Paul Lievenist (1906) ja Hamilkar von Fölkersahmist (1907). Käsikirja jäi tema mahukas materjalikogu Liivimaa 19. sajandi teise poole ajaloost (7 köidet 1897–1906). Pärast I maailmasõda püüdis Läti Vabariigi seadusega 1920. aastal kaotatud Liivimaa rüütelkonna ajaloolist rolli heroiseerida **Alexander von Tobien**. Oma viimases suures teoses "Die Livländische Ritterschaft in ihrem Verhältnis zum Zarismus und russischen Nationalismus" (I–II, 1925–30) näitas ta rüütelkonda Balti provintside seisuseüleste huvide kaitsjana võitluses tsaarivalitsuse venestuspoliitikaga. Järgmise põlve ajaloolane **R. Wittram**, üks baltisaksa ajalookirjutise hilisemaid korüfeesid, vaatles mitmes monograafias (1931, 1934) 1860.–80. aastate liberaalse reformipoliitika eestvõitlejatena baltisaksa literaate, eeskätt Riia kodanlikke ringkondi. Pärast II maailmasõda on nimetatud teemaderingi autoritest tähtsamaid tema õpilane **G. von Pistohlkors** monograafiaga "Ritterschaftliche Reformpolitik zwischen Russifizierung und Revolution" (1978), kes selles ja hilisemates töödes lahkab kriitiliselt rüütelkondade nurjunud reformipüüdlusi, mis viisid Balti provintside ühiskonna 1905. aasta teravate konfliktideni ja aitasid kaasa baltisaksluse mandumisele poliitilisest eliidist vähemusrahvuseks pärast I maailmasõda. Wittrami õpilaste ringist pärineb ka **Horst Garve**, kelle monograafia "Konfession und

Nationalität" (1978) jälgib luteri kiriku, tsaarivalitsuse ja eesti-läti rahvusluse vahel toimunud heitlusi usu- ja kirikuküsimuses 19. sajandi Liivimaal. Suur oli Wittrami mõju ameerika ajaloolase **Michael Haltzeli** suunamisel, kelle uurimus (1977) vaatleb saksa seisusliku omavalitsuskorralduse lammutamist Balti provintsides aastail 1855–1905 Vene valitsuse ühtlustamispoliitika tulemusena. Nõukogude perioodil tegelesid selle teemaga **Sergei Issakov** tööga Balti küsimusest vene 1860. aastate publitsistikas (1961) ja **Maksim Duhhanov** Lätis teosega "Остзейцы" (1970, 2. ümbertööt. ja täiend. tr. 1978), mis vaatleb baltisaksa aadli poliitikat 1850.–70. aastail.

19. sajandi keskpaigast saadik omandas baltisaksa, ning sajandivahetusest alates ka eesti ajaloouurimises olulise koha agraarajalugu. Sotsiaal- ja majandusajaloo haruna jälgib see maaomandi ja -kasutuse, põllumajanduse, maaelanikkonna sotsiaalsete ja õiguslike suhete, agraarpoliitika jms. arengut. 20. sajandi alguseni domineeris siin agraarökonoomiline ja õigusajalooline lähenemisviis, hiljem on tähtsustunud põllumajandusliku tootmise ja selle kõrval talurahva ajaloo uurimine.

Liivimaa mõisate ajaloo süstemaatilisele uurimisele pani aluse maanõunik **Heinrich von Hagemeister**, koostades teose "Materialien zu einer Geschichte der Landgüter Livlands" (I–II, 1836–37). Tema tööd täiendasid hiljem **Eduard von Tiesenhausen** (1843) ja **Friedrich von Buxhöwden** (Saaremaa mõisate ajaloo osas, 1851). Liivimaa mandriosa rüütlimõisate puhul tugines märksa laiemale allikateringile **Leonhard von Stryk**, kelle "Beiträge zur Geschichte der Rittergüter Livlands" (I–II, 1877–85) on tänini peamine ülevaade nende mõisate ajaloost. Sama põhjalikud tööd Eestimaa mõisate kohta ilmusid alles ligi sajand hiljem. Neist kõige olulisemad on **Henning von Wistinghauseni** (mõisaomandi liikumisest Eestimaal, 1975) ja **Erich von Schillingi** (rüütlimõisate omanikest Eestimaal enne mõisate võõrandamist, 1964) teosed.

Mõisate ja aadelkonna ajalooga on tihedalt põimunud baltisaksa genealoogia. Sellealane kirjandus on väga rikkalik, alates professionaalsete ajaloolaste monograafiatest, nagu paljudele metoodiliseks eeskujuks saanud **Hermann von Bruiningki** "Das Geschlecht von Bruiningk in Livland" (1913), ja lõpetades asjaarmastajate koostatud materjalikogudega oma suguvõsa kohta, milliseid ilmub tänini. Genealoogilise uurimistöö olulisimaks viljaks on Balti rüütelkondade genealoogiline käsiraamat ("Genealogisches Handbuch der baltischen Ritterschaften" = GHBR): "Teil Estland" (I–III, 1930–36), "Teil Oesel" (1935–39), "Teil Livland" (I–II, 1929–43), "Teil Kurland" (I–II, 1930–44). Viimased kaks jäid lõpetamata. II maailmasõja järgsest ajast on selles vallas olulisim "Deutschbaltisches biographisches Lexikon" (1970, 2. tr. 1998), mille andis välja **Wilhelm Lenz**.

19. sajandi keskpaigast pärinevad mitmed põllumajanduse agrotehnilis-ökonoomilist külge puudutavad tööd, mille autoriteks on mõisnikest põllumehed või -teadlased, näiteks **Christoph von Brevern, Otto von Gruenewaldt (Grünewaldt), Carl Hehn, Carl von Hueck, Jegor von Sivers**. Siia ritta kuuluvad ka esimese eestlasest põllumajandusteadlase **Jakob Johnsoni** kirjutised. Tõsisema ülevaate põllumajandusest koostas ligi pool sajandit Liivimaa Üldkasuliku Ökonoomilise Sotsieteedi sekretäriks olnud **Gustav von Stryk**, kelle viieosalisest uurimusest on paraku ilmunud vaid lühikokkuvõtted Liivimaa Mõisate Krediidiseltsi ajaloost (1909) ja põllumajandusest Liivimaal (1918). Mõisamajanduse ökonoomikat vaatles oma Tammistu mõisa (1880–1914) näitel **Gustav von Rathlef** (1914). Märkimisväärset osa agraarajalooliste käsitluste alusmaterjalina omasid ka materjali- ja uuringute kogumikud, mida andsid välja kubermangude ja rüütelkondade 1860. aastail tegevust alustanud statistikakomiteed ja -bürood ning nende eesotsas seisnud statistikud **Friedrich von Jung-Stilling, Paul Jordan, A. v. Tobien, Aleksei Haruzin** jt.

Esimeseks põhjalikumaks tervikülevaateks Balti kubermangude talurahvaseisuse ajaloost sai juristi ja ajaloolase **Alexander von Richteri** teos, mis keskendub 19. sajandi alguse ja keskpaiga ümberkorraldustele. Venemaa talurahvareformi ettevalmistusi silmas pidades ilmus see nii saksa kui ka vene keeles (1860). 19.–20. sajandi vahetusel ilmunud baltisaksa uurimused käsitlesid agraarsuhete reformimist ehk seda, kuidas rüütelkonnad ja valitsus *talurahvaküsimust* lahendada püüdsid. Süstematiseeritud õigusajaloolise kokkuvõtte Liivimaa agraarseadusandluse arengust andis jurist **Otto von Mueller** (1892). Mahukas allikapublikatsioon on Eestimaa 1856. aasta talurahvaseadus koos kõigi seda hiljem muutnud või täiendanud aktidega (1904), mille avaldas agraarstatistik **Eduard von Bodisco**. Samuti koostas ta ülevaate talumaa päriseksmüümise käigust Eestimaal 1854–99 (1902). Laialdase allikakasutuse ja lähenemisviisi põhjalikkuse poolest kuuluvad Eesti agraarajaloo klassikasse **Axel von Gerneti** "Geschichte und System des bäuerlichen Agrarrechts in Estland" (1901) ja **A. v. Tobieni** "Die Agrargesetzgebung Livlands im 19. Jahrhundert" (I–II, 1899–1911), seda vaatamata nende ühekülgsele rüütelkonna agraarpoliitika ülistamisele. Pärast 1905. aasta talurahvarahutusi vallandunud diskussioonis sai Tobienist üks kehtivat agraarkorda kõige kirglikumalt kaitsnud autoreid. Tema oponendiks selles oli **Adolf Agthe**, kes osutas oma Leipzigi ülikoolis valminud doktoritöös "Ursprung und Lage der Landarbeiter in Livland" (1909) talurahvaküsimuse lahenduse vajakajäämistele, eeskätt arvuka maatarahva kihi olemasolule ja maatööliste viletsale olukorrale. Teoses "Baltische Bürgerkunde" avaldas kõigi kolme Balti provintsi agraarsuhete kujunemist ja olukorda hõlmava käsitluse **Astaf von Transehe-Roseneck**.

19. sajandi lõpust alates astusid esimesi samme eesti talurahva ajaloo kirjeldamisel ka eesti autorid, kes küll tuginesid baltisaksa ajaloolaste ja statistikute töödele, kuid erinevalt neist nägid talurahva olukorda kriitiliselt ja pidasid tema kohta käiva seadusandluse aren-

gus peamiseks teguriks mitte rüütelkondlikku reformivalmidust, vaid valitsuse algatust. Esimesi selliseid oli **Andres Saali** "Päris ja prii" (I–II, 1891–93), kus on vaadeldud esmalt pärisorjuse (1215–1819) ja seejärel priiuse ajalugu kuni *meie ajani*. **Jaan Kärneri** "Talurahva vabastamine Eestimaal" (1916) kirjeldab pärisorjuse kaotamise seaduse sünnilugu ja põgusalt ka sellele järgnenud *lindpriiuse* aega. Neist iseseisvam on **N. Köstneri** materialistlikust vaatenurgast kirjutatud majandusajalooline teos "Teo-orjuse kaotamine ja maaproletariaadi kujunemine Liivimaal" (1915, trükis 1927), milles jagub kriitilist pilku ka Vene valitsuse agraarpoliitika suhtes. Põllumajanduslikust vaatenurgast analüüsib talumajapidamise olukorda **Aleksander Eisenschmidti** doktoritöö "Väikepõllupidamine Tartu maakonnas" (1912).

Iseseisvas Eestis ja hiljemgi koondus eesti agraarajaloolaste tähelepanu esijoones talurahva olukorrale. 19. sajandi osas pani **H. Kruus** oma lühema tööga 1841. aasta Pühajärve sõjast (1927) aluse talurahvaliikumise uurimisele, mille silmapaistvaimaks tulemuseks kujunes tema monograafia "Talurahva käärimine Lõuna-Eestis XIX sajandi 40-ndail aastail" (1930). Väiksemaid uurimusi talurahvarahutuste kohta Põhja-Eestis avaldas **Leida Rebane** (=Loone) (1933, 1934). Talurahva majanduslikku olukorda 19. sajandi teisel poolel, eriti talude päriseksostmist, käsitles **H. Sepp** (1938, 1940). Õigussuhete aspektist vaatles Eesti agraarajalugu muinasaja lõpust kuni Eesti Vabariigi maareformini **Jüri Uluotsa** "Grundzüge der Agrargeschichte Estlands" (1935). Uudset, sotsiaalajaloolist lähenemist 19. sajandi esimese poole agraarajaloo käsitlemisel pakkus **J. Vasar**, kes osutas hingeloendite kui rikkaliku allika võimalustele ajaloolises uurimistöös (1935). Temalt pärineb koguteose "Eesti majandusajalugu" I jaoks koostatud "Eesti majandus Vene ajal XIX sajandi keskpaigani", mis ilmus ka eraldi trükisena (1937).

Tänu väiksemale sõltuvusele päevapoliitilisest konjunktuurist ja ideoloogilisest survest kujunes agraar- ja majandusajalugu Nõukogude Eestis 1950. aastate keskpaigast ajalooteaduse tugevaimaks suunaks. Oluliseks probleemiks talurahva ajaloos oli tema omavalitsuse kujunemine, mille uurimisele pühendus õigusajaloolane **A. Traat**. Alustanud kandidaadiväitekirjaga (1955) talurahva õiguslikust olukorrast Liivimaal feodalismi lagunemise perioodil, mis viis talurahvakogukonna ja -kohtute loomiseni 1819. aastal, andis ta oma doktoriväitekirjal põhinevas monograafias (1980) ülevaate vallakohtust Eestis 18. sajandi keskpaigast kuni 1866. aasta reformini. Rootsi ajaloolane **Torkel Jansson** on Eesti talurahvakogukonna ajaloole 19. sajandil kohaldanud Baltoskandia mõõdet (1987, 1995). Majandusliku mõtte ajalooga tegeles **L. Loone**, kelle toimetusel (koos **Leonid Brutusega**) ilmus kogumik "Põhijooni majandusliku mõtte ajaloost Eestis XIX sajandil" (1958).

1950. aastate keskel sai talurahvaliikumise viljakaimaks uurijaks **J. Kahk**, kes pühendus talurahva olukorra ja klassivõitluse ning baltisaksa aadli ja tsaarivalitsuse agraarpoliitika vaheliste seoste väljaselgitamisele 19. sajandi alguses ja keskel. Selle tsükli töödest väljapaistvaim on tema esimene monograafia "1858. aasta talurahva rahutused Eestis. Mahtra sõda" (1958), kus on talurahvaliikumisele omistatud keskne osa reformide taganttõukamisel. Hiljem, eriti postuumselt ilmunud teoses "Bauer und Baron im Baltikum" (1999), on **J. Kahk** seda klassivõitluse primaarsuse teooriast lähtuvat seisukohta oluliselt korrigeerinud, tunnistades rohkem kui enne ka ideede ja eriti ajastu üldiste majanduslike ja sotsiaalsete suundumuste mõju. Tema järgnevates töödes langeb pearõhk mõisa- ja talumajanduse vastastikuse seotuse väljaselgitamisele 19. sajandi teisel veerandil. Ühes oma tuumakamas monograafias "Die Krise der feudalen Landwirtschaft in Estland" (1969) käsitleb **J. Kahk** feodaalse põllumajanduse kriisi kui ennekõike kaubamajanduse arengut ja progressi ka teistes eluvaldkondades, mis lõppkokkuvõttes viisi 19. sajandi

keskpaigast feodaalsuhete väljavahetamiseni uue, turumajandusliku majanduskorra poolt. Järgnevatel aastakümnetel pühendas **J. Kahk** hulga uurimusi feodalismilt kapitalismile ülemineku üksikutele tahkudele, sealhulgas talurahva demograafilisele arengule, maailmavaatele ja tavadele, rakendades esimesena eesti ajaloolastest ka nn. kliomeetrilist analüüsi. 1980. aastate lõpul asus ta põhjalikumalt tegelema 19. sajandi teise poole põllumajanduse sünnilooga. Temalt ilmusid lühimonograafiad põllumajanduse uuendajast krahv Friedrich Bergist (1992) ja maaomandi ümber käinud võitlusest talude päriseksostmise aegu 1820–90 (1993).

Talurahvaliikumise erinevaid vorme, eeskätt maatarahva väljaastumisi 19. sajandi 1860.–70. aastail, samuti talurahva vaateid maavaldusele käsitles oma töödes **A. Vassar**.

Feodaalselt kapitalistlikule majandusmudelile ülemineku keerukas protsess pälvis paljude uurijate huvi. Majandusteadlase **Viktor Fainšteini** poliitilise ökonoomia marksistlikust teooriast lähtuv kandidaaditöö kapitalismi geneesist Eestimaa mõisamajanduses (1967) ja doktoritöö kapitalismi kujunemisest feodaalse kaubatootmise vastuolude lahendajaks Eesti- ja Liivimaal (1987) arendasid teesi kapitalismi kujunemise siinsest, nn. preisi teest kui talurahva jaoks kõige rängemast agraararengu mudelist. Kontseptile preisi teest on lõivu maksnud teisedki (J. Kahk ja A. Vassar 1970 ning J. Kahk 1988). **J. Konks**, kelle doktoritöö objektiks oli feodaal-pärisorjuslik põllumajandus ja talurahva olukord Eestimaal 18.–19. sajandi vahetusel (1960), avaldas uurimuse Eestimaa kubermangu põllumajanduse, agraarsuhete ja talurahva olukorrast 18. sajandi lõpust kuni u. 1860. aastateni (1973) ja maavaldusest Eestimaal 1900–17 (1979).

Majandamissüsteemide vahetumisele oli pühendatud ka **T. Rosenbergi** kandidaaditöö (1980), milles jälgiti mõisate üleminekut teotöölt palgatööle ja mõisatööliste kihi kujunemist Lõuna-Eestis 19. sajandi algusest kuni 20. sajandi alguseni. Vene peaministri Pjotr

Stolõpini agraarpoliitikat ja selle avaldusi Eestis 20. sajandi algul käsitles **S. Kivimäe** kandidaaditöö (1980). Eestimaa kubermangu talumajapidamiste sotsiaalmajanduslikku struktuuri ja talude päriseksostu mõjutanud tegureid analüüsis **Toomas Püvi** (1987, 1989). Talurahva maakasutust mõjutanud tegureid, eriti talude päriseksostmise ja sellega seotud talude kruntimise mõju Eesti maa-asustusele käsitles **Gea Troska** ajaloolis-etnograafiline uurimus "Eesti külad XIX sajandil" (1987). Vooremaa asustust 16.–19. sajandil vaatles **Ülle Liitoja (=Tarkiainen)** kandidaaditöö (1987).

Põllumajanduse ajaloo alal on tähtsamateks autoriteks ja töödeks: **O. Karma** (monograafia maaparandusest, 1959), **Otu Ibius** (uurimused piiritusetööstusest, 1959 ja 1977), **Livia Feoktistova** (põlluharimise süsteemidest ja tehnikast, 1980), **Jüri Kuum** (Carl Robert Jakobsoni mõjust talumajanduse edenemisele), **Meinhard Karelson** (talumajanduse üldküsimustest, 1981) ja **Aleksander Ratt** (maaviljeluse arenguloost, 1985).

Eesti agraarajaloo alal kuni 1980. aastate keskpaigani tehtu kokkuvõtteks on autorite kollektiivi koostatud "Eesti talurahva ajaloo" esimene köide (1992, peatoim. **J. Kahk**, tegevtoim. **Enn Tarvel**), milles esitus jõudis välja 19. sajandi keskpaigani. Osa selle teose jätku koostamisel kirjutatust ilmus nn. uue põllumajanduse (alates 1860. aastaist) teemalises TA Toimetiste erinumbris (1994, autoriteks **Anto Juske, J. Kahk, S. Kivimäe, Erik Helmer Pedersen, Väino Sirk, G. Troska**).

Läti ajaloolaste uurimused on osaliselt hõlmanud ka eesti ainest. Nimetagem neist **Heinrihs Strodsi** käsitlusi põllumajanduse arengust Lätis kuni 1860. aastateni (1972, 1985), **Mihhail Kozini** töid Läti külast 1850.–70. aastail (1976) ja **Lida Balevica** töid Läti 20. sajandi alguse põllumajanduse ajaloost (1970), samuti kollektiivseid ülevaateteoseid Läti majandusajaloost 1860–1900 (1972) ja 1900–17 (1968).

Agraarajaloo uurimist on edendanud ka ajaloolaste ja arhivaaride ühistegevus temaatiliste dokumendikogumike ja teatmike koostamisel. Selles valdkonnas oli üheks algatajaks pangaametnikust ajaloohuviline **Aleksander Kruusberg**, kes avaldas lootust, et ükskord saab võimalikuks *Monumenta Estoniae* väljaandmine. Ta publitseeris seerias "Eesti ajaloo arkiiv" mitu vihikut dokumente 19. sajandi teise poole kohta, sealhulgas Tartu Eesti Põllumeeste Seltsi algpäevilt ja senaator Nikolai Manasseini revisjoni tulekust (1921–26). Editsioonitehnikalt täiuslikum oli Akadeemilise Ajaloo Seltsi väljaandena kavandatud "Ajalooline Arhiiv", mille esimese köitena avaldas **H. Kruus** 1927 Laiuse pastori **Heinrich Georg von Jannau** päevaraamatu "Vene-õigeusu tulekust Lõuna-Eestis 1845–1846". Sarja teise köitena trükiti **A. Kruusbergi** "Materjale Maltsveti-liikumise kohta" (1931).

Nõukogude-aegsetes allikapublikatsioonides pöörati rohkesti tähelepanu talurahvaliikumisele kui klassivõitluse vormile. Mahtra sõja 100. aastapäeva puhul ilmus **J. Kahki** toimetusel mahukas kogumik dokumente ja materjale 1858. aasta talurahvarahutustest Eestis (koost. **Oskar Vares, V. Fainštein** ja **Helmut Piirimäe**), ning esmakordselt eestikeelses tõlkes (1861. aastal anonüümsena avaldatud) publitsistlik teos "Eestlane ja tema isand" (1959). **Julius Madissoni** toimetusel ilmus 1978 vene keeles **S. Vahtre, H. Piirimäe** ja **Aleksander Einpauli** koostatud dokumendikogumik Eestimaa vabade rootsi talupoegade feodalismivastasest võitlusest 17.–19. sajandil. 1840. aastate talurahvaliikumist Eestis kajastasid **Vello Naaberi** ja **A. Traadi** koostatud dokumendikogumikud (1982, 1991). Läti allikapublikatsioonidest on Eesti ainese poolest oluline **Aleksandrs Drīzulise** toimetatud kogumik Liivi- ja Kuramaa kubermangus aastail 1882–83 toimunud Manasseini senaatorirevisjoni materjalidega talurahvaseadusandluse, agraar-, omavalitsus- ja haridusolude kohta (1949).

Teatmikest on rohkem kasutamist leidnud **V. Naaberi** koostatud ja **S. Vahtre** (3. tr. **Tiiu Oja**) toimetatud Eesti ala mõisate nimestik (1981, 1984, 1994), ning **Ü. Liitoja** koostatud teatmik "Põhja-Tartumaa talud 1582–1858" (I–IV, 1992).

Talurahva-ajaloo uurimine on elujõuline ka taasiseseisvunud Eestis, ehkki tagasihoidlikumas ulatuses kui varem. **S. Kivimäe** on käsitlenud piimakarjakasvatusele spetsialiseerumist, samuti Liivimaa Üldkasuliku ja Ökonoomilise Sotsieteedi põllumajanduslikke väljaandeid, ning avaldanud Sotsieteedi 200. aastapäeva tähistamiseks korraldatud konverentsi materjalid (1994). **A. Must** kirjutas töö eesti perekonnanimedest 19. sajandil (1995), avaldas käsiraamatu eestlaste perekonnaloo allikatest (2000) ning on pühendunud ümberasumisliikumise uurimisele. **T. Rosenberg** on keskendunud mõisamajanduse ja maaomandi ning sotsiaalsete suhete probleemidele ja põllumajandusseltside ajaloole 19. sajandil ja 20. sajandi algul. Talude päriseksostu käsitlevad **P. Pirsko** (1995, 2002) ja **M. Laur** (1999, 2002, 2003). **Ü. Liitoja-Tarkiainen** on vaatluse alla võtnud talurahva maakasutuse arengu (2006). Uue põlvkonna agraarajaloolastest on 19. sajandi ja 20. sajandi alguse teemadel viljakaim **Kersti Lust** monograafiatega talurahva maakasutusest Saaremaa kroonuvaldustes aastail 1841–1919 (2003) ning talurahva emantsipatsioonist eestikeelse Liivimaa kroonukülas 1819–1915 (2005), samuti töödega 1868.–69. aasta näljahäda kohta (2008, 2009).

Põllumajandusteadlaste loomingust on esileküündivaim **Rein Lillaku** "Eesti põllumajanduse ajalugu" (2003). Eesti agraarajalugu pakub jätkuvalt huvi ka üksikutele välismaa teadlastele. Neist vaadeldava perioodi kohta on värskemaid uurimusi eesti päritolu **Johan Eellendi** Stockholmi ülikoolis valminud doktoritöö eesti väikepõllumeeste, nende seltside ja ühistegevuse ning poliitiliste püüdluste kohta tsaariaja lõpul (2007). Seoses viimastel aastakümnetel elavnenud kodu-uurimisega leidub rohket agraarajaloolist materjali ka paljudes trükki jõudnud suguvõsa-, küla- või kihelkonna-ajaloo käsitlustes.

Esimesed ülevaated Eesti suuremate tööstusettevõtete kohta ilmusid 19. sajandi lõpul – tavaliselt nende asutamise tähtpäevade puhul. Silmapaistvaimad neist on Narva Kreenholmi Manufaktuurile pühendatud teosed (1876, 1896, 1907, 1908, 1932). Esimese põgusa käsitluse tööstuse arengust Eestimaal kuni 19. sajandi lõpuni avaldas baltisaksa uurija **Ina-Maria Friedenthal** (1928). Esimese ülevaate töölisrahutustest Narvas 1872 ja 1882 andis ajakirjanik ja harrastusajaloolane **Arnold Schulbach (Süvalep)** (1932).

Tõsisemalt hakati Eesti tööstuse ja töölisklassi ajalooga tegelema 1950. aastate alguses, mil ilmusid **L. Loone** ja **O. Karma** esimesed artiklid. Suurtööstuse teket ja arengut Eestis kuni 1917. aastani vaatles **Raul Renter** (1958), Oktoobrirevolutsiooni majanduslikke eeldusi **Arno Köörna** (1961). Uurides tööstuse, põllumajanduse ja kaubanduse seisundit 20. sajandi algul, eriti aga I maailmasõja tingimustes, püüdis viimane selgitada Eesti kohta ülevenemaalise rahvamajanduse koosseisus ning Eesti näitel põhjendada nõukoguliku ajalookontseptsiooni üht põhiteesi, mille järgi olevat majanduse areng loonud objektiivsed eeldused *paratamatule* ja *seaduspärasele* sotsialistlikule Oktoobrirevolutsioonile.

Esimese maailmasõja aastaid, mis viisid majanduse kriisiseisu, käsitles **A. Takkini** monograafia (1961). Juba nimetatud Eesti NSV ajaloo üldkäsitluse I ja II osas (1955–63) anti arvestatav ülevaade ka Eesti tööstuse ja töölisklassi tekkest ning arengust kuni 1917. aastani (**O. Karma, L. Loone, G. Lukin, A. Vassar**). Monograafilistest uurimustest oli teedrajav **O. Karma** kapitaalne "Tööstuslikult revolutsioonilt sotsialistlikule revolutsioonile Eestis" (1963), mis hõlmab ajajärku 19. sajandi teisest veerandist kuni 1917. aasta lõpuni. Selles on analüüsitud manufaktuuritööstuse järkjärgulist asendumist masinalise suurtootmisega tööstusharude kaupa, esitatud andmeid ettevõtete tehnilise taseme, töötajate arvu ja toodangu kohta (tuginedes sh. 1869., 1890. ja 1913. aasta tööstusloendustele), ning puudutatud ka tööliste olukorda.

Saksa uurijatest on Balti provintsides maal asunud tööstusettevõtteid 18. ja 19. sajandil käsitlenud **Herbert Pönicke** (1973), baltisaksa ettevõtjate rolli Vene tööstuses ja kaubanduses ning Narvat kui majandusfaktorit Eesti- ja Venemaa vahel **E. Amburger** (1967, 1991).

Tööstuse arengu üldpilti konkretiseerivad üksikute suuremate ja vanemate tööstusettevõtete juubelipuhused ajalood, millest esimesena ilmus Kreenholmi Manufaktuuri oma (1957). Kui varasemad neist olid publitsistlikku laadi, siis 1960. aastate keskpaigast, mil ettevõtete ajaloo uurimist ja kirjutamist asusid juhtima TA Ajaloo Instituudi ajaloolased eesotsas **O. Karmaga**, omandasid tehaseajaloo raamatud juba teadusliku monograafia mõõdu. Sedalaadi tööde poolest olid eriti viljakad aastad 1965–72, mil ilmusid tosina ettevõtte ajalood (enamasti nii eesti kui vene keeles). Paraku pööras enamik neist tähelepanu rohkem streikidele ja rahutustele kui ettevõtte ja tehaserahva igapäevasele tööle ja elule. Laiema haardega on **A. Musta** monograafia "Sindi linn ja 1. Detsembri nimeline vabrik. 1833–1983" (1985), kus jälgitakse suurettevõtte kujunemist tööstusliku pöörde käigus, vabriku, selle asula ja ümbritseva tagamaa seoseid, vabriku ja selle tööliskonna osa ümbruskonna haridus- ja kultuurielus ning tööliste elu-olu. Tööstuse arengu üldisemaid küsimusi, esijoones monopolistliku kapitali osa Eesti tööstuse arengus 1890. aastaist kuni 1917. aastani uuris **Niina Torpan** (1984). Eesti tööstustööliste sotsiaalmajanduslikku olukorda, organiseerumist ja liikumist, Vene valitsuse tööstus- ja sotsiaalpoliitikat 19. sajandi teisel poolel ja 20. sajandi algul on analüüsinud **Maie Pihlamägi**. Temalt pärineb ka uusim üldistav monograafia Eesti industrialiseerimise kohta aastail 1870–1940 (1999). Tööliskonna elutingimustest Tallinna eeslinnades samal ajavahemikul kõneleb **Ene Mäsaku** raamat (1981).

Töölisliikumise ajaloo osas, mille esimesi hõlmavaid käsitlusi oli **A. Vassara** uurimus töölisliikumise alguse kohta 1870.–80. aastail (1954), on enim ainet andnud Narva tööliste streigiliikumine ja 1905. aasta. Juba 1952 ilmus **Richard Kleisi** algatusel koostatud vene-

keelne dokumentide ja materjalide kogumik Kreenholmi 1872. aasta streigist ning **Peet Sillaotsa** samateemaline raamatuke, 1972. aastal aga **Pavel Kanni** monograafia. Põhjalikum ülevaade sellest sündmusest ilmus ameerika ajaloolaselt **Reginald E. Zelnikult** (1996).

Tööstuse ja tööliskonna ajalooga võrreldes on seni üpris tagasihoidlikku tähelepanu pälvinud käsitöö ajalugu. Üks esimesi selleteemalisi töid on **Max Aschkewitzi** artikkel baltisaksa käsitöö allakäigust 19. sajandil (1937), mille põhjustena tõi autor esile saksa käsitöömeistrite juurdevoolu lakkamise Saksamaalt, nende edasirände Venemaale või lahkumise käsitööliste seisusest sotsiaalse tõusu tõttu. Neid seisukohti on hiljem vaidlustanud **G. Etzold** uurimusega käsitöölistest Tallinnas 19. sajandil, märkides, et inimestest puudust ei olnud, vaid käsitöö allakäigu põhjused peitusid majanduse, eeskätt tööstuse arengus (1995). Mitme eesti teadlase tähelepanu koondus 18. sajandile ja selle kõrval 19. sajandi algusele: **Jüri Linnus** vaatles käsitöölisi maal ja väikelinnades (1972), **Epp Kangilaski** (1972) ja **R. Pullat** (1979) Tartus. Etnograafilise materjali põhjal on koostatud **Kalju Konsini** uurimus käsitööliste töötingimustest 19. sajandi lõpul ja 20. sajandi algupoolel mõnes Eesti alevis ja väikelinnas (1969). 19. sajandi teise poole linnakäsitööliste olukorda on Eestimaa kubermangu materjalide põhjal käsitlenud **Maria Tilk**, kes kaitses sel teemal kandidaadiväitekirja (1988). Taasiseseisvunud Eestis ilmunust on esile tuua vaid **Ants Viirese** artikkel "Käsitöö edendamise üritustest Eestis 19. sajandi viimasel veerandil" (2005).

19. sajandi ja 20. sajandi alguse kaubanduse ajaloo alal on viljakaim olnud majandusajaloolane **F. Sauks**, kelle esimesed uurimused (lambakasvatussaaduste turustamisest ja krediidindusest) ilmusid 1930. aastate lõpul. Tema sõjajärgsetest töödest on olulisim monograafia "Kaubanduse arengust Eestis kapitalismi tingimustes (1900–1940)" (1968). Peatükid kaubanduse ajaloo kohta üldteostes on kirjutanud **H. Sepp** (1937), **O. Karma**

(1955–1963) ja F. Sauks (1979). Kitsamatest eriuurimustest valgustavad Tartu aastalaatu **Arnold Hasselblatt** (1884) ja **Endel Kampus** (1980), Pärnu (välis)kaubandust 1820.–30. aastail **Ene Luka-Remmelgas** (1987) ja **Olaf-Mihkel Klaassen** (konsulaatidest Pärnus 18. sajandi teisel poolel ja 19. sajandil), Eesti ja Soome vahelisi kaubandussuhteid **Arved Luts** (Soome lahe randlaste sõbrakaubandusest, 1969) ja **T. Püvi** (lühimonograafia "Soome kaubandus Eesti sadamates 19. sajandi viimastest kümnenditest kuni Esimese maailmasõjani", 1990). Tallinna kaubanduse kohta 19. sajandi teisel poolel ja 20. sajandi algul, millest 1880–1904 osas avaldas põhjaliku statistilise ülevaate **Christian Fleischer** (1906), toob uudset materjali **Walter Dehio** biograafiline töö kaupmehest ja bürgermeistrist Erhard Dehiost (1970).

Rahandusajaloo küsimusi on seni põhjalikumalt valgustanud peamiselt omaaegsed baltisaksa majandusteadlased (**Hermann von Engelhardt** ja **Hans Hollmann** 1902, **Friedrich Stillmark** 1903, **Eugen von Stieda** 1909, **Nathanael von Stackelberg** 1911). Eesti *ühistegelike* krediidiasutuste osas on seda tehtud ka koguteostes (**Aleksander Kask, Ants Simm, August Tammann** 1927; **Karl Inno, F. Sauks** 1940). Oluliseks panuseks I maailmasõja aegse (ja järgse) majandus- ja rahapoliitika valgustamisel on **Jaak Valge** monograafia "Lahtirakendamine. Eesti Vabariigi majanduse stabiliseerimine 1918–1924" (2003).

Eesti merenduse ajaloo alal on pioneeriks kaugsõidukapten **Evald Past**, kes avaldas 1930. aastail mitu raamatut – sh. "Jooni Eesti mereasjanduse minevikust" (1935) ja kaks kogumikku meremeeste mälestustega. Mõningal määral täiendavad seda **Robert Kurgo** populaarne ülevaade purjelaevandusest Pärnu kandi rannavetes (1965) ning **Ants Pärna** "Meri ja mehed. Meresõidust Eestis" (1979). Väiksemaid uurimusi eesti randlaste purjelaevandusest on kirjutanud ka **Hugo Puss** ja **Bruno Pao**.

Kommunikatsiooni arengu kohta Eestis kuigi põhjalikke uurimusi pole. Raudtee-transpordi ajaloost on kõige tuntum **Veera Gussarova, O. Karma ja G. Lukini** "Sada aastat Eesti raudteed" (1970). Sellele lisanduvad **Mehis Helme** töö kitsarööpmelise raudtee ajaloost (1996) ning **Hillar Palametsa** (2005), **Leo Narbekovi** (2006) ja **Arved Duvini** (2007) populaarsed kirjutised raudtee jõudmisest Eestisse. Eesti konteksti sobitub ka Läti ajaloolase **Lidija Malahhovska** põhjalik monograafia Läti transpordi ajaloost (1998), milles käsitletakse raudteede ning sadamate rajamist ja toimimist laiemal taustal, analüüsides Vene impeeriumi rahvamajandusliku infrastruktuuri kujunemist mõjutanud majanduslikke ja strateegilisi faktoreid.

Maanteetranspordi arengut on jälginud **Eerik Selli** ("Postijaamad riigi ja reisijate teenistuses", 1976) ja **Valdeko Vende** ("Esimesest autost viimase voorimeheni", 1976, 1989), kes annavad ülevaate vastavalt posti- ja reisijateveost 18. sajandist kuni 1930. aastateni ning kommunaaltranspordist 19. sajandi lõpust kuni 1950. aastateni. Pea täiesti valgeks laiguks on Eesti sadamate kui transpordisõlmede ajalugu. Puuduvad põhjalikumad ajaloolised käsitlused ka veetranspordist ning sidest kui majandusharust. Elekterside (telegraaf, telefon, raadioside) minevikust on avaldanud populaarset laadi ülevaate **Heino Pedusaar** (1990). Tööstuse, põllumajanduse, käsitöö, kaubanduse, rahanduse ja kommunikatsioonide arengukäiku on vaadeldud ka mitmetes linnade ja maakondade koguteostes ja ajalugudes.

EUROOPA JA VENEMAA VIINI KONGRESSIST I MAAILMASÕJANI

Ajastust ja selle põhiprotsessidest Euroopas

19. sajandit on nimetatud ka *pikaks 19. sajandiks*, tähistamaks ajaloosündmuste iseloomu põhjal mõttelist piiri tema ja *lühikese 20. sajandi* vahel. Toda ajastut raamistavad kaks üle-euroopalist konflikti – üle 20 aasta kestnud sõdade periood, mille keskmes oli Prantsusmaa (nn. revolutsioonisõjad ja Napoleoni sõjad), ning I maailmasõda koos revolutsioonidega 1917–18, mille keskmes olid Venemaa ja Saksamaa.

19. sajand ja 20. sajandi algus oli kõigi Euroopa maade jaoks sügavate sotsiaalsete, majanduslike ja poliitiliste muutuste ajastu, mil toimus üleminek kontinentaal-Euroopas valitsenud vanalt seisuslik-absolutistlikult korralt uutele, modernsetele riiklikele ja ühiskondlikele süsteemidele, mis said iseloomulikuks 20. sajandile. Teisisõnu oli see üleminek traditsiooniliselt e. seisuslikult modernsele e. kõikseisuslikule kodanikuühiskonnale, agraarselt industriaalsele ühiskonnale, eliitkultuuri domineerimiselt mitmekesisemale massikultuurile.

Moderniseerimine oli keerukas ja vastuoluline protsess. Rohked järsud pöörded, mida kirjanduses üldiselt revolutsioonideks nimetatakse, on andnud alust kutsuda seda perioodi ka *revolutsioonide sajandiks*. Kuna Euroopa ja seejärel kogu maailma osad omavahel järjest tihedamini seostusid, avaldusid maade ja riikide vastastikused mõjud nii ideede ja kogemuste kui ka revolutsioonide ja reaktsiooni ekspordis. Rahvusluse tõus ja võidukäik koos rahvusliku vabadusliikumise ja rahvusriikide sünniga on andnud põhjust kõnelda 19. aastasajast kui *rahvusluse sajandist*. Seda on nimetatud ka *uusimperialismi sajandiks*, sest laienes ülemeremaade koloniseerimine, süvenesid heitlused maailma jagamise ümber Aafrikas, Aasias ja Okeaanias. Samal ajal saavutas edu vastupidine protsess – dekoloniseerimine, ja tekkisid uued riigid.

Ühiskondlik-poliitiline areng

1815. aasta Viini kongressist alates muutus poliitiline ja ühiskondlik kord pea kõigis riikides. Enamasti, v.a. Suurbritannias ja Rootsis, toimus areng revolutsioonide ja mässude, mõnes ka rahvusliku vabadusvõitluse ja sõdade (Itaalias ja Saksamaal) saatel. Suurimaid muutusi ühiskondlik-poliitilises arengus tähistavad märksõnad nagu ilmalikustumine, ratsionalism, emantsipatsioon, liberalism, rahvuslus, konstitutsionalism, kodanikuõigused ja -vabadused, demokraatia, parlamentarism. Võrreldes eelnevate sajanditega oli see ometi üle-euroopalise rahu ajastu: Napoleoni sõdadele järgnes ligi 40-aastane periood, mil ei olnud suuri sõdu, ja vahepealsetele rahututele aastakümnetele (1853–71) taas suhteline 40-aastane rahuaeg (mille kestel Venemaa siiski jõudis sõdida nii Türgi kui Jaapaniga).

19. sajandi algust tähistas Euroopa riikide üldine reaktsioon revolutsioonilise Prantsusmaa ja Napoleoni impeeriumi poolt kordasaadetu vastu – püüti taastada vanu piire ja aidata troonile tagasi kukutatud valitsejaid.

Restauratsiooni, legitiimsuse ja restitutsiooni põhimõtteile tuginedes sõlmiti 1815. aastal pärast Viini kongressi Euroopa monarhide vahel *Püha Liit*. Monarhide Euroopa-poliitika kooskõlastamiseks ja eriti vabadusliikumise mahasurumiseks kehtestus uus rahvusvaheliste suhete süsteem – kongresside süsteem ehk *Euroopa kontsert*.

Viini kongressi järgselt kujunes Euroopa juhtivates riikides mitmeks aastakümneks jõudude tasakaal valitseja, aristokraatia, bürokraatia, vaimulikkonna ja armee vahel, säilitamaks kehtivat poliitilist korda ja 1815. aastal Viinis kokkulepitud territoriaalset jaotust. Selline väliselt kindel korraldus ei kestnud aga poolt sajanditki, sest eelnev revolutsiooniline periood sünnitas ühiskondlikud huvirühmad-võitlejad, kes ei leppinud restauratsiooniga ja ühinesid liberaalseteks või rahvuslikeks parteideks, kes kasutasid võitluses ka vägivaldseid vahendeid, mis kulmineerusid suurt osa Euroopast hõlmanud 1848.–49. aasta revolutsioonides. Valitsused vastasid neile omakorda sõjalise jõuga, kohtuprotsesside ja vangistustega. 1860.–70. aastail kroonis seda võitlust paljudes Euroopa riikides kaasaegse parteilise süsteemi väljakujunemine, milles olid esindatud kõik sotsiaalsed klassid ja kihid.

19. sajandi viimasel kolmandikul toimus Euroopas (v.a. Venemaa, mõned Kesk-Euroopa maad ja Türgi) valdavalt liberalismil rajaneva poliitilise süsteemi konsolideerumine. 19.–20. sajandi vahetusel aga tabas nn. vana liberalismi kriis, sest poliitilise võitluse lisandus uus jõud sotsiaaldemokraatlike ja töölisparteide näol.

Poliitiline kord arenes kogu 19. sajandi jooksul järjärguliste muudatuste haaval. Valijate ringi laienemine toimus etapiviisiliselt ja lõppes üldise valimisõiguse kehtestamisega enamasti alles 20. sajandil. Ehkki ükski kontinendi suurriik ei suutnud vältida revolutsioone, toimus valdav osa poliitilistest ja sotsiaalmajanduslikest ümberkorraldustest siiski reformide teel. Reformid võimaldasid vältida paljusid ohvreid ja tagasilööke, nad

olid ühiskonnale soodsamad. Olulisemaid ühiskondlik-poliitilisi saavutusi oli kodanikuühiskonnale omase kohtukorralduse sisseviimine enamikus Euroopa riikides. Seda iseloomustas haldus- ja kohtuvõimu lahususe põhimõte, kõigi seisuste võrdsus üldkohtu ees ja kohtuprotsessi avalikkus ning poolte võistlus.

Ühiskondliku elu võimsaks teguriks sai avaliku arvamuse ehk kodanikuavalikkuse kujunemine, mille tähtsateks instrumentideks olid ajakirjandus ja kodanike vabad ühendused ehk seltsid.

Alates 19. sajandi algusest mõjutasid mitmesugused rahvuslikud, hõimu- ja regionaalsed liikumised (panslavism, pangermanism, skandinavism) tugevasti nii poliitilist kui vaimuelu. Keelelised, kultuurilised, religioossed ja rassilised iseärasused omandasid järjest suurema sotsiaalse tähenduse, mis viis modernsete rahvuste kujunemiseni ja soodsate ajalooliste tingimuste korral ka rahvusriikide sünnini.

Ühiskondlik-majanduslik areng

Ühiskondlik-majandusliku arengu muutuste tempo olenes sellest, millal algas ja kui kiiresti toimus kuskil maal tööstuslik pööre, mille käigus mindi käsitöölt ja manufaktuurselt tootmiselt üle vabrikutööstusele. Tänu raudteede ehitamisele ja purjelaevade asendumisele aurulaevastikuga sai võimsa tõuke metallurgiatööstus, telegraafi, telefoni ja raadio tulek aga parandas ühendust maade ja kontinentide vahel. Kuna ühiskonna arengu määravaks teguriks muutus tööstus, on uut ühiskonda hakatud nimetama industriaalühiskonnaks – tööstuse areng ei muutnud mitte ainult tootmise palet, vaid selle mõjul kujunesid ümber ühiskonna struktuur (sotsiaalne koostis) ning inimeste eluviis ja vaimulaad (mentaliteet).

Tööstusliku revolutsiooniga kaasnes pööre teenuste valdkonnas. Eriti kiiresti kasvas ühiskonna nn. kolmas sektor – kõik see, mis jääb väljapoole tööstust ja põllumajandust.

pealinn
linn
riigipiir
riigi autonoomse osa piir
Numbritega on kaardil tähistatud:
1 Andorra, 2 Gibraltar (Briti), 3 Liechtenstein,
4 Luksemburg (personaalunioon Hollandiga),
5 Monaco, 6 Montenegro, 7 San Marino

Reykjavik
ISLAND
(Taani)

Norra meri

FÄÄRI SAARED
(Taani)

Atlandi ookean

Arhangelsk

Oulu

SOOME
SUURVÜRSTIRIIK

Viiburi

Norra-Rootsi
personaalunioon
1814–1905

Turu Helsingi

Põhjameri

NORRA
Oslo
(Christiania)

ROOTSI

Peterburi
(Sankt Peterburg)

Stockholm

Tallinn

Tartu Pihkva

Göteborg

Edinburgh

Riia

SUURBRITANNIA
JA IIRIMAA
ÜHENDKUNINGRIIK

Dublin

TAANI   Kopenhaagen

Kaunas Vilnius
Königsberg

Vitsebsk
(Vitebsk)

Manchester

Minsk

Liverpool

Birmingham

Gdańsk
(Danzig)

Grodna
(Grodno)

Hamburg

London

HOLLAND
Amsterdam

Hannover Berliin

Poznań
(Posen)

Varssavi

VENE KEISRIRIIK

Bristol

Brüssel

BELGIA

SAKSA KEISRIRIIK

Frankfurt

Wrocław
(Breslau)

Lublin

Kiiev

Le Havre

Praha

Kraków Lviv
(Krakau) (Lemberg)

Nantes

Pariis

Nürnberg

Strasbourg
(Straßburg)

München

Viin

Bratislava
(Preßburg)

Odessa

PRANTSUSMAA

Bordeaux

Lyon

Bern

SVEITS

Buda Pest

AUSTRIA-UNGARI KEISRIRIIK

Venezia

UNGARI

Milano

Zagreb

Belgrad

Bilbao

Toulouse

Genova

Sarajevo

Bukarest

Porto

Marseille

SERBIA

Sofia

PORTUGAL

Madrid

Barcelona

Korsika

ITAALIA

Tirana

İstanbul
(Konstantinoopol)

Lissabon

Valencia

Rooma

Napoli

ALBAANIA

HISPAANIA

Sardiinia

Ateena

Vahemeri

Alžiir

Palermo

Sitsiilia

KREEKA

Rabat

Tunis

MALTA
(Briti)

MAROKO

ALŽEERIA
(Prantsusmaa)

TUNEESIA
(Türgi)

Kreeta

RUMEENIA

BULGAARIA

OSMANITE IMPEERIUM

Euroopa poliitiline jaotus 1871

Kui traditsioonilise ühiskonna peamised professionaalsed teenused olid seotud juura, meditsiini ja religiooniga, siis majanduskasv tõi kõikjal kaasa kaubanduse, rahanduse, transpordi, haldus- ja kommunaalsfääri arengu ning vastava sotsiaalse võrgustiku kujunemise. Majanduslik spetsialiseerumine ja jõukuse kasv suurendas tarbimist, ja eri ametitesse oli vaja järjest enam õppinud professionaale. See tõi omakorda kaasa haridussfääri enneolematu laienemise, kirjaoskuse ja haridustaseme tõusu.

Olemuslikult muutus ka ühiskonna sisemine korraldus. Varasem traditsiooniline sotsiaalne hierarhia oli rajanenud sünniõigustel, sotsiaalne mobiilsus oli olnud madal. Modernse ühiskonna hierarhia hakkas ikka rohkem baseeruma saavutustel, seisuslik ühiskond asendus klassiühiskonnaga. Traditsioonilise ühiskonna algrakukeseks oli olnud väike kogukond, mille liikmed üksteist tundsid. Moderniseerimise käigus asendus see suurema impersonaalse ühiskonnaga, mis majanduses võttis turu ja poliitilises sfääris bürokraatia vormi. Traditsioonilises ühiskonnas olid inimesed püüdnud muutusi tõrjuda, moodsas püüti neist kasu saada. Teisenes ka kultuur – traditsioonilises ühiskonnas oli see enamasti religioosne, maagiline ja irratsionaalne, modernses ühiskonnas aga omandas valdavalt ilmaliku, ratsionaalse ja teadusliku koe.

Tööstuslik revolutsioon kiirendas urbaniseerumist. 19. sajandile on tunnuslik linnade, eriti suurlinnade osatähtsuse kiire suurenemine kõigis eluvaldkondades. Seejuures said linnad, eriti pealinnad ka varasemast suuremate sotsiaalsete pingete keskusteks – pea kõik olulisemad pöördelised sündmused toimusid linnas. Suurenes linnakeskkonna etniline, keeleline, religioosne ja ühiskondlik-kultuuriline mitmekesisus. Kiire linnastumisega kaasnes pahesid, nagu ülerahvastus ja kohati äärmiselt ebasanitaarsed elamistingimused. Oluliseks teguriks linnastumistempo kiirenemisel oli ka *demograafiline plahvatus*.

Demograafiline areng

Kõiki Euroopa riike ja rahvaid 19. sajandi teisest poolest alates puudutanud suurte majanduslike ja ühiskondlike muutuste aluseks oli enneolematult kiire rahvastiku juurdekasv. Alates 18. sajandi teisest poolest kiirenes juurdekasv pidevalt (erandiks vaid Prantsusmaa ja Iirimaa), ja alates 19. sajandi keskpaigast lausa plahvatuslikult. Kui 1800. aastal elas Euroopas u. 187 miljonit inimest, siis 1850. aasta paiku juba 266 miljonit, 1900. aastal 401 miljonit ja 1913. aastal 468 miljonit. Rahvaarvu kasv oli regiooniti ja isegi riigiti väga ebaühtlane, nagu ka rahvastiku tihedus. Asustustihedus ja riikide osatähtsus Euroopa kogurahvastikus muutusid 19. sajandi vältel oluliselt. 1850–1910 suurenesid need märgatavalt Vene-, Saksa- ja Inglismaal, kahanesid aga Prantsusmaal, Austria-Ungaril ja Itaalial. Põhja-Euroopa maadest olid rahvaarvu üldise kasvu juures märkimisväärsed Soome ja Taani osatähtsuse kasv, Norra püsimine ja Rootsi langus.

Tervikuna kasvas Euroopa rahvastik vaadeldaval ajavahemikul kiiremini kui kunagi varem või hiljem, ja seda ka suhteliselt – kui 1800. aastal elas Euroopas u. 21% ja 1850. aasta paiku u. 23% maailma rahvastikust, siis enne I maailmasõda juba 27%.

Üldine rahvaarvu kasv sisaldab endas nii sündide-surmade kui ka rände bilanssi. Sellest suurem oli Euroopas rahvastiku loomulik juurdekasv, mis põhines eeskätt suremuse (eriti väikelaste suremuse) kiiremal langusel võrreldes sündimusega. Suremus kahanes 1800–1900 keskmiselt kaks korda ja oli sajandi lõpul tänu arstiteaduse edusammudele, tervishoiusüsteemi loomisele, hügieeniharjumuste levimisele rahva hulgas ja inimeste elujärje paranemisele langenud 20‰ piirile. (Seejuures jäi sündimus enamikus Euroopa maades veel pikaks ajaks üle 30‰ taseme.) Selle tulemusena tõusis tublisti inimeste keskmine oodatav eluiga (35-lt 50-le eluaastale).

Rahvaarvu kasvu varju jäi esialgu 19. sajandi algusest kujunema hakanud uus rahvastiku taastetüüp, mille aluseks on pereplaneerimine laste arvu teadliku piiramise kaudu perekonnas. Prantsusmaal sai see harilikuks 19. sajandi algul, mujal Lääne-Euroopas sajandi lõpul. Nimetatud nähtust, mis tõi endaga kaasa sündimuse languse, mõjutasid industrialiseerimine, urbaniseerumine, sissetulekute kasv ja rahva haridustaseme tõus, naiste emantsipatsioon jt. ühiskonna moderniseerimisega seotud tegurid. 19. sajandi teisel poolel hakkas sündimus kahanema kiiremini kui suremus, ja loomulik iive seetõttu vähenema. Seda protsessi, milles eristuvad veel mitmed etapid, on nimetatud demograafiliseks üleminekuks või revolutsiooniks. Sündimus erines Euroopas riigiti tunduvalt, samuti muutus see sajandi jooksul riigiti üsna olulisel määral. Nii kahanes sündide arv tuhande elaniku kohta Prantsusmaal 32-lt (1820. a.) 12-le (1912) ja Inglismaal 36-lt (1840) 24-le (sajandi lõpul). Saksamaal tõusis see 36-lt (1840) 39-le (1880) ja langes seejärel 27-le (1913). Rahvaarvu kasv jätkus Euroopas mõnda aega veel tänu neile maadele, kus demograafiline üleminek algas hiljem – s.o. Ida- ja Lõuna-Euroopale.

Loomulikku iivet absorbeeris küll väljaränne, millel Euroopas pole samuti olnud kunagi nii suurt tähtsust kui ajavahemikus 1840–1914. Suurenes migratsioon üldse – 1900. aasta paiku vahetas tollal Euroopas elanud u. 400 miljonist inimesest vähemalt korra elukohta tõenäoliselt kolmandik kuni pool. Täpsemini jälgitav on kontinentidevaheline ränne, mille põhivoog siirdus üle ookeani – Ameerikasse, Lõuna-Aafrikasse, Austraaliasse ja Uus-Meremaale. 1800–40 lahkus Euroopast u. 1,5 miljonit inimest, 1840–1914 üle 50 miljoni. Neist ligi 2/3, enamikus nooremad kui 40-aastased, suundusid ja jäid Ameerika Ühendriikidesse. Üle poole kuni kolmveerand nendest olid mehed. USA rahvastikust, mis ületas 1914. aastaks 100 miljoni piiri, moodustasid suure osa eurooplased ja nende järglased. Euroopa immigrantide tööjõud kujunes Ameerika rikkuse peamiseks allikaks, ning eurooplased andsid ka selle intellektuaalse kapitali, mis tõstis USA juba 20. sajandi alguseks maailma võimsamate riikide hulka.

Väljarände tõukejõududeks olid suhteline ülerahvastus ja maanälg, näljahädad, majandusliku konjunktuuri langus 19. sajandi lõpul, aga ka poliitiline ning religioosne rõhumine ja tagakiusamine. Võõrsilt lähtuva tõmbejõuna toimisid omakorda lootus leida väheasustatud alal maad, paremad karjäärivõimalused ning kohaliku konjunktuuri nähtused, nagu näiteks kullaleiukohtade avastamine.

Tänu Euroopa kiiremale ühiskondlik-poliitilisele, teaduslik-kultuurilisele ja majanduslikule arengule, samuti eurooplaste migratsioonilisele levimisele maailmas võib *pikka 19. sajandit* nimetada ka *Euroopa sajandiks* maailma ajaloos. 20. sajandi alguseks jõudis Euroopa oma poliitilise, majandusliku ja kultuurilise mõjuvõimu tippu.

Vene keisririik 19. sajandil

Vene riik kujutas endast juba 19. sajandi algul hiiglaslikku paljurahvuselist euroopalik-aasialikku konglomeraati, kus elas ligi 40 miljonit inimest. Selle sajandi jooksul paisus impeerium olulisel määral. Sajandi esimesel veerandil neelas ta relvajõu abil endasse Soome ning uusi osi Poolast, Bessaraabiast ja Taga-Kaukaasiast. Pool-vabatahtlikult liideti Gruusia. 1858. aastal elas Venemaa piires 75 miljonit inimest, 1897. aastaks tõusis elanike arv 129 miljonile ja enne I maailmasõda oli riigil juba 178 miljonit alamat. Neist elas Suur-Venemaal 70 miljonit, Siberis ja Turkestanis 22 miljonit, Ukrainas, Krimmis ja Bessaraabias 39 miljonit, Kaukaasias 9 miljonit, Valgevenes 10 miljonit, Poolas ja Leedus 12,5 miljonit, Balti provintsides 4,5 miljonit ja Soomes 3 miljonit inimest. Suurvenelased moodustasid 44 protsenti kogu impeeriumi elanikkonnast.

Venemaa majanduses põimusid kogu 19. sajandi vältel primitiivpatriarhaalsed,

feodaalsed ja varakapitalistlikud majandus-
vormid. Peamiseks majandusharuks jäi kuni
keisrirežiimi lõpuni rutiinne, väheproduk-
tiivne ja valdavalt ekstensiivne põllumajan-
dus, mis kuni 1861. aasta talurahvareformini
baserus põhiliselt pärisorise talurahva
sunniviisilisel tööl. Vene majandussüsteemi
teise äärmuse parimaks näiteks 19. sajandi
algupoole oli kõrgelt hinnatud must metal-
lurgia, mis andis ligi kolmandiku maailma
malmivalust ja töötas suures osas välisturu
tarbeks – tõsi küll, ka siin ei saadud läbi ilma
sunnismaiste töölisteta. Põhiosa Vene riigi
tööstustoodangust andis aga kuni sajandi
teise poole industrialiseerimiseni talupoeg-
lik käsitöönduse.

Linnaelanikud moodustasid Venemaal
19. sajandi algul napilt 6% kogurahvastikust.
Väga madal oli Venemaa infrastruktuuri
arengutase – eriti nigelad olid tema hõre-
dalt paiknevad maanteed, mida sai kasutada
alla poole aastast. Impeeriumi Aasia-osa
jäi kõigi demograafiliste, majanduslike ja
sotsiokultuuriliste näitajate poolest tunduvalt
maha riigi Euroopa-osast. Vaatamata hiiglas-
likele loodusrikkustele ja tohutu suurele ter-
ritooriumile, mis võinuks elatist pakkuda ka
palju arvukamale rahvastikule, jäi Venemaa
madala elatustasemega vaeseks maaks.

Tohutu vahe eksisteeris ka äärmiste
seisuste, õhukese privilegeeritud aadlikihi
ja rohke "lihtrahva" kultuurilis-olmelise
taseme vahel. Kui aadel, eriti pealinlik osa
sellest orienteerus lääneeuroopalikule, ees-
kätt prantsuse ja saksa eeskujule ja moele,
siis talupojad hoidsid visalt kinni traditsioo-
nilistest usulis-patriarhaalsetest väärtustest ja
tavadest. Vene talupoegi iseloomustas piiritu
usk *isakesse-tsaari*, kogukondlikkus ja sügav
usklikkus käsikäes kirjaoskamatusega.

Pärisorjuslik kord ja seadustega jäigalt
määratletud ühiskonna seisuslik jaotus
mõjus halvasti nii ülem- kui ka alamkih-
tidele: esimesed kippusid kergesti unustama
lihtsaid kõlbluse ja õigluse põhimõtteid, su-
keldusid härrandlikku oleskellu ja apaatias-
se, teised aga harjusid tagantsunni ja neisse

sisendatud alandlikkusega, ning ootasid
leevendust vaid valitsejalt. Tõsi küll, ajuti
puhkes siin ja seal metsikuid talurahvara-
hutusi, mis olid enamasti suunatud mingi
üksiknähtuse või uuenduse vastu ja reeglina
midagi oluliselt ei muutnud.

Vene riigiaparaadis õitsesid kroonuvar-
gus ja altkäemaksuvõtmine, seadustest ei
peetud kinni ning pea kõikjal ja kõiges valit-
ses omavoli. Monarhi võim oli kuni 20. sajan-
di alguseni piiramatu, ühiskondlik initsiatiiv
kammitsetud, kodanikuavalikkus kuni sajan-
di keskpaigani praktiliselt puudus.

Sellele vaatamata möödus 19. sajand ka
Venemaal majanduse, ühiskondlike suhete
ja poliitiliste struktuuride moderniseerimise
tähe all. Üldjoontes sarnanes Venemaa aren-
gusuund läänemaailmas kulgevate põhi-
protsessidega, s.o. üleminekuga industriaal-
ühiskonnale. Lääne-Euroopa arenenud rii-
kidest tunduvalt mahajäänuma Venemaa
eripäraks oli see, et toimuvates ümberkorral-
dustes jäi inimeste isiklik ja seltskondlik al-
gatusvõime pärsituks, määrav oli autokraatia,
kes püüdis säilitada oma positsiooni riigis ja
rahvusvahelisel areenil. Seejuures dominee-
risid suurriiklik laiutamispüüe ning valitseva
dünastia ja tema põhitoe, aadliaristokraatia
huvid laiemate ühiskonnakihtide huvide
suhtes, mis muutis teostatavad reformid pii-
ratuks ja ebajärjekindlaks ning nende hinna
rahva jaoks ülemäära kõrgeks. Vene reforme
segasid alati keisrivalitsuse despootlikud tra-
ditsioonid, aadli sotsiaalne egoism ja inertsus,
vene kodanluse hiline areng, ebakompetent-
ne ja korrumpeerunud bürokraatia, valitsuse
kroonilised finantsraskused ja rahvahulkade
harimatus. Paljurahvuselise impeeriumi
laienemine tekitas probleeme selle hal-
damisega, teravaid vastuolusid keskuse ja
perifeeria, valitsuse keskustamispoliitika ja
rahvaste enesemääramise taotluste vahel.
Pärisorjusliku süsteemi kriis tuli eriti selgelt
ilmsiks Krimmi sõjaga, mis seadis kahtluse
alla Venemaa suurriigi staatuse ja demonst-
reeris vajadust kiirendada moderniseerimist
majanduses, halduses ja sotsiaalses sfääris.

Vene isevalitsejad postmarkidel (vasakult): Aleksander I, Nikolai I, Aleksander II, Aleksander III, Nikolai II

Forsseeritud moderniseerimise hinnaks olid klassi- ja etnilised konfliktid, mis viisid hiidriigi revolutsiooniliste vapustuste ajajärku 20. sajandi algul.

Siiski edenes agraarmaa agraar-industriaalseks, pärisorine tööjõud asendus vabapalgalisega ja turumajandus arenes. Suurenes sotsiaalne mobiilsus ja järk-järgult ähmastusid seisustevahelised erinevused, pinda võitis ühiskondlik initsiatiiv, pisitasa levis haridus ning järjest enamad keisririigi alamad said osa maailmakultuuri saavutustest. Kuid moderniseerimisprotsess jäi Venemaal 19. sajandil lõpule viimata ja isevalitsusliku korra muutmisele asuti alles uue sajandi algul.

Aleksander I valitsemisaja lõpp

Aleksander I (1777–1825, troonil 1801–25) valitsemisviis pärast Napoleoni purustamist ja Viini kongressi erines oluliselt paljutõotavalt alanud algperioodist. Noore valgustatud ja liberaalitseva monarhi esialgsed kavatsused ja lubadused asendada isevalitsuslik-pärisorjuslik süsteem lääne tüüpi liberaal-konstitutsioonilise valitsemiskorraga muutusid järjest tagasihoidlikumaks. Viidates kord konservatiivse aadli vastuseisule, kord rahva harimatusele, kord ausate ja haritud ametnike ebapiisavusele, ei jätkunud keisril enam mehisust ja tahet vabastada ja valgustada alamaid, piirata despootiat seadusega ning anda vaba tee rahva majanduslikule ja ühiskondlikule initsiatiivile. Aleksander I lubas endiselt palju ja tegi vähe, sukeldudes üha enam müstitsismi ja apaatiasse. Tõusnud 1815. aas-

tal Euroopa monarhide loodud Püha Liidu etteotsa, tegeles keiser meelsamini rahvusvaheliste asjadega, usaldades siseriiklikud asjad kindral Aleksei Araktšejevi hoolde. Siseriiklikest reformidest on sel perioodil püsiva väärtusega vaid Venemaaga liidetud Poola kuningriigile antud üsna liberaalne 1815. aasta konstitutsioon ja Balti kubermangude talurahva vabastamine pärisorjusest 1816.–19. Venemaa teiste piirkondade talupojad, kes ootasid samuti vabadust, pidid leppima Läänest üle võetud sõjaväeliste asulate idee veneliku rakendusega, mille eesmärgiks oli vähendada kulutusi miljonilise armee ülalpidamiseks ja "inimlikustada" soldatite 25-aastast teenistusaega, ühendades sõjalise õppuse talupoegliku töö ja eluga. Aleksander I näpunäiteil teostas selle eksperimendi Venemaa lääne- ja edelapoolsetes kubermangudes sõjaminister Araktšejev, kelle õlule jäi keisri teistegi ebapopulaarsemate otsuste elluviimine.

Keisri soovituste järgi 1820. aastaks välja töötatud konstitutsiooniprojekt, mis nägi ette Venemaa muutmise föderaalse korraldusega parlamentaarseks monarhiaks koos kodanikuvabaduste ja eraomandi puutumatuse tagamisega, jäi paberile. Venemaa *õnnelikukstegemise* asemel jõudis Aleksander I oma valitsemisaja lõpuks poliitilise pankrotini, mil riik seisis ühekorraga nii konservatiivse tagasipöörde kui ka revolutsioonilise ja liberaalse aadlinoorsoo sepitsetud suuremõõtmelise valitsusvastase vandenõu lävel.

Nikolai I valitsemisaeg

Venna surma järel valitsema asunud Nikolai I (1796–1855, troonil 1825–55) pidigi alustama kahe, hiljem dekabristideks nimetatud salaühingu – Põhja- ja Lõunaühingu sõjaväelise mässukatse mahasurumisega Peterburis ja Ukrainas detsembris 1825. Pettumine Aleksandris kui reformaatoris oli viinud valdavalt noortest ohvitseridest mõttekaaslased salaühingutesse, kus töötati välja mitmed üsna radikaalsed Venemaa uuenduskavad, mis kõik nägid ette pärisorjuse kaotamist, ning varieerusid riigi poliitilise korralduse küsimustes vabariiklusest kuni mõõduka konstitutsioonilise monarhiani. Dekabristide ja nende mõttekaaslaste seas oli hulk noori baltisaksa idealiste, aga samavõrd oli baltisakslasi ka valitsuse poolel. Samuti on teada mitmed eesti sõdurid, kes seisid mässajate rivis Peterburis Senati väljakul ja kandsid hiljem karistust.

Dekabristide mässukatse ei suutnud pöörata Venemaa ajaloo käiku uude suunda, ehkki rajas aluse absolutismi- ja pärisorjuse-vastasele vabastusliikumisele, millega valitsusel tuli pidevalt tegeleda. Pärast seda suhtus valitsev eliit radikaalsetesse reformidesse veelgi suurema ettevaatusega ja tõrjuvamalt kui seni.

Arveteõiendamine dekabristidega ja seejärel Poola 1830.–31. aasta rahvusliku ülestõusu mahasurumine andis tooni kogu Nikolai I kolmekümne aasta pikkusele valitsusajale. Selle sisepoliitilist kurssi mõjutasid oluliselt ka 1830. aasta revolutsioonid Prantsusmaal ja Belgias ning revolutsioonilised vapustused mitmetes maades 1848–49, millele Venemaa reageeris sõjalise sekkumisega Ungari vabadusvõitlusse ja selle verise mahasurumisega.

Vaid dünastiakriisi tõttu troonile saanud hiiglasekasvu sõjaväelase ideaaliks oli näidiskasarmu range kord ja alamate tingimusteta kuuletumine. Just nii, sõjaväeliselt, asus Nikolai I koos oma komandoga, kuhu kuulus rohkesti kindraleid, valitsema ka riiki. Tal jätkus teravat mõistust, suurt töövõimet

ja vastutustunnet tema kätte usaldatud riigi eest, mida saatis ka teatud isalik hoolitsus alamate heaolu eest, kuid teda vedasid alt liigne enesekindlus, sirgjooneline ja jäik mõtlemine ning käitumine, ja piiratud silmaring. Nikolai I kui riigimehe iseloomulikeks joonteks olid pragmatism, imperiaalne vene patriotism, riigivalitsemise maksimaalse keskustamise püüe ja naiivne usk, et tal piisab jõudu ja võimeid isiklikult kontrollida kõiki eluvaldkondi. Siit tulenes ka imperaatori isikliku kantselei kui Venemaa mitteametliku valitsuse tegevuspiiride ulatuslik laiendamine. *Külmutades* Venemaa sisemiselt, andis keiser selle välisfassaadile üsna euroopaliku ilme, mille taha peitusid rahva viletsus, elementaarse korra puudumine ja tohutu ulatusega kroonuvargus. Tabavalt iseloomustas seda olukorda 1839 Venemaad külastanud Prantsuse markii Augustin de Custine, kes võrdles riiki savijalgse hiiglasega ning Uinuva Kaunitari lossiga, mis on vajunud sügavasse saja-aastasesse unne – selles on kõike peale vabaduse ja elu. Teise laialt käibiva hinnangu Nikolai-aegsele Venemaale andis keisri surma järel hilisem liberaalne siseminister Pjotr Valujev, sõnades: *Pealpool sära, allpool kõdu.*

Samas polnud Nikolai I sugugi üheselt tuim reaktsionäär, nagu teda on eelistatud kujutada. Ta tundis hästi Vene bürokraatliku süsteemi puudusi, ühiskondliku moraali varjukülgi, Venemaa majanduslik-tehnilist ja kultuurilist mahajäämust. Sellest tulenevalt püüdis Nikolai lähendada Venemaad Euroopale, kaotamata riigi venelikku nägu; luua impeeriumis korda, tugevdada valitsusvõimu ja toetada majanduse arengut, kõigutamata seejuures isevalitsuse aluseid. Esmase abinõuna ametnike, haritlaste ja üliõpilaste mässumeeleolude taltsutamiseks kehtestas keiser 1826. aastal *raudse* tsensuurimäärustiku ja seadis sisse poliitilise politsei – keisri kantselei III osakonna, mis eksisteeris kuni 1880. aastani. Selle loojaks ja juhiks oli Eestimaalt pärit ratsaväekindral Alexander von Benckendorff, kellest sai ka sandarmite šeff.

Sandarmite erikorpus (4–5 tuhat meest) koos arvuka salaagentide võrguga pidi teostama juurdlust poliitiliste kuritegude asjus, rahva meelsust jälgima ja tsensuuri kaudu ka suunama, kontrollima välismaalaste tegevust ning võitlema riigiametnike kuritarvitustega. Vaimuelu kontrolli taotles ka 1835. aasta ülikoolimäärus, mis piiras professorite õpetamisvabadust ja seadis sisse politseilise järelevalve üliõpilaste üle. Ehkki Nikolai ajal avati (Varssavi ja Vilniuse ülikooli sulgemise kõrval) mitmeid uusi kõrgkoole, nagu Tehnoloogiainstituut, Keiserlik Õigusteaduste Kool, Sõjaväeakadeemia Peterburis, Kiievi ülikool jt., oli põhimõtteks seatud, et koolist saadav teadmiste hulk vastaks noorte seisusele ja tulevasele kohale ühiskonnas ega sünnitaks neis ülearuseid illusioone ning riigile ohtlikke ambitsioone.

1830.–40. aastail rakendati abinõusid ka isevalitsuse peatoe – aadliseisuse ridade puhastamiseks. Selleks viidi läbi aadlitiitlite revisjon, mis puudutas põhiliselt mittevene alasid, ja mille käigus kaotas tiitli suur osa arvukast ja ebalojaalsest poola-leedu väikeaadlist. Samuti tõsteti auastmete latti riigiteenistuse kaudu aadliseisusse pürgijate jaoks.

1830. aastail vormistus haridusminister Sergei Uvarovi eestvedamisel ideoloogiline doktriin, mille nurgakivideks kuulutati õigeusk, isevalitsus ja rahvuslus *(keiser, usk ja isamaa)*. Ametliku rahvuslusteooria nime saanud doktriin sisendas venemaalastesse üleolekut teistest maadest, mis olid juba nakatunud ohtlikest liberaalsetest ja sotsialistlikest ideedest, ning veenis keisri alamaid, et tänu õigeusule ja isevalitsusele on nende minevik imepärane, olevik enam kui suurepärane, ja neid kui väljavalitud rahvast ootab enneolematu tulevik. Ametliku ideoloogia levitamine ja veel enam vastuvõtt tekitas aga tõsiseid probleeme – esiteks oli õigeusu kirik, mis hõlmas vähem kui poole riigi alamatest, nõrk ja liialt riigist sõltuv, et mängida iseseisvat rolli, teiseks aga oli rahvuslikuks tuumikuks mõeldud vene rahva enda roll riigi elus üpris

tagasihoidlik – kõrgemates riigiametites olid ebaproportsionaalselt üleesindatud mitmed teised rahvad, näiteks sakslased, eriti baltisakslased ja nende eliit immatrikuleeritud aadli näol.

Baltisakslastele, kes olid selleks ajaks dünastiat enam kui sajandi ustavalt teeninud, kuulus veel keisri täielik usaldus. Seetõttu jäi keisri toetuseta ka Uvarovi salajane plaan 1836. aastast Tartu õpperingkonna lähendamiseks suurvene omadele vene keele juurutamise kaudu, mille vastu protestinud professor Parrot oma kirjas Nikolai I-le 1839 märkis, et Balti kubermangudele oleks lähendamine põlisvene loomuse ja meelega sammuks tagasi, sest *Balti provintside arengutase on kõrgem ülejäänud Venemaa omast, mida ka kõik haritud venelased teavad, mistõttu selle silmnähtava tõsiasja vaidlustamine oleks vaid vale-patriotism.*

Ka Uvarov mõistis, et sunniviisilised meetodid vene rahvusluse programmi juurutamiseks võivad antud olukorras tuua pigem kahju kui kasu. Tema programm pidi elluviimist ootama veel ligi pool sajandit. Küll aga mõjutas Uvarovi-aegne ühtlustamiskatse Läänemere-provintside eripära ja kokkukuuluvustunde kujunemist ning vastupanutahet valitsuse keskustamispoliitikale, mis juba 1840-ndail endast selgemini märku andis.

Isevalitsuse alustalade toestamine jätkus mitme meetodiga. Pole juhus, et just Nikolai I ajal sai Venemaa ka rahvushümni ("Jumal, Keisrit kaitse Sa!" 1833; sõnad Vassili Žukovski, meloodia vürst Aleksei Lvov). Isevalitsuse teenistusse pidid rakenduma ka ajalugu, kirjandus ja kunst, kuid kogu haritlaskonda Nikolail nagu teistelgi Vene keisritel allutada ei õnnestunud.

Jõudu kogus vene liberalism, milles ilmnes kaks suunda – läänlus ja slavofiilsus. Moskva ja Peterburi salongides käis 1840. aastail äge vaidlus Venemaa arenguteede ja vajaduste üle. Kui läänlased olid veendunud, et riigi pääsetee on kõiges võimalikult kiiresti järele jõuda Lääne-Euroopale, kellega Venemaa moodustab kultuurilise terviku, siis slavofiilid tegelesid vene rahvusliku omapära otsimisega. Nende ideaaliks oli Venemaale ainuomane arengutee, milleks pidi kaduma pärisorjus, kuid säilima talurahva-kogukond ja isevalitsus (mida tulnuks rahvale taas lähendada kõigi seisuste esindajatest kokku kutsutud alalise maanõukogu kaudu), nagu ka õigeusu kirik, mis vajanuks uut autonoomset korraldust. Liberaalsete kõrval hakkasid Venemaal pinda leidma ka sotsialistlikud ideed ja teisedki moodsad mõttevoolud.

Nikolai I valitsemisaja saavutuste hulka kuuluvad seadusandluse korrastamine ja riigitalupoegade reform – keisrivõimu seni olulisim samm talurahvaküsimuses. Aleksander I aegse reformaatori Mihhail Speranski juhtimisel läbi viidud kolossaalne töö seadusandluse kodifitseerimiseks, samuti suure hulga juriidiliselt hästikoolitatud kõrgemate ametnike ettevalmistamine lõid eeldused Aleksander II reformide, eriti kohtureformi teostamiseks.

Reform, mille viis 1837–41 läbi riigivaranduste minister Pavel Kisseljov, puudutas 22 miljonit riigitalupoega. Selle eesmärgiks oli tagada igale perele hädapärane maavaldus, mis võimaldaks elatusmiinimumi ning kroonumaksude tasumise. Ühtlasi pidi see reform valmistama ette pärisoriste eratalupoegade olukorra parandamist, kuid põrkas aadli järsule vastuseisule, mistõttu Kisseljovi toetanud Nikolai I pidi märtsis 1842 tunnistama, *et pärisorjus on küll ilmne pahe, kuid praegu selle kallale minek oleks veelgi hukutavam.* Vaid Lääne-Ukrainas ja Valgevenes, kus domineerisid poolakatest mõisnikud, viidi 1847–55 läbi inventarireform, millega (sarnaselt Liivi- ja Eestimaa 1804. aasta talurahvaseadustega) fikseeriti talupoegade maakasutus- ja koormisenormid.

Kui põllumajanduses toimus valdavalt ekstensiivne areng, siis tööstuses algas 1830.–40. aastail tehniline pööre üleminekuga manufaktuurilt vabrikutööstusele. Ilmusid esimesed aurulaevad ja raudteed,

tööliskonnas hakkasid ülekaalu saama vabapalgalised, oluliselt kasvas linnarahvastik. Valitsus ajas majandusliku protektsionismi poliitikat, soosides kodumaiseid kaupmehi ja tööstureid. Rahandusminister Georg Cancrin viis aastail 1839–43 ellu rahareformi, mille tulemusena raharingluse aluseks sai kindla kursiga hõberubla, mille vastu võis vabalt vahetada paberraha.

Nikolai I ajal saavutas isevalitsuslik kord oma kõrgpunkti, mille sisemist nõrkust ja haavatavust demonstreeris nii kogu riigile kui ka Euroopale Venemaa jaoks kuulsusetu Krimmi sõda. Seepärast tajuti riigis *Euroopa sandarmi* Nikolai I surma veebruaris 1855 sügava kergendusega.

Aleksander II *suurte reformide* ajastu

Uue valitseja tulekuga on Venemaal alati kaasnenud lootused paremale elule, kuid ühelegi monarhile pole nii suuri lootusi pandud kui Aleksander II-le (1818–81, troonil 1855–81). Elurõõmus ja haritud keiser-pragmaatik oli kuldse kesktee käija, isevalitsuse traditsioonidele truuks jäädes ka mõõduka liberalismi pooldaja, realistlik ja oma otsustes üsna iseseisev riigimees. Ta püüdis ühendada mõõdukat läänlust usuga Venemaa erilisse arenguteesse, mis on tingitud selle geopoliitilisest asendist, ajaloolisest pärandist ja rahvuslikust vaimust. Troonile tõustes 37-aastane Aleksander II oli juba riigiasjus kogenud poliitik ja tema esimesed sammud keisrina hoolikalt järele kaalutud. Hajutamaks isa valitsusaja lõpu sumbunud õhkkonda, lõpetas ta õnnetu ja ebapopulaarse sõja, andis amnestia dekabristidele, teistele kinnimõistetud salaühinglastele ja poola mässajatele, leevendas tsensuurirežiimi, ergutas ühiskondlikku initsiatiivi. Tema peamiseks tegevussuunaks sai talurahvaküsimus, mis muutus ühtlasi esmakordselt avaliku arutelu objektiks. Ennetamaks sündmusi, kuulutas keiser juba märtsis 1856, et parem on vabastada talurahvas *ülalt* kui oodata, millal see sünnib *altpoolt*. Reformi ettevalmistamise ohjad olid kindlalt valitsuse käes, kes liitis enda ümber uuendusmeelsed riigi- ja seltskonnategelased. Terava ühiskondliku diskussiooni õhkkonnas sündinud 1861. aasta Vene talurahvareform oli kompromisliku iseloomuga ega rahuldanud ei parem- ega vasakäärmuslasi, isegi mitte talupoegi, kes said küll isikliku vabaduse, kuid seni kasutada olnust hulga vähem maad, mis ei kuulunud isiklikult neile, vaid kogukonnale. *Jaosmaa* eest, mille riik talupojale mõisniku käest ostis, pidi ta väljaostusumma koos protsentidega reeglina 49 aasta jooksul tagasi maksma, ning üleminekuaja jooksul mõisniku heaks ka veel koormisi kandma. Saadud maast jäi väheks, eriti rahvaarvu kasvades, ja seda tuli mõisnikelt juurde rentida. Pärisorjusest vabastatud talupoegade haldamine läks nüüd mõisniku käest riiklikult kontrollitava talupoegade omavalitsuse kätte, mille peamisteks lülideks said vald ja ühiskäenduse põhimõttel toimiv külakogukond. Kõige selle tagajärjel jäi talurahva seisund üsnagi segaseks ja vabadused piiratuks, mis sai tormiliste rahutuste põhjuseks. Siiski on 1861. aasta talurahvareform Vene riigi ajaloos sama oluline tähis nagu samaaegne orjuse kaotamine USA kodusõja käigus.

Viidi läbi ka mitmed teised riigi, ühiskonna ja majanduse moderniseerimist taotlevad muudatused, millest olulisemad olid kohtu- (1864), semstvo- (1864) ja linnaomavalitsuse- (1870) ning sõjaväereform (1865–74). Ehkki neiski reformides võib märgata ebajärjekindlust ja lõpetamatust, tõid nad Venemaale kõige märgatavamat kasu. Kodanikuühiskonna areng kiirenes, tõusis tööstusliku pöörde tempo, algas *raudtee-ehituse palavik* (1860–80 rajati üle 20 000 versta uusi raudteid), laienes sise- ja väliskaubandus.

Kõrvuti majandus- ja ühiskondliku elu ümberkorraldamisega kasvas Venemaal poliitiline pinevus. Kui vene küla hakkas juba rahunema ja talupojad turumajanduse oludega kohanema, aktiviseerusid linnatöölised – 1870. aastail toimusid esimesed

suuremad streigid Peterburis ja teistes tööstuskeskustes, sh. Narvas (1872).

Alates 1860. aastaist põhjustas pinevust ka valitsuse ääremaade-poliitika: algas halduslik-kultuuriline venestamine (keskustamine ja ühtlustamine vene keele baasil) impeeriumi läänepoolsetel piirimaadel – Poolas, Leedus, osalt Ukrainas ja Valgevenes –, mida laiendati 1880. aastaist kõigile impeeriumi *mittevene* aladele, ka seni ulatuslikku autonoomiat nautinud Soome suurvürstiriigile. Seda tingisid nii moderniseerimise nõuded ning vene ja alistatud rahvaste rahvusluse tõus kui ka riigi välisjulgeoleku kaalutlused. Mida rohkem keisrivalitsus end rahvuslike ääremaade asjadesse segas, seda enam kasvas kohaliku valitseva eliidi soov kaitsta oma ajaloolist autonoomiat, identiteeti ja kultuuriruumi, sh. Balti provintsides – läänelik-saksalikku eripära.

Neis oludes tuli *tsaar-vabastajal* üha enam laveerida, teha järeleandmisi konservatiividele ja taltsutada radikaale. Oma osa etendasid ka keisri isiklikumad probleemid (troonipärija surm 1865, abikaasa haigus ja uue, morganaatilise abieluni viinud armuromaan vürstinna Dolgorukajaga). Tulemuseks oli tema kõrvaletõmbumine sisepoliitikast ja reformide takerdumine – kõrvale jäeti just need kavad, mis puudutasid riigi poliitilise korra muutmist. Valitsuse tähelepanu juhtisid kõrvale ka sõjalised ja välispoliitilised probleemid – ligi pool sajandit alistumatute mägilasrahvaste (eesotsas tšetšeenide ja dagestanlastega) vastu peetud Kaukaasia sõja (1817–64) lõpetamine, Kesk-Aasia vallutamine, keerukad diplomaatilised manöövrid Euroopas Krimmi sõja tulemuste (s.o. Pariisi traktaadi) tühistamiseks ja panslavistlike meeleolude mõjul Balkani slaavi rahvaste päästmiseks alustatud sõda Türgiga 1877–78.

Tõsiseks nuhtluseks valitsuse jaoks kujunesid sotsialistid-narodnikud. Leidmata oma (talurahva valgustamise ja valitsuse vastu ässitamise eesmärgil) *rahva sekka minekule* talupoegade toetust, tegid nad panuse terroristlikele võitlusviisidele. Korraldades atentaate kõrgemate võimukandjate vastu, asuti 1870. aastate lõpust eriti ägedalt jahtima keisrit ennast. Esimene atentaat keisrile korraldati 1866. aastal, millele järgnesid uued terroriaktid, millest kümnes ka õnnestus. 1. märtsil 1881 Aleksander II tapeti. Enne seda oli keiser just järele andnud siseminister Mihhail Loris-Melikovi veenmisele, et üldsuse rahustamiseks oleks sobilik riigiasjade arutamiseks Riiginõukogus ja selle komisjonides kaasa tõmmata semstvo- ja linnaomavalitsuste tegelasi. Nn. Loris-Melikovi konstitutsiooni arutelu toimus juba uue keisri – Aleksander III eesistumisel, kes selle aga tagasi lükkas.

Aleksander III konservatiivne kurss 19. sajandi lõpul

Kaua oli historiograafias valitsevaks tendentsiks käsitleda Aleksander III (1845–94, troonil 1881–94) valitsemisaega kui ohjeldamatu, mõttetu ja metsiku reaktsiooni perioodi. Uuemates töödes võib kohata mitmeplaanilisemat lähenemist: rõhutatakse, et abinõud isevalitsusliku korra tugevdamiseks põimusid reformidega, mis taotlesid majanduse arengut ja püüdsid korrigeerida (kuid mitte ära muuta) valitsuse 1860.–70. aastate poliitikat. Venemaa jaoks olid need rahuaastad ilma suuremate revolutsiooniliste vapustusteta, mil riigi sissetulekud üle pika aja taas väljaminekuid ületasid. Ka välispoliitiliselt möödus Aleksander III valitsemisaeg sõdade ja suuremate konfliktideta, mistõttu on teda nimetatud *rahutegijaks*.

Isiksusena oli Aleksander III nii väliselt kui vaimselt raskepärane ja lihtsakoeline, töökas, kokkuhoidlik, perekeskne ja ülimalt religioosne. Tema ajal elas doktriin *õigeusk, isevalitsus ja rahvaslus* üle taassünni, saades koos halduliku ja kultuurilise venestamisega tema sisepoliitika nurgakiviks. Ühe kaasaegse hinnangu järgi püüdis Aleksander III *impeeriumi ja areneva kapitalismi tingimustes olla Moskva keisriks Peterburis*. Keisri lähemateks mõttekaaslasteks, kes riigi poliitikat

Aleksander III mälestusmärk Pullapääl

suuresti mõjutasid, olid tema kunagine õpetaja, juuraprofessor ja (alates 1880. aastast) Pühima Sinodi ülemprokurör Konstantin Pobedonostsev, siseminister krahv Dmitri Tolstoi ning riigi ühe mõjukama ajalehe "Moskovskije Vedomosti" toimetaja Mihhail Katkov – kõik kunagised liberaalid, kes nüüd olid tugeva isevalitsusvõimu veendunud toetajad.

Pööre valitsuspoliitikas konservatiivse stabilisatsiooni poole toimus ettevaatlikult, kuid järjekindlalt, ning selle aluseks sai augustis 1881 esialgu kolmeks aastaks vastu võetud "Määrus abinõude kohta riikliku julgeoleku ja ühiskondliku korra kaitsmiseks", mis kehtis tegelikult kuni keisririigi lõpuni. Selle kohaselt võis igas impeeriumi piirkonnas välja kuulutada tugevdatud või erakorralise kaitseseisukorra. Noorsoo hulgas levinud ja kõike-eitava *nihilismi* mahasurumiseks piirati ülikoolide autonoomiat ning lihtrahva esindajate pääsu gümnaasiumidesse ja ülikoolidesse. Mitmes eluvaldkonnas rakendati senisest ulatuslikumalt piiranguid teiste valitsuse silmis ebalojaalsete või kahtlaste riigialamate ja rahvusrühmade suhtes (*segaseisuslased*, sektandid, juudid, poolakad, kalmõkid jt.). 1880. aastaist hakkas valitsus teostama aktiivset venestuspoliitikat impeeriumi rahvuslikel äärealadel, eeskätt Poolas, Baltimail ja Soomes. Kirevama rahvuslik-religioosse koosseisuga läänekubermangudes ergutati antisemitismi, mis vaid tõukas juudinoorsugu ja teisi ahistatud rahvusrühmi valitsusvastasesse tegevusse. Tagamaks alalhoidlusele kindlamat sotsiaalset tuge, piirati mitmes eluvaldkonnas kõikseisuslikkuse põhimõtet ja tehti taas panus vene põlisaadlile. Neid abinõusid on iseloomustatud ka kui *vastureforme*, mis läinuks isegi kaugemale, kui erinevate rühmituste võitlus valitsussfäärides ja Riiginõukogus poleks valitsuse keskustamistaotlusi pidurdanud.

Valitsuse majanduspoliitika, mille tüüri juures seisid finantsministritena professorid Nikolai Bunge ja Ivan Võšnegradski ning alates 1892. aastast Venemaa suuremaid riigitegelasi krahv Sergei Witte (1849–1915), oli oma aja kohta üsna edumeelne ja tulemusrikas. Järjekindlalt ergutati kodumaise ettevõtluse arengut, püüdes seda kaitsta välismaise konkurentsi eest, taotleti riikliku sektori tugevdamist majanduse võtmepositsioonidel (eriti raudteede tagasiostuga riigile), püüti luua soodsat õhkkonda välismaistele investeeringutele Venemaa majandusse. Korrastati maksusüsteemi, kaotati pearahamaks ja suurendati selle kompenseerimiseks kaudsete maksude osa, lõpetati üleminekuperiood talupoegade maa väljaostule viimisega, alandades ka väljaostumaksu. Maaeraomandi mobiliseerimiseks loodi Talurahvapank ja Aadlipank.

Töölisliikumise ja üldsuse survel püüdis valitsus tööseadusandluse kaudu reguleerida ka tööliste ja tööandjate suhteid: piirati laste tööjõu kasutamist (rakendada võis vaid üle 12 aasta vanuseid ja kuni 8 tunniks päevas), keelati naiste ja alaealiste öötöö, reglementeeriti tööliste trahvimist ja piirati naturaaltasu maksmist, seati sisse palgaraamatud. Et seadustest ka kinni peetaks, asutati riiklik vabrikuinspektsioon. Vabrikantide huvides aga karmistati karistusi vastuhakkamiste, tööseisakute organiseerimise, masinate ja seadmete meelega rikkumise jms. eest.

Majandusliku ja sotsiaalse moderniseerimise poolest olid esirinnas impeeriumi läänepoolsed ääremaad. 1891/92. aasta nälja-

häda, mis hõlmas 17 kubermangu ja puudutas umbes 40 miljonit inimest (eeskätt Volgamaadel ning riigi kesk- ja põhjapoolsetes kubermangudes) ja nõudis kuni pool miljonit näljaohvrit, osutas selgelt, et Venemaa on tõelisest õitsengust ja sotsiaalsest rahust veel väga kaugel.

Venemaa sajandivahetusel ja 20. sajandi algul

Aleksander III varajase surma tõttu läks võim 26-aastase Nikolai II (1868–1918, troonil 1894–1917) kätte, kes polnud riigivalitsemiseks valmis. Nagu isagi, oli ta veendunud isevalitsuse hädavajalikkuses ja ainuvõimalikkuses Venemaa jaoks, ning pidas riiki suureks pärusmõisaks, kus ta isiklikult kõige eest vastutab. Isiksusena oli ta aga nõrgim ja värvituim viimase saja aasta keisrite hulgas, tal ei jätkunud riigimehetarkust ega tahtejõudu.

Vähesed reformid, mis keisrivalitsus 19. sajandi lõpul ellu suutis viia, olid seotud rahandusminister Witte tegevusega. Tema algatusel teostati 1897 rahareform, mille tulemusena püsis kulla alusele viidud rubla tugevana kuni 1914. aastani. Kindlaks tuluallikaks riigile sai 1900. aastal kehtestatud viinamüügimonopol. Suurte välislaenude, väliskapitali ergutamise ja riiklike subsiidiumide abil tagati aastail 1893–99 võimas tööstuslik tõus. 1890. aastail kasvasid tormiliselt Vene aktsiaseltsid ja suurtööstus, kiirenes raudteeehitus (Suur-Siberi magistraal 1891–1906). Kiirendatud industrialiseerimise puhul aga jättis valitsus unarusse agraarsektori arendamise, mille kasvav mahajäämus hakkas sotsiaalmajanduslikku olukorda üha enam pingestama.

Kapitalistliku turumajanduse kiiret arengut Venemaal 1890. aastail saatsid töölisliikumise kasv ja sotsialistlike ning marksistlike vaadete levik, mille mõjul tungisid ka Baltimaadesse sotsiaaldemokraatlikud ideed, tekkisid vastavad rühmitused ja lõpuks parteid. Viimastest, mis moodustati osalt ülevenemaalistena, osalt rahvuslik-territoriaalsel alusel, kujunes 20. sajandi algul oluline destabiliseeriv faktor.

19. sajandi lõpuks oli Vene impeerium saavutanud piirid, mille kooshoidmine ja haldamine hakkas talle üle jõu käima. Kui suurriigina seisis Venemaa toodangu kogumahult Briti impeeriumi, USA ja Saksamaa järel ning Prantsusmaa, Austria-Ungari ja Itaalia ees, siis elanikkonna tiheduselt, linnastumiselt, tööstustoodangu kvaliteedilt ja eriti rahvusliku kogutoodangu hulgalt ühe elaniku kohta, samuti kirjaoskuse leviku poolest jäi ta neist kõigist kaugele maha.

Vene välispoliitika raskuspunkt oli juba 19. sajandi lõpul kandunud Euroopast Kaug-Itta. Seal lülitus Venemaa teiste suurriikide kõrval võitlusse mahajäänud ja poolfeodaalse Hiina riigi jagamise pärast, põrgates aga kokku kiiresti moderniseeritud Jaapaniga. Katsed Kirde-Hiina (Mandžuuria) ja Korea strateegiliselt tähtsate alade jagamisel kokkuleppele jõuda ei andnud tulemusi, mis viis Vene-Jaapani sõjani 1904–05. Selles sõjas tabas Venemaad suurriiki häbistav lüüasaamine, mis paljastas nii maailmale kui ka Venemaale endale tema sõjalise võimsuse petlikkuse ning ühiskonnakorralduse mahajäämuse.

Moodsa kapitalismi ülikiirest, kuid ebaühtlasest arengust tingitud vastuolud kuhjusid ja jõudsid kriitilise massini 20. sajandi algul. Töölisliikumise tõus, riigi rahvuspiirkondade ja küla poliitiline ärkamine ja käärimine, radikaalse haritlaskonna, opositsiooniliste sotsialistlike ja liberaalsete ringkondade järsk aktiviseerumine andsid tunnistust süsteemi sügavast kriisist, mille katalüsaatoriks said järjestikused lüüasaamised Kaug-Ida sõjatandril. 9. jaanuaril 1905 *Verise pühapäevaga* vallandunud esimene Vene revolutsioon oli pöördepunktiks Vene impeeriumi rahvaste ajaloos, tõeline *rahvaste kevad*. Demokraatlik revolutsioon haaras suuri inimhulki, avalik poliitiline võitlus võttis enneolematu ulatuse. 1905. aasta Vene revolutsioon sai esimeseks 20. sajandi arvukate revolutsioonide reas. Selle oluliseks tulemuseks oli keisri 17. oktoobril 1905 antud manifest "Riigikorra täiustamisest" (koostas Sergei Witte), millega lubati kodanikuõigusi ja -vabadusi ning seadusandliku Riigiduuma kokkukutsumist. Manifestile järgnenud *vabadusepäevadel* valitses Vene riigis lühikest aega ennenägematu sõna-, trüki-, ühingute ja koosolekute vabadus, ning tekkisid legaalsed poliitilised parteid. 17. oktoobri manifesti ideed sätestati 23. aprillil 1906 kinnitatud Vene impeeriumi põhiseaduses. Keiser pidi nüüd seadusandlikku võimu jagama rahvaesindusega. Kuigi ei kehtestatud lääneliku poliitilise korra klassikalist mudelit, oli see Vene riigi uusima ajaloo pöördepunkt, suur samm edasi õigusriigi, liberaalse demokraatia ja kodanikuühiskonna suunas. Piiramatu isevalitsuse asendamine duumamonarhiaga on tähtsuselt võrreldav talurahva vabastamisega pärisorjusest. Massilise rahvaliikumise survel paranesid mõnevõrra ka sotsiaalolud ja nõrgenes rahvuslik rõhumine. Kuigi revolutsioonile järgnenud reaktsioon mõned lubadused tühistas, ei saanud valitsus siiski ajaloorattast tagasi pöörata.

Konstitutsiooniline kord ei tuginenud kodanikuühiskonnale, mis oli alles tekkimisel. Vähearenenud poliitiline kultuur, moderniseerimise madal tase, lihtrahva harimatus, talurahva kogukondlik mentaliteet jms. ei võimaldanud järgida lääne tüüpi demokraatiat. On tõenäoline, et üldised vabad valimised võinuksid juba 1905. aastal paisata seesmiselt ebakindla hiigelriigi niisuguste sotsiaalsete vapustuste keerisesse, mis tabasid teda 1917. aastast alates. 20. sajandi alguse vene revolutsioonide kogemus näitab, et läänelikud väärtused ja vabameelsed ideed jäid enamikule Venemaa kodanikest võõraks. Usuti pigem sotsiaalsetesse utoopiatesse ja nivelleerivat võrdsust kuulutavaisse müütidesse. Ka Eestis oli sotsialistlikul populismil sel ajal palju pooldajaid.

Suurimaks ümberkorralduseks, mis mõjutas kümnete miljonite talupoegade elu riigi kõigis osades, oli tsaaririigi viimase väljapaistva reformitegelase, peaminister

Romanovite dünastia valitsemise 300. aastapäev Tallinnas

Pjotr Stolõpini (1906–11) alustatud agraar-reform. Rahustanud sõjaväe abil karmi käega maha rahva, asus valitsus ümber korraldama vene küla. Ühiskonna ja majanduse arengut pärssinud külakogukonna lagundamisega püüti anda ettevõtlikumatele talupoegadele vaba tee eraomanduslike üksikmajapidamis-te loomiseks ja liigse rahvastiku väljauhtumi-seks maalt Venemaa ülerahvastatud Euroopa-osas, milleks ergutati ka koloniaalset ümber-asumist riigi hõredamalt asustatud põhja- ja ida-aladele, eeskätt Siberisse ja Kaug-Itta. Agraarreformi õnnestumine loonuks maal laialdasema maaomanike keskklassi, stabili-seerinuks poliitilist olukorda ja saanuks eel-duseks ka demokraatia arengule Venemaal. Kuid Stolõpini, kes panustas reformidele ja püüdis vältida Venemaa uut sõttakiskumist, tapsid 1911. aastal sotsialistid-revolutsionää-rid, ja reformid hakkasid venima. Maal jõuti individuaalse majapidamiseni viia küll viien-dik taludest, kuid pinged külas jäid püsima või koguni suurenesid.

Hilise tsaaririigi ühiskond oli tugevasti atomiseerunud ja polariseerunud, liberaalne intelligents rahvast kaugel ja ühiskonna eliit ülemäära lõhenenud, mistõttu poliitilistel jõududel puudus põhiküsimustes konsensus üldrahvaliku kriisi ületamiseks. Liberaali-dele jäi valitsuse järeleandmistest ja rahva-esinduse võimupiiridest väheks, radikaalid ja sotsialistid taotlesid täielikku rahvavõimu ja vabariiki. Uue revolutsiooni võimalus püsis.

Valitsuse reformisuutlikkus oli väike ja tal ei õnnestunud säilitada impeeriumi eluvõimet tingimustes, kus rahvas ning seaduslikkusele ja reformidele orienteeritud seltskond või-must ja teineteisest üha enam võõrandusid, kusjuures kumbki ei saanud hakkama riigi-võimu enda kätte võtmisega. Riigiduuma ei jaksanud ühiskonnaelus kuhjunud probleeme küllalt kiiresti lahendada. Kõik see tugevdas äärmuslikke võitlusmeetodeid pooldavaid jõude. Ka polnud Venemaal Läänega võrrel-davat austust eraomandi ja seaduste vastu ning riigikodaniku mentaliteeti.

Nendes oludes kujunes 15. (28.) juulil 1914 alanud I maailmasõda Vene keisririi-gile saatuslikuks. Tehniliselt nõrk sõjavägi, halvasti juhitud sõjamajandus, halduslikult

saamatu riigiaparaat viisid selleni, et Vene-
maad tabasid peagi rängad lüüasaamised,
majandus kurnati välja, maad võtsid kaos,
anarhia ja sõjatüdimus. Oma osa mängis
ka nõrk ja skandaalne keisrikoda, samuti
valitsus. Kõik see kokku viis siseriikliku
kriisini ja teise demokraatliku revolutsiooni
puhkemiseni veebruaris 1917. Monarhia
kukutati, sellele järgnes lühike vabariiklik
periood, mida iseloomustavad poliitiline
pluralism, kaksikvõim ja äge sisepoliitiline
heitlus. Ajutisel Valitsusel ei õnnestunud
oma võimu kindlustada ja võimuvaakumi
tekkimist ära hoida, mistõttu enamlased
kehtestasid oma diktatuuri 25. oktoobril (7.
novembril) 1917 suurema vaevata. Sügavalt
uskliku vene rahva jaoks sai marksismist sel-
le bolševistlik-leninlikus vormis uus ilmalik
religioon. Venemaa on esimene riik maail-
mas, kus hakati ellu viima kommunistlikku
eksperimenti, mis muutis kogu 20. sajandi
ajalugu.

Enamlaste võimuhaaramise järel puh-
kenud kodusõja (1917–23) ja juba varem
alanud eraldumisliikumise käigus toimus
endise Vene impeeriumi lagunemine ja uute
rahvusriikide teke või taastamine. Formaal-
selt tuginesid nad enamlaste propagandist-
likul eesmärgil väljakuulutatud *rahvaste
enesemääramise õiguse* loosungile. Ent oma
iseseisvust kaitsta ja säilitada õnnestus
üksnes Soomel, Poolal ja Balti riikidel. Tei-
sed langesid kiiresti tagasi uue impeeriumi
rüppe, milleks sai Nõukogude Liit.

BALTI PROVINTSIDE ÕIGUS JA VALITSEMINE

Õiguse üldiseloomustus

Balti provintsid moodustasid ülejäänud keisririigist eraldiseisva õigusliku ruumi. Siinsete provintside eriseisund tugines 1710. aasta kapitulatsiooniaktides ja 1721. aasta Uusikaupunki rahulepingus kinnitatud privileegidele ning hiljem Vene valitsejate poolt neile privileegidele antud kinnitustele. Need õigusnormid sätestasid Baltimaade provintsiaalõiguse takistamatu edasikestmise Vene ülemvõimu all.

Uusaegsete Balti provintside õigus arenes valdavas osas järjepidevalt välja keskaegse Vana-Liivimaa õiguslikust pärandist. Keskaegse ühiskonna õiguskorra üheks põhitunnuseks oli õiguslik partikulaarsus. Õigus jagunes territoriaalse ja seisusliku printsiibi järgi erinevateks partikulaarõigusteks.

Territoriaalne printsiip jaotas õiguse linnaõiguseks ja väljaspool linnasid kehtinud maaõiguseks. Seisusliku printsiibi järgi sisaldusid keskaegses maaõiguses olulisemate partikulaarõigustena aadlit puudutanud lääniõigus ja talurahvaõigus. Omaette valdkonna moodustas roomakatoliiklik kirikuõigus ehk kanooniline õigus, mis normeeris igakülgselt vaimuliku seisuse tegevust nii linnas kui maal ja esitas kõikide ülejäänud ühiskonnaliikmete jaoks ettekirjutused kirikuelu osas.

Nii linna- kui ka maaõigus olid Vana-Liivimaa orduvalduses ja erinevates piiskopkondades eriilmelised. Põhja-Eesti linnades kehtis Lüübeki linnaõigus, enamikus ülejäänud linnades rakendati Riia linnaõigust. Veel suurem mitmekesisus valitses maaõigustes. Erandlik positsioon kuulus kanoonilisele õigusele, mis kehtis ühtse õigusena kogu roomakatoliiklikus Euroopas.

Keskaegse Vana-Liivimaa õiguslik partikulaarsus kandus edasi ka uusaegsete Baltimaade õiguskorda. Olulisemate partikulaarõigustena eristusid Baltimaades Eestimaa provintsi linnaõigus, maaõigus, talurahvaõigus ja (luterlik) kirikuõigus, nende kõrval Liivimaa provintsi linnaõigus, maaõigus, talurahvaõigus ja kirikuõigus. Samalaadne partikulaarõiguslik jaotus esines ka Kuramaal. Balti provintsiaalõigus on üldmõiste, mis hõlmab kõiki siinseid partikulaarõigusi kokku.

Subsidiaarõigusena rakendati üldise Saksa õiguse (*gemeines Recht*), Rooma õiguse, Rootsi õiguse ja kanoonilise õiguse sätteid, kuid ka subsidiaarõiguse kasutamine kohtupraktikas erines provintsiti ja seisuseti. Lisaks kirjalikele õigusallikatele oli kohtumõistmisel oluline osa tavaõiguslikel normidel, seda eriti talurahvaõiguste juures. Seega toetus Baltimaade õiguskord väga arvukatele ning erilaadsetele, mitmesaja-aastasest perioodist pärinevatele õigusallikatele. Tartu ülikooli Rooma ja Saksa õiguse professor Christoph Christian Dabelow võrdles 1822. aastal Läänemere-provintside õigusallikaid pajaga, *millesse on kokku kallatud kõige erinevamaid aineid ja millest igaüks võib leida enda jaoks tarviliku.*

Vene ülemvõimu ajal täienes provintsiaalõigus uute normidega kahe põhiallika kaudu: kohtupraktika, mis muuhulgas tugines teatud määral subsidiaarõiguslikele laenudele, eriti Rootsi ning Rooma õigusest, ja riikliku keskvõimu seadusandlus. 18. sajandil piirdus

Eesti, Läti ja Leedu 20. sajandi algul

keskvõimu sekkumine kohalikku provintsiaalõigusesse üksnes erinevate õigusvaldkondade paljude üksikküsimuste reguleerimisega. Maa- ja talurahvaõigust täiendasid rüütelkondade maapäevade otsused. Uued õigusaktid jõustusid Balti kubermangudes alles pärast nende avaldamist kubermanguvalitsuse publikaadina (patendina).

Euroopa absolutistlikes riikides algas 17. sajandil õiguse kodifitseerimine, mis saavutas oma kõrgpunkti 19. sajandi alguskümnendi Prantsusmaal. Kodifitseerimist teostati selle mõiste mõlemas tähenduses: esiteks juba olemasoleva õigusnormistiku koondamine ja süstematiseerimine, teiseks õigusreformi läbiviimine ning uue õiguse loomine. Kodifitseerimise oluliseks tingimuseks oli riikliku keskvõimu kontroll ja kinnitus. 17. ja 18. sajandil tegid Baltimaade rüütelkonnad ja teatud määral ka Tallinn ning Riia ebaõnnestunud katseid oma partikulaarõiguste – s.t. nii kohaliku maa- kui ka linnaõiguse – kodifitseerimiseks õigusnormistiku koondamise ja süstematiseerimise mõttes. Selle töö tulemusena valmisid mitmed õigusraamatud, mida hakati kasutama kohalikes kohtutes, kuid millele keskvõim ei andnud oma ametlikku kinnitust ja mida seetõttu ei saa nimetada koodeksiteks või kodifikatsioonideks.

17. sajandi lõpul kodifitseeriti Rootsi riigis luterlik kirikuõigus. 1686. aasta kirikuseadus koos järgnevalt kehtestatud toomkapiitli protsessikorraldusega koondas ja ühtlustas seniseid kirikuõiguse norme ning reformis kirikuvalitsemisega seotud küsimusi. Rootsi uus kirikuseadus jõustati ka Balti provintsides. See oli esimene kord Eesti- ja Liivimaal, kui keskvõim kehtestas üleriiklikult kehtiva koodeksi. Siinses õigusajaloos tähistas see akt esimest sammu õigusliku partikulaarsuse ületamise pikal teel. Riigi erinevate regioonide partikulaarõiguste asendumine ühtse üleriikliku õigusega oli Euroopa uusaegse õigusajaloo üheks olulisemaks arengusuunaks. Hoolimata sellest, et kirikuseaduse mõned väga olulised printsiibid kaotasid

Vene ülemvõimu ajal oma kehtivuse, jäi see seadus Eesti- ja Liivimaa luterliku kirikuõiguse põhialuseks kuni 1832. aastani. Vene valitsuse ajal oli Rootsi mõju Balti provintsiaalõiguses konkurentsitult kõige tugevam just kirikuõiguse valdkonnas.

Pärisorjuse kaotamisega omandas talurahvas varasemast hoopis ulatuslikuma õigus- ja teovõime, mis nüüd muutus võrreldavaks aadli, linnakodanike ning vaimulike õigus- ja teovõimega. Siiski jäi ka edaspidi eesti talurahva ja baltisaksa ühiskonna vahele püsima selge piir õigussuhete, justiitsasutuste ja õigusteadlikkuse osas. See õiguskultuuriline piir hakkas küll aja jooksul järjest enam hägustuma, kuid jäi siiski püsima kuni keisririigi lõpuni.

Vene keskvõimu seadusandlus

Katariina II tegi 1760. aastate lõpus ebaõnnestunud katse Venemaa õiguskorra reformimiseks. Tõsiselt hakkas keskvõim õiguse korrastamisele tähelepanu pöörama 19. sajandi alguskümnendil Aleksander I eestvõttel. Reaalsete tulemusteni jõuti Nikolai I valitsusajal Mihhail Speranski juhitud komisjoni töö tulemusena. 1830. aastal ilmus 45 köites Vene impeeriumi täielik seaduste kogu ("Полное Собрание Законов Российской Империй"), mis koondas kogu keskvõimu seadusandluse aastatest 1649–1825, ja mida hiljem kuni keisririigi lõpuni pidevalt täiendati. Selle, kronoloogilise printsiibi järgi koostatud seadustekogu ilmumise hetkel polnud kõik temas sisalduvad õigusnormid enam jõus, seetõttu anti tema alusel välja süstemaatiline, kehtivatest seadustest koosnev 15-köiteline Vene impeeriumi seaduste kogu ("Свод Законов Российской Империй"), mis jõustus 1835. aastal. Baltimaades kehtisid sellest seadustekogust ainult need üksikud osad, mis olid siinsete kubermangude jaoks eraldi välja kuulutatud ja ei läinud vastuollu kinnitatud privileegidega; peamiselt puudutasid need sõjalisi ja haldusküsimusi.

Täiesti uus Vene keisririigi õiguskorra arenguliin sai alguse luterliku kirikuõiguse reformimisest. 1832. aasta lõpul kinnitas Nikolai I "Venemaa evangeelse luteri kiriku seaduse". Seadus valmis kõrgete riigiametnike, Vene ja Balti provintside luteri usu vaimulike ning Balti rüütelkondade esindajate ühistööna. Uus koodeks tugines Rootsi 1686. aasta kirikuseadusele ja Preisimaa kirikuõigusloome kogemustele. Uuenduste sisseviimisel lähtuti eelkõige keskustatud keisririigi vajadustest. Seadus hakkas kehtima nii Balti kui Sise-Vene kubermangude luteri kogudustes, kõik varasemad luterliku kirikuõiguse normid kuulutati kehtetuks. Esimest korda Vene keisririigis hakkas ühte terviklikku õigusvaldkonda reguleerima üleriiklikult kehtestatud koodeks.

Järgnenud seadusandlus ja justiitsreform jätkasid Euroopa õiguse retseptsiooni Venemaal. 1845. aastal kinnitatud kriminaalseadustik tugines põhiosas Vene õigustraditsioonile, kuid seaduseloojad võtsid eeskuju ka mitmete Euroopa riikide kriminaalseadustikest. Eesti keeles Vana Nuhtlusseadustikuna tuntud koodeks jõustus kohe ka Balti kubermangudes.

1864. aastal alanud justiitsreform tõi kaasa justiitsasutuste süsteemi ümberkorraldamise. Lisaks kehtestati uued protsessiseadustikud, Vana Nuhtlusseadustiku uus redaktsioon ja Rahukohtu Nuhtlusseadustik (seadus rahukohtunike pädevusse kuulunud süütegude kohta). Justiitsreformi üheks aluseks võeti Kesk- ja Lääne-Euroopa riikide, eriti Prantsusmaa kohtu- ja protsessikorraldus. Varasemat kohtukorraldust, kus eraldi seisuste jaoks olid eraldi kohtuasutused, hakkas asendama ühtne üldkohtute süsteem. Täitevvõimult võeti õigusemõistmise ülesanded ja kohtuvõim anti üle iseseisvatele justiitsorganitele. Protsessikorralduses pääsesid võidule võistlusprintsiip ja tõendite vaba hindamise põhimõte (s.t. tõendite sisuline, mitte enam formaalne hindamine). Tsiviilprotsessis vaidlesid ning tõendasid kohtu ees oma väiteid hageja ja kostja. Kriminaalprotsessis

nähti ette vandekohtunike institutsioon raskemate kuritegude arutamisel ning kaitse ja süüdistuse põhimõtte rakendamine avalikus kohtumenetluses. Kohtukorralduse seadus sätestas riikliku süüdistusorgani, prokuratuuri loomise.

See Vene justiitsreform puudutas Balti kubermange esialgu vaid osaliselt. Üheaegselt sisekubermangudega kehtestati siinmail Vana Nuhtlusseadustiku uus redaktsioon ja Rahukohtu Nuhtlusseadustik. 1885. aastal ilmus kummastki uus redaktsioon, mõlemaid rakendati kohe ka Baltimaades.

Vene sisekubermangude omavalitsuse suurtest ümberkorraldustest puudutas peatselt ka Balti provintse Preisimaa eeskujudele toetuv 1870. aasta linnaseadus, mis asendas seisuslikud asutused linnades kõikseisuslikega. Suurem hääleõigus kuulus sealjuures majanduslikult jõukamale elanikkonnale.

Balti provintsiaalõigus

Talurahvaõiguse süstemaatiline reformimine algas Baltimaades 19. sajandi algusaastail, kulmineerudes esimeses järgus 1816.–19. aasta pärisorjuse kaotamise seadustega. Teises järgus reformisid seda Liivimaa talurahvaseadused 1849. ja 1860. aastal, Eestimaa talurahvaseadus 1856. ja Saaremaa talurahvaseadus 1865. aastal. 1860. aastail ilmus lisaks rida tähtsaid seadusandlikke akte: passikorraldus (1863), mis sätestas talupoegade liikumisvabaduse kogu keisririigi piires; mõisnike kodukariõiguse kaotamine (1865), mis tähendas lõppu mõisnike õigusele anda teolistele ihunuhtlust; vallaseadus (1866), mis vabastas talurahva omavalitsuse mõisnike eestkoste alt; ning teotöö kaotamine koormisena (1868).

Keskvõimu kaugemaks eesmärgiks oli õiguse korrastamine kogu keisririigis, ja seetõttu algatas ta Baltimaade provintsiaalõiguse kodifitseerimise. Eesmärgiks seati seni kehtinud partikulaarõiguste esitamine süstemaatilisel kujul, kusjuures õigusnormide sisu pidi jääma võimalikult muutmata. Uuest seadustikust jäi välja talurahvaõigus, mille reformimine oli juba varem alanud, ja kirikuõigus, mida normeeris 1832. aasta kirikuseadus. Balti Provintsaalseadustik ("Provinzialrecht der Ostseegouvernements", "Свод местных узаконений губерний Остзейских") kavandati viieosalisena: ametiasutuste korraldus, seisuste-õigus, tsiviilõigus, tsiviil- ja kriminaal-protsessiõigus. Provintsaalseadustiku kahe esimese osa väljaandmist juhtis Reinhold Samson von Himmelstiern (1778–1858), tollase Liivimaa rüütelkonna mõjukamaid tegelasi ja kogenumaid õiguspraktikuid, kes oli osalenud ka Liivimaa 1804. ja 1819. aasta talurahvaseaduse koostamisel. Ametiasutuste korraldus ja seisuste-õigus ilmusid trükis 1845. aastal nii saksa kui vene keeles, neist oli ametlikuks väljaandeks venekeelne. Uue seadustiku mõlemad osad jõustusid järgmise aasta 1. jaanuaril.

Provintsaalseadustiku olulisima jao moodustas selle kolmas osa, tsiviilseadustik, mida nimetatakse ka Balti Eraseaduseks. Selle koostas põhiosas Friedrich Georg von Bunge. Balti Eraseadus koosneb üldiste õigusvaldkondade ja partikulaarõiguste osast. Esimeste alla kuuluvad perekonnaõigus, asjaõigus, pärimisõigus ja võlaõigus. Piirkondade ja seisustega piiritletud partikulaarõigused jagunevad kaheksaks suuremaks osaks. Need on Liivimaa, Eestimaa, Kuramaa ja Piltene maaõigus ning Liivimaa, Eestimaa, Kuramaa ja Narva linnaõigus. Väga väikeses mahus on seadustikus eraldi käsitletud veel luterliku vaimulikkonnaga seonduvat. Nendes talurahvaga seotud tsiviilõiguslikes küsimustes, mida talurahvaseadused ei normeerinud, tuli lähtuda Balti Eraseaduse vastavatest maaõiguse osadest.

Provintsaalõiguse kõrval Rooma õiguse kasutamisse kriitiliselt suhtunud Bunge tõi Balti Eraseadusesse siiski sisse üksikud Rooma õiguse normid. See andis esmakordselt võimaluse selgelt piiritleda, millal üldse võib Rooma õigust rakendada. Normitehniliselt lähtus Bunge olemasoleva õiguse võimalikult üksikasjalikust ja kasuistlikust kirjapanemi-

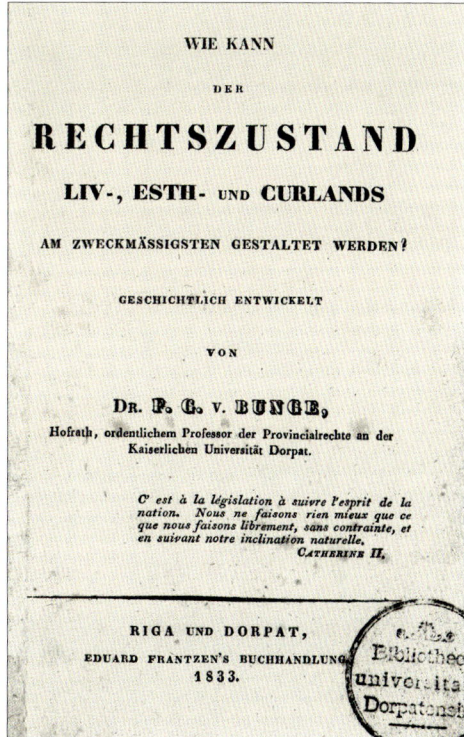

Friedrich Georg von Bunge teos Balti kubermangude õiguskorrast

sest. Selline praktika läks selgelt lahku 19. sajandi Euroopa õigusteadlaste peajoonest arendada õigust järjest suurema printsiibikesksuse, abstraktsuse ja süsteemsuse suunas. Balti Eraseadus on üks maailma mahukamaid koodekseid, koosnedes 4600 artiklist. 1864. aastal nii saksa kui vene keeles trükist ilmunud seadustik ("Liv-, Est- und Curländisches Privatrecht", "Законы гражданские" ehk "Свод гражданских узаконений губерний Остзейских") jõustus 1. juulil 1865. Ametlikuks väljaandeks loeti nii saksa- kui venekeelne, kuid 1870. aastal otsustas Senat, et lahkarvamuste korral tuleb aluseks võtta venekeelne seadusetekst. Eraseadus ilmus hiljem veel mitmetes sisuliselt täiendatud ametlikes ja mitteametlikes väljaannetes. Nii Balti Provintsaalseadustik kui ka talurahvaseadused kinnistasid senist ajalooliselt väljakujunenud õiguslikku partikulaarsust.

Provintsiaalseadustiku neljas ja viies osa jäid välja andmata, sest keskvõim hakkas kavandama 1864. aastal Venemaal kehtestatud protsessiseadustike rakendamist Baltimaades.

Õiguslikud ümberkorraldused alates 19. sajandi viimasest veerandist

Halduslik venestamine Balti provintsides puudutas teatud määral ka õiguskorda. Ulatuslikumad ümberkorraldused algasid Vene 1870. aasta linnaseaduse kehtestamisest neis 1877. aastal, millega kaotati seni linnade elukorralduse aluseks olnud seisuslikkuse põhimõte. Hiljem (1892) kehtestati nii Sise-Vene kui ka Balti kubermangudes uus linnaseadus, mis laiendas riigivõimu kontrolli linnade üle.

Jätkuvatest ümberkorraldustest andis muuhulgas märku asjaolu, et Aleksander III-st sai esimene Vene valitseja, kes pärast oma trooniletõusmist (1881) keeldus kinnitamast Balti erikorda tagavaid privileege. Sama kümnendi lõpus algas Balti kubermangudes laiaulatuslik justiitsreform, mis tõi kaasa põhimõttelise muutuse – ülemineku mitteriiklikult õigusemõistmiselt riiklikule õigusemõistmisele. Lisaks justiitsasutuste reformimisele vastavalt 1864. aastal sisekubermangudes alanud justiitsreformi põhimõtetele kehtestati 1889. aastal Vene tsiviil- ja kriminaalprotsessiseadustik. Tõsi, mitmeid tsiviilprotsessi seaduse sätteid kohandati ka kohalikele oludele paremini vastavaks. Kriminaalprotsessi osas ei seatud Baltimaades sisse vandekohtunike institutsiooni.

Venestusaja haldus-, kohtu- ja õigusreformid muutsid Balti Provintsiaalseadustiku kaks esimest osa suurelt jaolt kehtetuks. Õigusreformid ei tähendanud siiski õiguse sõna otseses mõttes venepäraseks muutmist, vaid tegemist oli Vene oludele kohandatud ja Venemaal kehtiva euroopaliku õiguse kehtestamisega Baltimaades.

1905. aasta revolutsiooni survel andis Nikolai II 17. oktoobril välja manifesti, mis lubas Venemaa rahvastele kodanikuõigusi ning -vabadusi, s.t. eluruumi ja omandi puutumatust, südametunnistuse-, sõna-, trüki-, koosolekute ja ühingute vabadust. Järgmise aasta 23. aprillil kinnitas keiser Vene impeeriumi põhiseaduse. See tähendas piiramatu isevalitsuse lõppu ja duumamonarhia süsteemi loomist, kus keiser hakkas seadusandliku võimu jagama Riigiduumast ja Riiginõukogust koosneva kahekojalise parlamendiga.

Baltimaades kulmineerusid revolutsioonisündmused massiliste rahvarahutuste ja mõisate põletamisega, mis viis 1905. aasta hilissügisel sõjaseisukorra kehtestamisele. See põhimõtteline muutus õiguskorras kaotati 1908. aasta suvel, mil sõjaseisukord asendati tugevdatud kaitseseisukorraga. Kindralkuberneri amet kaotati 1909. aastal. Tavapärane õiguskord taastati alles 1911. aasta hilissuvel, välja arvatud Tallinnas ja Riias, kus tugevdatud kaitseseisukord kestis edasi. Kuberneridele jäid erivolitused, nagu ebasoovitavate isikute väljasaatmine.

Esimese maailmasõja puhkedes kehtestati 1914. aasta juulis sõjaseisukord Tallinnas ja selle ümbruses. 1918. aasta jaanuaris, seoses lüüasaamisega Eesti Asutava Kogu valimistel, kuulutasid piiramisseisukorra välja ka eesti enamlased, kes selle alusel hakkasid represseerima baltisakslasi ja eesti rahvuslasi. 1918. aasta veebruarist kuni novembrini kehtis Bresti rahulepingu järgi Eestis *Saksa politseivõim.*

Vabadussõja algul kuulutas valitsus 29. novembril 1918 välja sõjaseisukorra kogu Eesti Vabariigis.

Juriidiline haridus ja õigusteadus

Rootsi-aegses Tartu ülikoolis uuriti ja õpetati ainult Rooma ja Rootsi õigust, hiljem ka loomuõigust. Baltimaade provintsiaalõigusega ei tegelenud ka Saksa ülikoolid, kus paljud baltlased juurat õppisid. Nii omandasid Eesti- ja Liivimaa juristid vajalikud teadmised provintsiaalõigusest alles praktilise töö käigus. Kohaliku õiguse kujundamisel ja edasiarendamisel oli mitmesaja aasta vältel peaaegu ainumääravaks juriidiline praktika, mis otsustas, milliseid allikaid ja mil määral rakendatakse.

Baltimaade provintsiaalõiguse teaduslik uurimine ja õpetamine algas alles Tartu Keiserliku Ülikooli (1802) õigusteaduskonnas. Balti provintsiaalõigusteaduse rajajaks ja kõige väljapaistvamaks esindajaks sai Friedrich Georg von Bunge, kes töötas õigusteaduskonna õppejõuna aastail 1822–42, sellest viimased kaksteist aastat provintsiaalõiguse professorina. Ta jätkas teaduslikku uurimistööd ka hiljem, Tallinna justiitsbürgermeistri ametis. Provintsiaalõigusteaduse kõige olulisemaks praktiliseks saavutuseks oli eelmainitud Balti Provintsiaalseadustiku koostamine. Tartu ülikoolis õpetati ja uuriti lisaks provintsiaalõigusele ka Saksa ning Vene õigust.

Baltimaade linnade ja rüütelkondade omavalitsussüsteemis ei eeldanud justiitsasutuses töötamine ega ka selle juhtimine pikka aega erialast kõrgharidust. Selline olukord hakkas muutuma 19. sajandil, mil justiitsasutuste juhtimine läks järjest enam professionaalsete juristide kätte. Venestusaegse justiitsreformi tagajärjel hakati juba enamikult kohtunikelt nõudma kõrgemat juriidilist haridust.

19. sajandil piirdus eestlaste kokkupuude õigusemõistmisega veel põhiliselt talurahvakohtute kogemusega. Eesti rahvusest professionaalsete juristide esimene põlvkond kujunes välja 19.–20. sajandi vahetusel Tartu ülikooli ja selle kõrval ka Peterburi ülikooli kasvandikest.

Balti kubermangude valitsemine

Kohaliku võimuhierarhia tipus seisis kindralkuberner. Seda institutsiooni rakendati alaliselt Vene impeeriumi pealinnade kubermangudes, riigi äärealadel või erikorraga provintsides (Soome, Poola, Siber, Kaukaasia) ning ajutiselt mõne eriolukorra lahendamiseks. Kui 18. sajandil oli tegu olnud aunimetusega,

siis uue sisu andis institutsioonile Katariina II, pannes üldjuhul kahe kubermangu etteotsa ühise asehalduri ehk kindralkuberneri. Paul I valitsusajal asehalduskord kaotati, kuid kindralkuberneri ametikoht jäi alles. Alates 1801. aastast ühendas Aleksander I piiriäärsed kubermangud uuesti kindralkuberneride võimu alla. Sajandi algul vaheldusid need kiiresti; Eestimaa kubermangul oli mõnda aega eraldi kindralkuberner. Alates 1819. aastast olid kõik kolm Balti kubermangu taas ühendatud ühe kindralkuberneri valitsemise alla, kelle residentsiks oli Riia loss. Liivi-, Eesti- ja Kuramaa kindralkuberner oli ennekõike Riia sõjakuberner – s.t. kolme provintsi kõrgem sõjaväe- ja politseiülem ja alles seejärel ka tsiviilülem, kelle võimutäius piirdus tähtsamate ametnike kohalemääramise kinnitamise ja üldise poliitilise järelevalvega välismaalaste, lahkusuliste jt. potentsiaalselt kahtlaste isikute üle. Et kindralkuberneri ülesandeid polnud täpsemalt määratletud, sai igaüks neist eraldi instruktsiooni keisrilt, andis otse keisrile aru ja pidi tegelema kohalikus elus hetkel kõige pakilisemate probleemide lahendamisega.

19. sajandi algul hakkas kindralkuberneride positsiooni õõnestama ministeeriumide rajamine. 1820. aastail kõhkles keskvalitsus, kas anda riigi provintsidele suurem autonoomia (räägiti isegi provintside esinduskogudest), mispuhul oleksid kindralkubernerid võinud kujuneda suhteliselt suure võimuga asevalitsejateks, või süvendada keskustatud ametkondlikku juhtimist – siis oleksid nad peagi tarbetuks muutunud. 1853. aasta instruktsioon rõhutas, et kindralkuberner on kõrgema poliitilise võimu esindaja piirkonnas.

Kuni 1870 oli Balti kindralkuberner ühtlasi Riia sõjaväeringkonna vägede ülemjuhataja. Tema juures võis tegutseda Peterburist saadetud eriülesannetega ametnikke või spetsiaalseid komisjone. Seoses talurahvareformidega moodustati aastal 1817 kindralkuberneri kantseleis eraldi talurahva-asjade osakond kaebuste läbivaatamiseks ja rahutuste enneta-

Toompea loss – Eestimaa kuberneri residents

miseks, mis püsis kuni Balti kindralkuberneri ametikoha kaotamiseni.

Talupoegadele isiklikku vabadust andvate seaduste elluviimist juhtis kindralkubernerina itaalia päritolu markii Filippo Paulucci (1779–1849, ametis 1812–29). Riia sõjakuberneriks ning Liivimaa ja Kuramaa tsiviilülemjuhatajaks oli ta saanud juba 1812. aastal, 1819 lisandus tema võimu alla Eestimaa ja 1823–29 ka Pihkva kubermang. Esimeses järjekorras pidas Paulucci silmas Vene riigi huve. Oma tegevuses püüdis ta sel ajal veel võrdlemisi erinevaid Läänemere-provintse omavahel ühtlustada – sattudes konflikti rüütelkondadega, kes leidsid, et nende privileege pole piisavalt arvestatud. Liiga iseseisva asevalitsejana muutus Paulucci lõpuks ebamugavaks ka keskvalitsusele ja rüütelkondadel õnnestus saavutada tema ametist vabastamine.

Itaaliasse naasnud Paulucci asemele määrati senaator ja endine Eestimaa maanõunik kindral Magnus von der Pahlen (1779–1863, ametis 1829–45), kes koondas enese kätte võimu, millist polnud kindralkuberneridel enne ega pärast teda. 1828–33 oli ta ühtlasi Tartu õpperingkonna kuraator ja Tartu tsensuurikomitee esimees. Pahleni perioodi on Balti ajalookirjutuses

ja memuaarides sageli nimetatud "Liivimaa vaikeluks" *(Livländisches Stillleben)* või *balti biidermeieriks*, kuid sellise kuvandi tekke peapõhjuseks tuleb lugeda järgnenud rahutuid 1840. aastaid, sest tegelikult toimus just sel ajal nii ühiskonnas kui majanduses palju olulisi muutusi. Pahlenile sai saatuslikuks 1841. aastal Liivimaal puhkenud käärimine, mille käigus eelnenud ikaldusest ja näljahädast meeleheitele viidud talupojad massiliselt õigeusku siirdusid. Talurahva ärapöördumine luterlusest mõjus baltisakslastele tõelise šokina. Seepeale pidas keskvalitsus õigemaks asendada luterlasest Pahlen õigeuskliku jalaväekindrali Jevgeni Goloviniga (1782–1858, ametis 1845–48), kelle õlule pandi raske ülesanne – hoolitseda vastsete õigeusklike eest ja saada hästi läbi Balti aadliga. Baltisakslaste rahustamiseks kinnitati 1845. aastal Provintsiaalseadustiku kaks esimest osa; samas algas keskvalitsuse rahalisel toel uute õigeusu kirikute ehitamine ja koguduste moodustamine ning pandi kehtima impeeriumi ühtne kriminaalseadusandlus. Nii suutis kindralkuberner Golovin oma põhiülesandega enam-vähem toime tulla, kuid kauemaks teda ametisse ei jäetud.

Järgmiseks kindralkuberneriks sai Göttingeni ja Sorbonne'i ülikoolide kasvandik, liberaalsete vaadetega vürst Aleksandr Suvorov (1804–82, ametis 1848–61). Pikka aega sel kohal olnud Suvorov jättis olulise jälje Baltimaade, eriti aga Riia linna kultuurilisse ja majanduslikku arengusse. Nikolai I oli otsustanud, et Balti provintse võiks Venemaale lähendada mitte repressioonid, vaid lepituspoliitika. Keskvõimu halduslik pealetung ja õigeusu kiriku positsioonide tugevdamine jätkus, kuid kinnistusid ka paljud provintside eripärad, sh. Venemaast erinev arengutee maaküsimuses. Agraar- ja muude Balti provintse puudutavate reformide ettevalmistamisel etendas tähtsat osa Läänemere maade komitee Peterburis (1846–75). Selle eesistuja oli keisri kindraladjutant, liikmed sise- ja riigivarade ministrid, ametisolevad ja endised Balti kindralkubernerid, Riiginõukogu ning rüütelkondade esindajad. Esialgu Liivimaa talurahvareformi ettevalmistamiseks moodustatud komitee kujunes Balti provintside esinduseks impeeriumi pealinnas. Ta vaatas läbi kõik tähtsamad Baltimaade reformiprojektid ning esitas keisrile kinnitamiseks ühtekokku 35 seaduseelnõud, sh. kõigi kolme kubermangu talurahvareformi projektid.

Krimmi sõda vallandas *suurte reformide* ajastu. 1860. aastail aktiviseerusid üheaegselt ka Venemaa Balti-poliitika ja kõigi kohalike rahvaste rahvuslikud liikumised. Peterburi üle viidud Suvorovi järel määrati kindralkuberneriks Tartu ülikooli lõpetanud jalaväekindral parun Wilhelm Heinrich v. Lieven (1800–80; ametis 1861–64), kes jäi viimaseks baltisakslaseks sel postil. Samal ajal sai siseministriks endine Kuramaa kuberner Pjotr Valujev (1814–90), kellel oli palju sõpru baltlaste seas, sh. vürst Paul Lieven (1821–81, Liivimaa maamarssal 1862–66), kes omalt poolt tegi kõik Liivimaa aadli huvide kaitsmiseks. Kui Poola suhtes võttis keskvalitsus pärast 1863. aasta ülestõusu suuna selle ühtlustamisele Vene riigiga, siis Balti provintsidel õnnestus esialgu oma erikorda säilitada ja Balti Eraseaduse kaudu isegi kindlustada. Aleksander II valit-

susaja *suured reformid*, mis Vene ühiskonda sügavalt puudutasid, pidid ääremaadel rakendamist leidma valikuliselt ja järkjärgult. Samal ajal andis 1863. aasta passiseadus Balti kubermangude talupoegadele senisest oluliselt suurema liikumisvabaduse kogu Vene impeeriumi piires ja vallandas väljarände teistesse kubermangudesse.

Kuid juba järgmine kindralkuberner, krahv Pjotr Šuvalov (1827–89, ametis 1864–66) sai ülesande Balti provintside poliitiliseks, halduslikuks ja majanduslikuks lõimimiseks ülejäänud impeeriumiga. Šuvalov vaatas oma ametikohale vaid kui sammukesele karjääriredelil ja püüdis silma paista kiirete reformidega. Mitmed varem arutatud projektid otsiti välja ja kehtestati seadusena. Kaotati kodukari (1863) ja tsunftikord (1866) ning kehtestati uus vallaseadus (1866). Reformide initsiatiiv oli läinud rüütelkondadelt keskvalitsuse ametnikele. Vallaseaduse väljatöötamisel etendasid oma osa ka eesti ja läti talupoegade palvekirjad (1863–64).

Vene ajakirjanduses rünnati järjest teravamalt Balti erikorda. Šuvalovi määramise järel keisri isikliku kantselei III osakonna ja sandarmikorpuse ülemaks sai oktoobris 1866 kindralkuberneriks endine Peterburi sõjaväeringkonna ülem kindralleitnant Pjotr Albedinski (1825–83, ametis 1866–70). Balti provintside samm-sammult Venemaale lähendamist taotleva poliitika arhitektideks peetaksegi Albedinskit koos siseministriks tõusnud Pjotr Valujeviga. Ühtlustamispoliitika põhimõte oli mitte rakendada otseseid repressioone, vaid kasvatada uus süsteem vana kõrvale. Soositi venekeelset rahvakooli, uusi talurahva-asutusi, õigeusu kirikuid ja kogudusi. Gümnaasium ja kõrgharidus jäid saksakeelseks. Ehitati välja telegraaf ja raudtee, et Balti provintse impeeriumiga tihedamalt siduda. Alates 1868. aastast pidid kõik otseselt keskvalitsusele alluvad riigiasutused viima asjaajamise üle vene keelele.

Saksamaa ühendamine suurendas keskvalitsuse umbusku Balti provintside saksa soost ülemkihi suhtes. Kindralkuberneri ametikoht oli olnud teatud puhvriks keskvalitsuse ja Balti provintside vahel. Kui järgmine kindralkuberner vürst Pjotr Bagration (1818–76, ametis 1870–76) suri, talle järglast enam ei määratud. Bagrationi tegevus oli olnud suunatud ennekõike õigeusu kiriku positsioonide kindlustamisele, millest jäi Riiga sümbolina maha võimas õigeusu katedraal. Pärast tema surma likvideeriti ka kindralkuberneri ametikoht – provintside erilisust väljendavaid institutsioone ei olnud enam vaja.

Ajutiselt rakendati kindralkuberneri institutsiooni Balti provintsides veel revolutsiooni mahasurumiseks ja reformikavade väljatöötamise koordineerimisel (1905–09).

Kubernerid ja kubermanguvalitsused

Kubermangudes esindasid keskvõimu kubermanguvalitsused eesotsas (tsiviil)kuberneridega, kes olid kuni 1802 allunud Senatile, pärast ministeeriumide moodustamist aga siseministeeriumile ja aastail 1801–76 ühtlasi Balti kindralkubernerile. Võrreldes Venemaa sisekubermangudega, oli nende võim Balti provintsides 19. sajandi algupoolel väiksem, kuid tugevnes vastavalt sellele, kuidas piirati rüütelkondade ja linnade seisuslikku omavalitsust. Kuberner oli võimuesindaja, kes kinnitas ametnike kohalemääramised, tema järelevalve alla kuulusid kõik haldus-, politsei-, finants-, sõjaväe-, majandus- ja seisuslikud asutused, ta oli suure hulga komiteede ja komisjonide eesotsas. Kuberneri määras ametisse keiser ja ta andis aru isiklikult keisrile.

Kubermanguvalitsus oli täidesaatev organ, mille liikmed juhtisid arvukaid allasutusi. Algselt koosnes see kubernerist ja 2–3 nõunikust, kellest üks oli asekuberner (kelle määras keiser siseministri esildisel). Hiljem nõunike arv kasvas, neile lisandusid assessorid, kubermanguarst, -arhitekt, -insener, asjaajaja ning siseministri poolt kinnitatud eriülesannetega ametnikud. 1913. aastal oli

näiteks Eestimaa kubermanguvalitsuses ametnikke juba üle 50, lisaks veel rida iseseisvaid allasutusi. Kuni 19. sajandi lõpuni olid kuberneri, asekuberneri ja nõunike ametikohtadel valdavalt kohalikku päritolu aadlikud.

19. sajandi jooksul suurenes samm-sammult keskvõimu osatähtsus kohaliku aadli- ja linnaomavalitsuse arvelt. Kubermanguvalitsuse funktsiooniks oli kubermangu üldine haldamine – keisri, Senati ja teiste kõrgemate keskasutuste seaduste, seadluste ja korralduste teatavakstegemine ning järelevalve nende täitmise üle, ametiisikute peale esitatud kaebuste läbivaatamine ja kohtuorganite otsuste täideviimine. 1850-ndail hakati ametlikke teateid avaldama eraldi Eesti- ja Liivimaa "Kubermangu Teatajas", millest kumbki ilmus nii saksa kui vene keeles ja sisaldas ka eesti- (resp. läti)keelseid teadaandeid.

Kubernerile allusid statistikakomiteed. Nende (ja Peterburis asuva Statistika Keskkomitee) ülesandeks oli kubermangu kohta andmete kogumine, üksikute eluvaldkondade ja tervikkirjelduste koostamine, mida kasutati muuhulgas kuberneride aastaaruannete tarbeks.

Kubermanguasutused ja nende pädevus

Riiklike tuluallikate haldamisega tegelesid kubermangudes rahandusministeeriumile alluvad kroonupalatid (ka kameraalkojad). Nad haldasid riigimõisaid ja -metsi, tegelesid maksualuse elanikkonna arvestuse, maksude kokkukogumise, nekrutivõtmise ja riigiasutuste töötajatele palga maksmisega. Kroonupalatile allusid renteid maakonnakeskustes ja 1841. aastani ka (juba Rootsi ajal kroonumõisate valitsemiseks loodud) majandusvalitsused (Eesti alal Tartu-Pärnu majandusvalitsus Tartus ja Saaremaa majandusvalitsus Kuressaares). 19. sajandi jooksul piirati kroonupalati laia tegevussfääri uute asutuste loomise teel, teisalt laienes pädevus sedamööda, kuidas tugevnesid Vene riikluse elemendid Balti provintsides. Riiklike ehitiste ja teede järelevalve läks 1832. aastal teede ja avalike hoonete peavalitsuse alluvusse. Kubermangu ehitus- ja teedekomisjonist sai 1861. aastal Liivimaal ja 1865. aastal Eestimaal kubermanguvalitsuse ehitusosakond.

1837. aastal moodustati Venemaal riigivarade ministeerium. Selle eesmärgiks oli riiklike tuluallikate haldamise põhjalik reform, eelkõige kroonutalupoegade majandusliku olukorra parandamine, lootuses tõsta seeläbi ka riigi sissetulekuid. Kubermangudes loodi riigivarade palatid, mis võtsid kroonupalatilt ja majandusvalitsustelt üle kroonumõisate juhtimise ja riigimetsade haldamise. 1859 müüdi Eestimaa kubermangu vähesed riigimõisad aadlile ja sealne riigivarade palat likvideeriti. Liivi- ja Kuramaa riigivarade palatid liideti üheks Baltimaade riigivarade palatiks, millele allusid ringkonnavalitsused Pärnus, Tartus, Viljandis ja Kuressaares. Kui 1869. aastal anti ka kroonumõisate talupoegade asjad üldiste talurahva-asutuste pädevusse, riigivarade palati tähtsus vähenes ja see nimetati ümber Baltimaade riigivarade valitsuseks (1870–1905), pärast vastava ministeeriumi reorganiseerimist Peterburis aga Baltimaade Põllumajanduse ja Riigivarade Valitsuseks (1905–18). Kuni 1887 tegutsesid kohtadel eriülesannetega ametnikud, kes vastutasid kroonumaade reguleerimise (päriseksmüümise, rentimise ja mõõdistamise) õiguse eest. Riigivarade valitsusele allusid kroonumetsad, obrokimaad, välismaised kolonistid ja kirikuõpetajate leskede ülapidamiseks mõeldud *armuadramaad*.

1863 korraldati ümber Vene riigi alkoholikäitlemise süsteem. Moodustati eraldi aktsiisivalitsused, mis võtsid enda peale alkoholi- ja tubaka-aktsiiside ning mängukaardimaksu kogumise. Järgmine oluline reform sel alal leidis aset aastal 1900, kui kehtestati riiklik viinamonopol.

1865 loodi Venemaa riigipank ja kaotati eri ministeeriumide kassad, kogu riigi raha pidi siitpeale käima läbi kroonupalatite ja maakonnarenteide, juurde loodi kubermangurentei. Varem kroonupalatitele kuulunud

Talumees ametiasutuses (1895)

riigiasutuste finantstegevuse kontrollimise funktsioon anti üle kontrollpalatitele Tallinnas ja Riias. Seoses üleminekuga üldisele sõjaväeteenistuskohustusele alates 1874. aastast kaotati kroonupalatite nekrutiosakonnad, mille asemele tulid siseministeeriumile alluvad kubermangu ja maakondade väeteenistuskomisjonid.

1885. aastal, kui kaotati pearaha, pandi kroonupalati alluvuses ametisse maksuinspektorid otseste maksude kogumiseks ja alates 1884. aastast hakati renteide juurde looma riiklikke hoiukassasid.

Kubermangude üldhoolekande kolleegiumid olid samuti loodud juba asehalduskorra ajal. Nad tegelesid valdkondadega, mis varem olid kuulunud eraisikute, kirikute või kogukondade pädevusse – aitasid tagada rahu ja korda, rajasid töö- ja parandusmaju, organiseerisid vaestehoolekannet, asutasid linnadesse pea- ja alam-rahvakoole. Nende alluvuses hakati välja töötama riiklikku meditsiinisüsteemi, pandi ametisse kreisiarstid ja -ämmaemandad. 1797 allutati meditsiiniosa Riigi Meditsiinikolleegiumile Peterburis, hiljem aga siseministeeriumile. Üldhoolekande kolleegiumid jätkasid Eesti- ja Liivimaal tegevust kuni 1917. aastani, samal ajal kui enamikus Venemaa kubermangudes, kus 1860. aastail loodi semstvod, kaotati nad ära. Neil oli õigus anda kinnisvaratagatisega laene ning nad toetasid oma tegevuse tuludest koole ja riiklikke hoolekandeasutusi. Eestimaal jäi tähtsaimaks kubermanguhaigla, Liivimaal aga Riias asuva Aleksandrikünka vaimuhaigete varjupaiga ülalpidamine.

1803. aastal moodustati Rahvahariduse Ministeeriumi alluvuses õpperingkonnad eesotsas kuraatoritega. Tartu õpperingkonda, mille keskuseks sai Tartu ülikool, kuulusid Eesti-, Liivi- ja Kuramaa ning 1812. aastani ka Viiburi kubermang. Kuraatori kantselei asus kuni 1835 Peterburis, 1835–70 ja 1876–86 Tartus, 1870–76 ja 1886–1915 Riias, siis aga toodi see seoses maailmasõja rinde lähenemisega uuesti Tartusse. Ülikooli koolikomisjoni vahetule juhtimisele allusid linnade koolid, koolikomisjoni kaotamine 1837 tähistas ühtlasi seisusliku eraldatuse süvenemist koolisüsteemis. Riiklik järelevalve kõigi koolitüüpide üle sai alguse 1887. aastast, kui määrati ametisse rahvakoolide inspektorid.

Riiklikke struktuure erinevate eluvaldkondade kontrollimiseks tuli 19. sajandi lõpust alates järjest juurde: kubermanguvalitsuse juures leidsid rakendust vabriku-, vangla-, veterinaaria- jms. inspektorid. Vene riigi kohalolek kasvas.

Linna- ja maaomavalitsus

Linnaomavalitsus säilitas 19. sajandi esimesel poolel üldjoontes keskaegse ilme. Pärast asehalduskorra kaotamist oli vana korraldus põhijoontes taastatud, kuid jäi püsima lihtsam kodanikuks saamise kord ja toimusid ümberkihistumised kodanikkonna sees. Teistest Eesti ala linnadest erines Peterburi kubermangu kuuluva Narva sisemine korraldus. Linnade kõrgeim võim oli ise oma koosseisu täiendava magistraadi käes, mis täitis nii halduslikke, politsei- kui kohtufunktsioone, ning koosnes reeglina bürgermeistritest ja raehärradest sündiku (õigusnõunik) eesistumisel. Magistraat jaotas linlaste vahel riigi- ja kohalikud maksud ning nõudis need sisse.

Kuni 1866. aastani säilis tsunftikord, mis tagas tsunftiliikmetele sotsiaalhoolekande ja võimaluse osaleda linnavalitsemises. Kaupmehed ja teised *õilsamate ametite* pidajad olid ühinenud suurgildi, käsitööliste tsunftid väikegildi. Tsunftide ja gildide põhikirjad ehk skraad kinnitas magistraat. Pärast tsunftikorra kaotamist jätkasid paljud endised tsunftid seltskondlike koondistena.

1877. aastal kehtestati kõigis kolmes Balti kubermangus 1870. aasta ülevenemaaline linnaseadus. Vanad magistraadid jätkasid 1889. aastani kohtuorganina. Linnades tuli valida linnavolikogu ja moodustada linnavalitsus eesotsas linnapeaga. Linnaelanikud jaotati varandustsensuse alusel kolme kuuriasse, millest igaüks valis ühe kolmandiku volikogu koosseisust. 1892. aastal valimisseadust muudeti – nüüd võisid linnavolikogu valida kõik tsensusele vastavad kinnisvaraomanikud võrdsetel alustel. Varatutel valimiste juures kaasarääkimise õigust polnud. Eestlastest kinnisvaraomanike arvu kasvuga nõrgenes linnades saksa ülemkihi hegemoonia ja 20. sajandi kahel esimesel aastakümnel läksid linnavalitsused Eesti alal üksteise järel eestlaste kätte. Uued linnavalitsused hakkasid senisest enam hoolitsema linna heakorra, arhitektuurilise üldilme ja kommunikatsioonide eest. Rajati gaasi-, elektri- ja telefonivõrke ning veevärke.

Rüütelkondade maaomavalitsuse korraldus ulatus Eestimaal juurtega 13. ja Liivimaal 16. sajandisse. Kõrgeim võimuorgan oli maapäev, millest võtsid osa kõik meessoost täiskasvanud immatrikuleeritud aadlikud. See toimus kolme aasta tagant, seal valiti rüütelkondade juhid jt. ametiisikud, määrati kohalikud maksud, võeti vastu omavalitsuse eelarve, arutati kiriku- ja kooliolude korral-

Narva linna koorekiht näitusel (1913)

dust ning suhteid riigivõimuga. Eestimaal juhtis rüütelkonda selle peamees, Liivi- ja Saaremaal kummalgi maamarssal. Jooksvaid asju ajas 12 (Saaremaal 4) eluaegsest maanõunikust koosnev kolleegium. Üks neist viibis aastas ühe kuu kubermangulinnas kuberneri juures resideeriva maanõunikuna. Maapäevade vaheaegadel võis tähtsamaid otsuseid vastu võtta rüütelkonna komitee (Liivimaal aadlikonvent), kuhu kuulusid rüütelkonna peamees (*resp.* maamarssal), maanõunikud ja 12 kreisisaadikut.

Vaatamata paljudele kavadele rüütelkondade omavalitsuse süsteemis suuremaid reforme ei toimunud, ehkki talude päriseksmüümine õõnestas aadli majandusliku võimu aluseid ja vastavalt keskvalitsuse tugevnemisele vähenes rüütelkondade tähtsus kohalikus halduses. Tõsisemaks uuenduskatseks tuleb pidada Liivimaal 1870. aastal toimunud reformi, millega kohaliku omavalitsuse üks tähtsamaid lülisid, kirikukonvent, jaotati kiriku- ja kooliasju otsustavaks kiriku- ja koolikonvendiks, kus ka talupoegadel oli hääleõigus, ja muid asju otsustavaks kihelkonnakonvendiks, kus hääleõigus oli vallavanematel. Teised rüütelkonnad sellega kaasa ei tulnud.

Talurahva omavalitsus kasvas välja vallakohtutest. Kohtu- ja haldusvõim lahutati 1866, kui kõigis kolmes Läänemere-provintsis moodustati ühtmoodi vallavalitsused ja neist eraldi seisvad vallakohtud.

Valla täiskogu koosnes taluperemeestest, rentnikest ning sulaste jt. maatameeste esindajaist (1 esindaja iga 10 maatamehe kohta). Täiskogul valiti vallavanem, tema abid, vallavolikogu ja vallakohtu liikmed, otsustati kogukonda vastuvõtmine ja sellest väljaheitmine. Vallavanem juhtis vallavalitsuse tööd, ajas valla asju, jälgis seaduste täitmist ja avalikku korda. Volikogu koosnes vallavanemast ja volimeestest, kellest pooled valiti peremeeste ja rentnike ning pooled maatameeste hulgast kolmeks aastaks. Volikogu kutsuti kokku vähemalt kord aastas, vajadusel ka sagedamini. See otsustas valla elu tähtsamaid küsimusi, mis olid seotud vallakassa, maksude, kogukonnale kuuluvate asutuste (kool, vaestemaja) ja muuga, olles talupoegadele tõeliseks demokraatia kooliks.

Järelevalvet vallaomavalitsuste üle teostasid esialgu kihelkonnakohtud, pärast nende kaotamist aga kubernerile alluvad, 1889. aastal ametisse pandud talurahvakomissarid. Eestimaa kubermangus oli 8, Liivimaa Eesti osas 9 komissarijaoskonda.

Kohtuvõim

1783. aastast ametis olevad kubermanguprokurörid, kes jälgisid seaduste täitmist haldus- ja kohtuasutustes, jäid ametisse justiitsreformini ja asendati siis ringkonnakohtu prokuröridega. Kubermanguprokurör allus otse riigi kindralprokurörile (1802. aastast justiitsminister), kuid talle võis korraldusi anda ka Balti kindralkuberner. Kubermanguprokurörile allus kuni 1886 Eestimaal fiskusekomissar, Liivimaal ülemfiskaal ja maakonna- e. kreisifiskaalid, 1886–89 kubermanguprokuröri abid. Erinevalt Venemaa sisekubermangudest kubermanguprokurör aadli omavalitsusasutuste töös ei osalenud.

Kohtukorraldus oli kubermanguti erinev. Kuni justiitsreformini olid igale seisusele omad kohtud. Kohtuasja arutati tavaliselt selles kohtus, mille alla kaebealune kuulus. Eestimaal jäi 1889. aastani kõrgeimaks kohtuks ülem-maakohus, järelevalvet teostas kubermanguprokurör ja apelleerida sai

Ringkonnakohtu hoone Tallinnas

Senatisse. Ülem-maakohus koosnes 12 maa-nõunikust kuberneri eesistumisel, täitis nii tsiviil- kui kriminaalkohtu funktsioone peamiselt aadlike suhtes, nimetas ametisse advokaadid ja võttis ametivande kõigilt Eestimaa rüütelkonna ametimeestelt. Aadlike ja teiste isiklikult vabade isikute eestkoste- ja hoolekandeasjadega tegeles enne justiitsreformi Eestimaa alam-maakohus. Igas maakonnas oli alama astme kohtuna meeskohus.

Liivimaa kõrgeim kohtuasutus oli õuekohus, mis asus Riias. Järelevalvet teostas kubermanguprokurör. Seoses talurahvaseaduste sisseseadmisega loodi spetsiaalne õuekohtu departemang Saaremaale. Kahe maakonna kohta tegutses üks maakohus, neist jäid Eesti alale Saaremaa, Tartu ja Pärnu maakohtud (viimane paiknes Viljandis). Kohtuliikmed valiti rüütelkondade poolt, palka maksis neile riik. Maakohtud täitsid ka vaeslastekohtu ülesandeid aadlike suhtes.

Linnades moodustas raad oma kohtuvõimu teostamiseks alamkohtuid, mis võisid linnati erineda. Tavaliselt lahendas politseilisi küsimusi foogtikohus, kaubandustülisid kaubakohus, käsitööliste-vahelisi probleeme ametikohus, eestkostjate üle teostas järelevalvet vaeslastekohus jne.

Luteri usu vaimulike jaoks olid konsistoriaalkohtud – Tartu, Pärnu ja Tallinna linnakonsistooriumid (kuni 1890) ning Liivimaa, Eestimaa ja Saaremaa provintsiaalkonsistooriumid. Mitmetes abielu- ja perekonnaõiguslikes küsimuses (näit. abielulahutus) allusid ilmalikud isikud samuti vaimulike kohtute jurisdiktsioonile. Õigeusklike tarvis moodustati 1850 Riia vaimulik konsistoorium.

Talurahvakohtute süsteem kujundati välja talurahvaseadustega. Eestimaa kubermangus loodi 1803. aasta kevadel talurahvaregulatiivi "Iggaüks" alusel igas mõisas talupoegade omavaheliste tülide lahendamiseks vallakohus ja igas kirikukihelkonnas kihelkonnakohus. 1816. aasta talurahvaseadusega vallakohtud kaotati ja kuni 1866. aastani jäi Eestimaal esimese astme kohtuks kihelkonnakohus, lahendades peamiselt talupoegade kaebusi mõisa vastu. 1816. aastast hakati neid nimetama kihelkonnakoguduse kohtuteks ja 1856. aastast jälle kihelkonnakohtuteks. Siitpeale oli see ka hoolekandekohus. Kihelkonnakohus kinnitas ametisse vallavanemad ja nende abid, revideeris vallalaegast, kinnitas talude rendilepinguid, kontrollis hingeloendeid ja ümberregistreerimise dokumente, korraldas talumaade müüki jms.

Liivimaa kubermangus loodi 1804 nelja-astmeline talurahvakohtute süsteem – valla- ehk mõisakohtud, kihelkonnakohtud, maakohtute erikoosseisud ja õuekohtu erikoosseis. Kaks viimast kaotati 1819. aasta talurahvaseadusega, kuid juurde tuli õuekohtu talurahva-asjade departemang.

Kreisikohtud rajati Eestimaal 1816 ja Liivimaal 1819 (Saaremaal 1821). Need koosnesid kreisikohtunikust ja neljast kaasistujast, kellest kaks olid mõisnikud ja kaks talupojad (valiti kihelkonnakohtute kaasistujate seast). Eestimaal oli see apellatsiooniinstants kihelkonnakohtu otsuste peale talupoegade omavahelistes protsessides ja esimese astme kohus talupoegade kaebuste asjus mõisniku peale. Liivimaal oli kreisikohus kolmanda astme kohtuks.

1866. aasta Balti kubermangude vallaseadusega rajati Eestimaal uuesti vallakohtud ja hakati nõudma nende istungite protokollimist. Vallakohtud jätkasid tegevust ka pärast 1889. aasta kohtureformi, kohturingkondi suurendati vastavalt valdade liitmisele, kuid nende kohtute pädevus piirdus ainult talupoegade omavaheliste asjade arutamisega. Edasikaebeorganina loodi 1889 igas maakonnas 1–2 ülem-talurahvakohut, kus kaasistujaiks olid järgemööda kutsutud vallakohtute eesistujad.

Kogu senine seisuslik kohtusüsteem kaotati 1889. aasta Balti kubermangude justiitsreformiga – asemele tulid 1864. aasta Vene kohtukorralduse järgi üles ehitatud ringkonnakohtud Riias ja Tallinnas, mis kuulusid Peterburi kohtupalati ringkonda, rahukogud (Tartu-Võru, Pärnu-Viljandi, Tallinna-Haapsalu, Saaremaa, Rakvere-Paide) ja rahukohtunikud kohtadel. Ümber korraldati ka advokatuur ja notariaat, ametisse pandi kohtu-uurijad ja kohtutäiturid. Rahukogude juurde loodi kinnistusametid. Formaalselt olid nüüd kõik seisused kohtu ees võrdsed.

Esialgu püüti kohtunikke Venemaalt sisse tuua, kuid keeleprobleemide ja seaduste erinevuse (sest Balti eraõigus jäi kehtima) tõttu oli neil siin raske hakkama saada, mis-

tõttu neisse ametitesse hakati tasapisi võtma ka kohalike rahvuste esindajaid, ning juba 19. sajandi lõpul jõudsid riiklikesse kohtu- ja politseiametitesse ka esimesed eesti juristid.

Politsei

Maapiirkondades täitsid politseifunktsiooni Liivimaal sillakohtunikud (Ordnungsrichter) ja Eestimaal adrakohtunikud (Hakenrichter) koos oma abidega. Pärast pärisorjuse kaotamist nende vastutusala ja võim suurenes. Politseikohtute piirkond hõlmas tavaliselt 3–5 kihelkonda. Adrakohtuniku ametit tuli pidada tasuta, Liivimaal maksis riik sillakohtunikele väikest tasu. Nende ametite pidamine oli eelduseks rüütelkonna võimuredelil edasiliikumisel. 1816/19. aasta seaduste kohaselt vastutas mõisnik politseilise korra eest oma mõisa piires, hiljem ainult mõisamaal, kuna talumaadel läks vastutus üle vallavanemale. 1888. aasta Balti kubermangude politseireformiga kaotati silla- ja adrakohtunike ametikohad. Asemele tulid 1862. aasta Venemaa politseiseadusele vastavad riiklikud politseivalitsused nii maal kui linnas. Maal allusid maakonnaülemale nooremabid jaoskondades, neile omakorda urjadnikud kohtadel.

Mõnes linnas (Tartu, Tallinn, Narva) olid juba 19. sajandi alguses magistraadi ja foogtikohtu kõrval kindralkubernerile alluvad politseivalitsused. Pärast 1888. aasta politseireformi foogtikohtud kadusid ja linna politseivalitsuse koosseisu hakkasid kuuluma politseimeister, jaoskonnaülemad ehk pristavid, nende abilised ehk järelevaatajad ja kordnikud ehk lihtpolitseinikud (городовой, kardavoi).

Siseministeeriumi politseidepartemangu kohalike organitena alustasid 1867 tegutsemist kubermangu sandarmivalitsused koos kohalike osakondadega. Sandarmikorpuse ohvitseride ülesandeks oli poliitiliste süütegude uurimine ja kohaliku elanikkonna meelsuse salajane järelevalve, üle piiri liikumise jälgimine, vastuluure ning politsei abistamine ühiskondliku korra hoidmisel.

Maksukorraldus

1783. aastast oli ka Balti provintsides kehtestatud pearaha (ülejäänud impeeriumis kehtis see Peeter I ajast). Selle suurus muutus mõnevõrra, kuid oli enamasti ühe rubla ringis igalt meessoost maksualuselt hingelt. Maksualuste elanike loenduste käigus koostati hingeloendid. Lisaks otsesele pearahamaksule olid kaudsed maksud – aktsiisid soolale, veinile, mängukaartidele jms. Pearahakohuslased olid ühtlasi ka nekrutikohuslased ja neile võis anda ihunuhtlust. Pearaha määrati loendusandmete alusel – s.t. kui keegi kahe revisjoni vahel suri, pidi vastav kogukond või sugulased tema eest pearaha maksma järgmise revisjonini. Pearaha ei maksnud aadlikud, riigiteenistuses olijad, vaimulikud ja õpetajad, välismaalased, literaadid, kaupmeeste ja käsitööliste lesed ja vaeslapsed. Kohaliku eelarve heaks võis võtta veel näiteks koera-, luksus- vms. makse. Lisaks riiklikele maksudele olid maksud luteri kiriku heaks ja mitmesugused naturaalkoormised, nagu nekrutikohustus, tee- ja sillaehituskohustus, küüdikohustus jmt. Rüütelkonnad pidasid keisririigi lõpuni üleval postijaamade võrku, mis samuti talupoegadele kohustusi lisas. 19. sajandi jooksul asendusid mitmed naturaalkoormised rahalise maksuga. Majutuskohustus, mis 19. sajandi algul tähendas sõjaväele peavarju pakkumist oma kodus, asendus 1874 korterimaksuga, mille eest vastav mõis või linnavalitsus pidas üleval sõjaväe majutamiseks mõeldud hooneid. Samal aastal asendati nekrutikohustus üldise väeteenistuskohustusega, mille läbimiseks seisus või haridus andis olulisi eeliseid (näit. selle kestuse osas).

Linnade lihtrahvas maksis pearaha, käsitöölised käsitöölise maksu, kaupmehed kapitalimaksu. Maksusüsteem tõi 19. sajandi jooksul kaasa olulisi nihkeid linna-

elanikkonna sotsiaalses koosseisus. Vastavalt deklareeritud kapitali suurusele jaotati kaupmehed kolme gildi, millest igaüks maksis eri suuruses maksu (tavaliselt 1% deklareeritud kapitalilt). I gildi (s.t. kõige rikkamad) kaupmehed lähenesid paljude õiguste poolest teenistusaadlile. Maksuvaba staatuse võis omandada hariduse kaudu – ülikooli eksamitega lõpetades, aga ka näiteks apteekriabilise eksami sooritamisega. 1863 kaotati pearaha linnades, mais 1883 vabastati sellest maata ja vabrikutalupojad ning 1. jaanuarist 1886 kaotati see lõplikult. Asemele tulid uued otsesed maksud – tulu-, maa- ja korterimaks. Maksualune seisund jäi alles, sellesse kuuluvaks loeti talupojad, väikekodanlased ja käsitöölised. Neile kehtisid liikumispiirangud (pass anti ainult kindlaks tähtajaks ja kindlasse kohta minekuks, maksuvabad said tähtajatu passi kogu Vene impeeriumi piires liikumiseks), nad allusid seisuslikele asutustele, nende puhul ei olnud välistatud ihunuhtlus ja ainult nemad pidid minema sundkorras tööle, kui riiklikud vajadused seda nõudsid (näit. metsatulekahju kustutamine, raudtee lumest puhastamine jms.).

RAHVASTIK JA RÄNNE

Üleminek modernsele rahvastiku taastetüübile

19. sajand ja 20. sajandi algus oli Eesti demograafilises arengus kardinaalsete muutuste aeg. Rahvastikuline areng oli kooskõlas sel ajal majanduses ja sotsiaalsetes suhetes toimuva teisenemisega, hariduse ja teaduse edusammudega, uue elukorralduse kujunemisega. Pärisorjuse kaotamine, talupoegade liikumisvabadus, talude päriseksostmine ja sellest tulenenud nihked külaelanikkonna sotsiaalses koostises mõjustasid oluliselt ka demograafilisi protsesse. Viimaste jälgimisel tuleb aga silmas pidada, et neid kujundanud tegurid on väga mitmelaadilised ja keerukad. Rahvastiku taastootmine on oma loomult ikkagi kõigepealt bioloogiline protsess, mille konkreetset ajaloolist ilmet võivad kujundada veel väga mitmesugused sotsiaalmajanduslikud, etnilised, kultuurilised, poliitilised, looduslikud, tervishoidlikud, arstiteaduslikud, usulised, psühholoogilised jm. nähtused ja nende arvurikkad kombinatsioonid.

Eestile olid sellal üldiselt omased samad demograafilised üldtendentsid, mis Euroopa teiste rahvaste juures, täpsemalt öeldes Lääne-, Kesk- ja Põhja-Euroopas. Seejuures erines Eesti arenguspetsiifika selgesti Venemaa ja enamiku Ida-Euroopa maade omast.

19. sajandi keskpaiku algas Eestis sarnaselt enamiku Lääne-Euroopa maadega demograafiline üleminekuperiood traditsiooniliselt rahvastiku taastetüübilt, mida iseloomustas esmajoones kõrge sündimus ja suur suremus, uusaegsele modernsele taastetüübile. Rahvaarv kasvas 19. sajandil jõudsalt, kasvutempo sajandi lõpupoolel mõnevõrra aeglustus, täiesti uued nähtused ja suundumused ilmnesid rahvastiku rändes. Eesti elanike arv, mis sajandeid oli liikunud 200 000 kuni 400 000 piires, langedes suurte sõdade, näljaaegade ja epideemiate aegu allapoolegi, tõusis pidevalt. Niisuguseid ränki tagasilööke, nagu olid maad tabanud 16/17. ja 17/18. sajandi vahetusel, vaadeldaval ajal ei olnud. Selle tulemusena ulatus Eesti rahvaarv 20. sajandi alguses juba üle ühe miljoni, kusjuures siit välja rännanud eestlasi ja nende järglasi oli üle saja tuhande. 1917. aastaks elas viiendik eesti rahvast väljaspool kodumaad, peamiselt Venemaal, kus loodi ridamisi elujõulisi eesti koloonaid.

Põhimõttelised muutused toimusid ka rahvastiku arvestuses. Andmed rahvaarvu ja rahvastiku koostise kohta Eestis on eelnevate aegadega võrreldes hoopis täielikumad. Seda kõigepealt tänu maksualuse elanikkonna arvestamiseks alates 1782. aastast korraldatud hingeloendustele. Omakorda tõid uue kvaliteedi päris rahvaloendused. Pärast mõningaid proovi- ja osalisi loendusi üksikutes linnades, kihelkondades ning mõisates sai 1881. aastal teoks Baltimaade rahvaloendus, 1897. aastal toimus aga esimene ülevenemaaline rahvaloendus.

Rahvastiku loomuliku liikumise – abiellumuse, sündimuse ja suremuse – algandmed pärinevad peamiselt luteri kiriku meetrikaraamatutest, mille pidamist senisest täpsemalt ja (alates 1834. aastast) ühtlustatud vormi kohaselt jätkati Venemaa luteri usu kogudustele 1832. aastal antud uue kirikuseaduse alusel. (Eesti elanikest oli 1881. aastal luterlasi 86,9%.)

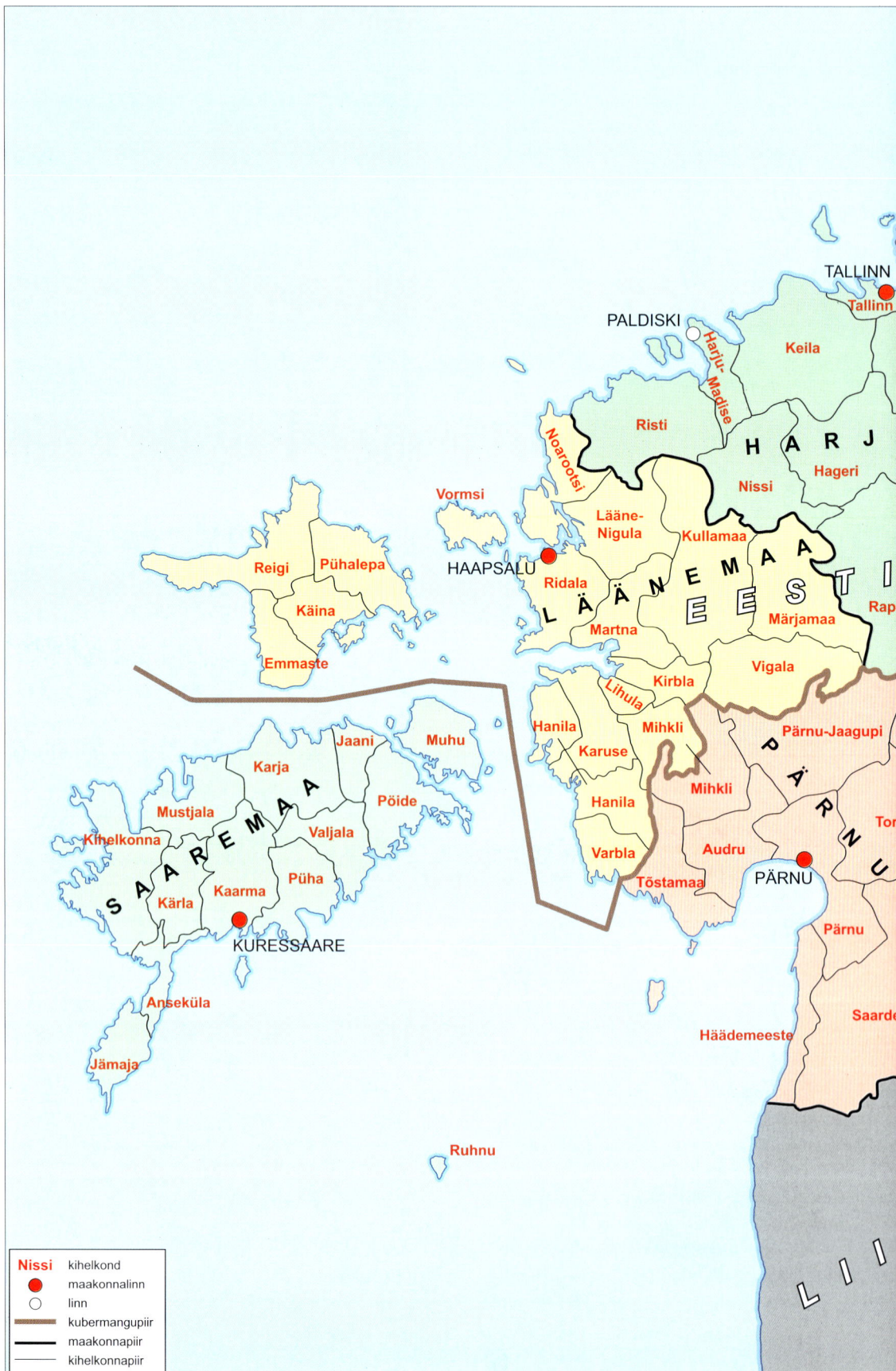

TALLINN

Tallinn

PALDISKI

Harju-
Madise

Keila

Risti

H A R J

Hageri

Noarootsi

Nissi

Vormsi

Lääne-
Nigula

Kullamaa

HAAPSALU

Ridala

L Ä Ä N E M A A   E E S T I

Rap

Martna

Märjamaa

Reigi

Pühalepa

Käina

Emmaste

Kirbla

Vigala

Lihula

Mihkli

Hanila

Karuse

Pärnu-Jaagupi

Jaani

Muhu

Karja

P Ä R N U

Mustjala

S A A R E M A A

Pöide

Hanila

Mihkli

Kihelkonna

Valjala

Varbla

Audru

Tor

Kärla

Kaarma

Püha

Tõstamaa

PÄRNU

KURESSAARE

Pärnu

Anseküla

Häädemeeste

Saarde

Jämaja

Ruhnu

L I I

Nissi kihelkond

● maakonnalinn

○ linn

━━ kubermangupiir

━━ maakonnapiir

── kihelkonnapiir

Kadrina

lähtme

Kuusalu

Haljala

Viru-Nigula

Lüganuse

Jõhvi

Vaivara

Harju-Jaani

Kadrina

Rakvere
RAKVERE

Ambla

V I R U M A A

I A A

Kose

Järva-Madise

Väike-Maarja

Viru-Jaagupi

Iisaku

Anna

Järva-Jaani

K

Simuna

U B E R M A N G A

A J Ä R V A M A A

Paide
PAIDE

Koeru

Peetri

Torma

Türi

Laiuse

Põltsamaa

Palamuse

Kodavere

ändra

Pilistvere

Maarja-Magdaleena

Suure-Jaani

Kursi

Kolga-Jaani

Äksi

T A R T U M A A

VILJANDIMAA

Viljandi
VILJANDI

Tartu-Maarja
TARTU

Kõpu

Puhja

Nõo

Võnnu

Paistu

Tarvastu

Rannu

Rõngu

Kambja

A

Halliste

Helme

Otepää

Kanepi

Põlva

Räpina

Karksi

K U B E R M A N G

VÕRUMAA

I M A A

Sangaste

Urvaste

Võru
VÕRU

Vastseliina

Karula

Rõuge

PIHKVA
KUBERMANG

Hargla

P E T E R B U R I   K U B E R M A N G

19. sajandi keskpaiku astuti rida olulisi samme ka riikliku statistilise arvestuse korralduses. Venemaa Siseministeeriumi statistikaosakond (komitee) reorganiseeriti 1857. aastal Statistika Keskkomiteeks. Kubermangudes loodi statistikakomiteed (Eesti- ja Liivimaal 1863. aastal), mis koondasid enda kätte ka rahvastikustatistika.

Rahvaarv ja rahvastiku koostis

19. sajandi alguseks oli Eesti rahvaarv ületanud poole miljoni piiri. Viimase, kümnenda hingeloenduse ajaks (1858) oli see jõudnud 750 000-ni. Tunduvalt täpsemad on rahvaloenduste andmed, kuid rahva üldarvu kindlaksmääramist raskendab asjaolu, et tolleaegne Eesti ei olnud halduslikult tervik. Põhja-Eesti kuulus Eestimaa, Narva linn aga Peterburi kubermangu, ja 1881. aasta loenduse alla ei kuulunud. Liivimaa kubermangus on keerukas eraldada andmeid Eesti ja Läti piirialade (kõigepealt Valga linna) kohta. Nii on ka kirjanduses esinevad arvud tihti ligikaudsed ja lähevad omavahel lahku.

Baltimaade rahvaloendus (1881) andis Eesti ala elanike arvuks (ilma Narva ja Valga linna ning Petseri maakonnata) 881 455. Ülevenemaalise rahvaloenduse ajal (1897) elas Eestis (samades piirides) 958 351 inimest. 1911. aastal on Eesti alal arvestatud 1 086 000 elanikku, 1913. aastal 1 101 000.

Eestlased moodustasid rahvaarvust 1881. aastal 89,8%, 1897. aastal 90,6%, sakslased vastavalt 5,3% ja 3,5%, venelased 3,3% ja 4,0%, rootslased kummagi loenduse ajal 0,6% ning juudid 0,4%. Muid rahvusi (lätlased, soomlased, poolakad, leedulased, inglased, prantslased, norralased, taanlased, hollandlased, itaallased, kreeklased, tšehhid, ungarlased, tatarlased, armeenlased, mustlased) oli 1881. aastal kokku 0,6%, 1897. aastal 0,9%. Venelaste arvu ja osakaalu kasv tulenes osalt vene ametnike juurdevoolust venestamispoliitika olukorras, põhiliselt aga rohkemate vene tööliste värbamisest siinsete linnade tööstusettevõtetesse. Sakslasi seevastu siirdus rohkem tööle ja õppima Saksamaale.

Seisuslikult domineerisid rahvastikus talupojad. Eesti- ja Liivimaa statistikakomiteede andmetel oli Eesti elanikest 1863. aastal talurahvaseisusest 90,4% (aadlikke samal ajal 1,0%). Osa talupoegi elas siiski juba linnas, maal elavad talupojad moodustasid sellal Eesti elanikkonnast 84,6%. Nii või teisiti määrasid rahvastiku dünaamika just talupojad, valdavalt (peale Peipsi-äärsete venelaste ja rannarootslaste) eestlased.

Keskajast alates olid linnaelanikud moodustanud u. 5–6% rahva üldarvust. Sama suhe püsis 19. sajandi algul, seejärel hakkas linlaste arv nii absoluutselt kui suhteliselt pidevalt tõusma. Sajandi teisel poolel ja 20. sajandi algul tõus linnades üldiselt kiirenes, aastail 1863–1913 kasvas linlaste arv 4 korda: 1863. aasta 64 000-lt (8,7% kogurahvastikust) 253 300-le (23%) 1913. aastal. Tallinna elanike arv kasvas samal ajal üle 5,5 korra, ulatudes 1913. aastal 116 132-le (10,5% kogurahvastikust).

Linnaelanikkonna rahvuslik koostis muutus eestlaste kasuks. Nii linnaelanike arv kui ka eestlaste osakaal hakkasid hoogsalt kasvama pärast seda, kui talupojad võisid (alates 1863) vabalt linnadesse elama asuda. Eestlased hakkasid ka linnas arvuliselt do-

Eesti rahvastiku etniline koostis 1881–1922 (%-des)*

Aasta	Eestlasi	Sakslasi	Venelasi	Rootslasi	Juute	Teisi
1881	89,8	5,3	3,3	0,6	0,4	0,6
1897	90,6	3,5	4,0	0,6	0,4	0,9
1922	87,7	1,7	8,2	0,7	0,4	1,3

* Rahvaarv (Eesti ala 9 maakonnas 1881. a. piires) oli 1881. aastal 889 000 ja 1897. aastal 958 000; 1922. aastal (Eesti Vabariigi piires) oli see 1 107 000.

Rahvaarv 1897 ja linnarahvastiku rahvuslik koostis

mineerima, sakslaste osatähtsus kahanes tunduvalt ja venelased jõudsid neist koguni ette. 18. sajandi lõpul oli eestlasi linnades veel alla poole elanikest, 1881. aasta loenduse järgi 56,1% (sakslasi 29,3%, venelasi 11,1%), 1897. aastal 67,8% (sakslasi 16,3%, venelasi 10,9%), 1913. aastal 69,2% (venelasi 11,9%, sakslasi 11,2%).

Olulised muutused toimusid ka rahvastiku soolises koosseisus. Kui 18. sajandi lõpuni oli mehi ja naisi olnud enam-vähem võrdselt, siis 1858. aastal oli Eestimaa kubermangu talurahvast mehi 47,2% ja naisi 52,8% ehk 89 meest 100 naise kohta. Liivimaa kubermangu Eesti osas oli suhe peaaegu samasugune. Meeste suhtarvu vähenemise tingis põhiliselt 1797. aastal alanud nekrutivõtmine. Ülipika teenistusaja (algul 25 aastat, alates 1834. aastast 20 aastat) elasid üle vähesed. Kodumaale tagasi jõudis pärast teenistusaja lõppemist vaid 10–15% värvatutest. Kuni aastani 1874, mil kehtestati

üldine sõjaväekohustus, oli Eestist nekrutiks võetud üle 100 000 mehe. Selle tõttu vähenenud abiellumist ja sündimata jäänud lapsi arvestades tähendas see rahvastiku kadu vähemalt 200 000 inimese võrra. 19. sajandi viimastel kümnenditel naiste arvuline ülekaal vähenes, kuid jäi siiski märgatavaks, eriti maarahvastikus. Nii 1881. kui ka 1897. aastal oli rahvaloenduste andmetel mehi 48,3% ja naisi 51,7% (93 meest 100 naise kohta), seejuures maal 1881. aastal mehi 48,1% ja naisi 51,9%, linnades mehi 49,5% ja naisi 50,5%, 1897. aastal maal vastavalt 48,2% ja 51,8%, linnades 49,2% ja 50,8%. Erandlik oli selles suhtes vaid Tallinn, kus mehi oli naistest rohkem (1881. a. vastavalt 52,5% ja 47,5 % ja 1897. a. vastavalt 51,8 % ja 48,2%).

Laste (alla 15-aastaste) osakaal Eesti külarahvastikus oli 1782. aastal olnud 40,4%. 1881. aastal oli lapsi 33,3%, tööealisi (15–59-aastasi) 58,6% ja vanureid (60-aastasi ja vanemaid) 8,1%, 1897. aastal vastavalt 32,0%, 58,3% ja 9,7%. Laste osakaal oli seega 19. sajandil tunduvalt langenud (ja langes jätkuvalt), vanurite osakaal siiski veel suhteliselt madal ja rahvastiku vanuseline koostis taaste seisukohalt üsna soodne. Linnarahvastiku hulgas oli laste osakaal veel väiksem (1881. aastal 26,9%).

Rahvastiku loomulik liikumine

19. sajandil kinnistus Eestis Euroopa abiellumistüüp, mis Lääne-Euroopas arvatakse olevat alguse saanud juba 1500. aasta paiku, igal juhul ammu enne perekonnas laste arvu piiramise levikut. Seda iseloomustab hilisem abiellumine ning paljude naiste vallaliseks jäämine.

Täpsemad andmed abiellumisvanuse kohta kogu Eesti ulatuses praegu küll veel puuduvad, senised uurimused näitavad siiski, et 18. sajandil abiellujate keskmine vanus varasemate aegadega võrreldes tõusis ja ulatus meestel 25–26, naistel 21–24 aastale. 19. sajandi esimesel poolel oli mõnede Põhja-Eesti kihelkondade andmetel naiste keskmine vanus esmaabiellumisel 24–25 ja meestel 27–28 aastat. Sajandi teisel poolel on abiellumisvanus veel mõnevõrra tõusnud, neljas Lõuna-Tartumaa kihelkonnas oli see aastail 1860–81 naistel 25,1, meestel koguni 30,6 aastat. Abiellumisel arvestati üha rohkem majanduslikku kindlustatust, eluaseme olemasolu, võimalikult talu valdamist, milleni jõudmine võttis aega ning polnud kättesaadav kaugeltki kõigile.

Venemaal ja enamikus Ida-Euroopa maades abielluti tunduvalt nooremalt. Venemaal soodustas seda *hingemaade (jaosmaade)* süsteem, mis kindlustas vastsele perele osa külakogukonna maast.

Abiellumuskordaja (sõlmitud abielude arv aastas 1000 elaniku kohta) oli 1782–1850 kogu Eestimaa kubermangus 8,5‰ (võrdluseks: Rootsi samal ajal 8‰), 1851–58 maal 8,8‰. Tendents on aegamööda langev. 1790–99 oli aastane abiellumus keskmiselt 10,75‰, viimast korda ulatus koefitsient üle 10‰ aastail 1820–21. Liivimaa kubermangus oli abiellumuskordaja 1873–82: 7,4‰. Pikema aja (1801–1923) kohta on olemas andmed Viljandimaa kohta: sajandi keskpaigani ulatub koefitsient üle 8‰ (1841–50: 8,2‰), hakkab siis langema, eriti märgatavalt 1880. aastail, ning 1901–10 jõuab see 6,3‰-ni. Viljandimaa oli küll mõnevõrra erandlik, sealsetes ostutaludes avaldusid majanduslikud kaalutlused eriti teravalt. Palju lapsi oleks tähendanud talu ja muu varanduse tükeldamist. Kartusest oma vara teistega jagada ei abiellunud mõned taluomanikud üldse, sel pinnal tekkisid otse "vanapoiste vallad".

Abiellumuse, nii nagu ka teiste rahvastiku loomuliku liikumise näitajate vaatlusel tuleb silmas pidada, et arengutendentsid avalduvad mõnevõrra pikemate ajaperioodide (5 ja 10 aastat) lõikes, seejuures erinevused üksikute aastate vahel, eriti kuni umbes 19. sajandi keskpaigani, võisid olla väga suured. Näiteks nälja-aastal 1808 abiellus Eestimaa kubermangus 1573 talurahva-paari, aastal 1810 juba 2093. Kõige otsesemalt reguleerisid abiellumist veel ilmastikuolud ja viimastega seotud saagikus. Sajandi teisel poolel hakkasid vahed eri aastate vahel vähenema.

Kuni 19. sajandi teise pooleni oli oluliseks nähtuseks abielude sõlmimise väga ebaühtlane jaotumine ühe aasta piires (sesoonsus). Talurahva abiellumine sõltus põllutööde tsüklist. Peamiseks pulmade pidamise ajaks oli aeg pärast sügiseste põllutööde lõppu, mil saak oli teada, leidus rohkem toiduvarusid ja vaba aega. Kõige enam abielluti detsembris, kui oli juba lumetee; eelistati ka kevadet enne põllutööde algust. Seegi olukord hakkas 19. sajandi teisel poolel muutuma. "Abiellumishooaeg" venis oktoobrist maini ja polnud enam kuigi märgatav.

Euroopa demograafilises üleminekus võib eraldada kaht muutuste tüüpi – inglise ja prantsuse. Esimese puhul algas suremuse langus varem, sündimus jäi 10–20 aastal ja kauemgi endiselt kõrgeks, mille tõttu rahvaarv kasvas jõudsalt (Inglismaal ülemineku-

Saaremaa rahvariideid. 19. saj. keskpaik

aja käigus 4,9 korda). Prantsuse tüübi puhul langesid suremus ja sündimus peaaegu üheaegselt ja rahvaarvu kasv oli tagasihoidlik (Prantsusmaal 1,8 korda). Eestis toimus üleminek prantsuse tüübi kohaselt, 1850–1940 kasvas rahvaarv 1,6 korda.

Sündimuse langus oli Eestis pikaajaline, suhteliselt aeglane protsess. Selle algus ei ole täpsemalt määratletav, kuid näib langevat juba 19. sajandi esimesse poolde. 18. sajandil oli sündimuskordaja ilmselt veel vähemalt 40‰ ringis. Eestimaa kubermangus oli sündimus kümme- ja viisaastakute lõikes üle 40‰ viimati 1790. aastail. Aastad 1801–60 andsid keskmiseks 36‰. Langus ei toimunud siiski ühes joones, teatud tõus esines 1820. ja 1850. aastail, rääkimata võngetest üksikutel aastatel. Üldtendentsina võib konstateerida sündimuse algavat langust, mis võis tuleneda abiellumisvanuse tõusust, nekrutivõtmisest, mingil määral vast juba ka laste arvu teadlikust piiramisest, kuigi üldiselt valitseva mentaliteedi kohaselt sündis lapsi veel *nii palju kui Jumal andis.*

Pöördumatult langes sündimus 1870.–80. aastaist alates. Aastail 1871–75 oli see

Eestimaal 33,7‰, 1876–80: 31,6‰, 1881–85: 30,3‰, aastaiks 1911–13 langes 24,6‰-le. Liivimaa kubermangus tervikuna on sündimuskordaja olnud natuke kõrgem – 1871–75: 34,7‰, 1876–80: 33,8‰, 1881–85: 31,5‰ – tendents aga on sama. Viljandimaal oli sündimus 1850. ja 1860. aastail veel keskmiselt 34,8‰, 1871–80: 31,9‰, 1881–90: 28,3‰, 1891–1900: 26,1‰, 1901–10: 21,2‰. See tähendas juba põhjalikku muutust rahvastiku taastetüübis, perekonna reguleerimist laste arvu tahtliku piiramisega perekonnas. Sajandi lõpukümnenditel sündimus üksikutel aastatel enam-vähem ühtlustus.

Suremuses olid erinevused üksikute aastate vahel eriti järsud, ja langustendentsi alguse selgitamine veelgi raskem. Kindel on näiteks, et üldine rõugepanek inglise arsti Edward Jenneri meetodil, mis Eestis algas 1801. aastal, vähendas otsustavalt rõugesurmade arvu. Enne seda on arvestatud, et iga seitsmes laps suri sel põhjusel. Suremuskordaja, mis oli tavapäraselt olnud 30‰ või natuke alla selle, püsis siiski samal kõrgusel veel 19. sajandi keskpaigani. Eestimaa talurahva osas oli see ajavahemikus

1782–1858: 29‰, langedes 1820. aastate keskel küll juba 20‰-le. Aastail 1851–55 oli suremus veel 29,8‰, 1866–70 (nälja-aastad 1868–69) koguni 32‰. Selge langus algas nii Eesti- kui Liivimaal 1870.–80. aastail, jõudes keskmiselt 21–23‰ piiresse. Viljandimaal oli suremus kümne aasta lõikes alla 20‰ esmakordselt 1871–80, nimelt 19,8‰, seejärel 1881–90: 20,2‰, 1891–1900: 19,2‰, 1901–10: 16,5‰.

Kõrgeid näitajaid tingis just laste suremus. 19. sajandi keskpaiku võib arvestada, et igast 1000-st vastsündinust suri esimesel eluaastal umbes viiendik. Teist sama palju suri enne täisealiseks saamist, 20. eluaastani, ja elu edasikandjateks said vast pooled sündinuist. Nii oli see tollal ka teistes Euroopa maades.

Eesti rahvaarv 1881–1897

Maakond, linn	1881	1897
Harjumaa	138 260	157 736
Tallinn	50 488	64 572
Paldiski	933	900
Järvamaa	49 760	52 673
Paide	2 000	2 507
Läänemaa	78 380	82 077
Haapsalu	2 884	3 212
Pärnumaa	93 745	98 123
Pärnu	12 966	12 898
Saaremaa	56 573	60 263
Kuressaare	3 454	4 603
Tartumaa	177 163	190 317
Tartu	29 974	42 308
Viljandimaa	95 061	99 747
Viljandi	5 325	7 736
Virumaa	102 034	120 230
Rakvere	3 509	5890
Võrumaa	90 479	97 185
Võru	2 697	4 152
Linnarahvastik	114 230	148 778
Maarahvastik	767 225	809 573
Kogurahvastik	881 455	958 351

Valgas oli 1881. aastal 4115 ja 1897. aastal 10 922 elanikku, Narvas linna piirides oli 1884. aastal u. 11 000 ja 1897. aastal 16 599 elanikku.

Keskmine eluiga jäi 19. sajandi esimesel poolel 35–40 aasta piiresse. 1897. aastal oli keskmine sünnihetkel eeldatav eluiga meestel 41,9, naistel 45,5 ja kogu rahvastikul 43,1 aastat.

Suremuse taseme määrasid kuni 19. sajandi teise pooleni eriti selgesti ilmastikust sõltuv saagikus, esmajoones leivavilja – rukki – saak, s.t. toitlusolud, ja mitte alati, kuid tavaliselt siiski näljaga seotud epideemiad. Ilmastiku poolest väga soodsad olid näiteks aastad 1823–25. 1823. aastal oli sündimus 39,3‰, suremus 20,4‰, iive seega 18,9‰. 1808. aastal olid samad näitajad eelnenud ikalduste tõttu 33,0‰, 48,4‰ ja –15,4‰ (negatiivne iive), 1855. aastal, kui ikaldusele lisandusid epideemiad, eriti düsenteeria, oli sündimus 34,7‰, suremus 45,0‰, iive –10,3‰. Aastad, mil suremus ületas sündimuse, olid Eestimaal 1800, 1808, 1814, 1835, 1845, 1846, 1848, 1855, 1868, 1869. Silmapaistvamalt suurema suremusega olid veel aastad 1870, 1872, 1885, 1888, kuid iive jäi sajandi lõpukümnenditel juba kõigil aastail positiivseks. Siinkohal on mõistagi tegemist üldtendentsidega, millest oli rohkeid kohalikke erinevusi.

Suremuse vähenemine tulenes toitumis- ja elamistingimuste ning hügieeniharjumuste paranemisest ja arstiteaduse edusammudest. Niisugused rängalt laastanud tõved, nagu katk ja põhiliselt ka rõuged, olid jäänud minevikku.

19. sajandi lõpukümnenditel alanud suurt üleminekuaega demograafilises arengus kaasaegsed kohe päriselt ei tajunud. Rahvusliku liikumise päevaprobleemide hulka rahvastikuprobleemid tõsisemalt ei tõusnud. Demograafilist olukorda ja arengut tunti selleks veel liig vähe, pealegi ei olnud esialgu võimalik näha midagi alarmeerivat. Rahvaarv kasvas, eestlased olid suures arvulises ülekaalus ja see ülekaal kasvas, maal oli mitte-eestlaste arv täiesti tühine, jõudsalt eestistusid ka linnad. Demograafilised eeldused rahvuslikuks arenguks pidid järelikult tunduma kõigiti soodsatena. Mõningat

Perekonnapilt 19. saj. lõpust

ärevust tekitas vaid väljarändamine, kuid selleski osati leida positiivseid külgi. Ado Grenzstein, ilmselt Malthuse õpetuse mõjul, nägi ohtu selles, et rahvaarv kasvab kiiremini kui rahva toit. Väljarändamist Grenzstein otseselt ei toetanud, kuid leidis, et välja rändab halvem element (saatuse irooniana rändas hiljem välja ka ta ise!) ja rahvaarvu kasv täidab selle lünga, pealegi parema kvaliteediga. Talle väideti vastu, et Eesti ala suudab toita ka palju suuremat elanikkonda, ja et rahvarvu kasv on kasulik. Tegelikult oli probleem juba hoopis muus – mitmesuguste tegurite koosmõjul oli iive hakanud vähenema ja sellest sai edaspidi meie uusima ajaloo üks olulisi valupunkte.

Kohalik ränne

Rahva arvukust ja paiknemist, majanduselu, kultuuritraditsioone, olmet ja mentaliteeti on oluliselt mõjutanud ränne, mis omakorda on vahetult seotud asustusloo ja sotsiaalse mobiilsusega. Paraku on omaaegsete asutuste sellekohane dokumentaalne materjal kõigist rahvastikustatistika andmetest kõige lünkli-

kum ja vähem usaldusväärne. Selle põhjalikum uurimine on algjärgus.

Rände üks varasemaid põhivorme – pagemine – oli 19. sajandil juba hääbumas. 1830.–40. aastail leidub allikmaterjalides kihelkonna kohta ehk üks-kaks pagenud talupoega. Suurde metsa varjunud jooksikute asemel räägivad kohtuprotokollid pigem vabrikuasulas ilma passita töötavatest talupoegadest.

1880. aastail teaduslikule rahvarände uurimisele aluse pannud Ernst George Ravensteini üks seadustest kõlas: naised on suuremad rändajad kui mehed. Nii oli see ka Eestis, põhjuseks abieluränne. Kaheksas Eestimaa kubermangu kihelkonnas oli 1830.–50. aastail u. 85% erinevaist valdadest pärit noorpaaride ühiseks kodukohaks peigmehe koduvald. 19. sajandi algupoolel oli laiem just hiljem ärksamate Viljandi- ja Pärnumaa kihelkondade abielugeograafia. Ilmnevad mitmed majandussidemetele ja traditsioonidele viitavad kaugemad "abielusillad". Näiteks Hiiumaa mehed on kosinud arvukalt naisi Pärnumaalt – Audru ja Tõstamaa kihelkonnast, mis piirnesid hiidlaste traditsiooniliste rändpüügi aladega (rahvateadlaste leitud sarnasused Pärnumaa randlaste ja Hiiu naiste käsitöös seletuvad pigem abielurände kui sarnasest loodusest inspireeritud mõjudega).

Väljaspool koduvalda viibimiseks pidi kogukonnaliige hankima passi. Kubermangu piires liikumiseks piisas vallapassist, sellest väljapoole suundumiseks tuli maakonnarenteist hankida *plakatpass*. 1863. aasta passiseadus lubas kuni 30 versta kaugusele asuda juba ilma passita. Passi lunastanute rände iseloom on väga erinev. Passiregistritesse on kantud nii lühiajaliselt kodust eemal olevaid hooajatöölisi kui ka alaliselt linnas või vabrikuasulas, samuti Venemaa erinevates piirkondades elunevaid talupoegi. 19.–20. sajandi vahetusel elas väljaspool ametlikku koduvalda u. kolmandik talupoegadest.

Ametlikult teise maksukogukonda asumine oli keeruline protsess ning enne selle vormistamist olid inimesed vahel juba aastaid uues elukohas elanud. Seega kajastavad ümberarvestuslehed rännet vaid osaliselt ja hilinemisega. Sajandi keskel moodustas üle poole sellest kihelkonnasisene lähiränne. Väljapoole maakonda asujatel oli tihti olemas varasem lähirände-kogemus. Rände üheks tõukejõuks oli tõrjutus: 19 Lõuna-Eesti kihelkonna puhul oli elukohta vahetanute seas vallaslaste ja "ebavõrdsete abielude" (naine mehest enam kui 5 või mees naisest enam kui 15 aastat vanem) osakaal ligi kolm korda kõrgem kui rahvastikus keskmiselt.

Siserände puhul on selgesti eristatavad rändevood (peamised liikumissuunad). Samas vastab igale jõulisele rändevoole alati sellest oluliselt nõrgem vastuvoog – tagasiränne. 1820.–60. aastail domineerisid Eestis üsna reljeefselt ränne loodest kagusse ja läänest itta. Mõneti ähmastasid seda pilti linnad, vabrikuasulad jm. tõmbekeskused. Vastuvoogude puhul on keskmisest oluliselt suurem osakaal lesknaiste perekondadel (pereisa kaotuse järel mindi tagasi vanasse elupaika).

Ülitugevaks rändemõjuriks oli maa – peamisteks tõmbekeskusteks kujunesid piirkonnad, kus talupoegade kasutuses olev põllumajandusmaa kõige kiiremini suurenes (näit. kroonu- ja ka eramõisad, kus mõisaväljad olid taludeks jagatud). Maaparandus ja agrotehnika areng võimaldas kasutusele võtta ka vähem soodsaid alasid. Üks selliseid tõmbekeskusi oli Soomaale jääv nn. Pärnumaa Ameerika (Surju ja Uulu alad). Rohkesti lisarahvast sai ka Põhja-Läti.

Talupoegade väljapoole kubermangu asumine oli kuni 1850. aastani Liivimaal ja 1858. aastani Eestimaal keelatud või väga raske. Aastail 1837–49 läks Liivimaa Eesti osast ametlikult väljapoole vaid sadakond maksualust meeshinge, neistki 60 Eestimaa kubermangu.

Arvukamalt suunduti Eesti ala linnadesse, kuid tõmbekeskusteks olid ka Läti ala ja Venemaa linnad: Riia, Limbaži (Lemsalu), Cēsis (Võnnu), Valmiera (Volmari), Jelgava (Miitavi), Sloka; Oudova, Petseri, Pihkva, Novgorod, Peterburi, Moskva, Saraatov, Herson, Tobolsk, Jekaterinoslav. Juba 1840. aastal on esimesed eesti talupojaseisusest mehed kirjutatud Harkovi kubermangu, Mogiljovi ja Petseri bürgeriks. Rännati ka Soome ja Kuramaale.

Märkimisväärne on valdavalt linnadesse viiv õpetatud elukutsetega seotud ränne ja selle väga hiline fikseerimine allikais (arstid, veterinaarid, agronoomid, elementaarkooli- ja koduõpetajad, apteekriabid, maamõõtjad, telegrafistid, sanitaararsti abid, vabad kunstnikud, teadlased). Sotsiaalset tõusu võimaldas ka Riia vaimulik seminar.

Rohkesti on inimesi talupojaseisusest vabastanud mõnda linna-ametisse (politseivahtmeister, kohtuametnik, politsei- ja kohtuteener, madrus, postikomissar) asumine. Mõnest eesti talupojast sai kutseline näitleja Peterburis. Tartu ülikoolis oli endisel talupojal võimalik saada nii üliõpilaseks kui ka ahjukütjaks, teenijaks, pedelliks või portjeeks. Niisiis oli eesti rahva sotsiaalne mobiilsus ühe inimpõlve jooksul mitmekordistunud.

Väljaränne

Eestlaste väljaränne paigutub üle-euroopalisse rahvastikuajaloolisse konteksti, ehkki sel oli mitmeid erijooni, mis tulenesid nii geopoliitilisest asendist kui ka konkreetsetest ajaloolistest teguritest.

Eestlaste tsaaririigi-aegses väljarändeliikumises võib eristada kolme põhiperioodi: 1) varane stiihiline lähiränne kuni 19. sajandi keskpaigani; 2) massiline väljaränne 1855–1905; 3) *stolõpinlik* organiseeritud väljaränne 1906–14/17.

Kuni 19. sajandini elas eestlasi väljaspool Eesti ala (kuid enamasti Eesti lähistel) väga vähe. Need olid sinna sattunud võrdlemisi ammu, otsides pääsu kas sunni või kättemaksu eest, või oli feodaalisand asustanud nad ümber sõjast ja taudidest tühjaks jäänud aladele. Ilmselt nii on tekkinud väikesed kompaktsed eesti asundused (keelesaared), nagu Koiva maarahvas ehk leivud Vidzemes ja Lutsi maarahvas Latgales, Kraasna maarahvas Pihkvamaal ja Luuküla eestlased Peipsi idakaldal. Selliste eesti asunike arvu on 18. sajandi algul hinnatud u. 6000-le, 18. sajandi lõpul 20 000-le ja veel 19. sajandi keskel 30 000-le inimesele, mis moodustab vaevalt 3–4% eestlaste tollasest koguarvust. Siia hulka on arvestatud ka setudest põliselanikud, keda oli 19. sajandi keskpaiku kuni 9000.

Stiihilist lähirännet soodustas see, et uue Venemaa pealinna piirkonnas edenes protestantlik kultuur, mis tugines saksa kolonistidele maal ja saksa ning soome kogudustele Peterburis ja Kroonlinnas. Koos esimeste luterlike kogukondade kujunemisega ingerisoomlaste alal ning Vene riigi teenistuses hiilgavat karjääri teinud baltisaksa aadlikest mõisnike ilmumisega Peterburi lähistele algas ka eesti talupoegade enamasti üksi või perekonniti Ingerimaale imbumine. Eestlaste kaks peamist asustuskollet tekkisid Narva-tagusel alal ja Oudova ümbruses, eriti just baltisakslastest mõisaomanikele või rentnikele kuulunud mõisates.

Eestlaste kolmandaks, järjest kasvava tähtsusega asupaigaks sai Peterburi linn, mistõttu seda osa väljarändest võib nimetada ka linnadiasporaa kujunemise etapiks. Juba pärisorjuse ajal sattus Peterburi jt. linnadesse oma härrat saatvaid eestlastest teenijaid. Vahel saadeti eestlasi linna mõnda ametit õppima, või läksid nad pärast pärisorjusest vabanemist ise tööd ja teenistust otsima või õppima. 19. sajandi keskpaiku elas Peterburi linnas juba ligi 6000 eestlast, Peterburi kubermangus aga u. 2500 eestlasest maaelanikku. 1850. aastate lõpul tekkis esimestest eesti kõrgharitlastest *Peterburi patriootide* rühmitus. Selle mõju ärkavale eesti ühiskonnale oli suurim 1860.–80. aastail. Peterburis kujunes välja kaks suurt eesti rahvuskonfessionaalset kogukonda. Esimene iseseisev luteri (Jaani) kogudus loodi 1842–43, kirik ehitati 1852–60. Õigeusukogudus loodi 1894, kirik valmis 1907. Eesti Jaani kogudus kasvas jõudsasti – eriti

sajandivahetuse paiku, suurenedes aastail 1884–1906 kahekordseks, 22 000 liikmeni. Õigeusklikke eestlasi elas Peterburis koguduse moodustamise aegu 4000 ringis.

Eesti talupoegade püüe saada maad Venemaa sisekubermangudes muutus tähtsaks ühiskondlikuks liikumiseks 1840. aastail. Lõuna-Eesti talupoegi tuli väevõimuga tagasi tuua Pihkvamaalt, kust nad tahtnud "Poolamaale" rännata (talupoegade jutus oli tundmatu väljarändepiirkonna nimi Tobolsk muutunud "Too Polskiks"). Mõned Laimetsa, Härjanurme ja Ropka talupojad jõudsidki ametliku loaga Tobolski kubermangu ja kanti seal kroonutalupoegade hingekirja. Esimene neist oli *Jurry Pallamois* Kabalast (1842). Pihkva kubermangu kroonutalupojaks vormistati esimesena ametlikult Karl Kolli Oravalt (1840).

Massilise ilme omandas väljaränne 19. sajandi keskpaigast, sihiks otsida *uut maad ilma mõisniketa.* Eesti asundustegelane August Nigol, kelle sulest pärineb põhjalikum ülevaade eesti asundustest Venemaal (1918), iseloomustas väljarändamise põhjusi pool sajandit hiljem: *Peale mõne üksiku jõukama ja reisihimulise, kes veereva kivi kombel paigal ei püsi, on pea kõikidel väljarändamise põhjuseks nälg maa järele ja võimata rasked olud meie kodumaal.* Mõisnike suhtumist väljarändesse aga iseloomustab täpselt 1863. aastal nende põllutöölehes "Baltische Wochenschrift" toodud kirjutis, kus nenditi, et väljarändamine toob mõisnikele suurt kahju: *1) kaasavõetav kapital läheb Eestist välja; 2) palgatööjõud väheneb tunduvalt; 3) töötasu tõuseb. Kõige tähtsam on aga see, et meilt läheb ära tööjõud. Seepärast peame väljarändamist igati takistama.*

Just 19. sajandi keskpaiku aktiviseeris Vene keskvõim asustamata või uue vallutatud alade koloniseerimise poliitikat (19. sajandi esimesel poolel laienes Vene impeeriumi ala u. viiendiku võrra!). Asundustegevus sai üheks (1837. aastal loodud) Riigivaranduste Ministeeriumi ülesandeks. Riigimaade asustamine Volga-äärsetes kubermangudes

(Saraatovis ja Samaaras) avas lõpuks eesti talupoegadele esimese konkreetse sihtmaa, kuhu 1855. aastal suundusid väljarändajate rühmad Kagu-Eestist. Järgmise sihtkohana lisandus tatarlaste väljärännu tõttu tühjaksjäänud Krimm, kuhu 1860. aastal suundusid ümberasujad Järvamaalt. Krimmist omakorda asus peatselt osa perekondi edasi Stavropoli kubermangu, avades Kaukaasia suuna. Esimene, koldeliselt levinud ümberasumislaine laiendas eestlaste silmaringi ja asumisvõimalusi ning pani aluse järgnevate ümberasumisvooludele sihtsuundadele.

Algusaastail suuresti veel seadusevastaselt kulgenud ümberasumisliikumine muutus pidurdamatuks pärast 1863. aasta passiseadusega liikumisvabaduse saamist ega jätnud varsti enam puudutamata ühtki Eesti- ja Liivimaa piirkonda. Olenevalt kohalikest oludest, saagiaastast, üldisest majanduskonjunktuurist ja valitsuse koloniaalpoliitika aktiivsusest oli see kord elavam, kord loium. Koldeliselt levivate, uutele väljäränderajoonidele suunatud intensiivsemate rändelainete kõrval toimis kogu aeg pidev ja hajutatum ümberasumine, millega täiendati juba tekkinud eesti asundusi või otsiti töövõimalusi Venemaa linnadest. Selline oli just Eesti lähipiirkondadesse – Peterburi ja Pihkva kubermangu suundunud ränne. Eriti populaarseks muutus lähis-Venemaa 1860. aastate lõpus ja 1870. aastail, mil Peterburi, Pihkva ja Novgorodi kubermangus tekkis üle 30 eesti asunduse. Uute maa-alade hõlvamine ja seal asunduste loomine kulges intensiivselt kuni Esimese maailmasõjani. Suur külgetõmbejõud oli Jamburgi kreisil Ingerimaal ning Peipsitagusel ehk Oudovamaal.

1897. aasta andmeil elas Jamburgi maakonnas, Narva linna arvestamata, 10 640 eestlast (16,3% maakonna rahvastikust). Oudova maakonnas elas 15 278 eestlast (10,5% sealsest rahvastikust). 1912. aastaks oli see arv tõusnud umbes 30 000-ni, ning aastal 1917 asus seal asjatundlike hinnangute järgi u. 40 000 eestlast (ehk ligemale 25% kogu Oudovamaa elanikkonnast). Eestlased elasid

nagu riik riigis, nii et neil olid kõik vajalikud ametimehedki oma rahvusest.

Järjest olulisemaks siirdekohaks muutus pealinn Peterburi kui suurim tööstus- ja hariduskeskus, ning teisedki Peterburi tööstuspiirkonna keskused. 1917.–18. aastaks oli Peterburi, kus enne sõda elas u. 25 000 eestlast, tõusnud ligi 50 000 eestlasega teiseks eesti linnaks Tallinna järel.

Ligemale 2/3 väljärännanuist asus Eesti vahetus läheduses. Kogu väljarändest jäi Esimese maailmasõja alguseks, mil rändeteed olid eestlasi viinud ka impeeriumi kaugeimatesse nurkadesse, ikkagi üle 90% Euroopa-Venemaa piiridesse. Ka Venemaal jäädi valdavalt põlluharijaiks, asudes elama koloniaate ehk asundustena. Sajandivahetuse paiku oli asundusi üle 120 ja 1917. aastaks üle 300 (vt. tabel).

Esimesele eestlasi kodumaalt kaugemale viinud väljarändamislainele 1850. aastate lõpul ja 1860-ndate algul järgnes poole sajandi jooksul mitu uut. 1868.–69. aasta näljahäda, mis puudutas valusamini Lääne- ja Saaremaad, viis hulga saarlasi ja hiidlasi, aga ka teisi Eesti elanikke Põhja-Kaukaasiasse. Kubani ja Kalmõkkia stepialadele ning Kaukasuse eelmäestiku nõlvadele rajati suuri ja õitsvaid eesti asundusi.

1880. aastate keskpaiku tekkis hulk eesti asundusi Kesk-Venemaa kubermangudesse (Tveri, Mogiljovi, Orjoli), 1890. aastail Põhja-Venemaale (Jaroslavli ja Vjatka kubermangu, 20. sajandi algusest ka Vologda kubermangu). 1880. aastate keskel lisandus eesti asundusi Volgamaa Simbirski kubermangu (üldse rajati neid 19. sajandi teisel poolel Volgamaale 23).

1880. aastail jõudsid eesti väljarändajad Taga-Kaukaasiasse. Eesti külad rajati Musta mere rannikule Abhaasiasse ja Armeenia mägismaale Karsi lähistel. Tolle piirkonna oli Venemaa vallutanud Türgilt (1878) Vene-Türgi sõjas. Karsi taasliitmisel Türgiga (1921) said Karsi eestlastest Türgi kodanikud. Tänu Suur-Siberi raudtee rajamisele muutus 1890. aastaist väljarändekohana aktuaalseks ka

Eesti asunike ja asunduste arv Vene impeeriumis[*]

Piirkond, kubermang (oblast)	Eestlaste arv 1897 kokku	Eestlaste arv 1897 s.h. linnades	Eesti asunduste arv 1900	Eesti asunduste arv 1917
1. Euroopa-Venemaal	108 162	24 486	104	207
s.h. Peterburi	56 803	17 222	56	96
Pihkva	25 458	891	11	12
Novgorodi	3112	97	2	16
Läti ala	12 132	4420		12
Tveri	1516	81	3	3
Samaara	2029	93	5	14
Simbirski	837	43	5	4
Ufaa	617	17	2	8
Jaroslavli	198	91	2	4
Vjatka	209	4	3	2
Vologda	7	2	–	9
Tauria (Krimm)	2210	470	8	6
2. Kaukaasia	4281	497	12	14
s.h. Stavropoli	1279	37	3	3
Kubani	880	48	4	4
Musta mere	791	71		4
Kutaisi	621	47	4	3
Karsi ja Erivani	546	195	1	1
3. Kesk-Aasia	440	85	5	4
s.h. Akmolinski	375	57	5	4
4. Siber ja Kaug-Ida	4202	273	6	106
s.h. Tobolski	2031	56	3	35
Tomski	377	59		40
Jenissei	1406	51	3	22
Amuuri ja Primorje	73	52	–	9
Kokku 1–4	117105	25341	127	331

[*] Eestlaste arv ja paiknemine on antud 1897. a. ülevenemaalise rahvaloenduse andmete põhjal. Pihkva kubermangu eestlaste hulgas on ka u. 14 000 setut. Läti alana on käsitletud Kuramaad, osa Vitebski kubermangust (Latgale) ja Lõuna-Liivimaad (ilma Valga ja selle ümbruse eesti valdadeta). Asunduste arvu aluseks olevad, J. Meomutteli (1900) ja A. Nigoli (1917) andmed pole asunduse mõiste täpse määratlematuse tõttu üksüheselt võrreldavad. Ka polnud Meomutteli nimestik nii täielik, sest rea uuemate asunduste kohta (eriti Siberis) polnud ta veel teateid saanud. Küll aga tulevad võrdlusest hästi välja üldtendentsid. Läti alal 1917. a. loendatud 12 asundusest paiknesid 6 etnilise sega-asustuse alal, Jenissei piirkonna 22-st 4 olid setu asundused.

Siberi suund. Varem oli eestlasi Siberisse saadetud peamiselt karistusena kuritööde või mässamise eest, sunnitööle või asumisele. Esimesed eestlaste asundused Siberis olidki rajanud väljasaadetud 19. sajandi algul. Siberi populaarsus väljarändekohana kasvas eriti 20. sajandi algaastail, mil valitsus hakkas seda Stolõpini agraarpoliitika raames suunama ja soodustama.

1906–14 rändas Eestist mujale Venemaale 18 000 – 20 000 inimest. Sinnamaani oli talurahva ümberasumine Venemaal takistatud, ehkki selle poliitika muutmine oli valitsuses päevakorral juba 1890. aastaist alates. 1904. aasta 6. juuni seadus talurahva ja põldu harivate linlaste Venemaa Aasia-osa riigimaadele siirdumise kohta oli põhimõtteline pööre tsaarivalitsuse ümberasumispoliitikas, mida hakati ellu viima küll alles pärast Vene-Jaapani sõja lõppu. Varsti aga kaotasid võimud selle liikumise üle kontrolli. 1906–16 siirdus Siberisse üle 3 miljoni inimese, kellest u. 18% pöördus varsti tagasi. Eestist asus 1906–14 Uurali taha üle 12 000 inimese, neist Siberisse u. 9000. Umbes 4000 neist pärines Eestimaa ja 8000 Liivimaa kubermangust. Vologda kubermangu siirdus u. 7000 inimest – neist lõviosa (6000) rändas välja Võrumaalt. Ligikaudu 11% ümberasunutest pöördus küll peatselt kodumaale tagasi. Uusi asundusi tekkis aga ka vanades asukohtades Peterburi ja Pihkva kubermangus.

20. sajandi algul ulatus väljaränne lõpuks ka Vaikse ookeanini Kaug-Idas – eesti asundused tekkisid Ussuurimaale, kuhu asusid peamiselt eesti randlased Hiiu- ja Saaremaalt.

19. sajandi lõpust esines ka väljarännet üle Vene riigi piiride – nii teistesse Euroopa maadesse kui ka Põhja-Ameerikasse. Elukohad valiti enamasti suurematesse linnadesse, aga USA-s ja Kanadas ka maale. Esimesed eestlaste maa-asundused Uues Maailmas rajati sajandivahetuse paiku ja seda tegid just Venemaa eesti asundustest edasirännanud. Enne Esimest maailmasõda väljarännanud eestlaste arvu hinnatakse Euroopa riikides ligikaudu 2000-le ja Põhja-Ameerikas kuni 15 000-le.

Muidugi ei toiminud kogu vaadeldaval perioodil ainult ühepoolne ränne Eestist välja, vaid ka asunduste vaheline ränne (edasiränne), ning üsna märkimisväärne on olnud ka tagasiränne. Viimast on olnud palju raskem jälgida, seepärast tuleb leppida vaid rändebilansi hindamisega.

1897. aasta ülevenemaalise rahvaloenduse andmeil elas väljaspool Eestit üle terve Vene impeeriumi ligi 120 000 eestlast ehk u. 12% ühe miljoni piiri ületanud rahvusest. Tsaaririigi kokkuvarisemise hetkeks hinnatakse nende arv olevat jõudnud 200 000-ni. See moodustas juba üle 18% kogu eesti rahvast, ning väljapoole Vene impeeriumi asunuid kaasa arvates isegi üle viiendiku.

Näib, et 20. sajandi teise kümnendi lõpuks oli eestlaste väljarändepotentsiaal end siiski ammendanud ning Venemaa eestlaste arvukus saavutamas oma maksimumi.

Eestlaste väljarände peamine põhjus oli sama, mis teistegi Euroopa rahvaste puhul: rahvaarvu kiire loomulik juurdekasv ennetas oluliselt linnade ja tööstuse arengut. Rahvaarvu ja asustustiheduse kasvust tingitud agraarset ülerahvastust ei suutnud oluliselt leevendada ka sisekolonisatsioon ja uute maade ülesharimine. Nii seletasid seda ka väljarändajad ise, nagu ilmneb näiteks Sangaste väljarändajate kirjadest oma endisele mõisahärrale krahv Bergile: *ei oleks kül hulkuma tulnud aga et rahvast ni paks oli ja asset elata ei olnud [---] siis mindigi vaid surembat kottust kaema.*

Kui võrrelda Eesti, Läti, Leedu ja Soome väljarännet, võib näha, et enam sarnasust leidub kahe esimese ja kahe viimase vahel. Eestlaste ja lätlaste väljaränne oli valdavalt agraarse iseloomuga. Vaadeldava perioodi lõpuks hõlmas see olenevalt piirkonna majandusliku arengu tasemest ja linnastumisest 10–20% rahvast. Mindi peamiselt Venemaale, võimalust mööda lähipiirkondadesse. Märkimisväärne on, et Lätis, kus linnad suutsid vastu võtta ligi kaks korda enam rahvast kui Eestis, oli väljarännanute osakaal pea samavõrra väiksem.

Soomlased ja leedulased suundusid peamiselt riigist välja, üle ookeani, ja peamiselt linnadesse. Nende 10–30%-ni ulatuvat väljarännet mõjutasid ilmselt nii paremad riigist lahkumise võimalused kui ka naabrite (rootslaste ja poolakate) intensiivne ja varem alanud mandritevaheline ränne. Leedulaste väljarännet suurendas ka märksa tugevam rahvuslik rõhumine, madalam majanduslik arengutase ja kiirem rahvastiku loomulik juurdekasv.

TALURAHVA LINDPRIIUSE AJAJÄRK

Priiuse väljakuulutamine ja kehtestamine

Aastail 1816–19 kaotati Balti kubermangudes pärisorjus ja kuulutati kohalik talurahvas vabadeks riigikodanikeks. Pärisorjuse kaotamise seadustele omistati erilist tähendust, mida näitas ka nende tavatult pidulik väljakuulutamise protseduur.

23. mail 1816 Aleksander I kinnitatud Eestimaa talurahvaseaduse väljakuulutamiseks ja elluviimiseks moodustati spetsiaalne komisjon eesotsas endise Eestimaa rüütekonna peamehe, Eestimaa tsiviilkuberneri Berend Johann von Uexkülliga. Viimane oli muide 1789. aastal Vigala pärishärraks saades ellu viinud ka oma onu ja eelkäija väljatöötatud esimese talurahva eraseaduse – *Vigala õiguse*.

Ehkki Uexküll polnud täielikult päri vabastamisseaduse kõigi põhimõtetega, eriti nendega, mis halvendasid talurahva majanduslikku olukorda, korraldas ta energiliselt selle elluviimist. Juba 1816. aasta lõpuks tõlgiti seadus eesti keelde ja avaldati kahes osas – "Eestima Tallorahwa Seadmissed" ja "Eestimaa Tallorahwa Kässo-Ramat". Neist esimest täitsid juhtnöörid uue seaduse maksmapaneku korra, sh. 14-aastase üleminekuaja kohta, teine aga sisaldas määrusi talurahvakogukonna, eraõiguse, politsei ja kohtu asjus, ning põhines suuresti 1804. aasta "Kässo-Ramato" sätetel.

Uexkülli kava kohaselt toimus *priiuse* väljakuulutamine 8. jaanuaril 1817 Tallinnas. Selleks olid kohale kutsutud 526 eesti vallakohtunikku (üks igast mõisast), kellele Uexküll pidas Toompea lossi saalis piduliku kõne ja andis üle keisri pitseriga trükitud seaduseraamatud, millele järgnes Lääne-Harju praosti Otto Reinhold von Holtzi pee-

tud pidulik jumalateenistus Toomkirikus. Ka jumalateenistuse tekst koos seaduse olulisemate kohtade selgitusega avaldati eesti keeles ja toimetati nädal hiljem, kui vallasaadikud koju olid jõudnud, kihelkonnakirikutes pidulikel jumalateenistustel rahva kätte.

26. märtsil 1819 keisri kinnitatud Liivimaa talurahvaseaduse väljakuulutamise ja elluviimise eesotsas olid tollane Balti kindralkuberner markii Filippo Paulucci ja Liivimaa ülem-superintendent dr. Karl Gottlob Sonntag. Siin võttis seaduse tõlkimine ja trükkimine enam aega. Selle tõlkis *tallinna keelde* Äksi pastor ja Põhja-Tartumaa praost Otto Wilhelm Masing, *tartukeelse* tõlke aga tegid endine Põlva pastor Gustav Adolph Oldekop ja Tartu-Maarja aseõpetaja, ülikooli eesti keele lektor Ludwig Wilhelm Moritz. Et kogu seaduse tõlkimine-trükkimine venis, siis avaldati selle väljakuulutamise ajaks vaid

Berend Johann von Uexküll

maapäeva otsus ning uue seaduse mõjuvamad ja tähtsamad paragrahvid. Liivimaa talupoegade vabastamine kuulutati avalikult välja kolmekuningapäeval, 6. jaanuaril 1820 üheaegselt Riias ja Kuressaares. Riia lossi olid maa- ja linnaülemate kõrval kogunenud ka läti ja eesti talurahva saadikud. Pidulikus rongkäigus liiguti Jakobi kirikusse, kus kubermangu prokuröri ja tema asemike suu läbi saksa, läti ja eesti keeles talurahvale priiust kuulutati, misjärel ülem-superintendent Sonntag kantslist talurahva esindajaile läti ja eesti keeles manitsusi jagas, kuidas vabadusi õieti pruukima peab. Talurahva saadikud olid kutsutud ka jumalateenistusele järgnenud pidusöögile lossis ja õhtusele näitemängule linnateatris, kus nende jaoks oli ehitud lož.

Saaremaal kogunesid rüütelkonna majja mõisnikud, vaimulikud, Kuressaare gildide vanemad, sõjaväeülemad ja neli talupoegade saadikut. Kõik nad läksid rongkäigus kirikusse, kus priiuse kuulutus altari ees saksa ja eesti keeles ette loeti ning Kaarma pastor Karl Friedrich von Mickwitz pärast jutlust veel kord pikemalt päeva tähtsust seletas. Tseremooniale järgnes pidusöök, kus neli talumeest rüütelkonna majas koos mõisahärradega sõid ja maamarssal Peter Wilhelm von Buxhoewden prii talurahva terviseks toosti lausus.

Kihelkonnakirikutes viidi samalaadne protseduur läbi mitu kuud hiljem, keisri kroonimispäeval, 12. märtsil. Selleks olid eelnevalt antud üksikasjalikud juhtnöörid. Sündmust kuulutati nädalapäevad ette, kirikud ehiti, koolis ning leeris õpetati rõõmuviise. Pidupäeval koguti kihelkonna mõisnikud ja talurahva kohtumehed, mõnes paigas ka kupjad, kirikuvöörmündrid ja koolmeistrid selleks sobivasse kohta, kust paariviisi reas lähedale kirikusse mindi, kus kirikuõpetaja nad vastu võttis. Laulu järel võttis sõna kirikupatroon või mõni teine mõisnik, või pastor ise, et kogunenud rahvale keisri käsk ning uue talurahvaseaduse seitse esimest paragrahvi ette lugeda. Jumalateenistuse lõpuks pidid õpe-

tajad leeritamata koguduse, s.o. lapsed, eraldi altari ette koguma ja neile erilisi pühitsuse ja manitsuse sõnu parema ja kaunima põlve kohta kõnelema.

Pärnu-Elisabeti pastor Johann Heinrich Rosenplänter rääkis lastele: *Teie olete oma vanemate ja selle maa lootus. Nemad kasvasivad kui pärisrahvas üles, aga teid loetakse nüüd priirahva seltsi. Ausamale põlvele olete tõstetud: nõudke, õppige ja tehke nüüd ka seda, mis teie kohus on.*

Liivimaa ülem-superintendent Sonntag oli priiusejutluse asjus kõiki pastoreid hoiatanud, et nad hoiduksid vanu valusaid haavu lahti kiskumast ega püüaks ka rahva südames liiga kõrgeid lootusi äratada, mida uus seadus kaugeltki täita ei jõudvat.

Üks, mida pea kõigis jutlustes esile toodi, oli et uued õigused talurahvale ka uusi kohustusi ja muresid toovad. Nii rääkis Sangaste õpetaja Johan Sebastian Nelkerdt: *Senni ajani ollete teie moisa vannembide al ellanu, teije vannamba omma iks, kui teije häddan ehk pudusen elite, teie eest hoolt kandnu [---] Se ei sa eddispäidi mitte nidate ollema. Pri-inimenne peap hennega nouvo piddama, henda essi avvitama nink kaema, mil visil temma ilman vois eddesi minna.*

Äksi õpetaja Otto Wilhelm Masing aga sisendas: *Mis tänini kitsas oli, hakkab laiaks minema. Mis tänini kogunisti vaja ep olnud, saab nüüd hädasti ja väga tarvis olema. Uus põlv, uus seadus, uued kohtud, uued ametid.*

Talurahva isiklik vabastamine pani aluse uuele ajastule Balti kubermangude agraarkorralduses, mida on nimetatud ka lindpriiuse ajajärguks ja mis kestis 19. sajandi keskpaigani.

Talurahva õigused ja vabadused

Talurahva kaitsmine mõisnike omavoli vastu oli olnud 1804. aasta talurahvaseaduste põhieesmärgiks. Olulisemateks uuendusteks selles olid kõigile talupoegadele vallasvara omandiõiguse tagamine, peremeestele talude pärandatava kasutusõiguse andmine, teokoormiste normeerimine ning talurahva kohtukorralduse reguleerimine vallakohtute sisseseadmise ja mõisnike kodukariõiguse piiramisega.

1816.–19. aasta seadustega astuti mõnes valdkonnas samm edasi, teistes aga tagasi. Olulisemateks muutusteks olid 1) isiku tasemel: talupoja kuulutamine vabaks riigikodanikuks ja koos sellega õigussuhete subjektiks; 2) omandisuhetes: selge piiri tõmbamine mõisnikest maaomanike ja maata talurahvaseisuse vahele; 3) ühiskondlikus elukorralduses: vallakogukondade ja Liivimaal ka vallakohtute moodustamine; 4) hulk hariduskorraldust puudutavaid sätteid.

Soovides vältida ärevust ja rahutusi, mis tavaliselt vallandusid tähtsate muudatuste korral talurahva elus, nähti ette rakendada seadus ellu järk-järgult. Esmalt seati sisse uued kohtu- ja politseiasutused ning kogukondlikud omavalitsused, millega talurahvas pidanuks harjuma, enne kui talle täielik liikumisvabadus anda. Samuti taheti välja arendada uus koolivõrk. Mõisnikkond arvas, et talurahvale on vaja anda sobilikke teadmisi ja kindlamat kõlbelist kasvatust, mis lubaks tal uues olukorras paremini hakkama saada ja hoiaks ära uute vabaduste *kuritarvitamise.*

Talupoegade tegelik vabastamine pidi algama Eestimaal 3 ja Liivimaal 4 aastat pärast uute seaduste kehtimahakkamist. Eestimaa kubermangus jagati talurahvas kolme liiki: peremehed, sulased ja mõisateenijad, neist igaühes veel kaheksa alarühma, keda hakati üksteise järel uutesse suhetesse üle viima. 1831. aastal kuulutati üleminekuajajärk lõppenuks ja seadus kehtestus täies ulatuses. Talupoeg võis nüüdsest sõlmida lepinguid, omandada nii valla- kui kinnisvara, kuid ta ei saanud õigust vabalt elukutset vahetada ja võis tegelda ainult põllutööga. Oma kubermangu linnadesse võisid nad asuda alles siis, kui meessoost talupoegade arv kubermangus ulatub 120 000-ni, ja Eestimaalt lahkuda siis, kui neid on vähemalt 140 000. Nimetatud arvu ei saavutatud aga veel sajandi keskpaigakski. Et osale mõisnikest oli

talupoegade linna tööle saatmine olnud seni üks tuluallikaid, tingis see hiljem täiendava määruse avaldamise – mõisnik võis lubada talupojal linnas tööl käia, kuid luba anti mitte kauemaks kui aastaks.

Liivimaal tuli talurahva vabastamine lõpule viia 1826. aastaks. 1823. a. jüripäeval pidi vabaks saama esimene pool peremeestest, aasta hiljem teine pool. Ka sulased ja mõisateenijad tuli vabastada kahes võrdses osas – 1825. ja 1826. a. jüripäeval. Seda, keda mõisnik kavatses priiks lasta, pidi ta teatavaks tegema juba eelmise aasta mihklipäeval (29. septembril). Vabastamine tähendas õiguspoolest ajutisse olukorda viimist, mille esimese kolme aasta vältel võis talupoeg kohta vahetada kihelkonna, järgmise kolme aasta jooksul sillakohtu piirkonnas ning alles 1833. aastast alates oli lubatud koha vahetamine kubermangu piires.

Liignimede panemine

Pärisorjuse kaotamisega pidi talurahvas saama ka prii- ehk liignimed, mida igapäevases elus ei kasutatud. Seni oli perekonnanimi vaid vähestel mingite teenete eest vabakslastud talupoegadel, kes reeglina kandsid saksa nime. 19. sajandi algul oli riigialametele perekonnanimede andmine muutunud aktuaalseks kogu *saksa kultuuriruumis,* seevastu Vene impeeriumis ei omanud seda veel kaua aega paljud vabade seisuste esindajadki. Liivimaal oli laialdast perekonnanimede andmist proovitud küll juba enne pärisorjuse kaotamist – 1809. aastal oli kohalik hingekarjane ja estofiilne rahvavalgustaja Johann Philip von Roth pannud perekonnanimed kõigile Kanepi kihelkonna talupoegadele. Üldine nimedepanek algas Liivimaal, kus see oli sätestatud ka talurahvaseaduses, mille kohaselt juba 1. augustiks 1826 pidid olema valmis kõik hingeraamatud, kus meeste- ja naisterahvad koos oma perekonnanimedega kirjas. 31. augustil 1822 mõisavalitsustele ja kirikuõpetajaile antud määruses seati selle kohta üles lähemad tingimused ja nõudmised: a) talupoegi manitseti, et nad ei võtaks ebasündsaid või üldiselt tuntud suuruste perekonnanimesid; b) ühes kogukonnas ei tohtinud üht ja sama perekonnanime panna mitmele perekonnale; c) priikslastavate talupoegade perekonnanimed tuli komisjoni poolt protokollida ja nimistu tähtajaks kihelkonnakohtunikule saata. Kuu aega hiljem välja antud kindralkuberneri ringkirjas toonitati, et kuigi priinimede valimine on talupoegadele vabaks antud, peaksid just kirikuõpetajad oma nõu ja mõju rakendama, et need endale rumalaid nimesid ei võtaks.

Põhja-Eestis, kus talurahvaseadus nimedepanekut ei käsitlenud, viidi see läbi 1830–35 ja ilmselt lähtudes ka Liivimaa kogemustest. Siin pandi nimed ühe mõisa piires korraga. Nimepanemise protokollides olid inimesed kirjas talude järgi. Protokollide alusel moodustati mõisate kaupa nimekirjad, mille järgi hakkasid pastorid pidama personaalraamatuid, kuhu kanti sisse kõik kihelkonna inimesed. Lisaks ees- ja liignimele olid seal kirjas sünniaeg ja -koht, leeritamise aeg, abiellumise ja leseks jäämise aeg, lapsed ning surmaaeg.

Liignime pani mõisnik koos kohaliku pastoriga. Kuigi üks ja sama liignimi võis kihelkonnas olla vaid ühel meesliinis suguseltsil, eksiti selle korra vastu palju. Tihti pandi näiteks eraldi elavatele vendadele erinevad liignimed, ehkki inimesed ise või pastor pidid jälgima, et perekond ühe ja sama nime saaks. Seaduse järgi oli talumehel endal õigus liignimi valida, kuid seda kasutasid ilmselt vähesed. Sageli ei saanud rahvas aru liignime vajadusest, esialgu polnudki selle järele suurt tarvidust. Suuresti sõltus nime andmine kohaliku mõisniku fantaasiast. Liignimedeks anti talunimesid, neid leiti ka loodusest, sageli saksa keelde ümberpandult, aga rohkesti oli ka ainulaadseid nimesid. Uued liignimed juurdusid aeglaselt ja rahvas kasutas talunimesid edasi. Ajapikku perekonnanime osa külaelus tõusis ning talunime kasutamine vajus tagaplaanile. 1835. aastaks olid kõik eesti talupojad endale perekonnanimed saanud. Pärast liignimede panemist hakkasid need kohe ka muutuma – enamasti suurema arusaamise või suupärasuse suunas. Nimede korrastamise töös oli kandev roll pastoreil.

Perekonnanimede kõrval võib mainida kauapüsinud pruuki eesnimede panekul. Esimene poeg sai enamasti isapoolse vanaisa, esimene tütar aga emapoolse vanaema nime. (Samal ajal arvati, et esimene poeg läheb väljanägemiselt emapoolsesse vanaisasse ning esimene tütar isapoolsesse vanaemasse.) Isa või ema nimi pandi alles teisele või kolmandale lapsele, sest arvati, et pärast seda enam poega või tütart perre juurde ei sünni. Kui isa ja isaisa olid samanimelised, sai esimene poeg kas vaarisa või kellegi teise nime, sama oli ka esimese tütre puhul. Selline komme püsis enam-vähem 20. sajandi alguseni, ehkki nimepanekut mõjutasid veel mitmed tegurid, sealhulgas mõisa mõju ja kujunema hakkav kadakasakslus.

Vald

Kuni 19. sajandi alguseni etendas talurahva igapäevaelu korraldamisel kesket osa mõis – halduspiirkond, mis hõlmas nii mõisa- kui ka külamaa ja oli ühtlasi kohtupiirkonnaks.

Oluliseks uuenduseks talurahva elukorralduses oli valla kui seisusliku territoriaalse haldusüksuse loomine Eestimaal 1816. ja Liivimaal 1819. aasta talurahvaseaduse põhjal. Juriidilise terminina kasutati Liivimaa seaduses sõna *koggokond*, Eestimaa omas *koggodus*, *mõisakoggodus*. Sõna *wald* (sks. *Gemeinde*) kasutati mõlemas üldisema ja ebamäärasema mõistena. Varem oli *vald* (*Gebiet*, *Gutsgebiet*) tähistanud vaid mõisapiirkonna talupoegadega asustatud osa, milles toimis pärishärra terviklik mõisavõim ja kus mõisa tahet teostasid mõisa seatud kupjad. Nüüd hakati erasfääri lahutama avalikust sfäärist ning politseilist võimu kohtu- ja haldusvõimust. Uus vald ei kattunud enam mõisapiirkonnaga. Liivimaa talurahvaseadus lubas ühe mõisniku mitu mõisat ühte kogukonda koondada, suure mõisa mitmeks kogukonnaks jaotada või eri mõisnike mitu väiksemat valda mõisnike nõusolekul ühte kogukonda liita. Vald jäi aga siiski mõisniku kontrolli alla. Kogukonna üldkoosoleku kokkukutsumine oli mõisniku meelevallas, tema kinnitas ka üldkoosoleku otsused ja kinnitas või tagandas kogukonna valitud ametimehed. Nendena seisid kogukonna eesotsas Eestimaal talitaja oma abimeestega, Liivimaal kaks vöörmündrit.

Vallakogukonna funktsioonid olid õige mitmesugused. Kogukond pidi kindlustama mõisakoormiste tõrgeteta täitmise, vastutama riigimaksude laekumise eest, andma kroonule nekruteid, pidama ülal koole, kandma hoolt töövõimetute kogukonnaliikmete eest, haldama kogukonna omandiks olevat vallalaegast, kuhu laekusid kohtutrahvid jm. summad, ning valitsema magasivilja. Magasiviligi oli valla ühisomand ja mõeldud varuviljana talupoegadele hädaaegadel laenamiseks. Vilja hoidmiseks tuli vallal ehitada magasin ehk magasiait ning valida endi hulgast magasiaida eestseisjad, kes võtsid osa magasilaenude andmise otsustamisest. Vallakogukonna kui kujuneva talurahva omavalitsusüksuse tuumikuks oli vallakohus, kuhu koondusid talupoegadesse puutuvad esmased õiguslikud, politseilised ja halduslikud funktsioonid.

Vallakohtud olid kõigis Mandri-Eesti valdades sisse seatud juba 1804. aasta talurahvaseaduste jõul, Saaremaal 1819. aasta seaduse põhjal. Vallakohus koosnes kolmest kohtumehest, kellest ühe nimetas mõisnik, teise valisid taluperemehed ja kolmanda sulasrahvas (selle hulgas mõisateenijad). Kohtumeestele valiti ka varukohtumehed, kes neid vajaduse korral asendasid. Vallakohtud lahendasid eeskätt talupoegade omavahelisi riiu- ja nõudeasju ning valvasid korra järele vallas. Liivimaal moodustas vallakohus alama astme kohtu. Eestimaal 1816. a. seadus vallakohut enam ette ei näinud, esimese astme kohtuna loodi selle asemele kogukonnakohus (kihelkonnakohus). Vallakohus taastati alles 1866. a. vallakogukonna seadusega. Nagu Liivimaal,

Vallavanema abi ametimärk

oli ka Eestimaal kihelkonnakohtu eesistujaks (kihelkonnakohtunikuks) mõisnik, tema kaks kaasistujat aga olid talupojad. Valla- ja kihelkonnakohtuga sai alguse ja arenes välja talurahva omaette kohtusüsteem.

Politseivõim kogukonna üle jäi mõisnikule või tema volinikule (enamasti mõisavaltsejale), kes teostas seda Liivimaal vallakohtu, Eestimaal aga vallatalitaja kaudu. Eestimaa iseärasuseks oli ka, et 1816. a. talurahvaseadus nägi siin suuremate valdade puhul uue haldusüksusena küla *(külla-koggodus)*. Külakoguduse eesotsas (kaotati 1866) seisid külatalitaja oma abimehega ja kolm nõuandjameest ehk eestseisjat. Külatalitajal lasusid peamiselt politseifunktsioonid.

Seega tuli pärisorjuse kaotamisega talurahva ellu mitmeid uusi institutsioone ja ka hulk endi keskelt tõusnud ametimehi.

Esimesed priipõlve rahutused

Suurejooneliselt väljakuulutatud vabadus põhjustas talurahvas peagi suurt nurinat. Teravama taibuga talupojad mõistsid, et 1804. aastal antud olulistest õigustest olid nad nüüd ilma jäetud. Ka ei leitud uue seaduse kohta piisavalt seletust ja juhatust, vähemalt kirjalikult mitte. Talurahvaseaduse elluviimise komisjon oli rahva nurinat kuuldes koguni keelanud ajalehtedel priiusest lähemalt kirjutada. Kui seaduse tõlkija Otto Wilhelm Masing tahtis anda välja seda seletavat käsiraamatut, ei leidnud tema algatus toetust. Mida vähem aga priiusest rääkida ja kirjutada tohtis, seda rohkem tekkis väärtõlgendusi.

Nagu ikka talurahvaseaduste väljakuulutamiste järel, puhkes kerkinud ootuste ja vääritimõistmise pinnal siin-seal rahutusi. Tõsiseim protestilaine vallandus Liivimaal 1822/23. aasta vahetusel. Mardipäeva paiku hakati taluperemehi mõisasse kutsuma, et rääkida neile järgmise aasta kevadel algavast *vabade* seisusse üleviimisest ja uue korra kohasest *vabade rendilepingute* sõlmimisest mõisniku ja taluperemehe vahel. Peremeestelt küsiti, kas nad tahavad oma talusid veel kolm aastat senistes vakuraamatutes kirjas oleva teoorjuse eest edasi rentida või järgmisel jüripäeval talust lahkuda ning mujale sulaseks või peremeheks minna. Seega andsid mõisnikud talupoegadele selgesti teada, et nad peavad ka *vabadena* mõisale endistviisi ja sama palju mõisategu tegema, ning mõisnikel on nüüd vabadus keeldujaid ilma pikemata talust minema ajada. Selline asi ühel ajal kõigis kubermangu mõisates saigi tõukeks peremeeste protestile – hakati massiliselt talusid üles ütlema. Esimesed teated selle kohta laekusid kindralkubernerile 20. novembril 1822 Võnnu (Cēsise) maakonnast. Pärnu-Viljandi maakonnas haaras protestilaine lõuna- ja idapoolsemat osa. Viljandi, Helme ja Tarvastu kihelkonnas ütles suur osa peremeestest (mõnes mõisas kõik) oma talud üles. Ärevaks läks olukord ka Võrumaal. Räpina pastor Johann Friedrich Heller kirjutas 15. jaanuaril 1823, et taluperemehed *igatsetud vabastamise all mõistsid mitte üksi pärisorjusest vabanemist, vaid ühtlasi ja eeskätt vabanemist vihatud mõisateost, ja ka mõte, et talude maad neile kuuluvad, oli neil väga kindel.* Talupoegade

seas levis veendumus, et järgmise aasta jüripäeva paiku ilmub *tõeline tsaari seadus, mis neile maad annab, kui mitte just päris ilma tasuta, siis vähemalt nii väikese obroki eest, kui maksavad Peterburi kubermangu Oudova kreisis kroonumaadel elavad ja mitte ühegi mõisa alla kuuluvad eesti talupojad.* Mõned peremehed olid nõus mõisale küll sulaseid andma, kuid ainult hea päevapalga eest.

Ägedad rahutused puhkesid Tartumaa ja Saaremaa kroonumõisates. Paljud talupidajad teatasid, et on nõus maksma üksnes raharenti, arvates, et nii astuvad nad otsevahekorda krooniga ja vabanevad suhetest mõisapidajaga.

Umbes samal ajal leidis aset omapärane sündmus – kuulda saanud, et ta nüüd *vaba* on, sõitis üks noor jõukas taluperemees Tagamõisa kroonumõisas mõisarentniku juurde ja teatas, et ta tahab mõisa ise rendile võtta. Mõisnik saatis talumehe muidugi minema, öeldes, et esiteks ei jätkuvat tollel selleks raha, ja teiseks pole tal seadusega lubatud põlluharija seisusest lahkuda. Seisusekaaslase võimaliku esilekerkimisega ei olnud päri ka teised taluperemehed. Ajapikku tuli aga nii mõisnikel kui ka talumeestel leppida sellega, et mõni kopsakama rahakotiga talunik mõisarentnikuks tõusis, ehkki selleks tuli loovida läbi paljudest seisuslikest piirangutest.

Nagu Tartu maakohtunik Arved von Brasch 10. detsembril 1822 kindralkubernerile ette kandis, olid rahutuste taga talurahva hulgas levivad kuuldused, et *1) kogu seadus on võltsitud ja mitte see, mille keiser kinnitas...; 2) see, kes oma talu üles ei ütle, jääb igavesti pärisorjaks...; 3) keisri tahte järgi peab neile päriselt kuuluma kui mitte kogu maa, siis vähemalt hooned, aiad ja õued; 4) nad on nüüd muutunud keisri talupoegadeks...; 5) kuigi nad jäävad edasi oma taludesse, siis ometi mõisatele enam teoorjust ei tee.*

Jaanuari algul 1823 anti välja eesti- ja lätikeelsed selgitavad teadaanded, mida tuli iga kahe nädala järel kirikukantslist ette lugeda. Eestikeelne teadaanne avaldati ka Otto Wilhelm Masingu "Marahwa Näddala-Lehes". Selles räägiti 1822. a. mardipäeva paiku kogu kubermangus aset leidnud *seadusevastastest* väljaastumistest. Kindralkuberner lugevat talude ülesütlemist ning taalriväärtuse* järgi rendi maksmise nõudmisi *väga suureks rumaluseks,* ning kava talu edasi pidada, kuid selle eest mõisale *orjust ega muud maksu* mitte anda, kuritahtlikuks. Taluperemehi manitseti ülesütlemist tagasi võtma ja ähvardati, et need, kes seda ei tee ja jüripäeval talust siiski ei lahku, *soldatiga saavad majast välja viidud, vangi pandud ja suure peakohtu all rangesti trahvitud.*

Kohalikud võimud hakkasid juba 1822. a. lõpus rahutusi maha suruma, kasutades ka väljatellitud sõjaväekomandode abi. Vastalistes valdades paigutati taludesse sõdureid, kohati jagati talupoegadele ihunuhtlust ja vangistati eestvedajaid, tagandati valla- ja vallakohtu ametimehi. Üldiselt otseste vastuhakkudeni asi ei läinud, sõjalisi abinõusid rakendada ei tulnud. Tegemist oli kõige distsiplineeritumate talurahvarahutustega 18. sajandi lõpu ja 19. sajandi esimese poole ajaloos, mida kandis taluperemeeste püüe mitte minna äärmusteni ja jääda legaalsetesse piiridesse.

Kui kindralkuberner Paulucci 1823. a. märtsi lõpus rahutuste kohta täpsemaid andmeid päris, selgus, et protestinuid oli kubermangus olnud ligi viiendik vabastamisele kuulunud taluperemeestest. Liivimaa Läti osas oli talu üles ütelnud isikuid 1076, Tartu- ja Võrumaal 1558, Pärnu- ja Viljandimaal 959 ja Saaremaal 154. Neist oli enamik hiljem küll ülesütlemise tagasi võtnud, kuid jüripäevaks oli kubermangus koha üles ütelnuid ikkagi veel üle 400, neist kolmveerandi moodustasid eesti peremehed.

Ehkki Eestimaa kubermangus sel ajal sama laiaulatuslikke rahutusi ei puhkenud, kuna taluperemeeste *vabastamine* oli jaga-

tud pikema aja peale ja toimus väiksemates osades, kandus naaberkubermangus valitsev ärev meeleolu ka sinna ning talude ülesütlemist esines suhteliselt palju.

Talupoegade formaalse vabakskuulutamisega olid mõisnikud lootnud vabaneda kohustusest pidada kinni traditsioonilistest koormisenormidest. Seadusetähe järgi said nad ju edaspidi talupoegadelt tegu ja andameid nõuda *vabade lepingute* alusel, mis andnuks võimaluse koormisi uuesti tõstma hakata. Rahutustes väljenduv äge protest aga nurjas need plaanid, ja mõisnikud pidid ka pärast talupoegade vabakskuulutamist pidama kinni 1804. a. vakuraamatute normidest. Need jäid mõisnike ja talupoegade vahekordade reguleerimisel kehtima kuni uute talurahvaseaduste väljaandmiseni 19. sajandi keskel. Niisiis oli tegevusvabaduse piiratuse üle põhjust nuriseda mõisnikelgi, sest mitmed olulised talurahvakaitse põhimõtted leidsid tegelikkuses järgimist ka pärast pärisorjuse kaotamist – seda nii eramõisates kui eriti ka kroonukülas.

Mõisa ja talu rendisuhted

Liivimaa talurahvaseaduse teise osa § 54 sätestas: *Lihvlandimaa talupojal on õigust, luba ja meelevalda, asset ja maid päriseks osta, aga seda ei saa iialgi olema, et ta mõisaid ehk maid, kell mõisa ja mõisniku õigused on, ühegi henna eest enesele saaks pärida.*

Kui Liivimaa talupoegadele oli juba 1804. a. seadus andnud formaalse õiguse maad omandada, siis 1816. a. seadus andis selle õiguse ka Eestimaa omadele. Kuna aga maa kuulus mõisnikele, riigile, linnadele jt., kes seda talupoegadele ei müünud, siis jäi uus õigus selles osas tegelikult sisutühiseks.

Vabastamisseadused kinnitasid veel kord mõisnike omandiõigust kogu maa, sealhulgas ka talupoegade kasutuses oleva maa suhtes. Seadused andsid mõisnikele õiguse taludest

---

* Taaler oli maa hindamise ühik Liivimaal, sellele vastav pindala olenes kõlviku liigist ja maa headusest; keskmiselt vastas 1 taalrile Tartumaal 1,7–2 ha maad.

Pilkuse mõis Otepää kihelkonnas

lahkuvatelt taluperemeestelt raudvara nime all ära võtta nende ehitatud hooned ja soetatud tööloomad ning põllutööriistad. Alles 1826. a. langetas kindralkuberner otsuse, et talupoegade pärast 1804. a. ehitatud hooned ja istutatud puud ning põõsad võib lugeda nende omandiks ja mõis peab lahkuvale talupojale nende eest kahjutasu maksma.

1816. ja 1819. a. talurahvaseaduste sissejuhatavates osades oli öeldud, et talupojad on nüüd täiesti vabad ja võivad, niisama vabalt kui mõisnik kasutab maad, edaspidi kasutada oma tööjõudu – ehk nii, nagu sõnastas seaduse mõtte Liivimaa maanõunik Heinrich August von Bock (1771–1863) – *Maa minu, aeg sinu.* Seaduste elluviimisel selgus, et tegelikkuses lähtuti eeskätt nendest seaduse sätetest, mis määrasid, et talurahvas võib tegelda ainult põlluharimisega või niisuguse töö- või kutsealaga, mis mõisale kasu toob.

Ka pärast pärisorjuse kaotamist jäid mõisnike mureobjektiks vabadikud kui mõisast vähe sõltuv, kuid järjest suurenev ja 19. sajandi keskpaigaks talurahvast ligi veerandi moodustanud rahvakiht. Vabadikud ei kuulunud ühegi renditalu tööliste hulka ega kandnud mingeid koormisi. Liivimaal leidus neid suhteliselt rohkesti suuremates mõisates, mis ei suutnud kogu maakasutust kontrollida. Enamasti talu ja harvemini mõisa ääremaadel elanud vabadikel, kellel oli tavaliselt oma majapidamine ja väheke maad, oli suhteliselt kerge paremate elatusvõimaluste otsimiseks ringi liikuda ja elukohta vahetada. Sageli kippus vabadike hulka ka mõisaorjamisest tüdinenud peremehi ja sulaseid. Kõik 19. sajandi esimese poole talurahvaseadused peegeldasid mõisnike soovi sundida vabadikke, kes olid seaduse sõnutsi *koormaks mõisale,* kas otseselt või kaudselt mõisa kasuks tööle. Selleks nähti ette mitmeid abinõusid – mõisaomanik või rentnik pidi püüdma muuta neid põlluharijateks, andes neile maatüki või pannes nad sulastena vähese tööjõuga taludesse, ehk rakendades nad kohtu kaudu mõisatööle. Nii Liivi- kui Eestimaa talurahvaseaduse elluviimise komisjonid asusid (1823) seisukohale, et põhimõtteliselt ei tohi lubada ühelgi taluperemehel ega sulasel minna vabadikuks. Kubermanguvalitsuste patentidega anti neile põhimõtetele (1824) ka seaduse jõud.

Uute seaduste järgi pidid mõisnikud ja taluperemehed sõlmima rendilepingu, mis sündis esialgu ilmselt suulise kokkuleppe vormis. Alles sajandi keskpaiku hakkas juurduma kirjalike lepingute praktika.

Ka vabalepingute korral jäi mõisa-talu rendisuhetes aastakümneteks domineerima teorent, mis mõisakoormiste koguväärtusest moodustas u. 90%, kuna loonusandamite põhikomponendiks oli teravili. Rahamaksu osatähtsus oli sootuks tühine. Tegijate järgi jagunes teotöö rakme- või jalateoks, tööaja järgi aga nädala- või abiteoks. Rakmeteolisena saadeti mõisa tööjõuline mees koos hobuse või kahe härja ning adra või veokiga; jalateolised (nn. vaimud) olid naised või noorukid. Teokoormistest moodustas u. 30% suvine rakmetegu ja teist sama palju jalategu, kuna talvel domineeris rakmetegu u. 20–25%-ga (eeskätt veod ja voorid) jalateo 10% üle. Teotöö põhiosa moodustas ordinaarne e. nädalategu, mida tehti talu kandevõimest ja suurusest tulenevalt kindel arv päevi nädalas, ja mille järgi liigitati ka talusid (näit. 2- või 6-päeva talu). Raskemini normeeritav ja mõisatahtsi järjest kasvav oli abitegu, mille aeg ja suurus sõltusid mõisa vajadustest – abiteolisi nõuti kiireloomulistele hooajatöödele, näit. sõnnikut vedama, külvama, vilja lõikama, reht peksma, heina tegema. Osa mõisatöid tehti täielikult abiteona – taluperemeestel tuli majapidamishooneid ehitada ja remontida, perenaistel lambaid niita ja pesu pesta, lastel sulgi noppida, köömneid korjata, linnaseid hõõruda. Et abitegu rakendati eeskätt hooajatöödel – ajal, kui talud vajasid ka ise palju tööjõudu, oli see eriti vihatud koormis ning põhjustas talurahvarahutusi. Teorendi suurus ja selle sissenõudmise viis

oli see, mis tekitas ühtelugu pingeid ja konflikte mõisa ja talu vahelistes suhetes nii enne kui ka pärast talurahva vabastamist.

Üldreeglina ei jätnud taluperemehed kunagi rahulolematust avaldamata, kui neil selleks vähegi soodne juhus tekkis. Majanduslik kitsikus võis ajendada, kõrgeks kruvitud koormised või põhjendamatud karistused aga suisa sundisid talumehi välja astuma ja oma õigusi kaitsma.

Nagu selgus talurahva-kogukondade esindajate kaebustest keisri tiibadjutantidele 1841. aasta rahutuste aegu, oli kurtmine ülemäära raske teoorjuse üle üldine. Kaebuste järgi kulus arvestatust rohkem päevi eriti ristikheinategemisel, kartulivõtmisel ja linakitkumisel, sest vihmaste ilmade puhul kaotsi minevat aega mõis arvesse ei võtnud, samuti lasti talviseid teopäevi teha suvel. Hulk talusid oli mõisastatud, ja suurendatud mõisapõldusid pidi edaspidi harima väiksem arv talusid. *Kui ilm on hea, nõudvat mõis rohkem töökäsi, mille pärast talud ei saavat oma töid õigel ajal ära teha, mistõttu olevat neis pea alaline viljaikaldus, kuna õigel ajal tehtud mõisapõllud andvat samal ajal head saaki.* Veel kaevati ülemääraselt kõrge pearaha üle, mis tõusvat mõnikord 8–10 assignaatrublani hinge pealt, peremeestel koguni 20 rublani. Eriti kaevati opmanite peale neis mõisates, kus härrad ise kohal ei viibinud. Kroonu- ja kirikumõisate talupojad esitasid samasisulisi kaebusi nagu eramõisategi omad. Küsimusele, miks talupojad neile osakssaanud ebaõigluse puhul kohtuasutuste poole ei pöördu, vastasid nad, et neid ei võeta kuulda: osalt on kohtunikud ise saksad, osalt kinnitatakse kohtumeesteks talupoegade hulgast ainult sakstele meelepäraseid, kuna aga sakstega vastuolus olevad talupojad kohtadelt minema kihutatakse.

SOTSIAALNE KÄÄRIMINE JA KONFLIKTID

Balti publitsistile Julius Eckardtile kuuluva, baltisaksa ajalookirjanduses üldtunnustatuks saanud periodiseeringu kohaselt *Liivimaa vaikeluks* nimetatud periood, mille aastakümneid iseloomustasid väline rahu ning nostalgiliselt meenutatud biidermeierlik idüll, lõpeb 1840. aastal. *Rahutud neljakümnendad* juhatavad sisse uue ajajärgu – 1880-ndatesse ulatuva reformide ajastu *(Reformepoche)*, mida iseloomustavad reformiliikumine ja rahvusluse tõus.

Käärimise algus *rahututel neljakümnendatel*

1830. aastate lõpust hakkas Liivimaa talupoegade olukord, peamiselt ilmastikuoludest tingituna, järjest halvenema. 1840. ja 1841. a. tabasid kubermangu rängad viljaikaldused. Levisid kuuldused väljarändamisvõimalustest Lõuna-Venemaale, saades ajendiks järk-järgult laienevatele talurahvarahutustele. Mai lõpus 1841 ilmusid Riiga esimesed läti talupojad Võnnu ja Valga maakonnast, kes kurtsid kubermanguvalitsuses, et neil on leib täiesti otsa saanud, ja kuna nad endale siinmail enam ülalpidamist ei leia, siis paluvad nad luba *soojale maale* välja rännata. Liikumine võttis kiiresti suure ulatuse ja sundis kindralkuberneri avaldama 2. juunil patendi, milles teatati, et mingit ümberasumist ei ole, ja kui mõni talupoeg Liivimaalt lahkub, siis ainult vangiraudades ja *külma Siberisse*. Sellest hoolimata laienes rahutuste ala eesti-läti keelepiirini (Karulasse ja Harglasse), ning järgneva kuu jooksul käis kubermanguvalitsuses üle 600 talupoegade saadiku, esijoones Võnnu ja Valga maakonna idapoolsematest kihelkondadest. Augustiks-septembriks oli liikumine haaranud ka Võrumaa ja Lõuna-Tartumaa, eriti Sangaste ja Urvaste kihelkonna.

Hämmeldunud mõisnikud keeldusid mõistmast talurahva viletsust ja nõudsid keskvõimu esindajailt karmimaid vahendeid käärimise summutamiseks. Juulist hakatigi Riiga aru pärima tulnud saadikuid kinni võtma, peksuga nuhtlema ja nagu kurjategijaid poolenisti paljaks aetud peaga koju tagasi saatma. Sellega kadus vaid talupoegade senine usaldus kindralkuberneri ja kubermanguvalitsuse vastu. Liikumist see ei peatanud, sest talupoegade saadikud leidsid endale ootamatult toe alates 1836. aastast Riias tegutseva õigeusu piiskopi Irinarhi näol, kes omandas nende silmis kiiresti suure autoriteedi kui *keisri esindaja*. Kui mõisnikud ja luteri usu pastorid nägid talupoegades vaid mässajaid, siis oma kirikule poolehoidu püüdlevad Irinarh ja õigeusu papid võtsid neid lahkesti vastu, kuulasid ära kaebused mõisnike peale ning aitasid koguni palvekirju koostada ja Peterburi edasi toimetada. Talupojad hakkasid veelgi energilisemalt väljarändamis- ja maataotlejate nimekirju koostama ja nendega Riias piiskopi juures käima. Hoolimata kindralkuberner Pahleni enda augustis sooritatud ringreisist, mille vältel ta talupoegade manitsemise kõrval rakendas ka karme politseilisi survevahendeid ning rahututesse maakondadesse sõjaväeosi paigutada laskis, käärimine ei lakanud.

Septembri algul toimusid läti ja eesti talupoegade ulatuslikumad väljaastumised nende taotlusi takistavate mõisnike vastu.

Suurim eesti talupoegade vastuhakk võimuesindajaile, rahvapärimuses *Pühajärve sõda*, toimus Pühajärve mõisas 8. septembril 1841. Ka siin oli asutud koostama nimekirju *soojale maale* asuda soovijatest, kelle arv tõusis peagi 200-ni, samuti oli käidud Riias. Ohtlike meeleolude murdmiseks saadeti kihelkonnakohtunik von Siversi nõudel kohale sõjaväerood. Järgmisel päeval pärast seda, kui sillakohtunik Leon von Brasch karistussalgaga mõisa jõudis, et ninamehi arreteerida, tekkis väesalgal kokkupõrge metsa kogunenud Pühajärve ning naabermõisate Arula ja Palupera talupoegadega, kelle eestvedajaks oli erusoldat Jaan. Kuuekümnest nuiadega varustatud sõjakast talumehest, kes üritasid ka mõisat rünnata, õnnestus kinni võtta 16, kes sõjaväelise konvoiga Tartusse toimetati. Vanglasse paigutamisel selgus, et kinnivõtmise madinas oli kümme neist saanud täägihaavu. Paar päeva hiljem esines samalaadne vastuhakk võimudele ja kähmlus sõjaväega veel teravamal kujul Riia maakonnas Jaunbebris.

Talurahvaliikumine tegi ärevaks ka keskvõimu Peterburis. Septembri algul saadeti Liivimaale oludega tutvuma kaks keisri tiibadjutanti. Neist tegi Eesti osas ringsõidu vürst Urussov, kes korraldas Võrus ja Tartus talurahva-kogukondade esindajate põhjaliku ülekuulamise. Talupojad kaebasid vürstile liiga raske teoorjuse üle, ja et nad on nälga suremas. Seda, et keiser on väljarändamise ära keelanud, ei tahetud kuulda võtta. Vürst teatas keisri meelepahast siinmail levinud väärkuulduste üle, ja rõhutas tema nimel, et õigeusku siirdumine, mis on küll vaba, ei too usuvahetajaile mingit maist kasu.

Järgnevalt võttis keskvalitsus tarvitusele karmimad abinõud. Ühele Liivimaal asuvale jalaväepolgule lisaks saadeti rahututesse paikadesse majutamiseks kolm jalaväepolku ja üks kasakadivisjon. Oktoobris oli Liivimaale majutatud üle 9000 sõduri. Mässanute karistamiseks asutati kaks sõjakohut – üks Tartus, teine Riias. Pühajärve rahutustes süüdistatuist määras sõjakohus 30 mehele (neist 10 peremeest ja 18 sulast) igaühele 500 hoopi läbi kadalipu, lisaks saadeti 6 neist Siberisse või anti nekrutiks, ja 6 saadeti aastaks sunnitööle. Pühajärve talupoegade julm karistamine toimus 4. detsembril ja oli mõeldud hirmutava hoiatusena võimalikult laias ulatuses. Karistuse teostamiseks komandeeriti Pühajärvele 7 roodu jalaväge ja 40-meheline kasakakomando, seda pealt vaatama käsutati kohale eeskätt ninameesteks peetud talupoegi – Tartumaalt 29, Võrumaalt 32 ja Viljandimaalt 23 kogukonnast. Pühajärve mõisavalitsus oli lasknud kadalipu jaoks lõigata jämedad okslikud kepid, karistuspaigal olid ähvardavalt ootel valgete linadega kaetud surnuvankrid ja valmis kaevatud isegi mõned hauad. Et aga karistamist juhtis võrdlemisi humaanne polkovnik Lilje, siis ei kujunenud see nii mõrtsukalikuks, nagu mõisnikud oleksid soovinud. Samal päeval leidis veelgi suurejoonelisem ja valjum karistamine aset ka Läti alal Jaunbebris.

Ärev olukord püsis Tartu- ja osalt ka Võrumaal kuni järgmise kevadeni. Koostati nimekirju ning püüti neid toimetada Riiga ja Pihkvasse, kuhu piiskop Irinarh oli oktoobris 1841 keskvõimude korraldusel üle viidud.

Liivimaale toodud lisaväed, mida oli eriti rohkesti 1841. aasta sügisest kuni järgmise aasta kevade ja suveni, asetasid maale voori-, moonastamis-, majutamis- ja toitmiskohustuse näol ränga lisakoorma. Seetõttu hakkas rüütelkond astuma samme vägede vähendamiseks, unustamata samas nende ülalpidamise raskusi mõisalt taludele veeretamast. Suuremate lisavägede äraviimisel hakkas elu Liivimaal 1842. aasta sügisest enam-vähem harilikesse rööbastesse minema.

Liivimaa talupoegade taotlused oma olukorra parandamiseks ei kandnud otsest vilja, mistõttu rahulolematus jäi tulena tuha all edasi kestma, et kolm aastat hiljem uuesti lõkkele lüüa. Järgmine, usuvahetusliikumise vormi võtnud liikumine tähendas sisuliselt jätku 1841.–42. aasta käärimisele, mille valitsusvõimude tegevus oli vaid ajutiselt katkestanud.

Eesti talupojad Riia väravas

Talurahva meeled olid 1841. aasta sügisel ja järgmise kevadel ärevil ka mitmel pool Eestimaa kubermangus. Üks vastuhakkamise kolle kujunes Venemaa rahandusministrile krahv Cancrinile kuuluvas Raikküla mõisas, mida sellal majandas hilisem Eestimaa rüütelkonna pealik Otto Lilienfeld. Teotööd nõudis Lilienfeld talupoegadelt palju ja väga karmilt. Mitmete laostunud talude maad liideti mõisapõldude külge. 1840. a. lõpul otsustas kohalik kihelkonnakohus talust välja tõsta taluperemehe Kildema Jüri, kellel polnud enam küllalt tööloomi ja põllutööriistu, et mõisale teotööd teha. Kildema Jüri käis ülekohtuse otsuse ja rõhuva mõisaorjuse üle kaebamas Tallinnas kubermanguprokuröri ja Peterburis mõisa pärishärra Cancrini juures ning mujal, kurtes ka teiste Raikküla talupoegade raske olukorra üle. Lõpuks vangistati visalt õigust otsiv talupoeg kuberneri juures ja pandi Toompea vanglasse. 6. veebruaril 1842 peeti Järvakandis kohtukomisjoni istung, kuhu peale tunnistajate oli kutsutud enam kui sada talupoega, kes pidasid end ülal õige sõjakalt.

10. veebruaril tuli 30-liikmeline talupoegade saatkond Toompeale kuberneri lossi ja teatas, et kõik Kildema Jüri kaebused on õiged. Kuid ka teiste talupoegade mehine toetus ei suutnud Kildema Jürit karistusest päästa. Varsti pärast seda langetatud kohtuotsusega saadeti see *avalikule korrale kahjulik inimene* Siberisse asumisele. Veel 1842. a. novembris pidasid Raikküla talupojad salakoosoleku, kus otsustasid saata krahv Cancrini juurde saatkonna, et paluda Kildema Jüri vabastamist ja teoorjuse asendamist raharendiga. Võimud said aga talupoegade kavatsuse jälile ja vitsakaristuse ning salakoosoleku organiseerijate vangiroodu panemisega suruti Raikküla talupoegade vastupanu maha.

Usuvahetusliikumine

Talurahvaliikumise uus laine tõusis Liivimaal 1845. aastal. Rahutuste ajendiks oli jällegi eelmise aasta viljaikaldus ning sellele järgnenud nälg ja loomataud. Lisaks oli talv väga külm ja levivad haigused nõudsid maarahvalt arvukalt ohvreid – eriti palju suri vanureid ja lapsi. *Möödunud talv läheb Liivi-maa ajaraamatusse kui üks kõige kurvemaid ja karmimaid, mida see maa on üle elanud,* kirjutas Liivimaa Üldkasuliku ja Ökonoomilise Sotsieteedi sekretär Wilhelm von Hehn 1845. aasta kevadel.

1845. aasta veebruaris soovisid mõned Riia vennastekoguduse liikmed, kelle tegevust luteri kirik ahistas, õigeusku üle minna. Vastuseks kindralkuberneri pärimisele teatas Nikolai I, et õigeusku minekut ei tohi takistada. Sellest piisas, et talupoegade hulgas hakkasid levima kuuldused, et need, kes siirduvad *keisri usku,* saavad maad (hingemaad) ning pääsevad mõisnike võimu alt. Tingimuste selgitamiseks hakkas jälle hulganisti talurahva saadikuid Riiga käima. Liiga rohked ja ilma mõisavalitsuse loata toimuvad käigud sundisid kindralkuberner Jevgeni Golovinit 21. augustil ringkirjaga talurahvale teada andma, et õigeusku siirdujad peavad seda tegema mitte Riias, kust neid juba mõnda aega vangitapiga tagasi koju saadeti, vaid oma kodukohale lähimas õigeusu kirikus. Sinnagi minekuks pidi neil olema esmalt mõisavalitsuse luba. Kuna samas teatati mõisavalitsustele, et talupoegi ei tohi usuvahetusel takistada, siis tõlgendasid need teadaannet võimude ülekutsena usuvahetamiseks.

Septembris omandas usuvahetusliikumine massilise ilme – eeskätt Võru- ja Tartumaal. Räpinas, kus asus vanim õigeusu maakogudus (asutatud 1752), salviti õigeusku päevas kuni sada inimest. Mustvees salviti kahe nädalaga üle tuhande talupoja, nii et tuli puudus sel puhul vajalikest kaelaristidest. Tartusse ilmus salvimiseks nii palju talupoegi, et korra hoidmiseks rakendati politseijõude. Paljudes Võrumaa mõisates jäi teotöö tegemata, sest talupojad olid linna papi juurde läinud. Novembri teisel poolel algas massiline õigeusku siirdumine Pärnu- ja Viljandimaal, kus samuti esines mõisatöö katkestamist. Mitmes kohas nõudsid talupojad ka mõisakoormiste vähendamist või lootsid *obrokile* viimist, nagu see esines vene talupoegadel. Pilistvere

talupojad kõnelesid: *Meie ikke alt vabanemise tund on tulnud, nüüd saame pärisomanikeks ja isandaiks, saame uued kohtunikud ja kiriku-õpetajad.*

Mõistes, et puhkenud liikumine on vaenulik nii luteri kirikule kui ka mõisale, alustasid pastorid ja mõisnikud võitlust talurahva *hingede* pärast. Liivimaa rüütelkond saatis septembri lõpus delegatsiooni Peterburi, saavutamaks usuvahetuse keelamist. Valitsus, kes oleks küll meeleldi näinud õigeusu võidukäiku, kartis toimuva võimude-vastast loomust ning hakkas astuma samme selle kontrolli alla võtmiseks ja summutamiseks. Liivimaale, kus seekordne liikumine oli aktiivsem Eesti osas, saadeti eriülesannetega siseministeeriumi ametnikke ja divisjon kasakaid. Detsembri algul kehtestas keiser usuvahetajatele kuuekuise mõtlemisaja.

Piirangutest hoolimata jätkus usuvahetusliikumine ka 1846. aastal, omandades suurima hoo Pärnu- ja Viljandimaal, ning jõudis ka Saaremaale. Tuli ette mõisnike ähvardamist, mõisateo tegemisest keeldumist. Saaremaa maanõunike kolleegium teatas isegi, et talupoegade hulgas levivad *kommunistlikud ideed maajagamise ja kõigist koormistest vabanemise kohta.* Kindralkuberner saatis ka Saaremaale pool eskadroni kasakaid.

1847. aasta kevadel võttis usuvahetusliikumine kohati ümberasumise kuju, mis sel ajal oli levinud teisteski kubermangudes. Mitusada talupoega Räpinast, Põlvast, Võnnust ja mujalt müüs maha oma vara ja siirdus omavoliliselt Pihkvasse, kust loodeti riigi kulul edasi Ukrainasse jõuda. Nad vangistati ja toodi tagasi kodukohta.

Survevahendite mõjul ja lootuste nurjudes liikumine vähehaaval vaibus. Kui 1847. aasta kevadeni läks õigeusku keskmiselt 1250 meestalupoega kuus, siis järgmise kevadeni ainult 220. 1848. aasta teisest poolest soikus liikumine täiesti.

Mõjus ka muutus valitsuse poliitikas, keda hirmutas igasuguse liikumise massilisus ja otsustavus nii siseriigis kui ka väljaspool impeeriumi piire. Liivimaa kubermangu paigutati täiendavaid väeosi ja tugevdati politseilist ning sandarmijärelvalvet. Euroopa revolutsioonilise 1847.–48. aasta taustal olid igasugused rahva väljaastumised valitsusele äärmiselt vastumeelsed ja enam hakati kuulda võtma ka keisrile nii lojaalse Balti aadli kaebusi. Selle üheks avalduseks oli kindralkuberner Golovini tagandamine. Ühelt poolt oli Golovin, järgides keisri antud instruktsioone, toetanud talurahva üleminekut õigeusku kui riiklikult olulist tegu, teiselt poolt ilmutanud oma tegevuses baltisaksa aadli survele järele andes liiga vähe otsusekindlust. Golovini katseid tugevdada kindralkuberneri võimu ja kaitsta ka õigeusku läinud talupoegi mõisnike-poolse ahistamise eest hindasid rüütelkonnad kui otsest kallaletungi oma privileegidele. 1848. aasta märtsis määrati Balti kindralkuberneriks vürst Aleksander Suvorov, kelle esimesi samme oli korraldada Võrumaal õigeusku siirduda soovivate talupoegade nuhtlemine. 1848. aasta novembris viidi Riiast Harkovisse üle ka usuvahetusliikumise seekordne peamine toetaja piiskop Filaret ja vahetati välja mõned tema aktiivsemad abilised.

1840. aastate usuvahetusliikumine haaras suuremal või vähemal määral pea kõiki Liivimaa mõisaid – nii era- kui ka kroonuvaldusi. Vene õigeusku siirdunud talupoegade arv moodustas nende koguarvust Võrumaal 11%, Tartumaal 12%, Viljandimaal 13%, Pärnumaal 28% ja Saaremaal 30%. Tervikuna läks Liivimaal 1845–48 õigeusku üle 106 000 talupoja, neist Eesti osas ligi 66 000 ehk u. 17% Liivimaa Eesti-osa talupoegadest. Liikumise üheks tulemuseks oli õigeusu koguduste ja kirikute võrgu loomine Liivimaal, mille järjekindel toetamine ja laiendamine sai alates 1860. aastatest keskvõimu ääremaade-poliitika oluliseks osaks.

Mida kaugemal vene asustusega aladest ning mida suurema kroonumõisate ja kroonutalupoegade osakaaluga maakond, seda enam oli seal usku vahetanud talupoegi. (Eks osuta seegi maasaamise lootustele.) Oma osa etendas ilmselt ka 1841.–42. aasta liikumise

aegu Tartu- ja Võrumaad tabanud karm karistuspoliitika. Kihelkondades, kus olid levinud vennastekogudused ning leidus seega alternatiivne võimalus usulise pinge väljaelamiseks, oli õigeusku siirdumine hõredam.

Eestimaa kubermangus 1840. aastate teisel poolel suuremaid talurahvarahutusi ei olnud. Peterburi metropoliit, kelle piirkonda Eestimaa kubermang kuulus, sel ajal talupoegade massilist õigeusku siirdumist ei lubanud. Usuvahetusliikumine jättis peaaegu puutumata ka Kuramaa kubermangu, kus talurahva olukord oli tänu soodsamatele ilmastikuoludele parem kui Liivimaal ja kohaliku rüütelkonna tegevus ettevaatlikum.

Valitsuse Baltimaade-poliitikat üldiselt ja talurahvapoliitikat selle hulgas hakkas 1840. aastate lõpust üha enam mõjutama välispoliitiline olukord ja Balti aadli lojaalsusavaldused keisrile Lääne-Euroopa revolutsioonilise liikumise mahasurumisel. 1848. aasta kevadel esitasid kõik Balti rüütelkonnad ühiselt Nikolai I-le auaadressi, kinnitamaks oma kõigutamatut truudust ja kogu siinse ala ustavust troonile. 13. aprillil 1848 avaldas keiser tänu Liivimaa aadlile, kes oli andnud 300 hobust suurtükiväepargi toetuseks ja teinud rahalise annetuse täiendavaks hobusteostuks sõjaväe tarvis, samuti hoole eest Lääne-Euroopa sündmuste puhul Liivimaalt teenistusse kutsutud 1643 alamväelase perekondade toetamisel. Lisaks eraldas valitsus 1848. aasta lõpus riigikassast Liivimaa rüütelkonnale talurahva olukorra paremaks korraldamiseks üks miljon rubla soodsat laenu.

Krimmi sõda

Oluliseks täheseks nii Venemaa kui ka tema Läänemere-provintside elus oli Krimmi sõda (1853–56), mis raputas riiki ja ühiskonda ning andis tugeva impulsi nende ajakohastamiseks.

Venemaa, kes alustas 1853. aasta lõpul *väikest sõda* Türgi vastu, lootes kiiresti hõivata ülemvõimu Lähis-Idas, põrkas Inglismaa ja Prantsusmaa vastuseisule, kes saatsid

Türgi toetuseks laevastikud Mustale merele. See viis veebruaris-märtsis 1854 Euroopa suurriikide vahelisele sõjakuulutamisele. Peamise sõjatandri järgi Krimmi sõja nime saanud heitluses üritasid liitlased (britid, prantslased, türklased ja hiljem liitunud sardiinlased) rünnata venelasi kõikjal, kus neid võis tabada. Suured maismaaoperatsioonid võeti lisaks Krimmile ette ka Balkanil ja Kaukaasias, kuna mereväed liikusid samaaegselt Läänemerel, Põhja-Jäämerel ja Vaiksel ookeanil.

Läänemere piirkonnas toimus sõjategevus 1854–55 ja hõlmas põhiliselt Soome lahe rannikuala. Inglise-Prantsuse ühendeskaader sisenes Läänemerele märtsis ja tegutses siin vabalt kuni navigatsioonihooaja lõpuni oktoobris-novembris, kohtamata kordagi Vene merejõude, kes varjusid oma sadamates kogu sõja kestel. Põhjuseks oli Briti ja Prantsuse laevastiku suur arvuline ja eriti tehniline üleolek. Jõudude ebavõrdsuse tõttu ei saanud Balti laevastik mõelda aktiivsele tegevusele, vaid ainult kindlustatud sadamate kaitsele. Sellisteks olid eeskätt Kroonlinn ja Suomenlinna (Sveaborg) ning vähemal määral ka Tallinn, Turu, Hanko ja Riia. Liitlaste laevad tundsid end Läänemerel täiesti vabalt, ning 14. juunil ilmusid Inglise luurefregatid isegi Kroonlinna alla.

Liitlaste sõjaliseks eesmärgiks Läänemerel oligi Vene merejõudude sulgemine sadamatesse, suurte kindlus- ja maavägede sidumine sadamate ja rannikualade kaitseks ja majandusliku kahju tekitamine eeskätt kaubandusblokaadi kaudu. Samal ajal kui sõja peatandril Krimmis oli Vene vägedest pidevalt puudus, paiknes Läänemere piirkonnas veerand kogu keisririigi jalaväest ning ligi viiendik ratsaväest ja suurtükkidest, kaubandus Läänemere idaosas aga peaaegu lakkas.

Sisenenud Läänemerele, alustas Inglise-Prantsuse laevastik blokaadi ja Venemaale kuuluvate aluste kaaperdamist. Eriti valusalt tabas see Soome kaubalaevastikku, mille liitlased kahe kampaania-aasta jooksul suures osas hävitasid. Suurimat aktiivsust näitas liitlaste laevastik Soome ranniku vastas Põhjalahel ja Soome lahe põhjaosas, tagamõttega avaldada mõju Rootsile, äratamaks selles soovi sõtta astuda. 1855. aastal rünnati augustis Suomenlinna kindlust Helsingi ees, kuid eriliste tulemusteta. Edukamad olid liitlased mitme kaitsetu Soome rannikulinna pommitamisel, millistest Loviisa ja Kotka koguni maha põletati.

Eesti ala sai vaenlase kohalolekut tunda juba mais 1854, mil kuue suurtükiga Inglise ratsaurik "Dragon" Tallinna sadamasse sisenes ja Vene patareide tulele vaatamata kaks ankrus olnud kaubalaeva hõivas ning sadamast välja pukseeris. Seejärel paigutati kaks fregatti sadama lähedusse, kindlustamaks, et kaubalaevad sisse ega välja ei pääseks. Tallinn ise jäeti nii sel kui ka järgmisel aastal puutumata, sest fortifikatsiooniala asjatundja brigaadikindral H. Jones jõudis kõiki asjaolusid kaaludes järelduseni: kuna *Tallinn on kindlustatud linn, mille vallutamiseks on vaja regulaarseid piiramisoperatsioone mahukate eeltöödega [---] ei saa ma soovitada rünnata linna merelt. Mis puutub kombineeritud operatsiooni, siis ei vasta meie käsutuses olev sõjameeste arv sellele, mis oleks vajalik arvuka garnisoniga ja välivägede poolt toetatud kindluse vastu tegutsemiseks.*

Liitlaste peamiseks tugipunktiks Soome lahes sai neil kahel aastal Naissaar. 1855. aastal oli üks eskaader seal ankrus kogu suve. Merel võeti abordaaži* mõned ettejäänud kaubalaevad, mis kas hõivati või hävitati, nagu ka randlaste salakaubaga paadid. Kalurite alused jäeti reeglina puutumata. Kõige tõsisem kokkupõrge Eesti ranniku lähedal kogu sõja jooksul toimus juunis 1855 Narva jõe suudmes, kus inglaste eskaadri ja jõesuut kaitsvate Vene patareide vahel puhkes mitu tundi kestnud intensiivne suurtükiduell, milles mõlemal poolel oli kergemaid vigastusi ja haavatuid.

Liitlaste laevad valvasid teraselt Vene-

---

* abordaaž – laeva ründamine selle parda külge haakudes

maa Balti rannikut, ise suhteliselt harva maal käies. Nii tulistasid Inglise kahuripaadid mõne korra Tallinna ja maandasid paar dessanti põhjarannikule, hävitamaks kasakakordoneid ja telegraafiputkasid. Nimelt olid kubermanguvõimud organiseerinud juba 1854. aasta kevadel vaatluspunktide võrgu piki kogu Eestimaa kubermangu rannajoont. Randa valvasid kasakate ja baškiiride ratsapatrullide kõrval ööpäev läbi ka mõisnike valitud talupoegadest rannahoidjad, kelle teenistus kestis kuni liitlaste lahkumiseni Läänemerelt.

Vähem kui vaenlase otsene sõjategevus mõjutasid Baltimaade elanike elu Vene vägede kohalolek ja sõjaväevõimude korraldused.

Liivi- ja Kuramaal asuvad väeosad olid allutatud Balti kindral- ja Riia sõjakubernerile kindraladjutant vürst Aleksandr Suvorovile. Eestimaal paiknevaid vägesid kamandas sõja puhkedes Tallinna komandandiks ja Eestimaa sõjakuberneriks määratud jalaväekindral krahv Friedrich Wilhelm Rembert von Berg. Tema üleviimisel Soome kaitse juhiks detsembris 1854 sai Eestimaa sõjakuberneriks ratsaväekindral Paul von Grabbe.

Vaenlase võimalike dessantoperatsioonide tõrjumiseks Läänemere rannikul oli Vene väejuhatus võtnud tarvitusele rea abinõusid. Suurimad jõud koondati kaitsma Peterburi ümbrust, millele järgnes Soome ning alles kolmandas järjekorras Eesti ja Läti rannik alates Narvast. Kolme Balti kubermangu paigutatud vägedest (u. 42 000 meest) paiknes rohkem kui pool Eestimaal. Nende jõududega poleks vähegi tõsisema dessandi korral suudetud Eesti ja Läti rannikut kaitsta. Peeti võimalikuks, et vaenlane võib rakendada Eesti ja Läti ranniku vastu u. 20 000-mehelist dessantüksust, hõivamaks Saare- ja Hiiumaad ehk siis vallutamaks võtmelinnu Tallinna, Riiat, Pärnut või Liibavit, rääkimata väiksematest rünnakutest rannikule. Seejuures anti endale aru, et Eesti suursaare ja Pärnu kaitsmiseks jõudu ei jätku, ning juba sõjaseisukorra kehtesta-

mise järel asuti neist piirkondadest Vene valitsusasutusi ja varasid evakueerima.

Järgmiseks aastaks pidas Vene kindralstaap vajalikuks suurendada oluliselt Läänemere piirkonnas asuvate vägede arvu ning muuta nende paigutust. Balti kubermangude kaitseks koondatud 64 000 mehest hakkas u. 40 500 (Balti korpus eesotsas ratsaväekindral Jacob von Siversiga) paiknema Liivi- ja Kuramaal, kuna u. 22 500 Eestimaal asuvat meest (19 pataljoni, 12 eskadroni, 10 kasakasadakonda ja 10 suurtükki) moodustasid vaid vaatluskorpuse, mis vaenlase dessandi korral pidi lahinguta taanduma Narva või Riia suunas. See tähendas, et Vene valitsus oli valmis lisaks Saare- ja Hiiumaale loovutama vaenlasele ka kogu Eestimaa kubermangu, kusjuures Tallinna kindlustused tulnuks õhku lasta. Ometi olid Tallinnas eelmisel aastal toimunud suured kindlustustööd, mille käigus linna ümber rajati patareide ahelik u. 160 kahuriga. Selleks hävitati isegi Rannavärava ja Kalaranna vahel asunud sadakonna elamuga Köismäe eeslinn, samuti lammutati maju sadama rajoonis.

Tsiviilelanikeni jõudis teadmine sõjaohust veebruari keskel 1854, mil kõigis kirikutes loeti pärast jumalateenistust ette keisri 9. veebruari manifest teatega poliitiliste suhete katkestamise kohta Inglismaa ja Prantsusmaaga. 21. veebruaril 1854 kuulutati välja sõjaseisukord ja 8. märtsil Tallinnas ning Daugavgrīva (Dünamünde) kindluses ka piiramisseisukord. Kõik pastorid ja preestrid said korralduse manitseda iseäranis talupoegi, et nad jääksid ustavaks troonile ja isamaale, ning et hoida ära igasuguseid aluseta kuulujutte usu, kodakondsuse jms. kohta.

Tallinna asutused koliti Paidesse, millest ajutiselt kujunes kubermangukeskus. Sinna viidi nii Eestimaa kubermanguvalitsuse kui ka Tallinna linna asutused koos ametnike ja arhiividega. 15. märtsil suleti kõik Tallinna koolid ja lapsed saadeti vanemate juurde. Rapla kihelkonna küladesse paigutati kantonistide pataljoni (sõdurilaste riikliku kasvatusasutuse) 700 kasvandikku, kelle kasarmud läksid sõjaväe kätte. Hulk linnakodanikke pages Tallinnast kaugematesse maakonnalinnadesse või maale mõisatesse ja küladesse, võttes kaasa võimalikult palju varandust. Kodanikest pooltühi Tallinn täitus aga kuni sõja lõpuni sõjavägedest, keda jagus ka nelja suuremasse laagrisse ümber linna, samuti Rakverre ja Narva.

Läänemere majakad kustutati. Saaremaal, Hiiumaal ja Ruhnus tuli valgustusaparatuur koos materjalide ja komandodega maha võtta ja mandrile viia. Mandrile toimetati ka tollivahid ja invaliididekomando sõdurid. Vaid Riigivaranduste Ministeeriumi ametnikud pidid viimse võimaluseni kohale jääma – isegi juhuks, kui vaenlane kohapeal oma võimu kehtestab – tagamaks korra säilimist elanike seas ja hoiatamaks talupoegi koostöö eest vaenlasega. Kardeti, et iga rannatalupoeg on võimeline vaenlasele lootsiks olema. Eraldi hoiatati Saaremaa luteri pastoreid, et nad ei mõjutaks õigeusklikke talupoegi jätma täitmata endale võetud usulisi kohustusi. Kartes Saaremaa peatset hõivamist, tuli seal juba 20. märtsiks ka nekrutivõtt läbi viia ja võetud nekrutid kiirkorras väikeste rühmadena üle jää Pärnusse toimetada. Samuti tuli kohalesaadetud eriülesannetega ametnikel osta Saaremaalt, Hiiumaalt ja Muhust võimalikult palju toiduaineid sõjaväe tarbeks. Eesti saartelt evakueeriti mandrile kõik valitsusasutused ja nende varad. Saaremaa asjad viidi esmalt Pärnu ja sealt edasi Viljandisse, Pärnu asjad Vändra mõisa.

Regulaarvägesid ei jätkunud ka Pärnu kaitseks. Sõja algul tegid võimudele muret Pärnusse kogunenud suured leivavilja varud, mis olid ostetud kokku arvete tasakaalustamiseks Hollandiga – nende äravedu nõudis 20–30 tuhat vooriveokit. Liitlaste laevad jõudsid Pärnu alla järgmisel sõja-aastal. 1855. aasta septembris maabusid inglased pärast madala lahe rasket ületamist Pärnus, olles enne seda bürgermeistriga läbirääkimisi pidanud. Et linnas polnud Vene vägesid ega sadamas ühtegi alust, mida hävitada, ning ainsad valitsusasutustele kuuluvad hooned olid kaks tühja maja ja tollihoone linna kes-

kel, mille põlemasüütamine võinuks hävitada kogu linna, siis inglased midagi taolist ette ei võtnud. Küll aga hoiatati bürgermeistrit ja linlasi ka edaspidi sõjaväest ja sõjalistest varudest hoiduma. Linna külastati veel korduvalt, veendudes rahumeelse Pärnu püsivas neutraliteedis.

Mõnel pool on sõja algul kohalikul tasandil ja omal initsiatiivil püütud vaenlase vastu ise kaitset organiseerida. Nii tahtis Hiiumaal suurt kohalikku maakaitseväge moodustada Ewald von Ungern-Sternberg, kellele tegi muret mitte ainult vaenlase võimalike rünnakute tõrjumine, vaid ka tema Kärdla kalevivabriku kaitse, samuti korra tagamine saarel, mis kuulus suuremalt jaolt talle. Valitsusele selline initsiatiiv ilmselt ei meeldinud ja vastav luba jäi parunil saamata. Nagu selgus, polnud kohaliku kaitse organiseerimisel ka mõtet – saabunud liitlaste suhted kohalike elanikega olid korrektsed ning enamasti tasusid nad äravõetud loomade ja muu eest korralikult. Tekkivad kontaktid põhjustasid kaebusi, et talupojad vaenlast suurejooneliselt varustavat – püüavad talle kala, ostavad maalt lihaloomi ja muretsevad ühtlasi teateid.

Läänerranniku blokaad halvas Vene väliskaubanduse, mis andis end varsti tunda kogu maal – esijoones soola- ja rauapuuduse ning kõrgenenud hindade näol. Eriti suurt soolapuudust tundsid randlased, kes vajasid seda kala soolamiseks, mis moodustas põhilise osa nende talvisest toiduvarust. See sundis neid ette võtma riskantseid paadiretki Rootsi, eeskätt Gotlandile, et tuua sealt vilja eest soola ja rauda. Vilja saadi reeglina sisemaa talupoegadelt, kes sõitsid randa seda soola vastu vahetama. Salakaubandus, mis andis paljudele randlastele ja vaheltkauplejatele võimaluse rikastuda, oli seotud ka suure riskiga – inglaste ja prantslaste laevad kaaperdasid kõik merel märgatud alused. Nii võeti Saaremaa, Hiiumaa ja Vormsi talupoegadelt ligi 120 paati. Laadung konfiskeeriti, paadid ise aga hävitati. Vaatamata sellele tasus ettevõtmine end ära, andes võimsa impulsi randlaste laevaehitusele ja laevasõidule juba pärast sõja lõppu.

Sisemaal andis sõda end talurahvale tunda järsult kasvanud sõjakoormiste näol. Kõigepealt oli tavalisest mitu korda suurem nekrutinorm. 1854–55 võeti Balti kubermangudest nekruteid ligi kaks korda niipalju kui tava-aastail. Eesti- ja Liivimaalt tuli värvata üle 20 000 nekruti. Liivimaalastest, kellel vastavalt 1819. aasta talurahvaseadusele oli nekrutivõtmisest vabaksostmise õigus, kasutas seda võimalust ligemale 1900 meest, makstes riigikassasse u. 560 000 hõberubla. Kokku võeti Eesti alalt sõja ajal 12 300 nekrutit ehk 3,5% kõigist maksukohustuslikest meestest.

Üpris koormav oli ka vooriskäimise kohustus, sildade ja parvede ehitus, teede korrashoid ning vägede varustamine küttepuude ja moonaga, linnades ja sõjavägede liikumisteedel ka sõjaväe majutamiskohustus. Tallu pandi 2–4 sõdurit ja enamasti jäid nad ka pererahva toita. Eestimaa kubermangus ehitati sel ajal talupoegade jõududega kiirkorras mõned uued sõjalise tähtsusega teed. Kõik see põhjustas suurt tööjõu kadu ja põllutööde hilinemist.

1854. aasta kevadel kaitses Riia sadamat peamiselt Balti kubermangude vabatahtlikest formeeritud palgaline 900-meheline sõudesuurtükipaatide (16 alust) pataljon ehk meremiilits. Sinna astus peamiselt rannatalupoegi, sh. üle 200 mehe ka Eesti alalt, kelle teenistus Riias kestis novembrini. Et vaenlane sel hooajal Riia vastu midagi ette ei võtnud, lasti mehed talve saabudes koju, et nad järgmisel kevadel jälle kokku kutsuda. 1855. aastal, mil meremiilits formeeriti sundvärbamise alusel, osales selle tegevuses u. 300 eestlast. 29. juulil pidas Riia meremiilits 12 suurtükipaadil Väina (Daugava) jõe suudmes maha eduka tõrjelahingu kahe Briti sõjalaeva vastu. Väiksemaid kokkupõrkeid vaenlase laevadega oli teisigi. Vene Balti laevastikule tähendas Daugava merelahing üht suurimat ja pea ainsat edukat lahinguoperatsiooni Läänemerel. Lahingus silma paistnud miilitsamehi autasustati Sõjaordeni Teenetemärgiga, mille sai

ka vähemalt üks eesti talupoeg – Ado Busch Läänemaalt Haeska mõisast. Kanti ka tõsiseid kaotusi – nimelt oli meremiilitsa koosseisust laialisaatmise hetkeks 1855. aasta lõpus üle viiendiku teenistuse ajal surnud, peamiselt koolerasse.

Sõjaolukord soodustas haiguste levikut elanikkonna ja sõjaväe hulgas. Neist kõige laastavam oli koolera – 19. sajandil Euroopas levinud epideemiatest kõige hirmsam –, millesse haigestunuist suri kolmandik kuni pool. Selle esimene puhang Baltimaadel 1831–33 nõudis Eestimaal üle 550 ja Liivimaa Eesti osas üle 200 surmaohvri. Teise kooleraepideemia ohvriks 1848.–49. aastal langes juba u. 1300 inimest Liivimaalt ja 1000 Eestimaalt.

1853. aastal Balti kubermangudes möllanud koolera (esimesed puhangud 1852. aasta lõpul) viis hauda tuhandeid inimesi. Tõve ohjeldamiseks loodi kubermangu- ja maakondlikud koolerakomiteed, haigete isoleerimiseks ja raviks avati laatsarette (ainuüksi Riias 10). Reeglina ilmnesid esimesed haigusjuhud sõjaväelaste hulgas, kust haigus levis tsiviilelanike sekka. Epideemiline haigestumine algas juunis 1853 – esmalt Eestimaa kubermangus, levides varsti ka Liivi- ja Kuramaal ja vaibudes aasta lõpuks. Liivimaal oli peamiseks haiguskoldeks Riia ja selle ümbruskond, Eestimaal Tallinn. Hiiu- ja Saaremaa jäid koolerast puutumata. Järgnevad sõja-aastad soodustasid haiguse uut lainet. Tallinnas puhkes see uuesti juuni lõpus 1854 ja kestis kuni järgmise aasta kevadeni. Liivimaal esines koolera aprillist novembrini 1854 esijoones Riias ja Tartus. Kokku haigestus Eestis 1853–54 koolerasse ligi 10 000 inimest, kellest suri ligi 4400, neist Eestimaal u. 3200 ja Liivimaal 1200.

Järgmised kooleraepideemiad 1872–73, 1893–94 ja 1909 paranenud sanitaarolude ja edenenud meditsiini tõttu enam nii palju ohvreid ei nõudnud. Neist esimene tappis Eestis u. 600 haigestunut (sh. Narva Kreenholmis 350, mis vallandas ka 1872. aasta suure streigi), teine u. 200 ja kolmas 60.

Rahva teadmised Krimmi sõjast jäid napiks ja sõda ise kaugeks, ehkki uudiste levik oli kiirem ja tõhusam kui Venemaa varasemate sõdade puhul. Kaasa aitasid telegraafiliinid ja ajakirjanduse kasvanud roll. Mais 1854 hakkasid kaks estofiili, kroonuametnik Friedrich Nikolai Russow ja kaupmees Johann Daniel Petenberg välja andma uudisteajakirja "Tallinna koddaniko ramat omma sõbbradele male", mille eesmärgiks oli sõjateadete edastamine eesti maarahvale (1854–57 ilmus 12 vihikut). Uudiseid arutati kõigis rahvakihtides üsna elavalt, kusjuures talurahva hoiakud olid kaunis võimuvastased. Rahva seas elustus uuesti *vana hea Rootsi aja* mälestus, ja lootus Rootsi alla saades pääseda mõisniku surve alt. Arvati, et inglased ei sõdivatki muidu kui Rootsi ülesandel, ja kui nad maale tulevad, peab minema kohe nende poole.

Nii näiteks oli Kastolatsi õigeusu preester viibinud laupäeval, 13. veebruaril 1854 Otepää kirikukõrtsis, kus paljud eestlased olid sõjasündmusi arutamas. Et oli juba pime, võis ta märkamatult olla nende jutuajamise tunnistajaks. Jutt läinud sellele, et kui sõjatanner peaks siia kanduma, tuleks ühineda vaenlasega, et seeläbi koormistest vabaks saada. Nüüd olevat preester kõrtsmiku juurde läinud ja tema abil küünla süüdanud, et oleks võimalik vähemalt mõnda rääkijatest ära tunda. Küünal aga olevat tal käest löödud ja rääkijad laiali läinud. Kubernerile seesugustest juhtumitest ette kandnud sillakohtunik lisas, et sellised kõned on levinud Eestimaa kubermangu rannatalupoegade hulgas, kellelt need on kahjuks üle võtnud ka Tartumaa talupojad, kes sageli vooriga sinnakanti satuvad ja kuulujutte edasi levitavad.

10. detsembril 1855 lõpetasid liitlased Soome lahe blokaadi ja siirdusid kodumaale, et valmistuda järgmise aasta sõjakäiguks, mis seoses Inglismaa laevaehitusprogrammiga nägi ette hoopis suuremate jõudude toomist Läänemerele ning maabumist Soomes ja Balti provintsides. Samuti oli oodata Rootsi sõttaastumist, mille nimel olid aktiivselt tegutsenud liitlasriikide diplomaadid. Sel juhul oleksid kaotused ja kannatused Läänemere rannikul olnud eelmistest aastatest märgatavalt suuremad. Seda siiski ei juhtunud, sest 18. märtsil 1856 kirjutati Pariisis alla rahulepingule. Vastav teade jõudis Tallinna kolm päeva hiljem. Läänemere maadele koondatud Vene sõjaväeosad hakkasid tasapisi oma rahuaegsesse asupaikadesse kolima. Suve lõpuks jõudsid oma asukohtadesse tagasi ka sõja-aastail evakueeritud ametiasutused ja varad. 1857. aastal kustutati Tallinn Vene merekindluste ja 1864. aastal kindlustatud linnade nimekirjast.

Venemaa oli sõjaga kaotanud oma positsiooni Euroopas ja pidi keskenduma siseriiklikele reformidele, et kiiresti moderniseeritavas maailmas suurvõimuna püsima jääda.

REFORMIDE AJASTU

Talurahvaseaduste uuendamine

Kogu 19. sajandi agraarseadusandluse arengut, mis oli äärmiselt keeruline ja vastuoluline protsess, võime tagantjärele käsitleda kui lahendusteede otsimist talupoegade vabastamiseks mõisnike eestkoste alt. Selle taga polnud niivõrd mõisnike soov lahti saada oma vähestest kohustustest talurahva suhtes, kui püüe agraarkorraldust tõhusamaks muuta. Viimane oli seotud talupoegade võimega uuendustega kaasa minna. Alalhoidlikkus oli iseloomulik nii aadlile kui ka külaühiskonnale. Juba 18. sajandi teisel poolel esimeste kohalike valgustajate alustatud diskussioon Baltimaade agraarolude põhjalikuks ümberkorraldamiseks sumbus alati kartusesse, et talurahvas pole kogu senise majanduskorralduse muutmiseks veel valmis.

Alates Karl XI reduktsiooni raames 1690. aastail kroonumõisates kehtestatud talurahva kaitseseadustest kuni Liivimaa 1804. aasta talurahvaseadusteni oli agraarprobleemidele lahendust otsitud talurahva sotsiaalse kaitse suurendamise läbi.

1816.–19. aasta talurahvaseadused tähistasid juba uue maailmavaate, majandusliku liberalismi võidukäiku. Agraarümberkorralduste vältimatuse mõistmine sundis nüüd pöörama tähelepanu eelkõige reformide majanduslikule küljele, jättes sotsiaalsed motiivid tagaplaanile. Adam Smithi õpetuse vaimus rääkivad uued seadused majanduslikust konkurentsist. Patriarhaalse hoiaku vähenemisele viitab nende aastate seadusi läbiv põhimõte, et talurahvalt koormiste nõudmise aluseks ei ole enam seisuslik kuuluvus, vaid maaomand. Tulemus paraku ei vastanud kaugeltki ootustele: kaks aastakümmet talurahva priiust pigem ruineeris mõisa- ja talumajandust kui viis edasi. Maata vabastamine oli küll oluline edusamm pärisorjuse kui mentaalse süsteemi lammutamisel, kuid ei lahendanud selle süsteemi majanduslikku alust – maaomandi küsimust. Rahulolematusele mõisnikkonna ridades lisandus rahva käärimine üksikutest vastuhakkudest kuni väljarändamiskatsete ning kogu kubermangu haaranud laialdase usuvahetusliikumiseni.

Nii baltisaksa kui varasem eesti ajalookirjutus on kasutanud mõistet *konservatiivne* talurahva-vaenuliku ning *liberaalne* talurahva-sõbraliku agraarpoliitika tähistamiseks. Püüded talurahvast eestkoste alt vabastada olid kahtlemata *liberaalse* iseloomuga, kas nad aga olid ka talurahva-sõbralikud, eriti just lühemas perspektiivis ning talurahva kui terviku jaoks, on hoopis teine küsimus. Talurahvaseaduste ja -regulatiivide kontekstis tuleks teha selgemat vahet majanduslikul ja sotsiaalsel aspektil. Oleme tänapäevalgi vastandanud mõisteid *sotsiaalne* ja *liberaalne*, ning pole põhjust arvata, et see 19. sajandil teistmoodi oli. Põlluharimisel pärisorist tööjõudu kui tavapärast meetodit eelistav mõisnik seisis talupoja huvidele märksa lähemal kui vabalt sõlmitavaid rendikontrahte pakkuv mõisahärra.

Olukord nõudis radikaalseid lahendusi. Teoreetiliselt tuli Balti kubermangudes valida, kas minna tagasi pärisorjuse kaotamisele eelnenud agraarkorralduse juurde, mis tähendanuks talurahva taas sunnismaiseks muutmist ja mõisnikkonna patriarhaalse eestkoste taastamist koos teokoormiste kindla reglementeerimise ja piiritlemisega, või minna kiiresti üle teorendilt raharendile, harjutada talurahvast turusuhetega ning anda talle võimalus väikemaaomanikuks saades mõisniku eestkoste alt lõplikult vabaneda. Senise agraararengu taustal tähendanuks see tavatult pikka ja järsku sammu edasi.

Kõigis kolmes Balti kubermangus leidus juba 1830. aastate lõpul teise arengusuuna pooldajaid, kes isikliku eeskuju ja vastavate projektidega seisusekaaslaste poole pöördusid. Eestimaal olid vennad Grünewaldtid Koigist, maanõunik Rudolf von Patkul Haabneemest ja rüütelkonna sekretär Georg von Brevern need, kes asusid aastal 1839 propageerima mõisamaast eraldatud ja kaitstud talurendimaa ning normeeritud koormiste sisseseadmist. Esimene, Georg Breverni juhtimisel väljatöötatud seaduseprojekt valmis 1840. aasta suvel. Eelnõu esitamiseni valitsusele jõuti järgmisel aastal. Sealt edasi Eestimaa talurahvaseaduse koostamine takerdus. Talurahvaküsimuse lahendamisel muutusid tooniandvaks hoopis asjade käik Liivimaal ning keskvalitsuse algatused.

Viimane oli talurahvaküsimuse lahendamiseks riigis moodustanud mitmesuguseid agraarkomisjone, millede tegevust mõjutas suuresti 1837. aastal loodud Riigivaranduste Ministeeriumi juht krahv Pavel Kisseljov. Liberaalne Kisseljov alustas Venemaal, esijoones selle läänepoolsetes kubermangudes, laialdast kroonutalupoegade reformi, piiramaks riiklike inventaride (vakuraamatute) sisseseadmise abil mõisapidajate võimu nende üle. Reform puudutas ka Balti provintse – eeskätt Liivi- ja Kuramaad, kus elas arvukalt kroonutalupoegi. Sajandi keskpaiku moodustasid need Tartumaal 15%, Võrumaal 13%, Viljandimaal 21%, Pärnumaal 36% ning Saaremaal koguni 55% talurahva koguarvust. Seevastu Eestimaal, kus kroonuvaldusi oli mõni üksik, oli kroonutalupoegi vaid 2% talurahvast. 12. juunil 1841 kinnitas Nikolai I seaduse riigivaranduste valitsemise ümberkorraldamisest Balti provintsides. Selle põhjal loodi uued riigiasutused, mille ülesandeks oli Baltimaade kroonutalupoegade ja

Õisu mõis

-valduste kuni pisiasjadeni riigi hoolduse ja järelevalve alla võtmine. Kroonutalupoegade eriseisund püsis 1887. aastani, ehkki üldised talurahvaseadused, millest järgnevalt jutt, kehtestusid ka nende suhtes.

1841. aastal *Liivimaa vaikelu* lõpetanud talurahvarahutused sundisid rüütelkonda veel sama aasta sügisesel aadlikonvendi istungil moodustama agraarkomisjoni, mida asus juhtima maamarssal Alexander von Oettingen. 15. novembril 1841 kogunes paarkümmend mõisnikku eraviisiliselt komisjoni ühe liikme, kreisikohtunik Friedrich von Sieversi Õisu mõisasse Viljandimaal. Just siin öeldi esimest korda välja, et talumaa tuleb anda talurahva pärisomandusse. Selle mõtte esitajaks oli 30-aastane Ruhja (Rūjiena) mõisnik Hamilkar von Fölkersahm (1811–56), pärastine maanõunik ja 1848–51 Liivimaa maamarssal.

Baltisaksa ajalookirjutus on Õisu nõupidamise seisukohti hinnanud väga radikaalseks. Tegelikult olid need pigem alalhoidlikud. Talupoegade maaomandi loomise eesmärgiks oli nende tõhusam kinnistamine maale ning senisest liiga liberaalsest majanduskeskkonnast tingitud laostumise peatamine. Järgnenud agraarvaidlustes osalenuist pooldasid ühed 1819. aasta seaduse säilitamist selle senisel kujul ning teised nõudsid sama seaduse revideerimist. Muutuste pooldajate hulgas leidus nii neid, kes taotlesid varasema, 1804. aasta seadusega antud talurahvakaitse taastamist (äärmuslikuna kuulub siia ka nõue pärisorjuse või vähemalt sunnismaisuse taaskehtestamiseks), kui ka neid, kes soovisid tõhusamat kaitset just 1819. aasta seadusest lähtudes.

1842. aastal kahel korral maapäevale kogunenud Liivimaa rüütelkond toetas pigem konservatiivseid, talurahva kaitsele suunatud ümberkorraldusi. Talumaade mõisastamise peatamiseks keelati nende liitmine mõisamaaga. Taaskehtestati ka vakuraamatutes fikseeritud mõisakoormiste normid.

Talude ulatuslikuma päriseksmüümise alustamiseks oli olukord Vene riigis muutunud märksa ebasoodsamaks. 2. aprillil 1842 kehtestatud seadus keelas sisekubermangude talupoegadel maaomandi soetamise, lubades neile maad vaid kasutusõigusega. Peterburi võimud sekkusid juba 1842. aasta sügisel ka Liivimaa agraarvaidlustesse. Komisjon, kuhu kuulusid Liivimaa rüütelkonna esindajate kõrval siseminister Lev Perovski ning rahandusminister Cancrin, pidas targemaks 1819. aasta seadust mitte muuta – põhjendusega, et talurahval peeks kujunema arusaam seaduste püsivusest. Komisjon oli seisukohal, et kui talupoegi ka seekord ei õnnestu veenda, et kehtiv seadus on lõplik ja muutumatu, võib see kaasa tuua uusi rahutusi. Nõnda sattus rüütelkonna konservatiivsema tiiva taotlus, revideerida 1819. aasta seadust pärusrendi ja vakuraamatutes kehtestatud koormiste taastamisega, vastuollu valitsuse poliitikaga. Valitsus nägi selles mõisnike piiramatu maaomandiõiguse ning rendilepingute vaba sõlmimise põhimõtte rikkumist. Liivimaa

Suur saal Liivimaa rüütelkonna majas Riias

1819. aasta talurahvaseaduse uuendamise vahekokkuvõttena kinnitas keiser 23. jaanuaril 1845 selle 77 täiendusparagrahvi, mida ametlikult ei avaldatud ja mis puudutasid ainult eramõisate talupoegi. Neist 11 käsitlesid talurahva maaomandi loomist, andes sellele senisest märksa konkreetsema juriidilise sisu, millega valitsus toetas just liberaalsemat agraarpoliitikat.

Vaidlused talurahvaküsimusele optimaalsema lahenduse leidmiseks aga jätkusid ka pärast 1819. aasta seaduse täienduste vastuvõtmist. Nüüd oli selle taustaks taas rahutuks muutuva talurahva usuvahetusliikumine. Samas puudus Liivimaa rüütelkonnal endiselt ühtne nägemus nii väikemaaomandi eesmärkidest kui selle loomisteedest. Luunja parun Georg von Nolcken toetas talude päriseksmüümist kui võimalust talupoegi jäädavalt maale kinnitada, nentides, et *talunikest maaomanike klassi tekkimine [---] tundub äärmiselt tähtsana [---] ja võib ette tulla olukordi, mil kogu meie olemasolu sõltub taolise konservatiivse elemendi olemasolust meie maal.* Teisisõnu pidi talude päriseksmüümine Nolckeni arvates heastama kurja, mille oli põhjustanud pärisorjuse kaotamine. Maanõunik Gustav Johann von Buddenbrocki ettepaneku järgi tulnuks talumaa väärtus hinnata riiklike normide alusel, andes talupoegadele võimaluse see 20 aasta jooksul teotööga välja osta. Seega tähendas talude päriseksmüümine Buddenbrocki jaoks võimalust pikendada teoorjust veel aastakümneteks. Mõlemad seisukohad lähtusid arusaamast, et talupoeg pole ei aineliselt ega mentaalselt võimeline end iseseisvalt majandama. 1846. aasta lõpuks oli Liivimaa rüütlimõisate vakumaast raharendil vaid 14,4% adramaadest (Pärnumaal 11,3%, Tartumaal 16,6%). Talupoegade võimes maaomanikena läbi lüüa oli hakanud kõhklema koguni 1819. aasta Liivimaa talurahvaseaduse peamisi ideolooge Reinhold Samson von Himmelstiern, küsides, *kas raharendile või [---] vakuraamatute ja regulatiividega sätestatud teorendile seatud talupoeg poleks [siiski] parem ikka ja jälle võlgades maaomanikust talupojast.*

Talude päriseksmüümist 1819. aasta liberaalse talurahvaseaduse alusel asus kõige energilisemalt taotlema Hamilkar von Fölkersahm, kes kartis, et keskendumine talurentnike kaitsmisele võib talude päriseksmüümise protsessi liialt pikale venitada. Tekkinud patiseisust väljumiseks nägi ta kahte tingimust: esiteks talurahva eestkostest vabastamist jätkata ja teiseks talle mingidki sotsiaalsed tagatised anda. Siit pärinebki Fölkersahmi pakutud nn. punane joon *(roter Strich)* millega mõisa- ja talumaad (vakumaad) mõisakaartidel eraldati. Kuigi talumaad jäid edasi mõisniku omandiks, jäi nende kasutusõigus vaid talurahvale. Mõisnik võis talumaid rentida või päriseks müüa, mitte aga talupoegade käsutusest välja viia ehk mõisastada. Fölkersahmi ettepanekud olid suurepärane kompromiss, mis arvestasid nii 1819. aasta seaduse kaitsjate kui ka 1804. aasta seaduse juurde tagasi pöörduda soovijate seisukohti. Selline lahenduskäik oli vastuvõetav ka riigivõimule.

Pärast ägedaid vaidlusi nii maapäevadel kui ka valitsuskomisjonides, kus Fölkersahmi pooldajad kaldusid vähemusse jääma, pidid kohalik kindralkuberner ja keiser ise energiliselt asjasse sekkuma. Võttes 28. veebruaril 1846 vastu Liivimaa aadlike delegatsiooni, teatas Nikolai I, et kuna aadel reformi ettevalmistamisega toime ei tule, siis *pidi valitsus ise endale selgeks tegema Liivimaa talurahva olukorra ega saanud enam tugineda ainult aadli arvamustele ja ettepanekutele.* Balti agraarreformide võtmeks otseselt valitsuse kontrolli alla loodigi jaanuaris 1846 Peterburis Läänemere maade komitee, mis koosnes kõrgemaist riigiametnikest ja kohalike rüütelkondade esindajaist. Nüüdsest kandus talurahvaseaduste ettevalmistamise raskuspunkt Venemaa pealinna.

Valitsuskomitee üldine seisukoht oli, et talupoegadele tuleb anda rohkem kindlustunnet renditalude pidamisel. Esimese sammuna keelati talude edasine mõisastamine. Keisri vastav korraldus 12. juunist 1846 oli

Hamilkar von Fölkersahm

tagasiulatuva jõuga, võttes aluseks 1804. aasta maakatastri seisu. Kompensatsioonina tunnistati mõisnike õigust eraldada talumaast üks osa *kvoodimaa* näol. Tegelikkuses oligi see eelnevate aastakümnete jooksul mõisastatud talumaa, mis säilitas avalike koormiste kandmise kohustuse ja mida nimetati sestpeale ka maksukohustuslikuks mõisamaaks. Liivimaa mandriosas moodustas see aastate 1873–75 andmeil u. 18%. Kuigi komitee nägi kvoodimaas ennekõike võimalust talusulastele maa jagamiseks, jäid mõisnikele kvoodimaa kasutamiseks tegelikult vabad käed. Sama korraldusega kinnitas keiser veel kord, et nii renditalude koormiste määrad kui ka päriseks müüdavate talude ostuhind määratakse edaspidigi kindlaks mõisniku ja talupoja läbirääkimistel, riiklikke piirmäärasid kehtestamata. Sellega olid paika seatud kõik Liivimaa uue talurahvaseaduse peamised põhimõtted. Keiser allkirjastas seaduse 9. juulil 1849, see avaldati sama aasta novembris ning jõustus ametlikult aasta hiljem, pärast tõlkimist eesti ja läti keelde.

Liivimaa 1849. a. talurahvaseadus oli koostatud valitsuse survel põhiliselt Fölkersahmi rühmituse ettepanekute vaimus. Fölkersahmi, kes Läänemere maade komitee töös ise tooniandvalt osales, süüdistati pärast, et ta kasutas oma tahte läbiviimiseks valitsuse survet, mida hinnati koguni reetmisena. Hilisem baltisaksa ajalookirjandus on aga pidanud Fölkersahmi üheks suurimaks teeneks, et *tema reform suutis Baltimaad agraarõiguslikult veel õigeaegselt ja alatiseks muust Venemaast lahti rakendada.* Käibele läksid mõisted nagu *Fölkersahmi aeg, Fölkersahmi ideed* ja *Fölkersahmi reformid.*

Siiski oli Liivimaa 1849. a. seadus osaline ja ajutine, sellega kaasnes kuueaastane katseaeg, mille käigus võis rüütelkond koos kindralkuberneriga teha parandusi ja täiendusi, ilma sealjuures talupoegade huve kahjustamata. Ka ei käinud nimetatud seadus Saaremaa kohta, kus jäi kehtima 1819. a. talurahvaseadus. Alles 1865. aastal võeti vastu Liivimaa omaga samasisuline Saaremaa talurahvaseadus, mis eraldas mõisamaast talumaa, määras kindlaks selle rentimise pikaajaliste lepingute alusel ja sätestas talude müügi korra ning tingimused.

Peagi algasid Liivimaa seaduse parandamiskatsed, valdavalt talurahvale antud õiguste piiramise suunas, sest Liivimaa aadli hulgas saavutas pärast 1851. aastat ülekaalu konservatiivne suund eesotsas maamarssaliks valitud parun Gustav von Nolckeniga. Hamilkar von Fölkersahm uutel agraardisputidel enam ei osalenud. Ühiskondlikust elust tagasitõmbununa suri ta 45-aastasena aprillis 1856. Liivimaa 1856. aasta maapäev koostaski plaani, mis lubanuks mõisnikel talupoegadele müüa vaid ühe kolmandiku talumaast, ülejäänud osa pidi alatiseks jääma mõisa külge. Taotleti talumaa müügi soodustamiseks loodud Talurahva Rentpanga kaotamist ja muudki. Kuid Aleksander II ajal alanud liberaalse reformiliikumise oludes ei õnnestunud aadlikel Liivimaa talurahvareformile enam tagasikäiku anda, ning 13. novembril 1860 kinnitas keiser Liivimaa talurahvaseaduse juba lõplikuna. Pärast kohalikesse keeltesse tõlkimist hakkas see kehtima 1863. aasta jaanipäevast.

Eestimaal venis uue talurahvareformi ettevalmistamine pikemaks. Läänemere maade komitee survel pidi ka Eestimaa rüütelkond valmistama ette samasisulise talurahvareformi nagu Liivimaal. Pärast projektide komitees läbivaatamist ja nende sisulist lähendamist Liivimaal valmivale talurahvaseadusele kinnitas Nikolai I 9. juunil 1846 Eestimaa uue talurahvaseaduse põhimõtted. Kohaliku aadli ja keskvalitsuse organite lahkhelide tõttu üksikasjus venis seaduse valmimine kuni 1854. aastani. Siis katkestati seaduse koostamine ajutiselt, et Krimmi sõja ajal *riigi sisemist julgeolekut mitte ohustada.* Nagu Liivimaa seisusekaaslased, himustasid ka Eestimaa aadlikud veel kinnitamata talurahvaseaduse puhul 1850. aastail juba sammu tagasi astuda. Läänemere maade komitees domineerivad ettevaatlikud riigiametnikud neil aga järske kursimuutusi teha ei lubanud ja nii kinnitas Aleksander II Eestimaa talurahvaseaduse muudatusteta 5. juulil 1856, ning pärast saksa- ja eestikeelse tõlke valmimist kuulutati see välja ja hakkas kehtima 23. aprillil 1858.

Eestimaa 1856. aasta talurahvaseadus langes põhiosas kokku Liivimaa 1849. aasta seadusega – siingi jagati kogu maa mõisa- ja talumaaks, ent viimasest eraldati kuues osa ehk kuuendikumaa. See jäi mõisnike käsutusse mõisasulastele rentimiseks või ka päriseksmüümiseks, aga erinevalt Liivimaa kvoodimaast ei tohtinud seda mõisastada. Talupoegade kätte jääva maa (nimetatud ka talurahva, valla-, vakuse- või koormisemaaks) piirid määrati Liivimaal kindlaks 1804. aasta maamõõtmise katastrite järgi, Eestimaal aga 1846. aastal eksisteerinud talu- ja mõisamaade piiride järgi. Eestimaalgi seati raharent teiste rendiliikidega võrreldes soodsamasse seisu. Et talurahva usuvahetusliikumine oli valusalt riivanud luteri kiriku positsioone, siis pühendasid nii Liivimaa kui ka Eestimaa talurahvaseadused suurt tähelepanu talurahvakooli olukorra ja rahva haridustaseme parandamisele, milles nähti üht võimalust kirikuvanemate, s.o. aadli ja pastorite mõju suurendamiseks.

Uus Eestimaa talurahvaseadus kuulus kehtestamisele järk-järgult, kümne aasta jooksul, vastavalt sellele, kuidas jõuti talusid krunti ajada. Seni pidi koormiste määramine toimuma vanadel alustel. Viimane asjaolu saigi uute talurahvarahutuste ajendiks Põhja-Eestis.

Talurahvaliikumine 19. sajandi teise poole algul

1858. aasta kevad oli Eestimaa kubermangus rahutu. Segadused kaua oodatud, jüripäevast kehtima hakkava seaduse väljakuulutamise ümber olid loonud ebasoodsa pinna selle vastuvõtmiseks. Talurahvas suhtus uude seadusesse umbusu ja vaenuga. Harju-, Järva- ja Virumaal tõid mitmed vallatalitajad neile välja jagatud seaduse-eksemplarid mõisnikele tagasi, teatades, et nad seadusest, mis osalt kohe kehtima hakkab ja osaliselt edasi lükatakse, mitte midagi aru ei saa. Paljud talupojad aga uurisid seadust usinalt edasi, pöörates tähelepanu just teoorjust piiravaile seaduse-sätetele, kus näiteks abiteost enam juttu ei olnud. Uskudes, et nad uue keisri seadusega on neist koormistest vabastatud, keeldusid paljud neist mai lõpus, kui abiteo aeg kätte jõudis, seda tegemast. Puhkenud rahutused haarasid kubermangu u. 500-st mõisast ligi viiendiku.

Talupoegade esimene vastuhakk toimus aprilli lõpul ja mai algul Vaivara kihelkonnas Auvere mõisas. Narva garnisonist saadeti karistussalk vastuhakanutele ihunuhtlust jagama. Järgnevail kuudel laienes käärimine üle kubermangu. Suuremad rahutused leidsid aset Virumaa ranna- ja Järvamaa idaosas, eriti aga Lõuna-Harjumaal, kus abiteost keeldusid 8 mõisa talupojad. Kohalik politseivõim talupoegade töölesundimisega hakkama ei saanud ja vajas nende karistamiseks sõjaväe abi. Mai lõpus saadeti Tallinnast haagikohtunikule abiks 2 roodu sõdureid. Verine peksukaristus viidi läbi Ojasoo, Habaja ja Harmi mõisas. Järgmisena pidi sama saatus ootama teiste Harjumaa mõisate talupoegi, kelle hulgas küpses meeleheitlik otsus – mitte alistuda mõisnikele ega end sõduritel peksta lasta.

Dramaatiliste sündmuste keskpunktiks kujunes väike Mahtra mõis, kuhu 31. mai õhtul saabus 50 soldatit. Mahtra mehed ees-

otsas vallatalitaja Hans Tertsiuse ja taluperemees Oti Jüri Rosenmäega valmistusid vastuhakuks ja saatsid käskjalad naabervaldadesse abi paluma. 2. juuni keskpäevaks oli Mahtra mõisasse kogunenud u. 800-meheline teivastega varustatud sõjakas meestesumm. Soldatitelt nõuti, et nad mõisnikest ametimehed ja ohvitserid välja annaksid ning ise ära läheksid. Stiihiliselt puhkenud käsikähmluse tagajärjel tule avanud sõdurid löödi põgenema. Kokkupõrkes, mis läks hiljem seoses Eduard Vilde romaaniga ajalukku kui *Mahtra sõda*, sai üks ohvitser surma, teine ohvitser ning 13 sõdurit aga haavata. Talupoegadest sai surma 7 ja haavata 14 meest, hiljem suri haavadesse veel 3 ja 2 lõpetas karistuse vältimiseks elu enesetapuga. Hukkunute seas oli 6 peremeest, 4 sulast, üks kangur ja üks rätsep. Võitluse järel peksti kohapeal läbi vihatud mõisavalitseja ja rüüstati ning põletati mõisa viinaköök. Hiljem põles maha ka härrastemaja.

Kohe pärast Mahtra mässu puhkesid vastuhakud Seli, Haabersti, Humala, Rahula, Kihlevere ja Vanamõisa mõisas. Uus rahutuste laine algas juuni teisel poolel, kui mõisad hakkasid nõudma abiteolisi heina niitma ja järgnevatele töödele. Kuna Harjumaa juuni alguses sõjaväega üle ujutati, kandus rahutuste raskuspunkt Hiiu-, Järva- ja Virumaale. Kohalikel võimudel tuli talurahva vaoshoidmiseks sõjaväest puudu, abiväge toodi Liivimaalt ja Peterburist. Eriti rõhuvalt mõjus sõjaväe sundmajutamine küladesse, mispuhul talupoeg pidi oma viimase leiva sõdurite toitmiseks andma. Tõrkujate vastupanu murdmiseks mõeldud julmade karistuste hulka kuulub ka Tallinna kubermanguvalitsusse mõisnike peale kaebama tulnud Anija ja Kurisoo talupoegade metsik peksmine Vene turul 21. juulil.

Augustis hakkasid rahutused vaibuma, vastuhakke oli veel vaid üksikuis mõisais. Nüüd järgnes põhjalikum arveteõiendus. Avalik ja eriti julm karistus tabas *peasüüdlasi*, Mahtra sõjast osavõtnuid. Esialgu mõistis keisri erikorraldusega loodud sõjakohus selles asjas kohtu alla antud 65-st talupojast

Mahtra sõja monument (avatud 1933)

59 surma mahalaskmise läbi. Hiljem otsust siiski pehmendati. 10. veebruaril 1859 aeti Mahtrasse kokkukäsutatud kihelkonnarahva ees läbi soldatite kadalipu 44 meest, kellest enamik saadeti seejärel Siberisse – kas sunnitööle (neist 2 meest 20 aastaks) või asumisele. Karistuse läbiviimiseks oli Mahtrasse ja selle ümbrusse koondatud 900 sõdurit.

Eestimaa sündmuste kaja jõudis Peterburi, tekitades seal kerget paanikat, samuti välismaale, kus sellal tähelepanelikult jälgiti talurahvareformi ettevalmistusi Venemaal. Nii ilmusid juba 1858. aasta juuni lõpus Kölni ja Augsburgi ajalehtedes teated mässust Eestimaal, kus toimunuvat *losside põletamine, aadlike tapmine, röövimised.* Teated Eestimaa talupoegade väljaastumistest, nende karistamisest ja siinse agraarkorralduse puudustest jõudsid ka vene teisitimõtlejate Aleksandr Herzeni ja Nikolai Ogarjovi Londonis väljaantava vabameelse ajalehe "Kolokol" veergudele.

Tallinna liberaalsete haritlaste ringist (Russow, Greiffenhagen, Nocks, Blagoveštšenski) lähtusid nii 1858. aasta hilissuvel siseministrile saadetud anonüümne märgukiri, milles õigustati talupoegade tegevust ja süüdistati mõisnikke, kui ka 1861 Berliinis trükitud brošüür "Der Ehste und sein Herr",

kus rünnati kogu aadli talurahvapoliitikat. Selle ilmumise järel puhkes ajakirjanduslik poleemika. Üks pool avaldas oma seisukohti vastasutatud liberaalses päevalehes "Revalsche Zeitung", rüütelkonna esindajad aga vastasid sellele "Estländische Gouvernements-Zeitungi" veergudel.

1858. aasta talurahvarahutused olid tollase teravaima sotsiaalse konflikti ilminguks. Olukord rahunes vastavalt sellele, kuidas hakkasid mõju avaldama 19. sajandi keskpaiga talurahvaseaduste kohaselt tehtavad muudatused.

1850. aastate lõpus lahvatas juba eelmise kümnendi alguses hõõgunud Liivimaa talurahva väljarändamistuhin. 1855. aastal suundusid esimesed väljarändajate grupid Väimelast ja Sangastest Samaarasse. Kaks aastat hiljem järgnesid neile Vastseliina talupojad Loosi vallast, ning 1858–59 võttis Liivimaa talupoegade ümberasumisliikumine Volgamaale võimudele ähvardava ilme.

Teated Liivimaa talupoegade ümberasumisest Vene kubermangudesse ulatusid kiiresti ka Eestimaa talurahvani, haarates 1860. aasta suvel mõne nädala jooksul kubermangu ida- ja keskosa. Mitmest vallast läkitati saadikuid Liivimaale, et ümberasumise tingimuste kohta teateid hankida. Lühikese ajaga kujunesid keskused (Järvamaal Kuusnas, Harjumaal Kiviloos ja Virumaal Laagnas), kus talupojad ümberasumise kavatsuste üle aru pidamas käisid. Algusest peale kaasnesid nende sündmustega teravad mõisnike-vastased väljaastumised. Mõisnikele teatati, et tahetakse kohe ja kõik korraga ära minna – ka siis, kui lahkumist takistatakse. Eriti sulased, aga sageli ka peremehed jätsid mõisatöö ja läksid linna väljarännuks passe nõutama. Parajasti oli avanenud uus väljarännusuund *soojale maale* ehk Krimmi, kuhu asuti 1860. aastal ümber Järva-Madise ja Järva-Jaani kihelkonnast.

Sinna pürgis 1860. aasta sügisest ka ümberasumisliikumisega aktiivselt liitunud maltsvetlaste usulahk, kelle liikumine ületas peagi usulised raamid ja omandas mõisnike- ja võimude-vastase iseloomu. Usulahu eesotsas seisis Järvamaa talupoeg Juhan Leinberg, keda rahvas kutsus prohvet Maltsvetiks. Leinberg, kes oma haaravais jutlustes kõneles rahva suurest vaesusest, oli algul olnud ümberasumise vastu, kuid nähes alanud liikumise populaarsust, otsustas asuda selle etteotsa ning lubas korraldada soovijate väljaviimise Eestist. Järgmise aasta algul sõitiski ta koos abilistega Krimmi ümberasumiseks sobilikke kohti otsima. Sajad maltsvetlased aga kogunesid kevadel 1861 Tallinna juurde Lasnamäele laagrisse, et oodata Leinbergi lubatud *valget laeva*, mis pidanuks neid *tõotatud maale* viima. Juuni lõpus ajas politsei laagri laiali ja maltsvetlaste koosolekud keelati. Kokkupõrge toimus ka oktoobris, kui Leinbergi kodukoha Albu mõisavalitsus vangistas koosoleku-keelust üleastumise pärast ühe maltsvetlase, keda tuli järgmisel päeval vabastama mitukümmend talupoega. Hiljem saadeti kohale kaks roodu sõdureid, vastuhaku juhid said ihunuhtlust (u. 50 mehele kuni 100 vitsahoopi) ja saadeti Siberisse.

Vaatamata võimude vastuseisule õnnestus osal maltsvetlastest järgmistel aastatel siiski Krimmi rännata.

Kuigi väljarändamissoovist oli Eestimaal haaratud kuni veerand talurahvast, õnnestus 1860–62 mõisnike seatud barjääridest läbi murda vaid 3200 talupojal. Oluliselt kasvas väljarändajate vool pärast liikumisõiguse laiendamist 1863. aasta passiseaduse läbi. Kokku peetakse 1860. aastail Eestist ainuüksi Samaarasse ja Krimmi väljarännanute hulgaks 7000–8000 inimest. Ümberasumisliikumine Balti kubermangudest elavnes uuesti 1868. aastal, mil selleks mõjus kaasa viimane suur näljahäda.

Üks talurahvaliikumise vorme oli palvekirjade esitamine. 1860. aastal, väljarändamisliikumise harjal peetud koosolekute tulemusena valmisid ja esitati väljarändamise asjus kaks märgukirja – suurvürst Konstantinile ja keisrile, üks neist koostatud kümne Eesti- ja Liivimaa mõisa talupoegade, teine paarikümne Eestimaa mõisa enam kui 4000 talupoja nimel. Palvekirjad, mille koostamine ja

esitamine jätkus ka järgnevail aastail, andsid talurahvaliikumisele juba poliitilise ilme. Seoses rahvusliku ärkamisega ilmusid neis ülekaalus olevate majanduslike taotluste kõrvale rahvuspoliitilised nõuded. Nõuti esijoones vallakohtu vabastamist mõisavõimu alt ja uut kogukonnaseadust. Lõuna-Eestis oli talude müümine ja mõisamaade ümberplaneerimine kaasa toonud sadade talurentnike ilmajäämise põlisest kodukohast, samuti oli järsult tõstetud maa hinda ning renti. (näit. kasvas maa hind Viljandi- ja Pärnumaal 1850–62 u. 100% võrra.) Veel taotleti palvekirjades soodsamate maamüügi- ja rendilepingute kehtestamist, teoorjuse ja ihunuhtluse kaotamist jms.

Kuna kindralkuberneri ja kubermanguvalitsuste poole pöördumine polnud andnud tulemusi, vaid olukorda pigem halvendanud, viidi palvekirjad nüüd otse Peterburi ja esitati kas otse või tiibadjutantide kaudu keisrile või liberaalsuse poolest tuntud suurvürst Konstantinile. Liivimaalt on Peterburis käidud mitme saatkonnaga ja mitme kollektiivse palvekirjaga, millest mõjukaim ja tuntuim oli 19. novembril 1864 otse keisrile esitatud *suurmärgukiri*, mis oli koostatud 24 Tartu-, Viljandi- ja Pärnumaa valla nimel, esindades u. 15 000 meeshinge.

Suurmärgukiri sai ka ise ajendiks talurahvaliikumise elavnemisele. Märgukirjale allkirjade kogumise koosolekuil otsustati kõrgete rendi- ja müügihindade maksmisest keelduda. 1864. aasta juuli lõpul teatasid Uue-Võidu, Päri, Viljandi, Loodi, Puiatu jt. mõisate talupojad, et alates 1865. aasta jüripäevast nad enam mõisategu ei tee ja on nõus maksma vaid mõõdukat raharenti, või talud madala hinna eest välja ostma. Taali, Abja ja Suure-Kõpu talurentnikud teatasid oma mõisnikele, et nad müüki pandud taludest mingil tingimusel ei lahku. Kogu Pärnu- ja Viljandimaal valitses talurahva seas ärevus: levisid kuuldused, et valitsus kaotab varsti teoorjuse ja määrab madalad rendihinnad või müüb maa odavalt talupoegadele. Toimusid kokkupõrked kohalike võimudega, kes püüdsid takistada allkirjade kogumist (mitmeid palvekirju võeti ära) ning avaldasid survet liikumise juhtidele ja aktivistidele. Suurmärgukirja üleandmise järel ja ka selle aktivistide vastu kodumaal rakendatud karmide meetmete tõttu liikumine vaibus.

Kõige olulisem oli talurahvaliikumise äratav mõju rahva enda teadvusele ja organiseerumisvõimele. Baltisaksa ülemkihte ja kohalikke võimumehi hoidis see jätkuvalt reformilainel. Keisrile esitatud märgukirjade sisu sai teatavaks Peterburi seltskonnas, äratas tähelepanu ja huvi olukorra vastu Balti provintsides, ning mõjutas ilmselt ka valitsusringkondade tegevust Baltimaade kohta käiva seadusandluse vallas 1860. aastate keskpaiku.

1860. aastate reformid

Liivimaa 1860. aasta talurahvaseaduse kinnitamisel andis Riiginõukogu Balti kindralkubernerile erilised juhendid, millest olulisemad olid: 1) et maapäevad võtaksid kõige lähemal ajal tarvitusele abinõud teoorjuse kaotamiseks; 2) et järgemööda iga uus maapäev arutaks küsimust mõisnike kodukariõiguse kaotamisest; 3) et kohalik aadel töötaks kiires korras välja seaduse, mis annaks talupoegadele õiguse vabalt teistesse kubermangudesse siirduda. Nii pandi alus sellele poliitilisele suunale, mille tulemuseks olid 1860.–70. aastail Balti kubermangudes läbi viidud kodanlikud reformid.

Reformideks, mis 1860. aastail Venemaal ellu viidi, oli valmis ka Balti kubermangude ühiskonna vaba- ja uuendusmeelsem osa, kelle seisukohti väljendas Eesti esimese päevalehena ilmuma hakanud "Revalsche Zeitung". 1861. aasta algul kirjutati selles pärisorjuse kaotamise puhul Venemaal: *ilma talupoegade vabaduse kestva edasise väljakujundamiseta [---] on mõeldamatu meie provintsi jõu ja heaolu areng. Seepärast pooldame piiramatut liikumisvabadust, ihunuhtluse tunduvat piiramist, teerajamist talupoegade kindlale maaomandile, koolide avamist ja kõrtside sulgemist.* Samas ajalehes nõuti tsunftikorra põhjalikku reformi, kaubanduse elustamiseks raudteede rajamist ja haldus- ning kohtufunktsioonide teineteisest eraldamist.

Balti provintsid, mis olid sinnamaani olnud poliitilise ja majandusliku arengu poolest keisririigi visiitkaardiks Euroopa avalikkuse silmis, ei saanud Venemaa kiirenenud uuendusliikumisest maha jääda. Ka tõukasid neid tagant valitsusringkondades üha enam mõjule pääsevad slavofiilid, kes nägid olevat tulnud paraja aja Balti ja sisekubermangude haldussüsteemi ühtlustamiseks, toetades seepärast siinseid reforminõudjaid. Aktiivse ja massilise palvekirjade ning kaebuste esitamisega avaldas toimuvale mõju ka eesti ja läti talurahvas. Üldriiklikult läbiviidavate, modernse kodanikuühiskonna kujundamisele suunatud kohtu-, semstvo-, linnavalitsuse-, raha-, rahvahariduse-, sõjaväe- jt. reformide lainel teostas riigivalitsus 1860. aastate esimesel poolel mitmeid uuendusi ka Baltimaadel, säilitades vormiliselt Balti seisuslike korporatsioonide enam-vähem vabatahtliku initsiatiivi. Astuti samme, mis soodustasid vabamat majanduslikku arengut ja talurahva intensiivsemat kihistumist ning piirasid mõisnike vägivalda.

Selle ajastu reformidest oli Baltimaade talupoegade jaoks üks olulisemaid kogu Venemaa piirides liikumise ja teistesse kubermangudesse ümberasumise võimaluste avardamine. Nagu siseminister oma aruandes keisrile möönis, sündis 9. juuli 1863 passiseadus just talupoegade alaliste kaebuste pärast väljarändamise ja liikumise takistamise vastu. Iga talupoeg, kes oli täitnud oma seaduslikud kohustused ja maksnud maksud, võis nüüd saada kogukonnavalitsusest passi, millega võis asuda igale poole Balti kubermangudes. Kaugematesse kubermangudesse rändamiseks tuli maakonnarenteist (riigikassa kantseleist) saada plakatpass. Mõisnikel polnud enam õigust keelata talupoegadele lahkumiseks loa andmist.

1865. aastal anti välja patent teoorjuse kaotamise kohta. Mõisnikud pidid alates jüripäevast 1869 lõpetama talumaadel teorendi nõudmise ja üle minema raharendile.

Teorent võis püsida vaid kvoodi-, kuuendiku- ja mõisamaal – sedagi töölepingu vormis.

Vene semstvoreformi ja Poola maako-gukondadele omavalitsusseaduse andmise taustal hakkas Läänemere maade vallakogu-kondade korraldus näima anakronismina. Kinnitades 1865. aasta märtsis Balti aadlile, et agraarsuhete edasine reguleerimine peab toimuma vaba kokkuleppe põhimõttel ja mõisnike omandi piiramist vältides, tuli valitseja teiselt poolt vastu talupoegade taot-lustele, nõudes rüütelkondadelt talupoegade riigikodaniku- ja kogukonnasuhete korral-damist uutel, mõisniku mõjust sõltumatutel alustel. Saanud keiserliku deklaratsiooni, mis tagas Balti agraarkorra seniste põhialuste puutumatuse, polnud rüütelkondadel kuigi raske täita talurahvakogukonna reformimise käsku. Selle seaduseprojekti väljatöötamise-ga tegelesid kõik neli rüütelkonda ja enne-olematult suur hulk ametnikke, lisaks mõtles ettepanekutega kaasa ka aktiviseerunud balti-saksa ajakirjandus.

Nii nagu passiseadus, käis ka keisri poolt 19. veebruaril 1866 kinnitatud vallakogu-konna seadus (vallaseadus) kõigi kolme Balti kubermangu kohta. Seadus hakkas kehtima sama aasta 1. oktoobrist ja uued vallaorga-nid moodustati järgneva kolme kuu jook-sul. Balti vallareformi oluliseks osaks olid 11. juunil 1866 kinnitatud valdade heaolu-reeglid, mis käsitlesid puudustkannatajaile laenuandmist ning vaestehoolekannet, samuti kindralkuberner Albedinski 22. ok-toobril 1869 antud instruktsioon magasiai-tade ja vallakassade valitsemiseks. Reform leidis ülistavat vastuvõttu ka eestikeelses ajakirjanduses, Carl Robert Jakobson nägi selles isegi uue ajajärgu algust. Vallasea-duses oli olulisim talupoegade taotletud ja riigivõimu poolt tunnustamist leidnud kogukonna mõisavõimu alt vabastamise põhimõte ja tollal küllaltki uudne võimu-funktsioonide eraldamise printsiip, eriti kohtulike ülesannete lahutamine haldus-lik-politseilistest ja direktiiv-korraldavatest. Püsima jäi aga feodaalne põhimõte, mille

järgi kõigi riiklike koormiste täitmise eest vastutati solidaarselt (see valmistas kogu-kondadele hiljem palju sekeldusi), eriti väljaspool teenistuses olevate liikmete käest maksude sissenõudmise ja sõjaväekohustuse täitmise osas.

1866. aastal kaotati Baltimaade linnades tsunftisundus, mis avas tee käsitöö ja tööstu-se arengule. Samal aastal kaotati Liivimaal ja 1869 ka Eestimaal vaid aadlikele kuulu-nud õigus rüütlimõisat omada. 1871. aastal tühistati mõisnike monopoolne õigus veskite pidamisele. Seega oli kaotatud õige mitmeid seisuslikke eesõigusi ja laiendatud vaba ma-jandusliku tegevuse välja.

MURRANG MAAOMANDISUHETES

Suurmaaomandi liikumine

Olulisemaid tähiseid Balti kubermangude maaomandisuhete arengus olid keisrinna Katariina II 1783. aasta 3. mai ukaas ning 1816. ja 1819. aasta talurahvaseadused. Esimene neist tegi lõpu feodaalsetele läänisuhetele, muutes kõik lääni- ehk rüütlimõisad seniste valdajate päris- ehk eraomandiks (nn. mõisate päriseksandmine). Sellega toodi sisse esimene osa moodsast, majandusliku liberalismi poole kalduvast eraomanduslikust korrast. Talurahvaseadused, mis olid kaotanud mõisniku omandiõiguse talupoja isiku üle, kinnitasid mõisniku kui maaomaniku ainuõigust, koos sellega aga andsid võimaluse talupoegliku väikemaaomandi kujunemiseks.

1816. aasta Eestimaa talurahvaseaduse elluviimise määruste alguses öeldi: *I. Eestimaa Moisnikud ütlevad ennast keikist omast Oigustest lahti, mis siit saadik Talopoegade päris-olemise ja päris-allaheitmise peäl raiatud olnud [---] ometi seda enestele pidades, et Maa ja Pohi Moisnikute päris-omaks jääb kui ennegi, sedaviisi, et neil Talopoegadel, kes päris alama polvest lahti antud, edespidi Moisavanematega muud tegemist ei ole, kui aga sedamööda, kuida nemad teine teisega vastastikko kaupa ehk Kuntrahti on teinud.*

Nimetatud seadused aitasid kaasa eraomandusliku korra kindlustumisele, muutes omandisuhted märksa selgemaks, kuid sellele vaatamata jäid maa ostu-müügi tehingud immatrikuleeritud aadli eramõisate feodaalse ainuomamisõiguse tõttu raskendatuks. Kulus veel pool sajandit, enne kui maa muutus enam-vähem vaba tehingu objektiks. 19. sajandi keskpaiga talurahvaseadustes sisalduvate normide baasil kujunema hakanud väikemaaomand osutus modernses mõttes koguni vabamaks kui Balti Eraseaduses (1864) fikseeritud arvukamate piirangutega suurmaaomand.

Maaomaniku vahetumine muutus 19. sajandi algusest peale ometi lihtsamaks ja kiiremaks, ning seda eeskätt tänu kinnistussüsteemi korraldamisele ja krediteerimisvõimaluste laienemisele. Koos Katariina-aegse rüütlimõisate päriseksandmisega oli neile loodud ka kindel võlgade ingrosseerimise (kinnistamise) kord – võlad kanti väikese tempelmaksu eest vastavasse kinnistusregistrisse, kergendades nii võlgade tegemist kui ka sissenõudmist. Mõisnike krediitkassade tegevusseastumisega 1802. aastast muutus kergemaks ka võlgade haldamine ja maksmine.

Mõisate arv ja kuuluvus Eestis 19. sajandi keskpaiku

Piirkond	Era- e. rüütlimõisad	Rüütelkonna-mõisad	Linna-mõisad	Kroonu-mõisad	Kiriku-mõisad	Kokku
Põhja-Eesti	549	5	10	7	34	605
Lõuna-Eesti	290	–	9	58	37	394
Saaremaa	66	5	1	39	14	125
Kokku	905	10	20	104	85	1124

1710. aasta kapitulatsiooniaktidest alates oli mõisa omamine Balti provintsides kuulutatud rüütelkonna liikmete ehk immatrikuleeritud aadlike ainuõiguseks. Ehkki ka Riia linn oli kapitulatsiooniaktiga suutnud säilitada oma kodanikele seadusliku mõisaomamise õiguse, oli seda pärast 1785. aastal Katariina II antud aadli armukirja kuni 19. sajandi keskpaigani üpris raske teostada. Kodanikumõisad *(Bürgergut)*, nagu neid mitteaadlikele kuuluvaid rüütlimõisa õigusteta väikemõisaid nimetati (selliseid leidus rohkesti Kuramaal), ei kadunud, kuid nende arv kahanes mõisate müügile minnes, sest kohalikule aadlile oli tagatud eelisostuõigus. Nii leiame mõned aastad enne mõisate omandiõiguse vabaksandmist Liivimaa Eesti osas vaid ühe kodanikumõisa – see on Carl Lorenzoni Mõra väikemõis Laiuse kihelkonnas, mille oli 1821. aastal ostnud tema isa, mölder Hans Lorenzon. Samas oli linnakodanike ja (pärast talurahva pärisorjusest vabastamist) üksikjuhtudel ka ettevõtlike talupoegade kätte koondunud märkimisväärset kapitali, mis tegi neist rüütlimõisate müüki või pankrotti minekul reaalselt arvestatavad ostjad.

Mitteaadliku jaoks oli üheks legaalseks mõisa omandamise võimaluseks pandiost. Erinevalt mõisarentnikest olid pandipidajad kuni pandilepingu lõppemiseni pea täieõiguslikud mõisavaldajad, sest panditud rüütlimõisa omanik võis küll edasi Riias, Tallinnas või Kuressaares maapäeval ehk rahvakeeli *landstoa peal* maaomavalitsuse asju otsustamas käia, kuid mõisa majandamise kohta ei olnud tal enam sõnaõigust. Veel 19. sajandi algul esines mõisa pantimist kuni 99 aasta peale. Vaatamata pandiõiguse pidevale kitsendamisele ja panditähtaja lühendamisele oli pandiomandil Baltimaades kuni pandiõiguse täieliku ümberkujundamiseni (1841) oluline roll. Siis muutus uute pandilepingute sõlmimine pea võimatuks, kuid varem sõlmitud pandilepinguid ei tühistatud. Sisuliselt tähendas pandileping viivitamisi sõlmitud müügilepingut, mis aadlikest ostjate puhul hiljem enamasti ostu-müügi lepinguks ümber vormistati.

1840. aastate algul oli pandipidajate käes Eestimaal 130 ja Liivimaal 132 rüütlimõisat. Neist 37 Eestimaal ja 78 Liivimaal ei kuulunud immatrikuleeritud aadli hulka – teenistusaadli kõrval leidus ka linnakodanikke ja isegi talupojaseisusest *pandihärrasid*. Neist mitmel olid õige pika tähtajaga pandilepingud.

Baltisaksa linnakodanluse surve ning soov tugevdada Balti provintside ühtsustunnet, kaitsmaks Balti erikorda slavofiilse ründe vastu, sundis rüütelkondi 1860. aastate lõpul rüütlimõisate omamise privileegist loobuma. Mõisate omamise õigus anti vabaks Kuramaal ja Liivimaa mandriosas 1866. aastal, Saaremaal ja Eestimaal 1869. aastal. Kõigist seisustest kristliku usutunnistusega isikud (juutide jaoks jäi maaost siin kuni tsaariaja lõpuni keelatuks) võisid sestpeale omandada igasugust liikumata vara, s.t. ka mõisaid. Sellega võisid seaduslikuks mõisaomanikuks saada ka talupojad, kellest õige mitmed olid juba aastakümneid varem mõisaid pandile võtnud või rentinud.

Üks esimesi eesti rahvusest mõisnikke oli Helme kihelkonna Taagepera mõisa Sõnni talu rentnik, Patküla mõisa *rendihärra* ja Roobe mõisa *pandihärra* Mats Erdell (1792–1847). Linakauplemise ja voorivedudega jõukaks saanud Sõnni Mats oli 1830. aastate algul saanud suure Patküla rüütlimõisa rentnikuks. Kui 1836. aastal läks müügile naabermõis Roobe – Patkülast küll poole väiksem, kuid heade maadega, siis tahtnud Mats Erdell seda osta. Kuna seaduse järgi polnud see veel võimalik, siis ostnud ta selle sõbrasuhetes variisiku, Voltveti mõisaomaniku kihelkonnakohtunik Heinrich von Stryki nimele, kuna Mats ise sai *pandihärraks*, sest Roobe mõisa ostuhinna (75 000 assignaatrubla) väärtuses *pantkirjade* ametlikuks omanikuks oli tema. Vastavalt sõlmitud pandilepingule tagas ta sellega endale ja oma järglastele kuni 1909. aastani mõisa valdamise õiguse. Mats Erdelli poegadest said aga juba seaduslikud mõisa-

Mats Erdelli perekonna kabel Taagepera-Ala kalmistul

omanikud. Nii ostis vanim poeg Martin Erdell (1815–50) isa toel 1840. aastal 5700 hõberubla eest Valga linnas asuva puust elumaja ja selle juurde kuuluva kahe taluperega Kapsta linnamõisakese. Teine poeg Johan, hilisem Viljandi III gildi kaupmees Joachim Friedrich Erdell (1816–65), algul mitme mõisa rentnik Liivimaal, sai 1849. aastal Valga lähedase Pura mõisakese *pandihärraks* ja seejärel Helme kihelkonna Leebiku mõisa Mäeküla kõrvalmõisa omanikuks. Kolmas vend Hans Erdell (1819–92) aga oli mees, kes 1868. aastal lõpuks isa omandatud Roobe mõisa pärishärraks sai.

Eestimaal oli esimene talupojast rüütlimõisa omanik Tõnu Walk, Waldmanniks nimetatud, kes ostis 1870. aastal Virumaal Sõtke ja Türsamäe mõisad ning hiljem Harjumaalt Jõelähtme mõisa. Väga rikka mehena surnud Walki järeltulijad saksastunud täielikult, nagu nii mõne teisegi eesti soost uusmõisniku järglased. Nii heitnud üks Taagepera Sõnni Matsi saksastunud järglastest 1911. aasta paiku esiisa elusuuruse portree tulle, tahtmata meenutada oma matslikku päritolu.

Mõisaostu õiguse vabaksandmisel on talupojad katsunud ka ühiselt mõisat osta. 1869. aastal panid parun Stackelbergi pärijad 150 000 hõberubla eest müüki Lelle mõisa Pärnumaal, mis oli pärast mõisniku surma tema laste alaealisuse ajal kõvasti alla käinud. Kuulnud selle suhteliselt madalast hinnast, otsustasid Lelle talupojad kogu

vallaga mõisa ära osta. See ei mahtunud aga Stackelbergidele kuidagi hinge ja nad tõstsid mõisa hinda 10 000 rubla võrra, mis talupoegadele juba üle jõu käis. Mõisa ostnud Navesti mõisnik Theodor Hoyningen von Huene suurendas kohe pärast ostu talupoegade rendikoormat, saades mõisa esialgsele hinnale lisandunud raha juba mõne aastaga tagasi.

Vastukaaluks mõisnikeklassi homogeensust kahandavale mõisaomamise õiguse vabaksandmisele ja suurmaaomandi killustumisele hakkas 19. sajandi teisel poolel aktiivsemalt toimima institutsioon, mille ülesandeks oli hoida mõisaid teatud suguvõsa käes, kindlustamaks selle majanduslikku jõukust ning ühiskondlikku ja poliitilist kaalu. Aadlisuguvõsa mitte-võõrandatavate pärandmõisate ehk fideikomisside *(adeliges Güterfamilienfideicomiss)* moodustamine oli mandri-Euroopa suurmaaomanike hulgas hakanud levima 18. sajandil. Fideikomissmõisal oli kolm põhitingimust – seda ei tohtinud hüpoteegivõlgadega koormata ega võõrandada (müüa, pantida, kinkida), ning selle pärimine pidi toimuma perekonna- või suguvõsa-siseselt – enamasti meesliini pidi ja vanemluse järgi. Juhul kui pärija elas välismaal, pidi ta oma õigustesse astumiseks koju pöörduma. Pärimisviisi järgi nimetati mittemüüdavat pärandmõisa ka majoraadiks ja selle omanikku *fideikomiss-* või *majoraathärraks.*

Esimesed fideikomissid tekkisid Baltimail suurte mõisakompleksidena. 1699. aastal moodustas krahvinna Christina Stenbock Eestimaal Kuusalu kihelkonnas hiigelvalduse Kolga, Kiiu, Kõnnu ja Loo mõisatest. Liivimaal asutas esimese taolise maanõunik Gotthard Johann von Zoege (hilisem krahv Manteuffel) 1756. aastal, vormistades Puurmani, Härjanurme ja Jõgeva ning Riia maakonnas asunud Rembergi mõisa ühtekuuluvuse.

Eriti hoogsalt moodustati või laiendati fideikomissvaldusi 19. sajandi teisel poolel. Paljud neist koosnesid mitmest mõisast. Enne I maailmasõda oli Eesti alal kokku 109 fideikomissmõisat, neist Eestimaal 51 ja Liivimaa Eesti osas 58 (sh. 2 Saaremaal).

Taoliste valduste osakaal aadli maavalduse üldstruktuuris oli suurem Eestimaal, kus nad moodustasid 20. sajandi algul mõisa suurmaaomandist u. kolmandiku. Fideikomissvalduste üldpinnast omakorda enam kui kolmandiku hõlmasid kolm suurimat mõisakompleksi – krahv Otto Stackelbergi Jõhvi-Pagari, parun Bernhard Uexexternal Vigala ja krahv Eric Stenbocki Kolga. Liivimaa Eesti osas olid suurimad maaomanikud Liphartid ja Mannteuffelid.

Maa võõrandamiskeelu tõttu piiras fideikomissmõisate institutsioon oluliselt ka talude päriseksostmist. Alles 1912. aastal võtsid Riigiduuma ja Riiginõukogu vastu seaduse fideikomissmõisate talukohtade müügi ja sel teel saadud fideikomisskapitali järelevalve kohta. Sugukonnamõisa talumaa müügist saadud summad läksid nüüd fideikomissfondi, mille kasvikut võisid mõisaomanikud vaba rahakapitali näol kasutada, mistõttu nad olid talumaade müügist väga huvitatud. Aadlisuguvõsade fideikomissõigused kaotati koos suurmaaomandi võõrandamisega 1919. aastal.

20. sajandi alguseks olid mõisaomanike seas toimunud 19. sajandi keskpaigaga võrreldes olulised muutused. Rüütlimõisad hakkasid immatrikuleeritud aadli käest tasapisi ära minema. Liivimaa kubermangu Eesti mandriosas oli 1909. aastaks 296 rüütlimõisast rüütelkonna liikmete kätte jäänud veel 247 ehk 84%, Eestimaa kubermangus 1913. aastaks 500 rüütlimõisast 378 ehk 76%. Uusehk teenistusaadlile kuulus sel ajal vastavalt 15 ja 23 mõisat ehk u. 5% mõisatest. Suurem oli kohaliku vana aadli mõisate valdus Pärnu-, Järva-, Saare- ja Viljandimaal (90–84%) ning madalaim Lääne- ja Harjumaal (66–71%). Ilmselt avaldas siin oma mõju ka rüüstamiste ja põletamiste laine 1905. aasta lõpul, mil hävis või rüüstati umbes 120 mõisat.

Rüütlimõisa omanike hulka oli selleks ajaks jõudnud hulk mitteaadlikke – linnakodanikke, ametnikke, haritlasi ja talupoegi. I maailmasõja eel kuulus neile Eestimaal 79 (16%) ja Liivimaa Eesti mandriosas 34 (11%) mõisat, sealhulgas Harju- ja Lääne-

maal ligi viiendik mõisatest. Enamasti oli tegemist väikemõisatega. Omanike hulgas leidus rohkesti ka eestlasi – enne maailmasõda kuulus neile u. 5% rüütlimõisate üldarvust, kuid siiski vaid 1,5% mõisate haritavast maast. Tavaliselt olid need kompaktsed ainult mõisamaast koosnevad majapidamised, mille talud olid eelmised omanikud ära müünud, nii et eestlastest mõisahärrad olid sisuliselt suurtalunikud. Lisaks endistele rüütlimõisatele olid eestlased ostnud ka kümneid karja- ja poolmõisaid. Jõudsamalt hakkasid eestlased mõisaid ostma vahetult maailmasõja eel ja sõja ajal. Seda tehti nüüd nii üksi kui ka mitme peale kokku, ning mõnigi jõukam eestlane ostis koguni mitu mõisat. Mitmeid selliseid mõisaoste mainib oma mälestustes Tartu advokaat Oskar Rütli, kes ostis ise koos dr. Heinrich Koppeli, Aleksander Keissi ja Peeter Kasega von zur Mühlenilt Tartumaal 300 000 rbl. eest 2500 ha suuruse Aru mõisa koos 30 talu ja kogu inventariga. Sama seltskond ostis Pärnumaalt veel suuremagi mõisa – Taali, kusjuures ostuhind tuli mõisate tükeldamisel ja osalisel edasimüümisel varsti tagasi.

Mitme mõisa omanikest oli üks tuntumaid *Liivimaa juustukuningas* – juustumeister ja paljude meiereide omanik Peeter Munna (1864–1934), kes omandas Tartumaal 1907. aastal Ülenurme ja 1917. aastal Ulila mõisa. Tartu lähedal läksid sajandivahetuse paiku eestlaste kätte veel Kambja, Väike-Prangli, Väike-Rõngu ja mõned teisedki mõisad. Mitme mõisa omanik oli 20. sajandi algul laadakaupmehena alustanud hilisem Tallinna kaubamaja omanik ning vabrikant, Rapla valla taluniku poeg Ado Mäeberg (1867–?). 1903. aastal asutas ta Tallinnas telliskivivabriku ning omandas seejärel Läänemaal Seljaküla (Lääne-Nigula) ja Jõgisoo (Kullamaa) mõisa. Viimase müüs ta 1910. aastal edasi Vene Talurahvapangale, kes mõisa taludeks jagas.

Enne mõisate võõrandamist Eesti Vabariigi maaseaduse alusel kuulus 822 rüütlimõisast eestlastele 66. Neist 27 asus endise Liivimaa kubermangu ja 39 Eestimaa kubermangu piires.

1906. aastast aitas baltisaksa mõisnike maaomandi kokkusulamisele kaasa Vene Talurahvapanga tegevuse laiendamine Balti kubermangudele, mis oli osa peaminister Stolõpini kavast vene mõju suurendamiseks. Olukorras, kus paljud mõisnikud olid 1905. aasta revolutsiooni mõjul huvitatud riskantseks muutunud mõisaomandi müügist, asusid Vene Talurahvapank ja seejärel ka Doni Agraarpank neilt mõisaid või mõisaosasid kokku ostma, et omandatud maad sisekolonisatsiooni huvides ära kasutada. I maailmasõja eelsetel aastatel ostis Talurahvapank tervenisti või osaliselt (koos müümata talumaadega) Eestimaal 33 ning Liivimaal 47 mõisat (sealhulgas 23 mõisat Saaremaal). Doni Agraarpanga omandusse oli Eestimaal 1913. aastaks läinud 4 mõisat ja 2 poolmõisat. Osa kokkuostetud maadest müüdigi tükeldatuna talurahvale edasi. Mõisamaavalduste vähenemisele aitasid kaasa mitmesugused ühistud ning tööstusettevõtete haldamiseks loodud aktsiaseltsid, kelle valdusse oli Eestimaal samaks ajaks läinud 7 mõisat ja 2 poolmõisat.

Oli küllalt neidki mõisnikke, kes püüdsid oma valdusi mitte ainult alles hoida, vaid ka suurendada. Mõistes talumaa müümise paratamatust ja hädavajalikkust, püüdis rikkam ja ettevaatlikum osa baltisaksa suurmaaomanikest korvata seda teiste mõisate juurdeostuga. Nii näiteks märkis Eestimaa ühe suurima, Padise-Kloostri mõisa omanik Clas von Ramm 1901. aastal perekonnakroonikasse seoses oksjonilt Kurkse poolmõisa ostmisega: *Ma sain mõisa koos ilusa heinamaaga 60 000 rubla eest. See ei ole odav hind, kuid ma loodan sellelt head tulu saada ja mõisa kõrvalmõisana tulevastele põlvedele säilitada. Talupoegade rendimaa olen ma ära müünud, samuti tüki sood 500 tiinu. Nende asemel olen ma Kurkse ostnud ning tahan veel maad omandada, kui selleks lähikonnas mingi võimalus avaneb. Maavalduses seisab meie jõud ja võim, seepärast suurendab seda see, kellel iganes võimalik.*

Vaatamata mõisa maaomandis toimunud olulistele muutustele, jäi kuni tsaariaja lõpuni Balti kubermangudes domineerima suurmaaomand ja selles omakorda immatrikuleeritud aadli maaomand. Liivi- ja Eestimaal oli suurmaaomandi kontsentratsioon suurem kui kusagil mujal Vene riigis. Nii oli Liivimaal tervikuna 618 immatrikuleeritud aadlikele kuuluvat mõisat. Enam kui kolmandik neist oli 13 perekonna käes (ainuüksi parun Wolffidele kuulus 36 mõisat 280 000 tiinuga, valdavalt Läti alal), mis hõlmas u. 8% kogu Liivimaa mandriosast. 19 perekonnale kuulus 6–10 mõisat, 64-le 2–5 ja 162 perekonna osaks oli vaid üks mõis.

Väikemaaomandi teke

Talude päriseksostmise juriidilise võimaluse sätestas juba Liivimaa 1804. aasta talurahvaseadus. Nii Liivimaa kui kogu Eesti ala esimene teadaolev päriseksmüük toimus küll alles pärast pärisorjuse kaotamist 1823. aastal Tartumaal Luunjas, kus paarkümmend talu nende peremeestele müüdi.

Kuni 1840. aastate lõpuni jäi talude päriseksostmine üksikjuhtumite tasemele. Alles 1849. aasta Liivimaa talurahvaseadus ning sellele lähedaste põhimõtetega seadused 1856. aastal Eestimaal ja 1865. aastal Saaremaal avasid tee talurahva väikemaaomanduse kujunemisele, määratledes üksikasjalikult talude päriseksostmise korra eramõisates, puudutamata siiski rüütelkonna- ja kirikumõisaid. Kogu protsess seati turumajanduslikule alusele. Mõisnikul ei olnud mingit riiklikku sundi talude müümiseks. Seadus lubas tal müüa talu nii endisele rentnikule kui ka sama valla teisele talupojale, samuti teistest seisustest ja paikkondadest pärit inimestele, kes astusid talu ostmisel vallakogukonna liikmeks. Mõisnik võis müüa nii mõisa- kui talumaal asunud talusid. Kuni 1866. aastani Liivimaal ning 1869. aastani Eestimaa kubermangus ja Saaremaal oli keelatud vaid mõisate eneste talurahva omandiks müümine.

Mõned piirangud olid seadustes siiski sätestatud. Nii oli kindlaks määratud müüdava maa ülem- ja alammäär. Liivimaal ei tohtinud talupoeg omada ühe valla piires rohkem kui ühe adramaa (80 taalrit) maad, Eestimaa kubermangus ja Saaremaal üle 24 tiinu põllumaad. Seadus ei keelanud aga samal talupojal osta maad juurde mõnes teises vallas. Ülempiiri kehtestamine pidi vältima talumaade ulatuslikku üleminekut linnakodanluse kätte, mis oli talude päriseksmüümise algusperioodil täiesti arvestatav oht. Müüdava talu alampiiriks kehtestati Liivimaal 1/12 adramaad, Eestimaa kubermangus ja Saaremaal kolm tiinu põllumaad koos vastava hulga heina- ja karjamaaga, mida peeti ühe talupere normaalsel majandamisel hädavajalikuks miinimumiks. Ka ei laienenud talurahva maaomandile rüütlimõisa õigused: talus ei tohtinud ka pärast selle päriseksostmist viina põletada ja müügiks õlut pruulida. Vanadest keeldudest kadusid kalapüügikeeld ja Eestimaal oma talu maal ka jahipidamiskeeld. Samuti lubati Eestimaal päriseksostetud talumaale veskeid rajada, Liivimaal aga mitte.

Mingit ühtset seaduslikult fikseeritud maahinda talude päriseksostmise ajal ei kehtestatud. Iga mõisnik otsustas ise, millise hinnaga ta neid müüb. Rentnike kaitseks sätestati neile Eestimaa ja Saaremaa talurahvaseadustes ostueesõigus. Kui rentnik loobus talu ostmisest, mõisnik aga oli sunnitud ostjate puudusel hinda alandama, pidi ta jällegi esimese pakkumise tegema senisele rentnikule.

Talude päriseksostmine sai Eestis alguse Liivimaa mandriosas, kulgedes siin märksa hoogsamalt kui Eestimaa kubermangus või Saaremaal. Esimesteks nimeliselt teadaolevateks pärisperemeesteks said vennad Enn ja Johan Kase, kes ostsid 1843. aastal Abja Perakülast Losso Eppo talu 4000 hõberubla eest, tasudes ostuhinnast kohe 1000 rubla. Järgmised talud müüdi Abjas alles 10 aastat hiljem. Üks esimesi talude hulgimüüjaid oli tollase Pärnumaa Halliste kihelkonna Abja mõisa omanik Reinhold von Stackelberg, kes võis selle mõtte saada otse 1849. aasta talurahvaseaduse peamiselt väljatöötajalt Hamilkar von Fölkersahmilt, kellele kuuluv Ruhja

mõis jäi Abjast vaid mõnekümne kilomeetri kaugusele. Fölkersahm ise alustas Ruhjas talude müümisega 1852. aastal, järgmisel aastal järgnes Abja. Kui baltisaksa agraarstatistika 1862. aastal talude päriseksmüümisest esmaseid kokkuvõtteid tegi, oli Halliste kihelkonnas päriseks müüdud juba rohkem kui 2600 taalri väärtuses talumaad. Võrdluseks: kogu Tartu- ja Võrumaal oli selleks ajaks talusid müüdud kokku vaid 237 ning Võnnu ja Valga maakonnas ainult 37 taalri väärtuses. Nõnda olid mulgid saavutanud juba stardis suure edumaa.

Enamasti ei olnud Eesti talupojad 1850. aastateks suuremate rahasummadega kokku puutunud. Teorendi ajastul oli raha talupoja jaoks eelkõige väärismetall või aare. Kogu senise majanduselu sidus rahaga alles raharendile üleminek: seda tuli maksta rendiks, selle eest palgati sulased, sellega kaubeldi laadal ja linnaturul. Minna teoorjuselt raharendile oli talurahva jaoks märksa keerulisem kui saada talurentnikust päriskoha pidajaks. Taluostuks rahateenimise võimalust pakkus Lõuna-Eestis linakasvatus, Põhja-Eestis aga, kus talude päriseksostmise kõrgaeg jäi 19. sajandi lõpukümnetesse, kartulikasvatus. Ajalooline pärimus teab rääkida talurentnike harrastatud röövmajandusest: rendile võetud talu põllumaale külvati võimalikult rohkem lina, kuna aga maa seeläbi kiiresti välja kurnati, siis renditi uus talu, kus jätkati samamoodi. Suuline pärimus kõneleb juba külvatud linaorase hävitamisest mõisa nõudel, aga ka viljapuuaedade maharaiumisest talurentnike poolt, et linakasvatusele ruumi teha.

Praegune uurimisseis ei võimalda öelda, kuipalju päriseksostetud talusid jäi endistele rentnikele ja kuipalju leidis uue peremehe. Kas talu ostmata jätmise põhjuseks oli rahapuudus või hoopis umbusk talude ostu-müügi suhtes, jääb samuti vaid oletuseks. Nagu oma mälestustes märkis August Kitzberg: *Talude müümine [---] tuli kui tuultepööris, mis rahva meeled segamini ajas. Paljud ei suutnud ära seedida, kuidas võimalik on midagi müüa või osta, mida*

Talupoja elumaja rendimaal Vändras (1897)

mitte taskusse pista või aisa külge siduda ja koju viia ei saa – asja arvati selgeks petmiseks, millega saksad rahva seest viimast rasva välja pigistada tahavad. Küsiti õpetaja ja tuttavate linnakaupmeeste käest nõu, mis nemad arvavad. Kes iseennast targaks pidasid, jäid vaatama ja ootama, mis asjast välja tuleb, – need kaotasid kohad ja jäid kesa peale.

Liivimaa 1849. aasta talurahvaseaduse katseajaks oli kehtestatud kuus aastat. Selle aja täitudes tõusis päevakorda seaduse revideerimine. Talude päriseksostmine oli alanud väga visalt. 1856. aastaks oli Liivimaa kubermangu eramõisate talumaast päriseks müüdud vaid 0,4%. Raharendile oli üle läinud üks kuuendik Liivimaa taludest. Kõik see andis põhjust otsida agraarprobleemidele taas vanamoodsamaid lahendusteid. Rüütelkonna konservatiivse tiiva ettepanekud Riiginõukogus siiski toetust ei leidnud ning 1860. aastal avaldatud uus Liivimaa talurahvaseadus järgis seniseid põhimõtteid. Ainsaks olulisemaks muudatuseks talude päriseksostmise asjus oli ostetava talu alampiiri suurendamine 1/12 adramaalt 1/8 adramaale (10 taalrile). Seegi puudutas vaid vakumaal, mitte aga mõisa- ja kvoodimaal asuvaid talusid.

Ajalookirjanduses on 1860. aasta Liivimaa talurahvaseadus pälvinud tagasihoidlikku tähelepanu, kuna see pöördelisest 1849. aasta seadusest palju ei erinenud. Just see, et võimalikud muudatused ära jäid, tegigi 1860. aasta seaduse talude päriseksostmise seisukohalt väga oluliseks.

Küsimus polnud ainult Fölkersahmi õhutatud põhimõtete säilitamises. Pärisorjuse kaotamine Venemaal 1861. aastal koos kõigile talupoegadele hingemaa eraldamisega leidis vastukaja ka Baltimaades. 1862. aastal avaldas hilisem Läti rahvusliku liikumise juhtkujusid Krišjānis Valdemārs Leipzigis raamatukese "Baltische, namentlich livländische Bauernzustande", milles ta äärmiselt emotsionaalses toonis nõudis Venemaa sisekubermangude talurahvareformi laiendamist ka Baltimaadele: *Venemaa lugematud rahvad juubeldavad, et [---] nende inimlikule eksistentsile on kindlus ja tugi seatud. Vaid kaks Läänemere ranniku rahvasugu, lätlased ja eestlased, vaatavad vaevatult hinge kinni pidades Peterburi poole, nende kramplikult tõmblevate huulte vahelt kostab oie: Suur Keiser, ka meie oleme sinu truud lapsed! Ära lase meid jääda leinama Sinu miljonite juubeldavate alamate seltsis! Päästa meid!*

Novembris 1864 käis Liivimaa eestlaste 17-liikmeline saatkond keisri juures, et saavutada Venemaal 1861. aasta reformiga kehtestatud maa eraldamise ja väljaostmise korra laiendamist ka Liivimaale. Delegatsioon pidi rahulduma siseminister Pjotr Valujevi selgitusega, et olude erinevus ei võimalda Liivimaal ja Venemaa sisekubermangudes ühtesid ja samu seadusi rakendada. Kuigi talupojad taotlesid oma palvekirjades edaspidigi suuremat riiklikku sekkumist, alates maahinna fikseerimisest kuni talumaade sundmüügi kehtestamiseni, jäi talude ostmüük lõpuni vabaturu tingimustesse.

1860. aasta Liivimaa talurahvaseadus oli kinnituseks, et Baltimaadele Venemaa sisekubermangude agraarreform ei laiene ning mingeid lootusi hingemaa jagamisele ei maksa talupoegadel hellitada. See tegi lõpu kuulujuttudele, nagu läheksid jagamisele ka juba päriseks ostetud talud, mis sundis Johann Voldemar Jannsenit "Eesti Postimehes" põrutama: *Uimane vend, mida sa oma raha eest enesele oled ostnud, see on su oma, aga mitte, mida sa "hingemaaks" nimetad... Ja ometigi on säherdusi tölparulasi, kes ütle-*

vad: *"ei maksa osta, võetakse jälle käest ära ja jagatakse välja" [---] Pärismaad on talurahva ainus tõsine põhi ja alus, kus see puudub, on kõige jõukam ikka nagu lind oksa peal, kes oma pesa iga kevade ise kohta peab tegema. Maa priius teeb ka rahva täiesti priiks.*

Siiski sundis Venemaa agraarreform talude päriseksostmise senist krediteerimispoliitikat muutma ning talude müümist sellega kiirendama. 1850. aastal taludemüügi toetuseks loodud Liivimaa Talurahva Rendipanga tegevust pärssis eelneva poolsajandi jooksul aset leidnud mõisa- ja talumaade ulatuslik pantimine aadli krediitkassale. Kuni 1864. aastani müüdi rendipanga vahendusel kogu Liivimaal vaid 192 talu. Alles juulis 1864 vastu võetud aadli krediitkassa uus reglement võimaldas mõisate pantvõlgu päriseksostetud taludele üle kanda. Mõisa tagatisel anti ühe taalrimaa kohta kuni 75 ning talu enda tagatisel kuni 50 rubla laenu, mis tollaste keskmiste hindade juures kattis vastavalt kolmandiku või neljandiku talu ostuhinnast. Kuigi laenuprotsendid olid suhteliselt madalad (4–4,5%), kulus sõltuvalt kustutuskapitali määrast kogu võlasumma tasumiseks kuni 50 aastat. Kui protsentide tasumisega viivitati üle kolme kuu, läks talu oksjonile. Pärast aadli krediitühingu kaasatulekut algas talude massiline päriseksostmine kogu Liivimaal, kuid krediidivõimaluste avardumine tõstis kohe ka hinda, mida mõisnikud talude eest küsisid.

Talupoegade mentaliteet võlakoorma suhtes oli erinev. Kui 1850. ja 1860. aastail püüti ostuvõlgadest kiiremini lahti saada, vajaduse korral selleks jõukamatelt talunikelt laenates, siis sajandi lõpupoole oli tüüpilisem pangavõlgade tasumisega viivitada. Kui krediidiühistu kuulutas aastail 1894–96 välja oksjoni 685 Pärnu- ja Viljandimaa talule, läks neist haamri alla vaid 32, ülejäänud tasusid oma võlad enne oksjoni toimumist. Kasuks tuli ka Vene rubla järkjärguline devalveerumine, mis muutis võlgade tasumise kergemaks.

Talude päriseksostmise tempo oli paikkonniti väga erinev. Baltisaksa agraarstatis-

Talupoja elumaja ostumaal Vändras (1897)

tika Pärnumaa rüütlimõisate vakumaatalude päriseksostmise kohta näitab silmatorkavaid erinevusi kihelkondade lõikes: 1880. aastaks oli Hallistes päriseks ostetud üle 95%, Karksis ja Vändras 75–85%, Mihklis ja Saardes 35–45%, Pärnu-Jaagupis ja Tõstamaal 10–25% ning Pärnu-Elisabeti kihelkonnas alla 5% vastavatest taludest. Audru ja Tori kihelkondade rüütlimõisates polnud päriseksostmine isegi veel mitte alanud. Samasuguseid erinevusi võib kohata ka teistes maakondades. Üle 85% rüütlimõisate vakumaataludest on lisaks Pärnumaa Halliste kihelkonnale selleks ajaks müüdud veel Viljandimaal Tarvastus ja Helmes, Tartumaal Puhja, Rõngu ja Maarja-Magdaleena kihelkonnas ning Võrumaal Vastseliinas. Aktiivne talude päriseksostmine kestis Lõuna-Eestis 1880. aastateni. Pärast seda tempo raugeb, ning kuni Esimese maailmasõja lõpuni langeb talude päriseksostmine taas üksikjuhtumite tasemele. Paljud talud jäidki enne Eesti Vabariigi maareformi päriseks ostmata. Enamasti oli tegemist mõisa- või kvoodimaal asunud taludega. Isegi Halliste kihelkonnas jäi enne maareformi päriseks müümata 64 niisugust talu (12,9%). 19. sajandi lõpuks oli kogu mõisa- ja kvoodimaast päriseks müüdud vaid 10%.

Eestimaa kubermangus jäi talude päriseksostmise algus Liivimaaga võrreldes hilisemale ajale. Veel 1849. aasta maapäeval avaldas rüütelkond arvamust, et *mingit üldist maade müümist korraldada ei saa, Eestimaa talupojal puuduvad nii selleks vajalik intelligents kui ka materiaalsed vahendid.* Esimesed talud Eestimaa kubermangus müüdi päriseks 1850. aastal – Järvamaal 2, Läänemaal 2 ja Virumaal 11 kohta. Neist esimeseks pärisperemeheks peetakse Järvamaal Koerus Väinjärve mõisas 32 tündrimaa suuruse koha omandanud Madis Duglast. 1870. aastaks oli kogu kubermangus päriseks müüdud siiski vaid 200 talu. Hoogsam päriseksostmine vallandus Põhja-Eestis alles 1880. aastail. Sajandi lõpuks oli talurahva omandisse jõudnud veidi üle poole (53,3%) kogu nende käsutuses olnud maavaldusest.

Veelgi aeglasemalt kulges talude müük Saaremaa eramõisates, kus 1905. aastaks oli päriseks ostetud vaid 14% talumaast. Hoogne päriseksostmine algas Saaremaal alles pärast 1905. aasta revolutsiooni, paljuski tänu Baltimaile tegevust laiendanud Vene Talurahva Põllupanga toetusele.

Kroonumaade talude päriseksostmine erines oluliselt eramõisates kehtinud korrast. Vastav võimalus sätestati kroonumõisates 1859. aastal. Erinevalt eramõisatest kehtestas riik siin kindla ostuhinna, mille aluseks jäi nelja protsendiga kapitaliseeritud aastarent koos väljaostusumma tasumiseks kehtestatud ajast sõltuva kasvikuga. 1869. aastal määrati väljaostusumma tasumise tähtajaks 49 aastat ja iga-aastaseks kasvikuks 5,5%. 1870. aastad ja 1880. aastate esimene pool tähistavadki talude päriseksostmise kõrgaega kroonumaadel. 1886. aastal muudeti kroonutalude väljaostmine juba kohustuslikuks: talu kasutusõiguslikul valdajal tuli 44 aasta jooksul maksta senisest rendisummast umbes kolmandiku võrra kõrgemat iga-aastast väljaostumaksu. Enamasti tulid talumehed nii rendi kui ka väljaostumaksude tasumisega toime. 1905. aasta novembris kustutas valitsus kroonutalupoegade allesjäänud ostuvõlast poole ning 1. jaanuaril 1907 kogu ostuvõla. Need kroonumaade valdajad, kes ei kuulunud talurahva hulka, pidid väljaostumakseid riigile edasi tasuma.

Talude päriseksostmise tempo oli ka kroonumõisates erinev. Kui Tartu- ja Viljandimaal osteti enne sundusliku väljaostu kehtestamist päriseks üle poole niisugustest

taludest, siis Saaremaal vaid kümnendik. Eestimaa kubermangus oli talude päriseksostmise ajaks alles jäänud vaid kolm kroonumõisat: Taebla, Vihtse ja Naissaare. Sealsed talud müüdi päriseks aastail 1873–85.

Samal ajal tükeldati mitmed kroonumõisad väikekohtadeks. Taolised sageli vähem kui hektari suurused soldati- ja moonakakohad ei taganud nende omanikele küllaldast elatist, sundides neid kõrvalteenistust otsima.

Talude päriseksostmine mõjutas oluliselt talurahva eneseteadvust ja mentaliteeti. August Kitzberg kirjeldab oma mälestustes elu Abjas 1970.–80. aastail järgmiselt: *Nojaa – Abja [---] Kuustle ja iseäranis [---] mõisa kõrtsis, seal joodi häid välismaa veinisid, rootsi ja rooma punši, suitsetati kalleid sigareid ja söödi "särdiini" kalu.* Varakapitalismile iseloomulikuna kehtis Abjas vaid üks väärtushinnangute mõõdupuu – raha. *Kui rikast ja iseteadlikku Abja peremeest vaatasid: tublisti toidetud keha sirgeks lükatud, habemest puhtaks aetud nägu külm ja rahulik, pöidlad taskutes – siis teadsid juba, mis ta mõtles: mina, mina ja jälle mina olen Abjast, mujal kui Abjas ei olegi eestlasi, mis on, on kes teab mõned orjaaegsed segaverd jätised – Abjas üksi on tarkust, raha, vara, hobuseid – mehi.* Rahvuslikust liikumisest jäi Abja peaaegu täiesti eemale. Isegi majandusühistud ei leidnud siin kuigivõrd kõlapinda. Kui loodi Halliste Põllumeeste Selts, hoidusid Abja peremehed sellestki kõrvale. 1886. aastal kirjutab "Sakala": *Abjas ei peeta ajalehtedest sugugi lugu, harva on mõnel talul leht ja loetakse siis ka vaid sõja sõnumeid.*

Talude päriseksostmine algas paikkonniti erineval ajal. Mõnes vallas ostmine alles algas, teistes oli see juba lõppenud. Selged piirkondlikud erinevused päriseksostmise tempos avasid tee ajaloopärimusest tuttavale mulkide taluostule teistes maakondades: *Palupera valda tuli mulke talude ostuajal peaaegu terve Atsamõisa küla... Kohalikud elanikud olid sunnitud taludest lahkuma ja nad olid Petseri poole põgenenud. – Kui Uderna vald müüdi, siis pooled peremehed*

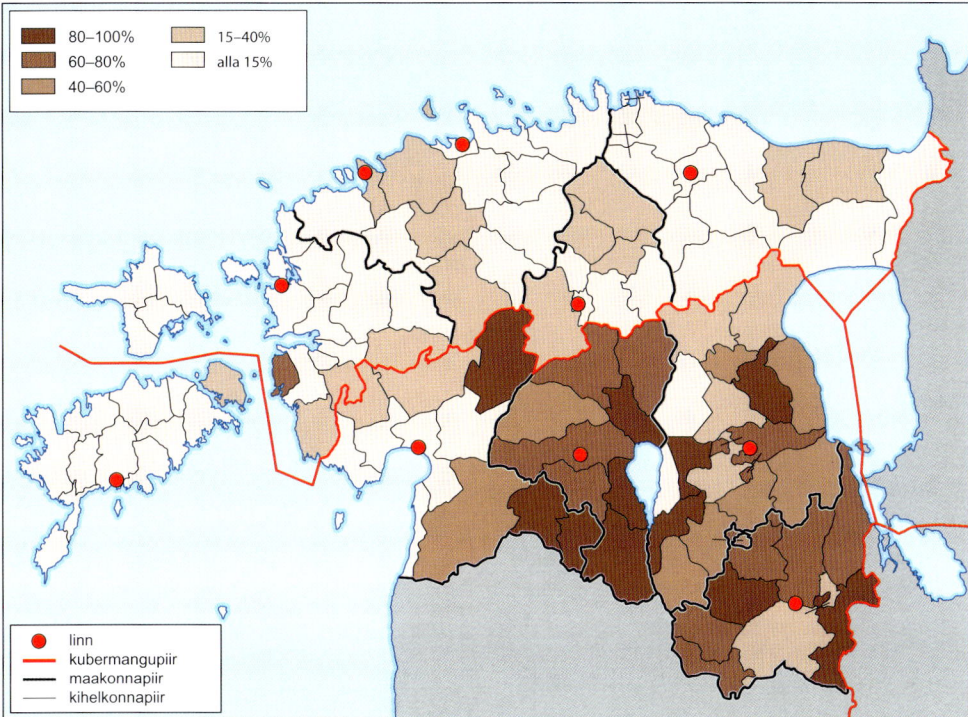

Talude päriseksostmine Eestis (kuni 1881)

läksid välja ja nende asemele tulid mulgid, sest nad olid kavalamad ja olid raha kogunud. – Mulke oli teoorjuse kaotamise järele asunud Sännale väga palju, nii et neid olnud peaaegu pooleks endiste peremeestega. Kuid et endised neisse väga vaenulikult suhtunud, siis on paljud uuesti ära läinud. – Altkülas Laiuse vallas (endine Kivijärve vald) [---] ostnud peaaegu terve küla talud mulgid ära ja omad mehed rännanud Gatšinasse, kus heale järjele kõik saanud. Arhiiviallikate analüüs näitab, et Võrumaal moodustasid teistest valdadest tulnud taluostjad veerandi (24,9%), Rõuges koguni üle poole (50,9%) kõigist taluostjatest. Enamik võõraid oli siiski pärit naabervaldadest. Kõige kaugemalt tulijaiks olid Võrumaal kaks Räpinasse talu ostnud Vändra talumeest. Mingeid märkimisväärseid erinevusi oma ja võõra talupoja ostetud talu hinnas Võrumaal ei olnud.

Kui võrrelda talurahva väikemaaomandi kujunemist Baltimaades samalaadsete prot-

sessidega mujal Kesk- ja Ida-Euroopas, võib seda hinnata majanduslikult tulemuslikuks. 19. sajandi lõpuks ja 20. sajandi alguseks oli Eesti- ja Liivimaal tugeva ja arenguvõimelisena välja kujunenud nii mõisa- kui talumajandus. Reformide varjuküljeks oli sotsiaalse kihistumise järsk suurenemine külas, mis kasvatas ühiskonnas pingeid ning oli ärgitajaks 1905. aasta rahutustele.

PÕLLUMAJANDUSE ARENG 19. SAJANDIL JA 20. SAJANDI ALGUL

Teoorjuslik mõisamajandus parema majandamisviisi otsingul

18. sajandi lõpp ja 19. sajandi algus oli olnud teoorjusliku mõisamajanduse õitseajaks, mil soodsa turukonjunktuuri, viinapõletamise kasvu, veiste nuumamise, põldude laiendamise, parema väetamise ja põhjalikuma harimise tõttu tõusid ka mõisate sissetulekud. Kujunes välja uus rutiin, ja kuni püsis viinapõletamise kõrgkonjunktuur, majanduslikest uuendustest ei hoolitud. Tulud läksid ulatuslikuks tarbimiseks, ka härrastemajade ehitamiseks ja parkide rajamiseks. Tootlikke kapitalimahutusi tehti harva ja sedagi eeskätt viinaköökidesse. Eriti oli seda tunda Eestimaa kubermangus, mis 19. sajandi algupoolel hakkas viinatootmises seni domineerinud Liivimaast ette minema. Juba 1835. aastal moodustas selleks kulutatud teravili mõisate puhassaagist Põhja-Eestis ligi 50% ja Lõuna-Eestis u. 20%. Suurem osa viinast müüdi kroonule, kuid seda turustati ka kohalikes kõrtsides, milliseid leidus mõisa kohta 2–3 ehk kogu Eestis üle 2000.

19. sajandi teisel veerandil hakkas mõisamajanduse olukord kiiresti muutuma, sest Euroopa turgudel 1820. aastail alanud teraviljahindade langus andis ennast tunda ka Baltimaades. Teravilja hind Riia turul langes kümne aasta jooksul ligi kaks korda, viina hind üle kolme korra. Vaid piiritusetootmisele orienteeritud mõisatel tuli võidelda suurte majanduslike raskustega. Pärast erinevaid veeteid ühendava kanalite süsteemi rajamist Venemaal oli üha raskem konkureerida Peterburi turul Vene sisekubermangudes toodetud odavama vilja ja viinaga. Kriisiga kaasnes paberraha kursi langus. Riik maksis

viina eest paberrahas, kuid mõisate kohustused olid kindlaks määratud hõberublades. Rüütelkondade väitel ähvardas mõisnikke täielik laostumine. Mõisate väärtus langes umbes kolmandiku võrra. Osa mõisnikke oli piiritusetööstuse tulude lootuses ostnud mõisa kõrge hinnaga ja pooleldi võlgu. 1822. aastal kaebas Eestimaa rüütelkonna peamees parun Otto von Rosen, et kubermangus on juba 22 mõisat konfiskeeritud, sest nende omanikud ei suuda maksta võlaprotsente. Aastail 1811–30 pankrotistus Liivimaal 119 rüütlimõisat, s.o. pea iga kaheksas.

Ilmeka pildi aadlimõisate erinevatest tuludest Liivimaa lõikes annavad nende andmed 1812. ja 1817/18. aastast. Nimelt tuli mõisaomanikel 1812–19 esitada deklaratsioon aasta puhastulude kohta, et selle põhjal määrata provintsimaks. 1812. a. andmed esitanud 535 mõisnikust (ühe väikemõisa omanikest mitme suurmõisa omanikeni) deklareeris 151 (kellele kuulus 28% mõisate koguarvust), et nad mingit tulu ei saagi. Teist sama palju mõisaid sai aastas kuni 1000 rubla tulu. Seevastu 48 mõisaomaniku puhastulu ulatus üle 5000 rubla ja nende arvele langes ligi pool kõigi deklareeritud tulude kogusummast. Neist 5 suurmõisniku arvele (neile kuulus kokku 37 mõisat ja igaühe tulud ületasid 20 000 rbl.) langes 15% Liivimaa mõisamajanduse tulust. 1817/18. aastaks olid äärmuste vahed veelgi suurenenud ja nende mõisnike arv, kelle sissetulek jäi väljaminekutele alla, märksa kasvanud. Hästi läks mõisnikel, kel olid suured soodsa asukohaga mõisakompleksid, ulatuslik viinapõletus ja kindlad viinatarnelepingud.

Näiteks tarniti 1816. a. Lõuna-Eesti mõisatest kroonule 124 317 pange viina, millest 20% langes maanõunik Reinhold Wilhelm von Lipharti arvele. Tema Vastseliina, Roela, Kabala-Ollepa, Tarakvere, Kõnnu ja Raadi mõisa viinaköökides põletati aastas üle 39 000 pange viina, millest 24 500 veeti viinaladudesse Luugas ja Oudovas, ülejäänu müüdi kohalikes mõisakõrtsides. Suuremad viinapõletajad ja tarnijad olid veel krahv Mannteuffel (Puurmani ja Härjanurme), von Berg (Sangaste) ning von Löwenwolde (Räpina, Ruusmäe ja Veriora). Teiste mõisnike aastatoodang ei ulatunud üle 10 000 pange.

Kurnatuse märke võis täheldada siiski ka edukate mõisate puhul. Teoorjuslikku mõisamajandust hakati Eesti- ja Liivimaal kritiseerima juba enne pärisorjuse kaotamist. Madala tootlikkusega teotööle vastandati sellest tulemusrikkamat palgatööd. Nii õhutas tuntud Liivimaa valgustaja Garlieb Merkel 1814. aastal Keiserliku Vaba Majandusühingu konkursitöös vaba ettevõtlust mõisates, kinnitades, et mõisapõldude harimine palgaliste päevilistega on poole tulusam kui pärisoriste teolistega. Ka pole palgatöölisi vaja aasta läbi ülal pidada, sest neid võib palgata ainult hooajatöödeks. Teadaolevalt esimesena Baltimail viis neid põhimõtteid oma Heimtali mõisas Viljandimaal ulatuslikult ellu Liivimaa maanõunik Peter von Sivers (1760–1835). Juba 1805. aastal asutas ta Heimtali mõisamaale esimesed mõisasulaste *(Häusler)* kohad, mida oli külas kasvava ülerahvastuse tõttu kerge täita.

Seoses agrotehniliste uuenduste ja mõisamajapidamise ratsionaliseerimise katsetega sai spetsiaalsete sulasekohtade rajamine ja palgaliste mõisatööliste rakendamine, mida käsitleti juba peaaegu teoorjuse alternatiivina, 19. sajandi keskpaiku uut hoogu. Tartu Ülikooli ökonoomika ja tehnoloogia professor Friedrich Schmalz (1781–1847) rentis õppeotstarbeks Vana-Kuuste mõisa ning avas selles noorte mõisnike ja valitsejate koolitamiseks Põllumajandusliku Instituudi (1834). Viie tegutsemisaasta jooksul sai siin õpetust üle

Friedrich Schmaltz

50 noormehe ja täiendas oma oskusi enamik Tartu Ülikooli põllumajanduse üliõpilastest. Schmalz tutvustas oma mõtteid nii ülikooli õppetöös kui ka trükisõnas. Kõige laiemalt levis ajalehes "Inland" avaldatud kirjutis (1839), milles Schmalz kirjeldas sulasemajanduse eeliseid, mida ta oli kogenud 27 aasta jooksul oma kahes Ida-Preisimaa mõisas. Ka esitas ta mõisnikele 8-punktilise soovitusliku ümberkorralduste kava: 1) parandada mõisapõlde, suurendamaks söödavilja- ja vähendamaks teraviljakasvatust; 2) viia talud raharendile, mis tagab mõisale suurema ja kindlama sissetuleku ning annab rentnikele kindlustunnet; 3) kuivõrd raharent mõisa teotööst ilma jätab, asutada kohad palgasulaste peredele, seada sisse sulasemajandus; 4) muretseda puhtatõuline kari ja seda söödabaasi paranedes laiendada; 5) loobuda viinapõletamisest või seada see sisse kaasaegsel tasemel; asutada mõisasse ka muid tööstusettevõtteid; 6) muuta talupojad pärilikeks rentnikeks; 7) majandada metsi ökonoomselt nagu mõisapõldegi; 8) rajada ülesharitud metsa- ja võsamaale uusi karjamõisaid või talukohti.

Professor Schmalzi ideedel oli otsene mõju mitmetele silmapaistvatele põllumajandusteadlastele ja praktikutele. Nimetagem neist esimest eestlasest põllumajandusteadlast *dr. phil.* Jakob Johnsonit (1806–65), kes 1829–33 Tartu Ülikoolis ökonoomiat õppis. Juba esimesel õppeaastal kirjutas tugeva praktilise pagasiga ülikooli tulnud Johnson prof. Schmalzi seminaris töö, mille õpetaja oma väljaandes koos kaassõnaga avaldas. Selles on käsitletud tööjõukulu ja sissetulekuid erinevate majapidamisviiside korral. Arvutustele tuginedes näitas Johnson, et raharendi ja sulasemajanduse tingimustes tuleb mõis toime vähema tööjõuga ja saab enam sissetulekuid kui teotöö korral, kusjuures paraneb ka talumajapidamiste olukord. Edaspidi viitas Johnson just sellele esimesele tööle, meenutades, et ta on juba veerand sajandi eest tõendanud, et ühe Liivimaa mõisa talumaade raha eest rendile andmisest oleks toona enam tulu saadud kui terve mõis teotöö abil sisse tõi. Hiljem tegeles Johnson peamiselt maa headuse ja selle hindamise ning maakorralduse küsimustega. 1843. aastast kuni surmani tegutses ta Peterburis Keiserliku Vaba Majandusühingu teenistuses, toimetades selle väljaandeid.

Eestimaal olid põllumajanduse ümberkorraldamise nimekamad eestvõitlejad Otto von Grünewaldt Koigi mõisast Järvamaal, Kohila mõisnik Christoph von Brevern Harjumaal ja Ferdinand von zur Mühlen Piirsalust Läänemaal.

Paljud mõisapidajad ja osalt ka valitsejad on põllumajandust ja ökonoomikat õppinud Tartu Ülikoolis, kus 1845–72 töötas põllumajanduse ja tehnoloogia professorina nimekas agrokeemik Alexander Petzholdt (1810–89). Tartu Ülikooli arstiteaduskonnas õpetati algselt ka veterinaariat, kuid kiirelt arenenud loomakasvatuse vajadusi arvestades asutati selleks 1848 kõrgkoolina Tartu Veterinaarkool (alates 1873 instituut), kus koolitati veterinaararste ja -velskreid. Praktilisemat laadi ja seetõttu populaarsemaks õppeasutuseks põllumeeste jaoks kujunes aga 1862 Riias tegevust alustanud Polütehnilise Instituudi (algselt polütehnikum) põllumajandustea-

duskond, mille arengus etendasid tähtsat osa professorid Karl Hehn (1821–75), Jegor von Sivers (1823–79) ja Woldemar von Knierim (1849–1935). Sajandivahetusest hakkas selle üliõpilaste hulgas järjest kasvama ka eestlaste osa. Nimetatud õppeasutuste kõrval omandati põllumajanduslikku kõrgharidust veel paljudes välismaa kõrgkoolides, millest populaarsemad olid Königsbergi Ülikool, Bonni Poppelsdorfi Põllumajanduse Akadeemia ja eestlaste jaoks eriti Mustiala Põllumajandusinstituut Soomes.

Mõisamajanduse ratsionaliseerimine 19. sajandi teisel veerandil ja keskpaiku

Muutunud olud sundisid mõisnikele peale energilisi samme, kiirendades üleminekut teoorjuslikult majandamisviisilt rahamajanduslikule. Uus süsteem pidi haarama mõisamajandust tervikuna. Vajades uusi tuluallikaid, asuti kasvatama meriino lambaid ja seni vähelevinud kultuure (kartul, ristikhein jne.); mindi seniselt kolmeväljasüsteemilt üle mitmeväljasüsteemile; pandi põldude parema väetamise eesmärgil rohkem rõhku karjandusele, parandades selleks heina- ja karjamaid ning tugevdades uute kultuuride abil söödabaasi.

Et tingimused olid piirkonniti erinevad, tõid uuendused kaasa majapidamiste spetsialiseerumise. Esmalt korraldati ümber piiritusetööstus. Primitiivsed vaskkatlad asendati destilleerimisaparaatidega, mis tõstis tootmise tõhusust mitmekordseks. Lihtviina tootvate viinaköökide asemele hakati sajandi keskpaiku rajama moodsaid piiritusetehaseid. Uued seadmed võimaldasid kasutada viina tootmiseks ka odavamat toorainet – kartulit. Seda hakati põllukultuurina ulatuslikumalt kasvatama 1830. aastaist. Kartulikasvatus juurdus enam Põhja-Eestis. 1840. aastail kasvatati rohkesti kartulit ka juba taludes, Lõuna-Eestis enamgi kui mõisapõldudel. Sajandi keskpaiku pandi kartulit Põhja-Eestis maha u. 65 000 setvertit mõisates ja 35 000 taludes, Lõuna-Eesti vastavad arvud olid 31 000 ja

36 000. Osalt müüdi talude kartulisaak viinaköökide jaoks, osalt tarbiti seda ise odava ja kindla toiduainena. Sellest oli suur abi ikaldusaegadel, sest harva ebaõnnestus korraga nii vilja- kui kartulisaak. Ametliku statistika järgi valmis kartulist Liivimaal 1863.–68. a. 47% ja Eestimaal 55% viina kogutoodangust. 19. sajandi lõpukümnetel on Eesti piiritusest u. 75% aetud kartulist.

Nii muutus piiritusetööstus jälle konkurentsivõimeliseks. 1840.–50. aastail tõusid uuesti viinahinnad ja suurenesid kroonuhanked, võimaldades viinapõletamisel veel mõneks ajaks mõisamajanduse keskseks tuluallikaks jääda. Viinatootmine Eestis saavutas taas 18. sajandi lõpu kõrgtaseme. 1863 seati sisse aktsiisisüsteem, mille tulemusena kujunes piirituse vabaturg kogu Vene riigi ulatuses. Kõrge aktsiisimaks ja sihipärane maksustamisviis soodustas piiritusetööstuse *vabrikupärastumist*, sundides hankima paremaid seadmeid ja arendama tootmistehnikat, mis tõi kaasa piiritusetööstuse kontsentreerumise – vabrikute arv vähenes, tootmisvõimsused aga kasvasid. Kui aastal 1836 oli Eestis kokku 622 piiritusetehast, siis a. 1879 Põhja-Eestis 136 ja Lõuna-Eestis 80. Piiritusetehaste võrk püsis tihedam Harju-, Viru-, Järva- ja Võrumaal.

1870. aastaist algas piiritusetootmises kiire ja tugev tõus. Tippajaks (1891/92) tõusis toodang puhtas alkoholis arvestatuna 3,7 miljonile pangele – sajandi esimese poolega võrreldes ligi viiekordseks. Venemaale väljaveetava piirituse osakaal kahekordistus, 19. sajandi lõpul läks sinna 94–95% Põhja-Eesti piiritusetoodangust. Sellal andsid u. 250 mõisa piiritusetehast (neist 173 Põhja-Eestis) kogu Venemaa piiritusetoodangust ligi kümnendiku. Enda käes hoiti Peterburi turgu. Kõigile kättesaadavast väikesemõõdulisest tegevusalast oli kujunenud kapitalistlik ettevõtmine.

Praaga ja selle kaudu väetise võimaldajana säilitas piiritusetööstus põllumajandusliku tähtsuse u. 1/4 mõisate ja 1/8 põllumaa pindala suhtes. Piiritust tootvate mõisate majapidamine jäi piiritusetööstusele kohandatuks ja

põhiosa oma tuludest said nad viina ja nuumloomade müügist.

Tähtsaimaks härgade nuumamise piirkonnaks jäi Ida-Eesti, eriti Viru- ja Tartumaa. Virumaa mõisates nuumati 1840. aastate alguses talviti kokku u. 6000, Tartumaal 6000 – 10 000 härga. Need müüdi eluskarjana peamiselt Peterburis, kuhu nad tuli ajada jalgsi. Üks selline käik kestis 4–6 nädalat. 1840-ndail saadeti Eestimaa kubermangust Peterburi aastas 12 000 – 15 000 nuumhärga ja 3500–5000 lammast. Loomi müüsid sealsetele ülesostjatele ka talupojad.

Oluliseks kaubalise põllumajanduse haruks kujunes 19. sajandi teisel veerandil merino tõugu peenvillalammaste kasvatus, levides peamiselt Kesk-Eestis. Kliimaga kohanemise raskuste tõttu jäi esimene kari püsima alles 1824. aastal. Siitpeale alanud edusamme toetas ka keskvalitsus, olles huvitatud uue tootmisala juurdumisest. 1826. aastal asutati Eestimaal vastav lambakasvatuse selts; 1832. a. oli siin juba 34 lambakasvatust 14 000 lambaga, 1841 aga 134 kasvatust 94 000 lambaga. Liivimaa Eesti-osas oli 1846. aastal 28 karja 19 000 lambaga. Meriinode kasvatamisega tegeldi tollal umbes viiendikus Eesti mõisates. Osa villast saadeti kohalikesse kalevivabrikutesse, osa välismaale. Tõulambaid müüdi ka Venemaale. 1840. aastail elas meriinokasvatus raskete ilmastikuolude, loomataudide ja tugevasti kõikuvate villahindade tõttu üle tõsise kriisi. Lammaste arv vähenes ligi kaks korda. Edaspidi muutus lambakasvatuse suund – pikkamööda loobuti peenvillalammaste kasvatamisest. Imporditud liha-villalambatõugude ja kohalike lammaste ristamise teel saadi heade omadustega ristandlambad. Taludes peeti endiselt kohalikku jämevillalist maakarja või ristandeid, kellelt saadud toodangut tarvitas peamiselt talupere ise. Need loomad olid vastupidavad, vähenõudlikud ja viljakad, tuues enamasti kaksik- ja kolmiktallesid, kuid väikesed (eluskaal 35–45 kg, villatoodang 1,5–2 kg).

19. sajandi teisel veerandil toimus karjanduses teisigi nihkeid – Eestimaa andmeil kas-

vas lammaste arv ligi kolmandiku, veiste ja hobuste arv veerandi ning sigade arv viiendiku võrra. Järvamaa paistis silma lambakasvatuse ja Virumaa nuumhärgade poolest. Mõisates hakati veistele rohkem tähelepanu pöörama ka karjasaaduste turustamise mõttes. 1830. aastate lõpul toodi mitmele poole Eestimaale esimesi ida-friisi mustavalgekirjuid veiseid, kelle piimaand ulatus 20–25 toobini päevas. Seoses kartulikasvatusega paranes mõisates sigade nuumamine. Talukarjandus jäi sel perioodil reeglina samasuguseks kui varem.

Kuna meriino lambad nõudsid paremat sööta, hakati mõisapõldudel kasvatama ristikut (mis aitas tõsta ka põlluviljakust), samuti vikki, loomanaereid jt. kultuure. Ristikupõllu hilisem üleskündmine vajas paremaid atru ja tugevamaid tööloomi. Et ristik nõudis kohta külvikorras, mindi sajandeid püsinud kolmeväljasüsteemilt üle mitmeväljasüsteemile. Kiiremini võtsid selle omaks Lõuna-Eesti mõisad ja talud. 1863. aastaks oli Liivimaal mitmeväljasüsteemile üle läinud 81% mõisatest. 1881. aastaks oli 84% Pärnu-, 74% Viljandi- ja 58% Tartumaa taludest kasutusel viieväljasüsteem. Paljudes Liivimaa mõisates kasutati kuni 20. sajandi alguseni seitsmeväljalist külvikorda: kesa (sõnnikuväetusega), rukis, ristik, ristik, oder (kartul), suvinisu (oder), kaer. Eestimaal hariti 1867. aastal maad mitmeväljasüsteemi alusel 75% mõisates ja 20% taludes. Talumajapidamistes algas vastav pööre Järvamaalt, kus 1863. aastal kasutati mitmeväljasüsteemi enam kui pooltes taludes. Samal ajal oli Virumaal selliseid u. 8% ja Harju- ning Läänemaal vaid 1–2%. Saartel ja mandri lääneosas püsis kolmeväljasüsteem paiguti ka I maailmasõja eel. Viljavaheldussüsteemile üleminekut takistasid suurem tööjõuvajadus, vähene veojõud ning puudulik taimekaitse. Põllukultuuride vahekorras püsis esikohal rukis, kuid tema osakaal langes. Mõisas järgnes talle nüüd kartul, siis ristikhein, oder ja kaer, talus aga oder, kaer, kartul ja Lõuna-Eestis ka lina.

Mitmeväljasüsteemile minekuga kaasnes mõisate põllupinna suurendamine, mis toimus suurelt osalt niitude ja karjamaade üleskündmise ning uudismaade ülesharimise, jaolt ka talumaade mõisastamise teel. Veerand sajandi jooksul kasvasid põllud edukamates mõisates 40–50% võrra. Raskusi tekkis nende väetamisega – sõnnik andis sama palju, kui vili ära võttis, nii et saagikus eriti ei tõusnud. Kunstväetisi veel polnud.

19. sajandi teisel veerandil alanud agrotehniline pööre vajas suuremaid kapitalimahutusi ning esitas uusi nõudmisi ka seni rutiinse töökorralduse ja mahajäänud tehnikaga harjunud tööorjadele. Mõisnike jaoks oli tähtis olemasoleva tööjõu võimalikult ratsionaalne rakendamine, milleks suurendati järelevalvet, hoiti kokku vähem oluliste majandustalituste osas ja hakati rakendama tükitööd. Kuid vaja läks ka oskuslikumaid töökäsi, mistõttu hakati 1860. aastail rohkem rakendama palgalisi mõisasulaseid. Kohati kurdeti, et uuendused tuleb seisma jätta, sest mõisnikud peavad kogu kapitali ulatuses põllutöölisi palkama ja neile eluhooneid ehitama.

Ümberkorralduste sotsiaalmajanduslikku külge oli võimalik tagada vaid mõisa ja talu seniste vahekordade muutmisega. Raha saamiseks sundis mõis talupoegi teorendil olevaid talusid raha eest rentima või päriseks ostma. Ettenägelikumad mõisnikud tegid seda 1840.–50. aastail, ning ajapikku pidid neile tahes-tahtmata järgnema ka teised. Mõisnike inertsi kõrval mõjus ümberkorraldustele pidurdavalt ka talurahva võõristav suhtumine kõigesse mõisast lähtuvasse.

Mõisamajanduse algava moderniseerimisega kaasnes maakasutuse ja asustuse ümberkorraldamine. Liivimaa 1804. aasta talurahvaseadusega taas kasutusele võetud rootsi maksusüsteem, mis sidus talurahva koormised nende kasutuses olevate kõlvikute suuruse ja kvaliteediga, tõi kaasa kõikide maade mõõtmise, hindamise ja kaardistamise. Selle käigus korrastati (arrondeeriti) maatükkide koondamise ja vahetamise teel ka mõisa ja talude vahelist maakasutust, mis sageli omandas talumaade mõisastamise iseloomu. Mõisamaakõlvikute kompaktsemaks muutmise nimel kaotati talusid ja koguni külasid, mille elanikud paigutati ümber mõisa ääremaadele, kus neil tuli alustada oma majapidamise taastamist uute maade ülesharimisest. Aastail 1820–50 toimusid kogu Eestis ulatuslikud maade reguleerimise tööd, millele andis järgnevalt hoogu talude päriseksmüümisega seonduv talumaade kruntimine. Asustuspilti hakkasid ilmestama avarad mõisapõllud, parkidega ümbritsetud mõisahooned ja nende juurde kuuluvad moodsad tootmiskompleksid – karjalaudad, õlleköögid ja viinavabrikud.

Põllumajanduse arengusuunad 19. sajandi teisel poolel ja 20. sajandi algul

Alates 1870. aastatest hakkas teraviljakasvatuse osa taimekasvatuses vähenema – põhjuseks mitmeväljasüsteemile ülemineku kõrval ka hindade langemine. Kõige enam vähenes rukkikasvatus. Esiplaanile tõusid kaer, oder ja kohati ka talinisu. Ühtaegu teravilja all oleva pinna kahanemisega laienes kiiresti kartuli ja lina külvipind. Viimast peeti aastail 1850–90 Liivimaal, eriti taludes peamiseks rahaallikaks. Viljandimaal hõivas lina 1870. aasta paiku 1/8 põllumaast. Oluliseks müügiartikliks olid nii linakiud kui linaseeme. 1880-ndail algas linahinna langus, mida mõjutas ka lina kvaliteedi halvenemine sellega külvikorras liialdamise tõttu. Aastail 1885–1913 langes lina osatähtsus külvipinnas 10%-lt 5%-le.

Kartulit kasvatati peamiselt piirituse- ja tärklisetööstuse tarbeks. Kuna kartulikasvatus andis suurt tulu, laienes see kiiresti, hõivates sajandivahetusel juba 9–10% (Põhja-Eestis rohkemgi) külvipinnast. Intensiivsele karjakasvatusele ülemineku tõttu pandi üha enam rõhku söödakultuuridele. 1885. aasta paiku oli põldheina all juba üle 7% külvipinnast. Sajandi teisel poolel levis selle (või ristiku) kasvatus ka taludesse, mõisates aga hakati ristiku kõrvale otsima uusi rohumaakultuure (lutsern, timut, tera- ja kaunviljade segatis) ja tehti algust

söödajuurviljade kasvatamisega. 1913. aastal moodustasid söödakultuurid külvipinnast ligi veerandi. Püüti tõsta looduslike rohumaade saagikust ning rajati kultuurrohumaid. Sajandivahetuse paiku tuli kasutusele sügavkünd, alguses eelkõige maaparanduses. Linnalähedastes mõisates levis köögivilja- ja aiakultuuride kasvatamine. Talude päriseksostmise järel hakati porgandit, aeduba, lillkapsast, sparglit, kõrvitsat, sigurit, sibulat jne. kasvatama ka taludes. Sibulakasvatus koondus eriti Peipsiäärsesse piirkonda. Linnade lähedal omandasid majandusliku tähtsuse viljapuud ja -põõsad.

19. sajandi lõpupoole ja 20. sajandi algul laiendati põllumaad, vähemal määral ka looduslikku heina- ja karjamaad järjepidevalt uute maade ülesharimise teel. 19. sajandi lõpul moodustas põllumaa u. 30%, heinamaa 40% ja karjamaa 30% põllumajandusmaast. Loomade arvu suurenemisega kasvas sõnniku hulk, selle kõrval hakati enam kasutama ka kunstväetisi, samuti paranes agrotehnika. Seetõttu suurenes tähtsamate teraviljade saak paarikümne aasta jooksul ligi 29% ning kartulisaak 35% võrra (vt. tabel). Võrdluseks olgu toodud, et aastail, mil Eestis oli teravilja keskmine hektarisaak 8,4 ts, oli see Rootsis 14,3 ja Taanis 18,8 ts. Samal ajal ületasid Eesti teraviljasaagid tunduvalt Tsaari-Venemaa omi (1909–13 keskmine 6,9 ts). Mõisapõldudel jäid saagid 5–10% kõrgemaks kui talupõldudel.

Kuni 19. sajandi teise veerandini piirdus maaparandus kuivenduskraavide kaevamise ja kivikoristusega. Viimast tingis suureneval määral ka uute põllutööriistade – hõlmadra, raudäkete jt. kasutuselevõtt mõisates ning uute kultuuride laiem levik. Kohati purustati püssirohuga isegi suuremaid kive. Talupõllud jäid esialgu veel kivisteks, sest talupoja harkadrale see takistuseks ei olnud. Halvemad, väga kivised või liigniisked maad jäeti tavaliselt karjamaadeks. Kuivendustöödega tehti tõsisemalt algust 18. sajandi lõpul Saaremaal. Seal loodi ulatuslik kraavivõrk, kraavitatud soodesse rajati uusi heinamaid. Mandri-Eesti mõisates takistas maaparandustöid maade kaardistamatus, mistõttu Liivimaa Üldkasulik ja Ökonoomiline Sotsieteet algatas täpsel mõõdistusel põhineva Liivimaa atlase koostamise. Aastail 1820–30 tehti Eesti- ja Liivimaal ulatuslikke triangulatsioonitöid. 1839 ilmus maamõõtja Carl Gottlieb Rückeri koostatud Liivimaa spetsiaalkaart kuuel lehel ja 1844 Johann Heinrich Schmidti Eestimaa kubermangu kaart kahel lehel. Sajandi teisel poolel mõõdistustööd jätkusid. Kaardid näitasid, et peaaegu kõikjal on äravoolu reguleerimise ning liigniiskete maade kuivendamise võimalusi, mis suurendas mõisnike huvi kuivendustööde vastu. Uudisnähtusena levisid nüüd dreenitud kõlvikud, mida ei tükeldanud arvukad kraavid. Drenaaž parandas mulla õhu- ja veerežiimi, suurendas väetamise mõju, tõstis saagikust ja võimaldas kujundada suuremaid põllumassiive. Esmalt ehitati lattdrenaaži, pärast torupressi kasutuseletulekut sajandi keskpaiku telliti Inglismaalt mitmesuguse mõõduga drenaažitorusid ja torupresse. Savitorusid tehti ka kohapeal, Tartu lähedal Mütal koguni müügiks. Kõige ulatuslikumalt pandi savitorudrenaaži Paul von Ungern-Sternbergi mõisates Koorastes ja Kaagris Võrumaal, kus 1870. aastail oli dreenitud kogu põllumaa. Lõuna-Eestis edeneski dreenimine edukamalt.

Talumaid kuivendati pigem kraavidega, kuid esines ka algelist lattdrenaaži. Kivikoristus edenes jõudsamalt päriseks ostetud taludes alates 19. sajandi lõpukolmandikust. Seda soodustasid nii uue põllumajandustehnika jõudmine tallu kui ehitustegevuse elavnemine linnades. Arenevate keskuste ümber puhastasid sajad talupered oma põllud suurematest kividest, finantseerides seda tööd nendesamade kivide müügist saadud rahaga. Rahvamälestused rääkivad suurte rändrahnude purustamisest, mis andnud korraga mitukümmend vankritäit kive. Paljudes ostutaludes, aga ka mõisates levisid *kompostheinamaad*: heinamaa kuivendati, kõrvaldati mättad ja võsa ning kogu ala kaeti kompostväetisega.

1883 asusid Liivimaa mõisates maaparanduse alal ametisse rootsi kultuurtehnik Ph. Ackermann ja tema assistent, taani insener Peder Rosenstand-Wöldike. Viimane töötas siin kultuurtehnikuna 25 aastat, õpetades välja teisi spetsialiste. Tema soovitatud põikdrenaaž leidis tunnustust ja levis varsti kogu Euroopas, jäädes peamiseks meetodiks kuni tänapäevani.

1897 avati Tartus Liivimaa Sotsieteedi juures Rosenstand-Wöldike juhatusel Põhja-Liivimaa esimene maaparandusbüroo, mis hakkas tegema kultuurtehnilisi eeluurimistöid ja koostama projekte. 1897–1907 töötasid büroo tehnikud 604 mõisas ja 140 talus. Tegevusvälja laienemise tõttu avas büroo 1901 kultuurtehnilised filiaalid Riias ja Tallinnas. Edaspidi laiendati bürood uute osakondade võrra teedeehituse, maamõõdu, metsamajanduse, katseasjanduse ja sookultuuri edendamiseks.

Rohumaade pindala laiendamiseks hakati enam üles harima ka soomaid. Seda katsetati juba 19. sajandi teisel veerandil Saksa ja Soome eeskujul kütise- ning kattekultuuri teel. Kohati röövmajanduslikuks kujunenud kütisekultuur, kus turbakiht põletati kuni mineraalpinnaseni, ja mida 1854–73 rakendati 175 Eestimaa mõisas, vaibus kesiste tulemuste tõttu. Kattekultuur, mille puhul soo pindmine kiht 11–13 cm ulatuses kaeti mineraalmullaga, nõudis liialt suurt tööjõudu. Suuremat poolehoidu soode kultiveerimisel leidis Soomest lähtunud segamiskultuur. Talvel veeti mineraalmaadelt või kraavide kaevamisel saadud savi sohu ning segati turbaga, mis parandas pinnase füüsikalisi omadusi ja rikastas seda kaaliumiga. Järgnes kultuuristatud soo täiskülvamine kvaliteetse heinaseemnega. Soo ümberkünni levikut soodustas mineraalväetiste ja vastavate sooharimisriistade kasutuseletulek. 1908. aastal asutas Liivimaa Sotsieteet Balti Sooparanduse Seltsi, mis muretses endale 1910. aastal Endla soos asuva Tooma talu, kuhu rajati Venemaa esimene sookatsejaam. Seltsi eesotsas seisid Victor von Stackelberg Kärde mõisast Tartumaal ja Nikolai von Sivers Soosaare mõisast Viljandimaal. Selts andis välja ka vastavat ajakirja.

Teraviljade ja kartuli keskmine saagikus ts/ha Eestis 19. sajandi lõpul ja 20. sajandi algul

	rukis	talinisu	suvinisu	oder	kaer	teravili keskmiselt	kartul
1885–88	9,0	10,3	8,1	7,8	6,9	8,4	74,2
1910–14	11,6	13,0	10,4	10,3	8,8	10,8	100,1

19. sajandi lõpu ja 20. sajandi alguse maaparandustöödest mastaapseimad korraldas Sangaste krahv Friedrich von Berg oma mõisas Emajõe-äärses Korva luhas ja Kuiksilla rabas. Parandatud maale rajati kultuurkarjamaad. Märkimisväärsed olid ka Tartumaal Tammiste mõisas ja Viljandimaal Soosaare mõisas rajatud kultuurmaad. Mõneski piirkonnas aga nõudsid liigniisked maad terviklikku kuivendussüsteemi, mida ei suudetud teha. 1897–1917 kuivendati mõisates üle 100 000 ha, millest suurem osa oli metsa- ja üldkuivendus.

Taludele valmistasid maaparandusprojekte ka eesti põllumeeste keskseltside instruktorid. Põllumeesteseltside rajatud maaparandustalitused ning riiklik toetus lõid taludes maaparanduseks soodsad eeldused.

Metsad kuulusid sel perioodil peamiselt mõisatele, Lõuna-Eestis ja Saaremaal ka riigile. Neid vähendasid külvipinna laienemine ja metsamaterjali kasutamine tööstuses. Veel 19. sajandi algul oli metsasus Lõuna-Eestis olnud 50% ja Põhja-Eestis 28% ringis. 1880. aastate lõpuks langes see vastavalt 25% ja 20%-ni. Seepärast hakati pöörama suuremat tähelepanu metsakaitsele, -hooldusele ja -korraldusele. 1830.–40. aastail sai alguse metsaalade kraavitamine, mis muutus kavakindlamaks 1880-ndail ja oli ulatuslikumgi kui põllumajanduskõlvikute puhul. Sajandi lõpupoole osa mõisapõlde metsastati. 19. sajandi keskel alustatud metsakorraldustööd jõudsid põhiliselt lõpule I maailmasõja alguseks. Sel ajal oli Eestis u. 841 000 ha metsa, mida hakkas uuesti laastama sõjaaegne röövkasutamine.

Põllumajanduse arengu üheks tagatiseks oli tööjõu tõhususe kasv, mida soodustas paremate põllutööriistade ja masinate rakendamine. 19. sajandi esimesel poolel oli selles vallas oluline raudäkke ja hõlmadra kasutuselevõtt.

Mõisates juba 18. sajandi lõpul tarvitusel olnud pöörleva trumliga nn. šoti viljapeksumasinad jõudsid taludesse pärast viimaste päriseksostmist (esimene selline Toilas 1867). Rehepeks kiirenes, kuid masina teenindamiseks kulus peaaegu sama palju inimesi kui käsitsi viljapeksu juures.

Põllutöömasinaid osteti välismailt ning ehitati ka siinsetes väiketöökodades või üksikute ettevõtlike meistrimeeste ja külaseppade poolt, kes hakkasid Saksa, Inglise ja Rootsi päritoluga masinaid järele tegema. Masinate tootmisest võttis aktiivselt osa ka mõisnikke, kelle rahalise abiga rajati näiteks põllutööriistade vabrikud Kabinal ja Kõpus. Valmistati külvi-, hoburehepeksu-, tuulami- ja hekslimasinaid, kartulipeenestajaid jm. Talumajanduse jaoks olid olulise tähtsusega linaropsimismasinad ning käsitsi või hobusega ringiaetavad linalõugutid, mis alates 1860. aastaist üsna laialdaselt levisid. Tähtis roll masinate ja põllutööriistade tutvustamisel oli põllumajandusnäitustel.

Suurt edu põllutöömasinate kasutamisel tõi nende käivitamine isesõitvate aurumasinate ehk lokomobiilide abil, mis ilmusid Eesti mõisatesse alates 1860. aastaist. Esimene auru-viljapeksugarnituur võeti kasutusele 1858. aastal Vana-Vigalas. Sangaste mõisnik krahv Berg muretses välismaalt mitmeid rehepeksumasinaid ja kutsus kohale ka insenere ja masiniste. Aastal 1893 tellis ta endale USA-st Chicago põllumajandusnäitusel nähtud uue *iseliikuva lokomotiiviga* rehepeksumasina, millega tuli kaasa insener M. Morris. Masinale tehti kohapeal rida muudatusi ja Sangastes täiendatuna läks see Ameerikas tootmisse New-Morrise rehepeksumasina nime all. *Lokomotiivide* vastu tundsid huvi ka talupojad. Bergile saadeti hulk kirju, paludes andmeid nende töö kohta. Krahv koostas talupoegade jaoks spetsiaalse eestikeelse instruktsiooni, kuidas rehepeksumasinat hooldada. Kui Bergil 1896. aastal suur viljaküün maha põles, hakkas ta vilja masindama otse põllul (kasutades seega kombaini töötamise põhimõtet). Uute masinatega pekstud vili oli senisest puhtam. Berg ise leiutas külviseemne puhastamiseks triööri, mille ta patenteeris ja mida ka välismaal müüma hakati. Ta tellis ka *iseliikuva lokomobiili*, mis vedas enda järel 12–16 atra. Tegemist oli traktori esiisaga. Esimene sisepõlemismootoriga traktor osteti Eestisse 1911. aastal.

Alates 1890. aastast võeti auru-viljapeksumasinaid kasutusele ka taludes. Selles on teeneid Julius Bleimannil, kelle töökojas Vändra kihelkonnas Käru-Kõrbjal ehitati nelja aastakümne jooksul pool tuhat sellist masinat, mis soodsa hinna tõttu põllumeeste hulgas head vastuvõttu leidsid. Tänu Bleimanni tegevusele oli Vändra kihelkond 20. sajandi alguses üheks enim mehhaniseeritud põllumajandusega piirkonnaks Eestis. Kiiresti võitsid eluõiguse masinaühistud, millest esimene rajati Järvamaal Retla külas 1897. aastal. Esialgu tegutses see liikmete kokkuleppe alusel.

Esimene ametlikult registreeritud põhikirjaga masinaühistu asutati 1899 Tartumaal, Kudina vallas Kõrenduse külas. Maailmasõja eel jõuti põllumeeste keskseltside algatusel juba üldisema tegevussfääriga põllutööriistade ja -masinate üürijaamade loomiseni. 1917. aastal töötas 24 põllumasinate üürijaama, mis asusid peamiselt taludes. Selliste jaamade asutamiseks saadi toetust ka riigilt.

Pildi masinate levikust annavad andmed Eestimaa kubermangu kohta. Kui 1867. aastal oli Põhja-Eesti põllumajanduses kasutusel 1147 masinat, siis aastaks 1910 oli nende arv tõusnud üle 10 000. Rehepeksumasinaid oli 3750 (neist 3299 taludes), auru-rehepeksumasinaid 472 (taludes 97), viljalõikusmasinaid 1069 (680), heinaniidukeid 1530 (596), tuulamismasinaid u. 5300 (üle 4500). Kasutusele olid tulnud vedruäkked, kultivaatorid, mitmehõlmalised adrad, hoburehad, muldamissiilid jm. Andmeid masinate kasutamise kohta Tartumaa talundites kogus 1908. aastal oma tulevase doktoritöö jaoks "Põllutöölehe" peatoimetaja, Tartu Eesti Põllumeeste Seltsi kaubandusosakonna juhataja Aleksander Eisenschmidt (1876–1914). 73 analüüsitud talust 50-s peksti vilja aurujõul, 12-s hobujõul ja 11-s käsitsi (kootidega, peksurullidega ja loomadega pahmates). 73 talu kohta oli 115 tavalist hõlmatra, 13 seemendusatra, 28 sõrg-

Viljapeks Varnja külas Rehemetsa talus (1915)

äket, 8 käsikultivaatorit, 3 hajuskülvikut, 8 vilja- ja 13 heinaniidukit, 25 looreha ning üks viljapuhastusmasin.

Põllutöömasinate tutvustamisel, levitamisel ja taludele müümisel oli oluline eesti põllumeesteseltside ja neist võrsunud majandusühisuste osa. Aktiivseimad olid Tartu Eesti Põllumeeste Seltsi kaubandusosakond ja sellest välja kasvanud Tartu Eesti Majandusühisus. Tänu Eisenschmidti järjekindlusele läks ühisusel korda võita krediidiusaldust ja sõlmida ärisidemeid välismail. Eisenschmidt, kes tundis hästi eesti talupoja majanduslikku võimsust ja masinate kasutamise võimalusi, oli ka ühistegevuse ja masinaühistute loomise propageerija.

Koos masinate kasutuselevõtuga hakati tundma puudust oma ametit hästi oskavatest masinistidest, keda oli esialgu õpetatud välja kogenumate ametivendade käe all. Vastavate kursuste vajadusest kirjutati eesti lehtedes juba 1895. aastal, selleni jõuti 1909. aasta suvel. Tartu Eesti Põllumeeste Seltsi korraldatud masinistide kursuse õppejõududeks olid Aleksander Eisenschmidt, tehnoloogiainsener Konrad Mauritz ja õppinud masinameister Friedrich Jürgenson. Kursusest võttis osa 121 huvilist. Põhja-Liivimaa Põllutöö Keskselts võttis 1914. aasta sügisel tööle masinatundmise instruktori. Sellesse ametisse kutsuti hea teoreetilise ettevalmistuse ja rikkalike kogemustega masinameister Jaak Pillikse, kelle juhatusel toimus 1915. aasta suvel Tartus kolmenädalane masinistide kursus. Rohkem kui 80 soovija hulgast võeti vastu 35, eelistades neid, kes olid varem masinail töötanud või tundsid sepa- või lukksepatööd. Kursuse lõpetas 28 osavõtjat. 1916. aasta suvel korraldati Tartu lähedal Vahi koolitalus Jaak Pillikse juhatusel veel kaks kolmenädalast kursust ühtekokku 50 lõpetajaga. Lisaks aurumasinaile käsitleti ka sisepõlemismootoreid. Nagu "Sakala" teatas, oli lõpetanute hulgas ka naisi. Järgmised masinistide-motoristide kursused toimusid 1920. aastal Jänedal.

Loomakasvatus oli kuni 19. sajandi teise pooleni Baltimaade põllumajanduses sekun-

Aleksander Eisenschmidt

daarse tähtsusega. Seda 1840. aastate ikalduste ja taudide tõttu tabanud langus ületati Eestimaal 1850. ja Liivimaal 1860. aastail. 1860. aasta paiku tuli Eestis ühe hobuse kohta kolm veist ja üks siga. Kasvatati peamiselt kohalikku, parandamata maatõugu loomi, kes olid hästi kohanenud ja vastupidavad, kuid madala jõudlusega. Loomi peeti rohkem Põhja-Eesti rannikualadel, Lääne-Eestis ja saartel. Lõuna-Eestis oli loomapidamine levinum põhja- ja loodeosas, kõige väiksem Peipsi-äärsetes ja Lätiga külgnevates kihelkondades. Seal, kus põldu oli vähe, peeti rohkem loomi ja vastupidi. Enim kasvatati veiseid, sh. suhteliselt palju künnihärgi. Härg oli 19. sajandi algupoolel mõisates peamiseks künniloomaks ka aladel, kus taludes tehti künnitööd valdavalt hobustega. Hobuseid kasutati eeskätt Kagu-Eestis, Viljandi- ja Pärnumaa lõunaosas ning Saaremaal. Järva- ja Virumaa ning Põhja-Tartumaa taludes oli hobuseid-härgi võrdselt, kuna Läänemaal, Loode-Eestis ning Põhja-Eesti rannikualal oli ülekaalus härgade kasutamine. Rohkem peeti hobuseid ka linnalähedastes piirkondades, kus võis teenida voorivedudega. Hobuste või härgade eelistamine olenes ka söödast. Hobune vajas metsa- või korralikku luhaheina, härjale kõlbas ka soohein, hädakorral isegi rukkipõhk. Edaspidi laienes hobusekasvatus seoses ristikheina ja timuti levikuga. Lehmade arvukuse poolest paistis silma Kagu-Eesti – osalt lätlastest naabrite mõjul ja eeskujul, teisest küljest jäi tänu härgade vähesusele lehmadele rohkem põhku ja heina. Seetõttu oli talude söögilaud siin piimatoitude (kohupiim, sõir, või) osas mitmekesisem kui Põhja-Eestis. Lambaid ja sigu peeti vähem nii mõisas kui talus. Karjamajanduse arengut takistas heinamaade nappus, taludes seegi, et heas toitumuses ja tugevad loomad tõid kaasa koormiste (hiljem rendi) tõstmise, mistõttu kasvatati rohkem teravilja, mille saagitaset sai enam varjata.

1860. aastaist hakati mõisates orienteeruma veisekasvatusele. Lihaveiste kasvatamise kõrval edenes nüüd piimakarjapidamine, mille üheks tõukejõuks oli sõnnikukoguse suurendamise vajadus. Esmaseks probleemiks kujunes maakarja produktsioonivõime tõstmine. Veised olid väikesed, kaalusid 130–165 kg ning andsid 400–530 liitrit piima aastas. Karja parandamiseks osteti välismaalt tõuloomi, kuid kuna puudus kindel aretussuund, olid karjad tõuliselt üsna kirjud ja oodatud edu jäi enamasti tulemata. 1850. aastate lõpust toimus suguloomade importimine ja tõukarja asutamine Liivimaa Sotsieteedi toetusel. Akadeemik Middendorff algatas angli tõugu veiste sissetoomise. Sajandi lõpul olid punased anglid pea igas Liivimaa mõisas. Neid ristati maakarjaga, kehakaalu suurendamiseks ka taani punase karjaga. 19. sajandi lõpuks kujunes piisav arv ristandloomi, keda hakati nimetama liivimaa punaseks karjaks (hilisem lõunaeesti punane veisetõug). 1885 asutati selle tõu kasvatajate ühing ja seati sisse tõuraamat, 1894 palgati ametisse tõuaretusinspektor. Põhja-Eestis, kus oli enam levinud lihaveiste kasvatamine, osutus sobivamaks ida-friisi ja hollandi veiste ristamisel saadud hollandi-friisi (hilisem eesti mustakirju) veisetõug. 1895 asutati ka selle tõu kasvatajate ühing ning hakati samuti tõuraamatut pidama. Sajandi lõpul olid mõisate karjad tõulisuselt veel üsna kirjud. Edasijõudnum oli Lõuna-Eesti, kus puhast- ja poolverd angli tõugu loomad ja nendega parandatud maakari moodustasid üle poole piimalooma-

dest. Põhja-Eestis oli parandamata maakarja rohkem ja domineeriva hollandi-friisi karja kõrval kohtas rohkesti teisi tõuge. Lõuna-Eestist olulisemana püsis ka nuumhärjakasvatus. Maailmasõja alguseks olid mõisate veistest 90% tõuilmelised ja veerand täisverelised. 20. sajandi alguseks pälvisid Balti mõisnikud tõuaretajatena üldise tunnustuse, ning tõuloomade müümine Venemaale muutus mõisatele täiendavaks sissetulekuallikaks.

Karjajõudluse suurendamise oluliseks vahendiks sai karjakontrolli sisseseadmine, mille algatas Keila kihelkonna mõisnik Ernst von Samson-Himmelstierna. 1903 alustasid tema mõisate järel tööd karjakontrolliühistud Rapla, Märjamaa ja Paide ümbruses. Eeskujuks võeti Rootsi. 1904. aasta lõpul toimus reeglipärane kontroll 48 mõisas, ametis oli 9 kontrollassistenti: 6 välismaalast ja 3 kohalikku. Kontrollühistute tegevus katkes revolutsiooniaastail, kuid taastus 1909. 1913/14. majandusaastal tegutses Eestimaa kubermangus 25 kontrollühistut ja kontrolli alla kuulus pool kõigist mõisakarjadest. Tänu kõigele sellele suurenes mõisates kiiresti piimatootmine ja piimatoodete valmistamine. Kui 19. sajandi keskpaiku hinnati lehma keskmiseks aastatoodanguks mõisates 900–1000 kg (parimas tõukarjas Kunda mõisas 1800–2000 kg), siis 1912/13. kontrollaastal oli Eestimaal enam kui 20 000-pealise kontrollkarja keskmine toodang üle 2550 kg piima ja 84 kg piimarasva lehma kohta aastas (parimas tõukarjas Tuula mõisas üle 3900 kg piima ja 126 kg piimarasva). Eeskujuliku karjamajandusega Sangaste mõisas, kus puhaslaudas peeti 120-pealist puhatõuist äärširi piimakarja, sööta veeti ette rippraudteega ja kasutati ka juba masinlüpsi, andsid lehmad koguni ligi 5000 kg piima aastas.

Maailmasõja eelõhtuks kujunes piimakarjakasvatus mõisate peamiseks tootmisharuks. Liivimaa kubermangu 64 edukamas mõisas laekus loomakasvatusest ja piimast üle poole tuludest, Eestimaa näitaja oli väiksem, sest endiselt andis seal suure osa sissetulekust viinapõletus.

Veisekasvatuse arendamine oli vaevaline ja kallis. Praktiliste põllumeestena tegelesid mõisnikud tõuaretustööga ise ning vahendasid oma kogemusi põllumajandusseltside koosolekuil ja kirjasõnas. Seltside juures tegutsesid 19. sajandi lõpust alates komisjonid loomakasvatuse arendamiseks talumajanduses, aidates kaasa tõumaterjali soetamise, nõuande, instruktorite palkamise ja muuga. Turukonjunktuuri muutusi arvestades oli mõisnike suunavõtt loomakasvatusele asjakohane ja ettenägelik. Sõja eel arutlesid nad, kas mitte spetsialiseeruda eeskätt söödakasvatusele, jättes loomakasvatuse kiireid edusamme tegevate talude hooleks. Seda mõisnikud enam proovida ei jõudnud, kuid oma tõukarjadega olid nad rajanud Eesti veisekasvatusele tugeva aluse.

Taludes kokku oli veiste arv suurem kui mõisates, ent see oli valdavalt maakari, mis andis mõisakarjast umbes kolmandiku võrra vähem piima (mis aga oli maakarjale omaselt kõrgema rasvasisaldusega). Kuni 20. sajandi alguseni olid talukarjanduse arengutingimused üsnagi piiratud. Takistuseks oli vilets söödabaas ja ulatuslikuma piimamüügi võimaluste puudumine.

Põllumeeste keskseltsid korraldasid ka karjakasvatuse alast nõuande- ja aretustööd. Ametisse seati esimesed karjakasvatuse ja piimatalituse instruktorid, alustati karjakontrolli assistentide süstemaatilist ettevalmistust, võeti ette karjauurimine. Olles leidnud talupidajaile sobivad veisetõud, asuti talukarjade omadusi maakarja ja angli tõu baasil parandama. 1914. a. seati nii Eesti- kui Põhja-Liivimaa jaoks sisse ühine tõuraamat. Nii viidi ka talukarjade aretus oma aja kohta heale teaduslikule tasemele. Tõuaretustöös oli oluline karjakontrolli sisseseadmine, mis käis käsikäes piimatalituste asutamisega. Esimene talunike karjakontrolliühing tekkis 1909. aasta kevadel Vändras. 1914. aastal tegutses Eestis juba 60 niisugust ühingut. Hakati asutama ka sugupullijaamu ja kujundama sugulavasid. Kõige selle tulemusena arenes talurahva karjakasvatus 20. sajandi algusest alates kiiresti:

paranes karjahoid ja söötmine, kasvas tõuveiste arv ja tõusis toodang. 1912/13. aastal andsid kontrollialused talukarjad keskmiselt üle 1920 kg piima ja 72 kg piimarasva lehmalt. Toodangumahult hakkas väikepõllumeeste karjakasvatus mõisate omast ette minema. Jõudsa arengu katkestasid sõda, revolutsioon ja nendega kaasnevad korratused, nagu karja ja sööda rekvireerimine. Paljud piimaühingud lõpetasid tegevuse, karjakontrolliühingud ja tõuaretustöö jäid seisma. Veiste arv (u. 480 000, neist 250 000 lehma) vähenes sõja-aastail u. 15% võrra. Ka toodang langes äärmiselt madalale.

Muutusi toimus ka hobuse- ja seakasvatuses. Heast põllutööhobusest sõltusid suuresti taimekasvatuse saagid ning sealt omakorda loomakasvatuse areng tervikuna. Veoloomana põllutöödel tõrjus hobune 1890. aastaiks härja kõrvale. Kohalik maahobune oli tugev, vastupidav ja vähenõudlik, kuid ei sobinud oma väikese kasvu tõttu hästi uutesse tingimustesse. Teda püüti nii puhasaretuse kui ka sobivate importtõugudega ristamise teel suuremaks ja jõulisemaks muuta. 1856. aastal alustas Liivimaa rüütelkonna algatusel tööd Tori hobusekasvandus, kus seati eesmärgiks kohaliku tõu parandamine. Sajandi lõpuks jäädi siin peatuma raskeveo- ja sõiduhobuste aretamise juurde. Edule pani aluse, kui sajandi lõpul võeti aluseks Sangaste mõisas krahv Bergi ristamiskatsetel häid tulemusi andnud norfolk-roadsteri tõugu täkk Hetman. Tema järglased sobisid nii ratsasõiduks, põllutööks kui raskuste vedamiseks. Seda tüüpi hobused said aluseks hilisemale tori hobusetõule. Sajandivahetusel asutati mitmeid hobusekasvatusega tegelevaid seltse ja seati sisse hobuste tõuraamatud. Aktiivse tegevuse tulemusena ületas hobuste arv Eestis sajandivahetusel 200 000 piiri, kuid vähenes seejärel sõdade tõttu taas neljandiku võrra.

Seakasvatuse arengut soodustas linnarahvastiku kasvuga kaasnev suurem lihanõudlus ja suhteliselt soodsad lihahinnad, teiselt poolt aga kartuli kui sobiva sööda kasvatamine. Maasea parandamiseks imporditi tõusigu, sobivaimaks osutus jorkširi e. inglise valge seatõug. Suurema majandusliku tähenduse omandas seakasvatus 20. sajandi algul. Elussigu müüdi peamiselt Venemaa turul, kuid ka Saksamaal ja Inglismaal. Selleks tuli rasvasigade kasvatamiselt üle minna peekonsigade kasvatamisele. Esimesi otsustavaid samme selles suunas tegid eesti väikepõllumehed vahetult enne maailmasõja algust.

Piimandusse jõudis tehnika ja uus tehnoloogia 19. sajandi lõpukolmandikul, esiti mõisates, kus piimast sai tööstuslik tooraine, mille tooted andsid suurt tulu. Esimesed edukad piimatööstusettevõtted, mida hakati meiereideks kutsuma, kerkisid 1870. aastate algul. Varem oli Eestis piima kooritud holsteini meetodi järgi: piim valati piimakeldris madalatesse laiadesse püttidesse, koor riisuti lusikaga. 1870. aastate algul levis Soome piimandusinstruktor Europäuse õpetusel tootlikum, Schwartzi koorimismeetod: piim pandi kõrgetes alt väljajooksuga plekknõudes peenestatud jäässe. Suurima pöörde Eesti meiereiasjandusse tõi separaatori leiutamine. Uut seadet tutvustati ajakirjanduses 1878. aastal, ja kohe alustas Vana-Kuuste mõisas tegevust ka esimene kohalik separaatormeierei. Piima koorimine kiirenes ja kättesaadava rasva hulk suurenes – kui Schwartzi meetodil jäi kooritud piimasse 0,7% rasva, siis separaatori puhul vaid 0,2%. Koore hulk kasvas 10–15% võrra.

Piimanduse edusammud ergutasid kohalikku tööstust. Juba 1864. a. valmistas piimatööstustarbeid Alexander Eduard Schöneichi ettevõte Jõhvis, 1869. aastal asutas kaupmees W. Mayer Tallinnas eritöökoja meiereiseadmete ja -nõude valmistamiseks. 1878. aastal asutas taanlasest piimandusspetsialist P. Stokeby Tartus spetsiaalse võipakkimisettevõtte. Uut laadi seadmeid tarnisid eelkõige välisfirmad, kuid pakkumisi laekus ka kohalikelt tootjailt. Agaramaid olid Eduard Lausmanni masinavabrik, Christian Rotermanni vabrik ja W. Paalzow' töökoda Tallinnas. Sajandivahetusel asutas Tallinna kaupmees Leopold Jacobsohn Veerenni tänaval suure

meiereimasinate parandustöökoja. Seadmeid leiutati ka ise. Sangaste krahv Berg mõtles välja lihtsa, käepärase, kuid tõhusa piimajahuti, mis sai Põhja-Liivimaa 1909. a. augustinäitusel kuldmedali.

Sajandi lõpuks jõudis mõisameiereide arv 200 ligi. Meiereid vajasid kvalifitseeritud tööjõudu, kelleks olid eeskätt siia saabunud taani meierid, sekka ka šveitslasi. Soome mõju asendus taani-šveitsi juustuorientatsiooniga. Šveitsi meistrid märkasid, et eriti maitsvat, lausa ehtsat šveitsi juustu on võimalik valmistada Saaremaal, kus karjamaade taimestik sarnanes nende mägikarjamaade omale. Ajapikku läks piimatöötlemine ettevõtjatest piimarentnike-juustumeistrite kätte, kes ostsid mõisaga sõlmitud lepingu kohaselt üles ühe või mitme mõisa piima, tootsid võid ja juustu ning kandsid hoolt selle turustamise eest. 1898. aasta karjakasvatusankeedi ilmselt mittetäielikel andmetel turustas piima linnas 15 Lõuna-Eesti mõisat. Oma meierei oli 96 ja Saaremaal 26 mõisas; neist üheteistkümnes valmistati peamiselt juustu. Piimarentnikule oli renditud 286 mõisa piim.

Sajandi lõpupoole suurenes märgatavalt piimatoodete kvantiteet ja paranes kvaliteet. Peamiseks väljaveokaubaks kujunes või. Peterburi turule saadeti *Pariisi või* ja Euroopasse *eksportvõid* (hapukoorevõid). Eesti- ja Liivimaa või heale mainele aitasid kaasa väljapanekud kohalikel, aga ka Peterburi, Riia ja koguni Hamburgi näitustel. Välisturule pääsemise huvides astus Liivimaa Põllutöö Edendamise Selts 1874. aastal Saksamaa Piimandusseltsi liikmeks. Aastal 1880 oli eksportijaks vaid kaks mõisameiereid. Turustamist pidas silmas ka 1887 asutatud Tallinna (hilisem Eestimaa) Meiereiühistu, kuhu kuulus üle 60 mõisameierei. Selles tegutsev instruktor propageeris piima pastöriseerimist, mis parandas koore ja või kvaliteeti. Samuti korraldas ta piimasaaduste müüki välisturgudel. Juba järgmisel aastal lähetas Meiereiühistu oma võid Londonisse, Hulli, Newcastle'isse, Leithi, Kopenhaagenisse, Hamburgi ja Lüübekisse. Suureks tarbijaks oli Peterburi. Sinna saadeti ka värsket piima, eeskätt Virumaa mõisatest. Peagi pandi käima spetsiaalne piimarong, mis Tartust teekonda alustades varahommikul Peterburi jõudis.

Toodangu mahu suurendamiseks võeti 1890. aastail kasutusele aurujõud. Nii mõneski mõisas lõpetati nüüd õllepruulimine ja ehitati senine õllekoda ümber meiereiks. 1895. aastal oli Eestimaa Meiereiühistus 23 käsi- ja 21 aurumeiereid, 6 hobu- ja 2 veejõudu kasutavat meiereid. Kui 1894 avati Siberi raudtee, kasvas konkurents Peterburi võiturul. Tol aastal alustas tegevust esimene Siberi meierei ja kuus aastat hiljem oli neid juba 1107.

Kindlustamaks kohalike piimasaaduste kvaliteeti, avati 1900. aastal Tartus Veterinaarinstituudi juures professor Karl Happichi juhatusel piimasaaduste laboratoorium, millest sai Venemaa piimanduskultuuri keskus. Aastal 1900 asutatud Eestimaa mõisnike põllumajandusühistu "Pomeštšik" rajas Eestis esimesed suurmeiereid. Rakvere keskmeierei alustas tööd 1902. ja Tallinna keskmeierei 1907. aastal. 1912. aastaks ehitas "Pomeštšik" oma liikmete toodangu turustamiseks Peterburi uusimatele tehnilistele nõuetele vastava 6-korruselise maja. Ühistu pealaol oli Peterburis 40 jaoskonda ja üle 700 teenija. Iga päev veeti linnas piima laiali 3 auto, 30 hobuse ja 200 käsivankriga. Päevas müüdi ligi 60 000 liitrit piima, lisaks ka liha. Tallinna piimaturul oli mõisnike ühisus aga täielik peremees.

Suurmeiereide kõrval kerkis ka pisi- ehk talumeiereisid. Üks selline käivitus David Otto Wirkhausi algatusel 1860-ndate lõpus Väägveres, teine mõni aasta hiljem Carl Robert Jakobsoni talumeiereina Kurgjal. Aastal 1874 seadis mõisnik Nikolai von Esseni toel ja näpunäitel väikese meierei sisse Hans Arjukese Kastre Maasikmäe talus. Peagi oli Kastres ja Mäksal 30 talumeierei ringis ja nad turustasid von Esseni kaudu võid ka Peterburis ja Berliinis. Sama kandi mees Jaan Moses Laaneotsa talust sai Peterburi piimandusnäituselt 1879 või eest pronksmedali. Külarahva piimast ajasid võid Viru-Jaagupi koolmeister Johann Weidenbaum ja Kunda-Malla Iila

küla koolmeister Hans Krickmann. Eestimaa kubermangu suurim talumeierei oli Juhan Estenthali oma Türi-Allikul, kust saadeti võid nii Tallinna, Peterburi kui ka välismaale. Suurem osa talupidajaist tarvitas siiski kogu oma piimatoodangu ise.

Et välismaalastest meierid olid mõisnike jaoks üsna kulukad, hakati ametisse võtma praktilise koolituse saanud eesti või- ja juustumeistreid. Nende seas oli võimekaid ärimehi, kes õppinud meierina olid teeninud Venemaa mõisates head raha ja võisid nüüd mõne kodumaise mõisameierei rendile võtta. Mõni võttis enda kätte mitu või- ja juustukoda, nagu 20. sajandi algul *Liivimaa juustukuningana* kuulsaks saanud Kavastu talupoeg Peeter Muna (Munna) koos vendadega. Tema tooteid müüdi Venemaal Musta mereni välja. Enne maailmasõda oli Muna käe all ligi 40 mõisameiereid. Tema toodetud juust ja või said Pariisi suurnäituselt väikese kuldauraha. Tsaari-Venemaa kokkuvarisemisel jäi tal Peterburi pankadesse üle 2 miljoni kuldrubla.

Tulusamale järjele tõusis talurahva piimakarjakasvatus kooperatiivse piimatööstuse tekkega. Esimene elujõuline piimaühisus loodi Imaveres. Soome eeskujude järgi ehitatud meiereis alustati meier Jaan Neumanni juhtimisel tootmist 1910. aastal. Järgmisel aastal võeti kasutusele aurujõud. Valmistati kaseiini ja võid, mis turustati peamiselt Peterburis. 1914. aastal tegutses juba 135 ühispiimatalitust. Alates 1912. aastast töötas ülemaaline piimaühingute keskühisus "Estonia", mille ülesandeks oli piimasaaduste tootmise korraldamine, kontroll ja ühismüük. Eesti piimanduses olid suured teened põllumajanduse eriteadlastel Jaan Raamotil ja Aleksander Eisenschmidtil, agronoom Jaan Mägil, konsulent Johan Emblikul jt.

Halvavalt mõjusid ühispiimatalitustele maailmasõda ja revolutsioon. Meierid ja osanikud mobiliseeriti, valitsusvõimud hakkasid piimaühisustelt sunninorme nõudma. Sõjaolukorra tõttu tõusid hinnad kiiresti, ühingud olid huvitatud aina suurematest kasumitest, hakati tootma rohkem ja kehvemat kraami, sest ostjaist puudu ei tulnud. Aastal 1918 oli rivis veel ainult 97 ühismeiereid.

Mõisamajanduse osatähtsus

19. sajandi teisel poolel, kapitalistlikule turumajandusele ülemineku perioodil toimusid Eesti mõisamajanduses tõsised struktuurimuutused. Kuni 1870.–80. aastateni püsis selle raskuspunkt teravilja- ja linakasvatusel ning viinapõletamisel. Koos raudteega jõudis kohale Venemaa odav teravili, Eesti teravili aga minetas tähtsuse turutoodanguna. See jäi kasutusele peamiselt loomasöödana, ja kui piiritusetootmine jätkus, ka piiritusetehaste toorainena. Ülejäänud mõisates kujunes nüüd juhtivaks suunaks karjakasvatus, eriti piimakarjandus kui Eesti looduslikesse oludesse sobiv ja tulus põllumajandusharu. Esimese maailmasõja eel oli mõisamajanduse ümberkorraldamine piimakarjanduse baasil lõpule viidud.

Peale põllumajandusliku tööstusega seotud ettevõtete (piiritusetehased, meiereid, jahuveskid) olid mõisates väga levinud ka tehnilist laadi tööstusettevõtted. Mitmel pool omandas tööstusliku iseloomu metsamajandus – olid oma saeveskid ja tõrvaahjud. Ehitusmaterjale iseenda tarbeks ja

lähiturule tootsid ka mõisa tellisetehased ja lubjaahjud. Suur osa tööstusettevõtetest anti rendile. Tüüpiline mõisamajapidamine kujutas endast paljuharulist ja paindlikku suurettevõtet.

Kogu maafond Eestis, välja arvatud linnade ja suuremate teede ning veekogude all olev maa, jagunes põhiliselt mõisa- ja talumaaks. 1918. aasta paiku oli mõisate omanduses u. 58% ja nende otsesel pidamisel u. 45% kogu maast. Osa mõisamaast, peamiselt põllu-, heina- ja karjamaa näol, oli talupoegadele rendile antud. Et mõisate maaomandist suure osa moodustas mets ja põllumajanduslikult kõlbmatu maa (Põhja-Eestis 49% ja Lõuna-Eestis 55%), siis oli mõisate osatähtsus põllumajandusliku maakasutuse alal talumajapidamiste omast palju väiksem. Mõisamajandusliku sektori osakaalust Eestis põllumajanduses annavad täpseima pildi 1916. aasta suvel korraldatud põllumajandusloenduse andmed (vt. tabel).

Mõisamajanduses oli hõivatud umbes viiendik põllumajanduslikust rahvastikust. Mõisamajapidamiste harida oli ligi 27% põllukultuuride külvipinnast, neis peeti 22% tööhobustest ning 23% lehmadest (siia hulka on arvatud ka mõisatööliste loomad). Kuna talude põllumajandustoodangust suurem osa läks oma tarbeks ning saagikus ja produktiiv-

Mõisamajanduses hõivatud rahvastiku, mõisate külvipinna, tööhobuste ja lehmade osatähtsus üldhulgast 1916. aastal

Maakond	Mõisates hõivatud inimesi		Mõisate külvipind		Tööhobuseid mõisates		Lehmi mõisates	
	arv	%	tiinu	%	arv	%	arv	%
Harju	18 996	25,9	16 680	40,5	4637	31,6	9919	31,2
Viru	18 553	22,3	29 026	34,5	4783	30,6	11 390	30,7
Järva	11 701	28,6	19 559	36,5	2935	34,2	5800	30,6
Lääne	7220	11,9	15 077	33,1	2372	17,4	5213	20,3
Tartu	16 105	17,4	33 649	22,4	4271	18,4	11 520	21,1
Võru	11 379	17,1	19 929	20,3	2598	19,4	5784	19,8
Viljandi	9698	16,4	17 777	21,4	2688	17,6	6330	18,2
Pärnu	6144	11,0	11 590	17,9	1721	12,4	3765	13,2
Saaremaa	3489	10,1	5831	25,2	1174	14,4	1110	12,4
Kokku	103 285	18,2	169 118	26,8	27 179	21,5	60 831	22,6

susnäitajad jäid mõisa omadest maha, siis andsid mõisad 20. sajandi algul umbes poole põllumajanduslikust kaubatoodangust.

Üheks tänini ebaselgeks küsimuseks meie põllumajanduse ajaloos on mõisate tulukus, mille kohta võib erialakirjanduses kohata erinevaid väiteid. Balti suurmaapidamist enne I maailmasõda on hinnatud suures kitsikuses olevaks. Põllumajanduslik tootmine olevat olnud ummikus ning mõisaid peetud ülal metsast ja talumaade rentimisest saadava sissetuleku abil. Mõisamajanduse kohta käivad vähesed uurimused kinnitavad siiski, et majandusliku tasuvuse seisukohalt oli enamik Balti mõisatest elujõulised. Tulu tõid nii põllumajanduslik kui tööstuslik tootmine, ning mõisate rentaablus tõusis ka veel sõjaeelsetel aastatel. Selle alustaladeks olid intensiivne majandamine, hea inventariga varustatus, jõudsalt kulgev mehhaniseerimine, erinevate majapidamisharude otstarbekas spetsialiseerumine ning hästikorraldatud turustus, kuid ka mõisatööliste suhteliselt madalad palgad ja kibe töösund. Viimased osutusid mõisamajanduse nõrgimaks kohaks.

1916. aasta suvel oli mõisates suuremal või vähemal määral hõivatud 103 285 inimest, neist Põhja-Eestis 56 470 ehk 25,8% ning Lõuna-Eestis 46 815 ehk 15,2% põllumajanduslikust rahvastikust. Olulisem oli mõisa kui tööandja roll Harju- ja Järvamaal (25–28% põllumajanduslikust rahvast), vähem oluline Saare- ja Läänemaal (10–12%).

Mõis hoidis kinni inimestest, keda ta vajas tööjõuna, mitte aga neist, kes olid tema seisukohast üleliigsed. 19. sajandi lõpul elas Lõuna-Eestis mõisa- ja kvoodimaal, mis hõlmas üle poole kogu maast ning enam kui kolmandiku põllumajanduslikult kõlbulikest maadest, vaid 25–30% kogu maarahvastikust. Samal ajal valitses talumaal suuri pingeid põhjustav agraarne ülerahvastatus. Valdav osa maatöölistest ja maata või vähese maaga rahvast, kes moodustasid ligi kaks kolmandikku talupoegkonnast, ihkas saada iseseisvaks kohapidajaks, mis oleks võimalik olnud vaid mõisate arvel. Mõisa kadumisest olid huvitatud ka ise-

seisvad talunikud, keda mõis mitmeti ahistas. Mõisamajandusele sai saatuslikuks talurahva vastuseis mõisnikele ning kummagi poole majanduslike ja poliitiliste huvide vastandlikkus. Mõisate kui suurmaapidamiste ja mõisnike kui suurmaaomanike saatuse otsustas 1918.–19. aastal sobiva võimaluse avanedes talurahva soov sajandite jooksul suuresti kaotatud maa täielikult enda kätte saada.

Põllumajandusseltsid ja ühistegevus

Juhtivat osa Balti kubermangude põllumajanduse edendamisel ja moderniseerimisel omas 1792. aastal Riias asutatud ja 1813–1939 Tartus asunud Liivimaa Üldkasulik ja Ökonoomiline Sotsieteet, mis oma töö korraldamisel lähtus Londoni Kuningliku Põllumajanduse Seltsi (1753) ja Peterburi Vaba Majandusühingu (1765) eeskujust. Sotsieteedi ülesandeks oli *kõikide provintsi seisuste – aadli, õpetlaste, linnakodanike ja talurahva üleüldise heaolu edendamine*, mille all mõisteti nii kõlbluse ja hariduse kui ka materiaalse arengu edendamist. Sotsieteet, mille moodustasid 13 Liivimaa pärusaadlisse kuuluvat uuendusmeelset tegevliiget, toimis akadeemia-taolise teadusorganisatsioonina. Sel oli alaline sekretär, kes ei pruukinud kuuluda rüütelkonda, nagu auliikmedki. Sotsieteedi liikmed kogunesid kaks korda aastas mitmepäevastele üldkoosolekutele, arutamaks olulisi probleeme ja kavandamaks abinõusid nende lahendamiseks. 1899. aastal loendati Sotsieteedil 21 filiaali ja erialaseltsi, mille hulgas olid olulisemad Liivimaa Põllumajanduse ja Tööstuse Edendamise Selts (asut. 1844) ja Loodusuurijate Selts (asut. 1853) Tartus. Koos esimesega neist anti välja nädalalehte "Baltische Wochenschrift für Landwirtschaft, Gewerbefleiss und Handel" (1863–1915). Selle lisana ilmus 1868 ja "Eesti Postimehe" lisalehena 1869–89 Johann Voldemar Jannseni toimetusel "Eesti Põllumees". 19. sajandi lõpul toimis Sotsieteet kogu Balti regiooni jaoks omamoodi põllumajanduskoja funktsioonis. Tegevusraha saadi selle asutaja, Riia kaupmehe ja mõisaomaniku Peter Hein-

Eestimaa Põllumajanduse Ühingu suurpõllumeeste
väljasõiduistung Huuksi mõisas Järvamaal (1896)

rich Blanckenhageni (1723–94) annetatud kapitali protsentidest, millele liikmed lisasid igal aastal mingi summa. Hiljem saadi toetust ka riigiasutustelt, eraettevõtetelt ja üksikisikuilt. Sotsieteet toetas nii oma tütarseltse kui ka eesti ja läti põllumeesteseltside üritusi ja väljaandeid, arendas näitusetegevust, andis välja erialakirjandust, korraldas katse- ja uurimistööd, organiseeris konkursse jne.

Otsustavat mõju avaldasid Sotsieteedi tegevliikmed (keda Tartus naljatamisi 12 apostliks nimetati) ja president. Viimastest olid mõjukad Raadi jt. mõisate omanik Reinhold Wilhelm von Liphart (ametis 1807–28), Vorbuse, Palupera ja Hellenurme mõisa omanik Karl von Bruiningk (1835–46), Maramaa mõisa omanik Karl Eduard von Liphart (1847–62), akadeemik Alexander von Middendorff (1862–82) ning Kuremaa mõisa omanikud Eduard (1882–1900) ja Erich von Oettingen (1906–27). Seltsi sekretäridest, kellest mitmed tegid põllumajandusteadlastena otsest uurimistööd, omasid suuremat tähendust Andreas von Löwis of Menar (1811–39), Wilhelm von Hehn (1840–61), hilisem Tartu Ülikooli ja Riia Polütehnikumi põllumajanduse professor dr. Karl Hehn (1861–68),

majandus- ja poliitikategelane insener Hermann von Samson-Himmelstierna (1868–75), ning majandusteadlane ja agronoom dr. Gustav von Stryk (aastail 1876–1927).

Sotsieteedi olulisemate ettevõtmiste hulka kuulusid Liivimaa triangulatsioonitööd (1816–19) ja spetsiaalkaardi koostamine (1839) ning Liivi- ja Saaremaa üldised nivelleerimistööd (1874–85). 19. sajandi lõpul algatas Sotsieteet suurejoonelise maaparandustööde kava, mille elluviimisel alustas 1897 tegevust Liivi- ja Eestimaa Maakultuuri Büroo keskusega Tartus. 1911 moodustati Sotsieteedis majandusnõuande osakond, kus analüüsiti mõisate majanduslikku seisukorda ja töötati välja abinõud nende tulukuse tõstmiseks. Eestimaa kubermangus etendas Sotsieteediga sarnast rolli 1839. aastal asutatud Eestimaa Põllumajanduslik Selts Tallinnas.

Põllumajandusnäitused juurdusid Balti avalikus elus 19. sajandi keskpaigast. Esimene, loomade näitus peeti juunis 1849 Viljandis Sotsieteedi tütarseltsi korraldusel ja oli kohaliku tähtsusega. Järgmine üritus toimus 1857. aastal provintsinäitusena Tallinnas ja Tartus, korraldajateks Eestimaa Põllumajanduslik Selts ja Liivimaa Põllumajanduse ja Tööstuse Edendamise Selts. Esimesel Tartu näitusel oli innustav eeskuju, mida võimendas ajakirjandus, sealhulgas "Perno Postimees", mis näituseuudised ka talurahva hulka tõi, rääkimata näitusel esinenutest endist, kellede hulgas oli väljapanijate ja vaatajatena rohkesti nii mõisnikke kui ka talupoegi. Oma näituseni jõudsid ka mitmed teised Sotsieteedi tütarseltsid, siiski oli vaid Tartu näitusel jõudu muutuda reeglipäraseks, põhjuseks Tartu seltsi laiem kandepind ja keskne asend. Teisele Tartu näitusele (1860) järgnes 10-aastane paus, mille kestel otsiti õiget suunda nii Balti põllumajanduse arengus kui ka näitusetegevuses. Olulist selgust tõid sellesse juunis 1863 Riias akadeemik Middendorffi ja Sotsieteedi sekretäri Karl Hehni eestvõttel peetud Balti põllumeeste ja metsakasvatajate esimene nõupidamine ning selle otsusel juunis 1865 Riias korraldatud kõiki kolme kubermangu ühendav I Balti põllumajandus-tööstusnäitus ja põllutöökongress. Balti kesknäitused toimusid Riias veel ka 1871, 1880 ja 1899. Tartu näituste korraldamine jätkus 1871. aastast. Alates 1874 sai sellest provintsideülese tähtsusega iga-aastane 3–4-päevane augustinäitus, mida peeti kuni 1913. aastani. Tartu näituste väljakujundajateks olid 1870.–90. aastail Sotsieteedi sekretär Hermann von Samson-Himmelstierna (1826–1908) ning Nikolai von Essen (1839–1900).

Tartu näitusest sai suurüritus kogu Balti regiooni ja lähemate Vene kubermangude jaoks. Siia tuldi nii vaatama kui ka äritehinguid sõlmima. Enam-vähem reeglipäraselt tulid Tartusse regiooni tähtsamad tõuaretajad oma produktiivloomadega, et asjatundliku ekspertiisi osaliseks saada, oma tööle kinnitust ja tunnustust leida. Tartu näituse olulisemaks osaks jäid hobuste ja veiste osakonnad. Väljapanemist leidsid ka sead, lambad, kodu- ja maakäsitöö, masinad ja põllutöösaadused. Osal aastatest esines eraldi meiereiasjanduse osakond, 1883–91 oli programmis võistukündmine. Augustinäituse osana toimus iga viie aasta tagant eraldi käsitöönäitus. 1893. aastast korraldati põhinäituse kõrval erinäitusi mingist põllumajanduse eriharust või ka sellega vähem seotud alast (nt. metsandus, mesindus, kodulinnud, kalandus, aiandus, jahindus, turbalõikus, betoontooted, veovahendid ja hobuseriistad, aga ka tuletõrje, amatöörfotograafia, arheoloogia ja etnograafia, autod). Alates 1880. aastate lõpust küündis näitusekülastajate arv pidevalt üle 10 000.

Rahva seas Tartu saksa näituseks ristitud üritus pakkus alati tõsist huvi ka eesti talupidajatele. Kuni I maailmasõjani osales Sotsieteedi näitustel 32 sellist taluperemeest, kes seal vähemalt 8 korda väljapanekuga esinesid. 1870. aastail hakkasid ka eesti väikepõllumehed ise näitusi korraldama. Rahvas hakkas neid kutsuma eesti näitusteks. Korraldajateks olid eesti põllumeeste seltsid eesotsas vanima ja tugevaima – Tartu Eesti Põllumeeste Seltsiga. Viimane asutati

1870. aasta suvel Johann Voldemar Jannseni algatusel. Sama aasta lõpul asutati Pärnu ja järgmisel aastal Viljandi Eesti Põllumeeste Selts. Eestimaa kubermangus loodi esimene eesti põllumeestselts 1888. aastal Tallinnas. Esimene eesti põllumajandusnäitus sai teoks taluomanik Mart Miti (1833–1912, seltsi president 1874–83) eestvedamisel 19.–20. septembril 1876 Nuustaku alevis. Eksponeeriti hobuseid, veiseid, muid loomi, põllumajandussaadusi ja käsitöötooteid. Näitusel käis u. 1400 inimest. Kuna Tartu selts ei saanud kaua aega luba näituse korraldamiseks Tartus, tuli leppida rändnäituste korraldamisega ümberkaudsetes keskustes – Nuustakul, Põltsamaal, Mustvees, Suur-Rõngus, Vastse-Nõos ja Valgas.

Talunike ja eestlastest väikemõisapidajate kõrval osalesid Tartu Eesti Põllumeeste Seltsi rändnäitustel väljapanekutega alati ka mõned saksa mõisnikest suurpõllumehed. Neid kutsuti näituste žüriidesse ning nad lõid kaasa ka kohalikes eesti põllumeeste seltsides, mille arv hakkas kasvama 1890-ndail. 1911. aastal oli Lõuna-Eestis 53 (neist Tartumaal 17) ja Põhja-Eestis 37 eesti põllumeeste seltsi. Tartu seltsi rändnäitustel oli suur mõju kogu Lõuna-Eestile, mille elanikke harjutati põllumajandusnäitustel käima ning ergutati kohalike põllumajandusseltside loomisele. Enam-vähem regulaarselt korraldasid oma näitusi ka Pärnu (alates 1877), Viljandi (alates 1883) ja Põltsamaa Eesti Põllumeeste Selts (alates 1884).

1887 suutis Tartu selts oma uue presidendi, maamõõtja Jakob Tülki eestvedamisel lõpuks korraldada näituse Tartus. Mõisnikud nägid selles otsest väljakutset majanduslikuks võistluseks. 1895. aastast jäid seltsi näitused lõplikult Tartusse pidama ja pärast Jaan Tõnissoni saamist seltsi presidendiks (oli selleks 1898–1913 ja 1915–18) kujunesid need ka suureks rahvuspoliitiliseks ettevõtmiseks. Tõnisson tõmbas seltsi uusi tegelasi Tartu haritlaste ja äritegelaste seast ja tõi uuendusi näituse korraldamisse. Muuhulgas viidi see seniselt ebasobivalt juunikuiselt ajalt augustikuusse, mil peeti tavakohaselt ka saksa suurpõllumeeste näitust. Üha selgemalt hakkas avalduma kahe näituse rahvuslik konkurents. Saksa poolelt vaadati sellele algul veel üleolevalt, eesti pool aga oli selgesti tiivustatud järele- ja paremini tegemise soovist.

Tartu eesti põllumajandusnäitused võtsid üha enam ka tööstus-, käsitöö- ja kunstinäituse ilme. Nendega kaasnesid kultuuriürituse – kontserdid, etendused ja kõned. Oluline edasiminek oli oma näituseväljaku ja ruumide soetamine 1901. aastal. Külastajate arv kasvas kiiresti, ületades maailmasõja eel juba märgatavalt saksa näituse oma. Tolle mõju kahvatus järjest, ehkki ta ei minetanud oma tähtsust ka talupidajate jaoks, seda enam, et nüüd hakkasid saksa näituse korraldajad nendega rohkem arvestama, kas või näituse tutvustamisel saksa keele kõrval järjekindlamalt eesti keelt kasutades. Tartu eesti näitused aga omandasid 20. sajandi algusest üle-eestilise kultuurilis-poliitilise tähenduse, jättes esialgu varju teise suurema eesti näituse Tallinnas, mida seal oli hakatud korraldama alates 1891. aastast. Tartu seltsil kujunes hea koostöö teiste eesti põllumeeste seltsidega, kes aktsepteerisid 1903. aastal tartlaste ettepanekut anda kohalikele piirkondlikele näitustele rohkem erinäituste iseloom, ühiselt aga korraldada suurt Tartu näitust, millel oleks vähemalt üks väga põhjalik ja üle-eestilise osavõtuga peaosakond. Nii saavutas Tartu eesti näitus kesknäituse iseloomu, mille mõju ulatus ka Põhja-Eestisse ning isegi Venemaa eesti asundustesse.

Näituseasjanduses olid Balti provintsid muust Venemaast paarkümmend aastat ees. Kui 1887. aastal andis keskvõim loa impeeriumis 12 põllumajandusnäituse korraldamiseks, korraldati 6 nendest Balti kubermangudes. 1904. aastal anti luba 172 näitusele 44 kubermangus. Neist 32 ehk ligi viiendik pidid toimuma Eestis ning viimastest 9 omakorda Tartus ja Tartumaal. Liivimaa kubermangu 27 näitusest 21 pidi toimuma selle Eesti alal, korraldajateks 2 saksa suurpõllumeeste seltsi ning 19 eesti põllumeesteseltsi. Eestimaa ku-

bermangu 11 näituse korraldajaks pidi olema 2 saksa suurpõllumeeste seltsi ning 9 eesti põllumeesteseltsi.

Näitusetegevuse lai levik Balti regioonis lubab pidada Tartu näitusi kogu Balti, eriti Eesti näitusetegevuse ning üldistatult ka siinse põllumajanduse moderniseerimise mootoriks. Rahvuspoliitilise vastasseisu kõrval võib neid näitusi käsitleda ka baltisaksa ja eesti üksteist toetava ja virgutava majandusliku, kultuurilise ja poliitilise võistluse ilminguna.

Mõisate ja mõisnike põllumajandusühingute järel ning eeskujul hakkasid talud ja eesti põllumeesteseltsid 19. sajandi lõpust üha sihikindlamalt siirduma intensiivsema, turule orienteeritud põllumajanduse teele. Kohalike põllumeesteseltside kaudu tegelesid talunikud maaparanduse, kultuurheinamaade rajamise ja uute söödakultuuride juurutamisega, karja parandamise ja selle jõudluse tõstmisega. Võeti kasutusele kunstväetisi, paremat külviseemet ja uuemaid põllutööriistu, laienes masinate kasutamine. 1915. aastaks jõudis eesti põllumeesteseltside arv sajani. Põllumeesteseltsidest sai alguse koolilaadsete kursuste korraldamine ja põllumajandusinstruktorite palkamine. 1900–09 korraldas omal algatusel Tartus karjakasvatusele, piimatalitusele, aiaharimisele ja mesindusele suunatud lühiajalisi kursusi ajakirja "Põllumees" (ilmus 1895–1912) toimetaja Hendrik Laas, kes oli ühtlasi esimene põllumajandusinstruktor.

Tartu Eesti Põllumeeste Seltsi näituste kõrval omandasid üle-eestilise tähenduse ka tema korraldatud kursused. 1908. aastal alustas selts lühiajaliste eesti õppekeelega põllutöökursuste korraldamist. Peatselt lisandusid kontrollassistentide ja piimatalituste kursused ning pikenes kursuste kestus. Edaspidi (1918) kasvas neist välja Vahi põllutöökool. Enne seda (1914) oli riik praktiliste põllumeeste ettevalmistamiseks avanud venekeelse alampõllutöökooli Kõo mõisas Viljandimaal. Aastal 1910 loodi Eestimaa Põllumeeste Keskselts, 1913 Põhja-Liivimaa Põllutöö Keskselts. Seltsidel tuli pidevalt ületada võimude

Tartu Eesti Põllumeeste Seltsi näitus (1908)

tehtavaid takistusi, sest nood kartsid isegi põllutöökursuste politiseerumist. Keskseltsid panid ametisse ränd-põllutööinstruktoreid ning kontrollassistente, kelle tegevus, nagu ka seltside poolt väljaantav erialakirjandus, avaldas juba lühikese tegevusaja jooksul eesti talumajapidamistele positiivset mõju.

Põllumajandusalase teabe jagamisel talurahvale omasid suurt tähtsust eesti ajalehed, mille kõrval oli juba 18. sajandi lõpust ilmunud üksikuid eesti keelde tõlgitud või originaalseid käsiraamatuid, mille arv hakkas kasvama 1860. aastaist. Neist mainimisväärsemad olid autorinimeta "Põllumehhe nöuandja kuida madest keige suremat kassu wöib sada" (1866) ja Carl Robert Jakobsoni "Teadus ja seadus põllul" I jagu (1869). Kõige sisukamaks kujunesid 1906. aastast Tartus ilmunud "Põllutööleht" ja 1911. aastast Tallinnas ilmunud ajakiri "Talu".

Kui mõisnike põllumeesteseltsidest kasvas 19. sajandi lõpul välja selliseid majandusliku kooperatsiooni ettevõtteid, nagu Balti Meiereiühing, siis Tartu Eesti Põllumeeste Seltsist sai alguse eesti keskkihtide ühistegevusliikumine. Selle esimeseks ettevõtteks oli 1902. aastal asutatud Tartu Eesti Laenu-Hoiuühisus. 1914. aastaks tõusis ühistegevuslike laenuasutuste üldarv 99-le. Tänu neile võidi talukoha

päriseksostmisel vabaneda mõisa survest, korraldada majapidamist moodsamal alusel, muretseda põllutöömasinaid ja -riistu. Nad soodustasid eesti majaomanike, ärimeeste, käsitöömeistrite ja väiketöösturite kihi kasvamist ja tugevnemist. Laenude andmise ning ülejääkide jagamise teel toetati ka haritlasi ning kultuurilisi ettevõtmisi. Ühtlasi omandasid haritlased ja ühiskonnategelased väärtuslikke kogemusi organiseerimise ja majandusliku tegevuse alal. Sama tuleb öelda ka teiste ühistegevuslike asutuste kohta. Eriti jõudsalt arenesid ostu-müügi-, piima- ja masinatarvitajate ühistud. Aastast 1910 hakkas ühistegevuslike asutuste häälekandjana ilmuma "Ühistegevusleht" ja 1915 loodi Ühistegevuse Edendamise Selts. Kooperatsiooniliikumise arengutasemelt olid Eesti ja Läti Vene riigis kõige kaugemale jõudnud.

MUUTUSED MAAÜHISKONNAS

Talude kruntimine

19. sajandi jooksul, kiirenevalt selle teisel poolel, toimus eesti talurahva elus murranguline muutus – üleminek kogukondlikult elu- ja majanduslaadilt uusaegsele eraomanduslikule eluviisile.

Mihkel Martna kirjeldab vana majapidamiskorda, mida ta "küla[kogu]konna kommunismiks" nimetas, järgmiselt: *Põldu hariti kolmes väljakorras: kesa, talivili, suvivili [---] kogu küla pidi seda ühel viisil ja ühel ajal maha tegema. [---] Küla väljad olid jagatud kolme peaossa ja need olid üksteisest teede ja aedadega eraldatud [---] Harilikult oli igal talul igas üleüldises väljas mitu põldu – üks kaugemal, teine ligemal, üks parem, teine halvem. [---] Peale üleüldiste väljade olid koplid ja ääremaad, mis üks siia, teine sinna enesele põlluks oli teinud. Nende harimine oli vabam. [---] Külakonna-kommunistline maajaotus oli ajast ära ja takistas edu. Talupoeg ei olnud maa väetamises ja harimises küllalt hoolas, sest et ta mitte kindel ei olnud, et tema maa järgmisel jaotusel teise kätte ei lähe [---] isiklik algatus ei jõua siin enamuse tasemest läbi murda – enamus määrab siin edenemise mõõdu.*

Martna toob ka paar kujundlikku näidet oma kodukülast Läänemaal, mis iseloomustavad vanale agraarühiskonnale omast kogukondlikku psühholoogiat: *Üks edukam peremees hakkas külas nagu vargsi ristikheina kasvatama. Muidugi võis ta seda, kus tal lapike maad teistest eraldatud oli. Küla väljal ei oleks ta seda võinud. Aga ka sel viisil sai ta teiste pilkamise märklauaks – kuni viimaks nähtav kasu ka teisi sedasama tegema ajas. Seesama peremees katsus mõnesugust juurvilja aias kas-*vatada. *Aga ta katsed aeti nurja, kõik kisti üles ja tallati öösel ära, ainult kapsad ja kaalikad jäeti rahule, sest neid kasvatasid ka teised. Peremehe poeg sirgus nooreks meheks, kelle pilk ulatus kaugemale ja sihid süvenesid – käis ta ju korraks isegi põllumajanduskursustel Tartus! Noormees istutas noori viljapuid, katsus mesilasi pidada. Aga – noored puud murti maha, mesipuud lõhuti ära. [---] Noormees pani oma kambriakendele suuremad ruudud kui külas harilik oli. Need visati öösel kividega puruks... Kes tegid seda? Naabrid, kes selle üle kadedust tunnevad, kui üks nendest ette kipub. "Mis? Tema tahab enam olla kui meie!" Ja mis seda imelikum: päeval nendega kokku puutudes ei avalda nad midagi vaenu sarnast.*

Lõuna-Eestis oli külakogukond ja selle mõju tunduvalt nõrgem kui läänesaartel ja Põhja-Eestis, sest juba maastikust tingituna oli siin levinud haja-asustus, metsarikastel aladel aga olid laanetalud kogukonnast täiesti välja lülitatud.

19. sajandi algul domineerisid Eestis talukülad, millele lisandusid külade vahel ja ääremaadel paiknevad hajatalud. (Hendrik Sepp räägib vastavalt välja- ja metsakülast.) Popsikohad olid nii Põhja- kui Lõuna-Eestis esialgu üsna juhusliku paigutusega, talude lähedal või vahel. Talukülade maakasutuses valitsev lapi- või nöörimaade süsteem (üleribasus) tulenes võrdsusetaotlusest – igal talul pidi olema oma riba nii halvemast, keskmisest kui paremast maast, mida regulaarselt ümber jaotati. Vahelduva kvaliteediga maadel ületas ühe talu kasutuses olevate põllutükkide arv poolesaja piiri. Kompaktsetel hajataludel olid enamasti vähem viljakad maad, kuid ökonoomsem

maakasutus, vähem erinevaid vedusid. Need eelised saidki talude kruntiajamise selgituseks ja põhjenduseks.

Külakogukonna lõhkumine ja maakasutuse ümberkorraldamine toimus mõisnike algatusel, kes lähtusid Saksamaa, Põhjamaade jt. riikide positiivsetest kogemustest. Oli ju agraarolude põhjalik reformimine alanud enamikus Lääne-Euroopa riikides juba 18. sajandi lõpul ja 19. sajandi algul. Peamiseks vahendiks põllumajanduse arengut ahistava *külakogukondliku kommunismi* lõhkumisel oli maade-talude kruntimine. Teadaolevalt kõige esimesena Eestis krunditi sihikindlalt 1834. aastal Tartumaal Ernst von Siversile kuuluva Valguta mõisa Lapetukme küla ja sellele järgnevalt teised Valguta mõisa külad.

Eestimaa kubermangus laskis Carl von Hueck Munalaskme mõisa talumaad ära kruntida 1840. aastal. Mitmeid mõisate kruntimisplaane on säilinud 1850. aastate algusest (Kodasoo, Saku, Kaimri jt.). 1855. aasta kevadel arutati Eestimaa Põllumajandusliku Seltsi istungil juba laiemalt talude küladest väljaviimist ja maade lahutamist terviklikeks kruntideks.

Talude kruntimine ja müümine, mis sulasid asjaosaliste jaoks kokku üheks suureks murranguliseks sündmuseks, kestis kogu Eesti ulatuses üsna pikka aega, olenedes iga üksiku mõisa puhul selle majanduslikust seisundist, omaniku taotlustest, talupoegade ostuvõimest ja muudest kohalikest teguritest. Ka polnud maade kruntimine ja sellega seotud maamõõtmistööd kuigi odav üritus, kuid lõppkokkuvõttes tõi see kasu nii mõisnikele kui ka talurahvale.

Maarahvastiku sotsiaalne koosseis

Kõrvuti üldise majandusliku tõusuga oli 19. sajandi keskpaiku ja teisel poolel üheks olulisemaks protsessiks ühiskondlike suhete selginemine ja pingestumine. Ettevõtliku ja iseteadva pärisperemehe ja selleks pürgiva rendiperemehe vastas kasvas maata rahva hulk, kelle olukord ei paranenud, vaid loo-

tused iseseisvale järele jõuda rahvaarvu kasvades koguni kahanesid.

Talupojaseisus sisaldas juba varemgi oma elu ja huvide poolest lahkuminevaid kihte. Nii moodustas 19. sajandi keskpaiku (1858) Eestimaa kubermangus pererahvas talurahvast hinnanguliselt 35–40%, sulasrahvas 25–30%, vabadikud u. 25% ja mõisateenijad kuni 10%. Nende kihtide vahed aga polnud veel nii teravad, nagu see edaspidi kujunes.

Vanemal ajal hinnati seda, et üks oli vaene ja teine rikas, üks talupidaja ja teine sulane, üsna loomulikuks, jumala tahtel sündinud nähtuseks. Ka polnud sugugi võimatu sulasest peremeheks või vaeslapsest perenaiseks saada. Suure talupere elutingimused olid kõigi jaoks üsna ühesugused. Kogu leibkonna peavarjuks, söögitoaks ja magamisruumiks oli rehetuba. Terve *pere*, s.o. perevanemad, lapsed ning võõrad teenijad sõi ühise laua ääres ühest suurest kausist üht ja sama sööki. Enamasti oli koguni nõnda, et võõras, s.o. sulane mitte halvemini ega vähem süüa ei saanud kui omad lapsed: pigem anti sulasele parem suutäis liha kätte, sest pererahval oli vastumeelt kuulda, et võõras nende toidu üle nuriseb. Ajapikku aga läks jõukamates kohtades taluelu seda teed, et peremees oma perekonnaga asus ja sõi eraldi ning võttis tööst osa rohkem juhatades. Eriti teravalt hakkasid kihivahed ilmnema abielu sõlmimisel, kus püüti paarilist leida vähemalt omavääriliste seast.

Kui talud läksid üle raharendile, ja eriti talude päriseksostmisel, hakkasid talupere-mehed hoolikalt kaaluma ka tööjõuvajadust ning loobuma esijoones abielus sulaste pidamisest, kel varem oli pere toitmiseks oma majapidamise võimalus ning palgaks tükike talupõllust. Juhul, kui taluniku enda pere oli liiga väike või majapidamine liiga suur, palgati siitpeale enamasti vallalisi aastasulaseid ja teenijatüdrukuid, ning suveks karjuseid. Taludest välja tõrjutud abielus sulastel polnud tihti muud võimalust kui minna mõisa põllutööliseks. See tõi kaasa, et sulased hakkasid abiellumisest hoiduma. Mihkel

Veske kirjutas 1875. aastal oma kodukohast Paistust: *Et nüüd vallalised sulased on palju paremas olukorras, nii et nad enamuses võivad elada lõbusat elu, siis ei püüagi nad abielluda, kuna seeläbi langeksid nad viletsasse olukorda ja degradeeriksid end.* Selle tagajärjel olevat nimetatud ümbruses 10–15 aasta kestel sulased väga harva abiellunud, vanapoiste ja vanatüdrukute arv aga saavutanud enneolematu kõrguse. Samuti põhjustanud see abieluta kooselamist ja arvukalt vallaslapsi. Olukord näis halb olevat siiski peamiselt Viljandimaal, kuna Tartu-, Võru- ja Virumaal tuntud säärast häda vähe.

Alates 19. sajandi lõpust, mil põllumajandust tabas kriis ja peremehed hakkasid kaebama sulaste palkade tõusu ning seejärel tööjõupuuduse üle, tuli taludes hakata aastateenijate asemel rohkem hooajalise tööjõu – suiliste ja päevilistega läbi ajama.

Peale pere- ja sulasrahva oli külas veel mitmesuguseid *vabu oma käe peal elavaid inimesi.* Nii näiteks oli pea igas talus oma leivas elav *kodakondne.* Need olid enamasti vanemad lesknaised või vanad abieluinimesed. Peavarju eest tegid nad teatava arvu tööpäevi, mida talu eriti kibedamate põllutööde ajal vajas. Hiljem asutati selliste üksikute, vanade ja väetite või vigaste ja vaimust vaeste jaoks vaestemajad, mida vald ühiselt ülal pidas, või saadeti nad külakorda käima.

Suhteliselt iseseisvad olid *vabadikud* (ka saunikuteks või popsideks nimetatud). Nende majahütid või saunad asusid harilikult küla või mõisa ääremaadel. See oli parem kui teise juures kodakondsena elada – iseäranis perekonnainimestel. Vähese maa pärast tuli saunikutel lisasissetulekut otsida. Lisaks mõisa- ja taluteenijatele, päevilistele ja karjalastele kuulusid sellesse külarahva liiki ka käsitöölised. Sepad, rätsepad, puusepad, ehitusmeistrid jne. olid enamasti ikka vabadike seast. Selle järgi, kuidas amet nõudis, tegid nad tööd oma kodus (näit. sepad) või käisid tellimise peale taludes (rätsepad, ehitusmehed, pottsepad). Vabadike hulka võib arvata ka erusoldatid *(kroonu-onud)*, keda sigines küla

sedavõrd, kuivõrd lühenes väeteenistuse aeg. Soldatipartselle tekkis peamiselt kroonumaadele, kus väikekohtade rajamine oli vabam. Aeg-ajalt kasutasid riigivõimud kroonumaid maatarahva maapuuduse leevendamiseks. Mõisavabadike elu hakkas 1860.–70. aastaist üha enam ilmestama mõisa korraldatud maareguleerimistööde käigus omaette popsiküladeks koondamine.

Vabadikega läbikäimisel silmatorkavat vahet ei tehtud. Eriti just ametimehi peeti taludes mitte ainult omavääriliseks, vaid enamakski. Mõnda jõukamat taheti hea meelega väimeheks. Põllutööd tegevate ja majanduslikult kehvade vabadike peale vaadati selles suhtes teisiti.

Peale oma külarahva võis maal näha mitmesugust lahtist rahvast, kes oli pärit võõrast külast, alevist, linnast, või koguni teisest kubermangust. Oodatud olid setu rändkaupmehed, *potisetud*, kellelt osteti savinõusid, seepi, tökatit, *silmakivi* ja *liikvat* – kas puhta raha eest või vahetuseks kaltsude ja vanade riiete vastu, mis viidi Räpina paberivabrikule.

Liikus käsitöö- ja kaubajuute – rändavaid katuselööjaid ja -parandajaid, plekktahvlite ja -nõudega plekkseppi, kes vormisid, parandasid ja tinutasid pangesid, trumleid, kurnasid jne. Valdavalt Pihkva kubermangust ja Sise-Venemaalt tuli rändkaupmehi *(harjuskeid)*, kes müütasid taludes ja laatadel pudukaupa (nõelad, niidid, paelad, lindid, riidevärv, klaaspärlid jms.) ja ostsid kokku või vahetasid oma kauba vastu hobusejõhve ja seaharjaseid. Suvel liikusid ringi venelastest karjakauplejad *(sombrakud)*, kes käsiraha ette makstes ning linnalihunikest paremat hinda pakkudes ostsid taludest üles kariloomi, mis sügisel mitmesajapealiste karjadena maanteid mööda Peterburi aeti. Enamasti olid venelased ka laadalt laadale rändavad hobusekaupmehed *(parisnikud)*. Eestlased hakkasid rändkaubitsemisega tegelema 19. sajandi lõpul. Sageli müütasid nad ka raamatuid. Samal ajal, seoses maakaupluste asutamisega, hakkas rändkaubitsemine oluliselt vähenema.

Eesti maarahva (põllumajandusliku rahvastiku) sotsiaalne jaotus Eestis 19. sajandi lõpul
(protsentides)

Sotsiaalne kiht	Põhja-Eesti	Lõuna-Eesti	Saaremaa	Kogu Eesti
Taluperemehed	46	42	49	44
suurtalunikud	8	14	10	11
keskmikud	20	19	13	19
väiketalunikud	18	9	26	14
Vabadikud	16	27	33	23
Maatöölised	38	31	18	33
talusulased	12	14	8	13
mõisatöölised	26	17	10	20
Koguarv (tuh.)	264	337	48	649

19. sajandi teisel poolel jagunes eesti külarahvas niisiis mitmesse kihti. Kompaktseima osa moodustas peremeheseisus. Peremehi koos pereliikmetega oli arvuliselt üle 40% maarahvast. Sellegi seisuse sees võis eristada päris- ja rendiperemehi, suur- ja väiketalunikke, jõukaid ja vaeseid.

Ligi veerand maarahvast olid oma käe peal elavad vabadikud ja käsitöölised, kes elatusid osalt väikesest maalapist, enamasti rendikoha kujul, osalt aga palgatööst. Ülejäänud kolmandiku moodustas maata rahvas maatööliste näol, kellest ligi pooled kuulusid talusulaste ja teenijatüdrukute hulka ning üle poole mõisatööliste ja -teenijate kirjusse seltskonda.

Mõisarahvas

Laias laastus jagunes veel 19. sajandi algul üsna patriarhaalse ilmega mõisapere saksteks (mõisaomaniku või rentniku perekond ja selle teenistuses olevad lähemad abilised valitsejast koduõpetajani, kes reeglina olid sakslased ja vabad inimesed) ning talupojaseisusest mõisateenijateks. Viimaste arv oli 18. sajandi lõpul Eestimaal olnud üle 10 000 (rohkem kui 5% talurahva üldarvust). Liivimaal, kus mõisate võrk oli hõredam ja mõisad keskeltläbi veidi suuremad, oli mõisateenijate osakaal talurahva seas suhteliselt väiksem. Oma osa oli siin kroonumõisate rohkusel (eriti palju oli neid Saaremaal), kus peeti tavaliselt vähem teeni-

jaid. 1816. aastal elas Lõuna-Eesti ja Saaremaa mõisates ligi 10 000 mõisateenijat (u. 4% talurahvast).

Väiksemates mõisates oli keskmiselt 6–8 mõisateenijat ja suuremates 13–14, arvestamata nende pereliikmeid, keda leidus üsna arvukalt, sest ligi kolmandik mõisateenijatest olid perekonnainimesed. Ülekaalus olid siiski nooremad vallalised inimesed, mehi rohkem kui naisi.

Mõisateenijate koorekihiks olid mõisasundijad: valitseja-abid, kupjad, kiltrid, aidamehed, kirjutajad, virtinad jt., kes moodustasid neist ligi kümnendiku. Umbes pool mõisarahvast kuulus teenijaskonda, kelle ülesandeks oli mõisniku- ja valitsejarahva teenindamine ning härrastemaja ja selle ümbruse korrashoid. Teenijarahva olemasolu ja arvukus sõltus mõisa liigist, samuti mõisniku alalisest elukohast. Nii leidus teenijaid alati ja suhteliselt rohkesti kirikumõisates, üsna harva ja vähesel määral aga kroonu- ja linnamõisates. Baltimail kuulus ühele aadliperekonnale sageli mitu mõisat. Sel juhul elati tavaliselt soodsama asendiga ja suuremas ning esinduslikumas mõisas, kus peeti ka rohkearvulist teenijaskonda, teistes sama omaniku mõisates aga teenijaid polnudki. Suur osa teenijarahvast liikus koos peremehega mõisast mõisasse või mõisast linna, sest aadlil oli tavaks veeta talvine aeg linnamajas. Osa ustavamaid ja vajalikumaid teenijaid saatis oma isandaid ka pikematel reisidel. Nii avardus maailm ka paljudele talupojaseisusest inimestele.

Teenijarahva hulka kuulusid toapoisid ja -tüdrukud, kokad, köögitüdrukud, kutsarid, tallimehed, vahimehed ning aednikud (kärnerid). Nende, sagedamini esinenud teenijate kõrval võis suure teenijaskonnaga mõisates olla lapsehoidjaid, pesupesijaid, käskjalgu, jäägreid, koerapoisse, linnutalitajaid, ning lõpuks poisse ja tüdrukuid, keda rakendati abiks kõigil ettetulevatel töödel ja lasti ametit õppida.

Mõisateenijatest ligi 15% moodustasid käsitöölised, kes valmistasid asju, mida läks vaja kas mõisa majapidamises või mõisniku olmevajaduste rahuldamiseks. 19. sajandi algul oli nende hulgas rohkesti kangruid, samuti tislereid, seppi ja püttseppi, vähemal määral ka kingseppi, rätsepaid, müürseppi jt. Üle poole mõisa käsitöömeistritest olid perekonnainimesed. Mõisakäsitöölised koondusid pigem suurematesse mõisatesse. Seal, kus talurahva kodutööndus oli arenenum või linnakäsitööliste tooted kättesaadavamad, leidus neid vähem.

Mõisa teenistuses seisvad möldrid, kõrtsmikud, metsavahid, väljavahid elasid tavaliselt väljaspool mõisat.

19. sajandi algupoolel leidus mõisates juba üsna arvukalt ka alalisi karjatalitajaid ja mõisasulaseid (ligi 25% mõisarahvast), kes tegid teolistega kõrvuti neidsamu töid, mida varem tehti enamasti teokohustuse korras. Mõisa sulasrahva hulka kuulusid karjused, karjamehed ja -naised, sulased ja töötüdrukud, kellest enamik oli ametis laienevas karjakasvatuses ja elas karjamõisates. Arvuka sulasrahva rühma teke oli iseloomustav uutele nähtustele, mis said valitsevaks seoses agrotehnilise pöörde ja järkjärgulise üleminekuga teotöölt palgatööle.

Sajandi keskpaigast arvates kümmekonna aasta jooksul suurenes mõisa tööpere mitu korda, kasvades 5–10%-lt 15–20%-le kogu talurahvast. Mõisarahva tipmine osa jäi laias laastus samaks. Selle moodustasid aidamehed, raamatupidajad, kirjutajad, viinameistrid

ja kupjad-järelevaatajad, kes kuulusid juba mõisaametnike hulka ja olid päris peen rahvas – rääkimata valitsejatest-opmanitest, virtinatest-karjamamslitest ja metsaülematest, kes pärinesid varasemal ajal enamasti saksa keskkihi ehk *väikeste sakslaste* hulgast, kelleks hiljem aga üha sagedamini olid teenistusredelil tõusnud ja pikaaegse mõisateenimise käigus ka saksiku meelelaadi omandanud eestlased.

Mõisaametnikud koos mitmesuguste külast pärinevate ning 19. sajandi teisel poolel kiiresti arenenud alevitesse koondunud *peenemate inimestega* (kaupmehed, saksikud käsitöölised, kõrtsmikud, köstrid jt.) moodustasid maaühiskonnas omapärase, arvult väikese *antvärkide* vahekihi. Kirikus istusid nad muust rahvast eraldi, *saksa toolis*. Küll saksa riideid kandes ja enam-vähem ka saksa keelt purssides olid nad härrasrahvaga läbikäimiseks liiga vähe haritud, külarahvaga sõbrustamiseks aga pidasid ennast ise liiga tähtsaks.

Enam kui kümnendik mõisarahvast koosnes mitmesugustest peenemat oskustööd valdavatest teenijatest (nende hulk näib olevat mõnevõrra vähenenud) ja meistrimeestest (kokad, toapoisid, toatüdrukud, kutsarid, aednikud, tislerid, puusepad, sadulsepad, tõllasepad, püttsepad jt.), kelle palgad ja elutingimused olid sellele vastavalt märgatavalt paremad. Siin oli mõisaseppi – kelle hulgast kerkis hiljem, lokomotiivide ja aururehepeksumasinate ajastul väga hinnas olevaid masiniste –, juustumeistreid, piimamehi jt. asjatundjaid.

Olulisimaks muutuseks, mille mõisapere läbi tegi, oli aga lihttööjõu – aastapalgaliste mõisatööliste ja hiljem ka päeviliste arvu mitmekordne suurenemine. See toimus teorendi aegu mõisate peamiseks tööjõuks olnud teosulaste ja -tüdrukute arvel, keda olid teorendi korras mõisatööle saatnud taluperemehed, ning mõisapõllul tööle sundinud kupja kepp ja politseilise karistamise hirm. Nende asemele asusid mõisatöölised, kes mõisast majanduslikult otseselt sõltusid. Nad pidid pingutama peavarju, ülalpidamise ja palga eest, trahvide ja päevapealt teenistusest ning korterist ilmajäämise hirmus, või siis lootuses säästlikult elades ja tööd rühmates väikekohapidajaks saada. Teoorjus asendus palgaorjusega, mis lubas mõisavalitsejal nõuda oma tööliselt enamat kui teosulaselt, eriti oskustöö osas. Oskustööliste olukord kujunes mõisas muidugi lahedamaks kui tavaliste põllutööliste oma. Lihttöölisi oli vaja esijoones põllutöödel, vähem karjamajanduses (tallimeeste, karjameeste, söödameistrite, lüpsjate, karjustena) ja mõisa tööstusettevõtetes.

Levinuimaks lihttöölise liigiks olid *mõisamoonakad* – abielus aastatöölised, kes pidid nädalas 6 päeva töötama, saades selle eest kindlat aastapalka, osalt rahas, osalt toiduai-

Mõisamoonakas (1893)

netes *(moonas)*, ja mõisalt korteriks tavaliselt keedukoldega toa, veidi aia- ja kartulimaad, võimaluse pidada lehma ja paari lammast ning vahel ka siga. Loomapidamise eest pidid mõisatööliste naised tegema mõisale suvel tasuta teatud arvu päevi, kuna muude päevade ja tööde eest maksti päevapalka. Tavaliselt kasutati moonakate naisi mõisas lüpsjatena. Enamasti moonakad ühes mõisas kaua ei elanud. Nad olid koha peal aasta või paar, siis rändasid kuhugi mujale paremaid töö- ja elutingimusi otsima. Moonaka elu peeti kõige viletsamaks ja neid endid maainimeste madalaimaks kihiks, kel polnud vaja ei omaalgatust ega mõtlemist, ja kes pealesunnitud elustiili juures ei suutnud oma töötasust tavaliselt midagi kõrvale panna, et sotsiaalselt kõrgemale tõusta.

Moonakate kõrval kasutati põllutöölistena, eeskätt Liivimaal, ka *maapalga* läbi mõisaga enam seotud *kandimehi (kantnikud, maasulased)* ning Lõuna-Eestis 19. sajandi keskpaiku kohati ka *pooleteramehi* (viimaseid rakendati enam Läti Liivimaal). Kandimeestega sõlmiti leping tavaliselt kuueks aastaks ja paljus sarnanesid nad rentnikele. Oma inventari ja loomade tõttu olid nad natuke jõukamad ning iseseisvamadki, sest pidid mõisatööl käima tavaliselt vaid 3 päeva nädalas, kuna ülejäänud aeg kulus enamasti omaenese 10–20 vakamaa (3–7 ha) suuruse kandikoha harimiseks. Kandimehi ei olnud Saare- ega Hiiumaal, kus mõisatööliste hulgas domineerisid hooajatöölised (suvesulased), sest talviseid töid tuli siinsetes mõisates vähem ette kui mandril.

Põllutöödest 60–80% tehti mõisates tavaliselt aastatöölistega, kuna ülejäänud osa kaeti päeviliste tööjõuga, kelle osatähtsus hakkas märgatavamalt tõusma 1880. aastatest. Tööjõureservi mõisa jaoks moodustasid eeskätt mõisatööliste ja teenijate perekonnaliikmed, kes pidid alati valmis olema mõisavalitsuse korraldusel tööle tulema. Siiski tuli mõnel hooajal palgata päevilisi ka mujalt, väljastpoolt mõisa. Ajutisema iseloomuga lihttööjõudu rakendati ka metsa-, maaparandus-, turbalõikamis- ja ehitustöödel. Sageli tegid neid töid artellidena suveks mõisatesse teenistust otsima tulnud saarlased või venelased.

Tööjõuprobleem mõisates

Turumajandusliku mõisapidamise väljakujunemisega tekkis mõisates ka tööjõuprobleem. Kujunes ülemaaline vaba tööjõuturg oma konjunktuuriga, mille mõjul nõudmine hakkas ajuti ületama pakkumist. Sellest tulenevaid kriisimomente elas Eesti põllumajandus, eeskätt mõisad, üle mitmel korral.

1860. aastail olid raskused seotud uue mõisatööliste kontingendi kujundamisega, kus ei mõisnikud ega töölised polnud harjunud uute tingimustega – esimesed tööjõu ostmise ja teised selle müümisega. Ilmnes üleminekuajale iseloomulik omapärane psühholoogiline tõrge – mõisnikud ei tahtnud palkadeks suuri kulutusi teha, talupojad aga ei tahtnud mõisa tööle minna. Baltisaksa perioodikas ja põllumeesteseltsides arutati ja otsiti lahendust küsimustele, milliseid palkamisviise eelistada, kuidas siduda põllutöölisi tihedamalt maaga ja odavamalt mõisaga, ja kas poleks koguni kasulikum tuua mõisatöölisi Saksamaalt. Arvati, et viimaste kultuuritase on märksa kõrgem ja tööjõudlus suurem kui eestlastel. 1860. aastate algul tegidki paarkümmend Liivimaa mõisnikku sellega katset, tuues u. 35 mõisasse eeskätt Võru- ja Tartumaal paarsada perekonda saksa sulaseid – koos perekonnaliikmete ja vallaliste töölistega 1000 inimese ringis. Lõuna-Liivimaale toodud saksa põllutööliste arv jäi mõnevõrra väiksemaks.

Eestimaa kubermangus, kus 1860. aastate algul teotöölt palgatööle üleminek toimus aeglasemalt ja väiksemas ulatuses kui Liivimaal, oli tööjõupuudus vastavalt väiksem. Ehkki Liivimaa mõisnike katseid jälgiti, otse Saksamaalt põllutöölisi Eestimaale ei toodud. Paar mõisnikku värbas saksa sulaseid Venemaa parajasti mässanud Poola osast.

Saksa põllutööliste import Lõuna-Eesti mõisatesse korvas mõisnike jaoks osaliselt tööjõukao, mis sündis neil aastail elavnevast eesti talurahva väljarändest Venemaale *uut maad* otsima.

Põllutöölistena saksa sulased mõisnike lootusi ei õigustanud ning pudenesid peagi laiali, kohalejäänud aga sulasid ajapikku eestlaste sekka. Saksa põllutöölisi Võrumaa mõisates kohanud Kreutzwald kirjutas nende kohta kirjas Schultz-Bertramile 1. mail 1870: *saksa põllutööliste asemel, kes kümmekonna eest massiliselt Liivimaale tulid, on hakatud jälle eestlasi kasutama, kusjuures kõik mõisnikud, kes sellest katsest osa võtsid, üksmeelselt kinnitavad, et ükski saksa põllutööline eestlase lähedalegi ei saa.*

Esimesest ebaedust hoolimata paljud mõisnikud kolonistide toomise mõttest ei loobunud. 1880. aastal arutati mõisnike Liivimaa põllumajanduse seltsis uuesti tööjõu, seekord eeskätt oskustööliste värbamist välismaalt, eriti Saksamaalt. Läbirääkimistel tunnistati eesti ja läti põllutööliste tublidust, kuid arvati, et erilisi võimeid nõudvatel tööaladel jäävad nad sakslastest ja mõnes osas ka vene töölistest maha, kuna pole valmis püsiva innu ja vastupidavusega tööd rühkima – eriti sellistes ametites nagu karjahooldajad, aednikud, metsavahid, kraavikaevajad ja turbalõikajad, tellisepõletajad, ning enam tehnilist taipu nõudvatel töödel. Venelaste kahjuks arvati sagedast töökatkestust pühade pidamise tõttu. Sakslaste puhul arutati ka võimalikke piirkondi, kust tööjõu ülejäägi tõttu oleks võimalik töölisi tellida. Ida- ja Lääne-Preisi töölised praagiti halbade moraaliomaduste tõttu välja. Sõelale jäi vaid Ida-Holsteini piirkond, mis arvati enam Balti oludele sarnanevat. Kaaludes erinevate kontingentide sobivust, arutati isegi tööliste toitlusharjumusi. Tõdeti, et kohalikud põllutöölised on harjunud palju rikkalikuma söögisedeliga, toitudes kibedal tööajal peamiselt piimast, kruupidest, rukkileivast ja võist või pekist, kuna Saksamaal ajavat maatööline läbi kartuli ja heeringaga ning tarbivat liha ja pekki vaid väga raskete tööde puhul.

1890. aastate lõpul hakkas tööjõupuudus Eesti mõisates endast uuesti ja järjest teravamalt märku andma. Linnad ja laienev tööstus ning avarduvad liikumisvõimalused tõmbasid rohkesti tööjõudu maalt ära linnadesse või viisid väljarändajad Venemaale. Eeskätt kannatas selle all mõisamajandus, kus tööolud olid raskemad ja töötegijad rõhutumad kui talus. Sündis nn. töölisküsimus, mis avaldus võitluses palkade tõstmise, tööolude parandamise ning tööliste õnnetuse ja tööjõuetuse korral kindlustamise eest. Tööliste survevahenditeks olid töökoha vahetamine ja lahkumine, 1905. aastast alates ka mõisavalitsusele palga-, elu- ja töötingimuste parandamise nõuete kollektiivne esitamine ja streik. 1905. aasta revolutsiooni järel muutus põllutööliste puudus mõisates juba pea üldiseks. Põhja-Eestis, kus mõisamajandus oli kõige laialdasem, olid 1914. aasta kevadel ligi kaheksandik moonakakorteritest tühjad ja töökohad täitmata. Eriti andis tööliste puudus tunda Lääne-, Harju- ja Järvamaal. Tööjõupuudus põllumajanduses, mille üle kurtsid 20. sajandi algul üha enam ka paljud eesti taluperemehed, saavutas kõrgpunkti maailmasõja-aegsete mobilisatsioonide tõttu.

Mõisate tööjõuga kindlustamiseks ning oma sotsiaalse baasi rahvuskaaslaste abil laiendamiseks tegid Kura- ja Liivimaa ning seejärel ka Eestimaa mõisnikud uue katse Eestisse saksa põllutöölisi tuua. Eriti suure ulatuse võttis see üritus Kuramaal, kuhu mõned usinamad "kolonisaatorid" suutsid enne sõja puhkemist asustada kuni 20 000 saksa talupoega, neist osa mõisatööliste, osa aga talunikena.

Esimese maailmasõja eelsetel aastatel toodi 50–60 Lõuna-Eesti mõisasse mitmelt poolt Venemaa saksa kolooniatest, eeskätt Volõõniast, organiseeritud korras ligikaudu 400 saksa peret u. 1000–1200 töölisega. Nagu ka pool sajandit tagasi, jäid Eestimaa mõisaomanikud selles osas passiivsemaks. Saksa sulastest mõisates aga ei piisanud ning hooajatöölistena värvati põllutöölisi ka mitmelt poolt Vene kubermangudest, eeskätt Peipsi-tagustest vene küladest. Ei saksa ega vene põllutöölised ei suutnud siin kohaneda ning tööjõuluse ja oskuste poolest eesti põllutöölisi asendada. Tööjõupuudusega võitlemisel olid edukamad need mõisnikud, kes parandasid mõisatööliste töö- ja korteriolusid, mille osas sõjaeelsetel aastatel toimus märgatav nihe.

Murrang elu-olus

Majanduslike olude ja ühiskondlike vahekordade muutumisega käis kaasas mitmeid olmelisi nähtusi. Üks eesti maarahva elus toimuvaid muutusi dokumenteerinud kaasaegseid oli Mihkel Veske, kelle noorusaastad Viljandimaal Paistu kihelkonnas Holstre vallas langesid teoorjuse valitsemise aega. Veske tundis oma kogemuste põhjal väga hästi selleaegseid olusid ja oskas hinnata pärast teoorjuse kaotamist asetleidnud muutusi rahva elus. 1874. aastal kirjutas ta: *Palju elumaju näib olevat suitsusest rehest lahus ehitatud ja korstnaga varustatud; metsade, soode ja võsade asemel tõusevad tublid talud, ümbritsetud viljakatest põldudest; tugevad, hästitoidetud hobused veavad "välismaisi" atru, mida juhivad iseteadlikud mehed peaaegu linnalises riietuses. Talupoeg viib rautatud vankril oma vilja aita ja sõidab sageli kirikusse juba vedruvankril.*

Et seda murrangut tulevastele põlvedele jäädvustada, alustas Veske täpsema tõendusmaterjali kogumist, laskis trükkida sadu eksemplare põhjalikke küsitluskavasid ja levitas neid rahva seas. Rohkesti tuli vastuseid Võru-, Tartu-, Viljandi- ja Virumaalt, vähem Pärnu-, Järva- ja Harjumaalt, üsna vähe aga Lääne- ja Saaremaalt. Seetõttu kajastavad Veske kokkuvõtted rohkem jõukamat Lõuna-Eestit ning on vaesema Põhja- ja Lääne-Eesti suhtes etteruttavad. Kogutud andmed on siiski usaldusväärsed ja mitme küsimuse kohta üsna põhjalikud.

Oluliselt muutus taluelamute ilme. Loomuliku arenguna sai nüüd teoks 19. sajandi algul ametivõimude poolt ette võetud, kuid aadli vastuseisu tulemusena luhtunud ettevõtmine täiustada rehielamut ja õhutada talupoegi ehitama elamuid ka rehest lahku. Esialgu oli suurimaks muutuseks suitsuvabade soojade ning valgete eluruumide tekkimine ja uute, korstnaga küttekollete ehitamine senistesse rehielamutesse. Viimane võimaldas suurendada eluruumide arvu, tagades taluperele rohkem privaatsust ja puhtust. Veel sajandi keskpaiku oli talurahvas elanud enamasti kõikjal suures suitsuses rehetoas, kuhu toodi talvel ka väikeloomi. Väikesed kambrid tare otsas olid ahjuta ja aknad klaasideta. 1875. aastaks, mil Mihkel Veske tõdes, et enamik talupoegadest *elab juba suitsuta soojas kambris,* olid need mitmel pool tehtud ruumikamaks, rehetoa ja kambrite vahele oli tekkinud köök, ja kambreid soojendati reheahjust köetava soemüüri, pliidi või juba omaette ahjuga. Uute küttekollete suitsu väljalaskmiseks ehitati rehielamule korstnad. Esimesed korstnad olid taluelamutele ilmunud küll juba 1820. aastate paiku, kuid veel 1881. aasta rahvaloenduse andmetel oli Lõuna-Eestis korstnaga varustatud vaid 37–47% elamutest, Põhja-Eestis aga veelgi vähem.

Klaasaknad, mis olid levima hakanud 19. sajandi teisest veerandist – algul küll ainult kämblalaiustena, muutusid suuremaks ja kuni 6-ruuduliseks. 19. sajandi lõpupoolel hakati kambritesse ehitama laudpõrandaid ja -lagesid ning seinu siledaks tegema – algul saviga, hiljem krohviga. Rehetuba jäi peamiselt majandusruumiks ja tihti ka peretoaks, kus elas teenijarahvas.

Seoses talude päriseksostmisega hakati Eestis ehitama järjest rohkem uusi, rehest eraldi elamuid. Need olid harilikult 2–4 toa, köögi, sahvri ja esikuga majad, mille plaan järgis rehielamu kambrite osa. Mulgimaal ja selle naaberaladel Lõuna-Eestis ehitati 19. sajandi lõpul juba üsna moodsaid euroopalikke talumaju, mis sarnanesid pastoraatide ja lihtsamate mõisahäärberitega, ning mida viimaste eeskujul koguni taluhäärberiks nimetati. Suuruse tõttu tehti neile kaks korstnat ning kaks sissekäiku: keskmine viis peremehe, otsmine talu tööpere ruumidesse. Sisemiselt jaguneski häärber lihtsaks ja asjalikuks talu-

tööliste pooleks ning esinduslikuks ja mugavamaks peremehe pooleks, kus leidus seni vaid maa- ja linnasakste maailma kuulunud asju: kahhelkivist ahje, seina- ja laemaalinguid, tapeete, pehmet mööblit jms.

1863–65 hakkas taludes levima petrooleumi tarvitamine, mis tõrjus kõrvale peergude põletamise. 1875 kasutati õlilampe juba üldiselt ja peerud kadusid üldse. Kiiresti muutus ka taluelamu sisustus, talumööbel hakkas lähenema linnamööblile. Interjöörile andsid uue ilme linnast ostetud tarbeesemed, nagu seinakellad ja -peeglid, ning naispere omatehtud, uutele hügieeni- ja ilunõuetele vastavad tekstiilid. Neil aastail ilmusid taludesse õmblusmasinad. Esmalt olid neid tarvitanud rändrätsepad, kes tutvustasid masinaid ka maarahvale, nii et neid hakati varsti suurel hulgal ostma.

20. sajandi algul hakati taludes eesti põllumeeseltside eestvõttel pöörama tähelepanu kodukultuurile ja hügieeniolude parandamisele. Näiteks kuulutas Tartu Eesti Põllumeeste Selts 1908. aastal välja konkursi paremate taluelamute plaanide saamiseks.

Suured muutused toimusid liiklusvahendite ja tööriistade osas. Aastail 1820–50 hakkasid kaduma arhailised puuvankrid, millel polnud raudosi isegi ratastes. Holstre vallas sai esimese rautatud ratastega vankri omanikuks metsavaht Erikse Ado 1825. aastal, paarkümmend aastat hiljem oli see juba paljudel ja 1865. aastal peaaegu kõigil. Arengus olid ees jõukamad Viljandimaa vallad. Vanamoelist puuvankrit asendas üldiselt raudrehvidega vanker, jõukamad talunikud sõitsid juba moodsa vedruvankriga. Regede rautamine algas 1835. aasta paiku. 1855. aasta ümber hakkasid primitiivseid harkatru kõrvale tõrjudes tarvitusele tulema "välismaa" adrad, vähemal määral ka raudpulkadega äkked.

Põllutööriistade paranemise tagajärjel tõusis tunduvalt põllusaak. Nii on Põltsamaal 1815–65 rukkisaak kasvanud 2–4-kordseks, odra- ja kaerasaak kahe- ning linasaak koguni 20-kordseks. Teraviljasaagi suurenemise tagajärjel paranesid toitlusolud. Kui 1850.

aasta paiku söödi üldiselt veel aganaleiba, siis 25 aastat hiljem võis Veske julgesti tõdeda, et aganatega segatud leiba on Liivimaa Eesti-osas veel vaevalt leida. Täpsemaid andmeid oli ta saanud Põltsamaalt. *Peremees Rein Jürmann küpsetas endale selles vallas 29 aasta eest puhastatud rukkist leiba, 28 aasta eest peremees Jüri Kena, 20 aasta eest sõi juba kolmandik peremehi vallas puhastatud rukkileiba, 10 aastat tagasi aga söönud juba kõik inimesed rikkamast peremehest kõige vaesema päevatööliseni puhastatud rukkileiba.* See näis olevat olulisemaid saavutusi eesti talurahva elus pärast sajandeid kestnud alatoitlust, mille sümbolseks avalduseks võibki pidada loomatoidule lähenevat lahjat aganaleiba. Taluaedade levik tõi toidulauale rohkem aed- ja köögivilju. Õpiti valmistama uut tüüpi suppe ja muid toite. Uute jookidena levisid tee ja kohv. Uuenesid lauanõud ja muutusid lauakombed.

Traditsioonilise talupojakultuuri taandumine kulges eri paikkondades ning erineva jõukuse, vanuse ja haridustasemega inimeste puhul erinevalt. Üha enam loobuti rahvarõivaste kandmisest pühapäeval ja peoriietena. Vanad riietumistavad säilisid eelkõige tseremoniaalrõivastuses (pulmariietuses) ja lihtsais igapäevastes töörivõastes. Mehed kui liikuvam osa külarahvast võtsid linnamoe omaks juba 19. sajandi keskel.

1860. aastaist hakkasid noormehed üha sagedamini kandma lühikeste pükste asemel pikki. Eest lahtise *händadega* kuue asemel tuli moodi palitu. Rinna eest lahti ja ainult keskelt haagiga kinni pihtkasuka asemele tuli laia kraega ja eest kinnine vene moodi kasukas. Pastelde asemele, mis alles hiljaaegu olid viisud välja tõrjunud, hakkasid juba 1815–25 tulema saapad – esmalt argsi ja suurt tähelepanu äratavate pühapäeva-jalanõudena, peagi aga järjest julgemalt, sest saabas ise tõstis teataval viisil enesetunnet, andis julgust ja kasvatas uhkust. Siiski oli veel 1850. aasta paiku saapaid ainult jõukamail talumeestel, kuna vaesed käisid pasteldes ja viiskudes. 1875 kandnud aga juba vaesedki saapaid.

Enam traditsioonidega seotud naiterõivas tegi taandumisjärgus läbi mitmeid üleminekuvorme. Rahvariie taandus kõige kiiremini suuremate linnade ja käsitöökeskuste läheduses. Nii läksid Põhja- ja Kesk-Eesti naised moerõivastusele üle 19. sajandi kolmanda veerandi jooksul, kuna Lõuna-Eestis peeti traditsioonidest veidi kauem kinni. Setumaal ja väikesaartel jätkus tavapärase rõiva kandmine ja selle aeglane areng veel ka 20. sajandil.

Muutused toimusid kombestiku vallas, loobuti paljude kalendriliste tähtpäevade tähistamisest. Hakkasid kaduma rohkete tseremooniate ja kinkidega vanad talupojapulmad. Uue ilme omandasid jõulud ning sellega seotud kombetalitused, mõisa ja kooli vahendusel levis jõulupuu-komme.

Sel ajal oli kirik rahvale kohaks, kus igaüks nägusamalt ja mõjukamalt esineda soovis. Kirik oli nagu igapühapäevane kihelkonna väljanäitus. Siin vahetati uudiseid, noored heitsid üksteisele silma ja sobitasid tutvust, naised vahetasid värvi- ja kangaproove, mehed arutasid maailma asju.

Sama oluline oli ka kõrts kui talurahva üks vanemaid kooskäimise kohti. Siia tuldi uudiseid kuulama ja arutama, juttu vestma, sulaseid-tüdrukuid kauplema, lõbutseti jõukatsumise, laulu ja tantsuga, mis võis joomase pea puhul üle minna ka ärplemiseks ja kakluseks. Üsna tavalised olid kõrtsides tantsuõhtud vastla-, küünla-, maarja- ja jõulupäeval, ka neljapäeva ja pühapäeva õhtuti. Kõrtsis on tantsimist ka õpetatud. Enamik maakõrtse suleti Eestis viinamonopoli kehtestamisega 1900. aastal. 19. sajandi teisel poolel hakkasid tantsuõhtud ehk *simmanid* või *pitspallid* järjest sagedamini toimuma ka suuremates taluruumides. Rohkem läks see moodi just seoses kõrtside sulgemisega. Sellised kooskäimised ei vajanud erilisi ettevalmistusi: peo lõpul lepiti kokku vaid järgmise tantsuõhtu aja, koha ja pillimehe suhtes. Tantsuks mängiti kõrtsides ja külapidudel 19. sajandi lõpupoole enamasti viiulit, kannelt või ka tol ajal levima hakanud lõõtspilli. Tantsimas käis vallaline rahvas, abielulised tantsisid vaid pulmas ja omaenese abikaasaga.

1870.–80. aastail algas Eestis ulatuslik mitmesuguste seltside – põllu- ja pritsimeeste, muusika- karskus- jt. seltside loomine. Kõik nad olid lisaks põhitegevusele seotud ka üldise rahvaharidustööga. Seltsid oma raamatukogude, üldkoosolekute, loengute, pidude ja näitusmüükidega andsid olulise tõuke rahva silmaringi laiendamisele, seltskonnaelule, muusika- ja eriti näitemänguharrastusele. Selleks tuli asuda ise seltsimaju ehitama, mis läks tõsisemalt lahti 1890. aastail. Seltsimajade ehitamist tuleb pidada üheks seltside tänuväärsemaks tööks, mis tagas aastakümneteks häid tegutsemisvõimalusi, ning tõstis tunduvalt rahva iseteadvust ja usku oma võimetesse. Olid need ju ehitatud seltsi ja ümbruskonna rahva raha ja ühistööga.

Nihked moraalis

1860. aastate lõpust hakkas küläühiskonnas varasemast rohkem ilmnema negatiivseid nähtusi, mis varem olid tugeva sotsiaalse kontrolli tõttu olnud harvad: vargusi, röövimisi ja tapmisi. Iseäranis valmistas jõukamale külarahvale peavalu aida- ja hobusevarguste kasv. Hobusevargaid karistati tavapäraselt ihunuhtluse ja Siberisse saatmisega. Näiteks kirjutas pastor Eduard Philipp Körber oma "Võnnu kihelkonna ajaloos" 1829. aasta sündmuste all: *Korista [Kurista] vallast – Mällo Märt, suur hobese waras, sai pääle kerko tulban pesmist Siberi saadetus.*

Nii tõusis Liivimaal 1868–71 sillakohtutele teatatud hobusevarguste arv 58-lt 144-le aastas, kasvades eriti just Tartumaal, kuna Pärnumaal täheldati ajutist vähenemistki. Seetõttu taotles vastasutatud Tartu Eesti Põllumeeste Selts juba 1871. aastal hobusevarguse küsimust arutades Liivimaa Maanõunike Kolleegiumi kaudu hobusepasside sisseseadmist (viidi Eestis ellu alles 1919) ja karistuste suurendamist hobusevarguse eest. Esimese ettepaneku lükkasid maanõunikud

tagasi, põhjendusega, et see tooks palju tüli, kulu ja tööd ametivõimudele ja raskusi hobusepidajatele, kuna passid oleksid kergesti võltsitavad, ja vastava seaduse puudumisel ei saaks sellekohast määrust kogu riigis maksma panna. Ettepanekut karmistada 1857. aasta kriminaalseadustikus hobusevarguste eest ettenähtud karistusmäärasid lubati aga kubermanguvõimude ees toetada.

Nagu kinnitavad Riia kohturingkonna andmed, jätkus hobusevarguste kasv Liivimaal vähemalt kuni 19. sajandi lõpuni, olles talunikele tõeliseks nuhtluseks ja tekitades neile suurt majanduslikku kahju. Politsei ei suutnud ja paljudel juhtudel ei võtnudki vaevaks igat juhtumit uurida, ning kohtuni jõudis neist vaid osa. Kohtustatistika järgi oli hobusevargus kõige suurem Liivimaa Eesti osas, välja arvatud Saaremaa, kus esimene selline kohtuasi on registreeritud alles 1878, ning edaspidigi tuli mõnel aastal ette vaid mõni üksik protsess. Tartu- ja Võrumaal tabatud hobusevaraste üle peeti aastail 1872–89 kohut 1728 ning Pärnu- ja Viljandimaal 112 korral. Järgnevail aastail kandus selle kuriteo raskuskese idast läände. Nii registreeriti maapolitsei andmetel 1892–94 Tartu maakonnas kokku 605 ja Viljandi maakonnas 814 hobusevargust. Viljandimaal kannatasid kõige enam Põltsamaa, Pilistvere ja Viljandi kihelkonnad. Ka muude varguste tõttu, millest raskeimad olid sissemurdmised *(aidavargused)*, kannatasid enim Põltsamaa ja Viljandi kihelkonna varakad talud. Sajandi lõpuaastail on Viljandimaa politsei andmeil hobusevarguste hoog hakanud veidi raugema – nii varastati 1899. aastal 103 hobust, osalt koos hobuseriistade ja sõiduvahenditega, misläbi tekitati omanikele ligi 8000 rubla kahju. Raha ja asjade vargusi tuli ette 115 korral kokku 5693 rubla ulatuses. Kõige vargusterohkem oli septembrikuu.

Eestimaa kubermangust pole võrreldavaid arvandmeid võtta, kuid kuberneri aastaaruannete järgi otsustades jäädi vähemalt hobusevarguste poolest Liivimaast tunduvalt maha – 1890.–95. aastal oli Tallinna Ringkon-

Tamme kõrts Tartu lähedal

nakohtus, kuhu jõudsid kogu kubermangu teise astme kohtuasjad, 486 varguse ja röövimise juhtu, neist vaid 20 hobusevarguse asja, milles süüdistatuna oli kohtu all 29 meest ja üks naine.

Vallakogukond

Vallad kui kogukondliku omavalitsuse üksused said juriidilise aluse talurahva pärisorjusest vabastamise seadustega. Vald oli puhtseisuslik instants, sest vallakogukonda kuulusid esialgu ainult ühe mõisa talupojad ja selle tegevus oli täielikult allutatud mõisavalitsuse järelevalvele ja eestkostele. Vallakogukonnale loodi oma kohtuamet – vallakohus (Põhja-Eestis kogukonnakohus), mille kompetentsi kuulusid nii tsiviil- kui kriminaalasjad. Vallakohtute töös oli oluline osa kogukonnaliikmete majandus- ja tüliasjade reguleerimisel. Kohtus kinnitati testamente, töö- ja rendilepinguid, lahendati töö- ja rendivaidlusi, nõuti

saamata jäänud palka ja kahjutasu, otsiti kaitset või vahendust tüli, laimu ja solvamiste jm. isikuvastaste tegude puhul. Vallakohus võis süüdlasi trahvida ja aresti panna või muul viisil karistada – kuni ihunuhtluse jagamiseni välja. Kohtuasi ei pruukinud lõppeda kellegi süüdi- või õigeksmõistmisega – vallakohtul oli ka lepitusfunktsioon.

Poole sajandi pikkune tegevuspraktika näitas, et iseotsustamisõigus vallakohtu tasandil oli oma arengus kaugele edasi jõudnud talurahva jaoks ebapiisavaks jäänud ning senine vallakorraldus liiga piiratud. Võitlus omavalitsuskorralduse laiendamise eest, milles mõisnikud eestkosteõigusest sugugi loobuda ei tahtnud, lõppes 1866. aasta vallaseadusega, mis andis vallakogukonnale laiemad ja kaasaegsemad tegevusraamid. Selles järgiti võimude lahususe printsiipi, sätestati selgesti piiritletud valimis- ja otsustusõigus, ning omavalitsemisõiguse tegelikuks teostamiseks ka enesemaksustamise õigus ja kohustus.

1866. aasta seaduse järgi oli vallakogukonna liikmete alammääraks 200 hinge. Tihti oli see arv elujõulise omavalitsuse jaoks liiga väike, mistõttu ühendati 1889. aasta Balti vallakohtuseadusega rida väiksemaid valdu suuremateks, nii et Eesti senise tuhatkonna mõisavalla asemel jäi alles ainult 400 valla ümber.

Valimisõigus oli valla täiskogul kui vallaomavalitsuse kõrgeimal organil. Sellesse kuulusid kõik peremehed (nii rendikohapidajad kui pärisperemehed) ja maatute (talusulaste, mõisatööliste ja vabadike) esindajad – üks vallakogukonna kümne täisealise meesliikme kohta. Viimaste hulka loeti ka peremeeste täiskasvanud pojad – seni kuni isa neile peremehevolitusi polnud üle andnud. Täiskogu pädevuses oli kogukonna ametnike valimine ja *kõlvatute* liikmete kogukonnast väljaheitmine. Majanduslike ja ühiskondlike küsimuste lahendamiseks valiti vallavolikogu, mis olenevalt kogukonna suurusest koosnes 8–24 volinikust, kellest vähemalt poole pidid moodustama peremeeste esindajad. Tähtsaim ametnik oli täiskogu valitud vallavanem, kes oli volikogu juhatajaks ja selle otsuste täitjaks. Vallavanemaks pidi olema keegi peremeestest – vastutusvõimeline ja küps tegelane. Tal oli valla piires, välja arvatud mõisamaa, talupojaseisusest isikute üle ka politseivõim ja õigus karistada süüdlasi kuni 2-päevase aresti, ühiskondliku töö või kuni üherublase rahatrahviga. Valla asjaajamise korraldamiseks palgati vallasekretär (vallakirjutaja).

Vallaomavalitsus juhtis valla kommunaalmajandust – ehitas ja hoidis korras kooli-, valla- ja vaestemaju, teid ja truupe-sildu jm. –, pidas ülal vallakoole, korraldas sotsiaalhooldust ja arstiabi, lõi tagavarasid raskete aegade või õnnetusjuhtumite korraks (magasiaida viljavaruna või spetsiaalse rahafondi näol vallalaekas), tasus vallal ühiskäenduse korras lasuvaid kroonu-, provintsi- ja kirikumakse. Nende ülesannete täitmiseks tuli kokku seada eelarve ning määrata vallamaksud. Maksud määras seaduses etteantud raamides kindlaks volikogu ja nõudis sisse vallavalitsus, kes vastutas ka nende otstarbeka kulutamise eest.

Põhimõtteks kujunes, et ükski valla kopikas ei tohi kaotsi minna. Vallas sai kõigile probleemidele läheneda individuaalselt ja ökonoomselt. Näiteks oli sotsiaalhoolekande osas valla-poolse abi esimeseks sammuks töövõimetute vallaliikmete maksudest vabastamine. Maksudest vabastati ka kõik 60 aastaseks saanud mehed, kui nad polnud peremehed, mis ühtlasi julgustas peremeheõigusi nooremale ja töövõimelisemale põlvkonnale üle andma. Järgmiseks astmeks oli toetuse määramine. Toitjata vanurid ja haiged paigutati vaestemajja, selle puudumisel kuhugi perre või määrati külakorda käima. Ehkki vallas võis olla hulk abivajajaid, kes kirjade järgi ühtmoodi viletsad olid, maksti neile toetust väga erineval moel ja määral – rahas, viljas, valla kulul kohale veetud küttepuudena – igaühele seda, mida ta just vajas. Volimeeste tegevust suunas nii sotsiaalne õiglustunne, millest hälbiti harva, kui ka vajadus leida igal juhtumil kõige mõistlikum lahendus. Enamasti suudeti valla tööd ära teha kiiresti, odavalt ja kvaliteetselt. Selle tagas kõigi tööde väljaandmine avalikul vähempakkumisel. Kui näiteks selgus, et telliseid linnast tuua on kallis, aga kohapeal leidub head tellisesavi ja odavaid põletispuid, löödi üles telliseahjud ja tehti ehitusmaterjal ise. Nii saadi vajalik hoone odavamalt kätte, ettevõtja aga teenis tulu ja tagas hea mainega uusi tellimusi.

Ehkki üldiselt eelistati valla-ametite ja tellimustööde jaoks neid, kes olid nõus töö kõige odavamalt ära tegema (kirjutaja, vahimees, magasiaidamees, parvemees, korstnapühkija, rõugepanija jt.), rikuti kohati seda reeglit ja nimelt koolmeistrite puhul, eelistades suuremat palka nõudvat, kuid asjatundlikumat õpetajat. Ilmekaks näiteks on koolmeistri valimised Käru vallas: kui volimeeste vaidlus kandidaatide üle ägedaks läks, otsustas vallavanem – sellega küll seadust rikkudes, et *iga ametimehe peavad ametisse valima need, kes ise tema väga heast tööst huvitatud on – koolmeistri peavad ametisse valima laste isad!* Muidugi lähtusid tollased volimehed ka oma aja kultuuritasemest ja väärtushinnangutest. Vahel otsustati kokku hoida näiteks õigeusu kiriku kütmise või koolimajale välja-käigukoha ehitamise arvel.

Vallale kuuluv otsustamisõigus lubas minna vallaelu küsimustes mööda riigivõimude kampaanialikest ja kohaliku rahva huvidega vastuolus olevatest otsustest. Näiteks nõudsid venestusaegsed rahvakoolide inspektorid 1893. aastal iga vallakooli raamatukogu jaoks üsna suure summa eest raamatute ostmist. Enamikust valdadest vastati, et rahvas on vaene ja selleks raha ei leidu. Kirjavahetusest selgub tegelik põhjus: volikogud arvasid ikka kuidagi raha leidvat, kui vähemalt poole summa eest lubataks osta ka *eestikeelset* kirjavara! Ülemusele esitatud aruannetesse läks ainult venekeelne.

Vallavalitsused ja seltsid olid talurahvale oluline omavalitsuse ja poliitika kool. Siin omandati ühiselu juhtimise aabitsatõdesid ja protseduurireegleid, saadi selgeks, mis on tuumakas jutt ja mis vaid hämamine, mis on demokraatia ja mõistlikud kompromissid, kuidas tuleb rahva huvide kaitsmisel ühitada paindlikkus ja kindlameelsus.

Eesti asunikud Venemaal

Rahva liikuvuse laienemise ja rohke välja-rände tõttu kujunes 19. sajandi teisel poolel ja 20. sajandi algul välja laialdane eesti diasporaa, mis koosnes peamiselt kompaktsetest eesti asundustest. Nüüd jõudsid need Eesti lähialadelt, kus eestlaste asupaiku oli tekkinud varemgi, järjest kaugemale – isegi Siberisse ja Kaug-Itta. Vene impeeriumi karistuskolonisatsiooni poliitika tõttu oli Siber selle ajani tuntud kui kohtus süüdimõistetud isikute karistuspaik. Sinna saadeti nii valla või linnakogukonna otsuse kohaselt *kõlvatud* kogukonnaliikmed kui ka vanglakaristuse ära kandnud inimesed, keda koduvald ei soovinud tagasi võtta. Sel viisil täienes Siberi rahvastik tsaaririigi lõpuni enam kui 10 000 eestlasest sundasuniku võrra (neist enamik mehed).

Esimeseks luterlaste külaks Siberis, kus elas ka eestlasi, peetakse 1803. aastal Tobolski kubermangus tekkinud Rõžkovot. Küla esmaasukad on olnud kas läti, ingeri või eesti talupojad. Arhiiviallikatest selgub, et tegemist on Paul I suurejoonelise Ida-Siberi koloniseerimise projekti jäänukiga. Vene riigi poolt hõivatud Irkutski piirkonna asustamiseks püüti kasutada mõisnike poolt sinna saadetud talupoegi, kes lubati maha arvestada nekrutite andmise normist. Pärast tsaari kõrvaldamist idee hääbus. Selleks ajaks oli jõudnud kohale ja muutunud paikseks sadakond Eestimaa *pauliini*, kellele hakkas lisanduma asumisele saadetud luterlastest kaasmaalasi.

Juba 1820. aastate algul pöördus rühm pastoreid Aleksander I poole palvega, et asumisele saadetud luterlased koondataks ühte kohta, et paremini nende hingehooldust korraldada. 1845 määras Nikolai I eesti luterlaste asupaigaks Rõžkovo küla. Juba samal aastal asutati seal eestikeelne kool. 1860–61 kerkis lähikonda teine selline asula, Revel (ka Viruküla, Mahtra sõja veteranide sundasumise paik). Selle kõrvale, Omi jõe kaldale rajati ka lätlaste Riia, soomlaste Helsingforsi ja ingerlaste Narva küla. 1861 tekkisid Jenissei kubermangus endiste eesti sunnitööliste külad Ülem-Suetuk ja Ülem-Bulanka. Tegelikult koondati luterlikesse kolooniatesse vaid väike osa oma karistusaja ärakandnud sundasunikest. Mehi ahvatlesid sealt lahkuma Siberi kullapalavik ja kolooniates valitsev "pruudinälg". Vähesed naised (vargad, lapse- ja mehetapjad jne.) said Siberis kiiresti mehele.

Balti kubermangude talupoegade Venemaa-rände käsitlemisel on ajalookirjanduses kordamööda esile tõstetud nii väliseid kui ka sisemisi tegureid. Esimesi rõhutasid balti-saksa autorid, väites, et toimuva kutsus esile tsaarivalitsuse poliitika. Eesti-läti rahvuslikes, aga ka Nõukogude perioodi käsitlustes valdab seisukoht, et peamiseks kodumaalt lahkumise põhjuseks oli igatsus saada maad; tsaarivalitsus küll soosis toimuvat, ent Venemaale mindi siiski vabatahtlikult. Oma tõetera on kummaski lähenemisviisis. Järgnevalt osutaksime seni varju jäänud aspektile, mis allikmaterjalides üsna selgesti kajastub – Baltimaade talupoegade väljaränne kui Vene riigi laienemis- ja koloniseerimispoliitika orgaaniline osa.

Nii lähetati 1864. aastal lõppenud Kaukaasia sõja järel koloniste väljatõrjutud abhaaside asualadele, Tomski kubermangus aga said eestlaste naabriteks Simbirski kubermangust maapuudusel lahkunud 110 tšuvaši peret, kelle naabruse *vabadele maadele* eelmises elupaigas oli hiljuti asustatud eestlasi. Muuseas arutati 1857–58, 1875 jt. aastail Ministrite Komitees ka plaane vene talupoegade asustamiseks Balti kubermangudesse, mis jäid realiseerimata. Ilmekalt peegeldab riigi kolonisatsioonipoliitikat eestlaste roll Kaug-Ida koloniseerimise protsessis. Pärast Ussuurimaa Vene impeeriumiga ühendamist (1860) asustasid siseministeerium ja Kasakavägede Peavalitsus 20 aasta jooksul riiklike toetussummade abil Kaug-Itta ligikaudu 112 000 vene talupoega, et kinnistada see piirkond Vene impeeriumi külge ning luua tugipunkt oma poliitilisele ja majanduslikule mõjule Vaikse ookeani kaldail. Vene võimud leidsid, et loodustingimustelt ja kalavarude iseloomult on Kaug-Ida rannik kõige rohkem Soome lahe vete moodi, ning et *on hädavajalik suunata Ussuurimaale Balti kubermangude randlased, kes on harjunud karmi kliimaga, on suhteliselt kultuursed, vastupidavad ja tunnevad hästi mitte ainult kalapüüki, vaid ka rannasõitu väikestel kuunaritel.*

Oktoobris 1897 teatas Liivimaa kuberner, et Kaug-Itta asumisest on huvitatud 258 peret. 1898. aastal Riia kaudu Odessasse ja sealt meritsi Vladivostokki saadetud maakuulajad leidsid sobilikud uued kodupaigad u. 240 perekonnale. *Praegu elavad seal hiinlased [tegelikult korealased], aga ümberasumisametnikud ütlesid, et meie perede tuleku ajaks hiinlased eemaldatakse,* teatasid nad oma ettekandes. Eesti randlaste massiline ränne Kaug-Itta algas 1900. aastal. Juba jaanuaris 1902 pidasid võimud vajalikuks seda ohjeldada. *Võttes arvesse, et nimetatud perekonnad ei oska vene keelt ja seega ei vasta meie idapoolsete ääremaade koloniseerimispoliitika peamisele eesmärgile,*

leiti olevat võimalik neid vaid nende endi raha eest Kaug-Itta sõidutada. Headele vene keele oskajatele ja meresõidukogemusega randlastele abiraha muidugi leiti. 1904 saabus Saaremaalt, Hiiumaalt ja Muhust Primorjesse umbes 180 eestlaste perekonda, 1906 veel üks rühm, kes asutasid Linda küla.

Kuni 1850. aastateni oli talupoegade rändamine väljapoole kubermangu piire võimalik vaid kubermanguvõimude ja rüütelkonna nõusolekul. Enamik kodumaalt lahkunuid elas võõrsil plakatpassiga, mis polnud ümberasumisluba, vaid reisidokument. Selle väljastamisega tegelesid kogukonna- ja kihelkonnakohus, maakonna rentei ja kubermanguvalitsus. Alates 1888.–89. aasta justiitsreformist asjaajamise kord teisenes. Vallavalitsused pidid hankima andmed välja rännata soovijate perekonna koosseisu ja majandusliku olukorra kohta. Talurahva-asjade komissari vahendusel läkitati andmed kubermangu talurahva-asjade osakonnale, mis omandas väljarände reguleerimisel keskse koha. Vastav komisjon andis hinnangu taotluse majandusliku põhjenduse kohta ja saatis materjalid Peterburi. Otsuse langetas siseministeerium koostöös riigivarade ministeeriumiga. Alates 1897. aastast oli komisjonil lõpliku otsustamise voli. Siseministeeriumi alluvuses tegutseva Ümberasumise Peavalitsuse osaks jäi kaebuste ja protestide läbivaatamine. Positiivse otsuse korral väljastas vajalikud load ja sooduspiletite õiendid talurahva-asjade komissar.

Impeeriumi-sisese rände reguleerimiseks kehtestati 13. VII 89 seadus "Talurahva ja põldu harivate linlaste asumisest vabadele riigimaadele ja varem asunute ümberkirjutamisest nende uude elupaika". See tagas väljarändajaile rahalise toetuse ja laenuvõimalused ning ajutise vabastuse sõjaväeteenistusest ja riigimaksudest. Juba 1884. aastal oli Venemaa raudteedel kehtestatud *ümberasuja soodustariif* – veerand 3. klassi sõidupileti hinnast. Oli ka tagasilööke – 1895. aastal suleti ümberasujaile Samaara, Saraatovi, Ufaa ja Orenburgi kubermang.

Väljarännuloa võisid saada talupojad, kel polnud maksu- ega muid võlgu, või maha jäämas abivajavaid perekonnaliikmeid. Tuli ka tõestada, et senises elukohas toimetulekuvahendid puuduvad. Talu või kehtiva rendilepingu omanikke ära lasta ei tahetud. Majapidamise uues elukohas sisseseadmiseks pidi ümberasujal olema raha 300–400 rubla perekonna kohta. Rohkesti saadeti tagasi eestikeelseid palvekirju – Vene riigiasutustesse pöördutagu vene keeles! Tegelikult arvestati lubade väljastamisel eeskätt ümberasumiseks ettevalmistatud maade hulka.

Ettevalmistatud maa hulga kohta oli soovijaid pidevalt liiga palju. Seetõttu tuli protsess korduvalt peatada või mõned piirkonnad ajutiselt sulgeda. Kui kuberner 1908. aasta augustis teatas, et selleks aastaks on Eestimaalt maakuulajate saatmine lõpetatud, vallandus Anija ja Peningi vallas kampaania asuda ümber Brasiiliasse. Omavoliline väljaränne oli tõsine probleem ja võimudel stiihia ohjeldamisega suuri raskusi.

Riigivõim luges kuriteoks mistahes seadustes sätestamata tegevuse, ümberasumisseadus kehtestas ranged karistused nii omatahtsi välja rännata üritajaile kui seda võimaldanud ametnikele. Kuid teooria ja tegelikkus erinesid ning seadusi rakendati valikuliselt või *vajaduse korral.*

Nii olid maakuulajad Virumaa Undla valla rahvale Siberis maatükid juba välja valinud, kui selgus, et neil mingeid ümberasumislube ei ole. Mõned südimad väljarändajad jõudsid dokumentideta koguni Ussuurimaale. Sellistel juhtudel on Eestimaa kuberner hädalistele vajalikud load hiljem järele saatnud. Balti kubermangude ametnikud kurtsid, et Siberi ümberasumisametnikud annavad maad ka vajalike dokumentideta väljarändajatele, õõnestades sellega vallavalitsuste ja kubermanguvõimude autoriteeti.

Eesti talupojad olid ülimalt jonnakad oma õiguste tagaajajad. Näiteks tegelesid Harjumaa talupoja Madis Meindoki kaebustega Eestimaa kubermangu talurahva-asjade komisjon, Eestimaa kuberner, Jenissei kuberner, Kainski maakonna 5. jaoskonna talurahva-asjade ülem, Ümberasumise peavalitsus ja lõpuks Vene riigi senat. Peterburi jõudis ka Peipsi-äärse Pedaste küla 35 ümberasumisloata jäetud talupoja protest.

Aastail 1869–75 arutas Vene keskvõim ümberasujate taotlust luua Novgorodi kubermangus eesti vald. Arutelu käigus toonitas Riigivarade Ministeerium eestlaste panust piirkonna asustamisel, edukal majandamisel ja riigi tulude tõstmisel, mispeale Ministrite Komitee Novgorodi kubermangu eestlastele mitmeid täiendavaid soodustusi määras. Seevastu nõudis siseministeerium eestlastesse karmimat suhtumist, ja *liiga targad* eestlased saadeti sunniviisil välja teistesse Põhja-Venemaa piirkondadesse.

Aastail 1880–82 tuli siseministril ja lõpuks tsaaril sekkuda Tsarskoje Selo ja Peterhofi maakonna eesti ning vene talupoegade vastuolude lahendamisse. Eestlased olid sealkandis elanud üheksa aastat, rajanud 22 uut asumit ja sõlminud 24-aastased rendilepingud. Vene talupojad olid eestlaste valda võtmise vastu – nende seas olevat *palju ebausaldatavaid inimesi ja hobusevargaid.* Tegelik põhjus võis olla konkurents paremate maade pärast. Lähtudes riigi üldistest majandushuvidest, asus keskvalitsus kolonistide poolele.

Kui venelastele, ukrainlastele ja valgevenelastele oli omane kogukondlik maakasutus, siis eestlased, lätlased ja sakslased eelistasid üksiktalusid. Siberis saadi kuulsaks mitmete omavoliliste maahõivamistega. Nii on u. 600 Eesti- ja Liivimaa talupoega hõivanud Tomski maakonnas Kamenka jõe põhjakaldal kena metsaala. Hiljem selgus, et see polnud määratud ümberasujatele, vaid kuulus õukonnaministeeriumile. Kuid 24 eesti peret oli seal juba mitu aastat elanud, metsa maha võtnud, põllud ja hooned rajanud ning kodukandi rahvast järele kutsunud. Metsa-ametnikke karistati, eestlased jäeti hõivatud maale. Maade hõivamine oli lihtsam just taiga-aladel. Leplikku suhtumist omavolitsejaisse seletab, et 1909.–10. aastal kuulutati üksiktalude väljamõõtmine koloniseerimisametkonna keskseks ülesandeks. 1914. aastaks moodustasid eestlased koguni 14,8% Tomski kubermangu taigavööndi rahvastikust. Hulk näiteid on sellestki, kuidas eestlaste "metsikud" külad naabrite abiga maatasa tehti ning uusasukad lageda taeva alla jäeti.

Tihti jäid kolonistid uues kohas püsima vaid tänu riigi toetusele. Uusasukad said abiraha või laenu, neile rajati infrastruktuure, aidati hankida seemnevilja ja kariloomi. Eestlased olid edukad mitmesuguste arendusprojektide kirjutamisel, mille varal ehitati velskripunkte, kaevusid, veehoidlaid, toetati koolide ja palvemajade rajamist.

Koloniseeritavail aladel pidi valitsema vene keel ja õigeusu kirik. Sellega seoses nägid võimud eestlaste ja lätlaste kolonisatsioonis negatiivseid külgi. *Miks peaks Vene riik hoolitsema talle verelt ja hingelt võõraste asukate paremale elujärjele aitamise pärast?* küsis Siberisse kontrollreidile saadetud kõrge valitsusametnik Sosnovski. *Vene keelt oskavad nad halvasti; mõni loeb küll väga ladusalt, loetu sisust aru saamata.* Kurdeti, et Balti kubermangudest pärit õigeusklikud on hakanud, võib-olla pühakoja kauguse tõttu, eelistama oma rahvuskaaslastest luterlaste kombetalitusi ja õigeusu kirikust kaugenenud. Leiti, et poliitiliselt on tähtis ehitada nende asuala lähedale õigeusu kirikuid ja koole, sest nagunii on seal ka küllalt palju venelasi. Veel 1920. aastail ei osanud enamik Siberi eestlastest vene keelt.

Kaug-Ida koloniseerimisel *mittevene päritolu* eesti randlastega avaldati siseministeeriumis lootust, et *olles pandud silm-silma vastu neisse vaenulikult suhtuvate hiinlaste ja jaapanlastega, konsolideeruvad nad enesestmõistetavalt venelastega ja sulavad aja jooksul nendega ühte.* Loodeti, et järgnev ranna-alade täitumine puht-vene asukatega vähendab vajadust eestlaste täiendavaks kohalemeelitamiseks.

Agraarses koloniseerimises domineeris maata ja kehvtalurahvas – vabadikud, talusulased, mõisamoonakad, talurentnikud. Oli ka käsitöölisi – tislereid, rätsepaid, seppi, kingseppi, samuti vabriku- ja raudteetöölisi. Eriline koht oli erusõjaväelastel – just need Venemaad näinud, teatud juhiomadustega ning keelt valdavad mehed on korduvalt eesti kolonistide liidriteks.

Tüüpiline ümberasuja oli *lahtine*, oma esivanemate kodukohast vähemalt korra kolinud perekonna liige. Näiteks lätlaste Ussuurimaale rändamise juhi, Salatsi (Salacgrīva) talupoja Jānis Tehtsi isa oli Koonga mõisa talupoeg ja kandis perekonnanime Täht.

Juba 1858. aastal üritasid Liivimaa võimud talupoegade väljarännet (ja täielikult laostununa tagasipöördumisi) ohjata nõudmisega, et esmalt saadetaks uude elupaika vaid maakuulajad. Hoopis valusaks muutus probleem 19. sajandi lõpuaastail, mil Venemaa raudteedel ristlesid sajad tuhanded inimesed ning igas Siberi raudteejaamas võis näha eestlast, kes ootas oma rongi. 1897. aastal pöördus võõrsilt pettununa tagasi rekordiline arv liivimaalasi – 708 ehk 23% teeleasunutest.

Alates 1897. aastast valiti välja rännata soovijate seast kohustuslikus korras maakuulajad, kes kroonu soodustustega ümberasumispiirkonnas ära käisid, kohalike oludega tutvusid, vajalikud maad broneerisid ning seejärel kodumaale naasid. Suuremaid soodustusi said päris uute asustuspiirkondade maakuulajad. Iga nende käik on riigiametnike poolt detailselt ja kohati lausa seiklusjutu laadis dokumenteeritud. Maakuulajad esitasid võimudele mitmesuguseid täiendavaid nõudmisi (arstiabi või velskripunkti ja vaimuliku ülalpidamise vajadus, regulaarse laevaliikluse sisseseadmine ranna-asula ja lähima linna vahel jne.). Maakuulajate tegevus aitas kummutada ülespuhutud kuulujutte, vähendas segadusi, omavolilist ümberasumist ja ka pettunult-laostunult koju tagasipöördumisi.

Uutele maadele rännati valdavalt perekonniti. Ligikaudu 75% Siberisse rännanuist jõudis sinna viieliikmelise või suurema pere koosseisus. Valdav osa perekonnapeadest olid 30–50-aastased mehed.

Balti rüütelkonnad suhtusid tööjõu äravoolu suure ohutundega. Riik tahtis, et uutele

Maruha eesti asunduse kiigelised Kubanimaal (1911)

aladele rändaksid ettevõtlikud ja uue elu sisse-seadmiseks piisavalt jõukad inimesed. Rüütel-konnad soovisid, et kodumaal toime tulevate talupoegade väljarännu-piirangutest ka tegeli-kult kinni peetaks. Väljarändajad omalt poolt olid huvitatud maast, odavast kohalesõidust ning toetustest ja abirahadest.

Ligi 75% eesti väljarändajatest jätkas maaharimist ka Venemaal. Tänu rängale tööle esimesest põlvkonnast alates (enamasti tuli alustada uudismaa ülesharimisest) tõusid nad üsna ruttu heale majanduslikule järjele. Hiljem tuli ümbruskonnast jõukuse poo-lest tublisti esileküündivatel eesti asunikel enamlikul Venemaal selle eest kallist hinda maksta.

Eesti asunduste arv oli ajas muutuv suurus. Nende käekäiku mõjutasid nii riigivõimude poliitika, suhted naabritega kui ka ilmastik. Eesti kolonistid püüdsid kokku hoida, et üheskoos paremini hakkama saada. Tavali-selt hõivasid esmaasukad uues elupaigas vaid väiksema osa maadest, broneerides vaba maa kodukandist järele oodatavale rahvale. Vastu-pidava eesti küla tekkeks ning seal omakeelse hariduse edendamiseks oli vaja palju rahvast.

Ikaldusaastail olid Eesti ajalehed täis hur-jutamist, kuidas Siberi suguvennad omakasu-püüdlikult teisi endale järele meelitanud, aga

ees oodanud vaid ikaldus ja viletsus. Laostu-nult ja pettununa pöördusid järjekordsed asukad tagasi kodumaale, vabaks jäänud maa aga anti kahe aasta möödudes uutele, tavaliselt Venemaa sisekubermangudest saabunud soo-vijatele. Nii sattusid eestlased paljudes algselt eesti külades vähemusse ning hakkasid aja-pikku venestuma.

Vene võimud jälgisid tähelepanelikult rahvusprobleeme ja pidasid oluliseks mis-tahes venevastaste meeleolude kiiret maha-surumist. Arhiivides on talletatud rohkesti ülevaateid asunike läbisaamisest naabritega. Eestlaste ja lätlaste vahel tavaliselt vahet ei tehtud. Külasid, kus need kaks rahvust koos elasid, nimetati ka ametlikes dokumentides saksa küladeks. 19. sajandi lõpuaastail siiski raporteeriti, et kõikjal, kus on koos eesti, läti ja saksa ümberasujad, esineb nende vahel tõsiseid vastuolusid, kaklusi ja koguni relvas-tatud kokkupõrkeid. 1899. aastal oli Tobolski kubermangus Tara maakonnas Bolšoi Selimis eestlaste ja lätlaste vahel suur kaklus vaidlus-aluse maatüki pärast. Mõned aastad hiljem aga peeti samas kandis maakasutusviisist tek-kinud tülide tõttu eestlaste ja valgevenelaste vahel maha "Kitani sõda", kus voolas veri ja põllule mindi kündma, kirves enesekaitseks adrakurgede vahel peidus.

Eesti talupoeg oli uutes oludes paindlik ja leidlik, suutis hästi kohaneda looduslike tingimustega, kasutas hoonete rajamisel kohalikke looduslikke materjale. Kus võimalik, säilitas ta omaenda töötraditsioone ning maakasutusviise, eriti kui need olid tulusamad kui naabritel.

Venelastest ümberasujate esimeseks tööks uues kohas oli maja valmis ehitada. Eestlased seevastu alustasid põlluks vajaliku maa puhastamisega. Esimesel talvel elati ise tihti muldonnis, aga kariloomadele ja hobustele ehitati soojad laudad. Alles siis, kui vili võrsus, jõudis järg elumajade ehitamiseni. Kodumaalt oli toodud kaasa seemneid – ristikut, erinevaid rukki-, nisu-, kaera-, odra-, kanepi- ning linasorte. Edukalt kasvatati porgandit, kartulit, naerist, kapsast, kurki, peeti, hernest ja uba. 1914. aastaks oli Venemaa eestlaste taludes juba rohkesti külvi- ja niidumasinaid, loorehasid, rehepeksumasinaid, koorelahutajaid jm.

Eestlased kudusid suurepärast kangast, millest valmistasid oma rõivad. Eesti külades leidus kingseppi, rätsepaid, pottseppi, seppi ja tööriistameistreid, kes said ka naabrite tellimusi. Altai eestlased paistsid silma oma piimakarja, kultuurheinamaade ja loorehadega. Eestlane *Tjuks* alustas maitsva bakšteini juustu keetmist, mis oli linnas minev kaup. Eestlane Anton Sander teenis ära *Siberi võikuninga* tiitli: koos vennaga avas ta Irkutskis piimasaaduste poe, varsti oli tal juba üle 20 juustukoja ja meierei. Jakutskis kuulus talle kaheksa suurt piimasaaduste poodi.

Kaug-Idas panid eesti randlased aluse sealsele kalatööstusele ja kaubalaevastikule. Ehkki võimude plaanide kohaselt pidid nad tegelema meresõidu ja kalastusega, ning nende taotlustesse põllumaad omandada suhtuti kaunis valuliselt, saavutati selles osas lõpuks kompromiss ja eestlastele eraldati ka põllumaad.

Venemaa luteri koguduste meetrikaraamatud kajastavad hästi ka linnade ning vabriku-, kaevandus- ja raudteeasulate eestlasi. Nende seas oli vorsti- ja juustumeistreid, meedikuid, metsaülemaid, pastoreid, ohvit-

sere, raudteelasi, ametnikke, agronoome, veterinaare, maamõõtjaid, õpetajaid, üliõpilasi, ülikooli teenistujaid jne.

20. sajandi alguses oli Siberis eesti meeste keskmine abiellumisiga 25,1, naistel 22,8 aastat. Abielluti esialgu oma küla, sageli koguni suguvõsa piires. Tihti kandsid pruut ja peigmees juba enne abiellumist sama perekonnanime. Ka vaderite nimedes on kattuvusi kas peigmehe, pruudi või emma-kumma ema neiupõlvenimega.

Järk-järgult abieluringid laienesid – abikaasa leiti teisest eesti külast. Seal, kus eestlasi vähem, esines rohkem segaabielusid. Need olid sagedasemad ka Venemaal rohkem ringi rännanute puhul. Levinumad olid eesti-läti, eesti-vene ja eesti-saksa abielud. On märgatud, et saksa-vene abielu puhul sai koduseks keeleks saksa, saksa-eesti abielude puhul pigem eesti või vene keel. Ka eestlaste ülekaaluga eesti-vene segakülades täheldati venelaste suuremat andekust uue keele omandamisel. 1918. aastal on eesti tüdrukud abiellunud Austria-Ungari sõjavangidest ohvitseride ja sõduritega.

Siberi eestlastel oli suhteliselt palju vallaslapsi. Enamasti on tegelike isade nimed meetrikaraamatus täpselt kirja pandud. Maailmasõja aastail langes tugevasti abiellujate keskmine vanus. Esmakordselt leidus 15-, 16-, või 17-aastaselt abiellunuid. Pärast Veebruarirevolutsiooni ilmnes uus tendents – plahvatuslikult suurenes seni tagasihoidlik leskede abiellumine.

Venemaa eestlaste rahvusliku identiteedi aluseks olid eesti keel ja enamasti ka luteri usk. Kõik 19. sajandi lõpul ja 20. sajandi algul Venemaal teeninud luteri pastorid olid Tartu Ülikooli kasvandikud (erandiks olid Jenissei kubermangu Soome koguduse pastorid, Turu Ülikooli lõpetanud Granöd) ja teadsid üht-teist eestlastest ja nende kultuurist. Nende seas oli ka eesti vaimulikke, kelle võimalused kodumaal ametikohta leida olid piiratumad kui Venemaal.

Venemaa luteri koguduste territooriumid olid hiigelsuured. Aastas olevat Lääne-Siberi

Koolitund Salme eesti asunduses (1912)

või Kaug-Ida pastor sõitnud läbi oma 3000–4000 versta. Väiksematesse küladesse jõudis pastor harva ning on kinnitanud ja kandnud kirikuraamatusse mõnikord näiteks seitsme viimase aasta kiriklikud kombetalitused.

Nagu Eesti, nii ka Venemaa eestlaste ühiskonnas oli luteri kirik tihedas liidus kooliga. Luteri vaimulikud hoolitsesid kooliõpetajate ettevalmistamise eest. 20. sajandi algul tegutsesid eestikeelsed koolid kõigis suuremates eesti asulates. Kooliõpetajad omakorda olid kiriku esindajateks kohtadel – enamiku lastest ristis ning surnud mattis kohalik kooliõpetaja.

Väljarännanud eestlaste hulgas oli ka õigeusulisi, mõnede andmete kohaselt koguni ligemale veerand. 1888. aastal viis preester Adam Simo Kroonlinnas läbi esimese eestikeelse õigeusu jumalateenistuse. Peterburi eesti õigeusukiriku ehituse tarbeks annetas tsaar Nikolai II isiklikult 3000 rubla. Kirik valmis 1907. aastal. Üldse tegutses Peterburi kubermangus seitse iseseisvat eesti õigeusukogudust – Peterburi, Gatšina, Kroonlinna, Luuga, Narva, Klopitsa ja Zajanje. Pihkva kubermangus olid eesti õigeusukogudused (setude omi arvestamata) Toropetsis ja Vedrilovas, Lätimaal Riias. Teiste väljarännupaikade eesti õigeusklike kogudused olid kirjas vene koguduste juures. Tihti kippusid õigeusklikud eestlased (peale setude) eelistama luterlastest rahvuskaaslaste kombetalitusi.

Eesti väljarändajate sidemed kodumaa ja rahvuskultuuriga jäid üsna tihedaks. Eesti

asundustes tegutsesid omakeelsed kogudused ja koolid, kuhu kutsuti Eestist õpetajaid, telliti ajalehti ja raamatuid ning pandi käima samalaadne seltsielu kui kodumaal. Tähtsamaks asunike kultuurielu suunamise keskuseks kujunes Peterburi. 1908. aastal hakkas ilmuma eestikeelne "Peterburi Teataja". 1910. ja 1913. aastal peeti Peterburis esimesed eesti asunduste esindajate kongressid. Juunis 1912 korraldati Narvas I eesti asunduste laulupidu, milles osales üle 4000 laulja. Mitmel pool, nagu Krimmis ja Kaukaasias, peeti ka piirkondlikke eesti laulupäevi.

Vene tsaaririigi kokkulangemist ja Ajutist Valitsust tervitati enamikus Venemaa Eesti külades vaimustusega. Kultuurielu ning ühistegevus elavnesid. Koostati julgeid projekte kooli- ja kirikuelu reformimiseks. Venemaa eestlased uskusid, et neid ootab helge tulevik.

TÖÖSTUS JA KÄSITÖÖ

Tööstusliku pöörde algus

19. sajandi algupoolel oli Eestis valdav käsitööl ja tehnilisel tööjaotusel rajanev manufaktuuritööstus. 1822. aasta paiku tegutses siin 14 suuremat (töölisi 15 ja enam) manufaktuuri tüüpi ettevõtet, kus töötas kokku 1092 inimest, arvestamata abitöölisi. Rohkem kui 100 töölist oli Rõika-Meleski klaasimanufaktuuris, Udriku kalevi- ja trikoomanufaktuuris ning Pärnu verfis. Üheteistkümnes ettevõttes oli töölisi 15–25. Nende suuremate kõrval leidus igal aastal tavaliselt veel 8–13 väiksemat, 3–15 töölisega töökoda (mis toimisid enamasti ainult 2–5 aastat). Suurem osa manufaktuuridest kuulus kaupmeestele, mõned ka mõisnikest ettevõtjatele. Lisaks manufaktuuridele tegutses arvukalt väiksemaid tööstuslikke ettevõtteid. Eriti tüüpilised olid mõisate viinaköögid (neid leidus 650–700), kus töötas talveperioodil teokohustuse korras iga päev kuni 5 meest.

1820.–30. aastad olid tööstuse arengus pöördelised. Algas üleminek lihtsal tööjaotusel põhinenud manufaktuurilt auru- või veejõul käivitatavate masinate süsteemil põhinevale vabrikule. See kulges aeglaselt, puudutades järgneva poole sajandi jooksul vaid üksikuid tööstusharusid ja nende tippe, mistõttu ülekaalus oli endiselt manufaktuurne tööstus.

Enamasti ei suutnud pärisorise tööjõuga alustanud ettevõtjad palgalisele tööjõule ja tehnilisemale vabrikutööstusele üle minna. Viie aasta jooksul (1825–30) suleti 11 manufaktuuri. Hingusele läks mitu mõisnike poolt 18. sajandi lõpul rajatud üsna suurt ja algselt ka edukat ettevõtet.

Tööstuslik pööre sai Baltimaades nagu mujalgi alguse kergetööstusest. Neil aastail valitses Venemaal selles valdkonnas kaks vastandlikku suundumust. Euroopa arenenud tööstusega piirkondade ettevõtjad ja kaupmehed olid huvitatud avara Vene turu hõivamisest, kuid manufaktuuriomanike survel vastandus sellele tsaarivalitsuse protektsionistlik poliitika, mis keelas mitmete kaupade sisseveo hoopis ning kehtestas teistele kõrged kaitsetollid. Balti kubermangude kaupmehed koos mõne ettevõtliku mõisnikuga leidsid sobiva niši, rajades tollipiirist sissepoole kümneid riigile vajalikke tööstusettevõtteid. Siin, kus erinevalt Venemaast oli pärisorjus juba kaotatud, võis leida vabapalgalist tööjõudu. Suur mõju oli sadamalinnade (Riia, Pärnu, Tallinn, Narva) läheudsel. *Balti Maariigi* autonoomne staatus hõlbustas vabrikantide tööd kuluaarides nii kohapeal kui impeeriumi keskuses. Pealegi kuulus see piirkond saksa kultuuriareaali, mis tegi ta vastuvõetavaks läänest tulnud sakslastest meistritele ja oskustöölistele.

Neil aastail Eestis alanud masinalise vabrikutööstuse arengus oli juhtival kohal tekstiilitööstus, eriti kalevitootmine, mida vajas sõjavägi. 1820. aasta paiku asutas esimese, Narva kose jõul töötava kalevimanufaktuuri Hamburgi kaupmees Paul Momma. 1829. aastal kasutati siin 30 kudumistelge, töölisi oli 133, toodeti 30 000 arššinat kalevit ja 1800 baikatekki. 1836 läks ettevõte Narva Manufaktuuri Kompanii kätte, mis oli Venemaa esimesi aktsiaseltse, osanikeks peale Momma Narvast Peterburi siirdunud vennad Benedikt ja Sebastian Cramer, välisminister krahv Nesselrode, sandarmite šeff krahv Benckendorff ja õukonnapankur parun

Ludwig Stieglitz (endine Narva kaupmees). Aktsiaseltsi likvideerudes võttis viimase poeg Alexander 1845 manufaktuuri üle, ehitas ümber ning seadis sisse uued masinad ja aurujõu. 1851 asutas ta Narvasse ka linavabriku. Mõlemad Stieglitzi vabrikud, mis 1880. aastal aktsiaettevõteteks muudeti, jäid kuni 1940. aastani Reinimaalt pärit Napoleon Peltzeri ja tema järglaste juhtida. Peltzerid olid ka Hiiumaa Kärdla kalevivabriku osanikke ning tegevad Peterburi, Moskva ja Varssavi tööstuses ja kaubanduses.

Vähem edukad olid kaks teist veejõul töötanud kalevivabrikut, mille 1820-ndate keskel Joala mõisasse Georgi saarele Narva külje all rajasid välismaalased Karl ja Georg Schwartz ning kaupmees Joseph Nüsser. Need rohkem kui 100 töölisega ettevõtted pidid tegevuse lõpetama juba 1830-ndate algul. Georg Schwartz, kes seadis 1827. aastal üles 8-hobujõulise aurumasina, oli Eestis esimene aurujõu rakendaja.

Püsima suutis jääda Ungern-Sternbergide Kärdla mõisas Hiiumaal 1829 rajatud kalevivabrik, mis alustas kohe aurujõu kasutamisega. Ungern-Sternbergid olid rikastunud 1814.–15. aastal, vedades oma laevadega varustust Vene sõjaväele. 1845. aastal oli Kärdlas 460 töölist (neist 134 naist ja 70 last) ja kalevitoodang üle 60 000 arssina. Suur osa villast saadi omanike endi meriinokarjadelt. Toodang realiseeriti osalt Balti kubermangudes, osalt riigi teistes piirkondades. Kärdla vabriku olemasolu tugevdas oluliselt Hiiumaa kaubanduslikke sidemeid ja laiendas Suursadama tegevust.

19. sajandi teisel veerandil oli Balti kubermangude suurim, moodsaim ja edukaim ettevõte Sindi kalevivabrik. Nimelt tõi Riia suurkaupmees ja -tööstur Johann Christoph Wöhrmann (1784–1843), kes oli 1831 saanud Poolas Sileesias asuva Sieradzi kalevimanufaktuuri ainuomanikuks, selle 1833 Sinti üle, kuna Poola mässu mahasurumise järel muutus kasulikumaks toota kalevit siinpool tollipiiri. Äsja oli keskvõim andnud ettevõtjaile õiguse tuua oma vabrikud Poolast

Kärdla kalevivabrik

impeeriumi teistesse osadesse, ning lubanud välismaalastel Liivimaa kubermangus käsitööga tegeleda. Vabriku asukoha valikul osutus kaalukeeleks, et muidu sobilikes linnades nagu Riia ja Pärnu kehtisid veel tsunftipiirangud.

Vabriku jaoks oli suurimaks väärtuseks jõgi. Lähestikku asetsevad kõrged kaldad olid heaks eelduseks vee-energia rakendamisel, pehmet ja lubjavaba jõevett sobis kasutada tootmisprotsessis, ning mis eriti oluline – Pärnu sadamast Sindini oli jõgi laevatatav. Aeg-ajalt arutati kõrgemal pool koguni Peipsi–Pärnu veetee ehitamise küsimust. 1834. aastal olid Sindi vabriku masinad Pärnu sadama üheks peamiseks sisseveoartikliks. Kaks Wöhrmanni Riia-lähedases tehases valminud 36-hobujõulist aurumasinat pandi tööle 1836. aastal. Samas valmistati ka osa ketrusmasinaid.

Tööjõu hankimine polnud lihtne. Vabriku ülesehitamisel ja tööshoidmisel oli Sindi kroonumõisa talupoegade kõrval tulijaid Liivimaa teistestki piirkondadest, ka Eestimaa kubermangust ja Soomest. Rohkesti kasutati vene ehitusmeistreid, nagu siinmail mõisate ehitamisel tavaks oli saanud. Artellide kaupa palgati kangruteks pärisoriseid vene talupoegi Moskva ja Vladimiri kubermangust. 1834. aastast algas välismaa oskustööliste, peamiselt sakslaste vool Sinti. Vabriku juhtkond koosnes välismaalastest.

Suvel 1842 vabrikut inspekteerinud George von Foelkersahmi kirjelduse järgi

Sindi kalevivabrik 1866

moodustasid vabriku viiekorruselisene kivist peahoone kahe kolmekorruselise tiibhoonega, üks pesemis-, üks värvimis- ja kaks kuivatushoonet, aurumasinate ruum, sepikoda ja puutöökoda. Oli ka kivist elumaja vabrikuvalitsuse tarvis ning 54 puust hoonet tuhatkonnale töölisele, neist 760 osalt venelased, osalt ümbruskonnast võetud eestlased.

Töötajate arv kasvas kiiresti (vt. tabel), masinapark täienes. 1850. aastal töötas vabrikus 164 kangastelge. Masinad pandi käima kahe vesiratta ja kahe aurumasinaga. Aastas tarvitati u. 200 tonni toorvilla, 160 t linaõli, 100 t kanepiõli, 980 t värve, 410 t seepi, 50 t rasvaküünlaid ja 10 700 rm küttepuid. 1850. aastail kerkisid lähikonda gaasivabrik, küünlavabrik, malmivalu- ja metallitöökoda, telliselööv, saeveski ja mehhaniseeritud turbakarjäär. Valmistati mitut värvi (musta, valget, tumerohelist,

kahvaturohelist, kollast, oliivkollast, hiirhalli, tumepunast, karmiinpunast, taevasinist, safiirsinist jne.) peent, keskmist ja jämedat kalevit. 1839. aastal sai vabrikule osaks esimene kõrge tunnustus – ülevenemaalise näituse kuldmedal.

Sindi Vabriku töötajate arvu dünaamika 1835–1864

Töötajate kategooria	1835	1841	1850	1864
Direktorid, meistrid	20	20	27	40
Alammeistrid	12	12	15	
Sepad, käsitöölised	6	6	10	
Sellid, kangrud	80	140	170	
Töölised	532	760	1200	1585
Kokku	650	938	1422	

1850. aastate lõpuks olid suitsevad vabrikukorstnad muutunud orgaaniliseks osaks Eesti- ja Liivimaa elust. Kerkis järjest uusi vabrikuid. 1839 asutas kaupmees Justus Reinhold Schramm 26-hobujõulise aurumasina ja 180 töölisega kalevivabriku Tartusse. 1858. aastal rajati Sindi lähedusse Voltveti mõisa maadele Allikukivi kalevivabrik. Uued vabrikud tõmbasid vanadest ära osa meistreid ja oskustöölisi, aktiivseks muutusid rändesuhted seniste tööstuskeskuste, nagu Sindi, Riia, Narva ja Peterburiga.

19. sajandi teisel veerandil alustanud ettevõtetest olid suuremad ja püsivamad ka šveitslase Johann Conrad Bornhäuseri Narva jõe suudmealale Kudrukülla asutatud sitsivärvimise ja -trükkimise vabrik (1830) ning prantslase Joussoni auru-saeveski Narva-Jõesuus (1838). Tallinna aurujõul töötavatest ettevõtetest olid märkimisväärsemad Georg Eggersi tikuvabrik Charlottenthalis (1838) ja Ülemiste paberivabrik (1839). 1842. aastast laiendas Carl F. Gahlnbäcki käe all tootmist 1828 asutatud naela- ja malmitehas, saades Eesti esimeseks masinatehaseks (hiljem Juhkentali masinatehas). Hakati valmistama põllutööriistu ja -masinaid, varsti ka aurumasinaid ja -katlaid.

18. sajandi lõpul ja 19. algul oli Eestis üheks tähtsamaks tööstusharuks olnud klaasitööstus – tollal võis klaasikodasid olla 40 ringis. Taolised klaasikojad "õgisid" varsti enda ümbert metsa ja suleti, kuna küttepuude vedu läks liiga kalliks. 1830. aastail jätkasid senistest Rõika-Meleski, Käru, Vändra ja Lelle-Eidapere klaasiahjud.

Klaasitööstuse tooteid (aknaklaas, pudelid, klaasnõud, peeglid jm.) turustati enamasti suuremates linnades. Kuni raudteid veel polnud, toimetati need hobuvooridega linna, kust saadi ka tooraineid: välismaalt toodud kemikaale ja mõningal määral klaasiliiva. Vabrikutööstusele ülemineku järel jäid püsima üksikud suuremad ettevõtted, milles hakati järk-järgult kasutama aurujõudu. Klaasikeetmise tehnoloogias võeti kasutusele regeneratiivsed gaasiküttel vannahjud, mis võimaldasid kõrgemat ja ühtlasemat temperatuuri. Kuna 1842 algas Emajõel aurulaevaliiklus, ehitati Rõika-

Meleski klaasivabriku tarbeks tee Tartust Võrtsjärve äärde läbi Ulila soo, misjärel sai vedudeks Võrtsjärvel, Emajõel ja Peipsil kasutada laevu. Neid läks vaja ka vabrikusse kütte vedamiseks. Mõni aastakümme hiljem lisandus kaubavedu raudteel.

Aeglasemalt arenes paberitööstus. Räpina manufaktuur, mis tootis kaltsudest kirjutus-, trüki- ja pakkepaberit ning pappi, küll suurenes, kuid aurumasinaid seal ei rakendatud ja tootlikkus oli madal. 1824. aastal alustas Tallinnas Ülemiste järve ääres suure paberivabriku ehitamist Friedrich Wistinghausen, kelle tööd jätkates endine Räpina paberivabriku rentnik Johann Wilhelm Donat selle 1839 käiku andis. Ülemistel hakati valmistama 10–14 sorti paberit, kartongi ja pappi. Tõrvatud katusepapiga varustati ka naaberkubermange ja Soomet. 1841 töötas vabrikus 125 töölist, pooled neist naised ja lapsed. 1851. aastal läks ettevõte eesti soost ettevõtja K. Verrevsoni kätte. Sel ajal alustas tööd ka u. 70 töölisega paberivabrik Uue-Võidu mõisas Viljandi lähedal.

19. sajandi keskpaigaks oli Eestis 28 enam kui 15 töölisega (kokku ligi 4000 töötajaga) ettevõtet, mis andsid aastas u. 2 miljoni hõberubla eest toodangut. Neist 9 olid rohkem kui 100 töölisega suurettevõtted, mis olid varustatud masinate, osalt ka aurujõuallikatega.

Aastail 1847–48 oli aurumasin või -katel tarvitusel Sindi, Narva ja Hiiu-Kärdla kalevivabrikus, Narva sitsivabrikus, Rõika-Meleski peeglivabrikus, Ülemiste paberivabrikus, kahes Narva ja ühes Tallinna keemiatehases ning Narva saeveskis. Neis töötas kokku 3122 töölist, andes aastas ligi 1,5 miljoni hõberubla väärtuses toodangut. Kuid enamikus Eesti tööstusharudes oli 19. sajandi keskel käsitsitööl endiselt suur osakaal, ning turumajandusele iseloomulike, üksnes masinaid ja aurujõudu rakendavate vabrikute asemel olid ülekaalus manufaktuurid.

Tööstuse areng 19. sajandi keskpaigast 20. sajandi alguseni

Üleminek masinalisele suurtootmisele jõudis Eestis lõpule 19. sajandi viimasel veerandil, mil seoses raudteede kasutuselevõtuga algas kogu majanduse industrialiseerimine. Suurtööstuse rajamise ja laiendamisega kaasnes väiketootjate väljatõrjumine kesksematest tootmisharudest.

Baltimail kalevitootmisest alanud tööstusliku pöörde suurim läbimurre toimus tänu puuvillatööstusele, mis oli kandnud Lääne-Euroopa tööstuslikku pööret selle hällis Inglismaal. Venemaale tungis uus tööstusharu kolmes järgus. Esmalt tegeldi *sitsivabrikuis* Inglismaal toodetud odavate toorkangaste viimistlemise ja värvimisega. Seejärel tekkis kudumistööstus, mille areng elavnes pärast kõrgete kaitsetollide rakendamist 1822. aastal. Lõng toodi Inglismaalt. Ühe sealse firma esindajana saabus 1840. aastal Moskvasse 19-aastane Breemeni väikekaupmehe poeg Ludvig Knoop, kelle osalus andis näo Vene puuvillatööstuse kolmandale arengujärgule, mil tekkis uuel tehnikal baseeruv ketrustööstus. Seda soodustas Inglise masinate sisseveokeelu kaotamine (1842) ja lõnga sisseveotolli tõstmine. Knoopist sai masinate tellimise vahendaja ning uute vabrikute töölerakendaja. 1852 asutas ta Moskvas päris oma firma ja avas varsti selle kontorid ka Peterburis ja Tallinnas.

Odavat vee-energiat võimaldava Narva kose paremal kaldal paiknesid juba kalevivabrik ja linavabrik. 1856. aastal ostis Knoop 50 000 rubla eest Kreenholmi saare koos lagunevate saeveskitega, ja maatüki jõe vasakul kaldal koos seisma jäänud kalevivabrikuga. Järgnevalt asutati Kreenholmi Puuvillasaaduste Manufaktuuri Osaühisus põhikapitaliga 2 miljonit rubla. Tulevase vabriku kedrusele turu kindlustamiseks koondati osaühisusse teisigi Vene puuvillatööstuse kogenud esindajaid, samuti saksa ja inglise ärimehi. Kreenholmi tegevjuhiks sai Ernst Kolbe, kes oli ametis 1872. aasta

streigini. Knoop ise jäi firma juhiks. Tema peakorter asus 1857–71 Moskvas ja seejärel Breemenis, kust ta juhtis firmat kuni oma surmani 1894. aastal. 1940. aastani jätkasid seda tema järeltulijad.

Vabrik rajati poolteise aastaga. Varakevadel 1857 hakati Kreenholmi saarel kohalikust paekivist arhitekt Heinrichseni projekti järgi kavandatud korpusi ehitama. 10. oktoobril 1858 lasti käiku esimesed 9000 värtnat. 1913. aastal oli neid üle 486 000 ja vabrik andis 17 663 tonni ketrustoodangut. Hiigelvesirattad asendati varsti Jonvali turbiinidega, mis enam kui veerand sajandi jooksul jäid maailma võimsaimateks hüdromasinateks. Siinse turbiini mudelit näidati 1873. aasta Viini maailmanäitusel. Oma aja tehnikauudiste hulka kuulusid tööruumide valgustamiseks ehitatud gaasivabrik ning keskküttesüsteem.

1872. aastal ostis osaühisus Georgi saare koos vastaskaldaga, kuhu hakati kaevama kanalit Joala korpuse jaoks. Kanalit rajavate tööliste hulgas puhkes koolera, mis sai 1872. aasta suurstreigi üheks ajendiks. Joala vabriku vanem osa valmis 1884. ja uuem 1890. aastal. Viimasena valmis 1899 Georgi vabrik.

Osa kedrusest müüdi Moskva ümbruse kudumisvabrikutele, kuid enamik tarvitati oma vabrikus, kus töötas tuhandeid kudumistelgi. 1912. aastal kooti vabrikus riiet üle 75 miljoni meetri. 1913. aastal töötas Kreenholmis peaaegu kolmandik Eesti vabrikutöölistest (üle 10 000). 1914. aastaks suurenes osaühisuse põhikapital 12 miljoni ning tagavara- ja erikapital 20 miljoni rublani. Ettevõtte varasid hinnati 25 miljonile rublale. Kreenholmi Manufaktuur oli muutunud ettevõtteks, millele võrdset Venemaal ei leidunud.

Puuvillatööstus tekkis ka Tallinnas, kus alustas 1900. aastal tööd ketrus- ja kudumisvabrik Balti Puuvillamanufaktuur (1905. a. 1400 töölist). Vabriku asutas aktsiaselts, mille juhatus asus Peterburis.

19. sajandi keskpaigast alates tekkis Narvas teisigi tööstusettevõtteid, muutes Narva

Kreenholmi manufaktuur 20. sajandi algul

koos lähema ümbruskonnaga mõneks ajaks Eesti kõige industrialiseeritumaks piirkonnaks. Siin asutasid masinavabrikud Franz Krull (1865), Fr. Mehring ja Dmitri Zinovjev (1870-ndail). Viimasele kuulusid ka suured saeveskid. Saetööstus oligi rohkem vene ettevõtjate ala ja tegutses suuresti Ingerimaa metsade arvel.

Kalevitööstus arenes tõusude ja langustega. 1840. aastate lõpul tabas seda kriis, Krimmi sõja ajal leidis tänu sõjaväe tellimustele aset arenguhüpe. Eestis jäi töötama kolm kalevivabrikut – Sindi, Narva ja Kärdla. Kasutusele võeti mehhaanilised kangasteljed. Sindi vabriku tegevuse kõrgperiood langes Vene-Türgi sõja (1877–78) ning sõjajärgsesse aega. 1879 omandas selle Moskva suurkaupmees W. Aue, kes reorganiseeris vabriku 1882. aastal aktsiaseltsiks, mille liikmeteks olid saksa soost kaupmehed ja ettevõtjad nii Moskvast kui Saksamaalt. Omanike vahetusega langes kokku uus kriis, mille põhjuseks olid nii vanutamata ja odavamate poolvillaste riidesortide levik kui ka tehnika vananemine ning tootmise ja juhtimise ebastabiilsus. Toodang hakkas ladudesse kuhjuma, tootmist vähendati ja töölisi vallandati. Suur osa neist pudenes laiali üle Eesti. Juba võeti suund vabriku likvideerimisele, kuid

enne hakkas kriis leevenema, tellimused suurenema ning tööliste arv taastuma. 1889. aastal Sindi vabrikuasulas korraldatud rahvaloenduse andmeil elas seal 1602 inimest (738 meest ja 864 naist), kellest vabrikus töötas 870 inimest (485 meest ja 385 naist).

1890. aastail toimus tõus. Villa sissevedu kasvas, mille poolest Eestis asuvad kalevivabrikud olid suhteliselt soodsamas olukorras. Kestev kõrgkonjunktuur võimaldas neil kõigil võtta ette käitise moderniseerimise ja abiettevõtete täiustamise. Sindis plaaniti kitsarööpmelise raudteeharu ehitamist Pärnusse, jõe süvendamist ning kalevivabriku kõrvale puuvilla ketrus-, kudumis- ja värvimisvabriku ehitamist. Toodangu mahu ja kvaliteedi, samuti tööliste arvu poolest kerkis esirinda Narva vabrik, kelle kontrolli alla läks 1909. aastast ka tehnilise mahajäämuse tõttu majandusraskustesse sattunud Kärdla vabrik.

Nagu teisteski tööstusharudes, kestis tõus kuni sajandialguse majanduskriisini. 1904. aastal töötas Sindi vabrikus 700 inimese ringis, töönädal lühenes neljale päevale ja tööpäev kaheksale tunnile. Vene-Jaapani sõda tõi jälle kaasa soodsad riiklikud tellimused. Enne järgmise kriisi väljakujunemist puhkes maailmasõda. Kalevivabrikud orienteerusid täielikult sõjaväe varustamisele, hakates peenemate kangaste asemel tootma harilikku mundrikalevit ja imporditud peenvilla asemel kasutama kodumaiseid jämedaid villasorte. Mobilisatsioonide tõttu andis küll tunda kogenud tööliskaadri nappus.

Sõjaolukorras tekkis alates 1915. aastast mitmete ettevõtete evakueerimisvajadus. Riia Holmi kalevivabriku sisseseade ja töölised (üle poole neist eestlased) toodi esialgu üle Sinti, mistõttu vabriku tööliste arv tõusis esmakordselt 20. sajandil jälle üle tuhande piiri. Valmis ehitati ka raudtee, mida polnud rahuajal suudetud lõpule viia.

Tekstiilitööstuse suurettevõtete kõrval väärib tähelepanu eeskätt kohapealsel toorainel rajaneva linatööstuse areng. Venemaa linatööstuse esirinnas püsis Narva Linamanufaktuur (1851). Esimese maailmasõja eel töötas seal 2300 töölist, toodang küündis 5500 tonnini. Linase riide kõrval spetsialiseeruti üha enam džuutriide ja -kottide ning presendi tootmisele. 1909 asutati Mõisaküla linaketrusvabrik, mida mõni aasta hiljem täiendati kudumismasinatega. Tööliste arv kasvas 165-le. 1911. aastal rajas Rakvere mõisa omanik Karl von Rennenkampff lina- ja takuketrusvabriku, mida samuti järk-järgult laiendati. Eesti ettevõtjad ehitasid 1912. aastal suure Viljandi linaketrus- ja kudumisvabriku. Laiendati ka Leevaku (1899) villa- ja linavabriku ning Valga köie- ja linavabriku (1896) tegevust. 1913. aastal ehitati suur toorlinavabrik Hallistesse ning järgmisel aastal Abja linapuhastus- ja ketrusvabrik.

Kalevitööstuse areng Eestis 1890–1913

Vabrik	Töölisi		Toodang tuh. rbl.	
	1890	1913	1890	1913
Narva	1017	1200	1506	2600
Sindi	885	733	1086	2000
Kärdla	690	602	675	700
Kokku	2592	2535	3267	5300

Kiiresti kasvas ka talurahva tellimusi täitvate villaveskite arv (enne sõda oli neid u. 100, neist kolmveerand asus Lõuna-Eestis), kus villa peamiselt kraasiti ja kedrati, vahel ka kooti.

Kuni 1860. aastani oli Eestis järjepidevalt tegutsenud vaid üks metallitehas: Tallinnas Juhkentalis, millele 1860. aastail lisandus mitmeid uusi (1860 Kärdlas ja Suure-Kõpus Viljandi lähedal, 1864 Kvissentalis Tartu lähedal jt.), kus toodeti peamiselt põllumajandusmasinaid ja põllutööriistu. 19. sajandi lõpukolmandikul hakkasid metallitööstus ja masinaehitus, osalt seoses raudteetranspordi arenguga, kiiresti edenema. Raudtee soodustas tooraine, toodangu ja tööjõu liikumist ning andis ise tellimusi vedurite-vagunite ehituseks ja remondiks. Metallitööstuse ja masinaehituse suurimaks keskuseks kujunes Tallinn.

1861. aastal toodi Rakverest Tallinna Friedrich Wiegandi vasksepatöökoda, millest järk-järgult arenes masinatehas (hilisem "Ilmarine"). Selles valmistati sisseseadeid viinavabrikute ja meiereide jaoks, aurukatlaid ja -masinaid, turbapresse, pumpi jm. 1880. aastate algul kolis tehas hoonetesse Balti jaama lähedal. 1870 alustasid tegevust enam kui 500 töölisega Balti raudtee peatehased, kus raudteeveeremi remondi kõrval valmistati ka uusi vaguneid. Siin tehti isegi üks keiserlik erirong. 1875 toodi Narvast Tallinna Franz Krulli vasksepatöökoda, mis muutus peatselt samuti masinatehaseks. Admiraliteedi töökojad rekonstrueeriti sadamatehaseks. Juhkentali masinatehast laiendati. 1881 hakkas toodangut andma aurumasinaid ja raudteeröõpaid valmistav Eduard Lausmanni masinatehas. 1890. aastaks olid metallitöölised Eestis tekstiilitööliste järel teisel kohal, moodustades 11% tööliste üldarvust.

Väiksemaid masinaehitusettevõtteid tegutses Tartus, Rakveres ja Pärnus. 19. sajandi lõpul tekkis neid isegi maale. Nii rajasid vennad Hans ja Jüri Laasi Vigalas Laane renditalus rauatöökoja, kus olid lisaks sepapajale rauatreimis-, hööveldamis- ja puurimismasinad. Neid käivitati hobustega, hiljem tuulejõul. Laanel ehitati koormavankreid, sahku, äkkeid, kultivaatoreid, tuulamis- ja sorteerimismasinaid, linaluumurdmis- ja ropsimismasinaid, viljapeksumasinaid, ning lõpuks isegi aurukatel. Malmivalamistöö lasti teha linnas malmivabrikutes. Peale vendade töötas Laanel alaliselt veel mitu töölist, kes peamiselt sealsamas välja õppisid.

Sajandivahetuse paiku kiirenes tööstuse areng Tallinnas. Tugevnesid tema sidemed tagamaaga, mida soodustasid 1900 valminud Mõisaküla–Viljandi–Tallinna kitsarööpmeline ja 1904 käiku antud Keila–Haapsalu laiarööpmeline raudtee. 1898. aastal alustati vagunitehase "Dvigatel" ehitamist, tehas valmis järgmisel aastal ja 1901 oli seal juba 2900 töölist. 1899–1900 rajati elektrimootoritehas "Volta" (1905. a. 400 töölist). Toodangut suurendas ka 1899 aktsiaseltsiks muudetud Fr. Krulli masinatehas, millele ehitati uued hooned Kopli tee äärde. 1901. aastaks suurenes Tallinna vabrikutööliste arv 10 000-ni.

Uue tootmisharuna sündis Eestis tsemenditööstus. Kunda mõisa omanik parun John Girard avastas oma valdustest sobiva mergli ja sinisavi leiukohad ning otsustas ehitada tsemenditehase. Tehniliste probleemidega tegelemiseks tõmmati kaasa noor keemik Victor Lieven. 1870. aastal moodustati 90 000-rublase põhikapitaliga osaühing (peaosanikeks Girard ja Alexander Eggers), ja valiti tehase asukoht Kunda jõe kaldale. Peatselt kerkisid esimesed põletusahjud ja tsemendiveskid. Sügisel 1871 alustati katseliselt, järgmisel kevadel juba pidevalt. (Võrdluseks olgu märgitud, et ka USA-s alustas esimene tsemenditehas tegevust samal aastal.) 1875. a. toodeti 3400 tonni tsementi, 1890. a. moodustas ligi 500 töölisega Kunda tehase 19 000 tonnine toodang 10% Venemaa tsemenditoodangust. Rekonstrueerimise järel, millega kaasnes Rakvere–Kunda raudteeharu rajamine, kasvas see 30 000 tonnile. Kvaliteetset Kunda

portlandtsementi veeti Peterburi ja Moskvasse. Kohapealsetest tarvitajatest olid olulisemad Kreenholmi Manufaktuuri, Tallinna ja Tartu ehitajad. Venemaa kasvanud nõudlus tingis 1898. ja 1911. aastal veel kahe tsemenditehase rajamise Kundasse. Sellega seoses muudeti ettevõte Aasovi-Doni Kommertspanga osavõtul aktsiaseltsiks põhikapitaliga 3 miljonit rubla. 1913. aastal oli kolmes Kunda tehases kokku üle 700 töölise ja toodeti üle 100 000 tonni tsementi. Kunda tehastel oli uuenduslik osa kogu Venemaa tsemenditööstuses, sest pärast Musta mere äärest eriti sobiva loodusliku tsemendikivi leidmist rajasid nende omanikud 1881–82 uue, moodsa ja tollal suurima tsemenditehase Novorossiiskisse, milleks asutati Musta Mere Tsementitootmise Aktsiaselts juhatuse asukohaga Tallinnas. Uue tehase tehniliseks juhatajaks sai Victor Lieven. 1899 kerkis Kunda lähistele Aserisse Eesti teine tsemenditehas, mille rajas krahv Adam Stenbock. 1913. aastal hinnati Aseri tehase toodangut Kunda omaga enam-vähem võrdseks.

Seoses laieneva ehitustegevusega elas 19. sajandi lõpul suure tõusu läbi ka tellise- ja lubjatööstus. Rajati suured tellisetehased Loksal, Ilmatsalus ja Kulgus. Lubjapõletamise peamisteks keskusteks said Tamsalu ja Rakke.

Puidu osatähtsus tööstusliku toorainena kasvas 19. sajandi teisel poolel kiiresti. 1890. aasta paiku oli Eestis juba sadakond auru-saeveskit, millest vähemalt seitset võis lugeda suurettevõtteks. Uue tootmisalana juurdus 1870. aastail laastu- ja sindlilõikamine.

Tehti esimesed sammud tisleritööde mehhaniseerimisel. Tartus asus 1878 mitmesuguste masinate abil uksi-aknaid valmistama Friedrich Hübbe tisleritöökoda. Tallinnas rajati 1883. aastal A. M. Lutheri mehaaniline puidutöötlemisvabrik,* mis hakkas 1885 esimesena Venemaal vineeri valmistama. Vineerikanga lõikamine koori-

* Vabrik sai nime Karl ja Christian Lutheri isa, 1876. aastal surnud Alexander Martin Lutheri järgi.

mismeetodil oligi leiutatud Tallinnas (1819), kuid tööstuslikult rakendati seda esmalt USA-s, kus sellega tutvus Tallinna vineerivabriku rajaja Christian Luther (1857–1914). Vennad Christian ja Karl Luther (1859–1903) algatasid ka elektrimootorite tehase "Volta" asutamise, millesse investeeriti osa vineerivabriku kasumist. Lutherid töötasid nii "Volta" kui ka vineerivabriku direktoritena kuni oma surmani. 1898 muudeti vineerivabrik Lutheri perekonna aktsiaseltsiks. Põhitoodanguks kujunes raudteejaamade sisustus ning kontori- ja büroomööbel, seda turustati nii Vene- kui välismaal. 1898 asutati aktsiaseltsi Londonis asuv sõsarühing "Venesta" (ingl. k. *Veneer Estonian*). 20 töölisega alustanud ettevõttes oli 1914. aastal juba 2000 töölist.

Puitu tarbis ka tuletikutööstus, mille püsivamad ettevõtted olid Tallinna (asut. 1863) ja Viljandi (1890) tikuvabrikud.

Paberitööstuses ületati tehniline mahajäämus ja võeti toorainena kaltsude kõrval kasutusele puit. Kaupmees E. Johanson ehitas ümber Härjapea jõel asunud suure Jaaniveski, ja nii sai Tallinn teise paberivabriku (1887). Sajandi lõpul, kui paberit hakati valmistama tselluloosist ja Ülemiste vabrik selle tarvis ümber ehitati, muutus Tallinn Eesti peamiseks paberitootmise keskuseks. Ülemiste vabriku direktoriks ja hiljem ainuomanikuks saanud Emil Fahle (1875–1929) ehitas 1900. aastal selle juurde uue paberivabriku, millest kujunes suur tselluloosi- ja paberitööstuse kombinaat moodsa elektrijaama ja mitme filiaaliga. 1913. aastal sai sellest Aasovi-Doni suurpanga osalusel aktsiaselts Põhja Paberi- ja Puupapivabrikute A/Ü, mis tootis aastas 700 000 puuda tööstuslikku (tsemendi-, suhkru- ja tuletiku-) paberit.

Saksa firma "Waldhof" filiaalina rajati Pärnusse tselluloosivabrik, mis kujunes Venemaa tselluloositööstuse suurimaks. 1900. aasta lõpul alustanud tehases töötas aasta hiljem 1000 töölist. 1910. aasta paiku toodeti siin 5 miljonit puuda tselluloosi, millest kol-

Türi paberivabrik

mandik müüdi välisturgudel Inglismaast kuni Põhja- ja Lõuna-Ameerikani.

Sajandivahetuse eel asutati Eestis mitu puupapivabrikut (1893 Kohilas, 1898 Joaveskil Virumaal, 1899 Türil), mille rajamisel olid aktiivsed kohalikud mõisnikud.

Klaasitööstus, mis oli nautinud kõrgete sisseveotollide (peeglite osas ka sisseveokeelu) kaitset, pidi 1860. aastail kasvanud konkurentsi survel ette võtma tootmise rekonstrueerimise. Tänu Rõika-Meleski peeglivabriku tehnilisele juhatajale (1864–85) keemik Hermann Benrathile suudeti ettevõtet sedavõrd uuendada, et säilitati juhtiv koht ülevenemaalisel peegliturul. 1903. aastal W. Tobieni omandusse ja ülevenemaalise peeglivabrikute sündikaadi kontrolli alla läinud ettevõte, kus enne I maailmasõda töötas 126 töölist ja mille aastatoodangu väärtus ulatus üle 160 000 rubla, jäi Eesti klaasitööstuse suurimaks, ületades 3–4-kordselt teiste ettevõtete (Lelle, Vändra, Järvakandi) vastavaid näitajaid.

Suure klaasivabriku kujundas 1865 Vana-Vändra mõisalt ostetud Carolinenhofi karjamõisas Moritz Graubner. Toodeti nii aknaklaasi (1890-ndail 30 töölisega 60 000 rubla eest aastas) kui ka pudeleid.

19. sajandi lõpukümnendeil arenes kiiresti parun Otto von Taube Vahakõnnu mõisas 1879 asutatud klaasikoda, mida hakati kutsuma Järvakandi vabrikuks. Esialgu toodeti purke ja pudeleid (aastas umbes 800 000 tk.),

Keskmise suurusega ja suurtööstus (ettevõttes üle 16 töölise) Eestis 1860–1913

Aasta	Ettevõtete arv	Toodang milj. rbl.	Tööliste arv	Tekstiili- töölisi	Metalli- töölisi	Mineraalide töötlemise töölisi	Puidu- töölisi	Paberi- ja tselluloosi- töölisi	Muid
1860	22	5	5 247	4 150	33	577	25	168	294
1879	33	17	10 164	8 311	841	585	150	72	205
1884	37	17	10 835	8 423	937	774	214	116	371
1890	44	21	12 575	9 142	1 326	956	477	203	471
1894	58		14 296	8 751	2 131	1 403	811	281	919
1900	95	38	24 103	11 211	7 225	1 608	1 754	1 082	1 223
1913	218	110	41 609	17 102	11 312	2 918	4 015	3 451	2 811

mis viidi põhiliselt Tallinna ja Riiga. 1884 töötas seal 24 inimest. 1880. aastate lõpul, kui vahetus omanik, rajati puugaasijaam ja uued klaasiahjud. See lubas 1895 alustada lehtklaasi tootmist, mis saigi vabriku põhitoodanguks.

Oluline areng toimus ka toiduainetetööstuses. Aurumasina rakendamine avas jahu- ja leivatööstuses täiesti uued võimalused. Suurimad auruveskid koondusid Tallinna (üks esimesi Rotermanni auruveski 1861). Liivimaal olid suuremad auruveskid Tartus (1867), Viljandis (1874), Kuressaares (1881) ja Otepääl (1884). Pagaritöökodadele pakkusid järjest enam konkurentsi mehhaniseeritud leivatööstused (esimesed 1864 Tartus ja 1866 Tallinnas). 1893 rajati juba täiuslikumate seadmetega Kreenholmi leivavabrik (toodang 2250 tonni leiba aastas). Suurimaks kujunes Rotermanni leivatööstus (1912), kus 1913. aastal küpsetati 16 ahjus 50 tonni leiba päevas. 1912–13 valmisid kaasaegsed leivavabrikud ka Tartus, Narvas, Pärnus ja Viljandis.

Palju auruveskeid leidus viinavabrikutes. Valdavalt mõisamajapidamiste juurde kuuluv viinatööstus püsis peamise põllumajandusliku tööstusharuna. 20. sajandi algul ulatus viinavabrikute arv 250-ni, nad andsid u. 10% Venemaa viinatoodangust. Tekkis ka piiritusevabrikuid (suurim 1875 rajatud Piiritusvabrikute Aktsiaseltsi, hiljem Rosen & Ko Tallinna vabrik) ning napsi- ja liköörivabrikuid. 20. sajandi

alguseks omandas osaühisus Rosen & Ko alkoholitööstuses monopoolse seisundi, hõlmates 1913. aastal 197 viinavabrikut ja otseselt omades 3 piiritusevabrikut (Tallinnas, Võrus ja Rakveres).

Õlletööstuses mindi moodsatele seadmetele üle 1890. aastail. Toodangu mõningase suurenemisega kaasnes õllevabrikute arvu vähenemine. Suurimad ja kaasaegseima tehnikaga õllevabrikud olid Sakus (rekonstrueeriti 1909–10) ja Tartus (A/S "Tivoli", mis kuulus alates 1912 rahvusvahelisele õllekontsernile A. Le Coq). 1913. aastal tootsid Eestimaa kubermangu õllevabrikud u. 0,5 miljonit ja Lõuna-Eesti vabrikud miljon pange õlut.

Lihatöötlemisse tõi murrangu tapamajade asutamine, mis ühtlasi aitas parandada linnade sanitaarolusid. Esimesed tapamajad rajati Narvas 1875., Rakveres 1889. ja Tallinnas 1891.–93. aastal. Samasugused linnaettevõtted tekkisid 20. sajandi algul Pärnus, Haapsalus, Paides ja Tartus. 1902 rajati Tartus peekonisigade turustamiseks mõisnike kooperatiivina esimene Eesti eksporttapamaja "Novum".

Tänu piimaühistute asutamisele hakkas 20. sajandi algul kiiresti arenema ka piima- ja võitööstus.

20. sajandi alguse Vene majanduskriis andis eriti tunda metalli- ja masinatööstuses. Edenemist takistas ka tööstustooraine sisseveotolli tõstmine. Juhkentali masinatehas lõpetas tegevuse, Lausmanni oma seiskus mõneks aastaks.

Seoses suurriikide võidurelvastumisega algas järgmise kümnendi algul hoogne tõus. 1912 alustati Peeter Suure merekindluse ehitamist. Rajati rannapatareid, maismaa-kaitseehitised ja neid ühendav raudtee, sõjasadam ja uued sadamatehased. Tallinn hakkas huvitama Euroopa suuri laeva-tööstusfirmasid. Sõjalaevade ehitamiseks asutati 1912–13 Kopli poolsaarele Vene-Bal-ti, Bekkeri ja "Noblessneri" tehas. Esimesel oli 1916. a. 7375, teisel 3500 ja kolmandal (ehitas allveelaevu) 1250 töölist. Tallinna tööstuse kogutoodangu maht ja tööstus-tööliste arv said Eesti suurimaks. 1. juulil 1914 oli Tallinnas 18 200 tööstustöölist (40% Eesti koguarvust), Narvas 14 900 (32,5%) ja Pärnus 2600. Maatööstusasulaist oli töölisi sellal enim Sindis (970), Aseris (835), Kun-das (737) ja Kärdlas (590).

19. sajandi lõpul, mil uute ettevõtete rajamise kõrval moderniseeriti ja laiendati olemasolevaid, kujunes Eestis välja moodne kapitalistlik tööstussektor, mida iseloomustas Venemaa üldtaustalgi ülikõrge kapitali, tootmise ja tööjõu kontsentratsioon. 1870. aastaist hakkasid tööstuse korraldamise uue vormina pinda võitma aktsiaselts ja osaühing, 1890-ndail said need valitsevaks. Koos selle-ga suurenesid investeeringud kaasaegse teh-noloogia ja seadmete kasutuselevõtmiseks, paranes ettevõtete juhtimine ja laienes toot-mine. Aastal 1894, mil osaühinguteks olid muudetud mitmed varem asutatud vabrikud, tegutses Eestis 7 tööstuslikku osaühingut ja aktsiaseltsi põhikapitaliga 19 miljonit rubla; 1914. aastal 45, põhikapitaliga 98 miljonit rubla. Eesti tööstuses andsid tooni tõelised tööstushiiud.

1900. aastal oli Eestis umbes 300 tööstus-ettevõtet, neist 500 ja enama töölisega 9; aastaks 1914 oli neid 15. Neis töötas vastavalt 66% ja 73% Eesti vabrikutöölistest. Roh-kem kui 1000 töölisega olid Kreenholmi Manufaktuur, Narva linaketrusvabrik ja kalevivabrik, vagunitehas "Dvigatel", Lut-heri vineerivabrik ning tselluloositehas "Waldhof", kus töötas kokku ligi pool Eesti

vabrikutöölistest. Tööstus koondus põhili-selt Narva ja Tallinna, mis olid ka tähtsad sadamalinnad ja raudteede sõlmpunktid. Suurtööstuse rajamine oli toimunud eeskätt baltisaksa, Moskva ja Peterburi ärimeeste kapitaliga, kellele lisandusid välisinvestorid. 1914. aastal moodustas väliskapital 28% tööstusettevõtete põhikapitalist. Üle poole (60%) sellest oli saksa päritolu ja paigutatud peamiselt tselluloosi- ja tekstiilitööstusse. Prantsuse-Belgia kapital (29%) eelistas tor-miliselt arenevat laevatööstust, Inglise oma (14%) tekstiili-, vineeri- ja õlletööstust.

Kui veel 1890. aastail oli tööstuse struk-tuur väga ühekülgne (tekstiilitööstus üksi andis toodangust 84%), siis maailmasõja eelõhtuks oli see märksa mitmekesisem. Nüüd andis tekstiilitööstus toodangust 36% ning metalli- ja masinatööstus 19% (möödus tekstiilitööstusest 1916. aastal). Oluliselt oli tõusnud paberi- (14%), toiduainete- (12%) ja puidutööstuse (7%) ning mineraalainete töötlemise (6%) osatähtsus.

Aastail 1860–1913 kasvas tööstustoo-dang üldse keskmiselt 6%, tööliste arv aga 3,6% võrra aastas, mõlemad kõige jõud-samalt 1900–13, sest 19. sajandi lõpul ehi-tusjärgus olnud suured tööstusettevõtted läksid käiku 20. sajandi algul. 1860. aastal oli tööstustöölisi u. 6500, 1890. aastal üle 12 000. Viimane arv kahekordistus 1900. aastaks. Maailmasõja hakul, raudtee- ja sadamaremonditöökodade töölisi hulka arvates, oli neid u. 46 000. Tööliskonna üldarvu suurendasid vähem täpselt fiksee-ritud ehitus- ja käsitöölised, keda arvati 1897 olevat 36 000 – 38 000.

1897. aastal oli Eesti alal tööstuses koos perekonnaliikmetega hõivatud u. 110 600 inimest ehk 11,4% rahvastikust. Ligi 70% tööstusettevõtetest paiknes Põhja-Eestis, kus töötas maailmasõja eel üle 80% ja sõja ajal koguni 90% tööliskonnast. Tekkest alates iseloomustas siinset tööliskonda ka ülikõrge kontsentratsioon, koondumine suurtööstus-ettevõtteisse. Väikeettevõtetes, kus töötas kuni 20 inimest, oli hõivatud alla 20% vabrikutöölistest. 20. sajandi alguskümnendeil väikeettevõtete arv ja nende osakaal tööstuses vähenes, kuigi tööliste arv ühes ettevõttes kasvas u. kaks korda. Kiiresti kasvas rohkem kui 500 töölisega suurettevõtete ja neis töötavate tööliste arv. 1913. aastal töötas neis üle 3/4 vabrikutöölistest.

1900. aastal oli tööstustööliste seas naisi 25%. Järgmistel aastatel hakkasid täie võimsusega tööle Balti puuvillamanufaktuur ja Kreenholmi manufaktuuri Georgi vabrik, ning 1913. aastaks suurenes naiste osatähtsus 36,5%-le. Tekstiilitööstuses moodustasid naised tööliskonnast üle poole, paberi- ja puidutööstuses ligi viiendiku.

Suur oli ka alaealiste (kuni 17-aastased) osakaal – 1900. aastal moodustasid nad u. 7%, kusjuures 40% neist olid 12–14-aastased lapsed. 1913. aastaks tõusis alaealiste osatähtsus u. 10%-le, kuid laste osakaal nende hulgas oli vähenenud 16%-le. Suurem osa alaealistest töölistest olid poisid ja noorukid. Siiski oli naisi ja alaealisi Eestis vabrikutööliste hulgas suhteliselt vähem kui Venemaal tervikuna. Tööliskaader täienes põhiliselt kohalike maa- ja linnaelanike arvel, kutsealane väljaõpe saadi valdavalt vabrikust. Tööliseperekondade lapsed, kel kohustuslik algharidus oli 15. eluaastaks omandatud, jätkasid tavaliselt oma vanemate töömeheteed, mistõttu 20. sajandi algul leidus Eestis juba üsna rohkesti mitmenda põlvkonna töölisi.

Seoses metallitööstuse sõja teenistusse rakendumisega lisandus töölisi sõja-aastail peamiselt Tallinnas, kuhu 1917. aastaks koondus ligi 60% Eesti vabrikutööliste üldarvust. Narvas püsis tööliste arv enamvähem stabiilselt 15 000 ringis. Tartus tõusis nende hulk seoses kohalike tööstusettevõtete laiendamise ja Riia tööstusettevõtete evakueerimisega 1915. aastal. Riia tööstustöölisi tuli ka Tallinna ja Narva. Suur kaotus langes osaks Pärnule – 1915. aasta suvel likvideeriti sõjavaenlasest riigi kodanikele kuuluv "Waldhofi" vabrik, kus töötas üle 2000 töölise. Vabriku varad evakueeriti Venemaale, hoone lasti Saksa dessandi kartusel õhku.

Sõjaväkke mobiliseeritud, peamiselt vähekvalifitseeritud meestööliste asemel rakendati sõja-aastail senisest enam naiste ja alaealiste tööjõudu. 1917. aastal moodustasid naised 37% ja alaealised 12% Eesti tööstustöölistest.

20. sajandi alguseks oli Eestist saanud Venemaa üks tööstuslikult arenenumaid piirkondi. Aastal 1908 olid Eesti- ja Liivimaa Venemaa Euroopa-osa 50 kubermangu seas tööstustoodangu mahult ühe elaniku kohta 4. ja 5. kohal. Raudteevõrk oli tihe. 1913. aastal ületas Eesti ala tööstustoodang väärtuselt mõnevõrra isegi põllumajandustoodangu oma. Majandusnäitajate poolest olid Eesti ja Läti tüüpilised Ida-Euroopa maad, kuuludes küll vähem industrialiseeritud maade hulka ja olles ligikaudu võrdsed Ungari ja Poola lääneosaga, kuid ületades selgesti Leedut ja Balkani riike. Siin oli suhteliselt palju tööstusettevõtteid, nende seas ka väga moodsaid, kuid need ei moodustanud majandustervikut. Nende toodangu turg asus tsaaririigis, mujal realiseeriti sellest vaid u. 10%. Isegi siinse tööstuse esirinnas olnud tekstiilitööstus valmistas peamiselt sisseveetud toorainest poolfabrikaate, mida Venemaa tehastes edasi töödeldi. Maailmasõja eel hakati siinset tööstust ulatuslikult militariseerima, mis ei sobinud kokku kohalike majanduslike eeldustega. Militariseeritud tööstusharude ettevõtted töötasid sisseveetud energia, Vene tooraine ning suurel määral ka sealt tulnud tööjõu baasil, plahvatuslikult paisunud toodang aga viidi pea täielikult Eestist välja.

Käsitöö

Majanduse ja ühiskonna moderniseerimine tõi kaasa tsunftikorra lagunemise ja väiketööstuse kasvu. Juba 1819. aastal oli mõnes Eesti- ja Liivimaa väiksemas linnas vaid üksikuid tsunfte. Ilmselt olid nende väikelinnade tsunftikäsitöölised, kus vastav tsunft puudus, kirjas suuremate linnade tsunftides.

Tartu tsunftiväliste käsitööliste
professionaalne struktuur 1825. aastal

Eriala	Tsunftis ametit õppinud	Väljaspool tsunfti koope- reerunud	Üksikud	Kokku
Rätsepad	2	27	4	33
Tislerid	7	7	14	28
Klaasijad	–	–	7	7
Kübarategijad	1	–	–	1
Sepad	–	3	–	3
Maalrid	2	4	7	13
Puusepad	–	62	50	112
Müürsepad	–	92	35	127
Kingsepad	17	23	28	68
Toolitegijad	2	–	–	2
Sadulsepad	1	–	2	3
Kokku	32	218	147	397

Tsunfti- ja tsunftiväliste käsitööliste arvulist vahekorda iseloomustavad Tartu andmed 1825. aastast. Esimesi oli sel ajal veidi üle 300, teisi juba rohkem (vt. tabel). Tsunftiväline käsitöö levis eriti ehituses, kus sakslastest tsunftimeistritele tekitasid palju muret eesti ja vene müürsepad ja puusepad, kes käisid hooajatöödel.

1819 anti Liivimaa ja 1822 Eestimaa linnadele uus käsitööreglement. Selle järgi ei tohtinud olla suletud tsunfte (v.a. Tallinna, Tartu ja Pärnu kullasseppadel), sest tsunftimeistrite arvu piiramine ei vastanud enam ühiskonna vajadustele. Tsunftidesse võisid nüüd astuda kõik vabad kristlased – s.o. ka pärisorjusest vabanevad talupojad. Lühendati meistri rännuaastate kestust ja selli prooviaega, lihtsustati meistritöö nõudeid. Samas nõuti sellidelt ja õpipoistelt siiski täielikku allumist tsunfti sisekorrale. Seega säilitasid tsunftimeistrid oma eelisseisundi ja õppinud käsitöölisel oli põhjust tsunfti liikmeks pürgida. Meistrid ja sellid olid sellal veel enamasti sakslased. Saksa tsunftikäsitööliste isoleeritud seisundit õõnestas valitsuse määrus 1826. aastast, millega sellidel keelati rännuaastate veetmine välismaal ja kohalikel meistritel välismaalaste töölevõtmine. Viimased pidid siinmail töö saamiseks astuma Vene kodakondsusse.

Tsunftivälistel käsitöölistel tuli oma ametit pidada palgalist tööjõudu kasutamata – selle tõkestamiseks keelati neil koguni mitmekesi ühes tööruumis töötamine. Tsunftivälist käsitööd soodustas toodangu odavam hind ja sageli ka parem kvaliteet, sest tsunftikäsitöö oli ametialaseltki alla käinud. Osa tsunfte lõpetas tegevuse, teised hakkasid kohanema uute käsitööesemete laialdasema tootmise tingimustega. Kõige kauem püsisid pagarite, lihunike, kingseppade, rätsepate ja tislerite tsunftid, kus käsitöö jäi veel ainuvalitsevaks; neis kasvas ka käsitööliste arv.

1839. aastal asutati Tartus uut tüüpi ühendus – Tartu Tööndusühing, kuhu tsunftimeistrite kõrval kuulus vabrikante, kaupmehi ja koguni ülikooli õppejõude, nagu algselt ühingu direktoriks olnud põllumajanduse ja tehnoloogia professor Friedrich Schmalz. Ühingu eesmärgiks oli tööndusе arendamine, ühisel kulul tööriistade, masinate ja mudelite tellimine, seadeldiste katsetamine jne. 1860. aastal leidus Tartus juba uuemate tööndusalade viljelejaid, nagu muusikariistade ja arstiriistade valmistajad, trükkalid, kummitöötlejad, ning endise parkalite tsunfti käsitööliste asemel kolm suuremat nahatöötlemise töökoda.

Peamiselt tsunftivälistel aladel hakkas kujunema kapitalistlikke ettevõtteid, mis laiendasid tootmist, palkasid enam töölisi ja võtsid kasutusele masinaid. Taoliste ettevõtjate hulka kerkis ka üksikuid eestlasi. Tallinnas oli üheks selliseks Ambla möldri poeg Hans Heinrich Falck (1791–1874), kes, õppinud ära tisleri ning klaverivalmistaja ja -häälestaja ameti, sai klaveriäri omanikuks, mida ta 1818–50 edukalt pidas. Peagi omandas see vabrikutaolise käitise ilme.

19. sajandi keskpaigaks moodustasid käsitöölised 20–25% Eesti linnade elanikkonnast. Venemaa 1860. aastate reformilaines vabastati feodaalsetest kammitsatest ka käsitöö. Käsitöö ja tööstuse vabaduse seadus (1866) lubas Balti kubermangude linnades käsitöökoja avada kõigil vastava maksu tasujail. Lõplikult

Käsitööliste arv Tallinnas 1895–1905

Aasta	Kokku	Meistrite ja iseseisvate töötajate arv ja %		Sellide (tööliste) arv ja %		Õpilaste arv ja %	
1895	4042	1292	32%	1995	49%	755	19%
1898	6093	1619	27%	3341	55%	1133	18%
1900	6261	1397	22%	3694	59%	1170	19%
1902	9322	2210	24%	5330	57%	1782	19%
1904	9539	1791	19%	6159	64%	1589	17%
1905	7834	1594	20%	4695	60%	1545	20%

kadus tsunftikorra kinnisus 1877. aasta linnaseadusega. Nüüd kaotasid tsunftide esindajad oma senise koha ka linnaomavalitsustes. Koos sellega lõpetas osa tsunfte ning ameteid tegevuse, teised aga jäid edasi töötama omamoodi kutseühingutena, mille tegevusprofiil varasemast oluliselt erines.

Seoses käsitöö vabakslaskmise ja linnaelanike arvu suurenemisega tõusis 19. sajandi teisel poolel ka käsitööliste arv, nende tööjõudlus ja toodangu maht aga kasvasid masinate rakendamise tõttu. Lihunike kutsealal võeti kasutusele liha- ja vorstimasinad, pagaritöös taignasõtkumis- ja jaotusmasinad, mõnel alal koguni aurumasinad. Tänu õmblusmasinate levikule, mis jõudlust 5–8 korda suurendasid, sai linnades peamiseks käsitööalaks rõivaste valmistamine. 1881. aastal oli Eesti linnade (ilma Narvata) 14 000 käsitöölise hulgas kingseppi, õmblejaid ja rätsepaid 5777 (üle 51 rõivastusala töötaja iga 1000 linlase kohta). Tislereid loendati 1288, puuseppi 662, lukkseppi 510, seppi 440, lihunikke 4069, pagareid 376. Sajandi lõpuks suurenes käsitööliste ning väiketöödajate arv linnades üle 18 000. Osa neist olid väikeomanikud ning -ettevõtjad, enamik (2/3) aga palgalised. Nagu nähtub Tallinna näitest (vt. tabel), tõusis linnades käsitööaladel töötavate palgatööliste (sellide ja õpilaste) osatähtsus, mis tähendas ühtlasi nende koondumist suurematesse töötubadesse. Käsitööliste arv saavutas kõrgpunkti 1904. aasta paiku, hakates aga seejärel langema osa käsitööliste siirdumisega tööstustööliste hulka.

Kasvas ka mõisa- ning külakäsitööliste arv, viimaste puhul eriti maata vabadike arvelt. Külas oli sellal tähtsal kohal sepa- ja puusepatöö. 19. sajandi keskpaigani iseloomustas maakäsitööd selle tegemine toiduainete eest ja paikkondlik piiratus. Linnaturule jõudis peamiselt mõisakäsitööliste – tellise-, lubja-, söe- ja tõrvapõletajate toodang. Kiviehitiste tarbeks läks vaja kivimurdjate ja -raidurite oskusi. Lääne- ja Saaremaa suuremad kivimurrud varustasid ehituskividega rannikuäärseid linnu Riiast Peterburini. Lasnamäe paemurd rahuldas rohkem Tallinna vajadusi.

19. sajandi teisel poolel algas maakäsitööliste koondumine alevikesse. Masintootmise mõjul ja elulaadi linlikumaks muutudes hakkas talurahva tavapärane kodune käsitöö vähenema ja muutuma, lähenedes linnakäsitööle. Toodangut hakati müüma turgudel ja laatadel. Maalgi said kõige nõutavamaks rätsepad, õmblejad ja kingsepad. Kodune rahvarõivas taandus, maale jõudsid linlikud moerõivad. Rauast põllutööriistade ja rautatud veokite, hiljem aga aurumasinate-lokomotiivide tulek suurendas seppade töömahtu, kelle seast tulid ka juba 20. sajandile iseloomulikud masinistid. Ehitiste uuendamine ning linnapärase elamukultuuri maaletulek suurendas puuseppade, müürseppade ja mööblitislerite tööpõldu. 1860. aastail hakati Häädemeestes, seejärel Kihelkonnal, Kõrgessaares ja Käsmus ehitama rannasõidu-, hiljem ka ookeanilaevu. 1881. aastal tegutses Eestis maal ligi 23 000 käsitöölist, neist rõivastuse alal 10 232, riidevalmistamisel 2322, ehitusel 4601, seppadena 3072

Avinurme käsitöölised

ja puutöötegijatena 2290. Enim leidus neid Lõuna-Eestis, vähem Läänemaal ja saartel.

Oma tarbeks tehtavat lihtsat kodust käsitööd viljeldi Eestis kogu maal 19. sajandi lõpuni ja hiljemgi.

Kutselisele ja kodukäsitööle kujunes võistlejaks odav vabrikutoodang, mõnel pool ka 19. sajandi teisel poolel elavnenud kodutööndus ehk paikkondlik väikekaubatootmine. Viimane kujutas endast käsitöö tegemist müügiks või vilja vastu vahetamiseks, pakkudes lisaelatist viletsa ja vähese põllumaaga metsanurga talupoegadele. Kodusest ja külakäsitööst võrsunud kodutöönduslikku käsitööd tehti külade kaupa. Selle põhialaks kujunes puutöö – nõud, veovahendid, vokid, villakraasid, kangasteljed, piibud, aga ka laevad. Puutöö keskused kujunesid seal, kus oli rohkesti kohalikku metsamaterjali, ja eelistatavalt kroonumaadel. Suurim ja elujõulisim neist oli Avinurme, kus mitmekümnes külas töötas 1860. aastail ligi 1000 tööndajat. Kihelkond sai tuntuks puust majapidamisnõudega, mida ülesostjad müütasid kogu Eestis ja lähedastel Vene aladelgi. Sajandi lõpul hakkasid avinurmikud puukausside ja kirstude asemel valmistama toole ja katuselaaste ning Kunda tehasele tsemenditünne. Lühikest aega kestnud kodutöönduse arengule kujunesid piduriks lihtne kodukäsitöö tehnika, erilise kunstipärata toodang ja rutiinne tööjaotus, mis seisnes külade kaupa tooteliikidele spetsialiseerumises ega võimaldanud kaua vastu panna tööstusliku toodangu pealetungile.

Odavate tööstuslikult toodetud tarbekaupade ilmumisega algas 19. sajandi lõpust nii linna- kui ka maakäsitöö aeglane, kuid pidev taandumine. Vastukaaluks rahva käsitööoskuse allakäigule võeti ette katseid kodust käsitööd – eriti naiskäsitööd uuesti ausse viia. Siin olid eestvedajaiks algul baltisaksa, seejärel ka eesti põllumeesteseltsid, ergutades käsitööharrastust näituste ja kursuste kaudu. Suureks eeskujuks olid Soome ja Skandinaavia. Käsitööõpetajate kursuste korraldamisel olid aktiivsed 1878 Tartus asutatud Selts Kodukäsitöö Edendamiseks Linnas eesotsas Gustav von Strykiga Palalt ning 1895 asutatud Liivimaa Naiskäsitöö Edendamise Selts eesotsas Anna von Strykiga Kõpust ja Elise Baranius-Molieniga Tartust. Linnades hakkas 1880. aastaist alates tekkima naiskäsitöö erakoole, sh. eestlannade (Natalie Johanson-Pärna, Elise Baranius, Luise Rebenitz jt.) asutatuid. Tuntuks sai Reet Kurriku kunstkudumise kool Suure-Jaanis Enge mõisas (alust. 1895), kus õpetust saanud naised hiljem juba ise kursusi andsid. 20. sajandi algusest olid käsitöö-osakonnad pea iga eesti põllumeesteseltsi näituse lahutamatuks osaks, kujundades talupoeglikku maitset ja edendades kodukultuuri lihtrahvagi hulgas.

TÖÖLISKONNA OLUKORD JA TÖÖLISLIIKUMINE

Tööliskond ja töösuhete reguleerimine

Olulisimaks muutuseks ühiskonna moderniseerimise käigus oli tööliskonna kui talurahva järel arvuliselt suurima rahvastikurühma kujunemine. Tööliskond ehk proletariaat tekkis seoses tööstusliku revolutsiooniga, formeerudes maalt linna või vabrikuasulaisse siirdunud, valdavalt maata talurahva esindajate ja linnaelanike alamkihtide baasil. Oskustöölised toodi algul peamiselt Saksa- ja Inglismaalt, neid kerkis ka kohalike käsitöömeistrite seast. Lihttöölisi tuli ka teistest kubermangudest. Uusi töölisi õpetati välja kohapeal.

Tööliskonna töö- ja palgatingimusi kujundasid kapitalistlik konkurents ning omanike ja ettevõtjate kasumitaotlus, mille huve teenisid töö intensiivistamine, tööpäeva pikendamine ja öötöö, ning palkade allasurumine.

1835. aastal välja antud Venemaa esimene vabrikuseadus laienes Balti kubermangudele järgmisel aastal. See reguleeris tööliste ja vabrikantide vahekordi eelkõige viimaste huvides. Fikseeriti, et end vabrikusse tööle kaubelnud tööline ei või sealt peremehe nõusolekuta enne kokkulepitud tähtaega lahkuda ega palgakõrgendust nõuda. Vabrikandil oli õigus leping kahenädalase etteteatamisega lõpetada. Seadus keelas kodukari rakendamise, millest aga kõrvale hiiliti. Töötingimused vabrikutes ning vabriku sisekorra, mõnel puhul ka vabrikukohtu määrused olid vabrikantide otsustada.

Liivimaa kubermangus kehtestas Rõika-Meleski peeglivabriku omanik Amelung vabrikus oma politseimäärustiku ja seadis sisse valitava vabrikukohtu. Tema eeskujul koostas Riia Manufaktuurikomitee analoogilise määrustiku, mis nägi nii 1835. aasta vabrikuseaduse kui ka vabriku sisemäärustiku sätete vastu eksimise korral ette tööliste karistamise ihunuhtlusega (meestele kuni 30 kepihoopi, naistele ja lastele kuni 20 vitsahoopi) või rahatrahviga (kuni 33 rubla hõbedas). Viimast õigust rahandusminister ei kinnitanud, kuid vabrikantidele jäi õigus töölisi trahvida – ihunuhtlust hakkas asendama *rublaga peksmine*. Ka Sindis hakkas 1845. aastal tööle vabrikukohus, mis ei saanud küll kunagi ametlikku kinnitust. Vabrikukohtu liikmete seas oli välismaalaste kõrval ka eesti töölisi. Kohus võis eksijaid arestiga karistada, palgata tööle sundida, ihunuhtlust määrata. Nii läks igasuguste vaidluste lahendamine vabrikuvalitsuselt kohtule, kellele kandus üle ka pahameel kibedate otsuste pärast. Ühtlasi lõi vabrikuvalitsus endale kohtuga täiendava tugipunkti tööliste hulgas ja pakkus neile karjäärivõimalusi. Teiselt poolt oli omasuguste määratud otsustel siiski mingi õigluse oreool.

Eestimaa kubermangus saavutas Kreenholmi Manufaktuuri juhatus 1857. aastal tsiviilkuberneri kinnituse erilise politseimäärustiku rakendamiseks vabrikuis ja töölisasulas. Moodustati kaheinstantsiline töölis- ja vabrikupolitsei. Esimesel oli õigus lisaks tsiviilasjade lahendamisele määrata korrarikkumiste puhul rahatrahvi (kuni 10 päevapalga ulatuses), ihunuhtlust (kuni 50 vitsalööki; tegelikult kasutati ka nuuti) ja vabrikupolitsei nõusolekul kuni kaks ööpäeva aresti. Kui ihunuhtlust rakendati peamiselt laste ja noorukite puhul (seejuures ilma igasu-

Tänavasillutajad Tallinnas

guse kohtuta), siis täiskasvanuid trahviti kart-seriga ja järjest enam rahaga. Selline erikord kehtis Kreenholmis kuni 1872. aasta streigini. Töökorra vastu eksimisel võis Kreenholmi töölisi trahvida 50 kopika kuni 5 rubla ula-tuses. Töölepingute sõlmimisel lubatud palk ulatus naistöölistel 55–65 ja meestöölistel 80–90 rublani aastas, millest korteri ja kütte eest arvati maha meestel 40 ja naistel 25–30 rubla. Vabrikumajades elavatele töölkäivatele lastele (alates 10. eluaastast) oli ette nähtud tüdrukutele 10–13 ja poistele 12–18 rubla aastas. Kunda tsemendivabrikus võis vabri-kuvalitsus lisaks rahalisele trahvimisele saata töölisi tollal veel tegutseva adrakohtu ette, kus rakendati peksukaristust.

Trahviti üldiselt vabriku sisekorra sätete alusel, mille sõnastuse määrasid vabrikan-did. Töölise palgaraamatus olid kirjas töö-tingimused, ja selle vastuvõtmine tähendas tingimustega nõustumist. Töölisi püüti lepingukohuslikult siduda võimalikult pi-kemaks ajaks, tavaliselt aastaks. Kui tööline soovis lepinguaja lõppedes ettevõttest lah-kuda, pidi ta seda kontoris 1–3 kuud varem teada andma ja laskma ka palgaraamatusse märkida. Samal ajal võis ettevõtte juhtkond töölise halva käitumise korral ette teatamata päevapealt vallandada.

1881. aastal puhkenud majanduskriisi tingimustes, mis andis eriti tunda tekstiili-tööstuses, püüdsid vabrikandid korvata sis-setulekute vähenemist kulutuste kärpimise ja toodangumahu suurendamisega. Oktoobris hakati Kreenholmi Manufaktuuris varasema 12-tunnise tööpäeva asemel töötama pidevalt, ööpäev läbi. Kaheksatunnisele tööle järgnes sama pikk vaheaeg, seejärel algas uus vahetus. Sellega kaasnenud palgakärped ja omavoli kasv sai aluseks töölisrahutustele.

1880. aastate rahutused paljudes tööstus-piirkondades ergutasid Vene valitsust asuma vabrikuseadusandluse korrastamisele. 3. juu-nil 1886 kinnitati rahandusministeeriumis väljatöötatud seadus tööstusettevõtete järele-valvest ning vabrikantide ja tööliste suhetest. Seda rakendati esialgu ainult Peterburi (siia kuulus ka Narva), Moskva ja Vladimiri ku-bermangus. Eesti- ja Liivimaa kubermangule laienes vabrikuseadus 1894. aastal.

Vabrikantide omavoli piiramise kõrval kuulutas seadus streigid *lubamatuks kuritegevuseks* ja määras kriminaalkaristused töölistele, kes streikidest ja väljaastumistest osa võtavad. Korrastati palgasuhteid; trahve lubati võtta vaid korratu töö, töölt puudumise ja korrarikkumise eest. Trahviraha tuli kanda iga vabriku juures moodustatava erilise trahvikapitali arvele, mida võis kasutada ainult tööliste endi huvides (toetused invaliidistunud töölistele või raseduse lõpukuudel, õnnetuse läbi vara kaotanuile ja surmajuhtumi korral).

Vabrikuseadus sätestas tööstusettevõtete järelevalve. Selleks loodi rahandusministeeriumi raames vabrikuinspektsioon eesotsas ringkonnainspektoriga, ning kõrgema organina vabrikuasjade komiteed kubermanguvalitsuste juures. Selline komitee tegutses kuberneri eesistumisel ja tema liikmeteks olid asekuberner, ringkonnakohtu prokurör, kubermangu sandarmivalitsuse ülem, ringkonna vabrikuinspektor ja kohaliku linnavalitsuse esindaja. Nii allutati rahandusministeeriumi süsteemi kuuluv vabrikuinspektsioon kubermanguvalitsuse kaudu Siseministeeriumile, mille nõudmisi ja ringkirju tal tuli arvestada. 1894. aasta 15. märtsi vabrikuseaduse kohaselt seati kubermangudes sisse vanem-vabrikuinspektorid, kes kontrollisid vabrikuseaduste täitmist, kinnitasid ettevõtete sisekorraeeskirju, trahvitabeleid jms., jälgisid trahvikapitali kasutamist, korraldasid tehniliste seadmete järelevalvet, kogusid statistilisi andmeid, registreerisid tööõnnetusi ja streike ning pidasid neis küsimustes kirjavahetust kõrgemalseisvate organitega. Jaoskonnainspektorid, keda oli Eestimaa kubermangus neli ja Liivimaa eesti osas kolm, teostasid järelevalvet kohapeal. Vabrikuinspektsiooni ülesannete hulka kuulus ka tervishoiu ja arstiabi korralduse jälgimine ettevõtetes ning tööliste avalduste lahendamine.

1895. aastast kuulusid vabrikuinspektsiooni järelevalve alla kõik eraettevõtted, mis kasutasid mehhaanilisel jõul töötavaid masinaid, samuti need, kus alalisi töölisi oli vähemalt 15. Aastal 1900 oli Eestimaa kubermangus järele-

valvele allutatud 231 ettevõtet: kuni 15 töölisega 187 (need olid peamiselt viinavabrikud ning aurujõul töötavad veskid ja meiereid) 16–50 töölisega 25, 51–500 töölisega 14 ja rohkem kui 500 töölisega 5. Neist 29, valdavalt suuremad, olid sellised, kus praktiseeriti trahvimist, mistõttu vabrikuinspektoritel tuli esialgu tegeleda peamiselt vabrikute sisekorra ja trahvidega. Edaspidi kandus rõhk tööpäeva pikkuse ja intensiivsuse küsimustele.

Tööliste streigivõitluse tagajärjel võttis valitsus 1897. aastal vastu seaduse tööaja pikkusest ja jaotusest vabrikutööstuses. Ühe vahetusega töötamise piiriks määrati 11,5 tundi (laupäeval ja pühade eelpäeval 9), ning ööaega ulatuvas vahetuses 10 tundi. Seadus lubas ka ületunde, mis olid vajalikud tootmise tehniliste tingimuste tõttu (kuni 120 tundi aastas); muudel puhkudel võis neid nõuda vaid erikokkuleppe alusel. Siiski esines seaduserikkumisi kõige rohkem just seoses ületundidega. Sama seadus määras kindlaks vabrikutööliste puhkepäevade arvu. Pühapäevad ja pühad andsid aastas kokku 66 töövaba päeva.

20. sajandi algul, mil töö intensiivsus vabrikutes märgatavalt suurenes, eriti seoses üleminekuga tükitöösüsteemile, tuli vabrikuinspektoril lahendada rohkesti tüliküsimusi tükitööhindade pärast, mis tihti määrati nii madalad, et töölised ei suutnud oma endist päevapalka välja teenida. Tülisid tekkis ka tööõnnetuste pärast, sest ohutustehnikale pöörati vähe tähelepanu. 1901–05 tuli Eestimaa kubermangu vabrikutööstuses 1000 töölise kohta aastas üle 30 tööõnnetuse. 1903. aastal võeti vastu õnnetuskindlustuse seadus. Nüüd tuli tööõnnetuse tagajärjel töövõime kaotanud töölistele ja teenistujatele (surma korral nende ülalpeetavatele) maksta abiraha või pensioni. Abiraha maksti poole palga ulatuses, pension ei tohtinud ületada 2/3 kannatanu aastapalgast. 23. juunil 1912 võeti Venemaal vastu ka haiguskindlustuse seadus, mille alusel hakati tehaste ja vabrikute juurde asutama haigekassasid, millede kaudu toimus toetuste maksmine. 1914. aasta kevadeks hõlmasid haigekassad enam kui poolt tööliskonnast.

Lääne-Euroopa riikides, kus laste tööd käsitlev seadusandlus sai alguse 1870.–80. aastail, oli laste tööpäeva pikkuseks enamasti 6, noorukeil 10–11 tundi. Venemaal võeti alaealiste tööd piirav ja reguleeriv seadus vastu 1882. aastal. Peterburi ja Balti kubermangude vabrikutööstuse spetsiifika võimaldas ulatuslikku naiste ja alaealiste rakendamist. Kreenholmi töölistest moodustasid kuni 17-aastased 1879. aastal neljandiku (1055, kellest 205 alla 12-aastased). 13–17-aastased töötasid päevas üle 12 tunni, lisaks rakendati neid öötööl ja koolis käisid vaid vähesed. Kõige raskem oli Peterburi kasvatusmajast tapiga toodud vaeslaste olukord. Neid hoiti kinnistes kasarmutes, toideti ja riietati halvasti ning sunniti kurnavale tööle. 1. maist 1884 jõustunud seadus alaealiste töökorralduse kohta keelas alla 12-aastaste töölevõtu ning 12–15-aastaste rakendamise üle 8 tunni ja tervistkahjustavatel töödel, samuti öötööl, pühapäevadel ja pühadel. Seaduse täitmist hakkas kontrollima loodav vabrikuinspektsioon. 12. juunil 1884 avaldati ka pigem soovitusliku iseloomuga 12–15-aastaste koolikorralduse seadus, mille kohaselt õppivate alaealiste tööaeg tohtis kesta üldse vaid 6 tundi päevas. 2. juulil 1897 ilmunud seadus, mis pani aluse tööliste tööpäeva normeerimisele, luges ka 15–17-aastased täiskasvanuiks.

Laste kasutamine seadusesätteid eirates jätkus aga veel 20. sajandi algulgi. Aruannetes näitasid ettevõtjad sageli lapsi vanematena, kui need tegelikult olid. Nii töötas Kreenholmi Manufaktuuris 1901. aastal 316 12–15-aastast last, kes said 4,25 rubla kuus ja kellest koolis käis vaid 21.

Käsitöökodades, kus patriarhaalsed tavad olid tugevamad kui vabrikutööstuses, õpipoiste olukord pärast 1882. aasta seadust koguni halvenes. Nimelt suurenes nüüd kõige nooremate, s.o. alla 12-aastaste laste pakkumine käsitöökodadesse, kus polnud mingit järelevalvet nende töö- ja olmetingimuste üle. Sageli iseloomustas olukorda erialase õpetuse madal tase, 10-tunnine tööpäev, julm kohtlemine ja peks, halvad sanitaarolud, joomine.

Seadused nägid ette kõigile lastele teatava koolihariduse andmist. Töölislaste koolikorraldus erines tavalisest päevakoolide süsteemist, kuid oli Baltimaadel tookordseid olusid arvestades üsna heal järjel. Juba 1872. aastal olid alaealistele töölistele mõeldud pühapäevased kursused või koolid olemas igas maakonnalinnas. Tallinnas tegutses 4-klassiline pühapäevakool Kanuti gildi ja teine kool Toomgildi juures. Kärdla, Sindi ja Voltveti kalevivabrikus, Järvakandi ja Vändra klaasivabrikus, Kunda tsemenditehases ja mujal töötasid vabrikukoolid. Sindis töötas kool juba 1837. aastal, mil selles õppis 73 poissi-tüdrukut. 1857 jagunes vabriku senine saksakeelne kool eesti, saksa ja vene (õigeusu) kooliks. Õppetöö toimus kahes, päevases ja õhtuses vahetuses. 1887 hakkas kool töötama ministeeriumikooli programmi järgi. Sajandi lõpust on teada, et õpilastele anti tasuta õpikuid, paberit, suled ja tahvlid, ning tegutsesid ka õhtuklassid täiskasvanute jaoks.

Omalaadsete seas olid suurimad ja tuntumad Kreenholmi Manufaktuuri koolid. 1862. aastast hakkas seal tööle kaks erakooli – üks eesti, teine vene töölislaste jaoks. 1874. aastal oli neis 643 õpilast. 1874. aastal avati kaks vabrikukooli – üks poistele, teine tüdrukutele. Koolid olid tasuta, neis kehtis kaheklassiliste külakoolide programm. Neljaaastase õppeajaga kool oli kohustuslik kõigile Kreenholmis elavatele 8–12-aastastele lastele. Iga Kreenholmi alla 16-aastane tööline, kes ei osanud korralikult kirjutada ega lugeda, pidi käima manufaktuuri koolis ja maksma selle ülalpidamiseks 20 kopikat kuus. Kuigi vabriku tööliskonnast ligi kaks kolmandikku olid eestlased, olid mõlemad vabrikukoolid venekeelsed, mis vähendas nende populaarsust. 1884. aastal oli neis 416 õpilast.

Ehkki koole, kus õppida, töötavatel ning vaestest perekondadest pärit lastel leidus, seda võimalust täiel määral ei kasutatud. Kiire lisasissetuleku lootuses vanemad lapsi kooli eriti ei sundinud, vahel koguni ei lubanud. Ka oli töötava alaealise tööpäev eduka õppimise jaoks liiga pikk ja kurnav.

Palga- ja tööolud 20. sajandi algul

Vabrikutööliste palgad olid väga kõikuvad. Sajandivahetusel teenis Eestimaa kubermangu vabrikutööline keskmiselt 266 rubla aastas (Vene kubermangudes 207 rubla). Sellest pere ülalpidamiseks ei jätkunud, sageli teenisid lisa ka pereema ja suuremad lapsed. Seoses 20. sajandi algul tööstust haaranud kriisiga vähenes tööliste keskmine aastane töötasu 1904. aastaks 255 rublani. Palgataset mõjutas ka paljude ettevõtete üleminek ajatöölt tükitööle, mis lubas küll oma võimeid proovile panna ja rohkem teenida, kuid esialgu oli märgata vaid kõhnemat rahakotti ja tugevamat töösurvet, millega ei suudetud sammu pidada.

Tööliskonna majanduslikku olukorda iseloomustavad nõudmised, mida esitati 1905. aasta jaanuari üldstreigi ajal Tallinnas. Nõuti 8-tunnist tööpäeva ja ületunnitöö muutmist vabatahtlikuks, kahekordistades selle eest makstavat tasu; päevapalga alampiiri tõstmist (lihttöölistest meestele 90 kopikat, naistele 75 kopikat, oskustöölistele 1 rubla 50 kopikat); tööliste ja juhtkonna esindajaist komisjoni moodustamist tükitööhinnete määramiseks ning vallandamisega seotud küsimuste otsustamiseks; hilinemise ja puudumise eest määratavate trahvide kaotamist; tööruumide sanitaarolukorra parandamist; ettevõtte kulul abiraha maksmist tööõnnetuse korral kogu palga ja haiguse puhul 50–75% palga ulatuses; töötu abiraha sisseseadmist; streikijatele immuniteedi tagamist ning streigipäevade eest tasu maksmist.

Visa streigivõitluse tulemusena lühenes 1905. aasta lõpuks tööaeg Eesti tööstusettevõtteis keskmiselt ühe tunni võrra päevas. Neist enamikus kehtestati sisekorraeeskirjadega 10–10,5-tunnine, üksikuis ("Dvigatel") ka 9-tunnine tööpäev. Laupäeval lõpetati töö 1 tund varem. Seega kujunes töönädala kestuseks 59–61,5 tundi. Endistel tingimustel jäi püsima ületunnitöö. Enamasti maksti selle eest kuni 50% kõrgemate tariifide alusel. Tööaja lühenemine oli tööliste üks olulisemaid

võite, kuid nende paremad võimalused tööjõu taastamiseks ja eneseharimiseks tulid kasuks ka ettevõtjatele.

1906. aastast hakati tööstuses surutisest üle saama ning tõusma hakkasid ka palgad. Sel aastal teenis Eestimaa kubermangu tööstustööline keskmiselt 267 rubla, järgmiseks aastaks suurenes aastapalk 298 rublani ja edaspidi veelgi. Koos keskmise palgaga suurenes ka tööõnnetuste puhul makstav haigustoetus.

Kvalifitseeritud tööline sai sellal enamasti 1–1,5 rubla päevas, lihttööline 50 kopikat kuni 1 rubla. Nii näiteks oli Eestimaa kubermangu vabrikuasjade komisjon aastail 1913–15 määranud vabrikutes töötavate lihttööliste keskmiseks päevapalgaks:

	meestöölistele	naistöölistele
12–15-aastased	35 kop.	30 kop.
15–17-aastased	55 kop.	50 kop.
17 ja vanemad	1 rbl.	70 kop.

Tänu esmatarbekaupade ja teenuste hinnatõusu ületavale palgatõusule oli võimalik mitte ainult ots otsaga kokku tulla, vaid kasutada raha ka vaba aja veetmiseks, ning panna kõrvale *mustadeks päevadeks* ehk ajaks, mil oldi haige või töötu, või vanaduspäeviks, mil sissetulek üldse puudub. Samuti oli kergem rahaliselt toetada maal elavaid sugulasi. See oli üsna tavaline nähtus, sest tööliste side maaga jäi tihedaks: olid nad ju ise alles hiljaaegu linna vabrikutesse tööle tulnud. Teiselt poolt aitasid just maal elavad sugulased linnatöölistel paremini toime tulla, varustades neid söögikraamiga.

Töölisliikumine

Koos tööstuse ja tööliskonnaga tekkis pinnas uut tüüpi sotsiaalseteks konfliktideks – töölisrahutusteks. Need puhkesid enamasti stiihiliselt, seoses juhtkonna omavoli, tööliste halva kohtlemise, lepingust mittekinnipidamise või muu taolisega. Tihti püüti majandusolukorra üldisest halvenemisest tulenevaid raskusi veeretada tööliste õlgadele, kasutades ära seda, et tööjõupuudust ei olnud, ja sedagi, et kuni seadusandlus töösuhteid veel ei reguleerinud, olid tööliste protestivõimalused väga piiratud. Enamikus suurettevõtetes oli tööpäev pikk ja pingeline, sest tööd mitmes vahetuses veel ei rakendatud. Palgad olid madalad ja neid kärpis veelgi karm ja ebaõiglane trahvisüsteem. Sageli viivitati palga maksmisega või maksti seda *vabrikurahas*, millega sai osta ainult vabrikupoest, kus kaup oli tihti kallim või halvem. Töölisrahutused said alguse töö seismajätmisest ja nõudmiste esitamisest ettevõtte juhtkonnale, millega võisid kaasneda korratused ja vastuhakk võimudele. Sedamööda, kuidas töölised hakkasid aru saama streigi mõjujõust, muutus streigivõitlus visamaks ja organiseeritumaks. Sajandivahetuse paiku jõuti juba üldstreikideni, kus tavapäraste majanduslike nõudmiste kõrval esitati ka poliitilisi.

Tööliste protestiavaldusi tuli ette juba 19. sajandi algupoolel, mil tooni andis välismaalastest tööliskaader. Nii alustasid saksa sellid Sindis 1839. aastal streiki, kui vabrikuvalitsus ei lubanud kahel neist vabrikust lahkuda. Kuna sakslased olid eesti töölistesse seni üleolevalt suhtunud, siis viimased streigikatsega ei liitunud ja seda oli kerge likvideerida. Tõsisem töö- ja palgakonflikt, mille puhul vabrikuülemustel tuli politseivõimude poole pöörduda, leidis Sindi vabrikus aset 1858. aasta kevadel. Rahutuse algatajatena vangistati mitu sõnakamat eestlasest töölist, valdavalt *kroonumehed* – endised sõdurid ja madrused. Karistuseks keelati neil Pärnus ja Pärnumaal elamine.

Üks esimesi eesti tööliste väljaastumisi toimus Kunda tsemenditehase rajamisel 1870. aasta suvel ja sügisel. Üle poolesaja müürsepa ja abitöölise katkestas korduvalt töö, protestides õigusvastaste palgast mahaarvamiste vastu ja nõudes nii ehitusettevõtja Friedrich Wilhelm Alischilt kui ka Kunda mõisa ja vabriku omanikult parun John Girardilt saamata tasu. Rahutuste käigus vahistati viis "peasüüdlast", keda karistati aresti

ja peksuga. Müürseppade võitlus jätkus veel mitu aastat pärast ehitustöö lõppu. Nad esitasid kaebusi võimu- ja kohtuinstantsidesse, ometi õigust saamata. Sarnane konflikt, mis põhjustas rea kohtuprotsesse, puhkes 1868–69 Balti raudtee ehitusel töötanud liivavedajate ja preislasest ettevõtja F. T. Neumanni vahel, kes töölistele tervet töötasu välja ei maksnud ja neid toorelt kohtles.

Varakult kujunes üheks protestivormiks ka tööliste loata lahkumine vabrikust, nagu juhtus 1858. aastal Kärdlas ja 1860. aasta kevadel Kreenholmis. Viimasest põgenes protestiks ebainimliku kohtlemise vastu u. 150 saksa töölist. Siitpeale vähenes järsult välismaa tööliste osatähtsus Eesti tööstuses. Ka Kreenholmis hakati üha enam kasutama kohapealsete eestlaste ja venelaste tööjõudu, kes olid harjunud taluma raskemaid tingimusi. Vabrikuomanike eelarvamuste kiuste olid nad täiesti võimelised masinatel töötama.

Baltimaade suurimateks ning laiemalt tuntuks saanud väljaastumisteks 19. sajandil olid Kreenholmi streigid 1872. ja 1882. aastal.

1872. aasta streigile eelnes Kreenholmis töökaitse puudumise ja hügieeninõuete rikkumise tõttu massilisi haigestumisi ja mitmeid ohvriterohkeid tööõnnetusi. Odava tööjõu üliküllus, eriti 1868.–69. aasta näljahäda aegu, oli muutnud vabrikandid tööliste elu ja tervise suhtes ükskõiksemaks. Streigi ajendiks sai juulis 1872 Narvas puhkenud kooleraepideemia, mis levis kiiresti vabrikutööliste hulgas, eriti aga uue kanali ehitustööl töötavate kiviraidurite seas. 2. augustil nõudis 200 kiviraiujat lahkumisluba, et põgeneda koolera eest, mis oli lühikese ajaga nõudnud 334 inimelu. Võimude keeldumisel lahkus järgmistel nädalatel lõpparvet ootamata 412 töölist, üle 400 inimese keeldus töötamast. Järgnevalt katkes ka vabrikutööliste kannatus. 7. augustil nõudsid kangrud sanitaarolude parandamist ja varem kehtinud paremate töötingimuste taastamist – lühemat tööpäeva, suuremat töötasu, ülekohtuste trahvide ja palgast mahaarvamiste kaotamist. Kui vabrikuvalitsus sellele nädal otsa ei reageeri-

1. mai rongkäik Tallinnas

nud, katkestas 500 kangrut töö ja esitas oma üheksasse punkti kokkuvõetud nõudmised 10 valitud esindaja kaudu. Nood teatasid, et kui esitatud nõudmisi nädala jooksul ei rahuldata, alustab kogu vabrik streiki. Selle jooksul tegid kangrud selgitustööd ka tekstiilitöölistest ligi 2/3 moodustanud ketrajate seas, kes tulid välja omapoolsete nõudmistega.

Vastuseks asus vabrikuvalitsus taotlema tööliste vastu kaitset ja abi kubernerilt ja sandarmivalitsuselt, ning asi jõudis ka keisri ette. Tollele 20. augustil tehtud sandarmite ettekandes märgiti, et Kreenholmi streik on nõudmiste iseloomult ja streikijate visaduselt esimene sedalaadi nähtus Venemaal, sarnanedes suuresti vabrikutööliste streikidega Lääne-Euroopas. Kahtlustati ka väljastpoolt saadetud agitaatoreid. Valitsus saatis Kreenholmi Eestimaa kuberneri Šahhovskoi-Glebov-Strešnevi ja erivolitustega sandarmiohvitserid. Kohale käsutati ka vabriku peadirektorid Knoop, Soldatenkov ja Kolbe.

21. augustil panid töölised vabrikus masinad seisma ja valisid esindajad kuberneriga läbirääkimiseks – 20 ketrajat ja 40 kangrut, neist pooled eestlased ja pooled venelased. Uuesti esitatud, omavahel kooskõlastatud nõudmised sundisid vabrikuvalitsust osalistele järeleandmistele. Tööpäeva lühendati 45 minuti võrra, kaotati palgast mahavõtmine haigla ja kiriku heaks, töölistel lubati esitada töölisvanemakandidaate.

Ehkki nüüd töö vabrikus jätkus, polnud konflikt veel lahendatud, sest varsti püüdis vabrikuvalitsus pealesunnitud järeleandmisi tagasi võtta ja agaramaid töölisi kõrvaldada. 10. septembril vangistati 6 tööliste esindajat, kes olid tahtnud Tallinna vabrikuvalitsuse peale kaebama sõita. Järgmisel päeval alustas ligi 5000 töölist taas streiki. Konflikti teravdasid järgmised vahistamised ning ettevalmistused peksukaristuseks. Vabrikuvalitsuse maja juurde kogunes enam kui tuhandepealine ärritatud rahvahulk, kes arreteeritud jõuga vabastas. Et vabrik käiku lasta, toodi 12. septembril kuberneri käsul Kreenholmi terve Krasnojarski polk, mis sundis töölisi kasarmutesse taanduma. Sõjaväele toetudes alustati arveteõiendust streigijuhtidega. Politsei vahistas 35 töölist. Tööliste vastupanu lõppes 18. septembril. Kohus vahistatute üle peeti oktoobris Tallinnas, kus 27 töölist, enamikus eestlased, mõisteti sunnitööle, vangiroodu või türmi. Üks tööliste juhte, Jakob Tamm, saadeti 8 aastaks Siberisse asumisele, rida teisi 4 aastaks. Aasta lõpuni vallandas vabrikuvalitsus veel üle 400 töölise, kes streigi ajal silma olid torganud. Osa neist anti nekrutiks.

Pärast streiki tugevdati Kreenholmis politsei- ja sandarmijõude, Kreenholmi ja Vaivara kihelkonna jaoks loodi uus haagikohtu ringkond. Valitsus määras erikomisjoni streigi asjaolude uurimiseks. Selle ettepanekul kaotati Kreenholmis 1857. aasta politseimäärustik, lõpetati alaealiste tööletoomine Peterburi kasvatusmajast ja määrati kindlaks töönormid. Vabrikutesse pandi üles 21. augusti aktid, mis kajastasid vabrikuvalitsuse poolt töölistele tehtud järeleandmisi. Vihatud direktor Kolbe ja mitmed ametnikud olid sunnitud lahkuma.

Siiski esines Kreenholmis rahutusi veel 1873. aasta aprilliski. Neid oli ka mujal Eestis – 1872 ja 1875 toimusid tööliste vastuhakud Voltveti kalevivabrikus, 1873 puhkes Tallinnas voorimeeste streik protestiks uute madalamate takside vastu, 1876 streikisid Tallinnas Lindforsi trükitöölised-ladujad.

Suur töölisrahutuste laine kerkis Venemaal 1882.–86. aasta tööstuskriisi aegu. Selle üldisema tulemusena moodustati mitmeid komisjone, ning valitsus asus reguleerima tööandjate ja töötajate suhteid. Tööstuskriisi tõttu kasvasid elukallidus ja tööpuudus ka Eestis. Tootmise kärpimise tõttu piirati tööpäeva 12 tunnile, kohati lühendati töönädalat, mistõttu töötasu langes. Töötute hulk kasvas, mis võimaldas vabrikantidel survet töölistele tugevdada. See põhjustas rohkesti streike, kus põhinõudeks oli töötasu tõstmine. Suurim ja kõige visam streik leidis aset jällegi Narvas. Juuli lõpus 1882 nõudsid Kreenholmi töölised töötasu tõstmist, ebaõiglase trahvisüsteemi revideerimist ja vihatud ülemuste vallandamist. Seekord olid algatajaiks ning juhtijaiks vabrikus artelliviisi töötanud ja elanud vene töölised. Et nõudeid ei rahuldatud, alustas kogu vabrik 2. augustil streiki. Järgmistel päevadel ühinesid sellega Narva kalevivabriku ja Zinovjevi malmivalutehase töölised. 12. augustini kestnud üldstreik, mis hõlmas üle 80% Narva piirkonna töölistest, murti kohalesaadetud sõjaväe ja politseijõududega ning ähvarduste abil. Kreenholmi vabriku töölised jätkasid streiki kuni 16. septembrini,

streigimurdjate kasutamise, massiliste arreteerimiste ja peksukaristuste sunnil järk-järgult taandudes. Arreteeritud ja väljasaadetud töölistest olid 33 eestlased ja 212 venelased. Aktiivsemate streikijate seas oli rohkesti noori, kelle suhtes rakendati massiliselt ka peksukaristust – neile mõisteti kiirkohtus 10–30 vitsahoopi, mis politseijaoskonnas täide viidi.

Võrreldes eelmise suurstreigiga oli 1882. aasta Kreenholmi streik organiseeritum ning streikijad üksmeelsemad ja distsiplineeritumad.

Suur oli ka Kunda tsemendivabriku tööliste streik 1883. aasta suvel, mis lämmatati samuti soldatite abil. Streikijad protestisid peksukaristuste ja töölt lahkumisel tehtavate takistuste vastu. 42 töölist arreteeriti, 9 mõisteti vangi, paljud said rahatrahvi. Väiksemaid streike toimus 1880-ndail veel mitmel pool. Tallinna sadamas toimus esimene streik 1880. aastal, teine 1888. aasta kevadel, hõlmates 150 töölist. Samal aastal streikisid ka 300 Pärnu linatöölist ja Pärnu ning Tartu voorimehed. 1892 toimusid streigid Tallinna sadamas, Kundas, Kreenholmis ja Valga raudteetöökodades. Enamasti nõuti neis töötasu tõstmist. Mitmeid streike põhjustas 1897. aasta vabrikuseaduse ettevalmistamine ja kehtestamine, sest vabrikandid püüdsid seaduses ettenähtud tööpäeva lühendamist kasutada tööhindade ja seega palkade alandamiseks. Nii esines 1897–1900 streike Kreenholmis, Sindis ja alles käivitunud ettevõtetes nagu "Waldhof", "Dvigatel" ja Balti Puuvillamanufaktuur. Eriti aktiivsed olid uutesse ettevõtetesse toodud kvalifitseeritud ja suuremate streikimiskogemustega vene ja läti töölised. Aastail 1895–1904 registreeriti Eestimaa kubermangu tööstusettevõtetes 17 streiki kokku üle 5000 streikijaga. Rahutul 1905. aastal streigiti samades ettevõtetes 137 korral, osales kokku 48 600 töölist.

Alates 19. sajandi lõpust püüdsid mitmesugused salaorganisatsioonid üha aktiivsemalt õhutada valitsusevastast meelsust tööliste hulgas. Esimese teadaoleva töölisringi lõid 1875. aastal Kreenholmis vene narodnikud. See paljastati peatselt. 1890-ndate lõpus tegutses Narvas lühiajaliselt mitmeid sotsiaaldemokraatliku suunitlusega väikesi töölisringe, mis said kirjandust ja agitaatoreid Peterburist. Algul peamiselt haritlaste seas tegutsenud sotsiaaldemokraadid aktiviseerusid 20. sajandi algul, imbudes tööliskonna hulka, et lisada majanduslikule streigiliikumisele poliitiline iseloom. 1905. aasta revolutsiooni käigus see saavutatigi. Sestsaadik oli töölisliikumine tihedalt seotud üldise revolutsioonilise liikumisega.

Tööliste elu-olu

Vabrikud koos tööstuskvartali või vabrikuasulaga moodustasid omaette maailma, mis nii ehitiste kui ka oma keeruka infrastruktuuri poolest traditsioonilisest linna- või maakeskkonnast oluliselt erines. Enamasti rajati vabrik tooraine- või energiaallika lähedale, kuid jäi asulaist kaugemale ning vajas alles infrastruktuuri loomist. Seetõttu kerkis vabrikuasulaisse lisaks tootmishoonetele ja elamutele ka rohkesti olmeehitisi. Vabrikuasulaisse koondus töötajaid alates vabriku juhtkonnast ja meistritest kuni sadade, isegi tuhandete oskus-, liht- ning abitöölisteni, kes majutati vabriku püstitatud elamuisse. Suuruse, planeeringu, heakorra ja välisilme poolest olid need üsna erinevad. Lihttööliste eluruumide ehitamisel püüti väikeste kulutustega anda eluase võimalikult paljudele, mistõttu enamik töölisasulaid, vähemalt tööliskasarmute osas, jättis üksluise ja kurva mulje.

Vanimad töölisasulad kerkisid juba tööstusliku pöörde aastail Räpina, Rõika-Meleski, Kärdla ja Sindi vabriku juurde. 19. sajandi lõpupoole lisandusid vabrikuasulad Narva eeslinnades Kreenholmis ja Joaorul, Kundas, Järvakandis ja Voltvetis, sajandivahetusel Kohilas, Türil ja Aseris. Kõige suurremateks kujunesid Kunda, Sindi, Kärdla ja Kreenholmi töölisasulad.

Vabrikuasula kujunemise näiteks olgu toodud Sindi, kus juba vabriku ehitamise ajal 1830. aastail pöörati suurt tähelepanu vabrikuasula planeeringule – hoonete ja teede, parkide ning haljasalade paigutusele. Esimeste välismaalt kutsutud spetsialistide hulgas olid ka aednikud. Sajandi keskpaiku võttis asula enda alla veidi üle 40 hektari (sajandi lõpul 60 ha), millest vabriku hooned, elamud ja õued hõlmasid ligi 10 ha, tänavad ja teed 3 ha, park 3 ha, vabriku kanal ja kraavid – 3 ha ning aia- ja karjamaa üheskoos u. 22 hektarit. Vabrikurahva majutamisel peeti rangelt kinni kehtivast hierarhiast. Tööliste linnak rajati vabrikust kirdesse. Nad elasid suurtes ühekorruselistes telliskasarmutes (sajandi lõpul 9) üsna kitsastes tingimustes ja vabrikupolitsei range valve all. Meistrite puumajakesed (43) ehitati kolme ritta lõuna ja edela poole vabrikut, Pärnu maantee ja Wöhrmanni allee vahele, mis oli asula eeskujulikult korrastatud ja haljastatud osa. Meistri kasutuses oli pool, suure pere korral ka terve maja. Vabriku algusaastaist olid asulas 12 kohaga haigla, apteek, saun ja kaubandus- ning kultuuriasutuse rolli täitnud trahter.

Peamiselt väikemaju püstitati väljastpoolt sisse toodud meistrite ja oskustööliste jaoks ka mitmel pool mujal (Rõikal, Räpinas). Maal, enamasti mõisnikest ettevõtjate vabrikute juures (Kärdlas, Järvakandis, Kundas, Türil, Kohilas) ehitati põhiplaanilt mõisa moonamajade sarnaseid ridamaju, mille 4–20 üksteise kõrvale lükitud korterisse oli väljast eraldi sissepääs.

Kõigist teistest erines Kärdla töölisasula, mis oli rajatud direktor Robert Ungern-Sternbergi eestvedamisel Lääne-Euroopa tööstusmaade moodsama elamukultuuri eeskujul. Kärdla vabriku maale alates 1844. aastast ehitatud individuaalelamute süsteem äratas tähelepanu nii ülevenemaaliselt kui ka väljaspool. Vabriku antud plaani järgi ehitatud puust majad koos kõrvalhoonetega läksid neis elavate tööliste omandusse osamaksude teel, mis palgast maha võeti, maa nende all aga jäi vabrikule. Niisugust maja võis omanik ka müüa, kuid ainult vabriku töötajale. Selliseid elamuid oli Kärdlas 1853. aastal 38 ja 1913. aastal juba ligi 200. Nende kõrvale

Kreenholmi haigla (ehitatud 1913)

kerkisid vabriku toel ka pood-teemaja ja saun, puukirik (1847), kahe ruumiga haigla (1849), koolimaja (1853), kivikirik (1863), posti- ja telegraafikontor (1889), apteek (1890), 10 kohaga vaestemaja, 3 usulahkudele kuuluvat kabelit, väike kalameeste seltsimaja ja pargis asuv suvine tantsumaja.

Tähelepanuväärne oli ka Kreenholmi vabriku sotsiaalne infrastruktuur. Lisaks vabriku enda keerulisele tööstuskompleksile, mis asus Kreenholmi saarel, kuulus selle juurde mitu iseseisvat ettevõtet, nagu auru-jahuveski, vesiveski ja tellisetehas. Valdav osa töölistest elas kasarmutes ja majades vabriku vastas Narva jõe vasakul kaldal ja Joala külas (augustis 1894 loendati seal vastavalt 7800 ja 1015 elanikku), samuti tollases Joaoru eeslinnas (3300 el.). Kreenholmis olid oma politsepristav, rahukohtunik, postkontor, vangla, turg, kaupmehed ja käsitöölised, koolid, lasteaed, saun, pesuköök ja haigla. 1884. aastal ehitati luteri usku töötajatele Joaoru alevikku vabriku kulul 5000-kohaline Aleksandri kirik ja 1894 vene õigeusulistele 2000-kohaline kirik, lisaks tegutses Joalas Vaivara kihelkonna abikirik. Pärast sajandivahetust ehitati tööliste jaoks 5 kolmekorruselist punasest tellisest kasarmuhoonet, kolmekorruseline saun, kaks pesukoda, haiglale teine korrus, kaks nakkushaiglat, sünnitushaigla ja 1913. aastal uus haigla, moodsaim kogu riigis.

Suurtes ja vanades, enne 1870. aastaid rajatud tööliskasarmutes, nagu Sindis ja Kreenholmis, olid elamistingimused üsna rasked. Need, enamasti mitmekorruselised ehitised, olid osalt suurte ühisruumidega, mis mõeldud eeskätt vallalistele, osalt koridorisüsteemilised ja väikeste korteritega. Sindis elasid töölispered ühekordsetes ligi 400 m² suurustes kivikasarmutes, kus ruumide suurus oli 35–38 m². Ühte kasarmusse paigutati keskmiselt 70 perekonda, vallalised nende kõrvale, kokku umbes 300 inimest. Üürnikud jaotasid ruume vaheriidega väiksemateks osadeks. Ruumid olid külmad ja niisked. Pesu keedeti toas, sest pesukööki polnud. Õhku rikkusid välisukse kõrval seisvad lahtised tünnid, millesse koguti uriini vabrikus kalevi pesemiseks ja värvimiseks. Kasarmute elamisolusid hakati parandama alles 20. sajandi algul, eriti pärast 1905. aasta revolutsiooni. Kreenholmis valmisid uued, valdavalt kolmekorruselised kivikasarmud kokku 10 564 korteriga, mis olid kvaliteedilt ja plaanilahenduselt vanadest tunduvalt paremad: koridorisüsteemilistes majades koosnes korter 1–2 toast ja köögist, mille juurde kuulus käimla. Ühiskasutuses olid koridoridesse paigutatud veekraanid ja valamud ning keldri- ja pööningukorruse panipaigad. Pärast elektrijaama valmimist (1900) hakkas Kreenholmi kasarmutesse jõudma ka elekter.

Tallinnas hakati tööliskasarmuid ehitama 19. sajandi lõpul. Kaks siin rajatavat suurtehast – vagunitehas "Dvigatel" Lasnamäe jalamil ja Balti Puuvillavabrik Sitsi mäel Koplis värbasid põhilise tööjõu väljastpoolt – "Dvigatel" läti, Puuvillavabrik vene ja poola rahvusest oskustööliste hulgast.

Oma elamud olid ka Lutheri vabrikul. Esimese maailmasõja eel ja ajal lisandusid neile veel Koplis asuva Bekkeri ja Vene-Balti laevaehitustehase kasarmud. Seega olid Tallinna arvukaist vabrikuist oma elamud viiel. Vaid üks neist – Bekkeri tehas – suutis algaastatel tööliste korterivajaduse enam-vähem täielikult rahuldada. Ühegi Tallinna kasarmukorteri juurde ei kuulunud veekraani, valamut ega käimlat. Enamasti olid kraan ja valamu koridoris siiski olemas, samal ajal kui paljudes eramajades asusid need sajandi algul veel pesuköögis või õuel. Tööliskasarmute juures polnud aiamaad ega loomapidamise võimalust. Plusspoolele jäid odavam üür ja lähedus töökohale. Ka elektri said tööliskasarmud varem kui paljud eramajad. Puudustesse suhtuti leplikult ja kasarmukorterite järele valitses suur nõudmine.

Tallinnas ja teisteski linnades elas enamik vabrikutöölisi siiski 1–2-korruselistes üürimajades, mida oli hakatud eeslinnadesse hulgaliselt ehitama 1870. aastaist. Neis domineerisid ühetoalised või toast ja köögist koosnevad agulimaja korterid (keskmiselt 10–14 m^2). Tallinnas püsis ulatuslik ehitustegevus koos suunaga pisikorterite ehitamisele kõrgseisus kuni maailmasõja puhkemiseni. Kuna sel ajal esindas linna ühistransporti vaid *konka*, püüdsid töölised leida eluaset võimalikult töökoha läheduses. Aastatega kujunesid iga ettevõtte või ettevõtete rühma ümbruses oma tööliste elamurajoonid. Raudteetehaste tööliskond elutses Pelgulinnas. Balti Puuvillavabriku, Fr. Krulli ja Volta tehase rajamise järel algas ehitustegevus Kalamaja ja Köismäe rajoonis. Lasnamäel "Dvigateli" tehase lähikonnas paiknesid vabriku ehitatud tööliskasarmud ning kasvas üürimajade rajoon Sikupillis. Keldrimäele koondusid tselluloosivabriku töölised. Eeslinnades, kuhu kerkisid tööstusettevõtted, oli elamistihedus suurem ja elutingimused kehvemad kui kesklinnas. Tööliskorterid olid ülerahvastatud. 20. sajandi algul elas töölispere tavalises eluasemes, 9–25 m^2 toas keskmiselt 4–5 inimest, tihti aga ka 7–8-liikmeline perekond. Paljulapselistel peredel oli raske korterit leida, sest majaomanikud kartsid neist ohtu majarahule ja rohtaiale. Visalt otsides õnnestus korralikel töömeestel pere kasvades enamasti siiski oma kitsaksjäänud tuba suurema ja sanitaarkorrastuse poolest parema korteri vastu vahetada. Pinnalt veidi suuremast kööktoast või *säärvandiga* (kerge, peaaegu laeni ulatuv laudvahesein) eraldatud toa- ja köögiosast koosnevast korterist tolleaegne töölispere harilikult siiski välja ei jõudnud.

Tööliste elamud Tallinnas Koidu tänavas

Esialgu meenutas töölispere lihtne ja napp korterisisustus omaaegset talutuba. Sajandivahetusel laiemalt leviva üldeuroopaliku mööblimoe mõjul hakati jõudumööda muretsema uusi ajakohaseid esemeid: kummuteid, riidekappe, peegleid, seinakelli, mitmesuguseid dekoratiivseid tekstiiliesemeid, pilte ja lilli. Tüüpiliseks said laiakstõmmatav kuue jalaga voodi ja kahe lina vahel magamine.

Tihti oli pisikorterisse võetud ka allüürnik, s.o. voodikoha üürija. Enamasti olid need vallalised inimesed. Harilikult võeti üüriliseks pererahva sugulasi, kes maalt linna tööle või õppima olid tulnud. Osa allüürnikke olid võõrad ja neid sundis võtma pererahva majanduslik kitsikus. Korterinõudluse suurenemisel hakkas tõusma ka korteriüür. Kui 1871. aastal maksis lihtrahva poolt nõutavaim, ühetoaline köögita või kööktoaga korter keskmiselt 1,9 rubla kuus, siis 1914. aastaks oli üür tõusnud 5,7 rublani. Siiski kulutas tööline selleks vaid umbes viiendiku oma igakuisest sissetulekust. Ka olid tööliste korteriolud Tallinnas paremad kui Moskvas või Peterburis, kus hoopis rohkem töölisi elas vabrikukasarmutes, ülejäänuist enamik aga leidis peavarju eramajade keldrites, pööningutel ning üürikorterite *nurgaüürnikena*.

Kuigi tööliste toit nõudis sissetulekust kuni poole, oli see ühekülgne ja enamasti mitteküllaldane, eriti loomsete toiduainete osas – üsna sarnane külakehvistu omaga. Linnas osteti toit valdavalt poest ja turult.

Väiksemates asulates aitasid toitu hankida ka oma majapidamine ja tugevam side külaga. Söödi tavaliselt kolm korda päevas, kõige tugevamini õhtul, mil toitu valmistati niipalju, et jätkus ka hommikuks. Sajandivahetusel söödi juba peamiselt ostetud leiba ja harjuti ka kohvi jooma. Kui kodu oli töökohast kaugemal, sõi suurem osa töölisi tööpäeva keskel kodust kaasa võetud toitu, sest oma söökla oli vähestel vabrikutel.

Juba 19. sajandi teisel veerandil hakkas mood mõjutama ka töölisagulite eestlasi. Tasapisi loobuti rahvarõivaist ja hakati rõivastuma linlaslikult. Argipäevariided olid äärmiselt lihtsad ja praktilised, nende soetamisel püüti võimalikult vähe kulutada. Pidulikke rõivaid muretsedes aga kasutati kvaliteetsemaid materjale ja järgiti moejoont. See oli küll vastuolus madala palga, kehva toidu ja kitsaste korteritingimustega, kuid aitas tõsta eneseväärikust. Peorõivais tööline oma ülemustest ega teistest *peenematest inimestest* oluliselt ei eristunud.

Sajandivahetusel toimus murrang ülaminekul külamentaliteedilt linnamentaliteedile. Maalt linna asunud või linnalähedaste töölisasulate töölised võtsid linnamalli omaks kiiremini kui talurahvas. Kaugematesse töölisasulatesse jõudsid linna mõjud 10–15-aastase hilinemisega. Linlikud jooned avaldusid eriti pidurõivais ja toasisustuses. Visamalt säilisid maaelu tavad toiduvalmistamises. Ühtlasi oli võimalik toidu arvelt moeasjade soetamiseks kokku hoida.

Sedamööda, kuidas vähenes tööpäeva pikkus, jäi töölistel rohkem aega enda ja perekonna tarbeks. Nädalalõppudel otsiti meelelahutust kindlakskujunenud kogunemiskohtades. Igas linna tüüpi asulas oli promenaad või mitu, kus noored õhtuti jalutasid, et ennast näidata, teisi vaadata ja tutvusi sõlmida. Pühapäevahommikuti mindi sageli perede kaupa linnast või alevist välja *grüünesse*, kus söödi, joodi, mängiti kaarte ja ringmänge ning tantsiti. Töölisasulais oli töölistel tavaliselt oma kiik ja tantsupõrand. Linnas käidi seltside korraldatud avalikel pidudel, mis lõppesid enamasti tantsuga. Mõnes asulas (Sindis, Järvakandis jt.) oli kõrts ja selle ümbrus töölisrahva seltsielu keskuseks, kus harrastati näitemängu, tantsiti, mängiti seltskondlikke mänge ja kaarte. Kärdlas koguneti suviti vabriku parki. Nii Kärdlas kui Kundas korraldati talvel tantsuõhtuid tsemendikuuris. Oma töölismaja saadi Kundas 1917. aastal. Talvel koguneti tiigi-, jõe- või järvejääle uisutama, suvel käidi ujumas ja sõideti üüripaatidega.

Kindla koha omandas lugemine. Raamatuid oli kodudes vähe, seepärast kasutati avalike raamatukogude teenuseid. Paljudel vabrikutel oli omaenese, ärksamate tööliste algatatud lugemislaud või raamatukogu. Olulise lugemisvara hulka kuulusid piibel ja lauluraamat. Üldiselt oli luterlaste vahekord usuga loium kui õigeusklikel, ehkki pea kõigis vabrikuasulais leidus vastav kirik või palvemaja. Suhteliselt vähestel usulahkudesse kuuluvatel töölistel täitis usuga seonduv valdava osa vabast ajast.

Töölisaktivistide eestvedamisel tegutses vabrikute juures laulukoore, orkestreid, näite-, kirjandus- ja spordiringe. Tööliste vaimuelu korraldamisele aitas kaasa ka vabrikute juhtkond. Kärdlas asutati vabriku segakoor juba 1855. aastal. 1880 lisandusid pasuna- ja meeskoor, 1896 neidude ja viiulikoor. Sindis tegutsesid 1860. aastaist mees-, sega- ja lastekoor. Sindi 16-liikmeline meeskoor võttis osa ka esimesest, 1869. aasta eesti üldlaulupeost. Aastal 1880 muretseti puhkpillid ja asutati

Tallinna töölised väljasõidul loodusse

Lutheri vabriku rahvamaja

35–40-liikmeline puhkpilliorkester. Alates 1890. aastast mängis orkester kaks korda nädalas Sindi pargi kõlakojas. Isetegevusringe leidus ka Tallinna suuremates vabrikutes. Kõige soodsamad tingimused selleks olid Lutheri vabriku töölistel. Seoses vabriku laienemise ja töötajate arvu suurenemisega otsustas juhtkond rajada oma töölistele esindusliku rahvamaja. See püstitati 1904.–05. aastal arhitektide Hermann Geselliuse, Armas Lindgreni ja Eliel Saarineni projekti järgi. Juugendstiilis töölissööklat-rahvamaja ümbritses väike aed. Rahvamajas tegutsesid 40-liikmeline puhkpilliorkester, laulukoor, mitmed töölisringid ja suur eestikeelne raamatukogu. Eriti tõmbasid töölisi üle kogu linna kokku näitemänguõhtud, millele järgnes tants.

Et töölistel oma haridusseltsi polnud, osaleti keskkihtide algatusel asutatud karskus-, haridus- ja muusikaseltside tegevuses. Tallinnas koondus üha rohkem töölisi Eesti Käsitööliste Abiandmise Seltsi ja karskusseltsi "Valvaja" ümber, Narvas said keskseks karskusselts "Võitleja" ning laulu- ja mänguselts "Ilmarine", Sindis Eesti Karskuse Selts ja selle järglane kultuurharidusselts "Sõprus".

20. sajandi alguses hakkas kasvama tööliste huvi spordi vastu, millest sai paljude nooremate meeste lemmiktegevus. Eesti maadluskuulsuste saavutuste mõjul oli esialgu peamiseks huviobjektiks raskejõustik, kuid levisid ka võimlemine, jalgrattasõit, kergejõustik, ujumine ja uisutamine.

Vaba aja pahupooleks oli alkoholi tarvitamine. Iga suure vabriku läheduses asus kõrts, linnades leidus palju trahtereid ja õllepoode. Joomine oli tavaks eriti palgapäevadel. Selle levik olenes suuresti töö- ja olmetingimustest. Eriti kurdeti alkoholi liigpruukimise üle Kundas ja Narvas. Uut hoogu lisas joomisele 20. sajandi alguses kõikjale riigi viinamonopoli poodide, *monopolkade* asutamine.

KAUBANDUS, RAHANDUS, KOMMUNIKATSIOON

Sisekaubandus

Eesti ala majanduse vereringe moodustas kaubavahetus, milles 19. sajandil oli juhtiv osa järjest laieneval sisekaubandusel. Maa ja linna kaubavahetuses langesid suurimad kaubakogused toidu- ja kütteainete arvele. 19. sajandi algul olid siseturu kõige tähtsamad kaubaartiklid teravili, viin ja nuumhärjad, mida andis mõisamajandus. Sajandi teisel veerandil lisandusid meriinolammaste vill, kartul ja lina. Põllumajandussaadustest toodi müügile ka koduloomi ja -linde, heinu ja õlgi, mett ja vaha, puitu, tõrva, pigi, lupja, telliseid, kive jms.

Siseturu laienemine tingis kaalu- ja mõõdusüsteemide üleriigilise ühtlustamise. Valitsuse ukaasiga laiendati Balti kubermangudele, kus keskajast saadik käibis erisuguseid kaale ja mõõte, Vene kaalu- ja mõõdusüsteem (kehtis siin 1845–1929, seejärel mindi üle meetermõõdustikule). Põhimõõtudeks jäid kangaskaupade alal arssin (71,12 cm), kaalumisel puud (16,36 kg), vedelike mõõduna pang (12,3 l) ja mahumõõduna setvert (210 l). Ühtlustamine kergendas *õppimata kaupmeeste* tegevust, ehkki kohalikud mõõdud jäid samuti kasutusele.

Poode ehk kauplusi vanasti kõrvalistes maakohtades ei olnud. Kauba eest hoolitsesid mõisad ja rändkaupmehed; seda saadi ka linnast, kus oma talusaadusi turustamas käidi. Paiksete kaubitsemiskohtadena toimisid veel 19. sajandi algupoolel maakõrtsid (sajandi keskpaiku umbes 2600), mille rajamise ja pidamise õigus oli vaid mõisatel. Mõisakõrtsis müüdi peale viina ja õlle vahetuskaubanduse korras ka soola, rauda ja muid tarbeaineid. Kõrts oli ööbimiskoht

rändureile, infokeskus ja isegi omamoodi klubi. 1895. aastal pandi Eestis osalt valitsuse pealekäimisel ja osalt mõisnike kokkuleppel kinni 1092 kõrtsi. Riigi viinamonopoli kehtestamisega 1. juulist 1900 kaotasid kõrtsid mõisa sissetulekuallikana tähtsuse ja enamik neist suleti.

19. sajandi esimesel poolel hakkas tekkima talurahvapoodide võrk. Enamik neist olid lihtsakoelised ja asusid talutares. Lisaks jaemüügikohtadele olid nad ka põllumajandussaaduste kokkuostupunktid. Kokku ostetud vili, lina ja muu müüdi hiljem eksportööridele.

Pärisorjuse kaotamise ajaks olid linnade kaubanduslikud privileegid juba murenemas. 1810. aastal lubati talupoegadel põllumajandustooteid kokku osta ja müügile viia, 1812 said nad õiguse pärast vastavate maksude tasumist linnas ladusid ja poode pidada. Selle tulemusena hakkas külas, eriti Lõuna-Eestis, tekkima talupoja-ettevõtja tüüp, kes sõitis talvel külades ringi linu ja muid põllusaadusi kokku ostes, surudes sellelt alalt välja saksa kaupmeeste sellid. Samuti varuti oma aida- või poeriiulitele külarahvale vajalikke kaupu. Talupoegade pisipoode tekkis kujunevatesse maa-alevikesse ja nende arv suurenes ka linnas. Tartus oli neid 1860. aastate algul üle 30. Järjest rohkem talupoeglikku päritolu kaubitsejaid registreeris end koguni gildikaupmeesteks, ning viimaste arv linnades hakkas uuesti tõusma. Olukorda mõjutas ka 1824. aasta kaubandusmäärustik. mis tõstis gildiliikmeks soovijale vajaliku kapitali alammäära, ühtlustas I ja II gildi maksumäärasid ning lubas II gildi kaupmeestel väliskaubandusega tegeleda. I ja II gildi õiguste ja kohustuste vahe vähenes (neid jäi eristama põhikapitali suurus ja kauplemispatendi hind), vahe III gildiga aga kasvas.

Saksa kaupmeeste privileegide kärpimine põhjustas nende sissetulekute langust või koguni laostumist, mida tõlgendati kogu kaubanduse langusena. Üheks selle kinnituseks toodi kaupmeeste arvu üldine kahanemine Balti kubermangude linnades 1820.–30. aastail. Liivimaa kubernerile Tartu kohta ülevaate koostanud linnasündik ja hilisem juuraprofessor Friedrich Georg von Bunge nimetas seniste kaupmeeste pankrotistumise põhjusteks nii üldist halba konjunktuuri liikluse pidurdumise tõttu kui ka Tartu-spetsiifilisi asjaolusid. Tema andmetel tavatses linnarahvas ja maakonna aadel aastalaadal võõrastelt kaupmeestelt paljusid kaupu terveks aastaks ette varuda, samuti laienes pidevalt linnakaupmeestest möödaminev maakaubandus, mistõttu maamees ei ostnud soola, heeringaid, tubakat ja muud enam linnast, vaid mõisast, kõrtsist või *kaubajuutide* käest. Kolmandaks puudusid mugavad ühendusteed, eriti veeteed, mis raskendas ühenduse pidamist sadamalinnade ja riigi sisepiirkondadega. Bunge leidis, et seda puudust saaks kõrvaldada, kui realiseeruks ammu projekteeritud ja koguni alustatud, kuid siis jälle peatunud kanaliehitus Emajõe ja Pärnu jõe vahel.

Tartu kaupmeeste ettevõtlikkus siiski kasvas. 1824 avas veinikaupmees G. Werner söögisaali, kus sai ka piljardit mängida. Hiljem (1894) jõudsid Werneri perekonna liikmed Viini kondiitriäri tüüpi kohviku asutamiseni. 19. sajandi algupoole kippusid vanade privileegidega harjunud saksa gildikaupmehed vene kaupmeestele mõneti alla jääma. Nii vedas vanausuline viljakaupmees Jefim Rundaltsov purjelaevade ja lotjadega vilja Pihkvasse, linna jaoks aga ehitas omal kulul Uueturu ja Holmi tänava kohale ujuvsilla. Ka neljakümne poega Tartu kaubahoov rajati tänu vene kaupmeeste kaasalöömisele (valmis 1819).

Tegelikult kaubaringlus 19. sajandi teisel veerandil mitmekesistus ja elavnes, eriti laadakaubanduse osas. Kui harilik turg kattis kohalikke vajadusi, siis laat kergendas eri piirkondade kaubavahetust. Turgu peeti suuremates linnades iga päev, väiksemates kohtades teatud nädalapäeval. Turul oli ülekaalus jaekaubandus, müüjateks peamiselt talud ja mõisad, peamiseks kaubaks põllumajandussaadused. Laadad toimusid 2–4 korda aastas, seal esines ohtrasti ka hulgikaubandust ja käibe struktuur erines. Pikemaajalistel linnalaatadel (*saksa-* ehk *aastalaadad*) domineerisid välismaa kaubad ja käsitöösaadused. Linnas peeti ka mõnepäevaseid loomalaatu, kuid loomade peamiseks müügikohaks olid maalaadad. Enamasti maalaadal müüsid oma kauba ka eesti käsitöölised. Maalaatade pidamise õigus kuulus mõisnikele ja neid peeti kõrtside juures, laadatulu läks mõisa kassasse. Laadapäevadel oli kõrtsidel hea läbimüük, seetõttu jaksas kõrtsimees maksta mõisale suuremat renti. Kõrtsimees oli laadal mõisa esindajaks, ta näitas kätte kauplemiskohad ja kasseeris platsiraha.

Tuntuim ja Baltimaade suurim oli kolmenädalane Tartu aastalaat, kuhu tuli kaupmehi kogu Venemaalt, samuti Lääne-Euroopast. Aastail 1836–61 kasvas selle kaubakäive neli korda. Sajandi algupoole tegid Tartu aastalaadal ilma vene kaupmehed, kes müüsid kangaid, siid-, portselan-, fajanss- ja metallkaupu ning tubakasaadusi. Sajandi keskpaigast alates suurenes Riia kaupmeeste osatähtsus ning tänu uute tööstusharude (keemia-, masinatööstus) arengule Riias ka pakutav kaubavalik.

Peenvillalammaste levides tekkisid suured villalaadad eeskätt Tallinnas ja Tartus, kust said oma tooraine kalevivabrikud. Müügile toodud lambanahku osteti kokku Peterburi jaoks. 1830-ndate lõpul toodeti ainuüksi Eestimaa kubermangus enam kui 5000 puuda peenvilla ligi poole miljoni assignaatrubla väärtuses. Samal ajal olid Lõuna-Eesti tähtsaimaks müügiartikliks linasaadused. Pärnusse toodi kuni 200 000, Valka 50 000 ja Võrru 12 000 puuda linakiu-

Vene turg Tallinnas

du aastas. Viljandi kaupmehed ostsid 20 000 puuda linu 240 000 rubla ja 10 000 vakka linaseemet 100 000 rubla eest.

1865. aasta andmeil peeti kaks kolmandikku Eesti laatadest Lõuna-Eestis ja nende läbimüük moodustas 62% laatade üldläbimüügist. Laadapaikade ja peetud laatade arvu poolest olid eesotsas Tartu-, Võru- ja Pärnumaa. Eestimaa kubermangus olid tollal läbimüügilt suurimad Tallinna jaanilaat ja villalaat, Rakvere mihkli- ja Paide linalaat. Rohkem laatu hakkas seal tekkima 1870. aastaist. Uued laadakohad asetsesid tavaliselt väljaspool linnu.

Laadal sai talurahvas osta odavamalt kui muidu tsunftikäsitöölise või gildikaupmehe käest. Vilja ja kariloomade eest aga saadi paremat hinda kui kokkuostjad tavaliselt maksid, sest hulgiostjatena käis laatadel ka võõraid kaupmehi. Maalaat oli peamine rahasaamise paik ja mitmed maksud tasuti just pärast laata. See oli ka suhtlemise ja meelelahutuse koht. Kaugelt tuldi kokku vanast ajast kuulsale Mihkli, Vändra, Lihula, Mustvee, Rõngu-Kirepi, Vastseliina või Hauka laadale, samuti

Kallaste märtsi- ehk *jäälaadale*, kuhu tõid oma kauba Peipsi-äärse kandi käsitöölised. Pikkades vooorides üle järvejää tulid sinna ka Peipsi taha rännanud eesti talupojad, et osta tööriistade, puunõude, jalatsite ja riiete tagavara kogu aastaks.

19. sajandi lõpukolmandikul suurenesid kasvava linna- ja alevirahvastiku nõudlus tarbekauba järele ning tööstuse tooorainevajadus. Nii tootja kui tarbijana suurenes ka mõisamajanduse roll. Majanduslikult kosuv taluperemees hakkas rendi- või osturaha saamiseks üha enam talusaadusi müüma ning samas rohkem ostma. Jõukamad talupojad hankisid uusi ja paremaid põllutööriistu, varsti koguni masinaid, ning ehitasid elu- ja majapidamishooneid, vajades nüüd rohkem rauda, klaasi, telliseid, saelaudu jm. Maal hakati ostma vabrikuriiet, tikke, lampe, petrooleumi, vankrimääret, suhkrut, aga ka raamatuid, ja tellima ajalehti.

19. sajandi teisel poolel laatade arv ja käive enam kui kahekordistus, eelkõige tänu talurahvalaatadele, mille toimumisaeg seostus majandusaastaga ja mitmesuguste

kalendaarsete tähtpäevadega. Enamik laatu peeti sügisel ja kevadtalvel. 20. sajandi algul lühenes laatade kestus 2–3 päevalt 1–2 päevale. Koos loomakasvatuse osatähtsuse tõusuga kasvas loomade osa kaubakäibes. 19. sajandi lõpukümnendeil vähenes saksalaatade tähtsus, sest liiklusolude paranemine lubas kohalikel kaupmeestel Vene riigi suurematest keskustest kaupu tellida.

20. sajandi algul on laatade kaubakäibe suuruseks (ilma Tartu aastalaada ja Tallinna villalaada läbimüügita) hinnatud 1,5 miljonit rubla. Samal ajal oli umbes 40 linna- ja alevituru käive 5–10 miljonit rubla.

Sisekaubanduse laienemist linnades peegeldab kaupmeeste ja kaubandusettevõtete arvu kasv 19. sajandi lõpupoole ja 20. sajandi algul, eriti *vürtspoodnike* osas. Arvukate väiksemate kaubandusettevõtete asutamine näitab tööjaotuse arengut ja majandussidemete laienemist.

Eesti suurima kaubalinna Tallinna majanduslikud sidemed muutusid raudteevõrgu tihenedes tõhusamaks. Tallinn valitses oma kaubandusliku tagamaana Põhja- ja osalt Kesk-Eestit ning Peterburi kubermangu läänepoolsemat ala. Tihenesid tema kaubasidemed ka Lõuna-Eestiga, kus tal tuli võistelda kiiresti areneva tööstus- ja kaubalinna Riia mõjuga. Pärnu, Kuressaare, Valga, Võru ja Tartu kaubanduslikud sidemed olid tihedamad Riia kui Tallinnaga. Seejuures oli Tartu Kagu-Eesti, Pärnu aga Edela-Eesti majanduslikuks keskuseks.

Suur osa sisekaubandusest toimus rannasõidulaevade abil. Tallinna sadama osast selles on täpsemad andmed alates 19. sajandi lõpust.

1890. aastal toodi teistest Eesti sadamatest Tallinna ligi 1,3 miljonit puuda kaupa,

mille osatähtsus kõigist Vene impeeriumi sadamatest toodud kaupade hulgas oli 25%. 1895. aastal olid need arvud vastavalt 2,5 miljonit puuda ja 42%. Eesti sadamatest toodi Tallinna peamiselt küttepuid, palke ja laudu, kive ja telliseid, lupja ja tsementi. Soomest toodi küttepuid, palke, kala, graniiti (1895. aastal üle 1,5 miljoni puuda), Krimmi sadamaist soola. Suurenes kaupade vedu ka Peterburist ja Riiast. Tallinnast laevadega väljaveetava kauba kogukaal oli sissetoodava omast mitu korda väiksem. Teistesse Eesti sadamatesse viidi siit peamiselt soola, veidi ka jahu, heeringaid, kivisütt, petrooleumi jm. Riiga ja Peterburi toimetati piiritust, hea minek oli vürtsiga sissetehtud *tallinna kiludel*. Peterburi veeti ka heeringaid, tselluloosi, paberikaupu, kartuleid, vilja, kaltse jm. Tähtsaimaks Soome veetavaks kaubaks oli jahu – osalt toodud Venemaalt, osalt jahvatatud siinsetes suurveskites.

Rannikul vahetasid kaupu talupojad ja kalurid, sealhulgas tihenes Viru rannikul vahetuskaubandus soome kaluritega, kes käisid Eestis tavaliselt kevaditi ja sügiseti. Värske ja soolakala vastu pakuti peamiselt vilja (vahekorras kaks mõõtu vilja ühe mõõdu kalade vastu), sajandi keskpaigast ka kartulit ja lina. Sellist kaubavahetust nimetati *sõbrakaubanduseks*.

Elavnes ka Peipsi kaubandus. Pihkvast, Oudovast ja Narvast toodi Tartusse lotjadega küttepuid, palke, laudu, lehttubakat, rauda, lina, kanepit, soola, telliskive jms., mis osalt Pärnusse edasi toimetati. Kalurid ja käsitöölised kaubitsesid teisteski rannaäärsetes punktides, kus hakkasid kujunema uued alevikud, nagu Mustvee, Kallaste ja Võõpsu.

Veel 20. sajandi algulgi rändasid maal ringi kastikaupmehed *(harjuskid)*, samuti kala- ja

Laatade, laadapaikade ja -päevade arv Eestis 1830–1909

	1830	1850	1870	1890	1900	1909
Laadad	58	72	122	152	272	250
Laadapaigad	39	46	64	87	157	142
Laadapäevad	142	176	298	390	589	503

kaltsukaupmehed. Eesti sisevetel ja rannikul artellidena kalastavad vene kalurid müütasid peale kala ka võrke ja muid kalapüüniseid, nahast saapaid, kindaid ja põllesid.

20. sajandi alguseks oli Eestis arenenud kaubandusettevõtete võrk ja suurem kaubakäive kui teistes Venemaa osades, põhjuseks nii tööstuse ja põllumajanduse kõrgem arenemistase kui ka elanike suurem ostujõud. Venemaa Euroopa-osas oli kaubakäive iga elaniku kohta 52,5 rbl. (ilma Peterburi ja Moskvata 38,2), Eestis 60,8 rbl. 1900. aastal oli Eestis 4615 alalist kaubandusettevõtet, neist 58% linnades. Viimased olid valdavalt spetsialiseeritud. Kolmandik neist olid toidupoed (enamasti väikekauplused), viiendik trahterid, õllepoed, restoranid jms., kuuendik rõivakauplused. Maa kaubandusvõrk ja selle käive (vähem kui 20% Eesti kaubakäibest) jäid linna omast tunduvalt maha. Maapoed olid enamasti pooluniversaalsed talurahvakauplused, suure osa maal asuvaist kaubandusettevõtteist aga moodustasid kõrtsid.

Kaubanduses oli 1900. aastal tegev u. 11 000 inimest (1,1%, koos pereliikmetega 2,6% elanike üldarvust), 1913. aastal u. 14 500 (neist 2/3 eestlased, kellest enamik pidas kõrtsi, trahterit, einelauda või vürtspoodi). Aastail 1900–13 suurenes kaubandusvõrk 3070 ettevõtte ja kaubakäive ühe elaniku kohta umbes poole võrra. 1913. aastal leidus Eestis üks kaubandusettevõte 129 elaniku kohta Ettevõtte keskmiseks aastakäibeks oli 11 600 rubla. Kõik see annab tunnistust kaubamajanduse üldisest süvenemisest.

Pärast sõja väljakuulutamist kiirenes Eestis hindade tõus, mis oli alanud juba sõjaeelsetel aastatel, mõjutatuna toiduainete ja tarbekaupade nõudluse kasvust, eriti Tallinnas, kus käis vilgas ehitustegevus ja kuhu koondus rohkesti rahvast. Eriti kiiresti tõusid importkaupade hinnad, kuna piirati sissevedu ja transport suunati sõjaväevedudeks. Otsekohe tõsteti esmatarbekaupade hindu, sest sõjaärevuses hakkas rahvas suhkrut, soola, petrooleumi, seepi jms. kokku ostma. 1914. aasta lõpuks tõusis toiduainete hindade üldindeks Eesti turul 17%. Leivahinnad kahekordistusid. Seevastu langesid 1914. aasta teisel poolel lihahinnad, sest põuase suve järel suurenes loomade müük. Sõja alguses oli hindade tõus pigem spekulatiivse kui inflatsioonilise iseloomuga. Kohalikult turult hakkasid kaubad kaduma, sest ülesostjad vedasid toiduaineid Petrogradi turule. Mõisnikud ja talunikud püüdsid luua tagavarasid, oodates edasist hindade tõusu. Esimesel sõjaaastal Eestis tõsisemaid raskusi toiduainetega veel polnud. Rukkisaak oli rahuldav ja vili toimetati kohale õigeaegselt. Halvem oli olukord tööstuskaupadega.

Valitsusorganite katsed hinnatõusu ja spekulatsiooni pidurdada ei andnud tulemusi – vastav kaup kas kadus turult või müüdi sama hinnaga kehvemat või riknenud kaupa. Turuhinda Eestis mõjutas Petrogradi turg, millega Eesti põllumajandustootjad olid tihedates sidemetes. 1915. aastal hinnatõus ja spekulatsioon jätkusid ning elanike varustamisel toiduainetega tekkis tõsiseid häireid. Sügisel jõudis kätte terav puudus sisseveetavast nisujahust ja suhkrust. Tallinna poodides olid pikad järjekorrad. Oktoobris seati jahu ning suhkru müümisel sisse kaardid. Kuna liha juurdevedu Petrogradi Vene riigi lõuna- ja idarajoonidest muutus teravneva transpordikriisi tõttu raskemaks, hakati seda üha rohkem nõudma naaberkubermangudest. Eestis algas lihapuudus. Kõik see tähendas soodsat konjunktuuri põllumajandussaaduste realiseerimisel, sest turuhinnad ületasid toodangu omahinda ligi kahekordselt.

Võrreldes 1914. aastaga lihahinnad Eestis 1915. aasta lõpuks kahe- ja suveks 1916 viiekordistusid. Kalapüügi vähendamise ja kalatöösturite spekulatsiooni tõttu tõusid ka kalahinnad. 1917. aasta alguseks tõusis tähtsamate toidu- ja tarbekaupade hinnaindeks 440-le (1913. a. 100). Toimuvat mõjutas tugevasti ka paberraha inflatsioon ja rubla ostujõu langus (mis 1917. aastaks langes sõjaeelse tasemega võrreldes u. 3 korda).

1915. aasta augustis loodi Venemaal Toitlusasjade Peakomitee, seejärel toitluskomiteed kubermangudes ja maakondades. Eesti alal kandis see nime Põhja-Balti Toitluskomitee. Samal ajal andsid toitlusküsimustes korraldusi ka sõjaväevõimud, kes sõjaväe varustamisega tegeledes keelasid toiduainete väljaveo näiteks Lõuna-Eesti maakondadest Põhja-Eestisse ja ühest maakonnast teise. Toitlusküsimuse lahendamine oli antud mõnede suurkaupmeeste kätte, kes ostsid valitsuselt saadud krediidi arvel Venemaa sisekubermangudest kokku teravilja, soola, suhkrut ja muud. Suur osa sellest läks spekulatiivsete hindadega salaja müügile. Hindade spekulatiivne ja inflatsiooniline tõus halvendas eriti just vaesemate kihtide olukorda. Turult ja kauplustest hakkasid kaduma leib, liha ja piim.

1916. aastal seati suuremates linnades sisse kaardisüsteem. Kaartide alusel anti Tallinnas inimese kohta 1/2 naela suhkrut kuus ja 3/4 naela leiba päevas, raske füüsilise töö tegijad said 1/4 naela leiba lisaks. Lapsed ja haiged said piimatšekid 0,5–1 liitrile piimale päevas. Tööstusettevõtetes hakati mõtlema töötajate varustamisele, tagamaks nende töövõimet. Sõjatööstusettevõtete juures, kus varem vabrikupoode ei olnud, tekkisid kinnised kauplused ja sööklad.

Väliskaubandus

Eesti- ja Liivimaa väliskaubanduse areng oli heitlik ja 19. sajandi viimase kolmandikuni üsna aeglane. Väliskaubanduslike sidemete tihedus sõltus rahvusvahelisest olukorrast, Vene riigi tollipoliitikast, viljasaakide suurusest jms. Pikka aega mõjutas seda enim Inglismaa, Vene tähtsaima kaubanduspartneri domineerimine maailmamajanduses. Inglise tööstus oli Euroopas kõige konkurentsivõimelisem. Soodsalt mõjus Briti ettevõtlusele ka vabakaubanduse doktriini rakendamine. 1820. aastail lihtsustas Inglismaa tollisüsteemi, tühistas või alandas nii sisse- kui väljaveotolle. Euroopa reageeris kaitsetollidega. 1822. aastal kehtestas ka Venemaa uue kaitse- ja keelutollide tariifi, keelates paljude kaubaartiklite sisseveo ning tõstes teiste osas sisseveotolli.

See põhjustas Tallinna väliskaubanduse järsu languse.

Venemaa protektsionismipoliitika polnud järjekindel, seda sundis leevendama terav vajadus masinate, sisseseadete ja tooraine järele. Tööstuse tugevnedes vähendati sisseveopiiranguid ja alandati tollimakse. Eeskätt kaotati masina- ja raudtee-ehituse huvides malmi ja raua sisseveo keeld. 1880. aastail naasis Venemaa rahandusminister Nikolai Bunge eestvõttel protektsionistlike abinõude juurde, kaitsmaks oma tööstust. 1882–86 tõsteti taas toorainete ja vabrikutoodete sisseveotolle. Kaubavahetuse tasakaalustamiseks soodustati leivavilja väljavedu. Aleksander III aegset majandust iseloomustasid karm maksupoliitika, riiklikult soositud viljaeksport ja maailma kõige kõrgemad tollitariifid tööstuskaupadele. Kodumaise tööstuse kaitsmist kõrgete imporditollidega praktiseerisid sel ajal ka Saksamaa ja USA.

Rahandusminister Ivan Võšnegradski ajal piirati importi äärmuseni – aastast aastasse kasvasid metallimaakide, malmi, raua, terase, kivisöe, puuvilla, villa ja suhkru tollimaksud. Tervikuna tõusid riigi tulud tänu kõrgetele imporditollidele 1880.–90-ndail 50%, 1903. aastaks aga 170% võrra. 1880. aastaiks, mil enamikus tööstusharudes jõudis lõpule tööstuslik pööre, õnnestus ületada ka riigieelarve defitsiit. Bunge ja Võšnegradski majanduspoliitika soodustas Vene tööstuse arengut ja kaitses seda välismaise konkurentsi eest, kuid pikemas perspektiivis nõrgestas töösturite ettevõtlikkust ja hakkas lõpuks tehnilist progressi pidurdama. 19. sajandi lõpukümnendeist alates oli Vene majanduspoliitika ülimalt protektsionistlik. Riiki ümbritses tollivöö, kõrgem kui mujal Euroopas. 1902. aastal moodustasid tollimaksud 40% kogu impordi väärtusest.

Venemaa väliskaubanduses oli alates 18. saj. lõpust keskne Läänemere-kaubandus, mis hõlmas 19. sajandi algul üle 80% Vene väliskaubanduse üldmahust. Kuigi selle tähtsus seoses laiema turu tekkimisega Aasias hiljem märgatavalt langes, jäid majandussidemed Lääne-Euroopaga domineerima.

19. sajandi algul olid Venemaa Läänemere sadamatest välismaistele laevadele avatud Peterburi, Riia, Kroonlinn, Viiburi, Hamina, Vindavi, Liibavi, Narva, Tallinn, Kuressaare, Haapsalu ja Pärnu. 1820. aastail lisandus Paldiski, kaasaegsete hinnanguil üks parimaid sadamaid kogu Euroopas. Tema laienemist takistas Tallinna lähedus. Eeskätt sisseveo huvides jaotati aastal 1822 sadamad kolme klassi. Peterburi ja Riia kuulusid esimesse, Tallinn ja Liibavi teise, ülejäänud kolmandasse. Esimene klass sai laokohaõigused, teine piiratud laokohaõiguse ja õiguse tollida teatud kaupu, kolmandale kehtisid kitsendused eriti importkaupade nomenklatuuri osas. Hiljem õigusi suurendati. Tallinnale taastati 1826 laokohaõigus ning kolmanda klassi sadamatel lubati tollida paljusid importkaupu.

Vaatamata tollipiirangutele, kehvadele sadamaoludele ja maailmaklassiga Riia sadama lähedusele tõusis 19. sajandi algupoolel väljaveolt Eesti ala esisadamaks Pärnu, jäädes selleks kuni 1870-ndateni ja ületades kogukäibelt isegi Tallinna. Sissevedu osas olid tähtsamad Tallinn ja Narva. 1835. aastal moodustas väljavedu Pärnu sadama käibest 2,4 miljonit ja sissevedu 330 000 assignaatrubla.

Pärnu ekspordi aluseks oli linakaubandus (lina, takk ja linaseemned), mille tähtsus oli hakanud tõusma 18. sajandi lõpust. Kuni Narva linavabriku asutamiseni (1851) puudus linal Eestis suurtööstuslik tarbija ning seda kasvatati peamiselt ekspordiks. Võrreldes teiste põllumajandussaaduste (vili, piiritus) hindadega oli linahinna kõikumine suhteliselt väike. Lina eksporditi valdavalt Portugali, veidi ka Inglismaale ja Prantsusmaale, kanep läks Lüübekisse, teravili Lüübekisse ja Rootsi. Lõviosa Pärnu kaubandusest, eriti linaekspordist, käis Hans Dietrich Schmidt & Co ning Jacob Jacke & Co kaubamajade kaudu. Pärnu sisseveokaupadest olid tähtsamad sool (Lüübekist; sajandi keskel üle 60% sisseveost), heeringad (Göteborgist; üle 10% sisseveost) ning kuivatatud kala. Imporditi ka suhkrut, kohvi, teed, puuvilju, vürtse ja luksusesemeid – viimaseid valdavalt eritellimusel. Sisekaubanduses hõlmas Pärnu kaupmeeste klientide võrk kogu Lõuna-Eesti, ulatudes ka Põhja-Lätisse ja Pihkvamaale. Pärnu kaubamajade suurimad lina kokkuostukohad olid Valga, Tartu ja Pihkva, kust koguti ka takku, kanepit ja vilja.

Tallinna väliskaubandus kiratses kogu 19. sajandi teise veerandi. Tallinna sadama käive suurenes, kui hakkasid kehtima uued, väliskaubandust soodustavad tollitariifid. 1850–60 tõusis see 0,8 miljonilt rublalt 1,7 miljonini. Uute sisseveoartiklite hulgas olid kivisüsi ja masinad, 1854. aastast ka puuvill. Tallinna sissevedu olid tähtsal kohal sool

Eesti sadamate väliskaubandus 1900. ja 1913. aastal (tuh. rbl.)

Sadam	Käive kokku		Import		Eksport	
	1900. a.	1913. a.	1900. a.	1913. a.	1900. a.	1913. a.
Tallinn	88 016	99 673	55 955	78 185	32 061	21 488
Pärnu	4 731	6 163	825	2 289	3 906	3 874
Narva	4 964	6 358	4 063	5 256	901	1102
Paldiski	517	502	435	63	82	439
Haapsalu	112	69	5	6	107	63
Muud	409	597	327	515	82	82
Kokku	98 749	113 362	61 610	86 314	37 139	27 048
Venemaa väliskaubandus						
Euroopa piires (milj. rbl.)	1 168	2 490	559	1202	609	1 288
Eesti sadamate % sellest	8,4	4,6	11,0	7,2	6,1	2,1

Tallinna sadam

Inglismaalt ning heeringad Rootsist, Norrast, Taanist ja Hollandist, ehk talurahva ühed peamised ostukaubad. Suurem osa muudest importkaupadest läks rikkamatele kihtidele või transiitkaubana mujale, esijoones Peterburi. Peamisteks väljaveoartikliteks jäid vili, viin, lina, purjeriie ja lõuend.

Narvas olid peamisteks väljaveoartikliteks lina ja puidusaadused, sisseveo osas sool ja heeringad, 1850. aastaist aga puuvill, kivisüsi ning masinad.

Väliskaubandus elavnes aastast 1870, mil avati Balti raudtee. Tallinna väliskaubandust oli pikka aega pärssinud Kroonlinna ja Peterburi võistlev mõju, sobiva ühendustee puudumine teiste Vene piirkondadega ning omaenese vaene ja väike tagamaa. Nüüd muutis raudteeühendus Tallinna tähtsaks kaubasadamaks ja lõi eeldused ka tööstuse arenguks. Sise-Venemaalt toodi Tallinna väljaveoks teravilja (peamiselt kaeru), lina ja takku, linaseemneid, nisujahu ja õlikooke, Balti raudtee piirkonnast aga piiritust, ehitus- ja küttepuid ning loomi. Lühikese aja jooksul sadama kogukäive sajakordistus (1861–65 oli see 900 000, 1876–80 juba 90 miljonit rbl. aastas) ning Tallinn tõusis Vene sisseveosadamate seas Peterburi ja Odessa järel kolmandale kohale. Järgnevatel aastakümnetel pärssisid

Tallinna väliskaubandust mõnevõrra Riia ja Liibavi konkurentsi suurenemine, suur viljaikaldus Venemaal (1891), Peterburi merekanali valmimine (1885) ja Vene-Saksa "tollisõda". Siiski lähenes Tallinna sadama aastane kaubakäive sajandi lõpus taas 90 miljonile rublale. Kui 1860-ndail moodustas Tallinna aastakäive (koos ta eelsadama Paldiskiga) u. 0,5% kogu Venemaa impordist ja 0,2% ekspordist, siis 19. sajandi lõpul oli Tallinna osatähtsus vastavalt 11–14% ja 3–4%.

Sajandi lõpupoole oli importkaupadest tähtsaim toorpuuvill, mille sisseveolt oli Tallinn Venemaa sadamate hulgas esikohal. Siitkaudu varustati ka Moskva ja Peterburi tööstuspiirkonna vabrikuid. 1913. aastal veeti Tallinna kaudu Venemaale veerand kogu importpuuvillast ja ligi 5% kivisöest, mis tuli Inglismaalt ja Saksamaalt. Olulised sisseveokaubad olid ka kivisüsi, koks, masinad ja nende osad, raud, teras, vask ja heeringad. Aastail 1900–13 suundus 65–70% sisseveost Tallinnast transiidina edasi Venemaa turu teistesse lõikudesse. Maailmasõja eel kahanes transiit seoses Tallinnas areneva kiire ehitustegevuse ja uute ettevõtete rajamisega enam kui poole võrra.

Väljavedu Tallinnast oli 2–3 korda väiksem kui sissevedu. Keskmiselt 60% sellest moodustas jahu, mis jahvatati raudteed pidi saabunud Vene viljast ja veeti edasi Soome. 1892–93 ehitati sadamasse viljaelevaator. Teised tähtsamad väljaveokaubad olid sool, piiritus, paber ja kilud. Sajandivahetusel lisandusid Lutheri vineerivabriku tooted ning liha ja või.

Kuna Vene kaubalaevastik oli 19. sajandi lõpul veel tagasihoidlik, toimus Tallinna eksportkaubandus valdavalt Skandinaavia, Inglise ja Saksa aurikute kaudu. Nende laadimist korraldasid üha enam kohalikud laevamaaklerid, näiteks Erhard Dehio, kelle põhialaks oli viljavedu. Tema laevaagentuur korraldas 20. sajandi algul laevaprahtimist ka tsemendivedudeks Clayhillsi firma Novorossiiskis asuvatest tsemendivabrikutest Kaug-Itta ja soolavedu Jevpatorijast Tallinna soolakaupmeeste Kochi, Rotermanni ja Kuhlmanni jaoks.

Peale Tallinna oli sadamalinnadena väliskaubanduslik tähtsus Pärnul ja Narval. Pärnu püsis puht ekspordisadama rollis. Tema väljaveo väärtus, peamiselt lina ja linaseemne osas, kasvas 1860.–70-ndail 3 miljonilt 8 miljonile rublale aastas. Seejärel hakkas tunda andma raudteeühenduse puudumine. Kesk- ja Ida-Eesti seostusid nüüd raudtee kaudu tihedamalt Tallinnaga. Pärnu kaubanduslik tagamaa sulas kokku ja tema väljavedu vähenes. 1890. aastail oli selle väärtuseks 4 miljonit rubla. Sajandi lõpul, pärast kitsarööpmelise raudtee ja "Waldhofi" tselluloosivabriku rajamist hakkas Pärnu väliskaubandus taas tõusma.

Narva väliskaubanduse kogukäive oli tänu sealse tööstuse tormilisele arengule kasvanud 1851–61 kolmekordseks ehk 3,3 miljonile rublale. Siia toodi nüüd suurel hulgal toorpuuvilla, masinaid ja kivisütt. Välja veeti lina, puitu ning Viru- ja Ingerimaalt toodud teravilja. Narva muutus valdavalt väljaveosadamast sisseveosadamaks. Kuigi Balti raudtee valmimine tõmbas ära osa Narva väljaveomahust, jätkas sissevedu kasvu, kuna importöörid vältisid kulukat ümberlaadimist Tallinnas ja raudteekulusid. Seetõttu tõusis Narva sadama käive, millest 90% moodustas sissevedu, 1890. aastateks üle 6 miljoni rubla

ja jätkas kasvu ka 20. sajandi algul. Teiste väiksemate linnade (Kuressaare, Haapsalu) ja sadamate-tollipunktide (Kunda, Kärdla, Virtsu) väliskaubanduslik käive oli seevastu üsna juhuslik ja pisike.

Eesti vahendas tähelepanuväärset osa Venemaa väliskaubandusest (vt. tabel). Ehkki Eesti sadamate käive 1900–13 absoluutmahtudes jätkuvalt kasvas, vähenes nende osatähtsus Musta mere, aga ka teiste Läänemere sadamate (eriti Peterburi, Riia ja Vindavi) käibe kiirema kasvu tõttu siiski tunduvalt. Seda põhjustasid ebasoodsad raudteetariifid, mis suunasid väliskaubanduse teistesse, eriti raudteetsi Sise-Vene teraviljarajoonidega otseühenduses olevatesse Läti sadamatesse, mis olid selleks ajaks edukalt rekonstrueeritud ja eeskujuliku laomajandusega varustatud. Esimese maailmasõja puhkedes katkes Eesti sadamate väliskaubandus Saksa mereblokaadi tõttu peaaegu täiesti.

Rahandus

Alates 18. sajandi lõpust oli Eesti- ja Liivimaal peamiseks käibevahendiks Vene raha – rublad ja kopikad. Rubla käibis nii rahatähtede kui müntidena. Müntidest oli põhiline hõberubla, kuid esines ka mitmerublalisi kuldmünte – *tukateid* (tšervoonetsid; kuni 1867), *imperiaale* (alates 1755) ning *poolimperiaale*. Arvestus toimus üldiselt paberrahas *(bankorublad e. assignaadid)*, mille väljalase järjest kasvas, sest kuld- ja hõbemündid kippusid välismaale rändama. Bankorubla väärtus langes pidevalt, makstes 1817. aastal vaid 25 kopikat hõbedas. Paberraha kursi stabiliseerimiseks määras valitsus 1812. aastal, et kõik maksmised peavad toimuma assignaatides päevakursi alusel ning nende vastuvõtmisest ei tohi keelduda. Paberraha väärtussuhe hõberublaga jäi aga fikseerimata. Kursi kohalikud kõikumised jms. arusaamatused jätkusid, need lõpetas alles finantsminister Cancrini reform. 1. juulist 1839 tunnistati Vene raha põhiühikuks senine hõberubla. Edaspidi tuli tehinguid arvestada hõbedas. Üks hõberubla pidi vastama 3,5 rublale assignaatides. Vase hind (vasest vermiti kopikaid) viidi hõbeda omaga vastavusse. Kuldmünt jäi mündisüsteemist väljapoole, selle vastuvõtmine riigikassades pidi toimuma kursi järgi. Hõbeda kindlustusel pandi 1843 käibima uus paberraha, *krediitpiletid*, ja aastaks 1852 olid assignaadid käibelt kõrvaldatud. Nüüd võitis Vene raha Baltimaades lõplikult ja jäi siin ainuvalitsevaks I maailmasõjani. Välismaine raha kadus käibelt. Nagu üleminekul väiksemalt rahaühikult suuremale ikka, põhjustas rahareform kaubahindade tunduvat tõusu.

Krediitpiletid püsisid pariteedis hõbemündiga Krimmi sõjani, mis vaevalt tasakaalu saavutanud rahasüsteemi taas vapustas. 1870. aastaks oli krediitrubla kurss langenud 77 kopikale hõbedas. 1870-ndaist hakkas kullaga võrreldes märgatavalt langema ka hõbedavääring ja 1894. aastal maksti kuldrubla eest tegelikult juba 2,1 hõberubla. Selle üheks tulemuseks oli, et alates 1877. aastast võeti tollide määramisel arvestuse aluseks kuldrubla. Kehtiva vääringu nõrgenemisega kaasnes hindade mõningane tõus. Olukorra stabiliseerimiseks toimus rahandusminister Witte initsiatiivil uus rahareform ja vääringu aluseks määrati uus kuldrubla (1 vana kuldrubla = 1,5 uut rubla) kullasisaldusega 0,7742 gr. Hõberubla alusel kujunenud hinnad tõusid rahareformi mõjul ligi 10%. Ka 20. sajandi algul jätkus pärast Vene-Jaapani sõjast ja 1905. aasta revolutsioonist tingitud kriisivapustust hindade tõus, mis 1913. aastaks ulatus 20–25%-ni. Tervikuna tõusid hinnad ajavahemikul 1850–1913 ligi kaks korda.

Esimese maailmasõja algul loobus tsaarivalitsus rubla kullastandardist, kuid kehtestas sundkursi, millel oli vähe ühist rubla tegeliku väärtusega. Nüüd omandas hindade tõus juba inflatsiooni iseloomu. Kuna sõda neelas tohutul hulgal raha (valitsus korvas kasvanud väljaminekuid katteta paberraha emissiooni kahekordistamisega), paisati vääring, krediidisüsteem ja lõpuks kogu finantssüsteem kaosesse. Kuni tsaari kukutamiseni kõikus rubla

50–60% vahel oma sõjaeelsest kursist. Pärast Veebruarirevolutsiooni rahakursi langus kiirenes. Vene Ajutine Valitsus jätkas tsaarirublade trükkimist, saates omalt poolt ringlusse *duumarublad* ning 20- ja 40-rublased *kerenskid*. 1917. aasta oktoobripöörde ajaks oli järele jäänud 20–25% *kõva tsaarirubla* kunagisest väärtusest. Kõik eelnimetatud rublad jäid liikvele ka pärast oktoobripööret, mis omakorda tõi käibele rohkesti uut libaraha. Kõik see peegeldus ka rubla hinnas. Aprillis 1917 küsiti naelsterlingi eest Peterburis 16 rubla, septembris 32, oktoobri lõpus 38 ja 1918. aasta lõpul 150 rubla.

Järgnes Saksa okupatsioon, mille lõppedes oli Eestis kehtiv raha veel kaks korda odavamaks kulunud. Nimelt lasti okupeeritud alal käibele Saksa riigimargad ning Ida-Laenukassa rublad ja margad. Vene rahas tohtis tasuda vaid vanu võlgu, kusjuures kerenskeid polnud kohustuslik vastu võtta. Sellele vaatamata toimis rubla igapäevases käibes võrdselt margaga. Sõltuvalt tehingu toimumise piirkonnast ja ajast arvestati rubla kursiks 1–1,5 marka. Rahva seas peeti kõige väärtuslikumaks tsaarirublasid.

Riigi raha kõrval käibisid kohalikus maksesüsteemis 19. sajandil *klubid* ehk *koduraha*, millega tasuti kohalike teenuste eest, ja mis tuli tähtajaliselt vahetada riiklike maksevahendite vastu. Rahanappuse korral, eriti väiksemate kupüüride osas, lasksid linnavalitsused välja oma maksumärke. *Markideks* kutsutud maksutähti väljastasid ka kohalikud postijaamad. 1830.–40. aastail hakkasid mitmed ettevõtted töötajaile palka maksma vabrikurahas. Koduraha sundkasutus vabrikupoes võimaldas määrata hindu turukonjunktuurile vaatamata. Hiiu-Kärdla kalevivabriku *klubid* ringlesid kogu Hiiumaal, tõrjudes välja isegi Vene rubla. Koduraha väljaandmine elavnes seoses Krimmi sõja tagajärjel ilmnenud maksevahendite nappusega, mil oma väärtmarke hakkasid trükkima ka linnakaupmehed. 1870 koduraha Vene riigis keelati. Siiski valmistati seda (peamiselt metallžetoonidena) asutustesiseseks kasutamiseks ka edaspidi.

Paberraha 1 rubla

Püsivama tähendusega käibisid kohalikus maksesüsteemis mitmete raha-asutuste väärtpaberid, eriti Liivi- ja Eestimaa mõisnike krediitkassade pantkirjad.

Põllumajandust hakati Baltimaades organiseeritult krediteerima 19. sajandi algul. Suurimad ja edukaimad kohalikku päritolu raha-asutused Eestis olid 1802. aastal asutatud Eesti- ja Liivimaa mõisnike krediitkassad. Nende avalik-õiguslike asutuste liikmelisus oli vabatahtlik. Liikmeks astunud mõisad vastutasid ühiselt pantkirjade eest, mida krediidiasutused rahaturule saatsid, et saada raha üksikute mõisate krediteerimiseks. Krediitkassa laen pidi toetama varasemate laenude kustutamist, mõisate ostu ja neis ettevõtete asutamist. Riik andis krediitkassadele tegevuse alustamiseks soodsalt laenu ja nende liikmeskond kasvas kiiresti. 1842. aastal oli Eestimaa 448 eramõisast krediitkassale panditud 439. Samaks ajaks oli Liivimaal krediidisüsteemiga liitunud üle 2/3 sealsetest eramõisatest. Enne kui teha investeeringuid põllumajandusse, jõudis suurem osa mõisatest krediitkassast antava laenu maksimumi (2/3 mõisa hindeväärtusest) tarbimis- ja pärandusvõlgade katteks ära kasutada. Paljudel neist oli selle kõrval ka eravõlgu. Üldise surutise tõttu langes

paljude mõisate ostuhind madalale, mistõttu krediitkassad ei suutnud kõigi liikmete uusi laenusoove rahuldada. Nii pöörduti taas erakreeditoride poole.

Eravõlad võisid krediitkassa võlgu koguni ületada. Intresside õiendamiseks ja riigimaksude tasumiseks tuli enamikul mõisatest välja maksta 66–75% oma keskmisest brutotulust. Kui viljasaak või -hind kas või ainult 30% võrra langes, ei tulnud paljud neist omadega välja. 1821–30 läks Liivimaal haamri alla 68 mõisat, seejärel olukord mõneti stabiliseerus. 1844. aastaks võlgnesid mõisad krediitkassale Eestimaal 7,8 ja Liivimaal 12,9 miljonit rubla.

Mõisate krediitkassa võlad hakkasid kasvama 1860. aastaist, mil seoses talude müümisega hakati osa mõisate pantkirjavõlast üle kandma ostutaludele, kes muutusid sellega samuti krediitkassa võlglasteks. Liivimaal ületati 20 miljoni rubla piir (sellest oli 318 000 rbl. üle kantud 370 talule) 1867. aastal, 40 miljoni (18 278 talul 26 miljoni) piir 1894. aastal ja 50 miljoni (20 189 talul 32 miljoni) piir 1901. aastal. 1909. aastaks oli Liivimaa Krediidiseltsis panditud Liivimaa Eesti osa 257 mõisal (46 Saare- ja Muhumaal, 145 Tartu- ja Võrumaal ning 66 Pärnu- ja Viljandimaal), mille väärtust oli hinnatud

23,3 miljonile rublale, pantkirjavõlga kokku 8,6 miljonit rubla. Samas panditud 9326 talul hindeväärtusega 25,8 miljonit rubla oli 14,6 miljonit rbl. pantkirjavõlga. Pantkirjavõlalt tuli aastas tasuda 4–5% intressi.

Pärast 1905. aastat hakkasid mõisnike krediitkassadega konkureerima Baltimail tegevust alustanud Vene agraarpangad, mille laenutingimused olid talurahva jaoks soodsamad. Neist Doni Agraarpank oli aktsiaühing, Vene Talurahva Maapank aga allus kroonuasutusena otseselt finantsministrile ja talle oli Balti provintside jaoks kinnitatud erijuhend.

1840 avas Liivimaa krediitkassa oma Riia ja Tartu kontorite juures hoiukassa (deposiitkassa), mis andis välja ka ilma ülesütlemistähtajata protsente kandvaid kuni sajarublaseid kassatähti. Deposiitkassad võtsid vastu ka väikehoiuseid alates 5 rublast. Suurema tähenduse omandasid nad 1850-ndate lõpust. 1880. aastaks ületas Liivimaa krediitkassa hoiukapital 4 miljonit rubla. 1895. aastaks oli hoiukassatähti käibel rohkem kui 750 000 rbl. väärtuses. 1896. aasta krediitkassa reglement piiras taolist pangategevust, et kõrvaldada konkurents riikliku hoiukassasüsteemiga.

Eestimaa Mõisnike Krediitkassa avas samasuguse hoiukassa 1864 Tallinnas ja 1866 selle filiaali Hiiumaal. Ühtlasi avati taludemüügi krediteerimiseks laenukassa, mis andis 4%-listes obligatsioonides laenu mõisast eraldatud kohtade ostuks, tagades müüjatele võimaluse saada obligatsioonide vastu sularaha.

Talurahvast kui võimalikku raha-allikat silmas pidades anti 1850 välja brošüür "Kuis mõistlik mees, ke Jumala abbiga om jõudnu hennele rahhatenga korjata, sedda nidade wõip kaswu päle wäljapanna, et ta hääd renti ehk eentressi saap nink middake se mant ärra ei kao".

Ettevõtlikumad talupojad olid selleks ajaks kogunud kenakese hulga raha, mida püüti hoiustades või välja laenates *teenima panna*. Nii oli ühel Märjamaa kõrtsmikul 1838. a. krediitkassa laenupaberid 500, sama kihelkonna jõukal talupojal 1845. a. koguni 1000

rubla eest. 19. sajandi keskpaiku olevat Eestimaa jõukatel talupoegadel olnud hoiustatud või väljalaenutatuna protsente kandmas paarsada tuhat hõberubla. Teist sama palju lahtist raha arvatakse olevat hoitud kodus *sukasääres*. Selle eest oleks võinud osta pooled Eestimaa kubermangu künnihärjad või mitu keskmist mõisat. Veelgi rohkem raha pidi olema kogunenud Lõuna-Eesti jõukate talupoegade kätte, kellest esimesed maksid taludemüügi alates talu eest korraga kogu summa.

Osalt täitsid linnades 19. sajandi keskpaigani krediidiasutuse funktsioone Ühiskondliku Hoolekande Prikaasid oma toitluskapitaliga. Uusi krediidiasutusi hoiukassade näol asutati kubermangulinnades sajandi algupoolel ja kreisilinnades sajandi keskel. Üürikeseks jäi Eestimaa esimese hoiukassa tegevusaeg, mille asutas (1826) Tallinna magistraat. Liivimaa Eesti osas oli esimene linna raha-asutus Püha Antoniuse gildi laenukassa Tartus (1858), mis andis laenu ka mitteliikmeile. Sellest kasvas 1868 välja Tartu Pank. 1862 asutati laenu-hoiukassa Kreenholmis, 1869 Viljandis, 1870 Põltsamaal, 1871 Tallinnas ja Paides, 1873 Rakveres ja Narvas, 1878 Valgas, 1880 Haapsalus. 1883 asutas oma krediidiühistu Saaremaa rüütelkond, 1893 alustas Tallinna linnakoolide õpetajate hoiu- ja laenukassa. Riigipanga osakondade juures alustas 1870. a. Liivi- ja 1884. a. Eestimaal tegevust Vene Riigi Hoiukassa. 1885–86 käivitati riiklikud hoiukassad kreisirenteide (Riigikassa osakondade) juures. Pärast 1890. aastat hakkasid hoiuseid vastu võtma posti-telegraafikontorid. Riiklikud hoiukassad olid mõeldud vaesema rahva väiksemate säästude jaoks. Sissemaks ulatus 25 kopikast 50 rublani. Kui hoius ei ületanud 1000 rubla, maksti selle eest 4% intressi aastas. Suurema hoiuse eest intressi ei makstud, kuid hoiustaja võis osta 5%-lisi riigiobligatsioone. Riiklike hoiukassade kaudu sai Vene riik enda kätte väga suured summad, mis läksid siinsele majanduskeskkonnale ilmselt kaduma.

Majandusliku tõusu ajal Baltimaade finantstegevus elavnes ja ettevõtjate rahavajadus kasvas. Hakati asutama kaubandustööstuspanku, mille peamiseks tegevusalaks jäi kuni sajandivahetuseni maksuvahendus. Osa neist olid iseseisvad, osa aga suuremate kommertspankade osakonnad. Seni olid pangaoperatsioone teostanud vanad suured kaubamajad, mis tuginesid sidemetele Peterburi, Hamburgi, Berliini ja Londoni pankadega. Pangandusmaastik muutus pärast finantsoperatsioone Venemaaga kergendava Riigipanga Tallinna osakonna avamist (1875) ning erapankade asutamist (1880. aastail). Lühike oli Hiiu-Suuremõisa omaniku krahv Ewald Ungern-Sternbergi Tallinna Kommertspanga (1869) iga, edukam aga oli Georg Scheel & Co asutatud Tallinna pangakontor (1884). Varsti lisandusid sellele Carl Elfenbeini, Joachim Christian Kochi ning Mayer & Co ja Hoeppener & Co kontorid.

Tartu, Pärnu ja Narva saksa kaupmeestel ja ettevõtjatel oli oluline roll ka Peterburi ja Pihkva kubermangu linnade majanduselus. Nii asutas Hans Dietrich Schmidt & Co koos Tartu kaupmeestega 1873. aastal Pihkvas aktsiapanga, edendamaks Pärnu linakaubandust ja finantseerimaks Vene tagamaa linasaaduste väljavedu. Tartlase Alexander Brocki (1835–1917) juhtimisel kujunes sellest suur ja rikas finantsasutus, mis avas 1877. aastal omakorda harukontorid Balti kubermangude suuremates linnades, sh. Tartus ja Pärnus.

Uute aktsiaühingute (A. M. Luther, "Dvigatel", "Volta" jt.) kaasasutajatena said pankadest suurte tööstusettevõtete rajajad, nende tegevuse juhtijad ja kontrollijad. Tööstus- ja pangakapitali liitudes pankade tähtsus suurenes.

1868 alustas Tallinna Kinnisvaraomanike Krediidiselts ja 1884 Tartus Liivimaa Linnade Hüpoteegiselts. 1904 libises viimane saksa majaomanike üllatuseks eestlastest juhtkonna kätte. Raha-asutusteks võib pidada ka kindlustusseltse. Vanim neist oli Tallinna Linna vastastikune tulekindlustusselts (1862). 1867 laienes ülevenemaalise vastastikuse kindlustamise määrus ka Baltimaadele. Seejärel tekkis rohkesti kindlustusseltse. Eestis tegutses ka vene ja välismaiseid seltse.

Magasiaitade süsteemi peafunktsiooniks oli tagada rahva varustamine ikalduste ja nälja korral seemne- ja toiduviljaga. Selle kõrval tegutses magasiait kui harilik pank, andes laenu raha asemel teraviljas, mis tuli tähtajal tagastada ühes kasvikuga. Magasiaitade süsteemi baasil tekkis Saaremaa Talurahvapank Kuressaares, mille aluseks oli kolme Saare- ja Muhumaa maamõõdutööde krediteerimiseks loodud viljamagasini müügist saadud raha. Panka, millel oli nii raha- kui teraviljafond, haldas Saaremaa Rüütelkond. Et rahalaenu nõudlus oli väike ja laenamise kord keeruline, seisnes panga tegevus peamiselt teraviljalaenu andmises. 1849. aasta Liivimaa talurahvaseaduse kohaselt alustas tegevust Liivimaa Talurahvapank, aitamaks kaasa talude müümisele, kuid selle tegevus õiget hoogu ei saanud. Taludemüügi krediteerimise võtsid peatselt enda kanda aadli krediitkassad.

Pärast talurahva vabastamist 1816/19 sai talumajapidamiste laenustamise funktsiooni ka kogukonnakassa, mida haldas kogukonna- ehk vallakohus. Sinna kogunes kapital trahviraadest, viljalaenutamise kasvikutest, valdadele langenud pärandustest jm. Sellest kapitalist anti vallaliikmeile käendajate vastutusel ja laenaja varanduse tagatisel kasviku vastu laenu. Kogukondade kapital kasvas üsna tugevaks – Liivimaal 1885 üle 2,8 miljoni ja Eestimaal 1899 üle 1 miljoni rubla, millest lõviosa oli mahutatud väärtpabereisse. Laenutamine sellest jäi tagasihoidlikuks ja individuaallaenude osa tühiseks. Eriti 19. sajandi teisel poolel aktuaalse maaostu jms. korral valitses terav kapitalipuudus, mis ajendas juba Jannsenit ning Jakobsoni võtma sõna talurahvapankade asutamise teemal.

Esimene väikekrediidi asutus maal oli 1842. aastal Pikaveres asutatud hoiukassa, mille valitsemine usaldati Kose kihelkonnakohtule. 1863 asutati samasugused hoiukassad Sutlemas (Hageri khk.) ja Vihterpalus (Risti khk.). Algselt väikesed hoiused kandsid aastas 3–4% kasvikut. Laenu anti vähe, lühikese tähtaja ning hoiuste omast kõrgema intressiga. 1866. aastal pandi Tallinnas hoiule 2775 rbl.,

Eestimaa Krediidiseltsi hoiukassas 2455, Pikaveres 4181 ja Kreenholmis 11 260.

Väikekrediidiasutuste tegevusele lõi kindlama pinna üleriiklik väikelaenuasutuste seadus (1895). Eesti lühikrediidiühistute võidukäik algas Tartu Eesti Laenu-Hoiuühisuse asutamisest 1902. Peamiselt linnades rajatavad vastastikused krediidiühisused rahuldasid käsitööliste, ärimeeste jt. krediiditarvet. Põllumajanduse huvides tegutsesid laenu-hoiuühisused. 1918. aastal oli Eestis 15 sellist krediidiühisust ja 82 laenu-hoiuühisust, millest 66 asus maal. Enne maailmasõda oli Eesti talundite lühiajaline võlg rahaasutustes 6–7 miljonit rubla, lisaks 2–3 miljoni rubla eest laenusid eraisikutelt. Pikaajaline hüpoteeklaenu koormus (talude ostuvõlad) ulatus üle 55 miljoni rubla.

Väikekrediidiühistute kaudu suundus väike ja seni tegevuseta seisnud kapital eesti ettevõtjate kätte, kes rakendasid seda kauplemiseks, majade ehitamiseks, väikeste ettevõtete ja töökodade asutamiseks ja talumajanduse intensiivistamiseks.

19. sajandi lõpuni püsis rahaasutustes juhtohje omavate mõisnike ja linnakodanike hulgas heatahtlik ja hooldav suhtumine lihtrahva krediidivajadustesse. 20. sajandi alguseni kuulusid krediidiasutused valdavalt sakslastele, ehkki asutajaliikmete hulgas leidus ka eestlasi. Eestlaste oma krediidiasutuste tekkides kasvas konkurents, mis viis peagi ka majanduse vallas suisa vaenu ja võitluseni.

Kui Vene rahasüsteem maailmasõja lõpuks kokku kukkus, arvati talupidajate kaotuseks ühistegelikes rahaasutustes u. 10 miljonit ja riigi renteides 12,4 miljonit rubla. Selle kohta, kui palju läks kaduma muudes pankades, Vene väärtpaberites ja *sukasääres* seisvat raha, puuduvad andmed. Asja teine külg oli, et peaaegu kustus talude Vene ajast pärit võlakoormis.

Kommunikatsioon

19. sajandi algupoolel toimus postiteenistus – posti ja inimeste korraldatud vedu – endiselt postijaamade kaudu, postivankrite ja -tõldade abil. 20–30 km järel paiknevates postijaamades vahetati hobuseid, nende saamise eesõigus oli riigiametnikel ja kulleritel. Suuremates jaamades oli 30–40 ja väiksemates 10–16 postihobust. Postivankrid sõitsid harilikult kahe hobusega. Postivõrku pidas ülal kohalik rüütelkond, kogudes selleks vastavat maksu ning jagades koormisi mõisate ja talude vahel. 19. sajandi jooksul lisandus senistele riiklikele postimaanteedele uusi postiteid, -jaamu ning -kontoreid. Uutest teerajatistest olid märkimisväärsemad Tallinna–Pärnu maanteel ehitatud 6 avaga, 107 meetri pikkune paekivist Konuvere sild üle Vigala jõe (1860–61; arhitekt F. W. Alisch) ning 3,5 versta pikkune ja 3 sülla laiune Muhu- ja Saaremaa vaheline Väikese väina tamm (1894–96; insener V. Nazarov).

Kuni 1830. aastani oli Tallinna ja Tartu vahel ühendus vaid üle Jõhvi (297 versta), mille läbimiseks kulus keskmiselt 2 ööpäeva. Tallinnast Viljandisse pääseti Pärnu–Mõisaküla suunalt. Kui algas posti- ja reisijatevedu Tartu ja Rakvere vahel (1831), lühenes Tallinna tee 56 versta võrra. 1854. aastal avati Tallinna–Paide–Tartu postitee läbi Põltsamaa, mis 1857. aastast suunati läbi Koeru. Tallinna–Tartu tee pikkus oli nüüd 208 versta.

Pärast raudtee valmimist jäid postijaamad käiku vaid piirkondades, kus raudteed polnud. Ka postkontoreid asutati eeskätt raudteejaamadesse, kust lähtusid ka kõrvalistesse paikadesse suunduvad uued postimaanteed. Kohaliku omavalitsuse taotlus postkontori rajamiseks rahuldati, kui ta andis selle jaoks ruumid ja kandis ülapidamiskulud. Tehnika arenedes lisandusid postiametkonna ülesannete hulka telegraaf ja telefon.

Esimene optiline telegraaf ehk semaforiliin ehitati Eestis enne Krimmi sõda Tallinnast Tahkunasse mereväe vaatluspostide teenindamiseks. Hiljem pikendati seda üle Narva Peterburini. See puht sõjaline ettevõtmine postiteenindusse veel ei puutunud – küll aga elektriline telegraaf, mis jõudis Venemaale 1854. Venemaa teine telegraafiliin – Peterburist Narva kaudu Tallinna – läks käiku 1855. Kaks aastat hiljem

Eesti teedevõrk ja postiveo liinid 1863

rajati Pärnu kaudu Tallinna–Riia liin (haruliin Haapsallu 1859). Telegraaf levis kiiresti: 1863 Riia–Valga–Tartu, 1864 Tartu–Jõhvi–Narva, 1867 Pärnu–Viljandi, 1872 Tartu–Võru. Kasutati morseaparaate, Tallinna–Peterburi ja Tallinna–Riia liinil aga kiiremaid Hughes'i tüüpi telegraafiaparaate. Telefon tuli kasutusele mõnikümmend aastat hiljem.

1917. aastal oli Eesti alal 157 postiasutust ja kolm iseseisvat riigi telefonikeskjaama (Tallinnas 1750, Tartus 500 ja Narvas 200 abonendiga) ning Tallinna–Narva ja Narva–Narva-Jõesuu kaugekõneühendused, peale selle Riia telefoniseltsi, eraseltside ja kohalike mõisnike telefoniühendused. Telefoniside edasisele arengule mõjus pidurdavalt maailmasõda. 1915. aastal sulgesid sõjaväevõimud kõik telefonivõrgud. Saksa okupatsiooni ajal (1918) tohtisid telefoni kasutada ainult sõjaväevõimud, politsei ja valitsusasutused.

Postimaanteed ühendasid suuremaid keskusi, kuid neist ei piisanud kohaliku rei-

siliikluse tarbeks. Kõrvalistesse paikadesse pääses küüdimehe abil, mis muutis reisimise aeglaseks ja ebakindlaks.

1820. aastail kasutusele võetud postitõllad *(tilisangid)* hakkasid sõitma kindla sõidugraafiku alusel. Esialgu käis tõld Peterburi ja Tallinna vahet kaks korda nädalas, sõidu eest tuli maksta 18 rubla tõlla sees ja 13 rubla katusel reisides. Kui varem postihobuseid vahetades Tallinnast Peterburi vähem kui kolme päevaga ei jõudnud, siis *tilisangil* kulus selleks 35 tundi. 1860. aastail avati mitmeid regulaarseid hobuomnibussiliine (1866 Tartu–Pihkva, 1881 Viljandi–Tartu ja 1883 Valga–Võnnu). 19. sajandi lõpuks katsid ametliku postiteenistusega edukalt võistlevad hobuomnibussiliinid kogu maad. Neid tekkis ka linnades, eeskätt ühenduse pidamiseks linnalähedaste suvituskohtadega. Enne I maailmasõda hakati mitmes linnas katsetama juba autobussiliine. Autobussideks nimetati autosid, mis võisid peale võtta kaheksa või rohkem inimest. Esimene

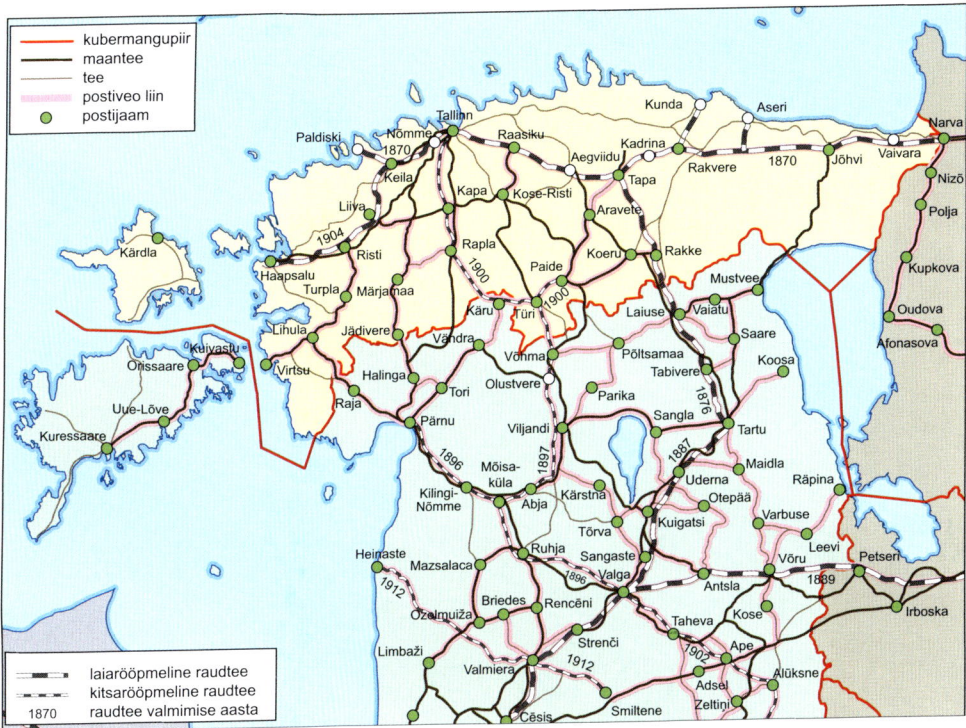

Eesti teedevõrk ja postiveo liinid 1915

n.-ö. päris auto jõudis Eestisse 1902, ja viie aasta pärast olid autod tänavaliikluses üsna tavapärased. Nii leidus Tallinnas sügisel 1913 rohkem kui sada sõiduautot, paarkümmend mootorratast, 1800 jalgratast, 1300 erahobust ja üle 2500 voorimehehobuse. Kui algas maailmasõda, kuulusid sõidukid, mis polnud seotud sõjaväeorganite teenindamisega, rekvireerimisele.

Trammiliiklus algas Tallinnas augustis 1888 kolme raehärra (parunid Girard, Rosen ja Fersen) algatusel, esmalt hoburaudtee (ehk *konka*) kujul ja kahe, Tartu ja Narva maantee liiniga. Üheainsa rööpapaariga trammiteel olid möödasõidukohad iga viieminutise sõidumaa järel. Liiklus toimus kell 7–23 (talvel 8–21), sõidusagedus oli suvel 5 ja talvel 10 minutit ning ühtne sõiduhind 5 kopikat. Sajandivahetusest hakkas *konkat* haldama spetsiaalne hoburaudtee selts, lisandusid Pärnu ja Paldiski maantee liinid ning olemasolevaid pikendati. Esimestel sõja-aastatel sai Tallinn mehhaa-

nilise ajamiga tänavaraudtee, mille rajamisel osalesid sellest otseselt huvitatud Kopli suured laevatehased. Kopli liin avati Peterburist toodud vanade aurutrammide baasil 22. septembril 1915. Järgmisel aastal vedas Kopli tramm 1,2 miljonit sõitjat.

Raudtee-ehitus jõudis Eestisse 1860. aastate lõpul ning kestis 20. sajandi alguseni. Eesti majanduse arengus oli määrava tähtsusega sadamalinnu Tallinna ja Paldiskit üle Narva Peterburi ning Sise-Venemaaga ühendav Balti raudtee (avati 1870). Selle rajamise taga olid Vene sõjaministeeriumi strateegilised kaalutlused ning kohalike mõisnike ja töösturite majanduslik huvi. Raudtee ehitamiseks loodi konsortsium eesotsas vabrikandi ja kaupmehe Alexander Eggersi, Clayhillsi kaubamaja juhataja parun Etienne Girardi ja maanõunik parun Alexander von der Pahleniga (kellest sai Balti raudtee esimene direktor).

Juba 1845 oli rühm Peterburi äri- ja finantstegelasi teinud ettepaneku rajada raudtee

Hobutramm (konka) Tallinnas

Peterburist Narva ning seejärel Tallinna kaudu Paldiskisse. 1862. aastal märgiti raudtee looduses maha. Ehitustöid alustati kevadel 1869 ja neist võttis osa ligi 10 000 töölist, põhiosas artellidena töötavad vene talupojad. Talveks tööd katkestati. Raudtee sai sõiduvalmis augustikuuks 1870. Selle ametlik avamine toimus pidulikult 24. oktoobril. Paldiski–Tallinna–Gatšina liini pikkuseks kujunes 390 versta (416 km) ja sellel asus 21 jaama. Veeremi remontimiseks alustas sama aasta lõpul tööd Tallinna Raudteede Peatehas, millele varsti lisandusid abitehased Narvas ja Gatšinas. Sajandivahetusel rajati Tallinna ka vagunitehas "Dvigatel".

Järgmisena rajas Balti Raudtee Selts Tartu–Tapa harutee, mis avati 1876. aasta lõpus. 1886 alustati Liivimaa raudtee ehitamist. 1887 käivitunud Tartu–Valga–Riia ja 1889 lisandunud Valga–Võru–Pihkva liiniga lülitus Ida-Eesti ülevenemaalisse raudteevõrku. Liivimaa raudtee peajaamaks oli Riia, Pihkva ja Valga olid II klassi jaamad. Suurimaks raudteesõlmeks kujunes töökodade ja vedurite põhidepooga Valga, Riias ja Pihkvas olid vedurite pöördedepood. 1904. aasta detsembris ühendati Tallinnaga Haapsalu. Balti ja Liivimaa raudteed riigistati Balti raudteede nime all 1. aprillist 1893.

Kohaliku tähtsusega kitsarööpmeliste raudteede (mis ühendati laiarööpmeliste magistraalteedega) ehitamise algatas Peterburis loodud 1. Juurdeveo Raudtee Selts. Eesti ala

esimene kitsarööpmeline raudtee, Pärnu–Mõisaküla–Valga, ja selle Mõisaküla–Viljandi haru ehitati ettevõtja kulul ilma riigi abita 1895–96. Aastail 1898–1900 ehitati kitsarööpmeline raudtee Viljandist Tallinna, haruteega Türilt Paidesse. Asutati Pärnu–Tallinna Raudteede Valitsus asukohaga Pärnus. Kitsarööpmelise raudtee suurimaks sõlmjaamaks kujunes Mõisaküla. 1898 alustas Saksa kapitali toel tegevust Liivimaa Juurdeveo Selts, mis asus järgmisel suvel ehitama Valga – Alūksne (Marienburgi) – Stukmane (Stockmannshofi) raudteed, mis liideti Valga–Pärnu raudteega ja sai lõplikult valmis 1903.

Lõuna- ja Kesk-Eestit Tallinnaga ühendava kitsarööpmelise juurdeveoraudteede võrgu kujunemisega jagunes Eesti majanduslikult kahe suure kaubandus- ja tööstuskeskuse – Peterburi ja Riia mõjusfääride vahel. Eesti koos Lätiga olid Vene riigis üheks kõige tihedama raudteevõrguga alaks. 1914. aastaks oli Eestis 655 km laiarööpmelist ja 400 km kitsarööpmelist raudteed.

Laevandus hakkas Eestis kaupmeeste ja mõisnike toel arenema 18. sajandi lõpust. 1819. aastal kuulus Tallinna kaupmeestele 19 laeva, Haapsalus oli registreeritud 5 eraisikute laeva, Hiiu Suuremõisa, Vormsi ja Virtsu mõisnikel oli laevu 13. Ühe ja kahe mastiga 5–50-lastilisi* kalapaate ja laevu ehitasid mõisnikud mitmel rannikualal. Lisaks kalapüügile kasutati neid kaupade veoks rannikuvetes, saarte ja mandri vahel ühenduse pidamiseks ja kaugemateks sõitudeks. Kõige rohkem laevu ehitasid Hiiumaa Ungern-Sternbergid, kellele kuulusid Suuremõisa koos Suursadama laevatehasega ja Kõrgessaare mõis. Laevehitust stimuleeris Kärdla kalevivabriku vajadus kaugemate ühendustele järele. 1848 ehitati Robert Eginald von Ungern-Sternbergi (1813–98) laevaehitusettevõttes Hiiumaa Suursadamas 212-lastilise mahutavusega 3-mastiline parklaev "Hioma", mis purjetas taanlasest kapteni ja tüürimehe ning 15 kohalikust randlasest

---

* Laeva kinniste ruumide kogumahtu hinnati lastides ehk brutotonnides; 1 last = 2 brt.

madrusega 1854 esimese Eesti laevana üle ekvaatori ümber Hoorni neeme Vaiksesse ookeani – käidi Peruus, kust tuldi väetiselastiga edukalt tagasi. Laev hukkus detsembritormis 1857 koduranna lähistel. 1870 ostsid Ungern-Sternbergid Hiiumaale esimese sõukruviga auriku "Progress".

Märkimisväärseks veesõidukite ehitamise piirkonnaks kujunes 19. sajandi algupoolel ka Alutaguse ala Narva jõe läänekaldal, kus kohalikud vene talupojad ehitasid kaubaveo tarbeks lotje, *loteikasid* ja *povoskasid*.

Eesti linnades laevu ei ehitatud, sealsed laevad olid ostetud mujalt. Eestimaa sadamalinnadest oli 19. sajandi keskpaiku kaubalaevastik ainult Tallinnal. 1844 oli seal 14 laeva kokku 777 lastiga, mis kuulusid neljale kaubamajale, suurim neist Carl Fr. Gahlnbäckil.

Moderniseerimisprotsessi käigus laevaehitus elavnes, võeti kasutusele üha suuremaid purje- ning aurulaevu, sõidupiirkond laienes ja merenduses osalevad ühiskonnakihid mitmekesistusid. Kiiremini hakkas laevaehitus ja meresõit arenema 19. sajandi viimasel veerandil. Suurt osa selles tõusus mängisid eesti laevnikud. 1900. aastal oli Eesti sadamaisse sisse kirjutatud 335 laeva (40 185 brt).

Suuremad laevad sõitsid Lääne- ja Põhjamerel, Atlandil ja Vahemerel, väiksemad liikusid Riia, Tallinna, Soome ja Peterburi vahel. Juba 19. sajandi esimesel poolel leidus Eesti rannatalupoegade hulgas ettevõtlikke kippereid, kes seilasid peamiselt kaldamärkide järgi orienteerudes *(metskaptenid)* kodusel Liivi ja Soome lahel. Hiljem hakati võtma ette riskantsemaid merereise Rootsi ja Saksamaale, kuhu veeti kala, vilja, jahu ja sisemaa talunikelt silkude eest ostetud loomanahku. Rootsist toodi rauakaupa, Gotlandi käiasid, tarbe- ja riietusesemeid, Saksamaalt soola ja odavat alkoholi. Randlaste meresõitu soodustas Krimmi sõja aegne Läänemere blokaad 1854–55, mis sünnitas salakaubanduse soolaveo näol. Õnnestumise korral oli teenistus nii suur, et korvas ka vahelejäämisest tingitud kahjud. Samuti võimaldas see osta riigilt ja mõisnikelt suuri metsalanke,

Roomassaare sadam (1909)

kust saadi nii laevaehitus- kui müügipuud. Uue soodsa teenimisvõimalusena lisandus kipsivedu Riiast Peterburi.

Eesti purjelaevanduse esirinnas olid Pärnu lahe äärsed (Häädemeeste, Kabli ja Heinaste (Ainaži)) laevaomanikud ja laevamehed. Jõukuse kasvades kerkisid randades esile laevaomanikud-ettevõtjad, kes elasid sellest, mis nende laevad sisse tõid. Nii rajas Häädemeeste laevnike mõjuka dünastia Gustav Martinson (1836–87), kelle perekondlik laevakompanii ehitas 1871–1900 üle 20 kaugsõidupurjeka. Martinsonide purjelaevastik – Eesti arvukaim ja esinduslikem – hukkus valdavalt I maailmasõjas.

Ettevõtlike laevaehitajate ja suuromanikena paistsid silma veel Grantid, Kleinid, Marksonid, Weided jt. Enamasti valdas purjekaid mitu omanikku, kelle osa laevast sõltus sellest, mitu kaarevahet ta jõudis kinni maksta. Mõni mees oli osanikuks mitmes laevas korraga, et kindlustada ennast võimalike merekahjude vastu. Eriti rohkesti oli kompanjonide laevu Saare- ja Hiiumaal ning Vormsis ja Kihnus. Kujunes ka mitu laevameistrite suguvõsa, nagu Sepad ja Hohenseed Saaremaalt Lümandast. Laevu käidi ehitamas ka väljaspool, eriti Lätis ja Soomes.

Saaremaa kuulsaimaks laevandustegelaseks kujunes Kihelkonnalt pärit Jaen Teär (1854–1925). Kaugsõidu madrusena alustanud, seejärel Vilsandi päästejaama ülemaks saanud Teärest sai pärast abiellumist rikka laevaomaniku lesega suurimaid reedereid. Tema laevaehitusplatsil Kihelkonna lahes ehitati

14 suurt purjekat, millele lisaks ta ostis välismaalt 6 parklaeva. Eduka merendustegevuse eest anti vaid kodus õpetust saanud mehele 1905 koguni kapteni kutse. Teär oli üks heldemaid Kuressaare merekooli toetajaid.

Hiiumaa laevnikest üks kuulsamaid oli Kõrgessaarest pärit laevakapten ja reeder Gustav Teng (1866–1930), kes rajas küttepuude veost ja kaubandusest saadud rahaga 1896 Kõpu poolsaare põhjarannikul oma laevaehitusettevõtte, kus ehitati kümmekond purjekat, millega ta alustas 1909. aastal tursavedu Muurmani rannikult Peterburi. Käsmus oli peaettevõtjaks Joosep Kristenbrun (1839–1917), kes tõi 1864 Soomest esimese laeva, jäädes ise selle kipriks.

Tallinnas alustas kooliõpetaja Gustav Esloni eestvedamisel 1879 rahvusliku ühisettevõtmisena kaubalaevaselts "Linda", mis soetas endale 2 suurt purjelaeva, kuid läks 1893 asjatundmatuse, kuritarvituste ja tülide tõttu pankrotti.

1916. aastal oli Tsaari-Venemaa laevade registris 2524 purjekat, neist 670 Läänemerel. Viimastest oli Eesti randades ehitatud 328. Eesti laevnikele kuulus 379 purjekat.

Seoses aurulaevade arvu suurenemisega hakkas purjelaevade arv vähenema. Koos aurulaevade kasutuselevõtuga seati sisse regulaarsed laevaliinid. Sisevete aurulaevanduse edendamise eestvedajad olid Tartu ettevõtjad. 1840 sai raehärra Friedrich Wilhelm Wegener (1790–1846) seitsmeks aastaks privileegi aurulaevanduse korraldamiseks lähikonna jõgedel ja järvedel. Peeglivabrikant Amelungi toel lasi ta ehitada aurulaeva "Juliane Clementine", mis pidas ühendust Tartu–Pihkva–Vasknarva liinil. Laev uppus septembris 1852 Vasknarva lähedal, regulaarne laevaliiklus Tartu–Pihkva liinil taastus kümne aasta pärast, mil Narva Genti kaubamaja lasi vette aurulaeva "Narova".

Pärnu firma Hans Dietrich Schmidt & Co pani Emajõe–Peipsi–Velikaja veeteel 1869. aastast käima suure kauba- ja reisiauriku "Derpt" koos väiksema puksiiraurikuga "Peipus". 19. sajandi lõpul sõitis Eestis siseveeko-gudel juba 14 väiksemat aurikut. 1903 asutati Tartus Liivimaa Aurulaevanduse Selts, mis kuulus Brockide suguvõsale ning oli tegev inimeste ja kauba veoga Peipsi vesikonnas.

Eesti meresadamate esimesed aurikud (rahvasuus *meremasinad*) ei kuulunud Eesti laevaühinguile ega omanikele. Algul olid neil ka suured mastid purjede jaoks. 1837. aastal alustasid Turu laevaseltsi kaks ratasaurikut sõitu Turu–Helsingi–Peterburi–Tallinna–Stockholmi liinil. 1840 veeti üle Soome lahe 5139 reisijat, ülesõit kestis kuni 6 tundi. 1841 avati Peterburi–Riia laevaliin, mille laevad peatusid ka Tallinnas ja Haapsalus. Peagi lisandusid Peterburi–Tallinna–Helsingi ja teised laevaliinid.

Laevaliine asutasid ja arendasid ka kohalikud kaubafirmad (näit. Clayhills, Hans Dietrich Schmidt & Co) ja laevaseltsid (nagu "Osilia", Balti Päästeselts, Tallinna Laevaühisus). Schmidtide firma muretses esimesed aurupuksiirid Pärnu jõele ja ostis 1881 auriku, mis alustas reisijatevedu Pärnu–Riia liinil. Laevanduse aktsiaselts "Osilia" asutati 1873 reisijate-, posti- ja kaubaveoks Kuressaare–Riia–Kuressaare–Haapsalu–Paldiski liinil jt. Läänemere sadamate vahel. Tema laev "Konstantin" oli esimesi reisi- ja kaubaveoaurikuid Saaremaa ja mandri vahel, "Osilia" aga oma aja moodsaim reisilaev Läänemerel.

1873 oli Eesti sadamais 3 suuremat aurikut – Tallinnas "Marie" (296 brt), Pärnus "Pernau-Riga" (120 brt) ja "Fellin" (140 brt). Sajandivahetuseks suurenes nende arv 22-ni (Tallinnas 12, Pärnus 6, Narvas 2 ja Kuressaares 1), lisaks oli Ungern-Sternbergide "Progress" sisse kirjutatud Riiga. Kuigi I maailmasõjas hukkusid ligi pooled aurikuist, oli Eesti laevaomanikele kuuluvate aurulaevade arv 1916. aastaks kasvanud 47-ni (kokku üle 25 000 brt). 20. sajandi algul võeti laevade jõuseadmetena kasutusele juba diiselmootorid.

Suurim kaugesõiduaurikute tonnaaž oli enne maailmasõda Pärnu metsakaupmees Johan Lindel (1876–1915), kes ostis aastail 1907–14 koos briti ärimeestega parklaeva "Sorkholm", puksiiri "Triks" ning aurikud

"Lennok", "Lembit", "Linell" ja "Ellind" (1914). Linde tegeles propside ekspordiga ning omas harukontorit koguni Arhangelskis. 1911 asutati kaugsõidukapten Johan Pitka eestvedamisel Tallinna Laevaühisus, mis seadis ülesandeks ülemineku purjekailt aurikuile, rannaliikluse enda kätte võtmise ja kaugsõidu laiendamise. Soome lahel hakkas sõitma ühisuse aurik "Virumaa", saarte liinil "Läänemaa", kaugsõiduks soetati aurik "Kodumaa". Ülal peeti ka liiklemist Tallinna ja Pirita vahel. Kuni sõjani tegutses ühisus kasumiga. Sõja algul "Kodumaa" rekvireeriti ja ülejäänud laevad müüdi Soome. Saadud rahast tasuti osanikele esimese sõja-aasta kahjud ja muretseti kinnisvara. 1917. aastal, kui Vene-Balti Pää!steselts oma varandusi likvideeris, osteti Tallinna Krediitpanga abil selle aktsiad.

20. sajandi algul hakkasid Läänemerel Vene ja välismaa sadamate vahel kaupa ja reisijaid vedama 1899 Peterburis tegevust alustanud Vene Ida-Aasia Laevaühingu laevad, millel sõitis rohkesti eesti meremehi. Neil õppis palju purjelaevnikke ümber aurulaeva juhtideks. Firma väiksemate laevadega peeti ühendust Peterburi, Lääne-Eesti saarte, Riia ja Liibavi vahel.

Laevandusbuumile tegi lõpu maailmasõda – laevad, mis jäid Eesti vetesse, kas rekvireeriti, määndusid sadamates seistes või uputati, et takistada Saksa laevade sissesõitu. Sõja algul võõrastesse vetesse jäänud laevad teenisid hästi, kuid enamik neistki uppus või uputati. Venemaale jäänud laevu ei saadud enam tagasi ka pärast sõda ja revolutsiooni. 1920. aastaks oli Eesti kaubalaevastik palju väiksema tonnaažiga kui enne maailmasõda.

Kuni oma merekoolide asutamiseni oli lähim võimalus laevajuhiks õppida Peterburi Kaubalaevastiku koolis ja Riia Börsikomitee merekoolis. Esimene merekool Liivi lahe randlaste jaoks – Heinaste – avati 1864 Läti rahvusliku liikumise tegelase Krišjānis Valdemārsi ergutusel erakoolina. 1868. aastast, mil õpetajaks sai Tallinnast pärit rootslasest laevakapten Christian Dahl, sai kool riikliku toetuse. Dahli juhatusel muu-

tus Heinaste Venemaa merekoolide hulgas kõige edukamaks. Tema õpilastest sai u. 380 kaugsõidukapteniks. 1873 avati Narva, 1876 Paldiski, 1884 Käsmu ja 1891 Kuressaare merekool.

Käsikäes laevanduse arenguga rajati Eestis mitmeid uusi väikesadamaid ja laiendati vanade läbilaskevõimet. 19. sajandi alguskümnendeil võeti Tallinna sadamas ette suured süvendus- ja ümberehitustööd. 1827. aastal koosnes see uuest ja vanast sõjasadamast ning kaubasadamast kaide kogupikkusega 1 km. Edaspidi rajati mitu muuli ja kaitsetammi, massiivne tollikai ja selle juures reisilaevade sild, tolliameti hooned, elevaator ja viljalaod. 1901 seati sadamas sisse elektrivalgustus, süvendati ja laiendati basseine. 19. sajandi lõpul pakkus kolme kaiga Tallinna sadam kaiplatsi 18–20-le 1000–2000-tonnise veeväljasurvega aurikule. Sadamas oli üks ujuvkraana raskemate lastide tõstmiseks. Kuna statsionaarsed kaikraanad veel puudusid, pidid aurikud kauba laadimisel kasutama omaenda tõsteseadmeid. Külmadel talvekuudel võimaldasid Tallinnal kui Peterburi ja Kroonlinna talvesadamal laevu vastu võtta jäälõhkujad. Eeskätt sõjalaevade jaoks mõeldud jäälõhkuja "Jermak" kõrvale soetas Tallinna Börsikomitee 1895. aastal oma jäälõhkuja "Stadt Reval". Peeter Suure merekindluse rajamisega alustati läänemuuli ümberehitust ja Uus- ehk Miinisadama ehitust, ehitati laevatehased (Vene-Balti ja Bekkeri) ja Kopli lahe äärsed sadamad, 1916 ka sõjalennusadam ja 3 hüdroplaanide angaari. 1917. aastaks sai Vanasadam praeguse kuju. Selle pindala oli 30 ha, see hõlmas 4 basseini, basseinide-eelse ala ja eelsadama. Kaide üldpikkus oli 4600 m. Sadamas paiknesid rööbastel liikuvad kuni 3-tonnise tõstejõuga elektrikraanad.

LINNASTUMINE JA LINNARAHVASTIK

Linnade kasv

19. sajandi riigi ja ühiskonna ilmet muutis märgatavalt rahva üha suurem linnadesse ja linnataolistesse asumitesse koondumine ehk urbaniseerumine koos tootmise tehnoloogilise uuenemise ehk industrialiseerimisega.

Tolle sajandi algul oli tänase Eesti alal 12 linna, kus 1819.–25. aasta andmeil elas 35 400 inimest; neist kümme olid maakonnalinnad. Linlaste hulka pole arvestatud linnapiirest väljapoole jäänud patrimoniaalpiirkonna talupoegi ega ka linna hingekirjas olevaid, kuid maal elavaid linnakodanikke. Liivimaa kubermangu alal kuulusid Tartu oma 8499, Pärnu 4087, Kuressaare 1945, Viljandi 951 ja Võru 797 elanikuga Baltimaade suuremate maakonnalinnade hulka, seevastu Valga (451) oli üks väikseimaid. Liivimaa kubermangulinnas Riias oli elanikke 41 781.

Eestimaa kubermangulinnas Tallinnas oli sellal 12 872, maakonnalinnades Paides 857, Haapsalus 647 ja Rakveres 574 elanikku. Maakonnata linnadest elas Paldiskis ainult 184 inimest, umbes 3500 elanikuga Narva

aga oli 1802. aastal liidetud hoopis Peterburi kubermanguga. Tema kiiresti kasvavad eeslinnad (Joaoru ja Kreenholmi vabrikuasula) jäid Eestimaale.

Linnastumise eelpostidena võib vaadelda aleveid (nagu juba keskajast pärinevad Lihula ja Põltsamaa) ja suuri külasid (Mustvee), mille elanike põhitegevuseks oli käsitöö ja kaubandus.

Üldisele rahvaarvu suurenemisele vaatamata kasvasid Eesti linnad kuni 1860. aastateni suhteliselt aeglaselt. Kui 18. sajandi lõpul oli Eesti ala linnastumise poolest Venemaast tervikuna mõnevõrra ees, siis 19. sajandi keskel meie linnade areng takerdus ja väiksemates linnades toimus ajutiselt isegi rahvastiku vähenemine.

Uus elavnemine algas sajandi teisest poolest. 1863. aastaks oli linnarahva arv tõusnud 64 000-ni ehk ligi 9%-le Eesti rahvastikust (1782. a. oli see olnud 23 000 ehk 5%). Suurematest linnadest oli nüüd Tallinnas üle 20 000, Tartus ligi 14 000 elanikku, Narvas ja Pärnus

Tallinna elanike arvu muutumine aastail 1910–18

Aasta (1. jaan–31. dets)	Kasv (+) või kahanemine (–)	Muutuse peamised põhjused
1910	+4 681	Üldine majanduslik tõus
1911	+8 233	
1912	+11 680	Uute laevatehaste ehitamine ja käikulaskmine
1913	+14 993	
1914	+2 725	I maailmasõja algus, mobilisatsioon
1915	+15 221	Sõjapõgenike vool naaberaladelt, laeva- ja sõjatehaste
1916	+10 122	tööliste arvu suurenemine
1917–1918	–56 193	Vene tööliste ja ametnike evakueerimine, Saksa okupatsioon

veidi alla 10 000. Teistes linnades kõikus rahvaarv veel pikka aega kahe-kolme tuhande ümber, Paldiskis ületas alles enne maailmasõda tuhande piiri.

Alates 1860. aastaist hakkas talurahvas äsja saadud avarama liikumisvabaduse ja külas toimuva ühiskondlik-majandusliku murrangu tagajärjel suuremal määral maalt lahkuma. Samas suunas mõjusid elamistingimuste ning ühendusolude paranemine, esimene seoses kaubanduse ja tööstuse kiireneva arenguga ja teine tänu raudteede ehitamisele. Teisiti öeldes oli linnastumise oluliseks tõmbejõuks üldine majanduslik, halduslik ja kultuuriline moderniseerimine, tõukejõuks aga maal valitsev ülerahvastus ja vaesus.

Ebasanitaarsete elutingimuste tõttu oli linnarahvastiku loomulik iive tavaliselt negatiivne ja linnad kasvasid peamiselt sisserände arvel. Põhiosa juurdekasvust andsid maa alamkihtidest pärit 20–39-aastased täies tööjõus mehed ja naised, kes otsisid tasuvamat tööd, suuremat isiklikku vabadust ja võimalusi sotsiaalseks tõusuks. Enamasti jäädigi saabumiskohta pidama või rännati edasi teise, suuremasse linna. Nagu kaasaegsed on kirjeldanud, olid peamised linnaminejad noored – poisid läksid õpipoisteks, tüdrukud majateenijateks. Mingi ameti selgekssaamise järel rajati perekond. Nõukamad mehed ehitasid maja, veelgi osavamad rajasid sellesse töökoja või äri. Muist talupoegi sattus linna oma sakste teenistuses olles. Mõnel maamehel õnnestus osta hobune ja troska või voorivanker ja alustada vooriäri, või enda ehitatud majja üürilised võtta. Järgmistel külast linna tulijatel oli korteri ja töökoha otsimine lihtsam, kui sugulased või omakandi inimesed seal juba ees olid. Nii sai linn üha suuremal määral rahva majanduslikku, poliitilist ja kultuurilist ilmet kujundavaks keskkonnaks. Lisaks maise rikastumise ja vaimse edenemise võimalustele kätkes see talurahva järglastele ka ohte ja langusevõimalusi, mida tugeva sotsiaalse kontrolliga külaühiskond ei osanud veel ettegi kujutada. Enamiku maalttulnute sotsiaalne areng jätkus siiski

Agulikorter Tartus Meloni tänavas (1914)

rahumeelselt: linnaminekusse suhtuti nagu mõisateole minekusse. Uutele ideedele ja väärtushinnangutele vaatamata jäid alles ka senised, mis aitasid endale kindlaks jääda ja muutunud olukorras toimida. Sotsiaalset muutust tasakaalustasid perekond, sugulased ja kodukandi rahvas.

Baltimaadel kui Tsaari-Venemaa kaublik-tööstuslikult enam arenenud piirkonnas kasvas linnarahvastik 19. sajandi viimasel kolmandikul jõudsamini kui mujal Vene riigis. Aastail 1863–97 kolmekordistus Eestis linnaelanike arv, nende osatähtsus tõusis 9%-lt 19%-le. Lätis elas 1897. aastal linnades tervelt miljon inimest (u. 40%), neist pooled Riias. Vene riigi Euroopa-osas elas linnas u. 13% rahvastikust.

Eestlaste urbaniseerumist vaadeldes peame arvesse võtma ka neid, kes siirdusid linnadesse Eestist väljaspool. Lõunaeestlaste jaoks oli juba ammustest aegadest oluliseks tõmbekeskuseks *Liivimaa pealinn*, rikas kauba- ja tööstuslinn Riia, kus mõnigi neist tööd ja teenistust leidis. Paljude Lõuna-Eesti või Saaremaa haritlaste elu-olu ja haridustee seostus just Riiaga. Saarlased suhtlesid kuni maailmasõjani rohkem Riia kui Tallinnaga. Muhulased nimetasid Riiat oma *vanaks eaks rahalinnaks* või *leivalinnaks*. 1867. aastal on Riias loendatud 872 eestlast (0,8% elanikkonnast), 1881. aastal 1565 (0,9%), 1897. aastal

Jõe tänav Tartus

arvatakse neid olevat olnud 3500 ja maail-masõja eel juba 10 000 – 12 000 ringis.

Tugevaimat tõmmet omas eestlastele Peterburi. Sinna siirdujate peamise lähteala Eestis moodustas Paldiski–Võru diagonaalist põhja poole jääv osa. Suur osa Peterburirändest oli linnalist laadi – siirduti linnast linna. 1834. aastal oli eestlasi Peterburis revisjoni andmeil 5214, 1850. aastal 5703. 1860., eriti aga 1890. aastaist hakkas nende arv kiiresti kasvama. Suurlinna võõrkeelses keskkonnas assimileeruti keeleliselt üsna ruttu. 1890. aastal oli Peterburis vähemalt 10 000 eestlast (neist märkis eesti keele oma emakeeleks 7400), 1900. aastal 18 000 (15 400) ja 1910. aastal 23 400 (20 100), nende osakaal linna elanikkonnas oli vastavalt 1,0%, 1,3% ja 1,2%. 1917. aastaks oli eestlaste arv Petrogradis tolleaegsete arvestuste kohaselt kasvanud 50 000-ni. Ajakirjanik Helmi Jansen kirjeldab 20. sajandi alguse Peterburi oma mälestustes jägmiselt: *see oli Vene keisririigi teine, noorem pealinn, toreduselt aga esimene. Küllalt kõike, mis oli suuteline provintsi uustulnukat jalust rabama. Prospektid lõpmatute tulederidadega, rohked paleed majesteetliku Neeva graniitsetel kallastel, otse voolujooneline liiklemine, säravad vaateaknad kujuteldamatute kaubarikkustega, [---] kõigega, mida inimene oskas või isegi ei osanud ihaldada. Võimalustega, mida ainult aimasid ja mis erutasid. Esimese tutvumise mulje sellega oli võrreldav maadeavastaja ärevusega, sest iga samm tõotas ootamatusi [---] See muinasjutu ime oli ainult ühe öösõidu kaugusel Tallinnast, enne aururonge juba kättesaadav. Ja sellepärast polnud ime, kui Peeterburit naljaks nimetati kõige suuremaks eesti linnaks, sest siin elas tõepoolest eestlasi rohkem koos kui enne [20.] sajandi algult näiteks Tallinnas.*

Peterburi rändasid peamiselt noored, elujõulised ja tööealised inimesed, mehi-naisi enam-vähem ühepalju. 1897. aasta rahvaloenduse andmeil oli Peterburi eestlastest üle poole hõivatud tööstuse ja käsitöö alal, veerandi moodustas teenijarahvas, 3–4% oli rantjeesid ja kinnisvaraomanikke, sõjaväelasi, kultuuri- (Peterburi kui eesti haritlaskonna sepikoda!) ja ärivallas tegutsejaid, u. 1% eestlastest istus aga kroonu türmis.

Eestlasi elas ka teistes Venemaa linnades (Moskva, Kroonlinn, Pihkva jm.).

Eesti majandusliku arengu iseärasusi kajastavad erinevused kolme suurema linna – Tallinna, Tartu ja Narva kasvurütmis. Läbi pea kogu 19. sajandi kasvasid nad üsna ühtemoodi – Tartu tänu ülikoolile suhteliselt kiiremini 19. sajandi algupoolel, Narva seoses tekstiilitööstusega eriti sajandi teisel poolel, ning Tallinn tänu kubermangulinna staatusele, sadamale ja raudteele. 19. sajandi lõpul oli Tallinnas veel alla 60 000 elaniku, Tartus üle 40 000 ja Narvas koos eeslinnadega (sh. 1782–1942 tema koosseisu kuulunud Jaanilinna, nüüdse Ivangorodiga) ligi 30 000. Seevastu 20. sajandi algul tunduvad teised linnad Vene sõjatööstusliku kompleksi mõjul tormiliselt paisuva Tallinna kõrval lausa paigal tammuvat. Pooleteise aastakümnega Tallinna rahva-arv kahekordistub. Tartu kasvab samal ajal vaid 4000 elaniku võrra, Narvas aga näib elanikke koguni vähemaks jäävat – 1913. aastal elas Narvas 21 000 inimest, see-eest aga tema Eestimaa kubermangu kuulunud eeslinnades ja vabrikuasulates (Joaoru, Kreenholmi, Kadastiku, Paemurru ja Vepsküla) juba u. 18 000.

1913. aastal elas 12 Eesti linnas üle 250 tuhande inimese, kellest ligi poole moodustasid tallinlased. I maailmasõja ajal kasvas linlaste arv veelgi (vt. tabel). Seega toimus 19.–20.

Suur tänav Narvas

sajandi vahetuse paiku kiire linnastumise kõrval tugev tallinnastumine, mis mängis olulist rolli järgnevate ühiskondlik-poliitiliste sündmuste ajal.

Suuremates linnades kujundas linnarahvastiku ilmet ka seal paiknev sõjavägi. Tallinnas oli tegevsõjaväelasi rohkesti kuni tema kustutamiseni kindluslinnade hulgast 1860. aastail. Sajandi lõpupoole hakkas nende hulk taas kasvama. 1871. aastal oli Tallinnas 2107 tegevsõjaväelast (6,7% linlastest), 1881. aastal 4608 (9,1%). Tartus pidas garnisoniteenistust 1818. aastal u. 400 ja 1834. aastal 200 sõjainvaliidi ning poolrood kantoniste. Peale selle oli ravil poolsada sõjaväelast mitmetest komandodest. Vastavalt uuele sõjavägede dislokatsiooni kavale paigutati Tallinna lisaks mereväeekipaažile ja sadamateenistusele ning senisele maaväe garnisonikomandole 1890. aasta algusest 3 jalaväepolku (Belomorski, Onega ja Dvina). Tartusse paigutati taasformeeritud 18. armeekorpuse staap ning 95. Krasnojarski jalaväepolgu staap ja 2 pataljoni (1910. aastal 1116 alamväelast).

Eesti ala linnade elanikkond 1913. a.

Linnade rühmad	Elanikke	
	arv	%
Suurlinn		
Tallinn	116 132	45,8
Keskmised linnad		
Tartu	45 088	17,8
Pärnu	22 280	8,8
Narva	21 038	8,3
Valga	16 164	6,4
Keskmistes linnades kokku	104 570	41,3
Väikelinnad		
Viljandi	8448	3,3
Kuressaare	5567	2,2
Rakvere	5361	2,1
Võru	4800	1,9
Haapsalu	4100	1,6
Paide	3044	1,2
Paldiski	1309	0,5
Väikelinnades kokku	32 629	12,9
Kõigis linnades kokku	253 331	100,0

Maa-asulate kasv

Seoses majanduse industrialiseerimise, põllu-majandustoodangu kaubastumise ning maarahvastiku kiire kasvuga suurenes 19. sajandi teisel veerandil ka maale jäänud tööstuslik-kaubanduslik elanikkond. Mõisa, küla ja talu kõrval hakkas maad ilmestama alev, kuhu koondus põhiline osa neist maaelanikest, kes ei tegelenud põlluharimise, karjakasvatuse, metsanduse ja kalandusega. 1897. a. rahvaloenduse andmeil moodustas see Tartumaal 21,7%, Pärnumaal 19,6%, Viljandimaal 18,6%, Võrumaal 17,5% ja Saaremaal 14,3% maarahvastikust.

Alevid ja alevikud kasvasid jõudsasti eriti 20. sajandi algul, nende võrk tihenes. Mõned alevid, nagu Nuustaku (Otepää), Põltsamaa, Tõrva, Sindi, Jõhvi, Türi, Tapa, Mõisaküla, mille elanike arv ulatus juba üle 2000, võistlesid rahvaarvu poolest väiksemate linnadega.

Üheks 19. sajandi keskpaiku mõisamaale kerkinud ja üsna suureks kasvanud alevikuks oli Karksi-Nuia (esialgse nimega Nuia). Selle asutas Karksi mõisa omanik krahv Eugen Dunten, kes lasi teeristil oleva mõisa kõrtsi ja sõjaväe etapikasarmu juurde välja mõõta 1–4-vakamaalised krundid, mis ümberkaudsele rahvale (käsitöölised, põllutöölised, päevilised) välja renditi või müüdi. Alevi kasvule aitasid kaasa 1868 ehitatud vene õigeusu kirik ja selle juurde tekkinud kool, 1894 ka kihelkonnakool (luteri usu valla- ja kihelkonnakool asusid alevikust poole versta kaugusel Karksi mõisas), samuti mitu sajandi lõpukümnenditel tekkinud poodi, mis kauplesid koloniaal- ja talurahvakaupade ning lina ja viljaga. Esialgu loodeti, et alevikku hakkab läbima kitsarööpmeline raudtee, kuid see rajati 10 versta kaugemale. 1892. aastal oli alevis 20 maja ja u. 200 elanikku, 1914. aastal asus 54 krundil 64 elumaja, kus elas u. 650 inimest, millele võib lisada õigeusu abikoolis (30) ja kihelkonnakoolis (45) käivad õpilased.

Nuias oli kaks pikemat paralleel- ja mitu põikuulitsat ning asula keskel avar turuplats, mille äärde jäid selle suurimad ehitised – ka-

Nuustaku (Otepää) alev

hekordses kivimajas paiknev kõrts koos mõisa õllelao ja võõrastemajaga ning karskusseltsi "Iivakivi" (asut. 1893) ning tuletõrjeseltsi (1898) ruumikad seltsimajad. Viimastes leidsid edaspidi peavarju ka laenu- ja hoiuühisus ning majandusühisus. Seltsid tegutsesid aktiivselt, kusjuures karskusselts koondas veidi jõukamat ja rohkem luterliku taustaga rahvast kui tuletõrjeselts. Nuias oli sel ajal 3 erakauplust, majandusühisuse pood ning kroonu viinapood, kuhu kanti puhta viina eest aastas ligemale 20 000 rubla raske tööga teenitud raha. Alevikus asusid apteek, ambulants, ämmaemand, mitu päevapiltnikku (esimene 1893) ja postijaoskond (1910); siin elas eesti, saksa ja vene soost käsitöölisi – mitu pagarit, seppa, plekkseppa, vankerseppa, sadulseppa, nahaparkalit, tislerit, maalrit, rätsepat, õmblejat ja kümmekond kingseppa. Alevikus elas ka politseikordnik, kuid asumi valitsemist korraldas maaomanikuna siiski mõis. Alevi õigused saadi 1938. aastal.

Raudteede sõlmpunkti kujunenud liiklusalevi näiteks sobib Tapa, mis tekkis Tapa ja Moe mõisa alale pärast seda, kui siit 1876 hakkas kulgema Balti raudteed Tartu kaudu Riiaga ühendav haru. Kiiresti kasvavasse asulasse ehitati raudteelaste elamud, apteek, kõrts, postijaam. Juba 1876 valmisid võõrastemajad "Dorpat" ja "Waldhof". Kui aastal 1884 oli Tapal vaid 10 jaamahoonet ja 8 eramaja, siis 1900 elas 72 majas 642 inimest ning enne maailmasõda oli alevis juba üle 200 maja ning 3000 elaniku. 1885 avati üheklassiline era-elementaarkool, 1895 üheklassiline raudteekool

Balti raudtee teenistujate lastele. Samast aastast tegutsesid posti- ja telegraafikontor ning vene õigeusu kirik, aasta hiljem ka luteri usu palvemaja. Uue sajandi algul toodi siia kihelkonnakeskusest Amblast üle kohtu-uurija ja rahukohtunik, 1908 avati politsejaoskond koos arestimajaga. Alevirahvastik koosnes peamiselt eestlastest. Tänu kuuele väikesele vorstivabrikule (igas 6–12 töölist) omas Tapa ka *Vorstilinna* kuulsust. Teistest väikeettevõtetest oli suurim paberossihülsside vabrik "Georgi" (asut. 1897), kus enne maailmasõda töötas 14 töölist. 1917 sai Tapa alevi- ja 1926 linnaõigused.

Seaduse järgi oli alevi asutamise õigus vaid mõisaomanikul. Sajandivahetusest alates rajasid siin-seal väiksemaid asulaid ka üksikud taluomanikud. Nii tekkis Rõngu ja Sangaste kihelkonna piirimaile Soontaga mõisa Valda talu maal Priipalu asula. Paul Silman (hiljem Sildnik) oli selle omandanud 1897. aastal Kuigatsi, Pringi ja Soontaga mõisa omanikult Josephine von Nolckenilt. Priipalu teket soodustas Soontaga vene õigeusu kiriku (püstitatud 1879) ja kooli lähedus. Kirikutee kulges Valda talu lõunapiiril ja taluomanik planeeris piki seda kuni postiteeni 15 väikest 1–2-vakamaalist ehituskrunti, andes need rendile, mis tõi talle aastas 230 rubla renditulu. Talurahvapanga hindaja kirjelduse järgi (1911) võis talu, mille maal elas 15 asunikku ja kuhu võis tekkida veel 20 krunti, edukalt võistelda mõisaga. Kruntidel asus 3 poodi ja elas käsitöölisi, lihttöölisi ning sulaseid. Aleviku pidamise kõrval hakkas põllupidamine taluomaniku jaoks üha enam tahaplaanile jääma.

Sajandivahetuse paiku elas praeguse Eesti ala 30 suuremas alevis u. 25 000 inimest. Esimese maailmasõja eelaastail lähenes nende elanike üldarv 40 000 inimesele. Väiksemaid, paarisaja elanikuga alevikke leidus pea igas kihelkonnas, mõnes mitugi. Lõuna-Eesti suuremates asulates elas sajandivahetusel Tartumaal 4,5%, Pärnumaal 3,5%, Viljandimaal 3,1% ja Võrumaal 2,1% vastava maakonna elanikest.

Linnarahvastiku etniline ja sotsiaalne ilme

Linnades leidsid 19. sajandi esimesel poolel aset sügavad etnilised ja sotsiaalsed muutused. Kuni selle ajani omasid linnarahva seas poliitilisi õigusi vaid gildide ja tsunftide liikmed. Valdavalt koosnes see privilegeeritud osa sakslastest ja täienes noorte kaupmeeste ja käsitööliste sisserändega Saksamaalt. Eestlastele oli kodanikkonda pääs sama hästi kui suletud. Pärisorjuse kaotamisega hõlbustus talupoegade linnaminek ja varsti ületas mittekodanike osa eesõigustatute osa mitmekordselt. Kaupmeeste ja käsitööliste majandusliku tähtsuse vähenedes kadusid aegamööda ka nende eesõigused, kuigi rida vanu ettekirjutusi püüdis endiselt vältida konkurentsi kasvu ja takistada uute ettevõtjate esilekerkimist. Eriti tugevad traditsioonid valitsesid kaubanduses.

Kuni 1877. aasta linnaseaduseni jagunes linnarahvas Baltimail kaheks: maksuvabad ja maksukohustuslikud seisused. Maksuvabade ehk privilegeeritud seisuste hulka kuulusid aadlikud, haritlased ehk literaadid, vaimulikud ja aukodanikud. Valdava osa (80–90%) linnarahvast moodustasid maksukohustuslikud seisused: kaupmehed, tsunftikäsitöölised, linnakodanikud, vabad inimesed, talupojad. Linnavõim oli koondunud kitsa ringkonna – jõukamatest gildikaupmeestest ja tsunftimeistritest aegade jooksul moodustunud linnapatriitside ehk *raesugulaste* (linlastest u. 1%) kätte, kes olid õigustatud osalema magistraadi valimistel.

1860. aasta paiku moodustasid ülemkihid, kelle hulka võis arvata ka välismaalased (ligi 1%), Eesti ala linlastest kuni 10%. Aadlikud, keda arvukamalt elas Tallinnas (ligi 15%) ja teistes Eestimaa kubermangu linnades (5–6%), hakkasid linnaelu asjade otsustamisel kaasa rääkima alles pärast 1877. aasta linnaseaduse rakendamist, kui mitmes linnas kerkis linnavalitsuse etteotsa aadlikust linnapea. Linna keskkihi (ligi 20%) moodustasid kaupmehed, jõukamad käsitöölised ja linnakodanikud, kuna alamkihid koosnesid peamiselt käsi-

Valga turg

töölistest ja talupojaseisuse liikmetest, kelle hulgast olid pärit mitmesugune teenijarahvas ja lihttöölised.

Rahvuslikult domineerisid linlaste hulgas kuni 19. sajandi keskpaigani sakslased. Näiteks Tallinnas moodustasid nad 1820. aastal elanikkonnast üle 40%, eestlased u. 35% ja venelased ligi 20%. Varanduslikult moodustasid sakslased linnas kõige jõukamad kihid – neist koosnes pea kogu aadel, gildikaupmehed, tsunftimeistrid ja literaadid chk õpctatud scisuse liikmed (juristid, pastorid, arstid, õpetajad jt.). Sakslaste peamiseks tegevusalaks olid kaubandus ja käsitöö ning tööstuselu juhtimine, nende hulgast pärines enamik omavalitsus- ja riigiametnikke ning haritlasi. Ehkki nad arvulise enamuse linnarahva hulgas 19. sajandi teisel poolel kaotasid, säilitasid nad ka 20. sajandi algul veel sotsiaalse, majandusliku ja kultuurilise ülemvõimu, mis küll iga aastakümnega üha enam kahanes. Kõige esmalt, juba 18. sajandil kadus sakslaste arvuline ülekaal Narvas. 19. sajandi lõpus oli neid seal veel ainult 6%. Väga kiiresti langes sakslaste osatähtsus Haapsalus, Rakveres, Valgas, aga ka Tallinnas, kus nad sajandivahetuse paiku moodustasid vaid kaheksandiku tallinlastest. Siiski suurenes sakslaste absoluutarv Tallinnas (1862. aasta 5550-lt) 1913. aastaks 12 400-le, seda eeskätt eestlaste kuni 1880. aastateni intensiivselt toimunud ümberrahvustumise arvel. Mõnevõrra suurem oli sakslaste arvuline osatähtsus Tartus. Valdav osa ehk 2/3 saks-

lastest oligi koondunud Tallinna ja Tartusse. 1913. aastal moodustasid nad Kuressaares 26%, Pärnus üle 21%, Tartus ja Paldiskis 14%, Tallinnas, Viljandis, Võrus ja Paides 10–11%, Rakveres ja Haapsalus 6–7% ning Narvas ja Valgas 3–4% linlastest.

Ka venelasi oli Eestis elanud juba pikki sajandeid. Nende osatähtsus Eesti linnades oli pikka aega püsinud enam-vähem 10% piires. See hakkas tasapisi tõusma 20. sajandi alguses, kuid mitte igas linnas. Venelased kuulusid valdavalt lihtrahva hulka. Nad olid hinnatud kui osavad ehitusmeistrid, seebi- ja küünlavalmistajad, kalakaubitsejad ja rändkaupmehed. Eriti tuntud olid *ogorodnikud* (köögiviljakasvatajad). Tallinnas olid nad kanda kinnitanud juba 18. sajandi lõpul. *Ogorodnikud* tulid igal kevadel peamiselt Venemaa põhjapoolsematest kubermangudest Tallinna ja hakkasid eeslinnades, väikemõisates ning isegi kindlustuste vööndis hoolega askeldama, kasutades sibula, kapsaste, kurkide jt. köögiviljade kasvatamiseks ära iga vähegi kõlbuliku maalapi. Sajandivahetusest hakkas märgatavalt kasvama vene tööstustööliste arv. Tallinnas, Pärnus ja Valgas moodustasid nad 20. sajandi algul linlastest juba enam kui kümnendiku. Esimese maailmasõja aastail tõi aga sõjatööstuse tormiline areng ja kaitseehituste rajamine Tallinna 10 000 – 15 000 venelast. Enne seda oli venelasi 1913. aastal Eesti linnades 30 000 ringis, s.o. veidi rohkem kui sakslasi. Suhteliselt kõige enam oli venelasi Narvas – 1897. aastal koguni 44%, kuid 20. sajandi algul hakkas nende absoluutarv ja osatähtsus langema (1913. aastal 35%). 1913. aastal moodustasid eestlased juba ligi 60% Narva elanikest ning Narvast oli rahvastiku poolest esmakordselt saanud eesti linn!

Eesti teine piirilinn, Valga, oli valdavalt läti elanikkonnaga Valka maakonna keskuseks. Kuni 20. sajandi alguseni ei omanud seal ükski rahvus absoluutset ülekaalu. 1860. aastail olid Valga suuremateks rahvusrühmadeks lätlased ja sakslased. Lätlaste arvu aitas tõsta asjaolu, et linnas puudus kuni 1880. aastateni eesti kogudus, ja paljud eestlased, kes olid omandanud läti keele, astusid läti koguduse liikmeks. Pärast Valga muutumist raudteede sõlmpunktiks hakkas eestlaste, seejärel ka venelaste arv kasvama. Ümbruskonna lätlasi hakkas Valgast ära meelitama Riia kui kiiresti kasvav tööstuskeskus ja läti kultuurimetropol. 1913. aastaks moodustasid eestlased Valgas üle poole linlastest, lätlaste osatähtsus oli langenud veerandini, ligi 15% oli venelasi. Ülejäänud olid sakslased, poolakad, juudid.

Seega olid eestlased jõudsaimalt kasvav element ning arvuliselt domineeriv etnos isegi piirilinnades, kus naaberrahvaste osatähtsus on tavaliselt suur. Üle-eestiliselt oli eestlaste osatähtsus linnades 1881. aastal üle 56%. Järgneva 16 aastaga jõudis see ligi 68%-ni ja aeglustus siis järsult. 1913. aastal moodustasid eestlased veidi üle 69% Eesti linnarahvastikust. Eestlaste arvu suurenemise tõttu moodustus linnades rida uusi kogudusi ehk linnakihelkondi – Tallinnas Jaani (tekkis 1867 Pühavaimu eesti kogudusest), Toom-Kaarli (oma kirik 1870) ja Pauluse (asut. 1904). 1910. aasta paiku elas Tallinnas 69 000 eestlasest luterlast.

Linnaeestlased olid peamiselt majateenijaiks, kojameesteks, voorimeesteks, musta- ehk lihttöö ametites päevilisteks, turukaupmeesteks, piima-, pudu-, vürts- ja õllepoe, sauna- ja trahteripidajaiks. Nad domineerisid lihtsamates käsitööharudes, olles rätsepad, kingsepad, sepad, kiviraidurid ja lihunikud.

Majanduslikult veidi jõukamail eestlastel oli ka kinnisvara, peamiselt eeslinnades, kus asusid nende väikesed puumajad. Just 19. sajandi teisel poolel kujunesid välja meie linnade hallid puumajadest agulid. Linnaehituses hakkas jälle tooni andma puit, ja nii jäi see vähemalt 20. sajandi keskpaigani. Agulis elas töölisrahvas, eesti väikekodanlus ja haritlaskond, südalinna kivimajades aga aadel, kodanlus ja teised kõrgema sotsiaalse staatusega kihid. Sakslaste sotsiaalse ja kultuurilise ülevõimu õhkkonnas tekkis eeskätt linnaeestlaste hulgas nn. kadakasaklus. Need eestlased, kel oli õnnestunud tõusta majanduslikult haljamale oksale, kuid kes olid veel nõrga rahvusliku eneseteadvu-

sega (mille tärkamist takistas ka algul saksa-, hiljem venekeelne linnakool), püüdsid saada *saksaks* ja sulanduda ülemkihi hulka. Kadakasaksastumise ja hiljem venestumise peatamiseks läks vaja võimsaid ja vältavaid ühiskondlikke ja kultuurilisi tegureid. Seda rolli hakkas täitma eeskätt kujuneva eesti haritlaskonna rahvuskultuuriline äratustöö seltsielu ja kirjasõna kaudu.

19. sajandi teisel poolel hakkasid eestlaskonnas nagu teisteski rahvusrühmades selgepiirilisemalt eristuma ülem-, kesk- ja alamkihid ehk kodanlus, väikekodanlus ja tööliskond.

Ülemkihid, mis koosnesid suurkaupmeestest, töösturitest, pankuritest, rikastest majaomanikest, ka kõrgametnikest ja tippharitlastest, hõlmasid Eesti linnades tavaliselt vähem kui kümnendikku linlastest. Ehkki kõige suuremad ettevõtted, ärid ja kinnisvarad kuulusid kindlalt sakslastele, vähemal määral venelastele ja teistele, jõudis sellesse seltskonda ka eestlasi. Näiteks oli Tallinnas 1860. aastail 140 suuromaniku hulgas, kelle kinnisvara väärtus ulatus üle 5000 rubla, ainult 2 eestlast, 1904. aasta paiku aga juba 244. Jõukaimaks eestlaseks Tallinnas oli 20. sajandi algul kirjastaja ja ajakirjanik Jakob Kõrv, kellele kuulus mitu maja südalinnas. Eestlasi kerkis ka töösturite hulka. Nii kuulus Tartus Reinhold Umbliale suur saeveski, Paul Mullik aga asutas siin telefonivabriku Edisson & Ko. Ka Pärnus oli mitmeid eesti suurettevõtteid, nagu A/S Linde & Ko nahavabrik. Viljandis rajas insener Uno Port paarikümne töölisega põllutöömasinate tehase. Viljandis alustasid ka tulevased suurtöösturid Puhkid, kellele kuulus tikuvabrik. 1913. aastal asutasid nad juba Tallinnas suurfirma J. Puhk ja Pojad, millele kuulusid kaubamaja ning siguri-, kohvi- ja linnaseveski. Mitmeid ettevõtteid omandasid eesti tegelased pärast ülekaalu võitmist Tallinna linnavalitsuses. Nii ostis Jaan Poska tellisevabriku ja Voldemar Lender saeveski. Eesti reederitest ja laevaomanikest oli tuntuim kapten, hilisem admiral Johan Pitka, kes asutas 1911 Tallinnas merekauban-

Sünagoog Tallinnas

duse ühingu Joh. Pitka ja Ko ning Tallinna Laeva-Ühisuse, millest kasvas 1917. aastal välja Merekaubanduse ja Laevasõidu Edendamise Selts "Laevandus".

Siiski oli eestlaste osatähtsus linna ülemkihtide hulgas veel väike. Keskkihtide seas pääseti aga 19. sajandi lõpust juba domineerima. Linna väikekodanlus, kelle hulka loetakse täielikult või suuremas osas isiklikust tööst ja omandist elatuvad käsitöölised, väikekaupmehed, majaomanikud, osa haritlaskonnast ja ametnikest, moodustas tollal suuremates tööstuslinnades nagu Tallinn ja Narva 20–30%, Tartus ning väikelinnades üle 40% linlastest. Alamkihid – vabriku- ja tehase-, transpordi- ja ehitustöölised, päevapalgalised, mustatöölised ning arvukas teenijaskond – moodustasid koos pereliikmetega sajandivahetusel üle poole eesti linnarahvastikust. Narvas ja Tallinnas, kus tööstustöölisi leidus eriti rohkesti, oli ka alamkihtide osatähtsus suurim. Eesti tööliskonna hulgas olid kõigis tööstusharudes ülekaalus eestlased.

Uueks tähelepanuväärivaks etnoseks Eesti linnarahvastikus olid 19. sajandi keskpaigast alates juudid. Rea seadustega 1859–79 oli laiendatud juutide õigusi asuda elama väljapoole varem rangelt piiratud asuala piire. Need lubasid juudi soost I gildi kaupmeestel, käsitöölistel ja kõrgema haridusega isikuil asuda ka Baltimaade linnadesse. 1913. aastal moodustasid juudid (u. 5000 inimest) ligi 2% Eesti linlastest. Kõige enam leidus neid Tartus

(2027 ehk 4,5%), Tallinnas (1100 ehk 1%) ja Narvas (523 ehk 2,5%). 1904. aastal laiendati privilegeeritud juutide kohta käivaid seadusi ka maal asuvatele juudi kaupmeestele, käsitöölistele ja haritlastele.

Linn oli rahvastiku koosseisult erakordselt mitmekesine – seda nii etnilis-keelelise, usutunnistusliku, sotsiaalse ja elukutselise koostise kui ka kultuurilise ilme poolest. Tänu rahvastiku liikuvuse kasvule ja kommunikatsiooni arengule vahendasid linnad, eriti sellised nagu Peterburi, Riia ja Tartu, oma elanikele ja nende kaudu ka linna tagamaale üha suuremal määral kõiki maailma tehnoloogilisi, ideelis-kultuurilisi ja poliitilisi uuendusi.

RAHVUSLIK ÄRKAMINE
JA
VENESTAMINE

Historiograafia

Rahvusliku liikumise ajaloo uurimine on pea-aegu sama vana kui liikumine ise. Ärkamisaeg polnud veel õieti lõppedagi jõudnud, kui juba hakkasid ilmuma esimesed seda käsitlevad kirjutised – veel mitte teadusliku iseloomu-ga uurimused, vaid mälestused. See on me-muaariline etapp rahvusliku ärkamisaja histo-riograafias. Nii andis **Matthias Johann Eisen** juba 1883/84. aastal välja eluloolise brošüüri-sarja "Tähtsad mehed" (I–VI) ülevaadetega Otto Wilhelm Masingu, Johann Heinrich Rosenplänteri, Friedrich Robert Faehlmanni, Friedrich Reinhold Kreutzwaldi, Carl Ro-bert Jakobsoni ja Johann Voldemar Jannseni elust. 1884. aastal ilmus ajalehes "Valgus" Jaan Adamsoni küllaltki põhjalik elulugu tema õpi-lase **Juhan Kunderi** sulest: "Jaan Adamson. Eesti Aleksandrikooli asutaja". Samal ajal ha-kati tõmbama selgemat piiri ärkamisaja ning seda ette valmistanud eelärkamisaja vahele. Kuigi huvi viimase vastu hiljem langes, ilmus 1899. aastal EÜS-i neljandas albumis **Villem Reimani** biograafiline essee "Friedrich Ro-bert Fählmann". 19. sajandi lõpus annavadki tooni juhtivate tegelaste elulood. 1890. aastal avaldas **Heinrich Rosenthal** "Olevikus" oma äia Jannseni mahuka biograafia, Jakob Hur-dast kirjutas "Eesti Postimehes" (1898) tema väimees **Aleksander Mohrfeldt (Mäevälja)**. 1891. aastal ilmus Tallinnas trükist Carl Ro-bert Jakobsoni õepoja **Jakob Johanson-Pärna** ülevaade Jakobsoni elust.

Uue ühiskondliku tõusu ajal, 19. ja 20. sajandi vahetusel ilmusid esimesed uurimus-likku laadi tööd. 1899. aastal avaldas **Johan Kõpp** EÜS-i albumis ülevaate Aleksandrikooli liikumisest, tuues esmakordselt välja selle lii-kumise erilise rolli rahvuslikus ärkamises. Kui idealistlik-rahvuslik vool tõstis esile rohkem *aatemeeste* Jannseni ja Hurda tähtsust, siis EÜS-iga opositsioonis olev radikaalne ja pa-hempoolne haritlaskond tähtsustas rohkem Jakobsoni. Eesti sotsiaaldemokraatia ühe rajaja **Mihkel Martna** kirjatöö "Carl Robert Jakobson" ("Teatajas" 1902, raamatuna 1903) lähtus klassivõitluse seisukohast ja kvalifitsee-ris Jakobsoni *maakodanluse* esindajaks. Sot-sialistlike sümpaatiatega nooreestlaste ideeline juht **Gustav Suits** analüüsis 1906. aastal eesti ühiskonna ideestikku ja eristas seal algusest peale tekkinud kahte voolu, kahte ilmavaadet: *alalhoidlik-tagurlik-kiriklik* ja *eduline-rahvus-vabameelne* (artikkel "Kaks ilmavaadet" tema kogus "Sihid ja vaated", 1906). Siiski jäi iseseis-vuseelsel ajal valdavaks niisugune lähenemine, mis paatoslikult kriipsutas alla *ühist isamaa-tööd*. Seda mõtteviisi esindasid Reimani kõrval ka näiteks Martin Lipp ja Anton Jürgenstein. Eestluse "äratajate" hulka kuulusid nende järgi ühteviisi nii Jannsen kui Köler, Hurt kui Ja-kobson. **V. Reimani** "Kivid ja killud" I (1907) on pühendatud Faehlmannile ja Kreutzwaldi-le. Mitmekesisele allikmaterjalile tuginevas pikemas kirjutises Jaan Adamsonist kogumi-kus "Eesti Kultura" (II, 1913) vaatleb Reiman ühtlasi ärkamisaja ettevõtmisi ka laiemalt. Sa-mas kogumikus on teise rahvusliku suurmehe Hans Wühneri elulugu **Martin Lipult**. Kuigi Reiman kirjeldas oma kirjatöödes ka rahvus-luse tärkamise sotsiaalseid taustategureid, oli ta seisukohal, *et mitte olud, vaid inimesed, sel-ge arusaamisega, kange tahtmisega ja hõõguva hingega, tõusevad üles ja paenutavad olusid*.

Sügavamalt hakati tsaaririigi lõpuküm-nendil uurima ärkamisaegsete tegelaste vaa-teid, nende (aja)kirjanduslikku ja pedagoogilist tegevust (**Mihkel Kampmann, Bernhard Linde, Villem Ernits, Peeter Põld, Hindrik Prants**). **Anton Jürgenstein** kirjutas lühiuurimused Kreutzwaldi vabameelsusest (1913), Jannseni ja Jakobsoni ilmavaadetest (1914), Mihkel Veskest (1915), Johann Voldemar Jannseni elust (1916), kus ta muuhulgas puudutas ka rahvusliku liikumise tegelaste omavahelisi suhteid. Uut kõrgemat kvaliteeti 19. sajandi teise poole ja 20. sajandi alguse poliitilise ajaloo käsitlemisel demonstreerib tema mahukas ""Postimehe" ajalugu" "Postimehe" juubelialbumis (1909). Esmakordselt analüüsitakse seal kompleksselt ja süsteemselt eesti ühiskonna ja rahvusliku liikumise erinevaid voole, suhteid baltisaksluse ja Vene riigivõimuga, selgitatakse rahvuslaste seisukohti. Rahvusliku liikumise ettevõtmistest pälvis kõige rohkem tähelepanu kaubalaevaselts "Linda" ja selle kurb lõpp, mille kohta ilmusid raamatud **H. Prantsult** ja **Martin Kruppilt** (vastavalt 1913 ja 1914). Omavalitsuse korraldusest ja ajaloost kirjutas "Kodaniku käsiraamatus" (I–II, 1911, 1913) professionaalselt õigusteadlane **Nikolai Maim**.

Analüütilise suuna tugevnemist ühiskondliku liikumise käsitlemisel markeeris nooreestlaste pahempoolse ideoloogi **Peeter Ruubeli** 1914/15. aastal "Vaba Sõna" veergudel ilmunud uurimuslik artiklisari "Intelligentlikust liikumisest meil". Selle alusel koostas autor raamatu "Poliitilised ja ühiskondlikud voolud Eestis. (Talupojaline-väikekodanlik ajajärk 1860–1905)" (1920). Materialistlik-sotsioloogilisele meetodile tuginedes tõstis ta Kautsky eeskujul intelligentsi kõrgemale klassidest ja seisustest ning omistas talle ühiskonna üldiste huvide väljendaja rolli, kel on täita eriline ja kõrge missioon. Ruubel periodiseeris rahvuslikku liikumist sel moel, et nimetas ärkamisaega kuni 1880. aastate lõpupooleni *maarahva ajajärguks*, kus domineeris ühtlane talurahva mass. Edasi tuli *väikekodanluse ajajärk* kuni 1905. aastani ja sealt edasi juba *diferentseeritud* eesti rahvas, kus iga rahvaklass kaitseb organiseeritult ise oma huve. Ta eristas rahvuslikus liikumises

kahte voolu: *väikekodanlik-kiriklikku* ja *radikaalset ehk vabameelset*. Umbes samal ajal kirjutas teine nooreestlane **B. Linde** artiklis "Eesti intelligents" ("Noor-Eesti" V, 1915), et eesti rahvas on küll ärganud, kuid eesti haritlaskonna ärkamisaeg ja tema lõplik vabanemine saksa mõju alt seisab veel ees. EÜS-i IX albumis (1915), mis tervikuna oli pühendatud rahvusküsimuse filosoofilisele mõtestamisele, kinnitas **V. Ernits**, et rahvus tekkis kodanluse astumisega ajaloo näitelavale, mis oli moodsa aja märk. **Johannes Aavik** ütles, et rahvuslik liikumine on kultuuri ja progressi teenistuses, kuid eestlastel on rahvustunne liiga nõrk ja kosmopoliitidest sotsialistidel on seetõttu liiga suur tõmbejõud. **Hans Kruus** vaagis rahvuse ja klassi vahekorda ning leidis, et mõlemad on ühiskonnaelus tähtsad ja neid tuleb võrdsel määral arvestada.

Teadusliku ja erapooletu lähenemise katsetele vaatamata jäi iseseisvuseelsel ajal domineerima n.-ö. müütiline pool, s.t. ajalugu tõlgendati isiklikust kogemusest, antipaatiatest ja sümpaatiatest lähtuvalt. Nii näiteks kiideti Jannsenit ja Hurta, kuid materdati ägedalt Jakobsoni ja tema poolehoidjaid (kes juhtinuvat rahvusliku liikumise valedele radadele), **H. Rosenthali** 1912. aastal ilmunud suure allikalise väärtusega mälestustes "Kulturbestrebungen des estnischen Volkes während eines Menschenalters (1869–1900) (1912, 1996, e.k. 2004). Rosenthali maalitud mustvalget pilti ärkamisajast rünnati mitmelt poolt. Ühed pidasid teda liiga alalhoidlikuks, teised aga lausa marurahvuslaseks. Autor ise nägi oma kodumaa tulevikku Balti provintside kõigi rahvastikurühmade võrdväärsuse vastastikuses tunnistamises ja koostöös Vene keisri *võimsa ning heatahtliku kaitse all*.

Iseseisvas Eestis sai rahvusliku liikumise ajajärgu teadusliku uurimise teerajajaks **H. Kruus** oma raamatutega "Linn ja küla Eestis" (1920, kirjutatud 1918) ja "Eesti ajalugu kõige uuemal ajal" (II, 1928) ning rohkete artiklitega üksikküsimustes. Kvantitatiivseid meetodeid kasutades jälgis ta rahvusliku liikumise geograafiat, tõdedes, et peamiseks tugialaks oli selles majanduslikult jõukam Lõuna-Eesti. Rahvusideoloogiast, mis ärkamisajal oli talupoeglik, tõstis Kruus esile Jakobsoni radikaalsed poliitilised ideed ja nõudmised. Lähemalt uuris ta arhiivimaterjalide najal 1864. aasta palvekirjade aktsiooni ning rahvusliku liikumise keskuste kujunemist. Oma tollased seisukohad rahvusliku ärkamisaja suhtes võttis Kruus kokku saksakeelses Eesti ajaloo ülevaates (1932). **Friedebert Tuglase** suurematest ajaloouurimustest tuleb nimetada monograafiaid "Ado Grenzsteini lahkumine" (1926) ja "Eesti Kirjameeste Selts" (1932), kus toonitatakse Jakobsoni suuna tähtsust ja lahatakse kohati väga üksikasjaliselt ärkamisaja tegelaste omavahelisi tülisid. "Suurmeeste elulugude" sarjas ilmus **A. Mohrfeldti** käsikirjale tuginev "Jakob Hurt – Eesti ärkamisaja suurkujusid" (1934), mis oli algmaterjali tugevale kärpimisele vaatamata esimene põhjalikum trükis avaldatud ülevaade Hurdast. (Aastal 2007 ilmus sama käsikirja täielikum versioon pealkirjaga "Jakob Hurda elu ja töö".) **A. Jürgensteinilt** ilmus tema varasemaid kirjutisi kokkuvõttev "Carl Robert Jakobsoni elu ja töö", 1925).

Esimesel iseseisvusperioodil kirjutasid 19. sajandi teise poole eesti ühiskonnast veel paljud autorid, sh. **Jaan Kärner** ("Ärkamisaegne Eesti ühiskond", 1924), **J. Kõpp** ("Eesti Üliõpilaste Seltsi ajalugu" I, 1925) , **P. Põld** ("Eesti kooli ajalugu", 1933), **Heinrich Helm** ("Lühike eesti ajakirjanduse ajalugu", 1936), **August Palm** ("Villem Reiman. Saavutusrohke rahvuslik võitleja", 1937, 2004), **August Tammann** ("Johann Voldemar Jannsen: eestluse ärataja", 1938), **Rudolf Kenkmaa, Oskar Loorits**. Tartu ülikoolist ja eesti üliõpilastest kirjutasid **Voldemar Juhanson, Hendrik Sepp, Peeter Treiberg (Tarvel), Ilmar Tõnisson, Juhan Vasar**. Eestlaste ja lätlaste rahvuslikku liikumist puudutasid oma töödes baltisakslased **Alexander von Tobien, Heinrich Thimme** jmt. Eelärkamisaeg paelus uurijate tähelepanu vähem.

1930. aastate lõpu autoritaarrežiimi tingimustes hakkasid mõned ringkonnad pilti rahvuslikust liikumisest ümber hindama ja momendi huvide seisukohalt politiseerima. Isikuvõimu põhjendajad nagu **Eduard Laaman, Märt Raud, Friido Toomus** eksponeerisid Pätsi Jakobsoni realistliku poliitikavoolu jätkajana võitluses Hurda, Reimani ja Tõnissoni idealistliku voolu vastu. Tartu demokraatliku opositsiooniga seotud **H. Kruus** avaldas 1939. aastal Jakob Hurda kõned ja avalikud kirjad koos uurimusega tema vaimsest pärandist. Selles osutas ta Hurda ideede aegumatule aktuaalsusele ja püsivale väärtusele. Samal ajal lähenes Kruus Jaan Tõnissonile, kelle *määratut elutööd* ta kogu eesti rahva juhina kõrgelt hindab (1938). Kruusi kapitaalses monograafias "Eesti Aleksandrikool" (1939) paistab silma liikumisest osavõtjate koostise ja aktiivi territoriaalse paiknemise novaatorlik analüüs. Tänini püsivad ka nimetatud uurimuse ajaloolised hinnangud sellele rahvusliku liikumise suurüritusele.

Dokumentide publitseerimine, mis oli alanud juba tsaariajal, jätkus ka Eesti Vabariigis (esmajoones "Eesti Kirjanduses"). Klassikalised on siin näiteks "Koidula ja Almbergi kirjavahetus" (1925) ning "Faehlmanni ja Kreutzwaldi kirjavahetus" (1936). **Fr. Tuglas** ja **Aleksander Kruusberg** uurisid ja publitseerisid Ado Grenzsteini salakaebusi võimudele venestusajal.

Nõukogude okupatsiooni aastail sunniti mitmeid ajaloolasi oma senistest seisukohtadest taganema. Ärkamisaegsetest tegelastest sattusid erilise rünnaku alla Jannsen ja Hurt kui *saksameelsed* ja *kiriklikud* tegelased. Stalinistlik-nõukoguliku käsitluse näiteks on **Gustav Naani** "Eesti kodanlike natsionalistide ideoloogia reaktsiooniline olemus" (1947), mille seisukohtadele tugines ka Eesti ajaloo esimene nõukogulik üldkäsitlus (1952). Niisuguste propagandaüllitistega püüti tõestada, et rahvusliku liikumise lõpptulemusena tekkinud Eesti iseseisvus oli *töörahvavaenulik* üritus ja *kodanluse nurisünnitis*, millel ei saanud olla pikka iga.

Stalini surmale järgnenud sulaperioodil ideoloogiline tsensuur mõnevõrra nõrgenes.

Üldiseks orientiiriks oli rahvusliku liikumise jaotamine *kodanlik-demokraatlikuks* ja *kodanlik-klerikaalseks*, mida hiljem õnnestus mõnevõrra pehmendada, nimetades neid suundi *(üld)demokraatlikuks* ja *konservatiivseks*, liikumist ennast aga *talupoeglikuks*. Muutunud olud võimaldasid esile astuda uuel uurijate põlvkonnal ja jätkata vanal, avardus temaatika ning tehti katseid dogmaatilisi tõlgendusi vältida ja erialaseid käsitlusi (keel, kirjandus, folkloor) deideologiseerida. Kõnealust teemat viljelesid mitmest aspektist **Jaan Depman, Aleksander Elango, Ea Jansen, Arnold Kask, Leida Loone, Karl Siilivask. Juhan Peegli** ja **Karl Taevi** töödes rehabiliteeriti mõnevõrra Jannsenit, **Eduard Laugaste, Rudolf Põldmäe, Herbert Tampere** ja **Richard Viidalepa** töödes Hurta, kuid mõneti tõrjutuks jäid nad ametlikus ajalookontseptsioonis sellegipoolest.

Carl Robert Jakobsonist kirjutati palju ja kohati detailselt tema lühikese elu erinevate etappide ja tahkude kohta, autoriteks lisaks eelnimetatutele veel **Sergei Issakov, Meelik Kahu, A. Palm, R. Põldmäe**. Eriti silmapaistvaks saavutuseks võib nõukogulike surveolude kiuste pidada **E. Janseni** doktoriväitekirja ja sellel baseeruvat raamatut "C. R. Jakobsoni "Sakala"" (1971), mis suuresti tugineb unikaalsele Kurgja fondile ja ajalehe "Sakala" arhiivile. Viimane sisaldab eriti väärtuslikke andmeid lehc kaastööliste vaadete, koosseisu ja paiknemise kohta. See eesti ajalooteaduse üks tolle aja tippteoseid sai mitmes mõttes eeskujuks ajalooteadusse tulnud 60. aastate põlvkonnale.

Üht-teist ilmus ka eelärkamisaja kohta. **Leo Anvelt** kirjutas mitu kandvat artiklit Otto Wilhelm Masingust ja tema mõttekaaslastest (1979), mainida võib ka **Elsbet Pareki** ülevaadet Johann Heinrich Rosenplänterist (1976). **Endel Nirgilt** ilmus kaks raamatut Kreutzwaldist (1961, 1968). Lugejani jõudsid Carl Robert Jakobsoni "Valitud teosed" (I–II, 1959) ja kapitaalne "Fr. R. Kreutzwaldi kirjavahetus" (I–VI, 1953–79). Anti välja esimene nõukogulik üldlugemik, mille kaks

köidet sisaldasid valitud dokumente ja materjale kõige vanemast ajast kuni 1917. aasta märtsini (1960, 1964). Tohutu töö tehti ära kultuuriloosliste kogude täiendamisel ja korrastamisel Kirjandusmuuseumis. Paguluses ilmunud raamatus "Eesti ajaloo põhiprobleemid" (1955) käsitles rahvusliku liikumise suundi **O. Loorits**, kes nahutas eestlasi ühtsuse puudumise ja kunstlike konfliktide õhutamise pärast.

1960.–70. aastail suurenes maailmas järsult huvi rahvusluse ning rahvuslike liikumiste vastu. Vabas maailmas tekkisid neid nähtusi seletavad uued teooriad. Eksiilis kujunes Eesti 19. sajandi teise poole ja 20. sajandi alguse poliitilise ja ideedeajaloo juhtivaks uurijaks **Toivo Ülo Raun**, kes lähtus oma töödes moderniseerimise kontseptist. Uuenduste impulss tuli Balti provintsidesse väljastpoolt ja esialgu olid eestlased üksnes moderniseerimise toormaterjal, agraarne väikerahvas. Vaimse eliidi ja keskklassi tekkimisega hakati üha enam osalema moderniseerimises ja saavutati selles tsaariaja lõpuks teatud edu. Raun on võrdlevalt uurinud eesti, läti, leedu ja soome rahvuslikke liikumisi, halduslikku ja kultuurilist venestamist. **Aleksander Loit** käsitles Baltimaade rahvuslike liikumiste erinevate külgede (poliitiliste, majanduslike, kultuuriliste) vastastikust mõju.

1970. aastate algul jõudis Eestisse tšehhi teadlase **Miroslav Hrochi** teooria Euroopa väikerahvaste rahvuslike liikumiste kulgemise kohta (raamatuna 1968), mille tugevaks küljeks on oskus oma käsitlusobjekte ühtsel alusel võrrelda, ja mis tänaseks on pälvinud laialdase rahvusvahelise tunnustuse. Selles raamatus on üks peatükk pühendatud eestlastele (vt. "Social Preconditions of National Revival in Europe. Acomparative Analysis of the Social Composition of Patriotic Groups among the Smaller European nations", 2000, lk. 76–85). Hrochi kolmeastmelist (A – üksikute intellektuaalide teaduslik huvi, B – rahvuslike aktivistide patriootlik agitatsioon, C – massiliikumine) rahvusliku liikumise skeemi kohaldas eestlastele esimesena **E. Jansen**, sh.

töös "Eesti talurahva rahvusliku teadvuse kujunemisest XIX sajandil" (1977), kus ta märkis ka eelärkamisaja tähendust ja tegi korrektiive arusaamadesse rahvusliku liikumise geograafiast. Väga produktiivne oli **R. Põldmäe**, kes avaldas käsitluse Jakobsonist (1985) ja seeria raamatuid eesti teatritest ja laulupidudest (1962, 1969, 1976, 1978, 1985), kus teadvustas positiivselt ka Jannseni ning Hurda rolli. **E. Jansen** avaldas oma Jakobsoni-uuringute kokkuvõttena raamatu "Carl Robert Jakobson muutuvas ajas. Märkmeid, piirjooni, mõtteid" (1987).

Läbimurdeks rahvusliku liikumise uurimisel ning märgiks aegade muutumisest kujunes sellele teemale pühendatud Balti uuringute konverents 1985. aastal Stockholmis. Esimest korda käsitleti eesti, läti ja leedu rahvuslikke liikumisi rahvusvahelises kontekstis ja interdistsiplinaarselt. Konverentsist võttis osa enamik selle teemaga tegelevaid teadlasi kogu maailmast. **Herbert Ligi** ja **Ants Viirese** ettekanded rahvusliku liikumise geograafiast ja rahva aktiivsust mõjutanud teguritest (ilmunud kogumikus "National Movements in the Baltic Countries during the 19th Century. Acta Universitatis Stockholmiensis", 1985) väljendasid uut lähenemist ja viisid uurimist tunduvalt edasi.

Tsensuuri nõrgenemine tõi 1980. aastate teisel poolel kaasa tulva uurimusi rahvuslikust liikumisest, mida hakati vaatlema kui seaduspärast etappi eesti rahva teel iseseisvusele. Taasvabanemise aastate ajalookirjutuses tõsteti rahvuslikud suurmehed, sh. Jannsen ja Hurt neile väärilisele kohale. 1988. aastal nägi trükivalgust **R. Põldmäe** monograafia noorest Hurdast ning terve rida kirjutisi **E. Jansenilt, Mart Laarilt** ja **Ülo Tedrelt**. Jansen ja Laar hakkasid oma töödes eristama Hurda herderlikku ehk kultuurilist ning Jakobsoni rousseaulikku ehk poliitilist rahvuslust, kusjuures areng toimus poliitilise rahvusluse tugevnemise suunas.

1990. aastail tegi 19. sajandi uurimine märkimisväärseid edusamme, oluliselt laienes allikaline baas (sh. välisarhiivid), teadmi-

sed teooriast ja metodoloogiast, töösse lülitus uusi uurijaid. 1995. aastal ilmus **M. Laari** monograafia (magistritöö) "Raamat Jakob Hurdast", mis hõlmab Hurda elu ja mitmekülgset tegevust sünnist surmani. Vabatahtlike ühenduste uurimise lainel sündis **E. Janseni** ja **Jaanus Arukaevu** koostatud kogumik "Seltsid ja ühiskonna muutumine. Talupojaühiskonnast rahvusriigini" (1995). Eesti haritlaskonna ajaloo projekti raames avaldasid **Toomas Karjahärm** ja **Väino Sirk** (triloogia esimese raamatuna) teose "Eesti haritlaskonna kujunemine ja ideed 1850–1917" (1997), kus haritlaskonna eri kihistuste koostise analüüsi kõrval jälgitakse nende rolli ühiskondlikus elus, ärkamisaja kõrgharitlaste puhul kohati üksikisiku tasandil.

Ärkamisaja tegelastest puudutas ümberhindamine Jannseni kõrval ka Ado Grenzsteini, keda rahvuslik historiograafia oli alati pidanud negatiivseks kujuks, venestamisele kaasaaitajaks ja rahvuse äraandjaks. Nüüd kujutas **Jaan Undusk** teda eurooplase ja uuendajana, **J. Arukaevu** aga kinnitas, et Grenzsteini venemeelsus oli *kilbiks tema ühiskondliku organiseerimise ja rahva emantsipeerimise apoloogiale.*

21. sajandi esimesel aastakümnel on rahvusliku liikumise kohta ilmunud mitu fundamentaalset uurimust, domineerivad laiahaardelised ja kokkuvõtlikud monograafiad. **M. Laari** panoraamse ja mitmekontsentrilise doktoritöö "Äratajad. Rahvuslik ärkamisaeg Eestis 19. sajandil ja selle kandjad" (2005) keskmes on ärkamisaja tegelaste-aktivistide andmebaas, mis hõlmab 4040 inimest, kes on jagatud rühmadesse nende aktiivsuse alusel (juhid, äratajad, tavalised aktivistid). Laar tegi järelduse, et rahvuslikku aktiivsust kohtadel ei saa tuletada automaatselt sotsiaal-majanduslikest ja kultuurilistest teguritest, esmatähtis oli isikuline faktor, s.o. aktivistide-äratajate olemasolu. Seal, kus neid oli rohkem, seal oli ka liikumine elavam. Laar tõstis eelärkamisaja rahvusliku liikumise loomulikuks osaks, nii nagu see on ka teistel Euroopa rahvastel. **E. Janseni** postuumselt il-

munud "Eestlane muutuvas ajas. Seisusühiskonnast kodanikuühiskonda" (2007) hõlmab nii eesti kui baltisaksa ühiskonda ja peaaegu tervet 19. sajandit. Tema märksõnad on siin *kodanikuühiskond* ja *avalikkus*. Mõni aasta varem ilmus ka **E. Janseni** uuemate artiklite kogu üldpealkirjaga "Vaateid eesti rahvusluse sünniaegadesse" (2004). Nii Janseni kui Laari uurimuste nišiks on sotsiaalajalooline kultuuriajalugu, mis määratleb eesti rahvusluse sotsiaalset omapära ja võimaldab seda võrrelda teiste rahvastega.

Eelärkamisaja algusega ühildub **Indrek Jürjo** monograafia baltisaksa valgustajast August Wilhelm Hupelist (2004, saksa k. 2006). **Malle Salupere** "Postipapa. Mitmes peeglis, mitmes rollis" (2006) on Jannseni biograafiatest kõige esinduslikum ja sisaldab ka seniavaldamata dokumente. Tema "Tõed ja tõdemused. Sakste ja matside jalajäljed nelja sajandi arhiivitolmus" (1998) on kogumik peamiselt saksa-eesti-vene kultuurikontaktidest. Suurejoonelised akadeemilised väljaanded on Eesti Kirjandusmuuseumi poolt avaldatud "Otto Wilhelm Masingu kirjad Johann Heinrich Rosenplänterile" (I–IV, 1995–97, koost. **L. Anvelt jt.**) ja **Friedrich Robert Faelhmanni** "Teosed" (I–II, 1999, 2002). **Tõnu Tannberg** korraldas esimese eestikeelse ajalehe "Tarto maa rahwa Näddali-Leht" (1806) säilinud numbrite publitseerimise koos ajalehte puudutavate uurimustega (1998). Jätkunud on dokumentide avaldamine ajakirjades "Keel ja Kirjandus", "Akadeemia", "Tuna" jm.

Eestlaste rahvuslikku arengut võrreldes teiste impeeriumi rahvastega on välismaistest uurijatest lisaks Hrochile uuemal ajal käsitlenud ka Šveitsi päritoluga **Andreas Kappeler** teoses "Russland als Vielvölkerreich. Entstehung. Geschichte. Zerfall. (1992, 1993, vene k. 1997). Ta jälgib eestlaste ja teiste noorte *talupojarahvaste* (ukrainlased, valgevenelased, leedulased, lätlased, soomlased) rahvuslikku emantsipatsiooni võõrrahvusest eliidi võimu alt kuni 1917. aastani. Hrochi skeemile tuginedes näitab Kappeler liikumise järkjärgulist

politiseerumist, jõudmist massiliikumise faasi ja iseseisva riigi moodustamiseni. Tallinna näitel vaatleb kodanikuühiskonna tekkimist ja rahvustevahelisi suhteid paljurahvuselises Vene impeeriumis **Bradley D. Woodworth** oma doktoritöös ("Civil society and nationality in the multiethnic Russian Empire. Tallinn/Reval, 1860–1914", 2003). Baltimaade rahvuslikke liikumisi ja valitsuse reforme 19. sajandi teisel poolel on oma töödes rohkem või vähem puudutanud **Eric Hobsbawm, Geoffrey Hosking, Robert Kaiser, Theodore R. Weeks**, vene uurijatest **Natalja Andrejeva, Elmira Fedossova, Julia Mihhailova, Aleksei Miller, Jelena Nazarova** jmt. Debatis **Anthony D. Smithiga** Warwicki ülikoolis (1995) ütles **Ernest Gellner**, et eesti rahvuslus tekkis "eimillestki" *(ex nihilo)*.

Pärast Teist maailmasõda on baltisaksluse poliitilist ajalugu 19. sajandil vaadelnud **Edgar Anderson, Maksim Duhhanov, Gottfried Etzold, Michael H. Haltzel, Anders Henriksson, Peter Krupņikovs, Wilhelm Lenz, Heinz von zur Mühlen, Hubertus Neuschäffer, Gert von Pistohlkors, Georg von Rauch, Hellmuth Weiss, Heide W. Whelan, Reinhard Wittram**. Neist Haltzel kirjutab, et moderniseerimise ajastul polnud privileegidele tugineval Balti provintside autonoomial mingeid šansse puutumata jääda.

Omaette historiograafiliseks probleemiks on, kuidas hinnata Vene valitsuse Balti-poliitikat, esmajoones 19. sajandi teise poole reforme, mis murdsid Balti erikorra selgroo ja suurendasid tunduvalt Vene mõju ja kohalolekut regioonis. Selle küsimuse historiograafia ulatub samuti reformide rakendamise aega, mil sündis ka mõiste *venestamine (venestus)*. Tolle aja kohalikud vene autorid (**Jevgraf Tšešihhin, Anton Budilovitš, Ivan Rogozinnikov, Ivan Võssotski**) kiitsid tingimusteta heaks kõik valitsuse venestuslikud reformid ja nõudsid veelgi resoluutsemaid meetmeid. Baltisaksa poliitilised publitsistid olid vastupidisel seisukohal ja leidsid et Balti aadlile *igaveseks kingitud* privileege on ebaseaduslikult kärbitud. Eesti autorid suhtusid saksa mõju vähendavatesse reformidesse üldiselt poolehoiuga. Osa kaasaegseid vaimuinimesi (**Joh. Aavik, A. Jürgenstein, Jaan Jõgever, V. Reiman**) tõlgendas valitsuse reforme ja eeskätt vene keele sisseseadmist õppekeelena algkoolis ja asjaajamises kui katset eestlasi denatsionaliseerida või ümber rahvustada, teised, nagu **Ado Grenzstein, H. Rosenthal** ja **Andres Saal**, eitasid niisuguseid kavatsusi. Taoline hinnangute lahknevus venestusreformide eesmärkidele jäi püsima edaspidigi.

Esimesel iseseisvusajal juurdus mõiste *venestamine* rahvuslikus historiograafias kindlalt terve ajajärgu katusmõistena kui *venestamisaeg*, mis haaras aastakümmet 1880. aastate keskpaigast kuni 1890. aastate keskpaigani, eesti ühiskondliku liikumise uue tõusuni. Kirjanduses oli levinud seisukoht, et rahvusriigi ja kõikslaavluse ideest kannustatud venestamine oli plaanipärane ja selle eesmärgiks pikemas perspektiivis oli eesti rahva väljasuretamine (**M. Kampmann, P. Põld, P. Tarvel, Fr. Tuglas**). Nõukogude ajal lubati tsarismi vastu kasutada mõnikord üsna karme väljendeid nagu *vägivaldne ümberrahvustamispoliitika*, kuid venestamise teemat käsitlevate raamatute avaldamist takistati.

Vene valitsuse poliitikat Balti provintsides aastail 1796–1870, s.o. enne venestusaega, vaatlevad **Edward C. Thaden** ja **Marianna Forster Thaden** raamatus "Russia's Western Borderlands, 1710–1870" (1984). Ameerika ülikoolide teadlaste 1970. aastate teise poole projekti tulemusena sündis teos "Russification in the Baltic Provinces and Finland, 1855–1914" (1981), mis on jäänud tänaseni antud küsimuses Baltikumis tooniandvaks. Selle autorid **M. H. Haltzel** (teemaks baltisakslased), **C. Leonhard Lundin** (Soome), **Andrejs Plakans** (lätlased), **T. Ü. Raun** (eestlased) ja **E. C. Thaden** (Vene valitsus) kasutavad mõistet *venestamine* laias tähenduses, ent teevad vahet vabatahtliku, poliitilis-haldusliku ja keelelis-kultuurilise venestamise vahel. Kui halduslikust venestamisest said eestlased ja lätlased kasu, siis kultuurilise venestamise puhul pole hinnang ühene. Autorid järeldasid,

et venestamine polnud Baltimaade arengut otsustavalt määrav tegur aastail 1855–1914 ning rahvuslik surve tugevdas rahvuslike liikumiste vastupanu; assimilatsiooni ja denatsionaliseerimise mõttes kukkus venestamispoliitika läbi.

A. Kappeler kasutab mõistet *venestamine* üksnes kultuurisfääri suhtes. **A. Miller** ("Империя Романовых и национализм", 2008) paneb ette rääkida venestamisest üksnes ümberrahvustamise *(venelaseks muutmise)* tähenduses. **N. Andrejeva** peab selle mõiste kasutamist üldse vääraks. Tema sõnul olid kõik valitsuse reformid, kaasa arvatud vene keele sisseviimine koolidesse õppekeelena, suunatud riigi ühtsuse tugevdamisele, mitte aga kohalike rahvaste venestamisele.

Tänapäeval on uurijad enamasti seisukohal, et vaatamata vene rahvusluse tugevnemisele ning sõjakalt-rahvusliku hoiaku ilmnemisele valitsuse poliitikas ja avalikkuses 19.–20. sajandi algul jäi Vene impeerium siiski lõpuni riigipõhiseks ja dünastiliseks ega muutunud rahvusriigiks klassikalises mõttes. Ent ka rahvusülene impeerium võis ajada imperialistlikku ja valikuliselt assimilaatorlikku poliitikat, ilma et oleks eesmärgiks seadnud Vene rahvusriiki. Moderniseerimise huve teenivate halduslike reformide vajalikkuses pole uurijad kahelnud, ent on märkinud, et forsseeritud lõimimise, keskustamise ja ühtlustamisega kaasnes ka segregatsioon ja diskrimineerimine, mis Balti provintsides väljendus keelelis-kultuurilises venestamises ja eriti emakeelse algharidus peaaegu täielikus likvideerimises. Teisest küljest võimaldas vene keele oskus eestlastel saada kõrgharidust, kontakteeruda vene ühiskonna ja kultuuripiirkonnaga ning teha karjääri Venemaal, kujundada niisugust intellektuaalset ja materiaalset ressurssi, mis lõpptulemusena aitas objektiivselt kaasa oma riigi loomisele. Akadeemilise huvi kasvu Vene aja vastu tunnistavad Eesti Ajalooarhiivi Toimetiste seerias ilmunud rahvusvahelise autorkonnaga kogumikud "Vene aeg Eestis. Uurimusi 16. sajandi keskpaigast kuni 20. sajandi alguseni" (2006, koost. **T. Tannberg**) ja "Vene impeerium ja Baltikum: venestus, rahvuslus ja moderniseerimine 19. sajandi teisel poolel ja 20. sajandi alguses" (I–II, 2009–10, koost. **T. Tannberg** ja **B. Woodworth**).

Venestamisaja tähtsaimaks publitseeritud allikate koguks on ülempreestri ja Riia tsensori **Nikolai Leismanni** algatusel Peterburis ilmunud kolmeköiteline "Из архива князя С. В. Шаховского. Материалы для истории недавнего прошлого Прибалтийской окраины (1885–1894 гг.)" (1909–10). Selle teose esimene köide sisaldab dokumente halduslikku venestamise kohta (vene keele juurutamine asjaajamises, valitsuse suhted rüütelkonnaga, politsei- ja kohtureform ning linnavalitsemise korraldus), teine köide puudutab talurahva olukorda ja koormisi ning kolmas köide õigeusu levitamist Eestimaal ja suhteid luteri usu kirikuga. Allikalise väärtusega on baltisaksa autorite mälestused, mida on eriti 19. sajandi lõpu ja 20. sajandi alguse kohta ilmunud märkimisväärne hulk, alates **Fr. Bienemann noorema** kogumikest ja lõpetades kogumikuga "Zwischen Reval and St. Petersburg", mille 1993 andis välja **Henning von Wistinghausen**.

19. sajandi kultuuri üksikute harude ja valdkondade uurimise alged ulatuvad rahvusliku liikumise estofiilsesse faasi sama sajandi esimesel poolel. Rahvusliku ärkamise ja hilisema massiliikumise ajal olid kultuuri ja hariduse küsimused tähtsal kohal mitme põlvkonna juhttegelaste (**Jakob Hurt, C. R. Jakobson, A. Grenzstein, Jaan Tõnisson, V. Reiman, Konstantin Päts**) kirjutistes, valitsusele esitatud märgukirjades (1864, 1881, 1905) ning poliitiliste erakondade programmides, mis kõik taotlesid rahvuskultuuri vaba arengut ja emakeele kasutamisala laiendamist asjaajamises ja koolis.

Eesti kultuuriloo üldkäsitlusi on ilmunud kaks: populaarne lühiülevaade **Lauri Vahtrelt** (1. tr. 1993, 2. tr. 2000) ja **Ilmar Talve** väga põhjalik "Eesti kultuurilugu. Keskaja algusest Eesti iseseisvuseni" (2004, 2005), milles iga perioodi kohta antakse ka poliitiline, majanduslik ja ühiskondlik taust. Rahva-

kultuuri esimene ülevaateteos, interdistsiplinaarne "Eesti rahvakultuur" (koost. **A. Viires** ja **Elle Vunder**), mille keskpunktis on pärimuslik talupojakultuur, jõudis lugejani 1998. aastal (2. tr. 2008).

Haridusel on eesti vaimses kultuuris ja väikerahvalikus mütoloogias eriline koht. Just hariduse abil pidid eestlased realiseerima oma ajaloolist missiooni (H. Kruusi sõnul *eesti rahva ajaloolise kutsumuse ideed*): saada *suureks ja vägevaks vaimu asjades*, nagu seda kirjeldas **J. Hurt** oma 1870. aastal Helmes peetud kuulsas kõnes "Meie koolitatud ja haritud meestest" ("Jakob Hurda kõned ja avalikud kirjad", 1939). Sellest ka suur huvi kooliajaloo vastu minevikus ja tänapäevalgi.

Baltisaksa autorid huvitusid 19. sajandil esialgu peamiselt saksa linnakoolide ajaloost. Rohkesti ilmus kirjutisi üksikute koolide ja linnade kohta. Talurahvakoolidest kirjutasid **Karl Gottlob Sonntag, Karl Ulmann, August Bulmerincq, Carl Rein, Alexander Wegner** jmt. Vene autorid, nagu **Juri Samarin** ja **Mihhail Stoljarov**, kirjutasid õigeusu koolidest, õhutasid ja õigustasid valitsuse venestuslikku koolipoliitikat ja kritiseerisid Balti aadli tegevust selles valdkonnas.

19. sajandil tegelesid rahvakooli ajalooga esmajoones eestlastest pastorid, kes, nagu Nõo õpetaja **M. Lipp** ("Kodumaa kiriku ja hariduse lugu" I–II, 1895, 1899) ja Kolga-Jaani õpetaja **V. Reiman**, ühendasid kooliajaloo kirikuajaloo uurimisega ja kasutasid baltisakslaste tööde kõrval ka kirikuarhiive. Nemad panid aluse eestikesksele kooliajaloole. 1902. aastal ilmus **Hans Palmi** ülevaade eesti alghariduskoolide ajaloost, 1910. aastal asundustegelase **August Nigoli** "Nooresoo kasvatuse ajalugu". Kooliajaloo uurimist toetas ka tugevnenud rahvuslik perioodika ja muu eestikeelne trükisõna, mille huvide keskpunktis oli emakeelse rahvuskooli loomine, mis sai võimalikuks pärast 1905. aastat. Kuigi eesti haridusalooline kirjasõna oli alles kujunemisjärgus, jõuti enne iseseisvuse väljakuulutamist esimese eesti pedagoogikaajakirja "Kasvatus ja Haridus" (1917–18) asutamiseni.

Iseseisvusajal kirjutasid kooliajaloolisi ülevaated **Jüri Annusson** (1921, 1925) ja **Kaarel Ruut** (1921). **P. Põllu** "Eesti kooli ajalugu" (1933, redig. **H. Kruus**) jälgis hariduselu Eestis esmakordselt Euroopas toimunu taustal ja jäi pikemaks ajaks tooniandvaks ülevaateteoseks. Kooliajaloo uurimist ergutas laialdane ülevaate- ja teatmeteoste, maakondlike koguteoste koostamine, mis sisaldavad haridusajaloolisi osi või süžeesid. 1920.–30. aastail hakkas ilmuma haridusloolisi teadusmonograafiaid (nende seas oli üks põhjalikumaid juba nimetatud **H. Kruusi** "Eesti Aleksandrikool", 1939). **J. Kõpp** kirjutas koolioludest Lõuna-Eestis, sh. kapitaalses "Laiuse kihelkonna ajaloos" (1937, 2009). Saaremaa kooliolusid 19. sajandil uuris **Arnold Soom**. Tänagi kasutatav uurimus rahvakoolidest on **Helmut Speeri** monograafia "Das Bauernschulwesen im Gouvernement Estland vom Ende des achtzehnten Jahrhunderts bis zur Russifizierung" (1936).

Nõukogude-aegsetest ülevaadetest võib nimetada **A. Elango** teoseid "Pedagoogika ajalugu" (1974, 1984) ning "Eesti kooli ja pedagoogilise mõtte ajaloost" (1968, 1975). Algkoolide ja alghariduse ajaloo uurimisel kujunes kõige produktiivsemaks **Lembit Andresen**, kellelt ilmusid "Eesti rahvakoolid 19. sajandil kuni 1880-ndate aastate koolireformideni" (1974) ja õpik "Eesti kooli vanem ajalugu" (1985, 1995), kus ajapiiriks aasta 1917. Esmaallikatele tuginevad **Elmar Ernitsa, Endel Laulu, Allan Liimi** ja **Lea Metsise** uurimused 19. sajandi ja 20. sajandi alguse talurahvakoolidest ning linnade alghariduskoolidest. A. Liimi uurimused puudutavad ka keskhariduskoole, sh. nende seisuslikku ja rahvuslikku koostist, samuti eesti keele kasutamist õppekeelena. **V. Sirk** on mitmekesiste allikate põhjal kirjutanud raamatud kutsehariduse ajaloost Eestis 19. sajandi algusest kuni 1917. aastani (1983) ja aastail 1917–20 (1989). Laialdaselt uuriti üksikute erialade hariduse ajalugu, näit. majandus- (**Otto Karma, Jüri Kuum**), tehnika- (**Leo Õispuu**), muusika- (**Heino Rannap**), mere-

(**Ants Pärna**) ja meditsiinilist haridust (**Viktor Kalnin, Heino Gustavson**), samuti ajaloo (**Kaarel Kotsar**) ning vene keele ja kirjanduse õpetamist (**S. Issakov**). 1970. aastal käivitati **Ferdinand Eiseni** eestvedamisel Eesti kooli ajaloo uurimise suurprojekt. 1989. aastal ilmus esimene köide, mis haarab ajavahemiku 13. sajandist 1860. aastateni, teise köite käsikirja valmimiseni jõuti 2009. aastal.

Kahel viimasel aastakümnel on üldisemat laadi teoste hulka lisandunud **L. Andreseni** "Eesti kooli ajalugu. Algusest 1940. aastani" (1995), "Eesti rahvakooli ja pedagoogika ajalugu III. Koolireformid ja venestamine (1803–1918)" (2002) ning **L. Metsise** talurahva haridust ja koolilugu käsitlev "Eesti külakoolist kuueklassilise algkoolini" (1995). Väljapaistvaks saavutuseks on teatmeteos "Haridusinstitutsioonid Eestis keskajast kuni 1917. aastani" (1999, koostaja **A. Liim**), mis aitab orienteeruda aegade jooksul Eestis eksisteerinud haridusasutustes ja rohketes koolitüüpides ning haridusalastes terminites.

Baltisaksa haridussegmendile ja kultuuripoliitikale heidab valgust **Feliks Kinkari** uurimus baltisaksa haridusseltside ajaloost Eestis (1905–14) (2000).

Eelmainitud raamatus "Eesti haritlaskonna kujunemine ja ideed" vaatleb **V. Sirk** kooliõpetajaskonna erinevaid rühmi, nende professionaalset kujunemist ja ühiskondlikku rolli rahvuslikus liikumises. **M. Laari** monograafiast "Äratajad" selgub, et eriti aktiivsetest rahvuslikest patriootidest moodustasid kooliõpetajad enam kui poole. Tsaariajast tänaseni on ilmunud sadu mälestusi, kus autorid kirjeldavad oma noorusaega. Suurel arvul on üllitatud ka üksikute koolide ajalugusid.

Tartu ülikooli kui Euroopa ja Vene keisririigi olulise kultuurikeskuse kohta on kirjandust väga palju. 1975. aastast ilmub jätkväljaanne "Tartu Ülikooli ajaloo küsimusi" (seni 36 köidet). Nimetame siin valikuliselt teatmelise ja üldise iseloomuga töid. Suure allikalise väärtusega on teatmeteosed – neist üliõpilaste kohta "Album Academicumid" 1852, 1853, 1867, 1889 (koost. **Arnold Hasselblatt** ja **Gustav Otto**, sisald. 14 000 immatriku- leeritu andmeid) ning 1986–88 (aastate 1889–1918 kohta) – samuti õppejõudude ja teenistujate kohta. Viimaste hulgas paistab põhjalikkusega silma **Grigori Levitski** koostatud õppejõudude biograafiline leksikon aastaist 1802–1902 (1902–03). 1997. aastal ilmus rektorite album 1632–1997 (koost. **Sirje Tamul**). Üldkäsitlusi-ülevaateid Tartu ülikooli tegevusest vaadeldaval ajal on ilmunud terve rida, sh. aastail 1827 (koostatud rektor **Gustav Ewersi** juhtimisel, sisaldab koosseise), 1853 (**Theodor Beise**), 1866 (**Ludwig Strümpell**, komponeeritud teaduskondade kaupa), 1868 (**Julius Eckardt**), 1882 (**Theodor Neander**, ilmus Saksamaal), 1902–06 (**Jevgeni Petuhhov**), 1932 (**Karl Laagus**), 1982 ("Tartu ülikooli ajalugu II. 1798–1918", koost. **K. Siilivask**), 1985, 2007 ("Universitas Tartuensis 1632–2007", toim. **Toomas Hiio** ja **Helmut Piirimäe**). Ülikooli struktuuriüksuste (peamiselt teaduskondade) ajalugude kõrval on oluline tähele panna uurimusi väljapaistvatest professoritest ja rektoritest, nagu Georg Friedrich Parrot (**Friedrich Bienemann vanem**, 1902) ja Gustav Ewers (**Lea Leppik**, 2001). Rikkalik on kirjandus üliõpilaskonna ja eriti üliõpilasorganisatsioonide kohta. 1932. aastal ilmus **J. Vasara** koostatud, valdavalt teadlastest koosneva autorkonnaga kogumik "Tartu üliõpilaskonna ajalugu seoses Eesti üliõpilaskonna ajalooga", mis annab ülevaate eesti üliõpilastest Tartus, Riias ja Venemaal, samuti seltsidest ja korporatsioonidest. Eelmainitud raamatus "Eesti haritlaskonna kujunemine ja ideed 1850–1917" (1997) on eesti rahvusest üliõpilaskond ja vilistlased keskel kohal, kusjuures autorid, **T. Karjahärm** ja **V. Sirk**, on püüdnud ühendada sotsioloogilist ja ideeajaloolist aspekti. Uuemaid käsitlusi üliõpilasorganisatsioonidest, mis sisaldavad biogramme ka liikmete kohta, on **H. Piirimäe** eestvedamisel koostatud "Spes patriae" (1996) ja "Vivat Academia" (2007). Eestist pärit naiste kõrgkooliõpingutest on kirjutanud **Sirje Kivimäe** ja **S. Tamul** kogumikus "Vita academica, vita feminea"

(1999). Üldistavalt räägivad teadusest Eestis ja eestimaalastest teaduses teadusloolaste **Karl Martinsoni** "Teadustegevuse institutsionaliseerumine Eestis XVII sajandist 1917. aastani" (1988) ning **Jaan Laasi** "Teadusaeg" (1989). **S. Issakov** ja **Hillar Palamets** koostasid kaks köidet kommenteeritud mälestusi Tartu ülikoolist (1986, 1992), mis vaadeldava perioodi osas sisaldavad kolmekümne ühe autori meenutusi, sh. embrüoloogia rajajalt **Karl Ernst von Baerilt** ja füüsikalise keemia rajajalt **Wilhelm Ostwaldilt**.

Eesti 19. sajandi kirikuloo kohta on olemas rikkalik kirjandus, mille eest on hoolitsenud eeskätt kirikutegelased ise, kuid üldkäsitlusi leidub vähe. M. Lipu ülalmainitud töö kõrval on esimesteks sellisteks **Erich von Schrencki** "Baltische Kirchengeschichte der Neuzeit" (1933), **Olaf Silla** "Eesti kirikulugu. Vanimast ajast olevikuni" (1938) ning **Jaan Gnadenteichi** "Kodumaa kirikulugu. Usuõpetuse õpperaamat" (1938, 1995). Paguluses ilmus mitmeid ülevaateid, näiteks **Konrad Veemi** "Eesti vaba rahvakirik. Dokumentatsioon ja leksikon" (1988, 1990). 1995. aastal ilmus **O. Silla** ja **Vello Salo** "Lühike Eesti kirikulugu". Viljakas uurija on **Riho Saard**, kellelt on ilmunud mitu monograafiat, nende hulgas tema doktoritöö "Eesti rahvusest luterliku pastorkonna väljakujunemine ja vaba rahvakiriku projekti loomine, 1870–1917" (2000) ning "Eesti kirikute esivaimulikkond 1165–2006" (2006). **Andres Andreseni** "Eestimaa kirikukorraldus 1710–1832. Riigivõimu mõju institutsioonidele ja õigusele" (2008) heidab valgust kirikuküsimusele Vene aja algperioodil. Eestlaste jaoks olulist rahvakiriku küsimust ja võitlust selle ümber vaatles 20. sajandi algul esimeste hulgas **V. Reiman**, mõnevõrra on seda teemat puudutatud **O. Silla** üldkäsitluses ning **J. Kõpu** mälestustes. Paguluses kirjutasid sellest ka **Artur Taska** (1984) ja **K. Veem**. Uuele tasemele viis nimetatud teema uurimise **R. Saard**. Tsaariaja õigeusu kiriku ajalugu Eestis on kaasaegsetest autoritest valgustanud patriarh **Aleksius II**, **Aleksandr Gavrilin** ja **Urmas Klaas**.

Esimese eesti kirjanduse lühiülevaate "Kurze Geschichte der ehstnischen Literatur" autoriks on Tartu ülikooli eesti keele lektor, eesti päritoluga **Dietrich Heinrich Jürgenson** (Tartu 1843). 19. sajandi lõpul proovisid selles valdkonnas kätt **Karl August Hermann** (1898) ja **Tõnu Sander** (1899–1901), kelle tööd olid kirjeldavat laadi 1906. aastast hakkasid keele- ja kirjandusteaduslikud uurimused ilmuma vastasutatud ajakirjas "Eesti Kirjandus". **M. Kampmanni** (**Kampmaa**) "Eesti kirjandusloo peajooned" (I 1912, 1920, 1924, 1938; II 1913, 1921, 1933) pidas vastu pikka aega. **Villem Grünthal-Ridala** ja **Karl Mihkla** (vastavalt aastail 1922–29 ja 1930–39) avaldasid kirjandusloo õpikuid koolidele. Erineva mahu ja kontseptsiooniga ülevaateid koostasid **Fr. Tuglas** (1934), **Jaan Roos** (1936, 1938), **K. Mihkla** 1930–31, 1932–35, **G. Suits** (1953, 1999), **Cornelius Hasselblatt** (2006) jmt. Lähemas minevikus on valminud paljude autoritega "Eesti kirjanduse ajalugu viies köites" (1965–91) ning **Epp Annuse jt**. "Eesti kirjanduslugu" (2001). Esimeseks eestikeelseks raamatuks baltisaksa kirjandusest on **Liina Lukase** "Baltisaksa kirjandusväli 1890–1918" (2006), kus vaadeldakse ka eesti ja saksa kirjandusväljade kokkupuuteid.

Esimesed üldisemat laadi tööd eesti ajakirjanduse ajaloost ilmusid 20. sajandi algul **P. Põllult** (EÜS-i VI albumis 1901) ja **A. Jürgensteinilt** (eelmainitud ""Postimehe" ajalugu" kogumikus ""Postimees" 1857–1907"). Esimene akadeemiline ajakirjanduslugu on **J. Peegli** koostatud "Eesti ajakirjanduse teed ja risttee. Eesti ajakirjanduse arengust (XVII sajandist XX sajandini)" (1994, autorid **J. Peegel, Krista Aru, S. Issakov, E. Jansen, Epp Lauk**).

Eesti rahvusliku teatri ajaloos on esimeseks tagasivaateliseks kirjutiseks näitejuht **Karl Menningu** "Eesti näitekirjanduse ajalugu" EÜS-i seitsmendas albumis (1902) ja **Sergei Parmi** "Lühikene eesti näitemängu ajalugu" (1904). Saksa teatrite ajaloost Tallinnas kõneleb **Elisabet Roseni** raamat (1910).

Esimesed teatriajaloolised uurimused valmisid 1920. aastail. Siin võib nimetada kolme **J. Kärneri** teost: "Eesti teatri ajalugu" (I, 1922), "Eesti näitelava 19. aastasajal" (1923) ja ""Estonia" kuuskümmend aastat" ning arhiividele tuginevat kogumikku ""Vanemuine" 1865–1925" (1925). **Rasmus Kangro-Pooli** "Eesti teatri algaastail" (1946) viib lugeja 19. sajandisse. Kaasaegsed käsitlused on **Karin Kase** "Teatritegijad, alustajad. Eesti teatrilugu ∞ – 1917" (1970), lähemast ajast **Jaak Rähesoo** "Estonian Theatre" (1999) ning õpik "Eesti teatrilugu" (2006, autorid **Luule Epner jt**.).

Esimesed eesti muusikaloo üldteosed avaldati 1930. aastail. Need on **Elmar Arro** "Geschichte der estnischen Musik" (1933) ja **Anton Kasemetsa** "Eesti muusika arenemislugu" (1937). Paguluses ilmus **Juhan Aaviku** neljaköiteline "Eesti muusika ajalugu" (1965–69). Samal ajal ilmus Eestis **Artur Vahteri** toimetatud kaheköiteline "Eesti muusika" (1968, 1975).

Eesti 19. sajandi kunstiajaloo uurimisele panid aluse **Wilhelm Neumann** (1887, 1902) ja **Eduard von Nottbeck**. **Voldemar Vaga** "Eesti kunst. Kunstide ajalugu Eestis keskajast meie päevini" nägi trükivalgust alles 1940. aastal. Nõukogude aja väljapaistvaim töö on "Eesti kunsti ajalugu kahes köites" (1970–77, peatoim. **Irina Solomõkova**). 1990. aastail ilmus mitu üldkäsitlust: neljaköiteline "Eesti arhitektuur" (1996–99), **Sirje Helme** ja **Jaak Kangilaski** "Lühike eesti kunsti ajalugu" (1999, soome k. 2000). "Eesti kunsti ajaraamat 1523–1944" (2002, autorid **Rein Loodus jt**.) esitleb tähtsamaid fakte kunstiajaloo sündmustest.

RAHVUSLUS JA EELÄRKAMISAEG

Rahvuse määratlus ja rahvusliku liikumise etapid

Iga rahva jaoks on enesest teadlikuks saamine ehk rahvuse sünd olulisemaid hetki tema ajaloos. "Rahvus" kuulub tõenäoliselt enim kasutatud ja defineeritud mõistete hulka. Sellele vaatamata puudub tänaseni üksmeel rahvuse ja rahvusluse määratlemisel. Kui varem nähti rahvustes ühise ajaloo, keele ja kultuuri alusel tekkinud kooslusi, siis hiljem hakati nende tekkimist seostama ka sotsiaalmajanduslike tegurite ja arengutega. Kaasajal seletavad ühed autorid rahvuste teket üleminekuga agraarühiskonnast industriaalsesse, näevad neis moodsa ühiskonna produkti. Teised kinnitavad rahvuste igipõlist päritolu. Kolmandad peavad rahvusi eliidi ja rahvuslike aktivistide poolt kunstlikult väljamõeldud ühendusteks, mille abil need oma ambitsioone või "projekte" ellu viivad. Tuntud on ka rahvuste jaotus poliitilisteks "riigirahvusteks" (Staatsnation) ja "kultuurirahvusteks" (Kulturnation). Esimene tüüp olevat iseloomulik Lääne-Euroopale, teine Ida-Euroopale. Niisugune jaotus on üsna tinglik, sest ka enamik suuremaid Ida-Euroopa "kultuurirahvusi" on jõudnud omariikluseni. Allpool on rahvust mõistetud oma etnilist ühtekuuluvust teadvustavate inimeste ühendusena, keda seob kokkukuuluvustunne ühise mineviku alusel ning tahe end tulevikus ühiselt teostada. Rahvuste sünd võib mõneti meenutada inimese enesest teadlikuks saamist, mille juures on samuti tähtsad mälu ja suhtlemine. Samas pole ükski rahvus sündinud aktiivse tahteavalduseta selle liikmete poolt, millele omakorda võivad kaasa aidata suured ühiskondlikud murrangud ja vapustused, nagu sõjad ja revolutsioonid.

Etnilise kokkukuuluvuse tunnet võib algelisel kujul leida juba antiik- ja keskajast. Ladinakeelne sõna *natio* on algselt märkinud põlvnemist, päritolu. Keskaegsetes ülikoolides tähistati selle sõnaga ühist arvamust omavat seltskonda, 17. sajandi Inglismaal hakati sõna *nation* all mõistma suveräänset kodanikkonda. Hiljem jõudis niisugune arusaam ka mujale Euroopasse, kus hakkasid välja kujunema rahvusriigid.

Rahvusluse kui ideoloogia võidukäigule Euroopas aitas kaasa romantismi levik filosoofias, kirjanduses ja kunstis. Tähtsat osa selles etendas saksa filosoof, kirjanik ja folklorist Johann Gottfried Herder, kelle rahvuslikku eripära, keelt ja kultuuri väärtustavad vaated mõjutasid arenguid kogu Euroopas. Võimsa tõuke rahvusluse võidukäigule andsid Suur Prantsuse revolutsioon ja Napoleoni sõjad, mis tõid kaasa etnilise eneseteadvuse tõusu paljudes Euroopa maades. 19. sajandi keskpaigaks oli rahvuslus saanud Euroopas valdavaks ideoloogiaks.

Rahvuslikke liikumisi on periodiseeritud mitmeti. Ida-Euroopa väikerahvaste rahvuslikku ärkamist uurinud Miroslav Hroch jagab need liikumised kolme etappi. Esimeses ehk A-faasis tunneb piiratud rühm inimesi intellektuaalset või teaduslikku huvi rahva keele, kultuuri ja ajaloo vastu, püüdmata või suutmata seejuures astuda samme laiemate hulkade äratamiseks rahvuslikule tegevusele. Teises ehk B-faasis algab rahvuslikult "ärganud" patriootide agitatsioon rahva ulatuslikumaks kaasamiseks liikumisse; tähtis roll on rahvuslikel organisatsioonidel ja ajakirjandusel. Kolmandas ehk C-faasis muutub liikumine massiliseks ja politiseerub, selles tulevad esile erinevate ühiskonnakihtide lahknevad huvid ja eesmärgid. Päevakorda tõuseb poliitilise enesemääramise küsimus.

Estofiilid ja rahvusliku liikumise algus

Esimesed märgid rahvuslike ideede jõudmisest Vene riigi Läänemere-provintsidesse on jälgitavad 18. sajandi viimasest neljandikust alates. Oma osa selles oli *tormi ja tungi* ajastu vaimsete juhtide Johann Gottfried Herderi, Christian Hieronymus Justus Schlegeli ja Friedrich Maximilian Klingeri seostel Liivimaaga. Herder elas ja töötas Riias aastail 1764–69. Tema kuulsatesse rahvaluuleantoloogiatesse "Volkslieder" jõudsid ka läti ja eesti rahvalaulude saksakeelsed tõlked, millest enamiku saatis talle üks Eesti silmapaistvamaid valgustusaja tegelasi, Põltsamaa kirikuõpetaja August Wilhelm Hupel (1737–1819). Herderi teene on selles, et ta asetas eestlaste ja lätlaste rahvaloomingu Euroopa *kultuurrahvaste* loomingu kõrvale, kuigi tema sõnul olid eestlased Euroopa viimased metslased (millele Hupel vastu vaidles). Herder ja paljud tema kaasaegsed pooldasid loodusteaduste edusammude mõjul vormunud ideed ajaloolisest arengust, mille sisuks on inimkonna progress, ja mis väljendub kordumatute individuaalsuste järgnevuses. Viimaste hulka kuulusid esmajoones ka *rahvavaimud* ja *natsioonid*. Herder ei kujutle arengut siiski sirgjoonelisena, selles on tsüklilisuse ja igavese taaskordumise elemente. *Kõik õitseb, kõik närbub – ning õitseb taas, kui naaseb tema aeg.*

Niisugune ajaloo kulgemise tõlgendus andis teoreetilise aluse Balti provintside ajalugu radikaalselt ümberhindavatele töödele. Neist mõjukaim on Garlieb Helwig Merkeli (1769–1850) 1797. aastal Saksamaal ilmunud pärisorjuse-vastane teos "Die Letten, vorzüglich in Liefland, am Ende des philosophischen Jahrhunderts", mis keskendus eeskätt baltisaksa aadli ründamisele. Merkel käsitas eestlasi ja lätlasi esmakordselt mitte üksnes rõhutud talupoegadena, vaid pärisorjade seisusse surutud rahvustena, kes kunagi olid olnud vabad ja õnnelikud ja kelle arengut oli vägivallaga kunstlikult pidurdatud. Romantilises stiilis idealiseeris ta balti põlisrahvaste minevikku ristisõdijate valltuse eelsel ajastul ja nõudis nende kaasaegse viletsa olukorra kiiret parandamist. Merkeli ning talle lähedase Johann Christoph Petri ideed mõjutasid mitut põlvkonda eesti, läti ja baltisaksa haritlasi, andes tugeva impulsi ka 19. sajandi teise poole rahvuslikule liikumisele ja mütologiseeritud rahvusliku ajalookirjutuse tekkimisele.

Valgustusajastu rüpes kujunesid Eestis (nagu ka Lätis) 18. ja 19. sajandi vahetuseks välja eeldused rahvusliku liikumise tekkeks. Rahvusliku liikumise esimest etappi võib nimetada eelärkamisajaks. Eelärkamisaja algupoolel olid liikumise kandjateks valdavalt estofiilid, kelle all on mõistetud eesti keelt ja kultuuri harrastanud muust rahvusest isikuid. Kuigi silmapaistvamaid estofiilseid tegelasi on nimetatud ka *esimesteks eesti rahvuslasteks*, olid nad valdavalt sakslased. Keele ja kultuuri poolest pidasid end tollal sakslasteks isegi eesti päritoluga rahvuslikud tegelased, kuigi nad oma eesti päritolu ei salanud. Ka on mitmed toonased haritlased määratlenud end "eestimaalaste" *(Estländer)* või "liivimaalastena" *(Livländer)*. Pole täpselt teada, mida nende sõnadega igal konkreetsel juhul silmas peeti.

Estofiilse perioodi alguseks rahvuslikus liikumises võib pidada 19. sajandi algusaastaid, mil mitmel pool Eestis asus aktiivselt tegevusse estofiilidest kirikuõpetajaid. Olles saanud hariduse kas Saksamaal või taasavatud Tartu ülikoolis, olid nad tugevasti mõjutatud Herderi jt. romantikute ideedest, mis lisasid uue aspekti juba varem Eestisse jõudnud valgustusele, pöörates vaimu harimise kõrval tähelepanu ka hingele. Estofiilid leidsid, et eesti rahvaga tuleb suhelda tema emakeeles, ning asusid tööle eesti keele arendamisel ja eestikeelse kirjavara väljaandmisel.

Valgustusideede mõjul oli estofiilide vanem põlvkond üritanud arendada eesti keelt mingist üldisest ja universaalsest põhimõttest lähtudes. Selle suuna mõjukamaid esindajaid oli olnud kirja- ja keelemees Friedrich Arvelius. Seevastu Herderist ja valgustusfilosoof Johann Georg Hamannist mõjutatud estofiilid pidasid vajalikuks lähtuda eesti keele harimisel keele enda olemusest ja eripärast. Kuigi peamine tähelepanu oli esialgu pööratud eesti keele uurimisele ja edendamisele ning eesti koolivõrgu arendamisele, jõuti kiiresti ka laiema tähendusega ettevõtmisteni.

1806. aasta märtsis alustas Tartus ilmumist esimene eestikeelne ajaleht, "Tarto maa rahwa Näddali-leht", mida toimetasid Põlva pastor Gustav Adolph Oldekop, Kanepi pastor Johann Philipp von Roth ja tema vend, Võru ringkonna koolide inspektor Carl August von Roth. Nagu tollal kombeks, olid lehes ülekaalus uudised välismaalt, kuid leidus ka kohalikke ja Venemaa sõnumeid. Talupoegadele jagati põllumajandus- ja tervishoiualaseid nõuandeid. Ilmus lugusid ehk anekdoote, kus kirjeldati ülemkihtide heatahtlikkust ning õilsust, teisalt aga tõsteti talupojad oma hingeomaduste poolest kõrgemate seisustega võrdsele tasemele. 1806. aasta lõpul leht suleti ja selle numbrid hävitati, sulgemise täpne põhjus on teadmata. Selleks on arvatud nii tollase Balti kindralkuberneri Friedrich Wilhelm von Buxhöwdeni (Buxhoevden) isiklikust solvumisest ajendatud kaebust kui ka Liivimaa mõisnike intriige ja väiteid, et leht kiskuvat alla kuulekust mõisahärrade ja ülemuste suhtes. Ajalehe kurb lõpp ei peletanud selle väljaandjaid rahvuslikust tegevusest eemale. Eriti tasub esile tõsta Johann Philipp von Rothi, kes sai laiemalt tuntuks Kanepi hariduselu edendamisel, mis tipnes Eesti ala esimese kihelkonnakooli asutamisega 1804. aasta lõpul.

Tugeva tõuke rahvuslike ideede levikule andis ülikooli taasavamine Tartus 1802. aastal. Valgustusmeelsete professorite järel, kes kutsusid üliõpilasi üles hindama talurahva tööd ning tunnustama nende õigust paremale elujärjele, esines ülikooli taasavamise aktusel ladinakeelse tervitusega esimene eesti soost valgustusaegne kirjamees, Viru-Nigula pastor Otto Wilhelm Masing.

Esimesed eesti rahvusest üliõpilased asusid Tartu ülikooli õppima mõni aasta pärast selle taasavamist. Aastail 1812–16 tegutsesid Tartus nii esto- kui letofiilide kirjandusringid. Estofiilse ringi koosseisu kuulus seitse võibolla eesti päritolu, kuid saksastunud teoloogiatudengit. Ringi kirjanduslikest katsetest säilinu järgi otsustades oli see tugevasti mõjutatud Merkeli ja Petri ideedest. Järva-Madise pastori poeg Robert Heinrich Ploschkus kirjutas: *Ma olen eestlane! Olen selle soo üle uhke, täis julgust ja jõudu! Kuigi olen sünnilt ori, täidab sooni vaba veri! Ma olen eestlane!*

Sakslasest postijaamapidaja poeg Johann Heinrich Rosenplänter (1782–1846) oli pastoriks Toris ning Elisabeti eesti koguduses Pärnus. Tema õhutusel asutas Pärnu raad 1814. aastal Ülejõe külla Eesti Koolmeistrite Kooli, mis on Forseliuse seminari järel teine teadaolev pedagoogika-õppeasutus, kus õpetati eesti keeles. Samuti andis ta välja kooliraamatuid ja korraldas Pärnus esimeste eestikeelsete näidendite lavastamist. Rosenplänter oli väheseid estofiile, kes suutis rahvuslikku liikumisse kaasa tõmmata talupojaseisusest inimesi. Andekamaid eesti noori õpetas ta ka kodus, lootes neist kasvatada häid koolmeistreid ja kirjamehi. Mitmed Rosenplänteri õpilased said nii tema "Beiträge" kui Masingu "Marahwa Näddalalehe" kaastöölisteks ning rahvusliku liikumise tegelasteks. Rosenplänter, kelle jaoks oli iga rahvus ja keel unikaalne ning omaette väärtus, oli veendunud eesti rahva elujõus ja tulevikus ning taotles eesti keele kasutusala laiendamist ja selle võtmist gümnaasiumide õppekavadesse. Ta küsis: *Kas ka meie, sakslased, kes me nende keelega tegeleme, võime seda kujundada, harida, rikastada? Arvan ja loodan seda järgnevaga tõestada – jah. Meil üksnes ei tohi mõttessegi tulla eneste vaimu ja vaateid eesti keelde üle kanda, vaid, ütleksin, meil tuleb kultiveerida eesti vaimu ennast, ning seda ühelt täiuseastmelt järk-järgult ja rahulikult teisele ja kõrgemale juhtida.* Oma vaateid kaitses Rosenplänter Kuramaa Kirjanduse ja Kunsti Seltsis peetud debatis eesti ja läti rahva tuleviku üle. Liberaalid taotlesid seal põlisrahvaste saksastamist hariduse abil, põhjendades seda vajadusega kaotada eestlasi-lätlasi saksa ülemkihtidest eristavad vaheseinad. Konservatiivid kaitsesid kehtivat seisuslikku korda, ega pidanud maarahvale parema hariduse andmist otstarbekohaseks. Kolmanda, rahvusromantilise seisukoha esindajad olid Baltimaade seisusliku korra suhtes kriitilised ja pooldasid selle lammutamist. Nad pidasid rahvusi Jumala loominguks ning taunisid katseid etnostelt nende *keelt* ja *rahvust röövida.*

Viimase suuna mõjukaks esindajaks oli Kuramaa pastori Karl Friedrich Watsoni kõrval ka Rosenplänter. 1819. aastal avaldati tema seisukohad seltsi aastaraamatus. Herderile tuginedes põhjendab Rosenplänter seal eestlaste ümberrahvastamise kahjulikkust. *Rahvus on asi, mis läbib meil kõiki ihuliikmeid, veresooni ja kõõluseid, ning pärandub edasi, võiksin öelda, tuhandendasse inimpõlve. Kui tahetakse teda hävitada ning midagi muud asemele panna, siis on see üritus, millega mitmed sugupõlved hukka lähevad. [---] Rahvus ja rahva omapärane meelelaad on üks looduse imesid, mille jumalik ettehooldus seepärast inimese olemusega nii intiimselt on sidunud, et see võib-olla pidi olema tema kultuuri peamine hoob.* Ta kirjeldab, kuidas võõras keeles saadud poolik haridus loob poolharitud inimesi, kes millestki suurest vaimustuda ei suuda, ning toob keelte ja kultuuride püsivuse näiteks eestlaste oma "jurisdiktsiooni" (ilmselt pidades silmas 1802.–04. aasta talurahvaseadustega loodud vallakohtuid) ja eestikeelsed kohtuprotokollid.

Aastail 1813–32 toimetas Rosenplänter esimest eesti filoloogia alast teaduslikku sariväljaannet, ajakirja "Beiträge zur genauern Kenntniss der ehstnischen Sprache", mille ümber peatselt koondusid eesti keele, kultuuri ja rahvuse edendamisest huvitatud tegelased. "Beiträge" taotles ühtse eesti kir-

jakeele loomist senise kahe (põhjaeesti ja lõunaeesti) kirjakeele asemel. Ajakiri osutas üsna suurt tähelepanu ilmunud eestikeelsete tekstide kriitilisele analüüsile, millega tegeles eriti Otto Wilhelm Masing. Rosenplänteri ja Masingu üheks eesmärgiks oli seniste autorite vaese ja vigase eesti keele asendamine rikkama ja rahvapärasemaga, mis ühtlasi vastas tollal Euroopas levinud kujutlusele ideaalsest rahvuskeelest. Kristjan Jaak Peterson avaldas "Beiträges" Christfrid Gananderi "Mythologia Fennica" tõlke koos omapoolsete kommentaaridega. Eesti folkloristikale pani aluse rahvaluuletekstide publitseerimine.

"Beiträge" veergudel ilmus Laiuse pastori Heinrich Georg von Jannau artikkel "Über die Grund und Ursprache der Ehsten" (1828), kus kirjeldati eestlaste muistset kuulsust ja vägevust. Kuigi mitmed Jannau väited pole teaduslikus mõttes pädevad, avaldas tema uurimuse üldine suund rahvusliku ideoloogia kujunemisele ergutavat mõju. Nagu varem Merkel, vaatles ka Jannau Eesti ajaloo, kultuuri ja keele arengut muistse õitseaja allakäigu ja uue tõusu kontekstis, ning püüdis Herderile tuginedes tõestada, et eesti ürgkultuuri ja keele jäänustele toetudes on võimalik üles ehitada moodsat eesti keelt ja kultuuri.

"Beiträge" silmapaistvamaid kaastöölisi, Saksamaal sündinud ja seal usuteadust õppinud Johann Wilhelm Ludwig von Luce (1756–1842) oli kümmekond aastat Saaremaal koduõpetaja ja kirikuõpetaja, omandas seejärel Saksamaal arstikutse, naasis Saaremaale ning pidas seal erinevaid ameteid, kõige pikemalt koolide inspektorina. Valgustuse ja romantismi ideedest haaratud Luce andis välja eestikeelset kirjandust ning uuris Eesti ajalugu ja rahvaluulet. Tema üleskutsel alustas 1817. aastal tegevust Kuressaare Eesti Selts. Tartu-Võru kirikuõpetajate kaks aastat hiljem asutatud Eesti Õpetatud Seltsi Tartus (*Estnische Gelehrte Gesellschaft zu Dorpat*) on nimetatud Luce seltsi haruseltsiks.

Rosenplänteril õnnestus "Beiträge" ümber koondada pea kõik tollased estofiilsed tegelased, kes muidu omavahel alati kõige paremini läbi ei saanud. "Beiträge" kaastööliste hulgas olid August Wilhelm Hupel ja Arnold Knüpffer, samuti eesti koolmeistrid ning talunikud Andres Jervitson Torist, Abram Holter Saugast, Kõrendo Kaarel, Kulli Jüri, Mäletu Jaan ja Kübara Jaan. Ajakirjale tegid kaastööd soomlasedki, nagu Adolf Ivar Arwidsson, kes soovitas eestlastel tarvitusele võtta soome kirjaviisi. Mainigem, et Soome eelärkamisaja juhtfiguurile Arwidssonile on omistatud kuulus lause: *Rootslased me ei ole, venelasteks ei või me saada, olgem siis soomlased!*

"Beiträge" vahendusel astus estofiilidega kontakti üks esimesi end selgesti eestlasena teadvustanud haritlasi, Riias kirikuteenri pojana sündinud Kristjan Jaak Peterson. Erakordselt väljapaistvate vaimuannetega noormehel tekkis varakult huvi isa kodukoha ja keele vastu. Ta sai oma aja kohta väga hea hariduse ja innustust baltisaksa valgustajailt, näiteks Karl Gottlob Sonntagilt. Kristjan Jaak tundis juba gümnaasiumis huvi keelte ja luule vastu. 1819.–20. aastal õppis ta Tartu ülikoolis usuteadust, kuid oli sunnitud õpingud pooleli jätma. Uskudes eesti keele tõusmisse kultuurkeelte hulka, ülistas ta eestikeelsetes luuletustes selle ilu ja küsis ajalukku läinud prohvetlikes ridades: *Kas siis selle maa keel/ laulu tuules ei või/ taevani tõustes üles/ igavikku omale otsida?* Paraku sattusid tema romantilised luuletused valgustusaja ratsionalisti Otto Wilhelm Masingu kriitika alla ning ilmusid esmakordselt trükis alles aastal 1922.

"Beiträge" sünd langes kokku elavnemisega baltisaksa avalikus elus. Sunnitud Napoleoni võitude järel Saksamaalt põgenema, asus Garlieb Merkel 19. sajandi esimese kümnendi lõpul Riiga, kus ta asutas uue ajalehe "Der Zuschauer". Merkeli näol oli tegemist esimese moodsa ajakirjanikuga Läänemere-provintsides. Ta püüdis mitte ainult anda edasi sõnumeid toimunust, vaid kujundada nende kaudu ka avalikku arvamust. Merkeliga samaaegselt algas tema sõbra, Riia Jakobi kiriku ülemõpetaja ja 1804. aastast Liivimaa ülem-superintendendi Sonntagi ajakirjanduslik tegevus, mis, olles küll juba

kogu Liivimaale suunatud, lähtus Riias tekkinud haritlaste organisatsioonidest ja väljaannetest. Need ühendused taotlesid häälekalt uuenduste läbiviimist Balti provintsides ning talurahva olukorra parandamist.

Uue impulsi rahvuslikule ärkamisele andis talurahva vabastamine pärisorjusest Eesti- ja Liivimaal aastail 1816 ja 1819, mis lõi soodsad tingimused tema eneseteadvuse tõusuks. Estofiilse liikumise elavnemise märgina sündis uus eesti ajakirjandusväljaanne, "Marahwa Näddala-Leht" (ilmus 1821–23 ja 1825). Seda toimetas Tartu rae kutsel Äksi kirikuõpetajaks siirdunud ja 1821 Tartumaa praostiks (see oli tollal väga kõrge koht) kinnitatud Otto Wilhelm Masing (1763–1832). Nimetatud ajalehel oli kaastöölisi nii saksa kirikuõpetajate kui eesti talumeeste ja koolmeistrite seas (viimased langesid suuresti kokku "Beiträge" eestlastest kaastöölistega), ning see on eesti ajakirjanduse esiaegade kõige silmapaistvam väljaanne. Masingu raamat "Ehstnische Originalblätter für Deutsche" (1816) on eestikeelse essee varasemaid ja sisukamaid näiteid, tema "Pühhapäwa Wahhe-Luggemissed" (1818) aga märgib eestikeelse aimekirjanduse sündi.

"Marahwa Näddala-Leht" kujutas endast tüüpilist rahvavalgustuslikku väljaannet. Selles leidub käsitlusi ja nõuandeid paljudelt elualadelt, sõnumeid kodu- ja välismaalt, ilukirjanduslikke palu. Poliitilisi küsimusi välditi. Tauniti ebausku, vaimupimedust ja silmakirjalikku vagatsemist. Masing tegi maha hernhuutlikku liikumist, sattudes nii konflikti mõjukate hernhuutlaste ja Tartu ülikooli uuspietistliku usuteaduskonnaga. Vaimupimedusele vastandas ta hariduse valguse, kuid oli kategooriliselt selle vastu, et eestlased paneksid oma lapsi saksakeelsetesse kõrgematesse koolidesse, kus neid ootab ees saksastumine, mis polevat kellelegi kasulik. Kuna eestikeelse õpetusega kõrgemaid koole veel polnud, kumab Masingu arutlustest läbi mõte, et eestlased peaksid alamrahvaks jäämagi. Ajalehe levik jäi väikeseks, kõikudes 150–200 eksemplari piires. Väike tiraaž ja majanduslik kahju saigi põhjuseks, miks Masingul tuli lehe väljaandmine lõpetada.

Rahvavalgustuslikke eesmärke järgisid ka mitmekesise sisuga eestikeelsed kalendrilisad, mille arv hakkas samuti tasapisi kasvama. Nimetagem neist Masingu "Marahwa Kalendri" (1823–26) lisasid.

Estofiilide tegevuse tulemusena kasvas ja mitmekesistus eestikeelne kirjavara, elavnes eesti keele uurimine. Nende tegevust toetas ka baltisaksa avalikkuse areng Läänemere-provintsides. 1823. aastal alustas Karl Gottlob Sonntag Riias ajalehe "Ostsee-Provinzen-Blatt" väljaandmist. Selle sihiks oli Läänemere-provintse üksteise parema tundmaõppimise najal tihedamalt kokku liita. Välismaa sõnumid näitasid erilist huvi Soomes toimuva vastu. Sonntagi surma järel (1827) läks lehe toimetamine Garlieb Merkeli kätte, kes sellele uue nime ja löövama sisu andis. 1828. aastast nime "Provinzialblatt für Kur-, Liv- und Esthland" kandnud väljaanne muutus kiiresti mõjukaimaks ajaleheks Baltimaades. Selles pöörati suurt tähelepanu agraarreformidele ning nõuti talurahvale suuremaid õigusi ja paremat haridust. "Provinzialblatti" kaastööliste hulka kuulusid ka Masing ja Kreutzwald. Viimase artikkel Liivimaa talupoegade vaesumise põhjuste kohta tekitas lehes pikema poleemika, mis võis olla üheks selle sulgemise põhjuseks 1838. aastal.

Reaktsiooni tugevnemine Vene riigis 1830.–31. aasta Poola ülestõusu mahasurumise järel, poliitilised ja majanduslikud tegurid ning uute reformide viibimine soodustasid eesti rahvusliku liikumise stagnatsiooni 1830. aastate alguses. 1832 lõpetas rahalistel põhjustel ilmumise "Beiträge", samal aastal suri Otto Wilhelm Masing. Vaibus Kuressaare Eesti Seltsi tegevus. Väsinud Luce kirjutas 1831. aastal Rosenplänterile: *Ja talupojale maksab see sõna – vabadus – nii palju uusi andameid, et ta raamatute ostmisele ei või üldse mõelda. Oh, neid vaeseid petetuid! Ainult, et neil samuti pead pööritama ei hakkaks, nagu kogu Euroopal pöörtab. Või kas poleks neil selleks põhjust? [---] Jumal aidaku kõiki! Mina ise ometi enam ei suuda!* Estofiilide püüdlused ei jäänud siiski tulemusteta. Peale oli kasvamas juba järgmine põlvkond tegelasi, kes nende jälgedesse astudes rahvusliku liikumise kõrgemale tasemele viisid.

Friedrich Robert Faehlmann ja Õpetatud Eesti Selts

Uus tõusuperiood saabus 1830. aastate teisel poolel, mil avalikku tegevusse astus esimene tugevamini koondunud rühm eesti haritlasi. Selle liidriks võib pidada arst Friedrich Robert Faehlmanni.

Faehlmann (1798–1850) sündis Järvamaal Ao mõisa valitseja pojana. Üldhariduse omandamise järel Rakvere kreiskoolis ja Tartu gümnaasiumis õppis ta Tartu ülikoolis arstiteadust, seejärel töötas Tartus arstina. 1842–50 täitis Faehlmann põhitöö kõrvalt eesti keele lektori kohta ülikoolis. Erinevaist kihtidest inimestega tihedast suhtlemisest saadud kogemuste baasil, samuti estofiilide esimese põlvkonna mõjul sai temast väljapaistev rahvuslik tegelane, kes suutis enda ümber koondada eesti soost haritlasi ja lävis ka uuendusmeelsete baltisaksa tegelastega. Oma tegevuses tugines Faehlmann paljuski Masingu ja Rosenplänteri eeskujudele, olles eriti mõjustatud Merkelist.

Merkeli jälgedes kritiseeris Faehlmann teravasõnaliselt Balti provintside ühiskondlikku korda ja sakslaste kultuuritoomise teooriat. Orjuse süngetele sajanditele vastandas ta eestlaste muistse õnneliku vabaduspõlve ja ülistas seda erilise romantilise hooga. *Et eestlast kindlasti ja täiesti orjaks ja veoloomaks teha, pidi temalt kõik, mis temale ta iseseisvat minevikku meelde tuletas, ära võetama.* Eestlaste tuleviku suhtes oli Faehlmann kõhklev. Ta on kirjutanud eesti keelest kui *kahjuks väljasurevast keelest* ja pidanud eestlaste saksastumist möödapääsmatuks, teisal aga loodab, et *eesti rahvas oma uuesti-ärkamisel vabamale iseteadvusele kodumaa mullarüpes hingavad vanad varandused oma esivanematele kuuluvateks tunnistab.*

Faehlmanni avaliku tegevuse algus langeb aega, mil baltisaksa ülemkihtides elavnesid arutelud maa tuleviku üle. Talurahva maata vabastamine ei leevendanud sotsiaalseid pingeid Balti provintsides, vaid pigem kruvis neid veelgi üles. Baltisaksa ülemkihtide vabameelsemas osas juurdus arusaam, et uusi agraarreforme ja talupoegade varustamist maaga pole võimalik vältida. Liivimaa aadelkonna ja haritlaste liberaalse tiivaga käis tihedalt läbi ka Faehlmann. Tema lähemate sõprade hulka kuulusid professor Alexander von Hueck, kelle vend, Munalaskme mõisnik Carl von Hueck, ühe esimesena üritas oma mõisas omal algatusel minna teorendilt üle raharendile ja talupoegade maaomandile. Faehlmann oli seotud maanõunik Karl von Bruiningki majas koos käiva sõpruskonnaga, kuhu Tartu ülikooli professorite kõrval kuulusid ka Euroopa revolutsioonilise liikumisega seotud radikaalsed tegelased Wictor Hehn ning Bruiningki minia Maria. Agraarreformide küsimuses toetas Karl Bruiningki sõpruskond Hamilkar von Fölkersahmi ümber koondunud reformimeelset tiiba.

Neist vaidlustest enamasti eemale jäädes tegelesid esimesed eesti rahvuslased peamiselt eesti keele ja kultuuriga, lootes sel moel kaasa aidata talurahva üldisele edenemisele. Tartu ülikooli avatud õhkkond oli sedalaadi kultuurilistele ettevõtmistele soodsaks keskkonnaks. 1831. aastal tekkis teaduslike ja üldkultuuriliste küsimuste arutamiseks Tartus teaduslik vestlusring, kus peeti ettekandeid ja diskussioone. 1836. aastal kasvas selle ringi tegevusest välja ajakiri "Inland". Uute osavõtjatega täienedes jaguneti huvialade kaupa alaringideks. Ühe sellise moodustasid eesti keele ja kirjanduse, rahvaluule- ning ajaloohuvilised, kelle hulgas oli mitmeid eesti päritoluga tegelasi, nagu Faehlmann, ülikooli eesti keele lektor Dietrich Heinrich Jürgenson, abiõpetaja Johann Boubrig ja Tartu-Maarja eesti koguduse õpetaja Carl Heinrich Gehewe. Nende ringis tekkis mõte asutada omaette seisev ametlikult kinnitatud selts – võimalik, et 1831. aastal asutatud Soome Kirjanduse

Friedrich Robert Faehlmann

Seltsi eeskujul. Luce seltsi haruseltsi mõjul võeti nimeks Õpetatud Eesti Selts (ÕES), saksa keeles *Gelehrte Estnische Gesellschaft*. Haridusminister kinnitas ÕES-i põhikirja 1838. aasta algul, ning 18. jaanuaril astusid asutajad kokku esimeseks koosolekuks. Põhikirja kohaselt oli seltsi eesmärgiks *edendada teadmisi nii eesti rahva minevikust ja olevikust, keelest ja kirjandusest kui ka eestlaste asustatud maast*, kuid liikmete tegevus omandas peatselt laiema ulatuse. Esimeseks esimeheks valiti pastor Gehewe. Kaks aastat hiljem sai tema ametijärglaseks Faehlmanni lähedasemaid sõpru, professor Alexander von Hueck.

ÕES-i tegevuse esimesel perioodil etendasid selles suurt osa eesti soost haritlased, kes tõid seltsi oma eelkäijate leebe estofiilsusega võrreldes radikaalsemaid vaateid. Nii lükkas Dietrich Jürgenson ümber baltisakslaste teooria, nagu poleks eestlased olnud Eesti põliselanikud. Faehlmann kõneles oma ettekannetes eestlaste orjastamisest rüütlite poolt ning ennustas rahva pääsemist "nõidusunest". Soome üliõpilane H. J. Holmberg andis seltsis ülevaate eeposest "Kalevala". Põhjalikult käsitleti eesti rahvaluule ning ajalooga seotud küsimusi.

Selle perioodi tähtsündmuseks oli arutelu kavandatava "Kalevipoja" eepose üle. Faehlmann oli juba mõnda aega tegelenud eesti mütoloogia rekonstrueerimisega. Üksikuile rahvasuust pärit motiividele ja Kristjan Jaak Petersoni soome mütoloogia töötlusele toetudes ning antiikmütoloogiat eeskujuks võttes kirjutas ta rea saksakeelseid kunstmuistendeid ning kandis need ÕES-i koosolekutel ette. 1839. aasta jaanuaris kõneles Faehlmann Kalevipoja müütidest, kavandades sellega tulevase rahvuseepose ideelised piirjooned. Ta töötles muistendeid rahvusromantilises vaimus ja liitis need süžeeliseks tervikuks.

Faehlmanni ettekandele reageeris poolehoidvalt estofiilist literaat Georg Julius Schultz-Bertram. Ta kinnitas usku eesti rahva elujõusse ja püsimajäämisse, leides, et ÕES peab andma eesti rahvale kaks asja: eepose ja ajaloo, kuna need näitavat seni rõhutud ja vaevatud rahvale, et ta pärineb kangelastest. Rahva vaimseks uuestisünniks tuleb kunagi lõhutud terviku allesjäänud tükid hoolega kokku koguda, tekkinud lüngad täita ning rahvale tema eepos tagasi anda. Schultz-Bertrami kõne võeti vaimustusega vastu. Faehlmann kirjutas Schultz-Bertramile, et nüüdsest on eepose purustatud osade tervikuks ühendamine tema eluülesanne.

Samas ei saa "Kalevipoja" arutelu tähendust ka üle hinnata. ÕES-is toimunud mõttevahetus ei jõudnud laiema avalikkuse ette ning teema ise jäi seltsis tahaplaanile. Siiski sai Faehlmanni sõnastatud saksakeelne muistendivara hiljem, rahvuslikul ärkamisajal rahvusideoloogia ning rahvusliku identiteedi tähtsaks koostisosaks, rajades ühtlasi aluse rahvuseepose loomisele Kreutzwaldi poolt.

Leidmaks kontakti rahvaga, otsustas selts hakata välja andma õpetuslik-arendava sisuga eestikeelseid raamatuid, millest esimesena ilmus 1840. aastal Kreutzwaldi "Wina-katk". Koostati ka uus eestikeelne koolilugemik, sihikindlalt uuriti eesti keelt. Faehlmanni sõbra Karl Bruiningki juhitud Liivimaa Üldkasulik Ökonoomiline Sotsieteet palus ÕES-il enda hoolde võtta Sotsieteedi poolt väljaantava kalendri koostamise. Faehlmanni ja Kreutzwaldi eestvedamisel tõusis eesti kalendrikir-

jandus uuele tasemele. Talurahva silmaringi avardavate kirjutiste kõrval tärkasid selle veergudel rahvusliku kirjanduse esimesed võrsed. Tulemusrikas oli ka ÕES-i tegevus eestikeelsete raamatute müügi organiseerimisel. Müügipunktid loodi esialgu Tartus ja Võrus, seejärel Tallinnas ja mujal. Ühtlasi anti 1840. aastal välja esimene eestikeelsete raamatute kataloog. Seevastu polnud edukad ÕES-i korduvad katsed hakata välja andma eestikeelset ajakirja.

ÕES-i hoogne algus oli eeskujuks teistele samalaadsetele ettevõtmistele. 1842. aastal asutati Tallinnas Ferdinand Johann Wiedemanni, Carl Julius Pauckeri, Christian Eduard Pabsti ja Heinrich Neusi eestvõttel Eestimaa Kirjanduse Ühing *(Estländische Literärische Gesellschaft),* mis keskendus peamiselt ajaloole.

Peagi ilmnesid ÕES-is esimesed probleemid. Selts koosnes üsna eripalgelistest, tihti lahkuminevate vaadetega tegelastest. Kuigi esimestel aastakümnetel kuulusid seltsi etteotsa eesti haritlased, pärines enamik liikmeskonnast baltisakslaste seast, kelle arusaamad eestluse tulevikust olid eestlastest liikmete omadest üpriski erinevad. Üsna kriitiline oli ÕES-i tegevuse suhtes Kreutzwald, keda pahandas, et *seesinane selts eesti rahva äratamiseks niihästi kui midagi teha ei võta.* Olukorda ei suutnud parandada ka Faehlmanni tegevus ÕES-i presidendina aastail 1843–50. Võimalik, et oma mõju sellele oli välistel oludel, mis 1840. aastail muutusid rahvuslikule liikumisele ebasoodsamaks. Tugevnes vabameelseid mõtteavaldusi lämmatav tsensuur. Ärevust tekitasid noil aastail alanud ulatuslikud talurahvarahutused ning talupoegade siirdumine õigeusku. Vene võimueliidi hulgas oli tugevnemas slavofiilne ideoloogia, mille üheks eesmärgiks oli Vene impeeriumi läänepoolsete ääremaade venestamine.

1835. aastal koostas Vene haridusminister krahv Sergei Uvarov salajase märgukirja Läänemere-provintside haridussüsteemi järkjärguliseks venestamiseks, mis aga peagi avalikkusele teatavaks sai. 1839. aastal astus Tartu ülikooli professor Karl Christian Ulmann avalikus kirjas venestuspoliitikale jõuliselt vastu. Ta pidas autonoomsete Balti provintside keelt, kultuuri, usku jms. terviklikuks vaimseks organismiks, mida tuleb välise surve eest kaitsta, ning rõhutas, et nende provintside eripära on püsinud kõige erinevamate valitsuste keskustamispüüete kiuste. Pealegi polevat rahva seesmisele olemusele ja vaimsusele tuginevat omapära lihtne hävitada. Ulmann väitis, et rahvus on Jumala poolt antud väärtus, mis seob selle üksikliikmed oma rahva mineviku ja tulevikuga. Sellega eemaldus ta mõneti seisusliku korra apoloogiast ja äratas ajaloo abil baltisakslaste rahvuslikku eneseteadvust. Herderi eeskujul ei teinud end saksa rahvuslaseks pidav Ulmann vahet saksa, läti ja eesti rahvuste vahel, pidades kõigi nende rahvuslikku ärkamist võrdselt oluliseks.

Ka Faehlmann suhtus Peterburist lähtuvatesse keskustamis- ja venestuspüüetesse eitavalt. Kartes eesti rahva venestamist õigeusu levitamise tagajärjel, kirjutas ta Kreutzwaldile, et sellisel juhul *ei saa ühestki edenemisest enam juttugi olla*. Faehlmann süüdistas toimuvas aadli lühinägelikkust, väites, et usuvahetus on *aadelliku egoismi, pastorliku indifirentismi ja hernhuutliku jesuitismi vili. [---] 1841. aastast peale tehti kõik, et kuristikku sakslaste ja eestlaste vahel võimalikult sügavaks ja laiaks kaevata – nüüd täidab selle russism*. Eestlaste etnilise allesjäämise pärast muret tundev Faehlmann üritas oma seisukohti ka eesti keeles edasi anda. 1842. aasta ÕES-i kalendris ilmus tema üks kõige poliitilisemaid eestikeelseid kirjutisi "Tühhi jut, tühhi lorri, tühhi assi, tühhi kõik", kus puudutati talurahva viletsat olukorda ja vaeti selle põhjusi, tõrjudes samas eemale võimalikud lahendused väljarändamise ja usuvahetuse näol. Faehlmann andis mõista, et luteri usk on kõige õigem ja parem, sest eesti rahva seas hobusevargaid ja kõrilõikajaid polevat, need tulevad mujalt. Riias uut usku otsimas käinud inimesed polevat oma olukorrale mingit kergendust saanud. See artikkel tekitas ÕES-ile

tõsiseid probleeme suhetes Vene võimudega. Tsensor hoiatas Faehlmanni, et tema artiklid oleks edaspidi taltsamad, *muidu murrab see kõigil kaela*.

1842. aasta jaanuaris põrkas Faehlmann ägedalt kokku aadli vanameelse suuna ühe juhi parun Georg von Nolckeniga, kelle meelest peitusid ühiskonna hädade põhjused talurahva rumaluses ja tänamatuses. Balti aadli privileegid olid Nolckeni väitel sanktsioneeritud nende kauaaegse *(igavese)* kehtivusega ning nende igasugune piiramine seetõttu välistatud. Faehlmann küsis vastu, kas üldse piisab mingist ajavahemikust, et sanktsioneerida kunagi anastatud õigust. Faehlmanni vastusest šokeeritud Nolcken süüdistas teda kindralkuberner Pahleni juures talurahva ülesässitamises. See intsident lahendati Faehlmanni väljakutsumise ja leebe hoiatamisega, kuid tema avalikule tegevusele seadsid sellised konfliktid selge piirangu.

Eesti talupoegade lihtsameelne kaasaminek usuvahetus- ja väljarändamisliikumisega tekitas Faehlmannis pessimistlikke mõtteid eesti rahva tuleviku üle. Kirjas Kreutzwaldile ta sõnas, et enne õigeusku siirdumise massiaktsiooni oli tal *eestlaste jaoks küll veel ainuüksi lootus üle jäänud, nüüd kadus seegi*. Veelgi tugevamad olid sedalaadi pessimistlikud allüürid baltisaksa seltskonnas. Talurahvarahutustes ning usuvahetuses nähti märki kohalike rahvaste vähesest tsiviliseeritusest ja seega olematutest tulevikuväljavaadetest. *Rahutud neljakümnendad* sundisid baltisaksa ühiskonda senisest täpsemalt ja selgemini mõtestama nii omaenda seisundit kui suhteid kohalike põlisrahvastega. Samas tekitas venestuse pealetung baltisakslastes hirmu tuleviku ees, mis hakkas omakorda üha enam mõjutama kõiki nende hoiakuid ja seisukohavõtte.

Arutelu eestluse tuleviku üle

Baltimaade tulevikku puudutava avaliku arutelu tribüüniks sai 1836. aastal Friedrich Georg von Bunge asutatud universaalne nädalakiri "Inland", mis omandas Baltimail kõrge

Vormsilased tantsimas

renomee. Kuigi nädalakirja toimetaja rõhutas, et "Inland" hoidub poliitikast, polnud tal ometi võimalik agraarpoliitilisi küsimusi vältida. "Inlandi" veergudel tekkis mõttevahetus ka rahvahariduse teemadel, millel oli selgesti rahvuspoliitiline värving.

1845. aastal põrkasid "Inlandi" veergudel avalikult kokku erinevad visioonid eestlaste tulevikust. Poleemika alustajaks oli Tallinna gümnaasiumi õpetaja ja Tallinna literaatide ringi liige Eduard Meyer. Hegelist mõjustatuna kritiseeris ta "Inlandis" keelemees Eduard Ahrensit, süüdistades teda "ahviarmastuses" eesti rahva vastu. Eestlased ei kuulunud Meyeri arvates kultuurrahvaste hulka ega pidanud sinna kunagi pääsema. Baltimaade seisuslikku korda tauniv Meyer arvas, et parim, mis eestlastega saab toimuda, on nende võimalikult kiire saksastamine. Seetõttu olevat katsed eesti kultuuri ja keelt edendada mitte ainult mõttetud, vaid lausa kahjulikud.

Meyerile vaidles vastu rahvusromantilise suuna üks juhte Karl Christian Ulmann. Ta kinnitas Herderile tuginedes, et rahvastel on olemuslik ja püsiv etniline eripära. Selle kaotamine mõjuks hävitavalt rahva moraalsetele alustugedele ja tulevikuväljavaadetele. Ulmann lükkas tagasi Meyeri väited eestlaste arenemisvõimetuse kohta ning väljendas kindlat usku nende tulevikku. Ta kinnitas, et pole kristlik, inimlik ega ka poliitiliselt mõistlik üritada surmata eestlaste rahvust ja keelt. Just neile tuginedes saavat eesti rahvas kiiremini areneda. Ulmann polnud ka kindel, kas eestlaste saksastamine isegi vastava soovi leidudes enam üldse võimalik on.

Kuigi antud poleemikas jäi Ulmann peale, pääsesid kümnendi lõpul baltisaksa ühiskonnas mõjule sootuks vastupidised ideed. Oma osa selles oli Herderi aadete üldisel taandumisel Euroopas. Nüüd tõusis esile ja läks moodi Hegeli õpetus, mis jagas rahvaid ajaloolisteks ja ajalootuteks, õigustades viimaste kadumist. Hegelile tuginedes hakkasid baltisaksa liberaalse suuna häälekamad esindajad, nagu Christian Berkholz, kinnitama, et väikesed rahvad pole iseseisvaks kultuurieluks võimelised. Kõrgkultuuri loomine eeldavat küllalt suurt rahvaarvu ning sajanditepikkust tööd, seetõttu olevat saksastumine ehk kõrgema kultuuri omaksvõtt põlisrahvustele endile kasulik. Sedalaadi hoiakutes sisalduv karm loogika ei jätnud mõjutamata ka esto- ja letofiilseid tegelasi. Garlieb Merkel leidis oma elu lõpuperioodil, et lätlaste saksastumine poleks mingi suurem õnnetus. Pessimistlike mõtteid eestlaste püsimisvõime kohta avaldasid isegi Faehlmann ja Kreutzwald.

Samas osutavad kõhklused eesti rahva tuleviku suhtes lõhele eelärkamisaja juhtide ning altpoole tekkiva rahvusliku aktiivi vahel. See aeglustas rahvusliku liikumise edenemist ja lükkas edasi selle ülemineku järgmisse, patriootilise agitatsiooni faasi. Eelärkamisaja tegelased jäid nii tugevasti mõjustatuks saksa kultuuriruumist, et ei suutnud end eesti talupojarahvaga täielikult samastada. Eesti päritolu enam ei häbenetud, kuid end ühemõtteliselt eestlaseks ka ei kuulutatud. Seetõttu ei suutnud eelärkamisaja liidrid tõusta rahvajuhtideks ning asuda rahvast tõeliselt "äratama". Kõige lähemale jõudis sellele ilmselt Faehlmann, aga temalgi jäid otsustavad sammud astumata. Eestlased jäid Faehlmanni jaoks eeskätt talupoegadeks ning tema nende jaoks saksaks. Aeg oleks võinud olukorda muuta, kuid 1850. aastal lõpetas enneaegne surm selle silmapaistva tegelase elu ja töö.

Friedrich Reinhold Kreutzwald ja "Kalevipoeg"

Pärast Faehlmanni surma jäi rahvusliku liikumise eestvedaja koht tühjaks. Osalt jätkas tema tööd ta lähim sõber Kreutzwald. Friedrich Reinhold Kreutzwald (1803–82) sündis Jõepere mõisas Virumaal pärisorja Juhani peres. Lõpetanud 1833. aastal Tartu ülikoolis arstiteaduskonna, töötas ta 44 aastat oma elust arstina Võrus, kus valmis ka suurem osa tema kirjanduslikust loomingust. Kreutzwaldi maailmavaadet mõjutasid valgustus, ratsionalism, humanism ja loodusfilosoofia. Ta ise on oma rahvusliku tegevuse algust meenu

tanud nii: *Meie lipukirjaks oli Tõsidus [s.o. tõde]: ükski ei tahtnud salata, kes kust sugust on sündinud, niisama vähe teisiti rääkida, kui ta kellestki või millestki oma silmaga näinud.* Estofiilide eeskujul asus Kreutzwald uurima eesti keelt ja rahvaluulet, lõi aktiivselt kaasa ÕES-is, kirjutas ja andis välja rahvavalgustuslikku aimekirjandust.

Oma iseloomuomaduste tõttu oli Kreutzwald rahvuslikus tegevuses Faehlmannist passiivsem. Tihti resigneerunud ja pessimistlikul Kreutzwaldil puudus Faehlmanni entusiasm, soov kõigele vaatamata midagi konkreetset ära teha. Asjade käimapanemise asemel eelistas ta toimuvat kõrvalt vaadata ning tegijaid kritiseerida. Nii pühendus Kreutzwald avaliku tegevuse asemel rohkem kirjatööle, omandades selles valdkonnas aga seda suurema professionaalsuse ja mõju. Faehlmanni surma järel sai Kreutzwaldist suurim rahvuslik autoriteet, omamoodi sild eelärkamis- ja ärkamisaja vahel.

Kreutzwald kuulus uue kirjaviisi järjekindlamate toetajate hulka. 1848.–49. aastal avaldas ta uues kirjaviisis viis annet eesti esimest illustreeritud populaarteaduslikku ajakirja "Ma-ilm ja mõnda, mis seal sees leida on", eeskujuks Johann Peter Hebeli rahvaraamat "Schatzkästlein" ning Johann Jakob Weberi "Das Pfennig-Magazin". Üldhariva teabe jagamise kõrval toetas Kreutzwald selles eestikeelset haridust ja halvustas poolharitud kadakaid, kes emakeeles kõnelemist vältisid. Sageli esines ta saksakeelses ajakirjanduses ja oli "Inlandi" agaramaid kaastöölisi, osutades oma sõnumites ikaldustele, näljahädadele ja taudidele, mis talurahva käekäigule halvalt mõjusid. Agraarolude otsest kriitikat neis lühikestes sõnumites küll ei leidu, kuid autori hoiakud on siiski selgesti näha.

Kreutzwaldil oli kooliaegadest saadik püsiv huvi rahvaluule vastu. Ta selgitas rahvaluule tähtsust paljudes kirjatöödes, kutsudes rahvast üles seda võõrapäraste tekstide mugandatud tõlgetele eelistama. Esivanematelt pärit vaimuvara on *üks kallis varandus*, mis näitavat, et eestlastele *niisama palju loodud vaimuvara oli antud kui teiste rahvasugudele.* Kreutzwald oli esimesi, kes pöördus avalikkuse poole üleskutsega koguda rahvapärimusi.

Kreutzwaldi elutööks kujunes Faehlmanni visandatud rahvuseepose "Kalevipoeg" koostamine. 1850. aastal sai ta ÕES-i kaudu tutvumiseks soomekeelse "Kalevala", mis tema tööd "Kalevipojaga" tunduvalt kiirendas ja kergendas. 1851. aastaks valmis Kreutzwaldil algne proosavormiline redaktsioon sobivate rahvalaulukatketega, millest ta järgnevail aastail tervikliku eepose välja arendas. 1853. aastal esitas ta ÕES-ile värsivormis käsikirja, mis on tuntud "Alg-Kalevipojana". Ümbertöötatud eepos ilmus 1857–61 ÕES-i toimetistes eesti- ja saksakeelse teadusliku väljaandena. "Kalevipojas" antakse mõjuv poeetiline üldistus eestlaste minevikust, muistsest õnneajast ja vabadusvõitlusest, ülistatakse loovat tööd, kodumaaarmastust ja vabadust. Sügavalt sümboolsed on piigade päästmine orjapõlvest ja sarviku aheldamine. Eepose prohvetlikud lõpustroofid *Aga ükskord algab aega...* kannavad võimsat emotsionaalset laengut.

Vabadusaate kunstilisel manifesteerimisel oli tugev ühiskondlik tähendus, mis esialgu avaldas mõju peamiselt tekkivale eesti haritlaskonnale. Rahva laiematele hulkadele jäi "Kalevipoeg" esialgu üsna tundmatuks. 1862. aastal Kuopios trükitud rahvaväljaande tuhandest eksemplarist oli 1864. aasta kevadel rohkem kui 700 müümata. See süvendas Kreutzwaldi pessimismi, ning tundub, et temagi hakkas oma loomingut pidama mälestusmärgiks kaduvale rahvale. Tegelikkuses olid arengud selleks ajaks võtnud siiski sootuks teise suuna, ja nii nagu Schultz-Bertram oli ennustanud, sai "Kalevipoeg" osaks eestlaste rahvuslikust taassünnist.

Eepose ilmumise ajal aga tundus selline seisukoht liig optimistlikuna. Baltisakslaste hoiakud eestlaste ja lätlaste tuleviku suhtes olid ÕES-i asutamise ajaga võrreldes teinud läbi selge muutuse. Rahvusromantikud olid jäänud vähemusse ja ülekaal läinud eesti ja läti rahva eliidi saksastumist pooldava tiiva kätte. Uus jõudude vahekord kajastus ka

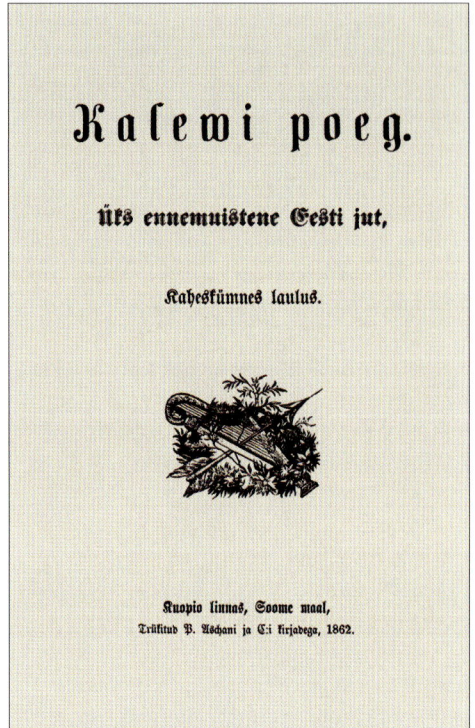

"Kalevipoja" rahvaväljaanne

ÕES-i tegevuses. 1852. aastal kuulutas seltsi uus president Gustav Moritz Santo, et kuigi eestlastel on oma keel ja rahvuslik eripära, on nad oma raske ajaloo tõttu jäänud allasurutud talupojarahvaks, mis omakorda pole loonud eeldusi eesti keele ja kirjanduse arenguks. Santo väitis, et rahvuslikule põhjale jäädes ei suuda eestlased omandada kõrgemat haridus- ja kultuuritaset, ning kinnitas, et kõrgkultuurist osasaamine eeldab nende sakslasteks muutumist.

1861. aastal sai ÕES-i presidendiks Tartu ülikooli Vene ajaloo professor Carl Schirren, kes seltsi 25 aasta juubeli puhul peetud kõnes nimetas seltsi loojate püstitatud eesmärke naiivseteks ning kaasaega mitte sobivaks. ÕES-i tegevuse mõtet nägi Schirren selliste kultuuriliste tingimuste ettevalmistamises, mis lubaksid tasakaalustada rahvuslikke ja sotsiaalseid vastuolusid valitseva ja valitsetava seisuse vahel – vihjates saksastamisele.

Sel taustal on arusaadav, miks suhtus Kreutz- wald ÕES-i järjest suurema ettevaatusega, ning miks nimetasid selle liikmeks olnud maaharitlased seltsi mitte eestluse edenda- mise, vaid suretamise seltsiks.

1864. aastal Liivimaa maapäeval pee- tud jutluses astus ülem-superintendent Fer- dinand Walter vastu pealetungivale venes- tusele ning nõudis ulatuslikke meetmeid vahe kaotamiseks baltisakslaste ja kohalike põlisrahvaste vahel. Lisaks majanduslikele ja sotsiaalsetele reformidele pidi aset leid- ma keeleline ühtesulamine. Kuigi Walter oli oma jutlusele järgnenud poliitilise skandaa- li tagajärjel sunnitud ametist tagasi astuma, pole kahtlust, et tema poolt välja öeldud seisukohad kajastasid üsna adekvaatselt suure osa baltisaksa ülemkihi rahvuspo- liitilisi hoiakuid, mis soosisid kõrgemale sotsiaalsele positsioonile jõudnud eestlaste saksastumist. Seda vaenulikumalt suhtuti nüüd põlisrahvaste rahvusluse ilmingutesse. Selline hoiakute muutus tähendas estofiilse tegevuse lõppu. Eesti rahva tulevikku usku- vad ning selle heaks tööd teinud isikud pidid valima, kas loobuda oma senistest seisukoh- tadest ja toetada eestlaste saksastamist või ületada eraldatus eesti rahvaga. Uus olukord nõudis rahvusliku liikumise potentsiaalsetelt juhtidelt selget poole valikut ja enesemäärat- lust, enda tingimusteta ning avalikku samas- tamist eestlusega.

Rahvusliku ärkamise tingimused

1840. aastail toimunud mitmekesiste aren- gute käigus kujunesid Eestis välja eeldused rahvusliku liikumise üleminekuks järgmis- se, patriootilise agitatsiooni faasi. Hirm eesti rahva kadumise ees oli osutunud asja- tuks. Kui sajandi algul oli eestlasi ligikaudu 400 000, siis 1881. aastaks oli see arv peaaegu kahekordistunud. Eestlased olid säilitanud rahvusliku omapära, keele ning ajaloolise mälu. Nad polnud unustanud, et kunagi olid nemad olnud selle maa peremeesteks. Endi- selt mäletati maalinnu ning muistset võitlust

vabaduse eest. Faehlmann kinnitas, et eesti talupoeg *mäletab paremat minevikku ja teab, et sakslane röövis ta vabaduse ja õnne.* Aja- loomälu säilimist toetas estofiilsete kiriku- õpetajate huvi eesti rahvaluule ja rahvapäri- muse vastu, mis võis ka rahvast panna selles midagi väärtuslikku nägema.

Vähemalt sama oluline kui ajaloolise mälu püsimine oli eestlaste organiseerumine ning selle kaudu toimunud eneseteadvuse areng. Pärisorjusest vabanemine pani talupoegade- le rea kohustusi. Seoses 19. sajandi esimese poole reformidega läks nende kätte vastutus vallakohtute töö ning teataval määral ka ko- halike omavalitsuste tegevuse eest. Kuigi tege- mist oli veel küllaltki piiratud ja kontrollitud vastutusega, aitas see ometi kaasa organisee- rimisvõime ja eneseteadvuse kasvule.

1830.–40. aastail asutatud karskus- ja piib- liseltsides osales arvukalt talupoegi. Olulist rolli rahva organiseerumises etendas hern- huutlik liikumine. Hernhuutlikes kogudus- tes saadi koostegutsemise kogemusi ja ha- kati uskuma oma väärtusesse ning võrdsusse kõrgemate kihtidega. Suur osa rahvusliku ärkamisaja juhtidest pärines just hernhuut- likest perekondadest. Siiski oli hernhuutluse näol tegemist eeskätt usulise liikumisega, mis võttis rahva kultuuripärandi suhtes tauniva hoiaku. Seetõttu suhtusid isegi hernhuutliku päritoluga rahvuslikud tegelased hernhuut- likku liikumisse ettevaatlikult ning kritisee- risid seda mõnikord üsna teravalt. Samas aitas eestlasi usuliselt äratanud hernhuutlik liikumine 1840. aastail ära hoida rahva veelgi massilisema siirdumise õigeusku, mis oleks võinud rahvuslikele püüetele pidurdavalt mõjuda.

Eestlaste eneseteadvuse kasvu ja isetege- vuse kõrval aitas rahvuse kujunemisele kaa- sa tihenenev suhtlemine selle eri osade vahel. 1840. aastail hakkas eesti talupoja maailm kiiresti avarduma. Elavnenud läbikäimine tõi uudiseid mujalt Eestist, aga ka kauge- malt. Arenesid teedevõrk ning postijaamade süsteem. Postiteenistuse ja teabe-edastuse pa- ranemine olid lahutamatult seotud liiklus- ja

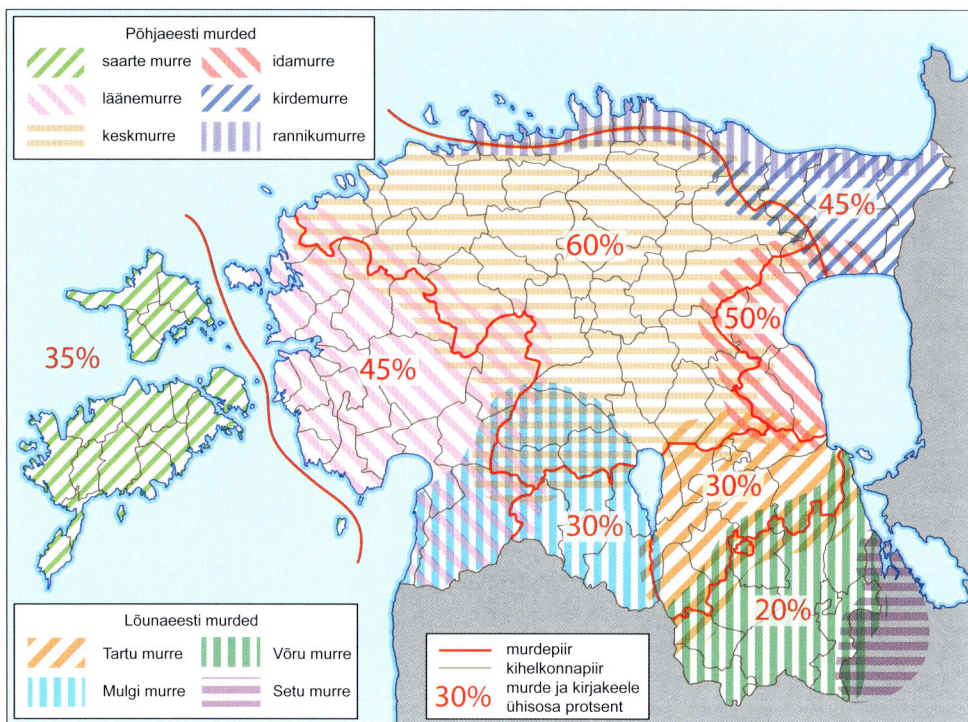

Põhjaeesti murded
- saarte murre
- läänemurre
- keskmurre
- idamurre
- kirdemurre
- rannikumurre

Lõunaeesti murded
- Tartu murre
- Mulgi murre
- Võru murre
- Setu murre

- murdepiir
- kihelkonnapiir
- 30% murde ja kirjakeele ühisosa protsent

Eesti murded, murrete ja nüüdisaegse kirjakeele ühisosa (Karl Pajusalu järgi)

sidetehnika üldise arenemisega. Usuvahetus- ning väljarändamisliikumine panid rahvast juurdlema oma minapildi üle, võrdlema end teiste rahvastega. Eduard Laamani väide: *Sakslased ja venelased läksid eestlase hinge pärast tülli, kummale see pidi saama. Ja tülimürina pääle ärkas eestlane ise sajandite unest* on küll liialdus, kuid mitte päris alusetu.

Uued väljavaated oleksid aga võinud hariduse ja eriti emakeele võimalusi kasutamata unarule jääda. Eestlaste lähemat kultuurilist suhtlemist soodustasid paljude keelemeeste jõupingutuste tulemusel 19. sajandi keskpaigaks võidule pääsenud põhjaeestilise alusega ühtne kirjakeel ning uue, häälduspärase kirjaviisi järjest laiem rakendamine, mis vabastas eesti kirjakeele talle halvasti sobiva saksapärase kirjaviisi kammitsatest. Kõik see lähendas eestlasi euroopalikule vaimukultuurile. Lähenemise eelduseks ja ilminguks oli eestikeelse kirjavara kiire kasv.

Tihenes koolivõrk ning paranes õpetamise tase. Rahva haridustase tõusis järsult. Koolisüsteemi areng aitas omalt poolt kaasa rahvuslikku liikumist kandvate kihtide kujunemisele Eestis. Sellal kui sotsiaalselt ja majanduslikult kõrgemale järjele jõudnud eesti väikekodanlus kippus saksastuma, muutus kujunev maaharitlaskond (selle seas eriti koolmeistrid) kihiks, mis eestikeelseks jäädes ja rahvaga pidevalt kokku puutudes oli suuteline rahvuslikku ärkamist juhtima. Tihti olid kohalikud koolmeistrid mõjukalt tegevad ka hernhuutlikes kogudustes, mis nende autoriteeti veelgi suurendas. Talurahvakoolide õpetajate hulk ületas 1850. aastate alguseks 1100 piiri, mis kujutas endast juba arvestatavat suurust.

1840. aastail tõusid kihelkonnakoolmeistrite seast esile esimesed laiemat mõju omavad rahvuslikud tegelased. Nad võrsusid pikka aega oma ametit pidanud köstrite dünastiatest, nagu Nieländerid Laiusel või Treffnerid Kanepis. Kuigi nende seas tuli ette ka saksastumist, oli ometi tegemist seltskonnaga, kelle mõju koolist kaugemale ulatus. Näiteks juhtis Torma köster-koolmeister Adam Jakobson pasunakoori, mis väljaspool Eestitki tunnustust võitis. Väga tuntud tegelaseks sai rahva seas Vändra Johann Voldemar Jannsen.

Lisaks koolmeistritele moodustasid tekkiva rahvusliku liikumise aluse jõukust koguvad talupojad, ametnikud ning kasvav linnakodanlus, kes suutsid pakkuda oma lastele järjest paremaid võimalusi hariduse omandamiseks. See omakorda aitas kaasa rahvusliku haritlaskonna tekkele.

Eesti arenguid 1840.–50. aastail jälgides võib väita, et rahvusliku liikumise üleminek patriootilise agitatsiooni faasi oleks võinud toimuda juba 1840-ndail, kui seda poleks takistanud mitmed välised tegurid. Rahvuslike ideede levikut raskendasid Nikolai I valitsusajal võimude poolt avalikkuse tekkimisele seatud tõkked. Raske surve all oli kirjasõna. 1826. ja 1848. aasta tsensuurikorralduste kehtestamise järel muutus uute ajalehtede asutamine Balti provintsides peaaegu võimatuks. Kuigi 1840.–50. aastail esitasid nii saksa kui eesti soost kirjamehed taotlusi eestikeelsete ajalehtede-ajakirjade väljaandmiseks, lükati need enamasti tagasi.

Valitsuse venestuspoliitika tugevdas baltisaksa ühiskonnas konservatiivseid hoiakuid. Samas nõrgestas see kohalike põlisrahvaste omapära väärtustava ja arengut soosiva rahvusromantilise suuna mõju. Muutused keskvõimu poliitikas saabusid alles pärast Venemaa lüüasaamist Krimmi sõjas, mil impeeriumis läbiviidavad reformid aitasid sisse juhatada uuendusi ka Läänemereprovintsides.

ÄRKAMISAJA ALGUS

Rahvusliku ärkamise taust

Eestlaste rahvuslik ärkamine ei erine põhijoontes teiste rahvuste enesetunnetuse sünnist. Enamik Euroopa väiksematest rahvastest siirdus rahvusliku liikumise teise ehk patriootilise agitatsiooni faasi 19. sajandi esimesel poolel. Nüüd jõudsid rahvuslikud ideed laiemate rahvahulkadeni ja rahvuslik aktiivsus hakkas avalduma osalemisena vastavatel üritustel ja organisatsioonides. Kõnealuse perioodi peamise sisu, etnilise eneseteadvuse ärkamise alusel on tuletatud ka ajajärgu mõneti poeetiline nimetus: rahvuslik ärkamisaeg.

Kõik, mis toimus Euroopas tähtsat, jõudis nii või teisiti ka Vene impeeriumi Balti provintsidesse. Rahvusluse levikus olid eriti märkimisväärsed Saksamaa mõju ja Soome eeskuju. Alahinnata ei saa ka Venemaal alanud liberaalsete uuenduste rolli. Lüüasaamine Krimmi sõjas sundis Aleksander Teist alustama impeeriumi kaasajastamist liberaalsete reformide abil. Vene talurahva vabastamine pärisorjusest (1861) ja isikuvabaduse suurenemine lõi kogu riigis avalikuks tegevuseks soodsama kliima.

Balti provintside sakslaste rahvuslik ärkamine toimus enam-vähem paralleelselt samasuguste protsessidega Saksamaal, neist siiski mõnevõrra maha jäädes. Saksa kogukonna seesmisest aktiivsusest andis tunnistust omaalgatuslike seltside tiheda võrgu kujunemine, mis oli eeskujuks ka eestlastele. Kerkis esile baltisaksa haritlaste uus põlvkond, kes polnud nii jäigalt seisusliku mõtteviisi kammitsas ja pooldas vananenud ühiskondlik-majandusliku korra revideerimist. Lätis oli eelärkamiseg alanud 18. ja 19. sajandi vahetusel ning kulgenud põhijoontes samasuguse skeemi järgi nagu Eestis. Üleminek liikumise teise faasi toimus Lätis siiski mõnevõrra varem kui Eestis.

Johann Voldemar Jannsen ja "Perno Postimees"

Eestlaste rahvusliku ärkamisaja alguseks on pakutud erinevaid rajajooni. Sageli on selleks võetud aasta 1857, mil hakkas ilmuma "Kalevipoeg" ja Pärnus nägi ilmavalgust esimene järjepidevalt ilmuv eesti ajaleht "Perno Postimees ehk Näddaliileht". Seda andis välja köster, kooliõpetaja ja kirjamees Johann Voldemar Jannsen (1819–90). "Perno Postimehe" esimene number, mis ilmus 5. (17.) juunil 1857, pöördus lugejate poole tervitusega *Terre, armas Eesti rahwas!* Seni käibel olnud *maarahva* asemel võttis Jannsen eestlaste omanimetusena esimesena kasutusele mõiste *eestlane*.

"Perno Postimehe" väljaandmine oli seotud paljude probleemidega. Jannsenil oli puudus finantsvahenditest, tellijaid oli esialgu vähe ja tagasiside lugejatega nõrk. Siiski suutis leht ennast juba esimese ilmumisaasta lõpuks maksma panna. 1862. aastal oli tellijaid üle 2200, mis on tolle aja kohta väga suur arv. Tänu Tallinnale oli kõige rohkem tellijaid Harjumaal, millele järgnesid Pärnu-, Viljandi-, Tartu- ja Virumaa.

"Perno Postimehe" edu oli seda silmapaistvam, et samal ajal Tartus baltisaksa kirikuringkondade toel ja Adalbert Hugo Willigerode toimetusel ilmunud "Tallorahwa Postimees" (1857–59) ei leidnud piisavalt lugejaid ja jäi seisma. Jannseni ajalehe edu põhjusi tuleb otsida nii selle sisust kui ka stiilist. Ehkki kubermanguvalitsuselt saadud ilmumisloa kohaselt oli lehe sisu piiratud peamiselt igapäevaelu vajaduste rahvavalgustusliku käsitlemisega, ning publitsistliku kallakuga lood ja poliitilised juhtkirjad olid ametlikult keelatud, püüdis Jannsen sellest piirangust mööda hiilida ja varjatult rahvuslikku vaimu õhutada. Ta rõhutas, et eestlased on eelduste ja omaduste poolest teiste rahvastega võrdsed. Haritus on see, mis inimest ja rahvust väärtustab. *Häbbenegem ennast allati, kui rummalad olleme, agga ei ial mitte sepärrast, et eestlased olleme. Ennam ei wõi ükski olla kui innimenne ja innimenne on eestlane ka…* Jannsen uskus eesti rahva tulevikku ja kultuurivõimesse ning halvustas saksastunud eestlasi: *Suremat häbbi ei wõi innimenne ennesele tehha, kui ommast issast ja emmast häbbeneda!* Siin oli Jannsen ise eeskujuks. Ta oli esimesi kõrgemale ühiskondlikule positsioonile jõudnud eestlasi, kes lisaks sellele, et ta oma eestlust ei varjanud, seda ka igati esile tõstis.

Rahvusliku eneseteostuse vahenditeks luges Jannsen eestlaste elus edasijõudmist, varanduse soetamist ja talu päriseksostmist, parema hariduse omandamist ja osavõttu kultuuriüritustest. Eestlaste olukord pidi paranema Vene valitsuse reformide abil ja kokkuleppel kõrgemate seisustega, s.o. Balti aadliga. Hea eestlane pidi olema haritud ja kõrge moraaliga seadusekuulekas kristlane, kes lähtub põhimõttest *Tee tööd, palu Jumalat, austa keisrit ja ülemaid-vanemaid.* Jannsen pooldas seisustevahelist rahu, hoidus teravustest ega kutsunud rahvast üles oma nõudmisi aktiivselt esitama. Siiski ilmus "Perno Postimehe" veergudele ka kriitilisi noote koolikorralduse aadressil.

Nagu tolle aja trükisõnale iseloomulik, avaldas "Perno Postimees" kohalike sõnumite kõrval rohkesti tunnetuslik-harivaid ning praktilist nõu andvaid kirjutisi, eriti põllumajanduse ja tervishoiu alalt, samuti välismaa sõnumeid. Viimased olid ammu-

Ajaleht "Perno Postimees"

tatud välismaa ajalehtedest baltisaksa lehtede vahendusel. Jannseni ajaloomõtlemine tugines progressi-ideele ja humanismiaatele. Ülistades vabadust ja vabadusvõitlejaid, nagu Garibaldi ja George Washington, ning pidades Ameerikat vabaduse kodumaaks, taunis ta ridade vahelt vabaduse puudumist kodumaal. Kirjeldused võõrastest maadest ning rahvastest laiendasid eestlaste silmaringi; kuulsad nimed ja ajaloosündmused võisid panna inimesi mõtlema oma maa ja rahva saatuse üle. "Perno Postimehe" edule aitas kaasa Jannseni muhe rahvalik jutustamislaad, mis kohanes lugejaga ja arvestas külamehe taset.

Jannseni tegevuse ajakirjanduspõllul muutis keeruliseks tsensori teravdatud tähelepanu. Kui ilmalik tsensor ilmutas lehe suhtes mõningast leebust, siis vaimulik tsensor, Pärnu pastor Ernst Wilhelm Woldemar Schultz, oli väga karm. Pideva surve ja tähelepanu all olev Jannsen pidi käituma suurima ettevaatusega ning pahanduste vältimiseks pidevalt laveerima. Ise on ta selle kohta öelnud umbes nii: *Kui mõni mees teaks, kuidas mõni mees mõnes asjas munade peal peab käima, siis saaks mõni mees mõnda meest mõnes asjas vähem mõnitama!* See joon sai iseloomulikuks kogu legaalsele eesti poliitikale ja kirjasõnale.

Kitsastele oludele vaatamata võib "Perno Postimeest" lugeda läbimurdeks mitte ainult eesti perioodilises trükisõnas, vaid kogu rahvuslikus liikumises. Juba tavalise teabe edastamisega avardas leht tavatult lugejate silmaringi. Tehti suur samm rahvusküsimuse eesti-keskse käsitlemise suunas. Oluline oli ka lehe tähendus tekkiva rahvusliku aktiivi tihedamal ühteliitmisel.

Rahvusliku liikumise keskused ja esimesed suurüritused

Rahvusliku aktiivsuse kasvu kindlaks märgiks Eestis oli rahvuslike keskuste teke 1860. aastate hakul. Esialgu tegutses igaüks neist omaette ega olnud isegi teadlik teiste olemasolust, peagi aga tekkis nende vahel läbikäimine, mis omakorda haaras rahvuslikesse ettevõtmistesse kaasa laiemaid piirkondi ja suurema hulga inimesi. Niisuguseid kohti oli esialgu viis.

Esimene neist asus Pärnus. Jannsenil oli ärkamisaja algupoolel täita eriti silmapaistev roll, mis tõi talle ülemaalise tuntuse. "Perno Postimees" kujunes ülemaaliselt tuntud keskuseks, mis ühendas kaastöölisi ja võimaldas saada ülevaadet rahvuslikust liikumisest kogu Eestis, sellega koos pakkuda ka innustust ja eeskuju. Oma ajalehe vahendusel oli Jannsen ühenduses kõigi rahvuslike tegelastega. Siiski peeti teda mõnel pool liiga ettevaatlikuks ning saksameelseks.

Teine keskus asus Võrus ja selle keskmes oli Friedrich Reinhold Kreutzwald. 1862. aastal rahvaväljaandena ilmunud "Kalevipoeg" oli teinud *lauluisa* Kreutzwaldi suureks autoriteediks. Kreutzwaldilt suuremaid rahvuslikke algatusi siiski ei lähtunud ja teiste algatatud üritustesse suhtus ta enamasti kriitiliselt.

Kolmas keskus kujunes tänu ülikoolile ja ÕES-ile Tartus. Mitmed tol ajal ülikoolis õppinud eesti üliõpilased etendasid hiljem rahvuslikus liikumises juhtivat osa. ÕES-i liikmete hulgas oli eesti haritlasi, samas oli see minetanud suure osa oma rahvuslikust iseloomust ja võtnud Carl Schirreni juhtimisel suuna pigem eestlaste saksastamisele.

Neljas keskus tekkis Viljandimaal, peamiselt Paistu ja Tarvastu kihelkonnas. Selle tuumikuks oli rühm ärksamaid taluperemehi ja koolmeistreid, nagu Holstre-Pulleritsu kool-meister Jaan Adamson ja Tarvastu kihelkonnakooli õpetaja Hans Wühner. Siit said alguse mitmed suured üritused, ning paljuski just tänu läbikäimisele selle rühmaga sõlmusid sidemed ka teiste rahvuslike keskuste vahel.

Viies keskus paiknes Peterburis. Seal moodustus rühm, mida tuntakse *Peterburi patriootide* ehk *rahvasõprade* nime all. Sinna kuulus mitu Peterburis karjääri teinud ning paremale järjele tõusnud eestlast, nagu Mereministeeriumi kõrgem ametnik Aleksander Jurjev, keisri ihuarst dr. Philipp Karell, Tallinnast Peterburi asunud Friedrich Nikolai Russow, kooliõpetaja Johan Friedrich Dankmann ja maalikunstnik Johann Köler, ning mõned baltisakslased. Need mehed seadsid eesmärgiks eestlaste vabastamise baltisakslaste võimu alt ja otsisid selleks toetust Vene ajakirjanduselt ja keskvõimult.

Esimeste suurürituste kavandamine tingis keskuste vahel elava läbikäimise. Üheks niisuguseks ettevõtmiseks oli katse luua emakeelne *kõrgem kool* (tegelikult kreiskooli tasemel). Nimelt tekkis 1860. aastal Holstre rahvuslike tegelaste seas mõte tähistada eesti talurahva pärisorjusest vabastamist mälestusmärgiga. Esialgu taheti selleks püstitada ausammas *keiser-vabastaja* Aleksander Esimesele, hiljem tehti ettepanek asutada tolle auks Eesti Aleksandrikool.

Oktoobris 1862 kutsus Hans Wühner Tarvastus kokku koosoleku, kus sõnastati kirjalikult kavatsus *asutada sure Keisri Aleksandre* mälestuseks üks *Ülem kool Eesti poeglastele*. Abi saamiseks pöörduti ÕES-i poole Tartus, ent seal sai Viljandimaa esindus leige vastuvõtu osaliseks. Seda tulemuslikumaks kujunes viljandimaalaste tutvumine ÕES-i üliõpilastest liikmete Gustav Blumbergi ning Jakob Hurdaga, kellega Aleksandrikooli loomise plaan põhjalikult läbi arutati. Usuteaduskonna üliõpilane ja "Perno Postimehe" kaastööline Jakob Hurt (1839–1907) informeeris kooli loomise kavast Kreutzwaldi, kes asus oma tutvuste abil sellele Peterburist toetust otsima. Peagi tõmbas Hurt asjaajamisse kaasa ka Johann Köleri, kes omakorda ise Jaan

Adamsoniga kontakti astus. Vabastamaks kavandatavat kooli kohalike võimude kontrolli alt, tekkis asutajatel mõte allutada see Vene haridusministeeriumile. 1864. aasta suvel arutati Aleksandrikooli küsimusi Köleri, Hurda ja viljandimaalaste osavõtul ning koostati ühiselt palvekiri Aleksandrikooli asutamiseks. Kuigi haridusministeeriumi vastust tuli veel aastaid oodata, oli viljandimaalaste algatus esimesed tulemused andnud, tekkinud olid kontaktid pea kõigi rahvusliku liikumise tollaste keskuste vahel. See andis liikumisele uut hoogu.

Teine laiema kandepinnaga ettevõtmine oli palvekirjade aktsioon 1864. aastal, mis tugines Rootsi aega ulatuvale arvamusele, et *hea valitseja* võtab talupoegade palveid kuulda. Ärkamisajal omandas seni stiihiline palvekirjade esitamine organiseeritud liikumise kuju. Viljandimaalt Holstrest pärit vennad Adam ja Peeter Peterson soovitasid talupoegadel oma palvekirjad ühendada ning need sellistena Peterburi saata. On võimalik, et teataval määral võis otsust mõjutada läti rahvuslaste 1863. aastal koostatud märgukiri. 1864. aasta kevadel kohtus Köler Peterburis palvekirja esitamas käinud Viljandimaa talupoegade esindusega. Ühisel nõupidamisel jõuti otsusele, et parema tulemuse saavutamiseks on vaja koostada suurem ühendatud palvekiri, mille talurahva saadikud keisrile isiklikult üle annaksid. Selleks ajaks oli talurahva aktiivsuse kasv aga juba äratanud baltisakslaste tähelepanu, mis viis Peeter Petersoni vahistamisele. Seetõttu tuli edasi samme kavandada suure saladuskatte all.

1864. aasta augustis korraldas Johann Köler oma sünnikohas Lubjasaare talus ümbruskonna ärksamate talupoegade ja koolmeistrite osavõtul salakoosoleku. Seal visandati suurpalvekirja kava, mis otsustati esitada keisrile Lõuna-Eesti omavalitsuste nimel. Majanduslike ning sotsiaalsete nõudmiste kõrval pidi palvekiri sisaldama ka rahvuslikke taotlusi. Palvekirja teksti vormistamine, sellele allkirjade kogumine ja saatkonna organiseerimine usaldati Adam Petersonile. Johann Köler pidi

Johann Köler

Peterburis pinda ette valmistama ning tagama saatkonna pääsu keisri audientsile. Teisi rahvusliku liikumise juhte kavandatavast aktsioonist eriti ei informeeritud. Jakob Hurt jäi selle suhtes passiivseks, Kreutzwald suhtus aga lausa vaenulikult, olles kibestunud, et *parema arusaamisega mehed* loodavad sellise ässitamisega olukorda parandada.

Suurpalvekirjale koguti salaja 251 allkirja. Need olid antud Viljandi-, Pärnu- ja Tartumaa 24 kogukonna nimel. Palvekirjas taotleti maale mõõduka ostu- ja rendihinna kindlaksmääramist, teoorjuse lõpetamist ning taludele vajaliku metsa- ja soomaa juurdeandmist. Sooviti talurahva-kogukondade ja vallakohtute vabastamist mõisnike eestkoste alt, kohtureformi, mis annaks talurahvale võrdsed õigused teiste seisustega, koguduse nõusolekut pastori ametissemääramisel (mõisniku kirikupatronaadiõiguse kaotamist), ning ihunuhtluse kaotamist. Esimest korda olid palvekirjas toodud ära ka rahvuslikud nõudmised, nagu eestikeelne asjaajamine ametiasutustes, tsensuuri leevendamine eestikeelse trükisõna suhtes, rahvakoolide vabastamine mõisnike ja saksa kirikuõpetajate kontrolli alt, koolide allutamine Vene haridusministeeriumile ja neis vene keele õpetamine. Keisril paluti nimetada kõrgematest vene ametnikest koosnev komisjon, kes vaataks eestlaste ettepanekud läbi ja aitaks neis taotletud reformid ellu viia.

Konspiratsioonile vaatamata jõudis teave kavandatavast aktsioonist baltisakslaste kõrvu. Kuuldes talupoegade kavast üle Tartu Peterburi poole sõita, kavatsesid kohalikud võimumehed *ässitajad* vahistada. On võimalik, et suursaatkonna läkitamist Peterburi olekski õnnestunud nurjata, kui baltisakslaste plaanidest kuulda saanud Jannsen poleks talupoegi hoiatanud ning neile ohutumat teed soovitanud. 9. novembril 1864 esitas 17 talupojast koosnev delegatsioon Aleksander II-le Tsarskoje Selos suurpalvekirja ja peale selle veel 95 eripalvekirja. Kuigi audients möödus väliselt tõrgeta, ei õnnestunud ettevõtmise initsiaatoritel oma eesmärke saavutada. Palvekirja esitajad ja koostajad langesid võimude tagakiusamise ohvriks. Adam Peterson vahistati ning Viljandimaa rahvuslikud tegelased võeti politsei kontrolli alla.

Ettevõtte nurjumine vähendas Johann Köleri ja tema toetajate mõju rahvuslikus liikumises. Teisalt aitas palvekirjade aktsioon sõnastada rahvusliku liikumise eesmärke ning täpsustada selle programmi.

"Eesti Postimees" ja seltsid

1863. aastal otsustas Johann Voldemar Jannsen pühenduda täielikult ajakirjanduslikule tööle. Ta asus elama Tartusse, mis pakkus rohkem võimalusi rahvuslikuks tegevuseks. "Perno Postimees" jäi Jannseni lahkumise järel küll püsima, kuid kaotas suurema osa oma senisest lugejaskonnast ja mõjust.

1863. aasta lõpus üllitas Jannsen Tartus ajalehe "Eesti Postimees" proovinumbri, ning uuest aastast alustas see regulaarset ilmumist. Kuigi eeskava kohaselt poleks uue lehe tonaalsus tohtinud "Perno Postimehe" omast erineda, kujunes see oma eelkäijast kohe märksa poliitilisemaks ja radikaalsemaks. Algul ettevaatlikult, kuid seejärel üha avalikumalt hakkasid "Eesti Postimehes" kostma ühiskonna-

Lydia Koidula

kriitilised hääled. Lehe nägu kujunes tänu radikaalsetele kaastöölistele, kellele Jannsen andis sõna isegi siis, kui ta ise nendega nõus ei olnud. Heaks näiteks sellest on mõttevahetus uuele kirjaviisile ülemineku küsimuses.

Olulist rolli "Eesti Postimehe" radikaliseerumisel etendas Cimze seminari kasvandik, noor Peterburi koolmeister Carl Robert Jakobson (1841–82), kelle esimene kaastöö ilmus "Eesti Postimehes" 1865. aastal. Peaaegu saksastunud noormehe oli rahvuslikule tegevusele äratanud Köler. Jakobsoni teravad ja hoogsad kirjutised äratasid tähelepanu ning tegid ta kodumaal laiemalt tuntuks. Veelgi suurema tuntuse omandas Jakobson eesti koolikirjandust põhjalikult uuendanud õpikutega.

Oma pitseri ajalehe palgele jättis Johann Voldemar Jannseni tütar Lydia, luuletajanimega Koidula (1843–86), kes isa lehe tegemisel abistas. Koidulalt "Eesti Postimehes" ilmunud romantilistest isamaalauludest on tuntuim "Eesti muld ja eesti süda".

Põhiosas jäi uue ajalehe sõnum rahumeelseks. Jannseni rahvuslik programm piirdus üleskutsetega osta talud päriseks, asutada koore ja orkestreid, edendada seltsielu ning kasutada mõistlikul kombel vabadusi, mida valitsuse liberaalsed reformid eesti rahvale võimaldasid. Laadilt ja stiililt jäi "Eesti Postimees" rahvalikuks ja talupojale arusaadavaks, kuid koos oma lugejate ja kaastööliste hariduliku taseme tõusuga liikus ta siiski objektiivsema väljendusviisi ja esituslaadi poole.

Huvitav sisu ja ladus esitus tagasid "Eesti Postimehele" laia lugejaskonna. Tegevust alustades oli lehel 350 tellijat, ent juba aasta lõpul ulatus nende arv 2210-ni. Järgnevail aastail kasvas tellijate hulk veelgi, ulatudes 1867. aastal 2800-ni. Selline hulk tellijaid andis "Eesti Postimehele" Eesti ajakirjandusturul suveräänse liidrikoha.

1864. aastal "Eesti Postimehes" avaldatud teate järgi oli lehel kõige rohkem tellijaid Tartumaal, eriti Tartus ja selle lähemas ümbruses. Järgnesid Viljandi-, Pärnu- ja Võrumaa. Peaaegu samasugune on ka lehe teadaolevate kirjasaatjate paiknemine. Siingi oli esikohal Tartumaa, teisel Viljandi-, kolmandal Võru- ning neljandal Pärnumaa. "Eesti Postimehe" kirjasaatjate seas olid kindlas enamuses koolmeistrid, neile järgnesid talunikud. Ajapikku kasvas kirjasaatjate seas vallaametnike, kaupmeeste ja haritlaste osakaal.

Jannseni kodust Tartus sai tõeline rahvusliku liikumise keskpunkt. Siingi oli tähtis roll Lydia Koidulal, kes tihedalt suhtles paljude rahvuslike tegelastega, koondades neid Jannsenite kodu ümber. Eesti seltskonnaelu tekkimisele andis nn. Koidula salong tugeva impulsi.

Kirjastamise kõrval oli Johann Voldemar Jannsen juhtivalt tegev eesti seltsielu korraldamisel. Esimesed eesti seltside alged tekkisid siiski Tallinnas. 1863. aastal asutas Kaarli kiriku köster Aleksander Wurmberg seal 50-liikmelise kirikukoori, mille liikmed olevat laulmise kõrval soovinud arutada *eestlastesse puutuvaid küsimusi* ja arendada seltskondlikku tegevust. Koorist kasvas välja lauluselts "Revalia". Seltsiline tegevus ei meeldinud kirikuülematele ja "Revalia" tegevus lõpetati. Osa asutajaid lahkus laulukoorist, ning olles mõnda aega mitteametlikult koos

käinud, otsustas 1865. aastal asutada uue seltsi "Estonia".

Samal aastal pani Jannsen Tartus aluse laulu- ja mänguseltsile "Vanemuine", milles ta nägi üldlaulupidu organiseerivat keskust. Seltsi asutajaskonda kuulusid lihttöölised, teenrid, käsitöölised, väikeametnikud ja väikekaupmehed. Jannsen oli nende seas ainus haritlane. Aasta jooksul kasvas seltsi liikmeskond 100-ni, 1867. aastal juba 250-ni. Haritlaste osakaal liikmete hulgas suurenes. Ligi veerandi selle linnas paikneva seltsi liikmetest moodustasid talunikud ja külakoolmeistrid. Kuigi ametlikult oli tegemist meestelauluseltsiga, oli "Vanemuise" haare laiem. Seltsi "kuuõhtutel" peeti lisaks meelelahutuslikule osale populaarteaduslikke ja rahvuslikke kõnesid, nende hulgas ka Jakobsoni kuulsad isamaakõned. "Eesti Postimehe" vahendusel sai "Vanemuise" seltsist järgimisväärne eeskuju teistele eesti seltsidele.

Eestlaste rahvuslikud ühendused tekkisid paralleelselt baltisakslaste organiseerumisega, sellest mõnevõrra siiski maha jäädes. Baltisaksa kogukonda iseloomustas väga kõrge organiseerituse aste. Suur osa selle liikmetest oli haaratud vähemalt ühe vabatahtliku organisatsiooni tegevusse. 1880. aastal oli ainüksi Tallinnas 12 700 sakslase kohta, seisuslikke korporatsioone arvestamata, 50–60 üldkasulikku ja seltskondlikku ühendust. Eestlastel oli sel ajal Tallinnas vaid kaks seltsi.

Esialgu jäljendasid eestlaste rahvuslikud organisatsioonid baltisakslaste samalaadseid ettevõtmisi. Märgata võib ka valmisolekut ühistegevuseks baltisaksa elemendiga, kes omakorda nägi eestlaste seltsitegevuses vahendit nende kaasamiseks saksa kultuuriväljla. Baltisaksa kultuuriidentiteedi kindlustamise vahendit loodeti isegi sellistest apoliitilistest ettevõtmistest nagu tuletõrjeseltsid. Suuri lootusi pandi eesti lauluseltsidele, mille kaudu leviv saksa liedertafellik koorimuusika pidi eestlasi sakslastele lähendama. Selline patronaaž lõi võimaluse rahvusliku liikumise sattumiseks baltisaksa mõju alla, mis võimaldanuks seda välja mängida Vene keskvõimu tugevnevate keskustamispüüete vastu. Langes ju eesti rahvusliku liikumise algus kokku saksa ja vene võimuvõitluse ägenemisega Balti provintsides. Eestlaste tulevikku nägi üks pool venestumises, teine saksastumises.

Avalik poleemika Balti provintside tuleviku üle 1860. aastate lõpul sundis eesti rahvuslikku liikumist määratlema oma seisukohta ülemkihtides lahvatanud tüli suhtes. Viimaste üllatuseks ei asunud eesti rahvuslased üheselt ei vene ega saksa poolele, vaid hakkasid rajama oma rahvuslikku ühiskonda.

Uue põlvkonna tulek

Rahvusliku liikumise uue põlvkonna tegelased sündisid 1830. aastate teisel poolel ja 1840-ndate algul. Avalikku ellu astusid nad 1860. aastail. Selle põlvkonna kõige kuulsamad nimed on Jakob Hurt, Carl Robert Jakobson ja Lydia Koidula. Ühte põlvkonda kuulumine ei tähendanud eesti tegelaste maailmavaateliste seisukohtade ja taktika, sh. rahvuspoliitilise orientatsiooni ühetaolisust. Johann Kölerist mõjutatuna orienteerus Jakobson Vene valitsusele, lootes leida sealt toetust võitluses baltisaksa ülevõimu vastu. Kuigi ta ei ignoreerinud võimalikust venestusest eestlusele tulenevat ohtu, ei pidanud ta venestamist reaalseks. Jakobson kinnitas oma lähematele kaastöölistele: *Ma tunnen ikka enam ja enam ära, et Venelastega sõbruses käies meie üksi neid eesmärkisid kätte võime saada, keda meie rahva paremad mehed taga nõuavad.*

Jakob Hurt oli selles küsimuses teisel arvamusel. Tema rahvuspoliitilise orientatsiooni kujunemisele avaldas mõju Kreutzwald, kes adus agressiivses venestuses eestlusele sakslusest veelgi suuremat ohtu. Hurda umbusku võis süvendada ka võimude katse asutada Aleksandrikool venekeelse koolina, millest algatajate vastuseisu tõttu esialgu siiski loobuti. Teda võisid mõjutada ka kirjutised, milles (näit. Soomet eeskujuks võttes) soovitati eestlaste ja sakslaste lähenemist võitluses venestamise vastu.

Paraku puudus baltisaksa ülemkihil nii siis kui ka hiljem mitmel põhjusel soov tõsisemaks koostööks Baltimaade põlisrahvastega. Sellest aru saades asus Jakob Hurt Soome eeskujudele tuginedes välja arendama saksa ja Vene võimutegurite vahel laveerivat, n.-ö. kolmandat – eesti teed. Oma osa võis selles etendada eesti ja soome rahvuslike tegelaste tihenenud suhtlemine. Soome eeskuju võib märgata ka Eesti Kirjameeste Seltsi (EKmS) loomisel.

1865. aastal tutvustas Hurt Johann Kölerile oma mõtet haritud eestlasi *üleüldiseks koosolekuks kokku kutsuda.* Esimesed reaalsed sammud seltsi loomiseks astus Carl Robert Jakobson, kes esitas 1867. aastal võimudele "Vaimuvaranduse ehk eestikeeli õppetuse raamatute laiali lautamise seltsi Põhjuskirjad". Mitu aastat kestnud asjaajamise järel läks eestvedaja roll seltsi loomisel Hans Wühneri ja Jakob Hurda kätte. 1870. aastal saadeti uus põhikiri, nüüd juba Eesti Kirjameeste Seltsi nime all, haridusministrile kinnitamiseks.

Palju tehti ärkamisajal ära eestlaste kui *ajaloota rahva* mineviku rekonstrueerimisel, mis on alati olnud etniliste liikumiste tunnuseks. Esmalt tuli kummutada baltisaksa historiograafia vallutusaegadest pärinevad müüdid selle kohta, et kitsa saksa ülemkihi võim regioonis on legitiimne nii õiguslikus kui jumalik-moraalses mõttes. Tuli tõestada, et eestlane on inimene ja mitte tööloom, et eestlastel on oma ajalugu, et kunagi muinasajal oldi vaba ja teistega võrdne rahvas. Erineva produktiivsusega tegelesid ajaloo "avastamisega" peaaegu kõik 19. sajandi rahvuslikud juhid. Kõik nad lõid uusi poliitiliselt motiveeritud müüte, idealiseerisid romantilises stiilis muinasaega, püüdes nii tõestada eestlaste ajalookõlblikkust, teha nad osaliseks maailma-ajaloolises protsessis. Rahvuslikku ajalookontseptsiooni kohendati ja kooskõlastati suurrahvaste rahvusliku retoorika vaimus. Ajaloolisi argumente (näit. 1710. aasta kapitulatsiooniakte) kasutasid oma eesõiguste kaitsmisel võitluses Vene valitsuse ja eesti-läti rahvuslastega ka baltisaksa tegelased.

1863. aastal kerkis Johann Köleri ja Jakob Hurda kirjavahetuses üles küsimus *isamaa ajaloo* kirjutamisest, kuid sobiva autori puudumise tõttu jäi ettevõtmine esialgu katki. Ent peagi asusid Hurt ning Jakobson Eesti ajaloo uurimisega tõsisemalt tegelema ja sellealaseid kirjatöid avaldama. Jakobson esitas oma nägemuse Eesti ajaloost 6. oktoobril 1868 "Vanemuise" seltsis kõnes "Enne ja nüüd". 1870. aastal ilmus see koos kahe teise samuti "Vanemuise" seltsis peetud kõnega omaette raamatuna ("Kolm isamaa kõnet"). Jakobsoni käsitlus tugines baltisaksa literaatide ja valgustajate Garlieb Helwig Merkeli, Otto von Rutenbergi ja Heinrich Johann von Jannau töödele, mis olid kantud eestlasi ja lätlasi muinsusromantiliselt ülistavast vaimust. Ajalugu oli Jakobsoni jaoks igavene võitlus hea ja kurja, valguse ja pimeduse vahel. Ta jagas eesti rahva ajaloo valguse- pimeduse- ja koiduajaks, pidades valguse-ajaks muinasaega, pimeduse-ajaks sellele järgnenud 700-aastast orjapõlve ning koiduajaks oma kaasaega. *[---] pimedus ei kesta igaveste, jo tõusis koit hommiku poolt ja kuulutab heledat valgust. Meie Keisriherra arm oli see koit, kelle ees pimeduse teudel enam pidamist ei ole.* Jakobsoni kõne tähendas eesti ajaloo radikaalset ümberhindamist. Selle moraal oli, et võitlus peab jätkuma seni, kuni valgus lõplikult pimeduse võidab. Balti mõisnikud kuulutasid Jakobsoni mässajaks ja kuradi käsilaseks, mis ainult tõstis tema mainet eesti rahva silmis.

Loomaks vastukaalu Jakobsoni liialdavale ja ideoloogiliselt teravale ajalookäsitlusele, alustas Jakob Hurt samal (1868. aasta) sügisel ajalooraamatu koostamist, lootes selle enne esimest üldlaulupidu ära trükkida. Kuid tsensor ei andnud tööle ilmumisluba, ning Hurt sai selle avaldada alles 1871. aastal ta enda toimetatud "Eesti Postimehe" lisalehes järjejutuna, raamatuna aga alles 1879. aastal. Tsensori takistava tegevuse põhjused pole teada, kuid Lydia Koidula sõnade järgi sai Hurda üllitisele saksavastasuse kõrval saatuslikuks veel see, et sealt ka *Venelased saavad väga palju tõt seest leidma.*

Hurda "Pildid isamaa sündinud asjust" koosneb seitsmest pildist. Valdavas osas on tegemist eestlaste muistse vabadusvõitlusega. Hurt on esimene, kes selle omaette perioodina välja toob. Tema käsitlus on suhteliselt faktitruu ja neutraalne, kerge romantilise ja saksavastase paatosega. Hurt polnud ajaloolane ja seda hinnatavam on tema allikakriitiline suhtumine, milles ta mõnest tolleaegsest baltisaksa ajaloolasest kaugemalegi jõudis. Tema ajalookäsitlust läbib punase joonena eestlastele tehtud ülekohtu, samuti nende vapruse ja vastupanutahte rõhutamine. Hurda arvates ei jää eestlaste esivanemad oma *vägimehe vaimu* ning isamaa-armastuse poolest maha vanadest kreeklastest ja roomlastest, vaid seisavad *auuga nende kõrval, ärameelitamata ja ärämüümata meele poolest igas tükis esimeses reas.* Ristisõdijate vägivallategusid seletab luteri kirikuõpetaja Hurt üksnes nende katoliikliku väärdumusega.

Jakob Hurt tõmbab sageli paralleele kaasajaga, rõhutades rahvusliku üksmeele ja koostöö vajadust. Tema töös pole jälgegi Vene orientatsioonist, mis on iseloomulik Jakobsoni isamaakõnedele. Oma Eesti ajalugu kirjutades puutus Hurt kokku rahvaluule kui ajalooallikaga, mis sütitas temas kirgliku rahvaluulehuvi ja viis vanavara suurejoonelise kogumise ülemaaliste projektideni. Hurda käsitlust Eesti ajaloost on peetud Jakobsoni omast teaduslikumaks, kuid vähem mõjukaks sihikindla selgitustöö mõttes. Näib siiski, et tema "Pildid isamaa sündinud asjust" ei jäänud levikult ja mõjult Jakobsoni isamaakõnedele sugugi alla. Hurda ajalookäsitlus leidis tee ka kooliõpikutesse, sealhulgas Jakobsoni "Kooli lugemisraamatu" II ossa. Baltisakslastele olid need peatükid sedavõrd vastukarva, et nad püüdsid raamatu levikut igati takistada.

Nooremate tegelaste esileastumine tekitas põlvkondlikke vastuolusid. Nii Jannsen kui Kreutzwald pelgasid nende radikaalsust ja pidasid eriti ohtlikuks Vene orientatsiooni. Kreutzwald avaldas oma kirjades korduvalt pahameelt eesti rahva *ülekäteläinud poegade* üle, *kes meid sarvipidi vägisi vaenla-*

se kurku naha ja karvaga tükis tahaksid viia, pidades silmas Jakobsoni ja tema mõttekaaslasi. Jannsen läks noorema põlvkonna hoiakutega 1860. aastate lõpul kaasa. Tema kirjavahetus Jakobsoniga annab tunnistust soojadest ja avameelsetest suhetest. Esialgu toetas ta ka Jakobsoni taotlust oma ajalehe asutamiseks, ning soovis Jakobsonile jõudu: *Õnn kaasa! Teie saate pealinnas [Peterburis] teistes oludes võima, mida mina Tartus ilmaski ei või – tagajärg ei või tulemata jääda. Teil saab toimetada olema vaba, minul seotud kätega ajaleht.*

Rahvusliku liikumise tõusu üheks ilminguks oli Kreutzwaldi ning Jannseni leppimine. Otsustavat osa etendas selles Lydia Koidula, kelle kirjavahetus ja tihe suhtlemine Kreutwaldiga suutis viimast seniset suuremal määral rahvusliku liikumisega siduda. *Lauluisa* suhted *kirjaneitsiga* pakkusid omaaegsele eesti seltskonnale huvi ja andsid hiljem ainet mitmele kirjanikule.

1860. aastate teisel poolel tehti korduvaid katseid uute rahvuslike häälekandjate asutamiseks. *Vastasrindliku* lehe loomise mõte oli erinevates ringkondades liikunud juba Jannseni "Perno Postimehe" ilmumisest alates. Kindlama ilme omandasid need kavad siiski alles Carl Robert Jakobsoni tõusuga rahvusliku liikumise juhtide hulka. Jakobson tahtis oma lehte välja anda Peterburis, kus see oleks võinud ilmuda eeltsensuurita. 1868. aasta sügisel esitas ta Trükiasjade Peavalitsusele taotluse ajalehe väljaandmiseks, kuid sai eitava vastuse. Johann Köleri ja vene slavofiilsete ringkondade toetusele lootes esitas Jakobson 1869. aasta kevadel uue taotluse. Uue lehe kavatses ta suunata Jannseni väidetavalt saksameelse poliitika vastu. Ilmselt said Jakobsoni plaanid ka Jannsenile teatavaks ning nende suhetes algas jahenemine.

Sedalaadi vastuolud ei äratanud veel laiema avalikkuse tähelepanu. Väljastpoolt vaadates oli rahvuslik liikumine tõusuteel. Rahvusliku meelsuse kasv tekitas baltisaksa ülemkihtides ärevust. 1868. aastal ründas Paistu kirikuõpetaja Woldemar Adolf Han-

sen Liivimaa sinodil teravalt rahvuslikku liikumist, suunates oma kriitika Jannseni, "Eesti Postimehe" ja "Vanemuise" seltsi pihta. Ta süüdistas eestlasi Soomest eeskuju otsimises ning ülepingutatud rahvusluses, mis epideemia kombel levib ja segadust külvab. Hanseni rünnak vallandas baltisaksa ajakirjanduses elava arutelu. Jannseni kaitseks astus välja Kreutzwald, ning ka liberaalne "Dörptsche Zeitung" pidas vajalikuks "Vanemuise" seltsi kaitsta.

Esimene üldlaulupidu

Mitmel pool Euroopas, näiteks Saksamaal ja Šveitsis, olid laulupeod laiu hulki kaasahaaravad rahvuslikud üritused. Eestis tekkis üldlaulupeo mõte soovist väärikalt tähistada Liivimaa talurahva pärisorjusest vabastamise (1819) aastapäeva. Esialgu plaaniti korraldada selleks vallavanemate, koolmeistrite ja vöörmündrite pidulik koosolek, kuid hiljem arvati kohaseks *priiusepäeva* tähistamist suure rahvapeona. Algatuse võttis enda kätte Johann Voldemar Jannsen, kes mõistis, et suurem rahvapidu saab olla vaid laulupidu, sest rahval polnud muid oma organisatsioone kui laulukoorid. Jannseni mõtte kohaselt pidi rahvapidu kokku tooma inimesi üle Eesti, pakkudes võimalusi uute sidemete sõlmimiseks ning ühistunde tugevdamiseks.

Laulupidusid oli Eesti- ja Liivimaal varemgi peetud. Saksamaa laulupidude eeskujul korraldati Tallinnas 1857. aastal linnadevaheline saksa kooride laulupidu. 1861. aastal toimus kuus päeva kestev 700 lauljaga saksa laulupidu Riias. Jannsen tutvustas mõlemat ettevõtmist ajalehes "Perno Postimees" ning andis mõista, et eestlastel tuleks sellistest üritustest eeskuju võtta. 1860. aastail hakatigi mitmel pool Eestis pidama eesti kooride piirkondlikke laulupäevi. Sajandi esimesel poolel paljuski hernhuutlaste toel arenenud muusikaharrastus sai 1860. aastail uut hoogu muusikalise alghariduse omandanud koolmeistrite eestvõttel.

Kanepi laulukoor (1869)

Alguses toetasid baltisakslased eesti lau-
lukooride tegevust, lootes saksa laulureper-
tuaari abil mõjutada eestlaste mentaliteeti.
Jannsen kaasas peotoimkonda nimekaid bal-
tisaksa tegelasi, näiteks pastor Adalbert Hugo
Willigerode, lootes sel teel vähendada kohali-
ku ülemkihi võimalikku vastuseisu laulupeo
korraldamisele. Sellele vaatamata osutus ku-
bermanguvõimudelt loa saamine keeruliseks.
Esialgu lükkas Liivimaa kuberner August
von Oettingen taotluse tagasi. Peagi lahkus
Oettingen ametist, kuid "Vanemuise" taot-
lus liikus mööda ametiasutusi väga aeglaselt.
Laulupeole näisid vastu töötavat baltisaksa
kirikutegelased, kellest Paistu Hansen oma
vastuseisu ka avalikult väljendas. Loa laulu-
peo korraldamiseks sai "Vanemuise" selts
kätte alles 20. veebruaril 1869, neli kuud enne
peo toimumist. Näib, et loa andjad uskusid, et
sedavõrd lühikese ajaga on suurürituse korral-
damine võimatu.

Kuid Jannsen ja "Vanemuise" selts olid
selliseks asjade käiguks valmis. Rahapuudu-
sele vaatamata asus peokomitee energiliselt
tööle. Jannsen kasutas tõhusalt "Eesti Pos-
timeest", mille vahendusel tehti peo heaks
kihutustööd ning levitati vajalikke teateid.
Lehe kaastööliste võrku kasutades oli kergem
ka noote ja muud vajalikku materjali laiali
saata. Ettevalmistuste põhiraskus lasus peost
osa võtvatel kooridel, kel tuli lühikese ajaga
ära õppida üsna nõudlik laulupeo kava.

Jannsen lootis toetust Carl Robert Ja-
kobsonilt, kes aitaski esialgu kaasa, õhutades
noort heliloojat Aleksander Saebelmanni
(Kunileid) laulupeoks rahvuslikke koori-
laule komponeerima. Mõne aja möödudes
Jakobsoni suhtumine aga muutus. Selle taga
tuleb näha Vene keskvõimu vastuseisu *tänu-
laulupeole*, milles nähti baltisakslaste katset
rahvuslikku liikumist oma huvidele allutada.
Laulupeo korraldamise vastu astus välja ka
Johann Köler. Jakobson püüdis oma poole-
hoidjaid mõjutada laulupeost eemale jääma.
Ta ise viibis peo ajal Tartus, kuid ei osalenud
sellel. Teiselt poolt hakkasid laulupeo mõtte-
kuses kahtlema ka baltisakslased, üritades
seda veel viimasel hetkel läbi kukutada. Laie-
ma avalikkuse ette peo korraldamise ümber
puhkenud intriigid ei jõudnud.

Takistustest hoolimata viidi ettevalmis-
tustööd edukalt lõpule ja 17. juunil 1869
hakkasid koorid Tartusse kogunema. Ena-
mik neist kasutas hobutransporti, kuid tuldi
ka jalgsi. Pika tee ja rahapuuduse tõttu jäid
mitmed kaugemad koorid Tartusse saabu-
mata. Raskustele vaatamata olid laulupeole
tulijad kõrgendatud meeleolus. Kokku ko-
gunes peole 44 või 46 meeskoori rohkem kui
800 liikmega ning viis puhkpilliorkestrit ehk
mängukoori 56 mängijaga. Tartumaalt oli tul-
nud 15 koori, Virumaalt 7, Võru- ja Viljandi-
maalt kummaltki 6 ning Pärnumaalt 5 koori.
Sotsiaalse kuuluvuse poolest oli lauljate seas
kõige rohkem koolmeistreid: 49,2% ehk ligi
pool osavõtjaskonnast. Järgnesid talunikud
21,2% ning käsitöölised 8,7 protsendiga.
Töölisi-sulaseid-teenijaid leidus 6,6%, teiste
kihtide osakaal jäi väiksemaks.

1869. aasta 18. juuni hommikul kogu-
nesid laulupeolised rongkäigule, mis algas
"Vanemuise" seltsimaja juurest Tähe tänaval
ja suundus läbi linna jumalateenistusele Too-
meorus. Päeva teisel poolel toimus Peterburi
tänava (Narva maantee) ääres *Ressource*'i seltsi
aias vaimulik ja järgmisel päeval samas kohas
ilmalik kontsert. Saksakeelsete laulude kõrval
kõlasid soome helilooja Fredrik Paciuse "Mu
isamaa, mu õnn ja rõõm", millele Jannsen oli

loonud eestikeelsed sõnad, ning Aleksander Kunileid-Saebelmanni kaks laulu Koidula sõnadele ("Mu isamaa on minu arm" ja "Sind surmani"), mis tõstsid vaimustuse haripunkti. Seda ei suutnud segada ka pidulisi teisel peopäeval tabanud tugev vihmasadu. Programmilise peakõne "Kolm soovi" pidas Jakob Hurt, kes kutsus eestlasi üles oma rahvusele truuks jääma, rahvuslikke ettevõtmisi ja eesti seltse edendama ning emakeelse hariduse eest hoolitsema. Eestlased võtsid Hurda esinemise vaimustusega vastu.

Laulupeo teise päeva lõpetas suur pidusöök "Vanemuise" seltsi aias, kus said sõna ka peole saabunud soome külalised. Kolmandal peopäeval toimusid kooride üksikesinemised, päeva teisel poolel võistulaulmine. Järgnev kooride Tartust lahkumine kujunes omalaadseks võidumarsiks läbi maa. Laulupeol tekkinud vaimustus levis osalenute kaudu laiematesse rahvakihtidesse ning aitas levitada rahvuslikke ideid üle kogu Eesti.

Ajakirjanduses olid vastukajad mitmesugused. Eesti ja soome ajakirjandus andis laulupeole kõrge hinnangu. Pidu kiitsid üldiselt ka baltisaksa väljaanded, kritiseerides siiski Jakob Hurda esinemist kui rahvuslikku liialdust. Täiesti negatiivselt reageeris vene ajakirjandus, pidades kogu üritust baltisakslaste poolt korraldatud venevastaseks meeleavalduseks. See sundis baltisaksa väljaandeid laulupeo kaitseks välja astuma.

Kokkuvõttes võib I üldlaulupidu pidada murranguliseks sündmuseks rahvuslikus liikumises. On ehk liialdus väita, nagu oleks Tartusse kogunenud eesti rahvas end üldlaulupeol rahvuseks laulnud, kuid mingi tõetera selles on.

Eesti-Soome sild

Ärkamisajal kujunes eesti haritlastel Soomest idealiseeritud ja kriitikavaba pilt, mis muutus hiljemgi vähe. Niisuguse romantilise kujutelma teljeks oli "ühissoome" idee ja sümboliks *Soome sild*. See motiiv esineb juba eesti ja soome rahvalauludes, ent üldtuntud sümboliks sai ta eepose "Kalevipoeg" kaudu, kus nimikangelane ehitab suurest tammest silla Eesti ja Soome vahele. Huvi Soome vastu oli noorte eesti haritlaste hulgas üldine. Kõik tähtsamad rahvuslikud juhid olid innukad Soome silla ehitajad. Nad tundsid Soome olusid ja olid seal käinud, neil oli Soomes tuttavaid ja mõttekaaslasi, kellega peeti kirjavahetust ja arutati ühist huvi pakkuvaid küsimusi. Eesti poolel oli vastastikuse lähenemise soov hoopis suurem kui Soomes. Noor Carl Robert Jakobson kirjutas 1866. aastal, et eestlased ja soomlased olgu edaspidi *oma vaimo töös üks rahvas*, ja et eestlaste kohus on soomlastega vaimselt ühte sulada, sest ainult nii saavat eestlased vabaks. *Soomemaa on meil alati kui laiem ja suurem isamaa meeles ja südames*, kirjutas Lydia Koidula "Uusi Suometari" toimetajale Antti Almberg-Jalavale, kes samuti pidas eesti ja soome rahva ühinemist võimalikuks. Nende kirjavahetuses on juttu koguni kummagi rahva rahvuslikust iseseisvusest *(itsenäytos)*. Soome Kirjanduse Seltsi 50. aastapäevaks (1881) kirjutatud luuletsüklis "Soome sild" kõneleb Koidula sillast, mis ühendab *ühte isamaad* ja *Soome-Eesti pinda*. 1871. aasta suvel külastas Koidula koos Jannseniga Soomet, kus sealsed rahvuslikud juhid nad suurte auavaldustega vastu võtsid.

Jakob Hurdale imponeeris soome rahvuslaste, *fennomaanide* keelerahvuslus, nende võitlus soome keele õiguste eest kõigil elualadel ning tegevus kultuuripõllul. Hurda mõtted väikerahva vaimult suureks saamisest, iga rahva erilisest missioonist ja jumalikust õigusest olemasolule on sarnased Johan Vilhelm Snellmani vaadetega, mida viimane väljendas juba 1840. aastail. Soome keeles nägi Hurt eesti keele rikastajat. Ka rahvaluule kogumisel võttis ta eeskuju Soomest, kust sai ka metodoloogilist abi. Eesti haritlastel soovitas Hurt õppida soome keelt. Soome arenenum majandus, kultuur ja autonoomne poliitiline kord said eestlastele oma rahvusühiskonna ülesehitamisel eeskujuks ja inspiratsiooniallikaks. Ühtlasi oli Soome-ihalus seotud püüuga vabaneda seniste suurvõimude domineerivast survest ja ületada saksa-vene ühekülgne kultuurimõju.

Soome filoloogid ja folkloristid Adolf Ivar Arwidsson, Elias Lönnrot, August Ahlquist jt. tundsid eesti keele vastu huvi juba 19. sajandi algupoolel. Nad lõid esimesed kontaktid baltisaksa estofiilide ja eesti haritlastega. Mõnigi neist soomlastest oli hõimuromantik ja mõlgutas utoopilisi mõtteid soome ja eesti keele ühtesulamisest. Seoses eestlaste rahvusliku ärkamisega huvi Eesti vastu Soomes süvenes, tekkis ka poliitiline huvi. Eesti asjad said Soome ajakirjanduses pidevaks kõneaineks. Nii eestlased kui soomlased vaatasid teineteise peale läbi oma probleemide prisma. Fennomaanid sondeerisid pinda võimalikuks koostööks Vene-poolse keskvõimule allutamise ja ühtlustamise püüete vastu. Nad olid solidaarsed eestlaste rahvusliku liikumisega ja soovitasid eesti-saksa vahekordade reguleerimisel lähtuda Soome mudelist, seades baltisakslastele eeskujuks Soome ajaloolise ülemkihi, soomerootslased, kes pidasid end enamusrahva, soomlastega, orgaaniliselt ühtekuuluvaks.

Fennomaanide arvates oli võimalik eestlaste ja baltisakslaste ühtesulamine üheks rahvaks, "eestimaalasteks" – nii et sakslased loobuvad vabatahtlikult oma eelarvamustest ja privileegidest, eestistuvad ning võtavad omaks eesti keele. Baltimaade autonoomia ja eristaatuse säilitamist (reformitud kujul) pidasid nad tähtsaks ka Soomele. Nad mõistsid, et Soome ja Balti küsimus on sarnased ning Vene ääremaade-poliitika kaudu omavahel seotudki. Fennomaanide juht Yrjö-Sakari Yrjö-Koskinen külastas korduvalt Eestit (1864, 1867) ning kohtus siin Kreutzwaldi, Jannseni, Koidula ja Jakobsoniga. On võimalik, et koos arutati mõlema hõimurahva tulevikku, võib-olla ka Soome-Eesti lähenemise ja liidu küsimusi. Mingeid poliitilisi kokkuleppeid ei sõlmitud, õieti polnudki neid Eestis kellegagi sõlmida, kuna eesti rahvuslik liikumine oli veel nõrk ja eestlaste suhtumine riigivõimusse truualamlik. Tutvunud Eesti

oludega ja näinud, et eestlased pole ühiseks tegevuseks Vene valitsuse vastu valmis, Soome poliitikute huvi Eesti vastu 1870. aastail rauges, kuid hõimu- ja kultuurikontaktid arenesid edasi.

RAHVUSLIKU LIIKUMISE TÕUS

Ühiskondlik elavnemine

Esimene üldlaulupidu 1869. aastal andis tugeva impulsi uute rahvuslike organisatsioonide tekkeks ja tõmbas rahvuslikku liikumisse kaasa uusi inimesi. Seetõttu on üldlaulupeo järgset aega nimetatud ka *rahvusliku liikumise mesinädalateks*. Seltsiliikumises oli eriline roll talunikke ühendavail põllumeesteseltsidel. Vastav algatus tuli Pärnumaalt, Tori valla Sikana talu peremehelt Jaan Tammannilt. 1870. aastal astusid pea üheaegselt tegevusse eesti põllumeeste seltsid nii Tartus kui Pärnus. 1871. aastal loodi need ka Võrus ja Viljandis.

Laulupeo mõjul asutati üle Eesti koore ja orkestreid. Tollastes oludes kujutasid need endast sisuliselt väikesi üsna kindla struktuuri ja põhikirjaga organisatsioone. Eriti kiire oli kooriliikumise areng Tartu- ja Võrumaal. Aeglasemalt kulges see Põhja-Eestis, kus suuremat aktiivsust ilmutas Virumaa.

Üldise aktiivsuse tõusu taustal võttis võitlevama ilme ka rahvuslik ajakirjandus. Eesti ajakirjanduse jaoks uudne nähtus oli esimene selle veergudel toimunud, avalikkusele suunatud mõttevahetus ehk *suur sulesõda*. Poleemika sai alguse Carl Robert Jakobsoni artiklitest, milles ta luges rahva viletsuse põhjuseks nõrka koolisüsteemi, kus tegelike teadmiste asemel üksnes usuõpetust tuubitavat. Jakobsonile vaidles vastu nii koolmeistreid kui kirikuõpetajaid, mis andis talle võimaluse süüdistada kirikut rahva pimeduses hoidmise ning saksastamise püüdes. Poleemika laienes kiiresti ka baltisaksa ajakirjandusse. Kuigi üldjoontes peeti Jakobsoni nõuet eestlaste haridusliku taseme tõstmiseks õigustatuks, olid tema süüdistused mitme koolmeistri arvates ülekohtused. Poleemika ägedus ja sellega kaasnenud isiklikud rünnakud kohutasid Jannsenit, kes asus vaidluses kesktee otsima. Ta kutsus üles tüli lõpetama ning eri poolte, sealhulgas ka eestlaste ning saksalaste vahel lepitust otsima. *Suur sulesõda* halvendas Jannseni ning Jakobsoni vahekorda ja viis "Eesti Postimehe" veergude sulgemiseni Jakobsonile. Samas aitas avalik poleemika kaasa vaadete selginemisele eesti avalikkuses.

Ühiskonda haaranud elevus kandus ka üliõpilaskonda. 1860. aastail eesti rahvusest üliõpilaste arv Tartus kasvas. Kui varem oli enamik neist saksastunud, siis nüüd liitusid paljud rahvusliku liikumisega, seda tänu nii "Vanemuise" seltsile, populaarseks kooskäimiskohaks kujunenud Koidula salongile kui ka õnnestunud üldlaulupeole. 26. märtsil 1870 toimus Tartus esimene eesti üliõpilaste ja rahvuslike tegelaste koosolek, kus pandi alus nn. "Kalevipoja" õhtutele. "Kalevipoja" uurimise ning teaduslike probleemide arutamise kõrval käsitleti neil õhtutel rahvusliku liikumise küsimusi. Ajapikku kasvas siit välja esimene eesti rahvuslik üliõpilasorganisatsioon, Eesti Üliõpilaste Selts. Eesti üliõpilased osalesid näitlejatena eesti rahvusliku teatri sünnis. Juunis 1870 etendus "Vanemuise" seltsis suure menuga Lydia Koidula saksa keelest mugandatud näitemäng "Saaremaa onupoeg".

Jakob Hurda kultuurirahvuslus

Esimene üldlaulupidu andis tõuke ka rahvusliku ideoloogia selgemaks sõnastamiseks. Eeldused selleks olid loodud juba eelärkamisajal. Tundub, et just tookordsete tegelaste vahendusel jõudsid rahvusliku liikumise ideoloogideni Herderi ja teiste lääne mõtlejate ideed. Kuigi nii Hurt kui Jakobson on oma esinemistes korduvalt viidanud Herderile, polnud nende tutvumine Herderi teostega ilmselt kuigi põhjalik. Eesti rahvuslik ideoloogia sünteesis endas peamiselt estofiilide poolt vahendatud herderliku maailmanägemuse saksa klassikalise filosoofiaga ning sellest mõjustatud maailmavaatega. Hurda juures lisandus sellele tugev annus religioosset protestantlikku mõtteviisi, milles teda mõjutas saksa filosoof Schleiermacher, üks moodsa protestantliku teoloogia rajajaid.

Nüüd tuli rahvusliku liikumise juhtidel välja töötada eesti rahvusluse ideoloogia ja programm, millest olnuks abi nii päevaprobleemide lahendamisel kui ka kaugemas perspektiivis. Oluliseks läbimurdeks sai siin Jakob Hurda poolt rahvuslike tegelaste väljasõidul Helmes 6. juulil 1870 peetud kõne "Meie koolitatud ja haritud meestest". Selles Hurda ühes tuntumas kõnes formuleeris ta eestlaste rahvusliku ülesande, mida on nimetatud eesti rahva ajaloolise kutsumuse ideeks. Hurt kinnitas, et rahvastel on võimalik saada suureks ja vägevaks kahel viisil: kas suure arvu ja poliitilise vägevuse abil või *vaimu asjades ja haritud elu poolest.* Kui esimene tee oli eestlastele suletud, siis teine ja Hurda meelest väärtuslikumgi tee oli avatud. *Au, kuulsus, tarkus ja vägevus pole mitte ühe ainsa rahva eesõigus, ega ole teda Jumal kellegi rahvale juba luues kaasa annud. Tema on igale rahvale saadav vara, kui aga rahvas ise teda tahab ja mõistab otsida.* Eeskujuks tõi ta väikese kreeka rahva, kes vanal ajal lõi suure kultuuri, ja keda ei suutnud alistada miljonid pärslased. Mõte eestlaste vaimult suureks saamisest lähtus ühelt poolt väikerahvalikust enesetunnetusest, teiselt poolt evangeelsetest paradoksidest nagu *kes on vähim teie kõikide seas, see on suur.*

Oma kõnedes ja kirjades esitas Hurt eesti kultuuri ja hariduse ülesehitamise laiahaardelise kava, mille eesmärgiks oli luua mingi eesti haridusrahvas, niisugune, nagu seda oli

kõrgharitud baltisaksa rahvakild. See pidi teoks saama õhtumaalik-saksalise kultuuritüübi *(germaani kultuurielu)* põhjal, ent säilitades eestlaste põlist etnilist alust. Võideldes ägedalt eestlaste ümberrahvustamise, saksastamise ja venestamise vastu, hindas Hurt kõrgelt saksa kultuuri eesti kultuuri põhjana ja luteri usku eestlaste Lääne kultuuri piirkonda kuulumise tõendajana. Venemaad pidas ta Lääne kultuuriliseks vastandiks ja kutsus üles eesti-saksa ühisrinde moodustamisele, et kaitsta õhtumaist kultuuri ja *meie balti-protestantlikku eksistentsi* venestamise vastu. Samas pidas Hurt möödapääsmatuks Eesti poliitilist ühendust Venemaaga *kui liige suure Vene riigi keha küljes.* Kultuurirahvuslasena kinnitas ta, et kuna eestlaste missioon on kultuuriline, mitte poliitiline, siis on neile tähtis rahvuslik olemine, mitte riiklik kuuluvus; mitte vorm, vaid sisu. Oma rahvuskeskse maailmapildi põhjendamisel ja eesti rahva olemasolu õigustamisel viitas Hurt jumalikule korrale, mille järgi rahvused on Jumala loodud maailma elemendid ja ainult Loojal, mitte inimesel on õigus otsustada nende olemasolu, sünni ja surma üle. Jakob Hurda baltisakslaste ja venestajatega polemiseerivad kirjutised andsid rahvuslikule aktiivile argumente oma ideede kaitsmiseks.

Rahvusliku aktiivsuse tõus on seda tähelepanuväärsem, et välised tingimused polnud selleks kuigi soodsad. Baltisakslaste hoiak rahvusliku liikumise suhtes oli muutunud avalikult vaenulikuks. Siit tuleb otsida ka põhjust rahvuslike tegelaste esitatud ajalehtede asutamise taotluste järjekindlale tagasilükkamisele. Eitavate vastuste osaliseks said vaadeldaval ajal nii Jakobson kui Hurt.

Kuna Jakob Hurt ei saanud luba oma ajalehte välja anda, pakkus Johann Voldemar Jannsen talle võimalust asuda toimetama "Eesti Postimehe" lisalehte. Hurt viis selle üle uuele kirjaviisile ning avaldas seal hulgaliselt populaarteaduslikke ning keelealaseid kirjutisi. Lisalehes kutsuti rahvast üles rahvaluulet koguma ning väärtustati Eesti ajalugu. Selles ilmus ka Hurda ülevaade Eesti ajaloost "Mõni

Jakob Hurt

pilt isamaa sündinud asjust", mis sai tema toi-
metajatööle saatuslikuks. Baltisakslased aval-
dasid Jannsenile Hurda ajalookäsitluse vastu
protesti, süüdistades teda *rahva ülesässitami-
ses*. Hurt oli sunnitud lisalehe toimetaja ko-
halt lahkuma, tuues avalikkusele mõeldud
lahkumiskirjas seletuseks siiski isiklikumat
laadi põhjused.

Rahvusliku liikumise hoogu sellised taga-
silöögid esialgu pidurdada ei suutnud. 1872.
aasta veebruaris pidas Viljandis avakoosole-
ku Eesti Kirjameeste Selts, mille presidendiks
valiti Jakob Hurt ning aupresidendiks Kreutz-
wald. Hurda programmilise pöördumise järgi
oli EKmS-i peamiseks ülesandeks eesti keele
ja rahvaluuleteaduse edendamine ning eesti
rahvale vajalike raamatute kirjastamine. Tehti
otsus minna üldiselt üle uuele kirjaviisile, mis
tähendas selle võitu. Ühtse moodsa kirjaviisi
olemasolust sai rahva ühtsust ja rahvuslikku
identiteeti tugevdav tegur.

1869. aastal võimudelt saadud loa alu-
sel moodustati Tarvastus juulis 1870 Eesti
Aleksandrikooli Peakomitee, mille presiden-
diks sai samuti Hurt. Kohtadel algas abiko-
miteede loomine. 29. juunil 1872 tuli Tartus
esimest korda kokku Peakomitee ja abikomi-

teede ühine koosolek. Sellest Aleksandrikooli
"peakoosolekust" kujunes aegamööda oma-
laadne rahvuslik parlament, kus rahvuslikud
tegelased kogu maalt regulaarselt kokku said,
informatsiooni vahetasid ja liikumise pakilisi
probleeme arutasid. Aleksandrikooli vajadu-
se laiem tutvustamine ja teadvustamine ergu-
tas arutelu emakeelse hariduse ja eesti keele
seisundi üle. Ühe aasta jooksul suudeti luua
abikomiteed 68 kihelkonnas, seega enam
kui kahes kolmandikus Eesti kihelkondades.
1872. aasta lõpuks oli Aleksandrikooli tar-
beks kogutud ligemale 10 000 rubla, mida
võib lugeda heaks alguseks. Eriti elavalt osa-
leti Aleksandrikooli liikumises Viljandi- ja
Tartumaal.

Aleksandrikooli liikumise ja Kirjamees-
te Seltsi käivitumisega omandas rahvuslik
liikumine rütmi, mis jäi püsima järgnevaks
kümneks aastaks. Kaks korda aastas järjesti-
kustel päevadel tavaliselt Tartus "Vanemuise"
seltsimajas toimuvad Peakomitee ja EKmS-i
koosolekud tõid mõneks päevaks ühte kohta
kokku pea kogu rahvusliku liikumise juht-
konna. Liikumise korralduses ja juhtkonnas
kujunes välja selgem hierarhia ja tööjaotus.
"Isetegemise" periood rahvuslikus liikumises
oli läbi saamas. Seni üsna stiihiliselt arene-
nud liikumise paigutumine kindlatesse kor-
ralduslikesse raamidesse tingis aktiivsuse
ajutise languse.

Teise aasta kriis

1870. aastate algul ja keskel järgnes rahvus-
likus liikumises mõningane paigalseis, mida
on nimetatud *teise aasta kriisiks*. Rahvuslike
organisatsioonide tegevus muutus loiumaks,
osavõtt ettevõtmistest vähenes. Samal ajal
laienes liikumise kandepind. Radikaalsest ja
üksnes kitsale ringkonnale omasest nähtusest
muutus rahvuslus paljudele enesestmõisteta-
vaks meelsuseks. Tundub, et välisele seisakule
vaatamata leidis just 1870. aastate keskel aset
murrang rahvahulkade hoiakus.

1873. aastal sai Aleksandrikooli liikumi-
ne tagasilöögi osaliseks; annetused vähenesid

pea kahekordselt. Ainult talurahva halvenenud majandusliku olukorraga pole langust võimalik seletada. Uute abikomiteede loomine aeglustus ja paljud neist osutusid elujõuetuks.

Kirjameeste Seltsi liikmeskond seevastu kasvas (43-lt 1872. a. 164-le 1875. a.). 1873. aastal alustas ilmumist seltsi aastaraamat, mis sisaldas koosolekute protokolle, liikmete nimekirju ja sisukamaid ettekandeid. Pandi alus EKmS-i raamatukogule ning *asjade muuseumile*. Seltsi toel kirjastatud raamatutest moodustasid suurema osa õpikud, mis andsid eesti koolikirjandusele ja õpitava sisule sootuks uue ilme. EKmS-i üheks ülesandeks pidi Jakob Hurda arvates saama *vana aja uurimine*, s.o. rahvaluule kogumine ja uurimine. Paljuski tänu Hurda innustusele ja tagantsundimisele moodustus EKmS-i ümber rahvaluulet koguvate korrespondentide võrk. Nimeliselt on aastaist 1872–75 teada 35 rahvaluulekogujat, neile lisandub viis anonüümset kaastöölist. Enamiku kogujatest moodustasid koolmeistrid, esindatud olid ka kooli- ja üliõpilased, sulased, puusepad ja koduperenaised.

Üldine pilt rahvuslikust liikumisest aastail 1873–75 oli siiski kurvavõitu. Oma osa etendasid selles esimest korda avalikult lõkkele löönud vastuolud. Rahvusliku liikumise lõhestamisest olid eriliselt huvitatud baltisaksa ülemkihid, kes muutsid mõnevõrra oma taktikat ja mängisid ühtesid eesti tegelasi teiste vastu välja. Liberaalse Urvaste mõisniku Hermann von Samsoni eestvedamisel peetud läbirääkimistel soostus Jannsen oma lehes avaldama baltisakslaste kirjutisi, loobumata samal ajal iseseisvast hoiakust. Tänuks selle eest lubas Samson Jannsenile rahalist toetust. Septembris 1870 otsustas Eestimaa Rüütelkond toetada "Eesti Postimeest" esialgu ühel aastal 385 eksemplari ostuga, et *pakkuda talle vahendeid parteitumaks ning mitmekülgsemaks meie provintse puudutavate praktiliste küsimuste käsitlemiseks*. Esimene protokollitud sissemakse tehti 1871. aasta mais, edaspidi maksis Eestimaa Rüütelkond 1879. aasta

sügiseni Jannsenile toetust 600 rubla aastas. Võib eeldada, et vähemalt sama palju, kui mitte rohkem maksis talle toetust Liivimaa Rüütelkond.

Küllap ei tajunud Jannsen päris adekvaatselt baltisakslastega kokkuleppimise tähendust ja tagajärgi. Tema vastuolud Jakobsoniga olid *suure sulesõja* päevil arenenud sedavõrd kaugele, et Jakobsonile "Eesti Postimehe" veergude sulgemine ning baltisakslaste kirjutiste avaldamine ei kujutanud endast tema meelest erilist probleemi. Peagi aga selgus, et baltisakslased tõlgendavad kokkulepet Jannseniga laiemalt ning nõuavad täiendavaid järeleandmisi. Üheks selliseks näib olevat olnud Jakob Hurda "Eesti Postimehe" juurest eemaldamine. See polnud ilmselt Jannsenile meele järele, kuid sakslastelt raha saanuna polnud tal enam tagasiteed. Kui Jakobsoni lahkumine lehe kaastööliste hulgast pälvis ka Lydia Koidula toetuse, siis Hurda eemaldamise puhul olid isa ja tütar eriarvamusel. Jannseni perekond ei teadnud midagi isa kokkuleppest sakslastega, seetõttu oli neil tema käitumist Hurdaga raske mõista. 1873. aastal Koidula abiellus ning lahkus kodumaalt mehe teenistuskohta Kroonlinna, kaotades seetõttu ka aktiivse rolli rahvuslikus liikumises.

Johann Voldemar Jannseni kokkulepe baltisakslastega ei jätnud mõju avaldamata "Eesti Postimehe" sisule. Lehe vahepeal üsna võitlevaks muutunud sisu taandus rahumeelseks, radikaalsemad motiivid kadusid sootuks. Rahvusliku liikumise suurüritusi hakati käsitlema üsna tagasihoidlikult. Siiski säilitas "Eesti Postimees" oma rahvusliku iseloomu ning rahvaliku esituslaadi. Leht vahendas mitmesugust praktilist teavet, tutvustas talude päriseksostmist, toetas eesti seltsi-, kooli- ja kultuurielu edendamist. Välispoliitilistest sündmustest pälvis tähelepanu eeskätt Vene-Türgi sõda aastail 1877–78. Peaaegu monopoolne positsioon Eesti ajakirjandusturul tagas "Eesti Postimehele" laia leviku. 1878. aastal ulatus üksiknumbri trükiarv 5000-ni.

Jakobsoni ja Hurda eemaldamine "Eesti Postimehe" juurest viis sellest eemale ka suure osa rahvuslike tegelaste nooremast põlvkonnast. On oletatud, et Jannseni müüdavuse kohta rahva seas liikvele läinud jutud võisid pärineda baltisakslaste endi seast, kes sellega lootsid rahvuslikus liikumises veelgi suuremat segadust tekitada. Toetuse saamist sakslastelt eitas Jannsen lehes ise korduvalt ja suure ägedusega.

Ühte leeri, s.o. "Eesti Postimehest" väljapoole sattumine tõi kaasa Hurda ja Jakobsoni tihedama koostöö. Neid ühendas pahameel Jannseni vastu, keda mõlemad pidasid eesti asja reetjaks ja *müüdavaks meheks*. Jakobsoni ja Hurda esimene ühisaktsioon oli Jannseni tagandamine Tartu Eesti Põllumeeste Seltsi presidendi ametist. Jakobsoni soovitusel valiti seltsi etteotsa Hurt. Hurda juhendamisel koostatud pöördumine Liivimaa maapäeva poole, mis nõudis talumajapidamiste koormiste kergendamist, teravdas tema vahekorda mõisnikega.

Hurda ja Jakobsoni lähenemine ei kaotanud nende maailmavaatelisi ja taktikalisi erimeelsusi, mida kõrvalt igati õhutada püüti. Hurda kätte toimetati Jakobsoni kirju vene preestritele, mis tekitasid temas Jakobsoni vastu umbusku. Jakobsoni hinnangul *lootsid Hurt ja tema partei mõisnikkudega üksi toime saavat ja arvavad neid maa äraandjateks, kes venelastega ühte nõusse löövad*. Jakobsoni häiris kõigi rahvuslike organisatsioonide juhtimise koondumine Hurda kätte, ta tundis end eemaletõrjutuna ning see tekitas temas trotsi. Jaan Adamsoni vahendusel saadi suurematest lahkhelidest esialgu üle. Tõenäoliselt jõudsid Hurt ja Jakobson kokkuleppele, et viimane *usu asjus* enam sõna ei võta. See võimaldas neil teineteisele läheneda ning koos astuda samme Jannseni mõju vähendamiseks rahvuslikus liikumises.

1870. aastate alguses tundis rahvuslik liikumine end piisavalt tugevana, astumaks võitlusse tollases ühiskonnaelus ülimalt tähtsat rolli etendavate kirikuõpetajate kohtade täitmiseks rahvuslike tegelastega. Tartu Peetri koguduel õnnestus baltisakslaste vastuseisu ja intriige ületades saada õpetajaks eestlane Wilhelm Eisenschmidt. Veelgi tähtsam oli aga Jakob Hurda valimine Otepää kirikuõpetajaks 1872. aastal. Hurda ja teiste rahvuslaste pääsemisega kirikuõpetaja ametisse tekkis Liivimaa luteri kirikus uus situatsioon. Seni eestlaste rahvuslikku liikumisse eitavalt suhtunud kirikutegelaste ühisrinne lagunes. Teisest küljest tõstis eestlaste rahvuslike püüete avalike toetajate pääs hingekarjase ametisse rahvusliku liikumise autoriteeti ja avas sellele uusi võimalusi, kuivõrd kirikuõpetaja suhtles tihedalt rahvaga.

1874. aasta augustis Valgas toimunud Liivimaa provintsiaalsinodil põrkasid erinevad arusaamad rahvuslikust liikumisest avalikult kokku. Rahvuslikke püüdeid ründavate baltisaksa kirikuõpetajate kõrval anti sõna ka Wilhelm Eisenschmidtile ja Jakob Hurdale. Viimane pidas sinodil baltisakslastele adresseeritud kõne "Eesti päevaküsimused", kus tunnistas end *põiklemata ja kindlalt* rahvuslike püüete toetajaks. Kultuurirahvuslikult seisukohalt ja Herderile tuginedes esitas ta oma nägemuse rahvuse olemusest ja põhjendas iga rahvuse jumalikku õigust eksisteerida. Hurda jaoks oli rahvuse säilimine eeskätt eetilis-kõlbeline probleem ning sellele veendumusele tugines kogu tema maailmavaade. Sellest lähtudes pidi võitlus ümberrahvustamise kui *vaimse tapatöö* vastu olema iga rahva loomulik õigus. Eesti geograafilist asendit pidas Hurt soodsaks looduslike piiride poolest, mis eraldavad eestlasi naaberrahvastest ja moodustavad koos lääneliku saksapõhjalise kultuuriga *ühe läbitungimata vaheseina*. Eestlaste venestamist ja venelaste massilist kolonisatsiooni pidas ta vähetõenäoliseks – seda takistaksid kohalikud olud (keel, usk, kool, kirik), mis venelaste omast kardinaalselt erinevad ja eestlased *vene mõju ääremaile* asetavad, samuti asjaolu, et eestlased on venelastest üle hariduse ja põllutööoskuste poolest. Ka eestlaste saksastamisel polevat väljavaateid, sest sakslasi on Eestis liiga vähe ja nad on eesti rahvast eraldatud.

Tähtis tegur igasuguse ümberrahvustamise vastu on eestlastes tärganud rahvuslik meel ja rahvuslik elu, mis ei juhata eestlast ei lääne ega ida poole, vaid hoiab kindlalt kodumaal. Hurt visandas oma kõnes ka rahvusliku liikumise programmi, nõudes muuhulgas eesti keele õiguste otsustavat laiendamist ning soomeugri professuuri Tartu ülikooli juurde. Ta kutsus sakslasi koostööle *meie balti kodumaal*, seades eelduseks eestlaste rahvuslike püüete tunnustamise ja toetamise.

Baltisaksa kirikutegelased lükkasid tagasi Hurda ettepaneku astuda ühiselt *igasuguste kultuurivaenulike mõjude ja sissetungide vastu, tulgu nemad kust tahes*. 1875. aasta sinodil võeti vastu deklaratsioon luteri kiriku suhtumisest eesti ja läti rahvuslikesse liikumistesse. Need hinnati pikema põhjenduseta kahjulikuks, peaaegu et antikristlikuks. Väideti, et rahvuslikud liikumised peavad kohalikke väikerahvaid eksklikult kultuurrahvasteks, unustades, et sinnamaani jõudmiseks on vaja sajandeid tööd teha. Põlisrahvad, kes on saanud sakslastelt usu ja hariduse, peaksid neile igavesti tänulikud olema. Lõpetuseks keelas sinod luteri usu vaimulikel rahvalikes organisatsioonides osalemise. Seega oli luteri kirikus tekkinud avalik konflikt. Jakob Hurt ning teised eesti kirikuõpetajad keeldusid sinodi otsust täitmast. Noored eesti teoloogid kritiseerisid nii omavahel kui avalikult Liivimaa seisuslikku kirikukorraldust. Oma EKmS-is peetud kõnes ütles teoloogiaüliõpilane Mihkel Jürmann otse välja, et saksa pastorid on mõisnikega liidus ega hooli rahva saatusest. Rahvusliku liikumise loogika viis paratamatult selleni, et "omade ja võõraste" vahele hakati selgemat piiri tõmbama mõlemal pool.

Carl Robert Jakobsoni "Sakala"

1876. aastal ilmnes märke eesti-läti rahvusluse uuest elavnemisest. Nüüd astusid baltisakslased selle vastu avalikult välja. 1877. aasta algas massiivse rünnakuga

Aleksandrikooli vastu nii saksa kui eesti ajakirjanduses. Üksteise järel võtsid selle vastu sõna kirikuõpetaja Theodor Hesse, Urvaste mõisnik Hermann von Samson-Himmelstierna ja sakslaste käsilane, Karula koolivanem Pärt Suija. Kohalike komiteede aktiviste süüdistati rahvuslike kirgede õhutamises, kogu ettevõtmist kujutati perspektiivituna. Jakob Hurt astus ründajaile otsustavalt vastu, kaitstes mitte ainult Aleksandrikooli üritust, vaid ka eesti rahva õigust ise oma asju otsustada ning vabalt areneda. Ta kinnitas, et rahva kõrgemat arengutaset näitab just rahvuslike ettevõtmistega liitumine: *osavõtmine meie koolist on otse Eestirahva jõu ja tervise täht.* Aleksandrikoolist võis nüüd lugeda isegi varem passiivse "Eesti Postimehe" pea igast numbrist. See tõi kaasa kooli heaks tehtavate annetuste kiire kasvu. Aasta lõpul võis Hurt põhjendatult tõdeda, et *loodetud kahju asemel on meie vastased oma vaidlemistega meile hoopis kasu saatnud.*

Elavnemine Aleksandrikooli liikumises viis kogu rahvusliku liikumise tõusuteele. Carl Robert Jakobson, kes valiti Pärnu ja Viljandi eesti põllumeeste seltside presidendiks, kaasas need seltsid rahvuspoliitilisse tegevusse. Jakob Hurt toetas Jakobsoni plaani uue rahvusliku ajalehe asutamiseks. Et Peterburis oli suhtumine eestikeelsesse ajakirjandusse muutunud leebemaks, julges Jakobson uue taotluse esitada. 1877. aasta novembris sai ta loa ja 11. märtsil 1878 ilmus Viljandis "Sakala" esimene number. Eesti rahvuslikus liikumises märkis see uue ajajärgu algust. "Eesti Postimehega" võrreldes oli "Sakala" näol tegemist selgesti poliitilise häälekandjaga, mis sõnastas rahvusliku liikumise radikaalse suuna poliitilise ja majandusliku programmi ning nägi oma ülesannet rahva mobiliseerimises võitluseks sakslastega võrdsete õiguste eest.

"Sakala" arvustas käredas vormis Balti provintside seisuslikku erikorda ja Balti aadli eesõigusi, ründas saksa mõisnikke ja kirikuõpetajaid. Maaomavalitsuse küsimuses

№ 1 ja 2.   Wiliandis, fell' 11^{ed} Märtsil 1878.   I. aastakäik.

Sakala.

Üks poliitika, kirjanduse ja põllutöö ajaleht.

Wastutaja toimetaja ja väljaandja C. R. Jakobson.

nõuti eestlastele sakslastega võrdse esinduse andmist maapäeval või Vene semstvoseaduse rakendamist, samuti kubermangupiiride viimist etnilisele alusele. Tauniti seisuslikku politsei- ja kohtukorraldust, ning taas oli valdavaks sooviks Vene seadustest osasaamine. Maaküsimuses nõuti talude päriseksostu soodustamist maa sundmüügi ja riiklikult kindlaksmääratud paraja müügihinnaga, kindlate rendihindade kehtestamist ja teoorjuse kaotamist. Jakobson idealiseeris Venemaa olusid ning lootis hõõrumisi Balti aadli ja keskvõimu vahel eestlaste huvides ära kasutada. "Sakala" väljaandmist kergendas tsensorite – vene õigeusu preestrite Mihkel (Mihhail) Suigusaare ja Peeter Metsa küllaltki leebe suhtumine.

Jakobson õhutas lugejaid ja kaastöölisi saatma "Sakalale" lehe programmilisi nõudmisi toetavaid fakte, muutes seega oma eeskava tutvustamise ulatuslikuks propagandakampaaniaks. Sel taustal on mõistetav tema tihe koostöö "Sakala" kirjasaatjatega. Kokku on teada vähemalt 925 "Sakala" kaastöölist. Kõige rohkem oli neid Viljandi- ja Pärnumaal. Vaadeldaval perioodil ei saadetud "Sakalale" kaastööd vaid 12 kihelkonnast. Esimesel ilmumisaastal oli ajalehel 2299 tellijat, 1879. aasta alguses 3442. Lugejaid jätkus pea kõigisse kihelkondadesse. Maakondadest oli selles osas esikohal Viljandimaa, järgnesid Pärnu-, Viru- ja Harjumaa, seejärel Tartu- ja Võrumaa. Tagasihoidlikum oli "Sakala" levik Lääne- ja Saaremaal.

Esialgu seisis "Sakala" taga suurem osa rahvuslikest tegelastest, kaasa arvatud Jakob Hurt ja Friedrich Reinhold Kreutzwald. "Sakala" sisu ja esituslaad pälvisid peaaegu kõigi rahvuslike tegelaste kiituse. Peagi aga hakkasid kõlama ka kriitilised noodid. Nimelt asus Jakobson baltisaksa kirikuõpetajate kõrval ründama luteri kirikut kui institutsiooni ning tegema halvustavaid märkusi usu kohta laiemalt. See oli Hurdale ebameeldivaks üllatuseks. Ta tegi Jakobsonile ettepaneku "Sakala" suunda muuta ja *ristiusu õõnestamine* lõpetada. Jakobson lükkas etteheited tagasi ja "Sakala" jätkas endises vaimus. 18. juulil 1878 avaldas Hurt "Eesti Postimehes" terava avaliku kirja Jakobsonile, süüdistades teda ristiusu- ja kiriku-vastases tegevuses, *avalikult usu põhja alt ära kaevamises ja kiriku müüride mahakiskumises* ning *meie vaimuliku ema põlgamises ja pilkamises*, ja ütles end "Sakala" kaastöötajate hulgast lahti. Hurt vihjas oma pöördumises ka luteri kiriku kaudu säilivale sidemele Euroopa ja selle vaimumaailmaga, andes kaudselt mõista, et luteri kiriku nõrgestamine tähendab idapoolse mõju tugevnemist Eestis. Vastuses ei võtnud Jakobson süüdistusi omaks ja väitis, et oma nime mitte väärivaid pastoreid kritiseerides tegutseb ta üksnes ristiusu hüvanguks. Ühtlasi andis ta mõista, et Hurt on tema vastu astunud saksa kirikuõpetajate surve all. Hurt püüdis oma seisukohti pikemas vastukirjas kaitsta, kuid jäi poleemikas Jakobsonile selgesti alla. Kahe rahvajuhi tüli tagamaad on ähmased siiani. Arvesse tulevad erinevused nii nende loomuses ja isiksuse kujunemise taustas kui ka võitlustaktikas ja rahvusühiskonna ülesehitamise meetodites, samuti kristluse olemuse mõistmisel.

Jakob Hurda kui avaliku tegelase võimalusi ahendas omaenese ajakirjandusliku tribüüni puudumine. 1878. aasta septembris palus ta Trükiasjade Peavalitsuselt luba ajalehe "Mesilane" asutamiseks. Lehe eeskava väljatöötamiseks kutsus Hurt 11. septembril 1878 Tartusse kokku esindusliku rahvuslike tegelaste koosoleku. Ühiselt koostatud programmis rõhutati eesti keele, emakeelse hariduse ja kirjavara arendamise tähtsust, nõuti soomeugri profesuuri avamist Tartu ülikoolis *(Meie soovime Tartu universiteedi pääle täielist prohvessori õpetustooli soomesugu keelte ja iseäranis Eesti keele ja vana aja uurimiseks)* ning talurahvale õigust osaleda maapäeval. Seda dokumenti võib lugeda rahvusliku liikumise mõõduka ja valdavalt kultuurirahvusliku suuna reformitaotluste kokkuvõtteks.

Võrreldes Hurda programmi Jakobsoni omaga, tuleb nentida, et tegemist on erinevaid valdkondi käsitlevate, kuid mitte vastandlike kavadega. Jakobson asetas rõhu poliitikale ja sotsiaalmajanduslikele küsimustele, Hurt aga vaimu-, kultuuri- ja haridusele. Omal alal on mõlemad radikaalsed ja kaugeleulatuvate taotlustega. Kumbki esitab poliitilisi nõudmisi eestlaste ja sakslaste võrdsusest ning talurahva esindajate lubamisest maapäevale. Samas oli Jakobsoni programm taktikaliselt orienteeritud rohkem Vene valitsusele ja avalikkusele, Hurt aga võitles venestamise vastu sama ühemõtteliselt kui saksastamise vastu ja ei varjanud oma soome orientatsiooni.

Paraku polnud Hurda programmil määratud avalikuks saada. Tema palve "Mesilase" asutamiseks lükati tagasi. Mart Miti mälestuste järgi ei antud "Mesilasele" ilmumisluba seepärast, et seal kavatsetud "Sakalale" vastasrinda teha. Arhiivimaterjalid seda väidet ei kinnita ega lükka ka ümber. Jakobsoni orienteeritus Vene keskvõimule oli talle valitsusringkondades toetajaid võitnud. Samal ajal olid tema vastu võitlevate baltisakslaste positsioonid Peterburi ametkondades veelgi tugevamad. Jakob Hurt polnud *oma eesti tee* otsimisega vastuvõetav kummalegi poolele, seetõttu võib tema taotluse nurjumist loogili-

seks pidada. Hurda ajaleheta jätmine määras ära rahvusliku liikumise kahe peamise suuna võitluse tulemuse.

Rahvusliku liikumise haripunkt

1870. ja 1880. aastate vahetusel jõudis rahvuslik ärkamisaeg Eestis haripunkti. Jõudsalt kosus Eesti Aleksandrikooli liikumine. Pidevalt tekkis juurde uusi abikomiteesid, kasvas annetatud raha hulk. Rekordiliseks kujunes 1883. aasta 14 407 krooniga. Eesti Kirjameeste Seltsi liikmete arv kasvas 281-lt 1878. aastal 419-le 1880. aastal.

Rahvusliku liikumise kandepinna laienemise märgiks oli uute vabatahtlike ühenduste teke ning seltsiliikumise kiire areng. 1870.–80. aastate vahetusel algas üle Eesti raamatukogude asutamine. Rahvusliku liikumise hoogu demonstreerisid kaks teineteise järel toimunud üldlaulupidu: II – 1879 Tartus ja III – 1880 Tallinnas. Teisel üldlaulupeol oli koore sama palju kui esimesel (46), kuid lauljaid oli tulnud juurde rohkem kui kolmandiku võrra, pasunakooride arv aga oli mitmekordistunud. Nagu esimeselgi üldlaulupeol, oli ka sellel kõige rohkem osalejaid Tartumaalt. Järgnesid Võru-, Viljandi-, Viru- ja Järvamaa, ning seejärel pea võrdse osalejate arvuga Pärnu- ja Harjumaa.

Carl Robert Jakobson oma mõttekaaslastega pidas üldlaulupidude korraldamist tarbetuks ja propageeris maakondlikke laulupäevi. Johann Voldemar Jannseni perekonna ümber koondunud algatusrühm aga tegi ettepaneku korraldada järgmine üldlaulupidu Tallinnas. Sellega püüti elavdada rahvuslikku liikumist Põhja-Eestis ning laiendada selle geograafilist kandepinda.

Peo korraldamise võttis enda peale üks Jannseni väimeestest, Tallinnasse tööle asunud Heinrich Rosenthal, kes leidis endale võimeka abilise August Einwaldi näol. Ametlikult sai korraldajaks "Lootuse" selts. Laulupeo juhtide ja kõnelejate valimiseks korraldati koorijuhtide seas ankeet, mis annab üsna huvitava pildi nende eelistustest. Kõige rohkem soovisid koorijuhid laulupeol kõnelemas näha Wilhelm Eisenschmidti, kuid seda eeskätt naljakõne pidajana. Poliitilistest tegelastest sai suurima eelistuse Jakob Hurt, kellele järgnesid Mihkel Veske ning seejärel võrdse häälte arvuga Jannsen ja Jakobson. Vähem hääli said Joosep Kapp, Michael Jürmann, Hans Wühner, Rudolf Kallas, Andreas Kurrikoff, Juhan Kunder ja Heinrich Rosenthal.

Juunis 1880 peetud III üldlaulupeost Tallinnas jäid, võimalik et Jakobsoni propaganda kaasmõjul, täielikult eemale Viljandi- ja Pärnumaa koorid. Seda aktiivsem oli osavõtt Harju-, Viru- ja Järvamaalt. Üsna suur oli ka Tartumaa panus. Kooride üldarv jäi küll väiksemaks kui eelmistel pidudel, aga kui võtta arvesse kahe maakonna kooride puudumist, näitas Põhja-Eesti aktiivne osavõtt tõepoolest rahvusliku liikumise kandepinna laienemist. Kolmandat üldlaulupidu võib pidada igati edukaks. Rahvuslik liikumine Põhja-Eestis sai sellelt positiivse impulsi. Samas oli võimude vastuseis rahvuslikele ettevõtmistele siin endiselt tugevam kui Lõuna-Eestis. Seetõttu käisid mitmed rahvuslikud seltsid Eestimaa kubermangus pikka aega koos ametlikult registreerimata.

Põhja-Eesti suurimaks ärkamisaegseks rahvuslikuks ettevõtmiseks kujunes kaubalaevaselts "Linda". Vaatamata tulunduslikule iseloomule kujutas see endast selgesti rahvusliku iseloomuga organisatsiooni. "Linda" seltsi käimapanijaks ning algatajaks sai kooliõpetaja, endine meremees Gustav Eslon, kes oli saanud õhutust nii läti rahvuslaste juhi Krišjānis Valdemārsi kui Carl Robert Jakobsoni kirjutistest. Aastaid väldanud närvesööva asjaajamise järel õnnestus 1879. aastal saada luba alustada tegevust põhikirja kinnitamist ära ootamata, ning sama aasta detsembris toimus Tallinnas "Linda" seltsi avakoosolek. Selleks ajaks oli seltsiga liitunud paarsada inimest ja seltsi asutamise kava üle Eesti tuttavaks tehtud. Seltsi abiorganisatsioonid tegutsesid Tallinnas, Tartus, Rakveres, Peterburis, Narvas ja Kolgas. "Linda" põhikiri kinnitati lõplikul kujul 1881. aastal.

Eesti põllumeesteseltside saadikud Riia põllutöökongressil 1881 (vasakult): Carl Robert Jakobson, Andres Dido, Johann Raudsepp, Mart Mitt, Jakob Toots

Põhikirja kohaselt pidi seltsi peamine ülesanne olema laevanduse edendamine. Selle kõrval kujunes tema teiseks tähtsamaks tegevusalaks kauplemine. "Linda" tegevuse algus langes vilja- ja linahindade tõusust tingitud majandusliku kõrgkonjuktuuri perioodi, mistõttu seltsi liikmeskond kiiresti kasvas. 1883. aastaks oli liikmete arv tõusnud tuhandeni ja aktsiakapitali kogunenud üle 200 000 rubla. Põhitegevuse kõrval pani selts rõhku rahvuslikule agitatsioonile ning rahvavalgustuslikule tegevusele. Selleks peeti nii Tallinnas kui mujal vastavasisulisi loenguid.

Erimeelsused Hurda ning Jakobsoni vahel püsisid; neid aitasid õhutada kummagi leeri teised juhtivad tegelased. 1879. aasta veebruaris süüdistas Jakobson "Sakalas" Hurta rahvusliku liikumise lõhestamises ning andis teda *rahva eestvedajaks* sobimatuks pidades märku oma ambitsioonidest võtta Hurda ametid üle. Jakobsoni soov Hurta Eesti Aleksandrikooli Peakomitee esimehe kohalt tagandada ei leidnud esialgu laiemat toetust. Hurda positsioonid jäid kindlaks ka EKmS-is – 1879. aasta algul valiti ta uuesti seltsi presidendiks, Jakobson aga tõusis teise asepresidendi kohale.

1880. aastal lõid sisetülid uue hooga lõkkele. "Sakala" populaarsusele tuginedes suurendas põllumeesteseltsides kindlat toetust omav Jakobson järjekindlalt oma mõju rahvuslikus liikumises. See omakorda viis vastasseisule nii Kirjameeste Seltsis kui Aleksandrikooli peakoosolekul. Samas on võimalik, et vastasseis rahvusliku liikumise juhtide vahel võis selle aktiivsusele ka positiivselt mõjuda. Eri suundade konkurents ei madaldunud isiklikuks konfliktiks. Nüüd oldi sunnitud oma õiguse ja tublieduse tõestamiseks kahekordse innuga tööd tegema. Juhtide tüli tekitas avalikkuses huvi ning tõi liikumisse uusi inimesi.

Avalikkuse silmis ei kehastunud vastasseis rahvuslikus liikumises pikka aega mitte Jakob Hurda ja Carl Robert Jakobsoni lahkhelides, vaid "Sakala" konkurentsis "Eesti Postimehega". "Sakala" kõrval tundus "Eesti Postimehe" patriarhaalne sisu ja laad sedavõrd ajast mahajäänuna, et selle populaarsus hakkas kiiresti vähenema. 1879. aasta alguseks oli "Eesti Postimehele" jäänud 3000 tellijat, 1880. aastal 1400–2000.

"Sakala" edu tekitas baltisakslaste seas tõsist ärevust. Ühelt poolt sai vajadus Baltimaade seisusliku korra reformimiseks üha enam nähtavaks. Teiselt poolt orienteerus ühendatud Saksamaa rahvuslikust tõusust mõjutatud baltisaksa ajakirjandus vaimselt järjest enam Saksamaale. Eesti rahvuslikku liikumisse suhtusid eitavalt nii baltisaksa konservatiivid kui liberaalid. Hermann von Samson leidis, et rahvusliku demagoogia lõpetamiseks võiks eestlastele isegi teatavaid järeleandmisi teha, mis omakorda avaks tee põlisrahvaste saksastamisele. Niisiis nägid baltisaksa liberaalid regiooni tulevikku endistviisi eestlaste ja lätlaste saksastumises.

Sel taustal oli baltisaksa pressi konflikt pea kogu eestikeelse ajakirjanduse ja avalikkusega möödapääsmatu. Uues liberaalses ajalehes "Revaler Beobachter" öeldi otsesõnu, et ollakse igati eestlaste ja sakslaste sõbraliku kooseksisteerimise poolt, kuid võrdsete õiguste põhimõtet ei tunnustata mingil juhul. 1880. aastal kinnitas "Neue Dörptsche Zeitung", et "Sakala" õhutab vaenu eestlaste ja sakslaste vahel ning üritab oma egoistlike eesmärkide nimel rahva seas rahulolematust külvata, et haarata endale juhtpositsiooni Eestis. Anti mõista, et eesti rahvuslus on toodud sisse Venemaalt, ning üritati *nooreestlasi* (nagu baltisakslased rahvusliku liikumise tegelasi nimetasid) samastada *vene nihilistidega*.

Võitlusse "Sakala" vastu kaasati ka baltisaksa mõjuväljas olevad eesti lehed, nagu Friedrich Wilhelm Eichhorni toimetatud "Tallinna Sõber", mida rüütelkonnad rahaliselt toetasid, ja "Ristirahwa Pühhapäwa Leht". Eichhorn püstitas oma lehes loosungi *rahu kosutab, vaen kaotab*, astudes sellele vaatamata ägedasse poleemikasse "Sakala" ja teiste eesti rahvuslike väljaannetega. Nende saksameelsete ajalehtede levik ja mõju jäid siiski tagasihoidlikuks.

1879. aasta kevadel õnnestus baltisakslastel saavutada "Sakala" sulgemine kaheksaks kuuks süüdistusega, et lehes kuulutatavat sotsialismi. Sunnitud paus ei langetanud, vaid tõstis "Sakala" populaarsust, ja 1881. aastal ületas selle tiraaž 6000 piiri. Jakobsoni ei suutnud kõigutada ka arvukad kohtuprotsessid, mida mõisnikud tema vastu algatasid. Küll sundisid baltisakslaste rünnakud teda Vene võimudelt veelgi suuremat toetust otsima. Jakobson kirjutas kaebekirju oma võistlejate kohta Eestis, süüdistades näiteks "Eesti Postimeest" eestlaste saksastamise ettevalmistamises. Uuesti ilmuma hakates muutus "Sakala" suund venemeelsemaks, leht asus kaitsma õigeusu kiriku õigusi Eestis. Näib, et õigeusu kiriku ja selle hierarhide protektsioon sai Jakobsonile tollal üha olulisemaks. Riia Vaimulikus Seminaris oli selleks ajaks hariduse saanud silmapaistev hulk eesti soost preestreid, kes ametisse ordineerituna järjest elavamalt rahvuslikus elus osalema hakkasid.

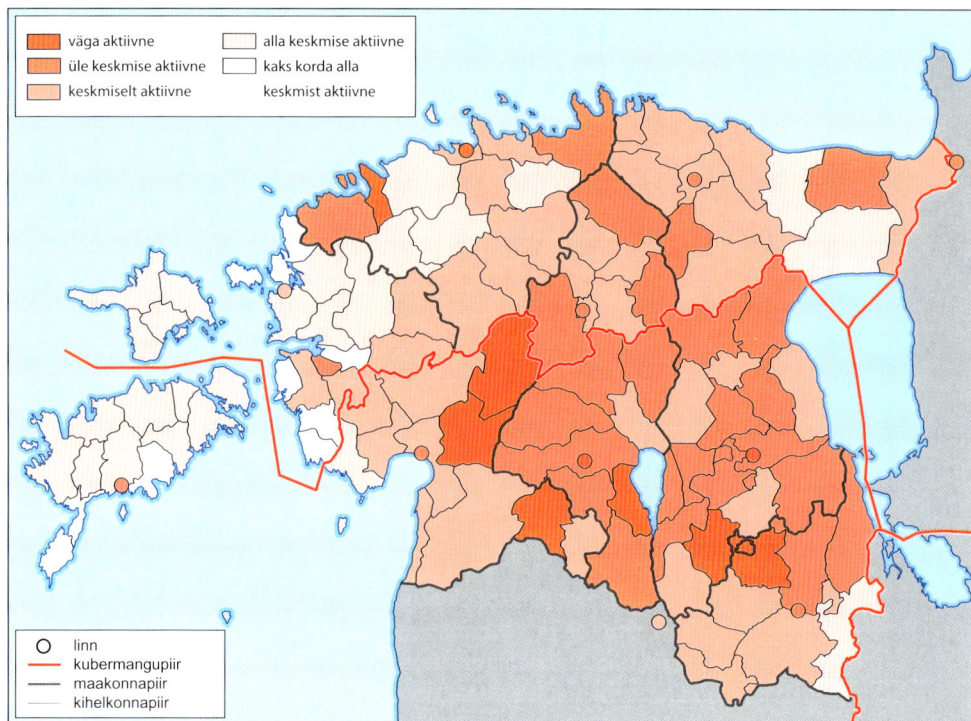

väga aktiivne		alla keskmise aktiivne
üle keskmise aktiivne		kaks korda alla
keskmiselt aktiivne		keskmist aktiivne

○ linn
   kubermangupiir
   maakonnapiir
   kihelkonnapiir

Eestlaste rahvuslik aktiivsus ärkamisajal

"Sakala" suhted "Eesti Postimehega" olid jätkuvalt teravad. 1879. aasta lõpust alates asus "Eesti Postimehes" tööle Johann Voldemar Jannseni poeg Heinrich (Harry), kes üritas lehele värskemat ilmet anda. Harry Jannsen mõistis hukka Jakobsoni *märatseva natsionalismuse* ning püstitas lehes baltluse loosungi, mille kohaselt pidid kõik Balti provintside rahvad elama oma ühisel isamaal ilma vaenu ja tülita, tundma end rahvuslikest erinevustest kõrgemal seisvas *Baltia olekus* ühise perena ning taotlema koostöös paremat tulevikku. Harry Jannseni programm sai arvustuse osaliseks nii "Sakalas" kui baltisaksa ajakirjanduses. "Sakala" meelest oli see sakslaste suhtes liig leebe ja järeleandlik, vanameelsetele baltisakslastele aga oli vastukarva nende võrdsustamine maa põlisrahvastega, s.o. eilsete orjadega, mida nad tõlgendasid kui suurt alandamist ja solvamist. Baltisakslaste kõrkuses pettunud Harry Jannsen

muutis peagi kurssi, asudes sakslaste ülevõimu sedavõrd teravalt kritiseerima, et "Sakala" teda omakorda liigses germanofoobias süüdistas. Kokkuvõttes kaotas "Eesti Postimees" lugejaid eestlaste hulgas, jäädes ilma ka rüütelkondade rahalisest toetusest. 1881. aastal toimetas "Eesti Postimeest" noor andekas Ado Grenzstein, kes selle auväärsete traditsioonidega ajalehe süsteemselt rahvuslikku sõiduvette viis. Samas jätkus poleemika "Sakalaga", kelle hoiaku Grenzstein *lammutavaks* kvalifitseeris.

Jakob Hurda peamiseks tegevusväljaks rahvuslikus liikumises jäid ka 1870. aastate lõpus Aleksandrikool ning Kirjameeste Selts. Sel perioodil läbis tema kirjutisi terav kriitika baltisakslaste aadressil. Ta heitis baltisaksa kirikutegelastele ette vastutöötamist rahvuslikele ettevõtmistele, väites, et nad halvendavad sellega vahekordi oma kogudustega ja ohustavad luteri usu autoriteeti. Nii ränka süüdistust polnud balti-saksa kirikutegelaste vastu julgenud tõsta isegi Jakobson. Kõrgemate kirikutegelaste reageering oli raevukas. 1879. aasta lõpul saatis ülem-superintendent Arnold Christiani Jakob Hurdale kirja, kus teda ähvardati ametist tagandada. 1880. aasta suvel paisus konflikt avalikuks vastasseisuks. Sellises olukorras saabus Hurdale ettepanek Peterburi eesti seltskonnalt asuda tööle sealse Jaani koguduse hingekarjasena. Tegemist oli suurima eestlaste kogudusega, mis pealegi asus väljaspool Liivimaa konsistooriumi mõjupiirkonda, ja luteri kiriku hierarhias väga kõrge kohaga, mis võimaldas puhke-nud võitlusest võitjana väljuda. Hurt võttis pakkumise vastu, lahkus Otepäält ja asus 1880. aasta oktoobris Peterburis ametisse.

Jakob Hurda otsust võisid mõjutada ka isiklikud asjaolud, nagu tüli Otepää kiriku-mõisa rentnikega. Näib siiski, et Hurt võttis kodumaalt lahkumist ajutisena, lootes peagi naasta Tartu ülikooli eesti keele professori-na. Baltisakslaste vastuseis selle professuuri loomisele ei lubanud neil plaanidel teostuda. Eestis jättis Hurda lahkumine rahvuslikku lii-kumisse tuntava tühiku. Kodumaale jäänud mõttekaaslastel puudusid nii Hurda suur haa-re kui ka kompromissivalmidus ja autoriteet. Uut kindlat juhti tema suunale ei kerkinud. See seadis Hurda pooldajad Jakobsoni oma-dega võrreldes märksa halvemasse olukorda.

Hurda lahkumine tekitas Jakobsoni toeta-jais lootuse, et neil õnnestub rahvuslik liiku-mine täielikult oma kontrolli alla saada. Nii see ei läinud. Hurt jäi esialgu nii Kirjameeste Seltsi kui ka Aleksandrikooli Peakomitee pre-sidendi kohale (vastavalt augustikuuni 1881 ning jaanuarini 1883). Suutmata Hurda ta-gasitõmbumist ära oodata, läks vastasleer üle aktiivsemale tegevusele. See tõi kaasa pinge-te kasvu, konfliktid muutusid väiklaseks, eri-meelsused otsituks. Alanud avalik võimuvõit-lus lõhestas rahvusliku liikumise lõplikult.

ÄRKAMISAJA LÕPP

1881. aasta *suurmärgukiri*

1881. aasta algul tundus rahvuslik liikumine sedavõrd tugeval jalal seisvat, nagu ei saaks seda miski kõigutada. Tegelikult olid liikumise nõrgenemine ja mõõn lähemal kui osati arvata. Esialgu oli lootust, et hõõrumised rahvuslike tegelaste vahel võivad leeveneda, kuna saadi aru, et need tulevad kasuks vastastele. Jakob Hurt ja Carl Robert Jakobson jätkasid suhtlemist, ning peeti aru isegi leppimiskohtumise korraldamise üle. 1881. aasta jaanuaris sõlmisid suuremate eesti ajalehtede ("Sakala", "Perno Postimees", "Eesti Postimees") peatoimetajad kokkuleppe vastastikuste süüdistuste lõpetamiseks. Paraku polnud endist usaldust enam võimalik taastada, ning juba suvel lahvatasid tülid veel suurema hooga.

1880. aastate liikumises võib märgata huvi suurenemist Eesti-välise tegevuse vastu. 1881. aastal saatis EKmS Soome Kirjanduse Seltsi 50. aasta juubelile esindusliku delegatsiooni, kes seal soojalt vastu võeti. Eestlastele avaldasid soomlaste saavutused tohutut muljet ja innustavat mõju: *Me olime nagu uuesti sündinud,* kirjutas hiljem Matthias Johann Eisen. *Esimene Eesti-Soome hõimukongress* peeti suletud uste taga, muuhulgas arutati *eesti keele sõprade* seltsi loomist, millest hiljem kasvas välja Soome-Ugri Selts.

Rahvusliku liikumise üheks suuremaks poliitiliseks ettevõtmiseks oli eesti seltside saadikute läkitamine äsja troonile tõusnud Aleksander III juurde 1881. aastal. Ado Grenzsteini väite kohaselt lähtunud ettepanek esindusliku saatkonna pealinna saatmiseks temalt, kuid ilmselt tekkis kõnealune idee korraga mitmel pool. Formaalselt oli ürituse algatajaks Kirjameeste Selts, tegelikult Jakobson ja tema ringkond. 19. juunil võtsid keiser ja keisrinna 17 eesti seltsi esindajate saatkonna Peterhofis vastu. Juba varem olid Jakobson ja tema mõttekaaslased koostanud *suurmärgukirja,* millele Peterburi jõudnud saadikutelt allkirju paluti. Kuigi märgukirja sisu polnud seltsides arutatud, kirjutasid seltside esindajad sellele siiski alla. Keeldus vaid Jakob Hurt, võib-olla seetõttu, et vaimulikuna ei sobinud tal avalikult nõuda kiriku mõju vähendamist rahvakoolis, või siis kartis ta venestamist, kui Eesti koolid allutatakse Vene haridusministeeriumile. Samas ei vaidlustanud Hurt märgukirja tervikuna ega püüdnud takistada selle esitamist keisrile. Kirjas, mis oli 1864. aasta suurmärgukirja edasiarenduseks, loetleti terve rida päevakajalisi poliitilisi, majanduslikke ja rahvuslikke nõudmisi: Balti erikorra poliitiliste aluste lammutamine, eestlaste ja sakslaste võrdne esindatus maaomavalitsuses, mis on reformitud vene semstvo eeskujul, Vene politsei- ja kohtukorra sissetoomine, teoorjuse kaotamine, talumaa sundmüük, maksude võrdne jaotamine mõisa- ja talumaa vahel, kirikuõpetaja valimine koguduse poolt, rahvakooli vabastamine mõisnike ja kirikuõpetajate hoolduse alt, eestikeelne asjaajamine kohtus, Eesti rahvuskubermangu moodustamine. Audientsil pöördusid Johann Köler, Theodor Jakobson ning Jakob Hurt keisripaari poole vene keeles, Carl Robert Jakobson kõneles eesti keeles. Eestlaste katsele teha "suurt poliitikat" reageerisid vihaselt baltisaksa konservatiivid, kinnitades, et õigus kogu maa asjus riigivalitsusele ettepanekuid teha on üksnes rüütelkondadel ja maapäevadel. Eestlaste ideid nimetasid nad läti-eesti utoopiaks, rahvuslikuks suurustamiseks, poliitiliseks ässituseks; eriti ägedalt ründas eesti seltse Liivimaa rüütelkonna maanõunike kolleegium.

Suurmärgukirja koostamine ja esitamine tugevdasid Jakobsoni positsioone rahvuslikus liikumises. Liikumine oli näidanud oma jõudu ning end Vene avalikkusesse läbi murdnud. Baltisakslastele oli märgukirja esitamine raskeks hoobiks. Nende mõju Peterburi võimukoridorides hakkas nõrgenema. Impeeriumi läänepoolsete ääremaade venestamine, mis oli sajandi esimesel poolel alanud mässulisest Poolast-Leedust, jõudis nüüd järjega Balti provintsidesse. Hirm venestuse ees sundis baltisakslasi eesti rahvuslikku liikumist erilise ägedusega ründama, nähes selles valitsuse liitlast saksluse vastu suunatud survepoliitikas. Eesti-läti rahvuslusele püüti külge kleepida *separatismi* ja *nihilismi* silti, väites, et tegemist on riigivastase ja ühiskonna alustugesid lammutava liikumisega.

Rahvuslikke tegelasi üritati kompromiteerida ka provokatsioonide abil. Olukord muutus ärevaks. Maal süttisid mõisarehed ja aidad, linnades järgnes üks tulekahju teisele. Kõik see pandi rahvusliku ässitamise süüks. 1881. aastal arreteeriti ajalehe "Valgus" peatoimetaja Mihhail Lindenberg koos abikaasaga ja "Tartu Eesti Seitungi" toimetaja Adam Aint. Mart Mitti jälitati väljamõeldud heinavarguse pärast, Kanepi pastorile väidetavalt sooritatud atentaadi tõttu vahistati "Sakala" kaastööline Mats Vares.

Baltisaksa ajakirjandus käsitles eesti seltside esindajate suurmärgukirja tõendina, et seltsid on politiseerunud ja seega oma põhikirja rikkunud, mis võinuks viia nende sulgemiseni. Samades ajalehtedes kaitses Jakob Hurt märgukirja nõudmisi ja soovitas, et neid tuleks tõsiselt arutada. Ühtlasi rõhutas ta, et kuna eesti seltsid polnud palvekirja sisu arutanud, ei saa neid selle esitamise eest vastutavaks pidada.

Lõhe rahvuslikus liikumises

Eesti seltse kaitstes ei pannud Hurt tähele, et tema seisukohti on võimalik tõlgendada ka suurmärgukirja nõudmistest taganemisena. Nüüd ründas Jakobson "Sakalas" Hurta ja süüdistas teda rahva soovide eiramises. Hurda-meelne ajakirjandus ei suutnud teda rünnakute eest kaitsta, mille tagajärjeks oli Hurda autoriteedi kiire langus. See andis Jakobsonile võimaluse asuda rahvuslike organisatsioonide juhtimist üle võtma. Kumbki pool ei pingutanud kompromissi leidmise nimel. Augustis 1881 astus Hurt Kirjameeste Seltsi presidendi kohalt tagasi. Teravas toonis süüdistas ta Jakobsoni seltsi lõhestamises. Seltsi uue presidendi valimised võitis Jakobson (94 häält), vastasleeri esitatud Karl August Hermann sai 64 häält. Jakobson teatas, et ta ei saa presidendi ametit vastu võtta ning soovitas sellele kohale Mihkel Vesket, kui aga kohalolijad oma seisukohta veel kord kinnitasid, võttis ta ameti vastu. Hurda pooldajad nägid selles varasemate kokkulepete rikkumist. Jakobsoni ametissekinnitamise järel teatas senine eestseisus ning hulk seltsi liikmetest, et nad astuvad EKmS-ist välja, ning lahkusid koosolekult.

Konflikt EKmS-is süvendas lõhet kogu rahvuslikus liikumises. Kui seni olid erinevad voolud saanud rahvuslikes organisatsioonides siiski koos tegutseda, siis nüüd pandi liikmed valiku ette: kas jääda seltsi liikmeks ja toetada sellega Jakobsoni või astuda välja ja toetada niiviisi Hurta – kolmandat võimalust enam polnud. Sisuliselt algas 1881. aastal selgemate piirjoontega erakondade kujunemine, milles pidid poole valima ka kohalikud rahvuslikud aktivistid. Samas ei jõudnud tekkinud lõhe kõikjal siiski rahvusliku liikumise põhjani.

Tekkinud erakondlike leeride koosseisu on kõige lihtsam eritleda EKmS-i najal. Koos Hurdaga lahkus seltsist rahvusliku liikumise "vana kaardivägi", s.o. suur osa seltsi sünni juures seisnud tegelastest. Avalikult Hurda poolele siirdusid ka akadeemik Wiedemann ja Kreutzwald. Geograafiliselt näib suur osa lahkujatest esindavat Tartumaad, kuid märkimisväärne osa seltsi liikmeskonnast pärineski sealt. Selgesti torkab aga silma, et lahkujate seas on vähe viljandi- ja eriti võrumaalasi.

Veelgi keerukam on jälgida Carl Robert Jakobsoni leeri koosseisu. Kui Kirjameeste Seltsist lahkujad võib pea automaatselt lugeda Hurda toetajate hulka, siis kõigis seltsi jääjates pole võimalik näha Jakobsoni jäägituid toetajaid. Seltsi liikmeks jäid ka erapooletust säilitada püüdvad tegelased. Huvitav on jälgida Jakobsoni presidendiks saamise järel juurde tulnud liikmete piirkondlikku kuuluvust. Kõige rohkem uusi liikmeid tuli Võru- ja Tartumaalt, kuid samal ajal olid need maakonnad ka traditsiooniliseks EKmS-i kandealaks. Juurdetulijate hulgas oli varasemast vähem koolmeistreid.

Kui seltsist lahkudes olid Hurda toetajad lootnud sundida nii Jakobsoni presidendi ametit maha panema, siis ei läinud see plaan läbi. Tüli Seltsi ümber tõi sellesse arvukalt uusi liikmeid, peagi ületas nende arv tuhande piiri. Kuigi juurdetulijate näol oli sageli tegemist üsna juhuslike inimestega, võis Jakobson end ometi võitjana tunda. Tugevnes ka tema positsioon Aleksandrikooli liikumises. 1882. aasta alguseks oli eesti rahvusliku liikumise juhtimine läinud pea täielikult Jakobsoni kontrolli alla. Sellega kaasnes aga paljude vanema põlvkonna tegelaste eemalejäämine seltside tööst.

Hurda toetajad ei andnud alla. 1882. aasta alguses said nad oma häälekandja, Ado Grenzsteini toimetatud "Oleviku". Väljaandmise luba saadi suure vaevaga, kuna selle vastu olid nii baltisakslased kui vene ametnikud. Ühtede jaoks polnud ajalehe taga seisvad jõud küllalt saksameelsed, teiste jaoks piisavalt venemeelsed. Samas muutsid asutamise ja lubamisega seotud asjaolud lehe suuna algusest peale venemeelsemaks, kui Hurda leerile meeldinud oleks.

Grenzstein kirjutas, et eesti rahval on olemas kõik tingimused, et lootusrikkalt tulevikku vaadata – selle tagatiseks on Vene riigivalitsuse toetav suhtumine. Ta kutsus teisi ajalehti üles rahu pidama ja lubas mitte kellegagi tüli norida.

"Oleviku" hea sisuline ja ajakirjanduslik tase avas talle tee Eesti mõjukamate väljaannete hulka. Leht järgis Jakob Hurda kujundatud rahvuslik-alahoidlikku liini, püüdes distantseeruda nii vene kui saksa joonest, ja õhutas eestlasi oma huvide eest seisma, kutsudes neid näiteks aktiivselt osalema kohalike omavalitsuste valimistel. Baltisakslaste kritiseerimisega käisid kaasas truudusavaldused keisrile ning Vene riigile, mis oli tol ajal kohustuslik rituaal kõigi jaoks. Kõige rohkem oli "Olevikul" tellijaid Tartumaal, seejärel Harjumaal. Harjumaa suurt osakaalu ei saa seletada üksnes Tallinnast saadud tellimustega, märgatav on ka Harju maakihelkondade aktiivsuse tõus. Kolmandal kohal on Võrumaa, järgneb Virumaa, ning seejärel Viljandi- ja Pärnumaa. Üsna elavalt tuli "Olevikuga" kaasa muidu passiivne Läänemaa, edastades tellimuste hulga poolest nii Järva- kui Saaremaad.

7. (19.) märtsil suri Kurgjal 40 aasta vanuses ootamatult Carl Robert Jakobson. Tema matustele Kurgjal kogunes tohutu rahvahulk. Jakobsoni tegevust tunnustavaid järelehüüdeid avaldasid ka talle oponeerinud väljaanded. Kauni järelehüüde saatis Peterburist Jakob Hurt, kuid see jäeti "Sakalas" avaldamata. Nüüd suutsid vaenutsevad pooled mitmes tüliküsimuses vähemalt ajutiselt kokkuleppele jõuda. 1882. aasta suvel toimunud Kirjameeste Seltsi ning Aleksandrikooli Peakomitee koosolekud möödusid üksmeele ja leppimise tähe all. Peakomitee loovutas suure osa oma kompetentsist abikomiteesid ühendavale peakoosolekule.

Üksmeelselt tegutsesid rahvusliku liikumise erinevad leerid ka Manasseini revisjoni ajal. Nimelt andis Aleksander III 1881. aasta suvel slavofiilsete vaadetega senaatorile Nikolai Manasseinile käsu korraldada Liivi- ja Kuramaa provintsides revisjon seal valitseva

Ärkamisaja tegelasi

olukorra hindamiseks. 1882. aasta kevadel alustas Manassein talupoegadelt palvekirjade ja kaebuste vastuvõtmist.

Kuigi senaatorirevisjonist sai tegelikult eelmäng valitsuse venestuspoliitikale Balti provintsides, panid kohalikud rahvad sellele suuri lootusi. Ainuüksi Liivimaa kubermangu Eesti osast sai Manassein eraisikutelt 44 788 pöördumist. Lisaks esitasid 173 eesti vallaomavalitsust senaatorile kollektiivse märgukirja. Kogu aktsiooni koordineeris rahvuslik ajakirjandus, mis õhutas inimesi Manasseinile palvekirju läkitama ja avaldas tüüppalvekirja teksti. Esitatud nõudmiste aluseks ja lähtepunktiks oli 1881. aasta suurmärgukiri.

Carl Robert Jakobsoni poliitiliseks järeltulijaks sai Mihkel Veske. Ajakirjanduses püüdis sama radikaalset joont ajada Jaak Järv, kes "Tartu Eesti Seitungi" Tallinnasse üle viis ning seal "Virulase" nime all välja hakkas andma. Samas sihis tegutses esialgu ka 1882. aastast Tallinnas ilmuma hakanud "Valgus" Jakob Kõrvi toimetusel. Mitmed Jakobsoni poliitilise võitluse arsenalis olnud võtted muutusid tema järglaste käes aga eesmärgiks omaette. Vaidlused põhimõtteliste küsimuste üle asendusid sooviga vastaspoolt iga hinna eest üle trumbata.

Uue kokkupõrke ajendiks sai konflikt Eesti Aleksandrikooli heaks kogutud raha kasutamise ümber. Selleks ajaks oli koos peaaegu 70 000 rubla, mis lõi reaalse võimaluse kool tõepoolest käivitada. Professor Johann Köler oli koos eesti asunikega ostnud Krimmis Kuntaugani mõisa ja sattunud rahalisse kitsikusse. Ta pöördus Aleksandrikooli Peakomitee poole palvega laenata talle Aleksandrikooli kapitalist 25 000 – 30 000 rubla ettevõtmise päästmiseks. Jakob Hurda vastuseisust hoolimata otsustas Aleksandrikooli peakoosolek *(suurkoosolek)* 1883. aasta jaanuaris Kölerile soovitud summa laenata. Kartes, et kopikhaaval kogutud raha laenamine enam kui kahtlase äriprojekti kasuks võib hävitada kogu senise töö, keeldus Hurt *suurkoosoleku* otsust täitmast. Seejärel algas ajakirjanduses ja abikomiteedes Hurda-vastane kampaania, üles soojendati kõik vanad süüdistused. Jakob Kõrvi algatusel alustati abikomiteedes allkirjade kogumist Hurda tagandamiseks Peakomitee presidendi kohalt.

1883. aasta suvel jõudis lõhe rahvuslikus liikumises haripunkti. Kui enamik vanu abikomiteesid seisis Jakob Hurda selja taga, siis paljud viimastel aastatel tekkinud abikomiteed nõudsid tema tagandamist. Võitlusägeduses asusid mõlemad pooled otsima toetust Vene võimudelt. Jakob Kõrv ja Mihkel Veske süüdistasid Hurta venevastasuses, Hurt neid omakorda rahva ülesässitamises.

Ülesköetud õhkkonnas 23. juunil 1883 toimunud Aleksandrikooli peakoosolekul sai Hurt kaotuse osaliseks. Hääletamisel anti tema tagandamise poolt Peakomitee presidendi kohalt 70 häält, vastu 37. Uueks presidendiks valiti Johann Köler. Hurt teatas, et ei kavatse peakoosoleku otsusega leppida ning jääb presidendi kohale edasi, kuni riigivõim toob asjasse selgust. Liivimaa kubernerile saadetud kirjas palus Hurt tehtud otsused tühistada, abikomiteed laiali saata ja kontroll kogu ettevõtmise üle riigivõimu kätte võtta. Tekkinud konflikt andis Vene võimudele soodsa võimaluse Aleksandrikooli liikumine senisel kujul lõpetada. Otsekui mõlemale poolele vastu tulles suleti 1884. aastal nii abikomiteed kui Peakomitee. 1888. aastal avati Aleksandrikool Põltsamaal venekeelse koolina, kus eesti keel oli vaid üheks õppeaineks.

Tagasilöökidele vaatamata oli rahvuslik ärkamisaeg Eestit selleks ajaks põhjalikult ja pöördumatult muutnud. Üha enam eestlasi hakkas end teadvustama rahvusena, keda seovad ühised huvid, ühine minevik ja tulevik. Nad ei tahtnud sulada suurrahvustesse, saksastuda ega venestuda, vaid valisid oma tee. Ärkamisajal alanud eesti rahvuse kujunemine jätkus järgnevatel aastakümnetel ja viis lõpuks oma riigini.

Rahvusliku liikumise aktiiv

Rahvusliku ärkamisaja lõpuks oli Eesti ühiskond teinud läbi kvalitatiivse hüppe. Sotsiaalselt peaaegu homogeensest *maarahvast* oli paarikümne aastaga hakanud kujunema igati kaasaegne euroopalik rahvus oma haritlaskonna, ettevõtjate, linnakodanikega jt. kihtidega. Saksastumine käis küll veel hoogsalt edasi, eriti haritlaskonnas, kuid end eestlaseks pidavate ning oma tulevikku Eestiga siduvate haritlaste ja linnakodanike olemasolu tagas juba selle kihi taastootmise ja tugevnemise.

Seetõttu etendasid Eesti ühiskonna kaasajastamises olulist osa rahvuslikke aateid kandnud ning levitanud tegelased ehk rahvusliku liikumise aktiiv. Selle all mõistetakse isikuid, kes osalesid mõne rahvusliku organisatsiooni (EKmS, põllumeesteseltsid, laulu- ja mänguseltsid jne.) tegevuses, ning aktsioonides nagu raha korjamine Aleksandrikooli heaks, rahvaluulekogumine või kaastöö rahvuslikele väljaannetele. Aktiivi hulgas on võimalik eristada isikuid – nimetagem neid äratajateks –, kes lõid kaasa vähemalt kolmes erinevas ettevõtmises, ja kelle sihikindel eeskuju virgutas inimestes seni uinunud tundeid ning õhutas neid konkreetsele tegevusele. Praegustel andmetel kuulus ärkamisajal rahvusliku aktiivi hulka üle 4000 (ning äratajate hulka üle 400) eestlase. Lõuna-Eestist (ehk Liivimaa kubermangu põhjapoolsest osast) pärines rohkem kui 2600 ning Eestimaa kubermangust ja saartelt (nende arengud on sarnasemad Eestimaa omadega) u. 1400 aktivisti. Ühelt poolt viitab Põhja- ja Lõuna-Eesti arvude üsna suur erinevus Lõuna-Eesti suuremale aktiivsusele rahvuslikus liikumises, teiselt poolt pole mitme Eestimaa kubermangus tegutsenud rahvusliku organisatsiooni (näiteks "Linda" laevaseltsi) liikmeskonda õnnestunud kindlaks teha. Selliste liikmete lisamisel väheneks vahe Lõuna- ja Põhja-Eesti vahel tunduvalt.

Rahvusliku aktiivi kujunemine sai alguse juba eelärkamisajal, mil tegevusse astusid esimesed eesti haritlased, kellest mitmed lõid kaasa ka hiljem, päris-ärkamisaegsetes ettevõtmistes. Neist mõne, näiteks Kreutzwaldi aktiivsema tegevuse raskuspunkt jäigi eelärkamisaega, teised aga, näiteks Jannsen, kasvasid ärkamisaja liidriteks.

Rahvusliku aktiivi kujunemine tuleks jagada nelja perioodi. Neist esimesel, 1850.–60. aastaist I üldlaulupeoni (1869), oli rahvuslikus liikumises osalejaid vähe ja neiks olid peamiselt koolmeistrid. Ka oli erinevus Lõuna- ja Põhja-Eesti vahel vaevu tuntav.

Suur hüpe rahvusliku aktiivi arengus toimus üldlaulupeo järel, aastail 1869–72, mil liikumisega Aleksandrikooli abikomiteede ja Kirjameeste Seltsi kaudu liitus arvukalt uusi tegelasi ning laienes ka liikumise sotsiaalne baas. Sel perioodil toimus kasv ülekaalukalt Lõuna-Eesti arvel.

Kolmandal perioodil, aastail 1873–81 suurenes rahvusliku liikumise osavõtjaskond mõnevõrra aeglasemalt, kuid seda kindlamalt. Omalaadne murrang leidis aset 1870. aastate lõpul, mil liikumine haaras senisest rohkem kaasa Põhja-Eestit, mistõttu kasvas ka sealt pärit aktivistide hulk. Kiire muutuse tegi läbi ka rahvusliku aktiivi sotsiaalne koosseis. Varasemast rohkem liitus sellega nii talunikke kui linna väikekodanlust.

Neljandat perioodi, 1880. aastate algust iseloomustab taas liikumises osalejate arvu kiire tõus. Näib, nagu oleks sellega korraga liitunud terve uus noor põlvkond. Samas polnud uued aktivistid varasemate rahvuslike üritustega kuigi tihedalt seotud. Enamiku "Linda" laevaseltsi liikmete või 1881.–82. aastal Jakobsoni presidendiks saamise järel EKmS-i astunute jaoks oli see esimeseks märgiks nende rahvuslikust aktiivsusest. Tähelepanu äratab koolmeistrite suhteliselt väike osakaal 1880. aastate algul liitunute seas. Esile kerkivad talunikud ja käsitöölised, suureneb linnaelanike osa. Kuigi nimetatud põlvkonda kuulus ka mõni hiljem rahvuslikus liikumises silma paistnud tegelane, olid need siiski pigem erandiks kui reegliks. Samas tähendas liikumisest osavõtjate arvu sedavõrd suur kasv selle laienemist uutesse

kihtidesse, mis rahvusliku teadvuse leviku seisukohalt oli kahtlemata positiivne.

Sotsiaalse kuuluvuse poolest moodustavad ärkamisaegse rahvusliku aktiivi seas suurima rühma talunikud (30,4%), järgnevad koolmeistrid (27%). Arvukuselt kolmandal kohal on mitut liiki käsitöölised (10,1%), kes Lõuna-Eestis asusid enamasti maapiirkondades ja Põhja-Eestis linnades. Neljandal kohal on kaupmehed (6,1%), järgnevad ametnikud (4,2%) ja vallakirjutajad, kellest paljud võisid ühtlasi olla koolmeistrid (3,7%). Üsna suur osa (3,02%) rahvuslikus liikumises on olnud ka eesti soost mõisaomanikel, mõisavalitsejail ja -rentnikel. Kõik teised sotsiaalsed rühmad jäävad alla kolme protsendi piiri. Naiste osakaal rahvusliku aktiivi seas ulatus 2,7%-ni. Põhja-Eestis oli talunikke aktiivi hulgas Lõuna-Eestist mõnevõrra väiksem, ka oli siin tunduvalt suurem linnaelanikkonna osakaal.

Rahvusliku aktiivi sotsiaalse ja kutselise koosseisu kõrval on oluline vaadelda ka rahvuslike tegelaste osakaalu igas sotsiaalses rühmas eraldi. Talunike suurt osakaalu nende hulgas võiks ju seletada ka tõsiasjaga, et suurem osa eestlastest kuulus vaadeldaval perioodil talunike hulka. Sellest aspektist lähenedes tuleb tõdeda, et talunike hulgas oli aktiviste tegelikult üsna vähe, mis tähendab, et nende mõju oma sotsiaalses rühmas polnud eriti suur. Kõige suurem oli rahvuslike ideede levik hoopis koolmeistrite seas, kellele järgnevad mitut liiki ametnikud ning linnades tegutsenud käsitöölised ja väikekodanlus. Rahvuslikest aadetest haaratud tegelaste osakaal linnaelanikkonnas oli suhteliselt suurem kui maal. Teatud rolli võis selles mängida linnasid iseloomustav kõrgem sotsiaalne aktiivsus, kuid ainult sellega ei saa erinevusi siiski seletada.

Linnaelanikkonna suhteliselt kõrget aktiivsust näitab rahvusliku aktiivi jaotumine Eesti kihelkondade ning linnade vahel. Ühe elaniku kohta arvestatuna olid rahvuslikus mõttes kõige ärganumaiks piirkondadeks mitte teada-tuntud Viljandi- või Tartumaa kihelkonnad, vaid hoopis linnad. Selle näitaja poolest oli esikohal Rakvere, kus iga 33 täiskasvanud eestlase kohta tuli üks rahvuslik tegelane. Palju ei jäänud maha ka Võru ja Tartu. Suure tegelaste hulgaga paistsid silma veel Tallinn, Viljandi, Narva ja Pärnu. Kihelkondadest oli Eestis kõige ärganum Otepää, järgnevad Kanepi, Tori ja Nõo. Rahvusliku aktiivi paiknemist maakonniti vaadeldes tundub selle tihedus kõige suurem Tartumaal, järgneb Viljandimaa. Viljandimaa allajäämine suurele osale Tartumaa kihelkondadest võib viidata asjaolule, et Viljandimaa kihelkondades tugines aktiivsus väiksele, kuid väga energilisele rahvuslike tegelaste rühmale. Selline lähenemine seletaks näiteks Paistu ja Tarvastu rahvuslikus aktiivsuses 1880. aastate algul toimunud järsku langust silmapaistvate tegelaste surma või kodukihelkonnast lahkumise järel.

Rahvusliku liikumise aktiivi seas võime niisiis eristada rühma tegelasi, n.-ö. äratajaid, kes on osalenud rohkem kui kolmes erinevas rahvuslikus ettevõtmises. Hetkel on sellistena määratletavad 406 isikut. Selge enamuse ehk 55,4% moodustavad neist koolmeistrid. Talunike osa äratajate seas ulatub 15,6%-le, teiste rühmade osakaal on tunduvalt väiksem. Seitsme protsendi ligi pürgivad veel kaupmehed, üliõpilaste osa on 4,17%. Haritlaste osakaal äratajate seas on üldse selgesti suurem: nende hulka kuulub enamik rahvuslikus liikumises osalenud kõrgharidusega tegelasi ning "vabu" haritlasi. Põhja-Eestis paistab silma linnaelanike suhteliselt suur osatähtsus äratajate hulgas.

Sotsiaalse päritolu poolest pärineb suurem osa äratajatest talurahva seast. Küllaltki palju on nende seas ka koolmeistrite lapsi. Neile kahele teistest suuremale rühmale järgnevad käsitööliste, mõisavalitsejate, möldrite ja kubjaste järeltulijad. Huvipakkuv on jälgida ka äratajate eluteed. Ligi 40% neist on millalgi kodukihelkonnast lahkunud ning asunud elama kuhugi mujale Eestis, väiksem osa naaberkihelkonda, enamik aga tunduvalt kaugemale, tihti koguni teise maakonda või kuberman-gu. See osutab Eesti ühiskonna ärkamisajal järsult kasvanud geograafilisele mobiilsusele, mis omakorda aitas kaasa rahvuse kujunemisele. Tähelepanu pälvib siiski äratajate erinev mobiilsuse tase sotsiaalsete rühmade kaupa. Enamik mobiilsetest tegelastest on koolmeistrid, haritlased või üliõpilased, seevastu talunike liikuvus on väiksem. Samas on enamik linnades tegutsenud rahvuslikest tegelastest pärit just maarahva hulgast. Silmapaistev on ka äratajate sotsiaalne mobiilsus. Paljud neist pärinesid äärmiselt kehvadest oludest, kuid töötasid end üles nii majandusliku jõukuseni kui ka kõrgemale sotsiaalsele tasemele.

Eriti aktiivsete tegelaste koondumus on taas kõrgeim linnades: esikohal on Rakvere, järgnevad Tartu, Viljandi ja Valga. Edasi tulevad maakohad: äratajate osakaalu poolest on 5. kohal Kanepi, 6. Paistu, 7. Otepää, 8. Vändra ja 9. Tori. Maakondi võrreldes võib tõdeda äratajate suhteliselt tihedat paiknemist Tartumaal, kus koos Tartu linnaga on teada üle 150 eriti aktiivse tegelase. Viljandimaa edestab napilt Pärnumaad, teised maakonnad jäävad neist tunduvalt maha. Kokkuvõttes asus Põhja-Eestis ja Saaremaal 101 eriti aktiivset rahvuslikku tegelast, Lõuna-Eestis aga oli neid ligi kolm korda rohkem.

Võrreldes äratajate osakaalu elanikkonnas ühe või teise piirkonna üldise rahvuslikus liikumises osalemise tasemega, võib tõdeda, et need langevad tihti kokku. Seejuures oli liikumise tasemele oluline just võimalikult suure hulga äratajate, mitte niivõrd üksikute juhtide tegevus piirkonnas. Rahvusliku aktiivsuse sõltuvus väiksemate äratajarühmade või sõpruskondade olemasolust on seletatav isiklike sidemete suure osaga rahvusliku eliidi kujunemises. Äratajaid uurides selgub, et lisaks rahvusliku liikumise pinnal tekkinud sõprusele olid ligi pooled neist üksteisega seotud ka muul viisil. Esimeseks ühendavaks lüliks oli tihti koolipõlv. Paljud teise ja kolmanda põlvkonna äratajad omandasid hariduse esimeste äratajate käe all. Üsna tugevat rolli etendas ka ühiste õpingute käigus tekkinud sõprus. Näib, et rahvuslike aadete kasvuks ja püsimiseks oli lisaks nende põhi-mõttelisele olemasolule vaja võimalust oma arusaamu kellegagi jagada. Sellega seoses on arusaadav ka eriline roll, mida mängis ärkamisajal Eesti Üliõpilaste Selts. Sõprusele ja ühiselt hangitud elukogemusele tuginedes oli noortel haritlastel kergem end saksastumise eest kaitsta. Rahvuslikest püüetest loobumine tähendanuks ka loobumist noorpõlvesõpradest ning senisest tutvuskonnast. Lisaks sellele oli suur osa rahvuslikest tegelastest üksteisega seotud otseste perekondlike või sugulussidemete kaudu.

Olemasolevail andmeil on vähemalt ühel eelmainitud viisil üksteisega seotud peaaegu pooled äratajad. Kokkuvõtteks võime tõdeda, et rahvusliku ärkamise protsess on Eestis üles ehitatud teatava püramiidina. Selle tipus olevad tegelased äratasid oma tegevuse või isikliku mõju kaudu rahvuslasteks mingi hulga inimesi enda ümber. Need omakorda muutsid rahvuslasteks järgmise, veidi suurema ringi – ja nii edasi. Rahvuslik liikumine Eestis tugines piirkondlikele keskustele, mis omavahel suhtlema hakates levitasid rahvuslikke ideid üle kogu Eesti. Olulist osa etendasid ärkamisajal n.-ö. rahvuslikud salongid, mis tekkivat Eesti seltskonda koondada ning mobiliseerida aitasid. Isiklikest sõprussuhetest ja muudest sidemetest oli tugevasti mõjutatud ka erinevate suundade teke rahvuslikus liikumises.

Sel kombel levivate rahvuslike ideede mõjul oli neist haaratud inimeste hulk 1880. aastate alguseks hakanud järsult kasvama. Esmapilgul võinuks see tuua kaasa aktivistide kvaliteedi ja pühendumuse ajutise languse, kuid siiski tähendas massiliseks muutumine olulist murrangut rahvusliku liikumise arengus. Laiemale alusele tuginedes hakkasid rahvuslikud ideed end taastootma, elades sel viisil kergemini üle ka algava venestusperioodi. Täites baltisakslastest vabanevaid kohti rahvuslikult mõtlevate tegelastega, aitas venestus mõnes mõttes kaasa hoopis eestluse positsioonide tugevnemisele. Massiliikumise tekkimine lõi aluse 1880.–90. aastail Eestis tunduvalt elavnenud seltsiliikumisele, mida

ei suutnud pidurdada ka suuremate rahvuslike ettevõtmiste allakäik omavaheliste lahkhelide või venestuse surve tõttu.

Rahvuslike ideede levikut soodustas rahvuslikus liikumises kujunenud järjepidevus. Liikumise aktiivi ning eriti äratajate perekondades kasvas üles suur osa järgnevail aastakümnetel seda liikumist kandnud ning hiljem iseseisva Eesti loomisel määravat osa etendanud tegelastest. Rahvusliku liikumise alus oli niisiis 1880. aastate alguseks kasvanud sedavõrd laiaks, et üksikud tagasilöögid või mõne tegelase väljalangemine ei võinud seda enam saatuslikult mõjutada.

Piirkondlikud erinevused

19. sajandi teisel poolel Eestit tabanud ühiskondlik murrang kulges eri paigus erisuguse tempoga. Nii nagu ühegi rahva rahvuslik liikumine pole tekkinud kõigis paigus korraga, vaid on levinud ühest või mitmest keskusest lähtudes aja jooksul üle maa, oli selle tugevus ka Eestis piirkonniti erinev, ja esimesed ühtlaselt kogu maad katvad ettevõtmised tekkisid alles tükk aega pärast selle algust. Uurijad on pidanud rahvusliku liikumise peamiseks kandjaks Lõuna-Eestit, täpsemalt Viljandi, Pärnu ja Tartu maakondi, seostades liikumise tugevust tavaliselt talude päriseksostmisega, mis edeneski siin kiiremini kui kusagil mujal.

Samas on näha, et rahvusliku ärkamisaja esimesed üritused kandsid tugevat piirkondlikku pitserit ehk olid levinud eeskätt oma alg- või keskpunkti ümber. Oma osa selles mängis ühendusteede pikkus või koguni puudumine. Küllap just seetõttu jäi näiteks Saaremaa osalemine mitmes ettevõtmises mandri maakondadest nõrgemaks. Ka rahvuslike häälekandjate levikus oli suur osa nende ilmumiskohal. Nii levis "Perno Postimees" esijoones Pärnumaal ja selle naabermaakondades. Tartus ilmunud "Eesti Postimehe" tellijate põhihulk pärines Tartumaalt, Viljandis ilmunud "Sakalal" Viljandimaalt. Sama kallak püsis või koguni tugevnes 1880. aastate algul ilmuma hakanud lehtede puhul. Selgesti avaldus piirkondlik tegur ka üldlaulupidudest osavõtus. Kuni neid korraldati Tartus, olid osavõtjate hulgas ülekaalus Liivimaa kubermangu koorid, III üldlaulupeol Tallinnas 1880. aastal aga Eestimaa kubermangu omad. Piirkondlikku aspekti võib täheldada isegi selliste ettevõtmiste puhul, nagu Eesti Kirjameeste Selts ja Aleksandrikooli komiteed.

See muudab rahvusliku liikumise aktiivsuse mõõtmise keerukaks ülesandeks. Esiteks tuleb vaatluse alla võtta mitte selle mõned üksikud, vaid võimalikult kõik avaldumisvormid, teiseks ei tule osalemist rahvuslikes ettevõtmistes mõõta absoluutarvudes, vaid suhestades selle vastava piirkonna elanike arvuga. Ainult nii on võimalik kindlaks määrata, millise osani vaadeldavast kogukonnast rahvuslikud aated ja ettevõtmised jõudsid. Mõne suure kihelkonna puhul võib näiteks rahvusliku ajalehe tellijate arv näida suurena, kuid ühe elaniku kohta mõõtes võib see mõne väiksema kihelkonna tulemusele alla jääda.

Analüüsides Eesti kihelkondade rahvuslikku aktiivsust nende osalemise järgi erinevates ettevõtmistes, näeme, et suurima aktiivsuse poolest paistsid Lõuna-Eestis silma Kanepi, Otepää, Tori, Tarvastu, Vändra ja Halliste, Põhja-Eestis aga Ambla, Jõhvi, Koeru ja Türi. Eriti aktiivselt oli rahvuslikus liikumises tegev enamik Tartu- ja Viljandimaa kihelkondadest, kuigi kummaski maakonnas leidus ka üksikuid keskmise aktiivsusega piirkondi. Ülejäänud Eestis kulges rahvuslik liikumine küllaltki ühtlase intensiivsusega. Erandiks olid saared ning Läänemaa rannakihelkonnad, kus osavõtt rahvuslikust liikumisest oli keskmisest madalam. Täielikult jäid sellest eemale vaid kaks kihelkonda Eestis – Kihnu ja Vormsi.

Tähelepanuväärselt kõrge oli rahvuslik aktiivsus Eesti linnades. Mitmes maakonnalinnas ulatus see samale tasemele suurimat aktiivsust ilmutanud kihelkondadega. Eriti kerkisid selle poolest esile Tartu, Viljandi ja Pärnu, aga ka Rakvere ja Paide. Keskmisest kõrgem oli aktiivsus ka Tallinnas, jäädes siis-ki napilt maha Tartust. Üsna suur oli rahvusliku liikumise mõju ka tehaseasulates, nagu näiteks Kärdlas, Sindis ja Kreenholmis. Kui Lõuna-Eestis oli mitme kihelkonna aktiivsus linnade omast suurem, siis Eestimaa kubermangu kihelkondi ületasid selles osas Tallinn, Rakvere ja Paide.

Kui võrrelda eri piirkondade rahvuslikku aktiivsust nende sotsiaalse ja majandusliku arengu tasemega, siis ilmneb, et seos oli harva ühene. Jälgides näiteks rahvusliku aktiivsuse seotust päriseksostetud talude hulgaga, osutub, et aktiivsemate kihelkondade seas oli nii neid, kus olid 1881. aastaks päriseks müüdud peaaegu kõik talud (Halliste, Tarvastu) kui ka neid, kus talusid polnud ühel või teisel põhjusel peaaegu üldse päriseks müüdud (Tori, Nõo). Tuleb nentida, et siin on seos nõrk. Teades talude päriseksostmise taustajõude ning toimimist, on see ka loogiline, sest tegelikult ei toimunud Eestis ju talude päriseksostmine, vaid nende müük. Otsustav polnud mitte talupoja teadlikkus või tahe, vaid mõisniku suva.

Rahvuslikku aktiivsust on võrreldud ka rahaliste suhete arenguga piirkonnas, mille ühe näitajana on kasutatud end sõjaväeteenistusest lahti ostnud talupoegade arvu puudutavaid andmeid. Kuigi need on olemas vaid Lõuna-Eesti kohta, näitab analüüs, et seost selle näitajaga on võimatu leida. Osa rahvuslikult aktiivseid kihelkondi (näit. Tori ja Kanepi) olid aktiivsed ka sõjaväeteenistusest lahtiostmisel, teised (näit. Tarvastu, Paistu ja Otepää) kuulusid selles suhtes tagasihoidlike hulka. Seevastu olid mitmed rahvuslikus liikumises nõrgalt osalenud kihelkonnad (näit. Häädemeeste ja Kihelkonna) sõjaväeteenistusest vabaksostmisel vägagi aktiivsed.

Kokkulangevust ei leidu ka rahvusliku aktiivsuse ja haridusvõrgu tiheduse vahel. Lõuna-Eesti koolivõrk oli tunduvalt arenenum kui Põhja-Eestis, mis võiks pealtnäha olla põhjuseks, miks rahvuslik liikumine oli Lõuna-Eestis aktiivsem. Kuid koolivõrk oli tihe ka väheaktiivsel Saaremaal.

Sama kehtib hernhuutluse kohta, mille mõju on Eestis teatavasti olnud suurem Tartu- ja Võrumaal ning mitmes Viljandimaa kihelkonnas. Tartu- ja Võrumaa olid rahvuslikult keskmiselt aktiivsed ja Viljandimaa vägagi aktiivne. Samas on mitu rahvuslikus liikumises juhtivat osa etendanud kihelkonda – Vändra, Tori ja Paistu – jäänud hernhuutlusest peaaegu puutumata, mitmed sellest varem haaratud kihelkonnad aga polnud rahvuslikus liikumises eriti aktiivsed. Nii ei saa ka hernhuutlust üht- ega teistpidi rahvusliku aktiivsuse tasemega siduda. Tulemusi ei anna ka eelärkamisaja tegelaste elukohtade ning aktiivsete kihelkondade võrdlemine. Nimetatud tegelased elasid üsna ühtlaselt üle kogu Eesti, ning kuigi mõnes hiljem rahvuslikus liikumises energiliselt osalenud kihelkonnas tegutses mitugi niisugust tegelast, on sama arvukalt vastupidiseid näiteid.

Kõik see toetab seisukohta, mille kohaselt pole erinevate sotsiaalmajanduslike ja kultuuriliste tunnuste seast võimalik leida ühte ülekaalukat tegurit, mis oleks määranud ära rahvusliku liikumise aktiivsuse taseme. On väidetud, et rahvuslikul liikumisel oli rohkem kõlapinda seal, kus maa oli viljakas ja põllumajanduslik kaubatootmine arenenud. Rahvusliku liikumisega liitumise eelduseks on peetud turusidemetele tuginevat suhtlusprotsessi. Eesti rahvusliku liikumise kohta kogutud materjalid neid väiteid paraku ei kinnita. Kõige aktiivsemad polnud sugugi need kihelkonnad, mida toona läbisid suuremad ühendusteed või mis asusid nende ristumiskohtadel. Teatud määral võis see tingida küll linnade aktiivsust, kuid Vändra, Tori või Otepää kihelkond oleksid sel juhul pidanud rahvuslikust liikumisest pea täiesti kõrvale jääma.

Nagu näha, on rahvuslikku aktiivsust raske üksüheselt seletada majanduslike, sotsiaalsete või hariduslike mõjuritega. Tegemist näib olevat rohkem vaimse valiku ja otsustuse valda kuuluva nähtusega, mille sündi on majanduslikud, sotsiaalsed ja hariduslikud tegurid vaid juhuslikult ning vähesel määral mõjuta-nud. Seda kinnitab ka rahvusliku aktiivsuse taseme üsna suur kokkulangevus rahvusliku aktiivi, eriti aga just äratajate paiknemisega. Rahvusliku liikumise aktiivsus sõltus seega suuresti seda juhtivate ja kandvate inimeste tihedusest piirkonnas.

Kokkuvõttes võib tõdeda, et kuigi rahvuslik liikumine arenes Eestis küllaltki ühtlaselt, oli see Lõuna-Eestis siiski intensiivsem kui Põhja-Eestis. Selle põhjuseks ei saa aga lugeda üksnes Lõuna-Eesti kiiremat majanduslikku, sotsiaalset või hariduslikku arengut, vaid silmas tuleb pidada ka näiteks seda, et Eestimaa kubermanguvõimude ja rüütelkonna vanameelsem poliitika pidurdas rahvuslike ettevõtmiste arengut Põhja-Eestis. Üldiselt haarati ärkamisajal liikumisse kaasa peaaegu kogu Eesti, mis lõi kindla aluse rahvusliku liikumise jätkumisele järgneval venestusajal.

VENESTAMISAEG

Venestamise mõistest

Sõnaga "venestamine" on vahel märgitud Vene valitsuse kogu Balti-poliitikat, kõiki samme ja reforme, juhtimise ja valitsemise keskustamist ja ühtlustamist, mis viisid saksa mõju langusele ja vene mõju järsule tugevnemisele Balti provintsides 19. sajandi teisel poolel. Just niisugusest avarast tõlgendusest lähtus eesti rahvuslik ajalookirjutus esimesel iseseisvusajal. Hans Kruus nägi venestamisajas iseseisvat ajalooperioodi – ärkamisaja ning sajandivahetuse uue ühiskondlik-rahvusliku tõusu vahele jäävaid 1880.–90. aastaid. Kitsamas tähenduses on venestamise all mõeldud Vene valitsuse poliitikat, mis taotles lätlaste ja eestlaste keelelis-kultuurilist assimileerimist, ühtesulatamist venelastega. Muist autoreid eristab venestamises kahte külge: halduslik (vastavad institutsioonid ja seadused) ja kultuuriline (keel, haridus, religioon, trükisõna). Nende tõlgenduses on venestamine etnosotsiaalne nähtus, millel on seos aja nõuetest tingitud ja mõõdukalt demokraatliku moderniseerimisega. Tähendusliku ebamäärasuse tõttu on "venestamine" pigem ideoloogiline ja poliitiline mõttekonstruktsioon kui rangelt piiritletud õiguslik termin.

Jämedates joontes võib vahet teha kolme venestamisvariandi või -mudeli vahel. Üks neist taotles muulaste vene rahvaga täielikku ühtesulamist *(полное слияние)* keelelis-kultuurilise assimileerimise kaudu, nende muutmist venelasteks *(обрусить)*. Venestamise pehmem variant pidas silmas muulaste lõimimist Vene riiki nende kaasahaaramisega *(приобщение)* ja lähendamisega *(сближение, сроднение)* Vene riiklusele ja rahvale, kusjuures muulaste etnilised, kultuurilised ja religioossed iseärasused võisid mingil määral vähemalt esialgu alles jääda. Veel võib kõnelda vabatahtlikust venestumisest – venelaseks saamisest, mida mõnikord märgiti verbiga *обрусеть* ja mis ei eeldanud riigivõimu otsest aktiivset survet, kuid mille tingis tihe kooselu venelastega. Slavofiil Juri Samarin arvas, et eestlased ja lätlased võivad vabatahtlikult venestuda, kui neid selleks veidi ergutada. Valitsus kasutas erinevaid venestamisvariante kombineeritult, vastavalt ühe või teise piirkonna, etnose või konfessiooniga seotud konkreetsele olukorrale, võimalustele ja vajadustele. Otsene sõjalis-politseiline surve vaheldus vähem brutaalsete ja rafineeritumate abinõudega.

Venestamise motiivid

Venestamise peamisteks motiivideks olid moderniseerimine, rahvusluse üldine tõus ning riigi sise- ja välisjulgeoleku huvid. Välisele vägevusele vaatamata oli Vene hiidriik seesmiselt ebakindel. Ühiskond oli väga tugevasti atomiseerunud. Ta koosnes eri seisustest, rahvastest ja usunditest, kelle vahel puudusid sageli tihedama ajaloolise ühtekuuluvuse sidemed – impeeriumi üldriiklik identiteet, impeeriumi-patriotism oli nõrk. Suure riigi lääne-, lõuna- ja idaosa – või, omavahel võrreldes, Soome, Baltimaad, Leedu, Poola, Ukraina, Kaukaasia, Tatarimaa, Turkestan ja teised rahvuslikud ääremaad, lisaks veel Siber – olid väga erinevad. Majanduslik kasv, moderniseerimine ja militariseerimine nõudis kindlat õiguslikku korda ja halduslikku ühtsust, juhtimise ja valitsemise tõhusamaks muutmist. Impeeriumi halduslik keskustamine kulges järk-järgult ega jõudnud tsaaririigi kokkuvarisemise ajaks (1917) veel lõpule. Ainsana õnnestus territoriaalne autonoomia säilitada Soomel. Poola kaotas oma autonoomia 19. sajandi kolmanda veerandi lõpus ja moodustas erilise kindralkubermangu, kus kriminaal- ja tsiviilõiguses säilisid Napoleoni koodeksi printsiibid. Stepi krai (Kasahstan) ja Turkestan (Kesk-Aasia) olid kindralkubermangud, kus tsiviiladministratsioon oli sõjaministeeriumi alluvuses; kohalikus juhtimises ja õiguses säilisid vallutuseelse korra elemendid. Kaukaasial oli omaette asehalduskonna staatus.

Moderniseerimise ja rahvusluse võidukäigu ajastul oli Balti provintsides valitsevast keskaegsest poliitilis-õiguslikust korrast saamas täielik anakronism. Seda enam, et talurahva isikliku vabastamise järel oli Venemaal ellu viidud terve rida suuri reforme, mis kaasajastasid iganenud ühiskondlikku korda ja lähendasid seda Euroopale (maa- ja linnaomavalitsuse, kohtu, sõjaväe jm. reformid). Niisuguses valguses oli Balti provintside halduskorra reformimine lausa möödapääsmatu.

Lääne-Euroopas juba varem kinnistunud rahvusriigi idee leidis poolehoidjaid ka Vene poliitilise eliidi hulgas, eriti alates Aleksander III-st. Venemaa valitsejad pidasid ideaalseks riigiehituse printsiibiks unitaarsust, mis välistaks igasuguse rahvaste enesemääramise, separatismi ja föderalismi. Seejuures polnud eeskujuks mitte sellised suhteliselt lõdvad ühendused, nagu Austria-Ungari ja Türgi, vaid niisugused monoliidid nagu Saksamaa ja Inglismaa.

Normaalse rahvusriigi põhimõte eeldab etniliselt ja keeleliselt enam-vähem ühtlast elanikkonda. Vene impeerium aga oli paljurahvuseline riik, kus *mittevenelasi* oli üle poole elanikkonnast. 1897. aastal oli suurvenelasi impeeriumi rahvastikust kõigest 43,3 protsenti. Seega olid olemas kõik eeldused setsessionistlike ja irredentistlike liikumiste

tekkeks. Selleks et paljurahvuselises Vene riigis rahvusriigi *(национально-объединительное государство)* ideed ellu viia, tuli lõimida vähemusrahvaid, suurendada venelaste osatähtsust ja muuta venelastele ebasoodsat elanikkonna rahvuslikku koosseisu, mida võis saavutada üksnes muulaste assimileerimise ja akultureerimisega.

Niisuguseid ametlikke dokumente ja õigusakte, kus oleks formuleeritud Vene valitsuse rahvuspoliitika tervikuna, pole olemas. Rahvusest tulenevad õiguslikud kitsendused olid seadustatud juutide, katoliiklastest poolakate ja moslemitest tatarlaste puhul. Õiguslikud kitsendused tulenesid usutunnistusest ja riigikeele (vene keel) mittetundmisest, samuti seisuslikust kuuluvusest. Kuna konfessionaalsed tunnused kattusid paljus rahvuslikega, oli usulistel kitsendustel ka rahvuslik iseloom. Muulased *(инородцы)* olid tavaliselt ka muu- ehk võõrusulised *(иноверцы)*, mis veelgi süvendas nende võõrdumist õigeusul baseeruvast riiklikust ideoloogiast. Alistatud rahvastena pidid nad alluma Vene keisrile ja leppima Vene ülemvalitsusega. Vene riiklik idee, mida kehastas jumaliku oreooliga ümbritsetud isevalitseja, oli tunnistatud kõrgeimaks kõlbeliseks normiks. Kujutelm venelaste erilisest väärtusest ja messianistlikust kutsumusest (Kolmas Rooma) tingis selle, et vähemusrahvaid käsitasid Vene valitsejad kui etnograafilist materjali, kes pole suuteline end ise valitsema ja omakeelset kõrgkultuuri looma. Niisuguse mõttekäigu kohaselt ei jäänud eestlastel ja lätlastel muud üle kui venestuda või saksastuda. Tegelikus elus oli sageli vastupidi – läänepoolsete ääremaade rahvad olid oma kultuuritasemelt (kirjaoskuselt) suurvenelastest üle. Vene valitseva eliidi ühe osa soov luua rahvusriik unitaarsete eeskujude järgi sattus vastuollu impeeriumi teiste rahvaste enesemääramise püüetega.

Rahvusluse tõus oli Venemaal enamasti seotud mingi sisemise või välise vapustusega, nagu sise- ja välispoliitilised kriisid, revolutsioonid ja sõjad. 19. sajandil olid nendeks Poola ülestõusud (1830–31, 1863–64), siseriiklikud kriisid (1859–61, 1879–80), 20. sajandi alguses 1905. aasta revolutsioon ja Esimene maailmasõda.

Traditsiooniliselt käsitles Vene valitsus Balti küsimust Vene-Saksa suhete prisma läbi. Venestamise alguses oli saksa teguril valitsuse Balti-poliitika jaoks kaugelt suurem kaal kui eesti-läti rahvuslusel. Viimases ei näinud valitsus impeeriumile veel erilist ohtu, pigem vahendit saksa mõju nõrgendamisel. Eesti tegelased jagati kahte liiki: saksa- ja venemeelsed. Viimaste saksavastast hoiakut ja Vene orientatsiooni ning naiivsete talupoegade soovi saada *Vene keisri alla* kasutas bürokraatia venestamise õigustamiseks. See võimaldas teha silmakirjalikke avaldusi Balti rahvaste vabastamisest *teutooni ikkest*, mis oli kooskõlas ametliku propaganda kinnitustega, et Vene keiser võtab kuulda oma alamate abipalveid. Eestlaste ja lätlaste "õigeaegne" venestamine pidi bürokraatia arvates kõrvaldama saksa mõju, ära hoidma põlisrahva eliidi saksastumise, läbi lõikama nende rahvaste ajaloolised sidemed saksluse ja Saksamaaga, asendama Lääne kultuuri vene kultuuriga.

Rahvuslike ääremaade venestamise üheks peamiseks motiiviks said riigi julgeolekupoliitilised huvid. Balti piirkonna puhul tuleb kõigepealt arvesse ülimalt tähtis strateegiline asend impeeriumi läänepiiril pealinna läheduses Läänemere kontrollija autonoomse Soome ning mässulise Poola ja Leedu vahel. Kõigil neil aladel oli vene mõju väike, kohalikud ülemkihid olid *mittevenelased* (rootslased, sakslased, poolakad), valitses oma usk (luterlus ja katoliiklus), kultuuriliselt vaadati läände, oli separatismi- ja irredentismioht.

Jõuvahekordade muutumine Euroopas, Saksamaa ühendamine koos keisririigi loomisega (1871) ja kujunemine suurvõimuks keiser Wilhelm II valitsemisajal (1888–1918) suurendas järsult Baltimaade geopoliitilist ja sõjalis-strateegilist tähtsust ning avaldas mõju ka Balti asjadele. Riigisisene saksa-vene rivaliteet ning hõõrumine baltisaksa aadli ja valitsuse vahel küsimuses, kes valitseb Balti provintse, omandas nüüd selgema rahvusvahelise mõõtme, olles seotud Vene riigi julgeoleku ja terviklikkuse küsimusega.

Baltimaade ja Soome sõjaline tähtsus polnud kuigi suur, senikaua kuni vaenlane ei ohustanud Peterburi merelt. Inglismaa sõjalised plaanid Balti merel Afganistani kriisi ajal 1884–85 lõid Peterburile reaalse ähvarduse. See ajendas Vene sõjalisi ringkondi mõtlema tõsisemalt Balti mere ranniku kaitsele. Peastaabi ülema kindral Nikolai Obrutševi üks plaan nägi Soome lahe põhja- ja lõunakalda kaitseks ette 220 000 maaväelast, neist tuli koondada Eestimaale 20 000 ja Liivimaale 40 000 meest.

Sajandivahetuse Venemaa sõjaplaanid läänes lähtusid sellest, et tõenäoline peavaenlane on Saksamaa või Saksamaa koos Austria-Ungariga. Riia või Liibavi alla oodati vaenlase dessanti.

Venestamise algus

Vene riigi lääneosa ääremaade järjekindel venestamine algas Poolas ja Leedus 19. sajandi esimesel poolel ning tugevnes 1860. aastail pärast järjekordset Poola ülestõusu, Ukrainas 1870. aastail. Eestis ja Lätis langes venestamise raskuspunkt 1880.–90. aastatele, Soome autonoomiat hakati kitsendama 19. sajandi lõpuaastail. Niisuguses ajalises ja geograafilises järjepidevuses võib näha juba üsna selgepiirilist ja pikale ajale plaanitud riiklikku poliitikat.

Üksikuid venestuslikke aktsioone oli valitsus üritanud Baltimaades ette võtta varemgi. 19. sajandi esimesel poolel tehti katseid laiendada vene keele kasutust kohalikus halduses ja Tartu ülikoolis (seal valitses saksa keel). Need aktsioonid polnud küllalt järjekindlad ja jäid suuremate tagajärgedeta. Kodurahu huvides ei tahetud suhteid kohaliku aadliga liiga teravaks ajada. Balti aadlil õnnestus kohaliku provintsiaalõiguse kodifitseerimisega (1845, 1864) Balti erikorda ja aadli seisuslikku autonoomiat isegi kindlustada.

Aleksander II suhteliselt vabameelse valitsemise ajal piirdus Baltimaade venestamise küsimus peamiselt publitsistliku poleemika-ga, kus selgusid poolte ideelised lähtekohad ning valmistati ette avalikku arvamust hilise-mateks tegelikeks sammudeks. Balti kindral-kubermangu likvideerimine 1876. aastal oli selge märk valitsuse poliitika muutumisest regioonis.

Eriti sõjaka ilme omandas Vene rah-vuslus keiser Aleksander III valitsemisajal (1881–94) Sinodi ülemprokuröri Konstan-tin Pobedonostsevi ja mõjuka Moskva pub-litsisti Mihhail Katkovi õhutusel. Seda soo-dustas riigivalitsemise üldine tagurlik suund ja isevalitseja enda psüühiline häälestus. Aleksander III oli esimene Vene keiser, kes troonile astudes jättis baltisaksa ülemkih-tide seisuslikud privileegid kinnitamata. Keisri käsul viis slavofiilist senaator Nikolai Manassein Balti aadli vastuseisust hoolimata 1882.–83. aastal Liivi- ja Kuramaal läbi üldi-se revisjoni, mille käigus talupojad esitasid senaatorile hulgaliselt palvekirju ja kaebu-si. Palvekirjades taotlesid nad Vene seadusi, mis pidid leevendama maapuudust ja andma eestlastele rohkem õigusi. Kogutud materjali põhjal esitas Manassein 1884. aastal keisrile kohalikke olusid teravalt arvustava aruande, mis tunnistas Balti provintside halduskorra (Balti erikorra) iganenuks ja 1861. aasta talu-rahvareformi vaimuga vastuolus olevaks. Aru-andes sisalduvad ettepanekud said järgnevate venestusreformide üheks lähtepunktiks. 1886. aasta suvel inspekteeris keisri vend suurvürst Vladimir Aleksandrovitš Balti rannikuala sõjalisi objekte ning pidas Tartus kõne aadli, linna ja ülikooli esindajatele. Ta teatas isevalit-seja kindlast tahtest rakendada tõhusaid meet-meid Vene mõju tugevdamiseks Baltimaades. Oma kõne lõpetas suurvürst tähendusrikaste sõnadega: *Annaks Jumal teile suure Vene pere-konnaga kiiremini ja kindlamalt ühte liituda.*

Aktiivse venestamispoliitika elluviimiseks nimetas keiser 1885. aastal ametisse uued ku-bernerid: Eestimaal vürst Sergei Šahhovskoi (1852–94) ja Liivimaal kindralleitnant Mih-hail Zinovjevi (1885–95). Šahhovskoi oli fa-naatiline venestaja, kes tegutses suure innuga

Sergei Šahhovskoi (1894)

ja võitles baltisaksa separatismiga *raskete ui-mastavate löökide* abil. Tema kujutluses pidi seni autonoomsest ääremaast saama Vene-maa *orgaaniline koostisosa*, kus saavutatakse eestlaste ja lätlaste *täielik ühtesulamine suure vene perekonnaga.* Zinovjev ajas asju ettevaat-likumalt. Ta leidis, et kohalikke huve tuleb arvestada, sest *ainult siis saavutatakse impee-riumi ja tema ääremaa elav, kindel ühtsus, mis tugineb huvide ühtsusele, mitte aga ainult tar-dunud ühetaolisusele välistes vormides, millega soovitud ühinemist mõistagi tagada ei suudeta.* Oma ametisoleku teisel poolel lähenes ta balti-saksa ülemkihtidele ja kiitis Balti aadli juhitud maaomavalitsust kui eeskujulikku (läbimõel-dud struktuur, laitmatu funktsioneerimine, odavus).

Haldusreformid

Balti kubermangude politseikorraldus üht-lustati ülevenemaalisega (1888) ja kehtestati neis Vene kohtusüsteem (1889). Talurahva-asutuste reformiga (1889) seati järelevalveks talurahva omavalitsuse (valla) tegevuse ja agraarseaduste täitmise üle ametisse talu-rahva-asjade komissarid, kelle nimetas ame-tisse siseminister. Valdade reorganiseerimise ja kokkuliitmisega tekkis vana poolfeodaalse valla asemele uus elujõuline ja maksuvõime-line vald. Aastail 1891–93 vähenes valdade arv 1100-lt 360-le. Aastal 1892 jõustus riigis uus linnaseadus, mis kaotas linnavolikogude valimistel valijate kuuriad ja asendas maksutsensuse varandusliku tsensusega. Kuigi valimisõiguslike arv esialgu poole võrra vähenes, pakkus linnavalimiste uus kord tõusvale eesti kodanlusele perspektiivis suuremaid võimalusi saksa ülevõimu murdmiseks linnaomavalitsuses, sedamööda kuidas suurenes eesti kinnisvaraomanike osatähtsus elektoraadis.

Balti provintside halduskorra reformimisel ei läinud valitsus lõpuni. Maaomavalitsuse reformi ja talupoegade pääsemist omavalitsusse kubermangu tasandil, mida eestlased pikisilmi ootasid, ei tulnud. 1881. aastal kinnitas keiser siseminister Nikolai Ignatjevi ettekande semstvoasutuste sisseseadmise kohta kolmes Balti kubermangus. Asi anti arutada rüütelkondadele, kes reformi üksmeelselt tagasi lükkasid, põhjendusega, et semstvoasutused ei ühildu kohalike oludega. 1886. aastal esitas Liivimaa rüütelkond siseministeeriumile omapoolse reformikava, mis lubas väikeomanikel maaomavalitsusest kihelkonna ja maakonna (mitte kubermangu) tasemel osa võtta. Mõisnikud kinnitasid, et eestlased ja lätlased p*ole küllalt küpsed ja arenenud*, et maapäevast osa võtta. Samal arvamusel oli kuberner Zinovjev.

Nii valitsus kui ka Balti aadel olid eesti ja läti rahva poliitiliste õiguste ulatuslikuma laiendamise vastu. Valitsus ei soovinud ka saksa-eesti-läti omavalitsust, milles võidi näha Balti separatismi avaldust ja kohalike *mittevene* elementide ebasoovitavat lähenemist. Kuberner Šahhovskoi pani ette luua kubermangu kommunaalmajanduse juhtimiseks ning maaomavalitsusmaksude ja koormiste reguleerimiseks riiklikud organid, jättes rüütelkondade pädevusse üksnes aadlikogude sisemised, s.o. korporatiivsed asjad. Seda soovitasid oma mahukates raportites ka valitsuse revidendid, kes nimetasid kehtivat korda *seisuslik-oligarhiliseks*. 1887. aastal töötaski ametkondade-vaheline erinõupidamine asesiseminister Vjatšeslav von Plehwe juhtimisel ja kolme kohaliku kuberneri osa-

lusel välja bürokraatliku "omavalitsuse" kava, kus juhtiv roll kuulus kohalikele vene ametnikele eesotsas kuberneriga. Venestamise laineharjal koostatud reformikava osutus siiski liiga riskantseks ja pandi kalevi alla. Kuna reformile tervikuna ei osatud anda poliitilist sisu, s.o. kasutada seda venestamise instrumendina (venelaste mõju reformitud maaomavalitsuses oleks nende väikese arvu tõttu olnud tühine), siis pidas valitsus paremaks jätta endine olukord alles. Kuigi küsimus oli päevakorras pool sajandit, jäi kohaliku provintsiaalautonoomia üks nurgakive – rüütelkondade ainuvõim kubermanguomavalitsuses (maapäev) – püsima kuni 1917. aastani. Rüütelkondade juhtida ja valitseda jäi ka luteri usu kirik, mida oli eriti keeruline venestada. Mõisnike majanduslikke eesõigusi puudutasid reformid vähe.

19. sajandi teise poole haldusreformidega kärpis valitsus tunduvalt Balti provintside autonoomiat. Eestis kujunes niisugune halduskorraldus, mis jäi põhijoontes püsima kuni monarhia kokkuvarisemiseni. See oli segu vanast ja uuest. Osa institutsioone moderniseeriti, teised jäid endisteks. Liberaalse suunitlusega reformid lammutasid keskaegset feodaal-aadellikku korda ja teenisid ühiskonna uuenemist, ent eesti ja läti rahva poliitilised õigused sellega kuigipalju ei laienenud. Baltisaksa aadli ülevõimu alt sattusid nad Vene bürokraatliku kroonurežiimi otsese surve ja hoolduse alla.

Valitsus kasutas reforme venestamispoliitika instrumendina, hakates kõrgematele ametikohtadele sakslaste asemele määrama venelasi, kes kohalikke olusid ja keeli ei tundnud. (Nende sekka sattus mõnikord ka õnneotsijaid ja aferiste, nagu Jossif Kassatski, kes Saaremaa talurahvakomissarina ja hiljem kreisiülemana pressis valdadelt välja suuri summasid. Tema skandaalne kohtuprotsess Riias 1901. aastal sai bürokraatia korruptsiooni paljastajana avalikkuse suure tähelepanu osaliseks.) Kuid alam- ja mõnikord ka keskastme riigiameteisse pääses nüüd senisest rohkem ka haritud ja vene keelt valdavaid eestlasi.

Kultuuriline venestamine

Kõige valusamalt riivas eestlaste huve kultuuriline venestamine, mis puudutas keelekasutust, kooli, kirikut, ajakirjandust ja seltsielu. 1880. aastail sai vene keel asjaajamiskeeleks riigi- ja linnaomavalitsusasutustes. Tallinna ja Riia linnapead, kes takistasid vene keele kasutuselevõtmist, tagandati keisri käsul ametist. Ainult rüütelkondade juhitud maaomavalitsuse (maapäeva) ja vallaomavalitsuse sisemiseks töökeeleks jäi endistviisi vastavalt saksa ja eesti või läti keel, kuigi Šahhovskoi taotles ka nende jaoks vene keelt.

Eriti oluliseks pidas valitsus Baltimaade kooli venestamist, mida viidi ellu suure järjekindlusega. Lühikese ajaga anti selle kohta välja hulk seadusi ja määrusi. 1885. aastal kaotasid mõisnikud kontrolli luteri usu maakoolide üle, need allutati haridusministeeriumile. Pastorite ja kirikuvalitsuse kompetentsi jäi üksnes usuõpetus. Koolide juhtimine ja kontroll läks vene ametnike kätte, kelle eesotsas seisis õpperingkonna (algul Tartu, hiljem Riia) kuraator. Kuraatorist järgmine oli kubermangu rahvakoolide direktor, kellele omakorda allusid rahvakoolide inspektorid.

1887. aastal kehtestati alg- ja keskkoolides õppekeeleks vene keel. Vallakoolis lubati kahel esimesel õppeaastal tarvitada emakeelt, ent 1892. aastast nõuti venekeelset õppetööd esimesest klassist alates. Eesti keelt võis kasutada vaid emakeele ja usuõpetuse tundides. Venestamise huvides soosis valitsus uusi koolitüüpe: ministeeriumikoolid, linnakoolid, kroonualgkoolid, mis olid täielikult vene koolibürokraatia võimu all ja mida peeti ülal valdavalt riigi rahaga. Osa rahvakooliõpetajaid vallandati vene keele mitteoskamise tõttu ja asendati venelastega. Koolireformi tagajärjeks oli hariduselu ajutine tagasiminek ja õpetamise taseme langus. Õppimine võõras keeles esimestest koolipäevadest peale muutus vaimu nüristavaks tuupimiseks.

1889.–94. aastal viidi Tartu ülikool rektor Anton Budilovitši ja õpperingkonna kuraator Nikolai Lavrovski õhutusel järk-järgult üle venekeelsele õppetööle (v.a. usuteaduskond), saksa professorite asemele tulid vene õppejõud, üliõpilaskonna koosseis muutus riigi teistest piirkondadest tulnute kasuks. Tartu ülikool hakkas etendama tähtsat osa impeeriumi teistegi vähemusrahvuste haritlaskonna ettevalmistamisel; paljud selle kasvandikud etendasid hiljem juhtivat osa oma rahva poliitika- ja kultuurielus.

1889. aastal kaotati ülikoolide autonoomia ja privileegid. 1893. aastal nimetati Tartu linn Dorpatist ümber Jurjeviks ja ülikool Jurjevi ülikooliks. Ka Vene ülikoolina jäi Tartu ülikool rahvusvaheliselt arvestatavaks teaduskeskuseks ning ideede vahendajaks Ida ja Lääne vahel.

Tsensuuri keskorganiks oli Trükiasjade Peavalitsus, mis allus siseministrile. Tsensorid juhindusid oma töös üldriiklikest eeskirjadest, ent arvestasid ka kohalikke olusid ja võimuvahekordi. Nikolai I aegse karmi trükiseaduse (1826) ideed elasid edasi hilisemates aktides. Aastail 1873–1904 anti välja üle 500 ringkirja, mis tegid riigi elu tõepärase kujutamise täiesti võimatuks. Keelatud oli kritiseerida Venemaa poliitilist korda, isevalitsust, tsaari perekonda ja igal tasemel võimumehi. Keelatud oli kirjutada sotsiaalsetest vastuoludest, poliitilisest võitlusest, kõigest, mida võis tõlgendada klasside ja seisuste vastuolude õhutamisena. Kriitikale täiesti suletud oli õigeusu kirik. Ettevaatlikult võis puudutada töölisliikumist ja sotsialistide tegevust. Balti erikorra, saksa mõisnike privileegide ja luteri usu kiriku arvustamine polnud just lubatud, kuid tsensorid vaatasid sellele läbi sõrmede. Seetõttu pääsesid ajalehtede veergudele kohati üsna teravad kirjutised. *Lõpmata paljude eeskirjade põhjal, mis aja jooksul tsensuuriametis kokku kuhjunud, võib tsensor kõik maha kustutada, aga ka kõige suuremaid vabadusi lubada. Kõik oleneb tema isiklikust järelekaalumisest, mida ta lubab, mida mitte.* Nii iseloomustas tsensuuri tööd Ado Grenzstein, mees, kellel oli tsensoriga rohkem tegemist kui ühelgi teisel eesti lehetoimetajal.

Ärkamisaja algupoolel oli Trükiasjade Peavalitsuse suhtumine eesti ajakirjandusse üldiselt heatahtlik. 1880. aastail muutus olukord järsult. Kõiki elunähtusi hakati hindama venestamise vaatepunktist. Venestamise teenistusse püüdsid võimud rakendada ka eestikeelset avalikku trükisõna, eriti ajakirjandust, mis allutati rangele ideoloogilisele kontrollile. Tsensorid jälgisid hoolikalt, et *kitsa värava* taha jääks kõik see, mis võiks takistada venestamist, halvustada Venemaa riiklikku korda ja valitsuse tegevust. Sergei Šahhovskoi leidis, et eestlastel pole vaja ajalehest midagi muud lugeda kui ainult põllutööks vajalikke praktilisi nõuandeid. Kuberner kandis musta nimekirja Eduard Bornhöhe, Jaak Järve ja Andres Saali ajaloolised jutustused, mis kütvat üles rahvuslikke kirgi. Ta taotles eestikeelsete ajalehtede väljaandmise piiramist või koguni nende sulgemist. Nii drastilisi abinõusid ei peetud kõrgemal pool siiski vajalikuks rakendada. Samas ei antud ka uute lehtede asutamiseks luba.

1890. aastail sai Eesti separatism tsensuuriametkondades laialt levinud terminiks. Isegi Soome sõnumite avaldamises kahtlustati Eesti ja Soome lähenemist venevastasel pinnal, püüdu Venemaast lahku lüüa. Eestlastest tsensorid (Eugen Jannsen, Jaan Jõgever) suhtusid eesti ajakirjandusse üldiselt soosivalt ja näitasid seda suhteliselt soodsas valguses. Neil õnnestus tagasi tõrjuda nii mõnigi eesti ajalehtede aadressil esitatud süüdistus.

Õigeusu levitamine

Venestamispoliitikas oli tähtis roll õigeusu kirikul, mis nautis riigikiriku eesõigustatud seisundit ja pidas ägedat võitlust teiseusuliste kirikutega usklike hingede pärast. Ametlik usupoliitika soodustas siirdumist õigeusku, kuid usuvahetus vastupidises suunas oli kuni 1905. aastani seadusega keelatud. 1897. aasta rahvaloenduse järgi oli Eestis õigeusklikke ja vanausulisi kokku vähem kui 15 protsenti. Enamik venelasi olid õigeusklikud. Eestlaste seas oli 1897. aasta loenduse järgi Eestis õigeusklikke 12,7 protsenti. Neist neli viiendikku elas Lõuna-Eestis või Lääne-Eesti saartel.

Õigeusklike tagasihoidlik arv Baltimaades ei vähendanud riigikiriku soovi sekkuda kohalikku ühiskondlik-poliitilisse ellu. Kahe

Aleksander Nevski katedraal Tallinnas

kiriku võitluses oli pealetungiv pool õigeusu kirik. Tema vaimulikud, alates preestritest ja lõpetades Sinodi ülemprokuröriga, ei väsinud kurtmast, et luteri kirik ja Balti aadel diskrimineerivad ja kiusavad taga õigeusu kirikut ja õigeusklikke. See teema läbis tol ajal Baltimaades ilmunud vene kirjandust ning leidis traditsiooniliselt poolehoidu vene slavofiilseis ja šovinistlikes ringkondades. Vene valitsus soosis ja kaitses riigikirikut Baltimaades igati ning andis talle mitmeid soodustusi ja privileege. 1896. aastast alates eraldati riigikassast igal aastal 50 000 rubla ainuüksi õigeusu kirikute ehitamiseks Riia piiskopkonnas. Aastail 1896–1905 rajati seal 13 uut kirikut.

Valitsuse usupoliitika Balti provintsides muutus aktiivseks 1880.–90. aastail. Võimud püüdsid tugevdada õigeusu kiriku seisundit regioonis, luteri kiriku vastu rakendati survevahendeid, sekkuti tema siseasjusse. Kubernerid hakkasid kinnitama sinodite päevakorda, aastail 1890–91 kaotati luteri usu konsistooriumid Riias, Tallinnas ja Saaremaal. Allesjäänud konsistooriumides minetasid rüütelkonnad ilmalike presidentide ametissenimetamise õiguse. 1885. aastal jõustus seadus, mis lubas sundvõõrandada maad õigeusu kirikute, koolide ja muude rajatiste tarbeks. Õigeusklike ning õigeuskliku ja teiseusulise abielust sündinud lapsi lubati ristida vaid õigeusku. Eestimaa kuberner Šahhovskoi pidas eestlaste ja lätlaste õigeusustamist venestamisprogrammi kõige tähtsamaks osaks. Venemaa ja õigeusk olid tema sõnul sünonüümid.

Eestlased olid õigeusku läinud enamasti 19. sajandil mitme lainena: Lõuna-Eestis 1840. aastail, Põhja-Eestis 1880. aastail. Motiivid olid üsna maised: pääseda majanduslikust kitsikusest ja mõisniku sõltuvusest ning saada *hingemaad*, mis pidi kaasnema *Vene keisri usuga* ja *kroonu seaduse* alla minekuga. Kui selgus, et mingeid majanduslikke eeliseid usuvahetus ei anna, hakkasid Lõuna-Eesti talupojad massiliselt luterlusse tagasi kippuma, mida luteri kirik soosis, võimud aga takistasid. See küsimus oli eriti päevakajaline Liivimaal, kus

Pühtitsa (Kuremäe) nunnaklooster

tuhanded usuvahetajad soovisid luterlusse tagasi pöörduda. Tekkis olukord, kus ametlikult õigeusu kiriku nimekirjas olevad inimesed rahuldasid oma religioosseid vajadusi luteri usu kirikus. Üleminekut õigeusust luterlusse takistati eriti jõuliselt aastail 1885–94, mil võimud käivitasid sel põhjusel mitusada kohtuprotsessi, peamiselt Liivimaa kirikuõpetajate vastu, kes lubasid usuvahetajatel osa saada luteri kiriku jumalateenistustest. Neid õigeusklikke vanemaid, kes oma lapsi ristisid luteri usku, ähvardas vangla. Nende lapsed aga võidi anda kasvatada õigeusklikele eestkostjatele.

Baltimaade venestamine ja kampaania luterluse vastu pälvis ulatuslikku tähelepanu Saksamaal ja mujal Euroopas, kust baltisakslased abi otsisid. Lääne-Euroopas ja USA-s levitati Šveitsi päritolu pastori Hermann Daltoni protestikirja Pobedonostsevile (1889). Rahvusvahelised aktsioonid usuvabaduse kaitseks Baltimaades andsid vähe tulemusi. Pobedonostsev tõlgendas neid kui Saksamaa poliitilisi rünnakuid Venemaa vastu ja kui katseid takistada eestlaste ja lätlaste ühtesulamist Venemaaga. 1894. aastal saavutas justiitsminister Nikolai Muravjov keisrilt pastorite kohtuliku jälitamise lõpetamise ja 1896. aastal tühistati nende karistused üldise amnestiaga Nikolai II kroonimise puhul.

Usuvahetajate küsimus jäi aga lahendamata kuni ususallivuse manifestini 17. aprillist 1905. Selleks ajaks oli kolme Balti kubermangu peale kokku õigeusu kiriku nimekirjas enam kui 35 000 inimest, kes ise pidasid end luterlasteks.

Reformide peatamine

Venestamise abinõude valikus, tempos ja rakendamise ulatuses polnud valitsusringkondades üksmeelt. Balti aadlisse suhtusid kriitiliselt nii hasartsed venestajad kui liberaalse moderniseerimise pooldajad. Ent viimased ei soovinud baltisakslasi ühiskondlikust elust välja tõrjuda ega traditsioonilise eliidi mõju ülemäära kärpida. Nad oli rohkem huvitatud reformide tõhususest kui nende ideoloogilistest aktsentidest, rahvuslikest või religioossetest sentimentidest. Vaatamata kuberner Šahhovskoi tungivatele nõudmistele venestamist jätkata ja prokurör Pobedonostsevi toetusele, leiti valitsusringkondades, et reformidest selleks korraks piisab. 1894. aastal manitses uus siseminister Ivan Durnovo Šahhovskoid mõõdukusele, et viimane ei arendaks isetegevust, mis elanikkonda ilmaasjata ärritab. Keisri käsul olevat reformikampaania seisma pandud: sakslased hakkavat uue korraga harjuma, reformidel aga tuleb lasta juurduda.

Eestlaste ja lätlaste venestamisel oli raske minna kaugemale, kasutamata avalikku vägivalda ja tekitamata üldist rahulolematust. Rahvusliku ajakirjanduse sulgemine ja seltsielu täielik peatamine oleksid olnud arusaamatult karmid repressioonid sel ajal siiski üsna riigi- ja keisritruude eestlaste ja lätlaste vastu. Nähtavasti kartis valitsus ka seda, et ta ei suuda ühekorraga täita Balti regiooni *lahtisaksastamisest* tekkivat tühikut, ja polnud veendunud, et bürokraatlikud instantsid ning kohalikke olusid mittetundvad vene tšinovnikud suudaksid maa-asju valitseda paremini ja odavamalt kui rüütelkondade asutused. Lisaks ei tahtnud valitsus oma konservatiivset partnerit liigselt ahistada. Oli ju Vene võim kohalikke rahvaid peaaegu kahesaja aasta vältel ohjanud just baltisaksa mõisnike abil.

Valitsuse reformid, mis kärpisid Balti aadli "ajaloolisi" eesõigusi ja rikkusid Peeter I sõlmitud alistumislepinguid, kutsusid aadlis esile ägeda meelepaha ja vastuseisu. Väsimatult tegutses aadli huvide kaitsel Peterburis Liivimaa maamarssal Friedrich von Meyendorff,

ent edu oli visa tulema. Kasutades oma suurt mõju keisrikojas ja Peterburi kõrgbürokraatlikes sfäärides, samuti erimeelsusi Venemaa valitsusringkondades, õnnestus rüütelkondadel siiski aidata kaasa reformide peatamisele ning ära hoida valitsuse kardetav sekkumine maaomavalitsuse ja agraarsuhete valdkonda. Pragmaatilise Sergei Witte suur mõju valitsuse poliitikale rahandus- ja peaministrina aastail 1892–1906 tuli baltisakslastele kindlasti kasuks.

Eesti ühiskonna reageering

Venestamise ootamatu ja brutaalne pealetung põhjustas eesti ühiskonnas peataolekut ja segadust, pettumust Vene riigivõimus, mille heatahtlikkusse oldi tõemeeli usutud. Keegi ei teadnud, mis on veel tulemas. Reageering valitsuse reformidele polnud siiski ühene ja teisenes aja jooksul, jäädes haldusreformide osas üldiselt positiivseks kuni 1905. aastani. Saksa võimu asendamine vene võimuga institutsioonides nagu linnaomavalitsused, politsei- ja kohtuasutused, talurahva-asjade komissarid, haakus ärkamisaegse rahvusliku liikumise eeskavaga; vene ametnikke (kuigi enamasti umbkeelseid) pidas eesti avalik arvamus erapooletumaks kui baltisakslasi.

Saksa keele kui kohaliku olulise kultuurkeele asendamine vene keelega pälvis erinevaid hinnanguid. Vanemal, saksa hariduse saanud haritlaspõlvkonnal oli raskem kui noortel, kes ühiskonnaelu mõne külje venelikustamisega kiiremini kohanesid. Kõige halvavamat mõju avaldaski keeleline venestamine haridussüsteemis, eriti rahvakoolis, kus emakeelne õpetus oli olnud rahvusliku eksistentsi nurgakiviks. Eestikeelse kooli peaaegu täielik likvideerimine ähvardas teha lõpu ärkamisaja suurejoonelistele plaanidele rahvusliku hariduse ja kultuuri alal.

Venestamine aitas kaasa sellele, et rahvusliku liikumise hoog rauges, kohati võtsid maad pessimism ja loidus, mida süvendasid eesti ühiskonna siseprobleemid ning vilja- ja eriti linahindade langusest tekkinud majanduskriis. Paljud talunikud ei suutnud tasuda talude ostmisel tekkinud võlgu või renti ja laostusid. Majandusraskused tabasid ka linna väikekodanlust. 1880. aastail langes järsult valijate aktiivsus linnaomavalitsuste valimistel, eriti väikeomanike klassis, kus valis enamik eestlasi (Tallinnas 70,4%-lt 1877. aastal 28,4%-le 1889. aastal). Uut hoogu said tülid ja salakaebused rahvuslike organisatsioonide juhtkonnas, mis andis valitsusele täiendava argumendi nende tegevusse sekkuda.

Võitluses ideeliste oponentidega otsis Jakob Hurt tuge võimudelt ja palus sulgeda talle opositsioonilised Eesti Aleksandrikooli komiteed. Seepeale sulges siseminister 1884. aastal kõik abikomiteed ja ka peakomitee. Järgmisel aastal lubati abikomiteedel taas tegutseda, ent endine vaimustus ürituse vastu oli kadunud. Vastupidiselt eesti tegelaste mõttele asutasid võimud eestikeelse kõrgema kooli asemel Põltsamaa lähedale venekeelse õpetusega linnakooli, mis avati 1888. aastal. Erinevalt teistest koolidest õpetati seal ka eesti keelt ja kirjandust. Eesti Kirjameeste Seltsi tabas allakäik pärast Carl Robert Jakobsoni surma, liikmete arv vähenes ja tegevus soikus, teravnes põlvkondlik konflikt venemeelsusse kalduva vanema tegelaskonna ja EÜS-ist pärit nooremate vahel. Kuberner Šahhovskoi nõudmisel selts 1893. aastal suleti. Kolmanda rahvusliku suurettevõtte, kaubalaevaseltsi "Linda" allakäik venestusajal jätkus kuni äritegevuse lõpetamiseni 1893. aastal; aktsionäridele maksti välja vaid 22% aktsiate nominaalväärtusest.

Raske surve all osa eesti ühiskonnategelasi demoraliseerus ja taandus poliitikast. Mõned neist ennustasid, et eesti väikerahvas sureb välja, ja kutsusid üles selle kui paratamatusega leppima ning sellest ainelist kasu lõikama. Jakob Kõrvi toimetatud "Valgus" kiitis avalikult heaks kõik venestusreformid ja soovitas eestlastel vene kool, vene keel ja õigeusk tänuga vastu võtta. Hirm venestamise ees isegi ületas varasema hirmu saksastamise ees. Viimane oli toimunud n.-ö. vabatahtlikult, venestamist aga juhtis riiklik jõupoliitika, ja seda ajal, mil

eesti haritlastel oli juba tekkinud omaenese identiteet. Sellest, et Nikolai II troonile astudes (1894) ohje lõdvemale lasi, ei teatud eesti ringkondades suurt midagi.

Venestusaja tähelepanuväärsemaid tegelasi oli "Oleviku" toimetaja Ado Grenzstein – väljapaistev *rahvamees* ja mitmekülgne kultuuritegelane. "Olevik", mis varem järgis rahvuslikku suunda, pani 1880. aastate lõpul *erakonna lipu maha*. Sealt kadusid isamaalised juhtkirjad (ka tsensuuri survel), ja peagi asus "Olevik" venemeelset suunda järgima. Grenzstein väitis, et väikerahvad pole küllalt kultuurivõimelised ja seetõttu ei jää neil muud üle kui suurrahvastega liituda. Kas eesti rahvas jääb inimkonnas toimuvate suurte muutuste taustal alles, see selgub alles järgmiste põlvkondade eluajal. Grenzstein alahindas eesti rahvuslust, tegi maha rahvusliku liikumise üritusi. Ta kirjutas: *Eesti poliitika olgu: tundkem oma nõrkust, tundkem teiste tublidust*. Samas ei soovinud ta ka eestlaste kadumist või assimileerumist. 1894. aastal ilmunud teesikogus "Eesti küsimus" (sisaldas sada aforismi) ülistas Grenzstein eestlaste lähenemist Venemaale ja venelastele, keda ta nimetas tuleviku rahvaks. Vene keele kui riigikeele ja venepärase hariduse omandamises nägi ta eesti rahva edu peamist tagatist. Ühtlasi soovis ta, et vene ametnikud õpiksid eesti keelt. Tõuteooriatest innustunud Grenzstein esitas omapärase ristlusteooria ja pooldas veresegamist rahvaste vahel, eesti vere tempimist vene verega.

Rõhutatud truualamlus trooni ees ja kroonupatriotism oli tol ajal igasuguse legaalse eesti poliitika vältimatu eeltingimus. Olemasolevaid realiteete arvestades pidas ka Grenzstein oma kirjutistes vajalikuks eriti esile tõsta eestlaste keisri- ja riigitruudust, et nii luua eesti rahvale soodsamaid elutingimusi *slaavlaste katuse all*. Energiliselt materdas ta baltisaksa ülemkihte, kritiseeris saksa haridust, mentaliteeti ja traditsioone, samuti luteri usu *härraskirikut*. Grenzstein sepitses mitmesuguseid intriige ja kirjutas ohtralt salakaebusi kuberneridele Riiga ja valitsusasutustele Peterburi, lootes tagatrepidiplomaatia abiga oma poliitilistest vastastest ja konkurentidest ajakirjanduspõllul jagu saada. Sellele vaatamata ei suutnud ta võita võimumeeste usaldust.

Ado Grenzsteini ja "Oleviku" rahvuslik pessimism ja oportunism tekitasid rahutust "Postimehe" ümber koondunud rahvuslaste ringkonnas, kes pidas õigeks tugineda eesti rahva sisemisele jõule. Grenzsteinis nähti ohtlikku venestajat, denatsionaliseerijat, *valeprohvetit*, kes lööb eesti rahvale surmakella. Ägedas sulesõjas jäi Grenzstein alla Jaan Tõnissonile ja lahkus 1901. aastal salaja Eestist läbi Saksamaa Pariisi. Hiljem on Grenzsteinis nähtud eurooplast ja uuendajat, kelle jaoks venemeelsus oli vaid kilbiks eesti rahva huvide eest seismisel.

Ühes 1899. aastal pastoritest ametivendadele peetud kõnes arutles Jakob Hurt venestamise ja n.-ö. slaavistamise teemal. Riiklikku (poliitilist) ja sotsiaalset venestumist pidas ta vältimatuks, nentides, et Baltimaade rahvad on Põhjasõjast alates poliitiliselt venelased ja Vene riiklik mõju kasvab tulevikus veelgi. Avalik elu on *vana saksa kuue seljast heitnud ja uue vene särgi selga tõmmanud*, nimetus saksa Läänemere-provintsid asendub tulevikus vene Läänemere-provintsidega, kinnitas Hurt. Vastu tuli aga seista slaavistamisele, s.o. kultuuri, keele ja kiriku venestamisele. Selleks kutsus Hurt üles moodustama eestlaste ja baltisakslaste ühisrinnet, kuivõrd see puudutab mõlemat rahvast. Tema sõnul kaitses baltisakslasi vene ümberrahvustava mõju eest kõrge germaani kultuur ja kuuluvus suure ajaloolise rahva hulka. Eestlased ja lätlased aga said tuge rahvuslusest, mis oli *tugevam soomus panslavistlike noolte vastu kui saksa haridus*. Baltisakslastest germaniseerijaid süüdistas Hurt venestamise provotseerimises, eestlaste jõu nõrgendamises, ukse avamises pealetungivale slaavlusele.

Eesti-saksa vastuolude tõttu venestusevastasest ühisrindest asja ei saanud. Eestlaste avalik arvamus jäi saksavastaseks ja lootus Vene riigivõimu edasistele reformidele püsima.

Ado Grenzstein

19. sajandi lõpukümnenditel kujunes eesti ajakirjandus n.-ö. massimeediaks. Tiraažid kasvasid kohati kuni 10 000-ni, kuid avalikku poliitilist debatti rahvuslikelt positsioonidelt venestamisajal pidada ei saanud; isegi sõna "Eesti" äratas kahtlust. Eesti ajakirjanduse rahvuslikkus avaldus nüüd peamiselt kohaliku kultuurielu kajastamise kaudu. Jakobsoni radikaalset joont püüdis jätkata Jaak Järv ajalehes "Virulane", mis tutvustas ka sotsialismi õpetust, ent leht suleti 1888. aastal ja Järv saadeti Baltimaadest välja. Rahvuslikku vabameelset vaimu ja optimismi külvas võimaluste piires Karl August Hermanni "Postimees" Tartus, mis 1891. aastal sai esimeseks eesti päevaleheks. Huvi poliitika vastu jäi rahva hulgas püsima. Laialt levis ajalehtedele kirjutamine, mis oli üks viie avalikus elus osalemiseks. Kodanikualgatuslik seltsiliikumine muutus 1890. aastail massiliseks. Olemasolevat suhtlusvõrgustikku täiendasid uued, väliselt apoliitilised kultuurilised, majanduslikud ja kutsealased ühendused kui kujuneva kodanikuühiskonna elemendid.

Eesti rahvusliku vaimu tähtsaks keskuseks sai Eesti Üliõpilaste Selts, noorema haritlaspõlve vaimseks liidriks tõusis Villem Reiman (1861–1917). Maaharitlasi haaras Jakob Hurda 1888. aastal algatatud suurejooneline rahvaluulekogumine, millest korrespondentidena võttis osa üle 1200 inimese (1888–1906). 19. sajandi teisel poolel peeti kokku kuus üldlaulupidu; ühislaulmine oli tähtis rahvuslikku identiteeti kujundav tegur.

Ühiskonnaelu raskuspunkt kandus üha enam linnadesse. Sinna koondus rahvuslik haritlaskond, seal kujunesid moodsa ühiskonna alged ning avaldus kõige selgemini uus kultuuriline ja poliitiline pluralism. Linnad eestistusid; 1897. aastal olid juba 2/3 linnaelanikest eestlased. Teistpidi võttes elas linnades 75% eestisakslastest, üle poole eestivenelastest, ent ainult 13% eestlastest.

19. sajandi lõpupoole hakkasid Eestis laiemalt levima liberaalsed ja sotsialistlikud ideed, mis jõudsid sinna nii Lääne-Euroopast (peamiselt Saksamaalt) kui Venemaalt. 1880. aastail tekkisid esimesed marksistlikud ringid Tartu paljurahvuselises üliõpilaskonnas. Mihkel Martna, Jaak Järv ja saksa sotsiaaldemokraat Aleksander Burland moodustasid esimese sotsialistide rühma Tallinnas. 1890. aastail tutvusid Tartu eesti üliõpilased sotsialismi ideedega Richard Aavakivi juhitud illegaalses ringis. Algas töölisliikumine ja toimusid esimesed streigid: Kreenholmi Manufaktuuris Narvas (1872, 1882) ning Kunda tsemenditehases (1883).

19. sajandil polnud eestlased enesemääramiseks veel valmis. Selleks puudus nii intellektuaalne kui materiaalne ressurss. Polnud omariiklikku teadvust ja tahet, vajalikku poliitilist ja üldist kultuuri, kompetentset poliitilist juhtkonda, kes oleks suutnud riiki valitseda. Rahvuslikus majandusruumis domineeris agraarne väiketootmine, eesti linnakodanlaste ja kõrgharitlaste arv oli väike, rahvuslik kõrgkiht puudus, eesti keel polnud veel saanud teaduse ja kõrgkultuuri keeleks. Seetõttu ei tõusnud Eesti riikluse küsimus eesti ühiskondlikus liikumises päevakorrale. Sellele vaatamata on tol ajal utoopilise Eesti Vabariigi nimetust esimest korda kasutatud juba ärkamisajal – seda tegi oma luuletuses Andres Dido (Tiido). Vii-

mase koolivend, saksa-eesti päritolu Ernst (Ernesto) Bark asutas 1882. aastal Genfis Balti Föderalistliku Liikumise ja andis välja sotsiaaldemokraatliku suunaga ajalehte "Der Baltische Föderalist", kus ta propageeris sõltumatute Balti rahvaste ühenduse ideed. Sajandivahetusel kirjutas Juhan Liiv: *ükskord – kui terve mõte – ükskord on Eesti riik*. Friedebert Tuglas sõnas hiljem, et tol ajal võis riiklikust iseseisvusest unistada üksnes *prohvet või vaimuhaige*.

Reformide tagajärjed

Venestusreformidega hakkas vene mõju ja kohalolek Balti provintsides tervikuna tugevnema, laiemalt levisid vene kultuur ja teadus ning ühiskondlik-poliitiline mõte, sh. kehtivat korda murendavad radikaalsed ideed. Eestlaste venestamine denatsionaliseerimise mõttes kukkus läbi, sest nende omakultuurile tuginev ctniline identiteet oli rahvusliku liikumise käigus sedavõrd tugevnenud, et massiline ümberrahvustamine polnud enam võimalik. Eesti rahvusluse tõus oli venestamisest olulisem tegur. Vene kultuuri ja haridust küll tarbiti, kuid venelaseks saada ei tahetud. Venestamise ideoloogidel puudusid niisugused ideed ja eeskujud, mis teinuks venestumise eestlastele ihaldusväärseks. Et Eestis puudus prominentne vene seltskond ja kultuur, millest eeskuju võtta, siis polnud kultuuriline venestumine – erinevalt saksastumisest – eestlaste jaoks prestiižne ega atraktiivne. Saksa kultuuri pikaajalist mõju ei suutnud lühiajaline venestamine välja tõrjuda ning Balti provintside saksapärane ilme jäi püsima edaspidigi. Venestamispoliitikaga kaotas valitsus Balti rahvuslike liikumiste poolehoiu, ning sajandivahetusel oli eestlaste ja lätlaste liberaalne rahvuslus, mis taotles individuaalseid ja rahvuse õigusi, suunatud nii saksa kui ka vene surve vastu.

Kõige edukam oli halduslik venestamine, sest iganenud halduskorra kaasajastamisele polnud alternatiivi, mis poliitilise rahvusautonoomia näol tekkis alles 1905. aastal. Reformide tagajärjel lõimiti Eesti tugevamini impeeriumi haldusstruktuuridesse.

Vene mõju kasvuga avanesid Baltimaad veelgi enam ida poole, jäädes samal ajal avatuks ka läände. Euroopa tuli Eestisse ka Venemaa kaudu. Kõige enam mõjutas Baltimaid Peterburi, mis rahvusvahelise linna ja keskusena importis läänest, peamiselt Saksamaalt, tehnoloogilist, militaarset, teaduslikku ja kunstikultuuri, mida ta absorbeeris ja seejärel ümberkaudsetele aladele levitas. Baltimaad ise olid sillaks Saksamaa ja Venemaa (Peterburi) vahel. Selles kolmnurgas toimus intensiivne ideede ja inimeste liikumine. Vene kultuurisfäär avas eestlastele uusi horisonte ja tasakaalustas ühekü9lget saksa mõju.

Venestamine muutis jõuvahekordi Baltimaades, ent uus eliit ei tõrjunud välja vana. Baltisaksa ülemkihid etendasid endiselt väljapaistvat osa Baltimaade ühiskonnaelus, majanduses ja kultuuris. Valitsevaks jäi baltisaksa kultuur, mis vahendas eestlastele rahvusvahelist ja üle-euroopalist teabevara. Kõrgkultuuri ja teaduse keeled olid saksa ja vene, kuna eesti keel polnud veel saanud kultuurkeeleks. Saksa ja vene keele valdamine oli tähtis kultuuritegur, mis hõlbustas suurematest kultuuridest osasaamist. 19. sajandi lõpust alates said eestlased vene hariduse, mis võimaldas Venemaal edasi õppida, tööd leida ja karjääri teha. Rahvaloenduste andmed näitavad, et venestamine ei takistanud põhiliste haridusoskuste edenemist eesti elanikkonna hulgas.

Nii tollased kui ka hilisemad eesti tegelased ja vaatlejad kaldusid venestamise mõju ja tähtsust ülehindama, kuigi see oli vaid üks ja mitte kõige peamine muutusi dikteeriv tegur. Enamik eesti intellektuaale ja poliitikuid tõstis esile venestamise destruktiivseid külgi ja kinnitas, et valitsuse reformide eesmärk oli eesti rahva "ärakaotamine", ümberrahvustamine, venelusse sulatamine. Niisugust arusaama soosis vene äärmusrahvuslaste äge ja väga kärarikas natsionalistlik retoorika, mis ei tarvitsenud olla kooskõlas valitsuse ääremaade poliitika eesmärkidega. Vaatamata sõjaka rahvusluse levimisele vene eliidi hulgas ja sel-

le ilmingutele valitsuse sisepoliitikas, jäi Vene impeerium siiski riigipõhiseks ja dünastiliseks kuni keisririigi lõpuni. Rahvusriigini ei jõutud ning see polnud neis tingimusis võimalikki. See, mis vähemusrahvastele tundus allasuruva venestamisena ja läbinisti negatiivse nähtusena, võis Peterburi bürokraatia vaatepunktist paista paljurahvuselise riigi tõhusama haldamise õige ja õiglase meetmena, millesse polnud kätketud mingit rahvuspoliitilist sisu ega tagamõtet. Niisuguses valguses võib riigikeele juurutamine muulastega asustatud Baltikumis näida universaalse kommunikatsioonivahendi kasutuselevõtuna impeeriumi keskuse ja perifeeria vahel.

KOOL JA HARIDUS

Alghariduskool

1820. aastal kinnitas Aleksander I "Tartu Keiserlikule Ülikoolile alluvate õppeasutuste statuudi", mis jäi Balti provintside linnakoolide korralduse aluseks 1880. aastate venestusreformideni. Selle määrusega hüljati ühtluskooli põhimõte ja kehtestati seisuslik kool, mis oli vastuolus ühiskonna moderniseerimise vajaduste ja alamkihtide algava emantsipatsiooniga. Eri koolitüübid nähti ette neile, kes hakkavad teenima leiba raske kehalise tööga; neile, keda ootab tegelemine kaubanduse ja käsitööga; ning neile, kes pühenduvad vaimsele tegevusele, et astuda riigi või ühiskonna teenistusse. Hoolimata seisusliku mõtteviisi visast püsimisest Balti provintside ülemkihtides, polnud taolist põhimõtet kerge järgida, ja rangelt jäi see püsima vaid talurahvakooli suhtes. Siiski ilmnes ka talupoegade seas püüdlus kesk- ja kõrghariduse poole, mis esialgu avanes vaid üksikutele.

Haridussüsteemi korrastamine tõi kaasa avalike koolide allutamise Vene haridusministeeriumile ja uue järelevalveorganite loomise, kuid ei halvanud Balti provintside saksalist kultuurielu. Eripära säilimise garantiiks oli hariduse keeleline ja konfessionaalne aluspõhi – tegu oli saksakeelse, maa-talurahvakooli jaoks eesti- või lätikeelse luteri usu kooliga. Püsiva koolivõrgu väljaarendamine tegelikult soodustas Balti provintside vaimse eripära kinnistumist. Lihtrahvale enama hariduse andmist pidasid vajalikuks nii riigivõim kui ka rüütelkonnad ja kirik, selle nimel töötasid estofiilidest pastorid ja valgustajad, humanistidest aadlikud ja literaadid.

1816. aasta Eestimaa talurahvaseadus nõudis, et mõisakogukonnad ehk vallad pidid iga 1000 elaniku kohta asutama ühe kooli. Liivimaa 1819. aasta talurahvaseadus kehtestas kaheastmelise kooli. Vallakool (külakool) tuli rajada iga 500 meeshinge kohta, kihelkonnakool (köstrikool) vähemalt 2000 meeshingega kihelkonnas. Väiksemad vallad ja kihelkonnad võisid asutada kooli ühiselt. Vallakooli pidas ülal vallakogukond, kihelkonnakooli vallad ja mõisnikud. (Mitmel pool pidasid mõisnikud ülal ka talurahvakooli, mida sel juhul nimetati mõisakooliks.) Kohalik mõisnik koos kirikuõpetajaga valis talupoegade hulgast koolmeistri, kes vabastati nekrutikohustusest, pearahamaksust ja ihunuhtlusest. Kihelkonnakooliõpetaja (harilikult köster) valiti kihelkonna (kiriku/kooli)konvendil, ta allus kirikueestseisjale ja pastorile. Kihelkonnakoolis pidi olema vähemalt 12 poeglast. Kui vallakool oli tasuta, siis kihelkonnakoolis kehtis õppemaks. Õpiti kas vanemate või valla (või mõisa) kulul. Teisel juhul tuli pärast kooli lõpetamist teenida kuus aastat valda (või mõisa).

Vallakoolis õpetati emakeeles lugemist, katekismust ja kirikulaulu, kihelkonnakoolis ka kirjutamist ja rehkendamist. Liivimaal loeti kooliealiseks lapsed 8. eluaastast leeriminekuni (16. eluaastani). Koolikohustus algas 10. eluaastast. Lugemist ja katekismust kodus õppivad lapsed pidid iga nelja nädala tagant minema kooli õpitu kontrollimiseks. Koolitööd ja koduõpetust kontrollis kirikuõpetaja, kes käis talve jooksul kaks korda *kooli katsumas*.

Liivimaa talupoegade vabastamisseadusega oli talurahvakoolide järelevalve usaldatud pastorile, mõisnikust kirikueestseisjale, kiriku-

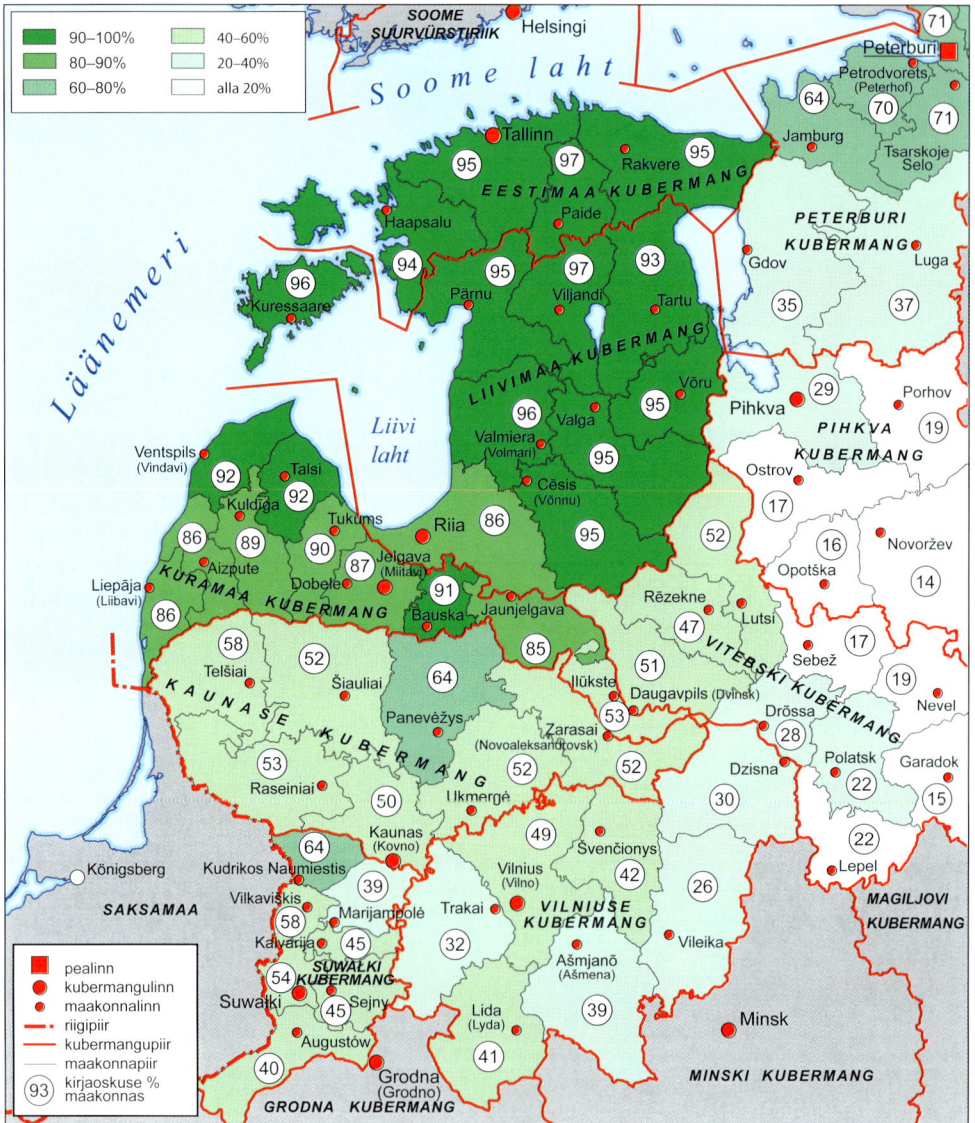

Lugemisoskus Balti kubermangudes (1897)

konvendile, ülem-kirikueestseisjale (üks maa-
päeval valitud maanõunikest) ja talupojast
kirikuvöörmündrile, kes oli kirikueestseisja
abi. Järgnevalt kujundati välja kindlamad
koolide juhtimise ja järelevalve institutsioo-
nid. Ministrite Komitee 1838. aasta määru-
sega võeti Balti kubermangude talurahva-
koolid õpperingkonna kuraatori alluvusest
ja anti ülem-kirikueestseisja-ametite juhti-
da, s.o. allutati faktiliselt rüütelkondadele ja
konsistooriumidele. Määruse elluviimiseks
moodustati 1840. aastal maapäeva ettepane-
kul Liivimaal uued organid talurahvakoolide
juhtimiseks: ülem-maakoolivalitsus (Oberland-
schulbehörde), maakondades neli kreisi maa-
koolivalitsust ja kihelkondade koolivalitsused.
Kihelkonna ja 1870. aastast ka maakonna koo-
livalitsuse koosseisu kuulusid ka talupoegade
esindajad. Liivimaal hakkasid 1870. aastal
eraldi tegutsema kihelkonnakonvent ning ki-
riku- ja koolikonvent, kuhu samuti kuulusid
talupoegade esindajad (talupidajatest konven-
disaadikud). Auväärsemate talupoegade seast
valis kihelkonna koolivalitsus koolivanemad,
kelle ülesandeks oli jälgida laste kooliskäimist,
kanda hoolt kooliõpetajate palga kättesaamise
eest, trahvida põhjuseta puudunud laste vane-
maid, jagada õpilastele vitsanuhtlust. Nii said
talupojad teatud määral osaleda kooli juhti-
mise ja valitsemise alamates lülides. Analoo-
gilised organid moodustati 19. sajandi teisel
poolel ka Eestimaa kubermangus. Nende
reformidega tunnistati Balti provintside talu-
rahvakoolid kiriklikeks asutusteks ning anti
peamiselt mõisnikest ja pastoritest koosneva-
te asutuste hallata. Kõrgemal tasandil allusid
talurahvakoolid siseministeeriumile.

Lõuna-Eesti ja Saaremaa talupoegade
massilise siirdumisega õigeusku tekkisid
seal 1840. aastail (Põhja-Eestis 1880. aastail)
õigeusu talurahvakoolid. 1845. aasta instrukt-
siooni järgi tuli iga õigeusu kiriku juurde
luua maksuta õigeusu kihelkonnakool, kus
emakeeles kirjutamise ja lugemise kõrval tuli
õpetada vene keelt, õigeusu aluseid, aritmee-
tikat, ilukirja ja kirikulaulu. Kirikutest kau-
gemal tuli luua abikoolid igas vallas, kus oli

vähemalt 500 õigeusulist meest. Õigeusklike
vanemate lapsed tohtisid käia üksnes õigeusu
koolis, samas lubati seal õpetada ka muu-usu-
liste lapsi. Õigeusu preestrid ja köstrid tööta-
sid tasuta, abikoolide õpetajad valis kogukond
ja nende palk ei tohtinud olla väiksem luteri
usu vallakooli õpetaja palgast. Abikoolis õpi-
ti kaks, kihelkonnakoolis neli aastat. Õigeusu
koolide ülalpidamine pandi kogukondade
õigeusklikest liikmetele, juhtimine ja järele-
valve õigeusu kirikule, mille kõrgeim instants
oli Püha Sinod. 1869. aastal asutati Balti Õig-
eusukoolide Nõukogu ja riik hakkas neid koole
toetama. 1873. aastal allutati õigeusu koolid
haridusministeeriumile. Üldiselt oli õigeusu
abikoolides õpetamise tase madalam ja nen-
de majanduslik olukord viletsam kui luteri usu
vallakoolides.

Koolikorralduse elluviimine algas koos
talurahvaseaduste tegeliku kehtimahakka-
misega. Koolide loomist takistasid teoor-
juse-aja majandusraskused, viljaikaldused,
näljahädad, ühiskondlik käärimine, pahatihti
aadli ükskõiksus ja talupoegade vastuseis, kes
nägid koolides järjekordset koormist. Va-
litsus, rüütelkonnad ja kirik võistlesid oma-
vahel selles, kes peab Balti provintside koo-
le juhtima ja millist hariduspoliitikat tuleb
seal ajada. Mõisnikud polnud nõus kiriku-
õpetajate ettepanekutega, kui need nõudsid
mõisnikelt lisakulutusi. Nii rüütelkonnad kui
luteri kirik olid vastu katsetele allutada koolid
haridusministeeriumile, milles nähti venestus-
likku ettevõtmist ja kallalekippumist kohali-
kule autonoomiale.

19. sajandi alguse talurahvakool võis välja
näha selline: eri vanuses lapsed koos talu- või
kõrtsikambris valjul häälel veerimas või lu-
gemas, ahju kõrval pastlapaelu punuv või
hobuseriistu parandav kooliõpetaja neid
kontrollimas või küsitlemas. Ei jätkunud
vähegi parema haridusega õpetajaid, õppe-
vahendeid, õpikuid. Seetõttu oli endiselt
tähtis koduõpetus, mis andis vähemasti lu-
gemisoskuse.

Murrang toimus 19. sajandi keskel. Lõu-
na-Eestis kujunes püsiv koolivõrk välja 1850.

aastateks ja haaras pea kogu talurahva. Tihedam oli koolivõrk Saaremaal, kus kool tuli asutada iga 100 meeshinge kohta, hõredam Eestimaal. 1852. aastal oli Liivimaal eestlaste alal (koos Saaremaaga) kokku 840 kooli, neist kihelkonnakoole 83. Eestimaal oli koole 177, neist kihelkonnakoole vaid 4. Talupoegade ja koolide arvu suhte põhjal võib öelda, et Lõuna-Eesti koolivõrk oli Põhja-Eesti omast enam kui kaks korda tihedam. Mõnevõrra korvasid koolide puudumist ka rändõpetajad, pühapäevakoolid (lugemiskoolid) ja paranduskoolid (järeleaitamiskoolid). Tasuta õpetasid lastele lugemist kirikuvöörmündrid ja teised selleks võimelised isikud.

Põhja-Eestis oli koolivõrgu areng eriti kiire kuuekümnendail aastail ja see kujunes välja 1870. aastateks. 1856. aasta talurahvaseadus nõudis vallakooli asutamist iga 300 hinge kohta, ja nüüd loodi ka Eestimaal kindlad organid koolide juhtimiseks ja järelevalveks: ülem-maakoolikomisjon, hiljem ka kreisi ja kihelkonna koolikomisjonid. Kirikukonvendi reform ja koolikonvendi eraldumine jäi Eestimaal rüütelkonna vastuseisu tõttu teostamata.

1866. aasta vallaseadusega sai koolmeistrite valimise ja vallakoolide majandusasjade otsustajaks vallavolikogu, kelle liikmete seast valiti ka koolivanemad. Valla ja mõisa kohustused piiritleti täpsemalt: koolimaja aluse maa ja ehituspalgid andis mõisnik tasuta, palkide kohalevedu ja ehitustöö jäi valla hooleks.

Koolivõrgu arenemisega kaasnesid muutused õppetöö korralduses ja sisus. Kujunes välja üheklassiline kolme jaoga vallakool, kus õpiti kolm talve. Õppeaasta oli väga lühike, algul vaid mardipäevast (10. novembrist) 10. märtsini, hiljem 15. aprillini. Koolilapsed pidid jõudma karjas käia ja muid talutöid teha. Tegelik õppeaasta oli ka paikkonniti erinev. 1860.–70. aastail kehtestati koolikohustus *(koolisundus)* kõigile 10–13-aastastele lastele, põhjuseta puudujaid trahviti. Mahajääjad ja *väga rumalad* pidid käima koolis neljandagi talve. Vallakoolist võis astuda kihelkonnakooli ja sealt linnakoolidesse. Vallakooli lõpetanud,

kes edasi ei õppinud, käisid kuni leeriminekuni nn. vahekoolis *õpetust meelde tuletamas.* Kihelkonnakoolis õpiti vähemalt kaks aastat, võimalik oli lisada kolmas, kõrgem klass, mis mõnel pool oli saksa õppekeelega. Sajandi keskpaigast võeti kihelkonnakoolidesse ka tütarlapsi. Rajati ka üksnes tütarlastele mõeldud kihelkonnakoole.

Sajandi keskpaiku lisandusid vallakoolis õpitavate ainete hulka kirjutamine, arvutamine ja piiblilugu, hiljem ka geograafia ja vene keel. Soovitavaks peeti ajalugu *(sündinud asjade õpetus või historia)*, poistele võimlemist ja tütarlastele käsitööd. Kihelkonnakoolis tulid õppekavasse ajalugu, geograafia, loodusõpetus *(loomuse tundmine)*, joonistamine, vene ja saksa keel. Keelte õppimine võimaldas jätkata õpinguid kreiskoolis, gümnaasiumis või seminaris. Võimlemistunnid pidid noormehi ette valmistama sõjaväeteenistuseks. Tüdrukutele õpetas koolmeistri naine õmblemist ja kudumist. Loodusõpetus andis teadmisi põllumajandusest, ja praktiliste tundide läbiviimiseks rajasid kooliõpetajad koolide juurde viljapuuaiad. 1870. aastail kehtestati ühtsed õppekavad eraldi luteri usu ja õigeusu maakoolidele. Õigeusu kihelkonnakoolides oli nähtud ette rohkem tunde usuõpetusele ja vene keelele, õpetati ka kirikuslaavi keelt, Venemaa ajalugu ja geograafiat.

Ikka enam hakati ehitama korstna ja akendega koolimaju. Vallakoolid sarnanesid tavaliste eesti talumajadega, olles paari suure kambri ja rehealusega. 1860. aastaist tulid tarvitusele õlilambid (küünalde asemel), arvelauad, gloobused, seinatahvlid, kaardid, mänguriistad (klaver, harmoonium, viiul või orel). Kui sajandi algul oli tihtilugu kirjutatud pulga abil, liivaga üleriputatud laudadele, siis nüüd oli igal lapsel tahvel ja krihvel, joonlaud ja õpperaamatud. Eksimusi karistati söömata jätmise, nurka seisma panemise või peenikese kepiga peopesa pihta löömisega.

Kooli kaudu juurdus lugemisharjumus, laienedes vaimulikult kirjavaralt ilmalikule. See õhutas trükkaleid ja kirjastajaid andma välja ikka enam eestikeelset vaimulikku ja il-

malikku kirjandust. Pikkamisi tekkis raama-
tuturg. Kihelkonnakoolid kujunesid kultuu-
rikolleteks ja külaharitlaskonna taimelavaks.
Neis sai hariduse enamik vallakirjutajaid, val-
lakooliõpetajaid jm. maa-ametnikke.

Palju ulatuslikumalt ja süstemaatilisemalt,
kui olid suutnud koduõpetus, leer ja kiriku-
teenistused, kinnistas just rahvakool eestlaste
teadvuses kristlikke tõekspidamisi.

Koolide venestamise ajaks, aastaks 1887,
oli Eestimaal ning Liivimaa Eesti osas kokku
1238 luteri usu valla- ja mõisakooli ligikau-
du 44 000 õpilasega, 77 luteri usu kihelkon-
nakooli umbes 3000 õpilasega, 223 õigeusu
abikooli ja 92 kihelkonnakooli kokku 10 000
õpilasega.

19. sajandi keskpaiku oskas lugeda juba
3/4 maalt värvatud nekrutitest, ja ka kirju-
tamisoskus hakkas kiiresti ülespoole mine-
ma, jäädes küll tunduvalt maha linnaelani-
ke tasemest, kus kirjutada oskavaid nekru-
teid oli üle 40%. Eesti ala kogurahvastikust
(14-aastased ja vanemad) oskas Baltimaade
1881. aasta rahvaloenduse andmeil lugeda
peaaegu 95%. Nii lugeda kui kirjutada oska-
jaid oli 40% ümber.

Kaheastmelise emakeelse talurahvakoo-
li edukas funktsioneerimine oli märkimis-
väärne saavutus ja vajalik eeldus eestlaste kul-
tuurrahvaks saamisel. Baltisaksa ülemkihid
tõid selle alati näiteks, kui oli vaja kriipsuta-
da alla nende "omakasupüüdmatut" tegevust
kohalike põlisrahvaste hüvanguks. Liivimaa
rüütelkond teatas oma märgukirjas valitsu-
sele, et *rüütelkonna ülemvalve all ja luteri usu
vaimulike juhtimisel on rahva haridustase ja
kõlblus tõusnud sellisele kõrgusele, mis ainult
Saksa ja Taani rahvakoolist maha jäävad.*

Linnas oli peamiseks algkoolitüübiks
maksuline elementaarkool lihtrahva lastele,
peale mõne eesti- ja venekeelse erandi sak-
sakeelne. Neid asutasid ja pidasid ülal lin-
naomavalitsused, riiklikku toetust said nad
vähe. Neid haldasid linna, avalike koolide ja
kiriku esindajatest koosnevad koolikollee-
giumid, mis esitasid kooliõpetaja-kandidaate.
Õppeplaanid olid sarnased maa-rahvakooli-

Klassituba Palamuse kihelkonnakoolimuuseumis

dega, samas andsid elementaarkoolid roh-
kem eluks vajalikke üldhariduslikke teadmisi.
Leidus ka vaeslaste- ja pühapäevakoole.

Käsitööliste, väikekaupmeeste ja alam-
ametnike lapsed jätkasid haridusteed kreis-
koolides, mida oli Eesti alal kokku 11. Neid
pidas ülal riik ja seetõttu olid nad majandus-
likult kõige paremal järjel. Kreiskoolis pandi
rõhku loodusteaduslikele ainetele, ilukirjale
ja joonistamisele, ning õpetati ka *tehnoloo-
giat.* Ladina keelt, mida läks vaja gümnaasiu-
mi astumisel, sai omandada lisatasu eest. Kui
ühed kreiskoolid pürgisid ja said keskhari-
duskoolideks (Kuressaares, Pärnus, Tartus),
siis teised jäid tegelikult kõrgemateks algkoo-
lideks. Paljudele eestlastele, mõisaametnike
või jõukamate talupoegade lastele, kujunes
just kreiskool esimeseks sammuks teel pare-
ma hariduse poole. Sajandi keskpaiku õppis
Eesti kreiskoolides u. 600 õpilast.

Tütarlapsed said algharidust tütarlaste
elementaarkoolides, ühiskoolides ja linna-
tütarlastekoolides *(Stadttöchterschule)*, mis
olid kõrgemad algkoolid; suurt tähelepanu
osutati neis kombelisele kasvatusele.

Avalikke alghariduskoole linnades ei jätku-
nud, mistõttu asutati erakoole, kus jõukamate
linnakodanike lapsi õppis rohkem kui vaese-
maid, ja (sajandi esimesel poolel) tüdrukuid
rohkem kui poisse. Paljud aadlinoored said
esmast õpetust koduõpetajailt, kes valmista-
sid neid ette gümnaasiumi astumiseks. 1859.
aastal õppis linna tüüpi alghariduskoolides

3169 õpilast, neist ligi kolmandik erakoolides, mis olid koondunud peamiselt Tallinna ja Tartusse.

Õpetajad ja õpikud

Saksakeelsetele gümnaasiumidele ja kreiskoolidele valmistati õpetajaid ette Tartu ülikooli õpetajate instituudis (1804–20) ja selle baasil moodustatud pedagoogilis-filoloogilises seminaris (1821–55). Elementaarkoolide õpetajad tulid Tartust, saksakeelsest riiklikust seminarist (1828–89). Seal on hariduse saanud näiteks Gustav Blumberg, Jakob Pärn ja Friedrich Kuhlbars. Valla- ja mõisakoolide õpetajad tulid kihelkonnakoolidest ja õpetajate seminaridest või olid autodidaktid. Aegapidi nõuded koolmeistritele kasvasid; 1872. aastast pidid nad sooritama kutseeksami.

Juba sajandi algul oli tehtud katseid õpetajate seminaride asutamiseks. Rüütelkonnad ega riigivalitsus polnud esialgu valmis sellele raha kulutama; mõju avaldas ka pietistist kuraatori ja hilisema haridusministri vürst Carl von Lieveni seisukoht, kes kartis ratsionalismi levitamist. Hiljem rüütelkondade suhtumine muutus.

Talurahvakoolide õpetajate ettevalmistamiseks rajasid mõned pastorid erakoole. Nii õpetas Johann Heinrich Rosenplänter 1810. aastail eesti noorukeid oma kodus, et neist saaksid tublid rahvakooliõpetajad või köstrid. Tema kasvandike seast on tuntud Abram Holter, Andres Jervitson ning vennad Heinrich Gottlieb ja Caspar Franz Lorenzsonn.

Üks esimesi talurahvakooliõpetajate seminare asutati Eestimaa rüütelkonna toetusel 1837. aastal Ataste karjamõisas Järva-Peetri kihelkonnas; kasvandikud tegelesid õppimise kõrval ka põllutööga. Järgnesid Jädivere (1845), Kuuda (1854) ja Paslepa (algul rootsi-, hiljem eestikeelne) seminar (1873). Saaremaal asutas õigeusu kirik 1868 abikoolide õpetajate ning rüütelkond 1871 Kaarmas koolmeistrite ja vallametnike seminari. Lõuna-Eestis saadi külakooliõpetajaid kihelkonnakoolidest. Esimese vallakoolmeistrite seminari asutas Lii-

Kanepi koolmeistrid (1865)

vimaa rüütelkond 1873 Tartusse. Aastal 1878 avati Tartus ka vene õppekeelega riiklik rahvakooliõpetajate seminar.

Köstrite ja kihelkonnakonnakooliõpetajate ameteid täitsid 19. sajandi esimesel poolel sageli vaid elementaarkoolis, harvemini kreiskoolis õppinud mehed, vahel ka endised käsitöölised. Liivimaal paranes olukord, kui rüütelkond asus õpetajate seminare toetama. 1839. aastal asutati Volmaris saksakeelne seminar köstrite ja kihelkonnakooliõpetajate ettevalmistamiseks, mille juhatajaks sai Jānis Cimze (1814–81). See kool (mis 1849. aastal toodi üle Valka) andis oma kasvandikele üsna hea üldhariduse ning pedagoogilise ja muusikalise ettevalmistuse. 1860. aastail oli just Valga seminarist tulnud noormeestel (näit. Carl Robert Jakobson, Joosep Kapp, Andreas Erlemann, Johannes Eglon) eesti koolielus keskne roll. Saksakeelne haridus ja "kõrgem" positsioon kihelkonnas kallutas köstreidkoolmeistreid saksastumisele, samas leidus 1870. ja järgnevail aastail ikka enam neid, kes lõid kaasa rahvuslikes üritustes ja levitasid rahvuslikku meelsust.

Kihelkonnakoolide juurde rajatud kooride kaudu levis eestlaste seas mitmehäälne koorilaul. Muusikalembust kandsid laiali neis koolides õppinud vallakoolmeistrid.

Kui kihelkonnakooliõpetajate palk oli suhteliselt korralik, siis vallakoolmeistrite elujärg oli kehvem. Eestimaa koolimääruses 1867. aastast öeldi, et külakooliõpetaja palk peab olema vähemalt võrdne *hea sulase* palgaga (umbes 80–100 rubla aastas). Kuid sedagi ei saanud koolmeister kätte, vaid talle anti palgamaa, mille ta ise pidi üles harima. Vähesel määral sai kooliõpetaja ka naturaaltasu. Tihti tuli tal otsida kõrvalteenistust, kas või mõnd käsitööd tehes. Sageli olid vallakooliõpetajad ka vallakirjutajad, hiljem see keelati. Ometi leidsid vallakoolmeistrid aega laulukoori asutamiseks, juhatamiseks ja selles laulmiseks; lugesid rahvuslikke ajalehti ja saatsid neile kaastööd, olid seltsitegelased ja osalesid aktsioonides nagu Aleksandrikooli asutamine, rahvaluule kogumine, laulupeod. Neist said peamised kohaliku kultuurielu organiseerijad ja juhid ning nad aitasid kaasa rahvusliku meelsuse tõusule.

Eesti koolikirjanduse esmane areng sai võimalikuks estofiilsete pastorite tegevuse tulemusena. Aabitsatele lisandusid peagi aabitslugemikud ja lugemikud, seejärel eestikeelsed aineõpikud, neist üks esimesi Rosenplänteri õpilase Abram Holteri geograafiaõpik (1821). Ilmusid esimesed litografeeritud kirjanäidised, nagu Rosenplänteri "Kirjutusse-lehhed" (1820). Otto Wilhelm Masingu aabits tõi laiemasse kasutusse ka õ-tähe; eelkõige oskussõnade tõttu on hinnatav tema arvutamisõpik (mõlemad 1823). Koolides kasutati lugemikuna ka Masingu kuulsat teost "Pühhapäeva Vahhe-luggemised" (1818). 1840. aastail ilmusid esimesed saksa ja vene keele õpikud eesti lastele.

1850. aastail hakkasid ilmuma terved õpikute sarjad, nagu Carl Eduard Anton Körberi neljaosaline, valla- ja mõisakoolidele mõeldud "Koli-ramat" (1854), mis sisaldas lugemise, kirjutamise, usuõpetuse ja arvutamise osa. Johann Georg Schwartzi juhitud autorkond koostas seitsmeosalise "Koli-ramatu" (1852–61) kihelkonnakoolidele, mis sisaldas õigekirjutuse, arvutamise, loodusloo, tervishoiu, geograafia, füüsika ja ajaloo (*sündinud asjade jutustamine* kahes jaos) õpiku.

Tegelik pööre eesti koolikirjanduses tuli 1860. aastate lõpul. Esimene uuenduslik lugemik oli Carl Robert Jakobsoni "Kooli Lugemise raamat" (1867; 20. sajandi alguseni kokku 15 trükki), mis lähtus Friedrich Adolf Wilhelm Diesterwegi didaktilistest printsiipidest ja suunas lapsi kodumaise looduse jälgimisele, selle kaudu aga ühtlasi teadvustama oma etnilist kuuluvust. Seda toetas ka isamaaliste luuletuste avaldamine lugemikus. 1875. aastal ilmus lugemisraamatu kihelkonnakoolide jaoks mõeldud teine osa, mida aga ei lubatud tarvitusele võtta. Põhja-Eestis levis Carl Eduard Malmi "Laulud ja Loud", mis taotles eeskätt kasvatuslikke eesmärke.

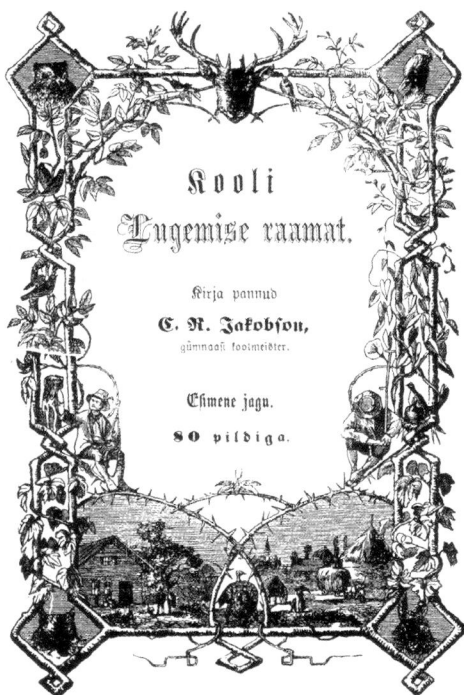

Kooli
Lugemise raamat.

Kirja pannud
C. R. Jakobson,
gümnaasi koolmeister.

Esimene jagu.
80 pildiga.

Tartus, 1867.
Trükkitud ja müüa H. Laakmanni juures

1870. aastail hakkasid erinevaid aineõpikuid koostama nooremad eesti autorid, kes tundsid hästi oma emakeelt ja ka pedagoogikat. Õpikukirjanduse areng oli põhiliselt Eesti Kirjameeste Seltsi teene. Selts, mille liikmeiks olid peamiselt koolmeistrid, õhutas oma liikmeid kooliraamatute koostamisele; valminud käsikirjad arutati üheskoos läbi ja suunati heakskiidu korral seltsi toimetistena trükkimisele. Otsustati, et kõik seltsi pealdist kandvad väljaanded peavad olema kirjutatud uues kirjaviisis. Uus kirjaviis ja põhjaeestilise alusega ühise kirjakeele levik ühtlustasid ja kergendasid koolitööd ja õpikute koostamist. Kui 1850. aastail ilmus eesti rahvakoolidele kokku 15 õpperaamatut, siis 1870-ndail 50. Nende seas olid Rudolf Kallase ja Juhan Kurriku arvutamisõpikud, Joosep Kapi geomeetriaõpik, Jakob Pärmanni ja Juhan Kunderi loodusloo-õpikud, Jaan Bergmanni üldine ajalugu, uued keeleõpikud, Juhan Kurrikult esmakordne *turnimise* õpik, Jakobsoni lugemiseraamat "Helmed" tütarlastekoolidele ja palju muud väärtuslikku. 1880. aastail sai emakeelsete originaalõpikute väljaandmisel takistuseks hariduse venestamine.

Keskhariduskool

Venestamisreformide eelõhtul oli keskharidus Balti provintsides valdavalt saksakeelne. 1820. aasta statuudiga olid kõik gümnaasiumid muudetud kolmeklassilistest viieklassilisteks. Neid oli esialgu kolm: Tartu ja Tallinna riiklikud kubermangugümnaasiumid ning õppeprogrammi poolest neile võrdväärne Tallinna Toomkool (nimetati hiljem Eestimaa Rüütli- ja Toomkooliks). 19. sajandi esimesel poolel lisandusid gümnaasiumikursusega erakoolid Võrus, Viljandis ja Tartus.

Keskhariduskoolide võrk hakkas jõudsamalt laienema 19. sajandi keskpaigast. Pärnu kõrgem kreiskool ja Kuressaare aadlikeskkool muudeti progümnaasiumideks ja hiljem täielikeks gümnaasiumideks. 1872. aastal avas Tallinnas uksed venekeelne Aleksandri gümnaasium, samasugune kool avati Nar-

vas. Liivimaa rüütelkond rajas Viljandisse Liivimaa Maagümnaasiumi. Linnavalitsused asutasid reaalkoole Tallinnas ja Tartus ning kõrgemaid linna-tütarlastekoole. Loodi juurde ka gümnaasiumikursusega erakoole eraldi poeg- ja tütarlastele. Neist tuntumad olid Heinrich Krümmeri erakool-pansion Võrus (1832–66) ja Gustav Schmidti oma Viljandis (1844–74), mida hinnati väljaspool Liivimaa piiregi. Erakoolide tase oli väga erinev ega vastanud avalike koolide klassikursusele (kuigi poeglaste erakoolidest pääses ka ülikooli). Nende õppekava kinnitas õpperingkonna kuraator ja see pidi ilmtingimata sisaldama usuõpetust ja vene keelt.

1820. aastail olid Tartu õpperingkonna gümnaasiumides kohustuslikeks õppeaineteks usuõpetus, kreeka, ladina, saksa ja vene keel, matemaatika, füüsika, loodusõpetus, geograafia, ajalugu ja ilukiri. Prantsuse ja heebrea keel, laulmine ja võimlemine olid vabaained. Õpetajaskonnas domineerisid Lääne-Euroopast, peamiselt Saksamaalt saabunud haritlased, kuid järk-järgult kasvas kohalikku päritolu ja Tartus õppinud pedagoogide osakaal. Keskhariduskoolide materiaalne baas oli hea: koolidele ehitati ajakohased hooned, õpetajate palgad olid korralikud, mis võimaldas palgata isegi ülikooli õppejõude. Õpetajate kõrgest kvalifikatsioonist kõneleb see, et gümnaasiumiõpetajad olid sageli ise kasutatavate õpikute autorid. Üks nimekamaid õpetajaid oli Tallinna Kubermangugümnaasiumi kreeka keele ja loodusõpetuse õpetaja Ferdinand Johann Wiedemann, kes valiti Peterburi Teaduste Akadeemia liikmeks soome keele ja ajaloo alal.

Rüütli- ja Toomkoolis õppisid enamasti Eestimaa aadlikud. Seal püüdsid oma lapsi koolitada ka literaatide, kõrgemate ametnike ja kaupmeeste pered. 19. sajandi esimesel poolel läks enamik lõpetanuid edasi kõrgkooli. Toomkooli on lõpetanud näiteks Karl Ernst von Baer, Alexander Theodor von Middendorff, Eduard Ahrens ja Anton Schiefner. Kubermangugümnaasiumides õppisid aadlike kõrval haritlaste, ametnike, köstri-

Hugo Treffner

te, mõisavalitsejate ja jõukamate käsitööliste lapsed.

Sajandi esimesel poolel jõudsid gümnaasiumi või sooritasid vastava eksami vaid üksikud talupoja-päritoluga, enamasti mõisaametnike peredest pärinevad eestlased, 19. sajandi kuuekümnendaist aastaist hakkas eesti poiste arv järk-järgult kasvama. Kui 1862. aastal oli talupojaseisusest õpilasi poeglaste keskhariduskoolides 42 (4,4%), siis 1888. aastal juba 408 (16,6%). Paljud eesti noored ei pääsenud gümnaasiumi nõrga ettevalmistuse või majandusliku kitsikuse tõttu, ka oli vastuvõtt piiratud. Just talurahva kasvavat haridusjanu arvestades rajas Hugo Treffner (1845–1912) aastal 1883 oma kuulsa erakooli, millel on suur tähtsus kujuneva eesti haritlaskonna taimelavana. Algul progümnaasiumi tüüpi kool sai täieliku gümnaasiumikursusega I järgu õppeasutuseks 1890. aastal, eragümnaasiumi nimetus ja õigused anti talle 1907. aastal. Ehkki seegi kool oli saksa- ja hiljem venekeelne, said siin keskhariduse paljud eesti poisid, kes mujale õppima ei pääsenud.

Gümnaasiumid olid omas ajas ka kultuurikeskused, kõrgharidusega õpetajad said kasvavates linnades kohaliku vaimse keskkonna kujundajateks ja kultuuriharrastuse edasiviijateks. Eriti torkab see silma Tallinna kuber-

mangugümnaasiumi ja Toomkooli õpetajate puhul. Ühiste huvidega aktiivsed *kloostrivennad* ühinesid teaduslikuks Eestimaa Kirjanduse Ühinguks, mis edaspidi paistis silma oma uuringutega mitmes humanitaaria valdkonnas.

Klassikaline gümnaasiumiharidus jäi moderniseerimisajastul maha tehnika-alasel edul ja teaduslikul põllumajandusel rajaneva uue ühiskonna vajadustest. 19. sajandi keskel vähendati keskkoolides ladina ja kreeka keele tundide arvu ning suurendati vene ja saksa keele, ajaloo ja matemaatika osatähtsust. Läbimurdeks traditsioonilises haridussüsteemis sai reaalkoolide asutamine Tallinnas (1880) ja Tartus (1881). Seal õpetati reaalaineid ning uusi keeli rohkem, ajalugu, geograafiat ja usuõpetust sama palju kui gümnaasiumides, antiikkeeli aga ei õpetatud üldse. Edasi õppida said reaalkoolide lõpetajad Riia Polütehnilises Instituudis või Veterinaaria Instituudis Tartus, ülikooli pääsemiseks tuli teha küpsuseksam kogu gümnaasiumikursuse piires.

1850. aastail muudeti kaheklassilised Tallinna, Pärnu, Tartu ja Kuressaare linna-tütarlastekoolid kõrgemateks linna-tütarlastekoolideks. Need olid senisest suurema arvu klasside (kuni 7) ja laiema õppekavaga, valmistades ette ennekõike koduõpetajannasid. Neile lisandusid pansioni tüüpi eraõppeasutused tütarlastele Tallinnas, Tartus, Viljandis ja Võrus. 1880. aastate algul loodi Tallinnas ja Narvas tütarlaste gümnaasiumid, mida pidasid ülal riik ja linnaomavalitsused; õpetus nähti ette venekeelsena. Ükski tütarlastekool ei andnud poeglastega võrdset keskharidust. Üks esimesi eesti neiusid, kes sai keskhariduse, oli Lydia Jannsen (Koidula), kes lõpetas 1861. aastal Pärnu kõrgema linna-tütarlastekooli.

1887. aasta algul oli Eestis 29 avalikku või erakätes keskhariduskooli kokku 4510 õpilasega, sh. 2602 poissi ja 1908 tütarlast.

Esimesed olulisemad kutsekoolid, mida finantseeris riik, asutati Tartu ülikooli juurde. Nendeks olid ämmaemanda-kool ja kunstikool. Mõned uuendusmeelsed mõisnikud avasid alates 1820. aastaist väikesi ja lühiajalisi põllumajanduslikke koole (sh. mõisasulastele), et rahuldada mõisate vajadusi oskustööliste ja alamastme spetsialistide järele. Riik finatseeris põllumajanduslikku haridust ainult kõrgkoolides. Mõne kreiskooli juurde oli moodustatud kaubandusklass. Muusikaõpetust andsid eraõpetajad. Sajandi esimesel poolel õppis kutsekoolides vaid kuni paarsada õpilast. 19. sajandi teisel poolel rajati linnade, kogukondade ja riigi kulul töötavad merekoolid Heinastes (Ainaži), Narvas, Paldiskis, Käsmus ja Kuressaares, kus valmistati ette laevamehi rannasõidutüürimehest kaugsõidukaptenini; võimalust mööda õpetati õpilaste emakeeles. Raudteetehnikakooli asutamine Tallinnas 1880. aastal pani aluse tehnikaharidusele Eestis. Tööstus-, käsitöö- ja kodumajanduskoole rajati peamiselt eraalgatuse korras.

Tartu ülikool taasavamise järel

1802. aastal taasavatud Tartu ülikool kui üleriiklikult väljapaistev teaduskeskus etendas vahendajarolli lääne ja vene teaduse vahel. Ülikooli koolikomisjoni (1803–37) kaudu juhtis ja teostas ülikool koos Tartu õpperingkonna kuraatoriga järelevalvet koolide üle kõigis kolmes Balti kubermangus. Laialdase autonoomiaga ja majanduslikult kindlustatud keiserlik riigiülikool võis komplekteerida professorkonda välisteadlastest ja sellest kujunes tähelepanuväärne valgustusliku mõtte keskus. Teisest küljest kindlustas saksakeelne ülikool kolme Balti provintsi sakslaskonna vaimse ühtsuse.

Ülikooli vaba akadeemilist õhkkonda hakkas 1820. aastaist alates tõsiselt ohustama poliitiline reaktsioon Euroopas ja tema senise soosija Aleksander I kaldumine müstitsismipietismi. Venemaa kõrgkoolides püüti nüüd seada esikohale religioosset kasvatust. Pietistist kuraatori vürst Lieveni algatusel kõrvaldati usuteaduskonnast ratsionalistidest professorid, mõjule pääses pietistlik suund koos luterliku konfessionalismiga. Valgustuslike vaadetega õigusajaloolane Gustav Ewers

(1779–1830) suutis rektorina (1818–30) kindlustada ülikoolile siiski väärika staatuse ja teaduliku maine.

Juunis 1820 kinnitas keiser Tartu ülikooli uue põhikirja, mis kehtis kuni 1865. aastani. Riigieelarvelised assigneeringud kasvasid, suurenes kateedrite ja õppejõudude arv: raha oli nüüd ka zooloogia-, botaanika- ja mineraloogia-alasteks uurimisreisideks Altaisse, Uuralisse ja Araratile; teostati astronoomiline kraadimõõtmine. Algas teine suur ehitustegevuse periood Tartu ülikooli ajaloos: laiendati Tähetorni, Botaanikaaeda ja anatoomikumi, ehitati välja ülikooli kliinikud ja korrastati Toomemäge. 1850. aastail rajati klassitsistlikus stiilis ülikooli kirik. Krimmi sõja eel ja ajal aga algasid majandusraskused ja tuli tõsta üliõpilaste õppemaksu.

1845. aasta andmeil oli Tartu ülikoolil 59 õppejõudu, neist 35 professorit. Õppetööga tegeles ka eradotsente. Lisaks välismailt, eelkõige Saksamaalt värvatud tuntud nimedele kasvas professorkonnas järjest oma õppeasutuse kasvandike, s.o. baltisakslaste osakaal. Koos riigisakslastega moodustasid nad u. 80% õppejõududest.

19. sajandi teisel veerandil ja keskpaiku oli ülikoolil silmapaistvaid saavutusi pea kõigis tollal uuritavates ja õpetatavates teadustes. Eelkõige edenesid Tartus loodusteadus, keemia, meditsiin, astronoomia, samuti õiguse ja õigusajaloo uurimine. Neil aladel kujunes Tartus tunnustatud koolkondi. Nii on teenekas rektor Gustav Ewers jäänud teaduslukku Vene riigi tekkimise käsitlejana ning alusepanijana tervele vene riigi- ja õigusajaloolisele koolkonnale. Wilhelm Struve (1793–1864), kaksiktähtede uurija ja oluliste trigonomeetriliste kaardistamiste sooritaja, Tartu ülikooli professor ja Tähetorni direktor, on väljaspool Eestit kuulus Pulkovo observatooriumi rajajana. Struve mõõtis meridiaanikaare Põhja-Jäämerest läbi Tartu Doonau suudmeni; Tartu teleskoobi abil mõõtis ta esimesena usaldusväärselt tähe parallaktilist nihet, koostas kaksiktähtede kataloogi jm. Tema järglasena tuli Tartusse ja tegutses siin 1840–65 profes-

Tartu ülikooli tähetorn

sorina maailmakuulus selenograaf Johann Heinrich Mädler.

Botaanik Carl Christian Friedrich von Ledebour sooritas Tartust 27 Altai-reisi ja on suurteoste "Flora Altaica" ja "Flora Rossica" koostaja; viimane on esimene täielik Venemaa taimestiku ülevaade. Taimesüstemaatiliste ja geograafiliste uurimustega sai kuulsaks Ledebouri järeltulija – Venemaa stepialade, Kesk-Aasia, Hiina, Mongoolia ja Iraani floora uurija Alexander Georg von Bunge (1803–90). Ülikooli zooloogiakabineti ja -muuseumi asutaja, Tartus sündinud zooloog ja anatoomiaprofessor Johann Friedrich Eschscholtz (1793–1831) tegi kaasa teise baltlase Otto von Kotzebue ümbermaailmareisi.

Valgustusajal tärganud huvi Balti provintside mineviku ja looduse vastu viidi Tartu ülikoolis professionaalteaduse tasemele. Õigusteadlane ja ajaloolane Friedrich Georg von Bunge (1802–97) toimetas trükki suured dokumentide ja uurimuste sarjad, ennekõike 1851. aastast ilmunud sarja "Liv-, Est- und Kurländisches Urkundenbuch", mis on jäänud siinse ajalooteaduse raudvaraks. Baltimaade geoloogiateaduse rajajaks kujunes Viljandis sündinud Constantin Grewingk (1810–87), kes oli ka meie esimesi arheoloogе.

Annetuste ja ostude kaudu pidevalt täienev ülikooli raamatukogu Toomemäel sai teabevaramuna tähtsaks kõigile haridusjanulistele inimestele. Kujutava kunsti arengule aitas kaasa ülikooli joonistuskool, ka kunstimuuseum; esteetilist mõtet ergutasid klassikalise filoloogia professori Karl Morgensterni (1770–1852) esteetika, kunsti- ja kirjandusajaloo loengud. Ülikooliga seotud, enamasti õppejõudude endi rajatud omaalgatuslikud teadusseltsid viljelesid uurimistööd ka nendel aladel, millega ülikoolis ei tegeldud. Rohkem kui sajandi pidasid neist vastu 1838. aastal ecstlaste keele ja kultuuri uurimiseks rajatud Õpetatud Eesti Selts ning 1853. aastal Liivimaa Üldkasuliku ja Ökonoomilise Sotsieteedi allüksusena asutatud Loodusuurijate Selts.

Tartu ülikooli mainest annab tunnistust paljude tema teadlaste-õppejõudude valimine Peterburi Teaduste Akadeemia liikmeks, eriti aga Professorite Instituudi (1828–38) asutamine ülikooli juurde, mis andis Venemaa ülikoolidele kokku 22 professorit. Selle kasvandikest on kuulsaim kirurgias anatoomilis-eksperimentaalse suuna rajanud Nikolai Pirogov.

Üliõpilaste arv Tartu ülikoolis kasvas järjest. 1802. aastal võeti vastu 47 üliõpilast, 1820. aastal 262, 1931: 592, 1853: 712. Enam kui kaks kolmandikku Tartu üliõpilaskonnast oli neil aastail pärit Balti provintsidest, suurem osa Liivimaalt. Vene impeeriumi teistest piirkondadest pärit noormeeste osakaal hakkas suurenema. Paljud tulid saksa asundustest Venemaal.

Pärast Vilniuse ja Varssavi ülikoolide sulgemist Poola 1830.–31. aasta ülestõusu järel tuli Tartusse palju poolakaid. Esimene teadaolev eesti päritolu üliõpilane, meedik Jakob Friedrich Sülk immatrikuleeriti 1805. aastal. Vaadeldaval ajal õppisid ülikoolis talurahvaseisusest noorukid, kes oma eesti päritolu enam ei häbenenud (Kristjan Jaak Peterson, Faehlmann, Philipp Karell, Johann Nocks, Dietrich Jürgenson, Kreutzwald, Hurt, Wilhelm Eisenschmidt, Paul Blumberg, Peeter Peterson jt.).

Populaarseim oli arstiteaduskond, järgnes filosoofiateaduskond, mis esialgu koosnes filosoofia-matemaatika, loodusteaduste, ajaloo-keele ning tehnoloogia-majanduse *klassist.* 1850. aastal loodi eraldi füüsika-matemaatika ja ajaloo-keeleteaduskond. Hea kuulsusega õigusteaduskonda eelistasid ennekõike aadlikud, sest juriidilisi teadmisi oli agraarreformide ajajärgul väga vaja.

Akadeemilise vabaduse pahupooleks oli üliõpilaste sagedasti väljakutsuv käitumine tavaliste linnakodanike suhtes. Samas distsiplineerisid üliõpilasi ülikoolielu reeglid, ülikooli kohus ja Saksamaa üliõpilaselu jäljendavad organisatsioonid, mis võtsid püsivama kuju 1820. aastail. Need olid maakondliku päritolu järgi organiseerunud korporatsioonid, *Landsmannschaft*`id *Curonia, Livonia, Estonia* ja *Fraternitas Rigensis* ning rahvuslikud korporatsioonid *Polonia* (poolakad) *ja Ruthenia* (venelased). Nendega konkureeris Üldine Üliõpilaskogu *(Allgemeine Burschenschaft).* Kartes Saksamaa üliõpilasrahutuste mõju jõudmist Tartusse, keelasid võimud 1833. aastal korporatsioonide kui "salaühingute" tegevuse. Need tegutsesid edasi poollegaalsete ühendustena, mille sümboleid, värve (värvimütse ja -linte) ei tohtinud avalikult kanda, kuid mida ülikooli enda võimud tunnustasid.

1855. aastal korporatsioonid legaliseeriti ja algas nende kõige innukam tegevusperiood, mis kestis ülikooli venestamiseni. Sel ajal tekkis uusi korporatsioone juba ka ilma kindla ühinemispõhimõtteta *(Baltica, Fraternitas Academica Dorpatensis jt).* Üldise põhikirja *(comment)* kõrval toetuti arvukatele rituaalidele, mis kinnistasid liikmete, ka vilistlaste kokkukuuluvust. Üliõpilaste omavaheline suhtlemine oli kindlalt reguleeritud. Liikme positsiooni ei määranud seisus, vaid ülikoolis veedetud aastad. Tartu üliõpilaskonnast kujunes 19. sajandi keskpaigaks tõeline "üliõpilasriik" *(Burschenstaat),* südameks korporatsioonid ja kõrgemaks omavalitsusorganiks nende esindajate kogu *Chargierten Convent,* kelle sõna kuulasid ka organiseerimata üliõpilased, nn. metsikud.

Kui Euroopas 19. sajandil ikka ja jälle puhkesid monarhistliku restauratsiooni vastu suunatud rahutused, puudutasid need Venemaa Balti provintse veel üsna vähe. Nii ei leidnud ka Saksa nooruse mässumeelsus 1848.–49. aasta revolutsioonide ajal Tartu üliõpilaskonnas kuigivõrd vastukõla. Pigem oli üksikuid kaasatundjaid revolutsioonile õppejõudude ja aadlike seas.

Poola ülestõusule järgnenud läänepoolsete ääremaade venestamise katsed puudutasid ka Tartu ülikooli. 1833. aastal haridusministriks saanud Sergei Uvarov oli Nikolai I valitsuse poliitikat suunava nn. ametliku rahvusluse doktriini *(keiser, usk ja isamaa)* sõnastaja. Uvarovi venestuspoliitikat viis kohapeal ellu Tartu õpperingkonna uus kuraator, kindralleitnant Gustav Craffström. Praktiliseks tulemuseks oli vene keele õpetamise ja kasutamise laiendamine. Üsna tõsiselt riivati ülikooli autonoomiat: haridusminister võis nüüd täita vakantseid professorikohti ülikooli nõukogu arvamust küsimata. Nii tagandati praktilise usuteaduse professori kohalt ja sunniti Tartust lahkuma 1839–41 rektoriks olnud esto- ja letofiil Karl Christian Ulmann; samuti sunniti lahkuma Friedrich Georg Bunge. 1850. aastal läks ülikooli rektori määramise õigus haridusministrile.

Vabameelse Aleksander II trooniletuleku-ga võisid ka baltisaksa akadeemilised ringkonnad kergemalt hingata ja Tartu ülikooli nõukogu sai tagasi õiguse rektorit valida (1861). 1862. aastal sai õpperingkonna kuraatoriks krahv Alexander von Keyserling, geoloog ja paleontoloog, särav isiksus, filosoofiliselt mõtlev, kõrgelt haritud mees.

Tartu ülikooli kõrgaeg

1863. aastal andis valitsus liberaalse ülikoolimääruse, mille laiendamine Tartule tähendanuks aga Tartu ülikooli autonoomia piiramist teiste kõrgkoolide tasemele. Ülikool siiski pääses ühtlustamisest ja sai 1865. aastal uue põhikirja. Aastail 1865–90 kasvas professorite arv 40-lt 46-le, õppejõudude üldarv 55-lt 73-le. Uus põhikiri kindlustas ülikoolile küllaltki suure tegevusvabaduse, kuid väiksemad koosseisud ja väiksema eelarve kui teistele ülikoolidele; selline oli autonoomia säilitamise hind. Siiski suutsid mõned rektorid, nagu arstiteadlased Georg von Oettingen ja Eduard von Wahl, leida täiendavaid vahendeid ülikooli laiendamiseks ja ehitustegevuse jätkamiseks – rajati silmakliinik, ehitati närvihaigla, uus anatoomikum ja teisi objekte.

Kõrgkoolide arvu viiekordistumisega Vene impeeriumis 19. sajandi teisel poolel vähenes Tartu ülikooli osa riigi teaduselus. Sellele vaatamata püsisid Tartu õpetlased endiselt vene ja rahvusvahelise teaduse eesliinil. Tulemusrikka uurimis- ja õppetöö eelduseks oli teadlasvahetus Saksamaaga, kuigi riigisakslaste erikaal eelneva perioodiga mõnevõrra vähenes ja Tartus hariduse saanud õppejõudude osatähtsus kasvas.

Järvamaal Piibe mõisas sündis üks kõigi aegade nimekamaid Tartus õppinud teadlasi – Karl Ernst von Baer (1792–1876), kirjeldava ja võrdleva embrüoloogia rajaja, imetajate munaraku avastaja ja loote arengufaaside kirjeldaja. Tema doktoritöös leiduv kirjeldus eestlaste haigustest ja elust on siiani väärtuslik ajalooline dokument. Baer tegeles geograafia,

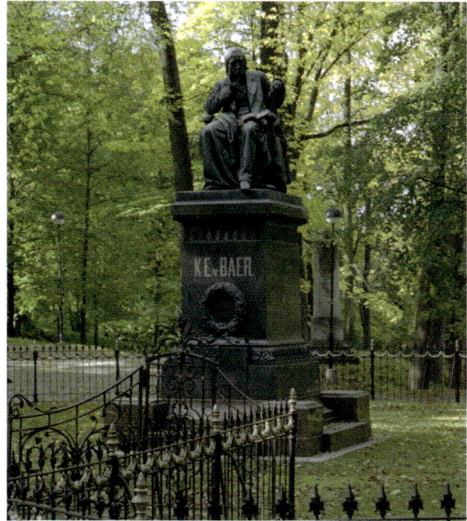

K. E. von Baeri monument Tartus

zooloogia, antropoloogia jm. distsipliinidega, temast sai Vene Geograafiaseltsi asutajaid ja mitmete uurimisreiside juht. 1867. aastast elas ta Tartus ja oli ka ülikooliga seotud Loodusuurijate Seltsi esimees. Tartu ülikoolis õppis Alexander Theodor von Middendorff (1815–94), väljapaistev biogeograaf, zooloog ja põllumajandusteadlane, Hellenurme ja Pööravere mõisnik. Tema kuulsus tugineb suuresti juba 1840. aastail sooritatud uurimisreisidele Lapimaale ja Siberisse. Eesti punase veise ja tori hobusetõu aretajana on Middendorff osutanud olulise teene meie põllumajandusele.

Füsioloogiakoolkonna rajaja Friedrich Bidderi alustatud suunda jätkanud Alexander Schmidt on vere hüübimise fermentatiivse teooria looja. Füsioloogilise keemia rajajaks sai Carl Schmidt, kes võttis muide esimesena kasutusele termini "süsivesik". Tema käe all võrsusid Tartu ülikoolist Nobeli preemia laureaat Wilhelm Ostwald ja eesti päritolu Gustav Tammann, kes pälvis maailmakuulsuse uuringutega füüsikalis-keemilise analüüsi alal. Arstiteadusse on oma nime jäädvustanud oftalmoloog Georg von Oettingen, leepra uurijana tuntuks saanud Eduard von Wahl ja aseptilise kirurgia rajaja Ernst von Bergmann. Tartu teadlased, eelkõige Johann Georg Dragendorff, aitasid kaasa farmaatsia kui teadusdistsipliini uuele tasemele viimisele.

Usuteaduskonna tuntumatest esindajatest võib mainida Alexander Konstantin von Oettingeni, Moritz von Engelhardti ning semitisti ja Vana Testamendi uurijat Wilhelm Volcki. Õigusteaduskonnas uuriti Balti provintsiaalõiguse kõrval Gustav Ewersi jälgedes Vene õiguse ajalugu. Johannes Engelmanni venekeelsest tsiviilprotsessi õpikust ilmus mitu trükki ja see oli kasutusel kogu Venemaal.

Saksa keele ja võrdleva keeleteaduse kateedri loomisega 1865. aastal pandi alus süstemaatilisele keeleuurimisele Tartus, eriti saksa keele ja üldkeeleteaduse alal. Indoeuroopa võrdleva keeleteaduse silmapaistvaks arendajaks sai Leo Meyer, kes tundis huvi ka eesti keele vastu ja on teenekas vanade tekstide publitseerija. Kolmkümmend aastat oli ta Õpetatud Eesti Seltsi eesotsas.

Rahvusliku liikumise edenedes eestlaste seas 1870. aastate lõpul esitas eesti avalikkus ka nõude, et Tartu ülikooli rajataks senise lektoraadi asemele kas eesti keele või soomeugri keelte professuur. Ka Leo Meyer leidis, et see oleks loomulik. Ometi väitis ta küsimuse arutamisel Õpetatud Eesti Seltsis 1882. aastal, et sobivate kandidaatide puudumise tõttu pole sellise professuuri loomine niipea võimalik. (Tegelikult oli end nii oma keelealase kui ka folkloristliku tegevusega tutvustanud teadlane Jakob Hurda näol olemas; 1886. aastal kaitses ta pealegi Helsingi ülikoolis doktorikraadi eesti lingvistika alal, nii et nüüd puudusid ka formaalsed takistused Hurda valimiseks.) Nii jäi eesti keele õpetamine Tartu ülikoolis tsaariaja lõpuni lektorikursuse tasemele. 1874. aastast hakkasid eesti keelt õpetama akadeemiliselt haritud doktorikraadiga eestlased – kuni 1889. aastani Mihkel Veske ja edasi Karl August Hermann. Veske alustas ülikoolis töötades eesti murrete uurimist ja laiendas oma loengukursuste temaatikat eesti folkloorile ja mütoloogiale, samuti soome ja liivi keele tutvustamisele. Siiski ei lubatud Veskele isegi dotsendikohta ja baltisakslas-

test noored teoloogid ei hoolinud eriti Veske loengutest, küll aga ärksamad eestlastest üliõpilased. Rahvusliku ärkamise kõrgajal omandas Veske pea mässumeelse rahvuslase maine. Ülikooli juhtkond sundis ta välja astuma rahvuslikest organisatsioonidest.

Ajaloostuudiumi hea professionaalse taseme Tartus kindlustas 1860. aastail eelkõige Vene ajaloo professor, Tartu ülikoolis õppinud Carl Schirren (1826–1910), ka Balti provintside ajaloo uurija ja dokumentide publitseerija. Nii oma loengute kui ka publitsistikaga avaldas ta tohutut mõju baltisakslaste ajalooteadvusele, kuna pakkus nende ajaloolise rolli legitimatsiooni, mõtestades Balti ajalugu kui võitlust euroopalike õigus- ja omavalitsusprintsiipide eest idale omase kaootilisuse ja instinktidele tugineva poliitika vastu. Põlisrahvaste roll ja nende ajalooliste õiguste küsimus jäi tema huvisfäärist väljapoole. Oma arusaamad esitas Schirren kokkuvõtlikult brošüüris "Livländische Antwort…", mille ta 1869. aastal avaldas vastuseks slavofiil Juri Samarini ägedatele publitsistlikele rünnakutele baltisaksluse ja kohalike priviileegide vastu. Professorikohast Tartus oli Schirren seejärel sunnitud loobuma ja ta siirdus Kieli ülikooli. Järgnevatel aastakümnetel oli Tartu ajaloolaste seas keskne roll Schirreni õpilasel, Tartu ülikooli järel end Göttingenis täiendanud keskaja spetsialistil Richard Hausmannil (1842–1918). Hausmann oli põhjalik ja allikatruu Liivimaa keskaja uurija ja Constantin Grewingki kõrval ka Baltimaade arheoloogia rajaja.

Üliõpilasi immatrikuleeriti 1865. aastal 594, 1889. aastal 1741, seega oli kasv kolmekordne. Mõnel erialal kasvas üliõpilaste arv vaadeldaval perioodil keskmisest kiiremini, näiteks meditsiinis peaaegu viiekordistus. Naised Tartu ülikooli veel ei pääsenud. Juutidele kehtestati Venemaa ülikoolides 1887. aastal kvoot kuni 5% õppijaskonnast. Tartus nende vastuvõttu ei piiratud. Üliõpilaste arvult jäi Tartu ülikool Vene riigis maha ainult Moskva ja Peterburi, perioodi lõpul ka Kiievi ülikoolist. Lõpetanute arvu poolest 19. sajandi viimase neljakümne aasta jooksul oli ülikool samuti kolmas, andes kokku 6172 spetsialisti, mis moodustas üle 10 protsendi nende koguarvust Vene riigis.

Andmed eestlastest tudengite kohta on väga umbkaudsed, sest ülikooli tollases statistikas pole rahvuslikku päritolu märgitud. On pakutud, et 1850. aastail astus ülikooli üldse 7 eestlast, 1860-ndail 19, 1870-ndail 68. Eriti jõudsalt kasvas eesti üliõpilaste arv 1880-ndail, kui neid immatrikuleeriti kokku 155. 1889. aastal arvatakse korraga õppivate eesti üliõpilaste arvuks juba 136, mis moodustas üle 7% tolleaegsest Tartu üliõpilaskonnast. Üldse võis 19. sajandil Tartu ülikoolis õppida u. 450 eestlast. Ihaldatud diplomini jõudis alla poole kõigist üliõpilastest, ja eestlaste väljalangevus oli vaesuse tõttu suur.

19. sajandi teisel poolel ilmnes ülikooli tähendus baltisaksa vaimsuse ning regionaalse ühtsustunde looja ja taastootjana selgemini kui esimesel. See oli tingitud ohutundest valitsuse võimaliku ühtlustamispoliitika ees. Provintsiaalse identiteedi kandjaiks olid ennekõike üliõpilaskorporatsioonid, mis teotsesid sajandi esimesel poolel kujunenud põhimõtete ja tavade alusel. Tekkis uusi korporatsioone (*Arminia, Neobaltia, Fraternitas Academica* jt). Korporatsioonidesse kuulus vähemik üliõpilaskonnast, kuid endiselt oli nende käes juhtiv roll üliõpilaselus. Seda pidid respekteerima ka ülejäänud tudengid, kes oma ühendustele (näit. *Wildenverband*) tagajärjetult tunnustust taotlesid. Endised korporandid etendasid tähtsat osa rüütelkondade ja kohalike haldusorganite juhtkonnas.

Vene, poola ja juudi vähemustele üliõpilaskonnas lisandus järjest rohkem põlisrahvustest noori, kes ei sulanud enam nii kergesti sakslusse kui varem. Tekkis mõte asutada baltisakslaste eeskujul oma rahvuslikud korporatsioonid, oli ju see Tartu üliõpilasriigis ainus üldtunnustatud ühinemisvorm, mis pealegi paelus maarahva poegi oma atraktiivsete tavade ja rituaalidega. Samas pidi korporatsioon olema üksnes sakslastega võrdseks saamise väline vorm, sisu pidi jääma rahvuslikuks. Seda mõistsid nii baltisakslased kui

Vene võimud, kes eesti üliõpilaste organiseerumist takistasid.

1870. aastast koos käinud ja saksa maakondlikesse korporatsioonidesse kuulunud rahvusmeelsed eesti üliõpilased eesotsas teoloog Andreas Kurrikoffiga otsustasid asutada korporatsiooni nimega *Vironia*, mille värvideks võeti sinine, must ja valge. Vastav taotlus esitati 1881. aastal, kuid *Chargierten Convent* eesti korporatsiooni kinnitamisega ei nõustunud. Järgmisel aastal juhtus sellega seoses intsident: üks eesti korporatsiooni loomise eestvedajaid, usuteaduse üliõpilane Mõtus, pani endale demonstratiivselt pähe sinimustvalge värvimütsi ja sõitis voorimehega läbi linna. Sakslastest tudengid tormasid talle kallale, rebisid mütsi maha ja tallasid jalge alla. Samal aastal tunnustas *Chargierten Convent* siiski läti korporatsiooni *Lettonia*. Järgmisel, 1883. aastal, saavutasid eesti tudengid oma ühenduse, Eesti Üliõpilaste Seltsi kinnitamise, vormiliselt teadusliku ühendusena. Selts võttis üle *Vironia* värvid ja vapi. Seltsi kodukorras fikseeriti eesti rahva liikmeks oleku tunnistamine, Eesti ajaloo ja kultuuriga tegelemine, lähedane omavaheline läbikäimine, poliitikast hoidumine jm. 1884. aasta mais toimus Otepää kirikas seltsi sinimustvalge lipu pidulik pühitsemine. 1889. aastal oli EÜS-il 44 üliõpilasliiget ja 30 vilistlast. Suurem osa seltsi liikmetest, sealhulgas mitmed rahvusliku liikumise autoriteetsed tegelased nagu Hurt, Reiman, Hermann, Rosenthal, tegi 1890. aastal teist korda ebaõnnestunud katse koporatsiooni asutamiseks *Fraternitas Viliensise* nime ja samade värvide all. *Chargierten Convent*'i kinnitus saadi, ent õpperingkonna kuraator Lavrovski keeldus seda tunnistamast ettekäändel, et organisatsioon on poliitiline. Raske on öelda, mis sai äraütlemisel otsustavaks, kas valitsuse venestuspoliitika või baltisakslaste intriigid.

1848. aastal asutati Tartus Vene riigi esimene loomaarsti-kõrgkool, Tartu veterinaariakool, mis 1873 nimetati Tartu veterinaariainstituudiks. Seal koolitati oma aja kohta

Veterinaariainstituudi peahoone Tartus

heal tasemel loomaarste ja veterinaarvelsk-reid, tehti uurimistööd ja anti magistrikraa-de. Kuni venestuseni oli õppekeeleks saksa keel. Rahvusvaheliselt tuntuks said siberi katku uurija Friedrich Brauell, loomade tu-berkuloosi uurijad Voldemar Gutmann ja Eižens Zemmers (Semmer), malleiini leiu-tajad Kristophor (Hristofor) Helmann ja Otto Kalniņš, bakterioloog Karl Happich. 1918. aastaks oli instituudi lõpetanud kokku ligi 1800 veterinaari. 1919. aastal moodusta-ti Veterinaariainstituudi baasil Tartu ülikooli loomaarstiteaduskond.

Saksa ja eesti haritlaskond

Haritlaskond 19. sajandi Eestis oli päritolult, sotsiaalselt ja rahvuslikult koosseisult kirev. Balti- ja riigisaksa kõrgharitlased, eeskätt üli-kooli õppejõud-teadlased esindasid Euroopa kõrgkultuuri ja tippteadust. Haritlaspüramii-di madalaim ja kõige arvukam kiht – eesti külakoolmeistrid – oli lähedane ühiskonna alamkihtidele, töölistele ja talupoegadele. Tänu omamaisele ülikoolile sai akadeemili-ne haridus üha enam osaks ka noortele, kes pärinesid väikekaupmeeste, käsitööliste ja maa-keskkihtide seast.

19. sajandi esimesel poolel hakkas harit-laskond Balti provintsides jõudsalt kasvama. Kohalikku päritolu haritlased said jätkuvalt täiendust Saksamaalt sisserännanute arvel, kellel oli suur osakaal Tartu ülikooli õppe-jõudude ja gümnaasiumiõpetajate seas. Endi-selt tuli sealt ka koduõpetajaid aadliperedesse.

Baltisakslased ise täiendasid end Saksamaal. Seos suure saksa rahva kultuuriga, mis pea-legi oli saavutanud oma arengus kõrgpunk-ti, andis baltisakslastele vaimujõudu ja aitas säilitada identiteeti olukorras, kus nad moo-dustasid tühise vähemuse ja pidid taluma nii Vene valitsuse kui kohaliku rahvusluse kasva-vat survet.

Haritlasi tavatseti Baltimail nimetada li-teraatideks, 1820. aastaist levis ka termin "li-teraadiseisus" *(der Literatenstand)*. Balti pro-vintsiaalõigus siiski literaate eri seisusena ei tunnistanud. Samas kuulusid haritlased 1832. aastast Venemaal loodud uude aukodanike seisusse, olles vabastatud pearahast, nekru-tikohustusest ja ihunuhtlusest. Venemaa tee-nistusredelil edasijõudnutel avanes pääs vene isikliku aadli ridadesse; pikaajalise eeskujuliku teenistuse järel aga võidi saada näiteks Vladi-miri orden koos arvamisega pärusaadli hul-ka. Siit võis tee viia Eesti-, Liivi- või Kuramaa aadlimatriklisse, ka ei põlanud vaesemad aadli-lineiud abielu literaatidega. Seega kuulus bal-tisaksa literaatkond kõrgseisuste hulka ja oli ellusuhtumiselt üsna aristokraatlik; aadel aga pidas literaate peaaegu samaväärilisteks. Eri-ti lähedane mõisnikele oli maa-pastorkond; haritlased linnades olid lähedased suurkaup-meestele ja osalejad raevõimu teostamisel. Põhiosa baltisaksa haritlaskonnast koondus Riiga, Tartusse, Tallinna ja Miitavisse (Jelgava), mis olid balti vaimuelu tähtsaimad keskused.

Tervikuna oli haritlaskond siiski uuen-dusmeelsem kui ükski teine seisus Balti ühis-konnas. Konservatiivsed väärtushinnangud ja hoiakud kammitsesid teda vähem. Vaim-set iseseisvust soodustas haritlaskonna ar-vuline kasv ja kutseline eristumine. Ehkki tugevaimaks ja autoriteetseimaks haritlaste rühmaks jäi endiselt pastorkond, tõusis ka ülikooli ja gümnaasiumi õppejõudude arv ning autoriteet. Kasvas arstide, farmatseuti-de ja juristide hulk. Linnaharitlasest sai üha tähtsam figuur balti kultuurielus. Ajale ise-loomulik oli paljude harrastuste muutumine elukutseteks – oma tööga teenisid leiba aja-kirjanikud, kunstnikud, arhitektid jm. Sajandi teisest poolest omandati järjest sagedamini ka insenerikutse, seda õpiti välismail või Riia polütehnikumis (asut. 1862).

Rööbiti kutsetegevuse prestiiži tõusuga ähmastusid piirid literaadi ja haritud aadliku vahel; oli ju just aadlikel ainelisi võimalusi anda lastele nende huvidele vastav haridus. Kuna aadliperekonnad olid suured, ei saanud nooremad pereliikmed loota äraelamisele pere maavalduste arvel. Balti aadlikel oli traditsiooniks teenistus tsaariarmees, kusjuures paljudest said kutselised sõjamehed, samuti kõrgametniku-karjäär Venemaa halduses või diplomaatilises korpuses. 19. sajandist hakkasid paljud aadlikud eelistama teadlasekutset. Samal ajal kasvas aadlike hulk ka arstide, kunstnike ja pastorite hulgas. Paljud aadlikud teotsesid õppinud juristidena. Ka suurmaapidaja, hiljutine pärishärra ise muutus 19. sajandi vältel põhjalikult, tal oli nüüd sageli agronoomiline haridus või oli ta vähemasti harrastusagronoom, kes tahtis viia oma mõisa majapidamise õitsvale järele. Nii said 19. sajandi lõpuks paljudest mõisnikest kutselised põllumehed, kes kohandasid oma majapidamised kapitalistliku suurtootmise nõuetele.

Ühiskonnas, kus vaimseid elukutseid aina enam vajati, tundis ka haritlane end ikka enam tähtsa tegelasena. Ehkki mõnigi literaat unistas aadlitiitlist, nägi ta, et vanadest ja auväärsetest aadlisuguvõsadest mehed otsivad eneseteostusvõimalusi vaimsel alal. Balti haritlaskonna järjepidevust ja kokkukuuluvust tugevdas selles sotsiaalses kihis valitsev mentaliteet: peeti loomulikuks, et noored järgivad elukutse omandamisel vanemate eeskuju. Nagu aadlisoost mõisnike ja linnakodanlastest kaupmeeste seas, kus sama ametit anti edasi poegadele, kujunesid ka literaatide dünastiad – pastorisuguvõsadest on tuntud näiteks Carlblomid, Hasselblattid, Hessed, Hörschelmannid, Masingud.

Et baltisaksa haritlaskond oli avalikkuse ilmet kujundav sotsiaalne jõud, selle tõenduseks on Riia ja Tallinna literaatide erakordne aktiivsus 1850. aastate lõpul ja 1860-ndate algul. Vastsündinud poliitiline press hakkas häält tõstma kui aadlivastase opositsiooni esindaja ja nõudma liberaalseid reforme. Need aastad on ka baltisaksa kunstielu uue elavnemise ajaks.

Sajandi algusest peale pääses kõrgharitlaste sekka ka üksikuid talupojaseisusest noormehi, kellel oli õnnestunud jõuda Tartu ülikooli; enamasti pärinesid nad mõisaametnike peredest. Ühiskonna uuenemise ja rahvusliku ärkamisega sai võimalikuks haridust saanud eestlaste kihi suurenemine ja selle kujunemine eesti rahvuslikuks haritlaskonnaks. See oli sajandipikkune protsess, mille käigus vaimne eliit võttis endale järk-järgult enam otsustusõigust oma maa ja rahva saatuse kujundamisel. Olles moderniseerimise sünnitis ja kaasnähtus, oli haritlaskond ühtlasi selle liikumapanev jõud. Ärkamisajal hakkas eesti haritlaskond kujunema sotsiaalkultuuriliseks jõuks. Selle eelduseks olid uute agraarseaduste ja industrialiseerimise toimel tekkinud uued töökohad ja sotsiaalse tõusu võimalused. Pikkamisi hakkasid kuju võtma eesti (alamad) keskkihid, mis koosnesid jõukamatest talurentnikest ja pärisperemeestest, mõisa ametimeestest, möldritest, kõrtsmikest, käsitöölistest, linnade väikeettevõtjatest, väikeametnikest. See kiht püüdis oma lastele anda paremat haridust, kuna just hariduse omandamine andis võimaluse sotsiaalseks tõusuks. Oma nooremaid poegi püüdsid jõukamad talunikud koolitada ennekõike kirikuõpetajateks, edaspidi kasvas ka arsti- ja juristiameti prestiiž. Tütarlaste karjääri tipuna kujutleti koduõpetajanna ametit, mida sai omandada kõrgemates linna-tütarlastekoolides.

Eesti vaimuelu peakeskus oli Tartu, ja 1880. aastail kasvas eestlaste arv Tartu ülikoolis tunduvalt, samuti avastati teised kõrgkoolid: Riias polütehnikum, Peterburis ülikool, kunstide akadeemia ja konservatoorium, kus muide õppisid esimesed kõrgkooli pääsenud eestlannad, sh. Miina Hermann (Härma); õigeusu vaimulikud akadeemiad Moskvas ja Peterburis.

Nappidest arvudest ilmekamalt osutavad eesti haritlaskonna tekkele nihked parema haridusega eestlaste meelsuses ja nende ühiskondlik tegevus. Kui seni oli eestlaste sotsiaalse tõusu loomulikuks kaasnähtuseks saksastumine, siis nüüd hakkas assimilatsioon baltisaksa avalikkuse lootustele vaatamata taanduma, ja suur osa tõusvast, enamasti talupojapäritolu haritlaskonnast deklareeris kindlalt oma eesti identiteeti. Kui esimesed eesti kõrgharitlased olid ideeliselt estofiilide pärijad, siis oma sisemuses ei olnud nad enam lihtsalt *eestlaste sõbrad*, vaid *eestlased ise*. Kui akadeemiliselt haritud eestlased olid seni loomulikult kuulunud baltisaksa literaatkonna sekka, siis nüüd hakkasid nad end saksa haritlastele vastandama kui "teise" ja võrdväärse rahvuse esindajad, hakkasid nendest eralduma. Uus eesti haritlaspõlvkond otsis rakendust eestikeelses kommunikatsiooniväljas ja paljudel juhtudel eneseteostusvõimalused ka leiti. Eestikeelse trükisõna väljaandmiseks oli aina rohkem võimalusi, rahvas ostis eestikeelseid ajalehti, kirik vajas hästi eesti keelt oskavaid pastoreid ja koolid õpetajaid, uued seltsid juhte.

Siiski ei võimaldanud omakeelne miljöö pahatihti veel normaalset teenistust ja äraelamist. Ametniku, arsti, pastori jne. ametikohta ei olnud kodumail sakslaste võistluse tõttu kerge leida. Teotsemine eesti kultuuri ja teaduse vallas jäi sageli vaid harrastuseks ja missiooniks, mis ei toonud midagi sisse. Paljud haritud eestlased otsisid töövõimalusi Peterburis ja mujal Venemaal, kust suur osa pöördus varem või hiljem kodumaale tagasi.

Akadeemilise haridusega eestlaste arv oli 1860.–70. aastail veel väike. 1880. aastate algul on nende arvu hinnatud 100-le, mis kümnendi lõpuks kahekordistus, ent pool neist elas mujal, peamiselt Venemaal. Kodumaal rakendust leidnud eesti kõrgharitlased moodustasid väga tagasihoidliku osa siin tegutsenud haritlaskonna tippudest. Kogu 19. sajandi vältel olid siinse professionaalkultuuri loojaiks peamiselt sakslased, luues eeldused ka eestlaste samalaadse kultuuri tekkeks. Toonased eesti haritlased elasid omapärast kaksikelu, kuuludes üheaegselt mõlemasse kultuuri. Paljud neist salgasid endiselt oma etnilist päritolu ja distantseerusid eestlusest.

Eesti keskastme haritlaskonna moodustasid köstrid ja kihelkonnakooliõpetajad maal ning elementaarkooliõpetajad linnades (1880. aastate lõpul u. 450), kes pikapeale kujunesid eriharidusega kiriku- ja haridustöötajateks. Alama astme haritlased olid vallakooliõpetajad (1880-ndate lõpul u. 1700) ja vallasekretärid. Neil eesti haritlaskonna kõige arvukamatel rühmadel oli suur osa eestlaste mobiliseerimisel avalikku ellu, hariduse, seltsielu ja kirjasõna levitamisel. Maaharitlased täitsid samu funktsioone, mida vanemate *kultuurrahvaste* juures ülikooliharidusega inimesed. Ühtlasi kõneleb see haritlaskonna rahvalähedusest, tema eri tasandite koostööst. Rahvuslikku äratustööd tehti suure vaimustuse ja andumusega, sügava sisemise veendumuse ja kõlbelise jõuga, missiooni- ja kohusetundega. 19. sajandi *rahvamehelt* nõuti igakülgset aktiivsust kultuuri- ja ühiskonnaelus, jäägitut pühendumist eesti asjale. Kõrge vaimsus polnud siis tähtis ja seda polnud kusagilt võtta. Siiski olid nii Hurt kui Jakobson seadnud ideaaliks ja mõõdupuuks euroopaliku kultuuri, eeskujuks vanad kultuurrahvad.

Kuni venestamiseni kujunes eesti haritlaskond saksa kultuuri ja hariduse domineerimise piirkonnas. Saksa (hiljem vene) keelele kultuuri, teaduse, kesk- ja ülikooli õppekeelena polnud alternatiivi, sest eesti keel polnud saanud veel kultuurkeeleks. Eesti haritlaste võõrkeeleoskus oli tähtis kultuuritegur, mis sidus endise maarahva lääne- ja idapoolsete kultuuridega, kust lähtusid moderniseerimise impulsid.

TRÜKISÕNA, SELTSID JA KODANIKUAVALIKKUSE KUJUNEMINE

Tsensuur, kirjastamine, raamatukaubandus ja -kogud

19. sajandi uuenevale Euroopale oli iseloomulik kommunikatsioonivahendite kiire areng. Selle aja kultuuris oli trükisõnal keskne roll. Saksamaalt saabus Eestisse hea ettevalmistusega trükkaleid, kes panid aluse tervetele kohalike trükkalite-kirjastajate suguvõsadele (Lindforsid, Dullod, Gresselid, Mattiesenid). Samuti saadi Saksamaalt trükitüüpe jm. tehnikat.

Isevalitsus püüdis nii Venemaal ilmunud kui ka imporditud trükisõna hoolikalt kontrollida. 18. sajandi lõpus loodud tsensuur arenes Nikolai I ajal omaette riiklikuks institutsiooniks, mille tegevust reguleerisid karmid määrused (1826, 1828). Kuni 1837. aastani allus tsensuur Balti provintsides ülikoolile. Kui see edaspidi allutati eraldi tsensuurikomiteele, olid tsensoriteks kohalikest baltisakslastest ametimehed, ülikooli- või gümnaasiumiõppejõud, kes omakorda vastutasid kuberneride ees. 1850. aastal loodi eestikeelse kirjanduse tsenseerimiseks Tartu üksiktsensori ametikoht, mida pikki aastaid täitis ülikooli eesti keele lektor Carl Ferdinand Mickwitz.

Ajutiste määrustega 1865. aastast allutati tsensuur Venemaal Siseministeeriumi haldusalas loodud Trükiasjade Peavalitsusele. Osa trükisõnast, näiteks Peterburis ja Moskvas ilmuvad suured ajalehed, vabastati nüüd eeltsensuurist, kuid provintsides jäi see täielikult kehtima. Eestikeelsete trükiste tsenseerimine allutati 1869. aastast Riia tsensuurikomiteele, kus eesti keelt mitteoskavat tsensorit Grödingeri abistasid Riia vaimuliku seminari eesti keele õppejõud, algul preester Mihkel Suigusaar, hiljem Peeter Mets. Tallinna üksiktsensor jälgis eelkõige väliskirjandust. Usulised teosed kuulusid konsistooriumile alluva vaimuliku tsensuuri kompetentsi, kuid lõpliku ilmumisloa andis ka nende puhul ilmalik tsensor. Ajalehekuulutuse avaldamiseks oli vaja politsei luba. Tsensorite jaoks olid kehtestatud arvukad eeskirjad, lisaks kohustati neid arvestama ka kirjutise vaimu. Seega sõltus palju tsensori suvast ja isiklikest arvamustest. Nikolai I ajast alates koostati keelatud väliskirjanduse nimekirju. Ei tohtinud riivata usu aluseid, keisrit ega tema pereliikmeid, ka ei tohtinud *ässitada üht seisust teise vastu*. Trükise sisu eest vastutas pigem tsensor kui autor või toimetaja.

19. sajandil tuli Saksamaa raamatuturule pääsemine terava võistluse tõttu järjest vähem kõne alla. Samas eelistasid kohalikud sakslased lugeda Saksamaal väljaantut. Osalt seetõttu suurenes siinsete trükkalite ja kirjastajate huvi eestikeelse kirjanduse väljaandmise vastu. Siiski kasvas 19. sajandi vältel vajadus ka saksakeelse kirjanduse väljaandmise järele kohapeal, olles seotud nii lugemisharrastuse-infovahetuse laienemisega kui ka ülikooli, gümnaasiumide ja tekkivate teadusseltside vajadusega publitseerida oma liikmete teadustöid ja muid kirjutisi ning mitmesuguseid teabematerjale. Arvestati ka mujal Venemaal elavate sakslaste lugemishuvi. Suurem osa baltisaksa teadlaste ja kirjameeste töid trükiti Riias, Miitavis, ka Peterburis või Saksamaal, kuid tegevust jätkus ka Eestis asuvatele trükikodadele. Eriti tähtis oli kodumaine trükibaas

saksakeelsele avalikkusele mõeldud perioodika pärast.

Pärast eratrükikodade taaslubamist aastal 1802 hakkas trükikodade, kirjastajate, raamatukaupmeeste ning raamatukogude arv Eesti linnades järjekindlalt suurenema. Tallinnas asusid sajandialguse suurim, Lindforsi pärijaile kuuluv trükikoda, ning Johann Hermann Gresseli suurem ja eestlase Jacob Johann Kelcheni väiksem ettevõte. Gressel ja Kelchen, samuti 1852. aastast ilmuva "Eestimaa Kubermangu Teataja" tarbeks 1858. aastal asutatud kubermanguvalitsuse trükikoda trükkisid ka eestikeelseid raamatuid.

Ülikoolilinnas Tartus oli vajadus trükikodade järele suur. Vaadeldava perioodi algul täitis ülikooli trükkali kohuseid Johan Christian Schünmann. Trükinduse õitseaeg Tartus algas Heinrich Laakmanni kirjastustegevusega 1840. aastail. Lüübekist pärit Laakmann tõusis peamiseks eestikeelsete raamatute kirjastajaks, andes aastail 1840–80 välja umbes 750 eestikeelset raamatut. Tema juures trükiti ka ajalehti (muuhulgas "Eesti Postimeest" ja "Olevikku"). Eelkõige teaduslike väljaannete trükkijana pälvis Tartus tunnustuse arvatavalt eesti päritolu Carl Gottlieb Mattiesen, kelle tööd jätkas tema poeg Carl Emil Mattiesen.

1890. aastaks oli Tallinnas juba 11, Tartus 6, Narvas 4, Viljandi ja Haapsalus 2 ning Pärnus, Kuressaares, Rakveres, Valgas ja Võrus igas üks trükikoda. Tuntud on Friedrich Feldti trükikoda Viljandis, mis andis välja ka Jakobsoni "Sakalat", samuti Christian Assafrey ettevõte Kuressaares. Uute trükikodade omanikud olid nüüd tihtipeale eestlased, kes oma trükikoja juurde ka kirjastuse ja raamatukaupluse asutasid. Raamatukaupluste-kirjastuste juures teotses tihti laenuraamatukogu. Teiseks omandasid trükikodasid ajalehetoimetajad, näiteks Adam Aint, Jaak Järv, Ado Grenzstein ja Karl August Hermann. 19. sajandi keskpaigast alates hakati trükikodades kasutama kiirpresse, 1870. aastate lõpust aurujõul töötavaid kiirpresse.

Ametiasutused ja eraisikud, teadus- ja kultuuriseltsid kirjastasid oma töid sageli ise. 19. sajandi algul oli eestikeelse vaimuliku kirjanduse ja õpikute kirjastajana tegev Eestimaa Konsistooriumi Eesti Raamatute Kirjastuskassa. Tartus asutas 1830. aastail raamatukaupluse ja kirjastuse Carl August Kluge, ning Tallinnas 1847 tema vend Franz Ferdinand Kluge, kellest koos Carl Ströhmiga sai – sealse tuntud raamatukaupmehe Eggersi järglasena – suurima raamatukaupluse-kirjastusettevõtte omanik. Kuulus Kluge & Ströhmi raamatukauplus püsis selle nime all 1930. aastate lõpuni. Maakeelsete raamatute kirjastajatena olid lisaks Laakmannile teenekad veel Heinrich Schnakenburg Tartus, Friedrich Wilhelm Borm Pärnus ning Friedrich Feldt Viljandis.

19. sajandil oli mõisates ja pastoraatides muusika ja tantsu kõrval levinud seltskondlikuks ajaviiteks ettelugemine. Rikaste ja haritud mõisnike raamatukogudest võis leida Euroopa kirjanduse paremikku kuuluvaid teoseid. Raamatukaupmeeste tihedate sidemete tõttu Saksamaaga oli baltisakslastel võimalik osta või võtta laenuraamatukogust väga mitmekesist ja mitmes keeles kirjandust. Keskseks teabevaramuks jäi Tartu ülikooli raamatukogu. Eestikeelset kirjandust koondas Tartus Õpetatud Eesti Selts. 1825. aastal asutati Tallinnas Eestimaa Üldine Avalik Raamatukogu, mis 1842. aastal anti üle äsjarajatud Eestimaa Kirjanduse Ühingule. Oma raamatukogud olid ka gümnaasiumidel.

Vähehaaval sugenes eesti talupoja peresse lisaks katekismusele, lauluraamatule ja kalendrile teisigi raamatuid. Eestikeelse kirjanduse levitamisel oli esialgu peaosa ründkaubitsejatel, sõbrakaupmeestel linnades ja laadakaupmeestel. Vaimuliku kirjandusega varustasid talupoegi tihti kirikuõpetajad, kes kinkisid raamatuid ka kooli- või leerilastele, samuti piibliseltsid. 19. sajandi teisel poolel sai ka eestikeelsest raamatust "massikaup" ja seda hakati ostma linna raamatukauplusest. Tekkisid eraldi kauplused eesti raamatute müügiks: Tartus Laakmanni ja Wilhelm Adolph Justi raamatupoed, Tallinnas Aleksander Eduard Brandti kauplus jmt. Raamatud ilmusid sageli annete kaupa, mis sajandi teisel poolel maksid 10–20 kopikat. Raamatukauplustest sai tellida ka ajalehti, aastane tellimishind oli tavaliselt kuni 3 rubla. Hakati asutama raamatukogusid vallamajade, koolide ja seltside juurde; eesti raamatukaupluste juures tekkis tasulisi laenuraamatukogusid.

Eestikeelne raamat

Kõige iseloomulikum uudne joon trükinduse arengus 19. sajandi Baltimaades oli põlisrahvaste keeltes avaldatava trükisõna mahu tohutu kasv. Maakeeles kirjutavate kirjameeste tegevusele ja trükisõna levikule aitas oluliselt kaasa põhjaeesti murdele tugineva ühtse kirjakeele kujunemine ja uue, soomepärase kirjaviisi tarvituselevõtt. Ideaalsest rahvuskeelest unistavate estofiilide Rosenplänteri ja Masingu tegevusega alanud moodsa kirjakeele kujunemine võttis aega aastakümneid. 1843. aastal avaldas Eduard Ahrens oma grammatika, milles tegi ettepaneku minna üle uuele kirjaviisile. Järgneval aastal ilmus esimene uues kirjaviisis kirjutatud raamat: pastor Gustav Heinrich Schüdlöffeli "Toomas Westen. Lapo rahva uso ärataja Norra maal". Tugeva vastuseisu tõttu võitis uus ortograafia alles Eesti Kirjameeste Seltsi vastavate otsuste järel 1870. aastate algusest. Sellest ajast levis üldiselt ka põhjaeestiline kirjakeel, mida paljud *tartu keelega* harjunud Lõuna-Eesti pastorid ja muud kirjamehed ei tahtnud omaks võtta.

19. sajandi esimestel kümnenditel ilmus eestikeelseid raamatuid aastas keskmiselt vaid 7, 1840–49 juba 27. Kogu tolle perioodi trükitoodangus oli nimetuste järgi juhtiv osa kalendritel. Kalendrisabades avaldati põllumajanduslikke õpetusi, jutte, vestlusi, nalju, lugemispalu ajaloost ja võõrastest maadest, laule ja rahvaluuletki. Masing kirjastas 1820. aastate algul oma "Marahwa kalendrit"; üheks paremaks kalendriks oli 1840. aastail Laakmanni poolt välja antud "Ma-rahwa kassuline kalender", mida alates 2. aastakäigust toimetas Kreutzwald. Nimetuste arvult järgnes kalendritele usukirjandus – katekis-

mused ja nende seletused, piiblilood-piibliseletused, lauluraamatud, palveraamatud jms. Kolmandal kohal olid ilmalikud või poolilmalikud jutu- ja lugemisraamatud.

19. sajandil tekkis eestikeelne "juriidiline kirjandus" – uusi talurahvaseadusi tuli ka maarahva jaoks tõlkida ja rahvaväljaannetes ära seletada. Koolis õpitu täienduseks hakkas ilmuma populaarteaduslikku kirjandust, mis sisaldas teavet loomadest, loodusnähtustest, maailma maadest ja rahvastest ning nende ajaloost. Sajandi alguskümnendeil oli sellise kirjanduse tippautoriks Otto Wilhelm Masing, pärast teda jätkas samas laadis Kreutzwald. Üldharivatele raamatutele lisandus põllutööd, aiandust jms. õpetav teabekirjandus ning esimesed karskusteemalised trükised.

Sisult ja keelelt rahvalähedasemaid jutte ja luuletusi hakkasid avaldama eesti päritolu kirjamehed. Rahva lugemishuvi äratasid alates 1830. aastate lõpust laialt levima hakanud tõlkelised rahvaraamatud, mille seas olid kõige populaarsemad kannatava krahviproua Jenoveeva lood.

Sajandi teisel poolel algas eestikeelse trükisõna tormiline kasv, millega kaasnesid olulised muutused nii trükitoodangu struktuuris kui ka sisus. Kuigi eestlaste sotsiaalne tõus ei viinud veel tugeva kõrgema keskklassi või tõelise vaimueliidi tekkimiseni, vajasid kujunev haritlaskond ja kirjaoskaja rahvas üha enam omakeelset lugemisvara. Vahemikus 1850–1900 kasvas eestikeelne iga-aastane raamatutoodang kümnekordseks: 1850-ndail ilmus keskmiselt 38 trükist aastas, 1860–69: 57, 1870–79: 107, 1880–89: 173 ja 1890–99: 274.

Nimetuste poolest hõivas nüüd esikoha ilukirjandus, suurenes nii tõlkekirjanduse ja muganduste kui ka algupärase loomingu väljaandmine. Tollasest ilukirjandusest leidsid toitu nii rahvuslik meelsus kui ka kasvav vajadus ajaviite ja meelelahutuse järele.

Kogutiraažilt oli kogu 19. sajandi vältel esikohal usukirjandus. 19. sajandi teisel poolel avaldati Piiblit 18 korral kokku 146 000 eksemplaris ja Uut Testamenti eraldi 39 korral 483 000 eksemplaris. Uudsed olid misjoniraamatud. 1888. aastal ilmus täispiibel esmakordselt uues kirjaviisis Jakob Hurda redigeerituna.

Kui 19. sajandi esimesel poolel olid kalendrid osalt asendanud lihtrahva-ajalehte, siis nüüd astus sellese rolli jõudsalt arenev eestikeelne ajakirjandus.

Ajakirjandus

Vaba ajakirjanduse ja vabatahtlike ühenduste kujunemine oli iseloomulik kogu 19. sajandi Euroopale. Seisuslik süsteem ja tugevnev riiklik kontroll ei suutnud takistada nende jõudsat edenemist ka Baltimaades. Selles protsessis osalejad olid veendunud, et maailma peab valitsema mõistus, mitte vürsti või aadlike võim, et igal inimesel on kohustus end vaimselt ning moraalselt täiustada ja õigus ühiskonnaelu korraldamisel kaasa rääkida. Taotledes provintside elu puudutavate aktuaalsete küsimuste avalikku arutelu, pöörduti literaatidest, linnakodanlusest ja vabameelsetest aadlikest koosneva seltskonna poole, kes tundsid ennast mitte niivõrd "isandatena", kuivõrd vaimsete huvidega inimestena. Trükisõna, eriti just ajakirjanduse, samuti kodanike vabatahtlike ühenduste kaudu hakkas sel moel ka Balti ühiskonnas välja kujunema tsaarivõimule ja rüütelkondadele vastanduv kodanikuavalikkus. Ühiskonnaelu reguleerijaks ja kontrollijaks pidi ametlike võimude asemel saama avalik arvamus.

Ideaaliks oli kujundada uus mõistuspärane ja õiglane ühiskond. Tegevusmudelid võeti üle Saksamaalt, kust levis Baltimaile ka mõiste *avalikkus (Publizität)*. Isevalitsuse tingimustes arenes see sordiini all; avalikku mõttevahetust kammitsesid nii tsensuur kui ka osalejate endi seisuslik-korporatiivsed huvid ja eelarvamused.

Aastail 1813–31 ilmus Eesti- ja Liivimaal 49 erinevat perioodilist väljaannet (sh. teadusseltside toimetised), aastail 1831–48: 43, aastail 1849–66: 59, aastail 1867–84 juba 74 väljaannet.

19. sajandi esimesel poolel ilmusid Tallinnas, Tartus ja Pärnus juba regulaarselt oma ajalehed ("Revalsche Wöchentliche Nachrichten", "Dörptsche Zeitung", "Pernausche wöchentliche Nachrichten", seejärel "Pernausches Wochenblatt"). Balti ajakirjanduse uuendajad olid eelkõige kaks valgustajat – Garlieb Merkel ja Liivimaa ülem-superintendent Karl Gottlob Sonntag, kes leidis aega olla mitme ajalehe asutaja ja toimetaja. Tema mõte oli panna kolme Balti provintsi jaoks käima ühine ajaleht. Mõned aastad täitis seda ülesannet "Inländische Blätter" (1813–14, 1817). Sellele järgnes Tartu professori Friedrich Rambachi toimetatud "Neue Inländische Blätter" (1817–18), mille veergudel literaadid ning aadli esindajad diskuteerisid *vaba lepingu* põhimõtte üle Liivimaa talurahva vabastamisel. Niisiis püüti tuua valus talurahvaküsimus rüütelkondlike maapäevade suletud uste tagant avalikkuse ette ja muuta laiema arutelu objektiks. Selle diskussiooni tõttu Rambachi ajaleht keelati. Talurahva olukorda puudutati järgnevail aastail nii Liivimaa Üldkasuliku ja Ökonoomilise Sotsieteedi perioodilistes väljaannetes kui ka kultuuriajakirjades.

1823. aastal asutas Sonntag Riias nädalalehe "Ostsee-Provinzen-Blatt". Pärast Sonntagi surma 1827. aastal võttis lehe toimetamise üle tema sõber ja mõttekaaslane Garlieb Merkel – esimene kutseline ajakirjanik Baltimail. Kõige radikaalsemana 19. sajandi baltisaksa valgustajate seas mõistis Merkel teravalt ja emotsionaalselt hukka pärisorjusliku süsteemi, nõudes selle asendamist humaansema ja ratsionaalsema korraga; samuti arendas ta herderlikku ideed eestlaste ja lätlaste taassünnist rahvusena. Asunud Sonntagi ajalehe toimetajaks, esitas Merkel publikule üleskutse mõttevahetuseks üldise hüveolu ja kodumaa probleemide üle. *Avalikkus* oli seejuures üks tema peamisi loosungeid. 1828. aastal andis Merkel ajalehele nimeks "Provinzialblatt für Kur-, Liv- und Esthland". Sisukal ajalehel oli lugejaid ja kaastöölisi kõigis kolmes provintsis. Tellijate arv küündis vaid paarisajani, kuid see oli tollal tavaline. Lehe mõjujõudu näitab see, et Merkel suutis koondada selle ümber üle paarisaja kaastöölise.

Apelleerides erinevatele ühiskonnakihtidele, püüdis Merkel kajastada provintside elu võimalikult mitmekülgselt, valgustades ka selle *varjatud nurki* – joomist, ebaõiglast maksukoormust, segadusi nekrutite võtmisel jm. Teda oli vaimustanud talurahva vabastamine pärisorjusest, millega eesti ja läti talupoegadest said tema arvates vabad riigikodanikud. Nüüd nõudis Merkeli ajaleht talurahva majandusliku olukorra parandamist ja rahvahariduse edendamist. 1837. aastal algas selle veergudel diskussioon eesti talurahva vaesumise üle (kandus hiljem nädalalehte "Inland"). Riia üksiktsensor, gümnaasiumidirektor Carl Eduard von Napiersky esitas 1838. aastal Merkeli kohta kaebuse, et tema ajaleht on riigile *kahjulik,* kuna see kaitseb *publitsiteeti,* mis andvat publikule voli *olla kohtumõistja autoriteetide ja isegi riigiametnike üle.* Samal aastal "Provinzialblatt" keelati.

Valgustuslikele suundumustele vastas ajalehest enam ajakiri, andes rohkem võimalusi üldhariva või teadusliku info jagamiseks ning põhjalikeks aruteludeks. Saksamaa eeskujul asutati ka Baltimaadel 19. sajandi algupoolel mitmeid sisukaid kultuuriajakirju. Hupeli rajatud kohalikku teadusajakirjade traditsiooni jätkas kõigepealt Pärnu pastor Heinrich Johann Rosenplänter, kes asutas 1813 ajakirja "Beiträge zur genauern Kenntniss der ehstnischen Sprache", mida ta majanduslike raskustega võideldes andis välja kuni 1832. aastani, kokku 3500 lehekülge teksti. See oli esimene eesti filoloogia alane teaduslik väljaanne ja omamoodi estofiilse avalikkuse kujundaja. Ajakirja idee anda äsjastele pärisorjadele muude Euroopa rahvuskeeltega võrdsel tasemel standardiseeritud kirjakeel oli revolutsiooniline ega sobinud kokku valitseva seisusliku mõtteviisiga. Selles aimus eestlaste tulevane rahvuskooslus, kes vajas oma kirjakeelt kui üldkasutatavat suhtlusvahendit.

Uskudes infovahetuse erilisse jõusse ühiskonna ja kultuuri kujundamisel, pidasid 19. sajandi algupoole baltisaksa publitsistid ja teadlased oma ülesandeks tutvustada saksa keeles Euroopale seal vähe tuntud Venemaad. Lähtuti eeldusest, et mida enam Venemaa kaubanduslikult ja poliitiliselt Euroopale läheneb, seda enam on viimasele vajalik üksikasjalikum teave selle suure ja mitmekesise maa kohta. Mitme Venemaa tutvustamisele pühendunud ajakirja eluiga oli väga lühike, sest panus Saksamaa publikule end siiski ei õigustanud. Kõige püsivamaks osutus Tartu õppejõudude ajakiri "Dorpater Jahrbücher für Litteratur, Statistik und Kunst, besonders Russlands" (1833–36), mida toimetas geograafia ja statistika professor Karl Ludwig Blum (1796–1869); töös osales ka Friedrich Georg von Bunge. Aastaraamatute veergudelt leiab kirjutisi Venemaa rahvastikust, kliimast, õigussuhetest, haridus- ja teaduselust jne. Mõneti kajastus väljaandes ka kohalik Balti kultuurielu.

1836. aastal asutati Tartus Friedrich Georg von Bunge ettevõtmisel nädalakiri *(Wochenschrift)* "Das Inland", millel olid kaastoimetajad Riias, Tallinnas ja Miitavis. Oma mitmekülgse sisu ja operatiivsuse tõttu võitis ajakiri populaarsuse kõigis kolmes provintsis. Bunge kutsus kaastöölisi üles koduprovintside uurimisele ja tutvustamisele ajaloo, looduse, geograafia, aga ka tööstuse, kaubanduse jms. vaatepunktist. Majandusprobleemide käsitlejana paistis selles silma eestlasest agronoom Jakob Johnson Peterburist, kes oli ka "Provinzialblatti" kaastööline. "Inland" kujunes siiski eelkõige ajalooalaseks väljaandeks. Eriti viljakaks osutus selles etnoloogilis-folkloristlik suund, kantud huvist põlisrahvaste rahvaluule, mütoloogia, keele, rahvauskumuste ja kommete vastu. Rahvakultuuri aineid käsitles korduvalt ajakirja pikaajaline kaastööline Kreutzwald, kes kirjutas ka reportaaže Võru elust. Sündiva kodanikuavalikkuse kajastajana ei saanud "Inland" kõrvale jääda poliitilise hõnguga probleemide arutamisest.

1850. aastate lõpul alanud saksakeelse poliitilise pressi arengu üheks esimeseks pääsukeseks sai 1859. aastal Riia liberaalide asutatatud "Baltische Monatsschrift". Esimene poliitiline päevaleht Eestis oli 1860. aastal asutatud, Thomas Wilhelm Greiffenhageni ning eestlase Friedrich Nikolai Russowi toimetatud vabameelne "Revalsche Zeitung" Tallinnas. 18. sajandist pärit "Rigasche Zeitung" muutus päevaleheks 1840-ndail ja sai varsti Baltimaade juhtivaks päevaleheks. Oluline oli ka Georg Berkholzi asutatud päevaleht "Zeitung für Stadt und Land" (1867–94) Riias. Tartus andis Carl Emil Mattiesen 1866. aastast välja vabameelset päevalehte "Neue Dörptsche Zeitung". 1879. aastal asutas vabameelne ajakirjanik Eugen Heubel Tallinnas veel teisegi päevalehe "Revaler Beobachter".

Vaimuelu üldist tõusu ja mitmekesistumist peegeldas 19. sajandi teisel poolel mitmesuguste saksakeelsete erialaste ajakirjade või perioodiliste sariväljaannete rohkus; nii ilmusid Tartus juristide, teoloogide, meedikute jt. väljaanded. Kõigile Baltimaade suurpõllumeestele oli tähtis 1863–1915 Tartus ilmunud põllumajanduslik nädalakiri "Baltische Wochenschrift". Anti välja ka rohkesti publitsistlikke brošüüre ja raamatuid, mida tsensuurist pääsemiseks trükiti tihtilugu Saksamaal.

Eestlaste trükisõna arengus oli tähtsaks rajajooneks omakeelsete, enamasti rahvuslikult meelestatud ajalehtede ja ajakirjade ilmumine 19. sajandi teisel poolel. Kuigi esimesed eesti ajalehed ilmusid alguses vaid kord nädalas ja tiraažid olid esialgu väikesed, jõudsid nad ometi suhteliselt kiiresti paljude lugejateni ja mõjutasid otseselt kogu rahva elu.

Eestikeelse ajakirjanduse pidev areng algas 1857. aastast, mil Johann Voldemar Jannsen hakkas välja andma ajalehte "Perno Postimees ehk Näddaliteht". Tartus ilmus 1857–59 "Tallorahwa Postimees", mida toimetasid pastorid Willigerode, Georg Theol ja Carl Eduard Anton Körber, Tallinnas aga 1858–62 sealse esimese eestikeelse ajalehena "Missioni-leht". Siirdunud 1863 Tartusse, hakkas Jannsen seal

1864. aastast välja andma ajalehte "Eesti Postimees ehk Näddalaleht", mis pani aluse eesti ajalehe kui "avalikkuse hääle" kujunemisloole. Pärnus jätkas "Perno Postimehe" toimetamist Caspar Franz Lorenzsonn. Ametlikku teavet vahendasid kubermanguvalitsuste väljaanded "Maa Walla Kuulutaja" (1858–89) Eestimaal ja "Tallorahwa Kulutaja" (1824–89) Liivimaal. 1875. aastast hakkas Tallinnas ilmuma kiriklik "Ristirahwa Pühhapäwa Leht".

Murranguajaks osutus 1870.–80. aastate vahetus. 1878. aastast hakkas Carl Robert Jakobson, kes oli noore haritlasena Peterburis juba 1868 tagajärjetult taotlenud uue eesti ajalehe luba, Viljandis välja andma ajalehte "Sakala" (1878–82). Jakobsoni ajaleht oli suur samm eesti ajakirjanduse politiseerumise poole. Tartus andis Adam Aint 1879–82 välja "Tartu Eesti Seitungit". Selle ostis Jaak Järv, kes jätkas lehe väljaandmist Tallinnas "Virulase" nime all 1882–88. Aastal 1880 hakkas Rakveres ilmuma Mihhail Lindenbergi "Valgus", mille 1882 omandas Jakob Kõrv, jätkates väljaandmist Tallinnas. Üheks paremini toimetatud ja huvitavamaks eesti leheks kujunes Tartus aastast 1881 ilmunud Ado Grenzsteini "Olevik" (kuni 1915, vahepeal suletud; vahetus ka väljaandja).

Ajalehtede trükiarvud olid algul tagasihoidlikud, hakkasid aga väljaannete arvu kasvule vaatamata suurenema. 1880. aastail oli eesti ajalehtedel enamasti vaid 3000–4000 tellijat, vaid "Virulasel" oli neid 1880. aastate keskpaiku umbes 6000. Selle ajalehe peatasid tsaarivõimud Jakob Kõrvi ja väliskirjanduse tsensori Jüri Truusmanni organiseeritud pealekaebuste tõttu. See on ilmekas näide tollal tekkima hakanud konkurentsist eesti ajakirjandusturul.

Ühte ajalehte luges ikka mitu peret; lehed köideti kokku ja hoiti alles. Ado Grenzstein sedastas 1890. aastate algul "Olevikus": eestlased on lugeja rahvas ja tema armsaim lugemisvara on *politika ajalehed*. Lisaks poliitilistele sõnumitele ja kohalikele uudistele hindas rahvas ajalehti muidugi ka õpetliku külje, eriti üldharivate populaarteaduslike materjalide pärast. Tsaariametnikud olid eesti ajakirjandusega hädas: talupoegadele määratud õpetuslikud rahvaväljaanded kippusid poliitikaväljale.

Seltsid

Juba valgustusajal olid Baltimaade haritud kihid hakanud Euroopa eeskujul asutama uusi organisatsioone – seltse, millesse koonduti ühiste huvide ja eesmärkide alusel. Vabad ühendused olid võõrkehaks ühiskonnas, kus seisuslik kord mõranemisele vaatamata püsis kuni monarhia kukutamiseni. Samas polnud kodanike omaalgatuslik ühinemine – välja arvatud poliitiliste salaseltside loomine – Vene seadustega keelatud. Nende tegevust reguleeris 1782. aasta politseiseadus, mille järgi oli neil vaja saada võimudelt tegevusluba, nagu ka trükikodade ja ajalehtede asutamise puhul. Suuremate ja "tähtsamate" seltside (nagu Liivimaa Üldkasulik ja Ökonoomiline Sotsieteet) loomiseks läks vaja keisri enda luba, "vähemtähtsaid" (näit. lauluseltse) kinnitasid kohalikud võimukandjad. Kuni venestusajani olid võimud seltside lubamisel suhteliselt heatahtlikud, ehkki sedasorti tegevus jäi tsaarivõimu silmis ikka kahtlaseks. Samas oli ka valitsejatele kasulik, kui kodanikud omal algatusel püüdsid edendada majandust, arendada heategevust, hoolitseda hariduse või lihtrahva moraali ja *mõistliku ajaviite* eest. Erinevalt Venemaast, kus niisuguseid ühendusi tekkis eliidi hulgas vähe, levisid seltsid Balti provintside saksaskonnas 19. sajandi jooksul laialdaselt. Omaalgatusest ja ühinemisest loodeti abi kõige erinevamate eluvaldkondade korraldamisel.

Põlisrahvastest alamkihtidel ja tekkivatel keskkihtidel ei olnud üldreeglina saksa seltsidesse pääsu. Kuigi vabade ühenduste loomise aluseks oli veendumus, et iga kodanik peab aitama kaasa ühiskonna paremaks muutmisele, uskus Balti aadel endiselt oma juhtivasse rolli ja sellesse, et eelkõige just temal lasub kohustus teotseda vana aadelliku teenimiseetika *(Dienstethos)* alusel kogu maa hüveolu nimel

(in Landesinteressen). Sel põhjusel kaitsesid Balti rüütelkonnad kiivalt oma suletust.

Valgustusajal tekkinud ühendustest, mis olid taotlenud eneseharimist ja moraalset täiustumist (vabamüürlaste loožid, lugemisseltsid), osutusid baltisakslaste elulaadile sobivamaks kindla organisatsiooni ja põhikirjaga klubid. Juba 18. sajandi lõpul oli Tallinnas mitu niisugust. Sakslastele meeldiva hubase seltskondliku suhtlemisega pakkusid klubid oma lugemislaudade ja raamatukogudega võimalusi eneseharimiseks; nad olid vaba, ka poliitilist laadi mõttevahetuse keskusteks. Sisekord lubas võtta klubidesse vastu kõrgseisuste esindajaid, ohvitsere ja ametnikke, mitte aga käsitöölisi ja talupoegi. Eestlane pääses klubiruumi vaid teenrina. Naisi liikmeks ei võetud, kodanikuprouadel ja linnas elavail aadlidaamidel tuli leppida sellega, et mehed veetsid oma õhtuid klubides, pere-emale aga jäid kodused käsitöö- või kohviringid.

19. sajandi esimesel poolel ja keskpaiku hakkasid baltisakslased asutama ka laulu- ja muusikaseltse, olles inspireeritud Saksamaal harrastatavast meeskoorilaulust ja sealsetest laulukooridest-seltsidest *(Liedertafel)*, millel oli oluline osa saksa rahvuslikus liikumises. Tallinnas tehti katseid laulukoore rajada juba 1820. aastaist, lühemat aega teotses 1840. aastail ka esimene *Liedertafel*. Tallinna tugevaimaks, kindla põhikirja alusel töötavaks lauluseltsiks kujunes 1849. aastal asutatud ja algul Mustpeade vennaskonnaga seotud Tallinna Meeslaulu Selts *(Revaler Verein für Männergesang*, mis püsis 1939. aastani). Seltsil olid aktiivsed (lauljad) ja passiivsed liikmed (maksid liikmemaksu, osalesid täieõiguslikena seltskondlikel üritustel). See orienteerus eelkõige literaatidele, aga liikmeteks olid ka Tallinna raehärrad, sajandi teise poole juhtivate kodanlasperede esindajad (Krullid, Kochid, Mayerid, Rotermannid jne.), samuti paljud aadlikud. Enam seisusliku ilmega oli Tallinna teine tähtsam lauluselts, Kanuti Gildi juurde 1854. aastal asutatud *Revaler Liedertafel*. Oma lauluseltsid tegutsesid Tartus ja väikelinnades. Ikka enam kujunes nende põhifunktsiooniks

kohaliku sakslaskonna ühtsustunde kinnistamine ühislaulu kaudu. Kokkuvõttes soodustasid klubid ja lauluseltsid saksa seisuste lõimumist ja aitasid kujundada *seltskonda*, mis hakkas asendama senist seisuslikku eliiti ja oli avalikkuse taimelavaks.

Arvatavalt Londoni kuningliku põllumajandusseltsi eeskujul 1792. aastal Riias loodud Liivimaa Üldkasulik ja Ökonoomiline Sotsieteet tegutses 1813. aastast Tartus. Selle algses programmis oli seatud eesmärgiks mitte ainult põllumajanduse, vaid "kogu maa" üldise hüveolu edendamine. Tegelikult kujunes temast siiski suur teadusorganisatsioon, mis tegeles maaviljeluse, karjakasvatuse ja põllumajandusega seotud alade (metsandus, kalandus jm.) uurimisega. Sotsieteedi suunitlust mõjutasid tema esimesed, valgustusmeelsetest literaatidest sekretärid Wilhelm Christian Friebe ja Georg Friedrich Parrot, teda juhtisid teaduses ja praktilises põllumajandustegevuses silma paistnud mehed, kuulsaim neist 1862–82 presidendiks olnud Alexander Theodor von Middendorff. Teisest küljest oli see organisatsioon kutseliste põllumeeste ühing – teadustulemuste ning kogemuste vahendaja. Sotsieteedil oli Liivimaal mitmeid filiaale, uurimis- ja katsebaase. Tema tütarühinguna asutas põllumajandusuuenduste entusiastina tuntud parun Karl von Bruiningk 1845. aastal Liivimaa Põllumajanduse ja Töönduse Edendamise Seltsi *(Livländischer Verein zur Beförderung der Landwirtschaft und Gewerbefleiss)*. Bruinigk soovis kaasa haarata ka talupoegi. Sotsieteedi juhendamisel tegutses 1839. aastal asutatud Eestimaa Suurpõllumeeste Selts *(Estländischer Landwirtschaftlicher Verein)*. Ühingu mõjukust suurendasid tema 19. sajandi algusest peale ilmunud toimetised ja ajakirjad. Põllumajandusuuendusi, aga ka agraarsuhteid ja talurahva olukorda arutati sariväljaannetes "Neueres ökonomisches Repertorium für Livland" (1812–25) ja "Livländische Jahrbücher der Landwirtschaft" (1825–66). Uut kvaliteeti kujutas endast sotsieteedi 1863. aastal asutatud nädalakiri "Baltische

Alexander Theodor von Middendorff

Wochenschrift" – operatiivne, maa ja põllumajandusega seotud mitmekülgset teavet ning suurpõllumeeste kogemusi vahendav väljaanne. Sellest sai kolme Balti kubermangu mõisnike põllunduslike keskseltside ühine häälekandja, mida pikemat aega toimetas majanduspoliitikat õppinud Gustav von Stryk.

Valgustusajast peale ilmnes baltisaksa haritlaskonnas saksa romantismi mõjutusel kasvav huvi koduprovintside mineviku, seejuures ka põlisrahvaste kultuuri vastu. Nende teemade uurimiseks ja tutvustamiseks hakati asutama teadusseltse. Saanud alguse teadlaste ja huviliste vestlusringidest, tekkisid 19. sajandi alguskümnendeil kõigis kolmes provintsis kindla põhikirja alusel töötavad organisatsioonid, mis ühendasid ülikooliteadlasi, gümnaasiumiõpetajaid ja paljusid harrastajaid. Oma tegevuse teaduslikku taseme mõttes olid need seltsid elitaarsed, samas ei mänginud seisuslik päritolu nende liikmeskonnas mingit rolli. Ühiste eesmärkide nimel teotsevate vaimuinimeste koondistena, kus avalikul diskussioonil oli määrav tähendus, olid teadusseltsid kõige demokraatlikumad kõigist selleaegsetest ühiskondlikest organisatsioonidest Baltimail.

Esimene selline oli 1815. aastal Miitavis asutatud Kuramaa Kirjanduse ja Kunsti Selts *(Kurländische Gesellschaft für Literatur und Kunst)*. Kõigi kolme koduprovintsi ajaloo uurimise seadis endale eesmärgiks Riias 1834. aastal asutatud Venemaa Läänemere-provintside Ajaloo ja Muististe Uurimise Selts *(Gesellschaft für Geschichte und Altertumskunde der Ostseeprovinzen Russlands)*. Nimetatud selts paistis silma mitmesuguste ajaloodokumentide vilka publitseerijana.

Esimene teadusselts eestlaste alal oli 1817. aastal eesti keele uurimiseks ja edendamiseks loodud Kuressaare Eesti Selts *(Arensburgische Ehstnische Gesellschaft)*. Selle asutajateks olid Johann Wilhelm Ludwig von Luce ja kaheksa asjahuvilist Saaremaa pastorit. Peagi ulatus liikmete arv üle neljakümne. Luce seltsi eeskujul asutasid estofiilsed kirikuõpetajad Tartu-Võru praostkonnast järgmisel aastal samade eesmärkidega ühenduse nimega Eesti Õpetatud Selts Tartus *(Estnische Gelehrte Gesellschaft zu Dorpat)*. Selle eesotsas olid Antsla pastor ja praost Friedrich Gottlob Moritz ning tema vend, Tartu Jaani koguduse pastor ja ülikooli eesti keele lektor Ludwig Wilhelm Moritz. Selts keskendus peamiselt lõunaeesti keele edendamisele ja selle eluõiguse kaitsmisele. Tema liikmed suhtlesid mõnda aega kirja teel, mõned agaramad neist avaldasid oma kirjutusi Rosenplänteri "Beiträge" veergudel. Nii avaldas Johann Friedrich Heller Räpinast seal asjatundliku uurimuse eesti keele käänete kohta, Wilhelm Friedrich Steingrüber Rannust aga võrdles Heinrich Stahli aegset põhjaeesti ja lõunaeesti keelt. Pietismi ja luterlik-ortodoksse mõtteviisi pealetungiga suundus kirikumeeste tähelepanu pigem hingehooldusele kui eesti keele harrastamisele.

Samal ajal otsustasid Tartu ülikooli nooremate õppejõudude teadusliku vestlusringi liikmed asutada uue organisatsiooni Eesti ja eestlaste uurimiseks. Ürituse eesotsas olid Friedrich Robert Faehlmann, anatoomiaprofessor Alexander von Hueck, ülikooli eesti keele lektor Dietrich Heinrich Jürgenson jt. Friedrich Georg von Bunge osavõtul koostati laiemapõhjalise teadusseltsi põhikiri, mis võeti vastu 1838. aasta jaanuaris. Seltsi ülesandeks oli õppida tundma eesti rahva minevikku ja tänapäeva, tema keelt ja kirjandust ning eestlaste poolt asustatud maad. Õpeta-

tud Eesti Selts tegutses 1950. aastani (mil selle likvideeris nõukogude võim; taastati 1988. aastal). Oma tegevuse algul täitis ÕES ka rahvavalgustuslikke ülesandeid, püüdes välja anda eestikeelset kirjandust ja korraldada selle levitamist. Ka asus selts rajama endale uurimisbaasi, kogudes ainelise ja vaimse kultuuri mälestusmärke: loodi raamatukogu, milles leidus rohkesti eestikeelseid raamatuid; eesti keele sõnavara kogu, mille põhjal Ferdinand Johann Wiedemann koostas oma suure saksa-eesti sõnaraamatu (1869); arheoloogialeidude kogu; etnograafiakogu; mündikogu ning kultuuriloolise väärtusega käsikirjade, kaartide ja piltide kogud. Uurimistulemusi ja materjale seltsi ettevõtmiste kohta avaldati kogu seltsi tegevusaja vältel tema toimetistes ("Verhandlungen der Gelehrten Estnischen Gesellschaft") ja aastaraamatutes ("Sitzungsberichte der Gelehrten Estnischen Gesellschaft").

Eesti keele ja rahvakultuuri uurimise mõttes olid eriti viljakad ÕES-i tegevuse esimesed paarkümmend aastat, mil ühenduses andsid tooni Faehlmann (president 1843–50) ja Kreutzwald koos sakslastest estofiilidega nagu Alexander von Hueck, arst ja kirjamees Georg Julius von Schultz-Bertram, Rõuge pastor Carl Reinthal, Tartu arst ja kauaaegne seltsi sekretär Emil Sachssendahl.

1860. aastail, mil ÕES-i presidentideks olid ajalooõppejõud Carl Schirren ja Eduard Winkelmann, kaldus seltsi huvi enam Balti provintside kui terviku ajaloole, keeleteadlase Leo Meyeri presidendiks saades (1869) aga enam keeleteaduse poole. Nüüd tegutsesid seltsis viljakalt ka eestlastest lingvistid ja kirjamehed nagu Jakob Hurt, Mihkel Veske, hiljem Villem Reiman, Oskar Kallas jt. Ajaloouuringute vallas tõusis tänu Constantin Grewingkile ja Richard Hausmannile esile eestlaste esiajalugu. Seega kuulus Õpetatud Eesti Seltsile vähemalt 1870. aastateni sama roll, mida oli täitnud Rosenplänteri väljaanne "Beiträge" – ta oli estofiilse avalikkuse kujundaja ja kandja ning valmistas ette eesti rahvuskultuuri sündi; ta on ilmekas näide teadlaste

heast koostööst seisusele ja etnilisele kuulu-
vusele vaatamata.

Tallinnas puudusid Riia ja Tartuga võrrel-
davad tingimused haritud avalikkuse kujune-
miseks; linn oli kuni raudtee ehitamiseni 1870.
aastal suhteliselt vaene ja elanikke 1840. aasta-
te paiku vaid umbes 20 000. Baltisaksa avalik
arvamus pidas konservatiivse Eestimaa pro-
vintsi pealinna keskaegseks linnaks. Ometi
leidus ka siin laiemate vaimsete huvidega ini-
mesi. 1820. aastate algul ühines rühm noori li-
teraate eesotsas juristi ja ametniku Carl Julius
Albert Pauckeriga vestlusringiks *Fraternitas
Revaliensis*. Siit kasvas välja mõte asutada le-
gaalne selts. Uue seltsi peamised eestvedajad
olid Paucker ja Tallinna kubermangugümnaa-
siumi kreeka keele ülemõpetaja Ferdinand Jo-
hann Wiedemann. Moodustati 37-liikmeline
algatusrühm, millesse kuulusid gümnaasiu-
miõpetajad, juristid, mõned pastorid, arstid
ja kunstnikud; seltsi entusiastideks osutusid
ka mõned kõrgametnikud: rüütelkonna sek-
retär Georg von Brevern ja Eestimaa tsiviil-
kuberner Johann von Grünewaldt, haritud
ja vabameelne aadlimees. Esialgselt Tartu
õpperingkonna kuraatorile esitatud taotluse
kinnitas keiser 1842. aasta aprillis. Ühen-
dus hakkas kandma nimetust *Estländische
Literärische Gesellschaft* – eestikeelse (1919.
aastal registreeritud) ametliku nimetusega
Eestimaa Kirjanduse Ühing. Esimeheks sai
von Grünewaldt ise, pidulik avakoosolek
toimus Toopea lossis 24. juunil 1842. Seltsi
järgmine esimees oli krahv Alexander von
Keyserling, sellal ka Eestimaa rüütelkonna
peamees, kolmas president admiral Wilhelm
von Wrangell.

Põhikirjas seati ülesandeks Eestimaa ku-
bermangu, aga ka teiste Balti provintside
uurimine. Ühing hakkas sarnanema teadus-
te akadeemiale: tal olid tegev-, korrespondent-
ja auliikmed, uurimistöö toimus eri sektsioo-
nides: moodustati õigusajaloo, pedagoogika,
keeleteaduse, kirjanduse, poeesia ja kunsti,
matemaatika ning loodusteaduse ja tervis-
hoiu sektsioonid. 1860.–70. aastail tegutses
ajutiselt veel eesti keele ja kirjanduse sekt-

Alexander von Keyserling

sioon; krahv Keyserlingi ja Friedrich Schmid-
ti algatusel loodi 1875. aastal sektsioon Ees-
timaa looduse uurimiseks, hiljem lisandusid
veel tehnika, muinsuskaitse, teoloogia, genea-
loogia ja filosoofia sektsioonid. Seltsi lahtised
ettekandekoosolekud pakkusid huvi ka laie-
male publikule, esinejate ning teemade loend
näitab, kuivõrd mitmekülgsed olid seltsiliik-
mete huvid ja harrastused. Näiteks on polü-
glott ja keeleteadlane Wiedemann pidanud
ettekandeid loodusloost, filoloogiast, soome
mütoloogiast, muusikast ja muusikaajaloost,
kirjandusest.

Harrastuste ja suundade mitmekesisusest
tõusis Eestimaa Kirjanduse Ühingus esile
ajalugu, mille uurimiseks seltsil Tallinna rik-
ka linnaarhiivi ja vana raamatukogu tõttu
oligi häid eeldusi. Seda tunnistab mitmete
väljapaistvate uurijate töö ja mahukad sari-
väljaanded, kus avaldati nii allikaid kui ka
üksikuurimusi. Aktiivselt oli selles tegev
Friedrich Georg von Bunge, kes 1842. aastal
Tartu ülikoolist lahkununa elas kuni aastani
1856 Tallinnas. Bunge oli väärtusliku seeria
"Archiv für die Geschichte Liv-, Esth- und
Kurlands" (1844–95) algataja ja aastaid ka
toimetaja. Ajaloolane Eduard Pabst, ühingu
raamatukoguhoidja, Henriku Liivimaa kroo-
nika ja Balthasar Russowi kroonika tõlki-
ja (ülem)saksa keelde, oli ühingu ajakirja
"Beiträge zur Kunde Ehst-, Liv- und Kurlands"

(1868–1938) algatajaid ja toimetajaid. Seltsi juurde asutati muuseum ja raamatukogu, mille koosseisu anti üle ka 1825. aastal asutatud Tallinna linna avalik raamatukogu. 1864. aastal sai ühing oma kasutussc avarad ruumid Kanuti Gildi uues majas, kuhu viidi üle nii muuseum kui ka raamatukogu. Nüüdsest Eestimaa Provintsiaalmuuseumi nime kandva asutuse tegevus osutus erakordselt edukaks, sinna hakkas voolama rahalisi annetusi ja esemeid. Samalaadseid teadusseltse tekkis ka mitmes vähemas linnas – Viljandis, Pärnus, Kuressaares, Narvas.

Balti teadusseltsid täiendasid Tartu ülikoolis tehtavat teadustööd, arendades suundi, millele kõrgkoolis ei saadud küllalt tähelepanu pühendada – nagu eesti keele ja folkloori uurimine: nad aitasid kaasa kodumaa tundmaõppimisele nii oma liikmete süvitsimineva uurimistöö kui ka algmaterjalide koondamisega väärtuslikeks kogudeks, samuti rohkete allikpublikatsioonidega. Loodi kindel alus siinse keskaja uurimisele. Tähtis oli ka teadusseltside sotsiaalne roll. Võrdsuse põhimõttele rajatud *teadusvabariikidena* aitasid nad murendada seisusemüüre ja soodustasid vabama vaimsuse kujunemist, mis nägi ka põlisrahvaste ja balti ülemkihtide suhet uues valguses.

19. sajandi toimekale vaimuelule oli iseloomulik, et ikka ja jälle asutasid literaadid üldhumanistlik-filosoofiliste küsimuste arutlemiseks vabu vestlusringe. Publitsistika, seltside ja vestlusringide kaudu laienes 19. sajandi esimese poole ühiskonnas selle valuprobleemide avalik arutelu. Üheks teemaks olid agraarsuhted, sest vabastusreformide järgne teoorjus ei rahuldanud ei talupoegi ega mõisnikke. Üha rohkem leidus neid, kes toetasid talupoegade saamist peremeesteks ja mõisate majandamist palgatööga. Elavalt arutati põllumajanduslikke uuendusi, mis näisid ühe väljapääsuna agraarkriisist. Baltimaade põlisrahvad jõudsid üha enam baltisaksa avalikkuse vaatevälja. Arutleti selle üle, kas eesti talurahva vaesumine on tema enda tuimuse, laiskuse ja harimatuse tagajärg või on põhjus mujal. Kooli ja hariduse küsimustega tõusis päevakorda eestlaste ja lätlaste kui eripäraste etnoste tulevik.

Baltisaksa avalikus arvamuses näis domineerivat seisukoht, et eestlaste ja lätlaste saksastumine on paratamatu – mida toetas ka Hegeli ideede laialdane retseptsioon. Hegeli järgi ei saanud "rahvakildudel" *(Bruchstücke der Nationen)* olla tulevikku. Paljud vabameelsed saksa haritlased, sh. Merkel, uskusid, et saksastumine on põlisrahvaste kiireim tee euroopalikku tsivilisatsiooni. Samal ajal toetati alghariduse andmist talurahvale emakeeles, et kujundada talupojast-teoorjast euroopalik kirjaoskusega talurahvaseisus.

Seoses keskvalitsuse kursiga seaduste ühtlustamisele erutas baltisaksa avalikkust küsimus Läänemere-provintside õiguslikust seisundist Vene riigis. Ühelt poolt tekkis suur huvi vanade õigusallikate ja privileegide vastu, teisalt keskaja ihalemine saksa romantilise rahvusluse mõjul. Vastukaaluks valgustajate käsitlusele sakslastest kui vallutajatest, kes on pärisrahvastele ülekohut teinud, levis nüüd, nagu Saksamaalgi, esivanemate kultus, huvi ristisõdijate ja ordurüütlite-ordumeistrite ning kogu Vana-Liivimaa kui siinsete sakslaste omariikluseaja vastu. Samal ajal mööndi, et vana aeg oli karm ja verine, mõõk oli tollaste ristiusu-toojate ja rüütlite peamine argument. Keskaja-romantikale vastandasid estofiilid ja Faehlmann oma ÕES-is peetud ja selle toimetistes trükitud ettekannetes müüdi eestlaste muistsest kuldajast.

Kodanikuavalikkus

Seisusepiire ületav kodanikuavalikkus Baltimail andis endast selgesti märku 1850. aastate lõpul ja 1860-ndate algul, mil ajutiselt liberaalsem õhkkond võimaldas trükisõnale ja kodanikualgatusele laiemat mänguvälja. Toda kümnendivahetust hakati baltisaksa avalikkuses hiljem taga igatsema kui *kevadeaega* – näis, et toimub baltisaksa ühiskonna uuenemine seisuste lähenemise teel. Liberaalselt meelestatud literaadid tõstsid nüüd üha julgemalt häält.

Vaimse elu üldise tõusu ja avalikkuse politiseerumise ilminguid võis 1850. aastate lõpul märgata kõigepealt Riias, mille avaliku elu keskpunktiks sai 1959. aastast aadlivastaselt häälestatud literaatide Theodor Bötticheri ja Georg Berkholzi poolt koos raehärra Alexander Faltiniga asutatud kuukiri "Baltische Monatsschrift". Suuresti üldkultuurilise sisuga liberaalses ajakirjas nõuti saksa seisuste võrdõiguslikkust ja toetati mõtet nende lähenemisest. Ajakirja toimetaja 1860. aastail, Tartu ülikooli kasvandik ja Berliinis Hegeli juures õppinud Berkholz kirjutas, et Liivimaa ajalugu 1710. aastast saadik polevat midagi muud kui kodanikuseisuse ahistamine rüütelkonna poolt. Ajakirjas väideti, et viimaste agraarreformidega on Liivimaa rüütelkond talupoegade heaks juba küllalt teinud, nüüd on aeg teha midagi ka kodanikuseisuse heaks. Peamine konkreetne reforminõue, millele ajakirja tähelepanu koondus, oli mõisate valdusõiguse vabaksandmine, mis mõne aasta pärast (1866) ka teostus.

Talurahvarahutused Eestimaal 1850. aastate lõpul õhutasid literaate sõna võtma reformide teemal. Sel ajal tekkis Tallinnas mitmerahvuseline haritlaste suhtlusring. Koos käisid eestlased – kubermanguametnikust kirjamees Friedrich Nikolai Russow ja koolidirektori abi Johann Jakob Nocks; sakslased – endine kreiskooli inspektor folklorist Heinrich Neus ja keeleuurija akadeemik Anton Schiefner; venelane – väliskirjanduse tsensor Vassili Blagoveštšenski; nendega oli ühenduses ka Kreutzwald. Selles ringi liikmed koostasid ja andsid 1861. aastal välja (trükiti Berliinis) teose "Der Ehste und sein Herr", mis, iseloomustades statistiliste materjalide najal Eestimaa talupoja rasket olukorda, kutsus välja Eestimaa rüütelkonna äärmise pahameele.

Juhuse läbi kutsuti Russow Lindforsi pärijate trükikojas kavandatava uue ajalehe toimetajaks. Ta värbas kaastoimetajaks linnaametnik Thomas Wilhelm Greiffenhageni, kodanikupäritolu juristi, kes õpingutelt Saksamaal oli kaasa saanud vabameelse vaimu. Ajalehest "Revalsche Zeitung", mida Russow

ja Greiffenhagen hakkasid välja andma 1860. aasta juulist, kujunes Balti provintside esimene tõeline poliitiline ja seejuures radikaalne päevaleht. Toimetus seadis endale eesmärgiks kajastada *publiku avalikku arvamust*. Tänu vähemalt esialgu võrdlemisi lõdvale tsenseerimisele suudetigi seda ellu viia. Lähtudes eeldusest, et ilma talurahva vabaduse laiendamiseta ja tema materiaalse ja moraalse heaolu tõusuta pole Balti provintside heaolu edasine areng võimalik, deklareeriti: *seetõttu oleme meie piiramatu liikumisvabaduse, ihunuhtluse tunduva piiramise, kindla taluomandi rajamise, koolide avamise ja kõrtside sulgemise poolt.* Taotleti ka kohtu- ja haldusvõimu lahutamist ning kohtupidamise avalikkust. Toimetajate poliitiliste nõudmiste tipuks sai 1862. aastal esitatud idee luua Balti provintsides kõikseisuslik esindusorgan taastatud Soome maapäeva eeskujul. Sel moel kõlas "Revalsche Zeitungi" veergudel mõte eestlaste osalusest provintside omavalitsuses, mis selle aja kohta oli ennekuulmatult radikaalne idee. Ühes Russowi poliitilises luuletuses kutsuti üles seisust seisusele kätt ulatama ühises viljakas töös kodumaa heaks.

Peagi sattus "Revalsche Zeitung" teravasse konflikti Eestimaa rüütelkonnaga, põhjuseks eelkõige asjaolu, et ajaleht brošüüri "Der Ehste und sein Herr" oma kaitse alla võttis, väites, et see sisaldab ainult tõtt. Talupoegade kurba olukorda polevat suutnud parandada ka uusim seadusandlus. Eestimaa talurahvas polegi veel õiguslikust sõltuvusest vabanenud, ainult vormid on teised, kirjutas Greiffenhagen. Järgnev äge poleemika suurendas huvi "Revalsche Zeitungi" vastu. Samas ilmnes, et Eestimaa rüütelkonnale on kohalike olude kriitika ja avalik arutelu täiesti vastuvõtmatu. Rüütelkonna peamees Alexander von der Pahlen kutsus kokku nõupidamise, kus hakati toimetusega kauplema – suunamuutuse eest lubati avaldamiseks huvitavaid materjale rüütelkonna kantseleist; teisalt aga ähvardati toimetajaid halduskaristusega ja nõuti veel üht järelevalveorganit tsensuuri kõrvale. Greiffenhagen pidas targemaks teha teatud järeleandmisi, Russow aga lahkus toimetusest.

1867. aastal asus Greiffenhagen linnasündiku kohale ja lehte hakkas toimetama vabameelne publitsist, kunstikriitik ja ajaloolane Leopold von Pezold, kes oli baltisaksa ringkondades tuntud oma eestisõbralikkuse poolest. Vaatamata karmistatud tsensuurile säilitas "Revalsche Zeitung" liberaalse põhisuuna. 1869. aastal sunniti ka Pezold toimetajaametist loobuma. Rüütelkonna konflikt ajakirjandusega näitab, et kodanikuavalikkus oli juba jõud, mida vanameelsetel oli põhjust karta.

1861. aastast politiseerus ka vana "Rigasche Zeitung". Reformisõbraliku suuna andsid sellele noored radikaalse meelsusega toimetajad, Tartus õppinud ja end Saksamaal täiendanud juristid John Baerens ja Julius Eckardt. 1869. aastast toimetas "Rigasche Zeitungit" Tallinnast tulnud Pezold.

Mõjukas liberaalne poliitiline ajaleht oli veel 1866. aastal Tartus asutatud "Neue Dörptsche Zeitung", toimetajaks Berliinis meditsiini ja ajalugu õppinud Carl Emil Mattiesen. Kodumaa elu käsitlemisel oli ta vabameelsem ja julgem kui teiste tollaste balti lehtede toimetajad, andes sõna ka eesti rahvusliku liikumise tegelastele ja märkides meelsasti eestlaste kultuurilisi edusamme. Samal 1866. aastal asutasid Georg Berkholz ja Tartus meditsiini õppinud Gustav Keuchel Riias poliitilise päevalehe "Zeitung für Stadt und Land", kus reformisõbralik suund juba üsna märgatavalt põimus saksa rahvusliku vaimuga.

Seega olid 1860. aastad balti liberaalse ajakirjanduse õitseaeg; sel ajal ilmus vaid üks konservatiivse suunaga poliitiline ajaleht ja seegi lühiajaliselt – Tartu professori Carl Schirreni toimetatud "Dorpater Tageblatt", millel oli aga vähe edu.

Kodanikuavalikkuse arengut ja seisuste lähenemist toetasid muutused balti ühiskonna organisatsioonis. Mitmed vanad struktuurid (tsunftid, gildid) kaotasid majandusprotsesside mõjul tähenduse, samal ajal kasvas kodanike vabade ühenduste hulk ja nende

roll erinevate elualade arengus. Põllumajandus- ja teadusseltside, tudengikorporatsioonide, klubide ja muusikaseltside kõrvale hakkas tekkima uusi eriala- ja harrastusühendusi, mis mõjutasid nii majandus- ja kultuurielu kui ka seisustevahelist suhtlust. Omaalgatuse üheks tegevusväljaks oli heategevus, sest kasvavates linnades, eestlaste alal ennekõike Tallinnas, tõi tööstuse areng ja rahvastiku koondumine kaasa uusi sotsiaalseid probleeme ja viletsust.

Seisuste tihedama suhtluse seisukohalt olid olulised 1860. aastaist peale tekkivad suured üldkasulikke või harivaid eesmärke silmas pidavad ühendused. Nii asutati Tallinnas 1862. aastal vabatahtlik tuletõrjeselts, esimene omataoline kogu tsaaririigis. Tallinnast levisid samasugused seltsid kiiresti teistesse linnadesse ja ka maale. Need olid üsna demokraatlikud ühendused, mis koosnesid passiivsetest ja aktiivsetest liikmetest, viimased – need, kes tegelikult tuld kustutasid – olid küll enamasti käsitöölised. Tallinna tuletõrjeseltsi nimekirjadest leiab raehärrasid, kaupmehi, käsitöölisi, aga ka aadlikke ja literaate. Seltsi kauaaegne sekretär oli ajakirjanik, raesündik ja hiljem ka linnapea Greiffenhagen.

Suured demokraatlikku laadi organisatsioonid olid ka uued valgustuslik-üldharivate eesmärkidega saksa käsitööliste seltsid. Esimene niisugune tekkis Tartus 1860. aastate algul ja muutus kiiresti populaarseks kõigis kihtides. Tema arvukas liikmeskonnas leiab kõrvuti ülikooliprofessoreid, käsitöölisele, aadlikke, kaupmehi, sh. eestlastest literaate ja kaupmehi. Seltsi esimene president oli aadlik, maakohtunik Nicolai von Oettingen. Muide võõrustas see selts esimese eesti üldlaulupeo lauljaid ja külalisi, ning seltsiruumides olid vennastunud saksa käsitöölised ja eesti lauljad.

Seisuste lähenemist soosiv avalik arvamus avaldas mõju ka rüütelkondadele. 1862. aastal tegi vabameelne mõisnik Jegor von Sivers Liivimaa maapäevale ettepaneku kõikseisusliku maapäeva loomiseks. Rüütelkondades leidis toetust baltisaksa avalikkuses tekkinud suundumus kolme Balti provintsi lähenemisele. *Eestimaalase, liivimaalase* ja *kuramaalase* asemel hakati baltisakslaste kohta kasutama nimetust *baltlane*. Liivimaa õuekohtu asepresident Woldemar von Bock esitas ettepaneku kolme provintsi ühise maapäeva ja apellatsioonikohtu moodustamiseks. Kuid Balti provintside nii lähedase ühenduse idee tsaarivõimude toetust ei leidnud.

Tõsisemalt jäi päevakorrale kohtureform, sest ka keiser ise soovis Balti kohtu ühtlustamist kavandatava Vene rahukohtu süsteemiga. 1864–65 töötas Tartus justiitskomisjon, kus aadlikega põrkasid teravalt kokku liberaalsete kodanike ja literaatide esindajad eesotsas Greiffenhageniga, kes süüdistasid rüütelkondi poliitilise uuendustahte puudumises. Mitmedki liberaalsemad aadlikud (näit. Alexander von der Pahlen) möönsid siiski, et kogu seisuslikule alusele rajatud õigussüsteem ja seadusandlus on oma aja ära elanud. Reformiprojektideni aga ei jõutud. Justiitskomisjon oli samas üks ajastuomaseid avalikkuse foorumeid. Radikaalse seesmise uuenemiseni balti seisusühiskond neil ärgastel aegadel ei jõudnud, kodanikuavalikkuse hääl ei olnud veel küllalt tugev ja avalik arvamuski polnud üksmeelne.

1860. aastate keskpaigast peale halvasid eri seisuste reformiindu Vene ajakirjanduses 1863.–64. aasta Poola ülestõusu järel alanud rünnakud Balti provintside saksaliku eripära, privileegide ja autonoomia vastu. Vaenulikud olid nii konservatiivsed kui ka liberaalsed vene lehed. Ajalehe "Moskovskije Vedomosti" toimetaja Mihhail Katkov pidas baltisakslasi tugevneva Preisimaa juhitud viiendaks kolonniks, vennad Aksakovid jt. slavofiilid tundsid kaasa eesti ja läti talurahvale, nähes nende "päästmise" teed venestamises; liberaalide "Golos" taunis Baltimaade keskaegset korda, väljendades samuti muret põlisrahva raske olukorra pärast.

Vene agressiivne rahvuslus avaldas mõju ka valitsusele, selhulgas germanofiilina tuntud Aleksander II-le endale. 1867. aastal pidas keiser Riias venekeelse kõne, milles rõhutas Balti provintside liitumise vajadust ühi-

sesse Vene perre. Ikka enam ilmnes tendents muuta *Venemaa saksa Läänemere-provintsid* tavalisteks Vene kubermanguideks.

Baltisaksa ajakirjandusel oli süüdistusi raske tõrjuda, olid ju pealinna lehed eeltsensuurist vabastatud ja provintsiajakirjandus mitte. 1860. aastate avalik poleemika tipnes välismaal avaldatud võitlusbrošüüridega – slavofiil Juri Samarini venestust propageerivale teosele "Okrainõ Rossii" järgnes Carl Schirreni kuulus "Livländische Antwort". Saksamaale emigreerunud publitsistid Julius Eckardt ja Woldemar von Bock püüdsid mõjutada nii saksa avalikkust kui ka valitsust baltisakslaste kaitseks midagi ette võtma. Kuid vananenud ühiskonnakorralduse kaitsjatena nad erilist vastukõla ei leidnud ja Saksa valitsusjuht Bismarck oli oma Vene-poliitikas ettevaatlik.

Schirreni vastus võitis baltisakslaste seas erakordse populaarsuse ja kindlustas konservatiivse suuna domineerimise edasikestmise baltisaksa avalikus arvamuses.

Uus elavnemine saabus 1870. aastate lõpul, mil tingituna valitsuse kavadest kehtestada ka Baltimail Vene kubermangu- ja maakonnaomavalitsuse süsteem, *semstvoasutused*, hakati baltisaksa trükisõnas arutama provintside omavalitsuse reformimist. See tõi kaasa vaidlused maapäevadel ja ajalehtedes; reformikavadele pühendatud trükiseid ilmus nii palju, et hakati rääkima "brošüüride sõjast". Nüüd olid kodanikuavalikkuse esindajaina kõige aktiivsemad ja radikaalsemad just aadlikest liberaalid, näiteks Kuramaa aadlik Edmund von Heyking, kes nõudis "rassiprivileegide" likvideerimist. Teravate sõnavõttudega esines ajakirjanduses insenseriharidusega Hermann Samson von Himmelstierna, ärritades seisusekaaslasi väidetega reformide paratamatusest ja semstvo sisseseadmise võimalikkusest. Nüüd oli küsimus selles, kas "lubada" provintsi- ehk kubermanguomavalitsusse, aadli maapäevadele, ka talupojad, mida eesti ja läti rahvuslik ajakirjandus üha häälekamalt nõudis. 1880. aastate alguseks jäi vähemasti Liivimaa rüütelkonnas peale mõte luua poliitilise maapäeva kõrvale majanduslik – ehk maksuorgan, milles osaleksid ka talupojad. Need plaanid lämmatas pealetungiv venestus.

Arutelus eestlase olemuse ja tuleviku üle, mis iseloomustas baltisaksa avalikkust 19. sajandi esimesel poolel, eestlased kui endi ja teiste silmis alam talurahvaseisus veel ei osalenud. Siiski hakkasid traditsioonilisele talupojakultuurile omased kujutlused ja tavad ning ühise tegevuse vormid kiriku, kooli ja trükisõna mõjul teisenema. Vabastusseadustega rajatud kogukonna omavalitsus nõudis talupoegadelt uut laadi avalikku tegevust – tuli täita kohtu-, politsei- ja haldusfunktsioone. Heatahtlikud estofiilid ja pastorid õhutasid uusi omaalgatuslikke ettevõtmisi saksa kultuurist tuntud tegevusmallide vaimus. 1820.–30. aastail levisid piibliseltsid, mida juhtisid kirikuõpetajad, kuid talupoegi oli isegi juhatuste liikmete ja haruseltside esimeeste seas. Vennastekogudused pakkusid talupoegadele eneseteostuse võimalusi jutlustajate ja teiste kasvatajatena. Pastorid püüdsid ärksamaid taluperemehi kirikuvöörmündrite ja koolivanematena tõmmata kaasa kooli- ja kirikuelu korraldamisse. Eestlaste esimesed kinnitatud põhikirjaga organisatsioonid olid lauluseltsid: "Vanemuine" ja "Estonia" 1865, Jüri kihelkonna laululselts 1866. Kümnendi lõpust on teateid samasuguste Põltsamaa, Sangaste-Laatre ja Harju-Madise seltside kohta. Needki tegutsesid pastorite või teiste ülemkihtidest sakslaste hoolduse all.

1860. aastaist hakkas olukord eestlaste sotsiaalse liikuvuse kasvu, eesti haritlaste aktiivsuse ja eestikeelse trükisõna mõjuvälja laienemise tõttu kiiresti muutuma. Kui baltisaksa avalikkus oli arutanud eestlaste saatust saksa keeles ja "teoreetiliselt", siis herderlikest rahvuslusideedest vaimustunud eesti haritlased pöördusid eesti keeles rahva enda poole, veendes teda, et eestlase tulevik on tema enda teha. Algas eestikeelne avalik arutelu eestluse üle, publiku kujundamine sellele arutelule, eestlaste õhutamine ühisele tegevusele ja uute ühenduste loomisele rahvuse tuleviku nimel. Apelleeriti kõigile kirjaoskajatele ja mõtlevatele rahvuskaaslastele.

Eesti kodanikuavalikkuse kujunemise esimeseks märgiks oli eestikeelse ajakirjanduse areng. Jannseni "Perno Postimees" oli algul veel väga sarnane "vanaaegsele" valgustuslik-õpetlikule rahvaväljaandele, kuid uudselt kõlasid selles rahvuslikud noodid. Tema "Eesti Postimees" Tartus koondas eesti rahvuslikult meelestatud haritlasi ja sai neile tribüüniks, kus arutati eestlaste emantsipatsiooni, talumajanduse edendamist, eesti keele rolli, hariduse tähtsust ja rahvakooli seisundit jm.

Tekkiva eesti avalikkuse märgiks olid ka 1860. aastail koos käivad haritlaste vabad vestlusringid Peterburis ja Tartus, kus arutati, mida tuleks teha talurahva olukorra parandamiseks, rahvahariduse edasiviimiseks ja endise orirahva äratamiseks *sajandite unest* – nagu seda tollal kujutleti. Peterburis kogunes talupoegliku päritoluga kunstiakadeemiku Johann Köleri ümber *Peterburi patriootide* ring, kuhu kuulusid veel arstid Philipp Karell ja Gustav Hirsch, põllumajandusteadlane Jakob Johnson, noor pedagoog Carl Robert Jakobson, Friedrich Nikolai Russow jt.

Tartus kogunesid "Eesti Postimehe", "Vanemuise" seltsi, Johann Voldemar Jannseni ja Lydia Koidula ümber mitmed noored haritlased, nende seas Jakob Hurt, üliõpilased Paul Blumberg, Andreas Kurrikoff, Heinrich Rosenthal jt. "Vanemuise" seltsis hakati pidama patriootilise sisuga ettekandeid ja algatati kultuurilisi ettevõtmisi, millest üks tähtsamaid oli esimene üldlaulupidu.

Sel moel kujunes eesti avalikkust kandev seltskond, kes seltsikõnede, ajakirjanduse ja luuletuste kaudu pöördus rahva poole ikka selgemalt sõnastatud rahvusliku sõnumiga. 1870. aastail said needsamad rahvuslased esimeste otseselt rahvuskultuuri edendamist ja rahvusteadvuse levikut taotlevate suurte üle-eestiliste organisatsioonide asutajateks. Niisiis olid eesti kodanikuavalikkuse kujunemine ja rahvusliku liikumise algus lahutamatult seotud.

USK JA KIRIK

Luteri usu kirik

Euroopa kultuuri ilmalikustumisprotsessi käigus minetas kirik ka Baltimaades oma ainuvaldava positsiooni vaimuelu keskse lõimiva jõuna ja muutus üheks paljudest kultuurilist arengut kandvatest struktuuridest. Siiski säilitas luteri kirik siin ühiskonnaelus tähtsama koha ja oli vaimselt ühtsem kui näiteks Saksamaal. Ristimise järel said kõigist inimestest kirikukoguduse liikmed, mis tähendas kõigile seisustele vaimset sidet kiriku kui institutsiooni ja kristliku armuõpetuse kuulutajaga. Baltisaksa vähemusele teiskeelsel maal oli oma kirik vajalik hingehoolde pakkuja ja ühtekuuluvustunde kinnistaja, kehastades ühtlasi sidet emamaaga. Lisaks lootsid baltisaksa ülemkihid hoida ja tugevdada kiriku abil oma vaimset mõju põlisrahvastele ka siis, kui need juriidiliselt ja sotsiaalselt emantsipeeruvad. Kuigi saksa ja eesti koguduste jaoks olid eraldi jumalateenistused, oli luterlus siiski ülem- ja alamkihte ühendav tegur.

Ka eesti talurahvale oli kirik mitmeti vajalik ja tähtis. Kool oli tugevasti seotud kirikuga, seega tähendas rahvakoolivõrgu laienemine luteri usu sügavamat juurdumist maarahva teadvuses. Vaimulike raamatute lugemine mõjutas inimeste hoiakuid ja arusaamisi maailma asjadest. Vanast loodususundist pärit tavad ja kombed kadusid 19. sajandi jooksul pea täielikult. Luterlikud rituaalid ja kombed kuulusid nüüd juba lahutamatult argielu juurde. Kirik oli ametliku teabe vahendaja, perekonnaseisuamet ja pühapäevane suhtluse-kokkusaamise paik. Samas tekitas võõrastust kiriku seos mõisnikega, saksa pastorite *kirikhärra*-positsioon ja puudulik eesti keele oskus.

Luterlikud institutsioonid kuulusid Balti provintside omavalitsuse süsteemi põhistruktuuride hulka. Eesti- ja Liivimaa kubermangus oli institutsionaalselt ja õiguslikult tegemist erinevate territoriaalkirikutega *(Territorialkirche, Landeskirche)*. Varauusaegse luterliku kirikuorganisatsiooni üheks põhitunnuseks oli territoriaalne kattumine teatud kindlapiirilise poliitilise üksusega. Rootsis hõlmas luteri territoriaalkirik kogu riiki, Saksamaal oli kujunenud välja terve rida territoriaalkirikuid, millest igaüks hõlmas luterlikku vürstiriiki või vabalinna. Mitmeks selgepiiriliseks poliitiliseks üksuseks jagunenud Baltimaad sarnanesid selle poolest Saksa aladele. Luteri territoriaalkirik tekkis nii Tallinnas kui Riias juba enne Liivi sõda. Pärast luterliku poliitilise ülemvõimu kehtestamist tekkis territoriaalkirik ka Eestimaal, Liivimaal, Saaremaal ja Ingerimaal (keskusega Narvas). Seega oli 17. sajandil Rootsi Läänemere-provintsides tegemist kuue erineva territoriaalkirikuga, mis 1686. aasta kirikuseaduse kehtestamise järel muudeti Rootsi territoriaalkiriku konsistoriaalringkondadeks.

Rootsi ülemvõimu asendumine Vene võimuga 1710. aastal tõi kaasa Baltimaade linnade ja rüütelkondade omavalitsuse kõrgaja, millega kaasnes luteri territoriaalkirikute taastekkimine suures osas sellisel kujul, nagu need olid eksisteerinud 17. sajandi lõpu reformide eel. Uutel alustel korraldati ümber Eestimaa territoriaalkiriku valitsemine. Rootsi ajal oli Eestimaa kirikujuhiks olnud piiskop, keda abistas vaimulikest liikmetest koosnenud konsistoorium. Vene ülemvõimu kehtestamise järel allutati konsistoorium maanõunikust presidendile, lisades seeläbi viimase puuduva lüli Eestimaa rüütelkonna omavalitsusfunktsioonidele.

19. sajandi algupoolel ahistasid kirikut Baltimaades nii talupoegade sõnakuulmatus, agraarsed rahutused ja usulised ärkamisliikumised kui ka keskustamine ja bürokratiseerimine, mis käis kaasas seadusandluse korrastamisega Aleksander I valitsusajal. Vene õigeusu riigikiriku suhtes olid protestandid *võõrusulised* (иноверцы). Kontrolli tugevdamiseks võõrusuliste üle loodi 1810. aastal Võõrkonfessioonide Vaimulike Asjade Peavalitsus, millele allutati ka seni Liivi- ja Eestimaa Asjade Justiitskolleegiumi haldusalasse kuulunud luteri kirikud.

1819. aastal loodi kõigi Vene keisririigi luteri territoriaalkirikute ja koguduste piiskopi ametikoht. Liivimaa ülemkonsistooriumi ja Kuramaa konsistooriumi protestide tõttu siinse *põhikorra rikkumise (Verfassungsbruch)* vastu piirati piiskopi kompetentsi esialgu Peterburi konsistoriaalringkonnaga.

1832. aastal kirjutas Nikolai I alla "Venemaa evangeelse luteri kiriku seadusele", millega Vene riigi luteri kirikud ja kogudused ühendati ühtseks organisatsiooniks. Selle juhtorganiks sai halduslikult siseministeeriumile, juriidilistes asjades Senatile alluv peakonsistoorium Peterburis. Vene luteri kirik jagunes Eestimaa, Tallinna, Liivimaa, Riia, Saaremaa, Kuramaa, Peterburi ja Moskva konsistoriaalringkonnaks (need omakorda praostkondadeks). Kohalike konsistooriumide eesotsas seisid ilmalik president ja vaimulik asepresident. Viimast nimetati Eestimaa, Liivimaa, Kuramaa, Peterburi ja Moskva konsistooriumis ülem- (ehk kindral)superintendendiks, mujal superintendendiks. Baltimaades valisid konsistooriumide presidente ja asepresidente rüütelkonnad, linnades magistraadid. Peterburi peakonsistooriumi seisukohavõtu järel esitati kandidaadid siseministeeriumi kaudu keisrile kinnitamiseks.

1819. aastal loodud piiskopiametist jäi alles üksnes tiitel: keiser võis pikaajalise eeskujuliku teenistuse eest annetada luteri pastorile piiskopi aunimetuse, mis ei toonud

Martin Lutheri ausammas Keilas

kaasa mingeid tegelikke eesõigusi. (Ülem)superintendendid pidid isiklikult kontrollima vaimulike tegevust, nende hooleks oli pastorite ordinatsioon, kirikute sisseõnnistamine ja visitatsioonid praostkondades. Igas konsistoriaalringkonnas tuli kord aastas pidada sinod, edendamaks pastorite teadmisi ja ametioskusi. Seadus kindlustas kirikule tema senise maavalduse ning naturaalkoormised mõisa- ja talumaadelt. Liivimaal juba kehtiva korra eeskujul loodi ka teistes konsistoriaalringkondades ülem-kirikueestseisja ametid. Need rüütelkonna mõju all seisvad asutused kontrollisid kiriklikke majandus- ja haldusasju. Kihelkondades korraldasid kiriku haldusasju mõisnikest kirikueestseisjad. Kiriklikku omavalitsust kihelkonna piires teostas juba Rootsi ajal tekkinud kirikukonvent, millel osalesid kõik kihelkonna mõisnikud ja nõuandva häälega ka talupoegadest vöörmündrid. 1870. aastal eraldati Liivimaal sellest koolikonvent.

Kirikukonvent valis pastori, kirikueestseisjad ja vöörmündrid. Pastori valimise juures oli talupoegadel hääleõigus ainult Saaremaal. Kandidaadi proovijutluse järel võisid nad siiski ka mujal arvamust avaldada. Ligi 4/5 Eestimaa ja 1/2 Liivimaa maakogudustes kehtis rüütlimõisatega seotud patronaadiõigus – iidse tava kohaselt võis kirikupatroonist mõisnik esitada kirikukonvendile oma kandidaadi või kandidaadid vakantsele pastorikohale. Uus kirikuseadus patronaadiõigust ei riivanud.

Seoses 1832. aasta kirikuseaduse kehtestamisega jäi luteri konfessioon ilma oma senisest ainuvalitsevast staatusest Balti provintsides, ning piirangud vene õigeusu kiriku tegevusele kaotati. Venemaal oli õigeusu kirik ühtlasi riigikirik. Luteri kirikule sai küll osaks riiklik tunnustus ja kontroll, kuid tema õigused olid oluliselt väiksemad. Uue kirikuseaduse rakendamine tähendas Balti erikorra esimest tõsist piiramist pärast asehaldusaega (1783–96), kuigi kohalik kirikuelu jäi rüütelkondade ja linnamagistraatide mõjusfääri.

Balti provintside pastorkond moodustas 19. sajandi esimesel poolel endiselt baltisaksa haritlaskonna kõige suurema ja prestiižikama rühmituse. Tänu Tartu ülikooli taasavamisele hakkasid Saksamaalt sisserännanud haritlaste asemel, kes algul olid enamasti koduõpetajad aadliperekondades ja jõudsid sealt kirikuõpetaja ametikohale, domineerima kohalikku päritolu mehed. Esimesed talurahvast pärinevad pastorid, kes end eestlastena teadvustasid ja seda ka avalikult tunnistasid, ilmusid 1870. aastail.

Maapastor oli elulaadilt ja mõtteviisilt paljuski lähedane aadlikule. Sidemeid soodustasid ühised õpingud Tartu ülikoolis, eriti kuulumine üliõpilaskorporatsioonidesse. Aadlikud pidasid pastoreid peaaegu endaväärilisteks, seltskondlik suhtlus pastoraadi ja mõisa vahel oli loomulik. Kirikuõpetajad olid tihti väikemõisnikud, kes tegelesid oma majapidamisega ise. Kiriklates harrastati seltskonna- ja pereelu muusika, tantsu ja ettelugemistega. Pastoraat oli sageli kihelkonna vaimseks keskuseks. Samas oli tavalisel maapastoril enamasti suur pere ning rohkesti ameti-

kohustusi: jumalateenistus koos jutlusega, armulauateenistus, leeriõpetus ja leeritamine, ristimine, laulatamine ja matmine, koolikatsumised ja kodude ning haigete külastamine, ametliku teabe vahendamine, statistiliste andmete kogumine ja konsistooriumile esitamine, perekonnaseisuametniku töö koos kirikuraamatute pidamisega jne. Pastoriproua juhtis kodumajapidamist, oli sageli – nagu ka mõisaprouad ja -preilid – talurahva-arstiks ja tegi hoolekandetööd.

19. sajandi esimese poole vältel säilitas ratsionalism veel oma koha balti vaimuelus ja paljud pastorid järgisid oma tegevuses just seda suunda, paistes silma teadusharrastuste, põllumajandusliku tegevuse ja rahvavalgustustöö poolest. Ka sajandi esimese poole estofiilid kuulusid suuremalt osalt ratsionalistidest pastorite sekka. Samas hakkasid siinses usuelus mõju avaldama uuspietism ja eriti 1840. aastaist Tartu ülikooli usuteaduskonna mõjul luterlik konfessionalism. Kui ratsionalistlik teoloogia oli inimese elueesmärgina rõhutanud õnne leidmist ja õndsakssaamist voorusliku elu ja vääriliste tegude läbi, siis uuspietism toetas "külma mõistuseusu" asemel vaga südameusku ja lootust jumala armule. Luterlik konfessionalism ühendas jooni ortodokssest luterlusest, pietismist ning (ratsionalismist alguse saanud) ajaloolis-kriitilisest piibliuurimisest. Osa pastoritest hakkas nüüd rahvast õpetama erilise vagaduse vaimus, seda nii otse kantslist kui ka piibliseltside edendamise, rahvalike piiblipühade ja surnuaiapühade korraldamise ning trükisõna kaudu.

Rahva kirjaoskuse ja kooli edendamine oli südamel küll ka pietistidel. Harimatu ja veel alaealiseks peetud talurahvaga suheldes nägid pastorid oma peaülesannet mitte niivõrd evangeeliumi kuulutamises nagu Saksamaal, kuivõrd õpetamises ja eetilises kasvatamises, noomimises ja manitsemises. Lihtrahvas hakkaski pastoreid nimetama õpetajateks. Valgustusajal olid mitmed pastorid pärisorjuse avalikult hukka mõistnud. Liivimaa ülem-superintendent Karl Gottlob Sonntag oli talurahvale kaitset nõudnud lausa mõisnike peafoorumil, oma kuulsas maapäeva-jutluses 1795. aastal. Vabastusseaduste järel ja agraarkriisi aegadel, kui talurahva olukord oli äärmiselt raske, ei olnud aga balti avalikkuses küllalt kuulda hingekarjaste häält, mis aidanuks kaasa agraarreformide kiiremale teokssaamisele. Sellal asetati kogu lootus talupoja hinge harimisele ja manitsemisele.

Hernhuutlik liikumine

Vagameelsus leidis poolehoidu kõigis ühiskonnakihtides. Nii sattus pietistide mõju alla kuulus aadlidaam Barbara Juliane von Krüdener, hakates jutlustama patust pöördumist ja pidades end prohvetiks. Lääne-Euroopa riikidest väljasaadetud ebasoovitava isikuna elas ta oma Viitina mõisas Rõuge kihelkonnas, kus pidas rahvarohkeid palvetunde talupoegadele. Mõisaproua saksakeelsed jutlused tõlgiti eesti ja läti keelde.

Lihtrahva vagameelsus leidis väljenduse Saksamaalt lähtunud hernhuutluses ehk vennastekoguduste *(Brüdergemeinde)* liikumises, mille mõju hakkas pärast vahepealset ametlikku keeldu uuesti kasvama. Eriti kiiresti suurenes hernhuutlaste arv pärast Aleksander I "armukirja" (1817). Kohalikud kirikuringkonnad nägid vagaduslikumises esialgu liitlast ja lootsid sellelt abi rahva usulis-moraalsel kasvatamisel.

1839. aastal oli vennastekoguduste liikmete arv eestlaste alal ligi 50 000. 1854 loeti Eestis vennastekoguduste liikmeid üle 50 000, valmistujaid üle 6000, eestlastest "töölisi" *(Nationalarbeiter)* ligi 3000, nende "abilisi" *(Nationalgehilfe)* ligi 2900. Nende kasutada oli 170 palvemaja. Eestlastel oli liikumine palju hoogsam kui lätlastel. Eriti palju oli hernhuutlasi Võrumaal, Tartumaal, Harjumaal ja mitmes Viljandimaa kihelkonnas. Seega oli tegu massilise äratuslikumisega, milletaolist eestlaste seas pole esinenud varem ega hiljem. Agraarkriisi- ja -reformide aegne ebakindlus soodustas lohutuse otsimist lihtsast ja dogmavabast "südameusust", mis sobis looduslähedast elu elavatele väheharitud inimestele.

Augsburgi usutunnistusest hernhuutlased ei loobunud ja Baltimaades nad "ametlikust" luteri kirikust organisatsiooniliselt ei eraldunud. Ristimine, armulaud, leer, laulatus ja matused jäid ikka kiriku hooleks. Sisuliselt aga moodustasid vennastekogudused siiski iseseisva ühenduse, mis hakkas kirikutegelastele ja aadlile peatselt muret tegema. Eesti ja Läti vennastekoguduste eesotsas olid sakslastest diakonid, kellel oli arvukalt *töölisi* ja nende *abilisi* talupoegade seast. Üks *abiline* hooldas 6–20 koguduseliiget. Hooldajatel, kelle kohustuseks oli tegelik hingehooldustöö, oli küllalt võimalusi lähedaseks suhtlemiseks, vestlusteks ja loiumatele eeskuju andmiseks. Koguduse liikmed olid jaotatud *kooridesse* ea, soo ja perekonnaseisu järgi, mis soodustas tihedat suhtlust hooldajatega.

Kõige tähtsamad olid hernhuutlastele palvetunnid, kus nad võisid end vabalt avaldada, kuigi Piibli suvalist tõlgendamist püüdis kirik eeskirjade abil keelata. Oma usuelamusi jagati teistega spontaansete kujundirohkete jutluste kaudu. Ühised palved, ühislaul, orkestrimäng ja liturgiad kinnistasid osadustunnet, tekitasid meeleliigutust ja viisid mõnigi kord ekstaasi. Kaasaelamine Kristuse kannatustele muutus sageli lausa pisaratekultuseks, mida diakonid püüdsid pidurdada: juhtivate vennaste arvates polnud usulise ärkamise eesmärgiks väline meeleliigutus, vaid sügavam südamevagadus ja seesmine jumalatunnetus.

Võimalus end emotsionaalselt välja elada ning kokkukuuluvustunne olid olulise sotsiaalse tähendusega. Vennad tundsid end tähtsate ja väljavalitutena. Nad olid hoolsad taluperemehed ning eelistatud ka ausate ja kuulekate mõisa ametimeestena. Teotööst vabastatuna jõudsid kupjad, kiltrid, möldrid ja aidamehed kergemini haljale oksale kui tavalised taluperemehed. Seetõttu räägiti hernhuutlastest kui talurahva-aristokraatiast. Oma tegevusega rahvahariduse toetamisel soodustas hernhuutlus harituma talupoegade kihi teket ja selle eneseteadvuse tõusu; tihti ühinesid hernhuutlastega just kooliõpetajad.

Emakeelse kirjaoskuse edendamise, lugemise ja kirjaliku eneseväljenduse õhutamisega töötasid vennastekogudused vastu varakamate eestlaste saksastumistungile.

Andekaile ja edasipüüdlikele andsid vennastekogudused võimaluse eneseteostuseks ja sotsiaalseks tõusuks; samas haaras liikumine inimesi hulgaliselt just tänu selle juhtide agarusele ja eeskujule. Üheks selliseks oli 1820. aastail talupidaja, mõisa aidamees ja köster Nava ehk Silla Hindrik, kes Tartu- ja Viljandimaal sugestiivseid jutlusi pidades haaras kaasa tuhandeid talupoegi, ka pastoreid ja mõisnikke.

Valgustajad nagu Masing pidasid hernhuutlasi rahva pimestajaiks, romantilisema meelelaadiga eestisõbralikud haritlased kahetsesid vanade rahvakommete taandumist vennaste mõjul. Balti aadli seas oli varem leidunud neid, kes hernhuutlaste koosolekutel suhtlesid talupoegade kui õdede-vendadega ühises usuelamuses. 19. sajandi esimesel poolel hakkas aga aadel rahva usulisse aktiivsusse suhtuma üha umbusklikumalt. Luteri kirik muutus vennasteliikumise suhtes vaenulikuks 1830. aastaist, pärast kirikureformi, mil hakkas domineerima uus, Tartu ülikoolis pietistlikus ja konfessionalistlikus vaimus kasvatatud pastorite generatsioon. Siiski hakkasid kirikuõpetajad hernhuutlaste eeskujul taotlema lähedasemaid suhteid koguduseliikmetega ning otsima uusi kirikliku elu vorme. 1840. aastate teisel poolel muutus suhtumine sallivamaks õigeusku siirdumise tõttu Liivimaa talupoegade seas, ent kui õigeusu kiriku "rünnaku" oht ei osutunud nii tõsiseks kui kardeti, algas luteri kiriku võitlus hernhuutlaste vastu uue hooga. Sajandi keskpaiku hakkas vennastekoguduste liikumine taanduma, osalt ka seetõttu, et agraarreformide elluviimise ajal oli rahval "muud tegemist".

1857. aastal otsustas Saksamaa Herrnhuti sinod lõpetada Herrnhuti keskuse vahetu tegevuse Eesti- ja Liivimaal ning uute saksa diakonite saatmise siia. Seda otsust mõjutasid lisaks kohalike võimude tõrjuvale hoiakule vennastekoguduste finantsraskused ja hinnang siinsete koguduste iseseisvumise perspektiivitusele.

Usuvahetus Lõuna-Eestis

Kuni 1840. aastateni polnud vene õigeusk eesti talurahva hulgas peaaegu üldse levinud. Selle kiriku liikmeteks olid peaasjalikult venelased linnades ja maal Peipsi ääres.

Talurahvarahutused, korduvad viljaikaldused ja nälg vallandasid usuvahetusliku liikumise Liivimaal 1840. aastate keskpaiku, mil luterlusest õigeusku siirdus Lõuna-Eestis ümmarguselt 65 000 inimest. Talurahva massiline kirikuvahetus oli baltisaksa ringkondadele sügavaks vapustuseks. Tundus, et siinmail võib hävida kogu õhtumaine-protestantlik kultuuritraditsioon. Kaasaegsed publitsistid ei kahelnud, et tegu on majanduslikult motiveeritud ja/või poliitilise rahvuslikku laadi mõisnikevastase liikumisega. Vene ametnikud, kes talurahva käärimisega valitsuse ülesandel tegelesid, arvasid, et usuvahetuse põhjuseks on ainelises viletsuses vaevleva ja saksa mõisnikke vihkava eesti talupoja hingehäda, mida luteri kirik pole suutnud leevendada. Humanistid-literaadid olid nördinud, et talurahva hädade leevendamiseks on nii vähe tehtud, ja et rüütelkonnad viivitavad agraarreformidega.

Oma mõju oli õigeusu koolil, samuti sellel, et preestrid polnud *kirikhärrad*, vaid ka ise üsna lihtsad inimesed. Kahtlemata mõjutasid paljude õigeusku eelistanute meeli ka selle omapärased rituaalid, rohke atribuutika ja traditsiooniline sümboolika, mis andsid omalt poolt "igavikutunde".

Baltisaksa avalikkuses tekkis kahtlus, et õigeusu vaimulike või muude "salaemissaride" õhutatud kirikuvahetus on suurema rünnaku algus saksa kultuuri vastu Baltimaadel. Tõepoolest kuulus riigiusu mõjuvälja laiendamine vähemasti 1830. aastaist vene kiriku- ja valitsusringkondade plaanidesse. Seda tunnistab ka õigeusu piiskopkonna rajamine Riias 1836. aastal. Haritud ja üliagara piiskop Filareti ettevõtmisel asu-

Õigeusku siirdunute protsent 1845–1848 ja kogudused

tati Riias 1846. aastal vaimulik õppeasutus, mis 1851. aastast töötas kahes osas: vaimulik kool ja vaimulik seminar. Nähti ette, et selle õpilaskond peaks koosnema võrdsel määral eestlastest, lätlastest ja venelastest, ka talupoegade peredest; kooli õppekavas olid religioossete ainete kõrval eesti, läti ja ladina keel ning üldained. Seega avanes põlisrahval uus võimalus saada keskharidust ja algas ka omast rahvusest õigeusu vaimulikkonna kujunemine. 1880. aastaks oli eesti haritlaskonna seas kaheksa Riia vaimuliku seminari kasvandikku – õigeusu teoloogi. Neid osales ka eesti kultuurielus ja rahvuslikus liikumises, näiteks Riia tsensori abi ja hilisem Pärnu preester Mihkel Suigusaar. Hiljem lõpetajad vaimuliku kutset alati ei valinudki, vaid asusid tööle muudel elualadel või läksid edasi ülikooli.

Siiski oli riigivõim kirikuvahetusliikumise ärakasutamisel Balti provintside eriseisundi nõrgestamiseks suhteliselt loid ja ettevaatlik. Kuna Peterburi häiris mistahes käärimine ja omaalgatus alamrahva seas, tehti õigeusu propagandat tagasihoidlikult ja kehtestati pooleaastane "mõtlemisaeg". Eesti alal oli vähe preestreid ja needki enamasti umbkeelsed. Euroopas puhkenud revolutsioonide mõjul hakkas Nikolai I Balti aadlit kui troonustavat tuge taas rohkem arvestama, ja Filaret saadeti 1848. astal Riiast Harkovisse.

1848. aasta sügiseks, mil usuvahetusliikumine soikus, oli eesti õigeusuliste kogudusi 46. Ruumid, kus jumalateenistusi peeti, olid viletsad, tavaliselt kroonumõisate kõrvalhooned. Uusi kirikuid ehitati vähe, näiteks 1847. aastal 4, järgmisel aastal 5, ja needki olid väikesed ja lihtsad puust ehitised. Vaimulikuks pühitseti usulise hariduseta talupoegi ja muid lihtinimesi. Hiljem hakkas juurde tulema Riia vaimulikus koolis ja seminaris hariduse saanud eestlasi.

Baltimaade kultuuri üldpilti usuvahetus kuigi tuntavalt ei riivanud, õigeusu mõju jäi pöördunute suurele arvule vaatamata tagasihoidlikuks, seda enam, et peatselt algas ulatuslik tagasipöördumisliikumine. Talupojad ei mõistnud, miks nad abiellumisel või lasteristimisel ei võiks poolte erinevast kiriklikust kuuluvusest hoolimata minna tuttavasse luteri kirikusse. Õigeusu kirikust lahkumine oli seadusega keelatud, ja alles Aleksander II nn. tolerantsusedikt 1865. aastast võimaldas siinsetele rahvastele piiratud südametunnistusevabaduse – paarikümneks aastaks. Lõpetati kohtuprotsessid pastorite vastu, kes olid laulatanud segapaare või ristinud neist abieludest sündinud lapsi luterlike rituaalide kohaselt. Hilisemail andmeil oli tagasipöördunute arv Liivimaal kokku umbes 35 000.

Usuvahetusliikumisel olid siiski tõsised sotsiaalpsühholoogilised, poliitilised ja rahvuslikud järeldused. Baltisakslaste ohutunne kasvas ja see oli tõukeks ka rüütelkondade reformipoliitika elavnemisele. Tuntud baltisaksa publitsist Julius Eckardt on 1840. aastates näinud *Liivimaa vaikelu* hävimist. Tegelikult olidki selle aastakümne sündmused eelmänguks mõisniku-talupoja patriarhaalse suhte murenemisele. Ka talupoegi pani kirikuvahetus, nagu ka väljarändamise katsed Venemaale, mõtlema oma identiteedi üle.

1840. aastate käärimiste tulemuseks oli seegi, et hakati senisest tõsisemalt tegelema kooliolude korraldamisega. Uued õigeusu koolid täiendasid laienevat eestikeelsete talurahvakoolide võrku. Märksa mõjusamalt kui hernhuutlik liikumine sundis ähvardus vene õigeusu kiriku ja teise usutunnistuse poolt Baltimaade pastoreid enesevaatlusele ja suuremale hoolele hingekarjase-töös. Rahva veenmiseks kasutati kirikuteenistuste kõrval koolikatsumisi, rahvakoosolekuid ja muid üritusi. Elavnes eestikeelse vaimuliku kirjasõna väljaandmine; asutati esimesed usulise sisuga perioodilised väljaanded eestlaste jaoks: Karuse pastori Friedrich Hasselblatti ja Pärnu õpetaja Ernst Wilhelm Woldemar Schultzi toimetatud "Leivakorvikenne" (1847–48) ning

Rapla kirik

Johann Voldemar Jannseni moraliseerivaid jutte sisaldav "Sannumetoja" (1848–51).

Usuvahetusliikumise järgsel veerandsajandil toimusid luteri kirikuhoonete välisilmes tähelepanuväärsed muutused. 1860. aastail valmis Eesti alal kuusteist uut kirikut, järgmisel kümnendil veel kümme. Lisaks sellele ehitati suur hulk kirikuhooneid ümber, uuendati nende sisustust ja püstitati neile uusi kõrgemaid torne. Kirikuhoonete ehituseks annetasid märkimisväärseid summasid ka eestlased. Eesti linnakoguduste tarbeks ehitati Tallinna Jaani ja Kaarli, Tartu Peetri ja Narva Aleksandri kirik.

Kirik ja usuelu ärkamisajal

Vaatamata keisri lubatud ususallivusele ja rahva poolehoiule luteri kiriku vastu, ei saanud luterlik pastorkond tagasi kindlustunnet. Slavofiilid hakkasid kuulutama mõtet, et eestlaste ja lätlaste venestamine on lihtne, kui vaid parandada agraarolusid ning levitada vene keelt ja õigeusku. Seetõttu oli luteri kirikule eriti tähtis institutsionaalne stabiilsus ja *puhta luteri usu* säilitamine, mis soodustas konservatismi ja luterliku konfessionalismi võidutsemist.

Balti usuelule oli omane kiriku ning Tartu ülikoolis arendatava õpetuse ühtsus. Juba 1840. aastate lõpust võtsid usuteaduskonna esindajad järjekindlalt osa Liivimaa pastorite sinoditest ja hakkasid seal peagi (alates professor Friedrich Adolf Philippist) ka tooni andma. Sajandi keskpaiku, Tartu teoloogiafakulteedi hiilgeajal andsid noorte teoloogide mõtteviisile suuna konfessionalistidest õppejõud. Sellal õpetasid siin süstemaatilise teoloogia professor Alexander Konstantin von Oettingen ja kirikuajaloo professor Moritz von Engelhardt. Theodosius Harnacki järel sai praktilise teoloogia professoriks Viljandi-Kõpu õpetaja Ferdinand Hörschelmann, kes jagas tudengitele oma rikkalikke kogemusi tegeliku hingekarjasena. Hüljati "spekulatiivne teologia", samuti Saksamaal levinud vabameelsed suunad, mille suurimaks autoriteediks oli toona Friedrich Daniel Ernst Schleiermacher. Kõrvale jäeti ka ka *vaba rahvakiriku* kui riigist või seisuslikest struktuuridest sõltumatu usuühenduse idee, mis võinuks tähendada rahvuslikku kirikut.

Tugevatele traditsioonidele, seisuslikus ühiskonnas kindlalt seadustatud kohale ja vaimsele ühtsusele vaatamata mõjutas üldine moderniseerimine ka kirikut. Tähendusrikka nähtusena hakkas 1860.–70. aastatest alates vähehaaval kujunema eesti pastorkond. Noored eestlastest teoloogid jäid lähedaseks talurahvale, nad rääkisid hästi eesti keelt ja olid altid rahvusluse ideedele. Jätkates valgustajate ja estofiilide missiooni rahva harimisel, nägid nad selles nüüd rahvuslikku ülesannet ja püüdsid ühitada kristlust eesti rahvuslusega.

Esimene kindlalt teadaolev eestlasest pastor oli möldri poeg Wilhelm Eisenschmidt, kes ordineeriti Tartu Peetri kirikusse 1870. aastal. Üldreeglina pääsesid eestlased Liivimaal kergemini kantslisse kui Eestimaal. Eesti kogudused eelistasid enamasti eestlasi, kuid neil polnud palju võimalust pastori valimisel kaasa rääkida. Samas oli ka sakslaste seas küllalt palju neid, kes pälvisid koguduse poolehoiu inimliku suhtumise ja korraliku eesti keelega.

Teise eestlasest kirikuõpetajana ordineeriti 1872. aastal Otepääl ametisse Jakob Hurt. 1875. aastaks oli Eesti- ja Liivimaal ordineeritud 5, 1880. aastaks 8, 1885. aastaks 14 ja 1890. aastaks 21 eestlasest pastorit. Kõige enam oli neid 19. sajandi lõpul ametis Võru-, Tartu- ja Viljandimaal.

Aina selgemini ilmnes eestlaste kriitiline suhtumine kirikusse kui aadli mõju all olevasse seisuslikku institutsiooni, soov seda rahvalähedasemaks teha. Eesti päritolu haritlastest olid mitmed juba 19. sajandi esimesel poolel kaldunud vabamõtlemise ja deismi poole – näiteks Kreutzwald, kes võttis küll omaks kristliku armuõpetuse, taunis aga teravate sõnadega kirikut ja kirikumehi. 19. sajandi teisel poolel hakkasid eesti haritlastele mõju avaldama ka kujutlused *vabast rahvakirikust,* mis võiks olla ühtlasi rahvuslik kirik. Jakob Hurt pidas luteri kirikut rahvakirikuks selles mõttes, et see oli ikka tegelenud evangeeliumi kuulutamisega eesti keeles, samuti eesti keele, kirjasõna ja koolihariduse arendamisega. Samas leidis Hurt, et temaaegne luteri kirik on siiski kolonisaatorlik "misjonijaam", mis tuleb tõeliseks rahvakirikuks alles muuta. Carl Robert Jakobson nägi luteri kirikus vaid aadli kontrollitavat seisuslikku asutust. Temagi hindas luterluse, eriti hernhuutlaste teeneid tõelise kristluse ja kirjasõna õpetamisel, ent järgnevalt oli kirik tema meelest muutunud pigem rahva harimise piduriks, sest rahvakoolide õppekavad olid usuõpetusega üle koormatud ja ilmalikke teadmisi pakuti liiga vähe. Vabamõtlejana kritiseeris Jakobson teravalt pastoreid oma ajalehes "Sakala". Sellele saabunud kirjad ja kaastöö näitavad, et suur osa eesti rahvast ei olnud tõepoolest oma hingekarjastega rahul.

Veel 1860. aastail suhtusid kirik ja aadelkond eestlaste omakeelsetesse kultuuriharrastustesse leebelt, 1870-ndail rajatud suured rahvuslikud kultuuriorganisatsioonid aga enam nende toetust ei leidnud. Kui eestlased hakkasid nõudma senise agraarkorra ja omavalitsuse reformimist võrdõiguslikkuse alusel, nähti selles mässu kehtiva korra aluste vastu. Mitmed baltisaksa pastorid astusid eesti kultuuriseltside ja ajalehtede vastu välja kirjutistega avalikus trükisõnas või osalesid rüütelkondade memorandumite koostamisel riigivõimule, millega taotleti eesti rahvuslike ettevõtmiste mahasurumist. Liivimaa sinodil 1876. aastal keelati pastoritel osaleda rah-

Palvemaja Kuusalus

vuslikes organisatsioonides; see asetas eriti täbarasse olukorda Hurda, kes oli mitme organisatsiooni eesotsas. Oma rahvuslikku kultuuritööd Hurt ei jätnud, pidades seda kristlase kohustuseks, sest ka rahvus oli tema meelest Jumala and. Samaaegselt hakkas eesti kogudustes pead tõstma tahtmine kirikuasjus kaasa rääkida.

19. sajandi teiseks pooleks olid kristlikud kujutlused, tavad ja kombed kindlalt ja üldiselt juurdunud eestlaste ellu, rahva usuelu oli küllaltki intensiivne. See ei piirdunud kirikuskäimisega: vaimulik kirjandus kodudes oli nüüd endastmõistetavus, pereisad pidasid ise kodudes palvetunde ja lugesid perele Piiblit ette.

Kuna pastorite hingehooldus ei vastanud alati rahva ootustele, oli rahvas ka 19. sajandi teisel poolel aldis usulisele äratusliikumisele. Hernhuutlus taandus, kuid asemele tulid uued sektantlikud voolud. Ikka ja jälle tõusid esile rahvalikud jutlustajad ja "prohvetid", kes suutsid teisi lummava sõnaga kaasa tõmmata ning tõlgendasid Piiblit omal viisil. Suure väljarändamistuhina aegadel, 1860. aasta paiku tekkis Järvamaal ja Kesk-Eestis maltsvetlaste liikumine talupoeg Juhan Leinbergi *alias* prohvet Maltsveti eestvedamisel, kes oma usuvennad lubas viia tõotatud maale, mille all mõeldi tol korral peamiselt Krimmi.

Alates 1860. aastaist levis Balti provintsides baptism. Baptistikogudustel oli Venemaal tegutsemisluba ja nad kujutasid endast kindlalt organiseeritud ühendusi. Üheks

väljapaistvamaks baptistikoguduste organiseerijaks oli 1870. aastail Adam Reinhold Schiewe, kes eitas usufanatismi ja -ekstaasi. Baptistikogudused levisid pea kogu eestlaste alal, kuid nendest osavõtjate arv jäi siiski tagasihoidlikuks.

Baptismi kõrval oli rahvas vastuvõtlik ka hoopis fanaatilisematele äratusliikumistele. 1870. aastate lõpul tekkis uut laadi usuliikumine eestirootslaste seas ja Läänemaal, mille eestvõitlejateks olid kooliõpetajad Thure Emanuel Thoren ja Lars Johan Österblom Paslepa seminarist. Ilmselt Rootsi vabakirikuliikumisest inspireeritud usukäärimine algas Noarootsis ja levis siit üle kogu Läänemaa, ka Harju- ja Pärnumaale ning mõnevõrra isegi Viljandi- ja Tartumaale. *Ärganuid* iseloomustas püüd elada kõlbelist ja karsket elu, kuid palvetundides kisendati ja karjuti, viskuti kummuli ja hüpati. Eesti ajakirjandus hakkas Läänemaa uue-usulisi nimetama *hüppajateks*. Sellele usulahule olid iseloomulikud apokalüptilised meeleolud. Hüljati ametlik kirik ja tekkisid sekeldused ametivõimudega. Läänemaa käärimistest kasvas välja hilisem Rootsi eeskujudele tuginev nn. vabakoguduste liikumine Eestis. Umbes 1883. aastast algas Läänemaal uus käärimine – nagu varem Lõuna-Eestis, hakkasid talupojad üle minema õigeusku. Siingi oli taustaks talurahva viletsus ja lootus saada ainelist kasu.

Suurem osa eestlasi oli truu luteri kirikule. Rahvusliku ärkamisega tekkis neis protest senise kirikukorralduse, eriti mõisnike patronaadiõiguse vastu. Selle revideerimist oli tegelikult nõutud juba Viljandimaa talupoegade kollektiivpalvekirjas keisrile 1864. aastast: nõuti, et *kirriku õppetajad mitte meie tahtmist vasta saaksid ammeti peale seatud;* ka Liivimaa pastorite seast kõlas hääli arhailise patronaadiõiguse vastu. Konsistooriumid kaitsesid aga kindlalt vana kirikukorda.

Esimene tõsisem n.-ö. kirikutüli patronaadi pinnal puhkes Saarde kihelkonnas 1870. aastal, kus koguduseliikmed tõkestasid kirikupatrooni poolt valitud pastorikandidaadi Johannes Brasche tee altari juurde. Kõige aktiivsemad olid seejuures Voltveti vallas asunud Allikukivi vabriku töölised. Kui Pärnu sillakohtunik tuli järgmisel päeval süüdlasi otsima, lõid kangrud härra pikali ja peksid teda. Hulk mehi arreteeriti ja viidi sõdurite saatel Riiga. Iseloomulik ajastule oli see, et kui pikal teekonnal mõnes kõrtsis peatuti, luges üks vabrikumeestest, Koovi Jaan, teistele Piiblit ette. Isegi konvoisõdurid olnud liigutatud ja võtnud meestelt käerauad ära.

Koguduste tugevnevat soovi kirikuasjus kaasa rääkida toetasid eesti ajalehed ja rahvusliku elu juhtivad tegelased; patronaadiõiguse kaotamise nõue võeti ka eesti seltside saadikute poolt 1881. aastal keisrile esitatud suurmärgukirja, samuti leidub see 1882.–83. aastal Liivi- ja Kuramaad revideerinud senaator Manasseinile esitatud arvukate nõudmiste hulgas.

Eesti soost vaimulikud

Vaimulikud moodustasid kujuneva eesti kõrgharitlaskonna ühe esimese olulise allrühma. Esimesed eestlastest pastorid, rahvusliku meelsusega Wilhelm Eisenschmidt, Jakob Hurt, Andreas Kurrikoff ja Mihkel Jürmann, ordineeriti 1870. aastail. Teoloogiafakulteedi lõpetanud eestlasi püüti suunata pigem Moskvasse, Peterburi või Venemaa eesti ja saksa asundustesse. Liivimaal hakkas eesti pastorite ja abipastorite ordineerimiste arv 1880. aastaist jõudsalt kasvama, 1910. aastal olid näiteks Viljandimaa praostkonnas juba kõik pastorid eestlased. Üldse tegutses aastail 1870–1917 Eesti alal 92 eestlasest pastorit ja abipastorit, sellest Eestimaal 29 ja Liivimaal 63; peale selle oli hulk eesti pastoreid veel Peterburi (32) ja Moskva (18) konsistoriaalringkonnas.

1915. aasta andmetel olid teoloogid kõrgharidusega eestlaste seas juristide, arstide ja inseneride järel arvult neljandal kohal. Tollaste üliõpilaste erialaste eelistuste hulgas oli teoloogia langenud kaheksandaks. Teologe oli sellal vilistlaste seas 80 ehk 12,7% kõigist arvestatud kõrgharidusega isikutest; üliõpilaste seas oli neid 38 ehk 4,7% kõigist õppija-

test. See oli loomulik ajal, mil ühiskonna üldarengule vastavalt toimus eesti haritlaskonna kutseline mitmekesistumine ja tõusis huvi reaalteaduste vastu. Ka olid pastorite ametialase teotsemise võimalustel kindlad raamid, ja tegelikult oli kuni 1917. aastani raske sakslastega võistelda. Kirikuvalitsuses polnud eesti pastoritel võimalusi kaasa rääkida, praosti kohale eestlasi siiski juba pääses.

Suur osa eesti pastoritest olid aktiivsed seltsitegelased, toetasid või juhtisid karskusliikumist, soosisid laulu- ja mängukoore, hoolitsesid rahvakooli eest. Sageli olid nad viljakad kirjamehed: kooliõpikute autorid, kalendrikirjanikud, publitsistid, ilukirjanikud ning muidugi usukirjanduse tõlkijad ja autorid. Jakob Hurda redigeerituna ilmus kogu Piibel 1889. aastal esimest korda uues kirjaviisis. 1899. aastal avaldati eesti luuletajate abiga redigeeritud ja ka eestlaste originaaltekste sisaldav nn. Uus Lauluraamat. Mitmed 20. sajandi alguse pastorid pälvisid üldrahvaliku tunnustuse aktiivsete kultuuritegelaste-rahvuslaste või poliitikutena – näiteks Villem Reiman ja Johan Kõpp.

Mõne Tartu ülikooli usuteaduse õppetooli täitmiseks ei olnud eestlased sellal veel valmis. Kuigi eesti avalikkuses nõuti, et vähemalt praktilist usuteadust hakataks lugema eesti keeles, teostus see alles 1916. aastal, mil vastava õppetooli täitjaks sai Johan Kõpp. Samas olid eesti teoloogid agarad ristiusu põhitekste emakeeles kommenteerima ja tutvustama, ühtlasi hakati avaldama oma jutlusi trükis (Jakob Hurt, Rudolf Kallas).

Usuvahetus Põhja-Eestis

Eestimaa kubermangus oli õigeusklikke palju vähem kui Liivimaal, aga kuberner Šahhovskoi ametisseastumise ajal kestis veel Läänemaal 1883. aastal alanud usuvahetusliikumine. Kirikuvahetusest loodeti maiseid eeliseid: maa saamist ja maksude vähenemist, vähemalt vabanemist maksudest luteri kirikule. Läänemaa oli vaesemaid maanurki Eestis. Liikumisega läksid kaasa enamasti kehvemad talupojad, kuid osales ka jõuka-maid peremehi. Rohkem kui 1840. aastail Lõuna-Eestis mängisid kaasa usulis-ideoloo-gilised tegurid; oma mõju oli eestikeelsel õige-usu kirjasõnal. Selle autoriteks või tõlkijateks olid Riia vaimulikust seminarist tulnud eesti preestrid, näiteks Andrei Teppaks Viljandist, sealse põllumeesteseltsi ja Aleksandrikooli abikomitee aktiivne tegelane, hiljem õigeus-ku siirdumise agaraid õhutajaid.

Kirikuvahetus algas Lihulast, kus rahva vahekord kohaliku pastoriga oli halb. Siin salviti 1883. aasta mais esimesed 254 inimest. Liikumine laienes naaberkihelkondadesse ja kokku astus tol aastal Läänemaal õigeusku üle 2460 inimese, järgmisel aastal 941. Suure ulatuse võttis käärimine Hiiumaal ja puudu-tas mõnevõrra ka Põhja-Eesti maakondi. 1885. aastal ühines Eestimaa kubermangus õigeusu kirikuga 1800, 1886. aastal 3575, 1887. aastal 1791 inimest. Siis aga liikumise hoog kuberner Šahhovskoi ja Riia piiskop Donati agarale toe-tusele vaatamata rauges. Paljud usuvahetajad ei harjunud uue kirikuga ja järgisid luterlikke tavasid; segadust tekitas nõue anda vastsündi-nuile eestlastele venepärased, õigeusu tradit-siooni kohased eesnimed (need pärinesid pühakutelt, usukannatajatelt või apostlitelt). Mõjus seegi, et kuigi vabaneti senistest kiri-kumaksudest, tõstsid mõisnikud järgnevalt tihti talurenti.

Kuberner Šahhovskoi soodustas igati õige-usu levikut Eestimaa kubermangus, täiustades kirikukorraldust ja kindlustades selle organi-satsiooni. Šahhovskoi ja tema abikaasa hoole all asutati nunnaklooster Ida-Virumaale Ku-remäele. Ametliku nimetusega Pühtitsa Juma-laema Uinumise Nunnaklooster ehitati valmis aastail 1892–95. Veel algatas Šahhovskoi Alek-sander Nevski katedraali ehitamise Toom-peale kubernerilossi vastu. Kõrgudes saksa-lise Tallinna vanalinna kohal, pidi see olema Vene võimu sümbol. Katedraali heaks korral-dati ülevenemaaline korjandus. Ehitis valmis aastal 1900.

Õigeusu kogudused, kirikud ja koolid va-jasid ikka enam preestreid ja kooliõpetajaid.

Eesti noorsoo seas said üha populaarsemaks Riia vaimulik kool ja seminar, nendes õppi-mine oli ühtlasi odav võimalus keskhariduse omandamiseks. Mitmed läksid seminarist edasi ülikooli ja leidsid oma koha teistes kul-tuurivaldkondades või poliitikas (Konstantin Päts, Ado Birk jt.). Aastail 1847–84 oli Riias hariduse saanud Eesti noormeeste seas 35 eestlast ja 56 venelast. 1880.–90. aastail suu-renes tunduvalt eestlastest õppijate ja siis ka eestlastest vaimulike hulk. Aastail 1885–1905 Riia vaimuliku seminari lõpetanuist asus preestrite, köstrite või diakonitena eestlaste alal tööle 91 eestlast ja 61 venelast.

Õigeusu levik eestlaste seas ei vastanud siiski keisri ja tema ametnike ootustele. 1897. aasta rahvaloenduse andmeil oli Eesti alal protestante (valdavalt luterlased) 84,2%, õige-usklikke 14,3%, vanausulisi 0,7%, juudiusulisi 0,5% ja katoliiklasi 0,4%. Venelased olid õige-usklikud või vanausulised, sakslased ja roots-lased luterlased, poolakad ja leedulased kato-liiklased. Eestlaste hulgas oli luterlasi 87,3%, õigeusklikke 12,7%.

Vaba rahvakiriku eest

Koos eestlaste sotsiaalse ja rahvusliku emant-sipeerumisega tõusis päevakorrale küsimus, kelle kirik luteri kirik Baltimaades on või peab olema. Rahvusliku iseteadvuse tõusu, aga ka oma usuliste vajaduste teadvustami-se tõttu suurenes koguduseliikmete nõud-likkus pastorite suhtes: leiti, et nad ei tohiks olla *kirikhärrad*, vaid rahvalähedased hinge-karjased. Baltisaksa pastoritele heideti halva rahvakeele-oskuse kõrval sageli ette kogudu-seliikmete üleolevat kohtlemist ja vähest ligi-mesearmastust, rahaahnust, koostööd ja lau-sa vendlust mõisnikega, kellega kirikuõpeta-jaid siduvat *ühine prassimine ja priiskamine* üliõpilaspõlves Tartus. Vahel ei oldud rahul ka jutluste sisuga ja väideti, et kirikuõpetaja pole Piiblit õigesti seletanud.

Peaküsimuseks oli endistviisi patronaadi-õigus, mis kehtis enamikus Eesti- ja Liivimaa kihelkondades, ka linnades. Liivimaal valis

Villem Reiman

mitmel pool pastori küll kihelkonnakonvent, kus osalesid ka valdade esindajad, kuid neis oli aadlikel enamasti ülekaal. Keskaegne patronaadiõigus oli probleemiks ka baltisaksa avalikkusele, kuid pastorite valimise-määramise korra muutmiseni ei jõutud.

1880. aastail tõstis mitmetes kogudustes – Rõngus, Tallinna Jaani koguduses, Paistus ja Rõuges – pead spontaanne protest, ja kõrgematele kirikuorganitele hakati esitama kaebusi pastorikandidaatide pealesurumise vastu mõisnike poolt. Mõneski paigas viis konflikt edaspidi lausa rahutusteni ja kokkupõrgeteni politseiga.

20. sajandi algul asendus eesti koguduste spontaanne eneseteostuspüüd teadliku võitlusega kirikureformi eest luteri kiriku tõeliseks rahvakirikuks muutmise nimel, milles osalesid eesti poliitikud ja kultuuritegelased. Selle taustaks oli eesti poliitilise elu kiire areng. Nüüd nõudsid ka kogudused juba põhimõtte pärast eestlastest kirikuõpetajaid.

Esimesena visandas kirikureformi kava Ado Grenzstein, kelle ajalehe "Olevik" veergudel käsitleti 19. sajandi lõpuaastail pidevalt patronaadiküsimust ja muid kohalike kirikuoludega seotud probleeme. Oma raamatus "Herrenkirche oder Volkskirche?" (1899)

tegi Grenzstein muuhulgas ettepaneku moodustada Baltimaades eraldi saksa, eesti ja läti kirikud, oma rahvusest vaimulike ettevalmistamiseks tuli tema arvates seejuures rajada kolm eraldi vaimulikku akadeemiat, kus õppetöö toimuks vene ja vastava rahvuse emakeeles. Seega muundus rahvakiriku idee Grenzsteini käsituses rahvuskiriku ideeks. Ehkki Grenzsteini raamat ilmus vaid saksa, hiljem ka vene keeles, pälvis see paljude eestlaste tähelepanu ja heakskiidu.

1905. aastal politiseerus ka kirikukorralduse küsimus ja sai erinevate ideeliste voolude huviaineks, mida eesti avalikkuses laialdaselt arutati. 17. oktoobri manifestiga kuulutati Venemaal teiste kodanikuvabaduste seas esmakordselt välja ka usuvabadus. Kõigi legaalset avalikku tegevust alustanud poliitiliste parteide programmides oli koht ka kirikul. Esitatavate reformiettepanekute ühine peamõte oli kirikuvalitsemise aluste laiendamine ja koguduste sõnaõiguse suurendamine nende ilmikutest esindajate osavõtuga kõrgematest kirikuorganitest. Mitmete arvamuste kohaselt pidi kiriku organisatsioon tuginema demokraatlikult valitud kirikunõukogule kui "seadusandlikule võimule". Pastor oleks pidanud sõltuma kogudusest ja saama temalt rahapalka seniste kirikumõisa- ja maksutulude asemel; laialdaselt toetati kirikumõisate maade müümist või jagamist maatutele. Eestlaste rahvakiriku loomine seondus üldisema ideega kujundada kirik taas tõsiusklike vabaks ühenduseks, mida iga protestantlik kirik oma olemuselt pidigi olema. Hakati nõudma ka kiriku lahutamist riigist.

Juhtivatest eesti kirikutegelastest esines 1905. aasta lõpul senise kirikukorralduse terava kriitika ja mitmete demokratiseerimisettepanekutega Villem Reiman, kes oli mõneti mõjustatud saksa kultuurprotestantismist. Ta leidis, et Balti kirikukorraldus ega -elu ei vasta evangeeliumi põhimõtetele.

Kirikureformi-arutelu jõudis haripunkti 1905. aasta lõpul Tartus kokku tulnud rahvaesindajate kongressil. Ülikooli aulasse kogunenud radikaalidel ja *Bürgermusse*'sse koondunud liberaalidel oli kummalgi oma arvamus ka kirikuasjus. Aula sõnavõtude ja otsuste kohaselt pidi riigist lahutatud kirik jääma täiesti kodanike eraasjaks; toetati kirikumaade võtmist omavalitsuste valdusse ja jagamist maatutele. Ka *Bürgermusse*'s nõuti kiriku lahutamist riigist ja kirikumaade jagamist, kuid arvestusega moodustada elujõulised talud. Patronaadiõigus tuli kaotada ja pastorite ülalpidamine pidi jääma koguduste asjaks. Peale selle nõuti *Bürgermusse*'s eestikeelse praktilise teoloogia professuuri loomist Tartu ülikoolis.

Duumamonarhia ajal avanes eestlastel esmakordselt formaalne võimalus üleriiklikus seadusloomes kubermangunõukogude ja Riigiduuma kaudu kaasa rääkida. Nii baltisakslased kui ka eestlased hakkasid nüüd välja töötama konkreetset kirikuseaduse eelnõu. Valminud seaduseelnõu tiirles mitmetes instantsides ja selle lugemiseni ei jõutud ei kolmandas ega neljandas duumas.

 Pärast Veebruarirevolutsiooni, Vene Ajutiselt Valitsuselt saadud autonoomia tingimustes otsustas eesti avalikkus võtta kiriku-uuenduse täielikult enda kätte. Aprillis 1917 kogunes eesti õigeusklike kongress, mis otsustas moodustada autonoomse Eesti piiskopkonna eesotsas eesti keelt oskava piiskopiga. Uuenduste teostamisel pidi kõigil koguduseliikmetel olema vaba kaasarääkimisõigus.

Mais 1917 tuli kokku Eesti luterlaste esimene kirikukongress, millel osalesid ka ilmikutest koguduseliikmed, ja mis andis ülekaalu eestlastele. Otsustati: *Eesti evangeeliumi-luteriusu kirik on vaba rahvakirik kodumaal ja asundustes*, ning toetati kiriku riigist lahutamist, lisades siiski, et vaba rahvakirik *astub võimalust mööda maavalitsusega ühendusse*. Leiti, et täieõiguslike koguduseliikmetena võivad kirikuga liituda mistahes rahvusest inimesed ja rahvusvähemustele peab kiriku valitsemisel kuuluma proportsionaalne hääleõigus.

Sajandivahetusel puudutasid Euroopa üldine ilmalikustumisprotsess ning luterliku teoloogia revideerimise katsed nii õpetatud teolooge Tartus ja eesti pastoreid kui ka usklikke inimesi üldisemalt. Oluline oli seejuures Saksamaa vaimuelu mõju. Baltisakslusele oli luteri kirikus mõju säilitamine üldreeglina tähtsam kui kiriku "sees" ja "ümber" toimuvad usuvaidlused. Vabamõtlemine ja ateism leidsid enam pinda 20. sajandi alguse eesti haritlaskonnas. Sellele aitas kaasa eestlaste traditsiooniline opositsioon seisusliku "härraskiriku" ja baltisakslastest pastorite vastu, mida võimendas rahvuslik ajakirjandus. Vasakpoolsetes poliitilistes pilkepiltides oli pastor üks konservatiivsuse etalone. Inimeste meeli ja tundeid haaras sellal lootus suurele ühiskondlik-poliitilisele pöördele, usuhardus ja lootus Jumalale jäid tagaplaanile. Mõnigi kord jõuti kiriku või kirikurituaalide eiramisele – näiteks ehmatasid Tartu seltskonda 1905. aastal kodanliku abielu sõlmimisega pahempoolsete vaadetega advokaat Lui Olesk ja Minni Kurs, kes oli mõnda aega Londoni ülikoolis poliitikateadusi kuulanud sotsiaaldemokraat.

KULTUUR

Kultuurisituatsioonist

19. sajandi esimesel poolel ilmnes Balti provintside vaimuelus Euroopa kunstikultuurile omane suund kunsti kui omaette tegevussfääri iseseisvumisele. Kunstilooming professionaliseerus, kasvas sellele vastuvõtlik haritud publik, sündisid uued kunstilevi-institutsioonid. Uuenemine ilmnes esialgu selgemini arhitektuuri ja kujutava kunsti vallas. Suuresti olid elevus ja teisenemine Saksamaalt pärinevate või ajutiselt siin viibivate kutseliste kunstiloojate teene. Jõukaid ja haritud inimesi köitis ka muude Euroopa maade kultuurielu. Baltisakslaste unistuste maaks on nimetatud Itaaliat. Hästi oldi kursis Peterburi kultuurisündmustega. Kõik, mis Euroopas moes, jõudis pea ka Balti provintsidesse. Kultuurisuhtlust soodustasid avarduvad kommunikatsioonivõimalused, eriti trükisõna levik ja postiside paranemine. Aurulaevaliiklus sidus Tallinna Riia, Helsingi, Turu, Stockholmi, Peterburi ja Saksa linnadega. Edaspidi lisandus raudtee. Kuid 19. sajandil oldi nõus reisima ka ebamugavates postitõldades.

19. sajandi esimesel poolel tekkis järjest enam kohalikku päritolu kutselisi või harrastuslikke kunstiloojaid; vastav haridus omandati enamasti Saksamaal. Kodumaise kunstituru piiratuse tõttu rändasid kohalikud talendid sageli välja Saksamaale või otsisid rakendust Peterburis, mõnikord ka Helsingis.

Balti provintside haritud kunstipubliku moodustasid peamiselt literaadid ja muud kõrgemast seisusest linlased, aga ka linnas talvituvad või pikkadeks maapäevadeks ja laatadeks Riiga, Tallinnasse ja Kuressaarde kogunevad maa-aadlikud. Paljud neist olid huvitatud eelkõige meelelahutusest, mida pakuvad ilusad pildid, lõbusad muusikapalad ja teatritükid. Teatud võimalusi kunstielust osa saada oli ka linna eestlastest alamkihtidel. Tallinnas kasvas huvilisem kunstipublik suviti seetõttu, et linn kujunes hinnatud merekuurordiks vene kõrgema seltskonna jaoks.

Ehituskunst

Nii linna kui ka maakeskkonna ilmet muutis 18. sajandi lõpul ja 19. sajandi esimesel poolel tunduvalt klassitsistliku arhitektuuri levik. See vastas valgustusideedest mõjutatud inimese igatsusele harmoonilise, mõistuspärase miljöökujunduse järele, aga peegeldas ka absolutistlikku ülevuse ja majesteetlikkuse taotlust ning bürokraatlikku ühtlustamispüüdu. Ehitustegevust püüti allutada eeskirjadele (näit. "fassaadieeskirjad"), mida tuli kindlasti arvestada valitsus- ja muude avalike hoonete kavandamisel; neid hakati järgima ka eraehituses.

Nüüd ehitati Tallinna keskaegsesse vanalinna suuremaid maju klassitsistliku fassaadilahenduse ja uutmoodi sisekujundusega – moodi läks rikkalik stukkdekoor, ilmusid kahhelahjud. Kõrgeid gooti viile hakati pidama inetuks. Terviklikumad klassitsistlikud ansamblid tekkisid põhjalikult ümber ehitatud Toompeal ja Uuel tänaval. Iseloomulik on ilmselt Peterburi arhitektuurist mõjutatud kohtu- ja ametiasutuste hoone Toompeal, tuntud hilisema omaniku, krahv Stenbocki nime järgi. Tartu kesklinn põles aastal 1775 maha, seega oli siin avaraid võimalusi uute hoonete püstitamiseks. Varaklassitsismi pärliteks Tartus said Raekoda ja Kivisild.

19. sajandi algul toimus üleminek kõrgklassitsismi. Sooviti jõuda lähemale antiigile, ideaaliks said ehitiste lihtsus ja joone selgus. Horisontaaljooni toonitavaid fassaade hakkasid suuremate ehitiste puhul ehtima antiiksammastega portikused. Tartu kesklinn koos Toomemäega kujunes suureks klassitsistlikuks ansambliks. Ülikooli peahoone, Tähetorni ja Vana Anatoomikumi kavandas Johann Wilhelm Krause. Tallinna peaarhitektiks oli aastail 1809–15 Saksamaal sündinud ja Berliinis õppinud soome arhitekt Johannes Carl Ludwig Engel, kelle ehitistest on tuntuim aadlielamu Kohtu tänav 8, mille esinduslik joonia sammastega fassaad Toompea nõlval paistab kaugele ja näib sümboliseerivat nii Balti aadli võimukust kui ka kultuuritaset.

Maakeskkonda ilmus 19. sajandi alguskümnendeiks õitsengule jõudnud mõisaarhitektuur hilisbaroki, varaklassitsismi ja kõrgklassitsismi vaimus. Sai tavaks kujundada härrastemaja ümbrus loodusvorme ära kasutades avaraks pargiks tiikide, erinevate puuliikide, *hiina-inglise stiilis* paviljonide, kunstlike varemetega. Ehitati palju uusi mõisahooneid, vanu kohandati uuele stiilile. Riisipere, Kolga, Raikküla, Räpina jt. härrastemaju võib liialduseta nimetada lossideks. Loss ja majandushooned moodustasid enamasti tervikliku ansambli, mille juurde viis puiestee. Klassitsistlikud motiivid iseloomustavad ka mõisate aitu ja talle ning teeäärseid mõisakõrtse. Surnuaedade perekonna-matusepaikadesse rajati klassitsistlikud kabelid.

Klassitsistlikke detaile võib kohata ka keskkihtidesse kuuluvate käsitööliste ja kaupmeeste puitmajadel väikelinnades. Talupoja elamuks jäi endiselt ümarpalkidest õlgkatusega elurehi, millele pikapeale hakati juurde ehitama külmi kambreid. Mõne humanisti, nagu maanõunik Karl von Bruiningki ettepanekud õhutada talupoegi korstnaga ja rehest eraldatud elumaju ehitama ei leidnud rüütelkonnade toetust. Vana juurde sundisid talurahvast jääma ka traditsioon, puidu otstarbekus ehitusmaterjalina ja vajadus rehetoa järele, kus võis elada ja vilja kuivatada. Põhja-Eestis ehitati paest rehealuseid ja välikööke, Lõuna-Eestis vahel põllukividest. Majaümbrust kaunistati puudega ja rajati *rohtaedu*.

19. sajandi teisest veerandist alates hakkas ehitiste kunstilisel kujundamisel mõju avaldama Euroopas leviv historitsism, mis kujunes peamiselt gootika järeleaimamiseks. See sobis ka oma keskaja hiilgust ja orduriiki idealiseerivatele baltisaksa kõrgkihtidele. 1830. aastaist pärineb näiteks Keila-Joa loss, keerukalt liigendatud, mõneti keskaja kind-

Sangaste loss

lust meenutav ehitis. Uusgootika imposant-seimad näited eestlaste alalt pärinevad 1870. aastate lõpust. Need on Inglise kuningate Šotimaa residentsi Balmoralis jäljendav Alatskivi loss avara loodusparki keskel ja kuulsa rukkiaretaja krahv Friedrich von Bergi rajatud Sangaste loss, eeskujuks Windsori palee. Väljakujuneva rahaühiskonna kainusele oli kontrastiks püüd kujundada historitsistlik-romantilises vaimus ka moodsaid avalikke hooneid, ilmekaks näiteks Eestimaa mõisnike krediitkassa pseudogooti stiilis hoone. Neogootika sai 19. sajandi teisel poolel juhtivaks stiiliks ka uute kirikuehitiste jaoks.

Mõnigi kord köitsid tollaseid ehitajaid ja tellijaid renessanslikud või baroksed kujunduselemendid, mille kasutamise tuntumaid näiteid on Eestimaa rüütelkonna uus hoone Toompeal või Tallinna reaalkooli hoone. Vahel pöörduti veelgi kaugemasse minevikku – nii kannab eesti koguduse uus kahetorniline Toom-Kaarli kirik Tallinnas romaani stiili sugemeid. Selle ehitas Peterburis töötanud baltisaksa arhitekt Otto-Pius Hippius, kes kavandas ka Sangaste lossi.

Eesti linnad, eelkõige Balti raudtee ehitamise järel majanduslikult kosunud Tallinn, omandasid ikka enam kainelt-tööstusliku ilme. Siiski ei kujunenud Tallinnast sellist moodsat linna nagu Riiast ja Helsingist. Ehkki keskaegset vanalinna püüti nüüd kujundada ärikeskuseks, jäi enam-vähem puutumata selle põhiplaneering. Ehitustegevus arenes Tallinnas järk-järgult, ilma kindlama kava ja strateegiata. Krimmi sõja järel kaotati Tallinna kui kindluslinna staatus, bastionid kujundati nüüd enamasti kauniteks haljasaladeks, mis koos varjuliseks puistuks muutunud Kadrioruga pakkusid linlastele meeldivaid puhkevõimalusi. Avaruse ja hõlpsama liikluse nimel hakati lammutama vanu linnaväravakindlustusi ja -müüre. Ümber kesklinna hakkas tekkima tööstushoonete vöönd, mille omapäraks oli pae kasutamine ehitusmaterjalina. Linna siirduvad eestlased ehitasid eeslinnades väikesi puumaju, hiljem juba paarikorruselisi üürimaju. Ehitati ka vabriku-

Keila-Joa mõisa peahoone

kasarmuid. Puiteeslinnad olid omased ka Tartule. Tekkis omaette kultuurikeskond – aguli-miljöö. Tööstushooned ja kasarmud muutsid kontrastide linnaks baroksed Narva.

Talude päriseksostmise järel algas talu-elamu muutumine, elurehed said korstnad ja köetavad kambrid, algas elumajade ehitamine rehtedest eraldi. Talumajade seinapalke hakati tahuma, kambrite-poolsed seinad kaeti laudadega, majade ette ehitati väikesed trepikojad-verandad. Lõuna-Eestis hakkas sajandi teisel poolel levima linnatüüpi ehitustest ja mõisahoonetest inspireeritud nn. häärberite (sks. *Herberge* – peavari), s.o. uhkemate talu-elamute ehitamine. Linna eeskuju mõjutas ka talumajade sisustust: mööblikujunduses tulid tarvitusele treitud ja nikerdatud detailid, levisid linlikud kummutid ja kapid.

Kujutav kunst

Juba 18. sajandi lõpul astus Balti provintsides tsunftikäsitööliset pildimaalija asemele kunstnik kui loominguline isiksus. Aastal 1798 korraldati Tallinnas esimene kunstinäitus, kus eksponeeriti Lääne-Euroopa kunsti. 19. sajandi esimese poole vältel kodunesid siinmail järk-järgult uue aja kunstikultuurile üldomased institutsioonid ning avalikkuse huvi kunstiloomingu vastu kasvas. Kasutusele tulid terminid *kaunid kunstid* ja *kujutavad kunstid*. 1802. aastal taasavatud Tartu ülikoolis esteetikat lugev professor Karl Morgenstern rajas ülikooli kunstimuuseumi (praegu klassikalise muinasteaduse muuseum).

Pulmarong. Alexander von Uexkülli akvarell sarjast "Läänemaa rahva elu"

Tartu ülikooli juurde asutati ka joonistuskool, mille juhiks sai Dresdenist kutsutud graafik Carl August Senff. Kõrgemat kunstiharidust Baltimail siiski jagama ei hakatud ja baltisaksa kunstnikkond moodustus Saksamaalt tulnutest või seal õppinud kohalikest. Selle esialgse tuumiku moodustasid Senff kui vaselõikes portreede meister, maastikumaalijad Carl Ferdinand von Kügelgen ja Johann Hau, lisaks Saksamaal õppinud kohalik mees Karl von Ungern-Sternberg. Järgnevail aastakümneil jäi iseloomulikuks kunstnike pidev ringlemine Balti provintside, Peterburi ja Saksamaa vahet. Mitmed baltisaksa päritolu kunstnikud töötasid põhiliselt Peterburis, kus võidi teha karjääri ka õukonnas: nii sai Nikolai I ja keisriproua lemmikuks Mõdriku mõisas sündinud Timoleon von Neff. Oma maneerlik-ilutsevas laadis on ta jäädvustanud ka kodupaiga inimesi; maalil "Eesti talunaine lapsega" (1859?) mõjub rahvariides eestlanna kauni nümfina.

Baltisaksa kujutavas kunstis segunesid klassitsism ja romantism, leidus ka varase biidermeierliku realismi sugemeid. Euroopa romantismist lähtuvalt kasvas kunstnike huvi lokaalse omapära vastu. Eesti maastik ja linnamiljöö inspireerisid maalide ja eriti gravüüride loomisele. Kombeks sai gravüürisarjade ehk albumite avaldamine. Tartus 1832. aastal litograafiatöökoja asutanud Georg Friedrich Schlater on avaldanud albumeid Tartu ja selle ümbruse, aga ka Tallinna vaadetest. Viimas-

test sai minev kaup, osalt vene suvitajate tõttu; isegi Pariisis anti 1833. aastal välja Tallinna vaadete album. Lihtsalt ja tõetruult kujutas Tallinna südalinna, aguleid ja lähikonna loodust Carl Friedrich Christian Buddeus. Tallinna vaadetega pälvisid tunnustuse ka Carl Theodor Gehlhaar ja Hermann Schlichting.

19. sajandi baltisaksa kunstile iseloomulike realismi sugemetega portreede seas tõusevad esile Gustav Adolf Hippiuse ja August Georg Wilhelm Pezoldi maalid; viimane portreteeris ka Faehlmanni. Portreekunsti populaarseks liigiks kujunes tollal käärilõikeline siluett. Kõrgseisustest kaasaegsete või avalike tegelaste kõrval paelusid baltisaksa kunstnikke talupojatüübid ja talurahva elu, ennekõike selle pidupool. Seda huvi õhutasid nii estofiilne ideoloogia kui ka romantiline kujutlus talupojast kui eksootilisest looduslapsest; võlusid ka eestlaste dekoratiivsed rahvarõivad. Tuntud on Gustav Adolf Hippiuse portreed "Eesti pruut" ja "Eesti noorik". Kujutati žanristseene, milles tõetruuduse-taotlus põimus sooviga näha talupoegade elu romantilise idüllina; ilmekaks näiteks on Theodor Gehlhaari litograafiate sari "Iseloomustavaid stseene Eesti- ja Liivimaa talurahva elust", mille andis välja Tallinna raamatukaupmees Georg Eggers. Ilusa rahvariiete albumina tunduvad Alexander von Uexküllile omistatud akvarellid Läänemaa talupoegadest.

Romantismi väljapaistvaks esindajaks on Friedrich Ludwig von Maydell (1795–1846),

raamatugraafika arendaja ja Tartusse puu-
lõiketöökoja asutaja. Tema töödest on tun-
tumaid Oleviste kiriku uusgooti stiilis altari-
maal ja sisekujundus, samuti Balti provintside
ajalugu illustreeriv gravüüride sari, mis tugi-
nes Henriku Liivimaa kroonikale.

Eesti vaadete ja talupojaelu kujutamise
õitseajaks olid 1830.–40. aastad, kuid need
teemad jäid olulisele kohale ka järgnevate
aastakümnete maalis ja graafikas. Alates sa-
jandi keskpaigast tihenesid baltlaste sidemed
Saksamaa kunstiga veelgi. Õpiti peamiselt
Düsseldorfis, kus domineerima hakkas end
klassitsismile vastandav, detailide poolest
natuuritruu kunstisuund. Sellele oli iseloo-
mulik pruunjas värvigamma, nn. Düsseldorfi
pruun soust, millega pildid oleksid nagu üle
valatud. Sel ajal tõusid Düsseldorfis profes-
soriteks kolm baltlast: Eduard von Gebhardt,
Eugen Dücker ja Gregor Alexander Heinrich
Bochmann, kes kõik maalisid Balti teemadel.
Oma ilmekate portreede ja žanrimaalidega
jõudis eesti talupojale kõige lähemale Tar-
tus sündinud Oskar Georg Adolf Hoffmann
(1851–1912), kes hiljem elas ja töötas Peter-
buris.

Jõukamad aadlikud hakkasid kunsti kol-
lektsioneerima, tekkisid mitmed väärtuslikud
kunstikogud (näit. Karl Eduard von Lipharti
oma). 1864. aastal asutati Tallinnas Eestimaa
Kirjanduse Ühingu juurde muuseumiühing
ja Provintsiaalmuuseum. Huvitavate ja ek-
sootiliste esemete kõrval hakati muuseumi
koondama ka kunsti, moodustus esimesi
avalikke kunstikogusid. Ühingu uues asu-
paigas, Kanuti Gildi maja avaras hoones toi-
musid kunstinäitused, korraldati kunstiajaloo
loenguid ja joonistuskursusi.

19. sajandi teisel poolel tõusid esile esi-
mesed eesti talurahva seast võrsunud kut-
selised kunstnikud, kes end ka ise eestlas-
teks tunnistasid. Veel oli see erandlik ilming,
sest eesti taluperede, ka jõukamate jaoks, oli
kunstihariduse andmine pojale ülimalt raske,
ja seesugune elukutse polnud ka prestiiži-
kas. 1850. aastail õnnestus soodsate juhuste
ja heategijate toel omandada kunstiharidus

Viljandimaa Vastemõisa vallast pärineval Jo-
hann Köleril (1826–99). Ta lõpetas Peterburi
kunstiakadeemia 1855 ja täiendas end hiljem
mitmel maal, sealhulgas Roomas. Seal elas ta
koos teise Viljandimaa noormehe, aadlisoost
kujuri Alexander von Bockiga. Mõlemad te-
gid Peterburis karjääri ja saavutasid akadee-
mikutiitli, Kölerist sai keiser Aleksander II
tütre õpetaja.

1860.–70. aastail tõusis esile teinegi noor
eestlasest kunstnik – kujur August Weizen-
berg, kes sai Peterburis ja Saksamaal klassit-
sistliku kunstikoolituse ja töötas edaspidi va-
bakunstnikuna Roomas. Köler ja Weizenberg
osalesid ka eesti rahvuslikus liikumises: esi-
mene rahvuslikes aktsioonides, teine teostega
eesti mütoloogiast ja rahvuslikest tegelastest,
mis juhtisid avalikkuse tähelepanu eestlastele
kui tõusvale rahvale. Oma kunstnikkond, ins-
titutsioonid ja kunstiavalikkus hakkas eestlastel
kujunema siiski alles 20. sajandi künnisel.

Nii eesti kui teistegi rahvaste tarbekunst on
aegade vältel saanud mõjutusi linnakultuurist.
Siiski olid muutused enne industriaalühiskon-
nale üleminekut aeglased, kord omaksvõetud

August Weizenbergi portreebüst Kreutzwaldist

esteetilised vormid püsisid kaua ja uus sulas vanaga kokku. Teisiti oli lugu 19. sajandi teisel poolel, mil muutus siinse talurahva kogu elulaad. Rahamaailma seaduste, trükisõna ja poekauba pealetungi mõjul teisenesid talupoegade arusaamad ilusast, eeskujuks sai linlaste elulaad ja *kunstkäsitöö*, üldeuroopalik mood hakkas dikteerima rõivastust ja koduesemete kujundust. 19. sajandi lõpupoole hakkas taanduma rahvarõivas, mis tegelikult alles selle sajandi vältel oli kujunenud ülimalt värvi- ja variatsiooniderikkaks. Ülisuur mõju talurahvalikule käsitööle-tarbekunstile oli suurtes tiraažides levivatel käsitööväljaannetel moekate mustrinäidistega. Samas tekkisid uued omapärased rahvakunstivormid (näit. Lääne-Eesti ja Muhu tekstiilid).

Teater

Lavakunsti alal 19. sajandi esimese poole baltisaksa kultuuriruumis kohalikku loovkunstnike rühma ei kujunenud, sõltumus Saksamaa kultuurielust oli suur. Tingimused teatri ja muusika arenguks olid Balti provintsides palju ebasoodsamad kui Saksamaal, mille vürstidel olid oma õukonnateatrid ja õuemuusikud. Kõige edukamalt arenes teatrikunst Baltimaade suurimas ja jõukaimas linnas, Riias. Tartus keelati teatrietendused 1804. aastal keisri korraldusega üldse, kuna kardeti lavakunsti laostavat mõju üliõpilaste moraalile ja käitumisele. Keeldu korrati 1812. aastal, hiljem lubati korraldada *väikesi dramaatilisi stseene* kinnises klubis *Akademische Musse*. Alles 19. sajandi keskpaiku lubas siseministeerium Tartusse saabuvail näiteseltskondadel taas seal etendusi anda.

Tallinnas oli 18. sajandi lõpul asutanud harrastusteatri August von Kotzebue, kelle lahkumise järel püüti traditsiooni kuidagi elus hoida. Linna külastasid saksa rändtrupid, etendusteks üüriti kalli raha eest Suure Gildi saali.

Mõnede teatrilembeste aadlike ja kaupmeeste ettevõtmisel valmis 1809. aastaks Laia tänava alguses oma aja kohta küllalt

uhke klassitsistlikus stiilis teatrimaja. Teatri haldamiseks moodustati komitee, kes palkas Saksamaalt teatrijuhi-lavastaja, kes omakorda värbas saksa kutseliste näitlejate seast näiteseltskonna. Teatril oli muusikajuht ja mõneteistkümne-liikmeline orkester, näitlejad olid enamasti ka õppinud lauljad. Vähegi nimekamad näitlejad nõudsid head palka ja passisid paremaid töövõimalusi Peterburis, Riias, Helsingis või Saksamaal. Teatrijuhid ja näitlejad vahetusid tihti, heal juhul jäädi paigale paariks aastaks. Lootusi äratas Kotzebue asumine Tallinna teatrijuhi kohale 1813. aastal, kuid peagi kutsus Aleksander I ta oma õukonda.

Eestimaa kõrgseltskond armastas teatrit, kuid tema suhtumine näitlejatesse oli kahemõtteline: neid imetleti, kutsuti külla ja hellitati, kuid ei peetud ikkagi täisväärtuslikeks kodanikeks ja kaheldi nende moraalis. Teatris istusid kõik seisused eraldi, isegi raehärra ei istunud kunagi aadlikule määratud kohale. Siiski tõi teater linna uusi tuuli ja vaimset elevust. Tallinna publik võis nautida paljusid meistriteoseid, mida lavastati kogu Euroopas – Shakespeare'i, Calderoni, Schillerit. Eelkõige olid populaarsed ooperid, operetid ja laulumängud. 19. sajandi esimesel poolel on Tallinna teatris mängitud Mozarti, Bellini, Weberi ja Rossini oopereid. Tihti lavastati Kotzebue näidendeid.

Aastal 1816 mängiti Pärnus Kotzebue ja Knorringi saksa- ja eestikeelset näidendit "Talgud", ning mõned aastad hiljem Tallinnas kolme eestikeelset tükki, millest "Permi Jago unne-näggo" kujutas endast Kotzebue teose mugandust. Eestikeelsete näidendite lavastamise ajendiks oli ilmselt samasugune romantiline huvi kohaliku eripära vastu, nagu see avaldus kujutavas kunstis ja publitsistikas.

Tallinna teatri õitseaeg uues hoones algas Riiast pärit kaupmehepojast näitleja, Eduard Ferdinand Berenti asumisega direktori kohale 1869. Ta juhtis teatrit 27 aastat ja kindlustas sellele õnneliku talentide ja repertuaari valikuga püsivuse ja stabiilsuse. Sära lisasid külalisesinejad Peterburi õueteatrist, Viinist ja Saksamaalt. 19. sajandi teisel poolel suutis Tallinna teater pakkuda 100–200 etendust aastas, ja ehkki tallinlased eelistasid kergema-sisulisi operette, vodeville ja laulumänge, oli kuulajaid-vaatajaid ka ooperitel ja tõsistel draamadel. 1878.–79. aasta hooajal alustas Berent alandatud piletihindadega Schilleri, Goethe, Shakespeare'i jt. klassikaliste draamade esitamist, ja need etendused osutusid tolleaegse ajakirjanduse sõnul *sensatsiooniliselt menukaks*. Potentsiaalse publiku vähesuse tõttu ei saanud ükski teos jääda lavale pikaks ajaks. Vaadatuim lavastus oli Johann Straussi operett "Nahkhiir", mida etendati 45 korda; edetabelis olid ka ooperid "Faust" ja "Lohengrin" ning operetid "Kerjusüliõpilane", "Mustlasparun" ja "Ilus Helena".

Tallinna teater andis külaletendusi ka teistes Eesti linnades, sealhulgas Tartus Käsitööliste Seltsi aeda ehitatud suveteatris. Seal õppis teatritegemist tundma ka "Vanemuise" hilisem näitejuht August Wiera.

Saksa teater, samuti Riias lätlaste rahvuslikus seltsis alanud teatritegemine innustasid näidendeid lavastama ka eesti seltse. "Vanemuise" seltsi "Koidula teatriks" nimetatud harrastusetendused toimusid aastail 1870–71. Tallinnas alustas näitemänguga "Estonia" selts 1871. aastal, peagi tõusis esile "Lootuse" selts. Teatritegemisega tehti algust ka Kuressaares ja Pärnu "Endla" seltsis. Tekkis vajadus emakeelse dramaturgia järele, milles esialgu andsid tooni tõlked ja mugandused.

Nii lavastas Lydia Koidula "Vanemuises" oma kolm *lustmängu*: saksa autorite ainetele tuginevad "Saaremaa onupoja" ja "Kosjakased" ning algupärandi "Säärane mulk ehk sada vakka tangusoola", mis kõik peegeldasid eesti olustikku. Ärkamisajale iseloomulikult püüti lavategelaste kaudu õhutada eestlasi paremat kooliharidust nõudlema ja seati ideaaliks tubli pärisperemees. Eesti varasest näitekirjandusest võib mainida veel Carl Robert Jakobsoni seisuste võrdsust propageerivat draamat "Artur ja Anna" (esimene etendus "Vanemuises" 1873) ning Juhan Kunderi komöödiad "Mulgi mõistus ja tartlase tarkus", "Muru Miku meelehaigus", "Varastatud vorst" ja "Kroonu

onu". 1880. aastail jõudis näitemäng ka maaseltsidesse.

Kogu maal laialt levinud näitemänguharrastus näitab eestlaste suurt huvi teatritegemise vastu. Eesti rahvuslik teater arenes teist teed kui mujal Euroopas, kus see toetus ühelt poolt rändnäitlejate traditsioonile, teisalt õukonnateatritele ja metseenide soosingule. Seetõttu jäi näitemäng eestlaste jaoks kauaks vaid suurel entusiasmil põhinevaks harrastuseks. Siiski julges Eduard Vilde juba 1880. aastail propageerida eesti kutselise teatri mõtet. Samaaegselt muutusid eesti seltsides teotsevad lavastajad ikka julgemaks, püüdes oma harrastusnäitlejate abiga esitada suurimaid klassikuidki – 1888. aastal tõi Wiera "Vanemuises" lavale Shakespeare'i "Venedigu linna kaupmehe".

Muusika

19. sajandi algupoole Eesti muusikaelu elavnemise ja mitmekesistumise eeldusteks olid kunstide maine üldine tõus avalikus arvamuses, muusika levitamisega tegelevate uute institutsioonide teke ning muusikaelu jätkuv ilmalikustumine. Kui varem oli helikunst olnud eelkõige ülevate usutunnete väljendajaks ning jumalatunnetuse vahendiks, siis nüüd sai sellest pigem üks inimvaimu enesetunnetuse vahendeid ning temast otsiti puhast ilu või hingeleevendust. Ka Euroopa tõusev rahvuslus rakendas muusika enda teenistusse. Samas säilis ja laienes enamasti tantsude saatjaks olnud "argise" ilmaliku muusika meelelahutuslik funktsioon.

Tallinna teatris olid ülekaalus muusikalavastused, teatrihoone sobis ka kontserdisaaliks. Lauluseltside kaudu edendati nii koorilaulu kui ka instrumentaalmuusikat ja neist said mitmesuguste muusikaürituste korraldajad. Baltimaalasi köitis Saksamaal levinud meeskoorilaul, samuti kvartetis laulmine, mida harrastati eriti Tartu tudengite seas. Kutseliste muusikute arv, kes avalikus muusikaelus juhtivalt kaasa lõid, jäi Balti linnades väikeseks; eelkõige oli tegu organistide ja gümnaasiumi muusikaõpetajatega, tihti ühes isikus. Säilis linnamuusiku ehk muusikadirektori amet; selle juures tegutsesid linnakapellid. Muusikadirektori funktsioonid laienesid: temalt sai noote ja noodiõpetust, tihti oli ta koorijuhiks. Maal olid köstrid ühtlasi organistid.

Reeglina oli õppinud helikunstnike tegevuseks kodumail üsna vähe pinda, paratamatult otsiti tegevust Saksamaal või Peterburis. Ka esimene teadaolevalt eesti päritolu kutseline muusik Karl Friedrich Karell (Philipp Karelli vend) teenis leiba Peterburis muusikaõpetajana; muuhulgas oli ta Pjotr Tšaikovski õpetajaid.

Tihedatel sidemetel Saksamaa ja Peterburiga oli Baltimaade jaoks seega kahetine mõju. Kontaktid soodustasid siinse muusikaelu elavnemist. Mitmetest Saksamaal sündinud ja seal muusikahariduse omandanud meestest said siinse muusikaelu edasiviijad. Huviga oodati pealinnas ja Euroopas kuulsuse saavutanud suurte interpreetide külalisesinemisi. Teisalt aga meelitasid suuremad keskused andekamaid inimesi mujale. Muusikute ringlus oli samalaadne kujutava kunsti vallas toimuvaga.

Tallinna muusikaelu teenekaks edendajaks oli 1814. aastal siia asunud, Saksimaalt pärit August Hagen (1786–1877), Oleviste kiriku organist ja kubermangugümnaasiumi muusikaõpetaja, ka helilooja. Hagen asutas esimesed lauluseltsid, seejuures julgustas ja abistas teda Tallinnas lauluõpetajana tegutsenud ja nüüd vanaduspäevi veetev kuulus saksa lauljatar Gertrud Elisabeth Mara. 1820. aasta põlengu järel taastatud Oleviste kiriku taasavamisel 1840. aastal esinesid Hageni organiseeritud 113-liikmeline segakoor ning 49-liikmeline orkester, kes kandsid ette organisti poolt tähtpäevaks loodud oratooriumi. See oli suurim kultuurisündmus Tallinnas 19. sajandi esimesel poolel. Hagen oli ka euroopaliku muusikakultuuri tutvustajaid eestlastele: tema koostatud on esimene eestikeelne noodiõpetus – "Õppetus kuida laulomehhed, ja kes muud tahtvad, jõudvad notidest laulo visid ülles võtta...". Vaatamata konarlikule keelele

oli raamat menukas. Hagen avaldas ka eestikeelse orelimängu õpetuse ning "lühikessed mängutükid" orelimängijatele. Tema ja mitmete pastorite sulest ilmus ka koraalide viisiraamatuid eestlaste jaoks.

Eestlaste seas kodunesid kiiresti euroopalik harmooniline muusika ning eesti rahvamuusikale võõras mitmehäälne koorilaul. Juba 19. sajandi algupoolel jõudis viimane rahva hulka ka kirikute-kihelkonnakoolide juurde asutatud laulukooride kaudu – esimesed Laiusel ja Tormas. Torma köster Adam Jakobson asutas talupoegade puhkpilliorkestri, teine selline oli David Otto Wirkhausi mängukoor (pasunakoor) Väägveres. Varastest laulukooridest sai laiemalt tuntuks köster Andreas Martin Wilbergi 1840. aastal asutatud koor Põltsamaal. Segakoori toetas muusika- ja luuleandeline Põltsamaa pastor Emil Hörschelmann. Ta on avaldanud saksa laulude tõlkekogumiku "Mönned armsad laulud" (1847), mis on esimene ilmalik eestikeelne laulukogumik. Hörschelmanni "Vaimulikkud laulovisid nelja heälega" (1852) sisaldab ka autori enda kompositsioone. Tema lihtsaid meloodilisi laulukesi avaldas hiljem uuesti Karl August Hermann ja need on püsinud ka rahvasuus.

19. sajandi teisel poolel tuli juurde kodumail tegutsevaid kutselisi baltisaksa interpreete, eelkõige lauljaid; selle tee valisid ka mitmed aadlinoored (näit. tuntud kontsertlaulja Raimund von zur Mühlen). Tänu 1863. aastal avatud Peterburi konservatooriumile avanes baltlastel täiendavaid võimalusi kõrgema muusikahariduse omandamiseks. Päevalehtede tekkides hakkasid inimesed saama rohkem informatsiooni muusikasündmuste kohta, tavaks sai kontserdiarvustuste avaldamine.

Populaarseks jäid vaimulikud kontserdid kirikutes. Väljapaistvamaid muusikuid 19. sajandi teise poole Tallinnas, Toomkiriku organist Ernst Reinicke, valmistas noori ette Peterburi konservatooriumisse astumiseks; tema õpilastest on tuntuim eesti helilooja, dirigent ja interpreet Konstantin Türnpu.

Balti provintside muusikakollektiivid ja interpreedid ei tundnud erilist huvi omamaist päritolu heliloojate vastu, ehkki üksikuid kontserte neile pühendati. Eelistatud olid kogu Euroopas tuntud suured nimed – Bach, Mozart, Händel, Beethoven, Wagner, Bruch, Grieg, Gounod, Glinka, Tšaikovski jt. Saksa kuulsate heliloojate puhul põimus armastusega üleva muusika vastu ka rahvustunne. Nii pühitseti Tallinnas kohaliku instrumentaalmuusika seltsi korraldusel augustis 1870 neli päeva väldanud muusikaüritustega väga suurejooneliselt Beethoveni saja aasta juubelit.

Kuivõrd kohalikud harrastajad, nii lauluseltside koorid kui ka Tallinna ja Tartu orkestrid, suutsid esitada klassikalist muusikat heal tasemel, said tavaks ühised kontserdid koos omamaiste või ka Saksamaalt, Peterburist jm. saabunud kutseliste interpreetidega. Tallinna muusikaelu juhtivaks jõuks nii kontsertide organiseerijana kui ka oma koori tõttu kujunes 19. sajandi keskel saksa meeslauluselts, millele sekundeeris Kanuti Gildi *Liedertafel*. Tugevad olid Jäkeli lauluseltsi segakoor aastast 1859 ja Niguliste lauluseltsi segakoor, mis pühendus eelkõige oratooriumide esitamisele. Väljapaistvaid tulemusi saavutas see koor Konstantin Türnpu juhatusel.

Klassikalise muusika kõrval võlus lauluharrastajaid ja tavapublikut saksa järelromantiline meloodiline rahvalik koorilaul, ka saksa rahvalaul. Ülipopulaarne autor oli Friedrich Silcher ja eriti tema Heinrich Heine sõnadele loodud "Lorelei". Kohalike sakslaste suust levis see ka eestlaste sekka.

Muusika kui ajaviide ja meelelahutus omandas üha tähtsama koha linnainimeste argielus. Tallinna kohvikutes ja restoranides korraldati kohvi-, tee- ja punšikontserte, kõlas hommiku- ja õhtumuusika. Suviti eelistati vabaõhukontserte; Kadriorus ja väravatagustel haljasaladel esinesid külaliskapellid ja -koorid, sh. sõjaväeorkestrid. Neid kutsuti esinema ka seltsidesse. Sõjaväeorkestrite saatel tantsiti ballidel ja liueldi talvel uisuteel.

Koorilaul oli baltisakslaste jaoks esmajoones ühtsustunde rõhutaja ning rahvusliku

vaimustuse ärataja. Selles mõttes olid mõjukad Saksamaa eeskujul korraldatud baltisaksa laulupeod. Esimene ja kolmas neist toimusid Tallinnas (1857, 1866), teine ja neljas Riias (1861, 1880). 1857. aasta peo avaakordiks oli Raekoja platsil esitatud Lutheri koraal "Üks kindel linn ja varjupaik…" Ehkki ühendkooris oli vaid 202 meest, jättis ühislaul kuulajatele ülimalt võimsa mulje. Vaimustunud kuulajate seas oli ka Jannsen, kes sai siit äratust koorilaulu propageerimiseks eestlaste seas.

1866. aasta baltisaksa laulupeol Tallinnas osales 26 koori Baltimailt ja mitmelt poolt Venemaalt. Vanalinn oli ehitud lippude ja vanikutega, saksa elanikkonna meeleolu oli ülev. Kadriorus korraldatud põhikontsertide kõrval toimusid väärtmuusika kontserdid Niguliste kirikus ja peohallis. Väljasõidukontserdil Kosel esines menukalt ka üks eesti koor: äsjaloodud Jüri lauluseltsi segakoor ilusas rahvariides ja eesti keeles.

1885. aastal Tallinnas kavandatud baltisaksa laulupidu enam teoks ei saanud – Eestimaa kuberner vürst Šahhovskoi ütles seltside esindajatele, et kõrgemal poolt ei vaadata sellistele sakslaste kogunemistele hea pilguga.

Pärast esimest baltisaksa laulupidu kirjutas Jannsen "Perno Postimehes", et iga kiriku juurde ja isegi igasse valda tuleks asutada laulukoor. Tegelik areng suunduski sinnapoole. See oli muusikalembeste köstrite ja pastorite teene, kes kihelkonnakoolides ja nende juurde moodustatud laulukoorides tulevasi koolmeistreid muusikahuvile äratasid. Kindlama aluse sai kihelkonnakoolides pakutav muusikaharidus 1850.–60. aastaist Jānis Cimze seminari kasvandike kaudu.

1860. aastate algul pandi alus ka kooride ühisesinemise traditsioonile – toimusid kihelkondlikud laulupühad, esimesed Ansekülas (Sõrves), Jõhvis, Simunas, Laiusel ja Uulus. Esimesed eesti koorilaulu entusiastid pakkusid kooridele saksa rahvaviise või rahvalikke laule neljahäälses seades eestikeelsete sõnadega või lõid nende eeskujul ise originaallaule. Anseküla pastor Martin Körber õpetas oma koorile peamiselt ilmalikke laule, et tõrjuda nende abil tema meelest inetut ja rumalat rahvalaulu. Ka Jannsen arvas, et eesti kooridele tuleb pakkuda ilusaid saksa viise eestikeelsete sõnadega, ja andis 1860. aastal välja seesuguste laulude kogumiku "Eesti laulik". Kui aga pastorite motiivid ühislaulu edendamisel olid rahvapedagoogilised, siis asetas Jannsen oma kogumikus rõhu rahvustundele. Laiema populaarsuse saavutas tema Fredrik Paciuse "Maamme"-laulu viisile loodud "Mu isamaa, mu õnn ja rõõm", mida esitati esimesel eesti üldlaulupeol; koorid laulsid seda aastakümneid vaimustusega, kuni laul sai lõpuks Eesti hümniks.

1860. aastail hakkas jõudsalt kasvama eesti kooridele määratud, saksa mugandustest koosnev noodiliteratuur. Samal ajal tekkis nooremate rahvuslike haritlaste seas opositsioon vähenõudliku laenulise vokaalmuusika vastu. Nad seadsid esmaseks väärtuseks vana rahvaloomingu, soovitades lähtuda sellest ka eesti oma kunstmuusika ja koorirepertuaari loomisel. Carl Robert Jakobson andis esimese laulupeo jaoks, küll hilinenult, välja laulunoodikogumiku "Vanemuine kandle healed", mis sisaldas mõne esimeste eesti heliloojate isamaalauludest, samuti Jakobsoni enda, Rudolf Kallase ja Johannes Egloni kogutud rahvaviise ja soome laule.

19. sajandi teisel poolel hakkas välja kujunema eestlaste rahvuslik muusikaelu. Selles domineeris kaua harrastustegevus ja eelkõige vokaalmuusika. Ka eestlaste seas kujunesid muusikaelu organiseerijateks omaalgatuslikud lauluseltsid – 1860. aastail asutatud "Vanemuine" ja "Estonia" ning mõned maaseltsid; 1870. aastail rajati muusikaseltsid pea kõigisse eesti linnadesse ja 1880-ndail levis taoliste ühenduste asutamise laine üle maa, arvukatest ametliku põhikirjata teotsevatest kooridest ja orkestritest rääkimata. Seltside ja kooride kaudu lülitusid kümned tuhanded eestlased euroopalikku muusikamaailma, muusikakuulamisest sai vajadus, ja ühtlasi avastati koorilaulu ühendav, rahvustunnet toitev jõud.

1860. aastail tõusid esile esimesed eesti heliloojad, kes esialgu olid samuti vaid muusikaharrastajad. Muusikahariduse olid nad saanud enamasti Cimze seminaris ja teenisid leiba peamiselt köstrite, organistide või kooliõpetajatena. Esimesi eestlasi, kes püüdis ühendada euroopalikku harmoonilist muusikat ja eesti rahvaviisi, oli Aleksander Thomson (1845–1917). Eesti rahvusliku koorimuusika rajajaks nimetatud Aleksander Kunileid (1845–75), ametilt köster ja kooliõpetaja, viisistas Koidula isamaaluulet ja seadis eesti rahvaviise kooridele, taotledes oma loomingus põhjamaiselt karget väljenduslaadi. Romantilisema ilmega oli tema venna Friedrich Saebelmanni koorilooming, mille seast on kõige tuntum "Kaunimad laulud". Iseõppija muusikas, kellest ometi sai ligi tuhande koorilaulu autor, dirigent ja laulupidude üldjuht, oli Karl August Hermann (1851–1909). Tema lihtsad kergestilauldavad laulud on naiivse, kuid siira ja puhta isamaalise vaimustuse näited. Esimene erialase kõrgharidusega eesti muusik Johannes Kappel (1855–1907) lõpetas Peterburi Konservatooriumi oreli ja kompositsiooni alal ja teenis leiba Peterburis. Temalt pärineb üle 50 koorilaulu, milles segunevad saksa järelromantismi ja eesti rahvamuusika mõjud.

19. sajandi teisel poolel olid eestlaste nagu sakslastegi muusikaelu suursündmuseks ja koorikultuuri proovikiviks üldlaulupeod. Seesuguste suurürituste õnnestumise eelduseks oli kooride rohkus, orkestrite olemasolu ning laulupühade ja kontsertidega omandatud ühisesinemise kogemus. Järjest enam võeti laulupidude repertuaari eesti heliloojate algupäraseid laule, vaimulike laulude seas aga teoseid, mis esitasid lauljatele üsna suuri nõudmisi. Vaatamata rahvusliku liikumise juhtivate tegelaste eriarvamustele laulupidude juhtimise, korralduse ja laulude valiku kohta, olid üldlaulupeod eesti kooriliikumise edu tunnistajad ja sümboliseerisid eesti rahvusliku muusikakultuuri sündi – ehkki harrastusliku ja professionaalse muusika eraldumise ja oma algupärase muusikalise kõrgkultuuri tekkeaeg seisis alles ees.

Ilukirjandus

19. sajandi esimesel poolel orienteerus baltisaksa publik rohkem Saksamaalt sisse toodud kirjasõnale. Seetõttu püüdsid ka kirjanduslikult andekad baltlased end teostada Saksamaa kirjandusmaailmas. Nagu Merkel ja Kotzebue, rändasid mõnedki neist edasi-tagasi Saksamaa ja Baltimaade vahet, otsides oma õiget tegevusvälja. Tasapisi kasvas nende publitsistide ja kirjanike arv, kes tundsid end eelkõige baltlastena ja püüdsid oma loomingus kujutada siinseid inimesi ja olusid. 19. sajandi algus tõi literaatide sulest rohkesti juhuluulet, buršilaulu jm. vähenõudlikku laululoomingut, tähtpäevakõnesid ja -näidendeid. Samal ajal suunas nende loomingut sajandi algul ja keskel ka romantismile omane huvi põlisrahvaste rahvaluule ja mütoloogia vastu, mille näiteks on Faehlmanni saksakeelsete müütiliste muistendite ümberluulendused vabameelse Liivimaa aadliku Jegor von Siversi sulest.

Romantilisest estofiilsusest kantuna püüdis mõni baltisaksa sulemees teostada end ka eestikeelses kirjasõnas. Talurahva vabastamise järel levis veendumus, et haritlaste kohus on äsjane pärisori eeldatavast vaimupimedusest päästa. Hoolimata romantismi, uuspietismi ning sentimentalismi mõjutustest oli suurele osale eesti keeles kirjutavatest autoritest ka veel 19. sajandi keskpaiku omane valgustuslik-ratsionalistlik suund. Õpetliku teabelise kirjanduse kõrval hakati üha enam avaldama ilmalikku jutukirjandust maarahva keeles, vähemal määral ka luulet. Ilmaliku jutukirjanduse autorid võtsid jätkuvalt aluseks saksa rahvaraamatuid, kus keskseks kujuks oli enamasti "väike inimene" – tihti talupoeg, ja milles rõhutati ka selle seisuse tähtsust. Seda peeti loomulikuks, kuid juba 1819. aastal nõudis näiteks Otto Wilhelm Masing eesti oludest lähtuvate või vähemasti neile mugandatud teoste loomist. Ta kirjutas eestlase kohta: *Ka tema hing on lahti õpetusele, suure ja ilusa vastu võtmiseks. Miks ei jutustata talle Jumala suurtest imedest looduses, tähistaevast ja tuhandest teisest südantülendavast, vaimustavast ja õilistavast asjast?*

Masingu kooliraamatud ja kalendrikirjutised, tema populaarteaduslikud "Pühhapäwa Wahhe-luggemissed" (1818) ning "Marahwa Näddala-Leht" 1820. aastail tähendasid talurahvale määratud kirjasõna uut kvaliteeti. Toonase rahvaliku jutukirjanduse suurimaks saavutuseks aga oli Peter von Mannteuffeli kogumik "Aiawite peergo walgussel" (1838), mille peamine pala on jutustus "Jürri Tarwel". Jutustusega "Wilhelm Nawi elupäewad" pani Mannteuffel aluse eestikeelsele karskuskirjandusele, eeskujuks Šveitsi autor Johann Heinrich Daniel Zschokke.

1830.–40. aastail balti kirjanduselus mõju avaldav sentimentalism tõi eesti lugeja jaoks kaasa saksa haledusjuttude rohke tõlkimise ja väljaandmise. Rahvas võttis sellise lektüüri meelsasti vastu ja see soodustas lugemisharjumusi. Teisalt tõusis nüüd esile eesti päritolu kirjamehi, kelle eeliseks oli parem keeletunnetus. Kreiskooliõpetaja Johann Friedrich Sommeri (Suve Jaan) jutustust "Luige Laos", lugu vaprast ja tsaaritruust soldatist, iseloomustab hea jutustamisoskus ja ilmekas stiil. Kiiresti leidsid laia lugejaskonna Muhu köstri Carl Wilhelm Freundlichi (1803–72) sentimentaalsed rahvaraamatud, neist esimesed "Siin on Magdeburgi-linna hirmsast ärrarikkumissest..." ja "Appolonius" (1837). Tema vemmalvärsid said rahvalauludeks.

Eestikeelse rahvaraamatu õitseng algas siiski alles Johann Voldemar Jannseniga, kes oli viljakas jutukirjanik. Enamik tema umbes 220-st jutust (peamised ilmunud kogudes "Sannumetoja" (I–VII, 1848–60) ja "Püssipappa essimessed Külla-juttud...", 1854) on vabad tõlked või mugandused. Jannseni lemmikautorid olid saksa lühijutumeister Johann Peter Hebel ja W. O. von Horn. Eeskujud ei kammitsenud Jannsenit, vaid puhusid lõkkele ta jutustamisande. Ta vaatles eesti talupojaühiskonna elu ühe selle liikme pilgu läbi ja tõi eesti kirjasõnasse lopsaka rahvaliku kõnepruugi.

Otto Wilhelm Masingu ratsionalistlikku, "vaimuülendust" taotlevat suunda jätkasid kalendrijuttude ja valgustavate rahvaväljaannete autorid Faehlmann ja Kreutzwald. Kreutzwald koostas ja andis välja kolm sarja populaarteaduslikke kirjutusi, nende seas kõige tähelepandavam ja mahukam "Ma-ilm ja mõnda, mis seal sees leida on" (1848–49), mille saatesõnas ta otseselt viitab Masingu eeskujule. Oma aja kohta rikkalikult illustreeritud väljaandes jutustas Kreutzwald maailmaruumist, elusloodusest, eri maadest ja rahvastest, ajaloost, imetles teaduse ja tehnika edusamme, jagas majanduslikke ja tervishoiualaseid näpunäiteid jne. Esialgu sellised väljaanded rahva seas eriti ei levinud, kuid hilisemad põlvkonnad on – mitmete mälestuste järgi – just "Mailma…" ja teiste taoliste väljaannete kaudu saanud esimest äratust maailma mõistmiseks ja uurimiseks. Kreutzwaldi ilukirjanduslikku loomingut ilmus nii kalendrites kui eraldi raamatutena. Tema teeneks oli humoristlik-satiirilise elukäsituse toomine eesti rahvaraamatu veergudele. Töödeldes rahvusvahelisi süžeesid, püüdis ta oma allegooriliste juttudega nagu "Reinowadder Rebbane" (1848) panna inimesi mõtlema ühiskonnaelu ja inimese enda üle ka üldisemas plaanis. Algatajarollis oli Kreutzwaldil ka eesti rahvajuttude töötleja ja populariseerijana.

Laialt leviv rahvaraamat valmistas ette rahvuskultuuri sündi. Koos vaimuliku kirjavaraga harjutas see inimesi lugema; haritumad aga said inspiratsiooni hakata ise kirjutama raamatuid oma emakeeles.

Siiski arenes eestikeelses kirjasõnas juba 19. sajandi algusest peale ka elitaarsem suund. Peamiselt esseistika ja luule vallas loodi teoseid, mis olid määratud eesti keelt lugevatele sakslastele, aga ka võimalikule haritud lugejale eestlaste seas. Otto Wilhelm Masing, kes nägi oma eluülesannet võitluses eesti kirjakeele täiustamise eest, tahtis ühtlasi saksa publikule selgeks teha, missugused võimalused peituvad primitiivseks arvatud eesti keeles. Eestikeelse kunstipärase esseistika hulka võime lugeda ka Kristjan Jaak Petersoni

Kristjan Jaak Peterson

(1801–22) eestikeelse päevaraamatu. Ennekõike oli noor Peterson siiski poeet. Tema ainus, eluajal käsikirja jäänud eestikeelne luuletuskogu 1818. aastast kannab antiikmõjutuste pitserit ja sisaldab natuurfilosoofilisi kõrgstiilis oode, dialoogilisi karjuseidülle ja paar anakreontilist laulu. See on mõjutatud ka eesti rahvaluulest ja kujutab endast "poeetilist mässu" eestikeelse kirjasõna kõigi tollaste traditsioonide vastu. Järelpõlved avastasid selle Õpetatud Eesti Seltsi kogust alles 19. sajandi lõpul. Eesti varase poeesia pärliteks on ka Friedrich Robert Faehlmanni eleegilises distihhonis kirjutatud "Pibo jut" ja Asklepiadese stroofi järgiv "Suur on, Jummal, So ram."

19. sajandi teisel poolel eemaldusid baltisaksa kirjamehed romantilisest estofiilsusest. Saksakeelses publitsistikas ja ilukirjanduslikus proosaloomingus hakkas ilmnema tegelikke olukordi ja kohaliku elu kajastamist taotlev realistlik suund, mis taas sai mõjutusi päris-saksa kirjanduselt.

Estofiil ja arst Georg Julius von Schultz, kirjanikunimega Bertram (1808–75), avaldas 1860.–70. aastail eesti ja saksa keeles oma mütoloogilised teosed, näiteks eepose "Ilmatar" (1871). Schultz-Bertrami esseed, nagu tema "Baltische Skizzen" I–II annavad elava kujutluse balti ühiskonnast ja kultuurielust 19. sajandi keskpaiga rahututel aegadel.

Baltisaksa publitsistika arengut stimuleeris vajadus mõtestada oma seisundit, mida ohustas keskvõimu tugevdamine. Identiteedimurest sündinud esseistika tipuks oli Carl Schirreni vastuseks Juri Samarinile kirjutatud brošüür aastast 1869, milles ta kaitses euroopalikke õiguse ja autonoomia printsiipe *ida instinkti-poliitika* vastu. Ka keiser ise ei tohi murda oma sõna, mida ta on andnud baltisaksa rüütelkondadele; baltlased ei tohi midagi oma õigustest loovutada, vaid peavad olema valmis pigem murduma kui painduma. See kirjutis kinnistas baltisakslaste konservatiivseid meeleolusid; kõneldud on isegi "Schirreni ajastust". Alles 1870.–80. aastate vahetusel hakati baltisaksa avalikkuses taas tõsisemalt kaaluma reforme, mis tähendas ka poliitilise publitsistika tulva suurtes baltisaksa päevalehtedes ja rohke brošüürikirjanduse näol. Nii vabameelsete kui ka konservatiivide seas tõusis esile terava sulega publitsiste-esseiste.

Publitsistlikku pitserit kandis ka baltisaksa autorite sajandi teisel poolel jõudsalt rohkenev ilukirjanduslik proosa. Ülesandeks seati talupoegade elu, samuti põlisrahva ja saksa ülemkihi vahekorra kujutamine. Kuramaalt pärit romaanikirjanik Theodor Hermann Pantenius (1843–1915) on suure sümpaatiaga kujutanud läti talupoegi ja nende elu, ehkki nägi seda siiski vaid, nagu tema kohta öeldi, läbi pastoraadi akna. Panteniust on üsna varakult avaldatud ka eesti keeles ("Sakalas" 1878). Mõni baltisaksa kirjanik on väljendanud mõtet, et lätlased (*resp.* eestlased) ja baltisakslased on tegelikult üks rahvus.

1860.–70. aastail, kui baltisaksa avalikkus ikka veel kahtles põlisrahvaste iseseisva euroopaliku vaimukultuuri võimalikkuses, hakkas eestlaste seas ilmnema selgeid märke oma, rahvusliku kirjanduselu tekkimisest. Eesti iseseisva kirjanduselu algust tähistab Faehlmanni algatatud ja Kreutzwaldi kokku seatud rahvuseepose "Kalevipoeg" ilmumine (1857–61 ÕES-i toimetistes koos saksakeelse tõlkega, 1862 Soomes trükitud rahvaväljaandena).

Eesti 1860.–70. aastate algupärase luule uudseks jooneks oli rõhutatud rahvuslikkus. Lydia Koidula pateetilised hümnid tõid eestlase teadvusse isamaa mõiste. Eriline emotsionaalne jõud ja ülevus iseloomustavad eelkõige tema kogu "Emmajõe Öpik" (1867). Koidula pöördus personifitseeritud isamaa kui oma armastatu poole, tõotades talle armastust ja truudust. Dramaatilise poeedinatuurina on ta loonud mõjukaid pilte Eestimaa kannatustest sõdade ja sissetungijate läbi. Rahvusromantiliste luuletuste kirjutamisest sai kiiresti traditsioon. Rahva seas levis laialt ja leidis viisistajaid ka Friedrich Kuhlbarsi, Mihkel Veske ning Karl August Hermanni isamaa- ja loodusluule.

Eesti ärkamisaegne proosa oli hoopis tugevamini kinni rahvaraamatu traditsioonides. Kreutzwaldi, Koidula, Jakob Pärna jt. vähenõudlikes, osalt laenulistes, moraliseerivates juttudes võib juba märgata ka Eestis hiljem leviva "külarealismi" tunnuseid. Ideaaliks oli tubli talupoeg-pärisomanik, hoolas majapidaja, kes jõuab jõukale järjele ja hindab kõrgelt ka haridust. Eesti jutukirjandusse tuli rahvusromantika koos Eduard Bornhöhe "Tasujaga" (1880), mis kujutas eestlaste dramaatiliselt nurjunud ülestõusu.

Rahvuslik liikumine soosis publitsistika-esseistika arengut. Traditsiooniks said juhtivate rahvuslaste seltsikõned, mis hiljem tavaliselt avaldati ka trükis. Eesti varase publitsistika õnnestunud näiteks on Carl Robert Jakobsoni esimene isamaakõne "Vanemuises" 1868, Jakob Hurda kõne esimesel eesti üldlaulupeol 1869 ning tema 1870. aastate kõned Eesti Aleksandrikooli loomise kaitseks.

Trükisõna võidukäik tõi kaasa eesti folkloori muutumise. Sõnaloomingu suuline edasiandmine säilitas oma sotsiaalse tähenduse;

mitmesugustel kogunemistel taludes, kõrtsides, sepikodades ja veskites jätkus rahvalike laulude laulmine ja improviseeritud jutustamine. Muinasjutud, muistendid, pajatused, naljandid jm. said nüüd tihti inspiratsiooni trükitud kirjandusest leitud süžeedest. Peamiseks muutuseks oli vana regilaulu hääbumine eelkõige koraali ja kooride kaudu leviva saksaliku laulu mõjul. Algul, osalt juba 18. sajandil, tekkisid siirdevormid – pika ja lühikese silbi vaheldumist asendas rõhulise ja rõhutu silbi vaheldumine, parallelism taandus; edaspidi sai valdavaks strooofiline lõppriimiline rahvalaul. Kirjamehed koostasid laulikuid, noored panid laule kirja salmialbumitesse. Omapärase nähtusena levis 1850. aastate keskpaigast alates käsikirjas põrandaalune värss-satiir, mis kujutas eestlaste kannatusi ja neile osaks saanud ajaloolist ülekohut. Selliste mitmetes variantides levivate laulude tegelikeks autoriteks olid tihti tuntud rahvuslikud tegelased, nagu vennad Adam ja Peeter Peterson jt. Populaarseima lugulaulu "Eesti mees ja tema sugu" autor on teadmata.

Samaaegselt vana rahvaluule hääbumisega algas aga selle (eriti regivärsi) väärtustamine ja propageerimine eesti haritlaste poolt, kes järgisid estofiilide eeskuju. Alustati veel meeles olevate vanade rahvalaulude massilist kogumist. Esimene suur aktsioon toimus Jakob Hurda juhtimisel Eesti Kirjameeste Seltsis. Ühtlasi algas rahvaluule publitseerimine ja taastutvustamine rahvale. Sõnalises rahvaloomingus hakati nägema üht eesti rahvusliku kirjanduse lähtealust. Väga populaarseks said ärkamisajal ka Faehlmanni mütoloogilised rekonstruktsioonid, õigemini pseudomütoloogia, tema laulujumal Vanemuine, arvatavate muistsete eesti jumalate panteon, müütilised loodusjõud, nagu Koit ja Hämarik, inspireerides poeete ja rahvusliku liikumise juhte, kes rahva ees isamaaliste kõnedega esinesid. Kogu rahvaluulesse suhtuti romantilis-idealistlikult; rekonstruktsioonipüüete tehislikkus ei olnud tollal probleemiks. Peaasi, et eestlastel oli kunagi olnud kuldne vabaduseaeg, millest andsid tunnistust rikas keel, kaunis rahvaluule

ja oma jumalate parnass. Armastatud motiiviks sai Kalevipoja või Vanemuise taastulek eestlastele õnne tooma. Eestikeelse kommunikatsioonivälja avardudes levisid eestlaste seas laialt muinsusromantika ja seda kajastav kirjanduslik sõna. Sel moel sai rahvaluule eestlaste uue rahvakultuuri üheks koostisosaks, kindlustades rahvuslikku identiteeti. Vajadusele uurida põhjalikumalt eesti keelt ja folkloori järgnes rahvuslike humanitaarteaduste teke.

1860.–70. aastail kujunema hakkava rahvuskirjanduse keskmes olid pühapäevameeleoludest kantud ülev isamaaluule ning tubli talumehe-pärisperemehe kultus. Kirjanduspildi muutumine algas 1880. aastail. Rohke epigoonliku isamaaluule kõrval hakkas arenema intiimsema tundetooniga lüürika. Proosa jaoks püstitas Eduard Vilde nõude, et see peab kujutama ilma ja inimesi, "nagu nad on".

REVOLUTSIOON JA SÕDA

Historiograafia

20. sajandi esimene suursündmus Vene impeeriumis oli 1905. aasta revolutsioon, mis sai pöördepunktiks ka Eesti ajaloos. Esimesed ülevaated kõnealusest revolutsioonist ilmusid vahetult selle järel. Eesti liberaalsed poliitikud püüdsid jätta muljet, et revolutsioon oli agraarne ja suunatud mõisnike, mitte Vene valitsuse vastu, ja et mässajaid-vägivallatsejaid oli vähe. Baltisaksa autorid püüdsid valitsust ja vene avalikkust veenda, et revolutsioon oli poliitiline ja rahvuslik ning suunatud Vene riigivõimu vastu. Süüdi olevat olnud kogu eesti rahvas, kes teeninuvat ära karistussalkade julmad repressioonid. Vene ajakirjandus avaldas mõlemasuunalisi materjale. Ühed vene autorid leidsid, et toimunus on süüdi baltisaksa ülemkihtide jäik poliitika ning veel allesjäänud privileegid maaomavalitsuses ja agraarsuhetes, teised kinnitasid, et eestlased ja lätlased on separatistid, kes taotlevad Venemaast eraldumist.

Baltisaksa käsitlusele pani aluse **Astaf von Transehe-Roseneck** oma kaheköitelise teosega "Lettische Revolution" (Berliin, 1. tr. 1906–07, 2. tr. 1907–08), mille järgi revolutsiooni puhkemises oli süüdi Vene valitsus, kes esmalt soodustas lätlaste-eestlaste rahvuslikku ärkamist ja seejärel likvideeris venestusega aadli võimu talupoegade üle. Niisugust seisukohta kaitsesid ka mitmed teised baltisaksa autorid, nagu **Alexander Tobien**, kellele vaidles vastu liberaalne baltisakslane **Adolf Agthe**, kes revolutsiooni ühe peapõhjusena märkis mõisniku-talupoja vastuolu. Advokaat **Adalbert Volck** avaldas Tartus brošüüri "Wer trägt die Schuld? Betrachtungen über die estnische Revolution" (1906), kus ta nimetas rahutuste peasüüdlastena vene ja eesti ajakirjandust, eriti "Postimeest" ja selle toimetajat Jaan Tõnissoni kui e*esti rahva kurja geeniust*. Oluline materjal on esmalt ajakirjas "Baltische Monatsschrift" avaldatud "Baltische Revolutions-Chronic" (I–II, 1907–08), milles on valikuliselt registreeritud ja kirjeldatud revolutsiooniaasta sündmusi kolmes Balti kubermangus.

Esimene suurem töö eesti autorilt oli sotsiaaldemokraadi ja revolutsionääri **Mihkel Martna** Peterburis 1907. aastal M. Jürissoni pseudonüümi all ilmunud raamat "Punased aastad Eestis. 1905–1906. Eesti revolutsionilise liikumise ajaloolikud ja majanduslikud põhjused", mis õigustas revolutsiooni ja näitas, et rahvaliikumisel oli nii sotsiaalne kui rahvuslik iseloom, ning see oli suunatud nii baltisaksa mõisnike kui ka Vene valitsuse vastu.

Eesti iseseisvumise järel jagunes 1905. aasta uurimine kahte suunda. Nõukogude Liidus tegeles sellega EKP ajaloo komisjon (1925), mis oma toimetiste seerias andis **Hans Pöögelmanni** eestvedamisel 1926. aastal välja kogumiku "1905. aasta Eestis. Kirjeldused. Mälestused. Dokumendid". Eraldi raamatud ilmusid **Jakob Palvadrelt** ja **Voldemar Vöölmannilt**, keda hiljem süüdistati *rahvusdemokraatlikus kallakus*. Arhiivimaterjale publitseeriti peamiselt enamlaste partei tegevuse ja valitsuse repressioonide kohta (**Jaan Depman**).

Eesti Vabariigis hakati 1905. aasta ajalooga tegelema elavamalt 1920. aastate lõpul. 1905. Aasta Seltsi (asut. 1929) toimetiste sarjas anti välja **M. Martna** "Tallinna sündmusi 1905 ja 1906" (1930) ja **Hans Kruusi** koostatud kogumik "Punased aastad. Mälestisi ja dokumente 1905. aasta liikumisest Eestis" I

(1932). Teine olulise allikalise väärtusega mälestuste kogumik sellest ajast on "1905. a. revolutsiooni päevilt" (1931). Ajakirjanik **Mihkel Aitsam** ilmutas uurimuslikku laadi "1905. aasta Läänemaal eel- ja järellugudega. Isiklikke mälestusi ja uurimusi" (1937) ning koostas ulatusliku käsikirja revolutsioonist ja selle ohvritest kogu Eestis. 1905. aasta sündmusi uurisid ja mälestusi kogusid **Voldemar Juhandi, Alfred Kliimann, Aleksander Looring** jmt., sealhulgas ajaloolise pärimuse kogujad (tänaseks osaliselt publitseeritud e-väljaannetena: http://haldjas.folklore.ee). Seda temaatikat puudutasid oma töödes **H. Kruus, Eduard Laaman, Peeter Ruubel, Peeter Tarvel** jmt. Iseseisvas Eestis vaadeldi revolutsiooni kui eesti rahva massilist väljaastumist baltisaksa mõisnike ja tsaarivalitsuse survepoliitika vastu, mis jõuliselt tõstatas rahvusliku enesemääramise (autonoomia) küsimuse ja sillutas teed iseseisvusele.

Eesti NSV-s jätkati poliitilise ajaloo käsitlemist kommunistliku partei ideoloogiliste dogmade vaimus, mis kuulutas ainuõigeks vaid enamlaste tegevuse tööliste ja talupoegade võitluse juhtimisel. 1953. aastal kaitses Moskvas doktoritööd **Hilda Moosberg**. Sellel põhinev raamat "1905.–1907. aasta revolutsioon Eestis" ilmus eesti keeles sulaaja algul (1955). Järgnevail aastakümneil tehti erineva taseme ja historiograafilise väärtusega uurimistöid paljude ühiskonnaelu tahkude kohta. Nõukogude režiimi soosidud teemade ring seostus ikka kompartei ajaloo ja klassivõitlusega. Rohkesti selgitati välja ja võeti arvele arhiividokumente Eesti ja Nõukogude Liidu keskarhiivides, osa neist publitseeriti Eesti ja Moskva teadusväljaannetes ning läks teaduslikku käibesse. Esimese Vene revolutsiooni 50. aastapäevaga seoses ilmus mahukas püsiväärtuslik dokumentide ja materjalide kogumik "Революция 1905–1907 гг. в Эстонии" ning **Toomas Karjahärmi** ja **Raimo Pullati** lühikäsitlus "Eesti revolutsioonitules 1907–17" (1975). Üksikküsimusi on Nõukogude ajal uurinud **Erich Kaup** (marksimi-leni-

nismi ideede levik ja töölisliikumine), **Maie Pihlamägi** (sotsiaalolud ja töölisliikumine), **Marta Lõhmus** (talurahvaliikumine), **Linda Eringson** (üliõpilasliikumine), **Ellen Plotnik** (sotsiaaldemokraatia), **Aleksander Blumfeldt** (sotsiaaldemokraadid-föderalistid), **Allan Liim** (kool ja haridus), **Endel Laul** (töölisajakirjandus ja historiograafia), **Hillar Saha** (repressioonid), **Karl Siilivask** (revolutsiooni kajastused kirjanduses), **August Palm** (satiiriajakirjandus), **Sergei Issakov** (tsensuuripoliitika), mitmed kultuuri- ja haridusloolased, kirjandus- ja kunstiteadlased ja teised humanitaarid. Üksikuid uurimusi õnnestus publitseerida ka *ekspluataatorlikest klassidest* (**T. Karjahärm, Sirje Kivimäe**), sh. Toomas Karjahärmi doktoritöö (1983) "Эстонская буржуазия и самодержавие в 1905–1917 гг.", mis venestamisele pühendatud paragrahvi ja eesti kodanlusse "leebe suhtumise" tõttu sai ilmuda alles *perestroika* ajal (1987).

1969. aastal kaitses **Toivo Ülo Raun** Princetoni ülikoolis väitekirja "The Revolution of 1905 and the Movement for Estonian National Autonomy, 1895–1907". Temalt on ilmunud suur hulk uurimusi 20. sajandi esimeste kümnendite Eesti (Baltimaade) poliitilisest ja ideede-ajaloost, sh. võrdluses Soomega. Raun on juhtinud tähelepanu, et rahvuslik ja sotsiaalne lojaalsus ei välistanud teineteist, vaid põimusid omavahel, moodustades nii moderniseerimise sünnitatud mitmikidentiteedi. Liivimaa rüütelkonna reformipoliitikat kriisiaastal 1905 analüüsinud **Gert von Pistohlkors** jõuab oma Göttingenis 1974. aastal kaitstud väitekirjas "Ritterschaftliche Reformpolitik zwischen Russifizierung und Revolution" (1978) järeldusele, et mõisnike vähese reformisuutlikkuse taga oli vana aristokraatliku eliidi *illiberalism*, sügavate ajalooliste juurtega seisuslik mentaliteet, mis ei võimaldanud mõõdukate eestlaste ja lätlastega kokkuleppele jõuda. **Ernst Benz** kaitses 1990. aastal Mainzis doktoritööd "Die Revolution von 1905 in den Ostseeprovinzen Russlands: Ursachen und Verlauf der lettischen und estnischen

Arbeiter- und Bauernbewegung im Rahmen der ersten russischen Revolution".

1905. aasta revolutsiooniga seotud küsimusi on viimasel ajal uurinud **Natalja Andrejeva** (baltisakslased ja valitsus), **Olavi Arens** (sotsiaaldemokraatia), **Kaido Jaanson** (sotsiaaldemokraatia), **Aleksander Loit** (poliitilised põgenikud), **M. Pihlamägi** (töölisliikumine), **Tiit Rosenberg** (üldküsimused ja historiograafia), **James D. White** (lühiülevaade) jmt. Paraku pole kaasaegsel tasemel ja põhjalikuma 1905. aasta revolutsiooni ajaloo avaldamiseni veel jõutud, ehkki eeltöid on tehtud ja kavatsusi on mitmel.

20. sajandi kahel esimesel aastakümnel toimunud kultuurimurrangut hakati uurima tegelikult juba selle toimumise ajal. Nii kirjutas **Bernhard Linde** ülevaate ""Noor-Eesti" kümme aastat" (1918), millele peagi sekundeeris **Aino Kallase** "Nuori-Viro. Muotokuvia ja suuntaviivoja" (1918, e.k. 1921). Ka järgnevatel aastail jäid "Noor-Eesti" uurijateks peamiselt nooreestlased ise, nagu näeme **Gustav Suitsu** raamatust "Noor-Eesti nõlvakult" (1931) ja **Friedebert Tuglase** artiklist "Moodsa kirjanduse algus Eestis" koguteoses "Raamatu osa Eesti arengus" (1935). Taasiseseisvunud Eestis tõusis "Noor-Eesti" taas tähelepanu orbiiti eriti seoses liikumise 100. aastapäevaga. Korraldati juubelikonverentse ja ilmusid kogumikud "Noor-Eesti 100. Kriitilisi ja võrdlevaid tagasivaateid" (2006), "Noor-Eesti kümme aastat: esteetika ja tähendus" (ajakirja "Methis" erinumber 2008, 1/2).

1917.–18. aasta sündmuste värsketel jälgedel tekkisid esimesed ülevaated neist väga kiiresti. Juba 1918. aastal ilmus **Rasmus Kangro-Pooli** teravalt saksavastane raamatuke "Balti saksluse viimsed vägimehed". Landesveeri sõja mõjul avaldas Rahvaülikooli kirjastus ajakirjanik **Georg Eduard Luiga** brošüüri "Eesti-saksa vahekord Baltimaal" (1919), milles autor väidab, et germaani ike Baltimaades oli palju hullem kui mongoli ike Venemaal, ja kutsub üles viima läbi radikaalset maareformi, et anda baltisaksluse võimule Eestis viimane hoop. **H. Kruusi** "Saksa okupatsioon Eestis"

(1920) on juba põhjalik töö, mis sisaldab ka dokumente ja uurib okupatsioonivõimude poliitikat laias, sh. rahvusvahelises mõõtkavas. Kruus näitas, et riigisaksa imperialismi ja baltisaksluse huvid langesid siin ühte, kuni lõpuks Saksa revolutsioon *heitis Balti feodaalherrad lõpulikult mineviku kolikambrisse.* **H. Kruusi** suures osas sõjaeelsel ajal kirjutatud "Jaan Tõnisson Eesti kodanluse juhina" (1921) on mõtteajalooline teos, mis kooskõlas autori pahempoolsete vaadetega eksponeerib Tõnissoni evolutsiooni *üleüldis-rahvuslikust tegelasest Eesti tagurlise seltskonna kihi – kodanluse – ainult üheks juhiks revolutsioonis lõhkikäristatud ühiskonnas.*

Revolutsiooni, okupatsiooni ja sõja esimene komplekssel käsitleja oli hästiinformeeritud **E. Laaman**, kellelt juba 1920. aastal jõudis lugejani raamat "Eesti lahkumine Vene riigist 1917–1920" ning aastail 1936–38 vihikutena faktirikas ja köitev suurteos "Eesti iseseisvuse sünd" (2. tr. Stockholm 1964, 3. tr. 1990–97 taas vihikutena Eestis). Erakordselt mitmekülgse ja viljaka Laamani sulest ilmus peamiselt ajakirjanduslikele esmaallikatele toetuv "Enamlus Eestis 1917–1918" (raamatus "Enamlus Eestis" I, 1930), mis oli üldse esimene suurem uurimus sotsiaaldemokraatia ja selle ühe haru – enamluse kohta Eestis. **August Tammann** koostas mälestuste ja esmaallikate põhjal raamatu "Eesti iseseisvuse teel. I: Vene revolutsioonist Eesti vabadussõjani. Ülevaade 1917. ja 1918. a. sündmustest Eestis" (1923).

Rohkesti avaldati iseseisvas Eestis oma aja juhtivate tegelaste mälestusi, mis mõnikord olid uurimusliku iseloomuga. Eesti Vabariigi viiendaks aastapäevaks ilmus "Iseseisvuse tuleku päevilt. Mälestused" (1923) üheksalt autorilt. **Julius Seljamaa** jagas isiklikke mälestusi ja muljeid Veebruarirevolutsioonist Petrogradis teoses "Päikesepaisteline revolutsioon" (1924, kirjutatud 1920). Ta kirjutab, et mitmed rahvad olid paratamatult sunnitud lööma lahku Venemaast, *mis kuristikku oli langemas.* Eesti Ajakirjanike Liidu toimetusel ilmus "Mälestused iseseisvuse võitluspäevilt. I: Revolutsioon ja okupatsioon 1917–1918" (1927), mis sisaldab kirjutisi 39-lt erineva poliitilise taustaga tegelaselt ja Laamani koostatud sündmuste kronoloogia. Esimene Eesti välispoliitika esiaega tutvustav akadeemiline teos on teeneka diplomaadi ja rahvusvahelise õiguse professori **Ants Piibu** "Tormine aasta. Ülevaade Eesti välispoliitika esiajast 1917–1918. aastal dokumentides ja mälestusis" (1934), kus sündmuste keerises olnud autor toob avalikkuse ette suures osas senitundmatud dokumendid ja seob need kommenteeriva teksti ning mälestustega. Eesti välispoliitika esiajast jutustab ka Eesti esimese välisdelegatsiooni liige **Ferdinand Kull** oma raamatus "Esimesi Eesti diplomaate. Mälestusi Eesti välisdelegatsiooni tegevusest 1918. aastal" (1933, 1996), esitades oma versiooni välisdelegatsiooni liikmete tegevuse ja nendevaheliste suhete kohta.

1930. aastail ilmunud töödest on teabe poolest rikkad pühendusteosed "Konstantin Päts. Tema elu ja töö. Kaasaeglaste mälestusi" (1934) ning "Jaan Tõnisson töös ja võitluses" (1938). Viimases leidub koguteose koostaja **H. Kruusi** artikkel "Jaan Tõnisson kaugvaates", milles autor käsitleb Tõnissoni mitte enam üksnes kodanluse juhi, vaid kogu eesti rahva juhi ja *määratu elutööga* rahvusliku suurmehena. Kruusi lähendas Tõnissonile intelligentsi ringkondades laialt levinud opositsiooniline meelsus *juhitava demokraatia* suhtes – *Tartu vaim*. Kogumikus "Vabaduse tulekul. Koguteos Eesti maanõukogu 1917. aasta 15./28. nov. otsuse tähistamiseks" (1938) tuli ilmsiks mõjukate õigusteadlaste uus lähenemine Eesti riigi tekkimisele. **A. Piip** kirjutas, et Maanõukogu otsus kõrgemast võimust tähendas iseseisvuse väljakuulutamist ja sellega tekkis Eesti riik, 24. veebruar 1918 aga on selle otsuse alusel tekkinud Vabariigi loomispäev. **Artur-Tõeleid Kliimann** kinnitas, et Maanõukogu otsus on esimene Eesti riigiakt ja ühtlasi esimene eelkonstitutsioon, mis pani normatiivse aluse Eesti rahvusriiklusele; 28. november on *Eesti riikliku iseseisvuse päev*. Niisugust teooriat, mille järgi Eesti Vabariigi

sünnipäevaks on 15/28. november, pooldasid ka **Jüri Uluots** ja **Eugen Maddison**. Balti küsimuse (Balti semstvo) ja Eestimaa kubermangu omavalitsuse reformi, sh. 30. märtsi 1917 määruse arutamisest tsaarivalitsuses selle viimastel päevadel ja Ajutises Valitsuses kirjutas sündmustest osavõtjana **Nikolai Maim**. Maanõukogu protokollid avaldati 1935. aastal.

Märkimisväärset tööd tehti 20. sajandi alguse ühiskonnategelaste (näit. Mihkel Martna, Konstantin Päts, Villem Reiman, Jaan Tõnisson, Jüri Vilms) elulugude uurimisel. Enne Teist maailmasõda ilmus eraldi raamatutena terve hulk 20. sajandi kaht esimest aastakümmet hõlmavaid mälestusi, millel on suur allikaline väärtus. Nende autorite hulgas on Vene peaminister **Sergei Witte** (I–III, 1922–23; e.k. I–II, 1937–38), revolutsionäär **Marta Lepp** (I–III, 1922, 1923, 1927), kirjanik **August Kitzberg** (1924, 1925, 1936, 1957, 1973), ajakirjanik ja Vene riigiduuma saadik **Anton Jürgenstein** (I–II, 1926–27), maanõunik **Eduard von Stackelberg-Sutlem** (1927), Eestimaa rüütelkonna peamees **Eduard von Dellingshausen** (1930, e.k. 1994), kirjanik **Fr. Tuglas** (1930, 1940, 1945, 1960, 1990), sotsialist **Johan Jans** (1940, 2008), kunstnik **Jaan Vahtra** (I–III, 1934, 1935, 1936), Eestimaa kuberner **Aleksei Bellegarde** (1937), **Mari Raamot** (1937, 1962, 2009).

Pärast Teist maailmasõda avaldasid kõnealust perioodi puudutavaid mälestusi Eestist lahkunud kultuuritegelased, eriti literaadid, näit. **Hella Wuolijoki** (I, 1945, e.k. 1995), **Artur Adson** (1948), **Johan Kõpp** (I–IV, 1953, 1954, 1969, 1987, 2. tr. 1991), **Arnold Hinnom** (1955), **Aadu Lüüs** (I–II, 1957, 1959), **August Rei** (1961), **Karl Ast Rumor** (I–II, 1963, 1965), **Oskar Rütli** (1964) jmt. Nimetatud mälestustest mitmed ilmuvad uuesti käesoleval (2010.) aastal "Eesti Päevalehe" ja ajakirja "Akadeemia" raamatusarjas "Eesti mälu". Paguluses ilmus ka pühendusteoseid ning kirjandust üliõpilasseltside ja korporatsioonide kohta (näit. **Artur Grönbergi** "Eesti Üliõpilaste Seltsi ajalugu" II, 1985). **Märt Raua** raamat

"Kaks suurt: Jaan Tõnisson, Konstantin Päts ja nende ajastu" (1953, 1991) on üles ehitatud nende kahe suurmehe võrdlemisele.

Nõukogude Liidus kujunes ametliku ajaloo uurimisteemaks number üks *Suur Sotsialistlik Oktoobrirevolutsioon*. Enamlaste võimuhaaramise uurimiseks mobiliseeriti suured jõud, kelle ülesandeks oli illustreerida kommunistliku partei poolt ette kirjutatud ideoloogilisi propagandateese. Selles küsimuses võtsid sõna kõik eesti kommunistide tähtsamad juhid: **Jaan Anvelt, Viktor Kingissepp, H. Pöögelmann**. Pärast sõda, 1940.–50. aastail ilmus ridamisi töid oktoobrisündmustest Eestis (autoriteks **Mihhail Petrov, Villem** (**Vilhelm**) **Reiman** (1903–1977), **Daniil Rudnev** = Jaan Sepp, **Joosep Saat** jt.), millede väärtus on väike. 1957. aastal üllitati oktoobriteemaliste dokumentide ja materjalide kogumik.

Faktilisest küljest vaadatuna on selles valdkonnas kõige arvestatavam uurimus **K. Siilivase** doktoritööl põhinev monograafia "Veebruarist oktoobrini 1917" (1972), kus esimest korda laialdaselt kasutatakse arhiivimaterjale. Töö väärtuslikuma osa moodustab ülevaade nõukogude koosseisust ja tegevusest, Maanõukogu ja Vene Asutava Kogu valimistest. Enamlaste lühiajalisest võimulolekust kirjutas **J. Saat** mahuka raamatu "Nõukogude võim Eestis. Oktoober 1917 – märts 1918" (1975), näidates selles nõukogude võimu palju tugevama ja kindlamana kui see tegelikult oli. Nii Siilivask kui Saat püüdsid kujutada sündmusi mitte üksnes Tallinnas, vaid ka väiksemates linnades ja valdades, ning osutasid ettevaatlikult enamlaste *üksikutele vigadele* rahvus- ja maaküsimuses. 1966. aastal ilmus **Jaroslav Raidi** "Okupatsiooni ikkes. 1918. a. Saksa okupatsioon Eestis", kus külma sõja vaimus püüti konstrueerida tihedat seost 1918. aasta sündmuste ja nn. Lääne-Saksa revanšistide Nõukogude Baltimaade vastase tegevusega kaasajal.

Sammuks edasi oli **Mati Grafi** doktoritööl põhinev raamat "Poliitilised parteid Eestis 1917–1920" (1982), mis tõi avalikkuse ette ka *mitteproletaarsed*, s.o. kodanlikud ja väikekodanlikud parteid, millede uurimist oli peetud üldiselt ebasoovitavaks. Varem oli talt ilmunud "VK(b)P eesti sektsioonid" (1978), mis tõi käibesse uut teavet arhiividest. Nõukogude-poolse versiooni 1917. aasta revolutsioonidest, Saksa okupatsioonist ja Vabadussõjast võttis kokku kaheköiteline koguteos "Revolutsioon, kodusõda ja välisriikide interventsioon Eestis (1917–1920)" (1977, 1982), mis oli kirjutatud justkui vastukaaluks omaaegsele kaheköitelisele Vabadussõja Ajaloo Komitee väljaandele "Eesti Vabadussõda 1918–1920" (1937, 1939). Sellele järgnes dokumentide ja materjalide kogumik "Kodusõda ja välisriikide interventsioon Eestis 1918–1920" (I–II, 1984, 1986), mille esimene köide algab Saksa okupatsiooniga. Mõnevõrra oli uue aja eelaimdust tunda ENSV TA ja ENSV Välisministeeriumi dokumentide kogumikus "Sotsialistlikud revolutsioonid Eestis, 1917–1940. Eesti astumine NSV Liidu koosseisu" (1986). Näiteks avaldati seal kärbitud kujul Eesti iseseisvusmanifest ja väljavõte Tartu rahulepingust. Väheste ilmunud mälestuste hulgas on silmapaistvaim **H. Kruusi** postuumselt ilmunud "Ajaratta uutes ringides. Mälestusi 1907–1917" (1979), ent sealgi olid autori hinnangud üsna hillitsetud.

Paguluses viis oktoobrirevolutsiooni uurimist edasi **O. Arens**, kes kaitses 1976. aastal Columbia ülikoolis doktoriväitekirja revolutsioonilise liikumise ajaloost Eestis 1917–18, selle ideoloogilisest ja poliitilisest tagapõhjast. Olulised on tema uurimused Eesti Maapäevast (1978), nõukogudest Eestis 1917–18 (1982), samuti hilisemad tööd võimu legitiimsusest (2007), Balti küsimuse rahvusvahelisest taustast (1994, 2006), Aleksander Keskülast ja eesti sotsiaaldemokraatidest. Märkimist väärib Balti Ajaloo Komisjoni ja Herder-Instituudi koguteos "Von den baltischen Provinzen zu den baltischen Staaten. Beiträge zur Entstehungsgeschichte der Republiken Estland und Lettland 1917–1918" (Marburg 1971), mis sisaldab kaheksa artiklit baltisaksa, saksa, pagulasläti ja -eesti (**Evald Uustalu**) ajaloolastelt Eesti ja Läti riikide tekke kohta. Balti rüütelkondade tegevusest aastail 1917–20 ja Saksamaa idapoliitikast Baltikumis on kirjutanud **Fritz Fischer** (1962), **Wolfgang Steglich** (1964), **Bernhard Mann** (1965), **Winfried Baumgart** (1966), **Gerhard Ritter** (1973), **A. Loit** (2006), kõige põhjalikumalt **Arved von Taube** (1971, 1977), ning kogumikus "The Baltic States in Peace and War 1917–1945" (1978) **Charles L. Sullivan** ja **Aba Strazhas**.

Taasiseisvunud Eestis jätkasid mitmed eelnevast tuntud uurijad, kes nüüd said aastate vältel kogutud materjale vabalt interpreteerida. **M. Grafi** "Eesti rahvusriik. Ideed ja lahendused: ärkamisajast Eesti Vabariigi sünnini" (1993) on mõtteloolise kallakuga poliitiline ajalugu, mis jälgib rahvuslike ideede evolutsiooni ärkamisajast kuni 1920. aasta põhiseaduseni. Sama võib öelda tema raamatu "Эстония и Россия 1917–1991: анатомия расставания" (2007) esimese osa kohta, mis keskendub peamiselt parteide seisukohtadele ja võitlusele. Poliitilise ja ideeaajaloo valdkonda kuulub ka **T. Karjahärmi** "Ida ja lääne vahel: eesti-vene suhted 1850–1917" (1998), mille üks peajoon on Vene valitsuse Balti-poliitika ja võitlus reformide ümber. Monograafias "Прибалтийские немцы и российская правительственная политика в начале XX века" (2008) näitab **N. Andrejeva** Vene valitsuse Balti-poliitika kõikuvust ja vastuolulisust ning vähest reformisuutlikkust – seda, et valitsuse poliitiline eesmärk vene mõju regioonis veelgi suurendada jäi saavutamata ning kutsus esile venevastase hoiaku tugevnemise eestlaste, lätlaste ja baltisakslaste seas.

Poliitilistest erakondadest on kirjutanud **Rein Toomla** ("Eesti erakonnad", 1999) ja **M. Graf** ("Parteid Eesti Vabariigis 1918–1934. Koos eellooga (1905–1917) ja järellooga (1934–1940)", 2000). Eesti ohvitserkonna kujunemist ja rahvusväeosade loomist on uurinud **Mati Kröönström, Ago Pajur, Tõnu Tannberg, Vitali Lokk**. Üksikisikute biograafiline uurimine on andnud raamatud Eesti

Päästekomitee liikmetest Konstantin Pätsist (**Martti Turtola,** soome k. 2002, e.k. 2003), Konstantin Konikust (**Küllo Arjakas**, 2008) ja Jüri Vilmsist (**Seppo Zetterberg**, soome k. 1997, e.k. 2004), keda on nimetatud Eesti iseseisvuse märtriks.

Dokumentide publikatsioonidest võib nimetada mitmeid: "Jaan Tõnisson Eesti välispoliitikas 1917–1920" (1993), "Venestamine Eestis 1880–1917" (1997), "Eesti Vabariigi sisepoliitika 1918–1920" (1999) Rahvusarhiivi seerias Ad Fontes, "Имперская политика России в Прибалтике в начале XX века" (2000), "Eesti riikluse alusdokumendid 1917–1920" (2008). Seerias "Uurimusi ja allikmaterjale Eesti sõjaajaloost" on publitseeritud "Rahvusväeosade loomisest Eestis. Mälestusi ja kirju aastatest 1917–1918" (1998), "1. Eesti polgu komitee protokollid 1917–1918" (2001). Kirjastuse "Ilmamaa" "Eesti mõtteloo" sarjas on avaldatud suur hulk eesti juhtivate poliitikute ja kultuuritegelaste artikleid, mis ootavad läbitöötamist ja üldistamist.

1905. AASTA REVOLUTSIOON

Uus ühiskondlik tõus

Sajandivahetusel hakkas Eestis kujunema moodsale ühiskonnale iseloomulik sotsiaalne struktuur. Koos ettevõtluse tekkimise ja talude päriseksostmisega kinnistusid eesti ühiskonnas läänelikud väärtushinnangud. Oluliseks muutusid eraomand ja intensiivne töö, tavapäraseks individualistlik ellusuhtumine ja konkurentsivalmidus. 20. sajandi alguseks olid eestlasteni jõudnud kõik peamised Lääne 19. sajandi ühiskondliku mõtte voolud ja ideed. Haritlaskonnas levis positivistlik loodusteaduslik maailmavaade: üldi-

Jaan Tõnisson 1905. aastal

ne evolutsiooniõpetus ja sotsiaaldarvinism. Kiires tempos kasvasid eesti akadeemiline haritlaskond, keskklass ja suurtööstustööliste kiht, suurenes eestlaste majanduslik jõukus, tõusis nende haridus- ja kultuuritase. Sajandivahetusest kuni 1915. aastani kasvas eesti üliõpilaste arv viis korda ja ulatus 1000-ni, vilistlasi oli u. 800.

Eestlased ei soovinud enam olla üksnes moderniseerimise toormaterjal, vaid nõudsid rohkem otsustamisõigust oma saatuse kujundamisel. Järsult elavnes kogu ühiskonnaelu, rahvuslik liikumine muutus massiliseks ja politiseerus üha enam, areenile astus eesti eliidi uus põlvkond, kes vahetas välja ärkamisaja *rahvamehed* ja nimetas end *eesti seltskonnaks*. Uus eliit pürgis aktiivselt valitsevale kohale, soovides vana, baltisaksa eliiti kõrvale tõrjuda. Üldise kirjaoskuse tingimustes oli eestlaste sotsiaalse aktiivsuse kasvus seltsitegevuse kõrval keskne koht ajakirjandusel. Ühiskonnaelu raskuspunkt kandus üha enam maalt linna. Tartu kõrval kerkis eestluse teise keskusena esile Tallinn.

1890. aastate teisel poolel oli alanud uus ühiskondlik-rahvuslik tõus, mis sai alguse Tartust *(Tartu renessanss)*. 1896. aastal sai "Postimehe" toimetajaks noor õigusteadlane Jaan Tõnisson, kellest kujunes Villem Reimani kõrval liberaalse rahvusluse peamisi ideolooge ja 20. sajandi esimese poole tähtsamaid poliitikuid Eestis. Tema sulest pärinevas rahvuslik-liberaalse erakonna programmilise suunitlusega dokumendis "Postimehe juhtmõtted" (1902) on ühendatud Hurda kultuurirahvuslikud ja Jakobsoni poliitilised ideed.

"Juhtmõtteid" iseloomustab etnotsentrism, rahvuslik idealism, eetiline motiveeritus, *edu* mõistesse kätketud progressiusk (meliorism), tuginemine talupojale ja *maakultuurile*, mineviku *(muistse vabaduse)* romantiline idealiseerimine.

Tõnissoni jt. rahvuslaste maailmavaate kujunemisele avaldas kõige enam mõju saksa klassikaline filosoofia ja rahvusromantiline kirjandus (Hegel, Kant, Fichte, Schelling, Herder), mis põhjendas rahvaste õigust iseseisvale arengule ja väärtustas kultuuri kui rahvuse ja inimkonna ajaloo lõppsihti. Jaan Tõnissoni ühiskonnafilosoofilise süsteemi märksõnad olid *rahvuslik iseolemine* ja *rahvuslik eneseteadvus*, viimast pidas ta iga rahva ajaloolise arengu ülimaks astmeks. Tema juhtkirju ja kõnesid kandis aateline hoiak ja kõlbeline paatos. Erinevalt eelkäijatest ei seadnud Tõnisson eesti rahva tulevikku sõltuvusse üksnes välistest teguritest – saksa või Vene orientatsioonist –, vaid eelkõige rahva enda sisemisest tublidusest, kõlbelisest jõust, isetegevusest ja omaabi korraldusest. Vene riigi üldpoliitilistest küsimustest – *kõrgest poliitikast* – soovitas ta eesti väikerahval eemale jääda: *seda õiendab riigivõim isegi*. Rahvuslased pidid arvestama sellega, et rõhutatud seaduslikkus ja lojaalsus oli hädavajalik varje igasugusele avalikule, ka kõige tagasihoidlikumale opositsioonilisele tegevusele.

Uue ühistegevuse keskuseks sai Tartu Eesti Põllumeeste Selts. Aastail 1896–1905 asutati 40 eesti põllumeeste seltsi (võrdluseks: aastail 1881–95 asutati neid 12). 1902. aastal alustas tegevust esimene eesti ühispank, Tartu Eesti Laenu- ja Hoiuühisus. Tekkisid eesti majaomanike seltsid Tartus (1898) ja Tallinnas (1907). Rahvusliku eliidi kooskäimise kohtadeks said jalgrattaseltsid "Taara" (1899) Tartus ja "Kalev" (1901) Tallinnas. Ühiskonnaelus kasvas üliõpilasorganisatsioonide tähtsus. 1900. aastal kehtestati neist vanima, Eesti Üliõpilaste Seltsi kodukorras nõue, et seltsi liige on kohustatud esimese poolaasta vältel omandama eesti keele.

Liberaalid ja sotsialistid

20. sajandi algul oli eesti ühiskond tervikuna valitsuse ja baltisaksa aadliga opositsioonis. Domineerivad poliitilised voolud olid mitmesuguste erikujude ja varjunditega (mõõdukas, radikaalne, rahvuslik, rahvusvaheline) rahvuslus ja sotsialism. Eesti poliitika peamisteks tegijateks jäid ikka ajalehed. 20. sajandi esimestel aastatel, mil hakkasid ilmuma "Teataja" ja "Uudised", muutus ajakirjanduspilt tundmatuseni. Nende radikaalsete ja eel- või prosotsialistlike väljaannete olemasolu ning "sulesõjad" lehtede vahel andsid tunnistust ühelt poolt väliste olude leebumisest, teiselt poolt ühiskonnaelu politiseerumisest ja erihuvide esiletõusust. Kolmas tähtis ajaleht "Postimees" oli ettevaatlikult suunda muutnud juba varem, *Tartu renessansi* ajal, ja politisecrus tõusvas joones.

Eesti liberaalses rahvusluses eristusid poliitiliselt mõõdukas ja radikaalne tiib, *aatemehed* ja *majandusmehed*. Mõõdukate (Jaan Tõnisson, Villem Reiman, Heinrich Koppel, Oskar Kallas) keskus oli Tartu ja peamine häälekandja "Postimees". Mõõdukad pooldasid isevalitsusliku korra ümberkujundamist parlamentaarseks konstitutsiooniliseks monarhiaks. Kaitstes eraomandi puutumatust, suhtusid nad ettevaatlikult mõisamaavalduse võõrandamise ideesse. Nad tegid panuse liberaalsetele reformidele ja poliitilise võitluse legaalsetele, mittevägivaldsetele vahenditele, tööle *sirbi ja saha taga*, kartes et aktiivne vastuhakk Vene riigivõimule võib esile kutsuda valitsuse repressioonid ja eesti rahva hävitamise. *Ajaloo käigul on suured rattad. Kui päkapikulane ilma kutsumata neist tahab kinni haarata, siis võiks ta kergesti kõige oma olemisega põidade alla sattuda*, hoiatas Tõnisson.

Tallinna ajalehe "Teataja" (1901–05) juures tekkis liberaalide vasaktiiba esindav, sotsialistidega seotud radikaalne rühmitus (Konstantin Päts, Jaan Teemant, Mihkel Pung). Erinevalt paremtiivast neil mingit sisult ega vormilt terviklikku programmi ei olnud, olid vaid üldised seisukohad ja programmi

fragmendid. Radikaalid pooldasid demo-
kraatlikku vabariiki ja mõisnike maaomandi
ulatuslikku vähendamist. Rahvuslikest aade-
test enam pöörasid nad tähelepanu majan-
dus- ja sotsiaalküsimustele ning rõhutasid
üksikisiku ja sotsiaalse rühma (klassi, kihi)
tähtsust. Rühmituse juht ja "Teataja" peatoi-
metaja Päts pidas esmatähtsaks eestlaste või-
mu juurde pääsemist. Eriti südamelähedane
oli talle maaomavalitsuse reformi küsimus,
kus ta paindliku poliitikuna oli nõus tege-
ma ka kompromisse mõisnikega. Pätsi ühis-
kondlikele ideedele avaldasid materialismi
ja sotsiaaldarvinismi kõrval mõju sotsiaalli-
beralism, solidarism, kommunaalne ja maa-
uuenduslik sotsiaalreformism. Tema silmis oli
ideaalne niisugune ühiskond, mille üksikosad
töötavad laitmatus kooskõlas ja harmoonias
nagu elusorganismi elundid. Seetõttu kavan-
das ta koostöövõimeliste asutuste võrgu raja-
mist, millele eesti ühiskond oleks saanud oma
arengus tugineda.

Liberaalide kahe tiiva ideelised erinevu-
sed polnud nii suured, nagu neid eksponee-
risid ägedat sulesõda pidavad asjaosalised
ise. Nii ühed kui teised lähtusid *laissez faire*'i
põhiväärtustest, pooldasid õigusriiki ja de-
mokraatiat, kodanikuõiguste ja -vabadus-
te sisseseadmist Venemaal Lääne-Euroopa
eeskujul.

20. sajandi algul elavnes Eestis sotsialistlik
liikumine, mis tugines peamiselt suurettevõte-
te tööliskonnale, üliõpilastele ja koolinoortele.
Sotsialism oli ainus õpetus, mis lubas kiiresti
lahendada kõik põletavad probleemid, va-
bastada töörahva igat liiki rõhumisest ja eba-
võrdsusest ning luua uue õiglase maailmakor-
ra. Sotsialistidel oli eriarvamusi taktikalistes
ja organisatsioonilistes küsimustes ning selles,
kuidas konkreetselt lõppsihini jõuda. Sotsia-
lismi ja töölisliikumise rahvusvaheliselt üles
kerkinud probleemid kajastusid nii või teisiti
ka Eestis, kuigi hiljem ja mitte nii teravalt. 20.
sajandi algul domineeris Eesti sotsialistide
lektüüris mitte enam saksa, vaid vene kirjan-
dus. Vene ideede levikut Eestis soodustasid
vene haridus ja kasvav vene keele oskus.

1902. aastal ühendasid Mihhail Kali-
nin, Friedrich Eduard Leberecht jt. Tallin-
na marksistlikud töölisringid ja panid sel-
lega aluse Venemaa Sotsiaaldemokraatliku
Töölispartei (VSDTP, asut. 1898) Tallinna
organisatsioonile eesotsas Tööliste Keskrin-
giga. Seejärel tekkisid parteiorganisatsioonid
teistes linnades. 1904. aastal loodi VSDTP
Tallinna Komitee, mis koosnes valdavalt harit-
lastest. Ülevenemaalise ja rangelt keskustatud
põrandaaluse partei koostisosadena võtsid
nad omaks VSDTP põhikirja ja programmi
(1903), strateegia ja taktika. Peeter Speek ja
Mihkel Martna asutasid Tartus sotsialistliku
sihiga ajalehe "Uudised" (1903–06), mis oli
tol ajal kõige pahempoolsem legaalne ajaleht
Eestis. Selle ümber koondusid sotsiaaldemo-
kraadid-föderalistid, kes polnud rahul VSDTP
tsentralistliku joonega.

Kõigi sotsialistide lähemaks eesmärgiks oli
isevalitsuse kukutamine relvastatud võitluse
(rahvaülestõusu) teel, kaugemaks eesmärgiks
aga sotsialism, ekspluateerimise ja eraoman-
di kaotamine. Tsentralistid tuginesid Marxi ja
Lenini õpetusele ning järgisid rahvusküsimu-
ses internatsionalismi põhimõtteid. Föderal-
listid seevastu pidasid oluliseks rahvuslikku
fenomeni, nad propageerisid sotsialismi ja
rahvusluse sünteesi, rõhutasid autonoomia ja
föderalismi printsiipide rakendamise vajadust

Mihkel Martna

Venemaa riikliku korralduse reformimisel ja sotsiaaldemokraatliku partei ülesehitamisel. Nad pooldasid ideelist tolerantsust ja pluralismi, partei juhtimise demokraatlikke meetodeid. Föderalistidest sotsiaaldemokraadid panid aluse demokraatliku sotsialismi traditsioonile Eestis.

Arenemine "tõeliste" ideoloogiate (liberalism, sotsialism) suunas oli revolutsiooni eelaastatel silmnähtav, ent poliitilist massiliikumist rahvuslike või muude eesmärkide nimel ei tekkinud. Polnud tööstustööliste streike ega agraarrahutusi; ühiskonnaelu kulges suhteliselt rahulikult ja stabiilselt. Kui Soomes puhkes 1890. aastatel võimas protestiliikumine autonoomia piiramise vastu, siis Eestis midagi niisugust ei juhtunud.

Valitsuse passiivsus

Sajandivahetusel venestamise hoog küll rauges, ent jõus olid kõik peamised venestamisaktid, mis andsid eriti valusalt tunda ühiskonnaelu vaimses sfääris. Valitsus hoidis senist ühtlustavat suunda ja juhindus reeglist, et vene mõju ja kohalolekut tuleb suurendada ning saksa mõju vähendada nõnda, et eestlaste ja lätlaste poliitilised õigused ei laieneks. Seoses ühiskonnaelu uute nähtuste esilekerkimisega venestamise kui etnosotsiaalse faktori osatähtsus langes.

Valitsus oli üsna passiivne ega kiirustanud algatama uusi reforme. Balti provintside seadusandluses valitses täielik seisak. Peterburi võimukoridorides arvati, et venestusreformid juurduvad ja kannavad vilja ning Balti ääremaa liitub keskusega üha tugevamini. Täpsem teave Balti asjade kohta tegelikult puudus. Oma osa etendas siin režiimi üldine stagnatsioon. Bürokraatlik masinavärk oli kohmakas ja inertne. Kord väljakujunenud stereotüüpe polnud nii kerge muuta. See, et tippbürokraadid muudatuste vajalikkust tunnistasid, ei tähendanud veel, et reformiga tegelema hakati, tegelemine omakorda ei tähendanud elluviimist, ja elluviiminegi võis venida palju aastaid. Reformide vajadus Vene riigis oli alati kaugelt suurem kui valitsuse võime neid teostada. Eestimaa kuberneri Bellegarde sõnul näisid Balti piirkonna tähtsad küsimused keskvõimudele sageli äärmiselt tühisena. Eriti vaevaliselt kulgesid liberaalsed reformid – kodanikuõigusi või vähemusrahvuste õigusi laiendavad seadused, millega konservatiivne valitsus vastutahtsi tegeles. Vene valitsus kartis kodanike isetegevust ja aktiivsust, nõudis alandlikkust ja kuuletumist.

20. sajandi alguseks omandasid lätlased ja eestlased valitsuse silmis niipalju kaalu, et neid ei saanud enam täielikult ignoreerida. See kajastus mõneti ka Vene kõrgametnike tegevuses. Balti provintside kubernerid, Aleksei Bellegarde Eestimaal (1902–05) ja Mihhail Paškov Liivimaal (1901–05), tunnistasid uute reformide vajadust ja püüdsid laveerida vaenutsevate poliitiliste leeride vahel. Kontakti otsiti ka eesti rahvuslastega, eeskätt venemeelsemate ja õigeusklike tegelastega, kelle abiga loodeti laiendada režiimi kitsast tugiala. Mõnevõrra nõrgenes tsensuuri surve ja uute lehtede luba oli kergem saada. Kui Konstantin Pätsile 1901. aastal anti poliitilise päevalehe "Teataja" väljaandmise luba, siis oli selles kindlasti oma osa tema kui õigeuskliku usutunnistusel. Kõrgemal pool loodeti riigitruu ja venemeelse ajalehe sündi. 1903. aastal kinnitas siseminister "Postimehe" uue programmi, mis lubas avaldada juhtkirju kohaliku elu mitmesuguste külgede, sealhulgas omavalitsuse, kooli ja kiriku kohta.

Eesti-saksa vahekord

Sajandivahetuseks olid baltisaksa mõisnikud oma seisusliku hegemoonia (autonoomia) kaotusega mõnevõrra kohanenud, kuid mitte leppinud. Tänu osavale diplomaatiale ja sidemetele Peterburis oli mõisnikel asjade käigule Balti provintsides ikka veel suur mõju, mida tunnistab ka peaminister Sergei Witte oma mälestustes.

Mõõdukad eesti rahvuslased taotlesid üheõiguslust baltisakslastega ja olid valmis *rahulikuks koostööks üleaedsetega*. Viimased

Voldemar Lender

aga kohtlesid eestlasi endistviisi kõrgilt ja üleolevalt kui alamat tõugu, mis eestlaste kasvanud eneseteadvust valusalt riivas.

Uue sajandi esimestel aastatel eesti-saksa vahekord teravnes. Rüütelkondade juhid provotseerisid Vene võimumehi takistama eestlaste rahvuslikku liikumist, näidates seda riigi- ja venevastasena. Eesti-saksa avaliku jõukatsumise tandriks said linnavalimised (mis seaduse kohaselt toimusid iga nelja aasta tagant). Mõlemad pooled mobiliseerisid kõik jõud ja tegid ägedat kihutustööd. Eestlased esinesid uuendus- ja edumeelse erakonnana ja lubasid võimuletuleku korral valijatele mitmeid hüvesid ja uuendusi. Valimisvõitluse pingetest annab tunnistust valimisaktiivsuse järsk tõus: Tallinnas 33,2%-lt 1896. aastal 61,9%-le 1904. aastal, Tartus 46,1%-lt 1898. aastal 77,7%-le 1906. aastal. Eesti linnades oli valimistest osavõtt summaarselt üle kahe korra elavam kui Venemaal (32,2% 1913. aastal). Sellele vaatamata oli saksa majaomanike valimisaktiivsus ikka tunduvalt kõrgem kui eestlastel.

Esimene valus hoop tabas saksa linnakodanlust 1901. aastal Valgas, kus linnavolikogu valimistel võitsid eesti-läti kandidaadid. Esimeseks eestlasest linnapeaks sai seal II gildi kaupmees proviisor Johannes Märtson. Tartus said rahvuslased sakslastega kokkuleppel 1902. aastal volikogus 20 kohta 60-st. 1904.

aastal saavutas eesti-vene blokk, mida juhtis Konstantin Päts, ägedas võitluses võidu sakslaste üle Tallinnas, ja linnavalitsus läks eestlaste kätte. Volikogus said eestlased 38, sakslased 17 ja venelased 5 kohta. Taktikalistel kaalutlustel valiti linnapeaks vene ametnik Erast Hiatsintov (Giatsintov), Päts sai abilinnapeaks. See oli tõusva eestluse esimene suur poliitiline võit. Esmakordselt läks Balti piirkonna ühes suuremas linnas võim rahvuslike ringkondade kätte. 1914. aastal valitsesid eestlased enamikku Eesti linnadest. Eestlastest Tallinna linnapead enne Eesti iseseisvumist olid Voldemar Lender (aastail 1906–13) ja Jaan Poska (1913–17).

Vastupidiselt sakslaste ennustustele tulid eestlased linnade elu korraldamisega toime. Eesti fraktsioonid linnade volikogudes olid rahvusliku liikumise ja opositsiooni tugipunktideks, kus võimaluste piires aeti eesti poliitikat. Nende võitude tähtsust vähendas tõsiasi, et linnaomavalitsuste volitused olid piiratud ja nad olid kõrgemate ametnike valvsa kontrolli all.

Teravalt põrkusid eesti-läti rahvuslaste ja baltisaksa mõisnike seisukohad põllumajanduse olukorra parandamiseks moodustatud erinõupidamisel, mis Sergei Witte juhtimisel töötas aastail 1902–05. Kogu riigis moodustati ligi 600 kubermangu- ja maakonnakomiteed. Esimesi juhtisid kubernerid, teisi maakondade aadlipealikud. Komiteed etendasid tähtsat osa ühiskondlike jõudude mobiliseerimisel ja rühmitumisel.

Kubernerid Bellegarde ja Paškov kutsusid kubermangukomiteede tööst osa võtma ka eestlaste ja lätlaste esindajaid, vallavanemaid, põllumeesteseltside esindajaid ja eraisikuid, et tekitada muljet laiapõhjalisest arutelust ja sellest, et kohalik rahvas võib osaleda seadusandlike ettepanekute väljatöötamises. Konservatiivse elemendi domineerimisele vaatamata tähendas eestlaste osalemine komiteede töös läbimurret, kuna esmakordselt kutsus riigivõim talupojaseisuse mõisnikega ühiselt nõu pidama. Eesti põllumeesteseltside ja talupoegade märgukirjades esitati ulatuslik loetelu soovitavatest reformidest poliitika, kultuuri ja (põllu)majanduse valdkonnas 19. sajandi teise poole suurmärgukirjade vaimus. 1903. aasta detsembris võtsid eestlased valimistega üle Liivimaa Linna-Hüpoteegi Seltsi, mis murdis saksa ainuvalitsuse pikalaenu-panganduses.

Vene-Jaapani sõda

Sajandivahetusel põrkusid Kaug-Idas Jaapani ja Venemaa huvid. Venemaa ei soovinud kõrvale jääda poolfeodaalse Hiina jagamisest ja unistas Mandžuuria ning isegi Korea majanduslikust vallutamisest. Jaapan püüdis Venemaa mõju kasvu Kaug-Idas takistada, kuid rahumeelselt kokkuleppele ei jõutud. 1904. aasta veebruaris ründasid Jaapani sõjalaevad Port Arturi all Vene eskaadrit ja kahe riigi vahel puhkes sõda. Venemaa lootis eduka sõja ning uute vallutustega leevendada impeeriumis süvenevat sisemist kriisi (tööliste streigid, talupoegade mässud, terroriaktid). Sõda Jaapaniga lõppes aga Venemaale hävitava lüüasaamisega, kiirendades siseriikliku kriisi ülekasvamist revolutsiooniks.

Sõjategevus Kaug-Idas mõjutas mitmel viisil ka Eesti olusid. Vene-Jaapani sõtta mobiliseeriti arvukalt eestlasi lihtsõduritena. Sõja alguses teenis Kaug-Idas asuvates Vene maavägedes ja laevastikus üle tuhande eestlase, kelle arvukus sõja ajal teostatud tagavaraväelaste mobilisatsioonidega oluliselt kasvas. Esimesed tagavaraväelased mobiliseeriti Eestis Viru-, Tartu- ja Harjumaalt 1904. aasta juunis ning saadeti Vene armee I armeekorpuse 37. jalaväediviisi koosseisus Kaug-Itta sõjatandrile, kus nad tegid kaasa sõja alguse verised Shahe ja Mukdeni lahingud. Tartus oli jaanipäeva õhtul reserviste saatma tulnud arvukalt omakseid ning linlasi (hinnanguliselt 20 000 inimest), kes palistasid raudtee ääre vaksalist Tähtvere mõisani.

Sõja ajal kutsuti Eestist sõjaväeteenistusse kokku ligi 7400 tagavaraväelast. Sõjaaegsed mobilisatsioonid viidi läbi kõigis Eesti maakondades, kusjuures neljas maakonnas kut-

suti mehi teenistusse kahel korral. Kõigi Vene riigis sellesse sõtta mobiliseeritute üldarvust moodustasid eestlased ligikaudu 0,8%. Kõige rohkem mehi mobiliseeriti Tartu- (1905), Viru- (1525) ja Pärnumaalt (1092). 1904. aasta oktoobris-novembris viidi läbi ka korraline noorsõdurite võtmine, millega Eestist saadeti kroonuteenistusse 3200 meest. Nemad jõudsid lahinguväljale sõja lõpuks. Vene-Jaapani sõjast võttis osa ka ligikaudu 50 eestlasest kaadriohvitseri.

Kui 1904. aasta suvel oli sõjameeste teelesaatjate seas valitsenud ülev ja pidulik meeleolu, siis mõned kuud hiljem oli see kadunud, sest üha selgemini aduti käimasoleva sõja mõttetust. Eriti kainestas ühiskonda vallandunud sõja ohvriterohkus. Impeeriumi altarile toodud *verekümnis* oli ka eestlaste jaoks märgatav. Vene-Jaapani sõjas hukkus või jäi teadmata kadunuks olemasolevatel andmetel üle 600, sai haavata 1100 ning langes vangi ligi 300 eestlast. Kõige suuremad kaotused tabasid Viru- ja Tartumaalt teenistusse kutsutud tagavaraväelasi, kes võtsid osa Shahe ja Mukdeni suurlahingutest. Eestlased osalesid ka Port Arturi (kus politseiülemaks oli eestlane Leo Tauts) kaitsmisel ning enamikus teisteski maismaa- ja merelahingutes. Sõja lõppedes demobiliseeriti teenistusse kutsutud tagavaraväelased, kes jõudsid Eestisse tagasi enamasti 1906. aastal. Kubermanguvõimudel tuli hiljem tegeleda orvuks jäänud perekondade toetamise ja sõjainvaliidide ülalpidamisega.

Vene sõjavägi Tallinnas (1904)

1904. aasta kevadel otsustas Nikolai II saata Port Arturi eskaadri tugevdamiseks Kaug-Itta osa Balti laevastiku sõjalaevadest. Nii alustati Teise Vaikse ookeani eskaadri komplekteerimist, mis toimus peamiselt Tallinnas. Eskaadri ülemjuhatajaks nimetati viitseadmiral Zinovi Rožestvenski. 1904. aasta oktoobris alustas Teine Vaikse ookeani eskaader 18 000 meremiili pikkust teekonda Kaug-Itta, ülesandega saavutada koos Esimese Vaikse ookeani (endise Port Arturi) eskaadriga ülevõim merel. Tulemus oli aga vastupidine. 1905. aasta mai lõpus toimunud Tsushima merelahingus said venelased lüüa ning peaaegu kogu eskaader hävitati. Vene pool kaotas lahingus osalenud 15 546 mehest hukkunute ja teadmata kadunutena üle 5000, vangilangenutena ligi 6000 ning neutraalsetes sadamates interneeritutena üle 2100 mehe. Jaapanlaste kätte langes vangi ka eskaadri komandör Rožestvenski. Vladivostokki murdsid läbi ainult 3 Vene sõjalaeva. Jaapanlaste kaotused olid väikesed: ligikaudu 100 hukkunut ning 600 haavatut.

Vene eskaadrite lüüasaamine mattis lõplikult Vene poole lootused sõjas edu saavutada. Venemaa oli sunnitud tunnistama, et ta on sõja kaotanud. Sõja lõpetamisest olid 1905. aasta suvel huvitatud ka Ameerika Ühendriigid ja Inglismaa. 1905. aasta septembri alguses sõlmitigi Portsmouthis rahuleping. Venemaa viis oma väed Mandžuuriast välja, tunnustas Jaapani eesõigusi Koreas ning loovutas talle Liadongi poolsaare Hiinalt rentimise õiguse (koos Port Arturi ja Dalianiga), Lõuna-Mandžuuria raudtee lõunaharu ja Sahhalini lõunaosa.

Vene-Jaapani sõda leidis ulatuslikku kajastamist kohalikus ajakirjanduses, kus lisaks ametlikele sõjateadetele ilmusid ka sõjaväljal olevate eestlaste endi kirjutised. Nii avaldas "Postimees" 1904.–05. aastal Port Arturi kaitsmisel osalenud ning hiljem Jaapanis vangis viibinud Eduard Villmanni kirjeldusi võitlustest Liadongi poolsaarel. Pakuti ka lugusid Jaapani elu-olust, ajaloost, kultuurist ning usunditest. Samuti ilmusid mitme autori (Hindrik ja Anna Prants, Jaan Rootslane,

Tõnu Franzdorf) sulest eestikeelsed Vene-Jaapani sõja ülevaated.

Revolutsiooni algus

Näilise vaikelu või stagnatsiooni Balti provintsides purustas esimene Vene revolutsioon, mille puhkemisele andis tõuke Venemaa häbistav lüüasaamine sõjas Jaapaniga. Revolutsioon oli poliitiline, rahvuslik ja suuresti ka agraarne; selle põhjustasid vastuolud moderniseeritava ühiskonna vajaduste ja Venemaa tegeliku olukorra vahel, nagu ka isevalitsuse ja rahva, ettevõtjate ja tööliste, mõisnike ja talupoegade, impeeriumi koloniaalrežiimi ja diskrimineeritud vähemusrahvuste vahel. Eestis oli revolutsioon suunatud nii isevalitsuse kui baltisaksa ülemkihtide vastu. Poliitilise vabaduse puudumine, feodaalkorra jäänused ja Balti aadli seisuslikud privileegid, maapuudus ja rahvuslik rõhumine olid demokraatliku revolutsiooni peamised esilekutsujad Eestis.

1905. aasta revolutsioonis osalesid eesti rahva kõik kihid, ent põhijõuks olid sotsiaaldemokraatide juhitud suurtööstustöölised, haritlased ja üliõpilased. Eestis levisid laialt populistlikud ideed ja mitmesugused sotsiaalsed utoopiad, marksistlik sotsialism ja anarhistlik mässumeelsus. Just 1905. aastal sai sotsialist maailmaparandaja ja riigikukutaja võrdkujuks, kusjuures sotsialistiks võis end nimetada iga rahulolematu.

Revolutsioonisündmused Eestis arenesid sünkroonselt Venemaa keskustes toimuvaga. Vastukajana 9. jaanuari Verisele pühapäevale Peterburis algas 12. jaanuaril Tallinna tööliste üldstreik, kus esitati peamiselt majanduslikke nõudmisi – nendeks olid 8-tunnine tööpäev, miinimumpalga kehtestamine, trahvide kaotamine ja sotsiaalkindlustuse parandamine. Streik levis kiiresti teistesse linnadesse, jaanuaris streikis kokku 15 000 tööstustöölist. Nende nõudmised jäid rahuldamata. Veebruaris puhkes uus streigilaine. Tööliste üldstreigid Tallinnas ja Tartus sundisid vabrikante osalisi järeleandmisi tegema. Streikidega kaasnesid poliitilised meeleavaldused ja koosolekud, leidsid aset kokkupõrked politsei ja sõjaväega, mis tõid kaasa ka inimohvreid. Veebruaris ühinesid Tartu üliõpilased üleve-nemaalise üliõpilaste poliitilise streigiga; ülikool suleti. Maal algas talurahva võitlus mõisnike vastu, jaanuaris ja märtsis oli mõisatööliste streike ja rahutusi ligi 120 mõisas. 18. veebruaril andis Nikolai II ukaasi ja reskripti, milles lubati riigikorda täiustada ja rahval selleks ettepanekuid teha. Sotsiaaldemokraadid kutsusid rahvast üles isevalitsust kukutama ja demokraatlikku vabariiki kehtestama, kõige levinum oli loosung "Maha isevalitsus!" 1905. aasta aprillis võttis VSDTP III kongress kursi relvastatud ülestõusu ettevalmistamisele.

Uus töölisliikumise tõus seostus 1. mai tähistamisega. Sel päeval leidsid aset esimesed suured poliitilised meeleavaldused Eestis. Suvekuudel toimus ridamisi streike ja rahvarohkeid meeleavaldusi, millest võttis osa tuhandeid inimesi. 24. juunil kogunes rahvakoosolekule Nõmmel kuni 10 000 inimest. Tallinna vabrikutes moodustasid töölised relvastatud rühmi. Talurahvaliikumise peamiseks vormiks oli mõisatööliste streik (mais 25 mõisas), mis lõppes enamasti edutult. Senisest sagedamini süütasid talupojad mõisavara.

Kevadel ja suvel avaldasid peamised eesti ajalehed "Postimees", "Uudised" ja "Teataja" tüüpmärgukirjad, mis vallandas massilise petitsioonikampaania. Nii liberaalid kui sotsialistid taotlesid riigikorra uuendamist, poliitilisi õigusi ja vabadusi, kohaliku elu põhjalikku ümberkorraldamist demokraatlikel alustel. Kõige kaugemaleulatuvaid sihte seadis "Uudiste" ringkond: isevalitsuse kukutamine revolutsiooniga ja maa ühiskonnastamine. Laialdast poolehoidu pälvisid "Teataja" ideed üldisest valimisõigusest ja rahvaesinduse (parlamendi, Asutava Kogu) kokkukutsumisest. Seoses petitsioonidega levisid talupoegade seas kuuldused tsaari manifestist *hingemaa* jagamise kohta ja see tekitas omakorda rahutusi.

Valitsus ja revolutsiooni vastased koondasid samuti oma ridu. Politseirepressioonid tu-

Balti rüütelkondade peamehed (1902). Vasakult: Oskar von Ekesparre (Saaremaa), Hugo Keyserling (Kuramaa), Otto von Budberg-Bönninghausen (Eestimaa), Friedrich von Meyendorff (Liivimaa).

gevnesid pärast endise politseidepartemangu direktori Aleksei Lopuhhini määramist Eestimaa kuberneriks 1905. aasta märtsis. Käärimise levides maale hakkasid mõisnikud üha tungivamalt sõjaväge appi nõudma. Peamiselt sellega Balti rüütelkondade juhid 1905. aastal tegelesidki. Eestimaa rüütelkonna peamees Eduard von Dellingshausen pääses selles küsimuses isegi keisri jutule. Kuna sõjaväge oli vähe, siis moodustasid mõisnikud enesekaitseks relvastatud salku, mida rahvas nimetas *mustsajaks*. Linnades loodi *Bürgerwehr*, millest võttis osa ka eestlasi.

Vabadusepäevad

Revolutsioon edenes lainetena tõusujoones, saavutades haripunkti 1905. aasta sügisel. 14. oktoobril ühinesid Tallinna töölised ülevenemaalise poliitilise üldstreigiga, millest Eestis võttis osa 20 000 tööstustöölist ja raudteelast, s.o. 3/4 nende üldarvust. Võimude tegevus oli provokatiivne. 16. oktoobril tulistas sõjavägi Tallinna kesklinnas Uuel turul tööliste poliitilist manifestatsiooni. Hiljem nimeliselt kindlakstehtud tapetuid või haavadesse surnuid oli 90, haavatuid või vigastatuid 102. Uurimisel selgus, et kuberner Lopuhhin andis sõjaväele korralduse *halastamatult relvi kasutada*. Oma ulatuselt on see veretöö võrreldav sama aasta 9. jaanuari Verise püha-

16. oktoobri veretöö ohvrite matused Tallinnas

päevaga Paleeväljakul Peterburis, kus ametlikel andmetel sai surma 130 inimest.

Vabadusliikumise survel andis Nikolai II 17. oktoobril manifesti (selle koostas Sergei Witte), milles lubas rahvale kodanikuõigusi ja -vabadusi ning seadusandliku organi, Riiguduuma kokkukutsumist. Sellega algasid kaheksa nädalat kestnud *vabadusepäevad*. Esmakordselt Venemaa ajaloos võideti kätte (tõsi küll, lühikeseks ajaks) sõna- ja trükivabadus, ühingute ja koosolekute vabadus. Poliitvangid said osalise amnestia. Soome autonoomia taastati. Valimisõigus Riigiduumasse seadustati algul kitsamalt, seejärel, parandatud valimisseaduses, aga laiemana. Mõõdukaid elemente manifest rahuldas. Nad kutsusid üles poliitilist streiki lõpetama ja asuma *rahulikule tööle*, et anda valitsusele võimalus lubatu ellu viia. Tõnissoni ringkonna hüüdsõnaks sai *konstitutsiooni eest ja konstitutsiooni alusel*. Ent just *vabadusepäevadel* kogunesid sajad inimesed linnas ja maal sageli tormiliselt kulgenud koosolekutele, kus valitsesid pahempoolsed meeleolud ja langetati käredaid otsuseid.

1905. aasta lõpul loodi Eestis esimesed legaalsed erakonnad. Mõõdukad liberaalid (Jaan Tõnisson, Villem Reiman, Heinrich Koppel, Oskar Kallas) asutasid 26. novembril Tartus Eesti Rahvameelse Eduerakonna (1000 liiget 1905. aastal), mis üldriiklikes küsimustes võttis omaks vene liberaalide peapartei, konstitutsiooniliste demokraatide (kadetid) programmi, kus nõuti demokraatliku riigikorra kehtestamist ja Asutava Kogu kokkukutsumist. Eduerakond rõhutas, et tegutsetakse ainult *õiguse ja seaduse abinõudega*, ning et eeskuju tuleb võtta soomlastest, mitte mässulistest lätlastest. "Postimees" astus väga teravalt välja vägivalla, mässajate ja sotsialistide vastu ning kaitses kirglikult eraomandit.

Sotsiaaldemokraadid-föderalistid (Peeter Speek, Gottlieb Ast, Karl Ruga, Eduard Vilde) asutasid põhiolemuselt marksistliku programmiga Eesti Sotsiaaldemokraatliku Tööliste Ühisuse, mille liikmeskond detsembris ulatus 10 000-ni. VSDTP-sse kuuluvad sotsiaaldemokraadid (1905. aasta lõpus oli liikmeid 1000) Karl Ast, August Rei, Hans Pöögelmann, Aleksander Keskküla, Nikolai Janson hakkasid tegutsema avalikult. Nende seas eristus kaks kallakut: töölistele toetuvad enamlased ja haritlastele sümpatiseerivad vähemlased. Kõik eesti parteid ja liikumised nõudsid demokraatiat ja kodanikuõigusi, venestamise lõpetamist, rahvuslikku enesemääramisõigust, autonoomiat ja omavalitsust; kõik nad apelleerisid rahvale. Vene riigi föderaliseerimise ja Eestile autonoomse osariigi staatuse nõudmisega tuli 1905. aasta kevadel esimesena välja föderalistlike sotsiaaldemokraatide juht Peeter Speek. 1905. aasta lõpul loodi esimesed ametiühingud ja valiti Tallinna Tööliste Saadikute Nõukogu.

Parteisid asutasid ka baltisakslased. Liivimaal tegutsev Balti Konstitutsiooniline Partei (esimees Ervin Moritz) ja Eestimaa Konstitutsiooniline Partei (esimees Christoph Mickwitz) olid mõõdukalt konservatiivsed, vaimult lähedased vene oktobristidele. Nad taotlesid kodanikuvabadusi, tugevat tsaarivõimu konstitutsioonilis-monarhistliku korra raames, Balti autonoomiat, tsensuslikkuriaalset valimisõigust, eestlaste ja lätlaste maapäevale lubamist, talumaade väljaostu soodustamist ning õppekeele valiku vabadust, s.o. emakeelset haridust kõigile kohalikele rahvastele. Baltisaksa erakondades olid esindatud kõik saksa elanikkonna kihid töölistest mõisnike ja suurettevõtjateni, liikmeskonda kuulus ka eestlasi ja lätlasi.

VSDTP kõrval tekkisid Eestis mitme ülevenemaalise partei – kadettide, 17. Oktoobri Liidu (oktobristid), sotsialistide-revolutsionääride (esseerid), Bundi (juudi partei), Õiguskorra Partei väikesearvulised organisatsioonid, kes kohalikus elus märkimisväärset osa ei etendanud. Paremäärmuslikel vene parteidel oli Eestis vähe toetajaid.

1905. aastal astus avalikkuse ette Tartu õpilasringidest väljakasvanud kultuuriuuenduslik rühmitus ja liikumine Noor-Eesti, mis avaldas värskendavat mõju kogu ühiskondlikule mõttele. Selle juhtivasse tuumikusse kuulusid Gustav Suits, Friedebert Mihkelson (Tuglas), Johannes Aavik, Villem Grünthal-Ridala, Bernhard Linde, Peeter Ruubel. Noor-Eesti poliitilise näo kujundasid radikaalid, kes andsid kogu liikumisele pahempoolse ja mässulise ilme. Nad ütlesid lahti etnotsentrismist ja kultuurirahvuslusest, hülgasid ka äärmussotsialistide rahvusliku nihilismi, ning kritiseerisid marksiste ja ortodoksseid sotsiaaldemokraate klassivõitluse ületähtsustamise ja rahvusliku fenomeni

eiramise eest. Rühmituse vaimne juht Gustav Suits rõhutas kultuuriaate iseseisvat väärtust ja isiksuse printsiibi prioriteeti ühiskondlike teooriate ees. Seejuures kinnitas ta, et poliitiline ja sotsiaalne uuestisünd pole võimalik ilma kultuurilise uuestisünnita. Sotsiaalne ja vaimne revolutsioon käivad käsikäes, üks annab teisele hoogu. Kuivõrd ühiskondlik radikalism Euroopas põhines sotsialismil selle erinevates vormides, sümpatiseeris sotsialism ka Noor-Eesti vasaktiivale. Lääne kodanlik ühiskond radikaale ei rahuldanud: ühelt poolt tundus see modernistidele liiga traditsiooniline ja konventsionaalne, teisalt poolt mitte küllalt humanistlik ja õiglane. Nad arvasid, et kultuurmaailm liigub sotsialismi suunas ja euroopastumine aitab Eestiski kaasa sellesuunalisele arengule. Sotsialismist võtsid nooreestlased seda neile meelepärast, mis liberalismis puudus, eelkõige sotsiaalseid utoopiaid. Ülistades proletariaati, oli neile aga vastuvõetamatu ühe klassi ülevõimu (diktatuuri) idee. Ideaaliks oli pigem mõistuse ja töö vaba liit, mis 1917. aastal kehastus Gustav Suitsu idees *Eesti Töövabariigist*. Nad püüdsid sünteesida uut ideoloogiat, lepitada sotsialismi ja liberalismi, kollektivismi ja individualismi, kosmopolitismi ja rahvuslust, ühendada Marxi ja Kautskyt Nietzsche ja Spenceriga.

Nooreestlaste poliitiline radikalism avaldus selgesti Gustav Suitsu ja Friedebert Tuglase varases loomingus ja ühiskonnateemalistes sõnavõttudes esimese Vene revolutsiooni päevilt. Nende sotsialistlikud sümpaatiad ja revolutsioonilised emotsioonid tulevad kõige paremini ilmsiks koguteoses "Võitluse päevil" (1905) ning Suitsu raamatus "Sihid ja vaated" (1906). Ajastu peakangelast nägid nad töölisklassis, kes vabaneb kodanluse võimu alt. Talupoegi (sh. maaomanikke), kes moodustasid kaks kolmandikku eesti rahvast, pidasid Suits, Linde ja Ruubel tagurlikuks jõuks ja progressi piduriks.

1905. aasta lõpul valitses Vene riigis enneolematu sõnavabadus. Pärast 17. oktoobri manifesti ajalehed tsensuurile enam ei allunud.

Nende eeltsenseerimine lõpetati ametlikult 24. novembril 1905 antud ajutiste reeglitega. Revolutsioonilised ajalehed kutsusid nüüd avalikult üles relvade abil valitsust kukutama ja sotsialistlikku korda sisse seadma. Niisuguste väljaannete hulka kuulusid 1905.–07. aastal ilmunud "Edasi" ja "Sotsialdemokrat", mida andsid välja sotsiaaldemokraadid-tsentralistid (VSDTP). Tartus ilmunud rahvuslike sotsiaaldemokraatide (föderalistide) häälekandja "Uudised" muutis omavoliliselt programmi ja hakkas samuti mässule õhutama – tsensori sõnul: *et hävitada olemasolev riiklik ja ühiskondlik kord ning võidelda valitsuse vastu kõige äärmuslikumate vahenditega.*

Ülemaaline rahvaasemike koosolek

1905. aasta hilissügisel peeti kõikjal üle maa rahvarikkaid koosolekuid, kus kõnelesid sotsialistid ja radikaalsed agitaatorid, kes inimesi võimude ja mõisnike vastu üles kütsid. Vastu võeti käredaid otsuseid nii üldriiklikes kui (enamasti) ka kohalikes küsimustes. Kõige tüüpilisem nõue maal oli eesti keele kasutuselevõtmine koolis ja asjajamises ning kõrtside kinnipanek. Võimude poolt registreeritud seaduserikkumised saavutasid haripunkti 1905. aasta teisel poolel. Aastail 1905–06 võeti Eestis arvele kokku u. 10 000 seaduserikkumist.

Võimude poolt arvele võetud seaduserikkumised Eestimaa kubermangus aastail 1905–06 (kvartalite kaupa ametlikel andmetel, sulgudes protsendid).

Aeg	Arv	Neist kuriteod
1905 I kvartal	727	171 (23,5)
II kvartal	697	212 (30,4)
III kvartal	1009	379 (37,6)
IV kvartal	860	398 (46,3)
1906 I kvartal	321	90 (28,0)
II kvartal	565	184 (32,6)
III kvartal	734	258 (35,1)
IV kvartal*	397	155 (39,0)

* Oktoober, november

Novembris 1905 kutsusid neli Tartu eesti seltsi kokku ülemaalise rahvaesindajate koosoleku, et arutada edasist tegevuskava uutes, 17. oktoobri manifesti järgsetes oludes, ja kooskõlastada võimudele esitatavad nõudmised. Esindusnormiks kehtestati igast vallast üks taluperemeeste ja üks maatameeste saadik, igast linnast kaks majaomanike ja kaupmeeste ning kaks tööliste saadikut. Koosolek, millest võttis osa 800 saadikut, algas 27. novembril Tartus. Juhataja valimistel sai Jaan Teemant 437, Jaan Tõnisson 101 häält, ja avapäeval lõheneti kaheks eraldi koosolekuks. Ülikooli aulas peetud koosolekul (nn. aulakoosolek), kus domineerisid sotsialistid ja radikaalid, ja mida juhatas Jaan Teemant koos Mihkel Martna ja Hans Pöögelmanniga, võeti 29. novembril vastu käredad otsused. Rahvast kutsuti üles *vägivallavalitsuse vastu kõikide abinõudega* võitlema ning linnas ja maal revolutsioonilisi omavalitsusi moodustama. Maaküsimus tuli lahendada sotsiaaldemokraatia õpetuse põhjal, maa ja tootmisvahendid pidid saama *terve seltskonna ühiseks omanduseks.* Koosolek valis viieliikmelise keskbüroo, kelle ülesandeks oli juhtida võitlust kogu Eestis ja valida asemikud kohtadel.

Bürgermusse seltsi saalis Jaan Tõnissoni juhatusel peetud koosoleku otsustes olid ülekaalus Eduerakonna suhteliselt mõõdukad ideed, mis jäid maha aja väga radikaalsest vaimust. Nõuti põhiseaduslikku korda, üldist valimisõigust, rahvusliku enesemääramise õigust, sõjaseaduse kaotamist, poliitvangide vabastamist. Valitsust ähvardati passiivse vastupanu ja boikotiga, kui ta koosoleku nõudmisi ei täida. 29. novembril valis koosolek maakondade esindajatest ülemaalise komitee, mille kompetentsi kuulus *Bürgermusse* koosoleku otsuste täideviimine ja Eestit puudutavate seadusandlike ettepanekute väljatöötamine, mis olid mõeldud esitamiseks keskvalitsusele Peterburis. Detsembris, kui mõisad juba põlesid, andis delegatsioon Jaan Tõnissoni juhtimisel siseminister Pjotr Durnovole üle mõlema koosoleku otsused. Minister kohtles eestlaste saadikuid külmalt ja vaenulikult, ning sõnas *Meie selle tulekahju kustutame, karmilt kustutame.*

Tööliste eneseteadvus kasvas ja töölisliikumine eristus üha enam rahvuslik-liberaalsest liikumisest. Tööliste relvastatud salkade moodustamine ja nende reidid näitasid, et äärmuslased on valmis kasutama vägivalda ja pidama relvavõitlust valitsuse vastu. Mõõdukad püüdsid vägivalla laienemist takistada, mistõttu nende ja pahempoolsete vahekorrad teravnesid. *Mitte vägivald, mitte meeletu mäss sõjariistus ei tõota meie maale ja rahvale paremat tulevikku – üksi rahva jõu tõsine kasvatamine ja võitlemine kultuura abinõudega suudab Eesti väikerahvale avaramaid õigusi ja laialisemat iseseisvust tuua,* kirjutas "Postimees".

1905. aasta novembris-detsembris valis rahvas aulakoosoleku otsuste vaimus omal algatusel reas valdades uued omavalitsused (komiteed), mida mõnel pool nimetati *vabariikideks* (Mõisakülas, Velisel, Vaalis). Paljudes valdades seadis rahvas sisse emakeelse õpetuse vallakoolis, sulges kõrtsid, boikoteeris tsaariametnikke, keeldus maksude maksmisest ja nekrutite andmisest, moodustas omakaitse salku. Mõnel pool asutati sotsiaaldemokraatlikud ühingud ja kavandati isegi mõisamaa omavolilist ülevõtmist. Relvi loodeti saada Lätist ja Soomest ning osta linnast.

Mõisate põletamine

1905. aasta lõpul jõudis kätte soodus hetk maal mässu organiseerimiseks. Valitsuse autoriteet oli madalamal kui kunagi varem, kohalik valitsusvõim aga nõrk, sest sõjaväge oli Eestis vähe ja seda hoiti linnades, kus võimud kartsid rahutusi. Rahvakoosolekutel kostis üleskutseid *hävitada ussipesasid*, s.t. mõisaid. Üheks eesmärgiks oli saada relvi ja mõisnikud pantvangi võtta, et neid vahetada arreteeritud revolutsionääride vastu. Seda, mida ei oldud saadud seaduse ja õigusega, loodeti nüüd võtta vägivallaga.

10. detsembril kuulutas asekuberner Alexander von Giers Tallinnas ja Harjumaal

Põletatud Valtu mõis 1905. a. detsembris

välja sõjaseisukorra. Arreteeriti hulk sotsiaaldemokraatlikke aktiviste ja peaaegu kõik VSDTP Tallinna Komitee liikmed. Samal ajal oli koos Eestimaa rüütelkonna maapäev, ja ärritunud rahvas pidas repressioonide õhutajateks mõisnikke. 11. detsembri hommikul jõudsid Tallinna Põhja-Eesti valdade saadikud, et võimude poolt sanktsioneeritud koosolekul, mille kutse lähtus "Teataja" ringkonnast, arutada maaomavalitsuse küsimust ja protestida mõisnike reformikavade vastu. Sõjaseisukorra tõttu jäi see koosolek ära. Sama päeva õhtul peeti "Volta" tehase keldris valdade saadikute ja Tallinna tööliste esindajate koosolek, kus arutati, mida teha edasi. Mõned oraatorid kutsusid üles *läti keelt kõnelema*, s.o. mõisaid põletama. Mingit otsust ei jõutud vastu võtta, sest sõjavägi ajas koosoleku laiali.

12. detsembril siirdusid tööliste (osa neist oli relvastatud) salgad maale, kus nendega liitusid kohalikud talupojad. Algas avalik stiihiline mäss, mis haaras peamiselt Harju-, Lääne-, Järva- ja Pärnumaa; liikumise keskusteks olid Kohila, Rapla, Velise, Järvakandi, Märjamaa. Rüüstati valitsusasutusi, hävitati keisripilte ja riiklikku sümboolikat, ametnikud ja mõisnikud põgenesid linnadesse. Mõnel pool oli mässajatel kokkupõrkeid tragunite ja mõisnike salkadega (Velisel, Alul, Ollepal). Ühe nädalaga (12.–20. detsembril) purustasid, põletasid, kahjustasid või rüüstasid mässajad marginaalsete isikute juhtimisel Eestis täielikult või osaliselt u. 130 baltisakslastele kuuluvat rüütlimõisat (Mihkel Aitsami kogutud andmed; ametiisikute andmetel,

mis on erinevates allikates väga erinevad, on märgitud kuni 161 mõisat) ja kümneid viinavabrikuid. Kõige rohkem said mõisad kannatada Harju- ja Läänemaal. Mõisnikke võeti küll vangi, kuid Eestis tapeti neist vaid üks (Peningi mõisnik Arthur von Baranov). Mässajaid ajendas tegutsema massipsühhoos ja viha mõisniku kui igipõlise rõhuja vastu, kellele nüüd taheti maksta kätte kogu *seitse-saja-aastase orjapõlve* eest. Mõisnike materiaalsed kahjud Eesti alal ulatusid ametlikul hinnangul 3,2 miljoni rublani. Hävis suure ajaloolise ja kultuurilise väärtusega esemeid. Kuigi põletajate seas oli sotsiaaldemokraate, ei kiitnud ükski eesti erakond neid aktsioone avalikult heaks.

Mõisahoonete hävitamine ja kahjustamine Balti kubermangudes 1905–06 ametlikel andmeil

Kubermang	Kannatanud mõisaid	Kahjud miljonites rublades
Eestimaa	114	2,80
Liivimaa	230	4,24
Kuramaa	229	5,01
Kokku	573	12,03

Mõisnike manöövrid

1905. aasta sündmused viisid Balti aadli šokiseisundisse. Täie selgusega tuli ilmsiks mõisnike valitseva seisundi kogu ebakindlus, mis tõotas viia sajanditepikkuse ülevõimu lõpliku kokkuvarisemiseni. Situatsiooni hindamisel kasutasid baltisaksa publitsistid sageli sõna "katastroof". Ja nii see tõepoolest oligi. Midagi head ei tõotanud Balti aristokraatiale ka Venemaa kodanlik areng ja Riigiduuma kokkukutsumine. 1905. aasta 11. detsembri valimisseadus ähvardas baltisakslased esindusest impeeriumi parlamendis ilma jätta. Liberaalide (kadettide) võimu juurde pääsemine tõotas kaasa tuua õiguskorra üldise demokratiseerimise ja suurmaavalduste ulatusliku võõrandamise kogu riigis. Analoogilistel põhjustel ilmutasid Balti mõisnikud vaoshoitust orien-

teerumises Saksamaale. Ehkki nad suhtusid poolehoiuga kõigesse sellesse, mis Saksa keisririigis oli konservatiivset ja junkurlikku, tegid neid murelikuks kodanlikud ümberkujundused Saksamaal, eelkõige üldine valimisõigus ja riigi bürokraatlik keskustamine. Läänemere maade hüpoteetiline ühendamine viimasega võinuks ohustada veel säilinud eesõigusi ja autonoomia riismeid. Seetõttu pooldas Balti aadel endiselt Vene isevalitsust, püüdes samal ajal kohaneda olukorraga ja leida uusi liitlasi.

1905. aasta erakorralistes oludes kõlas nii eesti kui saksa poolel üleskutseid ühiseks tööks. Rahvuslikes ringkondades arutati kohalike rahvaste võimalikku ühistegevust vägivalla ohjeldamisel ja võitluses venestamise vastu. Rahvuslased arvasid, et Balti aadli sidemetest Peterburi ministeeriumides ja õukonnas võiks olla kasu ka eestlastele. See lootus oli asjatu. Aadel lähtus ikka ainult oma kitsalt seisulikest huvidest. Läbirääkimised eesti juhtivate tegelaste ja rüütelkondade esindajate vahel Tallinnas ja Tartus 1905. aasta suvel ja sügisel jooksid ummikusse, kuna eestlased ei leppinud enam lihtsalt osavõtuga maapäevast, vaid nõudsid omavalitsusorganite moodustamist üldise valimisõiguse alusel. Perspektiivis tähendanuks see maaomavalitsuse üleminekut sakslastelt eestlastele. Nii kaugeleminevaks sammuks polnud vana eliit valmis isegi dramaatilisel 1905. aastal. Eestlaste kasvanud nõudmisi peeti häbematuseks ja suurusehullustuseks. Mingit eestlaste ja baltisakslaste ühisrinnet kohalike probleemide lahendamiseks välja ei kujunenud. Konfrontatsioon ja vastastikused süüdistused iseloomustasid nendevahelisi suhteid ka edaspidi.

Siiski tegi revolutsioon mõisnike poliitikasse olulisi korrektiive. 1905. aastal ilmutasid rüütelkonnad maaomavalitsuse küsimuses erakordset aktiivsust. Poliitilistel põhjustel sai see küsimus keskseks korralistel ja erakorralistel maapäevadel ning rüütelkondade ühisnõupidamistel *(Baltische Konferenz)*. Põhimõtteline muutus aadli poliitikas seisnes selles, et 1905. aastal olid rüütelkonnad esmakordselt nõus (eesti-läti) väikeomanik-ke maapäevale lubama, ent üksnes suuroma-nike juhtiva osa säilitamisega.

1905. aasta suvel esitasid neli rüütelkonda siseministrile maaomavalitsuse reformi pro-jekti, mille kohaselt pidi loodama uued maa-omavalitsuse institutsioonid – ringkonna-päev *(Bezirkstag)* ja kubermangupäev *(Pro-vinzialtag)* kaubandus-tööstuskodanluse, väi-keomanike ja rentnike esindajate osavõtul. Senise maapäeva kompetentsist pidid eral-datama ja uue maaomavalitsuse pädevusse minema ainult kommunaalmajanduse va-litsemise küsimused, eeskätt maksud ja na-turaalkoormised *(Landesprästande)*. Rüütel-konna poliitilised õigused ja "põhikord" *(Verfassung)*, sealhulgas seadusandliku init-siatiivi ja otse keisri poole pöördumise õigus, pidid alles jääma. Kolmekuurialine varan-dustsensuslik valimissüsteem kindlustanuks suurmaaomanike (I kuuria) ja kaubandus-tööstuskodanluse (II kuuria) blokile enamu-se väikemaaomanike ja rentnike (III kuuria) ees, kuigi suur- ja väikemaaomanikel oleks olnud võrdne esindus. Eestimaa rüütelkonna 1905. aasta juuni maapäeval öeldi otse välja, et vahepealne (II) kuuria on suur- ja väike-omanike pariteedi korral vajalik baltisaks-laste majoriteedi kindlustamiseks, ja et aadel aktsepteerib vaid sellist valimissüsteemi, mis garanteerib väikeomanike vähemusse jäämi-se. Eesti ringkonnad, kes olid algul mõisnike initsiatiivi lootusrikkalt heaks kiitnud, lükka-sid pärast projekti avalikustamist selle tagasi ja nõudsid eestlaste esindajate kutsumist re-formiettepanekuid välja töötama.

Valitsuses aadli eelnõu poolehoidu ei leid-nud ja 24. novembril 1905 otsustas Liivimaa aadlikonvent pöörduda siseministri poole uue ettepanekuga *maa päästmiseks täielikust laostumisest ja ühiskonnaelu ümberkorralda-miseks*. Reformiprojektide väljatöötamiseks tehti ettepanek moodustada ajutine maa-nõukogu, koosseisus: 16 mõisnike, 16 talu-poegade ja 12 linnade esindajat. Viimased taganuksid maanõukogus mõisnike ja saksa linnakodanluse kindla enamuse. Edaspidigi

jäi mäng kuuriatega Balti aadli omavalitsus-poliitika nurgakiviks. Niisuguste manöövrite-ga pidasid mõisnikud silmas mitut eesmärki: säilitada domineeriv positsioon maaomavalit-suses, rahustada eestlasi ja lätlasi maapäevale lubamisega, tõrjuda valitsuse ebasoovitavaid initsiatiive (Vene semstvokorralduse sisse-seadmist).

Liivimaa kuberner Nikolai Zvegintsov toetas aadli projekti ja soovitas selle otseko-he ellu viia, sest *ainult viivitamatute ja põhja-like kohaliku valitsemise reformidega koos va-litsusvõimu tugevdamisega on võimalik loota kubermangu rahunemist.* Ka Eestimaa aseku-berner Giers pidas mingeid reforme vajali-keks ja edasilükkamatuiks. Üldise relvastatud ülestõusu ärahoidmiseks soovitas ta teatada talupoegadele, et reformid on peatselt saabu-mas. Giers visandas ka ise reformikava, mis oli mõisnike omast märksa kaugeleulatu-vam. 13. detsembril, kui mõisad juba lõõma-sid, teatas Giers siseministeeriumi: *Eestlased, samuti nagu lätlasedki, valmistuvad meele-heitlikult veriseks võitluseks valitsuse vastu ja mõisamajapidamiste rüüstamiseks. Mingi-suguste reformide või kingituste lubamine või annetamine eesti rahvale on käesoleval hetkel juba hiljaks jäänud. Tingimata on vaja lõkkele löönud mässuleek sõjalise jõuga maha suruda ja siis juba asuda reformide teostamisele.*

Valitsuse repressioonid

Revolutsiooni suur ulatus ja intensiivsus Eestis ja Lätis, avalik relvastatud võitlus ja mäss, terroristlikud aktid, partisanisõda, po-liitiline separatism, võimuhaaramise katsed ja sotsialistide suur mõju tegid valitsusele tõsist muret. Balti provintside rahustami-se küsimusega tegelesid keiser, peaminister, siseminister, sõjaminister, sõjavägede ülem-juhataja ning teised kõrged ametikandjad. 22. novembril kuulutatati sõjaseisukord välja Liivimaal, 10. detsembril Tallinnas ja Harju-maal, 24. detsembril kogu Eestimaal. Sellel abinõul polnud loodetud mõju, rahunemist ei järgnenud.

26. novembril arutas Ministrite Nõukogu olukorda Balti kubermangudes ja tunnistas need avaliku ülestõusu piirkonnaks, kus on vaja rakendada erakorralisi abinõusid. 27. novembril saatis Liivimaa kuberner tungiva abipalve siseminister Pjotr Durnovole, väites, et Riiat, kus garnison on väike, ähvardab 60 000-meheline ülestõusnute armee. 27. novembril saatis Sergei Witte keisrile kirja, milles ta kinnitas, et sõjaväe vähesuse ja sõjaväeülemate otsustusvõimetuse tõttu on sõjaseisukord Liivimaal *rahunemise asemel toonud kaasa täieliku anarhia*. Ta edastas Nikolai II-le Ministrite Nõukogu ettepaneku moodustada Baltimaades kindralkubermang. Balti rüütelkonnad ja mõjukad baltisakslased keisri lähikonnast (Otto von Richter, Alexander von Budberg) olid seda juba varem tungivalt nõudnud.

28. novembril ilmus keisri ukaas abinõude kohta, mida tuli Balti kubermangudes rakendada *korra kiiremaks jaluleseadmiseks ning kõigi nende kohaliku elu küsimuste läbitöötamiseks, mille rahuldava lahenduseta jätmine soodustab mässu levikut*. Selle ukaasiga asutati Balti kindralkubermang ja ajutise kindralkuberneri ametikoht. Kindralkubernerid (Vassili Sollogub, 1905–06, ja tema järeltulija Aleksandr Möller-Zakomelski, 1906–09) said ulatuslikud volitused. Peterburi kohtupalati prokuröri ettekirjutusega seisati Balti kubermangudes ringkonnakohtute tegevus ja prokuröri järelevalve. Tsiviilprokuröridel keelati algatada kohtuasju, mis puudutavad sõjaväe tegevust. Tsiviilvõim allutati sõjaväevõimule ja kehtestati piiramatu sõjalis-politseiline diktatuur ja terror. Sollogub nõudis revolutsiooniliste komiteede liikmete väljaandmist ja relvade loovutamist, ähvardades muidu terveid valdu põhjakubermangudesse välja saata, kusjuures väljasaadetute asemele pidid tulema ümberasujad Venemaa sisekubermangudest.

1905. aasta detsembris formeeriti kiires korras vähemalt kaheksa spetsiaalset karistussalka, neist nelja eesotsas olid kindralid (Aleksei Orlov, V. Meinard, Fjodor Vendt,

Vladimir Bezobrazov). Karistussalgad komplekteeriti erinevatest väeliikidest ja väeosadest, maa- ja mereväest, kaardi- ja kasakaväest. Rahvas kartis eriti kasakaid, kelle metsikustest levis hirmuäratavaid kuuldusi. Karistusvägede komplekteerimine suurtükkide, kuulipildujate ja sapööriüksustega kõneleb sellest, et valitsuse poolel valmistuti tõsiseks sõjategevuseks. 1. aprilliks 1906 oli kindralkuberner Sollogubi käsutuses kokku kuni 19 000 meest.

Sollogubi staabis töötati kohalike võimude ja rüütelkondade juhtide osavõtul välja maa "vallutamise" plaan. Kubermangud jaotati osadeks, kuhu saadeti väiksemad salgad. Eestimaa kubermang jagati esialgu kaheksaks, hiljem kaheteistkümneks militaarpiirkonnaks. Sõjaseisukorra seaduse alusel delegeeris kindralkuberner Sollogub osa oma volitusi karistussalkade ülematele. Nii tekkis olukord, kus kolmes Balti kubermangus oli ühtaegu ametis seitse kindralkuberneri. Kõik karistussalkadele antud instruktsioonid ühtisid ühes: üleliigse karmuse eest ei karistata, küll aga on hukkamõistetav leebus. Keiser käskis *tegutseda otsustavalt* ja nõudis karistajatelt *rohkem initsiatiivi, aktiivsust ja iseseisvust*. Witte nõudis tegutsemist *erilise karmusega* ja soovitas hirmutamiseks hävitada talusid mässulistes piirkondades. Eriti jõuliselt tegutsesid karistussalgad 1905. aasta detsembris ja 1906. aasta jaanuaris. Veretööde poolest said kuulsaks kindral Vladimir Bezobrazov, kelle lendsalk laastas Põhja-Eestis, ja rittmeister Karl von Sivers, kes korraldas Viljandis massimõrva – maha lasti 53 enamasti süütut inimest, sh. alaealisi.

Karistussalkade ülemate ja allüksuste komandöride hulgas oli rohkesti baltisakslasi, neid oli ka sõjaväe juhtkonnas ja kindralkuberneri aparaadis. Vene ajakirjandus, mis taunis sakslaste osavõttu karistusaktsioonidest, loetles üle kahekümne baltisaksa päritoluga kindrali ja ohvitseri, kes tegelesid Baltimaade rahustamisega. Mõisnikud astusid riigiteenistusse aupolitseinikena maakonnaülema noorema abi ametikohal. Niisugused vabatahtlikud täitsid karistussalkade juures mitmesuguseid ülesandeid, olid teejuhid, tõlgid, mässajate ülesandjad. Ainuüksi Bezobrazovi salga juures oli abiks 14 mõisnikku.

Võimudele oli jäänud mulje, et Tallinna linnavalitsuse eesti tegelased Päts, Teemant, Pung, Lender, Poska, Strandman jt. töötavad käsikäes VSDTP Tallinna Komiteega ja kuuluvad "salajasse komiteesse", mille eesmärk on Eestile Soome eeskujul autonoomia saavutamine ülestõusu abil. Siseminister Pjotr Durnovo ja Eestimaa kuberner Nikolai von Bünting kandsid keisrile ette, et Eesti mässu eesotsas on vandeadvokaadi abi Jaan Teemant, kes olevat kavandanud iseseisva Eesti vabariigi väljakuulutamist valdade esindajate kongressil 11. detsembril 1905. Osa kahtlusaluseid põgenes välismaale, osa vangistati. Päts ja Teemant mõisteti tagaselja surma.

Pärast Riigiduuma kokkutulekut (aprillis 1906) repressioonid mõnevõrra nõrgenesid. Eriti puudutas see massilisi mahalaskmisi ilma kohtu ja uurimiseta. Sellele aitas kaasa 25 Tartu avaliku elu tegelase protest, mis 1906. aasta jaanuaris avaldati mõjukates vene lehtedes. Ent alles novembris 1906 andis kindralkuberner korralduse lõpetada talude põletamine ja avalik peksmine. 1906.–07. aastal töötasid Stolõpini korraldusel loodud sõjaväljakohtud, kellel oli asjade läbivaatamiseks aega mitte rohkem kui 48 tundi. Niivõrd lühikese aja jooksul oli võimatu korraldada tavapärast uurimist ja õigusemõistmise protseduuri. Maa "rahustamise" bilanssi võib illustreerida järgmiste, kohati väga ligikaudsete arvudega. Sõjavägi, politsei ja karistussalgad lasid 1905.–07. aastal ilma kohtu ja juurdluseta või sõjakohtute otsusega Eestis maha u. 400 inimest, sadu pandi vangi, sai ihunuhtlust (kuni 500 hoopi), saadeti asumisele ja sunnitööle Siberisse. Üldse saadeti ametlikel andmeil kolmest Balti kubermangust välja 2652 inimest. Mitmesugustes sõja- ja tsiviilkohtutes peeti Eesti elanike üle aastail 1906–11 üle saja kohtuprotsessi, kus oli üle 800 kohtualuse. Eriti said kannatada maaharitlased – rahvakooliõpetajad ja vallasekretärid, kellele pandi süüks rahvakoos-

1905. aasta revolutsiooni ohvrite monument Uuel turul Tallinnas

olekute juhatamist ja eesti keeles õpetamist. Balti piirkonnas, peamiselt Lätis, põletati maha rohkem talusid kui oli enne põletatud mõisaid.

Kogu Vene impeeriumis karistussalkade poolt tapetuist langeb Eesti ja Läti arvele ametlikel ja tunduvalt vähendatud andmeil üle poole (625 inimest 1102-st). Sõjakohtute otsuste põhjal hukatuist langeb kolme Balti kubermangu arvele viiendik (690 inimest 3796-st). Suur osa eesti avaliku elu tegelastest päästis end põgenemisega välismaale, eriti Šveitsi, ja koondus hiljem Soome. 1906. aastal koostasid nad Bernis esimese Eesti autonoomia eelnõu.

Revolutsiooni tulemused

Esimese Vene revolutsiooniga tekkis riigis uus poliitiline reaalsus. Piiramatu isevalitsus asendus konstitutsioonilise duumamonarhiaga. Valiti seadusandlik rahvaesindus, mille tööst said osa võtta ka eestlased, lätlased ja baltisakslased. Valitsus tegi mitmeid järeleandmisi töölistele ja talupoegadele, paranesid töötingimused (kehtestati 10-tunnine tööpäev) ja sotsiaalolud, lubati ametiühinguid, taastati ülikoolide autonoomia, anti välja ususallivuse seadus. 1906. aastast lubati Balti kubermangudes avada emakeelse õpetusega eesti-, läti- ja saksakeelseid erakoole ning õpetada algkoolis kahel esimesel õppeaastal emakeeles. See andis tugeva impulsi hariduse ja kultuuri arengule. Kuigi valitsus revolutsioonile järgnenud reaktsiooniajal osa järeleandmisi tühistas, ei saanud ka tema ajaratast tagasi pöörata.

1905. aasta revolutsioon oli pöördepunktiks Eesti ajaloos. See oli sajandivahetusel alanud ühiskondlik-poliitilise tõusu kulminatsiooniks. Eesti rahvas astus aktiivse jõuna avaliku poliitilise võitluse areenile. Vabadusliikumine, milles põimusid teineteisega sotsiaalne ja rahvuslik alge, haaras suuri inimhulki ja võttis enneolematu ulatuse. Esmakordselt toimusid Eestis poliitilised (üld)streigid, grandioossed meeleavaldused ja rahvakoosolekud, relvavõitlus valitsuse vastu. Esmakordselt tõusid Eesti ühiskonnaelus võimsalt esile poliitilise võimu ja riiklusega seotud küsimused, esmakordselt nõudsid eestlased poliitilise enesemääramise õigust ja autonoomiat. 1905. aasta virgutas poliitilise pluralismi õitselepuhkemist, rahvusliku identiteedi uute vormide otsinguid, sotsiaalse mentaliteedi muutumist. Eesti ühiskonna moderniseerimise tempo kiirenes veelgi ja kujunesid eeldused omariikluse tekkeks.

Pilt eestlastest maailmas

Vene publitsistidele ja reisijatele torkas silma Balti provintside saksalik ilme ja vene mõju vähesus. Eesti kultuuri pidasid vene autorid saksa kultuuri jäljenduseks, millel puudub originaalsus ja iseseisvus. Nad väljendasid siirast imestust ja nördimust selle üle, et põlisel *(исконный)* Vene alal valitsevad sakslased, ja et Saksamaad peetakse seal tähtsamaks kui Venemaad. Ajalehes "Rižski Vestnik" iseloomustati Eestimaa kubermangu 1902. aastal nii: *Mitte kaugel Vene imperaatori residentsist asub oma eraldatuses üksildane hall maa, mis on justkui kangestunud oma praeguses spliinis. See rahulik, külm põhjapoolne nurgake, mis on nii lähedal riikliku elu peamisele tuiksoonele [Peterburile], on samal ajal kaugel kõigest venelikust nii oma mineviku kui ka oleviku poolest – tema elanike keele, kultuuri ja rahvuse poolest. See on vana Eestimaa, mida asustavad valdavalt tšuhnaad ja tšuhhoonetsid, keda*

kaunikõlalisemalt kutsutakse eestlasteks. Väliselt erinevad nad vene inimestest; nende keel ja kombed on niisama arhailised kui kontinendi põliste aborigeenide keel, etnilisus ja kombed. Vene temperamendiga võrreldes näisid eestlased flegmaatilised, süngeid, väheliikuvad ja tõrjuvad.

Eesti-vene-saksa suhete interpreteerimise šabloon oli üsna triviaalne. Venelased vabastasid eestlased sakslaste ikkest, kuid eestlased pole selle eest neile tänulikud; nad on ikka sakslaste lõa otsas või ajavad oma rahvuslikku ja separatistlikku joont. Eriti pahased olid vene autorid vene keele vähese tundmise üle.

Eesti ja eestlaste retseptsioon Lääne-Euroopas kujunes suures osas selle põhjal, mida Baltimaade kohta kirjutati Saksamaal. Seal domineeris tees baltisakslaste tsiviliseerivast mõjust barbaarses idas. Balti põlisrahvaste ärkamist ei pandud tähelegi, küll aga äratas Läänes tähelepanu Soome ja Baltimaade venestamine, kuna selles nähti slaavlaste tungi läände. Ulatuslike välissidemetega baltisaksa aristokraatial oli lätlastest-eestlastest tuhat korda enam võimalusi mõjutada Euroopa avalikku arvamust neile soodsas suunas ja levitada seal oma kultuurtreegerlikke vaateid Baltimaade mineviku, oleviku ja tuleviku kohta.

Lääne-Euroopas vaadeldi Baltimaid kui Venemaa osa, mis tunduvalt erineb Sise-Venemaast ja kus valitseb saksa kultuur. Balti küsimus kui vana rahvusvaheline probleem oli seal muidugi tuntud, ent kohalike põlisrahvaste – lätlaste ja eestlaste – kohta ei teatud peaaegu midagi. Neid peeti vähetsiviliseeritud talupojarahvasteks.

1905. aasta sündmustega olukord mõneti muutus. Rahvusvahelist tähelepanu pälvisid massilised rahutused Balti provintsides, relvastatud võitlus, mõisate põletamised ja sellele järgnenud karistussalkade terror. Lääne-Euroopas hakati teadvustama lätlaste ja eestlaste olemasolu ja nende probleeme, vahekordi saksa ülemkihi ja Vene valitsusega.

Venemaa ebastabiilne siseolukord tegi tõsist muret tema nüüdsetele liitlastele, Inglismaale ja Prantsusmaale. Prantsusmaal kardeti, et Venemaal võtab maad anarhia ja riik laguneb, mis tooks kaasa jõudude vahekorra (tasakaalu) muutumise Euroopas Saksamaa ja tema liitlaste kasuks. Prantsusmaal tehti panus Sergei Wittele, kellelt oodati riigielu uuendamist ja valitsuse autoriteedi tõstmist. Niisugusest üldisest vaatepunktist lähtuvalt hinnati ka rahvusküsimust Venemaal. Erinevalt valitsusest suhtusid prantsuse sotsialistid (näit. Jean Jaurès) sümpaatiaga Venemaa vähemusrahvuste vabaduspüüetesse ja leidsid, et uuendatud Vene riik võiks olla föderaalne.

8. detsembril 1905 koostas Prantsuse atašee Moulin Baltimaade olukorra kohta spetsiaalse ülevaate "Situation des provinzes baltiques au point de vue militaire". Selles analüüsis ta Baltimaade sõjalist olukorda Vene-Saksa suhete taustal ning Venemaa ja Prantsusmaa kui liitlaste strateegilistest ühishuvidest lähtudes. Moulin kirjutas, et Prantsusmaa on äärmiselt huvitatud *status quo* säilitamisest ja rahu jaluleseadmisest Balti provintsides, mis on pikka aega olnud pangermanistlike unistuste objektiks. Kohalike talupoegade vastuolud baltisaksa mõisnikega olevat tulnud kasuks Vene administratsioonile, ent samas ähvardavat sakslaste privileegide säilitamine esile kutsuda uusi rahutusi, mis omakorda õhutavat pangermanistide intriige. Ülestõus mereäärsetes provintsides võiks takistada pealinna kaitsmiseks vajalike vägede kohaletoomist, arvas Moulin. Kohalik autonoomia võiks paralüseerida kommunikatsioonid, mis oleks kasuks vaenlasele, kes Balti provintsidest ähvardaks tungida pealinna ja lõigata läbi tähtsad ühendusteed.

Briti välisministeeriumi dokumentidest nähtub, et esmajoones olid Inglise diplomaadid huvitatud olukorrast Poolas ja Soomes. Ka juudiküsimus Venemaal pälvis nende tähelepanu. Riias resideerinud konsul Adam Slater Woodhouse taunis vägivalda ja revolutsiooni, ent märkis ühtlasi vastuolusid lätlaste ja sakslaste vahel. Baltimaade vägivallas pidas ta süüdlasteks anarhiste ja juute, kes olevat olnud terroriaktide ja tapmiste peakorraldajad.

1907. aastal kirjutas Briti suursaadik Arthur Nicolson välisminister Edward Greyle, et Balti autonoomia on samasugune (murettekitav) probleem, nagu see on Poolas ja Kaukaasias.

EESTI DUUMAMONARHIA AJAJÄRGUL

Isevalitsuselt duumamonarhiale

Venemaa riigikorras 20. sajandi algul saab eristada kahte ajajärku: piiramatu isevalitsus ja duumamonarhia. 1905. aasta 17. oktoobri manifesti konstitutsioonilised ideed sätestati 23. aprillil 1906 kinnitatud põhiseaduses ("Основные законы Российской Империи"). Põhiseadusega lubati kodanikele mitmeid üldtunnustatud põhiõigusi ja vabadusi: eluruumi ja omandi puutumatus, sõna-, trüki-, koosolekute, ühingute, usu-, elukoha ja elukutse valiku vabadus. Nende õiguste ja vabaduste tegelik sisu sõltus rakenduslikest eriseadustest ja halduspraktikast. Ukaasidena vormistatud ajutised reeglid trükisõna (24. november 1905), liitude ja ühingute ning koosolekute (4. märts 1906) kohta kehtestasid hulga kitsendavaid piiranguid ja kahandasid põhiseaduslike garantiide tähtsust.

Valitsejal oli seadusandlik võim, ent ta jagas seda parlamendiga – Riigiduuma ja Riiginõukoguga. Ta nimetas ametisse ja vabastas valitsuse, kes oli vastutav monarhi, mitte parlamendi ees, kutsus kokku ja vajaduse korral saatis ennetähtaegselt laiali parlamendi, juhtis välispoliitikat, armeed ja sõjalaevastikku. Põhiseadust võis muuta vaid keisri algatusel.

Monarhi ulatuslike eelisõiguste kõrval oli põhiseaduses ka tema võimu kitsendavaid sätteid. § 86 kõlas: *Ükski seadus ei või ilmuda ilma Riiginõukogu ja Riigiduuma heakskiiduta ja jõustuda ilma Valitseja Keisri kinnituseta.* Kuigi Riigiduuma istungjärkude vaheajal võis keiser välja anda erakorralisi seadusi, vajasid needki seejärel seadusandlike kodade kinnitust. Riigiduuma tähtis eesõigus oli riigieelarve arutamine ja kinnitamine. Riigikorra reformiga reorganiseeriti Riiginõukogu seadusandlikuks ülemkojaks, mille koosseisust poole valisid mitmesugused asutused ja poole nimetas keiser.

Valimised Riigiduumasse 1905. aasta 1. detsembri valimisseaduse järgi polnud üldised, ühetaolised ega otsesed, ent esinduse said kõik elanike kihid, sealhulgas alamrahvas (töölised ja talupojad) ning väikerahvad. Parlamenti pääsesid isegi illegaalsete revolutsiooniliste parteide esindajad (sõltumatute kandidaatidena). Maaomanike kuuria andis ühe valijamehe iga 1000 valija kohta, linnaelanike kuuria iga 4000 valija kohta, talupoegade kuuria iga 50 000 ja tööliskuuria iga 90 000 valija kohta.

Arvestades oma aja reaalseid tingimusi ja võimalusi, pakkus valitsus maksimumi poliitilisi reforme. Konstitutsiooniline kord Venemaal seati sisse ülalt, see ei tuginenud kodanikuühiskonnale. Vaevalt oli vene rahvas sel ajal valmis vastu võtma Lääne tüüpi demokraatiat. Nii 1905. kui 1917. aasta arengud näitasid, et enamik Venemaa kodanikke ei pooldanud mitte läänelike väärtuste kandjaid, vaid sotsiaalsete utoopiate ja võrdsuse müüdi propageerijaid. Võib arvata, et üldised vabad valimised võinuksid juba 1905. aastal viia seesmiselt niigi ebakindla hiigelriigi samasuguste sotsiaalsete vapustuste ja katastroofini, nagu need tabasid teda 1917. aastast alates.

Liberaalid tervitasid konstitutsioonilist reformi, kuigi põhiseaduse piiratud iseloom ja seadusandlik dualism neid ei rahuldanud. Radikaale, kes taotlesid vabariiki, ja sotsialiste, kes taotlesid absoluutset rahvavõimu, rahuldas uus kord veel vähem. Teravad poliitilised vastuolud ei kadunud kuhugi ja uue revolutsiooni võimalus jäi püsima.

Duumast sai riigi poliitilise elu keskus, seal toimuv oli avalikkuse pideva tähelepanu all. Eesti ajalehed avaldasid regulaarselt üksikasjalisi ülevaateid tema tööst. See aitas juba tsaariajal kujundada niisugust poliitilist kultuuri, mis kergendas üleminekut omariiklusele.

Üleminekuga isevalitsuselt duumamonarhiale muutus kohalik halduskord vähe. Kõige tähtsam asutus oli endiselt kubermanguvalitsus eesotsas kuberneriga. Kuberner oli valitsuse kõige kõrgem kohalik esindaja. Esmajoones oli ta siseministeeriumi ametnik ja allus siseministrile, ent viis ellu ka nende ministeeriumide korraldusi, millel endal kohalikke asutusi polnud. Kuberner oli mitme kubermanguasutuse (komisjoni) eesotsas. Ta pidi kohapeal ellu viima keisri ja keskvalitsuse tahet, kindlustama seaduste täitmist ja avalikku korda. Kuberneri kompetentsi kuulus õigeusu kiriku valitseva seisundi kindlustamine, talupoegade ja mõisnike vahekordade klaarimine, nekrutite värbamine, kontroll toiduainetega kauplemise ja maksude laekumise üle, rahva tervishoid ja vaestehoolekanne, ehitused ja teed, omavalitsuste tegevuse järelevalve. Kuberner võis anda sunduslikke määrusi ja inimesi kubermangust välja saata, korra hoidmisel võis ta sõjaväge abiks võtta.

Kõige enam oli kohalikke asutusi siseministeeriumil, mille haldusalas olid politsei, sandarmeeria, tsensuur, omavalitsuste ja aadli asutuste järelevalve. Rahandusministeeriumi organid (kroonupalat, aktsiisivalitsus jt.) tegelesid peamiselt riigi raha jagamise ja maksude kogumisega. Haridusministeeriumile allusid koolid ja nende järelevalveasutused. Justiitsministeeriumi halduses olid kohus, prokuratuur ja kinnipidamiskohad. Oma organid olid kubermangus riigikontrollil (kontrollpalat), põllutöö ja maakorralduse peavalitsusel, kaubandustööstusministeeriumil, teedeministeeriumil ja teistel keskametkondadel.

Esimene ja teine Riigiduuma

Kolme esimese Vene Riigiduuma valimised (1906–07) Baltimaades toimusid sõjaseisukorra tingimusis. Võimud takistasid opositsiooniliste parteide valimiseelset kihutustööd. Sotsialistlikud parteid olid surutud sügavale põranda alla. Tõnissoni Eduerakond sai valimiskoosolekuid korraldada alles 1906. aasta märtsis, samas kui vene oktobristid ja Balti Konstitutsioonipartei osakonnad võisid neid kindralkuberneri loal pidada. Lõpptulemust see siiski kuigi palju ei mõjutanud, see sõltus valijameeste koosseisust, mille proportsioonid olid valimisseadusega ette määratud.

1905. aasta 11. detsembri valimisseadus oli eestlastele ja lätlastele soodne. Elektoraadi kogusuuruseks I ja II Riigiduuma valimistel võib Eestis väga ligikaudselt lugeda umbes 100 000 inimest (elanike arv Eestis oli üle ühe miljoni), kellest talupojad moodustasid 60, linnakodanikud 30 ja töölised 10 protsenti. Eestimaa kubermangu valijameeste kogus nägi seadus ette 21 suurmaaomanikku, 10 talupoega, 14 linlast ja 2 töölist. Mõisnikud olid vähemuses ning lõpptulemuse otsustas talupoegade ja eesti linnaelanike (Tallinnas oli valimisõigus u. 12 000 inimesel) ülekaal. Samasugune jõudude vahekord valitses Liivimaa kubermangu valijameeste koosolekul, kus lätlased ja eestlased olid ülekaalus. Aprillis 1906 valitud I Riigiduumasse pääsesid Eestist neli eestlast ja üks eesti-vene blokki esindav venelane (Jaan Tõnisson, Karl Hellat, August Lubi, Oskar Rütli, Pavel Paptšinski). Tekkis paradoksaalne olukord, kus kubermanguomavalitsuses võimumonopoli omaval baltisaksa aadlil puudus üldse esindus impeeriumi parlamendis.

Duumaga seonduvat poliitilise võitluse pinget, aga ka konstitutsioonile pandavate lootuste laia levikut näitab valijate aktiivsus, mis oli Eestis alati (ka linnavalimistel) märksa kõrgem kui Sise-Venemaa kubermangudes ja riigis tervikuna. Euroopa-Venemaa 36 kubermangu 104 linnas käis esimese duuma liikmeid valimas 50–55% valimisõiguslikest. Eestis oli see näitaja summaarselt 64,5%, sealhulgas Rakveres 81,2%, Tallinnas 74,4%, Pärnus 67,7% ja Tartus 67,6%. Tööliskuurias Tallinnas valis vaid kolmandik nimekirjadesse kantuist, sest enamlased tegid ägedat propagandat valimistest osavõtmise vastu.

I Riigiduumas astusid eesti saadikud autonomistide-föderalistide fraktsiooni, kuhu 1906. aasta mais kuulus 63 deputaati (13% nende üldarvust). Juhtiv osa fraktsioonis kuulus poolakatele ja selle eesotsas oli Alexander Lednicki. Jaan Tõnisson asus korraldama Balti autonomistide-föderalistide rühma eesti, läti ja leedu duumaliikmetest. Autonomistide koosolekutel olid peamisteks arutlusobjektideks vähemusrahvuste olukord, Venemaa rahvuslik-riiklik korraldus, autonoomia ja omavalitsuse küsimused. Peagi moodustasid peaaegu iseseisvust nõudvad poolakad omaette rühma ja fraktsioon lagunes. Ülejäänud autonomistid liitusid kadettide, trudovikkude ja teiste fraktsioonidega. Kõik eesti saadikud liitusid kadettidega, kellega Eduerakond oli loonud tihedad sidemed juba varem. Nii pandi alus tsaaririigi lõpuni kestnud eesti ja vene liberaalide vahelisele koostööle ja blokile Vene parlamendis. Niisuguse koostöö aluseks oli mõlemapoolne huvitatus. Ainult tänu vene konstitutsiooniliste demokraatide toetusele õnnestus duumas Baltimaid puudutavaid küsimusi üldse tõstatada ja vastavaid seaduseelnõusid sisse anda. Kadetid omakorda olid huvitatud *natsionaalide* toetusest, mis pidi

Tauria palee – Vene Riigiduuma hoone Peterburis

kinnitama nende truudust vabadusideedele (kadettide partei ametlik nimetus oli Rahvavabaduse Partei), viitama partei paljurahvuselisele koosseisule ja üldriiklikule iseloomule.

Eesti ja läti duumasaadikud esinesid avalduste ja järelepärimistega valitsusele sõjaväevõimude ja karistussalkade ebaseadusliku tegevuse kohta Balti kubermangudes. Neis materjalides oli toodud rohkesti fakte mahalaskmiste, talude ja seltsimajade mahapõletamise ning arreteerimiste kohta. Tagajärjetult taotleti Stolõpinilt ja Wittelt sõjaseaduse kaotamist.

Eesti duumasaadikutest oli prominentseim Jaan Tõnisson. Kirgliku ja paatosliku esinemisega pälvis ta Venemaa suurimate ajalehtede tähelepanu. Valitsust süüdistas ta revolutsiooni taganttõukamises: *võimu esindajad viivad riigi hävinguni, avaliku ülestõusmiseni.* Maaküsimuse arutamisel taotles Tõnisson Balti provintside eripära arvestamist, loobumist bürokraatlikust tsentralismist ja autonoomia põhimõtete järgimist, mis tähendanuks õigust asju kohapeal otsustada.

Riigiduuma kohal rippus pidevalt laialisaatmise oht, sest rahvaesindus polnud valitsusele kuulekas, oli liiga pahempoolne ja revolutsiooniline. Duuma vasaktsentristliku enamuse radikalism tuli täiel määral ilmsiks agraarküsimuse arutamisel, kus trudovikud ja kadetid nõudsid mõisamaade natsionaliseerimist ja sundvõõrandamist ning riigi maatagavara moodustamist. See saigi 72 päeva töötanud esimesele üleriigilisele rahvaesindusele saatuslikuks. 8. juulil ilmus keisri ukaas sõnakuulmatu duuma laialisaatmise kohta. Samal päeval kogunes 178 duumaliiget – kadetid, trudovikud, sotsiaaldemokraadid – Viiburisse, kus 10. juulil kiideti heaks dokument, mida tuntakse Viiburi üleskutse nime all. Selles protesteeriti duuma laialisaatmise vastu ja kutsuti üles avaldama valitsusele passiivset vastupanu, mitte andma nekruteid, jätma maksud maksmata. Üleskutsele kirjutasid alla ka Jaan Tõnisson ja Karl Hellat. Kõik allakirjutanud mõisteti kolmeks kuuks vangi. Tõnisson istus oma aja ära 1908. aastal Tartu vanglas.

Balti vene rahvuslased ei tahtnud leppida sellega, et kohalikel venelastel polnud nende väikese arvu tõttu võimalik iseseisvalt oma kandidaate Riigiduumasse viia. Seetõttu taotlesid nad Balti oktobristide eestvedamisel endale rahvuslikku erikvooti parlamendi mõlemas kojas. Analoogilise nõudmisega tulid venelased välja Poolas jt. mittevene enamusega aladel. Eestimaa kuberner Pjotr Bašilov pooldas samuti duumasaadikute valimist rahvuslikul printsiibil – üks venelane, üks sakslane, üks eestlane. Kindralkuberner Aleksandr Möller-Zakomelski pidas baltivenelaste esindaja osalust mõlemas seadusandlikus kojas äärmiselt vajalikuks. Ta väitis, et kohalikke olusid tundev vene inimene võib Riiginõukogus tänu *erapooletusele ja õiglustundele, mis vene inimesele nii omane*, esindada ka lätlasi ja eestlasi. Nikolai II suhtus niisugusesse palvesse pooldavalt ja käskis küsimust uurida, ent valitsus lükkas baltivenelaste soovid tagasi puhtformaalsetel põhjustel, kuna ei soovitud valimisseadust muuta. Seekord olid eestlased niivõrd tugevad, et neil polnud enam vajadust valimistel venelastega liituda.

Valimised II Riigiduumasse toimusid 1907. aasta jaanuaris reaktsiooni jätkuva pealetungi ajal. Lisaks valimisõigust kitsendavatele Senati seletustele ja siseministeeriumi ringkirjadele piiras Liivimaa kuberner valimisõigust ka omal algatusel. Valimismäärustik nägi ette valdade valijameeste valimise valla täiskogu koosolekul, kuhu 1866. aasta vallaseaduse järgi kuulusid peremeeste (omanike ja rentnike) kõrval mõisa- ja talusulased – üks kümne kohta (nn. kümnikud). Kuberneri korraldusel said valdades valida aga üksnes talupojad-peremehed, kellel oli iseseisev majapidamine ja kes vastasid paiksustsensuse nõuetele. Duumas küll tõstatati Liivimaa valimiste tühistamise küsimus, ent seda ei jõutud enne laialisaatmist arutada.

Kuigi valijate nimekirjades oli nüüd vähem proletaarlasi, kujunes Eesti saadikute koosseis teises duumas märksa pahempoolsemaks kui esimeses. Põhjuseks oli see, et sot-

Tartu vangla

siaaldemokraadid loobusid valimisi boikoteerimast, ning pahempoolne valimisblokk moodustati sotsialistidest ja radikaalidest. Eestimaa kubermangus võitsid pahempoolse bloki kandidaadid: talurahva-asjade komissar Tõnis Jürine, "Dvigateli" tööline Paul Pärn ja taluperemees Mart Murten. Neist kaks viimast astusid duuma sotsiaaldemokraatlikku fraktsiooni. Liivimaa kubermangu Eesti osast valiti duumasse eduerakondlased, ajakirjanik Anton Jürgenstein ja ülem-talurahvakohtu esimees Karl Parts, kes koos Jürisega ühinesid kadettide duumafraktsiooniga.

Teises duumas jätkasid Balti saadikud jõupingutusi võimude terrori lõpetamiseks. Parlamendiliikmetele selgitati Baltimaade olukorda ja koguti allkirju arupärimistele, mis esitati sise-, sõja-, justiits- ja mereministrile. 13. aprillil 1907 tegi läti duumasaadik Jānis Ozols sotsiaaldemokraatliku fraktsiooni, trudovikkude, läti ja eesti duumasaadikute toetusel II Riigiduumale avalduse, et valitsusele esitataks arupärimine karistussalkade tegevuse kohta Baltimaades. See mahukas materjal sisaldab 64 lehekülge teksti, kus maakondade ja valdade kaupa on loetletud arreteerimisi, mahalaskmisi, ülespoomisi, peksmisi ja muid repressioone. Duuma valis erikomisjoni võimuorganite poolt Baltimaades toime pandud vägivalla uurimiseks. Arupärimine saadeti justiitsministeeriumi ja siseministeeriumi. Nende ametkondade juhid püüdsid võimude teguviisi õigustada, ent möönsid siiski ka seadusest kõrvalekaldumi-

Esimese Riigiduuma valimised Tartus 6. aprillil 1906

si, mida siseministri abi Aleksandr Makarov seletas *raskete töötingimustega*.

Esimeseks eestlaste seaduseelnõuks oli 13. aprillil 1907 kadettide fraktsiooni esitatud "Eestimaa kubermangu maakorralduse põhialused", mis taotles maaküsimuse lahendamise delegeerimist demokraatlikult valitud omavalitsusele, mõisnike maavalduse tunduvat kärpimist ja maa andmist talupoegadele põlisrendi alusel. See eelnõu komisjonist kaugemale ei jõudnud.

Kindralkuberneri erinõupidamine

1905.–06. aastal pooldasid reforme kõik Eesti- ja Liivimaa kubernerid: Aleksei Bellegarde, Alexander von Giers, Nikolai von Bünting, Pjotr Bašilov, Nikolai Zvegintsov. Kohati ulatusid nende ettepanekud keskvalitsuse omadest kaugemale.

Keisri ukaas 28. novembrist 1905 nägi ette moodustada kindralkuberneri juures erinõupidamine seadusandlike ettepanekute väljatöötamiseks kõigis kohalikes küsimustes, sealhulgas maaomavalitsuse kehtestamine, talupoegade elu parandamine, kooli ja kihelkonna-asutuste reformid. Erinõupidamise (kindralkuberneri nõukogu, *особое совещание, Baltische Rat*) koosseisus oli 22 hääleõiguslikku liiget: 8 mõisnikku, 8 talu-

poega ja 6 linnade esindajat. Kuna mõisnike ja talupoegade (peremehed ja maatud) arv oli võrdne, siis said kaalukeeleks linnad, mille esindajad valiti kubermangulinnade volikogudes, kus Liivi- ja Kuramaal (Riias ja Jelgavas) oli sakslastel enamus. Baltisaksa poliitikud käsitlesid kõnealust erinõupidamist kui vahelüli rüütelkondade ühisnõupidamiste ja riigivõimu vahel.

Sõjalis-politseilist terrorit rakendav valitsus erinõupidamise kokkukutsumisega ei kiirustanud. Selle programm avaldati ja valimised toimusid üheaegselt Riigiduuma valimistega pärast seda, kui revolutsioon oli põhiosas maha surutud ja valitsuse seisund mõnevõrra kindlustunud. Kindralkuberner kutsus erinõupidamise istungitele oma äranägemisel usaldusväärseid isikuid *(сведущие лица)*, kellel oli nõuandev hääleõigus. Need olid kubermanguasutuste kõrgemad ametnikud ja kohalike venelaste esindajad. On iseloomulik, et kutsutute hulka ei arvatud ühtki eestlast. Eesti ajalehed polnud rahul talupoegade esinduskvoodi ja nõupidamise kitsa programmiga.

Erinõupidamise avaistungil ütles eesistuja, kindralkuberner Sollogub, et *nõupidamine tähendab lõkkele puhutud kirgede rahunemist ja töötava elanikkonna taaskuuletumist seaduse sõnale ja mõistuse häälele.* Kinnitades, et ukaasis märgitud laiem küsimustering tuleb arutusele alles tulevikus, andis ta mõista, et põhjalikke reforme valitsuses lähiajal kavas pole. Nelja rüütelkonna ühist seisukohta väljendanud Liivimaa maanõunik Adolf Pilar von Pilchau väitis, et õigel ajal läbiviidud reformidega on aadel taganud talurahva heaolu. Ületamatud vastuolud talupoegade ning mõisnike vahel tulid ilmsiks juba ettevalmistavate kubermangukomisjonide (kubermangunõukogu, *Provinzialrat*) töös. Konsensust ei saavutatud mitte üheski põhilises küsimuses.

Kindralkuberneri erinõupidamise töö lõppistung toimus 16. juulist 29. septembrini 1907. Tundes kindlamat pinda jalge all, tõid mõisnikud oma seisukohtade kaitseks välja vanad argumendid – 1905. aasta sündmustele viidates väitsid nad eestlased ja lätlased maa asjade juhtimiseks ebaküpsed olevat. Vastuvõetud otsustele avaldasid oma mõju revolutsiooni lõplik taandumine ja üldine õhkkond riigis. Erinõupidamine võttis vastu viis reformieelnõu: agraar-, omavalitsus-, valla-, kiriku- ja koolireformi kohta. Kõik need ettepanekud olid koostanud baltisaksa mõisnikud ja linnakodanluse esindajad oma huve silmas pidades. Muutusi kehtivas korras taotleti sedavõrd, kuivõrd see oli kasulik baltisaksa ülemkihile. Kohati püüdsid mõisnikud oma võimupiire isegi suurendada. Erandiks oli kooli venestamise vastu suunatud emakeelse alghariduse nõue, üks väheseid küsimusi, milles eestlaste, lätlaste ja baltisakslaste vahel valitses üksmeel. Kindralkuberner esitas kõnealused ettepanekud siseministeeriumile ja edaspidi kasutati neid valitsuse seaduseelnõude väljatöötamisel.

Aadli positsioonide tugevnemine

Nikolai II olevat korduvalt öelnud, et Balti aadel on riigis ainus element, kelle peale võib lõpuni kindel olla. Revolutsiooni taandudes Balti aadli aktsiad tõusid, ja lojaalsuse eest troonile nõudis ta nüüd valitsuselt mööndusi. Aadli reformipoliitikas süvenes konservatiivne hoiak, kinnitati, et õigusi tuleb rahvusrühmadele anda vastavalt nende *kultuurilisele väärtusele*. 24. aprillil 1906 esitasid Liivimaa rüütelkonna juhid, aadlimarssal Friedrich von Meyendorff ja resideeriv maanõunik Adolf Pilar von Pilchau, tsaarile Balti seisusliku autonoomia taastamise kava. Revolutsiooni peapõhjusena serveerisid nad *maa terve kultuurilise arengu katkestamist 1880. aastate keskpaiku üldise sunniviisilise venestamise ja bürokraatliku režiimi kehtestamisega ühiskonnaelu kõigis valdkondades*. See olevat toonud kaasa hukatuslikud tagajärjed: langes riigivõimu autoriteet, ei austatud enam kirikut ja seadusi, hävis kord ja kohusetunne, lätlased ja eestlased käisid kõlbeliselt alla, mis tegi nad vastuvõtlikuks sotsiaalsetele utoopiatele. Just vene bürokraatia olevat kutsunud esile ko-

haliku elanikkonna *destruktiivsed instinktid*. Kinnitati, et aadli privileege polevatki olemas, need olevat rahvuslike šovinistide ja poliitiliste agitaatorite fantaasia vili. Oma analüüsist lähtuvalt esitasid märgukirja autorid ulatusliku abinõude plaani, mis nende sõnul pidi tagama maarahva *kõlbelise ja vaimse taassünni*. Saksa ülevõimu restaureerimise soov oli tsaarivalitsuse jaoks siiski vastuvõtmatu.

Alati, kui Balti mõisnikke ähvardas privileegide kärpimise oht, pöördusid nad abi saamiseks Saksamaa poole, püüdsid häälestada sealset avalikku arvamust tundma kaasa baltlaste kannatustele. Nii ka nüüd. 1906. aasta jaanuaris astus Liivimaa rüütelkonna täievoliline esindaja, maanõunik Max von Sivers Berliinis ühendusse Saksa välisministeeriumi riigisekretäri Heinrich von Tschirskyga. Vahendajaks oli Wilhelm II nõuandja Baltimaade küsimustes, Berliini ülikooli Ida-Euroopa ajaloo kateedri juhataja, Eesti päritolu professor Theodor Schiemann. Berliinis pidas Sivers läbirääkimisi Saksa Panga juhtidega, et tagada laenu Liivimaa mõisnikele ning ühtlasi valmistada ette pinda Baltimaade võimalikuks eraldumiseks Venemaast ja ühendamiseks Saksamaaga.

16. jaanuaril 1906. aastal esitas Sivers Saksa välisministeeriumile memorandumi, milles ta märkis: *Et päästa Balti provintside saksapärast ilmet, on vaja esmajärjekorras kindlustada rüütlimõisate omanikke rahaga, kuna vastasel juhul peaaegu kogu aadel pankrotistub ja jääb oma valdustest ilma [---] Ja kui mõisnikel õnnestub laenu abiga säilitada oma mõisad, siis pole see aadlile, aga koos temaga ka Baltimaade saksapärasele ilmele veel sugugi mitte garantii tuleviku jaoks. Niisuguseks garantiiks Venemaal võiks olla vaid isevalitsuse selline erikuju, nagu oli ligilähedaselt Paul I ajal. Ent viimase aja sündmuste järel on niisugune võimalus tegelikult välistatud, ja on oodata parlamentaarse valitsemiskorra kehtestamist, millele kahtlemata allutatakse ka Balti provintsid. Iga parlament Venemaal, sõltumata tema kestusest, rakendab sakslaste vastu veelgi hävitavamaid meetmeid kui tsaa-*

rivalitsus. Kuna eestlased ja lätlased mõistavad, et ainus reaalne ähvardus nende rahvuskultuurile on sakslus, siis toetavad nad ilmtingimata saksavastast poliitikat. Sel juhul paratamatut saksa kultuuri hukku Baltimaades saab vältida vaid kahel teel: esimene, millele kahjuks nähtavasti loota ei saa, on Balti provintside annekteerimine Saksamaa poolt, teine – "lahtiste uste" loomine nende juurde. [---] Anneksiooni korral tuleks Saksamaal hoolitseda vaid oma uue valduse sõjalise julgeoleku eest, kuna selle juhtimise ja rahvusliku julgeoleku kindlustaksid Balti aadel ja kodanlus ilma Saksamaa vähimagi kaasabita. [---] Lätlased ja eestlased germaniseeritaks lühima ajaga ja selleks ei ole vaja mingeid sunnivahendeid, kuna need rahvused juhinduvad enam praktilisest kasust kui rahvuslikest püüdlustest.

Ühes hilisemas memorandumis (1907) selgitas Max von Sivers, miks on vaja Baltimaadesse tuua saksa koloniste. Ta konstateeris, et Vene valitsus, kes pärast 1905. aasta revolutsiooni on hõivatud võitlusega oma olemasolu eest, on üha vähem suuteline osutama tähelepanu baltisakslaste rahvuslikele püüdlustele. Nimetatud asjaolu, *samuti lätlaste ja eestlaste revolutsiooniline surve, mis on hädaohtlik Läänemere-provintside saksapärasele ilmele, veensid baltisakslasi selles, et nende provintside saksapärast ilmet saab pikaajalises perspektiivis säilitada ainult saksa elanikkonna arvu suurendamise ning lätlaste ja eestlaste germaniseerimise või eemaletõrjumise teel.* Kuna rüütelkonnad ei soovinud Baltimaadesse niisugust poliitilist korda, nagu oli keiserlikul Saksamaal, siis püüdis Sivers tasapisi sõjaks valmistuvat Saksamaad varakult veenda Balti aadli suutlikkuses maad ise valitseda ja ennustas kergekäeliselt eestlaste-lätlaste vabatahtlikku saksastumist.

Saksa kolonisatsioon

Baltisakslasi tegi murelikuks neile ebasoodne demograafiline situatsioon. Viimaste aastakümnete vältel oli sakslaste arv Eesti ja Läti kogurahvastikus madala iibe, eestlaste vähe-

ma saksastumise ja sakslaste Saksamaale väljarändamise tõttu vähenenud nii absoluutselt kui suhteliselt. 1897. aasta rahvaloenduse andmeil elas kolmes Balti kubermangus umbes 165 000 sakslast, mis moodustas vähem kui 7% rahvastiku üldarvust. Eestis oli sakslaste osatähtsus langenud 5,3%-lt 1881. aastal 3,5%-le 1897. aastal. Sajandivahetusel elas Eestis umbes 900 000 eestlase kõrval 35 500 sakslast (neist mõisnikke koos pereliikmetega oli 1916. aasta põllumajandusloenduse järgi vaid 4000 ehk 0,7% Eesti põllumajanduslikust rahvastikust). Seega oli baltisaksa ambitsioonide baas demograafilises plaanis ülimalt kitsas.

Pangermaani Liidu üks juhte Alfred Geiser märkis, et baltisaksluse kõige haavatavam koht on saksa talupoegade puudumine Baltimaades, kuna ainult viimaste abil olevat võimalik regiooni bioloogiliselt germaniseerida. Eestlaste ja lätlaste saksastamist pidas Geiser *rassipoliitilisest vaatepunktist* ebasoovitavaks. Parempoolne saksa ajakirjandus kahetses, et Balti ala polnud täielikult koloniseeritud juba keskajal, emakeelne õpetus eesti ja läti rahvakoolis tunnistati poliitiliseks veaks. Mõisnikud omakorda kinnitasid, et hädaoht mittesakslaste *(Undeutsche)*, s.t. eestlaste ja lätlaste poolt ähvardab võrdsel määral kõiki baltisakslasi, nii mõisnikke ja kodanlasi kui ka nn. väikesi sakslasi *(Kleindeutsche)*.

Sotsiaalse tugiala laiendamise eesmärgil läks Balti aadel 1905. aasta revolutsiooni järgsel ajal seisuslikult poliitikalt *(Standespolitik)* üle rahvuslikule poliitikale *(Volkstumspolitik)*. Uue poliitika eesmärgiks oli Balti regiooni kõigi sakslaste ühtekoondamine rahvusluse lipu all. Seda tehti saksa seltside *(Vereine)* ja erakoolide abil. Paralleelselt asusid Balti mõisnikud n.-ö. omal käel "parandama poliitilist viga" – koloniseerima Baltimaid saksa asunikega. Neid värvati peamiselt Venemaalt. Saksa kolonisatsioon *(Siedlung)* Balti kubermangudes tekitas Vene poliitilistes ringkondades tõsist ärevust ja sõja alguses see peatati.

Kui palju uusi saksa koloniste-ümberasujaid Baltimaades tegelikult oli, pole teada.

Kuramaa kohta on 1914. aasta seisuga too-
dud arve 6000 – 18 000. Baltimaade koloni-
seerimise plaan kukkus põhiliselt läbi. Nagu
tunnistas üks ägedamaid koloniseerimise
eestvõitlejaid, Kuramaa mõisnik Karl von
Manteuffel, *oli juba liiga hilja või üldse või-
matu muuta ainuüksi oma jõududega elanik-
konna rahvuslikku koosseisu, luua puuduolev
saksa talupojaseisus, kindlustada tõsiselt kõi-
kuma löönud baltisaksa bastioni.*

Kolmanda juuni pööre

Vene Riigiduuma valimistel rakendatud eba-
proportsionaalne valimiskord võimaldas regu-
leerida elektoraadi erinevate rühmade esinda-
tust ja saada nii valitsusele soovitud tulemust.
1907. aasta 3. juuni valimisseadus muutis ra-
dikaalselt valijameeste koosseisu mõisnike ja
suurkodanluse kasuks, kelle hulgast üle kogu
riigi pärines kaks kolmandikku valijameeste
üldarvust. Töölistele ja talupoegadele jäi üks
neljandik. Järsult vähenes rahvuslike ääremaa-
de esindajate arv duumas: Poolal 37-lt 14-le,
Kaukaasial 29-lt 10-le; Kesk-Aasia jäi hoopis
esindamata. Suurvenelased, kes moodustasid
44% riigi elanikkonnast, said kolmandas duu-
mas 76% mandaatidest. Peaaegu kõik vähe-
musrahvused, ka eestlased ja lätlased, olid
alaesindatud. Vilniuse, Kaunase ja Varssavi
kubermangus valisid venelased eraldi oma
rahvuslikes kuuriates.

Balti kubermangudes tuli valitsuse mõis-
nikke soosiv kurss ilmsiks eriti eredalt. Tsen-
suse tõstmisega vähenes valijate arv Tallinnas
peaaegu poole võrra, Tartus 2,8 korda, väike-
linnades veelgi enam. Elektoraadi arv vähe-
nes väikeomanike, s.o. peamiselt eestlaste ar-
vel. Tsensused maaomanike valimiskogusse
pääsemiseks olid sedavõrd kõrged (200–300
tiinu sõltuvalt maakonnast), et sinna pääse-
sid vaid üksikud eestlased. Uus valimisseadus
andis kolmes kubermangus mõisnikele 50,0%
valijameeste kohtadest (Euroopa-Venemaal
49,4%), talupoegadele 15,6%, esimesele lin-
nakuuriale 16,7%, teisele 14,0% ja töölistele
3,7%. Nii tuli ka Baltimaades peaaegu kaks

kolmandikku valijameestest baltisaksa ülem-
kihtide (mõisnike ja linnakodanluse) seast.
Eestist pääses duumasse üks suurmõisnik,
kaks saksa linnakodanlast ja kaks eesti talu-
peremeest. Seega said baltisakslased suurema
esinduse kui kogu eesti rahvas. Kolme Balti
kubermangu valijameeste hulgas oli 117 saks-
last, 30 lätlast, 22 eestlast, 10 juuti, 3 venelast,
3 poolakat ja 11 leedulast.

Kõigist rahvusrühmadest olid sakslased
kolmandas duumas kõige ebaproportsionaal-
semalt üleesindatud. Kuigi Baltimaades elas
kogu Vene riigi sakslastest alla 10%, andsid
just nemad poole kõigist saksa rahvusest saa-
dikuist Riigiduumas. Eesti sakslastel oli duu-
mas üks saadik 12 000 inimese kohta, eestlas-
tel üks saadik 500 000 inimese kohta. Teisiti
öeldes oli ühe sakslase "väärtus" 42 eestlast.

Reaktsiooni pealetungiga langes eesti aja-
kirjandus ränkade repressioonide alla. Eel-
tsensuuri enam polnud, aga kui ajaleht oli
avaldanud midagi, mida peeti kahjulikuks,
võidi toimetajat trahvida või väljaanne sulge-
da. 1905. aasta lõpust kuni 1908. aasta juulini
suleti Eestis nimetuste järgi üle kahekümne
ajalehe. Osa neist hakkas sõjaseisukorra kao-
tamise järel taas ilmuma, teine osa suri välja.
Eesti ajakirjandust hoiti elus nii, et suletud aja-
lehe asemele asutati kohe uue nime ja uue vas-
tutava väljaandjaga leht, kusjuures selle suund
ja tegijad jäid võimaluse piires endiseks.

1908. aasta alguseks likvideerisid võimud
kogu legaalse ja illegaalse töölisajakirjandu-
se. Aastail 1912–14 õnnestus eesti enamlastel
siiski legaalselt välja anda *marksistlikku töö-
rahva ajalehte* "Kiir", millel oli selle aja vältel
tervelt 32 vastutavat toimetajat ja väljaandjat.
Repressioonidest ei pääsenud ka mõõdukad
väljaanded. 1907. aasta 3. juuni valimisseadu-
se kritiseerimise eest suleti "Postimees" sõja-
seisukorra lõpuni.

Kui maa oli "rahustatud", ilmus 26. augus-
til 1908 keisri käsk sõjaseisukord Balti kuber-
mangudes lõpetada ja asendada see nn. tugev-
datud kaitseseisukorraga (*усиленная охрана*).
Kadusid sõjakubernerid, aga kindralkuberne-
ri institutsioon jäi alles. Sisuliselt jäid maksma

sõjaseisukorra-aegsed määrused, ent karistused olid pehmemad. Poliitilised streigid olid keelatud, ametiühingute tegevus kitsendatud, raske oli saada luba koosolekute pidamiseks. Erilise tähelepanuga jälgisid võimud elanike liikumist. Kadusid ka sõjakohtud (välikohtud), seevastu sõjaringkonnakohtud jäid alles. Kindralkuberner võis süüdlasi karistada maalt väljasaatmisega, sulgeda ühinguid ja ajalehti. Tugevdatud kaitseseisukord pandi algul maksma üheks aastaks, seejärel pikendati seda veel kaks korda. Kindralkuberneri amet kaotati valitsuse ettepanekul keisri ukaasiga 15. aprillil 1909, tugevdatud kaitseseisukord 4. septembril 1911, välja arvatud Tallinnas ja Riias. Kuberneride erivolitusi pikendati maailmasõjani.

1905. aasta revolutsioon tõi Läänemere piirkonna esile riigi sisemise julgeoleku aspektist: seal asus peamine revolutsioonikeskus Peterburi; Balti kubermangudes puhkes avalik mäss; Soome oli ebakindel (suurstreik) ja võimaldas varjupaika *riiklikele kurjategijatele*. Peterburi poliitilistes ja sõjalistes ametkondades süvenes kartus, et Soomes valmistatakse ette relvastatud mässu, mis otseselt ähvardab Peterburi julgeolekut. Venemaa sõjalistes ja poliitilistes ringkondades arvati, et kui soomlased alustavad ülestõusu, siis võivad Saksamaa ja Rootsi Venemaale sõja kuulutada.

Kolmas Riigiduuma

Kolmandas duumas tulid peagi ilmsiks ületamatud vastuolud eesti-läti ja baltisaksa esindajate vahel. Baltisakslased koaleerusid oktobristide fraktsiooniga, mis etendas tsentri osa ja millest sõltus iga hääletuse tulemus duuma üldkoosolekul. Oktobristide partei juhtkonnas oli palju baltisaksa päritoluga isikuid. Liivimaa mõisnik Alexander von Meyendorff oli partei juhatuse liige ja duuma aseesimees. Evides õigust pöörduda otse kõrgema riigivõimu poole, esitasid Balti rüütelkonnad oma ettepanekud ministeeriumidesse, kes kasutasid neid oma projektide koostamisel. Baltisaksa duumaliikmete ak-

tiivsus väljendus eesti-läti seadusandliku initsiatiivi paralüseerimises ja neile endile vastumeelsete seaduseelnõude läbikukutamises. Baltlastele tuli kasuks ülevenemaaliste küsimuste domineerimine ja suurte vene parteide ükskõiksus Balti asjade vastu.

Eesti duumasaadikute Aleksander Terrase ja Martin Schultzenbergi seadusandliku tegevuse keskpunktis olid äralõikemaade (kvoodi- ja kuuendikumaad) küsimuse lahendamine talupoegade huvides (1909) ja rüütlimõisate omanike privileegide kaotamine (1911). Äralõikemaade kohta esitasid mõisnikud oma eelnõu, mis oli eestlaste eelnõule mõttelt vastupidine. Mõlemad projektid takerdusid agraarkomisjoni ja probleem jäi lahendamata, nii nagu teisedki tõstatatud küsimused.

Kolmandas Riigiduumas esitasid sotsiaaldemokraadid Andrejs Priedkalnsi eestvedamisel ja kadettide toetusel 2. mail 1908 valitsusele uue arupärimise võimuesindajate revolutsiooniaegse vägivalla asjus, mis suuremas osas kordas 1907. aastal esitatut. Ent duuma parempoolne enamus polnud huvitatud teema kiirest ülesvõtmisest. Alles kahe aasta pärast, 3. juunil 1910 jõudis duuma niikaugele, et esitas arupärimise valitsusele. Valitsuse vastuses (8. detsember 1910) õigustati küüniliselt karistussalkade metsikusi, osa arupärimises toodud fakte eitati. Valitsuse avalduse põhjal võttis duuma paremoktobristlik enamus vastu üleminekuvormeli: *Võttes arvesse, et ühed interpellantide esitatud faktid pole nende poolt tõestatud, teisi aga on tõlgendatud ühekülgselt ja need ei väljenda mingit tendentsi, ning rahuldudes valitsuse seletustega, läheb Riigiduuma päevakorras edasi.* See parlamendi otsus oli valitsusele väga soodne ja näitas, et mässuliste Balti provintside karistamisel oli Venemaa poliitilise eliidi hulgas rohkesti poolehoidjaid.

Valitsus esitas III Riigiduumale 65 otseselt Baltimaade kohta käivat seaduseelnõu. Enamik neist kuulus väheolulisse, *seadusandlike nuudlite* kategooriasse. Duuma kiitis heaks 55 eelnõu, lükkas tagasi 4, jättis läbi vaatamata 3, valitsus võttis tagasi 3 eelnõu. Tervikuna ei täitnud Vene Riigiduuma eestlaste lootusi ja sellega seotud illusioonid hakkasid hajuma. Neljanda Riigiduuma valimistel 1912. aasta sügisel oli valijate aktiivsus 1907. aasta valimistega võrreldes tunduvalt väiksem. Mingeid olulisi muutusi poliitiliste jõudude vahekorras ei toimunud. Eestist valiti neljandasse duumasse taas kaks eestlast – Jüri Oras ja Jaan Raamot – ning kolm baltisakslast.

Pjotr Stolõpini suur agraarreform puudutas Baltimaid vaid osaliselt, kuna siin oli juba ajalooliselt kujunenud talundiline maakasutus. Mõisnike vastuseisust hoolimata laiendati 1906. aasta aprillis Talurahvapanga tegevust Balti kubermangudele. Aastail 1907–15 andis pank seal 11 000-le talule laenu keskmiselt 3000 rubla ulatuses. Panga vahendusel ostis üle 6000 inimese 180 000 tiinu maad. Baltimaade riikliku rendimaafondi moodustamise ja ekspluateerimise eeskirjad kinnitati 15. aprillil 1907. Selle alusel renditati Eesti- ja Liivimaal 1915. aastaks üle 2125 fondikoha kogupindalaga umbes 19 777 tiinu ning Kuramaal 2580 fondikohta pindalaga 23 558 tiinu. Kuigi riigimaade rent oli väike, polnud maad saanud talupojad vaesuse tõttu võimelised looma elujõulisi majapidamisi: talud olid väikesed (6–10 tiinu) ja asusid väheviljakal maal. Bürokraatlikult ette valmistatud ja laialt reklaamitud riigimaade jaotamine oli tegelikult väga piiratud abinõu, mis ei saanud talurahva maapuudust märkimisväärselt leevendada. Kõigist Stolõpini agraarpoliitilistest ettevõtmistest mõjutas Baltimaade olukorda kõige rohkem väljarändamise soodustamine. Selle kampaania käigus asus Eestist lisaks varasematele väljarännanutele Vene riigi teistesse osadesse ümber veel 18 000 – 20 000 inimest. Väljarändamine leevendas maapuudust ja tasandas sotsiaalseid pingeid, ent tekitas eesti rahvuslastes muret ja vastuseisu.

Revolutsioonijärgsel ajal ägenes veelgi võitlus domineerimise eest linnaomavalitsustes. Võrus läks linnavalitsus eestlaste kätte 1906, Haapsalus 1909, Pärnus 1913, Rakveres 1914. Tartus, Paides, Viljandis ja Kuressaares jäi linnavalitsus sakslaste kätte 1917. aastani,

kuigi ka seal oli valimisõiguslikke eestlasi rohkem kui sakslasi. Narvas domineeris majanduslikult ja poliitiliselt vene kodanlus.

Vene parteid rahvusküsimusest

Lätlastel ja eestlastel polnud oma enesemääramistaotlusis vene avalikkuselt ja parteidelt loota midagi head. Parempoolsed monarhistlikud parteid kuulutasid Venemaa ühtsuse ja jagamatuse oma poliitilise eeskava nurgakiviks. Stolõpini Soome ja Poola vastu suunatud aktsioonid läksid III Riigiduumas läbi just tänu parempoolsete, vene rahvaslaste ja oktobristide toetusele. Kadetid taunisid valitsuse ja parempoolsete jämedakoelist šovinismi. Riigi ühtsuse sälitamisel eelistasid nad euroopalikke ja tsiviliseeritud rahvaliku surve vorme, lootes nii vältida vähemusrahvuste separatismi esilekutsumist. Nende arvates pidi rahvusküsimus lahenema läänes üldaktsepteeritud kodaniku- ja poliitiliste õiguste maksmapanemisega. Vaid Soomele ja Poolale olid kadetid nõus lubama seadusandliku koguga poliitilist autonoomiat, teistele impeeriumi rahvastele nähti ette üksnes kultuurilise enesemääramise õigus. Poliitilise autonoomia aseaineks pakkusid nad kohaliku valitsemiskorra reformi omavalitsuslikul alusel. Esmase abinõuna Balti asjus soovitasid kadetid rüütelkondade omavalitsuse Vene sisekubermangude semstvovalitsuse eeskujul ümber korraldada.

Eesti võimalikku autonoomiasse suhtusid kadetid täiesti eitavalt. 1906. aastal sõnanud Pavel Miljukov Jaan Tõnissonile: *Autonoomia! Teie, umbes miljoniline rahvas, milleks on teile vaja autonoomiat! Teie rahvaarv ja geograafiline asend nõuavad meilt, et teie vene rahvaga ühte sulate, sest meil on tarvis tugevat Venemaad, eriti piiriäärsed peavad meile kindlustatud olema. Meie peaksime tööd tegema Venemaa ühinemiseks ja tugevnemiseks, mitte killustamiseks. Teie mõtet mina ei poolda.* Vene liberalismi tuntumaid ideolooge Pjotr Struve propageeris Vene rahvusriigi – Suur-Venemaa ideed.

Rahvaste enesemääramise õigust tunnustasid vähemalt sõnades ainult sotsialistlikud parteid. Sotsialistid-revolutsionäärid (esseerid) pidasid võimalikuks rakendada uue, demokraatliku ja vabariikliku Venemaa ülesehitamisel autonoomia ja föderalismi põhimõtet. Enamlastest sotsiaaldemokraadid Leniniga eesotsas pooldasid keskustatud suurriiki, olid rahvusautonoomia, föderalismi ja võimu hajutamise vastu. Rahvuslus oli levinud peamiselt vene eliidi hulgas, lihtrahvast paelus see vähe. Vene suurrahval polnud oma hiigelterritooriumil edasikestmise pärast muret.

Venestamise uus laine

Venestamise uus puhang oli kogu riigis seotud tagurluse üldise pealetungiga pärast 1905. aasta revolutsiooni, milles paljud vähemusrahvad olid nõudnud enesemääramist, poliitilist ja kultuurilist autonoomiat. Võitlus muulaste separatismiga ja riigi ühtsuse tagamine said aktuaalsemaks kui kunagi varem. Impeeriumi 1906. aasta põhiseaduse § 1 sätestas: *Vene riik on ühtne ja jagamatu.* Imperialistlikke meeleolusid võimendas Venemaa allajäämine sõjas Jaapaniga ning suurvõimu häbistav rahu. Välispoliitilisi lüüasaamisi ja kaotuskibedust Mandžuurias pidid hüvitama sisepoliitilised edusammud.

Rahvusvahelistest teguritest oli olulisim sõjalis-poliitiliste blokkide moodustumine ning vaenu ja pinevuse kasv Euroopas. Venemaa välispoliitikas kujunesid välja eelistused, mis vormistati liiduks Inglismaa ja Prantsusmaaga Saksamaa ja Austria-Ungari vastu, mis omakorda kiirendas sõjaks valmistumist ja nihutas esiplaanile julgeolekuprobleemid.

Poliitilise reaktsiooni aastail pääses valitsuse rahvuspoliitikas maksvusele selle kõige äärmuslikum tunnusjoon – varjamatu ja sõjakas suurvene šovinism. Separatismivastase võitluse lipu all alustas valitsus parempoolsete duumaparteide toetusel ulatuslikku pealetungi rahvuslikule vabadusliikumisele. Tugevnes ühtlustamise ja keskustamise püüe, rahvuspoliitika peamine suund oli vene mõju suurendamine ääremaadel.

Rahvussuhete valdkonnas tõusid esile Soome-, Poola- ja juudiküsimus. Soome autonoomiat oli surveaastatel (1899–1905) küll kitsendatud, ent esimese Vene revolutsiooni tulemusel sai Soome 1906. aastal uue põhiseaduse ja valimisseaduse, millega loodi Euroopa moodsaim ühekojaline parlament. Eduskund moodustus üldise ja ühetaolise hääleõiguse alusel, kusjuures naised said esimestena Euroopas riiklikel valimistel hääleõiguse. Seda ulatuslikku autonoomiat asus Vene valitsus teisel surveperioodil (1908–17) "Soome-õgijana" tuntud kindralkuberneri Franz Albert Seyni juhtimisel likvideerima. 1910. aastal kiitis duuma heaks seaduse, mis delegeeris Eduskunna võimu duumale. Seejärel surve Soomele rauges. Uusi meetmeid võeti poolakate vastu, näiteks eraldati Poola kuningriigist Holmi kubermang. Kuue läänekubermangu semstvotes seati sisse rahvuslikud valimiskuuriad, mis andis käputäiele vene mõisnikele ebaproportsionaalselt suure esinduse.

Šovinistliku psühhoosi ja patoloogilise rahvusliku vaenu õhutamise tribüüniks sai ajakiri "Okrainõ Rossii" (1906–12), milles Baltimaadele oli Soome ja Poola kõrval pühendatud eraldi rubriik. Kõige tähtsamaks pidas see väljaanne võitlust ääremaade eraldumise ja Venemaa tükeldamise *(расчление)* vastu. Uuesti ägenes võitlus Balti (baltisaksa, eesti ja läti) separatismi vastu. Rohkesti kirjutati Vene riikluse ja õigeusu kiriku autoriteedi *katastroofilisest langusest* Balti ääremaal ja kutsuti üles tagasi lööma muulaste-võõrusuliste *(инородцы-иноверцы)* pealetungi. Vene parempoolne ja rahvusäärmuslik ajakirjandus ("Novoje Vremja", "Svet", "Russkoje Znamja" jt.) kritiseeris valitsuse rahvuspoliitikat paremalt, heites sellele ette liigset leebust, vastutulekut separatistidele, ebakompetentsust ja ebajärjekindlust. Kohalikke haldureid väideti tantsivat saksa parunite pilli järgi. Muulastele omistati absurdsusi: nad elavat sisekubermangudes, s.t. venelaste kulul, kiusavat venelasi ja õigeusklikke taga, olevat haaranud juhtposit-

Peeter I ausamba avamine Tallinnas 29. septembril 1910

sioonid riigis. Eestlasi süüdistati osalemises Soome-Eesti vandenõus, Pan-Soome (Suur-Soome) plaanides, rahvuslikus suuruse-hullustuses (mida näitavat "Vanemuise" ja "Estonia" teatrimaja ehitamine), pürgimises tähtsatele kohtadele kohalikus haldusaparaadis ja omavalitsuses, vaenulikus suhtumises Vene riiklusse.

Šovinistlik kampaania Balti küsimuse ümber teravnes seoses Baltimaade Venemaaga ühendamise 200. aastapäeva pühitsemisega 1910. aastal. Valjul häälel nõuti lõplikku ühendamist ja *vene ürituse edendamist Baltimaades kindlalt ja kõigutamatult kõigis valdkondades.* Kui vene ajakirjanduses laiendati kampaaniat pangermanismi ja saksa ülevõimu *(немецкое засилье)* vastu, siis leiti Baltimaad selle musternäide olevat. Vene rahvuslased nõudsid valitsuselt karme, resoluutseid meetmeid Baltimaade lahtisaksastamiseks *(разнемечевание)* ja kiireks totaalseks venestamiseks, mis pidi haarama administratsiooni, omavalitsust, kooli ja kirikut. Tehti ka ettepanek likvideerida "saksalikud" Balti kubermangud ja

ühendada need naabruses asuvate Vene kubermangudega.

Vene rahvusluse ja messianismi ühe ideoloogina paistis silma slaavi keelte professor, aastail 1892–1901 Tartu ülikooli rektor Anton Budilovitš. Klerikaalse panslavistina oli Budilovitš Venemaa kui kolmanda Rooma kontseptsiooni innustunud propageerija. Muulaste *mehhaanilisele venestamisele* eelistas ta nende *orgaanilist lähendamist vene kultuurile.* Rektorina oli ta juhtinud ülikooli venestamist. Budilovitši peamisi teese Balti küsimuses oli see, et ajaloolises jõukatsumises ida ja lääne, slaavlaste ja germaanlaste vahel on slaavlased nende põlistelt aladelt läänes välja tõrjutud, ja enam taganeda ei tohi. *Kas me tõesti ei rakenda kogu jõudu, et säilitada Venemaale, slaavlusele seda maalapikest tema pärandvarast?* küsis ta pateetiliselt. *Ei, seda ei tohi juhtuda. Selle pandiks on kogu meie minevik, meie rahva suurus, tema kõrged kultuuriideaalid, tema veel täitmata ülemaailmne kutsumus. Riigi ja ühiskonna, teaduse ja kirjanduse ühendatud jõududega, lõpuks kolo-*

*nisatsioonilaine kasvava survega suudab Vene-
maa tagada oma riikliku valitsemise neil ranni-
kualadel seni, kuni ta täidab saatuse määratud
ülesannet slaavluse esindajana ja idakristliku
kultuuri kandjana.*

Venestamispoliitika õhutamisel ilmutasid
suurt aktiivsust isikud ja organisatsioonid,
kes astusid üles kohalike venelaste esinda-
jatena. Prominentseim neist oli Vene-Balti
17. Oktoobri Liidu esimees Ivan Võssotski.
Koos Riia poliitilise politsei ülema Nikolai
Balabiniga üllitas ta 1908. aastal suurejoo-
nelise Baltikumi venestusplaani, mis kandis
pealkirja "Vene mõju tugevdamise ja kinnis-
tamise abinõud Balti krais." See ainulaadne
dokument jõudis kindralkuberner Möller-
Zakomelski vahendusel ka peaministri laua-
le. Üllitise autorid ennustasid eesti ja läti kul-
tuuri järkjärgulist väljasuremist ning vajadust
asendada see vene kultuuriga, enne kui need
rahvad jõuavad omaks võtta saksa keele ja kul-
tuuri. Balti krais tuli edendada kõike, mis soo-
dustab venestamist, suurendab Vene mõju ja
kohalolekut. Kohalikele venelastele nähti ette
ulatuslikke poliitilisi ja majanduslikke privi-
leege ning ebaproportsionaalselt suurt osalust
maa- ja linnaomavalitsuses.

Stolõpini ringkiri

Reformide kavandamisel rõhutas Pjotr Sto-
lõpin alati Vene riikliku idee *(государствен-
ная идея)* ülimuslikkust. Peaministri veen-
dumuse kohaselt pidi riiklik rahvuslus välja
tõrjuma liberaalsed ja demokraatlikud ideed
ning ära hoidma revolutsiooni kordumise.

Uue venestamislaine juhatas Balti kuber-
mangudes sisse *Stolõpini tsirkulaar* nende ala-
de riigiaparaadi venestamise kohta (10. veeb-
ruar 1908). Olulisi muutusi ametnikkonna
rahvuslikus koostises see samm kaasa ei
toonud. Kindralkuberner Möller-Zakomelski
pooldas maaomavalitsuse ja kiriku reformi-
mist venestamise eesmärke silmas pidades
ning baltivenelastele erikvoodi andmist ko-
halikus omavalitsuses ja impeeriumi parla-
mendis. Ta pooldas ka kohalike venelaste ja

Pjotr Stolõpin

Venemaalt tulnud kolonistide eesõigust riigi-
maade ja Talurahvapanga maade jagamisel, et
nii luua Baltimaade *vene talupoegadest oma-
nike klass.* Maata lätlastele ja eestlastele võib
seevastu eraldada maad Venemaa põhjaku-
bermangudes, Siberis ja Poola kuningriigis,
arvas kindralkuberner.

Venelastele ja õigeusklikele maa eelisjär-
jekorras andmise probleemiga tegelesid isik-
likult peaminister Stolõpin, kes nimetas seda
riikliku tähtsusega küsimuseks, ning maakor-
ralduse ja põllutöö peavalitsuse ülem Alek-
sandr Krivošein, ent tulemused jäid kesisteks.
See piiratud ulatusega aktsioon ei saanud kui-
givõrd leevendada 50 000 baltivenelase maa-
nälga, rääkimata kaugemalt tulnud kolonisti-
dest, kes vaevalt suutnuks kohaneda Baltimaa-
de intensiivse põllumajandusega.

Riigivõimule olid pinnuks silmas 1905.
aasta revolutsiooni survel tehtud järeleand-
mised algkoolide õppekeele osas. Reaktsioo-
ni pealetungi ajal hakati vene ringkondades
nõudma endise olukorra taastamist ja vene
keele ennistamist õppekeelena kogu õppeaja
ulatuses. Kindralkuberner Möller-Zakomelski
ja Eestimaa kuberner Korostovets leidsid, et
emakeelne õpetus ei vasta riiklikele huvide-
le. Peaminister Stolõpini ja haridusminister
Aleksandr Schwarzi juhtnööre järgides hak-
kaski Riia õpperingkonna kuraator Sergei

Pruttšenko nõudma võimalikult varajast üleminekut venekeelsele õppetööle. Järgnevalt langesid tagakiusamise ohvriks ka emakeelse õpetusega erakoolid. Nii suleti 1911. aastal poliitilistel põhjustel Keila Haridusseltsi III järgu kool. Riia õpperingkonna valitsus kvalifitseeris selle kooli *kitsalt-rahvuslikuks*, mis avaldavat kahjulikku mõju vene keele õppimisele teistes ümbruskonna koolides.

Tagasipööre sai teoks, kui haridusminister Leonid Kasso kinnitas 1913. aasta juunis muulaste algkoolide põhimääruse, mis nägi ette vene keele õpetamise parandamist selleks, et *levitada muulaste hulgas vene keelt ja lähendada neid vene rahvale*. Sellele tuginedes nõudsid Riia õpperingkonna uus kuraator Aleksei Štšerbakov, Eestimaa rahvakoolide direktor Ivan Rogozinnikov ja Liivimaa rahvakoolide direktor Pjotr Rutzki venekeelse õppetöö alustamist esimesest õppeaastast alates. Tulemusi ei andnud ei eesti-läti rahvuslaste ulatuslikud protestid ega ka küsimuse arutamine IV Riigiduumas (vastava arupärimise valitsusele algatas sakslane Alexander von Meyendorff). Alles sõjaolukorras tühistas liberaalne haridusminister Pavel Ignatjev 1915. aasta märtsis oma eelkäija määruse ning lubas linna- ja maa-algkoolides õpilaskonna ühtlase rahvusliku koosseisu puhul õpetada kahel esimesel õppeaastal kõiki õppeaineid peale vene keele emakeeles. (See ei kehtinud sakslaste kohta, sest saksa koolid suleti.)

Et jätta Balti rahvad vaimse keskuseta, nõudsid vene rahvuslased, et Tartu ülikool viidaks ära Sise-Venemaale, kuhu ei ulatuvat saksa ega juudi mõju. Ülikooli uue asukohana soovitati Pihkvat, Permi, Vitebskit, Mogiljovi, Smolenskit ja teisi linnu.

Eestlus ja eurooplus

Moderniseerimine tingis vajaduse määratleda eestlaste kohta maailmas ja regioonis, uurida ja hinnata suhteid teiste rahvaste ja kultuuridega. Sellega seoses aktualiseerus küsimus regionaalsest identiteedist ja välisorientatsioonist. Erilisel kohal oli siin juba ärkamisajal tekkinud soome-eesti ühistunne. Soome oli Eestile eeskujuks oma arenenud majanduse, kultuuri ja autonoomse poliitilise korraga. Eestlastele tundus, et kõik see, mille poole nad püüdlevad, on Soomes juba saavutatud. Pidev võrdlus hõimurahvaga tiivustas eestlasi ja toitis lootusi paremale tulevikule. 20. sajandi algul see algselt romantiline ja idealiseeritud pilt mitmekesistus, muutudes argisemaks ja vastuolulisemaks, ent säilitas oma positiivse põhikoe.

Soomes toimuva vastu tundis Eesti avalikkus jätkuvalt suurt huvi ja Soome sõnumid olid eesti lehtedes tähtsal kohal. Eestile autonoomiat kavandades arvestati Soome mudelit, sealset õiguskorda. 1905. aasta andis *Soome sillale* eredalt poliitilise värvingu. Soomes leidis poliitilise varjupaiga hulk Eestist põgenenud tegelasi, kes pidasid sealt ühendust kodumaaga. Eestlased rõõmustasid, kui soomlased said Euroopa moodsaima parlamendi, ja tundsid neile kaasa venestamise aegadel. Lähenemist Soomele vaadeldi Eestis lähenemisena Euroopale. 20. sajandi esimestel kümnenditel püüti Eestis anda soome-eesti hõimlusele selgemaid piirjooni ja konkreetset sisu. 1909. aastal esitas Päts "Peterburi Teatajas" Eesti-Soome koostöö ulatusliku kava, mis traditsiooniliste kultuurikontaktide kõrval hõlmas ka majanduslikke sidemeid. Kuigi Soomes oli üksikuid estofiile, teati seal Eestist vähe ja huvi Eesti vastu polnud kuigi suur.

Eestlaste teadliku Euroopasse pürgimise algust on tavapäraselt seostatud Noor-Eesti ja tema vaimse juhi Gustav Suitsu tuntud üleskutsega 1905. aastast: *Enam kultuuri! See on kõigi vabastavate aadete ja püüete esimene tingimus. Enam euroopalist kultuuri! Olgem eestlased, aga saagem ka eurooplasteks!* Euroopa idee kuulutajaks said noored vaimuinimesed, kirjanikud ja kunstnikud, kes eriti teravalt tajusid Eestit Euroopa perifeeriana, vaimse provintsina, kus kehtib vaid *tsivilisatsiooni alammäär*. Nooreestlased tajusid eurooplust lääneliku tsivilisatsiooni vormina, mille dominantideks on tööstusrevolutsioon, parlamentaarne demokraatia ja linnastumine.

Nende tähelepanu paelusid eriti moderniseerimise vaimsed küljed – lisaks uuele kultuurile ka uue inimtüübi, psüühika ja elulaadi kujunemine, *revolutsioon tundmustes ja mõtetes.* Idee euroopastumise paratamatusest läbib nooreestlaste vaateid punase niidina. Mingit eesti rahvale eripärast eksisteerimise viisi ja arengumudelit pole. Eesti läbib oma edenemises needsamad universaalsed staadiumid, needsamad moderniseerimise astmed, mis Lääne-Euroopa on juba läbi käinud.

Euroopastumine nooreestilikus tõlgenduses tähendas euroopaliku kõrgkultuuri loomist eestlaste endi poolt ilma baltisaksa ja vene vahenduse ning protektsioonita. Mitte üksnes kunst ja kirjandus, vaid kogu kultuur ja vaimsus, kogu eesti elu pidi saama euroopalikuks. Eeskujuks ja etaloniks paljudele nooreestlastele said Soome ja Skandinaavia maad, eriti Norra. Nooreestlaste minapilt oli ülimalt positiivne ja enesesehinnang väga kõrge. Nad tunnetasid end *euroopaliselt haritud intelligentsina,* uue eesti kultuuri ainsa loojana. Baltisaksa kultuuri suhtusid nad halvustavalt, vene mõjudesse tõrjuvalt. Nende juures võib eriti selgesti näha rahvusliku haritlaskonna valmisolekut intellektuaalseks progressiks.

Teadlik euroopastumine tähendas eestlastele vaimset väljamurret vene ja saksa kultuuripiirkonnast, üle vaatamist oma suurtest ajaloolistest naabritest. Ühtlasi märkis see vabanemist kitsast rahvuslusest, rahvusmüüdi asendamist euroopluusmüüdiga, kuid sellisel viisil, et eestlus jääb alles ja omandab euroopalikult tsiviliseeritud ilme. Kuigi 20. sajandi alguse Euroopas süvenes majanduslik ja kultuuriline suhtlemine, ei kujunenud tookord mingit üle-euroopalist teadvust, mis suutnuks üldistele huvidele allutada eraldiseisvaid riike või rahvaid. Euroopalikust identiteedist saab sel ajal kõnelda eelkõige kui kultuurilisest ühtsusest. Kuigi Eesti lähenes Euroopale, arenes moodne ühiskond siin aeglaselt, linn ei tõrjunud küla kõrvale, suurlinnad puudusid, kosmopolitism ei tõrjunud välja elujõulist rahvuslust ja valitsevaks jäi talupoeglik mõtteviis.

Eesti Venemaa sõjaplaanides

Baltimaade strateegiline tähtsus Vene sõjalistes kavades hakkas 19. sajandi viimasel veerandil kasvama. See oli otseselt seotud Saksamaa sõjalise tugevnemisega, eriti aga sealse sõjalaevastiku väljaehitamisega. Saksamaa merelises tugevnemises nägid Vene sõjaväevõimud ohtu pealinna Peterburi julgeolekule. Arvestati, et Saksamaa võib Peterburi rünnata läbi Soome, toetudes sealsele venevastaselt meelestatud kohalikule elanikkonnale. Võimaliku dessandipiirkonnana nägi Vene kõrgem sõjaväeline juhtkond ka Eesti saari.

Lüüasaamine sõjas Jaapaniga ning rahutused Baltimaades ja Soomes olid nõrgendanud impeeriumi sõjalisi positsioone ka Läänemere piirkonnas. Soomes hakati nägema eriti ohtlikku piirkonda, kus valitsusringkondade arvates võis puhkeda Venemaa-vastane ülestõus, mida võisid toetada Saksamaa ja Rootsi. Peterburi sõjaväeringkonnas koostati esimene sõjaplaan Soome sõjaliseks "rahustamiseks" juba 1906. aastal, hiljem tehti mitmel korral ettevalmistusi, et seal sõjaseisukorda välja kuulutada. Balti kubermange nii ohtlikuks ei peetud.

Muutunud rahvusvahelises olukorras püüdis tsaarivalitsus 20. sajandi alguses leida tõhusamaid abinõusid Peterburi julgeoleku tagamiseks. Pärast Vene-Jaapani sõda muudeti küllaltki oluliselt vägede senist paigutust impeeriumi läänepiiridel. Uus vägede dislokatsioon kaotas vajaduse seniste kindluste süsteemi järele ning tõi endaga kaasa mitmete kindluste likvideerimise, vähenes ka 19. sajandi lõpus väljaarendatud merebaasi Liibavi strateegiline tähtsus. Tsaarivalitsus mõistis, et Vene laevastik ei suuda merel oma peavaenlase, Saksamaa laevastikuga edukalt võidelda, ning olemasolevad kindlused (eelkõige Kroonlinn) ei kindlusta pealinna kaitset.

Peterburi sõjalise kaitse pidi tagama Balti laevastiku ja maavägede koostöö. Võeti vastu Balti laevastiku tugevdamise programm, mis nägi ette kaasaegsete sõjalaevade ehitamise.

Nikolai II Tallinnas (1902)

1911. aasta *laevastiku seadusega* kuulutati Balti laevastiku tugevdamine impeeriumi sõjalaevastiku arendamise prioriteediks. Sõjalises planeerimises aga orienteeriti Balti laevastik kaitsetegevusele, peamiseks eesmärgiks Peterburi julgeoleku tagamine. Laevastiku aktiivse ründetegevuse Merepeastaabis koostatud sõjategevuse kavad (1906–07, 1912) sisuliselt välistasid.

Maavägedest pidi 1912. aasta mobilisatsioonikava kohaselt Läänemere ranniku kaitse tagama 6. armee, mille koosseisu kuulusid kaardiväekorpus, Tallinna ja Pihkva ümbruses paiknev XVIII armeekorpus ja Soomes paiknev XXII armeekorpus.

Loobuti senisest Peterburi kaitseliinist Kymijoe–Narva (Suursaare) liinil, kindralstaabis koostati pealinna kaitse tõhustamiseks uus kava. Selle ellurakendamiseks hakati alates 1907. aastast välja ehitama ulatuslikku kaitserajatiste süsteemi ning moderniseerima olemasolevaid rannakindlustusi. Peterburi kaitseliin nihutati läände Tallinna–Porkkala joonele, millest sai uue kaitserajatiste süsteemi põhipositsioon. Kokku pidi uus kaitserajatiste süsteem koosnema seitsmest erinevast positsioonist. Eesti saarestik moodustas ühenduslüli Soome lahe ja Riia lahe kaitse vahel. Kaitsesüsteemi osisteks olid miinitõkked. Uus kaitsekava käsitas Tallinna Vene Balti laevastiku peamise operatiivbaasina, kuhu tuli rajada ka uus sõjasadam.

1913. aasta aprillis nimetati peapositsioonile ehitatavad kaitserajatised Keiser Peeter

Suure merekindluseks, mis jagunes Eestis asuvaks lõunasektoriks, Soomes asuvaks põhjasektoriks ja nendevaheliseks meresektoriks. Peapositsiooni kaitserajatised pidid tagama laevastiku operatiivbaasi kaitse maismaa-poolsete rünnakute eest ning tõkestama võimalikud vaenlase rünnakud Peterburi vastu merelt.

Merekindluse koosseisu kuulusid rannikul ja saartel asuvad rannapatareid, sõjalised ehitised (kasarmud, laod jms.) ning ulatuslik kommunikatsioonide võrk (sadam, raudteed, ühendusteed, lennuväljad jms.). Selle territoorium jagunes maa- ja mererindeks. Mererinde moodustas kindluse rannapatareide süsteem. Maarinne kujutas endast Tallinna ümbritsevat kindlustusvööndit, milles oli kolm kaitsesektorit ehk fronti. Merekindlus allus Balti laevastiku ülemjuhatajale, selle komandandil olid talle alluval territooriumil laiad võimupiirid – tal tuli lahendada nii sõjalisi kui linnavalitsuse kompetentsi kuuluvaid küsimusi. 1915. aasta oktoobris anti merekindluse komandandi alluvusse kogu Tallinn ning Lääne, Järva ja Viru maakond. Nii läks peaaegu kogu Eestimaa kubermang sõjaväevõimu alluvusse. Merekindluse rajamisega tugevnes oluliselt Vene sõjaväe kohalolek Eestis, Tallinn muutus taas tähtsaks kindluslinnaks ning Eesti ühiskonna militariseeritus tervikuna kasvas oluliselt.

KULTUURILINE MURRANG

Kultuuriruumid

Venestusajal oli Baltimail kujunenud mitu kultuuriruumi – põlisrahvaste, saksa ja vene. Kolme kultuuri kooselu eestlaste maal sümboliseerib asjaolu, et ikka laiemalt hakkasid ettevõtted ja ametiasutused inimestelt nõudma *kolme kohaliku keele oskust*. Tegelikult tähendas see avalikku tunnustust eesti keelele, millel olid ametlikud õigused küll üksnes vallaomavalitsuse tasandil.

Eestlaste ja lätlaste kultuuriline emantsipeerumine algas juba 1870.–80. aastail. Uue sajandi esimestel kümnenditel minetas baltisaksa kultuur oma domineeriva positsiooni. Kuigi eesti kultuuri viljastasid rohked laenud (balti)saksa vaimuvarast, kujutas ta endast uut originaalset nähtust oma meediumi – eesti keelega, uute institutsioonide ja ideestikuga. Saksa või üldeuroopalikud kultuurielemendid seondusid siin eestlaste rahvusteadvuse ning etnilise pärandiga, mis hakkas elama uut elu.

Eestlaste vaimset iseseisvumist aktiviseeris ka 1905. aasta vabaduspuhang. Suhetes Lääne-Euroopa kultuurikeskustega loobuti baltisakslaste või venelaste vahendavast rollist. Vaadeldavat perioodi iseloomustas eesti kunstielu väljakujunemine ning kunstiloome professionaliseerumine. Samaaegselt jõudis uuele, teaduslikule tasemele eestlaste etnilise pärandi uurimine, mõtestamine ja kasutamine.

Materiaalne alus omakultuuri arendamiseks oli küll veel nõrk, rahvuskultuurilised üritused, nagu ka eestlaste majanduslik edenemine, rajanesid peamiselt omaalgatuslikul ja vabatahtlikul ühisel tegevusel. Majanduslik ühistegevus toetas kultuurilist eneseteostust.

Ka eestlaste elujärg ja argikultuur euroopastusid 20. sajandi esimeste kümnendite jooksul üha enam, talurahvalik eluviis ja senised vaimse eneseteostuse tavad taandusid. Siiski raskendas euroopaliku elulaadi omandamist eestlaste suhteline vaesus.

Laiemas plaanis olid kuus aastakümmet alates 1850. aastate keskpaigast kuni Esimese maailmasõjani eestlaste ajaloos otsustav aeg. Seni amorfse talupojaühiskonna baasil arenes välja teadlik eesti rahvus, keda iseloomustas kasvav majandussuutlikkus ja üha süvenev sotsiaalne kihistumine, ning kellel olid konkreetsed eesmärgid – luua moderne omakultuur ja osaleda Vene riigi poliitikas autonoomse üksusena. Eestlased olid saamas natsiooniks, riigirahvuseks, nad olid jõudnud kodanikuühiskonnani, kuigi see mõiste oli Vene autokraatlikule riigile võõras.

Kooliharidus

Baltimaade ühtlustamist taotledes pidasid keiser Aleksander III ja tema lähikondlased väga tähtsaks rahvakooli venestamist. Kultuurilise venestuse eesmärgiks oli ennekõike eestlaste ja lätlaste isoleerimine kardetavast saksa mõjust. Baltisakslaste assimileerimist plaanis ei olnud, see oli liiga raske ja välispoliitilises mõttes kahtlane ülesanne. Lisaks oli baltisaksa aadlil jätkuvalt mõju õukonnas ja Vene riigiasutustes.

Siiski puudutas 1885–87 teostatud koolireform valusasti ka baltisakslaste enesetunnet ja huve. Leidmata õpetuskeele asjus valitsusega kompromissi, sulgesid rüütelkonnad protestiks 1890. aastate algul oma erakoolid –

Tallinna Rüütli- ja Toomkooli ning Viljandi Maagümnaasiumi. Harimaks oma järglasi ka edaspidi emakeeles, asutasid baltisaksa ringkonnad nüüd koduseid õpiringe ja pansionaate, mis tegelikult olid väikesed erakoolid, ning saatsid lapsi Peterburi saksa kirikukooli või Saksamaale õppima.

Eestlastel, kellest umbes kolm neljandikku olid talupojad, tuli leppida venestatud kooliga. Nii lisandus varanappusele uus talunoore õpihimu pidurdav tegur. Koolielu hakkas suuresti sõltuma koole kontrollivate rahvakooli inspektorite suvast. Pisut kergendas olukorda inspektorite vähesus – eestlaste keeleala jaoks algul vaid kolm ja 1890. aastail kaheksa –, mis ei võimaldanud tihedat kontrolli. Inspektorid vahetusid tihti. Tavaliselt olid nendeks umbvenelased, kes kohalikke olusid ei tundnud. Nende seas oli hingetuid bürokraate ja põhimõttelisi venestajaid, ükskõikseid ametnikke ja altkäemaksuvõtjaid, aga ka tolerantseid haritlasi. Koolireformile vahetult järgnenud aastad olid halbaennustavad – paljud vanemad ei saatnud oma lapsi üldse kooli ja nii koolide kui ka õpilaste arv hakkas langema. Siiski saavutati 19. sajandi lõpuks taas endine tase.

Venekeelsele õpetusele vaatamata jäi eestlaste emakeelne kirjaoskus alles. Üks põhjusi oli koduõpetuse traditsioon, mille kohaselt õpiti lugema juba enne kooliminekut. Teiseks oli 1887. aasta koolimääruste järgi lubatud kahel esimesel õppeaastal õpetada lastele vene keelt *emakeele abiga*, mis tähendas sisuliselt emakeelset õpetust. Ka rohke tundide arvuga usuõpetust ja kirikulaulu tohtis õpetada emakeeles, sellealaseid teadmisi ja lauluoskust kontrollisid kohalikud koolivalitsused, seega endiselt pastorid. Alg- ja usuõpetuses kasutasid emakeelt ka (eestlastele mõeldud) õigeusu koolid. Seetõttu ei kujunenud vallakool tegelikkuses venestusinstrumendiks. Sajandi lõpuks oli u. 95% eestlastest kirjaoskajad.

Kui eesti talulaps tahtis edasi õppida, läks ta edasi kas kihelkonnakooli, ministeeriumikooli või linnakooli. Sel juhul tuli vene keel ära õppida, eriti kui sooviti jätkata haridusteed gümnaasiumis.

Eesti Noorsoo Kasvatuse Seltsi tütarlastegümnaasiumi hoone Tartus (1915)

Kõrgemates algkoolides ja keskkoolides tutvusid õpilased nüüd põhjalikumalt Venemaa geograafia, ajaloo ja kirjandusega, noori püüti orienteerida pigem vene kui saksa kultuuri suunas. Kuid eesti haritlaskonna ja kultuuri edasine areng tõestab, et see ei toonud siiski kaasa keelelis-kultuurilist lõimumist. Vene keelde suhtuti enamasti pragmaatiliselt kui edasijõudmise vahendisse. Et venestumine teoks ei saanud, oli suuresti rahvakoolide õpetajate teene.

Uuel sajandil hakkas rahvakoolide arv, veel kiiremini aga õpilaste arv nendes, taas kasvama. 1905. aastal oli eestlaste asualal 1609 algkooli 55 560 õpilasega, 1914. aastal 1680 algkooli 75 600 õpilasega. Enamik koolidest olid luteri usu vallakoolid.

Kui 1900. aastal oli Eesti alal 4 naisgümnaasiumi ja kõrgema astme tütarlastekooli, siis 1914. aastaks oli neid juba 9, õpilaste hulk oli kasvanud 1188-lt 2539-le. Poeglaste gümnaasiumide ja reaalkoolide arv suurenes samal ajavahemikul 8-lt 10-le, õpilaste arv 2324-lt 3980-le. 20. sajandi algusele oli seega iseloomulik naiste püüdlemine kooliteadmiste poole, veelgi enam aga põlisrahvaste kasvav huvi kesk- ja kõrgharidust omandada.

Tänu 1905. aasta revolutsioonile avanes võimalus omandada alg- ja ka keskharidust eesti keeles. 19. aprillil 1906 kinnitas keiser riiginõukogu otsuse, mille kohaselt vähemusrahvustel lubati asutada omakeelseid erakoole. Mööndus tõi kaasa laialdase liikumise nii baltisakslaste kui eestlaste ja lätlaste seas – hakati massiliselt rajama organisatsioone, mille peamiseks eesmärgiks seati uute erakoolide asutamine ja ülalpidamine. Eestlaste seas tekkivate hariusseltside keskusteks olid Eesti Noorsoo Kasvatuse Selts Tartus ja Eestimaa Rahvahariduse Selts Tallinnas. Esimene avas juba 1906. aastal Tartus eestikeelse tütarlastegümnaasiumi. Asutati ka neli progümnaasiumi ja mitmed algkoolid; 1911. aasta kooliloenduse järgi leidus eestikeelseid erakoole 21. Eestimaa rüütelkond avas taas oma kuulsa minevikuga Rüütli- ja Toomkooli. Kergenduseks oli seegi, et õppeperingkonna kuraatori ringkirjaga lubati nüüd kõigis algkoolides kõiki aineid kahel esimesel õppeaastal õpetada emakeeles. See luba võeti 1913. aastal küll tagasi, taastati aga jälle 1915. aastal. Oli selge, et kakskümmend aastat agarat assimileerivat tegevust koolide kaudu ei olnud vilja kandnud.

Tartu ülikool

Lisaks rahvakoolile oli Vene valitsusele ülimalt oluline ka Tartu ülikooli venestamine. Vana *alma mater*'it peeti saksa rahvusluse põhikoldeks. Nüüd tuli see ümber kujundada vene kultuuri levitamise keskuseks. Selline püüdlus oli aga mõneti vastuolus moderniseeritava Venemaa teaduse arengu üldhuvidega, mis nõudsid tugevate traditsioonidega teadusasutuse säilitamist.

1892. aastal kehtestati ülikoolis venekeelne asjaajamine, järgmisest aastast võis avalikke loenguid pidada ja eksameid vastu võtta ainult vene keeles. 1895. aastast oli kogu õppetöö, välja arvatud usuteaduskonnas, venekeelne. Suur osa kohalikku päritolu või Saksamaalt tulnud õppejõude asendus venelastega; sakslastest õppejõudude osakaal vähenes 86,0%-lt 1889. aastal 17%-le 1915. aastal, venelasi oli nüüd 72,8%. Põlisrahvastest pärinevaid õppejõude tuli juurde väga visalt, veel 1915. aastal oli eestlaste osakaal vaid 1,7%.

1890-ndail üliõpilaste arv ajutiselt langes, suurenedes uuesti aastal 1905, mil õppima pääsemine lihtsustus. Kui 1889. aastal oli Tartu ülikoolis 1619 üliõpilast, siis 1905. aastal

2178 ja 1914. aastal juba 2333. Endiselt köitis noori ennekõike arstiteaduskond.

Valitsuse sihipärase venestuspoliitika tulemusel muutus põhjalikult Tartu üliõpilaskonna sotsiaalne ja rahvuslik koosseis. Erinevalt teistest Venemaa ülikoolidest lubati alates 1890. aastate lõpust võtta Tartus vastu ka vaimulike seminaride lõpetajaid, samuti pääsesid Tartusse õppima teistest impeeriumi kõrgkoolidest revolutsioonilise tegevuse pärast väljaheidetud noored. 1898. aasta sügisel oli niisuguseid kaugemalt pärit üliõpilasi üle 70% ja nii jäi see tsaariaja lõpuni. Mujalt tulnute seas domineerisid venelased (koos valgevenelaste ja ukrainlastega), palju oli ka poolakaid ja grusiine. Sajandivahetusest peale kasvas tunduvalt eesti ja läti tudengite arv. Uus joon oli seegi, et pärast revolutsiooni lubati loengutele vabakuulajatena ka naisi. Lisaks võisid nad õppida Mihhail Rostovtsevi eraülikoolis (tegutses 1909–19).

Üliõpilaskonna vaimne ilme muutus. Härrasmeheliku korporandi asemel hakkas domineerima vaene tudeng, kes huvitus vaimsest enesearendusest ja poliitikast. Suhtlus teistest kubermangudest tulnud noorukitega soodustas eesti üliõpilaste poliitiliste vaadete mitmekesistumist ja radikaliseerumist. Eri rahvustest tudengid koondusid oma organisatsioonidesse: 1917. aastaks oli Tartus u. 50 korporatsiooni ja mitmesugust seltsi. Korporatsioonid oma eeldatava saksameelsusega olid vene kõrgametnikele pinnuks silmas, kuid neid siiski ei keelatud.

Vene noorukite Tartu ülikooli astumise hõlbustamine, mis oli mõeldud ülikooli saksapärase ilme vähendamiseks, tõi riigivõimu jaoks kaasa soovimatuid tulemusi. Kohaliku saksa rahvusluse hirmus kutsuti välja uued vaimud – Tartust sai radikaalse mõtte ja mässumeelsuse kolle. Ülikooli ja Tartu linna tähendus eesti rahvusliku elu keskusena püsis, ning rahvuslikult meelestatud eesti tudengite ja vilistlaste arvu suurenedes kasvas veelgi. Vanemate haritlaste mõõdukalt liberaalsele hoiakule vastandus juba 1890. aastaist pahempoolne vool ja nakatuti ka sotsialistlikest ideedest.

Ülikooli autonoomia tühistamine ja õppekeele muutmine raskendasid nii õppe- kui ka teadustegevust. Nõrgenesid sidemed saksa teadusega, mille esindajate seast Tartu õppejõude seni värvatud oli. Lahkusid mitmed nimekad õppejõud, nagu näiteks füsioloogilise keemia koolkonna rajajana laialdase kuulsuse pälvinud Gustav Tammann. Samas osutus Tartu nüüd küllalt ligitõmbavaks mõnelegi hea kvalifikatsiooniga vene professorile-uurijale Peterburi, Moskva, Kiievi jt. ülikoolidest. Püsis ka kõrgkoolide ja uurimisasutuste jaoks loomulik teadussuhtlus nii Saksamaa kui teiste Euroopa maade ülikoolidega.

Tartu ülikool paistis 20. sajandi algul silma ennekõike oma traditsiooniliselt edukate arstiteaduslike uuringute ja kliinilise tööga. Kesklinn jäi arstiteaduskonnale kitsaks, Maarjamõisa kerkisid uued hooned kliinikute ja laboratooriumide jaoks. Sajandi alguskümnendeil pälvisid rahvusvahelise tunnustuse anatoomiapofessor August Rauber, füsioloogilise keemia laboratooriumi taastaja Vassili Kurtšinski, kliinilise terapeutika professor Karl Dehio, kirurgid Werner Zoege von Manteuffel, Nikolai Burdenko ja Mihhail Rostovtsev.

Botaanika, zooloogia ja geoloogia jäid heale tasemele. Ülikooli botaanikaaed, -laboratoorium ja -muuseum moodustasid ühtse uurimiskeskuse, mida kaua juhtis taimesüstemaatika uurija Nikolai Kuznetsov. 40 aastat oli Tartu ülikooli professoriks väljapaistev zooloog Thomas von Kennel. Tänu temale ja Konstantin Saint-Hilaire'ile rajati ülikooli juurde moodsa varustusega zootoomia instituut, avati uusi laboratooriume ja arendati edasi zooloogiamuuseumi. Tähelepanuväärne tase saavutati ka mineraloogia ja geoloogia alal (Franz Loewinson-Lessing, Nikolai Andrussov, Vassili Tarassenko).

Kõige enam kannatasid venestamise tagajärjel humanitaarained, mille õpetamise ja sellealase uurimistöö seos kohaliku kultuuriga nõrgenes veelgi. Mingit lootust polnud rajada eesti või läti keele või soome-ugri keelte õppetoole. Endiselt domineeris klassi-

Tartu ülikooli peahoone (1914)

kaline filoloogia. Laienes vene ja rahvusvahelise õiguse, vene ajaloo ning slavistika uurimine ja õpetamine. Venemaa ülikoolidest tulnud professorid tõid mõnigi kord kaasa oma uurimissuuna. Nii sai Tartust nüüd üks bütsantsi kultuuri, samuti ida keelte uurimise keskusi. Oma uusaega käsitlevate loengutega pälvis üliõpilaste seas erakordse populaarsuse Prantsuse revolutsiooni ja Napoleoni sõdade uurija Jevgeni Tarle.

Eestlaste jaoks oli professorikoht ja teaduslik uurimistöö Tartu ülikoolis ikka veel peaaegu kättesaamatu. Võimekas arst Heinrich Koppel, kes 1890. aastaist töötas ülikooli polikliinikus, sai eradotsendiks alles 1905 ja professoriks 1917. Meditsiinidoktor, hinnatud raviarst Aleksander Paldrock valiti eradotsendiks 1904, kuid poliitilistel põhjustel ei kinnitanud ülikooli nõukogu teda sellele ametikohale; temastki sai alles 1917 (erakorraline) professor.

Rahvusteadused

Vanale saksakeelsele ja uuele venekeelsele ülikoolile tähendas kohalik ajalugu sakslastest kõrgkihtide, ennekõike nende poliitilise tegevuse käsitlemist. Põlisrahva keele, folkloori või etnoloogia uurimisele olid pannud aluse estofiilid ja seda olid jätkanud ärkamisaja rahvuslased, kes nägid emakeele uurimises ja korrastamises, eesti folkloori ja ainelise vanavara kogumises, säilitamises ja uurimises, taas-

Eesti Rahva Muuseumi väljapanek Tallinna Eesti Põllumeeste Seltsi näitusel (1911)

elustamises ja rahvale "tagasiandmises" juba olulist rahvuspoliitilist ülesannet, käsitades etnilist pärandit eesti omakultuuri alusena. Estofiilse, kuid peamiselt sakslasi koondava Õpetatud Eesti Seltsi kõrval tegelesid eesti vana kultuuriga Eesti Kirjameeste Selts ja hiljem Eesti Üliõpilaste Selts, kes venestusajal suletud Kirjameeste Seltsi ülesanded suurel määral üle võttis.

Eesti keeleteadus ja folkloristika saavutasid 19. sajandi lõpukümnendeiks tähelepanuväärse professionaalse taseme. Jakob Hurdast, kes kaitses Helsingis doktoriväitekirja eesti keele alal (1886), sai ühtlasi eesti folkloristika rajaja. Ta pani aluse kindlale autentsusnõudele rahvaluule kogumisel, folkloori süsteemikindlale uurimisele ja publitseerimisele. Hurda algatatud vana regilaulu massilise kogumisega ja Matthias Johann Eiseni korjatud vanasõnade, muistendite ja naljandite koguga loodi 20. sajandi alguseks korralik uurimisbaas tõsiteaduslike folkloristlike uuringute jaoks. Eesti teadlasi innustasid Soome eeskuju ja isiklikud kontaktid sealsete uurijatega, näiteks toetas Hurta igati Soome väljapaistvaim folklorist Kaarle Krohn. Folkloristikas omandas esimese eestlasena doktorikraadi Oskar Kallas (1901 Helsingis). Koos rahvaluulega kerkis päevakorda ka eestlaste ainelise kultuuri uurimine, algatajaks Mihkel Veske.

Rahvuslikult mõtestatud humanitaaruuringutele pandi kindlam institutsionaalne alus Jaan Jõgeveri 1906 asutatud ajakirjaga "Eesti Kirjandus" ning Villem Reimani ja Jaan Tõnissoni algatusel 1907 loodud Eesti Kirjanduse Seltsiga. Algse põhikirja järgi oli seltsi ülesandeks *kirjanduse, teaduse ja kunsti edendamine*, kodumaa igakülgne tundmaõppimine ja oma töö viljade tutvustamine rahvale. Olgugi "vanaromantilise" suuna toetaja eesti kirjanduses, aitas selts kaasa kirjanduselu ergutamisele ettekandekoosolekute korraldamise, raamatute kirjastamise ning loomeauhindade, toetuste ja tööstipendiumide jagamisega. Ka kuukiri "Eesti Kirjandus" läks peagi seltsi valdusse. Selts õhutas eesti keele uurimist ja kodu-uurimist, kogus ajaloolist ja kultuuriloolist materjali. Eesti Kirjanduse Seltsi kogud panid hiljem aluse Eesti Kultuuriloolisele Arhiivile (1929). Juba Kirjameeste Seltsi päevil alguse saanud rahvaluulekogumine võimaldas edaspidi luua Eesti Rahvaluule Arhiivi (1927). Need kaks Eesti Rahva Muuseumi osakondadena loodud arhiivi kuuluvad tänapäeval Kirjandusmuuseumi koosseisu.

Kevadel 1909 asutati Tartus Jakob Hurda mälestuseks Eesti Rahva Muuseum, mille keskseks ülesandeks sai koguda vana rahvakultuuri, eriti rahvakunsti iseloomustavaid esemeid. Ühtlasi kujunes muuseumist ka uurimisasutus. Muuseumiühingu esimeseks esimeheks sai Oskar Kallas. Esimese maailmasõja eelõhtul oli üheks teenekamaks kogumistöö organiseerijaks kunstnik Kristjan Raud, kes oma õpilastega koondas muuseumi ligi 20 000 esemest koosneva väärtusliku kollektsiooni.

20. sajandi algul astus suure sammu edasi ka eesti oma ajalookirjutus. Selle üks esimesi viljelejaid oli Villem Reiman, kes seadis baltisakslaste poolt edukalt edasi viidud valitsevate kihtide ajaloo asemel esiplaanile eesti rahva ja tollase lähiajaloo – eesti rahvusliku liikumise ajaloo uurimise. 1895 lõpetas Tartu ülikooli esimene diplomiga eestlasest ajaloolane, hilisem ajakirjanik ja majandustegelane Jaan Sitska.

Jaan Tõnissoni ja Eesti Kirjanduse Seltsi ümber koondunud haritlaste tegevus tähendas ärkamisaja traditsioonide jätkumist: etnilise pärandi taaselustamise abil kindlustati omakultuuri järjepidevust. Tõnissoni ringkonna vaimsuses oli esmaseks väärtuseks iseolemine, eesti talupojaseisusest rahvuse kasvatamine, mille käigus pidi edenema ja avarduma ka talupojakultuur.

Keeleuuendus

Eesti kultuuri kaasajastumise ja selle aluseks oleva omakeelse suhtlusvälja laienemise oluliseks eelduseks oli eesti kirjakeele edasine standardiseerimine. Euroopa kultuuris osalemise jaoks oli eriti vajalik keele sõnava-

raline rikastamine ja uute abstraktsete mõistete kasutuselevõtt.

Sellesuunaline organiseeritud tegevus oli alanud juba estofiilidega ja sai kindlama suunitluse ärkamisajal. Nüüd, 20. sajandi algul, tõi kasvav vajadus oma kirjakeele edasise arendamise järele kaasa avaliku huvi uue tõusu ja mitmete entusiastide (Jaan Jõgever, Johannes Aavik, Johannes Voldemar Veski jt.) erilise aktiivsuse. Keeleuurimise-korraldamise peamisteks keskusteks kujunesid Eesti Kirjanduse Selts Tartus ja Eestimaa Rahvahariduse Selts Tallinnas, mis hakkasid korraldama keelekonverentse. Aastail 1908–11 toimus neid neli. Õppinud keelemeeste kõrval köitsid keelekonverentsid ajakirjanike, ajaloolaste, õpetajate jt. tähelepanu; keeleküsimused olid tähtsad kogu haritud eesti üldsuse jaoks. Keelemeeste ja -huviliste erinev murdeline taust tekitas üha uusi vaidlusi soovitavate sõnavormide, kirjaviisi ja leksika üle, kuid siiski suudeti vastu võtta hulk otsuseid, mis teatud täiendustega on jõus siiani. Jätkuvalt oli päevakorral eesti kirjakeele täiendamine uute murdeliste tüvede ja vormidega, sellal kui rahva tegelikus keelepruugis murded kooli ja trükisõna mõjul taandusid. Moodne rahvus pürgis loomuldasa võimalikult ühtse rahvuskeele poole. Tekkis mõte anda välja normeeriv eesti keele sõnaraamat, mis teostus 1918. aastal.

Iseloomulikumaid jooni eesti kirjakeele arengus 20. sajandi esimestel kümnenditel oli sõnavara kiire laienemine. Üldkasutatavaks said paljud võõr- ja laensõnad, mida vajas muutuv majandus-, poliitika- ja kultuurielu. Enamik neist on pärit saksa ja vene, tihti ka soome ja inglise keelest. Algas eestikeelse teadusterminoloogia loomine. Kuigi eesti keelt kasutavaid loodus- ning täppisteadustega tegelevaid asutusi veel polnud, anti välja rohkesti populaarset kirjandust, mis tutvustas uusimaid, kogu moodsas maailmas levivaid teadus- ja tehnoloogiasaavutusi.

Kõige radikaalsema keeleuuendajana tõusis Esimese maailmasõja eelõhtuks esile noor-eestlane Johannes Aavik, kes kirjakeele pärandisse suhtus sama leppimatult nagu tema rühmakaaslased kogu senisesse eesti kirjavarasse. Järelpõlvedele on Aavik tuntud ennekõike uute sõnade loojana. Aaviku neologismide tuletusaluseks olid sageli soome, inglise ja prantsuse keel, ka murded. Aegamisi imbus suur osa neist tõepoolest eesti kirjakeelde.

Trükisõna

1890. aastal oli eestlaste alal 30, 1900. aastal 44 ja 1910. aastal 56 trükikoda. Vaatamata tunduvalt suuremale eesti elanike arvule, Tallinn vaimselt palju aktiivsemat Tartut eestikeelsete raamatute väljaandmise osas veel ei ületanud. Tema osatähtsus siiski kasvas. Sajandi algul tegutsesid siin tuntud kirjastajad-raamatukaupmehed Jakob Ploompuu, Gustav Pihlakas jt. Kirjastamine ja trükkimine oli nüüdseks läinud ülekaalukalt eestlaste kätte.

Eestikeelne trükitoodang suurenes kiiresti – 1880. aastail ilmus keskmiselt 143, aastail 1890–99 juba 242, aastail 1900–09: 392 ja 1910–17: 466 raamatut aastas. Aastal 1913 ilmus 702 eestikeelset teost; sõja-aastad tõid kaasa paratamatu languse. Saksakeelse kirjanduse väljaandmine oli sel ajal tagasihoidlik, küll aga kasvas venekeelsete raamatute hulk. 20. sajandi algul anti välja umbes 300 venekeelset trükist aastas (sealh. ametlikud väljaanded, seltside põhikirjad jms. tarbematerjal).

Raamatutoodang kasvas eelkõige nimetuste arvu poolest ja üksiktrükiste maht vähenes, kuid just kirjavara mitmekesistumine oligi uue aja märke. Raamatuid püüti välja anda hästi odavalt, levinud olid õhukesed pehmekaanelised väljaanded halval paberil. Suuremad teosed ilmusid annete kaupa. Tiraažid olid endiselt suurimad kalendritel, isegi 20 000 – 30 000 (näit. Mats Tõnissoni populaarne tähtraamat). Suurtes tiraažides ilmusid ka õpikud (4000–5000 eksemplari). Ilukirjanduslike teoste trükiarv oli tavaliselt 2000–3000.

Kaua domineerinud vaimuliku kirjanduse kõrvale oli 19. sajandi teisel poolel tõus-

nud ilukirjandus, nüüd kasvas kiiresti ka ühiskondlik-poliitilise kirjanduse osakaal. Ilmus rohkesti majandusteooriat ja -praktikat, poliitikat ning ajalugu käsitlevaid teoseid, olulisel kohal oli agraarpoliitika, tähelepanu pälvisid ka tööliisliikumine ja naisküsimus – seega peegeldas kasvav eestikeelne trükivara probleeme, mis olid aktuaalsed muu Euroopa ühiskondlik-poliitilises elus. Eestikeelne populaarteaduslik kirjandus esindas juba kõiki teadusalasid, millega Venemaal ja Euroopas tegeldi. Ikka enam anti välja igasuguseid praktilisi käsiraamatuid, paljud neist mõeldud abistama väikepõllumehi, kelle tarvis avaldati terveid raamatusarju, näiteks Heinrich Laakmanni kirjastatud "Kirjad põllutööst", Ado Grenzsteini "Põllumehe kirjavara" jm. Eesti arstide sulest ilmus mahukaid tervishoiu käsiraamatuid. Rohkesti avaldati kokaraamatuid ja kodumajandust puudutavat õpetlikku kirjandust. 1905. aasta revolutsiooni järel hakati taas välja andma eestikeelseid õpikuid. Ulatuslikuks trükisteliigiks kujunes noodikirjandus. Nimetuste arvu järgi otsustades seisis esikohal siiski ilukirjandus, moodustades umbes veerandi kõigist eesti keeles välja antud raamatutest.

Kodudesse osteti nüüd rohkem raamatuid, kuid ennekõike oli nende levik raamatukogude teene. Eestlane harjus ikka enam lugema, trükisõna reguleeris tema mitmekesiseid eluavaldusi, suunas ta meeli ja mõtteid, pakkus lõbu ja ajaviidet. Vähesel määral hakkasid viimast funktsiooni täitma juba ka *rääkijad masinad* ehk grammofonid ja *elektriteater* ehk kino. Tehnilistest sidevahenditest oli suurem tähendus telegraafil, mis varustas ajalehti värsketele teadetega.

Ajakirjandus

Ajakirjanduse mõjujõud ja sotsiaalne tähendus kasvas. See, et eesti rahvuslik avalikkus venestusajal kultuuriavalikkusena säilis ja 20. sajandi algul kiiresti modernseks politiseeritud avalikkuseks kujunes, oli suuresti rahvusliku ajakirjanduse teene,

Kõigil ajalehtedel oli linnas ja maal oma tellijate ringi kõrval ka oma kirjasaatjate võrk. Ajalehtede kohalikud kaastöölised, enamasti maakooliõpetajad, olid ühtlasi aktiivsed seltsitegelased. Sõnumitega kohalikust kultuurielust aitasid nad kaasa omakeelse kultuuri väärtustamisele.

1900. aastal ilmus ühtekokku 12 eestikeelset ajalehte ja 5 ajakirja koos kümne mitmesuguse lisaga, kokku 27 perioodilist väljaannet. 20. sajandi alguskümnendeil tuli väljaandeid juurde, nende sisu kaasajastus ja ajakirjanike professionaalsus tõusis. Ühelt poolt hakati enam orienteeruma turunõuetele ja lugeja maitsele, teisalt sai ajakirjandus areeniks uute ideelis-poliitiliste voolude ja eri vaadetega tegelaste eneseavaldustele.

1905. aasta vabaduspuhang andis tõuke ka uute väljaannete asutamisele. Rekordilisel 1907. aastal ilmus 112 erinevat perioodilist väljaannet (arvestatud koos lisadega). 1905. aasta lõpupäevil hakkas ilmuma Andres Perdi ja Peeter Grünfeldti asutatud "Päevaleht", mida võib pidada eesti esimeseks poliitiliselt sõltumatuks ajaleheks. Seda andis välja Tallinna Eesti Kirjastus-Ühisus, millest sai suurim ajalehtede ja ajakirjade kirjastaja. Andres Perdile (hiljem Kirjastus-Ühisusele) kuuluvas trükikojas alustas tööd Eesti esimene rotatsioonimasin.

Reaktsiooniaastail ajalehtede ja ajakirjade arv vähenes, kuid 1912. aastast algas uus tõus. Ilmuma hakkasid paljud kohalikud lehed. Osa väljaandeid püsis vaid lühikest aega. Aastal 1911 ilmus eestlaste alal 46 ajalehte ja 30 ajakirja koos 12 mitmesuguse lisaga. Lisaks anti eesti perioodikat välja ka mujal, sh. olid oma ajalehed Peterburi, Riia ja New Yorgi eestlastel. Ajalehtede trükiarv tõusis 1905. aastal 18 000-ni ning püsis 1910. aastail 10 000 – 11 000 piires. "Päevalehe" trükiarv oli I maailmasõja lõpul isegi 36 000.

Ajastule sai iseloomulikuks poliitikust lehetoimetaja, nagu seda olid Jaan Tõnisson ja Konstantin Päts. Teisalt tõusid esile kutselised ajakirjanikud. Nende seas paistis silma Georg Eduard Luiga (1866–1936), "Päevalehe" vastutav toimetaja aastail 1908–34. Ilmusid esimesed kutselised eesti naisajakirjanikud, nagu "Uudiste" toimetuse liige Linda Jürmann, "Päevalehe" ja "Pealinna Teataja" juures töötanud Helmi Press-Jansen jt.

Seltsiliikumine

Kuigi poliitiline reaktsioon Aleksander III ajal muutis vabatahtlike organisatsioonide asutamise keerulisemaks ja tugevdas politseilist järelevalvet seltsitegevuse üle, omaalgatusliku ühinemise traditsioon eestlaste seas jätkus. Püsis eesti külaharitlaste, aga ka linna keskkihtide huvi oma seltside loomise vastu *vaimuelu edendamise* nimel. Eesti ajalehed õhutasid igati seltside asutamist, tuues eeskujuks baltisakslasi.

Tollased eesti seltsid olid enamasti kultuuriseltsid ja nende tegevuses oli esikohal koorilauluharrastus. Sajandi lõpupoole pandi üha enam rõhku ka *mängukooride* ehk orkestrite, enamasti puhkpilliorkestrite asutamisele. Pillid olid üsna kallid ja mängima õppimine raske, ometi sai puhkpillimäng väga populaarseks, olles igasuguste avalike ürituste saatja. Levis näitemänguharrastus, ehkki maakohtades puudusid enamasti kõige algelisemadki tingimused näidendite lavastamiseks. Seltsiürituste jaoks oli soodsaim aeg kevad ja suvi, mil said teoks mitmekesise eeskavaga rahvarikkad vabaõhupeod. Organiseeriti ühiskontserte ja maakondlikke laulupidusid, taastati ka üldlaulupidude traditsioon.

Eesti käsitöölised linnades koondusid sakslastest eraldi *abiandmise seltsidesse*, mis tegelikult olid samuti kultuuriorganisatsioonid. Eesti väikepõllumeeste majandustegevuse jaoks omandas ikka suurema tähenduse kogemuste vahetamine põllumeesteseltsides. Tõusulaine algas 1890. aastail, ja sajandi lõpuks tegutses eestlaste alal juba 21 talupoegade põllumeesteseltsi. Nähes väike- ja suurpõllumeeste koostöö kasulikkust, kuulusid vahel eesti seltside juhtide ja asutajate hulka ka edumeelsemad mõisnikud. Üldiselt vahesein eesti ja saksa ühenduste vahel siiski püsis.

Tartu Eesti Põllumeeste Seltsi põllu- ja käsitöö näitus (1901)

Arvukate saksa vabatahtliku tuletõrje organisatsioonide kõrvale asutasid samasuguseid ühendusi nii linnas kui maal ka eestlased. Uueks ühistegevuse vormiks olid arvukad vastastikuse tulekindlustuse seltsid, mille asutamist soosis ka riik.

Üle Eesti elavnes karskusseltside asutamine, esimene neist oli kooliõpetaja Jüri Tilga eestvõttel Vändras 1889. aastal asutatud "Täht". Sajandi lõpuks oli eestlaste alal üle 50 karskusseltsi.

19. sajandi lõpul eestlaste seas teotsenud vabatahtlikud ühendused ei seadnud endale kuigi kõrgeid ülesandeid, kuid aitasid ülal hoida omaalgatuse traditsioone, mille läbi tagati inimeste osalus avalikus elus ja säilitati rahvusliku avalikkuse uue tõusu võimalus. 20. sajandi esimestel aastakümnetel kerkisid seltsiliikumises esiplaanile uued ja tõsisemad sihid majanduselu, kultuuri ja lõpuks ka poliitika valdkonnas.

Eesti majandusliku ühistegevuse isaks peetakse Tartu Eesti Põllumeeste Seltsi juhti Jaan Tõnissoni, kes käis välismail selle valdkonnaga tutvumas. Kiiresti levisid laenuhoiu-, piima- ja tarbijaühistud; hakati asutama ka masina-, karjakontrolli-, pulli-, vee-, kartuli- jms. ühistuid. Ühistegevus muutus massiliseks; kasu sai temast ennekõike talumajandus.

Pärast emakeelsete erakoolide lubamist (1906) tekkis arvukalt haridusseltse. Eesti Noorsoo Kasvatuse Seltsi asutajateks ja juhtideks Tartus olid Jaan Tõnisson, Peeter Põld, Oskar Kallas, Anton Jürgenstein jt. Tallinnas asutatud Eestimaa Rahvahariduse Seltsi algatajate ja aktiivsete tegelaste sekka kuulusid linnapea Voldemar Lender, advokaat Ferdinand Karlson, kooliõpetajad Heinrich Bauer, Elfriede Lender, Christian Brüller, toimetaja Georg Eduard Luiga, hilisemad tuntud riigimehed Konstantin Konik, Karl Robert Pusta ja Jüri Vilms. Erinevalt Tartu seltsist kuulus sellesse ka käsitöölisi, ametnikke ja koguni töölisi. 1917. aastaks oli Eestis ligi 160 haridusseltsi ja aegapidi sai neist määrav seltsitüüp. Mitmed muusika- ja karskusseltsid nimetasid end ümber haridusseltsideks.

Rohked eesti maa-tuletõrjeseltsid hakkasid oma otseste ülesannete täitmise kõrval silma paistma meelelahutuse organiseerijatena. *Pritsimeeste* puhkpilliorkestrid, rongkäigud läikivates kiivrites ja lõbusad rahva-rikkad peod kuulusid aastakümneid eesti küla- ja alevimiljöö pühapäevapilti.

Samm-sammult edenes eestlaste seas spordiliikumine. Martin Klein Tarvastust võitis Stockholmi olümpiamängudel 1912 esi-mese eestlasena olümpiamedali (hõbemedali klassikalise maadluse esimeses keskkaalus). Veel võrsusid Eestist maailmakuulsad elukut-selised sportlased Aleksander Aberg, Georg Hackenschmidt ja Georg Lurich. Kõik nad tulid maailmameistriks maadluses, Lurich ja Hackenschmidt saavutasid maailmarekor-deid ka tõstmises. Hackenschmidtist kujunes hiljem omapärane sporditeoreetik. Aberg ja Lurich surid 1920. aastal Venemaal tüüfusse.

Eesti traditsiooniline külaelu muutus 20. sajandi algul põhjalikult – selle majan-duspoolt kujundasid ühistud, pidupoolt kul-tuuriseltsid. Teisalt tõi seltside ja ühistute mas-siline levik eesti elanikkonnas kaasa ühiskon-na uue koe kujunemise, rahva organiseeritus oli aluseks eesti kodanikuavalikkuse arengule ja politiseerumisele. Jaan Tõnissoni väljen-dust kasutades: seltsid aitasid kaasa *rahvus-likuma iseolemise idee levikule.*

Georg Lurich

Noor-Eesti ja kirjandusuuendus

20. sajandi algul tõusis Eestis esile noor ha-ritlaspõlvkond. Mitme uuendusmeelse ja ak-tiivse noorsooringi tuumikust kujunes albu-mi "Noor-Eesti" (1905) järgi nooreestlasteks nimetatud vaba rühmitus. See ringkond taot-les teadlikult ja sihipäraselt Lääne-Euroopa rahvaste mudelile vastava eesti kõrgkultuuri väljaarendamist. Gustav Suitsu sõnastatud hüüdlause – *olgem eestlased, kuid saagem ka eurooplasteks* – ei tähendanud niivõrd oma mahajäämuse tunnistamist kui taotlust kii-resti omandada kõik uusim Lääne-Euroopa vaimukultuuris. Hiljem, I maailmasõja veris-te võitluste puhkemisel, väljendas Suits siiski sügavat skeptilisust Lääne-Euroopa vaimsuse ja väärtuste suhtes.

Eesti kultuur oli 20. sajandi alguseks jõud-nud faasi, kus pinnas uute ideesuundade ja es-teetiliste ideaalide vastuvõtuks oli küps. Eesti noortele intellektuaalidele avaldas mõju Eu-roopas uue sajandi sünniajal toimuv murrang inimeste mõtteviisis ja maailmasuhtumises. Selle ettevalmistuseks olid 19. sajandi radi-kaalsed filosoofilised ja sotsiaalsed teooriad, tehnika progress ja ühiskondlike jõudude ümberasetumine. Senised väärtused ja kuju-telmad seati kahtluse alla, traditsioone igno-reeriti ja uusi mõtte- ja kunstivoole tärkas üle-öö. Sellise vaimu kajastusena püüdsid noor-eestlased jätta selja taha eesti kultuuri seniseid vanaromantilisi, nende meelest köster-kool-meisterlikke või talupoeglikke traditsioone. See tekitas "vanades" kultuuritegelastes ees-otsas Reimani ja Tõnissoniga arusaamatust ja nördimust, mis leidis väljenduse ka avalikus sõnas. Tõnisson nimetas nooreestlasi *euroo-palisteks kadakateks.*

Baltisakslasi ja nende kultuuri eripära käsitasid nooreestlased millegi marginaal-sena. Pilgud pöörati Prantsusmaa ja Skan-dinaavia poole, huviväärseks jäi Soome vai-muelu, Saksa- ja Venemaa kultuuris pälvisid tähelepanu modernsed suunitlused. Euroo-pa moodsa kirjasõna lugemise kõrval oli eesti noortele haritlastele iseloomulik eri-

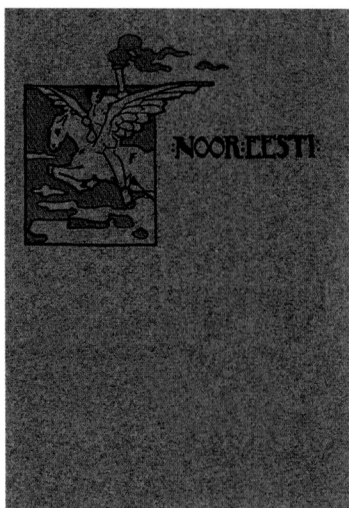

Noor-Eesti I albumi kaas

nevate maade vahetu tundmaõppimise soov. Rahapuudus rännakuid ei takistanud, mindi kas või jala. Unistuste linnaks oli Pariis, kus kujunes ajutiselt ka väike eesti kunstnike ja kirjanike koloonia. Rännuhuvi oli tingitud ka sellest, et nooreestlased, kes enamasti olid olnud 1905. aasta revolutsioonist osavõtjate seas, pidid reaktsiooniajal maalt pagema.

Radikaalsete nooreestlaste osaks sai sõnastada eesti kultuurile juba 19. sajandi lõpust peale omane uuenemistendents, mille tunnuseks kunstikultuuri vallas oli euroopastumine: laienes loovisiksuste ring, loodi uusi institutsioone, kunste propageeriti trükisõnas, arenes kriitika, kujunes vastuvõtlik publik, kunstiloome hakkas vastama nõudlikumatele esteetilistele kriteeriumidele. Mitmes valdkonnas saavutati 20. sajandi alguskümnenditel tõepoolest uus kunstiline kvaliteet.

Eesti kirjandus astus saksaliku (liht)rahvakirjanduse lapsekingadest välja Juhan Liivi realistlik-romantiliste juttudega, ennekõike aga tema tundeehtsa ja kujundirikka luulega. "Tavalise" kriitilise realismi raames suutis uue sõna ütelda Eduard Vilde juba oma 1890. aastate naturalistlik-realistlike jutustustega kehvikute ja vabrikutööliste elust. Vilde oli õieti esimene tõeliselt euroopalik kirjanik – elu-

kutseline sulemees, kes reisis palju ringi ja lasi end mõjutada rahvusvaheliselt hinnatud suurtest realistidest ja naturalistidest, samuti sotsialismiideedest. Tema uue sajandi algul ilmunud ajaloolist romaanitriloogiat ("Mahtra sõda" 1902, "Kui Anija mehed Tallinnas käisid" 1903, "Prohvet Maltsvet" 1905–08) on nimetatud eesti kirjanduse küpsustunnistuseks; samas võib triloogiat käsitada ka eestlaste ajaloo asjaliku illustratsioonina, ning sellisenagi oli see uudne. Vilde kirjanikutalenti näitab ka tema muutumisvõime, mille tunnistuseks on uue ajajärgu nõuetele vastav, stiililiselt viimistletud "Mäeküla piimamees" (1913). Eduard Vilde ja August Kitzbergi näidenditega, ennekõike Kitzbergi tragöödiaga "Libahunt" ja Vilde komöödiaga "Pisuhänd", algas eesti dramaturgia kunstilise täisealisuse aeg.

1905. aasta revolutsioon kajastus eesti kirjanike loomingus mitmete püsiva väärtusega emotsionaalsete olupiltidena (Vilde "Tooma tohter", Aino Kallase "Bernhard Riives", Tuglase "Hingemaa" jm.). Pärast revolutsiooni taandus kriitiline realism eesti kirjanduses uuemate voolude ees. Nooreestlastelt ilmusid albumid "Noor-Eesti" I (1905), II (1907), III (1909), IV (1912) ja samanimeline ajakiri 1910–11. Sõja ajal ilmus viies album. Värskemaid mõttesuundi esindas ka nende ajakiri "Vaba Sõna" (1914–16). Nooreestlaste sajandi algul tugevasti sotsiaalselt angažeeritud loomingut hakkas suunama usk kunsti sõltumatusesse ja estetism; kirjandusloomes, nagu ka kujutavas kunstis avaldusid impressionismi, uusromantismi, sümbolismi, hiljem ka ekspressionismi mõjud. Gustav Suitsu esimene luulekogu "Elu tuli" (1905) oli kantud romantilisest võitlusmeeleolust, teises luulekogus "Tuulemaa" (1913) leidub impressionismi ja sümbolismi sugemeid. Suitsu kõrval nooreestiliku liikumise sümboliks saanud Friedebert Tuglas jõudis oma proosas psühholoogilise realismi, uusromantismi ja sümbolismini. Filosoofiliste tagamaade kõrval on Tuglase loomingule omane stiili äärmine viimistletus. Maailmasõja aastail ilmusid temalt romaan "Felix Ormusson" ja novellikogu "Saatus".

Vaadeldava perioodi olulisteks nimedeks on ka Oskar Luts oma "Kevadega", luuletajad Anna Haava ja Karl Eduard Sööt, naturalistlik Jaan Oks ja varane A. H. Tammsaare.

Arhitektuur ja kujutav kunst

Arhitektuuriline keskkond, mis 20. sajandi alguse Eesti elanikke ümbritses, oli muutunud järjest linlikumaks, sellega koos ka argisemaks ja vähem romantiliseks. Samas püsis baltisakslaste armastus hansagootika vastu, mille ilmekaks näiteks on aadli krediitpanga hoone Tallinnas "Estonia" vastas. Linnade üldpilti kuulus nüüd agulite laiumine; linnadesse massiliselt elama asuvad eestlased jaksasid ehitada vaid tagasihoidlikke puidust ühe- või kahekorruselisi elumaju. Avalike hoonete või rikkama rahva elamute näol tõi sajandi algul linnapilti uusi aktsente ennelõike juugendstiil. Selle iseloomulikke näiteid on vene arhitektide loodud Saksa teatri uus hoone Karjavärava taga (1910). Riialase Otto Wildau projekteeritud on imposantne Taagepera loss. Tartu Pauluse kiriku ja Krediitpanga maja Tallinnas Pärnu mnt. 10 on kavandanud kuulsaimaid soome arhitekte Eliel Saarinen. Ka eesti organisatsioonid, kes ühisel jõul midagi ehitasid, tellisid mitme olulise hoone kavandid pigem Soome arhitektidelt. "Vanemuise" 1906. aastal valminud hoone pärineb Armas Lindgrenilt. Tema koos Wivi Lönniga on ka "Estonia" teatri- ja kontserdimaja (1913) kavandaja. Uued teatrihooned

Teater "Vanemuine" Tartus

eestlaste kultuurikeskustena tundusid oma aja kohta lausa luksuslikud. Hele ja rõõmus "Estonia" teatrimaja halli ja väärika saksa teatri hoone kõrval näis sümboliseerivat uue ja elujõulise kultuuri sündi.

Juba hakkas esile tõusma eestlastest arhitekte. Andeka juugendstiili-harrastajana paistis neist silma Karl Burman. Püüti ühendada ka taluelamu elemente ja juugendit. Teadlikult rahvusliku arhitektuuri näide on Georg Hellati kavandatud Eesti Üliõpilaste Seltsi maja Tartus (1902), mis oma rahutu asümmeetrilise laadiga selgesti vastandub Balti ehituskunsti senistele traditsioonidele.

Baltisaksa kunstielu hoog tasapisi vähenes, siiski tõusis selgi perioodil esile meistreid nagu Gerhard von Rosen, Karl von Winkler jt. Baltisaksa ringkondade kunstihuvi toetasid väljakujunenud traditsioonid ja institutsioonid, tähtsaimad neist olid endiselt Tallinnas teotsev Eestimaa Kirjanduse Selts ja tema Provintsiaalmuuseum. Viimase kolimisega Ungern-Sternbergi lossi Kohtu tn. 6 avanesid kogude paigutamiseks ja kunsti eksponeerimiseks hoopis suuremad võimalused.

Kunstielu "eestistumine" algas sajandi algul välismailt õpingutelt naasnud Ants Laikmaa ja Kristjan Raua tegevusega. Laikmaalt pärinevad vaba hoogsa käsitluslaadiga värviküllased õli- ja pastellportreed ning maastikupildid. Lisaks eesti tüüpidele ja maastikuvaadetele on ta kujutanud ka eksootilisi võõramaiseid paiku ja inimesi, sealhulgas 1905. aasta revolutsioonile järgnenud maapao-aastatel. Kristjan Raud sai end Saksamaal täiendades tunduvaid mõjutusi impressionismist, sümbolismist ja juugendist. Teda võlusid rahvusromantilised süžeed, mida ta kujutas omapärases ja kordumatus ekspressiivses laadis. Eesti kunstielu võttis hoogu: kui algul osaleti baltisakslaste korraldatud kunstinäitustel, siis 1906. aastast hakkasid eesti noored kunstnikud korraldama iseseisvaid ülevaate- ja rühmanäitusi.

1910. aastail pöördusid tagasi koju mitmed välismaal kunstiõpinguil või pagenduses viibinud noored. Uueneva kunstielu

Kunstnikud (vasakult): Hans Laipmann (Ants Laik-maa), Nikolai Triik, Kristjan Raud

tunnuseks oli ka eri rühmituste ning arusaamade konflikt; moodsalt mõtlevatele loovisiksustele vastandus 1909 tegevust alustanud Eesti Kunstiseltsis ülekaalu saavutanud alalhoidlik suund, mida esindasid enamasti Peterburis Alexander von Stieglitzi kunstikoolis õppinud kunstiõpetajad (Voldemar Päts jt.). Kujutava kunsti üldine suundumus viis rahvusromantikalt uusromantiliste voolude poole. Eelkõige portreemaalijana paistis silma Nikolai Triik. Oma värvikates maastikumaalides ühendas Konrad Mägi dekoratiivsuse ja neoimpressionistliku loodustunnetuse. Noor-Eesti väljaannete illustreerijast Jaan Koortist sai Pariisis lihtsa ja mõjuka väljenduslaadiga skulptor. 1910. aastaist hakkas eesti näitustel esinema järjest uusi noori mehi, nagu Roman Nyman, Peet Aren, August Jansen jt., kes õppisid Peterburis või välismail ja kajastasid oma loomingus sealseid tendentse. Kui 19. sajandi lõpul võis rääkida üksikutest eesti kunstnikest, siis iseseisva Eesti Vabariigi loomise ajaks oli juba olemas eesti kunstnikkond.

Muusika ja teater

Nii baltisaksa kui eesti muusikaelus domineeris uue sajandi künnisel veel harrastustegevus. 20. sajandi alguskümnendeil tõusid mitmekesistuvas ja "euroopastuvas" eesti muusikaelus esile noored jõud. Uute loojate ja interpreetide tulekuga elavnes kontserditegevus, mida soodustasid "Vanemuise", hiljem ka "Estonia"

tolle aja kohta suured kontserdisaalid. Tartus asus Peterburi konservatooriumi lõpetanud Rudolf Tobias koos Dresdenis õppinud Aleksander Lätega ette kandma sümfoonilisi suurvorme. Tobiase monumentaalne, impressionistlike joontega muusika on ühel kesksetest kohtadest eesti 20. sajandi alguse muusikaloomingus. Samas oli eesti muusika uuendajaks ennekõike siiski Mart Saar, kes tõi sellesse atonaalsuse ja ühtlasi ehtsa rahvusliku koloriidi.

Suund professionaalsusele ei tähendanud traditsioonilise koorilaulu ja orkestrimängu taandumist. Kooris laulmine ja laulupeod olid venestusajal mõneti asendanud poliitikaelu ja olnud võimaluseks osaleda avalikus elus ning väljendada rahvustunnet. Selle tunnistuseks olid IV ja V üldlaulupidu Tartus (1891, 1894) ning VI üldlaulupidu Tallinnas (1896). Viimasest võttis osa umbes 5000 lauljat ja mängijat. Kasvas eesti heliloojate originaalteoste osakaal, koorid laulsid meelsasti Friedrich August Saebelmanni, Aleksander Eduard Thomsoni, Johannes Kappeli, Aleksander Läte jt. laule. Laulupidude üldjuhid Karl August Hermann, Johannes Kappel, Konstantin Türnpu ja David Otto Wirkhaus olid rahva lemmikud. 1896.

Rudolf Tobias

VII üldlaulupeo rongkäik 12. juunil 1910. aastal Tallinnas

aasta laulupeo lõpul laulsid koorid spontaanselt Paciuse-Jannseni laulu "Mu isamaa, mu õnn ja rõõm".

1910. aastal peeti Tallinnas järjekordne, VII üldlaulupidu, kus esinejaid oli juba 10 000. Laulupeo raames toimus "Estonia" ja "Vanemuise" ühendatud sümfooniaorkestri kontsert, mille kavas olid Tšaikovski ja Beethoveni sümfooniad ja eesti heliloojate tööd. Sündmuseks oli Venemaa eesti asunduste laulupidu Narvas 1912. aastal.

20. sajandi algusele oli iseloomulik ka eesti kutselise teatri sünd. 1906. aastal moodustati nii "Vanemuise" kui "Estonia" juurde kutselised trupid. Tolleaegset "Estoniat" on nimetatud näitlejateatriks, "Vanemuist" ansambliteatriks. Viimast juhtis andekas ja mitmekülgne direktor Karl Menning (1874–1941), kes oli pärast Tartu ülikooli usuteaduskonna lõpetamist õppinud lavastamist Berliinis Max Reinhardti juures. Menning kasvatas üles esimese põlvkonna eesti kutselisi näitlejaid; tema lavastustele oli omane psühholoogilise realismi taotlus. Ühtlasi võib Menningut pidada toonase teatriuuenduse

juhtfiguuriks. Hiljem, Eesti Vabariigi päevil sai temast diplomaat.

Teatriuuenduse eesmärgiks oli kunstide edendamine, seega rahva vaimse elu edasiviimine, selle kõrgemale tasemele tõstmine. Vaimses mõttes algab teater näitekirjandusest. Eesti vajas lisaks uutele teatrimajadele ka uut näitekirjandust, uut koolitatud anderikast näitlejat ning teatri jaoks koolitatud publikut. Nii sündisid uus "Vanemuine", "Estonia", "Endla" ja teised.

MAAILMASÕDA JA EESTI

Saksamaa idapoliitika

15. (28.) juulil 1914 puhkes Esimene maailmasõda (1914–18). Enne sõda suurriigid oma plaane mõjusfääride ümberjagamiseks Läänemere piirkonnas ei avalikustanud. Selle tõendiks on ka Vene, Saksa, Inglise, Prantsuse, Rootsi, Taani ja Norra kahe- ja mitmepoolsed lepingud ja deklaratsioonid aastaist 1907–08, mis puudutasid olukorda selles piirkonnas. Venemaa võimalikud sõjasihid olid suunatud pigem Mustale kui Läänemerele. Saksamaa suunas oma löögi esialgu läände (Prantsusmaa vastu). Seetõttu oli sõjategevus Läänemerel suhteliselt tagasihoidlik. Idarindel algas pealetung alles 1915. aasta kevadel ja suvel.

Sõja algul polnud Saksamaal selget seisukohta Läänemere idakalda alade tuleviku kohta. Välisminister Gottlieb von Jagow, kes pooldas separaatrahu Venemaaga, leidis, et Soome autonoomia Vene riigis võiksid tagada Keskriigid ja Rootsi. Saksa sõjaväejuhtkond lootis, et Rootsi astub sõtta Venemaa vastu ja seob Soomes asuvad Vene väed. Kuigi Rootsis valitsesid traditsiooniliselt Venemaa-vastased meeleolud ja Soome autonoomia kitsendamist tauniti, oli Rootsi ettevaatlik. Sõja eelõhtul võimule tulnud konservatiivne valitsus suhtus poolehoiuga keiserlikku Saksamaasse, ent säilitas erapooletuse. Opositsioonilised liberaalid ja sotsiaaldemokraadid olid kindlalt neutraliteedi pooldajad ja kaldusid pigem lääneriikide poole. Rootsis oli vaid väike rühm parempoolseid ohvitsere ja õukondlasi, kes pidasid võimalikuks Saksamaa poolel sõtta astuda, et nii tõrjuda Venemaast lähtuvat ohtu. Neid võis innustada mälestus suurriigi ajast ja Rootsi juhitud Põhjalast, kuhu kuulusid ka Soome ja Baltimaad. Soome ja Venemaa

vahekorrad olid Rootsile muidugi tähtsad, ent Soome pärast sõdida Rootsis ei tahetud. Oma osa mängisid majanduslikud kaalutlused. Erapooletu maana oli Rootsil kergem müüa rauamaaki Saksa sõjatööstuse vajadusteks. Seetõttu ei toetanud ametlik Rootsi ka mõtet Venemaa-vastase mässu ettevalmistamisest Soomes. Soomlased said aga vabalt pidada Rootsi kaudu ühendust nii Saksamaa kui ka Lääne-Euroopaga, ja sellel oli Soome iseseisvumise ettevalmistamisel suur tähtsus.

Saksa valitsusringkonnis saadi aru, et vaenlase sisejulgeoleku õõnestamine opositsiooniliste jõudude toetamisega on tõhus sõjapidamise vahend. Oma vallutusplaane oli kergem põhjendada, kui neid sai näidata Venemaa ikestatud rahvaste vabastamisena. Niisugust taktikat kasutas ka Türgi, kutsudes India ja Venemaa moslemeid üles pühale sõjale. Austria moodustas poolakatest leegione, mis võitlesid Poola Vene ülevõimust vabastamise eest. Tuhanded tšehhid seevastu sõdisid Venemaa poolel Austria-Ungari vastu.

Kohe sõja puhkemise järel andis riigikantsler Theobald von Bethmann-Hollweg korralduse luua Ida-Euroopas Saksamaa eesmärkidele soodne õhkkond ja valmistada ette Venemaa vähemusrahvuste ülestõusu valitsuse vastu. Seejuures pidid sakslased olema ettevaatlikud, sest Poola ja Baltimaade rahvaste vabadusliikumine võis kergesti pöörduda "vabastaja" (Saksamaa) enda vastu. Seetõttu kavandati mõnes plaanis Baltimaade ühendamist Põhjamaade liiduga, mille juhtriigina Saksamaal nähti Rootsit. Soome suhtes andis Bethmann-Hollweg Saksa saatkonnale Stockholmis korralduse uurida selle Venemaast eraldamise väljavaateid. Välisministeeriumis viis kantsleri tahet ellu alam-riigisekretär Arthur Zimmermann, kes toetas vene revolutsionääre ja õhutas Venemaa vähemusrahvaid vabadusvõitlusele. Suuri lubadusi Saksamaa oma potentsiaalsetele liitlastele siiski ei andnud. Tema plaanide elluviimine sõltus esmajoones sõja tulemustest.

Sõja ajal tõusis Saksa idapoliitikas keskse-le kohale nn. dekompositsioonipoliitika, mille all mõeldi Vene riigi läänepoolsete äärealade eraldamist. Niisuguste puhveraladena tulid kõne alla Soome, Baltimaad, Poola, Ukraina ja Kaukaasia. Balti päritoluga mõjukad tegelased, professor Theodor Schiemann ja ajalehetoimetaja Paul Rohrbach, propageerisid seisukohta, mille järgi Venemaa tuli suruda Peeter I eelse Moskva suurvürstiriigi piiridesse. Nn. idapartei *(Ost-Partei)*, kuhu kuulusid kindraloberst Helmuth von Moltke, kindralfeldmarssal Hindenburg, kindralstaabi ülem Erich von Ludendorff, kroonprints Wilhelm, töösturid Hugo Stinnes ja Alfred Hugenberg, ei lootnud Saksamaa võitu läänes ja pidas vajalikuks purustada kõigepealt Venemaa ning sõlmida temaga separaatrahu. Hindenburgi meelest tuli Poola ja Baltimaad muuta Venemaa-vastase sõja tugialadeks. Ka suuradmiral Alfred von Tirpitz pooldas puhverriikide loomist ja Venemaa surumist Soome lahe idaossa. Saksa suurtöösturite arvates oli vaja tõrjuda Vene turult välja prantslased ja britid. Strateegilistel kaalutlustel pidi Saksamaa annekteerima Vene läänealad kuni jooneni Modlin (Novo-Georgijevsk) – Narew – Bobruisk – Grodno (Grodna) – Vilno (Vilnius) – Dünaburg (Daugavpils) – Peipsi järv – Narva.

Aktiivse idapoliitika eest astus välja nn. sõjaeesmärkide liikumine *(Kriegszielbewegung)*, mille tiiva all pesitses Suur-Saksa Ühing *(Alldeutscher Verband)*. Selle juht Heinrich Class nõudis muuhulgas Baltimaade ühendamist Saksamaaga, nii et Saksamaa ja Venemaa vaheline piir kulgeks Narva – Peipsi järve – Pihkva joonel. Anneksioonipoliitika leidis poolehoidjaid nii liberaalide kui konser-

Patriootlik meelevaldus Peterburis Paleeväljakul 20. juulil 1914

vatiivide hulgas. 1915. aasta maikuuks pooldas seda Riigipäeva saadikute enamus. Üksnes sotsiaaldemokraadid olid nõus sõlmima rahu *status quo ante bellum* alusel.

Saksa välisministeerium *(Auswärtiges Amt)* toetas sõja algusest peale separatistlikke liikumisi Vene impeeriumis. Astuti ühendusse niisuguste liikumistega Poolas, Soomes, Kaukaasias ja Baltimaades. Siinmail olid Saksamaa võimalikeks toetajateks Vene valitsuses pettunud baltisaksa ülemkihid, kes tegid Saksamaal aktiivset kihutustööd Baltimaade annekteerimise kasuks. Selleks valisid nad Balti Usaldusnõukogu *(Baltische Vertrauensrat)*, kes püüdis Saksamaa poliitilisi jõude ja äriringkondi veenda Baltimaade annekteerimise kasulikkuses. Selle organisatsiooni häälekandja "Stimmen aus dem Osten" kinnitas, et Läänemeri peab saama Saksa mereks ja piir Venemaaga kulgema Peipsi joonel.

Saksamaa idapoliitikat mõjutas ka eesti patrioot ja "rahvusvaheline mees" Aleksander Kesküla, kes teavitas Saksa valitsust Lenini plaanidest sõlmida eraldirahu Saksamaaga ja tunnustada rahvaste enesemääramise õigust. Esimese eestlasena tõstatas ta Eesti küsimuse rahvusvahelisel areenil. Venemaast eraldunud Suur-Eesti pidi tema arvates kuuluma Rootsi egiidi all moodustatud Põhja- ja Baltimaade föderatsiooni. Kuigi Kesküla lennukad ideed olid eluvõõrad ja utoopilised, lähtusid need ometi eestlaste vaatepunktist ning olid optimistlikuks alternatiiviks senistele arusaamadele eesti rahva tulevikust.

Saksamaa poliitiline ja majanduslik tugevnemine Läänemere regioonis ei vastanud Briti huvidele. Pärast Briti-Vene lepingu sõlmimist aastal 1907 oli Inglismaa kaubavahetuse maht Venemaaga kasvanud. Sõja puhkemise järel hakkas Saksamaa mineerima Taani väinu, millega ühendus Venemaa ja Suurbritannia vahel katkes. Seega oli Inglismaa eesmärgiks sõjaeelse olukorra taastamine.

Inglismaale oli kõige tähtsam Venemaa kui liitlase sõjaline võimsus, mida siserahutused võisid õõnestada. Seetõttu kumab Briti välispoliitika dokumentidest läbi mure Venemaa siseolukorra pärast. Kuni poliitilise kriisini 1915. aasta sügisel hoidus suursaadik George Buchanan kõnelustes Nikolai II-ga siiski sekkumast Venemaa siseasjadesse, mida liitlastel oli ka vähe šansse mõjutada. Vene impeeriumi rahvuslikest äärealadest huvitas Inglismaad kõige enam Poola, nii oma suuruse ja asukoha tõttu Euroopa südames kui ka seepärast, et just Poolaga manipuleeris Saksamaa kõige enam.

Saksa-vastane kampaania

Sõja puhkedes kasvas Baltimaade tähtsus Vene impeeriumi sõjalis-strateegilise ja sõjamajandusliku tugialana veelgi. Ühtlasi tekkis otsene oht, et Venemaa lüüasaamise korral satub see piirkond Saksa sõjalise okupatsiooni alla. 200 aasta järel kerkis taas teravalt päevakorrale Balti küsimuse rahvusvaheline aspekt, s.t. Eesti ja Läti alade riikliku kuuluvuse pobleem.

Sõda muutis oluliselt eesti-vene-saksa vahekordi. šovinistlik vaimustus haaras kõiki Vene imperialistlikke ringkondi äärmusparempoolsetest rahvuslastest kuni vabameelsete kadettideni. Üle kogu hiidriigi korraldati patriootlikke manifestatsioone, millega mõnel pool, nagu Moskvas, käis kaasas sakslastele kuuluvate kaupluste rüüstamine. Sõjahüsteeria õhutamine ja rahvusküsimusega spekuleerimine omandas hiiglaslikud mõõtmed. Võimude mahitusel laiendati riigis kampaaniat *saksa ülevõimu vastu vene*

elu kõigis valdkondades. Kõige vahetumalt puudutas see Balti provintse, mis leiti olevat *saksa ülevõimu näidiseks*. Baltisakslaste maine langes madalseisu. Neid kahtlustati reetmises, salajases koostöös vaenlasega, sabotaažis ja muus seesuguses. Sõja- ja piiramisseisukorra seadustikule tuginedes suleti saksa seltsid, koolid ja ajalehed, peatati saksa kolonisatsioon, keelati saksa keele kasutamine ametlikus kirjavahetuses ning saksa keele kõnelemine ametiasutustes ja avalikes kohtades. "Päevalehe" andmeil saadeti 1915. aasta juunini Baltimaadest välja kuni 700 sakslast, enamasti riigisakslased. Laialt tuntuks said nn. hobusteprotsessid, kus Balti mõisnikke mõisteti süüdi rekvireerimisele kuuluvate hobuste varjamise eest.

Sõja ajal kasvas Venemaa avalikkuses järsult huvi Balti olude vastu. Baltimaadesse läkitati mõjukate ajalehtede korrespondente, Vene ajakirjanduses avaldati rohkesti Balti-teemalisi kirjutisi. Anti välja raamatuid ja brošüüre, kus arvustati teravalt Balti erikorra jäänuseid ja baltisaksa ülemkihi priviileege. Valitsuselt nõuti resoluutseid meetmeid *sakslaste võimutsemise ohjeldamisel*. Samas hinnati ümber suhtumine eestlastesse ja lätlastesse. Need polevatki separatistid, vaid Vene tsaari truud alamad ja tõsised Vene patrioodid, keda tuleb *vabastada teutooni pihtide vahelt. Lätlaste näol ehitame kindla müüri enda ja Preisimaa vahele,* kinnitas poolametlik "Novoje Vremja". Palju kirjutati Balti aadli juhitud maaomavalitsuse ümberkujundamisest nii, et seal oleksid *väärikalt esindatud kohalikud vene inimesed.*

Üks rahvusküsimuse teoreetikuid G. Jevreinov pidas sõjaaegseid olusid eriti sobivaks Baltimaade lõplikul venestamisel ja impeeriumiga ühteliitmisel. Ta pani ette kaht erakorralist abinõu: võõrandada saksa maavaldus õiglase hüvituse eest ja asendada saksa keel kõikjal vene keele kui riigikeelega. Mõisamaa pidi vene talupoegadele-kolonistidele järelmaksuga edasi müüdama, mõisamajad, paleed ja pargid aga tuli müüa haritud ja varakatele vene inimestele, kelle järel saabuksid piirkonda õigeusu vaimulikud, et rajada kirikuid ja kloostreid ning pöörata kohalik rahvas õigeusku. *Kuni meie Balti ääremaa lõpliku lahtisaksastamiseni, kirjutas ta, tuleb eestlaste ja lätlaste natsionalismi igati ergutada, kuna rahvaste puhul, kel puudub iseseisev riiklik eksistents, pole see ohtlik. Meie lätlastel ja eestlastel ei lähe see kaugemale kui provanssaallastel Prantsusmaal, poliitikas aga on kasulik kiil kiiluga välja lüüa.*

Vene liberaalsete väljaannete toon oli asjalikum, hinnangud mõõdukamad. Baltimaade olusid valgustasid neis mõnikord ka eestlased ja lätlased (Rein Eliaser, Peeter Ruubel, Kārlis Landers, Juris Vīgrabs ja teised).

Saksa mõju väljajuurimise kampaania käigus asendati pealinna ametlik nimi Sankt-Peterburg Petrogradiga. Ka Baltimaades võeti päevakorda saksapäraste kohanimede asendamine venepärastega. Tallinna (toona Revali) puhul kaaluti ümbernimetamist Kolõvaniks või Romanovo-Nikolajevskiks, Paide ja Rakvere taheti nimetada vastavalt Belokamenskiks ja Aleksandro-Nevskiks või Ivangorodiks. 1916.–17. aastal said mitmed Eesti vallad uue nime: Aleksei, Sergei, Ostrovski, Ivani, Russki, Mihhaili, Suvorovi vald. Keisri palvekirjade kantseleisse laekus arvukalt taotlusi eestlastelt ja lätlastelt, kes soovisid vabaneda oma saksapärasest liignimest.

Eestlaste lootused

Maailmasõja-aegses eesti ajakirjanduses valitses seisukoht, et sõja kõige üldisemaks põhjuseks on suurte rahvatõugude – germaani, slaavi ja romaani ajalooliselt kujunenud vastuolud. Teravalt kritiseeriti Saksa militarismi kui otsest sõjasüüdlast. *Saksa rahvusel – ei ole ühtki sõpra. Kõik tunnevad: Saksamaa on kõikide vaenlane [---] Saksa militarism on usu kaotus, tal on kultuurivaenlus põhivaateks*, kirjutas Juhan Luiga, arvustades Joseph Arthur de Gobineau rassiteoorial põhinevat sakslaste kui valitud rahva ideed. Sotsialist Mihkel Martna pidas sõja põhjuseks kapitalismi sünnitatud imperialismi. Venemaa imperialistlikest am-

bitsioonidest polnud sõjatsensuuri tõttu võimalik suurt midagi kõnelda. Noor-Eesti vaimne juht Gustav Suits väljendas sügavat pettumust Euroopa tsivilisatsioonis, mis oli olnud nooreestlaste suur ideaal: *Tulesse, veresse ja suitsusse näib hukkunud euroopalise kultuuri aade.* Sõjavaimustusse ja eestlaste osavõtusse *Euroopa mõrtsukalisest sõjast* suhtus ta iroonia ja skepsisega.

Sõja ajal asusid eesti rahvuslaste juhid tingimusteta toetama Venemaad. Lähtudes pragmaatilisest põhimõttest, et kahest halvast tuleb valida parem, serveeriti Eesti suuremates ajalehtedes asja nii, nagu oleks Saksamaa ainus sõjasüüdlane, Venemaa aga peaks õiglast sõda, mille üks eesmärke on õiglasema maailmakorra kujundamine ja väikerahvaste vabastamine. Selline vaatepunkt kattus suuresti Vene ametliku propaganda teesidega, ent oli kaugel tõest. Põhjendatult kardeti, et Saksamaaga ühes või teises vormis ühendatud Baltimaadel taastatakse baltisaksa aadli ülevõim, viiakse läbi eestlaste ja lätlaste saksastamine (saksa kultuuri ja hariduse pealesurumine) ning saksa talupoegade kolonisatsioon. Seega satuksid Baltimaade rahvad palju halvemasse olukorda kui seni, kaoks igasugune lootus enesemääramisele, omavalitsusele ja autonoomiale. Teisest küljest kardeti siiski, et Venemaa võit sõjas võimendab veelgi šovinistlikke meeleolusid ja vähemusrahvuste rõhumine muutub rängemaks.

Samas õhutas sõda ka lootusi paremale tulevikule. Arvati, et Euroopa väikerahvaste olukord paraneb, Balti aadli privileegid kaovad ning eestlased saavad oma lojaalsuse ja patriotismi eest valitsuselt väärilist tasu. Eesti ajakirjandus õhutas Vene-isamaalist patriotismi ja keelitas valitsust kiiremini reforme läbi viima. Eestlased võtsid osa manifestatsioonidest, mis sõja esimestel päevadel toimusid Tallinnas, Tartus, Viljandis ja mujal. Vaimustunult saatis rahvas teele mobiliseeritud tagavaraväelasi, suur osa eesti noori läks sõtta vabatahtlikena. Vene-isamaalisi avaldusi tegid poliitikud, ajakirjanikud, omavalitsused ja seltsid. Jaan Tõnissoni sõnul pidi üksmeelne sõjavaimustus ja rindel valatud veri lõplikult hajutama kahtlused separatismis: *Tohiks loota, et meie oma kodaniku-õigustele ja rahvuslisele iseolemisele Venemaa valitsuselt kartmata tarvilikku kaitset võime oodata, et oma kodumaal nõnda omi asju ajada ja nõnda elada, nagu see meie elunõuetele kohane.* "Tallinna Teataja" juhtkirjas aga öeldi: *Meile ja kõigile Läänemere rahvastele on praegune rahvaste sõda püha sõda – sõda meie ammuste rusujate ja orjastajate vastu, kellelt on tulnud meie 700-aastane orjapõli: nüüd on kättemaksmise tund. Sellepärast lähemegi sõtta püha kohusetundega. [---] Meie loodame sõja läbi endi rahvuslisi õigusi täieste tagasi saada ja enese olemasolemist kindlustada. Ei või olla, et sõda, mis rahvaste rõhumise ja militarismuse vastu peetakse, uut rahvaste orjastamist tooks.* Sellised avaldused olid pigem taktika kui sügav sisemine veendumus. Kuna Venemaa eest sõdida tuli sunniviisil niikuinii, siis püüti sellest lõigata maksimaalset kasu.

Rahvuslikud ringkonnad kasutasid baltisaksa positsioonide nõrgenemist surve avaldamiseks valitsusele. 1915. aastal võttis Jüri Vilms ajakirjas "Vaba Sõna" taas üles poliitilise rahvusautonoomia küsimuse, 1916 nõudis ta seda avalikus kõnes. Elavnes arutelu küsimuses, kas eestlased peaksid osalema Venemaa ühiskondlik-poliitilises elus. "Postimees" oli endiselt ettevaatlik. "Päevaleht" soovis enam tutvust teiste Venemaa rahvaste ja nende püüetega. "Üliõpilaste lehe" peatoimetaja Villem Ernits leidis, et tuleb olla ühel meelel kõigi nende rahvastega Vene riigis ja mujal, kes rahvaste vabaduse ja inimlikkuse eest võitlevad. Sotsialistid ja nooreestlased pidasid vajalikuks väikerahvaste osalemist Venemaa poliitilise elu uuendamisel.

Kõrvuti riiklike erikomiteedega asutati majanduslike ressursside mobiliseerimiseks ja sõjaliste tellimuste jaotamiseks ka ühiskondlikke organisatsioone. Tähtsamad neist olid sõjatööstuskomiteed ning Semstvote ja Linnade Liidu komiteed. Nende koosseisu kuulus ka eesti rahvusest ettevõtjaid ja poliitikategelasi, kes, kasutades oma ametlikku staa-tust ja kontakte võimuesindajatega, tõstatasid eestlasi huvitavaid poliitilisi küsimusi. Tartu Sõjatööstuskomitees ja Linnade Liidu Tallinna Komitees oli jäme ots eestlaste käes.

Sõjaolusid ära kasutades asutasid eesti tegelased 1915. aastal Jaan Tõnissoni juhtimisel ja eesti duumasaadikute osavõtul sõjapõgenike ning sõja läbi kannatanud isikute abistamiseks üle-eestilise organisatsiooni – Ajutise Põhja-Balti Komitee, mida juhtis selle Tartus asunud keskkomitee. See oli eestlaste ainus ülemaaline esindus ning selle ülesehitusse kuulusid maakonna-, kihelkonna- ja vallakomiteed. Põhja-Balti Komitees arutati ka poliitilisi küsimusi, esmajoones maaomavalitsuse reformi aluseid. Kohalikud valitsusasutused tunnustasid Komiteed kui eesti seltskonna esindust.

Sõja ajal jäid Eestis domineerivateks poliitilisteks vooludeks rahvuslus ja sotsialism. Liberaalid lootsid Vene riigi demokratiseerumist ja ootasid valitsuselt uusi reforme. Sotsiaaldemokraadid tahtsid riigikorda muuta üleriikliku revolutsiooniga. Noor-Eesti rühmitus, kes koondus kuukirja "Vaba Sõna" (1914–16) ümber (Jüri Vilms, Hans Kruus), propageeris evolutsioonilist sotsialismi, püüdes sotsialismi rahvuslusega ühitada.

Eestlased Vene sõjaväes

1914. aasta suvel vallandunud maailmasõjast kujunes hiigelheitlus, millesse kaasati enneolematud inimhulgad. Vene armee sõdurite ja ohvitseridena olid sunnitud impeeriumi eest sõdima ka eestlased.

Vene armee komplekteerimine maailmasõja eel tugines 1874. aastal kehtestatud üldisele sõjaväekohustusele, mille alusel teenistus relvajõududes jagunes kolmeks: tegevteenistus, teenistus reservis ja riikliku maakaitseväes. Tegevteenistuses tuli esialgu olla 6 (laevastikus 7) ja reservis 9 (3) aastat. Riikliku maakaitseväe teenistus aga kestis kuni 40. eluaastani. Järgnevatel aastail muudeti teenistusaja kestust mitmel korral. Maailmasõja eel kestis tegevteenistus jalaväes 3 ja ratsaväes 4 aastat.

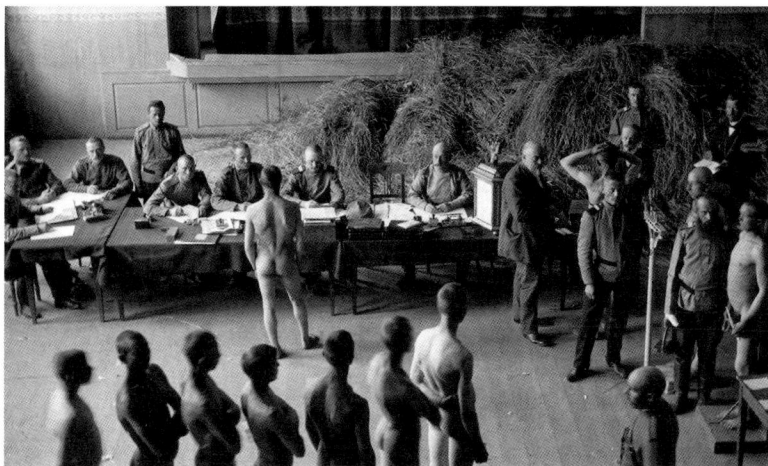

Mobiliseeritute vastuvõtukomisjon Viljandis (1914)

Teenistus mereväes kestis kokku 10 aastat: 5 tegevteenistuses ja 5 reservis.

Rahu ajal täiendati relvajõudude reakoosseisu noorsõdurite võtmise kaudu, mis toimus Vene impeeriumis iga aasta hilissügisel, olenevalt saagi valmimisest kas septembri lõpus või novembri alguses. Iga-aastane noorsõdurite norm valiti välja liisu teel 20-aastaseks (hiljem 21-aastaseks) saanud meeste seast. Tegevteenistusest kõrvale jäänud teenistuskõlblikud mehed arvati riiklikku maakaitseväkke. Sõjaväeteenistusest andsid vabastuse mitmesugused erandid, sealhulgas perekondlikud põhjused.

Sõja korral kutsuti tegevteenistusse armee reserv – tagavaraväelased, ning vajaduse korral ka riiklik maakaitsevägi. Neist esimesed mobiliseeriti osaliselt Vene-Türgi (1877–78) ja Vene-Jaapani sõja (1904–05) ajal. Täielikult rakendus üldine sõjaväekohustus Venemaal I maailmasõja ajal, mil kaasati ka maakaitseväge.

20. sajandi alguses tugines riikliku maakaitseväe korraldus 1891. aastal vastuvõetud seadusele. Esimese maailmasõja eel arvati selle koosseisu kogu tegev- ja reservteenistusse kaasamata sõjaväekohustuslik kuni 43-aastane meeselanikkond. Riikliku maakaitseväe ohvitseride teenistus kestis kuni 55. eluaasta-

ni. Lihtväelastest ja ohvitseridest koosnev kohustuslik riiklik maakaitsevägi pidi sõja ajal olema toeks alalisele armeele. Tema koosseis jagunes kaheks: 1. ja 2. järgu maakaitseväelasteks *(ратники)*. Esimese järgu nooromatesse aastakäikudesse kuulusid sõjaväeteenistusse füüsiliselt sobivad, kuid liisutõmbamisega tegevteenistusest kõrvale jäänud mehed. Esimese järgu maakaitseväelaste vanemad aastakäigud koosnesid tegev- ja reservteenistuse läbiteinud meestest. Mobilisatsiooni korral pidi 1. järgu maakaitseväelastega komplekteeritama maakaitseväeüksusi ning vajaduse korral ka regulaarüksusi. Riikliku maakaitseväe 2. järgu moodustasid perede ainukesed toitjad ning füüsiliselt tegevteenistusse sobimatud väeteenistuskohuslikud mehed. Nendega tuli komplekteerida üksnes maakaitseväe- ja tagalaüksusi.

Aastail 1875–1913 võeti Eestist noorsõduritena Vene armeesse u. 100 000 meest. Lisades sellele teistest kubermangudest võetud eestlased, võime saada tol perioodil sõjaväkke võetud eestlaste koguarvuks u. 110 000 meest. Enamik neist suunati teenima väljaspool Eestit, Venemaa teistes kubermangudes asuvatesse vägedesse. 19. sajandi lõpukümnendil suunati valdav osa eestlastest noorsõdureid Poolas asuvate sõjaväeosade täiendavaks komplekteerimiseks. Noorsõdurite rahvuslikku koosseisu iseloomustavad suhtarvud peegeldavad üsna täpselt impeeriumi elanikkonna rahvuslikku koostist ning demograafilist arengut tervikuna. Kui üldise sõjaväekohustuse algusaastail moodustasid eestlased kogu Venemaalt sõjaväeteenistusse võetud noorsõduritest u. 1,2%, siis maailmasõja eel (1910) oli see näitaja 0,7%.

Maailmasõja ajal kehtestati noorsodurite võtmise ajutised eeskirjad, millega kas peatati või muudeti mitmeid üldise sõjaväekohustuse sätteid. Põhimõtteliseks muudatuseks oli loobumine liisutõmbamisest: mehed kutsuti teenistusse kutsealuste nimekirjade alusel. Tunduvalt piirati ka sõjaväeteenistusest vabastamist. Sõja alguses anti välja eraldi eeskirjad vabatahtlike värbamiseks.

Peale tavapärase noorsõdurite võtmise toimusid Eesti alal esimesel sõja-aastal reservistide ning 1. järgu maakaitseväelaste mobilisatsioonid. 1915. aastal võeti Eestist noorsõdureid lisaks korralisele värbamisele teenistusse ka ennetähtaegselt. Tol aastal korraldati neli maakaitseväelaste mobilisatsiooni, kusjuures alates septembrist hakati teenistusse kutsuma 2. järgu maakaitseväelasi. 1916. aasta algul kutsuti teenistusse valge pileti mehed. Samal aastal korraldati viis maakaitseväelaste mobilisatsiooni ning viidi läbi ennetähtaegne noorsõdurite võtmine. 1917. aasta veebruaris võeti veel kord ennetähtaegselt noorsõdureid.

1914. aastal võeti Eestist teenistusse üle 17 600 reservisti, 3500 noorsõdurit ning ligi 14 500 maakaitseväelast, seega kokku üle 35 500 mehe ehk vähemalt 7% meeselanikkonnast. Maailmasõja kestel võeti Eestist sõjaväeteenistusse kokku ligikaudu 100 000 meest, kellest hukkus või jäi teadmata kadunuks üle 10 000. Kõigel sellel olid olulised demograafilised, majanduslikud ja sotsiaalsed tagajärjed. Sõja ajal vähenes Eestis tunduvalt tööjõuline meeselanikkond ning destabiliseerus järsult rahvastiku tavapärane demograafiline areng. Terava sotsiaalse probleemina tõusis päevakorrale teenistusse kutsutud ja sõjaväljal hukkunud meeste perekondade toetamise küsimus.

Maailmasõja ajal suurenes oluliselt eesti ohvitseride hulk Vene armees. Tugeva tõuke eesti ohvitserkonna kujunemiseks oli andnud junkrukoolide (hilisemate sõjakoolide) asutamine 1860.–70. aastail, kus said riigi kulul sõjalist haridust hakata omandama ka eestlased. Taustategurina mängis olulist rolli eestlaste üldhariduslike taseme tõus 19. sajandi teisel poolel ning venestuskampaania tagajärjel paranenud vene keele oskus. Eriti jõudsalt kasvas ohvitseriks pürgivate eestlaste arv 20. sajandi alguses.

Ajavahemikus 1870–1914 lõpetas sõjakooli ja ülendati kaadriohvitseriks ligikaudu 260 eestlast. Sõjalistest õppeasutustest oli eestlaste seas kõige populaarsem Vilno sõjakool (vähemalt 76 eestlasest lõpetajat). Suhteliselt palju eestlasi (52 isikut) õppis Peterburi jalaväe junkrukoolis (Vladimiri sõjakoolis). Eestlastest reservlipnikke oli maailmasõja eel üle 200. Eestlaste osakaal Vene ohvitserkonnas tervikuna moodustas 1914. aasta algul 0,4%. Maailmasõja alguses mobiliseeriti lisaks kaadriohvitseridele üle 180 eestlasest reservohvitseri, enamasti reservlipnikud. Sõja ajal lõpetas lipnike kooli või sõjakooli lühendatud kursuse ligikaudu 2200 eestlast, kellest ligi 2/3 tegi seda 1917. aastal. Sügisel 1917 teenis Vene armees juba ligemale 3000 eesti ohvitseri (üle 90% jalaväelased), nende seas mitukümmend staabi- ja kindralstaabi ohvitseri ning vähemalt kolm kindralit. Kolme diviisi- ja brigaadi- ning kümmekonna polguülema kõrval võitles rindel umbes 600 roodu- ja pataljonikomandöri. Ligi 30 eesti ohvitseri olid omandanud kõrgema sõjalise hariduse. 1917. aasta sügisel moodustasid eesti ohvitserid Vene ohvitserkonnast 1,2%.

Esimese maailmasõja lahingutes langes või jäi kadunuks vähemalt 120 eesti rahvusest ohvitseri. Enamik neist oli ohvitseriks saanud sõjapäevil, kaadriohvitsere langes teadaolevalt 33. Esimeses maailmasõjas paistsid paljud eesti ohvitserid silma isikliku vaprusega ning vähemalt 71 meest autasustati Vene armee kõige prestiižikama sõjalise autasu – Georgi ordeni või Georgi kuldmõõgaga.

Balti küsimus neljandas Riigiduumas

Sõja ajal pälvis Balti küsimus Riigiduumas enam tähelepanu kui kunagi varem, ja seda peamiselt propagandistlikel kaalutlustel. Tormiliste kiiduavalduste saatel kinnitasid eesti ja läti duumasaadikud Jaan Raamot, Jānis Zālītis ja Jānis Goldmanis oma emotsionaalsetes kõnedes, et eesti ja läti rahvas võitlevad vaenlase tagasilöömisel viimse hingetõmbeni, viimse veretilgani. Selleks, et eestlased ja lätlased saaksid *täita oma ajaloolist missiooni ja olla Venemaa vankumatuks eelpostiks saksa laine vastu*, nõudsid duumaliikmed valitsuselt kiiremaid liberaalseid reforme. Üldsõnaliselt toetasid sakslaste vastaseid meetmeid paljud oraatorid. Eriti ägedalt ründasid baltisakslasi niisugused tuntud paremäärmuslased, nagu Vladimir Puriškevitš ja õigeusu preester Jevlogi. Kui 1915. aasta augustis moodustati duumas 33-liikmeline erikomisjon *saksa ülevõimu vastu võitlemiseks*, kuulusid sellesse ka Jaan Raamot ja Jüri Oras. Esimeheks valiti endine parempoolne oktobrist G. Skoropadski, tema asetäitjaks Riiast valitud vene kadett vürst Sergei Mansõrev. Moodustati neli alakomisjoni, neist üks Baltimaade asjade kohta. Sõja ajal anti duumasse sisse mitu Venemaa sakslaste vastu suunatud seaduseelnõu, mis seadustena ka jõustusid. Sõjaministeeriumi initsiatiivil võttis Rahandusministeerium oma kontrolli alla Hersoni maapanga ja aadli krediidiühingud Balti kubermangudes.

Kuni Veebruarirevolutsioonini vene parteide rahvuspoliitikas muid olulisi nihkeid ei toimunud. Duumas moodustatud opositsioonilise Progressiivse Bloki "suures hartas" (kirjutati alla 25. augustil 1915) oli juttu üksnes Soome ja Poola autonoomiast, juutide õigustest ja Ukraina ajakirjanduse tagakiusamise lõpetamisest. 1915. aasta juulis panid *mittevene* rahvaste esindajad Riigiduumas ette lülitada kokkuvõtlikku formuleeringusse nõuded: 1) kaotada kõik üksikute rahvaste vastu suunatud halduslikud kitsendused; 2) kaotada seadusandlikul teel ära kõik usutunnistusest ja rahvuslikust kuuluvusest tulenevad kitsendused. Häältega 191:162 lükkas paremoktobristlik enamus selle ettepaneku tagasi. 1916. aasta veebruaris anti duumasse sisse analoogiline eelnõu, mis jäi pidama komisjoni.

Venemaa sõjaline ebaedu teravdas rahvusküsimusega seotud probleeme. 1916. aasta veebruaris-märtsis arenes duumas Balti küsimuses ulatuslik diskussioon. Eesti ja läti saadikud väljendasid sügavat pettumust, et valitsus pole kauaoodatud reforme ikka veel läbi viinud. Alexander von Meyendorff püüdis tõrjuda Balti aadlile esitatud ebalojaalsuse süüdistusi. Ta kõneles sakslastest kui kultuuritoojatest, tänu kellele on Baltimaade näol tegemist õitsva piirkonnaga, kus pärisorjus kaotati pool sajandit varem kui Venemaal. Sellele vaidles vastu Jaan Raamot: talupoegade varane vabastamine ilma maata polnud mingi hüve.

Eesti ja läti duumaliikmed esitasid IV Riigiduumasse seaduseelnõud maaomavalitsuse ümberkorraldamise, kohalike keelte kasutusala laiendamise, mõisnike privileegide kaotamise, agraarsuhete reguleerimise ja muu kohta. Suurem osa tähtsamaid eelnõusid esitati teist korda, kuna need polnud eelmises, kolmandas duumas pälvinud vajalikku tähelepanu. Sakslaste vastase kampaania raames kiitis duuma heaks rüütlimõisate omanike privileegide kaotamise, teede-ehituse koormiste reguleerimise ja kutsekoolide õppekeele ettepanekud. Seaduseks sai neist ainult esimene, ja seegi valitsuse redaktsioonis. Seega olid tulemused enam kui kesised.

Valitsuse Balti dilemma

Valitsuse tähtsamad seaduseelnõud Balti asjades esitati duumasse valdavalt 1914. aastal, veel enne sõja puhkemist. Need piirdusid peamiselt mõisnike ja talupoegade õiguslike vahekordade mõningase reguleerimisega, läksid mööda kõige pakilisematest probleemidest ja vältisid avarama tähendusega poliitilisi reforme. Niisugust venitamistaktikat kavatses valitsus jätkata ka sõja ajal, lubades reforme alles pärast sõja võidukat lõppu.

Sõjaline ebaedu 1915. aasta kevadel ja suvel ning Baltimaade osaline okupeerimine vaenlase poolt sundisid valitsust arutusel olevate küsimuste ringi laiendama. 22. märtsil 1915 saatis kõrgem ülemjuhataja, staabiülem kindral Nikolai Januškevitš peaminister Goremõkinile oma arvamuse Baltimaade olukorrast, kus ta kirjeldas baltisakslaste Vene-vaenulikke meeleolusid: rakendatud abinõudele vaatamata olevat nad sisimas jäänud Saksamaa pooldajateks. Ta märkis ka, et kohalike rahvaste patriotism pole siiras, see ei ole tingitud Venemaa-armastusest, vaid igipõlisest vaenust sakslaste vastu. Ta tuletas meelde 1905. aasta revolutsiooni ja nentis, et sotsiaaldemokraadid on jälle pead tõstnud, kohalikku omavalitsusse olevat pääsenud kõige pahempoolsemad elemendid. Uue revolutsiooni ohu kõrval tegi staabiülemale muret lätlaste püüd enesemääramisele. Januškevitš prognoosis, et juba lähemal ajal võib Baltimaades oodata tõsiseid ekstsesse, mida valitsus saaks reformide lubamisega ära hoida. Ta tegi ettepaneku moodustada reformikavade väljatöötamiseks Balti krai asjade erinõupidamine Soome asjade erinõupidamise eeskujul.

Oma vastuses 27. aprillist 1915 tunnistas peaminister, et Balti kubermangude *vananenud ühiskondlik ja majanduslik kord* vajab muutmist. Ta teatas, et vastavates ametkondades on arutamise järjekorda võetud lai ring Balti probleeme: maaomavalitsus, aadli asutused, kirikupatronaadi õigus, kohalike keelte kasutamise piirid, mõisapolitsei, äralõikemaad, mõisnike privileegid talumaa suhtes ja teised küsimused.

Mõned reformid teostatigi. Põhiseaduse § 87 alusel antud erakorraliste seadustega kaotati 1916. aastal kiires korras mõisapolitsei ja mõisnike kõige silmatorkavamad majanduslikud privileegid (Balti tsiviilseadustiku §§ 883, 892). Politseireformi põhjendas siseministeerium vajadusega kehtestada sõjategevuse

piirkonnas ühtne politseivõim. Reformide projekteerimisel jõuti mõnikord ka absurdini. Nii kavatses siseministeerium anda mõisniku kirikupatronaadi (pastori valimise) õiguse üle mitte kogudusele, vaid bürokraatlikele instantsidele.

24. märtsil 1916 esitasid 93 duumaliiget Baltimaade maaomavalitsuse reformi seaduseelnõu. Selle dokumendi tähelepanuväärsemad ideed olid: ajaloolıselt kujunenud Balti eripära arvestamine ja lahknevus Vene semstvokorraldusest, mitteseisuslik valimissüsteem, mis annaks valimisõiguse kõigile omavalitsusmaksude maksjaile (ka naistele), kubermangupiiride muutmine rahvustunnuse alusel, läti ja eesti keele kasutamine omavalitsusasutustes.

Eelnõu arutamisel ministeeriumides väljendasid valitsuse liikmed konfidentsiaalselt küllalt selgelt oma seisukohti Balti poliitika põhijoonte asjus. Seda, et maaomavalitsuse korraldus on iganenud ja vajab reformimist, ei vaidlustanud ükski kabineti liige. Enamik neist leidis aga, et reforme saab läbi viia vaid pärast sõja lõppu, kui maa on vaenlasest vaba. Ministrid lükkasid tagasi projekti peaaegu kõik olulisemad punktid. Nad kinnitasid, et Baltimaades tuleb rakendada Vene 1890. aasta semstvoseadust minimaalsete kõrvalekalletega, mis justiitsminister Aleksei Hvostovi sõnul likvideeriks lõplikult *Balti õiguse endise autonoomia* aadli maaomavalitsuse näol. Rahandusminister Peter (Pjotr) Bark arvas, et kubermangupiiride muutmine rahvustunnuse järgi pole põhimõtteliselt vastuvõetav ja looks ebasoovitava pretsedendi. Ka ei olevat eestlastel ning lätlastel suurt vahet. Sinodi ülemprokurör Aleksandr Volžin vaatles Baltimaade olusid läbi õigeusu kiriku prisma ja nõudis õigeusklike huvide silmaspidamist. Siseministeeriumi kohaliku majanduse peavalitsuse ülem Nikolai Antsiferov soovitas reformi läbi viia mitteseisuslikul alusel ning anda valimisõigus taluperemeeste kõrval ka rentnikele.

Ministrid olid ühel meelel selles, et emakeelset asjaajamist ametiasutustes lubada ei saa. Kui mingeid tõsisemaid reforme üldse läbi viia, siis tuleb juhinduda Vene riikluse tugevdamise ja Baltimaade eraldatuse likvideerimise põhimõttest.

Kõige suurem probleem valitsuse Balti-poliitikas oli, kuidas teostada reforme nii, et saksa mõju vähenedes ei laieneks lätlaste ja eestlaste õigused, vaid tugevneks hoopis vene mõju – olukorras, kus vene elanike arv ja tähtsus selles regioonis oli väike. Selle üle tundsid eriti muret välisminister Sergei Sazonov ja sõjaminister Dmitri Šuvajev. Esimene rõhutas impeeriumi strateegilisi huve Balti piirimail, teine kahtles lätlaste ja eestlaste lojaalsuses Venemaale ja Vene riikluse ideele.

Nagu võib ette näha, tuleb Venemaal pärast rahu sõlmimist oma välispoliitilisi eesmärke ellu viies paljude aastate vältel kokku põrgata Saksamaaga, kelle vastu võitlemine jääb endiselt päevakorrale. Sellises olukorras on esmajärguline tähtsus Vene riikluse igakülgsel tugevdamisel Saksamaaga geograafiliselt piirneval Balti äärealal. [---] Ma ei suhtu eelarvamusliku umbusuga ühtegi impeeriumi rahvasse, kuid arvan, et pole Venemaa huvides aidata riigi seadustega kaasa väikeste rahvusrühmade tugevnemisele meie ääremaadel. [---] On muidugi lubamatu säilitada saksa elanikkonna endist valitsevat seisundit kolmes kubermangus, ent niisama lubamatu on loovutada mõju ja maaomavalitsusvõim eestlastele ja lätlastele, arvas Sazonov.

Sõjaminister Šuvajev kirjutas: *käimasoleva sõja tulemusena peab ääremaadel, sealhulgas Balti kubermangudes, tugevnema vene rahvus. Seda arvestades oleks soovitav viia kõik kohalikud reformid ellu pärast sõda, kui kujuneb uus elukorraldus ja selguvad elanike vajadused.*

On täiesti loomulik, et Balti krai uue omavalitsusseaduse väljatöötamisel on hetkel raske valida kõige sobivamaid esindusnorme ja määrata kindlaks eri rahvuste õiget suhet, seda enam, et riiklikus mõttes kõige tähtsam ja väärtuslikum rahvus, venelased, praegu tegelikult puudub.

Neil asjaoludel tekib loomulikult kartus, et kärpides riikliku vajaduse sunnil saksa mõju, võime langeda teise äärmusse ja tugevdada Balti kubermangudes ülekaalus olevate eesti ja läti rahva tähtsust.

Kuigi need rahvad peavad end käimasolevas sõjas ülal täiesti lojaalselt ja võitlevad vapralt vaenlasega, siiski ei tohi sulgeda silmi selle ees, et eestlaste ja lätlaste lojaalsust ning vaprust ei ole esile kutsunud mitte niivõrd ustavus Venemaale ja Vene riikluse ideele, kuivõrd vaen sakslaste vastu.

Selleks, et lätlased ja eestlased ei pääseks maaomavalitsuses domineerima, olid ministrid valmis kõrvale kalduma üldisest ühtlustamistendentsist ja rakendama Baltimaades erakorralisi norme. Sõjaminister Šuvajev tegigi ettepaneku anda väikesearvulisele vene rahvusrühmale, sealhulgas Venemaalt tulnud ametnikele, eriõigused *(особые права)* maaomavalitsusest osavõtuks. Välisminister Sazonov formuleeris kontseptsiooni, mille naelaks oli kõigi elanikkonna kihtide tasakaalustamine hästi läbimõeldud kuriaalsete valimistega. Ainult nii saavat muulasi allutada üldriiklikele ülesannctclc. Nähtavasti tahtis valitsus järgida Pjotr Stolõpini ja parempoolsete duumaparteide manipulatsioone rahvuslike kuuriatega läänekubermangudes aastail 1908–11.

Samas said valitsuse liikmed aru, et tegelikult kujuneb maaomavalitsuse reformi kavandamine väga keerukaks. Baltimaade rahvaste ärritamine ähvardaks riigi julgeolekut, nende huvide arvestamine aga oleks impeeriumile kahjulik. Initsiatiivi ei tahetud jätta ka duumale ja seal enamuses ning valitsusega opositsioonis olevale Progressiivsele Blokile. Neil kaalutlustel otsustas kabinet 20. mail 1916, viidates sõjaaja rasketele oludele, lükata vastava seaduseelnõu koostamine paremate aegadeni edasi.

Venemaa jätkuv sõjaline ebaedu, sündmused Poolas, germanofoobia suurenemine ning eesti ja läti ringkondade tugevnev surve sundisid valitsust 1916. aasta sügisel seda tülikat küsimust taas päevakorda võtma. Nähtavasti kardeti, et valitsuse passiivsusest tekkinud pettumus võib vähendada lätlaste ja eestlaste indu valada verd Vene isamaa eest või koguni kallutada neid vaenlase poole. Samuti kardeti, et okupeeritud territooriumil võidakse moodustada Saksamaast sõltuv riik (nagu Poolas), kus seni riius olnud kohalikud mittevene elemendid võivad jõuda kompromissile venevastasel alusel. Seetõttu suhtusid Vene võimud tõrjuvalt igasugusesse kohalikku initsiatiivi.

Baltisaksa ülemkihtide maine järsk langus Vene valitsuse ja üldsuse silmis oli teinud baltlased eestlaste nõudmistele järeleandlikumaks. 1915. aastal saavutas Konstantin Päts Eestimaa Rüütelkonna Komiteega kokkuleppe maaomavalitsuse ümberkorraldamiseks mõisnike ja taluperemeeste esindatuse pariteedi alusel. Valitsus, kes nägi siin Balti separatismi avaldust ja kahe mittevene elemendi ohtlikku lähenemist, seda reformikava ei kinnitanud. Eestimaa talupoegade vabastamise 100. aastapäeva tähistamiseks moodustatud eesti-saksa ühiskomiteel keelati kategooriliselt reformide küsimusega tegelda.

9. novembril 1916 pöördus siseminister Aleksandr Protopopov peaminister Boris Stürmeri poole ettepanekuga Balti maaomavalitsuse küsimus uuesti läbi vaadata. Viidates otseselt Poola sündmustele, pidas ta tungivalt vajalikuks, et valitsus teeks duumas avalduse ja tunnistaks maaomavalitsuse reformi Baltimaades "õigeaegseks ja edasilükkamatuks", kusjuures aluseks võetaks olemasolev omavalitsuse kord.

23. novembril 1916 tegi Ministrite Nõukogu seaduseelnõu koostamise ülesandeks siseministeeriumile. Seal selgus, et tööks vajalikke statistilisi andmeid pole piisavalt. Kuidas kavandati teabe kogumist vaenlase poolt okupeeritud Kuramaalt, pole teada. Kogu aktsiooni katkestas revolutsioon ja monarhia kokkuvarisemine.

Sõjategevus 1914–1916

1914. aasta suvel vallandunud sõda haaras peagi kaasa suurema osa Euroopa riikidest, osalt Aasia ja Aafrika, ning ei jätnud kõrvale ka maailmamereid. Otsustavaks sõjatand-

riks kujunes Läänerinne, kuhu Saksamaa koondas oma põhijõud – kokku ligi 1,7 miljonit meest. Saksa sõjaplaani järgi tuli võimalikult kiiresti purustada Prantsusmaa, et seejärel suunata kõik jõud *Vene aururulli* vastu. Vene sõjaplaani alusel tuli pealöök anda Austria-Ungarile. Selleks koondati Edelarindele Galiitsia piiridele ligi 700 000 meest. Ida-Preisimaale koondati Looderinde koosseisus 380 000 meest, et tõkestada võimalik ku rünnakut Petrogradi suunal.

Liitlastele – Prantsusmaale ja Inglismaale – vastu tulles alustasid Vene väed, jõudmata lõpetada kõiki ettevalmistusi Ida-Preisimaal, 1914. aasta augustis pealetungi, mis lõppes Tannenbergi katastroofiga ja Vene 2. armee sissepiiramisega Masuuria järvedest läänes. Vene Läänearmee pealetung Galiitsias kulges samal ajal edukalt, lühikese ajaga vallutasid venelased suure osa Lõuna-Poolast. 1914. aasta septembris toimunud Marne'i lahinguga tõkestas Prantsuse armee sakslaste pealetungi Pariisile ning Läänerindel kujunes välja positsioonisõda. Idarindel jätkus aktiivne sõjategevus Poolas, kuid aasta lõpuks stabiliseerus rinne lühikeseks ajaks ka sellel sõjatandril.

Saksamaa välksõja plaani läbikukkumine sundis Keskriike muutma oma senist strateegiat. 1915. aastal koondati Idarindele arvukalt vägesid ning veebruaris algas Ida-Preisimaalt Saksa armee pealetung, mis lõppes Kuramaa ja Daugavast lõunasse jääva Läti territooriumi okupeerimisega. 1915. aasta sügiseks stabiliseerus rinne paarkümmend kilomeetrit Riiast lõunas ning kulges ida suunas Daugava jõge mööda Daugavpilsini. Saksamaa ja Austria-Ungari saavutasid sõjalist edu ka Poolas ja Galiitsias. 1915. aasta lõpuks kulges Idarinne Karpaatidest üle Lääne-Ukraina ja Valgevene Daugavpilsini. Vene väejuhatus nimetas Looderinde ümber Põhjarindeks keskusega Pihkvas. Rinde koosseisu kuulus ka Riia kaitsel asuv 12. armee, mille tagalaüksused paiknesid Lõuna-Eestis.

1916. aasta veebruaris alustas Saksa armee massiivset pealetungi strateegiliselt tähtsale Verduni kindlusele. Vene väejuhatus korraldas

Soome ja Liivi lahe kaitsesüsteem

1 Muhu väina positsioon (Sõrve-Kõpu)
2 Irbe positsioon (Muhu väina pos. osa)
3 Eelpositsioon (Tahkuna-Hanko)
4 Peapositsioon (Tallinn-Porkkala)
5 Põikpositsioon (Helsingi lähistel)
6 Varupositsioon (Meriküla-Rankkisaari)
7 Kroonlinna positsioon

Lääne-Eesti saarestik
12.–20.10.1917

Helsingi
12.04.1918

Peterburi
(Petrograd)

Enamlaste riigipööre
7.11.1917

Paldiski
Tallinn
8.11.1917
25.02.1918

Rakvere
27.02.1918

Narva
4.03.1918

Haapsalu
21.02.1918

Paide

Pärnu
25.02.1918

Viljandi

Tartu
7.11.1917
24.02.1918

Kuressaare
13.10.1917

Võru

Liivi laht

Valmiera
(Volmari)
20.11.1917
20.02.1918

Valga
20.11.1917
22.02.1918

Pihkva
15.11.1917
25.02.1918

Cēsis
(Võnnu)
8.11.1917
20.02.1918

Ventspils
(Vindavi)
18.07.1915

detsember 1917

Aizpute
8.05.1915

Jõululahingud
detsember 1916

Riia
3.09.1917

Rēzekne

Jelgava
(Miitavi)
1.08.1915

Jaunjelgava

Liepāja
(Liibavi)
8.05.1915

Šiauliai
21.07.1915

september 1915

Ilūkste
23.10.1915

Daugavpils (Dvinsk)
18.02.1918

Telšiai

Panevėžys
27.07.1915

oktoober 1915

Klaipėda
(Memel)

Polatsk
(Polotsk)
2.03.1918

Raseiniai

mai 1915

aprill 1915

Sovetsk
(Tilsit)

Kaunas
18.08.1915

Švenčionys
13.09.1915

veebruar 1915

Königsberg

Vilnius
19.09.1915

august 1914

Vene vägede kaugeima vallutuse joon 1914
rindejooned 1915–1917
Saksa vägede kaugeima vallutuse joon 1918
kubermangupiir
kubermangupiir kuni 12.04.1917
kubermangupiir alates 12.04.1917
Soome ja Liivi lahe kaitsepositsioonide piirid
pealinn
linn

Kętrzyn
(Rastenburg)

Suwałki

Lida
(Lyda)

7.11.1917 nõukogude võimu väljakuulutamine
3.09.1915 asula vallutamine sakslaste poolt 1918
            (kõik kuupäevad on kaardil uue kalendri järgi)
            saksa sõjalaevade tegevus
            miiniväli

Olsztyn
(Allenstein)

Augustów

Tannenbergi lahing
august 1914

Grodna
3 .09.1915

Esimene maailmasõda Baltimaades

Keiser Peeter Suure merekindluse varemad Naissaarel

Saksa vägede sidumiseks 1916. aasta märtsis Põhjarindel pealetungi, millel polnud erilist edu. Seevastu oli edukas suvine pealetung Austria-Ungari vastu Edelarindel, mis päästis Itaalia armee lõplikust hävingust. Saksa väejuhatus katkestas Verduni ründamise ja paiskas osa vägesid Austria-Ungarile appi. Venelased tõrjuti Galiitsiast välja ning Rumeenia purustati. Seejärel oli Venemaa sunnitud avama lõunas Rumeenia rinde.

Sõjategevus merel etendas teisejärgulist osa. Saksamaa peatähelepanu meresõjas oli pööratud Inglismaa vastu, mistõttu sõjalaevastiku põhijõud olid koondatud Põhjamerele, kuid ülekaal säilitati ka Läänemerel, kus toimuvad sündmused puudutasid riivamisi ka Eestit.

Vene Balti laevastik hakkas mobilisatsiooniks ettevalmistusi tegema juba 1914. aasta alguses. Suve hakul oli valitsus välja kuulutanud sõjaks ettevalmistamise perioodi, millega kaasnesid vastavasisulised korraldused ka Balti laevastikule: kästi laiali saata õppekomandod, avati oodatava mobilisatsiooni jaoks täiendavaid krediite ning tugevdati sadamate (Tallinn, Suomenlinna, Helsingi) kaitset. 13. juulil viidi Tallinnas asuv eskaader Helsingisse ja Soome lahes pandi käiku ristlejate pidev valve. Valmistuti miinitõkete veeskamiseks. Sõja puhkedes allutati Balti laevastik 6. armee ülemjuhatajale, kes tegi laevastikule ülesandeks kõigi vahenditega tõkestada vaenlase võimalikku dessanti Läänemerelt, võttes aluseks 1912. aastal kinnitatud sõjategevuse plaani.

Aastail 1914–16 ründasid Saksa sõjalaevad ja lennuvägi mitmeid kohti Eesti rannikul, eesmärgiga demonstreerida oma jõudu ning tekitada elanikkonna seas paanikat. 1914. aasta augustis pommitasid Saksa ristlejad paaril korral Ristna ja Tahkuna majakaid, mille puhul "Päevaleht" tõdes, et *ilma kaitseta majakate laskmises võib sakslaste täielikku kultuura puuduse avaldust näha.* Kuu lõpul jooksis Saksa kergeristleja "Magdeburg" Osmussaare juures udu tõttu madalikule. Vene Balti laevastiku ristlejad said jaole, kuid "Magdeburg" suutis end seni kaitsta, kuni suurem osa meeskonnast appirutanud torpeedopaadiga minema toimetati. Seejärel lasti sõjalaev õhku. Venelaste kätte langes vangi umbes 60 sakslast. Novembris kaotasid sakslased Klaipeda (Memel) lähistel miinile sõitnud soomusristleja "Friedrich Carl". 11. oktoobril 1914 ründas Saksa allveelaev U-26 edukalt ristlejat "Pallada", mis uppus kogu meeskonnaga (570 liiget) mõne minuti jooksul.

1915. aasta augustis rünnati Kuressaaret ja Pärnut. Saksa sõjalaevade ilmumine vallandas paanika, levima hakkasid kuulujutud sakslaste suuremast rünnakust. Kuressaares asuvad valitsusasutused evakueeriti kiirkorras. Koos ametiasutustega püüdsid saarelt lahkuda ka paljud eraisikud. Samasugune paanika vallandus Pärnu pommitamisel. Selle peamiseks tekitajaks oli Pärnus paikneva maakaitseväedružiina ülem polkovnik Pavel Rodzjanko, Vene duumasaadiku Mihhail Rodzjanko vend, kes arvas, et sakslased korraldavad ulatusliku dessandi maale. Dessandi kartuses lasti tema käsul õhku elektrijaam, Schmidtide õlivabrik ning "Waldhofi" tselluloosivabrik. Viimase kontorihoones hävisid kõigi tööliste passid. Vabrikus olevad 250 000 puuda soola lubasid võimud rahval tasuta laiali vedada, osa puistati merre. Kuigi dessanti ei toimunud, teatas Rodzjanko Pärnu all saavutatud "võidust" oma vennale, kes luges sellekohase teate Riigiduumas ette. Hiljem selgus, et tegemist oli väljamõeldisega. Keiser Peeter Suure merekindluse ülem, admiral Aleksandr Gerassimov andis välja päevakäsu, milles mõistis Rodzjanko tegevuse ühemõtteliselt hukka.

Pärnu sündmused põhjustasid segadust ka sisemaal. Elvas levisid kuulujutud, et sakslased on Pärnus maale tulnud ning tungivad autodel ja ratsa edasi sisemaale. Augusti lõpus (28. 08.) pommitas Paldiskit Saksa tsepeliin SL-4, tegemata linnale siiski märkimisväärset kahju. 1916. aasta juulis pommitasid Saksa lennukid Tallinna, augustis langes rünnaku ohvriks Ruhnu saar. 29. oktoobril 1916 langes tõsisema pommituse alla taas Paldiski.

Sõda ja Eesti majanduselu

20. sajandi alguseks oli Eestis kujunenud kaks põhilist tööstuskeskust, Narva ja Tallinn, mõlemad olulised sadamalinnad ja raudteede sõlmpunktid. Narva oli koondunud peamiselt tekstiilitööstus, Tallinnast kujunes metallitööstuse keskus. Tööstuse rajamist soodustasid Eesti geopoliitiliselt soodne asend, suhteliselt odav tööjõud, lähedus Peterburile ning hea raudteeühendus Venemaa eri piirkondadega. Läbi Eesti toimus suur osa Ida-Lääne transiidist. Siia rajatud ettevõtete profiiliks oli eelkõige imporditud tooraine töötlemine, sellega hoiti kokku transpordikulusid. Kohalik tööstuslik tooraineressurss (lubjakivi, savi, metsamaterjal, dolomiit) etendas suurtööstuse rajamisel väikest osa.

Tallinna tähtsus Eesti ala tööstuskeskusena kasvas seoses Venemaa sõjaliste ettevalmistustega, mis suurenesid pärast Vene-Jaapani sõda. Ulatuslike sõjalaevastiku väljaehitamise kavade täitmiseks vajati uusi laevaehitusettevõtteid. Aastail 1912–14 ehitati Tallinna kolm uut sõjalaevatehast (Põhja-Balti, Bekkeri, Noblessneri), kus leidis rakendust üle 10 000 töölise. Loodi ka muid, sõjalisi tellimusi täitvaid väiksemaid ettevõtteid (mõned neist eestlaste kapitaliga), arendati infrastruktuuri, püstitati vajalikke abi- ja olmeehitisi. Tööstuse kiire kasv kujunes oluliseks migratsioonipumbaks. Eestisse toodi arvukalt spetsialiste välismaalt ja töölisi Venemaa teistest piirkondadest. Tööjõu liikumisele Venemaal aitas kaasa Stolõpini agraar-

reform. Uutes tehastes tööd leidnud kohalik tööjõud pärines eelkõige talupoegade hulgast. Suurtööstuse rajamist Eestisse rahastasid baltisaksa, Moskva ja Peterburi ärimehed, oluline osa oli ka välisinvesteeringutel.

Maailmasõja sündmused mõjutasid Eesti majanduslikku olukorda tunduvalt. Sõja puhkedes tekkisid tõsised probleemid tooraine ja kütuse hankimisega nii välismaalt kui Vene sisekubermangudest. Eriti teravaks muutus kütuseprobleem, kuna sõja puhkemisega katkes Inglise ja Saksa kivisöe sissevedu. Uute kütuseallikate kasutusvõimalusi uurides tõusis 1916. aastal esmakordselt päevakorrale Eestimaa põlevkivi tarvitamine, ja samal aastal rajatigi esimesed kaevandused.

Eelistatud olukorras olid otseselt sõjalisi tellimusi täitvad ettevõtted, eelkõige Tallinna laeva- ja masinatehased, mille varustamine toimus esmajärjekorras. Laevatehastel tuli laiendada ka sõjalaevade remonti. Täielikult lülitusid sõjatellimuste täitmisele kalevivabrikud, hakates tootma harilikku mundrikalevit. Ka puuvillatööstus täitis peamiselt sõjaväe tellimusi.

Tööstuse sõjaaja vajadustele kohandamiseks loodi 1915. aastal Tallinna tööstusrajooni erikomitee, mida juhtis merekindluse komandant. Lisaks moodustati Tallinnas ja Tartus ühiskondlikel alustel sõjatööstuskomiteed, mis tegelesid eelkõige väikeettevõtetele sõjaliste tellimuste vahendamisega. Tallinnas moodustati veel eraldi Tallinna Rajooni Tehaste Erinõupidamine, mille ülesandeks oli koordineerida ettevõtete sõjatoodangu ja esmatarbekaupade tootmist. Erinõupidamisele allusid sisuliselt kogu Eesti ala tööstusettevõtted. Erinõupidamise volitused olid suured ja hõlmasid nii kontrollifunktsioone kui ka vastutust ettevõtete kütuse, tooraine ja tööjõuga varustamise eest. Keskvalitsus määras kindlaks toodangu, kütuse ja tooraine hinnad ja normeeris ettevõtete varustamist. Maailmasõja ajal muutis sõjaliste tellimuste täitmine tööstuse struktuuris senise tekstiilitööstuse asemel juhtivaks haruks metalli- ja masinatööstuse.

1916. aastaks oli kogu Eesti tööstus (osaliselt ka väiksemad tööndusettevõtted) allutatud sõjaliste tellimuste täitmisele. Tallinna laevatehaste töölised kuulutati juba 1914. aastal mobiliseerituks ja kinnistati tehaste juurde, kust nad ei võinud ilma loata lahkuda. Järgmisel aastal kinnistati laevatehaste eeskujul ka teiste suuremate tehaste töölised. Osa tööstusettevõtteid evakueeriti, kõige enam 1917. aasta sügisel. Sõjaliste tellimuste kasvades, eriti pärast rinde lähenemist Riiale ja sealsete tööstusettevõtete evakueerimist, vajati täiendavat tööjõudu. Tööjõuprobleemi leevendamiseks lubati alates 1915. aastast tehastes kasutada naisi ja alaealisi, kaitsevajadusteks töötavates ettevõtetes võis seda teha piiramatult. Naiste osakaal Eesti tööstustööliste hulgas kasvas 40%-ni. Vähemal määral saadi uut tööjõudu sõjapõgenike seast, erandkorras rakendati ka sõjavange (Fr. Krulli tehases). Sõjaeelselt 45 000-lt kasvas tööstustööliste arv 1917. aastaks 50 000-le. Tallinnasse tuli juurde arvukalt merekindluse ehitustöölisi ja sõjaväelasi oma perekondadega. Aastail 1913–16 kasvas linnaelanike arv 104 000-lt ligikaudu 160 000-ni.

Maailmasõja mõju põllumajanduse arengule oli mitmepalgeline. Põllumajanduse edenemist takistas eeskätt tööjõu vähesus, kuna enamik tööjõulisest maaelanikkonnast mobiliseeriti või rakendati kindlustuste ehitusel. Tööjõupuudus andis eriti tunda mõisamajapidamistes, kus järjest enam hakati rakendama naistöölisi. 1917. aastaks oli tööjõud võrreldes sõjaeelse tasemega kahanenud taludes 30%, mõisates koguni kuni 45% võrra. Olukorda raskendas veelgi veohobuste, vähemal määral kariloomade ja vilja rekvireerimine sõjaväe tarbeks. Katkes põllutöömasinate ja väetiste sissevedu Eestisse. Sõja ajal ahenes tunduvalt kartulikasvatus, kuna kehtis kartuli väljaveo keeld ja kuiv seadus vähendas viinapõletamist. Mõisates, kus oli raskem mobiliseeritud tööjõudu asendada, vähenesid tootmine ja kariloomade arv. Tugevamad talud kasutasid soodsat konjunktuuri tootmise laiendamiseks. Kasvas kaera külvipind,

sõjaväevõimud garanteerisid põllupidajatele küllaltki kõrged müügihinnad. Põllumajandussaaduste hinnad tõusid eriti kiiresti 1916. aastal, mil saak jäi eelmise aastaga võrreldes tunduvalt kesisemaks. Tervikuna tõi sõda aga kaasa tunduva elukalliduse tõusu ning elanikkonna üldise majandusliku olukorra halvenemise, luues soodsa pinna mässumeelsuse kasvule ühiskonnas ning sotsiaalseteks vapustusteks.

EESTI SAAVUTAB AUTONOOMIA

Veebruarirevolutsioon ja kaksikvõim

1917. aasta algul oli Vene impeerium jõudnud sõjalise ja majandusliku kokkuvarisemise äärele. Veebruari lõpul puhkes riigis teine demokraatlik revolutsioon, mis kukutas 300 aasta vanuse Romanovite dünastia ja kehtestas vabariigi. 23. veebruaril algas Petrogradis streik, mis 25-ndal muutus üldiseks. 27. veebruaril algas Petrogradi garnisonis mäss ja sama päeva õhtuks oli peaaegu kogu pealinn ülestõusnute käes. Riigiduuma moodustas *võimu organiseerimiseks ja korra taastamiseks* Riigiduuma Ajutise Komitee eesotsas oktobrist Mihhail Rodzjankoga. 28. veebruaril teatas Ajutine Komitee riigivõimu ülevõtmisest. 2. märtsil loodi Riigiduuma Ajutise Komitee ning Petrogradi Tööliste ja Soldatite Saadikute Nõukogu kokkuleppel Ajutine Valitsus, kus enamus oli endistel opositsiooniparteidel – kadettidel ja oktobristidel. Valitsuse juhiks sai Georgi Lvov, välisministriks Pavel Miljukov, justiitsministriks Aleksandr Kerenski. Samal päeval loobus Nikolai II troonist. Riigis tekkis omapärane ja harvaesinev olukord – kaksikvõim: Ajutine Valitsus ja nõukogud. Kumbki neist võimukandjaist polnud sedavõrd tugev, et oleks suutnud valitseda üksinda ja täiesti iseseisvalt. Nende omavahelisi suhteid iseloomustas pidev hõõrumine ja vastuolud, mis edaspidi kulmineerusid võimukriisides.

1917. aasta kevadel sai põliste despootlike traditsioonidega Venemaast üleöö vaba maa. (Vabariik kuulutati küll välja alles 1. septembril 1917.) Revolutsioonilise eufooria tingimustes kuulutas uus võim välja kõikvõimalikud kodanikuõigused ja vabadused, sealhulgas üldise valimisõiguse (ka naistele). Kaotati seisuslikud ja religioossed kitsendused, poliitvan-

gid vabastati. Poliitilised põgenikud, sh. eestlased pöördusid kodumaale tagasi valitsuse kulul. Rahvahulki haaras tohutu vaimustus ja võidujoovastus. Inimesed arvasid, et raskused on seljataga ja ees ootab roosiline tulevik. Riigi edasine saatus ja korraldus pidi tulema arutusele demokraatlikult valitud Asutavas Kogus. Seal pidi otsustatama kõik tähtsad küsimused: riigikord, maaküsimus, rahvuspoliitika (suhtumine vähemusrahvustesse). Lüüasaamistele vaatamata tahtis Ajutine Valitsus viia sõja võiduka lõpuni. Seda nõudsid talt ka liitlased. Võimu dualism, sõjast tingitud laos ja valitsuse kitsas ühiskondlik kandepind ei võimaldanud olukorda riigis stabiliseerida. Enneolematu vabadus ainult süvendas anarhiat.

Eesti sündmusi mõjutas Petrogradi kõrval kõige enam olukord Balti laevastikus. 1. märtsil puhkes Kroonlinnas mäss. Samal päeval algas Tallinna vabrikutes streik, mis 2. märtsil kasvas ülelinnaliseks. Sõjalaevade madrused hakkasid mässama ja ühinesid töölistega. Kõigepealt ründas rahvas Rannaväravas Paksu Margareeta tornis asuvat vang-

Paks Margareeta pärast põletamist

Aleksandr Kerenski Tallinnas 9. aprillil 1917

lat. Vangid vabastati ja kindlustorn pandi põlema. Põlema pandi ka kubermanguvangla Toompeal. Rahvas rüüstas kohtu- ja politseiasutusi ning lõbumaju. Korrakaitseks moodustati rahvamiilits. Eestis sai surma umbes 20 inimest – politseinikud, ohvitserid, baltisakslased.

3. märtsil valiti Tallinnas ja seejärel mujal Eestis tööliste ja soldatite saadikute nõukogud. Armee ja laevastiku üksustes loodi komiteed (näit. Balti Laevastiku Keskkomitee – *Tsentrobalt*). Esialgu domineerisid nõukogudes esseerid, mõnel pool ka menševikud, ja ainult Narvas enamlased. Juhtivaks kujunes Tallinna Nõukogu, kellele allus enamik Põhja-Eesti nõukogusid. Tööliste, soldatite ja madruste kõrval saatsid sellesse oma esindajad ka Tallinna linnavolikogu ja eesti seltsid. Märtsi lõpul ulatus delegaatide arv u. 300-ni. Venelaste ja eestlaste vahekord selles oli 6:4.

Venemaa sisekubermangudes tagandas Ajutine Valitsus tsaariaegsed kubernerid ja määras oma esindajateks semstvovalitsuste esimehed, kes nimetati kubermangukomissarideks. Balti kubermangudes täitsid semst-

vote funktsioone aadli omavalitsused. Nende juhte ei saanud kuidagi uue võimu esindajateks panna. Seepärast nimetas Ajutine Valitsus 5. märtsil Eestimaa kubermangu komissariks Tallinna linnapea Jaan Poska, kelle ametissemääramise kasuks kõneles tema venemeelne reputatsioon ja hea läbisaamine kohaliku vene koorekihiga. 6. märtsil võttis Poska Eestimaa kubernerilt Pjotr Verjovkinilt kubermanguvalitsuse asjaajamise üle. Ta nimetas ametisse maakonnakomissarid ja miilitsaülemad eesti tegelaste seast. Liivimaa kubermangu komissariks nimetas Ajutine Valitsus Riia linnapea, lätlase Andrejs Krastkalnsi. Seega oli kohalik riigiaparaat ja omavalitsused Balti provintsides läinud eestlaste ja lätlaste kätte. Eesti administratsiooni suhted nõukogudega olid pinevad, korduvalt tekkis avalikke konflikte ja kokkupõrkeid ametnike kohalemääramise, rahvusväeosade loomise jm. küsimustes. Teatavat mõju avaldasid ka võimukriisid Petrogradis.

Märtsis-aprillis haaras ka Eestit üldine võidujoovastus. Linnades, alevites ja valdades avaldas rahvas oma ülevoolavat rõõmu koosolekutel ja rongkäikudes. Juubeldamise tipphetkeks sai Ajutise Valitsuse kohtuministri Aleksandr Kerenski, keda noormehed kätel kandsid, ja *Vene revolutsiooni vanaemaks* kutsutud Jekaterina Breško-Breškovskaja vaimustatud vastuvõtt Tallinnas aprilli algul.

Erakonnad

Tsaarivõimu lõpupäevil oli Eesti erakondlik maastik üsna lage. 1905. aastal tekkinud poliitilistest parteidest oli püsima jäänud üksnes mõõdukas Eesti Rahvameelne Eduerakond. Pahempoolsed parteid olid saanud repressioonides rängalt kannatada ja tegutsesid väikeste rühmadena illegaalselt. 1917. aastal tulid seni keelatud parteid põranda alt välja ja nende liikmeskond hakkas kiiresti suurenema, rohkesti tekkis uusi parteisid ja ühendusi. Omi vaateid kuulutasid kõige erinevamate voolude ja õpetuste esindajad, kes kõik vandusid truudust revolutsioonile ja demokraatiale.

Monarhia langemise järel, poliitilise vabaduse tingimustes hakkas Eestis kujunema poliitiliste parteide kirev mosaiik, mis küll suures osas tugines juba varem asetleidnud maailmavaatelisele eristumisele. Vanade ja teenekate tegelaste kõrvale astus eesti poliitikute uus põlvkond. Nii nagu 1905. aasta lõpu *vabadusepäevadel*, tekkis ka nüüd lühikese ajaga suur hulk poliitilisi ühendusi, parteisid, komiteesid ja liite. 9. märtsil asutati Tallinna Eesti Liit. Petrogradis, Kroonlinnas ja Helsingis loodi radikaalsed Eesti vabariiklaste liidud. Eesti Rahvameelse Eduerakonna baasil kujunes liberaalne Eesti Demokraatlik Erakond (Jaan Tõnisson, Peeter Põld, Karl Eduard Sööt). Talunike huvide kaitseks moodustati Eesti Maarahva Liit ehk Maaliit (Jaan Hünerson, Julius Grünberg, August Jürman (Jürima), Hans Johani) ja Eestimaa Talurahva Liit (Tõnis Jürine, Ado Birk). Ükski eesti kodanlik-liberaalsetest erakondadest ei suutnud 1917. aastal luua üle-eestilist organisatsiooni. Põhjuseks oli ajalooline pärand: jagunemine kaheks kubermanguks, erinevus industriaalse Põhja-Eesti ja agraarse Lõuna-

Eesti vahel, Tallinna ja Tartu tegelaste vastuolud.

Nagu 1905. aastal, tegi nüüdki ajavaim sotsialismi moeasjaks, mis väljendus ka erakondade nimedes. Radikaalide ja sotsialistide ühendusena tekkis Eesti Radikaal-sotsialistlik Partei, mis sügisel reorganiseerus Eesti Tööerakonnaks (Jüri Vilms, Eduard Laaman, Otto Strandman, Konstantin Konik, Ants Piip, Julius Seljamaa). Sotsiaaldemokraadid-vähemlased asutasid Eesti Sotsiaaldemokraatliku Tööliste Partei (Mihkel Martna, Karl Luts, Villem Maasik, August Rei, Karl Ast, Aleksander Oinas), esseerid Eesti Sotsialistide-Revolutsionääride Partei (Hans Kruus, Erich Joonas, Gustav Suits, Jaan Kärner, Karl Freiberg). Kõik need rahvuslikud erakonnad taotlesid Venemaa föderaliseerimist ja Eesti kuulumist selle koosseisu autonoomse vabariigi või osariigina. Varasemaga võrreldes püüdsid eesti erakonnad oma programmides enda seisukohti täpsemalt ja üksikasjalisemalt selgitada. Taotletava autonoomia raamid varieerusid mõnevõrra, ent üksmeelel oldi selles, et Eestil peavad olema oma põhiseadus, valitsus ja seadusandliku õigusega rahvaesindus (parlament, rahvuskogu, maapäev, maakogu).

Peamised erinevused tulid ilmsiks maaküsimuses, kusjuures kõik mitteenamlikud parteid tahtsid selle küsimuse täielikult allutada autonoomse Eesti jurisdiktsioonile. Maaliit oli seisukohal, et eraomandit tuleb austada ja eramõisate maid ei tohi liialt kärpida, kuna see võiks seada ohtu nende majandusliku võimekuse. Suurem osa eesti erakondi lubas mõisate maavalduse ulatuslikku sundvõõrandamist autonoomse Eesti maafondi, olgu siis tasu eest või tasuta; maaomandi suuruse ülempiiri fikseerimist; maa andmist talupoegadele kas eraomandiks või põlisele rendile, kusjuures talude maad pidid jääma puutumata.

Eesti enamlased (Jaan Anvelt, Viktor Kingissepp, Hans Pöögelmann, Rudolf Vakmann) jäid ülevenemaalise VSDTP koosseisu. Eesti enamlaste aprillikonverents kiitis heaks Lenini nn. aprilliteesid, millega partei orienteeriti võimuhaaramisele riigis, milleks tuli saavutada enamus nõukogudes. Aprilli algul sõnas Anvelt: *Suur töö on juba tehtud. Rõhujate pesa, tsaar on oma valitsuspukilt alla heidetud. Veel suurem töö on meil aga ees. Praegune kapitalistlik ilmakord on sajapealine madu. Ehk küll üks tema väljapaistvamatest peadest ära on raiutud, võivad meile teised üle-jäänud niisama palju kahju teha. Orjastus ei lõpe enne, kui võim täiesti rahva käes on.* Maa-küsimuses oli enamlaste plaan mõisad tasuta konfiskeerida ja anda need üle mõisatööliste komiteedele, mis sisuliselt tähendas maa nat-sionaliseerimist.

Ajutise Valitsuse 30. märtsi määrus

Tsaarivõimu kukutamine tekitas rahvus-küsimuses uue olukorra. Vähemusrahvused nõudsid uuelt, end demokraatlikuks nime-tavalt valitsuselt oma rahvuslike nõudmiste rahuldamist ja esmajoones enesemääramise õiguse teostamist. Et tagada riigi äärealadel elementaarne kord ja võimu autoriteet, oli Ajutine Valitsus esialgu sunnitud tege-ma mõnel pool järeleandmisi, kas või näilisi, lootes need hiljem keskvõimu tugevnedes tagasi võtta. Võimulpüsimise nimel olid nii vene demokraadid kui enamlased isegi nõus mõnedest impeeriumi äärealadest loobuma. 6. märtsil teatas valitsus Soome konstitut-siooni taastamisest, 17. märtsil manifesteeris Poola iseseisvust, 20. märtsil tuli määrus usu-liste ja rahvuslike kitsenduste kaotamise kohta. Mõnevõrra laiendati rahvuskeelte kasutamist. Rahvaste enesemääramisõigusest ega polii-tilisest autonoomiast valitsuse deklaratsioo-nides juttu polnud. See tegi vähemusrahvad rahutuks. Valitsusele saadeti riigi äärealadelt arvukalt petitsioone, mille ühiseks jooneks oli autonoomia taotlemine.

Märtsi algul ilmutasid duumasaadik Jaan Raamot ja Jaan Tõnisson Petrogradi uutes võimukoridorides erakordset aktiivsust. Pea-minister Georgi Lvov oli andnud neile volitu-sed omavalitsuse reformi küsimus kohapeal ette valmistada. Selleks mobiliseeris Tõnisson Lõuna-Eestis kõik võimalikud jõud. Tal-

linna ja Tartu erimeelsusi ületades kujundas 11.–13. märtsil Tartus toimunud maakonda-de ja linnade esindajate üle-eestiline nõupida-mine maa valitsemise uue korra üldised põhi-mõtted. Omavalitsusseaduse eelnõu koostas 5-liikmeline komisjon (Jaan Raamot, Jaan Tõnisson, Heinrich Koppel, Jüri Vilms, Otto Strandman) ning see anti 18. märtsil valitsu-sele üle. Otseselt autonoomiast selles doku-mendis juttu polnud. Petrogradis võtsid asja üles juristid – Ants Piip, Ado Anderkopp, Ni-kolai Maim, Julius Seljamaa, Jüri Uluots –, kes lähtusid Venemaa föderaliseerimise ja Eesti osariigi ideest. Neid mõtteid levitas "Pealinna Teataja", mis oli tunduvalt käremeelsem kui liberaalsed häälekandjad kodumaal. 12. märtsil Petrogradis asutatud Eesti Vabariiklaste Liidu dokumentides taotleti Eesti osariigile ulatus-likku autonoomiat maapäeva ja valitsusega, üldist valimisõigust, emakeelset õpetust koo-lis ja kohtulikus asjaajamises.

Valitsusele surve avaldamiseks korralda-sid rahvuslikud ringkonnad Eesti linnades ja Vene pealinnas meeleavaldusi. Neist suu-rim toimus Eesti Vabariiklaste Liidu kor-raldusel 26. märtsil Petrogradis Tauria pa-lee (seal asus Riigiduuma) ees. Sellest võttis osa mitukümmend tuhat eestlast, neist kuni 10 000 sõjaväelased. Ajutisele Valitsusele ja Petrogradi Nõukogule anti Tauria palees üle eestlaste deklaratsioon radikaalsete nõudmis-tega: poliitilise ja kultuurilise enesemääramise õigus, Eesti osariik koos oma Asutava Kogu-ga föderatiivsel demokraatlikul Venemaal. Lii-kudes täies korras, kümnete orkestrite ja sini-mustvalgete lippudega, äratas rongkäik revo-lutsioonilisest segadusest haaratud pealinnas üldist tähelepanu ja avaldas valitsusele muljet. Eesti enamlased hoiatasid, et selle meeleaval-dusega *pimestavad kodanlikud parteid rahva-hulkade teadvust ja juhivad nende tähelepanu klassivõitlusest eemale...*

Neli päeva hiljem, 30. märtsil 1917 kin-nitas Ajutine Valitsus määruse "Eestimaa kubermangu administratiivse valitsemise ja kohaliku omavalitsuse ajutise korra kohta". Kuigi määruse tekstist oli kõrvaldatud kõik see, mis otseselt autonoomiale viitas, sai Eesti autonoomia elementidega omavalitsuse, tekkis täiesti uus valitsemiskord. Eestimaa kubermang ja Liivimaa kubermangu põhjaosa ühendati nüüd üheks kindlapiiriliseks haldusüksuseks, mis ligilähedaselt hõlmas peamiselt eestlastega asustatud alad. Ühtlasi fikseerus see inimkontingent, keda võis riigiõiguslikult pidada enesemääramisõigusega rahvaks. Sisuliselt oli tegemist Eesti rahvuskubermanguga. Eesti- ja Liivimaa kubermangude uue piiri detailsemaks kindlaksmääramiseks moodustati lepituskomisjon, mis pidi välja selgitama vaidlusaluste territooriumide elanike tahte. Sellega muudeti Baltimaade pikaajalist jaotust, mis oli olnud südamelähedane Balti aadlile ja võimaldanud Vene bürokraatial kohalikke rahvusrühmi üksteise vastu välja mängida.

Eestimaa kubermangu valitsemine anti Ajutise Valitsuse komissarile (Jaan Poska), kelle juurde moodustati omavalitsusorganina Eestimaa Kubermangu Ajutine Maanõukogu, mis koosnes maakondade ja linnade poolt valitud saadikutest – iga 20 000 elaniku kohta üks; väiksema elaniku arvuga linnade puhul,

Jaan Poska

olenemata elanike arvust – üks igast linnast. Moodustati ka maakondlikud maanõukogud. Uued omavalitsusorganid komplekteeriti üldise hääleõiguse alusel, valimisõigus oli nii meestel kui naistel, kes olid vähemalt 21 aastat vanad. Valimised olid kaudsed (mitmeastmelised). Kubermangunõukogu liikmeid valisid maakondlikud maanõukogud ja linnavolikogud, maakondlike maanõukogude liikmeid aga valdade valijamehed.

Eesti autonoomia avaldus esmajoones kohaliku halduse alal. Kubermangukomissaril ja Maanõukogul oli õigus määruste abil luua asutusi ja ameteid ning juhtida nende tegevust, korraldada kodanike suhtlemist riigi ja kogukonna organitega, määrata makse ja majanduslikke kohustusi, niivõrd kui seda lubasid Vene kõrgemad riigiaktid. Oluline on see, et Maanõukogul oli õigus töötada välja Eesti alalise valitsemise ja omavalitsuse aluseid, mis kuulusid kinnitamisele Ajutises Valitsuses siseministri ettepanekul. Maa haldus rajati detsentralisatsiooni printsiibile. Eesti jagunes iseseisvaiks haldusühikuiks, milleks olid linnad ja maakonnad, vallad ja alevid. Maa valitsemise uus kord sisaldas jooni, mis olid üle võetud senisest ajalooliselt kujunenud korrast; nii näiteks polnud siin tõmmatud selget piirjoont riikliku administratsiooni ja omavalitsuse vahele. Asjaajamiskeele võisid otsustada omavalitsused ise, suhtlemine valitsusorganitega toimus vene keeles.

Eesti halduslikku autonoomia piirid olid määratud Vene kõrgemate riigiaktidega. Kehtis Vene põhiseadus; seadusi andis endiselt Vene keskvõim. Kuigi 30. märtsi dekreediga kujundatud õiguskord ei taganud Eestile autonoomse osariigi seisundit, mida rahvuslikud ringkonnad taotlesid, oli see akt siiski põhjapaneva tähtsusega teel omariikluseni. Sellest tulenes Eesti Maanõukogu legitiimsus maa ja rahva seadusliku esindusena, mis, tegutsedes õigusliku järjepidevuse põhjal, oli pädev otsustama Eesti edasise saatuse üle. See akt oli peamisi õiguslikke argumente, tõendamaks eestlaste iseseisvuspüüete õiguspärasust Vene ja rahvusvahelise avalikkuse silmis.

Teisest küljest märkis 30. märtsi määrus Vene valitsuse Balti-poliitika radikaalset muutumist. Tema koostööpartneri rolli astus baltisaksa aadli asemel uus eliit eesti-läti rahvuslike ringkondade näol. Niisugune muutus tulenes moderniseerimise vajadusest, aja vaimust ja Venemaa uue võimu olemusest. Nimetatud määrus polnud seotud mitte niivõrd valitsuse (uue) liberaalse rahvuspoliitikaga, kuivõrd omavalitsuskorra täiustamisega.

Monarhia kukutamisega kasvas ärevus Balti aadli ridades. Kuigi Eestimaa Rüütelkonna Komitee tunnustas Ajutist Valitsust ja kutsus rahvast üles täitma selle käske, polnud 1917. aasta sündmused baltisaksa ülemkihtidele meeltmööda. Põhjendusega, et Ajutise Valitsuse 30. märtsi akt on vastuolus 1721. aastal sõlmitud Uusikaupunki rahulepinguga, kuulutas Eestimaa Rüütelkonna Komitee selle õigustühiseks. Pärast seda, kui Peeter I antud õigused Balti aadlilt ära võeti, polevat viimasel enam kohustusi Vene riigi ees. Ärevus tekkis ka Peipsi-äärsete venelaste hulgas, kes kartsid vene keele valitseva seisundi kadumist ja tõstatasid Eestist lahkulöömise küsimuse.

Vabaduse mesinädalatel Eestile antud omavalitsus tundus keskvalitsusele peagi liiga kaugeleulatuvana. Oma liberaalse vaimu poolest oli see valitsuse ääremaade poliitikas kõrvalekaldeks, mida Siseministeeriumi ametnikud nimetasid rumalaks veaks ja püüdsid ignoreerida. Seetõttu venis 30. märtsi määruse kui raamseaduse rakendusmääruse ja juhendi (selle esimese projekti koostas Nikolai Maim) kinnitamine, milleta kõnealune akt oleks jäänud üksnes deklaratsiooniks. Kadettide juhitud Siseministeerium tegeles üldriikliku omavalitsusreformiga vene semstvo põhimõtetel. Niisuguses vaimus valmis ka Balti semstvo kava, mis pidi 30. märtsi määruse annulleerima. Eestlaste, lätlaste ja baltisaksa liberaalide tugeva vastuseisu tõttu ei sõandanud valitsus määrust siiski tagasi võtta ja kinnitas lõpuks 22. juunil rakendusmääruse koos juhendiga. Määrus kui ka selle rakendusaktid olid ajutised ja pidid kehtima kuni 1. jaanuarini 1919.

Maanõukogu valimised

Maanõukogu nimetus on otsetõlge venekeelsest terminist *zemskii sovet*. Enam kasutati aga eestlastele harjumuspärast terminit Maapäev, mis on tõlge sõnast *Landtag* ja kriipsutab alla kõnealuse institutsiooni omavalitsuslikku funktsiooni, ning osutab teatud mõttes ka ajaloolisele järjepidevusele Balti aadli maapäevaga.

Maanõukogu valimised korraldati 23. mail 1917 valdades ja 24.–25. juunil maakondades kiirustades ja ilma suurema kihutustööta. Säilinud 171 valla valimistulemused annavad tunnistust sellest, et maakondade valijameeste valimisel oli osavõtuprotsent summaarselt alla 30, mõnes vallas isegi alla 10%. Sellele vaatamata olid Maanõukogus esindatud kõik peamised poliitilised erakonnad ja tähtsamad eesti poliitikud. Kohe pärast valimisi püüdis Tallinna Nõukogu valimistulemusi tühistada ja kubermangukomissari Jaan Poskat tagandada. Sellest tekkis võimukriis, mis kestis juuli alguseni. 18. juunil organiseerisid enamlased mitmel pool Eestis tööliste ja sõdurite demonstratsioone, kus nõuti kogu võimu võtmist nõukogude kätte. Ajutise Valitsuse vastuseisu tõttu jäid Tallinna Nõukogu nõudmised rahuldamata.

Maanõukogu, mis oli esimene Eesti ülemaaline rahvaesinduslik kogu, tuli kokku Toompeal 1. juulil 1917. Selle avas kubermangukomissar Jaan Poska. Esialgu oli selle koosseisus 42 maapiirkondade saadikut (linnade esindajad valiti hiljem), kes enam-vähem võrdselt jagunesid kahe bloki – demokraatliku ja sotsialistliku – vahel. Maanõukogu esimeseks esimeheks valiti tööerakondlasest kooliõpetaja Artur Vallner, asetäitjateks Jüri Vilms ja Jaan Teemant. Oktoobris valiti esimeheks Otto Strandman, asetäitjateks Jüri Jaakson ja Nikolai Köstner. Asjaajamiskeeleks võeti eesti keel. Maanõukogule esitati setude palve ühendada Pihkva kubermangu Petseri, Lobotka, Pankjavitsa ja Irboska vald koos Petseri linnaga Eestimaa kubermanguga.

20.–21. juulil valis Maanõukogu oma täidesaatva organi, Maavalitsuse (esimees Jaan Raamot, hiljem Konstantin Päts), mida võib pidada Eesti esimeseks rahvuslikuks valitsuseks. Maanõukogu võttis endale kaugelt enam võimu ja õigusi, kui oli kavandanud seadusandja. Kohalikud vene bürokraadid püüdsid Maanõukogu ülesannete täitmist takistada ja nõudsid, et kuna Eestimaa kubermangu administratsioon esindab Ajutist Valitsust, siis peaksid selle eesotsas olema vene ametnikud.

Uue omavalitsussüsteemi loomine Eestis jõudis lõpule 1917. aasta suvel üldise hääleõiguse alusel läbi viidud linnavolikogude ja vallanõukogude valimistega. Eestlased, olenemata sotsiaalsest või parteilisest kuuluvusest, saavutasid reeglina domineeriva positsiooni. Linnavalimistel olid edukad pahempoolsed kandidaadid. Tallinnas 6. augustil toimunud valimistel said enamlased 101-liikmelises volikogus 31 kohta, koos esseeride ja vähemlastega 65; linnavolikogu juhatajaks valiti Jaan Anvelt ja linnapeaks Voldemar Vöölmann. Enamlased olid edukad ka 15. augustil Narvas. Tallinna linnaomavalitsuse asjaajamiskeeleks võeti eesti keel, kuna 3/4 volinikest olid eestlased. Septembris viidi Tallinna algkoolid üle emakeelsele õpetusele. Vallavalimistel said kõik valdade elanikud, sh. maatamehed, esmakordselt võrdse hääleõiguse. Paljudes vallavolikogudes läks enamus maatameeste kätte, kuna neid oli valijate nimekirjades rohkem.

1917. aasta augustis-septembris saatsid uued linnavolikogud oma esindajad Maanõukogusse. 62-lt saadikukohalt käis läbi 66 isikut. 1917. aasta sügisel jaguneti parteiliselt nii:

maaliitlased – 13
radikaalsotsialistid (tööerakondlased) – 11
vähemlased – 9
esseerid – 8
demokraadid – 7
enamlased – 5
radikaaldemokraadid – 4
rahvusvähemused – 3
parteitud – 3

Kuna enamlaste esindus ei vastanud nende arvates olemasolevale jõudude vahekorrale, tegid nad ettepaneku Maanõukogu uuesti valida. Seda ideed toetasid ka teised pahempoolsed saadikud. Maanõukogu otsusel asus selleks valitud komisjon (sellest võtsid osa ka enamlased) välja töötama uut maavalitsemise seadust, mis lähtus eeldusest, et Eesti on föderatiivse Vene vabariigi autonoomne osa. 9. oktoobril hääletas Maanõukogu uue valimisseaduse poolt. Maanõukogu uus 100-liikmeline koosseis kavatseti valida üheaegselt Vene Asutava Kogu valimistega novembris 1917. Valimisteni mitmesugustel põhjustel siiski ei jõutud.

Rahvusküsimus suvel

Peaaegu samaaegselt Maanõukogu avamisega tuli 2. juulil Tallinnas kokku ülemaaline rahvaasemike kongress ehk rahvakongress, et leida lahendus võimukriisile. 800 esindajaga kongress lõhenes ja pahempoolne vähemus lahkus. Enamus (umb. 500 delegaati) pidas Konstantin Pätsi juhatusel 3.–4. juulil rahvuskongressi, kus tooni andsid Jaan Tõnisson, Jüri Vilms ja Ants Piip. Otsuses nõuti endiselt Eesti osariiki föderatiivses Vene riigis. Ainsaks seadusliku riigivõimu kandjaks luges koosolek Ajutist Valitsust. Mõisamaade tasuta võõrandamise idee kogus vähe hääli.

1917. aasta suvel ja sügisel valitses eesti poliitilises juhtkonnas arvamus, et Eesti eraldumine Vene riigist pole võimalik: seda ei lubaks Vene valitsus ega Antandi suurriigid, ka ei tuleks väike Eesti iseseisvalt majanduslikult toime. Jüri Vilms kirjutas "Päevalehes": *Meie nõuame föderatsiooni. Iseseisvus läheks meil raskeks kanda, kui me peakski kord tema kätte saama. Tema kättepüüdmine tooks aga pealegi lõhe meie ja kogu riigi demokraatia vahele, mida me soovitavaks ei pea. Föderatsioon annab meie rahvale kõik, mis rahval vaja. Kuskil Eesti seltskonnas ei ole iseseisvust nõutud ega ole sellest kõnetki olnud.* Poliitilise ideaalina pidasid mõned eesti juhid (Jaan Tõnisson) silmas siiski juba ka omariiklust ja Venemaast täielikku eraldumist.

Venemaa mõjukad poliitilised jõud – monarhistid, oktobristid, kadetid ja enamlased – ei pooldanud unitaarriigi lõhkumist ja riigi föderaliseerimist, rääkimata iseseisvate riikide moodustamisest. Suurvene šovinistid nõudsid valitsuselt rahvuspoliitika karmistamist ja vähemusrahvaste venestamise jätkamist. Kadettide IX kongressi (juuli 1917) otsus lubas vähemusrahvastele vaid üsna piiratud kultuurautonoomiat. Sel puhul kirjutas Jaan Tõnisson: *Nüüdsest peale on Venemaa muurahvaste ja Vene Rahva Vabaduse erakonna vahel lai kuristik avanenud, millest mingid ilusad sõnad üle ei aita. Venemaa muurahvad peavad oma teed ise otsima – lahus Suur-Vene juhtivast ollusest.*

Suurriiklikud meeleolud valitsesid 12. augustil Moskvas tööd alustanud Riiklikul Nõupidamisel, millest võtsid osa ka peaaegu kõigi eesti erakondade juhid. Eestlaste deklaratsiooniga esines Ants Piip, kes kaitses Venemaa föderatiivse vabariigi ideed. Aprillis kohtuministrina Eestis viibides oli Kerenski kõnelnud eestlaste õigusest ise otsustada, kas jääda Venemaa külge või sellest lahku lüüa. Nüüd aga süüdistas ta peaministrina vähemusrahvaid riigi ühtsuse lõhkumises ja demokraatia reetmises. Ajutine Valitsus lükkas küsimuse vähemusrahvaste tulevikust edasi kuni Venemaa Asutava Kogu kokkukutsumiseni. Mingeid positiivseid tulemusi vähemusrahvastele ei andnud ka septembris töötanud Demokraatlik Nõupidamine ja oktoobris istungeid alustanud Vene Vabariigi Ajutine Nõukogu (eelparlament) Petrogradis, kuhu eesti rahva esindajaks valiti sotsiaaldemokraat Karl Luts. Jõupingutustele vaatamata ei suutnud Vene riigi vähemusrahvad tulemuslikku koostööd arendada ja ühisrinnet luua, olles oma selleaegse seisundi, kultuurilise ja ajaloolise tausta ning huvide poolest liiga erinevad.

Ajutise Valitsuse loal hakati 1917. aasta aprillis Vene sõjaväe koosseisus eesti rahvusväeosi formeerima, hiljem koondati need Eesti diviisi, mida juhtis Johan Laidoner. 31. mail otsustas I Eesti Kirikukongress kujundada baltisaksa *härraskiriku* ümber vabaks iseennast valitsevaks rahvakirikuks ja luua Eesti Evangeelne Luteri Usu Kirik.

Sõjategevus 1917. aastal

1917. aasta alguses oli Eesti ala Põhjarinde vahetuks tagalaks, kus paiknes 100 000 Vene armee sõdurit ja ohvitseri. Neist ligemale pooled kuulusid Keiser Peeter Suure merekindluse koosseisu. Otsesest sõjategevusest jäi Eesti ala esialgu kõrvale, kuid 1917. aastal muutusid tunduvalt sagedasemaks Eesti linnade ja saarte pommitamised Saksa lennuväe poolt. Suvel rünnati Tallinna ja visati mõned pommid ka Raekoja platsile, korduvalt pommitati Kuressaaret ja Kihelkonnat. 28. augustil ründas Sõrvet, Kuressaaret ja Kuivastut kokku 28 Saksa lennukit. Kuressaare linna kohal leidis aset õhuvõitlus, mille käigus tulistas üks Vene merelendur põlema Saksa hävitaja. Lendur hüppas põlevast lennukist Abruka kohal ilma langevarjuta välja ning hukkus. Tundmatu Saksa nooremleitnant maeti saarel sõjaväeliste auavalduste saatel. 1917. aasta oktoobris pommitasid Saksa tsepeliinid Pärnu sadamas asuvaid Vene traalereid, mõni nädal hiljem langes rünnaku ohvriks Viljandi. Vene lennuväes sõdis maailmasõja ajal mitmeid eestlasi. Esimeseks eestlasest õhuässaks oli Jaan Mahlapuu, kes 1917. aasta veebruaris lasi Riia lähistel alla Saksa lennuki, mille eest teda autasustati 3. järgu Georgi ristiga. Lõpuks 5 õhuvõitu saanud lendur hukkus lendutõusul 1917. aasta augusti alguses.

Vene vägede pealetungi luhtumise järel Edela- ja Põhjarindel 1917. aasta suvel alustas Saksa armee 19. augustil Riia operatsiooni. Riiat kaitsev Vene 12. armee (sh. Läti kütipolgud) ei suutnud sakslaste rünnakule vastu panna ja oli sunnitud taganema, 22. augustil loovutati Riia sakslastele. Lahinguid pidades taandus 12. armee Võnnu (Cēsis) positsioonidele, kuhu toodi ka mitu uut diviisi Põhjarinde reservist. 12. armee staap toodi Valka. Riia lahe ranniku kaitseks paigutati Salatsi (Salacgrīva) – Heinaste (Ainaži) – Mõisaküla – Pärnu positsioonidele XIII korpus (30 000 meest). Senisest rohkem vägesid koondati ka Lõuna-Eestisse, Tartusse paigutati läti küttide tagavarapolk. Tallinnasse evakueeriti Ust-Dvinski merekindluse garnison.

Tollases sõjalis-poliitilises olukorras oli Saksamaa huvitatud Venemaaga separaatrahu sõlmimisest. Sundimaks Venemaad järeleandmistele, alustas Saksa armee 1917. aasta septembri lõpus Baltimaades uut pealetungi, mille eesmärgiks oli Lääne-Eesti saarte vallutamine ning kaugemaks sihiks Petrogradi ohustamine. Vene vägedest kaitsesid saari peamiselt 107. ja 118. diviisi väeosad, lisaks rannakaitseüksused. Saksa merejõududele kujutasid endast kõige suuremat ohtu Vene Balti laevastiku pandud miinitõkked (11 000 miini). 29. septembril (12. okt.) saatsid sakslased laevastiku toetusel Muhu Väina Kindlustatud Piirkonna vägede tagalas – Tagalahes – maale dessandi. Abilöögi suunasid sakslased Pammana poolsaarele ning võtsid venelaste eksitamiseks ette ka pettemanöövreid Sõrve sääre ja Kihelkonna piirkonnas. Maale saadeti eraldi dessantkorpus (25 000 meest), mille koosseisu kuulusid viis jalaväerügementi, suurtükiväeüksused, lennusalk, pioneeri-, side-, sanitaar- ja muud üksused. Uudse löögijõuna kasutati ka ratturite kompaniisid. Tagalahes maabuvate vägede ülesandeks oli kiire löögiga põhjast vallutada Kuressaare ning Orissaare sillapea, lõigates sel viisil ära Vene vägede taganemistee. Lääne-Eesti saarte vallutamiseks ette nähtud Saksa merejõudude koosseisu kuulusid 181 mitmesugust sõjalaeva, 124 mootorpaati, lisaks veel lennukid ja õhulaevad. Dessantjõudude koosseisu kuulus isegi lennukiemalaev "Santa Elena" nelja vesilennukiga.

Sakslaste pealetung oli edukas ja teostus plaanipäraselt. Vene kaitsesüsteem saartel desorganiseeriti, kaitsepositsioonidel olevad väed sunniti taganema, ning juba 8. (21.) oktoobriks olid Saare-, Muhu- ja Hiiumaa sakslaste poolt vallutatud. Vesilennukitega hõivati Ruhnu ja Abruka. Saarte kiirele vallutamisele aitas kaasa Vene armee lagunev moraal ning pead tõstev mässulisus, mis ei võimaldanud organiseeritud vastupanu osutada. Suurem osa saarte kaitsele paigutatud Vene vägedest (kuni 20 000 meest, kelle hulgas oli ka 1600 kiirkorras Muhumaale paisatud 1. Eesti polgu sõdurit) võeti vangi. Saksa pool kaotas hukkunute ja haavatutena kokku 386 meest. Vene Balti laevastik osutas Saksa laevastikule Soela ja Suure väina piirkonnas maavägedest tõhusamat vastupanu. Kuid pärast Sõrve poolsaare vallutamist tungis Saksa laevastik 3. (16.) oktoobril miinidest puhastatud Irbeni väina kaudu Riia lahte, sundides Vene Balti laevastiku Eesti väinadest taganema. Saarte ühendus mandriga oli ära lõigatud. Lääne-Eesti saarte vallutamisega loodi soodne platsdarm ka Eesti mandriosa vallutamiseks.

Vene väejuhatus oli sunnitud Lääne-Eesti rannikul uue kaitseliini organiseerima ja koondama sellesse piirkonda täiendavaid vägesid. Rannikukaitse tarbeks moodustati eraldi rannakaitsevägede grupp, mis allutati Balti laevastiku maavägede ülemale ja Keiser Peeter Suure merekindluse komandandile. Koos laevastikuüksustega Tallinnas, Paldiskis ja Rohukülas ulatus merekindluse alluvuses olevate vägede arv 60 000 meheni. Suuremad Vene vägede koondamispiirkonnad Põhja-Eestis olid veel Narva ja Narva-Jõesuu, kus paiknesid tagavaraüksused (kuni 10 000 meest) ning Rakvere ja Tapa ümbrus, kus dislotseerus IL korpus (20 000 meest). Lõuna-Eestisse oli koondatud samuti arvukalt Vene vägesid. Tartus paiknes 10 000 – 11 000 ja Pärnu piirkonnas kuni 30 000 sõjaväelast. Suur hulk vägesid paiknes ka Valgas (sh. 12. armee staap) ja selle ümbruses. Kokku oli 1917. aasta varasügiseks Eestisse koondatud juba ligi 200 000 Vene armee sõdurit. Taganevad Vene väed laostusid, sagenesid rüüsteretked, mille all kannatasid tsiviilelanikud eriti Harju- ja Läänemaal.

Rahvusväeosade loomine

Eesti iseseisvumisprotsessi oluliseks osaks oli rahvusväeosade loomine 1917. aastal. Rahvuslike väeosade loomise küsimus oli eesti sõjaväelaste ja seltskonnategelaste seas päevakorrale kerkinud juba maailmasõja alguses, eriti pärast seda, kui lätlastel õnnestus 1915. aastal saada keskvalitsuselt luba kütipolkude formeerimiseks. Tartu tegelased eesotsas Jaan Tõnissoniga leidsid, et eestlased peaksid lätlaste eeskujul taotlema rahvuspolkude loomist, eesmärgiga rakendada neid Eesti territooriumi kaitsmisel. Tallinna poliitilised ringkonnad (Jüri Vilms jt.) seevastu pidasid selliste väeosade moodustamist enneaegseks, kartes, et Vene väejuhatus saadab ka eestlastest komplekteeritavad üksused nagu lätlaste omad kiirkorras rindele, kus paljud mõttetult hukkuksid. Esialgu jäigi peale tallinlaste seisukoht.

Olukord muutus tsaarivõimu kukutamise järel. Monarhia üks olulisemaid tugisambaid – Vene armee – hakkas lagunema. Revolutsioon vallandas impeeriumi väikerahvaste enesemääramispüüded ja tõstis senisest hoopis laiaulatuslikumalt päevakorrale sõjameeste kodumaale saatmise ja rahvusväeosade loomise küsimuse. Nende protsesside oluliseks käivitajaks olid ka sõjatüdimus ja koduigatsus, mistõttu initsiatiiv sõjaväelaste kodumaale koondamiseks tuli sõdurite endi hulgast. Sõjaväelaste algatusel moodustati Venemaal mitmeid eri nimetusi kandvaid komiteesid, kelle ülesandeks oli eesti sõjaväelaste organiseerimine ning kodumaale saatmine. Olulisemad neist olid 1917. aasta märtsi lõpus Tallinnas moodustatud Eesti Sõjaväelaste Büroo ning Petrogradis loodud Eesti Sõjaväelaste Keskkomitee. Sõjameeste algatust toetasid ka seltskonnategelased.

Sõjaväes süveneva korratuse tingimustes oli Ajutine Valitsus valmis distsipliini tugevdamiseks toetama rahvuslike üksuste loomist. Ka Tallinnas asuvas Keiser Peeter Suure merekindluse juhtkonnas leiti, et mõne väeosa täiendav eestlastega komplekteerimine aitaks korra tagamisele kaasa. 7. aprillil 1917. aastal saadigi Peastaabilt kahe Tallinna kindluse polgu eestlastega täiendamise luba. Tegelikult aga pandi seeläbi alus rahvuspolgu loomisele. Ajutiseks polguülemaks nimetati polkovnik Siegfried Pinding, kes andis oma esimese käskkirja 12. aprillil 1917. aastal.

Lühikese ajaga ligemale 4000 eesti sõjaväelase koondamine Tallinna oli pinnuks silmas enamlastele, kes tegid aktiivset kihutustööd loodava rahvuspolgu vastu. Tallinna Tööliste ja Soldatite Saadikute Nõukogu võttis aprilli lõpus vastu otsuse, millega nõuti Tallinna koondatud eesti sõjaväelaste laialisaatmist. Seda ei tehtud, kuid päris mõjuta enamlaste vastutegevus ei jäänud. Tollane sõjaminister Kerenski andis 7. mail lõpuks ametliku loa 1. Eesti polgu moodustamiseks, tingimusel, et seda ei tehtaks Tallinnas. Nii ka toimiti. Tallinnasse kogunenud sõjaväelased saadeti Virumaale, kus Rakvere lähistel toimus rahulikumates poliitilistes oludes polgu lõplik komplekteerimine uue ülema, polkovnik Aleksander Tõnissoni eestvedamisel.

Väeosade komplekteerimisel kerkisid esile mitmed takistused. Üldises segaduses, mis tollal Vene armees valitses, oli loodavale polgule vajaliku varustuse saamine äärmiselt keeruline. Ka ei tahetud revolutsiooni eufoorias enam sõjaväelisest korrast kinni pidada, seda peeti vabadust ahistavaks teguriks. Siiski suudeti 1. Eesti polgus panna maksma rahuldav distsipliin, eriti kui võrrelda seda olukorraga teistes tollal Eestis paiknenud Vene väeosades. Vene väejuhatus viis 1917. aasta suvel läbi kaks ülevaatust, jäädes polgu komplekteerimisega igati rahule.

1917. aasta juuni keskel toimus Tallinnas I eesti sõjaväelaste kongress, mis pidas vajalikuks jätkata eesti sõjaväelaste koondamist kodumaale ning rahvusväeosade loomist. Kongressil moodustati seda koordineeriva keskse poliitilise institutsioonina Eesti Sõjaväelaste Ülemkomitee. Järgnevalt osutus möödapääsmatuks uute väeosade ja neid ühendava suurema väekoondise loomine. Sõjaväevõimude poole pöördumisel aga tegutsesid eri-

Mobiliseeritud Viljandis (1914)

nevad organisatsioonid koordineerimatult, taotledes nii korpuse, diviisi kui brigaadi moodustamist. Suurema väekoondise loomiseks esialgu luba ei antud, kuid uute väeosade moodustamine jätkus. Selle protsessi oluliseks kiirendajaks sai Saksa vägede edasitung. 1917. aasta sügisel pandi alus tagavarapataljoni loomisele Tartus. Tallinnas hakati polkovnik Ernst Põdderi juhtimisel moodustama 3. Eesti polku, mis pidi kindlustama korda ja julgeolekut linnas.

1. Eesti polk saadeti rindele ja paigutati 1917. aasta septembri teisel poolel Volmari lähistele Riiat kaitsvate vägede reservi. Septembri lõpus sai ta korralduse suunduda Haapsalusse Vene Balti laevastiku maavägede ülema alluvusse. 2. oktoobril 1917 jõudsid esimesed ešelonid Haapsallu. Sealt suunati polgu väeosad edasi Rohukülla, kust neil tuli laevadel siirduda Muhumaale, et seal kaitsepositsioonidele asuda. Vene väed ei suutnud siiski sakslaste pealetungi takistada, ning saarte lõplik vallutamine oli üksnes aja küsimus. Muhumaale jõuti saata kaks 1. Eesti polgu pataljoni, kes tõsist vastupanu osutamata vangi langesid. Sõjavangidena viidi Saksamaale umbes 1600 meest. Polgu ülejäänud üksused jäid mandrile ning Vene armees süveneva korratuse ja paanika tingimustes sai neist saarte lange-

mise järel oluline sõjajõud Läänemaa ranniku kaitsel ja kohaliku korra hoidmisel.

1917. aasta detsembris saadi väejuhatuselt lõpuks luba Eesti Diviisi asutamiseks, mille koosseisu pidi kuuluma neli jalaväepolku, ratsapolk ja suurtükiväebrigaad. 2. Eesti polk komplekteeriti pataljonide kaupa Pärnus, Viljandis ja Paides, 4. polgu komplekteerimiskohaks sai Rakvere. Ratsaväepolku formeeriti Viljandis ja suurtükiväebrigaadi Haapsalus. Moodustati Eesti Diviisi staap, mille ülema ajutiseks kohusetäitjaks nimetati alampolkovnik Jaan Soots. Diviisiülemaks kutsuti polkovnik Johan Laidoner, kes asus ametisse 23. detsembril. Laidoner asus Eesti Diviisi etteotsa üsna keerulisel ajal. Venemaal oli toimunud enamlik riigipööre ning ka rahvusväeosades tugevnesid kommunistlikud meeleolud, eriti Tallinnas ja Tartus. 21. novembril arreteerisid enamlased Tartus 1. Eesti polgu komandöri Aleksander Tõnissoni.

Enamlaste mõju sõjaväelaste hulgas siiski lõplikult maksvusele ei pääsenud ning kokkuvõttes olid rahvusväeosad omariikluse idee teostamisel oluliseks teguriks. 1. Eesti polgu komitee protestis Maanõukogu laialisaatmise ja polguülema arreteerimise vastu 1917. aasta novembris ning pakkus Ajutisele Valitsusele oma sõjalist tuge. Rahvusväeosade loomine võimaldas kodumaale koondada enamiku Vene armees teeninud eesti sõduritest ja ohvitseridest, kelleta oleks olnud mõeldamatu hilisem Eesti kaitseväe loomine ning areng. 1917. aasta keerulises sisepoliitilises ja sõjalises olukorras olid rahvusväeosad ühiskonda stabiliseerivaks jõuks, kindlustades teed omariiklusele.

Enamlaste võimuhaaramine

Kaksikvõim kui ebatavaline nähtus ei saanud jääda püsima. Ajutise Valitsuse suutmatus lahendada teravaid sotsiaalseid probleeme ning vältida kaost ja anarhiat suurendas enamlaste mõju kehvemates rahvakihtides, eriti tööliskonnas ja sõjaväes. Enamlaste edule aitas kaasa nende osav lööksõnaline propaganda *(Rahu, leiba, maad!)* ja demagoogia, mida soosis suvise pealetungi läbikukkumine rindel. Kuigi Vene sõjavägi oli juba laostunud, lubas valitsus, ja seda ka Antandi survel, jätkata sõda võiduka lõpuni. Enamlased seevastu kuulutasid *rahu ilma anneksioonide ja kontributsioonideta*. Poolehoidu nende suhtes kasvatasid ka Ajutise Valitsuse võimukriisid ja kindral Kornilovi sõjalise riigipöörde katse. Enamlasi toetas rahaliselt Saksamaa, kes taotles Venemaa nõrgendamist ja sõjast väljumist. Poole aastaga kasvas VSDTP liikmeskond mõnekümnelt tuhandelt 350 000-ni. Range sisekorra, keskustatuse ja pikaajalise põrandaaluse töö kogemuste tõttu olid enamlased teistest parteidest tugevamad ja teovõimelisemad.

Partei fanaatilised liidrid (Lenin, Trotski jt.) ei kartnud võimulepääsemist ega sellega seotud vastutust. Septembris saavutasid nad enamuse Petrogradi ja Moskva nõukogudes, jõudes nii reaalsele võimule üsna lähedale. Lenini "Aprilliteeside" alusel oli partei juba kevadel võtnud kursi võimuhaaramisele riigis, mis esialgu pidi teoks saama *rahulikul teel, s.o. enamuse saavutamisega nõukogudes*. See kava sai uut innustust juulikuus, kui valitsus kasutas pahempoolsete vastu jõudu ja enamlaste partei keelustati. Siis võeti VSDTP VI kongressil

kurss relvastatud võimuhaaramisele. Tähtsat rolli enamlaste sõjalise riigipöörde plaanis etendas Balti laevastiku peabaas Tallinn, kus võim tuli võtta varem kui Petrogradis. *Ainult Balti laevastiku, Soomes asuvate vägede, Tallinna ja Kroonlinna viivitamatu väljaastumine Piiteri all olevate korniilovlike vägede vastu suudab päästa Vene ja ülemaailmse revolutsiooni*, kirjutas Lenin oma parteikaaslastele

Ka Eestis kasvas enamlaste mõju. Nad tugevdasid oma positsioone ametiühingutes ja kontrollisid märkimisväärset osa organiseeritud töölisliikumisest Eestis. Nende mõju kasvas ka varem peamiselt esseere toetanud maatööliste hulgas. Otsustavat rolli jõuvahekordade kujundamisel etendasid armee ja laevastik, kus sõjatüdimuse ja laostumise pinnal süvenesid äärmuspahempoolsed meeleolud. Sügisel enamik nõukogusid Eestis bolševiseerus. Enamlased saavutasid võidu linnavalimistel Tallinnas ja Narvas.

Poliitilise ja majandusliku kriisi süvenedes haarasid enamlased koos pahempoolsete esseeridega 25. oktoobril 1917 Petrogradis võimu. Niisugune pööre sai kergesti teoks Vene demokraatlike jõudude – kodanluse, keskkihtide ja liberaalse intelligentsi – nõrkuse ja organiseerimatuse tõttu. Kodanikuühiskonna traditsioonide puudumine paiskas Venemaa tagasi demokraatia teelt. Konstitutsiooniline eksperiment kukkus läbi, kuna poliitiline eliit oli ülemäära lõhenenud ja puudus konsensus ühiskonnaelu põhiküsimustes. On arvatud, et ootamatult saabunud ja harjumatu vabadus viis hiiglariigi grandioossete vapustuste ja katastroofideni. Mitte niivõrd ressursside puudumine kui suutmatus neid ratsionaalselt organiseerida ja kasutada sai Venemaale saatuslikuks.

Selleks ajaks oli Eestimaa Sõja-Revolutsioonikomitee (esimees Ivan Rabtšinski, tema asetäitjad Viktor Kingissepp ja Erast Meister) Lenini riigipöörde plaani kohaselt kehtestanud kontrolli Tallinna üle ilma verevalamiseta. Asjade käigu otsustasid nagu veebruariski revolutsioonilised sõjaväelased, soldatid ja madrused. 27. oktoobril võttis

Viktor Kingissepp Jaan Poskalt kubermangu asjajamise üle. Kohalik kõrgem võim läks Eestimaa Nõukogude Täitevkomiteele (esimees Jaan Anvelt). Osaliselt säilis siiski kaksikvõim, sest Maanõukogu ja erakonnad tegutsesid edasi, rahvusväeosasid ei saadetud laiali, neid formeeriti juurdegi.

Peagi seadsid nõukogud sisse ühepartei ainuvõimu, mida nad eufemistlikult nimetasid *proletariaadi diktatuuriks*, ja hakkasid poliitilisi vastaseid represseerima. Blokk pahempoolsete esseeridega lagunes. Enamlased asusid teostama seninägematut sotsiaalset eksperimenti, ellu viima kommunistlikke utoopiaid, ehitama ühiskondlikul omandil baseeruvat sotsialismi, sellisena nagu nemad seda nägid ja mõistsid. Pangad ja maa natsionaliseeriti, suurettevõtetes kehtestati tööliskontroll, talupoegade võlad kustutati. Nõukogud talupoegadele maad ei andnud, ülevõetud mõisatest kavandati luua kollektiivsed põllumajanduslikud suurmajandid.

Maailmarevolutsiooni ja Euroopa nõukogude vabariigi ideedest pimestatud Eesti enamlased olid kategooriliselt Eesti omariikluse vastu ja pooldasid piirkondlik-territoriaalset autonoomiat ühtse keskustatud Vene Nõukogude Vabariigi koosseisus. Jaan Anvelti sõnul ei pidanud Eesti riigi loomine andma töölisklassile mingit kasu, vaid tooma ainult kahju. 12.–14. novembril 1917 toimunud Ülevenemaalise Asutava Kogu valimistel said pahempoolsed parteid ligi kolmveerandi antud häältest, sh. enamlased 40,4%. Nagu Venemaal, pooldas ka Eestis suur osa elektoraadist mitte läänelike väärtuste kandjaid, vaid sotsiaalsete utoopiate ja võrdsuse müüdi kuulutajaid.

ISESEISVUSE VÄLJAKUULUTAMINE, SAKSA OKUPATSIOON, VABADUSSÕJA ALGUS

Iseseisvuse mõtte kujunemine

Saksa vägede pealetung Idarindel 1917. aasta suvel kulges edukalt ja 22. augustil langes Riia. Vene vägede võitlusvõime oli sedavõrd kahanenud, et muutus täiesti reaalseks ka Baltimaade teiste piirkondade ja isegi Petrogradi okupeerimise oht. Oktoobri algul vallutas Saksa dessant kogu Eesti saarestiku. 25. augustil peeti Maanõukogu erakorraline kinnine istung, kus kõneaineks oli Eesti saatus muutunud olukorras.

Enamik sõna võtnud maanõunikest, sh. Julius Seljamaa, Karl Ast, Jüri Vilms, Jaan Kärner, Villem Maasik, pooldas endiselt Eesti kuulumist Venemaa rahvaste demokraatlikku föderatsiooni. Ent juba tehti rohkem kui varem juttu ka iseseisvusest. *Poliitiliseks ideaaliks peab meil ikkagi olema oma-riiklus. Selle ideaali täidesaatmiseks peame eeltöösid tegema ja mitte ainult pealtvaatajana ootama jääma, mis saatus meile teiste armust kätte toob. Kui meie kui rahvas omariiklise ideaali täideviimiseks mitte ei suuda nüüdset momenti kasulikult tarvitada, siis ei tea, millal võiks veel parem silmapilk tulla. Kas nüüd või mitte iialgi. Meie riikline paleus leiaks rahuldust Venemaa rahvaste föderatsioonis. Kuid sellest nähtavasti asja ei saa. Meid kistakse Venemaa küljest vägivaldselt lahti*, sõnas Jaan Tõnisson. Et väikestel riikidel oleks kergem oma huvisid rahukonverentsil läbi viia, selleks pakkus ta välja Balti-Skandinaavia rahvaste liitu. Samal Maanõukogu istungil langetati Ado Birgi ettepanekul põhimõtteline otsus moodustada vajaduse korral välisdelegatsioon, kelle ülesandeks on välismaal eesti rahva huvisid selgitada ja kaitsta. Seda

päeva võib pidada Eesti iseseisva välispoliitika alguseks.

Eesti saarte hõivamine elavdas diskussioone Eesti saatuse üle. Optimistid, sh. "Postimees", arvasid, et nüüd pole Eesti küsimus enam Vene riigi sisemine asi, vaid rahvusvaheline probleem, mis tuleb arutusele tulevasel rahukonverentsil. Mulkide "Sakala" unistas iseseisvusest Taani, Hollandi või Šveitsi eeskujul ja rahvusvaheliste garantiidega. Eestis oodati rahvaste enesemääramise õiguse rahvusvahelist tunnustamist riikidevahelise suhtlemise normina, mis jätaks eestlastele täieliku vabaduse otsustada ise enesemääramise konkreetse vormi üle.

Enamlik võimuhaaramine oli rahvuslastele ebameeldivaks üllatuseks. Mitte-enamlikud parteid lootsid esialgu, et nõukogude võim ei püsi kaua, kuna enamlased ei tule valitsemisega toime. Ka hellitati lootust, et uus võim aegamööda liberaliseerub, ja enamlastega on võimalik koos eksisteerida, pidades nendega legaalset poliitilist võitlust demokraatia mängureeglite järgi. Vasakpoolsed erakonnad tahtsid enamlastega võimu jagada sotsialistliku koalitsiooni raames. Mõneski küsimuses, nagu Eesti valitsemiskord ja riiklik-rahvuslik staatus, loodeti enamlasi mõjutada ja nendega kokku leppida, koputada nende rahvuslikule südametunnistusele, rõhudes nende endi poolt väljakuulutatud rahvaste enesemääramise õigusele. Need ootused ei täitunud. Enamlaste sallimatus teisitimõtlejate vastu ja nende diktatuuri kehtestamine hajutas kahtlused, mis eesti poliitilisel eliidil Venemaast lahkulöömise suhtes veel olid. *Enamlaste võimu oma kätte kiskumine on õnnemäng, mis püsima ei või jääda, kuid revolutsiooni hukka viib*, ennustas Jüri Vilms Maanõukogu Vanematekogu koosolekul 1. novembril 1917.

1917. aasta novembris-detsembris kaldusid juhtivad eesti poliitikud niisiis üha enam Venemaast lahkulöömise poole. Nad uskusid, et nii üldine rahvusvaheline olukord kui sõjalis-poliitiline situatsioon Läänemere piirkonnas on väikerahvastele, sh. eestlastele väga soodne. Venemaa lagunemise kõrval, mis oli silmaga näha, loodeti ka seda, et Saksamaa võib Venemaa nõrgendamise eesmärgil toetada Balti riikide ja Soome iseseisvust. Arvati, et autonoomne Soome saab peatselt iseseisvaks ja Rootsigi võib ilmutada huvi oma kunagise ülemereprovintsi vastu. Selleks ajaks oli vaetud mitmeid riikluse variante: Venemaa või Saksamaa osariik (protektoraat); Inglise autonoomne asumaa (dominioon); liitumine Soome ja/või Põhjamaade, Läti ja Leeduga; Eesti (Balti) – Skandinaavia föderatsioon; täiesti iseseisev Eesti suurriikide garantiiga. Eesti-Soome liitriigi ideed propageeris 1917. aasta oktoobrist alates ka Gustav Suits. Kõige ebasoodsamaks pidas Maanõukogu Vanematekogu Eesti liitmist Saksamaaga: *see oleks rahvuse surm.*

Eesti riikluse küsimuses peeti läbirääkimisi rahvuslaste ja enamlaste juhtide vahel, ent kokkuleppele ei jõutud. Eesti enamlased olid seisukohal, et väike Eesti ei saa olla tõeliselt iseseisev, ja et imperialistlikud suurriigid temaga nagunii ei arvesta, Saksa okupatsiooni võib iseseisvuse väljakuulutamine vaid soodustada. Omariiklus tähendaks sotsialismi ürituse reetmist, maailmarevolutsiooni takistamist, töörahva internatsionaalse ühtsuse lõhkumist, sidemete katkestamist Venemaaga, mida Eesti töörahvas ei mõistaks.

Maanõukogu otsus kõrgemast võimust

12. novembril otsustas Eestimaa Nõukogude Täitevkomitee talle opositsioonilise Maanõukogu tegevuse lõpetada ja määras Eesti Asutava Kogu valimised 21.–22. jaanuarile 1918. Sellest hoolimata tuli Maanõukogu 15. (28.) novembril 1917 kokku ja kuulutas ennast kuni Asutava Koguni *ainsaks kõrgema võimu kandjaks, kelle määruste ja korralduste järele kõikidel Eestimaal tuleb käia.* Igasugused määrused, käsud ja dekreedid, sõltumata nende väljaandjast, kehtivad ainult siis, kui Maanõukogu on nad sanktsioneerinud. Maanõukogu istungite vaheajal oli Maanõukogu juhatusel, Vanematekogul ja Maavalitsusel õigus teostada kõrgemat võimu ning anda määrusi ja käske. Riigivormi lõplik määratlemine jäi Asutava Kogu hooleks. Selle otsusega deklareeriti esmakordselt eestlaste õigust määrata ise oma saatust, ja astuti esimene tegelik samm omariikluse suunas. Petrogradis ilmunud ajaleht "Eesti" kirjutas: *Eesti riikluse mõte, osariikluse näol, on maksma hakanud.* Hiljem, esimesel iseseisvusperioodil tekkis teooria, et kõnealune otsus on Eesti esimene riiklik akt ja esimene eelkonstitutsioon, mis pani normatiivse aluse Eesti iseseisvusele. Teooriat, mille järgi EV sünnipäevaks on 15. (28.) november 1917, pooldasid juristidest professorid Jüri Uluots, Ants Piip, Artur-Tõeleid Kliimann. Analoogilise suveräänsusdeklaratsiooni võttis 71 aastat hiljem, 16. novembril 1988 uues ajaloolises olukorras vastu Eesti NSV Ülemnõukogu.

Pärast kiirkorras toimunud Maanõukogu koosoleku lõppu (poole tunniga võeti läbi kuus küsimust) tungisid enamlased selle ruumidesse, kostis hüüdeid *Maha pursuid!*, tänaval peksti saadikuid. 19. novembril võttis Jaan Anvelt Maavalitsuse relvajõul üle. Ent uute nõukogude võimuorganite kujundamine ja tegevusserakendamine kulges vaevaliselt ega jõudnud Saksa okupatsiooni alguseks lõpule. Samal ajal tegutses Maanõukogu oma organite – juhatuse, Vanematekogu ja Maavalitsuse kaudu poollegaalselt edasi. Enamlaste vägivalla vastu protestisid maakondade ja linnade volikogud ja nende täitevorganid.

21. novembril toimus Tartus rahvuslik meeleavaldus Maanõukogu toetuseks, millest võttis osa hulk eesti sõjamehi. *Kontrrevo-*

lutsioonilise vastuhaku organiseerimise eest vangistas punakaart Jaan Tõnissoni ja 38 eesti ohvitseri. Enamlaste repressioonid rahvuslaste vastu olid hilisemaga võrreldes väga leebed ja piirdusid hoiatuse või lühiajalise vangistusega. Peamised rahvuslikud ajalehed jätkasid ilmumist ja rahvusväeosi ei saadetud laiali.

10. detsembril toimus Narvas rahvahääletus, kus ligikaudu 80% osavõtnuist soovis Narva ühendamist Eestiga. 21. detsembril otsustas Eestimaa Nõukogude Täitevkomitee tunnistada Narva linn (koos Jaanilinnaga) ja loodav maakond (kreis) Eestimaa külge liitunuks.

Rüütelkondade "sõltumatuse" deklaratsioonid

Viidates enamlaste poolt väljakuulutatud rahvaste enesemääramise õigusele ja pidades end Balti provintside *õiguspäraseks esindajaks*, deklareerisid rüütelkonnad samuti eraldumist Venemaast. 30. novembril 1917 kuulutas Eestimaa Rüütelkonna Komitee Eestimaa (s.o. Eestimaa kubermangu) Venemaast sõltumatuks, ja palus Saksa riigilt kaitset (Eestimaa okupeerimist). Analoogilise otsuse võttis 17. detsembril vastu Liivimaa maapäev. Lisaks "ajaloolistele" argumentidele (1710. aasta kapitulatsioonid, Uusikaupunki rahuleping jms.) toodi välja ka Eesti Maanõukogu 15. novembri otsus, mida tõlgendati kui Eesti- ja Liivimaa iseseisvaks kuulutamist.

Väikese rühma mõisnike koostatud akte, mis 1918. aasta jaanuaris anti üle Venemaa ja Saksamaa valitsustele, käsitasid rüütelkondade esindajad kui eesti ja läti rahva enamuse tahet väljendavaid sõltumatuse deklaratsioone. Berliinis sellega ei rahuldutud ja nõuti selgemaid tõendeid eestlaste ja lätlaste toetuse kohta baltisakslaste ettevõtmistele. Vaatamata sellele, et paljud eestlased polnud rahul enamlaste valitsusega ning olid mures süveneva vägivalla ja korralageduse pärast, ei soovitud siiski Saksamaa võimu alla minna. Kuigi põlisrahvastele lubati garanteerida mõned õigused, näit. kultuurautonoomia, eraoman-

di puutumatus, emakeele kasutamine alg- ja keskkoolis, kulges Eesti okupeerimisele toetusallkirjade kogumine eestlaste hulgas visalt. Berliini nõusolekul astus Eestimaa rüütelkonna peamees Eduard von Dellingshausen selles küsimuses kontakti Eesti Maanõukoguga, ent Eesti poliitiline ja majanduslik juhtkond, üksikute eranditega, oli kindlalt Saksa vägede kutsumise vastu.

Mitmesugustel sise- ja välispoliitilistel põhjustel polnud Saksa valitsusel 1917. aastal üksmeelset ega lõplikku seisukohta nn. idaküsimuses, mis paljus sõltus olukorrast nii Lääne- kui Idarindel. Kindralstaabi ülem Paul von Hindenburg ja tema abi kindral Erich Ludendorff nõudsid kogu Läti ja Eesti kiiret hõivamist. Energiliselt tegutses selles suunas Balti rüütelkondade delegatsioon Saksamaal, mida juhtis Pärnumaa mõisnik Heinrich von Stryk. Saksa tsiviilvalitsus eesotsas kantsler Georg von Hertlingi ja välisasjade riigisekretäri Richard von Kühlmanniga pooldas ettevaatlikumat poliitikat idas. Kuni lõplik otsus oli langetamata, otsiti Eestis kontakte nii baltisakslaste kui eesti poliitikategelastega, ja organiseeriti allkirjade kogumist

Eduard von Dellingshausen

palvekirjadele, et Saksa väed saabuksid maale korda looma.

Nagu bolševikud, nii opereerisid ka Saksa anneksionistid rahvaste enesemääramise loosungiga. Nad soovitasid Eesti iseseisvaks kuulutada ja kutsuda seejärel appi Saksa sõjavägi. Kuna Saksa väed olid tollal ainus reaalne enamlaste valitsust kukutada suutev jõud, siis kaaluti eesti poliitikaringkondades koostöövõimalusi Berliiniga, et enne vägede saabumist võimalikult soodsad tingimused välja kaubelda. Avalikult ükski tuntud eesti poliitik Saksa orientatsiooni siiski ei väljendanud.

Iseseisvumisotsuse langetamine

Veendudes lõplikult selles, et enamlastega pole võimalik koos töötada, langetas Maanõukogu Vanematekogu, Maavalitsuse ja kõigi poliitiliste parteide (v.a. enamlased, kes kohale ei tulnud) esindajate nõupidamine 31. detsembril 1917 "Estonias" põhimõttelise otsuse: *Tarvilikuks tunnistada Saksa okupatsiooni ärahoidmiseks Eesti iseseisvus kõige lähemal ajal välja kuulutada ja esitust rahuläbirääkimistel nõuda.* Seda korrati 1. jaanuari 1918 koosolekul.

7.–13. jaanuaril 1918 Tallinnas toimunud eesti sõjaväelaste II kongressil võeti vastu resolutsioon, milles nõuti: *Eestimaa oma loomulikkudes ja ajaloolistes piirides Läänemere, Soome lahe, Narva jõe, Peipsi järve ja läti keelepiiri vahel tuleb viibimata kuulutada iseseisvaks töövabariigiks.*

Venemaast lahkulöömise kasuks toodi mitmesuguseid argumente. Kodanlikud parteid viitasid vajadusele vabaneda Vene korralagedusest ja esmajoones enamlastest, ning seada jalule kindlad garantiid kodanikuõiguste ja eraomanduse kaitseks. Eesti Demokraatliku Bloki valimisplatvormis jaanuarikuistel Eesti Asutava Kogu valimistel on olukorda kirjeldatud nii: *Märtsi-kuu revolutsioon on enesega kaasa toonud üle laia Vene riigi täielise lagunemise. Vene suurriiki ei ole enam, ainult sureva riigikeha üksikud osad, rohkearvulised väikerahvad, kes praegu sunnitud on võitlust pidama elu eest. Jäävad*

nad alla Vene korralagedusele, siis ei ole neid lähemal ajal enam mitte.

Pahempoolsed parteid põhjendasid iseseisvumist vajadusega kaitsta revolutsiooni saavutusi ja töörahva huvisid kontrrevolutsiooni sepitsuste eest, anda rahvale rahu, maad ja vabadust, ning vabaneda suurriikide rõhumisest ja rivaalitsemisest Läänemere idakaldal. Parteidest seadis iseseisva Eesti Vabariigi loosungi esimesena üles Tööerakond oma konverentsil 10.–11. septembril 1917. Esseerid tulid 2. jaanuaril 1918 välja Gustav Suitsu arendatud *Eesti Töövabariigi* ideega, mis pidanuks nende väitel kindlustama töörahva võimu. Enamlased lükkasid selle kava kohe tagasi ja heitsid esseerid valitsusest välja. Erinevate parteide üldiseks ja ühtelangevaks motiiviks oli Saksa okupatsiooni ja Saksamaaga ühendamise ärahoidmine ning eesti rahvale rahu toomine (sõjast väljumine). Mihkel Martna kirjutas Karl Kautskyle kirja, kus ta palus Saksa sotsiaaldemokraatidelt toetust erapooletu Eesti riigi loomise ideele.

Taktikalistel kaalutlustel soovitas Lenin jutuajamises Jaan Anveltiga 28. detsembril 1917 kaaluda Eesti kuulutamist formaalselt iseseisvaks nõukogude vabariigiks, et seda kasutada diplomaatilise argumendina ähvardava Saksa okupatsiooni vastu. Eesti juhtivad enamlased leidsid niisuguse manöövri liigse olevat, kuna töörahva võidu läbi olevat Eesti juba saavutanud rahvusliku iseseisvuse. Seega hoidsid eesti enamlased kiivalt kinni üsna kitsast autonoomiast (piirkonnaomavalitsusest) Vene unitaarriigi koosseisus.

Iseseisvuse vastu tegid enamlased ägedat kihutustööd rahva vaesemate kihtide hulgas. 5.–6. jaanuaril peeti Oleviste kirikus, mis oli muudetud rahvamajaks, 530 saadikuga Eesti töörahva põllumajanduskonverentsi. Seal laideti peaaegu üksmeelselt maha Eesti Töövabariigi idee ja pandi häbiposti need sotsialistid, kes *käisid kodanluse lõa otsas ja lõhkusid töörahva ühist väerinda.* Selleks ajaks olid vallanõukogud jõudnud konfiskeerida ligi 3/4 Eesti mõisatest, ja mõisakomiteede juhtimisel asuti 1918. aasta jaanuaris rajama esimesi ühismajapidamisi. Vana armee lagunedes toetus nõukogude võim punakaardile, mille liikmete arv kasvas 1918. aasta veebruariks 5000-le.

1917. aasta lõpul otsisid eesti poliitikud kontakte mõjukate ülevenemaaliste parteide liidritega, et tutvustada neile Eesti iseseisvumisplaani. Vene liberaalid eesotsas kadettidega jätkasid endist föderalismivastast joont, süüdistasid enamlasi riigi lõhkumises enesemääramise loosungiga ega võtnud eestlaste taotlusi tõsiselt. Ka vene sotsialistid polnud separatismi ja *riigi tükeldamisega* nõus, kuid varjasid oma suurriiklikke vaateid demagoogia ja revolutsioonilise fraseoloogiaga. 24. jaanuaril 1918 oli eesti esseeride partei esimees Hans Kruus vastuvõtul rahvusasjade rahvakomissari Jossif Stalini juures. Viimane öelnud, et juttu saab olla üksnes Eesti nõukogude vabariigi väljakuulutamisest, ent sellega pole vaja kiirustada. Kui enamlaste punakaart 1918. aasta jaanuaris hõivas Kiievi, siis sai ka eesti sotsialistlikele parteidele lõplikult selgeks, et Lenini väljakuulutatud rahvaste enesemääramise õigus on enamlastele tühipaljas sõnakõlks.

Eesti Asutava Kogu valimised

Propagandistlikel kaalutlustel ja oma võimu legaliseerimise eesmärgil kuulutasid võidus kindlad enamlased välja Eesti Asutava Kogu valimised. Enamlaste võimuletuleku järel olid need ainsad enam-vähem demokraatlikud valimised kogu Vene riigi rahvuslikel äärealadel. 21.–22. ja 27.–29. jaanuaril 1918 toimunud valimistel said omariiklust pooldanud erakonnad üle 60% antud häältest, kusjuures valimas käis 3/4 nimekirjadesse kantuist. Enamlased said küll kõige enam hääli, ent võrreldes Ülevenemaalise Asutava Kogu valimistega neile antud häälte arv vähenes (siis 40,4, nüüd 37,4%). Kõige rohkem võitis hääli juurde Tööerakond, kes sai 30,4% antud häältest. Selle partei populaarsuse kasvule aitas kaasa radikaalne agraarprogramm, mis nägi ette mõisamaadest riikliku maafondi loomise ja sellest talupoegadele maatükkide eraldamise põlisrendi alusel, kusjuures ostutalud pidid jääma puutumata. Demokraatlike parteide blokk sai 22,7%, pahempoolsed esseerid 3,4%.

Valimistulemuste põhjal võis prognoosida, et Asutava Kogu demokraatlik enamus võtab nõukogude võimu suhtes eitava hoiaku. Kuigi Asutav Kogu pidi enamlaste plaani järgi välja töötama üksnes Eesti ühiskondliku korra kavandi, mis pidi seejärel pandama rahvahääletusele, võis arvata, et ta sellega ei piirdu, vaid võtab endale rahvaesinduse funktsioonid ja kuulutab välja Eesti iseseisvuse. Seda ei tahtnud nõukogud lubada, ja valimised katkestati. Süüdistades baltisaksa aadlit ja eesti kodanlust kontrrevolutsioonilises vandenõus ja tuues ettekäändeks kodanluse relvastatud väljaastumise ennetamise, kehtestasid enamlased 27. jaanuaril 1918 linnades alates 28. jaanuarist sõjaseisukorra. Baltisaksa mõisnikud ja nende täiskasvanud perekonnaliikmed kuulutati lindpriiks, mis tähendas seda, et nad tuli kõikjal kinni võtta ja võimude kätte toimetada. Niisuguse massirepressiooni tulemusena pandi vangi või deporteeriti Siberisse umbes 500 baltisakslast, lisaks mõnisada eestlast. Sellega andsid enamlased Saksamaale täiendava ettekäände Eesti okupeerimiseks. Koos Asutava Koguga luhtusid viimasedki väljavaated demokraatliku riigikorra sisseseadmiseks rahulikul teel.

Esimesel veebruaril 1918 toimus Vene riigis üleminek vanalt juuliuse kalendrilt uuele gregooriuse kalendrile, millega ajaarvamist lükati 13 päeva edasi ja 1. veebruar loeti 14. veebruariks.

Iseseisvusmanifest

Sel ajal kui sisepoliitiline võitlus Eestis saavutas oma apogee, jõudsid Nõukogude-Saksa rahukõnelused Brest-Litovskis kriitilise seisu. Nõukogude delegatsiooni juht Lev Trotski keeldus Saksamaa dikteeritud tingimustele alla kirjutamast ja katkestas rahuläbirääkimised. Ta teatas, et kuigi rahulepingule alla ei kirjutata, sõjategevus siiski lõpetatakse ja armee demobiliseeritakse *(ei sõda ega rahu)*. Enamlased arvasid, et Saksa valitsus ei söanda oma maal puhkeva revolutsiooni kartuses sõjategevust uuesti alustada. See arvamus oli ekslik.

Kasutades 2. detsembril 1917 sõlmitud vaherahu lõppemist, alustasid Saksa väed 18. veebruaril Idarindel suurpealetungi, mida laostunud Vene sõjavägi ei suutnud kuigi palju takistada. Lühikese ajaga hõivasid Saksa väed suure osa Ukrainast ja Valgevenest. Samal päeval otsustas Maanõukogu Vanematekogu koosolek Eesti iseseisvuse võimuvaakumi ajal välja kuulutada, pani paika iseseisvusmanifesti alused ja moodustas selle kirjutamiseks komisjoni (koosseisus: Juhan Kukk, Jüri Jaakson, Karl Ast, Ferdinand Peterson). 19. veebruaril valis Vanematekogu erakorralise kõrgeima võimuorgani erivolitustega Eestimaa Päästmise Komitee, mille liikmeteks said Konstantin Konik, Konstantin Päts ja Jüri Vilms, ning ülesandeks oli koordineerida iseseisvumiseks vajalikke samme. Päästekomitee kätte pidi kuni normaalsete olude saabumiseni minema kogu riiklik võim. 21. veebruaril 1918 kiitis Maanõukogu Vanematekogu heaks iseseisvusmanifesti teksti, mis on kollektiivne looming ja tugineb varemavaldatud seisukohtadele.

Saksa väed tungisid Eesti mandriossa kahelt poolt, varem okupeeritud saartelt ja maad mööda Põhja-Lätist. Tõsisemat vastupanu nad ei kohanud. Lagunenud Vene armee riismed ja väikesearvuline punakaart taganesid, Eesti diviis jäi Saksa-Vene sõjategevuses erapooletuks. Selle kohta sõlmisid 1. Eesti polgu ülem Ernst Põdder ja Saksa eelsalga ülem major Steffens vastava lepingu. Nõukogude aktiiv evakueerus Balti laevastikuga Tallinnast Helsingi kaudu Petrogradi. 21. veebruari varahommikul sisenesid Saksa väed Haapsallu. Enne Saksa vägede kohalejõudmist võtsid eesti ohvitseride moodustatud üksused Eesti linnad ja tähtsamad keskused oma kontrolli alla, võim läks endistele Eesti omavalitsustele. Kõige kauem

oli võim eestlaste käes Tartus, nimelt 20.–24. veebruarini.

Esimesena, 23. veebruaril 1918 loeti Maanõukogu Vanematekogu "Manifest kõigile Eestimaa rahvastele" ette Pärnus "Endla" teatri rõdult, ettelugejaks Maanõukogu liige, advokaat Hugo Kuusner. Viljandis loeti manifest ette 24. veebruaril. Tallinnas kleebiti see 24. veebruari õhtul müürilehtedena üles, 25. veebruari keskpäeval luges Ajutise Valitsuse vastne peaminister Konstantin Päts manifesti teksti ette Reaalkooli juurde kogunenud rahvahulgale. Sama tehti mitmes kirikus ja koolis. Toimus sõjaväeparaad, kus osalesid 3. Eesti polgu allüksused. Samal (25.) kuupäeval loeti manifest ette ka Paides ning järgmisel päeval Rakveres. Manifest algas sõnadega: *Eesti rahvas ei ole aastasadade jooksul kaotanud tungi iseseisvuse järele. Põlvest põlve on temas kestnud salajane lootus, et hoolimata pimedast orjaööst ja võõraste rahvaste vägivallavalitsusest veel kord Eestis aeg tuleb, mil "kõik piirud kahel otsal lausa löövad lõkendama" ja et "kord Kalev koju jõuab oma lastel õnne tooma". Nüüd on see aeg käes.* Toetudes rahvaste enesemääramise õigusele, kuulutas Eestimaa Kubermangu Ajutine Maanõukogu (Eesti Maapäev) Eesti tema ajaloolistes ja etnilistes piirides iseseisvaks demokraatlikuks vabariigiks, mis on Vene-Saksa sõjas erapooletu. Manifestis viidati eestlaste kustumatule tungile iseseisvuse järele ja soovile saada vääriliseks liikmeks kultuurrahvaste peres. Eestis lubati kehtestada kodanikuõigused ja vabadused, la-

Teater "Endla" Pärnus

Manifest Eestimaa rahwastele.

Eesti rahwas ei ole aastasadade jooksul kaotanud tungi iseseiswuse järele. Põlwest=põlwe on temas kennud salajane lootus, et hoolimata pimedast orja ööst ja wõeraste rahwaste wägiwalla walitsusest, weel kord Eestis aeg tuleb, mil „kõik peerud kahel otjal lausa löõwad lõkendama" ja et kord Kalew koju jõuab oma lastel õnne tooma.

Nüüd on see aeg käes.

Ennekuulmata rahwaste heitlus on Wene tsaaririigi pehastanud alustoed põhjani purustanud. Üle Sarmatia lagendiku laiutab end häwitaw korralagedus, ähwardodes oma alla matta kõiki rahwaid, kes endise Weneriigi piirides asuwad. Läne poolt lähenewad Saksamaa wõidukad wäed, et Wenemaa pärandusest omale oia nõuda ja kõige päät just Baltimere rannamaad oma alla wõtta.

Sell saatuslikul tunnil on Eesti Maapäw, kui maa ja rahwa seaduslik esitaja, ühemeelsele otsusele jõudis rahwawõimuse alusel seiswate Eesti politiliste parteidega ja organisatsionidega, toetades rahwaste enesemääramise õiguse pääle, tarwilikuks tunnistanud, Eestimaa ja rahwa saatuse määramiseks järgmisi otsusiawaid samme astuda:

Eestimaa, tema ajaloolistes ja etnografilistes piirides, kuulutatakse tänasest pääle iseseiswaks demokratliseks wabariigiks.

Iseseiswa Eesti wabariigi piiridesse kuuluwad: Harjumaa, Läänemaa, Järwomaa, Wirumaa ühes Narwa linna ja tema ümbruskonnaga; Tartumaa, Wõrumaa, Wiljandimaa ja Pärnumaa ühes Läänemere saartega — Saare — Hiiu ja Muhumaaga ja teistega, kus Eestirahwas suures enamuses põliselt asumas. Wabariigi piiride lõpulik ja üksikasjalik kindlaks määramine Lätimaa ja Weneriigi piiriäärsetes maakohtades sünnib rahwahääletamise teel, kui praegune ilmasõda lõppenud.

Eeltähendatud maakohtades on ainsamaks kõrgemaks ja korraldawaks wõimuks Eesti Maapäewa poolt loodud rahwawõim Eestimaa pääästmise komitee näol.

Kõigi wabariikide ja rahwaste wastu tahab Eesti wabariik täielikku politilist erapooletust pidada ja loodab ühtlasi kindlasti, et tema erapooletus nende poolt niisama ka täieliku erapooletusega wastatakse.

Eesti sõjawägi wähendatakse selle määrani, mis siisemise korra alalhoidmiseks tarwilik. Eesti sõjamehed, kes Wene wägede teeniwad, kutsutakse koju ja demobiliseeritakse.

Kuni Eesti Ajutaw Kogu, kes üleüldse, otsekohese, salajase ja proportsionaalse hääletamise põhjal kokku astub, maawalitsemise korra lõpnikult kindlaks määrab, jääb kõik walitsemise ja seaduse andmise wõim Eesti Maapäewa ja selle poolt loodud Eesti Ajutise Walitsuse kätte, kes omas tegewuses järgmiste juhtmõtete järele peab käima:

1) Kõik Eesti wabariigi kodanikud, usu, rahwuse ja politilise ilmawaate pääle waatamata, leiawad ühtlast kaitset wabariigi seaduste ja kohtute ees.

2) Wabariigi piirides elawatele rahwuslistele wähemustele: wenelastele, sakslastele, rootslastele, juutidele ja teistele kindlustadakse nende rahwuskulturilised autonomia õigused.

3) Kõik kodaniku wabadused, sõna=, trüki=, usu=, koosolekute, ühisuste, liitude ja streikide wabadused, niisama isiku ja kodukolde puutumatus peawad kogu Eesti riigi piirides määramata maksma seaduste alusel, mida walitsus wiibimata peab wälja töötama.

4) Ajutisele Walitsusele tehtakse ülesandeks wiibimata kohtuasutusi sisse seada kodanikkude julgeoleku kaitseks. Kõik politilised wangid tulewad otsekohe wabastada.

5) Linna=maakonna ja walla omawalitsuse asutused kutsutakse wiibimata wägiwaldselt katkestatud tööd jatkama.

6) Omawalitsuste all seisew rahwamiilits tuleb awaliku korra alalhoidmiseks otsekohe ellu kutsuda, niisama ka kodanikkude eneselaitse organisatsionid linnades ja maal.

7) Ajutisele Walitsusele tehtakse ülesandeks wiibimata seaduse eelnõud wäljatöötada maaküsimuse, tööliste küsimuse, toitlusasjanduse ja rahaasjanduse küsimuste lahendamiseks laialistel demokratlistel alustel.

Eesti! Sa seisad lootusrikka tulewiku läwel, kus sa wabalt ja iseseiswalt oma saatust määrata ja juhtida wõid! Asu ehitama oma kodu, kus kord ja õigus walitseks, et olla wääriliseks liikmeks kultura=rahwaste peres! Kõik kodumaa pojad ja tütred, ühinege kui üks mees kodumaa ehitamise pühas töös! Meie estwanemate weri ja higi, mis selle maa eest walatud, nõuab seda, meie järeletulewad põlwed kohustawad meid selleks.

Su üle Jumal walwaku
Ja wõtku rohkest õnnista:
Mis iial ette wõtad sa
Mu kallis isamaa!

Elagu iseseisew demokratline Eesti wabariik!
Elagu rahwaste rahu!

Eesti Maapäewa Wanemate Nõukogu.

Tallinnas, 21 weebruaril 1918.

hendada pakilised ühiskondlikud probleemid demokraatlikul alusel, anda vähemusrahvastele kultuurautonoomia.

Oma päevakäsuga nr. 5 (24. veebr.) nimetas Päästekomitee ametisse Eesti esimese Ajutise Valitsuse. Sinna kuulusid pea- ja siseminister (ajutiselt ka kaubandus- ja tööstusminister) Konstantin Päts, peaministri asetäitja ja kohtuminister Jüri Vilms, välisminister Jaan Poska, sõjaminister polkovnik Andres Larka, raha- ja riigivaranduse minister Juhan Kukk, põllutöö- ja toitlusminister Jaan Raamot, teedeminister Ferdinand Peterson, töö- ja hoolekandeminister Villem Maasik, haridusminister Peeter Põld. Kolm ametikohta reserveeriti saksa, rootsi ja vene rahvusasjade ministritele, mis jäid veel vakantseks. Kodanlike erakondade esindajaid oli valitsuses neli, tööerakondlasi ja sotsiaaldemokraate kumbagi kaks. Esimene istung peeti Tallinna Reaalkooli ruumes, kuid protokolli selle kohta pole. Päästekomitee päevakäskudega keelati Eesti kodanike osavõtt Vene-Saksa sõjast, saadeti laiali nõukogud ja komiteed ning taastati enamlaste riigipöörde eelsed omavalitsusasutused. Endistele omanikele, sh. mõisnikele tagastati nende vara.

Esmakordselt kuulutati välja Eesti riik, mis tähendas suurimat pööret eestlaste uuemas ajaloos. Üleminekut autonoomialt iseseisvusele tingis ja soodustas nii sise- kui välisolukord. Julgust niisuguseks sammuks ammutasid eesti poliitikud rahvusliku enesemääramise printsiibist, mille 1917. aasta lõpul ja 1918. aasta algul kuulutasid peaaegu üheaegselt välja nii Lenin kui Woodrow Wilson. Idee, mis pidi saama uue maailmakorra üheks põhiprintsiibiks, oli suurriikidele vastuvõetav siiski vaid lühikest aega (sõja lõpul) ja realiseerus üksnes osaliselt.

Iseseisvuse proklameerimise aeg oli rahvusvahelist olukorda arvestades valitud õnnestunult. Eesti poliitikud võtsid arvesse keerukaid vastuolusid suurriikide – Antandi,

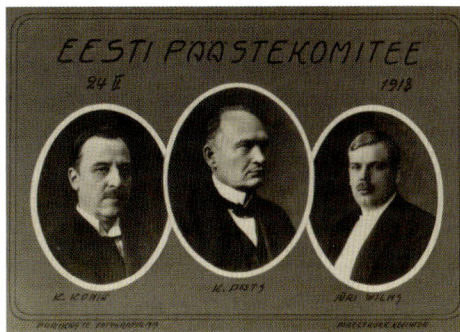

Eestimaa Päästmise Komitee (vasakult):
Konstantin Konik, Konstantin Päts, Jüri Vilms

Keskriikide ja Nõukogude Venemaa vahel maailmasõja lõppvaatuse ajal. Enamlaste võimuletulek ja Saksa okupatsioon suurendasid Balti regiooni aktuaalset geopoliitilist väärtust ja tõotasid muuta selle piirkonna rahvusvahelise suurpoliitika huviobjektiks. Teatud toetust loodeti Antandi riikidelt (eriti Inglismaalt), kes nägid Baltimaade separatismis instrumenti Saksa mõju nõrgendamiseks ja tõket enamluse levimisele läände.

Sellist otsustavat sammu ei astutud kerge südamega, sest Venemaast irdumine ähvardas kaasa tuua ettenägematuid ja ebasoovitavaid tagajärgi, tõsiseid, võib-olla ka ületamatuid poliitilisi ja majanduslikke probleeme. Omariikluse kogemus eestlastel puudus, keegi ei osanud tol ajal selgesti ette kujutada, milline on iseseisev Eesti ja kas ta suudab toime tulla. Riigitüüri pidid enda kätte võtma talutarest võrsunud esimese põlve haritlased. Kardeti Venemaa poliitiliste jõudude kättemaksu ja majandussidemete katkemist.

24. veebruari aktile Eesti riigi loomist siiski kohe ei järgnenud. Selle ülesande teostamine muutus võimalikuks pärast Saksa okupatsiooni, täies ulatuses aga alles pärast Vabadussõja võidukat lõppu. Vastu paljude ootusi ei saanud iseseisvuse väljakuulutamine takistuseks Eesti okupeerimisele. Kuigi ükski riik Eesti Vabariiki 1918. aastal *de jure* ei tunnustanud, oli see siiski argument rahvusvahelistes suhetes, mida Eesti Välisdelegatsioon ka kasutas.

Eesti iseseisvuse manifest

Saksa vägede liikumissuunad
8. armee
29. maakaitsebrigaad
Põhjakorpus
60. kindralkomando
19. maakaitsediviis
4. ratsadiviis
1. ratsadiviis
77. reservdiviis
VI armeekorpus
219. jalaväediviis
205. jalaväediviis
18. rünnakompanii
armeekoondis D
armeekoondis D

Helsingi
12.04.1918

S o o m e   l a h t

Eesti Maanõukogu
15.11.1917 otsus

Tallinn
8.-11.
25.02.

Sompa
28.02.
Vaivara
2.03.
Narva
4.03.

Paldiski

Tapa
26.02.

Keila
23.02.

Järva-Jaani
28.02

Rakvere
27.02.

Riisipere
22.02.
Rapla
Paide
25.02.

Tamsalu

Põhjakorpus
Haapsalu
21.02.

Lihula
Eesti iseseisvuse
väljakuulutamine
23.02.1918

Põltsamaa

Jõgeva

Virtsu
20.02.

Põhjakorpus

Pärnu
25.02.
Viljandi
25.02.

Tartu
7.11.
24.02.

Kuressaare

Räpina

Valga
20.11.
22.02.

Võru
24.02.

*Liivi
laht*

Heinaste
24.02.
Ruhja
24.02.

Petseri

Pihkva
15.11.
25.02.

Valmiera
(Volmari)
20.11.
20.02.

Mõniste

Alūksne (Aluliina)

Ostrov

Smiltene

Cēsis
(Võnnu)
8.11.
20.02.

Gulbene

Põtalovo

*60.
kindralkomando*

Tukums

Riia

*VI
armeekorpus*

Rēzekne

Jelgava (Miitavi)

58. kindralkomando

Armeekoondis D

Daugavpils (Dvinsk/Dünaburg)
18.02.1918

Zarasai

Vene rinne 18.02.1918
Saksa 8. armee rinne 18.02.1918
Armeekoondis D rinne 18 .02.1918
laiarööpmeline raudtee
kitsarööpmeline raudtee
kubermangupiir
linn, asustatud punkt
8.11.   nõukogude võimu väljakuulutamine 1917
21.02.   sakslaste poolt linna vallutamine 1918
  suurem relvakokkupõrge

Eesti okupeerimine Saksa vägede poolt veebruaris 1918

Saksa okupatsioon

25. veebruaril jõudsid Saksa väed Tallinna. Nädalaga okupeeriti kogu Eesti. Baltisakslased tervitasid võõrast väge suure vaimustusega, lootes, et *rumalatel juttudel* Eesti riigist on nüüd igaveseks lõpp. 3. märtsil Brest-Litovskis sõlmitud Saksa-Vene rahulepinguga säilitas Venemaa suveräniteedi Eesti- ja Liivimaa üle, kuid need alad läksid ajutiselt Saksa "politseivõimu" kontrolli alla, *kuni seal maa kohalikud asutused tagavad ühiskondliku julgeoleku ning kehtestatakse riiklik kord.* Rahulepinguga vabastati enamlaste poolt jaanuaris represseeritud baltisakslased ja eesti rahvuslased, kes pääsesid koju Rootsi Punase Risti abiga.

Saksa sõjaväevalitsus eesotsas kindral Adolf von Seckendorffiga Eesti iseseisvust ei tunnustanud, ja kehtestas sellise halduskorra, kus võtmepositsioonidele määrati Saksa ohvitsere ja baltisakslasi.

Mandri-Eesti jagati kaheks korpuseringkonnaks: Lõuna-Eesti (Pärnu, Viljandi, Tartu ja Võru maakond) allutati Saksa 60. ja Põhja-Eesti (Järva, Viru, Harju, Lääne maakond) 68. *kindralkomandole.* Nimetatud üksustest said kehtestatud ajutise valitsemiskorra tähtsaimad lülid. Korpuseringkonnad jagati kreisideks, mis suures osa langesid kokku endiste maakondade piiridega. Kolme suuremat linna – Tallinna, Tartut ja Narvat – hakati nimetama linnakreisideks. Kreisid jagunesid suuresti kihelkonnaga kattuvateks ametkondadeks *(Amtsbezirk),* need omakorda jaoskondadeks *(Ortsbezirk).* Kõik võimuorganid allutati *kindralkomandode* kontrollile. Asutati eraldi politseikohtud.

Saaremaa koos teiste Lääne-Eesti saartega ja Riia linnaga moodustas eraldi kubermangu, mis ametlikult Saksa politseivõimu alla ei kuulunud – seda territooriumi taheti lõplikult Venemaast eraldada.

Kuigi Saksa väed olid Eesti bolševikest vabastanud, leidus eestlaste hulgas vähe neid, kes soovisid Saksa võimudega koostööd teha. Okupatsioonivõimud jälitasid nõukogude ak-tiviste ja pahempoolseid tegelasi, suvest alates ka rahvuslasi. Baltisakslaste, aga ka eestlaste pealekaebuste põhjal arreteeriti sadu inimesi. Hukkamiste kõrval jagati ka ihunuhtlust. Tartus võeti pantvangiks kuuskümmend eesti tegelast. Peaminister ja Päästekomitee esimees Päts saadeti Poola vangilaagrisse, tema asetäitja Jüri Vilms, kes jääd mööda Soome siirdus, lasti koos kahe küüdimehega segastel asjaoludel maha. Tugevdati tsensuuri, mitmed ajalehed suleti. Sõjaolukorrale viidates piirati inimeste liikumisvabadust, mille tarbeks seati sisse eriload. Koosolekute pidamine keelati, ühiskondlike organisatsioonide tegevust hakati tähelepanelikult kontrollima.

Iseseisvuse väljakuulutamise järel oli senise rahvusdiviisi baasil hakatud rajama Eesti sõjaväge. Saksa okupatsioonivõimude korraldusega 28. veebruarist 1918 võisid rahvusväeosad esialgu oma tegevust jätkata, kaitsmaks sisemist julgeolekut, korda ja elanikkonna vara. Sõjaväe ülemaks nimetati alampolkovnik Andres Larka, staabiülemaks kapten Nikolai Reek. 1918. aasta veebruariks oli diviisi koondunud 750 ohvitseri ja 35 000 sõdurit. Toimus väeosade täiendav komplekteerimine, tugevdati distsipliini, viidi läbi õppusi ja jagati üsna heldekäeliselt uusi auastmeid. 20. märtsil aga saatsid okupatsioonivõimud Eesti sõjaväe laiali ning võtsid selle lahinguvarustuse ja relvad enda valdusesse. Sõjaväeteenistusest vabastatud ohvitseride eestvedamisel hakati üle Eesti organiseerima põrandaalust Kaitseliitu.

Saksa väed sisenevad Tartusse 24. veebruaril 1918

Enamlaste poolt natsionaliseeritud varandused, sh. mõisad tagastati omanikele. Majandusraskustes vaevlev Saksamaa oli huvitatud, et saaks okupeeritud territooriumidelt hankida võimalikult palju toiduaineid ja muid kaupu. Sel eesmärgi teostati ka Eestis arvukalt rekvireerimisi; äravõetud varad viidi Saksamaale.

Saksa keel kuulutati ainsaks ametliku asjaajamise keeleks ja edaspidi pidi see saama õppekeeleks Baltimaade koolides. Tartu venekeelne ülikool suleti, selle venelastest õppejõud ja üliõpilased sunniti Tartust lahkuma. Okupatsiooni eel evakueeritud õppejõudude ja ülikooli varade baasil asutasid venelased Voronežis uue ülikooli. 1918. aasta sügisel avati Tartus saksa õppekeelega *Landesuniversität*, mida enamik eesti üliõpilasi boikoteeris.

Balti hertsogiriik

Baltisaksa ülemkihid tegid Saksa valitsuse toel katset luua Saksamaast sõltuvat Balti hertsogiriiki. Selleks kutsusid okupatsioonivõimud kokku provintside seisuslikud maakogud *(Landesversammlung)*, kus baltisakslased olid eestlaste ja lätlastega võrreldes suures ülekaalus. Nii oli Eestimaa maakogu 51-st liikmest eestlasi vaid 16 vallavanemat. Samasuguse kokkuseadega Kuramaa maakogu oli juba 1917. aasta oktoobris pakkunud Saksa keisrile Kuramaa hertsogi krooni.

Eesti rahvuslikud ringkonnad osutasid okupatsioonile passiivset vastupanu. Suur osa vallavanemaist keeldus toetamast Baltimaade liitmist Saksamaaga. Riias peetud Liivimaa maakogul esinesid Lõuna-Eesti vallavanemad protestiga, milles juhiti tähelepanu sellele, et Eesti on terviklik poliitiline üksus ning Eesti rahva seaduslik esindus – 1917. aastal valitud Eesti Maanõukogu – on juba langetanud otsuse maa saatuse kohta ja kuulutanud välja iseseisva demokraatliku vabariigi. Milliseks kujuneb Eesti vahekord Saksamaa või mõne teise riigiga, seda saab otsustada vaid kogu rahva vabalt valitud esindus, mitte üksikud vallavanemad. Konstantin Pätsi koostatud

protesti luges Riias 10. aprillil 1918 ette Vana-Antsla vallavanem Peeter Koemets. Pärast seda lahkusid protesteerinud vallavanemad maakogult.

Seisuslike maanõukogude esindajaist komplekteeriti Ühendatud Maanõukogu *(Der Vereinigte Landesrat für Livland, Estland, Ösel und Riga)*, milles oli 34 sakslast, 12 eestlast ja 12 lätlast. 12. aprillil kokku tulnud *Landesrat*, mida rahvasuu kutsus *Landesverrat*'iks (maa reetmine) palus Saksa keisrit moodustada Balti provintsidest monarhistlik-konstitutsiooniline riik, mis ühendataks Saksa riigiga personaaluniooni kujul Preisimaaga. Pettuse ja ähvardustega koguti eestlastelt ja lätlastelt allkirju Saksamaaga liitumise kasuks.

Saksamaal tegid baltisakslased laialdast selgitustööd Baltimaade tutvustamiseks sealsetele poliitika- ja majandusringkondadele, kelle esindajad külastasid aktiivselt Eestit ja Lätit. Kohalikud mõisnikud lubasid uutele saksa kolonistidele kuni kolmandiku haritavast maast, et nii luua Baltimaades seni puudunud arvukas agraarne keskklass. Et kolonistid ei sulaks põlisrahvastesse, selleks plaanitseti rajada etniliselt kompaktseid saksa asundusi. Mitmesugused poliitilised ja sõjalised tegurid, eriti aga ebaedu Läänerindel takistas Berliini langetamast lõplikku otsust Baltimaade tuleviku kohta. Nagu varemgi, ilmnes Saksamaal üsna vastakaid tendentse, alates otsesest anneksiooni nõudmisest kuni soovini mitte esitada idas suuremaid territoriaalseid nõudmisi.

Brest-Litovski rahulepingu Berliini täienduslepinguga 27. augustist 1918 loobus Nõukogude Venemaa oma riiklikust suveräänsusest Eesti üle. 22. septembril tunnustas Wilhelm II Saksa riigi nimel Eesti- ja Liivimaad iseseisva regioonina.

5. novembril 1918 andis *Landesrat* Riias teada ühendatud Balti riigi loomisest. Koos Kuramaa Maanõukoguga moodustati selle neljast sakslasest, kolmest lätlasest ja kolmest eestlasest koosnev Balti Regentnõukogu *(Regentschaftsrat)*, mille etteotsa sai Liivimaa maamarssal parun Adolf Pilar von

Pilchau. Valiti maakomitee, kelle ülesandeks oli riigi põhiseaduse väljatöötamine. Moodustatava Balti hertsogiriigi valitsejaks kutsuti Mecklenburgi hertsog Adolf Friedrich. Preisi-Balti personaaluniooni suhtus Saksamaa valitsus negatiivselt. Neil sammudel polnud aga enam mingit tähtsust, sest Saksa keisririigi aeg oli otsa saamas, seal puhkes revolutsioon. Seda enam pingutasid Balti aadli esindajad välismaal, et teha maha Eesti ja Läti rahvusriikide loomist (neid kujutati bolševistlikena) ja veenda maailmasõja võitjaid baltisakslaste juhtimisel toimiva ühtse Balti riigi otstarbekuses võitluses kommunismi vastu. Kahe maailma, teutooni ja slaavi vahel asuva ühtse paljurahvuselise Balti riigi *(ein gesamtbaltischer Staat)* ideed – Belgia eeskujul – pooldas ka kuulus filosoof, Raikküla krahv Hermann von Keyserling.

Nõukogude Venemaal formeeriti eesti kommunistlikke kütipolkusid, kellest läti punaste küttide kõrval said Punaarmee eliitväeosad. Venemaa Kommunistliku (bolševike) Partei eesti sektsioonide konverentsil 13.–15. juulil Moskvas otsustati võidelda Eesti nõukogude vabariigi eest, mida käsitati maailmarevolutsiooni ja Euroopa nõukogude vabariigi kontekstis.

Välisdelegatsioon

Eesti esimene välisdelegatsioon (Jaan Tõnisson, Mihkel Martna, Karl Menning, Ants Piip, Karl Robert Pusta, Eduard Virgo, Ferdinand Kull) sai Maanõukogult ametlikud volitused novembris-detsembris 1917. Esmakordselt nimetati eestlasi *diplomaatilisteks esindajateks (agent diplomatique)*. Delegatsioonile tehti ülesandeks iseseisvusmemorandumi edastamine Skandinaavia maade ja suurriikide valitsustele. Esimesena jõudis 1917. aasta detsembris välismaale (Helsingisse, seejärel Stockholmi) Jaan Tõnisson, kelle enamlased olid maalt välja saatnud. Välisdelegatsiooni liikmena pidas Tõnisson 1918. aasta algul läbirääkimisi nii Antandi riikide kui ka Saksamaa esindajatega.

Eesti välisdelegatsioon (vasakult): Eduard Virgo, Ants Piip, Mihkel Martna, Jaan Tõnisson, Karl Menning, Karl Robert Pusta, Julius Seljamaa

1918. aasta jaanuaris, pärast Vene Asutava Kogu laialiajamist (5. jaan.) pöördusid selle saadikud Poska, Seljamaa ja Vilms Petrogradis Inglise, Prantsuse ja Ameerika Ühendriikide saadikute poole Eesti iseseisvuse tunnustamise asjus. Peamiseks argumendiks oli Saksamaa laiutamine regioonis ja Baltimaade sellega ühendamise oht. Antandi riikide valitsustele tekitasid Ida-Euroopa asjad, nii Saksa vägede edasitung kui Vene-Saksa separaatrahu, suurt muret. Nende sündmuste mõjul reageeriti Eesti iseseisvuse väljakuulutamisele üsna kiiresti. Briti ja Prantsuse valitsused teatasid märtsis, et nad on valmis ajutiselt, kuni rahukongressini tunnustama Eesti Asutavat Kogu kui tegelikult iseseisvat asutust. USA valitsuse suhtumine oli külm. Tol ajal Eestis Asutavat Kogu, mille tunnustamist Maanõukogu oli palunud, kokku kutsuda ei saanud, sest enamlased olid jaanuaris toimunud valimised katkestanud ja Saksa okupatsiooni ajal polnud uute valimiste korraldamine võimalik. Vormiliselt saadi *de facto* tunnustus Eesti iseseisvusele (Maanõukogule) Londonis, Pariisis ja Roomas sama aasta mais. See samm oli suunatud pigem Saksamaa vastu kui ajendatud soovist uut riiki tegelikult toetada ja tunnustada. Eesti (Balti riikide) lõpliku staatuse otsustamine lükati edasi rahukonverentsini ja seoti Vene küsimusega.

Saksa okupatsiooni ajal kujunes Eesti Vabariigi välispoliitika ja Välisdelegatsiooni peaeesmärgiks protestimine Saksa sõjaväevõimude survepoliitika ja Balti hertsogiriigi loomise plaanide vastu. Esialgu Stockholmis ja seejärel Välisdelegatsiooni uues keskuses Kopenhaagenis selgitati rahvusvahelisele avalikkusele Berliini agressiivseid kavatsusi Baltimaades ja esitati välisriikide esindajatele mitmesuguseid dokumente. Saksa võimude ja baltisaksa poliitikute tegevust hukkamõistvaid artikleid õnnestus avaldada isegi Saksamaa ajalehtedes ("Berliner Tageblatt", "Sozialdemokrat").

Eesti poliitilises juhtkonnas polnud üksmeelt küsimuses, kuidas lõpeb maailmasõda. Ühed tegelased olid veendunud, et see lõpeb Antandi riikide ja USA täieliku võiduga, mistõttu tuleb hoiduda igasugustest kontaktidest Berliiniga. Teised arvasid, et kumbki pool ei saavuta otsustavat ülekaalu ja sõda lõpeb kokkulepperahuga. Niisugusel juhul jääb Saksamaale edaspidigi kaalukas või isegi määrav sõna Baltimaade (Balti riikide) saatuse kujundamisel. Eriarvamused välispoliitilise orientatsiooni küsimustes tekitasid teravaid vaidlusi ja isegi konflikte ka Välisdelegatsioonis. Juulis 1918 asus Eesti Ajutine Valitsus seisukohale, et Saksamaaga tuleb igasugused suhted katkestada, kuid Välisdelegatsiooni juhtkond Kopenhaagenis jätkas memorandumite saatmist Berliini. 1918. aasta augustis, kui Saksamaa sõjaline lüüasaamine oli selge, koostasid Välisdelegatsiooni liikmed Kopenhaagenis dokumendi "Eesti orientatsioon". Selles kinnitati Eesti iseseisvust (soovitavalt *rahvusvaheliselt kindlustatud neutraliteediga*) ja sümpaatiat Antandi vastu ning kõneldi lähema ühenduse võimalikkusest Skandinaavia maade, Soome ja Lätiga. 1918. aasta sügisel astusid Eesti diplomaadid samme välisabi hankimiseks Eesti Ajutise Valitsuse võimuletuleku puhul. Briti valitsus soovitas Skandinaavia maadel Eestit abistada, kuid nende maade valitsused ei pidanud seda võimalikuks.

Vabadussõja algus

1918. aastal varisesid Keskriigid sõjaliselt kokku. Novembri algul puhkes Saksa laevastikus mäss, millega algas revolutsioon Saksamaal. Monarhia langes, võimu haarasid sotsialistlikud erakonnad. 9. novembril kuulutati Saksamaal välja vabariik. Vaherahuläbirääkimistel oli Saksamaa sunnitud vastu võtma marssal Fochi dikteeritud rasked tingimused ja 11. novembril sõlmiti Compiègne'i vaherahukokkulepe. Mõlemad ajaloolised suurvõimud Balti regioonis olid puruks löödud ja revolutsioonist ruineeritud. Vaherahutingimuste kohaselt ei tohtinud Saksa väed Eestist lahkuda ilma lääneliitlaste loata. Revolutsioneerunud Saksa üksused hakkasid siiski kodumaale tagasi pöörduma.

11. novembril 1918 alustas tegevust Eesti Ajutine Valitsus, mida Konstantin Pätsi vangilaagrist saabumiseni (20. novembril) juhtas Jaan Poska.

13. novembril annulleeris Nõukogude Venemaa valitsus ühepoolselt kõik Saksamaaga sõlmitud lepingud, sh. Bresti rahulepingu ja selle täienduslepingud.

Kohe seejärel, 16. novembril algas Punaarmee pealetung läände, et taastada impeeriumi piirid ja õhutada revolutsiooni Euroopas. Nõukogude valitsus kutsus okupeeritud alade elanikkonda üles alustama võitlust Saksa okupantide vastu. Punaarmee esmaseks strateegiliseks eesmärgiks oli hõivata Balti, Valgevene ja Ukraina alad. Võrreldes Saksa armeega suudeti rindele koondada tagasihoidlikud jõud, kokku ligikaudu 300 000 meest. Loodeti, et sakslased ei osuta sõjatüdimusest tingituna Punaarmeele tõsist vastupanu. Eesti suunal pidi pealetungi teostama Põhjarinde 7. armee.

Ühtlasi tehti ka ettevalmistusi uute võimustruktuuride moodustamiseks "vabastatud" Eestis. 15. novembril loodi Petrogradis eesti enamlastest koosnev Eestimaa Ajutine Revolutsioonikomitee, kes pretendeeris võimule Eestis ja kuulutas Eesti Ajutise Valitsuse ebaseaduslikuks. Pead tõstsid ka Eestis asuvad kommunistid. 16. novembril toimus Tallinnas poollegaalselt eesti kommunistide konverents, mis kutsus üles looma Eesti nõukogude vabariiki.

19. novembril andis Baltimaade riigikomissar August Winnig Riias riigivõimu Eesti Ajutisele Valitsusele lepinguga üle, mida võib tõlgendada kui Eesti Ajutise Valitsuse tunnustamist Saksamaa poolt. Sõlmitud lepinguga läks kogu riiklik võim Eesti etnilistes piirides üle Ajutise Valitsuse kätte, kusjuures võimu üleandmise lõplikuks kuupäevaks määrati 21. november 1918. Ajutine Valitsus kinnitas selle lepingu 20. novembril. Samal päeval tuli kokku Eesti Maanõukogu. Jaan Poska juhitud valitsus astus tagasi ning Maanõukogu andis uue valitsuse moodustamiseks volitused Konstantin Pätsile. Uus valitsus moodustati nädalaga, peaminister Päts oli selles ühtlasi ka sõjaminister. Maanõukogu andis uuele valitsusele volitused 27. novembril, ühtlasi kuulutati välja uued Eesti Asutava Kogu valimised, mis pidid toimuma 1919. aasta veebruaris.

Kujunenud sõjalis-poliitilises olukorras oligi uue valitsuse esmaseks ülesandeks kaitsejõudude organiseerimine. Sellesuunaline tegevus oli alanud juba varem. Esimeseks arvestavaks sõjaliseks toeks Ajutisele Valitsusele sai vabatahtlik Kaitseliit eesotsas Johan Pitkaga (Kaitseliidu loomise ametlikuks kuupäevaks on 11. november 1918, kuid ta tegutses juba enne seda). Territoriaalsel printsiibil loodav Kaitseliit kindlustas kohtadel sisemist julgeolekut, võttis sakslastelt riigivara üle, valvas vange ja täitis muidki ülesandeid. Vabadussõja päevil kuulus sellesse u. 11 000 meest.

16. novembril kutsus valitsus kokku nõupidamise, kus osalesid ka vanemad sõjaväelased ja poliitikategelased. Võeti vastu otsus moodustada alaline sõjavägi vabatahtlikkuse alusel. Sel teel loodeti riigi kaitsmisele kutsuda kõige ustavamaid ja meelekindlamaid mehi. Ohvitserid ja sõjaväearstid aga kuulusid kohustuslikus korras mobiliseerimisele. Seejärel avaldas Ajutine Valitsus vastavad üleskutsed vabatahtlike (21–35-aastased) teenistusse kutsumiseks ja tegi asjakohast propagandat ajakirjanduses. Loodava Rahvaväe koosseisus kavatseti esialgu moodustada diviis, kuhu kuuluksid diviisi juhatus, kuus jalaväepolku, suurtükiväepolk, ratsapolk ja inseneripataljon – kokku 25 000

meest. Diviisi ülemaks kinnitati endine 1. Eesti polgu ülem kindralmajor Aleksander Tõnisson, ke sasus oma staabiga Tallinnas, kus paiknes ka sõjaministri peamise tööorganina moodustatud Peastaap, ülemaks kindralmajor Andres Larka. Peastaabist saigi esialgu kõige olulisem sõjaväe juhtimisorgan.

Maakondades algas jalaväepolkude formeerimine vabatahtlikkuse alusel, mis kukkus sisuliselt läbi. 28. novembriks suudeti üle Eesti Rahvaväkke mobiliseerida kõigest 2200–2300 meest, nende hulgas vaid 800 reameest. Viru maakonnavalitsus kuulutaski juba 24. novembril välja sundmobilisatsiooni. Nii oli 1918. aasta novembri lõpus Ajutisele Valitsusele Rahvaväest olulisemaks sõjaliseks toeks Kaitseliit. Selliste nappide sõjajõududega tuli Eestis vastu seista idast alanud invasioonile.

Punaarmee esimese pealetungi Narvale 22. novembril lõid Saksa üksused tagasi. Rohkem Saksa väed sõjategevuses ei osalenud. Eesti valitsuse palvele anda loodavale Eesti sõjaväele relvi ja muud sõjavarustust Saksa sõjaväevõimud vastu ei tulnud. Nüüd juba tarbetuks muutunud relvad võeti kaasa või muudeti kasutuskõlbmatuiks, suurtükkide lukud visati veekogudesse. 25. novembril hõivasid punased Pihkva ja Vene valgete Põhjakorpus taganes korratult Eestisse. 28. novembril tungisid Nõukogude Vene sõjajõud, sh. eesti punased kütipolgud, Eestisse ja vallutasid samal päeval Narva. Algas vastsündinud Eesti Vabariigi sõda Eesti iseseisvuse eest suurriigi, Nõukogude Venemaaga – Vabadussõda.

Vene keskvõimu esindajaid Eesti- ja Liivimaa kubermangus 1816–1917

Eesti-, Liivi- ja Kuramaa kindralkubernerid (ühtlasi Riia sõjakubernerid)

1812 (X) –1829 (XII) markii Filippo PAULUCCI (oktoobrist 1812 Riia sõjakuberner ja Liivimaa kubermangu tsiviilülem, detsembrist 1812 ka Kuramaa ja märtsist 1819 Eestimaa tsiviilülem, augustist 1823 Eesti-, Liivi- ja Kuramaa ning Pihkva kubermangu kindralkuberner)

1830 (I) –1845 (III) vabahärra Magnus von der PAHLEN (1828–1833 ühtlasi Tartu õpperingkonna ja ülikooli kuraator ja tsensuurikomitee esimees)

1845 (III) –1848 (I) Jevgeni GOLOVIN

1848 (I) –1861 (XI) vürst Aleksandr SUVOROV-RÕMNIKSKI

1861 (XI) –1864 (XII) parun Wilhelm Heinrich von LIEVEN

1864 (XII) – 1866 (IV) krahv Pjotr ŠUVALOV

1866 (IV) – 1866 (X) krahv Eduard BARANOV

1866 (X) – 1870 (IX) Pjotr ALBEDINSKI

1870 (IX) – 1876 (17. I) vürst Pjotr BAGRATION

26. jaanuaril 1876 kindralkuberneri amet kaotati; 1905 ajutiselt taastati

1905 (XI) – 1906 (X) Vassili SOLLOGUB

1906 (X) – 1909 (IV) parun Aleksandr MÖLLER-ZAKOMELSKI

I maailmasõja ajal nimetati kolme Balti kubermangu tsiviilvõimude üle ametisse erivolinik

26. VII – 24. XI 1914 Aleksandr GERASSIMOV (v.a. Riia)

24. XI 1914 – 3. VIII 1915 Pavel KOMAROV-KURLOV (v.a. Tallinn, Paldiski ja Dünamünde)

24. XI 1914 – 5. III 1917 Aleksandr GERASSIMOV (Tallinna ja Paldiski üle)

Eestimaa kubernerid (kuni 1858 "tsiviilkubernerid"), asekubernerid ja Tallinna sõjakubernerid

1816–1818 parun Berend Johann von UEXKÜLL
    1816–1842 asekuberner Ludwig von LÖWENSTERN
    1816–1827 sõjakuberner admiral Aleksei SPIRIDOV

1818–1832 parun Wilhelm von BUDBERG (BÖNNINGSHAUSEN)
    1828–1832 sõjakuberner kindral Gregor von BERG

1832–1833 asekuberner Otto Wilhelm von ESSEN

1832–1841 Paul von BENCKENDORFF
    1834–1850 sõjakuberner admiral krahv Ludwig von HEIDEN
    1841 dets. – 1842 jaan. tsiviilkuberneri kohusetäitja (1833 asekuberneri kohusetäitja) parun
        Georg Gottlieb Engelbrecht von MEYENDORFF

1842–1858 Johann Engelbrecht Christoph von GRÜNEWALDT
    1842–1852 asekuberner Karl Friedrich von BELOW
    1852–1858 asekuberner parun Robert von ROSEN
    1850–1853 sõjakuberner admiral Friedrich Benjamin von LÜTKE
    1853–1854 sõjakuberner viitseadmiral Ivan JEPANTŠIN
    1853–1854 sõjakuberneri asetäitja Woldemar von PATKUL
    1854 sõjakuberneri asetäitja komandant Friedrich Wilhelm Rembert von BERG
    1854–1855 sõjakuberneri asetäitja Paul von GRABBE
    1856 krahv Ludwig HEYDEN (jun.), seejärel amet kaob

1854–56 sõja ajal olid sõjakuberneride asetäitjad rannikuala vägede ülemjuhataja alluvuses

1858–1868 Wilhelm (Vassili) von ULRICH
    1859–1868 asekuberner parun Woldemar von RAHDEN

1868–1870 Mihhail GALKIN-VRASKOI
    1868–1875 asekuberner Viktor POLIVANOV

1870–1875 vürst Mihhail ŠAHHOVSKOI-GLEBOV-STREŠNEV

1875–1885 Viktor POLIVANOV
    1875–1885 asekuberner Aleksandr MANJOS

1885–1894 vürst Sergei ŠAHHOVSKOI
    1885 (IV–XII) asekuberner Adolf TILLO
    1885–1891 asekuberner Aleksei VASSILEVSKI
    1891–1892 asekuberner Anatol TŠAIKOVSKI
    1892–1903 asekuberner Sokrat DIRIN

1894–1902 Jevstafi SKALON

1902–1905 Aleksei BELLEGARDE
    1903–1909 asekuberner Aleksandr von GIERS

1905 (III–XI) Aleksei LOPUHHIN

1905–1906 (I) Nikolai von BÜNTING
    1905 (12.–28. XII) Tallinna ja Harjumaa ajutine kindralkuberner kindralleitnant
        P. VORONOV
    1905 (28. XII) – 1906 (28. X) Tallinna ja Harjumaa ajutine kindralkuberner kindral-
        leitnant SARANTŠOV
    1906 (28. X–5. XI) Tallinna ja Harjumaa ajutine kindralkuberner kindralmajor
        Nikolai PÕHHATŠEV

1906 (I)–1907 (VII) Pjotr BAŠILOV

1907–1915 (XI) Izmail KOROSTOVETS
    1909–1910 asekuberner vürst Andrei ŠIRINSKI-ŠIHMATOV
    1910–1914 asekuberner Aleksandr JEVREINOV

1914–1917 (20. II) asekuberner Sergei ŠIDLOVSKI

1915 (XII)–1917 (1. III) Pjotr VERJOVKIN
  1917 (5. III–27. X) Eestimaa kubermangukomissar Jaan POSKA
  1917 (30. III–23. VI) kubermangukomissari abi end. Liivimaa Eesti osas Kaarel PARTS
  1917 (23. VI–27. X) kubermangukomissari abi ajutine kohusetäitja Juhan OSTRAT
  1917 (?–27. X) kubermangukomissari abi Jüri JAAKSON

Saksa okupatsiooni aegsed võimuesindajad

1917 (X) Saaremaa kuberner, 1918 (II–XI) Eestimaa provintsi kuberner vabahärra Franz Adolf
  von SECKENDORFF

Liivimaa kubernerid (kuni 1864 "tsiviilkubernerid") ja asekubernerid

1811– 1827 Joseph DUHAMEL (du HAMEL)
  1811–1821 asekuberner WEITBRECHT
  1821–1852 asekuberner Ludwig von CUBE

1827–1829 parun Paul von HAHN

1829–1847 parun George von FOELKERSAHM

1847–1862 Magnus von ESSEN
  1852–1858 asekuberner Ivan von BREVERN
  1858–1872 asekuberner Julius von CUBE

1862–1868 August von OETTINGEN

1868–1871 Fjodor von LYSANDER

1872–1874 parun Michael von WRANGELL
  1872–1874 asekuberner parun Alexander ÜXKÜLL-GÜLDENBAND

1874–1882 parun Alexander ÜXKÜLL-GÜLDENBAND
  1875–1878 asekuberner parun E. KRÜDENER
  1878–1890 asekuberner Hermann von TOBIESEN

1883–1885 Ivan ŠEVITŠ

1885–1895 Mihhail ZINOVJEV
  1890–1892 asekuberner Nikolai BOGDANOVITŠ
  1893–1901 asekuberner Aleksandr BULÕGIN

1896–1900 Vladimir SUROVTSEV

1901–1905 Mihhail PAŠKOV
  1901–1902 asekuberner Aleksei BELLEGARDE
  1902–1905 asekuberner Pjotr NEKLJUDOV

1905–1914 Nikolai ZVEGINTSOV
  1905–1909 asekuberner Jakov BOLOGOVSKOI
  1909–1912 asekuberner Arkadi KELEPOVSKI
  1912–1914 asekuberner vürst Nikolai KROPOTKIN

1914–1916 Arkadi KELEPOVSKI

1916–1917 Nikolai LAVRINOVSKI

1917 (II–III) Sergei ŠIDLOVSKI

1917 (III–IV) Liivimaa Läti osa kubermangukomissar Andrejs KRASTKALNS

1917 (IV–XII) Liivimaa Läti osa kubermangukomissar Andrejs PRIEDKALNS

Saksa okupatsiooni aegsed võimuesindajad

1917 (IX) – 1918 (VII) Riia kubermangu kuberner kindralleitnant Karl von ALTEN

1918 (VII–XI) Riia kubermangu kuberner kindralleitnant von ENGELBRECHT

Valikbibliograaﬁa

1. Eesti polgu komitee protokollid 1917–1918. Allikapublikatsioon. Koost. Ago Pajur, Tõnu Tannberg. Tartu 2001.

1858. aasta talurahvarahutused Eestis. Dokumente ja materjale. [Koost. Oskar Vares, Viktor Fainštein, Helmut Piirimäe, toim. Juhan Kahk.] Tallinn 1958.

1905. a. revolutsiooni päevilt. Mälestiste kogu. Tallinn 1931.

1905. aasta Eestis. Kirjeldused. Mälestused. Dokumendid. Leningrad 1926.

Aadu Grenzsteini võitlus Jaan Tõnissoniga. Korrald. Aleksander Kruusberg. (Eesti ajaloo arkiiv 1.) Tartu 1921.

Aarma, Liivi. Põhja-Eesti meeste pikkus. Võrdlev ajaloolis-statistiline uurimus Eestimaa kubermangust aastail 1811–1874 nekrutiks värvatute andmeil. Tallinn 1987.

Aarma, Liivi. Kirjaoskus Eestis 18. sajandi lõpust 1880. aastateni (nekrutinimekirjade andmeil). Tallinn 1990.

Aarma, Liivi. Põhja-Eesti kogudused ja vaimulikkond 1525–1885. 1. Põhja-Eesti kirikud, kogudused ja vaimulikud. Matriklid 1525–1885; 2. Põhja-Eesti vaimulike lühielulood 1525–1885. Tallinn 2005, 2007.

Aavik, Juhan. Muusika radadelt. Mälestusi ja mõlgutusi eluteelt. Göteborg 1959.

Aavik, Juhan. Eesti muusika ajalugu 1–4. Toim. Jüri Remmelgas. Stockholm 1965–69.

Aavik, Johannes = J. Randvere. Ruth. – Noor-Eesti 3, 18–74; ²1980; ³2000.

Aavik, Johannes. Rahvustunde nõrkusest Eestis. Eri aastate kirjutisi. (Loomingu Raamatukogu 50.) Tallinn 1988.

Adolf Richters Baltische Verkehrs- und Adressbücher 1–3. Riga 1909–13.

Adson, Artur. Ise idas – silmad Läänes. Mälestusi 1905. a. revolutsiooni ja Esimese maailmasõja vaheaastaist. Vadstena 1948.

Adson, Artur. Teatriraamat. Stockholm 1959.

Agthe, Adolf. Ursprung und Lage der Landarbeiter in Livland. Hrsg. Karl Bücher. Tübingen 1909.

Aitsam, Mihkel. 1905. aasta Läänemaal. Eel- ja järellugudega. Isiklikke mälestusi ja uurimusi. Tallinn 1937.

Ajaloo järskudel radadel. Toim. Juhan Kahk. Tallinn 1966.

Album Academicum der Kaiserlichen Universität Dorpat. Bearbeitet von Arnold Hasselblatt und Dr. Gustav Otto. Dorpat 1889.

Album Academicum Universitatis Tartuensis 1918–1944. 1–3. Koost. Lauri Lindström, Toomas Hiio jt. Tartu 1994.

Aleksius = Патриарх Алексий II. Православие в Эстонии. Москва 1999.

Alenius, Kari. Ahkeruus, edistus, ylimielisyys. Virolaisten Suomi-kuva kansallisen heräämisen ajasta tsaarinvallan päättymiseen (n. 1850–1917). (Studia Historica Septentrionalia 27.) Oulu 1996.

Alenius, Kari. Viron, Latvian ja Liettuan historia. Jyväskylä 2000.

Altlivländische Erinnerungen. Hrsg. Friedrich Bienemann [jun.]. Reval 1911.

Amburger, Erik. Geschichte des Protestantismus in Russland. Stuttgart 1961.

Amburger, Erik. Geschichte der Behördenorganisation Russlands von Peter dem Grossen bis 1917. Leiden 1966.

Amburger, Erik. Das neuzeitliche Narva als Wirtschaftsfaktor zwischen Russland und Estland. – Jahrbücher für Geschichte Osteuropas. NF. Bd. 15, Jg. 1967, H. 2, 197–208.

Amburger, Erik. Deutschbaltische Unternehmer in Russlands Handel und Industrie. – Zeitschrift für Ostforschung 1991, 4, 522–543.

Amelung, Friedrich. Geschichte des baltischen freiwilligen Feuerwehr-Vereins in den Jahren 1862 bis 1882. Reval 1882.

Anderson, Edgar. The Crimean War in the Baltic Areas. – Journal of Baltic Studies 1974, 4, 339–361.

Anderson, Edgar. The Baltic Region on the Eve of World War One. → The Baltic Countries (SBS 5:1), 17–44.

Andrejeva = Наталья Андреева. Прибалтийские немцы и российская правительственная политика в начале XX века. Отв. ред. Р. Ш. Ганелин. Санкт-Петербург 2008.

Andresen, Andres. Eestimaa kirikukorraldus 1710–1832. Riigivõimu mõju institutsioonidele ja õigusele. Tartu 2008.

Andresen, Lembit. Eesti aabits reformatsioonist iseseisvusajani. Tallinn 1993.

Andresen, Lembit. Eesti kooli ajalugu. Algusest kuni 1940. aastani. Tallinn ¹1995; ²2003.

Andresen, Lembit. Eesti rahvakooli ja pedagoogika ajalugu. 3. Koolireformid ja venestamine (1803–1918). [Tallinn] 2002.

Anepaio, Toomas. 1889. aasta justiitsseadused – Eesti peaaegu et esimene põhiseadus. → Vene aeg Eestis, 83–106.

Anepaio, Toomas. Rahvuslikud lootused ja riiklikud vastused. Rahvusliku liikumise õiguslikud nõudmised ja 1889. aasta reform. – Acta Historica Tallinnensia 9, 2005, 3–28.

Angermann, Norbert. Carl Schirrens Vorlesungen über die Geschichte Livlands. → Ostseeprovinzen, 213–225.

Annus, Endel. Eesti kalendrikirjandus 1720–1900. Tallinn 2000.

Annus, Epp, Luule Epner, Ants Järv, Sirje Olesk, Ele Süvalep, Mart Velsker. Eesti kirjanduslugu. Tallinn 2001.

Antik, Richard. Eesti ajakirjandus 1766–1930. Bibliograafia ühes toimetajate ja väljaandjate loeteluga. Tartu 1932.

Anvelt, Leo. O. W. Masing ja kaasaegsed. Lisandusi nende tundmiseks. Tallinn 1979.

Apine, Krupņikovs = И. Апине, П. Крупников. Новое в политике прибалтийского дворянства после революции 1905–1907 гг. – Германия и Прибалтика. (Ученые записки Латвийского государственного университета 159.) Рига 1972, 76–102.

Arbusow, Leonid sen. Grundriß der Geschichte Liv-, Est- und Kurlands. Riga ¹1889; ⁴1918.

Arens, Olavi. The Estonian Maapäev during 1917. → The Baltic States in Peace and War, 19–30.

Arens, Olavi. Soviets in Estonia, 1917/1918. → Die baltischen Provinzen Russlands zwischen den Revolutionen, 295–314.

Arens, Olavi. The Estonian Question at Brest-Litovsk. – Journal of Baltic Studies 1994, 4, 305–330.

Arens, Olavi. Wilson, Lansing ja Hoover – Ameerika välispoliitika ja Eesti riigi tekkimine. – Acta Historica Tallinnensia 10, 2006, 60–68.

Arens, Olavi. Riik, võim ja legitiimsus Eestis aastail 1917–1920. – Acta Historica Tallinnensia 11, 2007, 71–79.

Armstrong, John A. Acculturation to the Russian Bureaucratic Elite. The Case of the Baltic Germans. – Journal of Baltic Studies. 1984, 2/3, 119–129.

Aru, Krista. Üks kiri, kolm mõõdet. Peatükke eesti toimetajakesksest ajakirjandusest: K. A. Hermann, J. Tõnisson, K. Toom. (EKLA töid kirjandusest ja kultuuriloost 6.) Tartu 2008.

Arukaevu, Jaanus. Eesti ühiskonna organisatsiooniline struktuur 20. sajandi algul. – Eesti Teaduste Akadeemia Toimetised. Humanitaar- ja Sotsiaalteadused 43, 1994, 3, 257–268.

Arukaevu, Jaanus. Avalikkuse ohjamise kavad ja tegelikkus tsaariaja lõpus. → Seltsid ja ühiskonna muutumine, 152–175.

Arumäe, Heino. Jaan Poska. – Ausalt ja avameelselt Eesti suurmeestest. Koost. Hannes Walter. Tallinn 1990, 18–51.

Aschkewitz, Max. Der Niedergang des baltischen deutschen Handwerks im 19. Jahrhundert. – Baltische Monatshefte 1937, 493–496.

Ast Rumor, Karl. Aegade sadestus. Olusid, iseloomustusi, hinnanguid. 1–2. ¹Lund 1963, 1965; ²Tallinn 2004; uustr. ilmumas.

Ast Rumor, Karl. Maailma lõpus. Koost. Hando Runnel. (Eesti mõttelugu 74.) Tartu 2007.

Aufklärung in den baltischen Provinzen Russlands. Ideologie und soziale Wirklichkeit. Hrsg. Otto-Heinrich Elias, Indrek Jürjo, Sirje Kivimäe, Gert von Pistohlkors. Köln–Weimar–Wien 1996.

Aus vergangenen Tagen. "Der Altlivländischen Erinnerungen" Neue Folge. Hrsg. Fr. Bienemann [jun.]. Reval 1913.

Aun, Karl. Sini-must-valge lipu 100 aastat. Toronto 1984.

Avrehh = Арон Аврех. Царизм накануне свержения. Отв. ред. А. М. Анфимов. Москва 1989.

Baer, Karl Ernst von. Eestlaste endeemilistest haigustest. Tallinn 1976.

Balevica = Лида Балевица. О структуре и доходности дворянских имений Лифляндской губернии накануне первой мировой войны. – Ежегодних по аграрной истории Восточной Европы. 1966 г. Таллинн 1971, 444–453.

Balevica, Lida. Adelsgüter und Bauernwirtschaften in Südlivland und die Rolle der Livländischen Adeligen Güterkreditsozietät 1880–1905. → Bevölkerungsverschiebungen, 103–125.

The Baltic Countries 1900–1914. Ed. Aleksander Loit. (Acta Universitatis Stockholmiensis. Studia Baltica Stockholmiensia 5:1; 5:2.) Uppsala 1990.

Baltic History. Ed. Arvids Ziedonis Jr., William L. Winter, Mardi Valgemäe. (Publications of the Association for the Advancement of Baltic Studies 5.) Columbus, Ohio 1974.

The Baltic States in Peace and War, 1917–1945. Ed. V. Stanley Vardis, Romuald J. Misiunas. University Park 1978.

Baltiiski arhiv = Балтийский архив. Русская культура в Прибалтике 1–11. Таллинн–Рига–Вильнюс 1996–2006.

Baltiiski region = Балтийский регион в международных отношениях в новое и новейшее время. Материалы международной научной конференции. Калининград, 10–11 октября 2003 г. Калининград 2004.

Baltisaksa kultuuri osatähtsus Eesti ajaloos. Tallinn 1996.

Baltische Bibliographie. Schrifttum über Estland, Lettland, Litauen. Marburg 1954–2005.

Baltische Bürgerkunde. Versuch einer gemeinverständlichen Darstellung der Grundlagen des politischen und sozialen Lebens in den Ostseeprovinzen Russlands. 1. Hrsg. von Carl von Schilling, Burchard von Schrenck. Riga 1908.

Baltische Chronik 1896–1904. Hrsg. O[skar] Stavenhagen. Beilagen zu Baltischen Monatsschrift Bd. 44–58. 1896–1905.

Baltische Kirchengeschichte. Beiträge zur Geschichte der Missionierung und der Reformation, der evangelisch-lutherischen Landeskirchen und des Volkskirchentums in den baltischen Landen. Hrsg. von Reinhard Wittram. Göttingen 1956.

Baltische Länder. (Deutsche Geschichte im Osten Europas.) Hrsg. Gert von Pistohlkors. Berlin [1]1994; [2]2002.

Baltische Monatsschrift (Baltische Monatshefte). Register 1859–1939. Zusammengestellt von Renate Wittram-Hoffmann. Marburg/Lahn 1973.

Baltische Revolutions-Chronik. 1. Bis zum Oktober 1905; 2. Oktober bis Dezember 1905. Riga 1907, 1908.

Die baltischen Nationen: Estland, Lettland, Litauen. Hrsg. von Boris Meissner. Köln 1990.

Die baltischen Provinzen Russlands zwischen den Revolutionen von 1905 und 1917. Erstes Internationales Marburger Symposium zu Problemen der baltischen Sozial- und Kulturgeschichte. Hrsg. von Andrew Ezergailis, Gert von Pistohlkors. (Quellen und Studien zur baltischen Geschichte 4.) Köln–Wien 1982.

Die Baltischen Ritterschaften. Übersicht über die in den Matrikeln der Ritterschaften von Livland, Estland, Kurland und Oesel verzeichneten Geschlechter. Bearbeitet im Auftrage des Verbandes der Baltischen Ritterschaften von Ernst v. Mühlendahl und Baron Heiner v. Hoyningen gen. Huene. [2]Limburg/Lahn 1973.

Baltisches historisches Ortslexicon. 1. Estland (Einschließlich Nordlivland). Begonnen von Hans Feldmann. Hrsg. von Heinz von zur Mühlen. Köln–Wien 1985.

Bartlett, Roger. Nation, Revolution und Religion in der Gesellschaftskonzeption von Garlieb Merkel. → Ostseeprovinzen, 147–163.

Basler, Werner. Deutschlands Annexionspolitik in Polen und im Baltikum 1914–1918. (Veröffentlichungen des Instituts für Geschichte der Völker der UdSSR an der Martin-Luther-Universität Halle-Wittenberg. Reihe B, Abhandlungen; Bd. 3.) Berlin 1962.

Beiträge zur Statistik des Gouvernements Estland. Hrsg. Paul Jordan. 1–3. Reval 1867–74.

Bellegarde, Aleksei. Minu mälestusi Eestimaa kubernerina. [1]Tartu 1937; [2][Tallinn] 2010.

Benz, Ernst. Die Revolution von 1905 in den Ostseeprovinzen Russlands. Ursachen und Verlauf der lettischen und estnischen Arbeiter- und Bauernbewegung im Rahmen der ersten russischen Revolution. Dissertation. Mainz 1990.

Berdjajev = Николай Бердяев. Судьба России. Опыты по психологии войны и национальности. Москва 1990.

Berendsen, Robert. Eestimaa talurahva vabastamise 100-aasta juubel 23. mail 1916. aastal. Tallinn 1916.

Berendsen, Veiko; Margus Maiste. Esimene üle-venemaaline rahvaloendus Tartus 28. jaanuaril 1897. Tartu 1999.

Bergs = [Арвед Бергс.] Земское хозяйство Прибалтийского края. Санкт-Петербург 1908.

Bevölkerungsverschiebungen und sozialer Wandel in den baltischen Provinzen Russlands 1850–1914. Drittes Internationales Marburger Symposium zu Problemen der baltischen Sozial- und Kulturgeschichte. Hrsg. Gert von Pistohlkors, Andrejs Plakans, Paul Kaegbein. (Schriften der Baltischen Historischen Kommission 6.) Lüneburg 1995.

Blumfeldt, Aleksander. Eesti föderalistide programmiliste ja organisatsiooniliste seisukohtade kriitika. – Töid NLKP ajaloo alalt. 1. (TRÜ toimetised 109.) Tartu 1961, 3–22.

Blumfeldt, Evald. Saaremaa revisjoni- ja reguleerimistööd 1765–1828. – Litterarum Societas Esthonica 1838–1938. Liber Saecularis. (Õpetatud Eesti Seltsi toimetised 30.) Tartu 1938, 87–102.

Blumfeldt, Evald. Ühest magistraalideest Eesti ühiskondliku mõtte ajaloos poolsajandil enne 1917. aasta veebruarirevolutsiooni. – Eesti Teadusliku Seltsi Rootsis aastaraamat 8. 1977–1979. Stockholm 1980, 17–35.

Blumfeldt, Evald, Nigolas Loone. Bibliotheca Estoniae historica 1877–1917 = Eesti ajaloo bibliograafia 1877–1917. [1]Tartu 1933–39; [2]Köln–Wien 1987.

Bodisco, Eduard Michael. Der Bauerland-Verkauf in Estland und Materialen zur Agrar-Statistik Estlands. Reval 1902.

Bodisco, Theophile von. Versunkene Welten. Erinnerungen einer estländischen Dame. Hrsg. Henning von Wistinghausen. Weissenhorn 1997.

Bordonos = Николай Бордонос. Основы поземельных отношений в Лифляндской губернии. Могилев 1904.

Bornhaupt, Christian. Entwurf einer geographisch-statistisch-historischen Beschreibung Liv-, Ehst- und Kurlands, nebst einer Wandkarte. Riga 1885.

Brevern, Georg von. Erinnerungen aus seinem Leben und an die Anfänge der zweiten Agrarreform in Estland 1839 bis 1842. Reval–Leipzig 1907.

British Documents of Foreign Affairs: Reports and Papers from the Foreign Office Confidential Print. General editors Kenneth Bourne and D. Cameron Watt. Part I. From the Mid-Nineteenth Century to the First World War. Series A. Russia 1959–1914. 1–6. Ed. Dominic Lieven. University Publications of America 1983.

Bruiningk, Hermann. Das Geschlecht von Bruiningk in Livland. Riga 1913.

Brüggemann, Karsten. Die Gründung der Republik Estland und das Ende des "Einen und unteilbaren Russland". Die Petrograder Front des Russischen Bürgerkriegs 1918–1920. (Veröffentlichungen des Osteuropa-Instituts München. Reihe Forschungen zum Ostseeraum 6.) Wiesbaden 2002.

Brüggemann, Karsten. Rahvusliku vaenlasekuju demontaažist ehk Carl Schirren kui Eesti iseseisvuse rajaja? Märkusi Jaan Unduski metahistooriliste žestide kohta. – Tuna 2002, 3, 93–98.

Brüggemann, Karsten. "Enesemääramine lastetoas"? Vene nägemus Eestist revolutsiooni ja kodusõja ajal. → Vene aeg Eestis, 361–385.

Brüggemann, Karsten. An Enemy's "Outpost" or "Our West"? Some Remarks about the Discourse of Russian *Pribaltika* in the Russian Empire and the Soviet Union. → Ethnic Images and Stereotypes, 81–98.

Brüggemann, Karsten. Wie der Revaler Domberg zum Moskauer Kreml wurde. Zur lokalen Repräsentation imperialer Herrschaft im späten Zarenreich. – Imperiale Herrschaft in der Provinz. Repräsentationen politischer Macht im späten Zarenreich. Hrsg. Jörg Baberowski, David Feest, Christoph Gumb. (Eigene und fremde Welten 11.) Frankfurt/Main–New York 2008, 172–195.

Brüggemann, Karsten. "Venestamine" kui Vene impeeriumi ülemvõimu representatsioon Balti provintside näitel. – Vikerkaar 2009, 7/8, 117–130.

[Buchholtz, Alexander.] Fünfzig Jahre Russischer Verwaltung in den Baltischen Provinzen. Leipzig 1883.

[Buchholtz, Alexander.] Deutsch-protestantische Kämpfe in den baltischen Provinzen Russlands. Leipzig 1888.

Buch und Bildung im Baltikum. Festschrift für Paul Kaegbein zum 80. Geburtstag. Hrsg. Heinrich Bosse, Otto-Heinrich Elias und Robert Schweitzer. (Schriften der Baltischen Historischen Kommission 13.) Münster 2005.

Budilovitš = Антон Будилович. О новейших движениях в среде чудских и летских племен Балтийского побережья. (Речь в торжественном собрании Спб. Славянского благотворительного общества, 30 декабря 1905 г.) Санкт-Петербург 1906.

Budilovitš = Антон Будилович. Может-ли Россия отдать инородцам свои окраины? (Библиотека окраин России 4.) Санкт-Петербург 1907.

Bunge, Friedrich Georg von. Einleitung in die Liv-, Ehst- und Kurländische Rechtsgeschichte und Geschichte der Rechtsquellen. Reval 1849.

Bunge, Friedrich Georg von. Geschichte des Liv-, Est- und Curländischen Privatrechts. St. Petersburg 1862.

Buxhoeveden, Oskar. Die Oeselsche Ritterschaft im Wandel der Zeit. Versuch einer Selbstdarstellung. Hamburg 1974.

Buxhöwden, Friedrich von. Zweite Fortsetzung von des Herrn Hofraths von Hagemeister. Materialien zur Gütergeschichte Livlands, enthaltend Beiträge zu einer älteren Geschichte der Oeselschen Landgüter und ihrer Besitzer. Riga 1851.

C. R. Jakobsoni "Sakala" ja eesti ajakirjanduse teed. Koost. Ea Jansen, Juhan Peegel. Tallinn 1979.

The Cambridge History of Russia. 2. Imperial Russia 1689–1917. Ed. Dominic Lieven. Cambridge 2006.

Dehio, Walter. Erhard Dehio. Lebensbild eines baltischen Hanseaten 1855–1940. Stuttgart 1970.

Dellingshausen, Eduard von. Kodumaa teenistuses. Eestimaa Rüütelkonna peamehe mälestused. Tallinn 1994; uustr. ilmumas.

Demin = В. Демин. Государственная Дума России (1906–1917). Механизм функционирования. Под ред. В. В. Шелохаева. (Российская политическая энциклопедия.) Москва 1996.

Deutschbaltisches biographisches Lexikon 1710–1960. Im Auftrag der Baltischen Historischen Kommission begonnen von Olaf Welding und unter Mitarbeit von Erik Amburger und Georg von Krusenstjern. Hrsg. von Wilhelm Lenz. [1]Köln–Wien 1970; [2]1998.

Die Deutschen in der Geschichte des nördlichen Ostmitteleuropa. Bestandsaufnahmen. – Nordost-Archiv. Zeitschrift für Regionalgeschichte. NF I/1992, 1. Lüneburg 1992.

Diarium. Johann Voldemar Jannseni Pärnu päevik = Das Pernauer Tagebuch von Johann Woldemar Jannsen. Pärnu 2001.

Dido, Andres. Ajaloo kasust. Sotsialist kapitalismi koolis. Koost. Hando Runnel. (Eesti mõttelugu 70.) Tartu 2006.

Dilevskaja = О. Дилевская. Прибалтийский край. Изд. 2. (Война и культура 20.) Москва 1917.

20. gadsimta Latvijas Vesture. I. Latvija no gadsimta sakuma lidz neatkaribas pasludinašanai 1900–1918. Rīga 2000.

Djakin = Валентин Дякин. Самодержавие, буржуазия и дворянство в 1907–1911 гг. Под ред. Р. Ш. Ганелина. Ленинград 1978.

Djakin = Валентин Дякин. Национальный вопрос во внутренней политике царизма (XIX – начало XX вв.). Санкт-Петербург 1998.

Dokumenti par tautas atmodas laikmetu 1856.–1867. g. (Latvijas Vēstures Avoti. Latvijas vēstures instituta izdoti 5.) Rīga 1939.

Dokumentõ = Документы по истории революционного движения сельских рабочих и крестьян в Прибалтике в период первой русской революции 1905–1907 гг. Сост. В. А. Петров, Ф. С. Назаров. Под ред. Я. П. Крастынь. (Материалы по истории СССР 4.) Москва–Ленинград 1957.

Dubjeva = Людмила Дубьева. Историческая наука в Тартуском университете в конце XIX – начале XX вв. (Dissertationes historiae Universitatis Tartuensis 13.) Тарту 2006.

Duhhanov = Максим Духанов. Остзейцы. Политика остзейского дворянства в 50–70-х гг. XIX в. и критика ее апологетической историографии. [2] Рига 1978.

Duvin, Arved. Lugusid raudteest Eestimaal. Valga 2007.

Eckardt, Julius. Die baltischen Provinzen Russlands. Politische und culturgeschichtliche Aufsätze. Leipzig 1868.

Eckardt, Julius. Russische und baltische Characterbilder aus Geschichte und Literatur. Leipzig 1876.

Eellend, Johan. Cultivating the rural citizen. Modernity, Agrarianism and Citizenship in Late Tsarist Estonia. (Studia Baltica, serie II:1. Editor Anu Mai Kõll.) Stockholm University 2007.

Eesti. Maa. Rahvas. Kultuur. Toim. Hans Kruus. (Eesti Kirjanduse Seltsi toimetused 19.) Tartu 1926.

Eesti ajakirjanduse ajaloost. 1–10. Tartu 1966–96.

Eesti Ajalooarhiivi toimetised / Acta et commentationes Archivi Historici Estoniae. 1–16. Tartu 1996–2009.

Eesti ajaloo atlas. Koostajad Andres Andresen, Birgit Kibal, Aivar Kriiska, Ago Pajur, Anti Selart, Andres Tvauri. Eessõna Aadu Must. [Tallinn] 2006.

Eesti ajaloo lugemik. 3. Valitud lugemispalad Eesti ajaloo alalt XVIII ja XIX sajandil. Koost. Hans Kruus. Tartu 1929.

Eesti ajaloo probleeme. Koost. ja toim. Enn Tarvel. Tallinn 1981.

Eesti ajalugu. Kronoloogia. Koost. Sulev Vahtre. Tallinn 1994.

Eesti ajalugu. Kronoloogia. 13000 [e.Kr.] – 2006. Koost. Sulev Vahtre. Tallinn 2007.

Eesti ajalugu elulugudes. 101 tähtsat eestlast. Koost. Sulev Vahtre. Tallinn 1997.

Eesti ala mõisate nimestik. [Koost. Vello Naaber.] Tallinn [1]1981; [2]1984.

Eesti arhitektuuri ajalugu. Peatoim. Harald Arman. Tallinn 1965.

Eesti avalikud tegelased. Eluloolisi andmeid. Toim. Richard Kleis. Tartu 1932.

Eesti biograafiline leksikon. Peatoim. Arno Rafael Cederberg. (Akadeemilise Ajaloo-Seltsi Toimetused 2.) [1]Tartu 1926–29; [2]Saku 2001.

Eesti biograafilise leksikoni täienduskõide. Peatoim. Peeter Tarvel. (Akadeemilise Ajaloo-Seltsi toimetused 10.) [1]Tallinn–Tartu 1940; [2]Saku 2002.

Eesti elu. Tallinn 1913.

Eesti Entsüklopeedia. 1–8. Peatoim. Richard Kleis. Tartu 1932–37.

Eesti Entsüklopeedia täienduskõide. Tartu 1940.

Eesti identiteet ja iseseisvus. Koostanud A. Betricau [=Jean-Jacques Subrenat]. [Tallinn] 2001.

Eesti iseseisvus ja selle häving. Koost. Mart Laar. (Eesti riik ja rahvas XX sajandil. Album 1.) [Tallinn] 2000.

Eesti kirjanduse ajalugu viies köites. 1–3. Peatoim. Endel Sõgel. 1. Toim. Aarne Vinkel. 2. Toim. Endel Nirk. 3. Toim. Heino Puhvel. Tallinn 1965–81.

Eesti kirjanike leksikon. Koost. Oskar Kruus ja Heino Puhvel. Tallinn 2000.

Eesti kirjanikkude seltsi "Noor-Eesti" aastaraamat. 1. Tartu 1912.

Eesti kirjarahva leksikon. Koost. ja toim. Oskar Kruus. Tallinn 1995.

Eesti kooli ajalugu neljas köites. Kaugemast minevikust tänapäevani. 1. 13. sajandist 1860. aastateni. Toim. Ferdinand Eisen, Endel Laul. Tallinn 1989.

Eesti kooli biograafiline leksikon. Koost. Heino Rannap. Tallinn 1998.

Eesti krediidiühistud. Toim. Friedrich Malm, Karl Inno, Arvo Horm. Tartu 1940.

Eesti kultura. 1–4. Korrald. Villem Reiman. Tartu 1911–15.

Eesti kultuur võõrsil. Loode-Venemaa ja Siberi asundused. Toim. Astrid Tuisk. Tartu 1998.

Eesti kunsti ajalugu kahes köites. 1–2. Toim. Irina Solomõkova. Tallinn 1970, 1975, 1977.

Eesti kunsti ja arhitektuuri biograafiline leksikon. Peatoim. Mart-Ivo Eller. Tallinn 1996.

Eesti külaelu arengujooni XIX sajandil ja XX sajandi algul. Toim. Ants Viires. Tallinn 1985.

Eesti majandusajalugu. 1. Peatoim. Hendrik Sepp. Toim. Otto Liiv, Juhan Vasar. Tartu 1937.

Eesti muusika biograafiline leksikon. 1–2. Toim. Tiina Mattisen jt. Tallinn 2008, 2009.

Eesti mõisad. [Tekst: Tiit Rosenberg; teaduslikult toimetanud ja eessõna: Tiiu Oja.] Tallinn 1994.

Eesti NSV ajaloo lugemik. 1. Valitud dokumente ja materjale Eesti ajaloost kõige vanemast ajast kuni 19. sajandi keskpaigani. Koost. Juhan Kahk, Artur Vassar. Tallinn 1960; 2. Valitud dokumente ja materjale Eesti ajaloost XIX sajandi keskpaigast kuni 1917. aasta märtsini. Toim. Endel Laul, August Traat. Tallinn 1964.

Eesti NSV ajalugu. Kõrgkoolide õpik. 1–2. Koost. Karl Siilivask. Tallinn 1976, 1980.

Eesti NSV ajalugu kolmes köites. 1. Kõige vanemast ajast XIX sajandi 50-ndate aastateni. Peatoim. Gustav Naan; 2. XIX sajandi 50-ndaist aastaist kuni 1917. aasta märtsini. Peatoim. Joosep Saat; 3. 1917. aasta märtsist kuni 50-ndate aastate alguseni. Peatoim. Viktor Maamägi. Tallinn 1955, 1963, 1971.

Eesti NSV ajalugu kõige vanemast ajast tänapäevani. Toim. Gustav Naan. Tallinn [1]1952; [2]1957.

Eesti (Nõukogude) Entsüklopeedia. 1–15. Tallinn 1985–2007.

Eesti raamat 1525–1975. Ajalooline ülevaade. Tallinn 1978.

Eesti rahva ajalugu. Toim. Juhan Libe, August Oinas, Hendrik Sepp, Juhan Vasar. [1] Tartu 1932–37; [2] Tallinn 1996–97

Eesti rahvakoolide seadused 18. ja 19. sajandil. Koost. Lembit Andresen. Tallinn [1] 1973; [2] 1988.

Eesti rahvakultuur. Koost. ja toim. Ants Viires, Elle Vunder. Tallinn [1] 1998; [2] 2008.

Eesti Rahvameelne Eduerakond. Eeskava ja tegevuse põhjusmõtted. Tartu [1905].

Eesti Rahvameelne Eduerakond. Eeskava ja tegevuse juhtmõtted. Erakonna üleüldisel koosolekul 8. veebr. 1909 hääks kiidetud. Tartu 1909.

Eesti rahvaste raamat. Rahvusvähemused, -rühmad ja -killud. Koost. ja toim. Jüri Viikberg. Tallinn 1999.

Eesti riikluse alusdokumendid 1917–1920. Koost. Ago Pajur. Tallinn 2008.

Eesti Sotsiaaldemokratlise Tööliste Ühisuse programmi eelplaan. – Uudised 1905, 8. nov.

Eesti talurahva ajalugu. 1. Peatoim. Juhan Kahk. Tegevtoim. Enn Tarvel. Tallinn 1992.

Eesti talurahva majanduse ja olme arengujooni 19. ja 20. sajandil. Toim. Gea Troska. Tallinn 1979.

Eesti talurahva sotsiaalseid vaateid XIX sajandil. Vast. toim. Juhan Kahk. Tallinn 1977.

Eesti teadlased väljaspool kodumaad. Biograafiline teatmik. Toim. Teodor Künnapas. (Eesti Teadusliku Instituudi toimetised.) Stockholm 1984.

Eesti teaduse biograafiline leksikon. 1–2. Peatoim. Karl Siilivask. Tallinn 2000, 2005.

Eesti Tööerakonna eeskava, juhtmõtted ja põhjuskiri. Eesti Tööerakonna keskkomitee väljaanne. Tallinn [1917].

Eesti töölisklassi sotsiaal-majanduslik olukord ja klassivõitlus kapitalismi ajajärgul. Vast. toim. Heino Arumäe. Tallinn 1987.

Eesti Vabadussõda 1918–1920. 1–2. [1] Tallinn 1937–39; [2] Geislingen 1948–51; [3] Tallinn 1996–97.

Eesti Vabariigi sisepoliitika 1918–1920. Dokumentide kogumik. Koost. Jüri Ant, Eeri Kessel, Ago Pajur. (Ad Fontes 5.) Tallinn 1999.

Eesti õiguse ajalugu. Koostanud Peeter Ilus. [Tallinn 2009.]

Eesti Üliõpilaste Selts Ühendus 1906–1931. Tartu 1931.

Eesti Üliõpilaste Seltsi album. 1–19. Tartu 1889–2009.

Eestikeelne ajakirjandus 1766–1940. 1–2. Toim. Endel Annus, Tiina Loogväli. (Eesti retrospektiivne rahvusbibliograafia 4.) Tallinn 2002.

Eestikeelne raamat 1851–1900. 1–2. Toim. Endel Annus. (Eesti retrospektiivne rahvusbibliograafia 1.) Tallinn 1995.

Eestikeelne raamat 1901–1917. 1–2. Toim. Endel Annus. (Eesti retrospektiivne rahvusbibliograafia 1.) Tallinn 1993.

Eestis ilmunud saksa-, vene ja muukeelne perioodika 1675–1940. Toim. Endel Annus. (Eesti retrospektiivne rahvusbibliograafia 5.) Tallinn 1993.

Eestlane ja tema maa. Koost. ja toim. Aivar Jürgenson. (Scripta ethnologica 4.) Tallinn 2000.

Eestlased! Mida nõuame, mille eest seisame? Eesti Demokratlise Bloki kirjastus. Tartu 1917.

Eichhorn, Wilhelm Friedrich. Selbsterlebtes und Nacherzähltes aus der Entwicklungsgeschichte Estlands und der Esten. – Nordische Rundschau. Reval–Leipzig. Bd. 1–3, 1884–85.

Eisen, Matthias Johann. Eesti-, Liivi- ja Kuramaa ajalugu. Tartu [1] 1877; [2] 1913.

Eisen, Matthias Johann. Kroonlinna Eesti asundus. → Oma Maa 2, 300–324.

Eisenschmidt, Aleksander. Väikepõllupidamine Tartu maakonnas. Tartu 1912.

Elango, Õie, Ants Ruusmann, Karl Siilivask. Eesti maast ja rahvast. Maailmasõjast maailmasõjani. Tallinn 1998.

Elias, Otto-Heinrich. Aufklärungsbedingte Wandlungen des wirtschaftlichen Denkens in Estland. – Nordost-Archiv. Zeitschrift für Regionalgeschichte. NF Bd. VII/1998, H. 1, 195–218.

Eliaser, Rein. Baltimaa omavalitsuse korraldamise katsetest XIX aastasaja esimesel poolel. – Vaba Sõna 1914, 7/8, 229–233.

Engelhardt, Hans Dieter von, Hubertus Neuschäffer. Die Livländische Gemeinnützige und Ökonomische Sozietät 1792–1939. Ein Beitrag zur Agrargeschichte des Ostseeraums. Köln–Wien 1983.

Engelhardt, Hermann. Zur Geschichte der Livländischen adeligen Güterkreditsozietät. Riga 1902.

Epner, Luule, Monika Läänesaar, Anneli Saro. Eesti teatrilugu. Tallinn 2006.

Ernits, Elmar. Arhiividokumendid jutustavad. Valimik Eesti NSV Riikliku Ajaloo Keskarhiivi XX sajandi dokumentidest (1900–1917). Tallinn 1976.

Ernits, Villem. Eesti üliõpilaste ja vilistlaste üleüldise nimekirja arvustikulised kokkuvõtted. – Üliõpilaste Leht 1915, 7, 174–182; 8, 204–213.

Estland und Russland. Aspekte der Beziehungen beider Länder. Hrsg. von Olaf Mertelsmann. (Hamburger Beiträge zur Geschichte des östlichen Europa 11.). Verlag Dr. Kovač: Hamburg 2005.

Estland und seine Minderheiten. Esten, Deutsche und Russen im 19. und 20. Jahrhundert. – Nordost-Archiv. Zeitschrift für Regionalgeschichte. NF IV/1995, 2. Lüneburg 1995.

Die Estländische Bauer-Verordnung vom 5. Juli 1856 und die Bauer-Verordnung abändernden und ergänzenden Gesetze und Verordnungen. Hrsg. Eduard von Bodisco. Reval 1904.

Estländisches Verkehrs- und Adressbuch für 1893/94. Hrsg. von Alexander Wilhelm Kröger. Riga 1893.

Estonia. Population, Cultural and Economic Life. Ed. Albert Pullerits. Tallinn 1937.

Estõ = Эсты и латыши, их история и быт. Сборник статей под ред. проф. М. А. Рейснера. (В Прибалтийском крае.) Москва 1916.

Ethnic Images and Stereotypes – where is the Border Line? Russian-Baltic Cross-Cultural Relations. (Studia Humaniora et Paedagogica Collegii Narovensis 2.) Narva 2007.

Etzold, Gottfried. Zur Sozialgeschichte der deutschen Handwerkehr in Reval im 19. Jahrhundert. → Bevölkerungsverschiebungen, 213–224.

Die evangelischen Prediger Livlands bis 1918. Begonnen von Paul Baerent; im Auftrage der Baltischen Historischen Kommission unter Mitarbeit von Erik Amburger, Helmut Speer, hrsg. von Martin Ottow, Wilhelm Lenz. Köln–Wien 1977.

Faehlmann, Friedrich Robert. Faehlmanni ja Kreutzwaldi kirjavahetus. Trükki toimetanud Mart Lepik. Tartu 1936.

Faehlmann, Friedrich Robert. Teosed. 1–2. Koost. Mart Lepik, Eva Aaver, Heli Laanekask, Kristi Metste. Tartu 1999, 2002.

Fainštein = Виктор Файнштейн. Становление капитализма как разрешение противоречий товарного феодального производства. I–II. Таллинн 1987.

Falck, Hans Heinrich. Ein baltischer Bürger von altem Schrot und Korn. Hrsg. Paul Th. Falck. Riga 1914.

Fedossova = Эльмира Федосова. Россия и Прибалтика. Культурный диалог. Вторая половина XIX – начало XX века. Москва 1999.

Feest, David. Die Entstehung der estnischen Nation. – Estland – Partner im Ostseeraum. Hrsg. Jörg Hackmann. (Travemünder Protokolle 2.) Lübeck 1998, 19–39.

Feoktistova = Ливия Феоктистова. Земледелие у эстонцев. Системы и техника. XVIII – начало XX в. Москва 1980.

Festschrift für Vello Helk zum 75. Geburtstag. Beiträge zur Verwaltungs-, Kirchen- und Bildunsgeschichte des Ostseeraumes. Hrsg. Enn Küng, Helina Tammann. Tartu 1998.

Fischer, Fritz. Griff nach der Weltmacht. Die Kriegszielpolitik der kaiserlichen Deutschland 1914/1918. Düsseldorf 1961.

Forschungen zur baltischen Geschichte 1–5. 2006–2010.

Fr. R. Kreutzwaldi Kalevipoeg. Tekstikriitiline väljaanne ühes kommentaaride ja muude lisadega. 1–2. Peatoim. Paul Ariste. Koost. August Annist jt. Tallinn 1961, 1963.

Fr. R. Kreutzwaldi kirjavahetus. 1–6. Tallinn 1953–79.

Friedenthal, Ina-Marie. Die Entwicklung der Industrie in Estland bis zum Ausgang den 19. Jahrhunderts. – Beiträge zur Kunde Estlands. Bd. XIV (1928), 49–84.

Ganelin = Рафаил Ганелин. О некоторых эстонских крестьянских петициях по указу 18 февраля 1905 года. – Eesti Teaduste Akadeemia toimetised. Ühiskonnateadused 39, 1990, 1, 59–64.

Garais, Fricis = В. Земцев. Опыт исследования земского устройства Лифляндской губернии. Рига 1906.

Garais, Fricis = В. Земцев. К вопросу о земском самоуправлении в Прибалтийском крае. Рига 1909.

Garais, Fricis = В. Земцев. Остатки феодального строя в Прибалтийском крае. 1–2. Юрьев 1916.

Garve, Horst. Konfession und Nationalität. Ein Beitrag zum Verhältnis von Kirche und Gesellschaft in Livland im 19. Jahrhundert. Marburg/Lahn: J. G. Herder-Institut, 1978.

Gavrilin = Александр Гаврилин. Очерки истории Рижкой эпархии 19. века. Рига 1999.

Die Gebrüder von Oettingen. Manuskript von Arved von Oettingen-Ludenhof. Hrsg. Roderich von Engelhardt. – Baltisches Geistesleben. Reval 1928/29.

Geiman = [В. Гейман] Вега. Прибалтийская смута. Санкт-Петербург 1907.

Gellner, Ernest, Anthony D. Smith. The nation: real or imagined?: The Warwick Debates on Nationalism. – Nations and Nationalism. Journal of the Association for the Study of Ethnicity and Nationalism (ASEN) 2, 1996, 3, 357–370. [http://www.lse.ac.uk/Depts/Government/gellner/Warwick0.html. (30.05.2009)].

Genealogisches Handbuch der baltischen Ritterschaften. Teil Estland. 3 Bd. Görlitz 1929–35; Teil Livland. 2 Bd. (unvollendet). Görlitz 1929–42; Teil Ösel. Tartu 1935.

Geraci, Robert P. Window on the East. National and Imperial Identities in Late Tsarist Russia. Ithaca–London 2001.

Germanija = Германия и Прибалтика. Сборник научных трудов. Рига 1972–88.

Gernet, Axel von. Geschichte und System des bäuerlichen Agrarrechts in Estland. Reval 1901.

Geschichte der deutschbaltischen Geschichtsschreibung. (Ostmitteleuropa in Vergangenheit und Gegenwart 20.) Hrsg. Georg von Rauch. Köln–Wien 1986.

Geschichte und Perspektiven des Rechts im Ostseeraum. Erster Rechtshisthistorikertag [i.e. Rechtshistorikertag] im Ostseeraum, 8.–12. März 2000. Hrsg. Jörn Eckert, Kjell Å. Modéer. Frankfurt/Main 2002.

Gnadenteich, Jaan. Kodumaa kirikulugu. Usuõpetuse õpperaamat. [1] Tartu 1938; [2] [Tallinn] 1995.

Gorodskoje = Городское хозяйство Ревеля 1905–1915. 1. Ревель [1916].

Gossudarstvennaja = Государственная дума. Обзор деятельности Государственной думы третьего созыва 1. Общие сведения; 2. Законодательная деятельность. Санкт-Петербург 1912.

Gossudarstvennaja = Государственная дума. Обзор деятельности комиссии и отделов. Третий созыв. Сессия первая. Санкт-Петербург 1908; Сессия вторая. Санкт-Петербург 1909; Сессия третья. Санкт-Петербург 1910; Сессия четвертая. Санкт-Петербург 1911; Сессия пятая. Санкт-Петербург 1912; Четвертый созыв. Сессия первая. Санкт-Петербург 1913; Сессия вторая. Петроград 1915; Сессия третья. Петроград 1915; Сессия четвертая. Петроград 1915–16.

Gossudarstvennaja = Государственная дума. Особое приложение № 2 к стенографическому отчету 153-го заседания Государственной думы. Проекты законов, одобренных по докладам редакционной комиссии. Третий созыв. Сессия пятая. 1911–1912 гг. Санкт-Петербург 1912.

Gossudarstvennaja = Государственная дума. Приложения к стенографическим отчетам. Третий созыв. Сессия первая. 1–3. Санкт-Петербург 1908; Сессия вторая. 1–3. Санкт-Петербург 1909; Сессия третья. 1–3. Санкт-Петербург 1909–10; Сессия четвертая. 1–4. Санкт-Петербург 1910–11; Сессия пятая. 1–5. Санкт-Петербург 1911–12; Четвертый созыв. Сессия первая. 1–4. Санкт-Петербург 1913; Сессия вторая. 1–10. Санкт-Петербург 1914; Сессия третья. Петроград 1915; Сессия четвертая. 1–5. Петроград 1915–16.

Gossudarstvennaja = Государственная дума. Проекты законов, одобренные Государственной думой. Четвертый созыв. Сессия первая. Санкт-Петербург 1913; Сессия вторая. 1–2. Санкт-Петербург 1914; Сессия четвертая. Петроград 1915.

Gossudarstvennaja = Государственная дума. Созыв четвертый. Законопроекты внесенные МВД. Сессия I–IV. Санкт-Петербург 1912–16.

Gossudarstvennaja = Государственная дума. Стенографические отчеты 1906 г. Сессия первая. 1–3. Санкт-Петербург 1906; Второй созыв. Сессия вторая. 1–2. Санкт-Петербург 1907; Третий созыв. Сессия первая. 1–3. Санкт-Петербург 1908; Сессия вторая. 1–4. Санкт-Петербург 1908–09; Сессия третья. 1–4. Санкт-Петербург 1910; Сессия четвертая. 1–3. Санкт-Петербург 1910–11; Сессия пятая. 1–4. Санкт-Петербург 1911–12; Четвертый созыв. Сессия первая. 1–3. Санкт-Петербург 1913; Сессия вторая. 1–5. Санкт-Петербург 1914; Сессия третья. 1. Петроград 1915; Сессия четвертая. 1–3. Петроград 1915–16; Сессия пятая. Петроград 1917.

Gossudarstvennaja = Государственная дума. Второй созыв. Законодательные заявления. Санкт-Петербург 1907.

Grabbi, Herbert. Maailmasõda. Toim. Rein Grabbi ja Hellar Grabbi. Tallinn–New York 1996.

Graf, Mati. Poliitilised parteid Eestis 1917–1920. Tallinn 1982.

Graf, Mati. Eesti rahvusriik. Ideed ja lahendused: ärkamisajast Eesti Vabariigi sünnini. Tallinn 1993.

Graf, Mati. Parteid Eesti Vabariigis 1918–1934. Koos eellooga (1905–1917) ja järellooga (1934–1940). Tallinn 2000.

Graf = Мати Граф. Эстония и Россия 1917–1991. Анатомия расставания. Таллинн 2007.

Greiffenhagen, Otto. Zur Geschichte der Wasserindustrie Revals. – Beiträge zur Kunde Estlands XIII (1928), 105–128.

Greiffenhagen, Thomas Wilhelm. Erinnerungen des Revaler Stadthauptes Thomas Wilhelm Greiffenhagen. Bearbeitet von Arved Freiherr von Taube und Karl Johan Paulsen. (Schriftenreihe der Carl-Schirren-Gesellschaft, Bd. 1.) Hannover-Döhren 1977.

Grenzstein, Ado. Eesti küsimus. Sada juhtmõtet rahvuse ja politika elust. (Äratrükk "Olevikust".) Jurjev 1894.

Grenzstein, Ado. Balti haridus. Jurjev [1898].

Grenzstein, Ado. Lõpueksam nooreestlaste ja vanasakslaste keskes. Tartu 1898.

Grenzstein, Ado. Politika Aabits. (Politika kirjavara 1.) Jurjev [1898].

Grenzstein, Ado. Herrenkirche oder Volkskirche? Eine estnische Stimme im baltischen Chor. Jurjev 1899.

Grenzstein, Aadu [Ado]. Eesti küsimusest. – Friedebert Tuglas. Ado Grenzsteini lahkumine. Päätükid meie ajakirjanduse ja tsensuuri ajaloost. Tartu 1926, lisa.

Grönberg, Artur. Eesti Üliõpilaste Seltsi ajalugu. II. Iseseisvuse eelvõitluses (1906–1917). Omariikluse saavutustes (1918–1940). Montreal 1985.

Guleke, Johann Heinrich. Geschichte des livländischen Volksschulwesens. Hrsg. Detlef Kühn, Vija Daukšte. (Beiträge zur Schulgeschichte. Bd. 6.) Lüneburg: Institut Nordostdeutsches Kulturwerk, 1997.

Guntram, Philipp. Die Wirksamkeit der Herrnhuter Brüdergemeinde unter den Esten und Letten zur Zeit der Bauernbefreiung (vom Ausgang des 18. bis über die Mitte des 19. Jh.). Köln–Wien 1974.

Gussarova, Veera. Tehas "Volta". Lehekülgi ajaloost. Tallinn 1968 (vene k. [1]1967; [2]1974).

Gussarova, Veera, Otto Karma, Georgi Lukin. Sada aastat Eesti raudteed. Tallinn 1970.

Gustavson, Heino. Tallinna vanemad merekindlused (17.–19. sajand). Tallinn 1994.

Hackmann, Jörg. Zum semantischen Wandel des Begriffs im 19. und 20. Jahrhundert. Ein Beitrag zur Erforschung von *mental maps*. → Buch und Bildung im Baltikum, 15–39.

Hackmann, Jörg. Rahvus(lus)tamine kui ühiskonna ülemkihti püsima jäämise strateegia? Saksa seltsid *(Deutsche Vereine)* Venemaa Läänemere-provintsides. → Vene impeerium ja Baltikum, 207–231.

Hagen, Manfred. Die Entfaltung politischer Öffentlichkeit in Russland 1906–1914. (Quellen und Studien zur Geschichte des östlichen Europa 18.) Wiesbaden 1982.

Hagen, Manfred. Eintags-Eliten. Eine Studie über Zusammensetzung, Agieren und Rolle der Gouvernementswahlversammlungen von 1907 und 1912 in der Ostseeprovinzen Russlands. → Die baltischen Provinzen Russlands zwischen den Revolutionen, 21–42.

Hagen, Manfred. Russification via "Democratization"? Civil Service in the Baltic after 1905. – Journal of Baltic Studies 1978, 1, 56–65.

Haltzel, Michael. Der Abbau der deutschen ständischen Selbstverwaltung in den Ostseeprovinzen Russlands. Ein Beitrag zur Geschichte der russischen Unifizierungspolitik 1855–1905. Marburg/Lahn 1977.

Hamburg, Ilse. Eesti bibliograafia ajalugu 19. sajandi lõpuni. Tallinn 1986.

Hamburg, Ilse. Eesti bibliograafia ajalugu 1901–1917. Tallinn 2001.

Hanko, August. Oli kord… Mälestusi. 1–2. Tartu 1939, 1941.

Hariduse ja kooli ajaloost Eestis. Koost. ja toim. Endel Laul. Tallinn 1979.

Haridusinstitutsioonid Eestis keskajast kuni 1917. aastani. Ajaloolised institutsioonid Eestis keskajast kuni 1917. aastani. Koost. Allan Liim. Tartu 1999.

Hasselblatt, Arnold. Der Jahrmarkt im Dorpat. Ein culturgeschichtlicher Nekrolog. – Baltische Monatsschrift 1884, Bd. 31, 61–108.

Hasselblatt, Cornelius. Geschichte der estnischen Literatur. Von den Anfängen bis zur Gegenwart. Berlin–New York 2006.

Hein, Ants. Eesti mõisaarhitektuur. Historitsismist juugendini. Tallinn 2003.

Helm, Heinrich. Lühike eesti ajakirjanduse ajalugu. Redig. Oskar Urgart. Tartu 1936.

Helme, Mehis. Eesti kitsarööpmelised raudteed 1896–1996. Tallinn 1996.

Helme, Rein. Die Deutschen in der Geschichte Estlands. → Die Deutschen in der Geschichte, 41–58.

Helme, Sirje, Jaak Kangilaski. Lühike eesti kunsti ajalugu. Tallinn 1999.

Hennoste, Tiit. Eurooplaseks saamine. Kõrvalkäija altkulmupilk. Artikleid ja arvamusi 1986–2003. Tartu [2003].

Henriksson, Anders. Minorities and the Industrialization of Imperial Russia. The Case of the Baltic German Urban Elite. – Canadian Slavonic Papers. Vol. XXIV, No. 2, June 1982, 5–127.

Henriksson, Anders. The Tsar's Loyal Germans. The Riga German Community, Social Change and the Nationality Question, 1855–1905. Boulder 1983.

Hermann, Karl August. Eesti kirjanduse ajalugu esimesest algusest meie ajani. Jurjev 1898.

Hiden, John, Patrick Salmon. The Baltic Nations and Europe. Estonia, Latvia and Lithuania in the Twentieth Century. London–New York [1]1994; [2]1994; [3]1996.

Hiiemaa, Karin. Aafrika retseptsioon eestikeelses trükisõnas (kuni 1917). (Dissertationes historiae Universitatis Tartuensis 12.) Tartu 2006.

Hindrey, Karl August. Minu elukroonika. 1–3. Tartu 1929; uustr. ilmumas.

Hindrey, Karl August. Tõnissoni juures. Tartu 1931.

Hirschhausen, Ulrike von. Die Wahrnehmung des Wandels. Migration, soziale Mobilität und Mentalitäten in Riga 1867–1914. – Zeitschrift für Ostmitteleuropa-Forschung 1999, 4, 475–523.

History of Tartu University 1632–1982. Ed. by Karl Siilivask. Tallinn 1985.

Hobsbawm, Eric J. Nations and Nationalism since 1780. Programme, Myth, Reality. Cambridge–New York 1990.

Hollmann, Hans. Ehstländisches Verkehrs- und Adressbuch für 1898/99. 1–2. Riga 1899.

Hollmann, Hans. Die Livländische adelige Güterkreditsozietät. 1802–1902. – Baltische Monatsschrift 1903, H. 1, 30–57.

Hosking, G. Russia. People and Empire 1551–1917. Cambridge, Massachusetts 1997.

Hroch, Miroslav. Die Vorkämpfer der nationalen Bewegung bei den kleinen Völkern Europas. Eine vergleichende Analyse zur gesellschaftlichen Schichtung der patriotischen Gruppen. (Acta Universitatis Carolinae. Philosophica et Historia, Monographia 24.) Prague 1968.

Hroch, Miroslav. Social Preconditions of National Revival in Europe. A Comparative Analysis of the Social Composition of Patriotic Groups among the Smaller European Nations. New York 2000.

Hroch, Miroslav. Comparative Studies in Modern European History. Nation, Nationalism, Social Change. (Variorum Collected Studies Series.) Aldershot–Burlington 2007.

Hueck, Alexander von. Darstellung der landwirtschaftlichen Verhältnisse in Est- Liv- und Curland. Leipzig 1845.

Hueck, Carl Ferdinand von. Das Gut Munnalas in Ehstland und meine Bewirthschaftung desselben in den Jahren 1838 bis 1845. Reval 1845.

Hugo Treffneri gümnaasiumi 50 aasta juubelialbum. Peatoim. Kaarel Michelson. Tartu 1933.

Hunfalvy, Pál. Reis Läänemere provintsides. Tallinn 2007.

Hurt, Jakob = Jakob Hurda kõned ja avalikud kirjad. Toim. Hans Kruus. Tartu 1939.

Hurt, Jakob. Kõned ja kirjad. [Koost. Mart Laar.] (Loomingu Raamatukogu 1/2.) Tallinn 1989.

Hurt, Jakob. Looja ees. Koost. Hando Runnel. (Eesti mõttelugu 66.) Tartu 2005.

Hänni, Priit. Eesti üliõpilased Tartu ülikoolis aastail 1889–1917. – Reaalteaduste arengust Tartu ülikoolis. (Tartu ülikooli ajaloo küsimusi 14.) Tartu 1983, 28–85.

Ibius, Otu. Ühe tööstusharu ajaloost Eestis. Tallinn 1977.

Images and Mutual Perceptions of the Finns, the Estonians and the Russians in the 20th Century. Toim. Heikki Roiko-Jokela. Jyväskylä 1998.

Imperskaja = Имперская политика России в Прибалтике в начале XX века. Сборник документов и материалов. Сост. Тоомас Карьяхярм. Тарту 2000.

Iseseisvuse tuleku päevilt. Tartu 1923.

Issakov = Сергей Исаков. Остзейский вопрос в русской печати 1860-х годов. (TRÜ toimetised 107.) Tartu 1961.

Issakov, Sergei. Tsaarivalitsuse tsensuuripoliitikast eesti ajakirjanduse suhtes 19. sajandi teisel poolel. → Läbi kahe sajandi, 108–140.

Issakov, Sergei. Arhiivide peidikuist. Tallinn 1983.

Issakov = Сергей Исаков. Очерки истории русской культуры в Эстонии. Таллинн 2005.

Istorija = История национальных политических партии России. Москва 1997.

Iz = Из архива князя С. В. Шаховского. Материалы для истории недавнего прошлого Прибалтийской окраины (1885–1894 гг.). 1–3. Санкт-Петербург 1909–10.

J. Randvere "Ruth" 19.–20. sajandi vahetuse kultuuris. Koost. Mirjam Hinrikus. Tallinn 2006.

Jaan Tõnisson. Koguteos tema üheksakümnenda sünnipäeva tähistamiseks. Stockholm 1960.

Jaan Tõnisson Eesti välispoliitikas 1917–1920. Dokumente ja materjale. Koost. Heino Arumäe, Tiit Arumäe. Tallinn 1993.

Jaan Tõnisson töös ja võitluses. Koguteos tema seitsmekümnenda sünnipäeva puhul. (Koguteose "Jaan Tõnisson" komitee väljaanne.) Tartu 1938.

Jaanson, Kaido. Algus ehk see nõndanimetatud Esimene vene revolutsioon. Skits. – Tuna 2005, 1, 44–77.

Jaanson, Kaido. Mis juhtus 1905. a. 11. (24.) detsembri õhtul Voltas? – Tuna 2005, 4, 35–51.

Jaanson, Kaido. Sõbrad. Vähemlane Otto Sternbeck ja enamlane Aleksander Kesküla 1905. – Tuna 2007, 2, 28–41.

Jakobson, Carl Robert. Kolm isamaa kõnet. Kriitiline väljaanne käsikirjast kommentaaride ja järelsõnaga. Koost. Rudolf Põldmäe jt. Tallinn 1991.

Jakobson, Carl Robert. Valitud teosed. 1–2. Tallinn 1959.

Jans, Johan. Mälestusi ja vaatlusi. 1. Tartu [1] 1940; [2] 2008.

Jansen, Ea. C. R. Jakobsoni "Sakala". Tallinn 1971.

Jansen, Ea. Carl Robert Jakobson muutuvas ajas. Märkmeid, piirjooni, mõtteid. Tallinn 1987.

Jansen, Ea. Aufklärung und estnische nationale Bewegung in der zweiten Hälfte des 19.

Jahrhunderts. → Aufklärung in den baltischen Provinzen Russlands, 57–72.

Jansen, Ea. Cultural or Political Nationalism? (On the Development of Estonian Nationalism in the 19th Century). → Time of Change, 57–78.

Jansen, Ea. Sotsiaalne mobiilsus ja rahvuslik identiteet. – Acta Historica Tallinnensia 7, 2003, 15–30.

Jansen, Ea. Vaateid eesti rahvusluse sünniaegadesse. Tartu 2004.

Jansen, Ea. "Baltlus": baltisakslased, eestlased. – Tuna 2005, 2, 35–44; 3, 31–42.

Jansen, Ea. Das "Baltentum", die Deutschbalten und die Esten. – Forschungen zur baltischen Geschichte 2, 2007, 71–111.

Jansen, Ea. Eestlane muutuvas ajas. Seisusühiskonnast kodanikuühiskonda. Tartu 2007.

Jansons = П. Янсон. Карательные экспедиции в Прибалтийском крае в 1905–1907 гг. (По материалам II Государственной думы.) Ленинград 1926.

Jansson, Torkel. Gesellschaft – Nation – Staat: Einer der Integrationsprozesse des 19. Jahrhunderts am Beispiel der Balto-Skandinavischen Länder. – Eesti Teaduste Akadeemia toimetised. Humanitaar- ja sotsiaalteadused 43, 1994, 3, 269–286.

Jansson, Torkel. Individualistlik-kodanliku ühiskonna teoreetilis-empiirilised raamid 19. sajandi Balto-Skandinaavia piirkonna näitel. → Seltsid ja ühiskonna muutumine, 44–50.

Jansson, Torkel. Õigustavad ja kihelkonnakohus. Tsaarid, parunid ja talupojad võitluses eestirootslaste kohaliku omavalitsuse pärast 19. sajandil. – Kleio 1995, 3, 57–66.

Jegorov = Юрий Егоров. История государства и права Эстонской ССР. Дооктябрьский период (XIII век – окт. 1917 г.). Таллинн 1981.

Jevreinov = Г. Евреинов. Российские немцы. Петроград 1915.

Jokton, Kopl. Juutide ajaloost Eestis. Tartu 1992.

Jung-Stilling, Friedrich von. Material zu einer allgemeinen Statistik Livlands und Oesels. Riga 1864.

Jung-Stilling, Friedrich von. Beitrag zur Bevölkerungsstatistik Livlands für die Jahre 1847–1863. Riga 1866.

Jung-Stilling, Friedrich von. Material zur Beleuchtung livländischer Bauer-Verhältnisse. St. Petersburg 1866.

Jung-Stilling, Friedrich von. Statistisches Material zur Beleuchtung livländischer Bauer-Verhältnisse. St. Petersburg 1869.

Jung-Stilling, Friedrich von. Beitrag zur Statistik der evangelisch-lutherischen Landvolk-Schulen. Riga 1879.

Jung-Stilling, Friedrich von. Ein Beitrag zur livländischen Agrarstatistik. Riga 1881.

Juske, Anto. Drenaaži algusaastad Eestis. – Eesti Teaduste Akadeemia toimetised. Humanitaar- ja sotsiaalteadused 43, 1994, 2, 169–177.

Järvamaa. Loodus. Aeg. Inimene. [Koguteos.] 1–2. Tallinn 2007–09.

Järvelaid, Peeter. Õigus ja poliitika kultuuris. Artikleid ja esseid. Tallinn 2002.

Jürgenson, Aivar. Siberiga seotud. Eestlased teisel pool Uuraleid. Tallinn 2006.

Jürgenstein, Anton. "Postimehe" ajalugu. – Postimees 1857–1907. 50-aastase kestuse mälestuseks. Tartu 1909, 1–144.

Jürgenstein, Anton. Suur ilmasõda 1914–1915. Tartu 1915.

Jürgenstein, Anton. Arvustuslised kirjatööd. Tartu 1919.

Jürgenstein, Anton. Minu mälestused. 1–2. Tartu 1926, 1927; uustr. ilmumas.

Jüri Vilms mälestustes. Koost. Hando Runnel. Tartu 1998.

Jürisson, M. → Mihkel Martna.

Jürjo, Indrek. Liivimaa valgustaja August Wilhelm Hupel 1737–1819. Tallinn 2004.

Kahk, Juhan. 1858. aasta talurahva rahutused Eestis. Mahtra sõda. Tallinn 1958.

Kahk, Juhan. Eesti talurahva võitlus vabaduse eest. Talurahva vastuhakud ja rahutused aastail 1816–1828. Tallinn 1962.

Kahk, Juhan. Die Krise der feudalen Landwirtschaft in Estland. Das zweite Viertel des 19. Jahrhunderts. Tallinn 1969.

Kahk, Juhan. Murrangulised neljakümnendad. Tallinn 1978.

Kahk, Juhan. Peasant and Lord in the Process of Transition from Feudalism to Capitalism in the Baltics. An Attempt of Interdisciplinary History. Tallinn 1982.

Kahk = Юхан Кахк. "Остзейский путь" перехода от феодализма к капитализму. Крестьяне и помещики Эстляндии и Лифляндии в XVIII – первой половине XIX века. Таллинн 1988.

Kahk, Juhan. Sangaste "rukkikrahv" Berg. Tallinn 1992.

Kahk, Juhan. Talude päriseksostmise aegu. Tallinn 1993.

Kahk, Juhan. Bauer und Baron im Baltikum. Tallinn 1999.

Kahk, Ligi = Юхан Кахк, Херберт Лиги. Об экономическом потенциале крестьянского двора в Эстонии в начале XIX века. Таллинн 1975.

Kahk, Juhan, Enn Tarvel. An Economic History of the Baltic Countries. (Acta Universitatis Stockholmiensis. Studia Baltica Stockholmiensia 20.) Stockholm 1997.

Kahk, Juhan, Halliki Uibu. Familiengeschichtliche Aspekte der Entwicklung des Bauernhofes und der Dorfgemeinde in Estland in der ersten Hälfte des 19. Jahrhunderts. – Familienstruktur und Arbeitsorganisation in ländlichen Gesellschaften. Hrsg. von Josef Ehmer und Michael Mitterauer. Wien–Köln–Graz 1986, 31–101.

Kahle, Wilhelm. Die Begegnung des baltischen Protestantismus mit der russische-ortodoxen Kirche. Leiden–Köln 1959.

Kahle, Wilhelm. Symbiose und Spannung. Beiträge zur Geschichte des Protestantismus in den baltischen Ländern, im Innern des Russischen Reiches und der Sowjetunion. Erlangen 1991.

Kaiser, Robert. The Geography of Nationalism in Russia and the USSR. Princeton, New Jersey 1994.

Kaksi tietä nykyisyyteen. Tutkimuksia kirjallisuuden, kansallisuuden ja kansallisten liikkeiden suhteista Suomessa ja Virossa. Toim. Tero Koistinen, Piret Kruuspere, Erkki Sevänen, Risto Turunen. (Suomalaisen Kirjallisuuden Seuran toimituksia 775.) Pieksämäki 1999.

Kalevipoeg. Das estnische Nationalepos. In der Übersetzung von Ferdinand Löwe, hrsg. von Peter Petersen. Stuttgart–Berlin 2004.

Kallas, Aino. Noor-Eesti. Näopildid ja sihtjooned. Tartu 1921.

Kampmann, Mihkel. Eesti kirjandusloo peajooned. 1–3. Tallinn 1920–23.

Kangilaski, Epp. Tartu Väikegildi liikmeskonnast 18. sajandi lõpul ja 19. sajandi esimesel poolel. – Etnograafiamuuseumi aastaraamat XXVI. Tallinn 1972, 191–211.

Kann, Pavel. Kreenholmi streik 1872. Tallinn 1972.

Kann, Aleksander. Konstitutsionline riigikord. 1. Tallinn [1911].

Kant, Edgar. Linnad ja maastikud. Koost. Ott Kurs. (Eesti mõttelugu 28.) Tartu 1999.

Kappeler, Andreas. Russland als Vielvölkerreich. Entstehung, Geschichte, Zerfall. München 1992.

Karelson, Meinhard. Lehekülgi Eesti põllumajanduse ja talurahva minevikust (kuni 1917. aastani). Tallinn 1981.

Karjahärm = Тоомас Карьяхярм. Эстонская буржуазия, самодержавие и дворянство в 1905–1907 гг. Таллинн 1987.

Karjahärm, Toomas. Das estnisch-deutsche Verhältnis und die Russische Revolution von 1905. – Estland und seine Minderheiten. Esten, Deutsche und Russen im 19. und 20. Jahrhundert. – Nordost-Archiv. Zeitschrift für Regionalgeschichte. NF IV/1995, 2. Lüneburg 1995, 431–451.

Karjahärm, Toomas. Venäjän varjossa. Suomi ja Viro Venäjän naapureina. → Virallista politiikkaa, 31–61.

Karjahärm, Toomas. Ida ja lääne vahel. Eesti-vene suhted 1850–1917. Tallinn 1998.

Karjahärm, Toomas. The Image of Russia and Russians in Estonia in the Late Imperial Period. → Images and Mutual Perceptions, 11–26.

Karjahärm, Toomas. Konfessionen und Nationalismus in Estland zu Beginn des 20. Jahrhunderts. → Konfession und Nationalismus in Ostmitteleuropa, 533–553.

Karjahärm, Toomas. Unistus Euroopast. Tallinn 2003.

Karjahärm, Toomas. The Awakening of the Estonian Nation: From its Origins to Independence. – Revue d'Histoire Nordique / Nordic Historical Review 3, 2007, 57–74.

Karjahärm, Toomas, Raimo Pullat. Eesti revolutsioonitules 1905–1907. Tallinn 1975.

Karjahärm, Toomas, Väino Sirk. Eesti haritlaskonna kujunemine ja ideed 1850–1917. Tallinn 1997.

Karjahärm, Toomas, Väino Sirk. Vaim ja võim. Eesti haritlaskond 1917–1940. Tallinn 2001.

Karma, Otto. Jooni maaparanduse arengust Eestis kuni 1917. aastani. Tallinn 1959.

Karma, Otto. Tööstuslikult revolutsioonilt sotsialistlikule revolutsioonile Eestis. Tööstuse arenemine 1917. aastani. Tallinn 1963.

Karma, Otto. Töölisklassi olukorra riiklikust reguleerimisest 19. sajandil. → Eesti töölisklassi sotsiaal-majanduslik olukord, 7–31.

Karma, Otto, Kulno Kala, Toomas Karjahärm. Tallinna Vineeri- ja mööblikombinaat 1877–1977. Tallinn 1977 (ka vene k.).

Karma, Otto, Odette Landberg, Evald Normak. Punane Kunda. Toim. O. Karma. Tallinn 1968.

Kasemaa, Olavi. Orkestrimänguharrastuse ulatus ja levik Eestis aastail 1818–1917. – ENSV TA toimetised. Ühiskonnateadused 32, 1983, 1, 44–66.

Kasemets, Anton. Eesti muusika arenemislugu. Tallinn 1937.

Kask, Karin. Teatritegijad, alustajad. Eesti teatrilugu ∞ – 1917. Tallinn 1970.

Kaup, Erich. Leninlikul võitlusteel. Leninlike ideede levik ning võitlus töölisliikumise ühtsuse eest Eestis Oktoobri-eelsel perioodil (1902–1917). Tallinn 1967.

Kaup, Erich. Marksism-leninism Eestis. 1880-ndad aastad –1904. Tallinn 1984.

Kenéz, Csaba Janos. Die Bevölkerung des Gouvernements Estland 1850–1897. Ihre nationale und konfessionelle Gliederung. → Bevölkerungsverschiebungen, 45–83.

Keyserling, Hermann von. Das Spektrum Europas. [5] Stuttgart 1931.

Keyserling, Hermann von. Balti küsimusest. – Tuna 2003, 2, 71–78.

Kiired. 1–3. Toim. Gustav Suits. Jurjev (Tartu) 1901–02.

Kinkar, Feliks. Eesti haridusseltside ajaloost. Tartu 1996.

Kinkar, Feliks. Lehekülg Eestimaa kultuuriloost. Baltisaksa haridusseltsid Eestis 1905–1914. Tallinn 2000.

Kirby, David. The Baltic World 1772–1993. Europe's Northern Periphery in an Age of Change. London – New York 1995.

Kirss, Odette. Rakvere ajalugu kõige vanemast ajast kuni 1944. aastani. Virumaa Muuseumid 2003.

Kitzberg, August. Ühe vana "tuuletallaja" noorpõlve mälestused. 1–2. Tartu 1924, 1925 jt.; uustr. ilmumas.

Kivimäe, Jüri. Eesti ja Euroopa – ajaloolise ühtekuuluvuse põhijooni. – Eesti tee Euroopa Liitu. Koost. Ivar Raig, Erik Terk. Tallinn 1995, 35–53.

Kivimäe, Jüri. Noor-Eesti tähendust otsides. – Noor-Eesti kümme aastat: esteetika ja tähendus. Methis. Studia Humaniora Estonica 1/2, 2008, 21–43.

Kivimäe, Sirje = Сирье Кивимяэ. Крупное землевладение в Эстляндской губернии в конце XIX – начала XX в. – Проблемы развития феодализма и капитализма в странах Балтики. Доклады исторической конференции (26–27 ноября 1975 г.). Тарту 1975, 253–278.

Kivimäe, Sirje. Riigimaade jaotamine kehvtalurahvale Eestis XX sajandi algul. – ENSV TA toimetised. Ühiskonnateadused 24, 1975, 2, 129–149.

Kivimäe, Sirje = Сирье Кивимяэ. Столыпинская аграрная реформа в Прибалтике. Диссертация на соискание ученой степени кандидата исторических наук. Таллинн 1981.

Kivimäe, Sirje. Die Agrarreform Stolypins in den Baltischen Gouvernements. → Die baltischen Provinzen Russlands zwischen den Revolutionen, 93–114.

Kivimäe, Sirje. Die Zarismus und die Agrarfrage in Estland am Vorabend der Revolution von 1905–1907. → The Baltic Countries (SBS 5:1), 185–198.

Kivimäe, Sirje. Estnische Frauenbildung in der zweiten Hälfte des 19. Jahrhunderts. – Bildung und Nationalismus – die Schule in ethnischen Mischgebieten (19.–20. Jahrhundert). – Nordost-Archiv. Zeitschrift für Regionalgeschichte. NF I/1992, 2. Lüneburg 1992, 281–308.

Kivimäe, Sirje. Piimakarjakasvatusele spetsialiseerumine Eestis. – Eesti Teaduste Akadeemia toimetised. Humanitaar- ja Sotsiaalteadused 43, 1994, 2, 124–145.

Kivimäe, Sirje. Die arbeitende Frau in der estnischen Gesellschaft. → Bevölkerungsverschiebungen, 141–161.

Kivimäe, Sirje. Esimesed naisseltsid Eestis ja nende tegelased. → Seltsid ja ühiskonna muutumine, 118–135.

Klaas, Urmas. Õigeusu kirik Põhja-Liivimaal peale usuvahetusliikumist. Valik probleeme. – Kleio 1996, 2, 28–33.

Klaas, Urmas. Õigeusu kirik Lõuna-Eestis 1848–1917. Halduskorraldus ja preesterkond. Magistritöö. Juh. Sulev Vahtre. Tartu 1998.

Klaassen, Olaf-Mihkel. Konsulaatidest Pärnus 18. sajandi teisel poolel ja 19. sajandil. – Uurimusi

Läänemeremaade ajaloost VII. (Tartu Ülikooli toimetised, vihik 941.) Tartu 1992, 50–65.

Kliiman, Alfred. 1905. aasta verepulm Eestis. I jao I osa: Harjumaa. Paide 1932.

Kliimann, Artur-Tõeleid. 28. november. → Vabaduse tulekul, 20–52.

Klinge, Matti. Läänemere maailm. Tallinn 2008.

Kodaniku käsiraamat. ("Postimehe" kirjakogu.) 1. Korrald. Jaan Tõnisson. Tartu 1911; 2. ja 3. Korrald. Jüri Parik. Tartu 1913.

Kodanikualgatus ja seltsid Eesti muutuval maastikul. Koost. Aili Aarelaid. Tallinn 1996.

Kodusõda ja välisriikide interventsioon Eestis 1918–1920. 1–2. Dokumente ja materjale. Peatoim. Karl Siilivask. Tallinn 1984, 1986.

Koidula ja Almbergi kirjavahetus. Toim. August Anni. Tartu 1925.

Kokoškin = Федор Кокошкин. Областная автономия и единство России. (Народное право 20. Б. Серия для народа.) Москва 1906.

Kolm nõudmist. Maad, vabadust, haridust. Korrald. Jaan Hünerson. Eesti Maarahva Liit. Korraldav toimekond. Tartu 1917.

Konfession und Nationalismus in Ostmitteleuropa. Kirchen und Glaubensgemeinschaften im 19. und 20. Jahrhundert. – Nordost Archiv. Zeitschrift für Regionalgeschichte. NF VII/1998, 2.

Konks, Jaan. Pärisorjusest kapitalismi läveni. Jooni Eestimaa minevikust. – Uurimusi Läänemeremaade ajaloost I. (TRÜ toimetised 316.) Tartu 1973, 3–230.

Konks, Jaan. Maavaldusest Eestimaal aastail 1900–1917. – Sotsiaal-majandusliku arengu probleeme XVII–XX sajandil. Uurimusi Läänemeremaade ajaloost III. (TRÜ toimetised 454.) Tartu 1979, 73–96.

Konsin, Kalju. Käsitööliste töötingimustest mõningates Eesti alevites ja väikelinnades. – Etnograafiamuuseumi aastaraamat XXIV. Tallinn 1969, 347–375.

Konstantin Päts. Tema elu ja töö. Kaasaeglaste mälestusi. (K. Pätsi 60. a. sünnipäeva mälestamise komitee väljaanne.) Tallinn 1934.

Konstantin Pätsi tegevusest. Artiklite kogumik. Tallinn 2002.

Korosteljov = Александр Коростелев. Балты и война. Петроград 1914.

Kozin = Михаил Козин. Латышская деревня в 50-70-е годы XIX века. Рига 1976.

Krastiņš = Ян Крастынь. Революция 1905–1907 годов в Латвии. Москва 1962.

Kreem, Tiina-Mall. Neitsi valge linikuga. Evangeelsete luterlike kirikute ehitus, nurgakivipanekud ja pühitsemised Aleksander II aegses eesti ajakirjanduses. – Tuna 2008, 4, 26–43.

Kreenholmi Puuvillasaaduste Manufaktuuri Osaühisus 75. 1857–1932. Tallinn 1933.

Kreenholmi puuvillavabrik 1857–1907. Ajaloolik kirjeldus, kokkuseatud selle vabriku 50-aastase kestvuse puhul 30. apr. 1907 a. Tartu 1908.

Kreutzwald, Friedrich Reinhold. Teosed. Tallinn 1953.

Krimmi kogumik. Koost. ja toim. Jüri Viikberg. Tallinn 2002.

Krimmi kogumik. 2. Koost. ja toim. Tõnu Tender ja Livia Viitol. Tallinn 2005.

Krinal, Valner, Otto Karma, Herbert Ligi, Feliks Sauks. Eesti NSV majandusajalugu. Tallinn 1979.

Kroeger, Gert. Die evangelisch-lutherische Landeskirche und das griechisch-ortodoxe Staatskirchentum in den Ostseeprovinzen 1840–1918. → Baltische Kirchengeschichte, 177–205.

Kroeger, Gert. Zur Situation der baltischen Deutschen um die Jahrhundertwende. – Zeitschrift für Ostforschung 1968, 4, 601–632.

Kroeger, Gert. Die Deutschen Vereine in Liv-, Est- und Kurland 1905/06–1914. – Jahrbuch des baltischen Deutschtums 27 (1970), 22–30.

Kruus, Hans. Linn ja küla Eestis. Tartu 1920.

Kruus, Hans. Saksa okupatsioon Eestis. Tartu 1920.

Kruus, Hans. Jaan Tõnisson Eesti kodanluse juhina. Tartu 1921.

Kruus, Hans. Eesti ajalugu kõige uuemal ajal. 1–2. Tartu 1927, 1928.

Kruus, Hans. Talurahva käärimine Lõuna-Eestis XIX sajandi 40-ndail aastail. Tartu 1930.

Kruus, Hans. Grundriss der Geschichte des estnischen Volkes. Tartu 1932.

Kruus, Hans. Eesti Aleksandrikool. Tartu 1939.

Kruus, Hans. Jakob Hurda pärand eesti rahvuslikule mõttele. → Jakob Hurda kõned ja avalikud kirjad, 7–32.

Kruus, Hans. Ajaratta uutes ringides. Mälestusi 1907–1917. Toim. Karl Siilivask. Tallinn 1979.

Kruus, Hans. Eesti ajaloost XIX sajandi teisel poolel. Lühiuurimusi. Tallinn 1997.

Kruus, Hans. Eesti küsimus. Koost. Toomas Karjahärm, Hando Runnel. (Eesti mõttelugu 62.) Tartu 2005.

Kruusberg, Aleksander. Tartu Eesti Põllumeeste Seltsi algpäevilt. Kultuurilooliste materjalide kogu. Tartu 1926.

Kröönström, Mati. Eesti rahvusest kaadriohvitserid Vene armees aastail 1870–1917. → Vene aeg Eestis, 317–344.

Kröönström, Mati. Eesti sõjaväe juhtivkoosseis Vabadussõjas 1918–1920. (Dissertationes historiae Universitatis Tartuensis 16.) Tartu 2008.

Kuhn, Walter. Geschichte der deutschen Ostsiedlung in der Neuzeit. 2. Köln 1957.

Kull, Ferdinand. Mässumehi ja boheemlasi. Esimesi Eesti diplomaate. Tallinn 1996; uustr. ilmumas.

Kultuurisild üle Soome lahe. Eesti-Soome akadeemilised ja kultuurisuhted 1918–1944. Koost. Sirje Olesk. Tartu 2005.

Kulu, Hill. Eestlased maailmas. Ülevaade arvukusest ja paiknemisest. Tartu 1992.

Kunstist ja kunstielust Eestis 19. sajandil. Koost. ja toim. Rein Loodus, Juta Keevallik. Tallinn 1988.

Kurgo, Robert. Rannalautritest ilmameredele. Tallinn 1965.

Kuuli, Olaf. Sotsialistid ja kommunistid Eestis 1917–1991. Toim. Rein Turu. Tallinn 1999.

Kõpp, Johan. Eesti Üliõpilaste Seltsi ajalugu. 1. 1870–1905. [1] Tartu 1925; [2] Uppsala 1955; [3] [Tartu] 1995.

Kõpp, Johan. Usulisi liikumisi Eestis. [Tartu 1926].

Kõpp, Johan. Laiuse kihelkonna ajalugu. [1] Tartu 1937; [2] [Laiuse] 2009.

Kõpp, Johan. Kirik ja rahvas. Sugemeid eesti rahva vaimse palge kujunemise teelt. Lund 1959.

Kõpp, Johan. Mälestuste radadel. 1–4. [2] Tallinn 1991; uustr. ilmumas.

Kõpp, Johan. Vaimu valgusel. Koost. Andres Andresen. (Eesti mõttelugu 87.) Tartu 2009.

Käosaar, Jaan. "Teataja" saamisloost ja alguspäevist. → Läbi kahe sajandi, 197–212.

Kärner, Jaan. Talurahva vabastamine Eestimaal. Vabastuse sajaaastaseks mälestuspäevaks. Tallinn 1916.

Kärner, Jaan. Ärkamisaegne Eesti ühiskond. Mõningaid jooni. Tartu 1924.

Kärner, Jaan. "Estonia" kuuskümmend aastat. Kroonika 1865–1925. Tallinn 1925.

Köstner, Nikolai. Rahva arvu kasvamine Eestimaal. – Noor-Eesti 5, 33–126.

Köstner, Nikolai. Teo-orjuse langemine ja maaproletariaadi tekkimine Liivimaal (jooni Liivimaa tulunduse-ajaloost XIX sajandil). Tartu 1927.

Köörna, Arno. Suure Sotsialistliku Oktoobrirevolutsiooni majanduslikud eeldused Eestis. Tallinn 1961.

Kümme aastat. Noor-Eesti 1905–1915. Tartu 1918.

Laakmann, Heinrich. Staats- und Verwaltungsgrenzen in Ostmitteleuropa. 1. Die Baltischen Lande. München 1954.

Laaman, Eduard. Maaküsimus ja maauuenduskavatsused. Tallinn 1917.

Laaman, Eduard. Eesti lahkumine Vene riigist 1917–1920. Tallinn 1920.

Laaman, Eduard. Erakonnad Eestis. Sissejuhatus poliitikasse IV. Tegevtoim. August Anni[st]. (Elav Teadus 26.) Tartu 1934.

Laaman, Eduard. Juhan Luiga. Elu ja mõtted. Tartu 1934.

Laaman, Eduard. Eesti iseseisvuse sünd. [1] Tartu 1936–38; [2] Stockholm 1964; [3] Tallinn 1990–97.

Laaman, Eduard. Eesti ühiskond. Selle koostis, areng ja iseloom. Tegevtoim. August Annist. (Elav Teadus 54.) Tartu 1936.

Laaman, Eduard. Konstantin Päts. Poliitika- ja riigimees. Tartu 1940.

Laaman, Eduard. Jaan Poska. Eesti riigitegelase elukäik. 3., täiend. ja parand. tr. Tartu 1998.

Laaman, Eduard; Johannes Ernits. Enamlus Eestis. 1. Tallinn 1930.

Laar, Mart. Raamat Jakob Hurdast. [Tartu] 1995.

Laar, Mart. Rahvusliku liikumise geograafiast ja kaubalaevaselts "Linda" liikmeskonnast. → Muinasaja loojangust omariikluse läveni, 341–355.

Laar, Mart. Äratajad. Rahvuslik ärkamisaeg Eestis 19. sajandil ja selle kandjad. Tartu 2005.

Laar, Mart, Lauri Vahtre, Heiki Valk. Kodu lugu. 1–2. Toim. Sulev Vahtre. Tallinn 1989.

Laas, Jaan. Teadusaeg. Teadusarendusest Eestis. Tallinn 1989.

Laidre, Margus. Reformatsioonist rahvusliku ärkamiseni 1520–1850. → Eesti identiteet ja iseseisvus, 72–86.

Die Landmarschälle und Landräte der Livländischen und der Öselschen Ritterschaft in Bildnissen. Gesammelt, zusammengestellt und mit historischen Text versehen von Georg von Krusenstjern, herausgegeben von der Livländischen Ritterschaft und von der Öselschen Ritterschaft. Hamburg 1963.

Latvija 19. gadsimtā. Vēstures apceres. Riga 2000.

Laugaste, Eduard. Eesti rahvaluule. [3] Tallinn 1986.

Lauk, Epp. On the Development of Estonian Journalism from 1900 to 1914. → The Baltic Countries (SBS 5:2), 539–554.

Lauk, Epp. Jaan Tõnissoni ajakirjanduslikust tegevusest 1892–1908. – Keel ja Kirjandus 1994, 3, 133–144.

Lauk, Epp. Ajakirjanduse ajaloo periodiseerimisest. Eesti ajakirjanduse arenguetapid (kuni 1944). – Keel ja Kirjandus 1996, 11, 765–776.

Laul, Endel. Die Schule und die Geburt der Nation. → National Movements in the Baltic Countries, 293–310.

Laul, Endel. Eesti töölisajakirjanduse ajaloost. Rajamisest oktoobripäevadeni. Tallinn 1962.

Laur, Mati. Talude päriseksostmisega kaasnenud talurahva migratsioonist Võrumaal aastatel 1858–89. – Kleio 1991, 3, 27–31.

Laur, Mati. Abja fenomen. Talude päriseksostmise algusest Eestis. – Ajalooline Ajakiri 1999, 3/4, 19–32.

Laur, Mati. Der Bauerlandverkauf in Livland – das entscheidende Kapitel der Bauernbefreiung im 19. Jahrhundert. – Zeitschrift für Ostmitteleuropa-Forschung 2003, 1, 85–94.

Laur, Mati, Tõnis Lukas, Ain Mäesalu, Ago Pajur, Tõnu Tannberg. History of Estonia. Tallinn 2000.

Laur, Mati, Priit Pirsko. Eestkostest vabanemine. Agraarsuhetest Eestis 18.–19. sajandil. → Rootsi suurriigist Vene impeeriumisse, 173–192.

Laur, Mati, Priit Pirsko. Die Aufhebung der adligen Bevormundung in Liv- und Estland. Eine Besonderheit der Bauernbefreiung im Russischen Reich. – Beiträge zur Geschichte des Ostseeraumes. Vorträge der ersten und zweiten Konferenz der Ständigen Konferenz der Historiker des Ostseeraumes (SKHO). Hrsg. von Horst Wernicke. (Greifswalder Historische Studien 4.) Hamburg 2002, 103–118.

Leetmaa, Mihkel. Moonakatest ja moonamajadest 19. sajandi lõpul – 20. sajandi algul. – Suitsutare 3. Valitud artiklid. Tallinn 2002, 11–64.

Lehti, Marko. Baltoscandia as a National Construction. → Relations between the Nordic Countries, 22–52.

Leichter, Karl. Seitse sajandit eestlaste lauluteel. Kultuuriloolisi andmeid 1172–1871. Tallinn 1991.

Leisman, Nikolai. Õigeusu kirik Baltimaal uuemal ajal. Riia 1907.

Leisman = Николай Лейсман. Судьба православия в Лифляндии с 40-х годов до 80-х годов XIX столетия. Рига 1910.

Lender, Elfriede. Minu lastele. [1] Stockholm 1967; [2] Tallinn 2000; uustr. ilmumas.

Lenin, Vladimir. Valitud teosed 10 köites. Tallinn 1985–88.

Lenz, Wilhelm. Der baltische Literatenstand. (Wissenschaftliche Beiträge zur Geschichte und Landeskunde Ost-Mitteleuropa 7.) Marburg/Lahn 1953.

Lenz, Wilhelm. Die Entwicklung Rigas zur Großstadt. Kitzingen am Main 1954.

Lenz, Wilhelm. Zur Verfassung- und Sozialgeschichte der baltischen evangelisch-lutherischen Kirche 1710–1914. → Baltische Kirchengeschichte, 110–129.

Lenz, Wilhelm (*jun.*). Deutsche Siedlungspläne im Baltikum während des Ersten Weltkrieges. – Zwischen Lübeck und Nowgorod. Lüneburg 1996, 391–406.

Lepp, Marta. Mälestused. 1–3. Tartu 1922, 1923, 1927; uustr. ilmumas.

Leppik, Lea. Rektor Ewers. Monograafia. Tartu 2001.

Leppik, Lea. Die Generalgouverneure im Baltikum – Instrument zur Vereinheitlichung des Russischen Imperiums oder ein Schutz der baltischen Sonderordnung? → Estland und Russland, 53–76.

Leppik, Lea. Tartu ülikooli teenistujate sotsiaalne mobiilsus 1802–1918. (Dissertationes historiae Universitatis Tartuensis 11.) Tartu 2006.

Lieber, Franz. Rahvavabadus ja omavalitsus. Eestistanud Konstantin Päts. Peterburi 1908.

Ligi, Herbert. Geographie der estnischen nationalen Bewegung. → National Movements in the Baltic Countries, 259–269.

Ligi, Herbert. Lõuna-Eesti demograafilisest arengust aastail 1780–1819. – Eesti talurahvas 17.–19. sajandil. Uurimusi Läänemeremaade ajaloost V. (TRÜ toimetised 784). Tartu 1987, 28–47.

Ligi, Herbert. Imikute ja laste suremuse geograafia Eestis 18.–19. sajandil. – Kleio 1993, 8, 3–7.

Liideman, Karl. Kas tunned maad. Sõelumatut mõttekillustikku Eesti ehitajaile. Tallinn 1935.

Liikanen, Ilkka. Kansallinen liike ja järjestäytyminen Suomessa ja Virossa. → Kaksi tietä nykyisyyteen, 47–64.

Liim, Allan. Eesti algkoolide õppekeel kahe kodanlik-demokraatliku revolutsiooni vahelisel perioodil. – Nõukogude Kool 1971, 6, 474–479.

Liim, Allan. Poeglaste keskhariduskoolide õpilaste seisuslik ja rahvuslik koosseis Eestis (1860. aastaist 1917. aastani). → Hariduse ja kooli ajaloost Eestis, 52–69.

Liim, Allan. 200 aastat Tartu kubermangugümnaasiumi asutamisest. – Õpetatud Eesti Seltsi aastaraamat 2004–2005. Tartu 2006, 289–306.

Liitoja (=Tarkiainen), Ülle. Põhja-Tartumaa talud 1582–1858. Teatmik. 1–4. Tallinn 1992.

Liiv, Jakob. Elu ja mälestusi. Tartu 1936.

Liivaku, Uno. Eesti raamatu lugu. [Tallinn] 1995.

Liivimaa Üldkasulik ja Ökonoomiline Sotsieteet 200. Toim. Sirje Kivimäe. Tartu 1994.

Lillak, Rein. Eesti põllumajanduse ajalugu. Tartu 2003.

Linde, Bernhard. "Noor-Eesti" kümme aastat. [1] Tartu 1918; [2] Tallinn 2005.

Linde, Bernhard. Eesti intelligents. → Noor-Eesti 5, 201–214.

Linde, Bernhard. Noored ja vanad. Üksikud lahutavad jooned. → Noor-Eesti 3, 215–222.

Linnus, Jüri, Maakäsitöölised Eestis 18. sajandil ja 19. sajandi algul. Tallinn 1975.

Lipp, Martin. Kodumaa kiriku ja hariduse lugu. Tõine raamat: Uuem aeg. Vene valitsuse algusest meie päivini. Tõine anne: Meie aastasaja algusest kõige uuemani ajani. Jurjev 1899.

Lipp, Martin. Masingite suguvõsa. Tartu 1907.

Loit, Aleksander. Die nationalen Bewegungen im Baltikum während des 19. Jahrhunderts in vergleichender Perspektive. → National Movements in the Baltic Countries, 59–81.

Loit, Aleksander. Baltic Refugees of the 1905 Revolution in Sweden. → The Baltic Countries (SBS 5:1), 199–212.

Loit, Aleksander. Balti pagulased Rootsis pärast 1905. aasta revolutsiooni. – Tuna 2005, 1, 78–87.

Loit, Aleksander. Baltisaksa rüütelkondade seisukohad ja tegevus Eesti iseseisvumisel 1918–1920. – Tuna 2006, 4, 50–74.

Lokk, Vitali. Eesti rahvusväeosad 1917–1918. Formeerumine ja struktuur. [Tallinn] 2008.

Loodus, Rein. Kunstielu Eesti linnades 19. sajandil. Tallinn 1989.

Loodus, Rein. Kunstielu Eesti linnades 1900–1918. Tallinn 1994.

Loodus, Rein, Juta Keevallik, Piia Ehasalu. Eesti kunsti ajaraamat 1523–1944. Tallinn 2002.

Loone, Leida. Soome ja eesti ühiskonnategelaste poliitilisest suhtlemisest eesti rahvusliku liikumise päevil (1860.–1880-ndate aastateni). – ENSV TA toimetised. Ühiskonnateaduste seeria, 1959, nr. 1, 19–40; nr. 3, 234–259.

Loorits, Oskar. Eesti kultuuri struktuurist, orientatsioonist ja ideoloogiast. – Varamu 1938, 6, 712–724; 7, 841–848; 8, 967–976.

Loorits, Oskar. Oma rada. Programmartikleid uue Eesti loomisel. Tallinn 1939.

Loorits, Oskar. Eestluse elujõud. (Iseseisvuslaste kirjavara 5.) [1] [Stockholm] 1951; [2] [Tallinn] 1992.

Lotman, Juri. Semiosfäärist. Koost. ja tlk. Kajar Pruul. (Avatud Eesti Raamat.) [Tallinn] 1999.

Luiga, Georg Eduard. Eesti-Saksa vahekord Baltimaal. Tallinn 1919.

Luiga, Juhan. Päevamured. Artikleid, arvustusi, vesteid. 1–2. Toim. Friedebert Tuglas. Tartu 1934.

Luiga, Juhan. Mäss ja meelehaigus. Koost. Hando Runnel. (Eesti mõttelugu 1.) Tartu 1995.

Luka-Remmelgas, Ene. Pärnu väliskaubandus XIX sajandi 20.–30. aastail. – Läänemeremaade majanduslikud ja poliitilised sidemed XVII–XX sajandil. Uurimusi Läänemeremaade ajaloost IV. (TRÜ toimetised 785.) Tartu 1987, 62–81.

Lukas, Liina. Baltisaksa kirjandusväli 1890–1918. Tartu–Tallinn 2006.

Luntinen, Pertti. The Baltic Question 1903–1908. (Suomalaisen Tiedeakatemian toimituksia. Sarja B. 195.) Helsinki 1975.

Luntinen, Pertti. French Information on the Russian War Plans 1880–1914. (Suomen Historiallinen Seura. Studia Historica 17.) Helsinki 1984.

Lust, Kersti. Uuenev Saaremaa kroonuküla (1841–1919). (Eesti Ajalooarhiivi toimetised 10.) Tartu 2003.

Lust, Kersti. Pärisorjast päriskohaomanikuks. Talurahva emantsipatsioon eestikeelse Liivimaa kroonukülas 1819–1915. (Scripti Archivi Historici Estoniae.) Tartu 2005.

Lust, Kersti. Saaremaa 1868.–1869. aasta näljahäda regionaalsed ja sotsiaalsed aspektid. → Sõnasse püütud minevik, 283–297.

Luts, Arved. Soomlaste silgukaubandus Viru rannikul. – Etnograafiamuuseumi aastaraamat XXIV. Tallinn 1969, 288–318.

Luts, Marju. Juhuslik ja isamaaline: F. G. v. Bunge provintsiaalõigusteadus. (Dissertationes iuridicae Universitatis Tartuensis 3.) Tartu 2000.

Luts, Marju. Kohtupidamine "terve mõisahärramõistuse" järgi? Justiitspersonali professionaliseerumise eripäradest Eestimaa kubermangus 19. sajandil. – Õpetatud Eesti Seltsi aastaraamat 2004–2005. Tartu 2006, 242–261.

Luts, Marju. Kui neid kapitulatsioone ees ei oleks...? ehk õiguse moderniseerimise takistused Vene impeeriumi Läänemereprovintsides 19. sajandil. → Vene aeg Eestis, 24–82.

Lõbu ja teadus. 1–2. Jurjev 1898, 1899.

Lõoke, Endla. Toidust eesti külas XIX sajandi teisel poolel – XX sajandi alguses. – Etnograafiamuuseumi aastaraamat XVI. Tallinn 1959, 68–87.

Lõuna, Anneli. Jüri Truusmann ja teised õigeusklikud eesti haritlased Tallinnas 19. sajandi teisel poolel. Magistritöö. Juhendaja Tiit Rosenberg. Tartu 2002.

Lõuna, Kalle. Petserimaa. Petserimaa integreerimine Eesti Vabariiki 1920–1940. Tallinn 2003.

Läbi kahe sajandi. Koost. Juhan Peegel. Tallinn 1971.

Lüüs, Aadu. Talutarest Tartusse. Eluradadel nähtut, kuuldut, meelespeetut. Stockholm 1957.

Maamägi, Viktor. Eestlastest asunikud Tsaari-Venemaal. → Revolutsioonist revolutsioonini, 43–66.

Maanõukogu protokollid 1917–1919. 1. koosolekust 1. juulil 1917 78. koosolekuni 6. veebruaril 1919. [1] Tallinn 1935; [2] Toronto 1990.

Maier, Konrad. Die Emanzipation der estnischen Kunst. → Ostseeprovinzen, Baltische Staaten und das Nationale, 279–301.

Maim, Nikolai. Omavalitsuse edenemislugu Liivimaa mannermaal. → Kodaniku käsiraamat 1, 101–139.

Maim, Nikolai. Liivimaa kohalik omavalitsus. → Kodaniku käsiraamat 2, 68–133.

Maim, Nikolai. Eestimaa avaliku korra muutmise aktid Vene siseministeeriumi peavalitsuses 1916. ja 1917. a. → Vabaduse tulekul, 70–79.

Maiste, Juhan. Eestimaa mõisad. Tallinn 1996.

Malahovska, Lidija. Latvijas transporta vēsture XIX gs. otrā puse – XX gs. sākums. Rīga 1998.

Manaseina revizija. Senatora N. Manaseina ziņojums par viņa izdarito reviziju Vidzemes un Kurzemes guberņās no 1882. lidz 1883. gadam. Materiali Latvijas PSR vēstures pētīšanai. Rediğējis A. Drīzulis. Rīga 1949.

Mann, B. Die baltischen Länder in der deutschen Kriegszielpublizistik 1914–1917. Tübingen 1965.

Martinson, Karl. Teadustegevuse institutsionaliseerimine Eestis XVII sajandist 1917. aastani. Toim. Karl Siilivask. Tallinn 1988.

Martna, Mihkel. Carl Robert Jakobson. Üksikud küsimused meie lähemast minevikust. Tallinn 1903.

Martna, Mihkel = M. Jürisson. Punased aastad 1905–1906. Eesti revolutsionilise liikumise ajaloolikud ja majanduslikud põhjused. Peterburi 1907.

Martna, Mihkel. Külast. Mälestused ja tähelpanekud Eesti külaelu arenemisest pärast 60-id aastaid. Tallinn 1914.

Martna, Mihkel. Imperialismus ja maailma sõda. Uuema aja sõdade põhjused üleüldse ja praeguse ilmasõja põhjused iseäraldi. Tallinn 1915.

Martna, Mihkel. Revolutsioon, Eesti iseseisvus ja tööliste klass. Tallinn 1920.

Martna, Mihkel. Tallinna sündmusi 1905 ja 1906. Tallinn 1930.

Materialien zu einer Geschichte der Landgüter Livlands. 1–2. Gesammelt von Heinrich von Hagemeister. Riga 1836, 1937.

Materialõ = Материалы для географии и статистики России, собранные офицерами Генерального Штаба. [Т. 14]: Лифляндская губерния. Составил Гвардейского Генерального Штаба флигель-адъютант полковник Ф. Веймарн. С.-Петербург 1864.

Meomuttel, Jüri. Eesti asunikud laialises Vene riigis. Esimene katse sõnumid kõikide Eesti asunduste üle tuua. Jurjev 1900.

Merkel, Garlieb. Die freien Letten und Esten. Leipzig 1820.

Metsis, Lea. Eesti külakoolist kuueklassilise algkooli. Toim. Toomas Karjahärm. Tallinn 1995.

Mettig, Constantin. Baltische Städte. Skizzen aus der livländischen Geschichte. Riga ¹1901; ²1905.

Miljukov = Павел Милюков. Воспоминания. Москва 1991.

Miller = Алексей Миллер. Империя Романовых и национализм. Эссе по методологии исторического исследования. (Historica Rossica.) Москва 2008.

Minaudier, Jean-Pierre. Histoire de l'Estonie et de la nation estonienne. Paris 2007.

Mironov = Борис Миронов. Динамика грамотности в Прибалтике во второй половине 18–19 вв.: Опыт исторического предсказания. – ENSV TA toimetised. Ühiskonnateadused 38, 1989, 1, 42–50.

Mironov = Борис Миронов. Социальная история России периода империи (XVIII – начало XX в.). 1. Москва 1999.

Misiunas, Romuald J. The Russian Liberals and the Baltic Lands, 1861–1917. → National Movements in the Baltic Countries, 85–110.

Mohrfeldt, Aleksander. Jakob Hurda elu ja töö. (Ajajõe tagant.) Tartu 2007.

Moora, Aliise. Peipsimaa etnilisest ajaloost. Ajaloolis-etnograafiline uurimus eesti-vene suhetest. Tallinn 1964.

Moora, Aliise. Eesti talurahva vanem toit. 1–2. ¹ Tallinn 1980–91; ² Tartu 2007.

Moosberg, Hilda. 1905.–1907. a. revolutsioon Eestis. Tallinn 1955.

Moosberg = Гильда Мосберг. Революция 1905–1907 гг. в Эстонии. Диссертация на соискание ученой степени доктора исторических наук. Москва 1953.

Mueller, Otto. Die Livländische Agrargesetzgebung. Riga 1892.

Muinasaja loojangust omariikluse läveni. Pühendusteos Sulev Vahtre 75. sünnipäevaks. Koost. Andres Andresen. Tartu 2001.

Muravskaja = Елена Муравская. Миграция прибалтийского крестьянства во второй половине XIX – начале XX вв. Рига 1986.

Must, Aadu. Sindi linn ja 1. Detsembri nimeline vabrik 1833–1983. Tallinn 1985.

Must, Aadu. Valla passiregistrid demomeetrilises uurimistöös. Kabala valla passiregister. – Kleio 1994, 10, 14–26.

Must, Aadu. Tööstusliku pöörde argipäev. – Ajalooline Ajakiri 1998, 1, 33–44.

Must, Aadu. Eestlaste perekonnaloo allikad. Tartu [1; 2] 2000.

Must, Aadu. Onomastika NET. Programmeerinud ja kujundanud Mihkel Kraav. Tartu 2000 [http://www.history.ee/ono/].

Must, Aadu. Eesti jälg Siberi agraarajaloos: eesti kolonistide majanduselust 19. sajandi lõpul – 20. sajandi algul. – Ajalooline Ajakiri 2007, 3/4, 411–442.

Must, Aadu. Jalaraua kõlin: eestlastest sundasunikud Siberis 19. sajandil ja 20. sajandi algul. – Õpetatud Eesti Seltsi aastaraamat 2007. Tartu 2008, 5–18.

Muunduv rahvakultuur. Toim. A. Viires. Tallinn 1993.

Muusikaelu Eestis 20. sajandi algupoolel. Koost. Urve Lippus. (Eesti muusikaloo toimetised 7.) Tallinn 2005.

Muutused, erinevused ja kohanemised eesti kultuuriruumis ja selle naabruses. Koost. Madis Arukask. Viljandi 2007.

Mõtted. 1–2. Toim. Juhan Lilienbach. Tallinn 1909, 1911.

Mäelo, Helmi. Eesti naine läbi aegade. Lund 1957.

Mälestused iseseisvuse võitluspäevilt. 1–2. Eesti Ajakirjanikkude Liidu toimetusel. Tallinn 1927, 1930.

Mälestusi Tartu ülikoolist (17.–19. sajand). Koost. Sergei Issakov. Tallinn 1986.

Mälestusi Tartu ülikoolist 1900–1944. Koost. Sergei Issakov, Hillar Palamets. Tallinn 1992.

Mälestuskilde Eesti Üliõpilaste Seltsist Ühendus 1906–1970. Uppsala 1970.

Mälksoo, Lauri. Rahvusvaheline õigus Eestis: ajalugu ja poliitika. Tallinn 2008.

Mäsak, Ene. Elutingimustest Tallinna eeslinnades 1870–1940. Tallinn 1981.

Mäsak, Ene. Tööliste toidust ja rõivastusest sajandivahetusel. → Eesti töölisklassi sotsiaal-majanduslik olukord, 101–124.

Mühlen, Heinz von zur. Die Revaler Kaufmannschaft im 19. Jahrhundert. → Bevölkerungsverschiebungen, 181–212.

Mühlendahl, Ernst von. Die Estländische Landrolle 1919. Hrsg. im Auftrage des Beirats der Estländischen Ritterschaft. Hannover-Döhren 1976.

Naan, Gustav. Eesti kodanlike natsionalistide ideoloogia reaktsiooniline olemus. Tallinn 1947.

Narbekov, Leo. Kui raudtee Eestimaale kord tuli… [Jõhvi] 2006.

Die Nationalitäten des Russischen Reiches in der Volkszählung von 1897. Hrsg. von Henning Bauer, Andreas Kappeler, Brigitte Roth. 1. Quellenkritische Dokumentation und Datenhandbuch. (Quellen und Studien zur Geschichte des östlichen Europa 33.) Stuttgart 1991.

National Movements in the Baltic Countries during the 19th Century. Ed. Aleksander Loit. (Acta Universitatis Stockholmiensis. Studia Baltica Stockholmiensia 2.) Uppsala 1985.

Natsionalnaja = Национальная политика России: История и современность. Отв. ред. В. А. Михайлов. Москва 1997.

Nemetskoje = Немецкое зло. Сборник статей, посвященных вопросу борьбе с нашей внутренней Германией. Москва 1917.

Neuschäffer, Hubertus. Die Livländische Gemeinnützige und Ökonomische Sozietät und ihre Verhältnis zur bäuerlichen Bevölkerung Livlands in der zweiten Hälfte des 19. Jahrhunderts. → Bevölkerungsverschiebungen, 127–140.

Niedre = Ояр Ниедре. Социальная структура крестьянства Прибалтики (в первые десятилетия XX века). Рига 1986.

Nigol, August. Eesti asundused ja asupaigad Venemaal. (Eesti Kirjanduse Seltsi Kodumaa Tundmaõppimise Toimekonna toimetused 1.) Tartu 1918.

Niitemaa, Vilho, Kalervo Hovi. Baltian Historia. Helsinki 1991.

Nirk, Endel. Kreutzwald ja eesti rahvusliku kirjanduse algus. Tallinn 1968.

Nolde = Борис Нольде. Юрий Самарин и его время. Москва 2003.

Noor-Eesti. 1–5. Tartu 1905–15.

Noor-Eesti 100. Kriitilisi ja võrdlevaid tagasivaateid. / Young Estonia 100. Critical and Comparative Retrospectives. Koost. ja toim. Elo Lindsalu. Tallinn 2006.

Nõukogude Liidu Kommunistliku Partei kongresside, konverentside ja Keskkomitee pleenumite resolutsioonid ja otsused. 1898–1954. Tõlgitud seitsmenda väljaande järgi. I osa. 1898–1924. Tallinn 1956.

Obzor Estljandskoi = Обзор Эстляндской губернии за 1886–1915. Ревель 1887–1916.

Obzor Lifljandskoi = Обзор Лифляндской губернии за 1889–1913 год. Рига 1890–1914.

Obzor russkoi = Обзор русской периодической печати. 11. Национальный вопрос в Прибалтийском крае (с декабря 1908 г. по май 1909 г.); 12. Народности Прибалтийского края (с мая 1908 г. по июнь 1909 г.); 13. Школа в Прибалтийском крае (с мая 1908 г. по декабрь 1909 г.); 14. Церковь в Прибалтийском крае. Вероисповедные отношения (с мая 1908 г. по сентябрь 1910 г.). Санкт-Петербург 1909–11.

Ohvitserina Vene armees. Polkovnik Jaak Rosenbaumi kirjad vennale (1892–1904, 1906, 1909). Allikapublikatsioon. (Uurimusi ja allikmaterjale Eesti sõjaajaloost 4.) Koost. Tõnu Tannberg. Tartu 2002.

Oinas, Felix. Uurimusi Kalevipojast. [Võrguteavik.] Tartu 2004.

Oja, Tiiu. Narva linnavalitsuse ja linna ajaloost 1870.–1917. a. – Artiklite kogumik. (Eesti Ajalooarhiivi toimetised 2.) Tartu 1997, 103–131.

Oma Maa. 1–2. Korrald. Eduard Virgo. Tartu 1911, 1913.

Ostseeprovinzen, Baltische Staaten und das Nationale. Festschrift für Gert von Pistohlkors zum 70. Geburtstag. Hrsg. Norbert Angermann, Michael Garleff, Wilhelm Lenz. (Schriften der Baltischen Historischen Kommission 14.) Münster 2005.

Ot = От Лифляндии к Латвии. Прибалтика русскими глазами. Составил Ю. Абызов. Москва 1993.

Otto Wilhelm Masingu kirjad Johann Heinrich Rosenplänterile. 1.–4. Koost. Leo Anvelt [jt.]. Tartu 1995–97.

Page, Stanley W. The Formation of the Baltic States: A Study of the Effects of Great Power Politics upon the Emergence of Lithuania, Latvia, and Estonia. Cambridge, Mass. 1959.

Pajur, Ago. 3. eesti polk. – Artiklite kogumik. (Eesti Ajalooarhiivi toimetised 9.) Tartu 2002, 105–142.

Pajur, Ago. Iseseisvusmanifesti sünd. – Tuna 2003, 2, 27–43.

Palamets, Hillar. Lugusid toonasest Tartust. Tartu 2003.

Palamets, Hillar. Sõidab, hirnub raudne täkk, kel selja taga valge lakk. Lugusid minevikust huvitatud noortele sellest, kuidas vanasti reisiti ja koormaid veeti. Tallinn 2005.

Paléologue, Maurice. Tsaaririik maailmasõjas. 1. 1914–1915; 2. 1916–1917. Tartu 1937.

Palli, Heldur. Jooni Eesti rahvastiku demograafilise käitumise muutumisest. – Acta Historica Tallinnensia 1, 1997, 78–92.

Palli, Heldur. Eesti rahvastiku ajaloo lühiülevaade. Tallinn 1998.

Palli, Heldur. The Population of Estonia During the Periods of National Awakening and Russification. → Time of Change, 79–96.

Palm, August. Trükisõna ja selle saladuste ümber. Uurimusi ja artikleid. Tallinn 1983.

Palm, August. Villem Reiman. Teine, täiend. tr. Koost. Kristin Liba ja Helle Maaslieb. Tartu 2004.

Palm, August. Eesti satiirikirjanduse algusest (kuni 1905. a. *incl.*). → Läbi kahe sajandi, 156–196.

Palvadre = Якоб Пальвадре. Революция 1905–7 гг. в Эстонии. Ленинград [1926].

Pao, Bruno. Kuressaare ja Riia merelised sidemed 19. sajandil. – Saaremaa Muuseum. Kaheaastaraamat 2001–2002. Kuressaare 2003, 198–209.

Passit = Григорий Пассит. Из истории православия в Прибалтийском крае. Рига 1892.

Past, Evald. Jooni Eesti mereasjanduse minevikust. Tallinn 1935.

Past, Evald. Ülevaade Eesti merekoolidest 1864–1935. Tallinn 1938.

Paucker, Carl Julius Albert. Die Civil- und Militär-Oberbefehlshaber in Ehstland zur Zeit der Kaiserlich Russischen Regierung von 1704 bis 1855. Dorpat 1855.

Paul, Toomas. Eesti piiblitõlke ajalugu. Esimestest katsetest kuni 1999. aastani. Tallinn 1999.

Paul, Toomas. Kirik keset küla. Toim. Urmas Tõnisson. (Eesti mõttelugu 50.) Tartu ¹ 2003; ² 2005.

Peatükke Eesti ajakirjanduse ajaloost 1900–1940. Koost. Epp Lauk. Tartu 2000.

Pedersen, Erik Helmer. Jens Christian Johansen and the link between Danish and East European agriculture. – Eesti Teaduste Akadeemia toimetised. Humanitaar- ja Sotsiaalteadused 43, 1994, 2, 208–218.

Pedusaar, Heino. Kullerist ringhäälinguni. Tallinn 1990.

Peegel, Juhan. Eesti ajakirjanduse algus (1766–1857). Tallinn 1966.

Peegel, Juhan. Über die nationale Frage in der estnischen Presse des 19. Jahrhunderts →

National Movements in the Baltic Countries, 377–387.

Peegel, Juhan, Krista Aru, Sergei Issakov, Ea Jansen, Epp Lauk. Eesti ajakirjanduse teed ja ristteed. Eesti ajakirjanduse arengust (XVII sajandist XX sajandini). Koost. Juhan Peegel. Tartu–Tallinn 1994.

Peep, Viljar. Pilguheit Eesti õiguse ja kohtute arengule. – Kleio 1995, 1, 16–26.

Pervaja revoljutsija = Первая революция в России. Взгляд через столетие. Отв. ред. А. П. Корелин, С. В. Тютюкин. Москва 2005.

Pervaja vseobštšaja = Первая всеобщая перепись населения Российской Империи 1897 г. Под ред. Н. А. Тройницкого. 21. Лифляндская губерния; 37. С.-Петербургская губерния; 49. Эстляндская губерния. Санкт-Петербург 1903–05.

Petersen, Ferdinand. Mälestusi ja tähelepanekuid. Tallinn 2001.

Peterson, Aleksei. Eesti maarahva elust 19. sajandil. Tartu 2006.

Petrov = Александр Петров. Город Нарва. Его прошлое и достопримечательности в связи с историей упрочения русского господства на Балтийском побережье 1223–1900. С.-Петербург 1901.

Pezold, Leopold von. Schattenrisse aus Revals Vergangenheit. 2. Aufl. Reval 1901.

Philipp, Guntram. Die Wirksamkeit der Herrnhuter Brüdergemeine unter den Esten und Letten zur Zeit der Bauernbefreiung. (Vom Ausgang des 18. bis über die Mitte des 19. Jhs.). (Forschungen zur Internationalen Sozial- und Wirtschaftsgeschichte 5). Köln–Wien 1974.

Pihkala, E. Der baltische Handel Finnlands 1835–1944. – Jahrbücher für Geschichte Osteuropas 23 (1975).

Pihlamägi, Maie. Tööliste osalemine seltsielus 19. sajandi teisel poolel ja 20. sajandi algul. → Seltsid ja ühiskonna muutumine, 136–151.

Pihlamägi, Maie. Eesti industrialiseerimine 1870–1940. Tallinn 1999.

Pihlamägi, Maie. Tööstustööliste töö- ja puhkeaeg ja selle seadusandlik reguleerimine Eestis 1870–1940. – Acta Historica Tallinnensia 8, 2004, 37–60.

Pihlamägi, Maie. Tsaari-Venemaa sotsiaalpoliitika Kreenholmi ja Nikolski puuvillamanufaktuuri näitel. – Acta Historica Tallinnensia 11, 2007, 48–70.

Pihlamägi, Maie. Estonian Industrial Workers' Demands in the 1905 revolution. – Acta Historica Tallinnensia 12, 2008, 3–17.

Piip, Ants. Tormine aasta. Ülevaade Eesti välispoliitika esiajast 1917.–1918. aastal dokumentides ja mälestusis. Tartu 1934.

Piip, Ants. Maanõukogu 1917. a. → Vabaduse tulekul, 5–19.

Piip, Ants. Õiguse jõud. Koost. Priidu Pärna. (Eesti mõttelugu 77.) Tartu 2007.

Piirimäe, Eva. Teoreetilisi perspektiive 19. sajandi rahvusluse uurimiseks. → Vene impeerium ja Baltikum, 167–189.

Piirimäe, Helmut. Tartu kujunemine teaduse- ja kultuurikeskuseks: rahvusvaheliste sidemete osa. → Tartu, baltisakslased ja Saksamaa, 5–32.

Pilar von Pilchau, Adolf. Die Memoiren des livländischen Landmarschalls Baron Adolf Pilar von Pilchau. Bilder aus meinem Leben als Landwirt, Verwaltungsbeamter und Politiker von 1875 bis 1920. Hrsg. H. von Foelkersahm. – Baltische Hefte 15 (1969), 5–60.

Pinna, Paul. Minu eluteater ja teatrielu 1884–1944. Koost. Helvi Einas. Tallinn ¹1993; ²2010.

Pipes, Richard. The Russian Revolution 1899–1919. London 1990.

Pirsko = Прийт Пирско. Миграция крестьянства прихода Сангасте в конце XVIII–XIX вв. (1782–1881). – Положение крестьянства и аграрная политика в Прибалтике в XIV–XIX вв. Исследования по истории стран Балтики VI. (ТRÜ toimetised 832.) Tartu 1988, 40–50.

Pirsko, Priit. Maatu talurahva osatähtsus Põhja-Eestis 1880. aastatel (kihelkonnakohtunike aruannete alusel). – Uurimusi Läänemeremaade ajaloost VII. (Tartu Ülikooli toimetised 941). Tartu 1992, 18–35.

Pirsko, Priit. Virumaa rahvastik 19. sajandi teisel poolel. Magistritöö. Tartu 1992.

Pirsko, Priit. Talud päriseks: protsessi algus müüjate ja ostjate pilgu läbi. → Seltsid ja ühiskonna muutumine, 97–117.

Pistohlkors, Gert von. Stackelberg und Tõnisson: eine deutsch-estnische Gesprächssituation vor 70 Jahren. – Jahrbuch des baltischen Deutschtums 24, 1977 (1976), 65–75.

Pistohlkors, Gert von. Ritterschaftliche Reformpolitik zwischen Russifizierung und Revolution. Historische Studien zum Problem der politischen Selbsteinschätzung der deutschen Oberschicht in den Ostseeprovinzen Russlands im Krisenjahr 1905. (Göttinger Bausteine zur Geschichtswissenschaft 48.) Göttingen–Frankfurt/Main–Zürich 1978.

Pistohlkors, Gert von. Zielkonflikte deutschbaltischer Politik nach der revolutionären Krise von 1905. Zur Beurteilung der "Anleiheaktion" der Livländischen Ritterschaft und der Stadt Riga in Berlin in den Jahren 1906/07. → Die baltischen Provinzen Russlands zwischen den Revolutionen, 125–153.

Pistohlkors = Герт фон Пистолькорс. Прибалтийско-немецкие соображения после революционного кризиса 1905 гг. относительно переориентации лояльности в сторону Германии. – Германия и Прибалтика. Сборник научных трудов. Под ред. М. М. Духанова. Рига 1983, 75–90.

Pistohlkors, Gert von. Die historische Voraussetzungen für die Entstehung der drei baltischen Staaten. → Die baltischen Nationen, 11–49.

Pistohlkors, Gert von. Vom Geist der Autonomie. Aufsätze zur baltischen Geschichte. Zum 60. Geburtstag des Verfassers herausgegeben und mit einer Bibliographie versehen von Michael Garleff. Köln 1995.

Pistohlkors, Gert von. Ständische, ethnische und nationale Argumentationen von deutschen Balten über Esten und Letten im 19. Jahrhundert. Von regionaler zur Geschichte der Deutschen, Letten und Esten vom 13. bis zum 19. Jahrhundert. – Nordost-Archiv. Zeitschrift für Regionalgeschichte. NF VII/1998, 1. Lüneburg 1998, 235–253.

Pjatdesjatiletnii = Пятьдесятилетний юбилей Рижской духовной семинарий (1851 г. – 1901 г.). Рига 1902.

Plaat, Jaanus. Usuliikumised, kirikud ja vabakogudused Lääne- ja Hiiumaal: usuühenduste muutumisprotsessid 18. sajandi keskpaigast kuni 20. sajandi lõpuni. Tartu 2001.

Plaat, Jaanus. Saaremaa kirikud, usuliikumised ja prohvetid 18.–20. sajandil. Tartu 2003.

Plakans, Andrejs. The Latvians. A Short History. Stanford 1995.

Plotnik, Ellen. Hans Pöögelmann. 1. Elu ja tegevus 1875–1919. Tallinn 1965.

Polititšeskije = Политические партии России. Конец XIX – первая треть XX века. Энциклопедия. Москва 1996.

Polnoje = Полное собрание подробных программ существующих русских политических партий. Вильна 1906.

Poska-Grünthal, Vera. Jaan Poska tütar jutustab. Mälestusi oma isast ja elust vanemate kodus. Toronto 1969.

Postimees 1905–1907. 50 aastase kestuse mälestuseks. Tartu 1909.

Postnikov = Н. Д. Постников. Политические партии Прибалтики. – История национальных политических партий России. Материалы международной конференции 21–22 мая 1996 г. в Москве. (Российская политическая энциклопедия.) Москва 1997, 181–189.

Prants, Hindrik. Eestimaa Veneriigi alla saamine. Tallinn 1910.

Prants, Hindrik. Eesti kaubalaeva-selts "Linda". (Eesti Rahvahariduse Seltsi Kirjanduse-haruseltsi toimetused 16.) Tallinn [1913].

Prants, Hindrik. Soome sild. Eesti-Soome ühtlus aastatuhandete jooksul. Riikluse mõtte arendamine Soomesugu rahwaste juures. Tallinn ¹1919; ² 2008.

Predvaritelnõje = Предварительные итоги всероссийской сельскохозяйственной переписи 1916 года. Вып. I: Европейская Россия. Поуездные, погубернские и порайонные итоги. Петроград 1916.

Pribaltiiski = Прибалтийский край и война. Материалы из русской периодической печати за август, сентябрь и октябрь 1914 г. Собр. и сост. А. П. Тупин. С предисловием проф. Арабижина. Петроград 1914.

Problemõ = Проблемы развития феодализма и капитализма в странах Балтики. Тарту 1972–78.

Programmõ = Программы политических партий России. Конец XIX – начало XX вв. Москва 1995.

Provinzialrecht der Ostsee-Gouvernements. 3. Liv-, Est- und Curländisches Privatrecht nach der Ausgabe von 1864 und der Fortsetzung von 1890. Hrsg. von H. von Broecker. Jurjev (Dorpat) 1902.

Pšenitšnikov = Павел Пшеничников. Русские в Прибалтийском крае (исторический очерк). Рига 1910.

Puksov, Friedrich. Eesti raamatu arengulugu. Tallinn 1933.

Pullat, Raimo. Tallinnast ja tallinlastest. Nihked elanikkonna sotsiaalses koosseisus 1871–1917. Tallinn 1966.

Pullat, Raimo. Eesti linnad ja linlased XVIII sajandi lõpust 1917. aastani. Tallinn 1972.

Pullat, Raimo. Peterburi eestlased. Ajaloolis-demograafiline käsitlus XVIII sajandi algusest kuni 1917. aastani. Tallinn 1981.

Pullat, Raimo. Võru linna ajalugu. Tallinn 1984.

Pullat, Raimo. Lootuste linn Peterburi ja eesti haritlaskonna kujunemine kuni 1917. Tallinn 2004.

Punased aastad. Mälestisi ja dokumente 1905. aasta liikumisest Eestis. 1. Toim. Hans Kruus. (1905. aasta Seltsi toimetised II:1.) Tartu 1932.

Puss, Hugo. Hiidlaste purjelaevandusest. – ENSV TA toimetised. Ühiskonnateadused. 1974, 3, 289–304.

Pusta, Kaarel Robert. Jaan Tõnisson Eesti välispoliitikuna ja diplomaadina. → Jaan Tõnisson. Koguteos, 236–242.

Põhijooni majandusliku mõtte ajaloost. Toim. Leonid Brutus, Leida Loone. Tallinn 1958.

Põld, Peeter. Eesti kooli ajalugu. Redig. Hans Kruus. Tartu 1933.

Põldmäe, Rudolf. Esimene eesti üldlaulupidu 1869. Tallinn 1969.

Põldmäe, Rudolf. Kaks laulupidu 1879, 1880. Tallinn 1976.

Põldmäe, Rudolf. C. R. Jakobsoni teedest ja töödest. Tallinn 1985.

Põldmäe, Rudolf. Noor Jakob Hurt. Monograafia. Tallinn 1988.

Pärdi, Heiki. Kasimata talupojad ja kabedad intelligendid. Hügieeniolud 20. sajandi alguse Eesti külas. – Tuna 2002, 4, 103–117.

Pärna, Ants. Meri ja mehed. Meresõidust Eestis. Tallinn 1979.

Pärnik, Ylo M. Dr. Georg Julius von Schultz (Dr. Bertram). Läbilõige ühe Balti idealisti maailmavaatest Eesti kultuuriloo üldpildis. (Eesti kirjanikke.) Tartu 2006.

Päts, Konstantin. Maa-küsimus. (Politika kirjavara 1.) Tallinn 1907.

Päts, Konstantin. Eestimaa Talurahva Seaduse arenemise ülevaade. Tallinn 1911.

Päts, Konstantin. Eesti riik. 1–2. Koost. Toomas Karjahärm, Hando Runnel. (Eesti mõttelugu 27, 38.) Tartu 1999, 2001.

Päts, Konstantin. Minu elu. Mälestusi ja kilde eluloost. Koost. Hando Runnel. Tartu 1999.

Püvi, Toomas. Talumajandite jagunemine sotsiaalmajanduslikesse rühmadesse Eestimaa kuber-

mangus 19. sajandi lõpul. – ENSV TA toimetised. Ühiskonnateadused 36, 1987, 2, 137–144.

Püvi, Toomas. Talude päriseksostmisest Eestimaa kubermangus 19. sajandi lõpul. – ENSV TA toimetised. Ühiskonnateadused 38, 1989, 1, 67–79.

Püvi, Toomas. Soome-kaubandus Eesti sadamates 19. sajandi viimastest kümnenditest kuni Esimese maailmasõjani. Tallinn 1990.

Raag, Raimo. Eestlane väljaspool Eestit. Ajalooline ülevaade. Tartu 1999.

Raag, Raimo. Talurahva keelest riigikeeleks. Tartu 2008.

Raamatu osa Eesti arengus. Koguteos. Toim. Daniel Palgi. Tartu 1935.

Raamatu osa Eesti arengus. Toim. Tõnu Tender. Tartu 2001.

Raamot, Mari. Minu mälestused.[1] [New York] 1962; [2] Tartu 2009; [3] [Tallinn] 2010.

Rahi, Aigi, Piret Jõgisuu. Eesti sõdurite kirjad Esimesest maailmasõjast. – Ajalooline Ajakiri 1998, 2, 29–48; 2000, 3, 51–68.

Rahvuskultuur ja tema teised. Toim. Rein Undusk. (Collegium litterarum 22.) Tallinn 2008.

Rahvusküsimus. 1. Toim. Villem Ernits. (Eesti Üliõpilaste Seltsi Album 9.) Jurjev 1915.

Rahvuslikkuse idee ja eesti muusika 20. sajandi algupoolel. Koost. Urve Lippus. Tallinn 2002.

Rahvusväeosade loomisest Eestis. Mälestusi ja kirju aastatest 1917–1918. Koost. Ago Pajur, Tõnu Tannberg. (Uurimusi ja allikmaterjale Eesti sõjaajaloost 1.) Tartu 1998.

Raid, Jaroslav. Okupatsiooni ikkes. 1918. a. Saksa okupatsioon Eestis. Tallinn 1966.

Randvere, J. → Johannes Aavik

Rannap, Heino. Muusika eesti perekonnas ja rahvakoolis. Tallinn 1972.

Rannap, Heino. Muusikaseltsid Eestis. Tallinn 1974.

Rathlef-Tammist, Georg von. Wirtschaftsgeschichte eines Livländischen Gutes. Beilage zur Baltischen Wochenschrift. Dorpat 1914.

Ratt, Aleksander. Mõnda maaviljeluse arengust Eestis läbi aegade. Tallinn 1985.

Rauch, Georg von. Geschichte der baltischen Staaten. Stuttgart 1970, München [1]1977; [2]1990.

Rauch, Georg von. The Baltic States. The Years of Independence, 1917–1940. Berkeley 1974.

Rauch, Georg von. Aus der baltischen Geschichte. Vorträge, Untersuchungen, Skizzen aus sechs

Jahrzehnten. (Beiträge zur baltischen Geschichte 9.) Hannover-Döhren 1980.

Rauch, Georg von. Balti riikide ajalugu 1918–1940. Tallinn 1995.

Rauch, Georg von. Schriften aus dem Nachlass. Mit einer Bibliographie. Hrsg. Michael Garleff. Tartu 1994.

Raud, Märt. Kaks suurt. Jaan Tõnisson, Konstantin Päts ja nende ajastu. ¹Toronto 1953; ²Tallinn 1991.

Raud, Märt. Eesti kool aegade voolus. Koolinõuniku mälestusi. 2. Stockholm 1965.

Raud, Märt. Riigiehitaja Konstantin Päts 1874–1956. Stockholm 1977.

Raudsepp, Anu. Riia Vaimulik Seminar 1846–1918. Tartu 1998.

Raun, Toivo U. The Revolution of 1905 in the Baltic Provinces and Finland. – Slavic Review 43, 1984, 3, 453–467.

Raun, Toivo. Die Rolle Finlands für das nationale Erwachen der Esten. – Zeitschrift für Ostforschung 1984, 4, 129–147.

Raun, Toivo U. Estonian Emigration within the Russian Empire, 1860–1917. – Journal of Baltic Studies 1986, 4, 350–363.

Raun, Toivo U. The Latvian and Estonian National Movements 1860–1914. – The Slavonic and East European Review 64, 1986, 1, 66–80.

Raun, Toivo. Estonia and the Estonians. (Studies of Nationalities.) Stanford ¹1987; ²1991; ³2001.

Raun, Toivo U. Cultural Russification in Lithuania and the Baltic Provinces in the Late 19th and Early 20th Centuries: Comparative Perspectives. – Eesti Teaduste Akadeemia toimetised. Humanitaar- ja sotsiaalteadused 43, 1994, 3, 238–244.

Raun, Toivo U. Nineteenth- and early twentieth-century Estonian nationalism revisited. – Nations and Nationalism 9, 2003, 1, 129–147.

Raun, Toivo. Violence and activism in the Baltic provinces during the Revolution of 1905. – Acta Historica Tallinnensia 10, 2006, 48–59.

Raun, Toivo. Eesti lülitumine modernsusesse: "Noor-Eesti" roll poliitilise ja sotsiaalse mõtte mitmekesistamisel. – Tuna 2009, 2, 39–50.

Rautenfeld, Carl von. Die livländischen Landmarschälle von 1643 an bis auf die Gegenwart. – Baltische Monatsschrift 1899, Bd. 47, 169–212.

Rebas, Hain. "Baltic Regionalism?" – Regional Identity under Soviet Rule. The Case of the

Baltic States. Ed. Dietrich A. Loeber, V. Stanley Vardys, Laurence P. A. Kitching. Hackettstown, New Jersey 1990.

Reek, Nikolai. Saaremaa kaitsmine ja vallutamine a. 1917. Tallinn 1937.

Rei, August. Vene reaktsion. → Ääsi tules. 2, 3–40.

Rei, August. Mälestusi tormiselt teelt. ¹Stockholm 1961; ²[Tallinn] 2010.

Reiman, Villem. Kivid ja killud. 1. Tartu 1907.

Reiman, Villem. Jaan Adamson. Tartu 1913.

Reiman, Villem. Eesti ajalugu. Trükiks korrald. Hendrik Sepp. Tallinn 1920.

Reiman, Villem. Mis meist saab? Koost. Hando Runnel (Eesti mõttelugu 80.) Tartu 2008.

Reintam, Aimu. Ülevaade põllunduse mehhaniseerimise arenguloost Eestis (kiviajast aastani 1940). Tallinn 1999.

Relations between the Nordic Countries and the Baltic Nations in the XX Century. Ed. Kalervo Hovi. Turku 1998.

Religiooni ja ateismi ajaloost Eestis. 2. Artiklite kogumik. Koost. Ea Jansen. Tallinn 1961.

Religiooni ja ateismi ajaloost Eestis. 3. Artiklite kogumik. Koost. Jüri Kivimäe. Tallinn 1987.

Rennikov = Андрей Ренников. В стране чудес. Правда о прибалтийских немцах в стиле фельетона. Петроград 1915.

Renter, Raul. Suurtööstuse tekkimine ja arenemine Eestis XIX ja XX sajandil (Suure Sotsialistliku Oktoobrirevolutsiooni). Tallinn 1958.

Reval und die baltischen Länder. Festschrift für Hellmuth Weiss zum 80. Geburtstag. Hrsg. von Jürgen von Hehn, Csaba János Kenéz. Marburg/Lahn 1980.

Revoljutsija = Революция 1905–1907 гг. в Эстонии. Сборник документов и материалов. Отв. ред. Г. И. Мосберг. Таллинн 1955.

Revoljutsija = Революция 1905–1907 гг. в Латвии. Документы и материалы. Отв. ред. Я. П. Крастынь. Рига 1956.

Revolutsioonist revolutsioonini 1905–1940. Toim. Heino Arumäe. Tallinn 1975.

Revolutsioon, kodusõda ja välisriikide interventsioon Eestis (1917–1920). 1–2. Peatoim. Karl Siilivask. Tallinn 1977, 1982.

Richter, Alexander von. Geschichte des Bauerstandes in den baltischen Provinzen mit Rücksicht auf die neuesten Gesetze. Riga 1860.

Richter = Александр Рихтер. История крестьянского сословия в присоединенных к России Прибалтийских губерниях. Рига 1860.

Richter = Елизавета Рихтер. Русское население Западного Причудья. Очерки истории материальной и духовной культуры. Таллинн 1976.

Richters Baltische Verkehrs- und Adressbücher. 1–3. Hrsg. von Adolf Richter, redig. von H. Hollmann. Riga 1900.

Ripley, William. The Races of Europe. A Sociological Study. New York 1899.

Roiko-Jokela, Heikki. In Light and Shadow. Turning-Points in Finnish-Estonian Relations between the Years 1860–1991. → Relations between the Nordic Countries, 81–127

Ronis = И. Ронис. Либерально-буржуазный лагерь в Латвии в период буржуазно-демократических революции 1901–1917. Диссертация на соискание ученой степени доктора исторических наук. Рига 1988.

Rootsi suurriigist Vene impeeriumisse. Artiklid. (Eesti Ajalooarhiivi toimetised 3.) Tartu 1998.

Rootsmäe, Lemming, Nakkushaigused surma põhjustajana Eestis 1711–1850. Tallinn 1987.

Roosileht, Katrin. Sotsiaalhoolekande institutsionaalsest arengust Euroopas 20. sajandi alguseni ja selle mõjust Eestile. – Õpetatud Eesti Seltsi aastaraamat 2004–2005. Tartu 2006, 262–288.

Rosenberg = Тийт Розенберг. О социальном расслоении крестьянства в Южной Эстонии в конце XIX века. Таллинн 1980.

Rosenberg, Tiit. Über die Ausdifferenzierung der sozialen Schichtung im estnischen Dorf in der zweiten Hälfte des 19. Jh. → National Movements in the Baltic Countries, 245–258.

Rosenberg, Tiit. Mõisateenijate kihi koosseis Lõuna-Eestis XIX sajandi esimese veerandi lõpul. – Uurimusi Läänemeremaade ajaloost. 5. (TRÜ toimetised 784.) Tartu 1987, 73–90.

Rosenberg, Tiit. Zum Problem der Arbeitskräfte in der Landwirtschaft Estlands 1907 bis 1914. → The Baltic Countries (SBS 5:1), 275–298.

Rosenberg, Tiit. Eesti mõisate ajalooline ülevaade. – Eesti mõisad. Toim. Tiiu Oja. Tallinn 1994, 7–55, 295–301.

Rosenberg, Tiit. Liphartid Liivimaa mõisnikena. – Kleio 1994, 9, 12–15; 1996, 2, 19–23; 1997, 3, 8–17.

Rosenberg, Tiit. Talude päriseksostmisest Sangaste kihelkonnas. – 150 aastat krahv Friedrich Bergi sünnist. Koost. Harri Kübar, toim. Jaan Eilart. Tartu 1995, 71–108.

Rosenberg, Tiit. Deutsche und estnische Ausstellungen in Dorpat (Tartu) 1857–1913. – Steinbrücke. Estnische Historische Zeitschrift 1, 1998, 171–197.

Rosenberg, Tiit. Eestlaste väljaränne 19. sajandil – 20. sajandi algul: taust ja võrdlusjooni naabritega. → Eesti kultuur võõrsil, 34–59.

Rosenberg, Tiit. Kiriku maaomand ja maakasutus Eestis 19. sajandil ja 20. sajandi algul. → Vene aeg Eestis, 279–316.

Rosenberg, Tiit. Sotsiaalsest, poliitilisest ja rahvuslikust aspektist Eestis 1905. aastal. – Paar sammukest 22. (Eesti Kirjandusmuuseumi aastaraamat 2005.) Tartu 2006, 31–48.

Rosenberg, Tiit. Die Stadt Walk / Valga im ersten Viertel des 19. Jahrhunderts. – Forschungen zur baltischen Geschichte 1, 2006, 108–124.

Rosenberg, Tiit. From National Territorial Autonomy to Independence of Estonia: The War and Revolution in the Baltic Region, 1914–1917. – Imperiology. From Empirical Knowledge to Discussing the Russian Empire. Ed. Kimitaka Matsuzato. (Slavic Eurasian Studies 13.) Sapporo 2007, 199–222.

Rosenthal, Heinrich. Kulturbestrebungen des estnischen Volkes während eines Menschenalters (1869–1900). Reval 1912.

Rosenthal, Heinrich. Eesti rahva kultuuripüüdlused ühe inimpõlve vältel. Mälestusi aastatest 1869–1900. (Ajajõe tagant.) [1]Tartu 2004; [2] [Tallinn] 2010.

Rossija = Россия и Балтия. 1–5. Российская академия наук, Институт всеобщей истории. Отв. ред. А. О. Чубарьян. Москва 2000–09.

Rubel, Peeter. Meie nooresoo vaimlisest murrangust. Tartu 1913.

Rudtšenko = Иван Рудченко. Записка о земских повинностях в Эстляндской губернии, составленная по поручению министра финансов управляющим Херсонской казенной палатой, коллежским советником Рудченко. Санкт-Петербург 1888.

Rudtšenko = [Иван Рудченко] Земское устройство Прибалтийских губернии. Исследование законодательства и современного положения земских повинностей. Санкт-Петербург 1890.

Rullingo, Ago. Muhumaa. Loodus. Aeg. Inimene. Tallinn 2001.

Runnel, Hando. Juhan Luiga ja vene küsimus. Tartu 1993.

Russkije = Русские общественные и культурные деятели в Эстонии. Материалы к биографическому словарю. Т. I (до 1940 г.). Словник. Сост. Сергей Исаков. Изд. 3-е, исправленное и дополненное. Таллинн 2006.

Ruubel, Peeter. Poliitilised ja ühiskondlikud voolud Eestis (talupojaline-väikekodanlik ajajärk 1860–1905). Tallinn 1920.

Ruutsoo, Rein. Peeter Ruubel ja "Noor-Eesti" – Looming 1987, 8, 1126–33.

Rüdiger, Wilhelm von. Die Deutsch-Baltische Volksgruppe. Hannover-Wülfel 1957.

Rütli, Oskar. Ühe eesti sugupõlve tööst ja võitlusist (1871–1949). [1] New York 1964; [2] [Tallinn] 2010.

Saal, Andres. Päris ja prii. I. Eesti rahva pärisorjuse ajalugu 1215–1819; II. Eestlaste priiuse ajalugu algusest meie ajani (1819–1866). Rakvere 1891–93.

Saard, Riho. Eesti rahvusest luterliku pastorkonna väljakujunemine ja vaba rahvakiriku projekti loomine 1870–1917. (Suomen Kirkkohistoriallisen Seuran toimituksia 184.) Helsinki 2000.

Saard, Riho. Eesti kirikute esivaimulikkond 1165–2006 = Principes sacerdotum ecclesiae Estoniae 1165–2006. [Tallinn] 2006.

Saard, Riho. Kultuuriprotestantismi ja teoloogilise liberalismi ajalugu Eestis. Tallinn 2008.

Saaremaa. 1. Loodus. Aeg. Inimene; 2. Ajalugu. Majandus. Kultuur. Tallinn 2002–07.

Saat, Joosep. Nõukogude võim Eestis. Oktoober 1917 – märts 1918. Toim. Heino Arumäe ja Karl Siilivask. Tallinn 1975.

Saha, Hillar. 1905. a. 16. oktoobri veretöö ohvrite nimekiri. – ENSV TA toimetised 4, 1955, 2, 321–325.

Saks, Elhonen. Eestlased ja juudid. Tallinn 2002.

Salupere, Malle. Tõed ja tõdemused. Sakste ja matside jalajäljed nelja sajandi arhiivitolmus. Tartu 1998.

Salupere, Malle. Postipapa. Mitmes peeglis, mitmes rollis. [Tallinn] 2006.

Samoilov, Viktor. Peterburi eesti seltside teatritegevus 1873–1917. Ajalooline ülevaade. Tallinn [1991].

Sauks, Feliks. Lambakasvatussaaduste turustamine XIX sajandil Eesti- ja Liivimaal. – Ajalooline Ajakiri 1938, 121–132, 145–154.

Sauks, Feliks. Krediidinduse ajaloolise arengu põhiprobleemistik Eestis. – Ajalooline Ajakiri 1939, 65–80.

Sauks, Feliks. Majandusajalooline taust ja lühikrediidinduse areng kuni Maailmasõjani. – Eesti krediidiühistud. Tartu 1940, 55–108.

Sauks, Feliks. Kaubanduse arengust Eestis kapitalismi tingimustes (1900–1940). Tallinn 1968.

Sauks, Feliks. Eesti ala väliskaubandusest aastail 1824–1862: Majandustegevuse täiustamine kaubanduses. – Majandusteaduslikke töid XXIX. (TRÜ toimetised 506.) Tartu 1980, 127–135.

Sbornik materialov = Сборник материалов по истории Прибалтийского края. 1–4. Рига 1876–1883.

Sbornik programm = Сборник программ русских политических партий. К созыву Учредительного собрания. Петроград 1917.

Schirren, Carl. Livländische Antwort an Herrn Juri Samarin. [1] Leipzig 1869; [2] München 1919; [3] Hannover 1871.

Schlingensiepen, Georg Hermann. Der Strukturwandel des baltischen Adels in der Zeit vor dem Ersten Weltkrieg. Marburg/Lahn 1959.

Schmidt, Christoph. Über die Grenze zwischen Estland und Livland und ihre Bedeutung für die Agrar- und Religionsgeschichte. – Zeitschrift für Ostforschung 1991, 4, 500–521.

Schmidt, Oswald. Rechtsgeschichte Liv-, Est- und Curlands. (Dorpater Juristische Studien 3.) [1] Dorpat 1894; [2] Hannover-Döhren 1968.

Schrenck, Erich von. Baltische Kirchengeschichte der Neuzeit. Riga 1933.

Schulbach, Arnold. Streik, koolera ja püssitikud. Suured töölisrahutused Kreenholmis a. 1872 ja 1882. Tallinn 1932.

Schwabe, Arweds. Grundriss der Agrargeschichte Lettlands. Riga 1928.

Selirand, Jüri, Karl Siilivask. Eesti maast ja rahvast. Muinasajast maailmasõjani. Tallinn 1996.

Seljamaa, Julius. "Päiksepaisteline" revolutsioon. Isiklikud mälestused ja muljed 1917. a. veebruari-märtsi Vene revolutsioonist. Tallinn 1924.

Selli, Eerik. Postijaamad riigi ja reisija teenistuses. Tallinn 1976.

Seltsid ja ühiskonna muutumine. Talupojaühiskonnast rahvusriigini. Artiklite kogumik. Toim. Ea Jansen ja Jaanus Arukaevu. Tartu–Tallinn 1995.

Semper, Johannes. Matk minevikku. 1. Tallinn 1969.

Sepp, Helena. Eesti ajalugu Soomes. – Ajalooline Ajakiri 2001, 1/2 , 47–84; 3, 55–108.

Sepp, Hendrik. Põhja-Eesti majanduslik olustik XIX sajandi teisel poolel. – Ajalooline Ajakiri 1938, 4–20.

Sepp, Hendrik. Lõuna-Eesti põllumajanduse arengu suund 1880-ndais aastais. – Eesti Teaduste Akadeemia aastaraamat I. Tartu 1940, 340–402.

Seraphim, Ernst. Baltische Geschichte im Grundriß. Reval 1908.

Siilivask, Karl. Veebruarist oktoobrini 1917. Tallinn 1972.

Siilivask, Karl. Baltic Science as a Bridge between East and the West. – Proceedings of the Estonian Academy of Sciences. Humanities and social sciences 44, 1995, 2, 109–122.

Sild, Olaf. Eesti kirikulugu. Vanimast ajast olevikuni. Tartu 1938.

Sild, Olaf, Vello Salo. Lühike Eesti kirikulugu. Tartu 1995.

Sinowjew, M. A. Über die livländische Landschafts-Organisation. Eine Studie. – Baltische Monatsschrift 1895, Bd. 42, 1–103.

Sinu, minu ja meie Riia. Koostajad Livia Viitol, Karl Kello. Tartu 2008.

Sirk, Väino. Kutseharidus Eestis 19. sajandi algusest 1917. aastani. Toim. Endel Laul. Tallinn 1983.

Sirk, Väino. Kutseharidus Eestis 1917–1920. Toim. Endel Laul. Tallinn 1989.

Sirk, Väino. Põllumajanduslik mõte ja põllumajanduslik kirjandus Eestis 19. sajandi keskpaigast 1917. aastani. – Eesti Teaduste Akadeemia toimetised. Humanitaar- ja sotsiaalteadused 43, 1994, 2, 178–207.

Sirk, Väino. Jooni eesti rahvusliku kõrgharitlaskonna kujunemisest 1870–1880. aastatel. – Eesti Teaduste Akadeemia toimetised. Humanitaar- ja sotsiaalteadused 45, 1996, 1, 112–133.

Sirk, Väino. Haritud eestlased Eesti linnades 1850.–1880. aastatel. – Acta Historica Tallinnensia 2, 1998, 3–34.

Sirvilauad. Eesti Rahva tähtraamat. 1897–1921. Tartu 1896–1921.

Sivers, Jegor von. Das Buch der Güter Livlands und Oesels. Riga 1863.

Solovjov = Юрий Соловьев. Самодержавие и дворянство в 1907–1914 гг. Отв. ред. А. Н. Цамутали. Ленинград 1990.

Sozialgeschichte der baltischen Deutschen. Hrsg. Wilfried Schlau. Köln 1997.

Speek, Peeter. Aruandest Eesti Sotsiaaldemokraatliku Tööliste Partei arengu ja revolutsioonilise tegevuse kohta. → Punased aastad, 235–250.

Speer, Helmut. Das Bauernschulwesen im Gouvernement Estland vom Ende des 18. Jahrhunderts bis zur Russifizierung. (Abhandlungen des Instituts für wissenschaftliche Heimatforschung 2/3.) Tartu 1936.

Spes patriae. Üliõpilasseltsid ja -korporatsioonid Eestis. Koost. Helmut Piirimäe, Toomas Hiio, Matti Maasikas. Tallinn 1996.

Staatliche Einheit und nationale Vielfalt im Baltikum. Festschrift für Prof. Dr. Michael Garleff zum 65. Geburtstag. Für das Bundesinstitut für Kultur und Geschichte der Deutschen im östlichen Europa und die Baltische Historische Kommission e.V. herausgegeben von Gert von Pistohlkors und Matthias Weber. (Schriften des Bundesinstituts für Kultur und Geschichte der Deutschen im östlichen Europa. Bd. 26.) München 2005.

Stackelberg, Nathanael von. Der bankmässig organisierte Agrarkredit in Estland. Helsingfors 1911.

Stackelberg-Sutlem, Eduard von. Ein Leben im baltischen Kampf. Rückschau auf Erstrebtes, Verloren und Gewonnenes. München 1927. Tõlge ilmumas.

Stael von Holstein, Reinhold. Materialien zu einer Geschichte des Livländischen Landesstaates in der 2. Hälfte des XIX. Jahrhunderts. 7 kd. käsikirjas. 1897–1906.

Stael von Holstein, Reinhold. Fürst Paul Lieven als Landmarschall von Livland. Riga 1906.

Stael von Holstein, Reinhold. Hamilkar von Fölkersahm. Riga 1907.

Staliūnas, Darius. Making Russians. Meaning and Practice of Russification in Lithuania and Belarus after 1863. (On the Boundary of Two Worlds: Identity, Freedom, and Moral Imagination in the Baltics 11.) Amsterdam–New York 2007.

Stegman, Helmuth. Der Landgüterbesitz in den Ostseeprovinzen um die Mitte des XIX Jahrhunderts. – Baltische Hefte. Bd. 15. Hannover-Döhren 1969, 61–74.

Stieda, Eugen. Das livländische Bankwesen in Vergangenheit und Gegenwart. Leipzig 1909.

Stieda, Wilhelm. Die Gewerbliche Thätigkeit in der Stadt Dorpat. Dorpat 1876.

Stillmark, Friedrich. Die Estländische adelige Kreditkasse 1802–1902. Baltische Monatsschrift 1903, H. 2, 193–218.

Strazhas, Aba. Deutsche Ostpolitik im Ersten Weltkrieg. Der Fall Ober Ost 1915–1917. Wiesbaden 1993.

Strods = Хейнрих Стродс. Развитие сельскохозяйственного производства и торговли в Латвии (2-я половина XVIII – 1-я половина XIX вв.). Рига 1985.

Stryk, Gustav von. Die Livländische Güterkreditsozietät (Landschaft). – Jahrbücher des Europäischen Bodenkredits. Leipzig 1909, 105–160.

Stryk, Gustav von. Die Landwirtschaft in Livland. Dorpat [1918].

Stryk, Leonhard von. Beiträge zur Geschichte der Rittergüter Livlands. 1. Der ehstnische District mit vier karten. Dorpat 1877; 2. Der lettische Distrikt. [1]Dresden 1885; [2]Hannover-Döhren 1969.

Studia historica in honorem Hans Kruus. Toim. Juhan Kahk, Artur Vassar. Tallinn 1971.

Suhhova, Tammiksaar = Наталья Сухова, Эрки Таммиксаар. Александр Федорович Миддендорф 1815–1894. Москва 2005.

[Suits, Gustav] "Noor Eesti" toim. Noorte püüded. → Noor-Eesti 1, 1–19.

Suits, Gustav. Võitluse päivil. – Võitluse päivil. Tartu 1905, 4–8.

Suits, Gustav. Sihid ja vaated. Helsingi 1906.

Suits, Gustav. Lõpusõna. – Noor-Eesti. Kirjanduse, kunsti ja teaduste ajakiri 1910/11, 5/6, 637–641.

Suits, Gustav. 1905–1915. – Noor-Eesti 5, 5–15.

Suits, Gustav. Noor-Eesti nõlvakult. Kahe revolutsiooni vahel. Tartu 1931.

Suits, Gustav. Eesti kirjanduslugu. 1. Algusest kuni ärkamisaja lõpuni. [1]Lund 1953; [2]Tartu 1999.

Suits, Gustav. Vabaduse väraval. Koost. Peeter Olesk, Hando Runnel. (Eesti mõttelugu 45.) Tartu 2002.

Suomi ja Viro. Yhdessä ja erikseen. Toim. Kari Immonen, Tapio Onnela. Turku 1998.

Suur Sotsialistlik Oktoobrirevolutsioon Eestis. Dokumentide ja materjalide kogumik. Vast. toim. Joosep Saat. Tallinn 1957.

Svod graždanskih = Свод гражданских узаконений губерний Прибалтийских. Санкт-Петербург 1912.

Svod mestnõh = Свод местных узаконений губерний Остзейских. 1–3. Санкт-Петербург 1845, 1865.

Sõnasse püütud minevik. In honorem Enn Tarvel. Koost. Priit Raudkivi, Marten Seppel. [Tallinn] 2009.

Štein, Otto. Eesti kodanluse filosoofiast ja sotsioloogiast. Tallinn 1965.

Štein, V. = В. фон Штейн. Причины и развитие латышской революции. – Исторический вестник 4, декабрь 1908, 1073–1104.

Švābe = A. Schwabe. Grundriss der Agrargeschichte Lettlands. Riga 1928.

Švābe, Arvēds. Latvijas vēsture 1800–1914. Uppsala [1]1958; [2]1962.

Zahvat = Захват дворянскими учреждениями управления земскими делами края. Краткий очерк столетней попытки русского правительства упорядочить земское дело в Прибалтийском крае. (На правах рукописи.) Ревель [1914].

Zaiontškovski = Петр Зайончковский. Правительственный аппарат самодержавной России в XIX в. Москва 1978.

Zaiontškovski = Петр Зайончковский. Российское самодержавие в конце XIX столетия. Политическая реакция 80-х – начала 90-х годов. Москва 1970.

Zakonodatelnõje = Законодательные акты переходного времени 1904–1906 гг. Санкт-Петербург 1906.

Zelnik, Reginald E. Law and Disorder on the Narova River. Berkeley (etc.), University of Californian Press 1995.

Zemtsev, V. → Garais, Fricis.

Zetterberg, Seppo. Suomi ja Viro 1917–1919. Poliittiset suhteet syksystä 1917 reunavaltiopolitiikan alkuun. (Historiallisia Tutkimuksia 102.) Helsinki: Suomen Historiallinen Seura, 1977, 38–49.

Zetterberg, Seppo. Jüri Vilmsi surm. Eesti asepeaministri hukkamine Helsingis 13. aprillil 1918. Tallinn 2004.

Zetterberg, Seppo. Viron historia. Helsinki 2007.

Zetterberg, Seppo. Eesti ajalugu. [1]Tallinn 2009; [2][Tallinn] 2010.

Zinovjev = Михаил Зиновьев. Прибалтийское земство. Рига 1895.

Zinovjev = Михаил Зиновьев. Труды покойного

Лифляндского губернатора М. А. Зиновье-ва. Рига 1906.

Zur baltischen Adels- und Gütergeschichte. Hannover-Döhren [1962].

Zur Geschichte der Ritterschaften von Livland und Oesel. Hrsg. von der Livländischen Ritterschaft und von der Oeselschen Ritterschaft. Pfaffenhofen/Ilm 1974.

Zwischen Konfrontation und Kompromiss. Oldenburger Symposium. Interethnische Beziehungen in Ostmitteleuropa als historiographisches Problem der 1930er/1940er Jahre. Hrsg. Michael Garleff. München 1995.

Zwischen Lübeck und Novgorod. Wirtschaft, Politik und Kultur im Ostseeraum vom frühen Mittelalter bis ins 20. Jahrhundert. Norbert Angermann zum 60. Geburtstag. Hrsg. Ortwin Pelc, Gertrud Pickhan. Lüneburg 1996.

Zwischen Reval und St. Petersburg. Erinnerungen von Estländern aus zwei Jahrhunderten. Im Auftrag der Estländischen Ritterschaft herausgegeben von Henning von Wistinghausen. Weissenhorn 1993.

Taagepera, Rein. Estonia. Return to Independence. (Westview Series on the Post-Soviet Republics.) San Francisco–Oxford 1993.

Taagepera, Rein. The Baltic perspectives of Estonian turning points. – Acta Historica Tallinnensia 4, 2000, 59–70.

Takkin, Arnold. Eesti Esimese maailmasõja aastail. Tallinn 1961.

Takkin, Arnold, Ellen Takkin. Kolm laulupidu. Eesti laulupeod aastail 1909–1912. Tallinn 1995.

Tallinna ajalugu. XIX sajandi 60-ndate aastate algusest 1965. aastani. Koost. Raimo Pullat. Tallinn 1969.

Tallinna ajalugu 1860-ndate aastateni. Koost. Raimo Pullat. Tallinn 1976.

Tallinna Eesti Põllumeeste Selts 1888–1938. Koost. Mihkel Aitsam. Tallinn 1939.

Talurahvaliikumine Eestis 1841.–1842. aastal. Dokumentide kogumik. Koost. Vello Naber, August Traat. Tallinn 1982.

Talurahvaliikumine Eestis aastail 1845–1848. Dokumentide kogumik. 1–2. Koost. Vello Naber, August Traat. Tallinn 1991.

Talve, Ilmar. Eesti kultuurilugu. Keskaja algusest Eesti iseseisvuseni. [1]Tartu 2004; [2]2005.

Talve, Ilmar. Vanem ja noorem Eesti. Tartu 2008.

Tammann, August. Eesti iseseisvuse teel. 1. Vene revolutsioonist Eesti vabadussõjani. Ülevaade 1917. ja 1918. a. sündmustest Eestis. Tallinn 1923.

Tammiksaar, Erki. Alexander Theodor von Middendorffi tegevus Liivimaa põllumajanduse edendajana ning tema seosed eesti rahvusliku liikumisega. → Vene aeg Eestis, 157–211.

Tamul, Sirje. Eraalgatuslikest stipendiumidest Tartu Ülikoolis 1802–1918. (Dissertationes historiae Universitatis Tartuensis 14.) Tartu 2007.

Tamul, Villu, Tartu ülikool 19. sajandil – Balti või impeeriumiülikool. → Tartu, baltisakslased ja Saksamaa, 73–95.

Tannberg, Tõnu. Maakaitseväekohustus Balti kubermangudes 19. sajandi 1. poolel (1806–1856). (Scripta Archivi Historici Estoniae 1.) Tartu 1996.

Tannberg, Tõnu. Nekrutikohustuse korraldusest Eestis (1796–1874). – Artiklite kogumik. (Eesti Ajalooarhiivi toimetised 2.) Tartu 1997, 65–101.

Tannberg, Tõnu. Das Imperium und sein Grenzgebiet. Hauptzüge und Eigenarten der Rekrutenordnung in der baltischen Gouvernments (1796–1874). → Festschrift für Vello Helk, 297–332.

Tannberg, Tõnu. Eine Zeitung für leibeigene Bauern. Über Inhalt und Verbot der ersten estnischsprachigen Zeitung. – Steinbrücke. Estnische Historische Zeitschrift 1, 1998, 141–156.

Tannberg, Tõnu. "Tsaar kui kutsub oma lapsi..." 1914. aasta mobilisatsioonidest Eesti- ja Liivimaal. → Rootsi suurriigist Vene impeeriumisse, 193–212.

Tannberg, Tõnu. *Numerus clausus* Vene armees. Usulistest ja rahvuslikest piirangutest tsaariarmee komplekteerimisel 19. sajandi teisel poolel. – Ajalooline Ajakiri 2000, 3, 35–42.

Tannberg = Тыну Таннберг. Остзейский вопрос во внутренной политике России в 1806–1807 гг. – Россия и Балтия. Остзейские губернии и северо-западный край в политике реформ Российской империи. 2-я половина XVIII–XX в. Москва 2004, 36–71.

Tannberg, Tõnu. The Baltic provinces during the Crimean War. → Sõnasse püütud minevik, 252–282.

Tarkiainen, Ülle. Talukõlvikud Vooremaal 17.–19. sajandil. → Vene aeg Eestis, 229–255.

Tarto maa rahwa Näddali-Leht. Uurimusi ja allik-materjale. Koost. Tõnu Tannberg. Tartu 1998.

Tartu [Koguteos]. Tartu linna-uurimise toimkonna korraldatud ja toimetatud. Tartu 1927.

Tartu. Ajalugu ja kultuurilugu. Koost. Heivi Pullerits. Tartu 2005.

Tartu ajalugu. Koost. Raimo Pullat. Tallinn 1980.

Tartu, baltisakslased ja Saksamaa. Koost. Helmut Piirimäe, Claus Sommerhage. Tartu 1998.

Tartu Ülikooli ajalugu kolmes köites 1632–1982. 2. 1798–1918. Koost. Karl Siilivask, Hillar Palamets. Tallinn 1982.

Tartu Ülikooli üliõpilaskonna teatmik = Album Academicum Universitatis Tartuensis 1889–1918. 1–3. Koost. Shirley Kodasma jt. Toim. Richard Kleis. Tartu 1986, 1987, 1988.

Tartu üliõpilaskonna ajalugu seoses Eesti üliõpilaskonna ajalooga. Toim. Juhan Vasar. Tartu 1932.

Tarvel, Enn. Adramaa. Eesti talurahva maakasutuse ja maksustuse alused 13.–19. sajandil. Tallinn 1972.

Tarvel, Enn. Der Haken. Die Grundlagen der Landnutzung und der Besteuerung in Estland im 13.–19. Jahrhundert. Tallinn 1983.

Tarvel, Enn. Lahemaa ajalugu.Tallinn 1983 (2. lühend. väljaanne 1993).

Tarvel, Peeter. Jaan Tõnissoni rahvuspoliitilisi vaateid. → Jaan Tõnisson töös ja võitluses, 415–468.

Tarvel, Peeter. Demokraatia tulevik. Koost. Toomas Karjahärm, Hando Runnel. (Eesti mõttelugu 43.) Tartu 2002.

Taska, Artur. Sini-must-valge 100 aastat. Pühendus Eesti Vabariigile. Koost. Küllo Arjakas. Tallinn 1992.

Taube, Arved von. Die baltisch-deutsche Führungsschicht und die Loslösung Livland und Estlands von Russland 1916–1918. → Von den baltischen Provinzen 1, 97–216.

Taube, Arved von. Von Brest-Litovsk bis Libau. Die baltisch-deutsche Führungsschicht und die Mächte in den Jahren 1918/1919. → Von den baltischen Provinzen 2, 70–236.

Taube, Arved von. Georg Julius von Schultz (Dr. Bertram) 1808 bis 1875. Möglichkeiten und Grenzen der Estophilie unter den Deutschbalten im 19. Jahrhundert. – Zeitschrift für Ostforschung 26, 1977, 577–696.

Thaden, Edward C. Samarin's Okrainy Rossii and Official Policy in the Baltic Provinces. – Russian Review 33, 1974, 405–413.

Thaden, Edward C. Estland, Livland, and the Ukraine: Reflections on Eighteenth-Century Regional Autonomy. – Journal of Baltic Studies 1981, 4, 311–317.

Thaden, Edward C., Michael H. Haltzel, Leonard C. Lundin, Andrejs Plakans, Toivo U. Raun. Russification in the Baltic Provinces and Finland 1855–1914. Princeton, New Jersey 1981.

Thaden, Edward C., Marianna Forster Thaden. Russia's Western Borderlands 1710–1870. Princeton, New Jersey 1984.

Thimme, Heinrich. Kirche und nationale Frage in Livland während der ersten Hälfte des 19. Jahrhunderts. Der Pastor und Generalsuperintendent Ferdinand Walter und seine Zeit. Königsberg–Berlin 1938.

Tideböhl, Arnold von. Fürst Alexander Suvorov, Generalgouverneur von Liv-, Est- und Kurland 1848–1861. Riga 1863.

[Tiesenhausen, C.] Erste Fortsetzung von der Herrn Hofraths von Hagenmeister Materialien zur Gütergeschichte Livlands. Riga 1843.

Tihase, Karl. Eesti talurahvaarhitektuur. Tallinn 1974.

Tiido = Генрих Тидо. Аграрная политика большевиков в Эстонии (1905–1920 гг.). Таллинн 1978.

Tilk, Maria. Alaealiste tööseadusandlusest ja koolikorraldusest 19. sajandi teisel poolel. → Eesti tööliskassi sotsiaal-majanduslik olukord, 32–60.

Tilk = Мария Тильк. Городские ремесленники Эстонии во второй половине XIX века (на материалах Эстонской губернии). Диссертация на соискание ученой степени кандидата исторических наук. Таллинн 1988.

Time of Change in the Baltic Countries. Essays in Honour of Aleksander Loit. Red. Anu Mai Kõll. Stockholm 2000.

Tobien, Alexander. Die Agrargesetzgebung Livlands im 19. Jahrhundert. 1–2. Berlin 1899, Riga 1911.

Tobien, Alexander. Die Bauernbefreiung in Livland. Riga 1905.

Tobien = Александр Тобин. Аграрный строй материковой части Лифляндии. Рига 1906.

Tobien, Alexander. Die Agrarverfassung des liv-
ländischen Festlandes. Riga 1906.

Tobien, Alexander von. Die Agrarrevolution in
Estland. Berlin 1923.

Tobien, Alexander von. Die Livländische Ritter-
schaft in ihrem Verhältnis zum Zarismus und
russischen Nationalismus. 1–2. Riga 1925,
Berlin 1930.

Tomson, Eve. Eesti majandusajalugu 20. sajandil.
Tartu 1999.

Toomla, Rein. Eesti erakonnad. Toim. Krista
Leppikson. Tallinn 1999.

Torpan = Нина Торпан. Монополистический
капитал в промышленности Эстонии (90-е
годы XIX в. –1917 г.). Из истории капита-
листичеких монополий в России. Отв. ред.
Арно Кеерна. Таллинн 1984.

Traat, August. Vallareform Eestis 1866. aastal. –
ENSV TA toimetised. Ühiskonnateadused, 17,
1968, 1, 11–25.

Traat, August. Vallakohus Eestis 18. sajandi keskpai-
gast kuni 1866. aasta reformini. Tallinn 1980.

Transehe-Roseneck, Astaf von. Die lettische Revo-
lution 1. Der Schauplatz. Treibende Kräfte; 2.
Die Sozialdemokratie. Die Katastrophe. Berlin
[1] 1906–07; [2] 1908.

Transehe-Roseneck, Astaf von. Das Agrarwesen
der Ostseeprovinzen. – Baltische Bürgerkunde.
1. Teil. Riga 1908, 277–350.

Treadgold, Donald W. Twentieth Century Russia.
[7] Boulder–San Francisco–London 1990.

Troska, Gea. Eesti külad XIX sajandil. Ajaloolis-
etnograafiline uurimus. Tallinn 1987.

Troska, Gea. Eesti maa-asulate arengujooni 19. sa-
jandi teisel poolel. – Eesti Teaduste Akadeemia
toimetised. Humanitaar- ja Sotsiaalteadused
43, 1994, 2, 146–168.

Trudõ mestnõh = Труды местных комитетов
о нуждах сельскохозяйственной промыш-
ленности. 20. Лифляндская губерния. Санкт-
Петербург 1903; 47. Эстляндская губерния.
Санкт-Петербург 1903.

Trudõ Osobogo = Труды Особого совещания
при временном прибалтийском генерал-
губернаторе, учрежденного высочайшим
указом 28-го ноября 1905 г. Ревель [1907].

Tsarizm = Царизм в борьбе с революцией
1905–1907 гг. Москва 1936.

Tšešihhin = Евграф Чешихин. Краткая история
Прибалтийского края. Рига [1] 1884; [2] 1894.

Tuglas, Friedebert. Kriitika 1–8. Tartu 1919–36.

Tuglas, Friedebert. Ado Grenzsteini lahkumine.
Päätükid meie ajakirjanduse ja tsensuuri aja-
loost. Tartu 1926.

Tuglas, Friedebert. Moodsa kirjanduse algus
Eestis. → Raamatu osa Eesti arengus (1935),
275–292.

Tuglas, Friedebert. Lühike eesti kirjanduslugu.
Tartu [1] 1934; [2] 1936.

Tuglas, Friedebert. Eesti Kirjameeste Selts. [1] Tartu
1932; Tallinn [2] 1958; [3] 2009.

Tuglas, Friedebert. Noorusmälestusi. (Kogutud
teosed 6.) Tallinn 1990.

Tundmatu Friedrich Georg von Bunge. Materjale
Õpetatud Eesti Seltsi konverentsilt "200 aastat
prof. Friedrich Georg von Bunge (1802–1897)
sünnist" Tartu Ülikooli ajaloo muuseumis 27.
aprillil 2002. Koost. Tiit Rosenberg, Marju
Luts. (Õpetatud Eesti Seltsi toimetised 25.)
Tartu 2006.

Tõnisson, Ilmar. Emajõe ääres. Koost. Hando
Runnel. (Eesti mõttelugu 15.) Tartu 1997.

Tõnisson, Jaan. Voolud ja püüded 1911. → Oma
Maa. 1, 33–52.

Tõnisson, Jaan. Suur ilma-sõda ja Baltimaade
tulevik. – Sirvilauad. Eesti rahva tähtraamat
1915. Tartu 1914, 38–53.

Tõnisson, Jaan. Autonoomialt iseseisvusele. Sünd-
musi ja mälestusi ajaloolise murrangu päe-
vilt. → Vabaduse tulekul, 53–69.

Tõnisson, Jaan. Kõlblus ja rahvuslus. Koost. Simo
Runnel. (Eesti mõttelugu 95.) Tartu 2010.

Tähtsad mehed. 1–6. Toim. Matthias Johann Eisen.
Tartu 1983–84.

Töid EKP ajaloo alalt. 1–12. Tallinn 1965–87.

Uibu, Halliki. Taluteenijate palgaolud Mulgimaal
XIX sajandil. – Etnograafiamuuseumi aasta-
raamat XXIV. Tallinn 1969, 239–253.

Uluots, Jüri. Grundzüge der Agrargeschichte Est-
lands. Tartu 1935.

Undla-Põldmäe, Aino. Koidulauliku valgel. Uuri-
musi ja artikleid. Tallinn 1981.

Undusk, Jaan. Saksa-eesti kirjandussuhete tüpoloo-
gia. – Keel ja Kirjandus 1992, 10, 583–594; 11,
645–656; 12, 709–725.

Undusk, Jaan. Kolm võimalust kirjutada eestlaste
ajalugu. Merkel – Jakobson – Hurt. – Keel ja
Kirjandus 1997, 11, 721–734; 12, 797–811.

Undusk, Jaan. Ajalootõde ja metahistoorilised žestid. Eesti ajaloo mitmest moraalist. – Tuna 2000, 2, 114–130.

Undusk, Jaan. Eesti ajaloo kotkaperspektiivist. Minu vaidlus Brüggemanniga. – Tuna 2002, 3, 99–116.

Ungern-Sternberg, Walther von. Geschichte der Baltischen Ritterschaften. Limburg/Lahn 1960.

Universitas Tartuensis 1632–2007. Toim. Toomas Hiio, Helmut Piirimäe. Tartu 2007.

Die Universitäten Dorpat/Tartu, Riga und Wilna/ Vilnius 1579–1979. Beiträge zu ihrer Geschichte und ihrer Wirkung im Grenzbereich zwischen West und Ost. Zweites Internationales Marburger Symposium zu Problemen der baltischen Sozial- und Kulturgeschichte. Hrsg. Gert von Pistohlkors, Toivo U. Raun, Paul Kaegbein. (Quellen und Studien zur baltischen Geschichte 9.) Köln–Wien 1987.

Uuet, Liivi. Eesti haldusjaotus 20. sajandil. Teatmik. Tallinn 2002.

Uurimusi ja allikmaterjale Eesti sõjaajaloost. 1–5. Tartu 1998–2007.

Uustalu, Evald. The History of the Estonian People. London 1952.

Uustalu, Evald. Eesti rahva ajalugu. Tallinn 2005.

Vabaduse tulekul. 1. Koguteos Eesti Maanõukogu 1917. aasta 15./28. nov. otsuse tähistamiseks. Toim. Hans Kruus, Jaan Ots. Tartu 1938.

Vaga, Voldemar. Eesti kunst. Kunstide ajalugu Eestis keskajast meie päevini. Tallinn 1940–41.

Vahtra, Jaan. Minu noorusmaalt. 1–3. Tartu 1934, 1935, 1936.

Vahtre, Lauri. Eestlase aeg. Uurimus eesti rahvapärase ajaarvamise ajaloost. Tallinn [1] 1991; [2] 2000.

Vahtre, Lauri. Teekond läbi aja. Sugemeid eestlaste kultuuri ajaloost. Tallinn 1992.

Vahtre, Lauri. Eesti kultuuri ajalugu. Lühiülevaade. Tallinn [1] 1993; [2] 2000.

Vahtre, Lauri. Eesti rahva lugu. Tallinn 2005.

Vahtre, Sulev. Rahvastiku liikumisest Eestimaa kubermangus XVIII sajandi lõpul ja XIX sajandi esimesel poolel. → Ajaloo järskudel radadel, 56–83.

Vahtre, Sulev. Ilmastikuoludest Eestis XVIII ja XIX sajandil (kuni 1870. a.) ja nende mõjust põllumajandusele ja talurahva olukorrale. – Eesti NSV ajaloo küsimusi 6. (TRÜ toimetised 258.) Tartu 1970, 43–159.

Vahtre, Sulev. Eestimaa talurahvas hingeloenduste andmeil (1782–1858). Ajaloolis-demograafiline uurimus. Tallinn 1973.

Vahtre, Sulev. Eine neue Gesellschaft – neue Erscheinungen in der Demographie. → National Movements in the Baltic Countries, 227–243.

Valitud ja valitsenud. Eesti parlamentaarsete ja muude esinduskogude ning valitsuste isikkoosseis aastail 1917–1999. Koost. Jaan Toomla. Tallinn 1999.

Valge, Jaak. Lahtirakendamine. Eesti Vabariigi majanduse stabiliseerimine 1918–1924. Tallinn 2003.

Valgemäe, Mardi. Language as Action. The Beginnings of Estonian Drama in the Context of Baltic Theater. → Bevölkerungsverschiebungen, 225–237.

Walter, Hannes. Saatesõna → Herbert Grabbi. Maailmasõda, 363–390.

Vanemuine 1865–1925. Tartu 1925.

Vassar, Artur. Töölisliikumise esimesed sammud Eestis (XIX sajandi 70-ndad ja 80-ndad aastad). Tallinn 1954.

Vassar, Artur. Viljandimaa maatameeste massiline palvekirjade-aktsioon 1873. aastal. – ENSV TA toimetised. Ühiskonnateaduste seeria 8, 1959, 4, 367–395.

Vassar, Artur. Mõningatest talurahvaliikumise uurimismetoodika küsimustest (Eesti XIX sajandi teise poole materjalide põhjal). – Studia historica in honorem Hans Kruus. Tallinn 1971, 347–366.

Vassar, Artur. Uut maad otsimas. Agraarne ümberasumisliikumine Eestis kuni 1863. aastani. Tallinn 1975.

Vassar, Artur. Eesti talurahva vaated maavaldusele XIX sajandi teisel poolel. → Eesti talurahva sotsiaalseid vaateid, 124–186.

Weeks, Theodore R. Nation and State in Late Imperial Russia. Nationalism and Russification on the Western Frontier 1863–1914. Illinois 2008.

Veem, Konrad. Eesti vaba rahvakirik. Dokumentatsioon ja leksikon. Stockholm [1] 1988; [2] 1990.

Vega → Geiman, V. V.

Veiderma, Aleksander. Aleksander Veiderma mälestused. 1922–1924, minu tegevus haridusministrina. Koost. Mihkel Veiderma. Tallinn 1997.

Vende, Valdeko. Esimesest autost viimase voorimeheni. Tallinn 1989.

Vene aeg Eestis. Uurimusi 16. sajandi keskpaigast kuni 20. sajandi alguseni. Koost. Tõnu Tannberg. (Eesti Ajalooarhiivi toimetised 14.) Tartu 2006.

Vene impeerium ja Baltikum: venestus, rahvuslus ja moderniseerimine 19. sajandi teisel poolel ja 20. sajandi alguses. 1. Koost. Tõnu Tannberg, Bradley Woodworth. (Eesti Ajalooarhiivi toimetised 16.) Tartu 2009.

Venestamine Eestis 1880–1917. Dokumente ja materjale. Koost., tlk. ja komment. Toomas Karjahärm. Tallinn 1997.

Veski, Johannes Voldemar. Mälestuste raamat. Tallinn 1974.

Whelan, Heide W. Adapting to modernity. Family, caste and capitalism among the Baltic German nobility. (Ostmitteleuropa in Vergangenheit und Gegenwart 22.) Köln–Wien–Weimar 1999.

White, James D. The 1905 Revolution in Russia's Baltic provinces. – The Russian Revolution of 1905. Centenary perspectives. Ed. Jonathan D. Smele, Anthony Heywood. (Routledge Studies in Modern European History.) London–New York 2005, 55–78.

Vier Söhne eines Hauses. Zeit und Lebensbilder aus Estlands Vergangenheit. I–II. Hrsg. Otto von Grünewaldt. Leipzig 1900.

Vigrab = Георгий Виграб. Прибалтийские немцы. Их отношение к русской государственности и к коренному населению края в прошлом и настоящем. Юрьев 1916.

Vihalem, Paul. Eesti kodanlus imperialistide teenistuses (1917–1920). Tallinn 1960.

Vihalemm, Peeter. Changing National Spaces in the Baltic Area. – Return to the Western World. Cultural and Political Perspectives on the Estonian Post-Communist Transition. Ed. by Marju Lauristin, Peeter Vihalemm with Karl Erik Rosengren, Lennart Weibull. Tartu 1997, 129–162.

Viikberg, Jüri. Eesti külad Venemaal: keel ja identiteet. – Eestlane olla … Eesti keele ja kultuuri perspektiivid. Tartu 1997, 28–52.

Viikberg, Jüri. Eestlaste väljarändamine Krimmi. → Krimmi kogumik, 21–48.

Viires, Ants. Eesti rahvapärane puutööndus. Ajalooline ülevaade. Tallinn [1]1960; [2] 2006.

Viires, Ants. Eestlaste ajalooteadvus 18.–19. sajandil. – Tuna 2001, 3, 20–36.

Viires, Ants. Kultuur ja traditsioon. (Eesti mõttelugu 39.) Tartu 2001.

Viiroja, Lehti. Eesti kunstist ja kunstikäsitusest 19. sajandi lõpust kuni aastani 1916. Uurimusi Eesti kunstist ja kunstielust. / Über die estnische Kunst und Kunstauffassung seit der Jahrhundertwende bis 1916. Tallinn 1993.

Vilms, Jüri. Maaomavalitsuse uuenduskatsed Eestis. – Vaba Sõna 1915, 9, 241–246; 12, 319–323.

Vilms, Jüri. Kahe ilma vahel. Koost. Hando Runnel. (Eesti mõttelugu 20.) Tartu 1998.

Vimmsaare, Kuulo. Religioon ja kirik Eestis. Tallinn 1978.

Vinkel, Aarne. Eesti rahvaraamat. Ülevaade XVIII ja XIX sajandi lugemisvarast. Tallinn 1966.

Vinkel, Aarne. Kirjandus, aeg, inimene. Tallinn 1970.

Winkelmann, Eduard. Bibliotheca Livoniae historica. [2] Berlin 1878; [3]1969.

Virallista politiikkaa – epävirallista kanssakäymista. Suomen ja Viron suhteiden käännekohtia 1860–1991. Toim. Heikki Roiko-Jokela. [Jyväskylä] 1997.

Virumaa. Koguteos. Koost. Kalju Saaber. [Rakvere] 1996.

Wistinghausen, Henning von. Quellen zur Geschichte der Rittergüter Estlands im 18. und 19. Jahrhundert (1772–1889). Hannover 1975.

Wistinghausen, Henning von. Krahv Hermann Keyserlingi konflikt eestimaalastest rahvuskaaslastega 1917–1918. – Tuna 2004, 3, 52–64; 4, 66–81.

Vita academica, vita feminea. Koost. Sirje Tamul. Tartu 1999.

Witte, Sergei. Mälestused. 1–2. Tartu 1937, 1938.

Wittram, Heinrich. Vom Kampf gegen das soziale Elend in den baltischen Provinzen. Evangelische Initiativen vom Anfang des 19. Jahrhunderts bis zum Ersten Weltkrieg. – Zeitschrift für Ostforschung 31, 1982, 530–550.

Wittram, Reinhard. Liberalismus baltischer Literaten. Zur Entstehung der baltischen politischen Presse. (Abhandlungen der Herder-Gesellschaft und des Herder-Instituts zu Riga, 4. Bd., Nr. 9.) Riga 1931.

Wittram, Reinhard. Meinungskämpfe im baltischen Deutschtum während der Reformepoche des 19. Jahrhunderts. Festschrift der Gesellschaft für Geschichte und Altertumskunde zu Riga zu ihrer Hundertjahrfeier am 6. Dezember 1934. Riga 1934.

Wittram, Reinhard. Geschichte der baltischen Deutschen. Stuttgart–Berlin 1939.

Wittram, Reinhard. Drei Generationen. Deutschland – Livland – Russland 1830–1914. Gesinnungen und Lebensformen baltisch-deutscher Familien. Göttingen 1949.

Wittram, Reinhard. Baltische Geschichte. Die Ostseelande Livland, Estland, Kurland 1180–1918. [1]München 1954; [2]Darmstadt 1973.

Wittram, Reinhard. Das Nationale als europäisches Problem. Beiträge zur Geschichte des Nationalitätsprinzips, vornehmlich im 19. Jahrhundert. Göttingen 1954.

Wittram, Reinhard. Methodologische und geschichtstheoretische Überlegungen zu Problemen der baltischen Geschichtsforschung. – Zeitschrift für Ostforschung 1971, 4, 601–640.

Wittram, Reinhard. Politische Landtagspredigten. Stellungnahmen livländischer Generalsuperintendenten in Landesangelegenheiten vornehmlich im 19. Jahrhundert. – Bleibendes im Wandel der Kirchengeschichte. Hrsg. B. Moeller und G. Ruhbach. Tübingen 1973, 331–363.

Vivat Academia. Üliõpilasseltsid ja -korporatsioonid Eestis. Peatoim. Helmut Piirimäe. [Tartu] 2007.

Vojenno = Военно-статистическое обозрение Российской империи. Т. VII, Ч. 2. Лифляндская губерния. Санкт-Петербург 1853; Ч. 3. Эстляндская губерния. Санкт-Петербург 1852.

Vojennõje = Военные восстания в Балтике 1905–06 гг. Подготовил к печати А. К. Дрезен с предисловием В. И. Невского. Москва 1933.

[Wolff, Nicolas.] Livland's Landräte und Landmarschälle. Tartu 1932.

Von den baltischen Provinzen zu den baltischen Staaten. Beiträge zur Entstehungsgeschichte der Republiken Estland und Lettland. Hrsg. Jürgen von Hehn jt. 1. 1917–1918; 2. 1918–1920. Marburg/Lahn 1971; 1977.

Woodworth, Bradley D. Administrative Reform and Social Policy in the Baltic Cities of the Russian Empire: Riga and Reval 1870–1914. – Verwaltungsreformen im Ostseeraum. Hrsg. Erk Volkmar Heyen. (Jahrbuch für europäische Verwaltungsgeschichte 16.) Baden-Baden 2004, 111–150.

Woodworth, Bradley D. Civil Society and Nationality in the Multiethnic Russian Empire: Tallinn/Reval 1860–1914. PhD dissertation. Bloomington, Indiana University, 2003.

Woodworth, Bradley. Paljurahvuselisus ja eestlastest riigiametnikud Eestimaa kubermangus aastatel 1870–1914. → Vene aeg Eestis, 345–364.

Woodworth, Bradley, Tõnu Tannberg. "Imperiaalne pööre" paljurahvuselise Vene impeeriumi ajaloo uurimisel. → Vene impeerium ja Baltikum, 5–15.

Vorotin, Aleksandr → Aleksander Värat.

Wrangell, Wilhelm von, Georg von Krusenstjern. Die Estländische Ritterschaft, ihre Ritterschaftshauptmänner und Landrate. Geschichtlicher Teil von W. Baron von Wrangell, Bildteil von Georg von Krusenstjern. Limburg/Lahn 1967.

Vulfson = Э. Вульфсон. Эсты, их жизнь и нравы. (Где на Руси какой народ живет и чем промышляет.) Москва 1908.

Wuolijoki, Hella. Koolitüdrukuna Tartus 1901–1904. Tallinn 1995.

Võime, Lembit. Tee uude ellu. Eesti asunduste ajaloost Kaukaasia Musta mere rannikul XIX saj. teisest poolest kuni 1929. Tallinn 1980.

Võitluse päevil. Tartu [1]1905; [2]2005.

Võssotski = Иван Высоцкий. Необходимость обеспечения русскими надлежащего представительства в проектируемых для Прибалтийского края земских учреждений. (Докладная записка И. И. Высоцкого, председателя "Русско-Прибалтийского Союза 17 Октября", его высокопревосходительству г. временному прибалтийскому генерал-губернатору.) Рига 1907.

Võssotski = Иван Высоцкий. Очерки по истории объединения Прибалтики с Россией (1710–1910). 1–3. Рига 1910.

Värat, Aleksander = Александр Воротин. Принципы прибалтийской жизни. Ревель 1891.

Õpetatud Eesti Seltsi aastaraamat 1988–2007. Tartu 1995–2008.

Ääsi tules. Kirjatööde kogu. 1–2. (Peterburi Eesti Üliõpilaste Seltsi toimetused 1, 11.) Peterburi 1908, 1910.

Ühistegevus Eestis 1902–1927. Toim. Aleksander Kask, Ants Simm, August Tammann. Tartu 1927.

Üleliidulise Kommunistliku (bolševike) Partei ajalugu. Lühikursus. Vast. toim. Joosep Saat. Tallinn 1945.

Ülevaade Eestimaa Kommunistliku Partei ajaloost. 1. XIX sajandi 90. aastad – 1920. Toim. Aleksander Panksejev, Abe Liebman. Tallinn 1961.

Ylonen, Irene. Suomen sillan rakentajat. Suomen Viro-seurat vuosina 1881–1991. → Virallista politiikkaa, 326–357.

Kaardid ja illustratsioonid

Nimeloend

Kohanimede loend*

---

* Loendist jäetakse välja Baltimaad (B. krai, B. kubermangud, B. provintsid), Eesti(maa), Euroopa, Kuramaa, Liivimaa, Läänemere-provintsid, Läti, Saksa(maa), Soome, Vene(maa), Peterburi, Riia, Tallinn, Tartu.